EUROPA-FACHBUCHREIHE
für Metallberufe

ZERSPANTECHNIK

Fachbildung

3. verbesserte Auflage

Bearbeitet von
Lehrern an beruflichen Schulen und Ingenieuren
unter der Leitung von Gerald Frömmer und Armin Steinmüller

VERLAG EUROPA-LEHRMITTEL · Nourney, Vollmer GmbH & Co.
Düsselberger Straße 23 · 42781 Haan-Gruiten

Europa-Nr.: 14914

Die Autoren sind Fachlehrer der gewerblich-technischen Ausbildung und Ingenieure:

Bergner, Oliver; Dipl.-Berufspädagoge	Chemnitz
Dr. Frömmer, Gerald; Dipl.-Ing.-Pädagoge	Chemnitz
Lohr, Jürgen; Dipl.-Ing., OStR	Dortmund
Kretzschmar, Ralf; Dipl.-Ing.-Pädagoge	Lichtenstein
Morgner, Dietmar; Dipl.-Ing.-Pädagoge	Chemnitz
Wieneke, Falko; Dipl.-Ing, Studienrat	Essen

Leitung des Arbeitskreises:
Dr. Gerald Frömmer und Armin Steinmüller
Lektorat: Armin Steinmüller, Hamburg

Bildentwürfe: Die Autoren
Fotos: Leihgaben der Firmen (Verzeichnis letzte Seite)
Bildbearbeitung:
Grafische Produktionen Neumann, Rimpar
Zeichenbüro des Verlages Europa-Lehrmittel, Leinfelden-Echterdingen

Das vorliegende Buch wurde auf der **Grundlage der amtlichen Rechtschreibregeln** erstellt.

3. Auflage 2004
Druck 5 4 3 2 1
Alle Drucke derselben Auflage sind parallel einsetzbar, da sie bis auf die Korrektur von Druckfehlern untereinander unverändert sind.

ISBN 3-8085-1493-0

Umschlaggestaltung: Armin Steinmüller und Michael M. Kappenstein, Frankfurt

Satz: Meis Grafik, 44801 Bochum
Druck: Druckhaus Arns GmbH, 42853 Remscheid

Vorwort

Das Lehrbuch ZERSPANTECHNIK FACHBILDUNG enthält den Unterrichtsstoff zur Technologie/Fachkunde für die Berufsausbildung der Zerspanungsmechaniker in den Fachrichtungen Drehtechnik, Automaten-Drehtechnik, Frästechnik und Schleiftechnik sowie der Dreher. Um ein besseres Verstehen der Fachkenntnisse zu erleichtern, werden die wesentlichen Grundkenntnisse am Anfang einzelner Abschnitte kurz wiederholt. Das Buch ist in erster Linie für den Einsatz in der Berufsschule und der betrieblichen Ausbildung bestimmt. Auswahl und Anordnung der Inhalte des Buches orientieren sich an den Lehrplanvorgaben der Zerspanerberufe. Wegen des Umfangs der angebotenen Kenntnisse aus dem Bereich der spanenden Formgebung, ihrer teilweisen Vertiefung sowie der praxisgebundenen Anlage des Buches ist es für einen Einsatz in der Fachoberschule, der Fachschule für Technik und bei der Weiterbildung geeignet.
Das Buch gliedert sich in die nebenstehenden Themenbereiche, wobei das „Spanen auf Werkzeugmaschinen" den Kern des Buches darstellt. Besonders in den Anwendungsbeispielen zur Arbeitsplanung verbindet die ZERSPANTECHNIK FACHBILDUNG die Fachtheorie mit der beruflichen Praxis. Die Beispiele wurden exemplarisch daraufhin ausgewählt, die wichtigen beruflichen Fähigkeiten des Planens und der Arbeitsvorbereitung zu vermitteln.
Die Autoren des Buches stellen auf der Basis der herkömmlichen auch die modernste Technik vor, um den unterschiedlichen Einsatzgebieten der Auszubildenden gerecht zu werden.
Die Gestaltung des Buches soll es den Lesern erleichtern, schnell die für sie wichtigen Informationen zu finden. Merksätze und Formeln sind farbig unterlegt, Gliederung und Stichwortverzeichnis erleichtern den schnellen Zugriff auf einzelne Inhalte. Beim Aufbau der Seiten wurde darauf wert gelegt, dass textliche und bildliche Informationen stets eng aufeinander bezogen sind. Bei der Auswahl der ca. zweitausend Bilder wurde Zeichnungen und Grafiken der Vorrang vor Fotografien gegeben, um das Wesentliche besser hervorzuheben.
Für die **3. Auflage** wurden alle bekannt gewordenen Fehler korrigiert, viele textliche und bildliche Darstellungen verbessert sowie in einigen Fällen die Zerspanungswerte aktualisiert. Das Kapitel Werkstofftechnik wurde etwas erweitert.
Für Fehlerhinweise und Verbesserungsvorschläge unserer Leser sind wir auch weiterhin dankbar.

Autoren und Verlag

Winter 2003/2004

Konsol-Fräsmaschine aus der Zeit vor dem 2. Weltkrieg

Fräskopf zur Hochgeschwindigkeitsbearbeitung im Jahre 2000

Inhaltsverzeichnis

1 Prüftechnik

Prüfen ist eine qualitätssichernde Maßnahme des Herstellers für den Nutzer von Produkten.

1.1 Prüfen in der modernen Fertigung

Zu den Nutzern der Produkte muss in zunehmendem Maße neben den direkten Nutzern bzw. Anwendern die gesamte Gesellschaft gesehen werden, weil über die Lagerung auf Deponien oder die öffentliche Nutzung der Gebrauchsgüter viele Menschen von eventuellen Gefahren, die von den Gütern ausgehen, betroffen sind. Blei im Benzin oder ins Grundwasser dringende Schwermetalle beeinträchtigen unser aller Leben. Verbraucherschutz ist ein Anliegen des gesamten Qualitätsmanagements. Produkthaftung nach amerikanischem Vorbild kann einen Hersteller total ruinieren, wenn seine Produkte nicht die zugesicherte Qualität besitzen.

Prüfen ist das wesentliche Mittel der Qualitätssicherung.

Das grundsätzliche Anliegen, Kunden eine zugesicherte Qualität zu liefern, ist schon mehrere Tausend Jahre alt. So sind bereits aus dem alten Ägypten und aus Mesopotamien geeichte Messmittel nachweisbar (Bild 2). Die Hersteller versahen ihre Waren mit Siegeln oder Zeichen. Diese Marken waren ein Symbol der Garantie für die Produkte. Sie waren die Vorläufer der heutigen Markenartikel.

Im Mittelalter dienten als Grundlage für die Maßverkörperungen die Körperteile der Landesfürsten, ihre Füße, Ellen, Arme oder ihr Schrittmaß. Mit dem Meter sollten die vielen verschiedenen Maße überwunden werden. Das Meter wurde 1795 vom Erdumfang abgeleitet (Bild 3). Es sollte der 40 millionste Teil des Erdumfanges sein. Heute wird das Meter durch die Wellenlänge der orangeroten Spektrallinie des Kryptons 86 definiert ($1\,m = 1650763{,}73\ \lambda$). Damit ist das Meter jederzeit reproduzierbar. Dies ist die Grundlage des Messens und der Entwicklung überall einsetzbarer Messmittel.

Mit dem Prozess der Industrialisierung setzte eine zeitweilige Krise des Prüfens und der Qualitätssicherung ein. Es bestand die Annahme, dass durch die maschinelle Fertigung auch eine gleichmäßige Fertigung abgesichert ist. Die Sicherung der Qualität wurde durch das Aussondern der offensichtlich fehlerhaften Produkte (= Ausschuss) angestrebt. Dies erwies sich als ein zu kostenträchtiger Weg.

Kundeninteressen	Herstellerinteressen	öffentliche Interessen
günstiges Preis/Leistungsverhältnis Zuverlässigkeit des Produktes leistungsfähiger Kundenservice	Marktakzeptanz durch gute Qualität und Service hohe Gewinne durch geringe Kosten und/oder hohe erzielte Preise	Umweltverträglichkeit in der Produktion, beim Gebrauch und bei der Lagerung ungefährlicher Umgang allgemeine Interessen, z.B. einheimische Produktion

1 Berücksichtigung unterschiedlicher Interessen in der modernen Fertigung

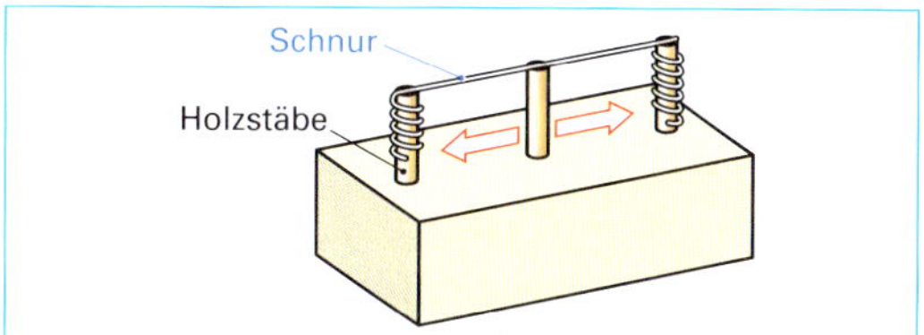

2 Prüfen der Ebenheit (altes Ägypten)

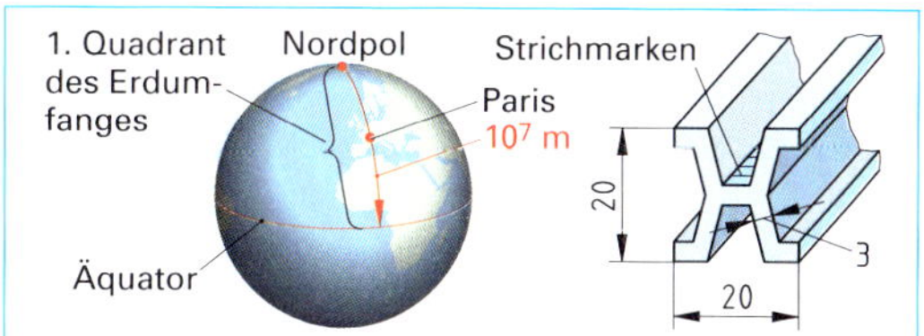

3 a) Ableitung des Meters b) Urmeter

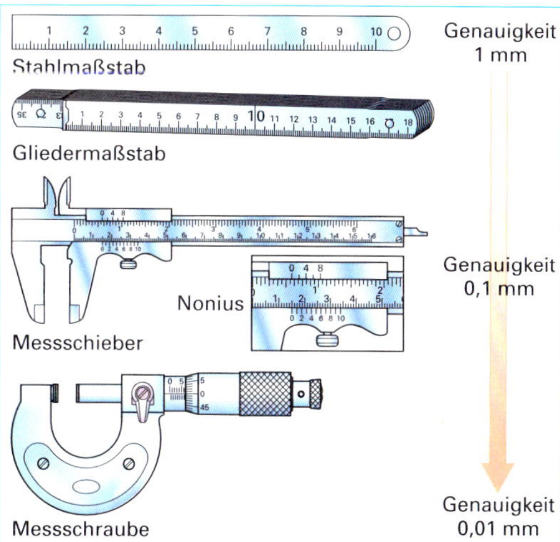

4 Entwicklung der Messmittel

Abhilfe geschaffen wurde durch zwei Entwicklungen, die bis heute fortgeführt werden:

1. Es wurden immer genauere Messmittel entwickelt.
2. Es wurden die Erkenntnisse der Statistik genutzt.

Die Entwicklung der Mess- und Regeltechnik und die Verbesserung der Werkzeugmaschinen ermöglichen eine immer genauere Fertigung. Diese wird allerdings mit zunehmender Genauigkeit teurer. Für eine rentable Produktion ist es deshalb wichtig, den Wünschen der Kunden entsprechend zu fertigen. Die Kunden reagieren auf Nichteinhalten der Qualität sehr heftig, sind aber kaum bereit, nicht unbedingt benötigte Qualität zu honorieren. Die wesentliche Forderung dabei ist:

Man messe nur so genau wie nötig.

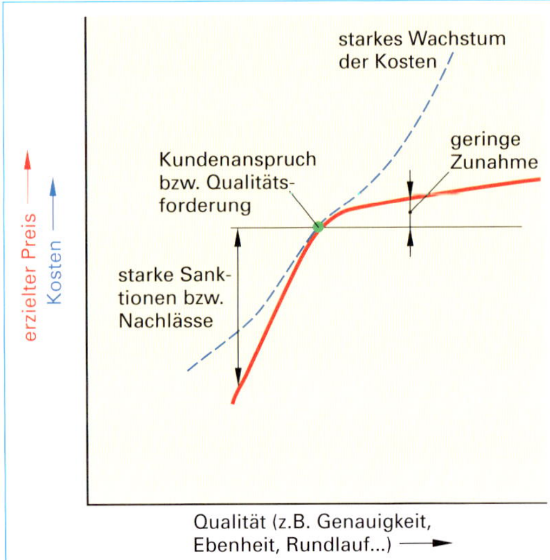

1 Zusammenhang zwischen Qualität, Preis und Kosten

Die immer genauer anzeigenden Messmittel sind teilweise auch schwerer zu bedienen, beispielsweise die Messmaschinen. Diese Messmaschinen sind meist separat von der Fertigung installiert und werden von eigens geschulten Prüfern bedient. Günstig ist es, wenn auch die Zerspanungsmechaniker an solchen Messmaschinen arbeiten können. Wenn alle Messmittel bedienerfreundlich gestaltet sind, können die Zerspanungsmechaniker mehr selbst prüfen und eher fehlerfrei produzieren.

Prüfen ist allerdings nicht auf das Prüfen des Endproduktes oder das Prüfen in der Fertigung reduziert.

Das Qualitätsmanagement beginnt bereits weit vor der Fertigung.

Die ersten Prüfungen können bereits bei den Lieferanten vorgenommen werden. Wareneingangsprüfungen beim Hersteller folgen. Der Arbeiter an der Maschine muss sich darauf verlassen können, dass er das auf der Zeichnung angegebene Material auch an die Maschine bekommt. Seine Werkstoffkenntnisse sollten ihm aber helfen Fehler zu vermeiden, wenn aus unterschiedlichen Gründen Fehllieferungen auftreten.

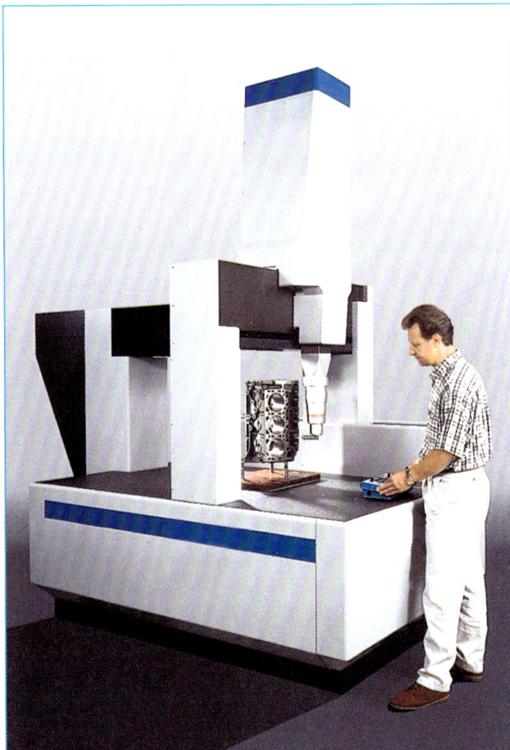

2 Messmaschine zum Messen komplizierter Teile

In der spanenden Fertigung treten zunehmend Prozesse auf, die es in Bereichen mit hoher Automation (im Flugzeug, in Schaltanlagen) bereits gibt: Nach Phasen, in denen nur geringe Aktivität gefordert wird, treten extreme Anspannungen auf, muss schnell reagiert werden. Ein Verständnis des gesamten Prozesses ist deshalb unerlässlich.

1.2 Aufbau der Messanordnung

Wenn auch das Messen im Mittelpunkt unseres Interesses steht, sei darauf verwiesen, dass alle Prüfmethoden insgesamt für das Spanen Bedeutung besitzen.

Prüfen

maßliches (objektives) Prüfen

- **Messen**
  - direktes
    - unmittelbares Messen
    - Unterschiedsmessen
  - indirektes
- **Lehren**

nicht maßliches (subjektives) Prüfen

Sichtprüfung	(z.B. Rauigkeit)
Hörprüfung	(z.B. Klangprobe bei Schleifkörpern)
Tastprüfung	(z.B. Rauigkeit)
Geruchsprüfung	(z.B. Veränderungen von Werkstoffen im Spanungsprozess)

Beim **Prüfen** wird festgestellt, ob der Prüfgegenstand vereinbarte, vorgeschriebene oder erwartete Bedingungen erfüllt. Vor allem wird ermittelt, ob vorgegeben Toleranzen oder Fehlergrenzen eingehalten werden.

Beim **subjektiven Prüfen** werden mit Hilfe der Sinnesorgane qualitative Merkmale erfasst.

Beim **objektiven Prüfen** wird das Prüfen durch Prüfmittel (Messgeräte, Lehren) unterstützt.

Beim **Messen** erfolgt der quantitative Vergleich einer Messgröße (z.B. einer Länge) mit einer bekannten Größe, der Maßverkörperung.

Beim **Lehren** wird festgestellt, ob ein Maß zwischen zwei Grenzen oder über oder unter einer Grenze liegt (Grenz- und Maßlehren). Weiterhin kann mit Formlehren festgestellt werden, ob Formen eingehalten werden (Bild 1).

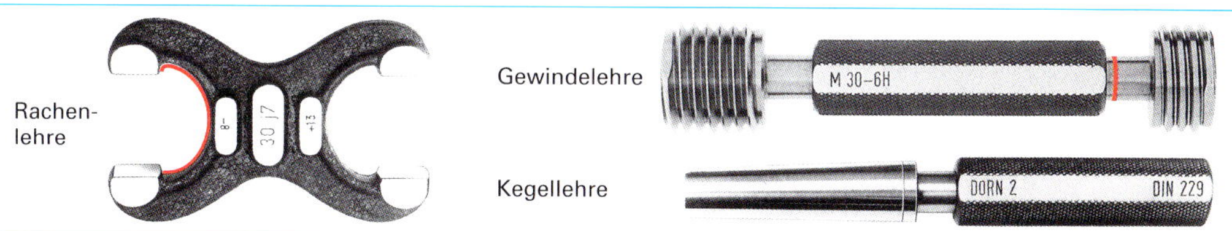

1 Lehren

Unabhängig davon, was und wie im konkreten Fall gemessen wird, gibt es einen prinzipiellen Aufbau von Messanordnungen (Messeinrichtungen) (Bild 2).
Mithilfe der Messanordnung lassen sich die Messverfahren verwirklichen.

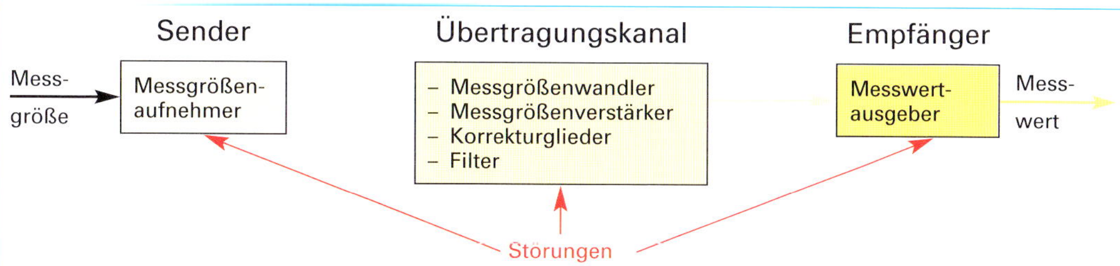

2 Aufbau der Messanordnung

Prinzipiell lässt sich die Messanordnung unter der Sicht der Informationstechnik betrachten:

Sender ⟶ Übertragungskanal ⟶ Empfänger

Für das Messen gibt es genormte Begriffe, die einer eindeutigen Verständigung dienen.
In DIN 1319 und DIN 2258 sind die Begriffe vollständig definiert, hier wird eine Auswahl geboten.

1.2.1 Begriffe der Messtechnik

Messgerät Ein Messgerät ist ein Gerät, das allein oder mit anderen Einrichtungen zusammen für die Messung einer Messgröße vorgesehen ist.

Messgeräte
- Maßverkörperungen
- anzeigende Messgeräte

Messgröße *M* Die Messgröße ist eine physikalische Größe, die durch die Messung erfasst werden soll. Messgrößen können sein: Länge, Masse, Kraft.
Der Träger der Messgröße ist das **Messobjekt** (z.B. die Welle).

Messgrößenaufnehmer Der Aufnehmer ist der Teil des Messgerätes, der auf die Messgröße unmittelbar anspricht. Der Aufnehmer wandelt die im Werkstück gespeicherte Größe (die Länge) in ein Signal um. Die Messwertaufnahme kann mechanisch, elektrisch, pneumatisch oder optisch erfolgen. Ein Beispiel ist der bewegliche Bolzen an der Messuhr (Bild 2).

Messgrößenwandler Der Messgrößenwandler wandelt die Messgröße um, damit sie besser verglichen und bewertet werden kann. Längen können so in Kräfte, elektrische Widerstände oder Kapazitäten umgewandelt werden.

Messgrößenverstärker Der Verstärker verstärkt ein Signal so, dass kleine Änderungen der Messgröße übertragen und angezeigt werden können. Ein einfacher Verstärker kann eine Zahnradübersetzung wie bei der Messuhr sein.

Messwertausgeber Der gemessene Wert der Messgröße **(Messwert)** wird über Skalen oder Ziffernanzeige ausgegeben.
Der Messwert kann auf unterschiedliche Weise gewonnen werden.

Beim **direkten Messen** wird der Messwert direkt durch einen Vergleich mit einer Maßverkörperung ermittelt.

Das kann als *unmittelbares Messen* erfolgen, bei dem eine Maßverkörperung benutzt wird, deren Wertevorrat bei Null beginnt und über den Wert der Messgröße hinausgeht.
Dies kann auch als *Unterschiedsmessen* erfolgen. Hier wird der Unterschied zwischen der Messgröße und einer Maßverkörperung direkt gemessen. Die Maßverkörperung ist hier nahezu so groß wie der Wert der Messgröße. Der Messwert wird nach dem Messvorgang berechnet.

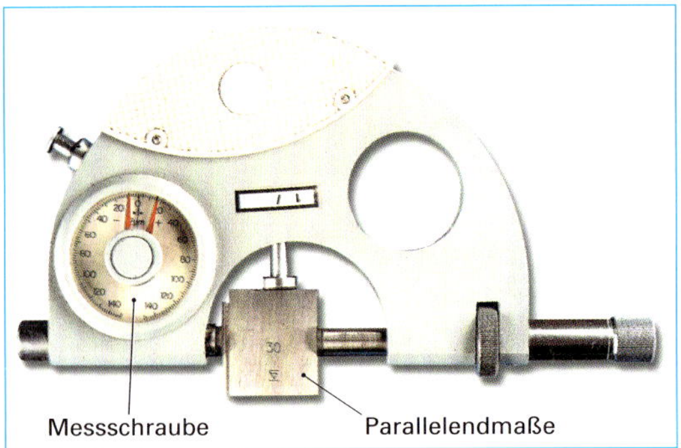

1 Anzeigendes Messgerät und Maßverkörperungen

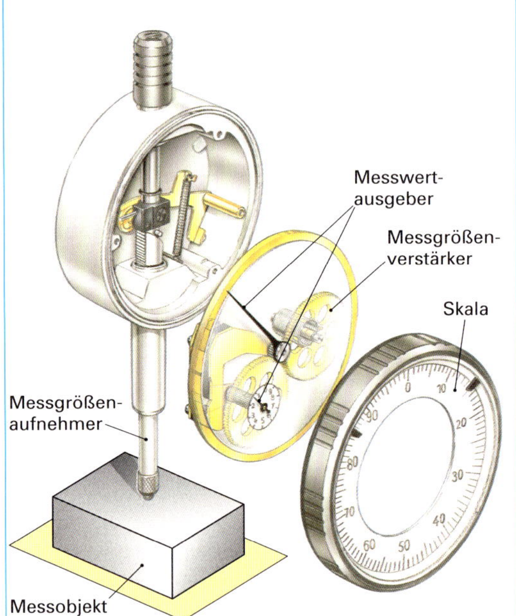

2 Aufbau einer Messuhr

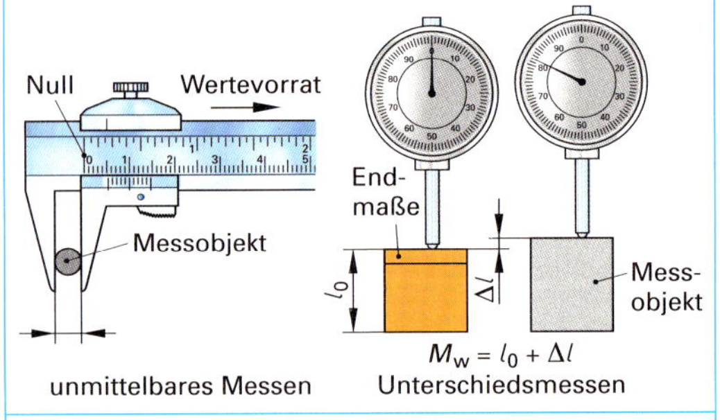

3 direktes Messen

Beim **indirekten Messen** wird der Messwert einer Messgröße aus anderen Messwerten ermittelt.

Aus der Veränderung einer Induktivität (vgl. elektrische Messanordnung) oder einer Durchflussmenge (vgl. pneumatische Messanordnung) wird über bestehende physikalische Zusammenhänge die Länge eines Werkstückes ermittelt.

Anzeige A_z Die Anzeige ist die unmittelbar mit den menschlichen Sinnen erfassbare Information über den Messwert.

Skalenanzeige Eine Skalenanzeige ist der an einer Strichskala ablesbare Stand einer Marke.

Ziffernanzeige Eine Ziffernanzeige ist die Anzeige in Form einer Ziffernfolge, die den Messwert diskontinuierlich darstellt.

Skalenteilungswert *Skw* Der Skalenteilungswert ist die Änderung des Wertes der Messgröße, die eine Änderung der Anzeige um einen Skalenteil bewirkt. Der Skalenteilungswert wird in der Einheit der Messgröße angegeben.

Ziffernschritt *Zst* Der Ziffernschritt ist die Differenz zweier aufeinander folgender Ziffern.

Ziffernschrittwert *Zw* Der Ziffernschrittwert einer Ziffernskala ist die Änderung des Wertes der Messgröße, die eine Änderung der Anzeige um einen Ziffernschritt bewirkt.

Empfindlichkeit *E* Bei Messgeräten mit Skalenanzeige ist die Empfindlichkeit *E* gleich dem Verhältnis der Anzeigeänderung *L* zu der sie verursachenden Änderung *M* der Messgröße. Bei Messgeräten mit Ziffernanzeige ist die Empfindlichkeit *E* gleich dem Verhältnis der Anzahl *Z* der Ziffernschritte zu der sie verursachenden Änderung *M* der Messgröße.

Anzeigebereich *Azb* Der Anzeigebereich ist der Bereich zwischen der größten und kleinsten Anzeige eines Messgerätes.

Messbereich *Meb* Der Messbereich eines anzeigenden Messgerätes ist derjenige Bereich von Messwerten, in dem vorgegebene Fehlergrenzen nicht überschritten werden. Der Messbereich ist kleiner oder gleich dem Anzeigebereich.

Messspanne *Mes* Die Messspanne ist die Differenz zwischen dem Endwert und Anfangswert des Messbereiches.

Messkraft Die Messkraft ist die Kraft, die von der Messeinrichtung auf den Prüfgegenstand beim Messen ausgeübt wird.

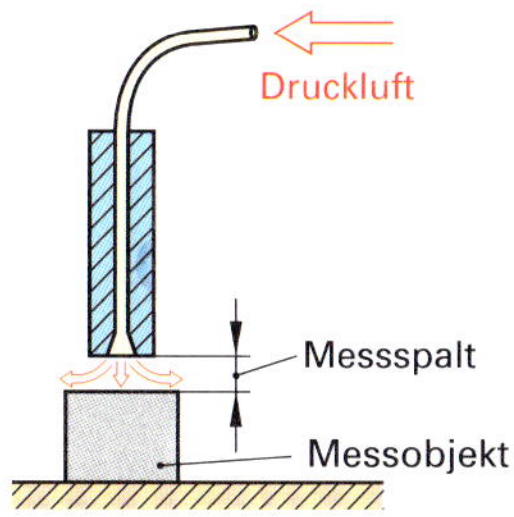

Zusammenhänge:

Messspalt: Durchfluss
Durchfluss: Höhe bzw. Länge des Messobjektes
indirektes Bestimmen der Länge

1 indirektes Messen

A_z = 9,86
Mw = 9,86 mm
Skw = 0,01 mm

$E = \frac{\Delta L}{\Delta M}$

E der Messuhr

$E = \frac{1\ \text{mm}}{0{,}01\ \text{mm}} = 100$

A_z = 25,100
Mw = 25,100 mm
Zw = 0,001 mm

$E = \frac{Z}{\Delta M}$

E der digitalen Messuhr

$E = \frac{1\ \text{mm}}{0{,}001\ \text{mm}} = 1000$

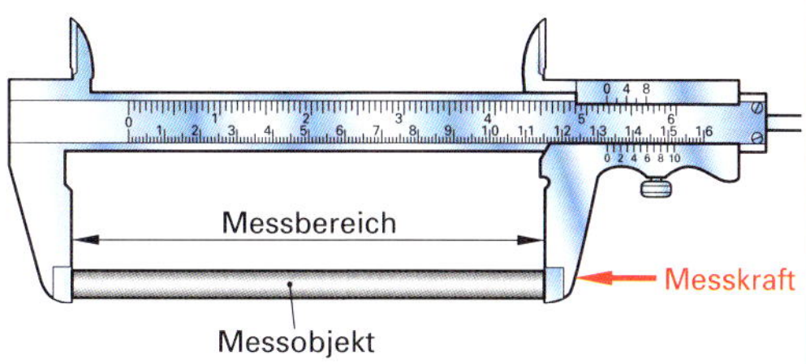

2 Begriffe der Messtechnik

1.2.2 Messanordnungen

Mechanische Messanordnung

Bei mechanischen Messanordnungen wird die mechanische Veränderung am Messgegenstand vom Messgrößenaufnehmer aufgenommen und über Übersetzungsglieder auf einen Zeiger übertragen. In den gesamten Vorgang sind nur mechanische Bauglieder einbezogen.

Eine typische Anwendung der mechanischen Messanordnung ist der mechanische Feinzeiger (Bild 1). Ein Mangel der mechanischen Messanordnung ist der begrenzte Messbereich, da auf mechanischem Weg nicht beliebig übersetzt werden kann. Da dieser Messbereich meist nur 0,05 mm beträgt, werden diese Geräte vor allem zu Unterschiedsmessungen verwendet. Sie dienen auch zum Bestimmen von Parallelität und Ebenheit von Flächen oder zum Rundlauf von Wellen.

Der **Vorteil der mechanischen Messanordnung** besteht darin, dass sie von der Zufuhr anderer Energiequellen unabhängig ist.

Elektrische Messanordnung

Bei der elektrischen Messanordnung wird die durch den Messgrößenaufnehmer aufgenommene Längenänderung durch Messgrößenwandler in elektrische Größen (Bild 2) umgewandelt.

Beim induktiven Messtaster ist der Taster (Bild 2) mit dem Eisenkern verbunden, der innerhalb zweier Spulen beweglich angeordnet ist. Die Bewegung des Tasters und damit die des Eisenkerns verändert die Spannung in den Spulen. Das elektrische Signal wird verstärkt und angezeigt.

Die **Vorteile der elektrischen Messanordnung** sind

- der große Messbereich
- die hohe Messgenauigkeit
- die leichte Erfassung und Nutzung der Daten in Rechnern bzw. Steuerungen.

Pneumatische Messanordnung

Bei der pneumatischen Messanordnung werden die Längenänderungen in Druckdifferenzen oder die Veränderung einer durchfließenden Volumenmenge umgewandelt.

Je nach dem genutzten Prinzip wird das Verfahren *(Differenz-)Druckmessverfahren* bzw. *Volumenmessverfahren* (auch Durchflussmessverfahren) genannt.

Druckmessverfahren (Bild 3)

Durch die Längenänderung des Werkstückes ändert sich der Abstand zwischen der Messdüse und dem Werkstück. Die Druckänderung wird auf ein Manometer übertragen, das in Längeneinheiten anzeigt. Vor der Messung muss mittels Endmaßen das Gerät eingestellt werden.

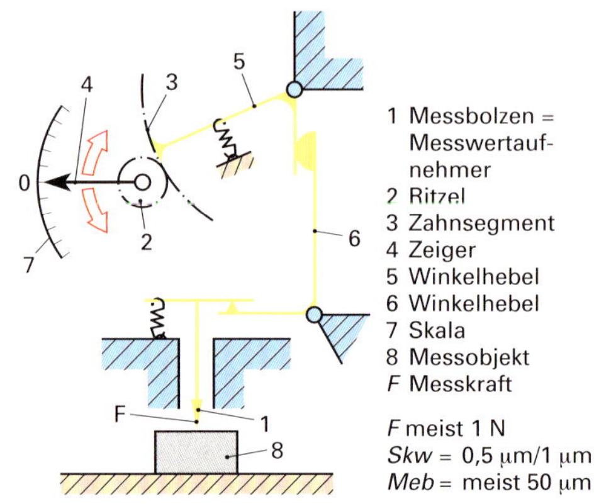

1 Dreistufiger Feinzeiger

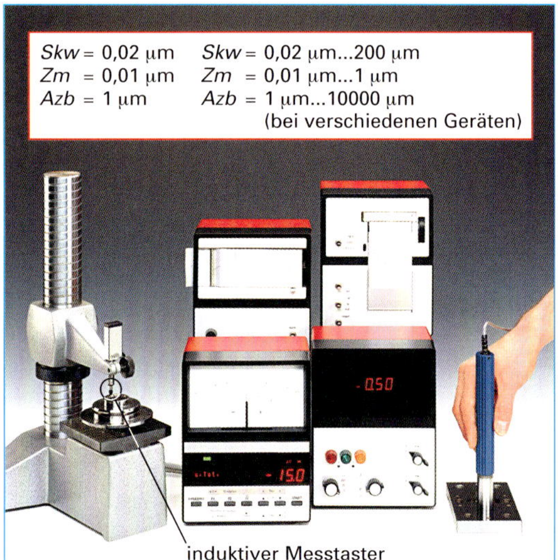

2 Elektronisches Messgerät mit induktivem Messtaster

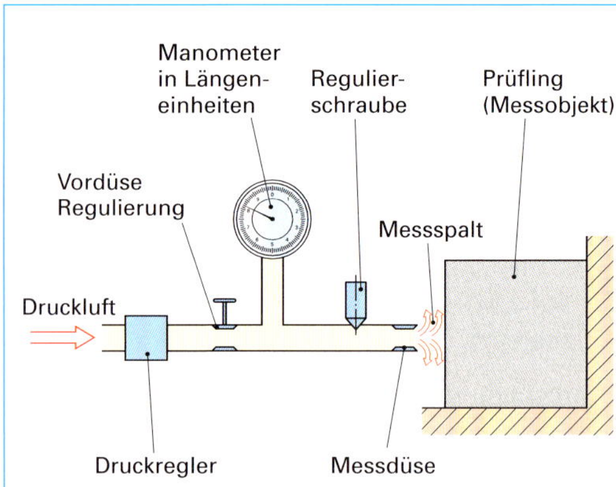

3 Druckmessverfahren

Volumenmessverfahren

Bei diesem Verfahren werden die Veränderungen in der Durchflussmenge, die durch die Abstandsänderung Düse- Werkstück entstehen, registriert. Ein kleinerer Messspalt bewirkt eine kleinere Durchflussmenge und damit ein Senken des Schwebekörpers. An einer Skala kann die Größe des Werkstückes abgelesen werden. Eine genaue Einstellung des Gerätes vor der Messung ist nötig. Das Volumenmessverfahren wird vor allem angewendet, wenn größere Stückzahlen zu messen sind (Bild 1).

Das **Druckmessverfahren** erlaubt dem gegenüber größere Messbereiche und höhere Messdrücke (s. vorige Seite).

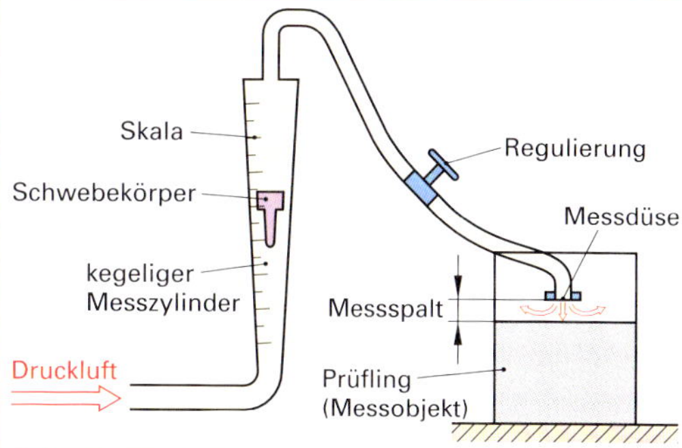

1 Volumenmessverfahren

Die **Vorteile der pneumatischen Messanordnung** liegen in

- dem berührungslosen oder berührungsarmen Messen, wodurch es zu keinen Beschädigungen (Kratzer u.a.) kommt,
- der reinigenden Wirkung der ausströmenden Luft (Schmutz, Öl, Spanpartikel werden weggeblasen),
- der hohen Messgenauigkeit.

Der Messbereich ist allerdings sehr klein (0,01 bis 1 mm), deshalb erfolgt nur Unterschiedsmessung.

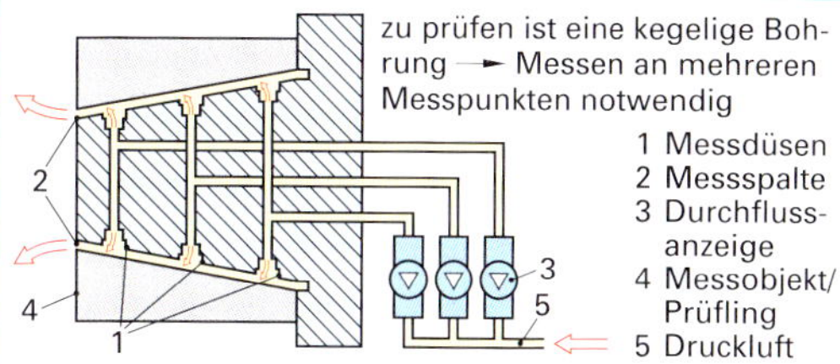

2 Messen an mehreren Messpunkten

Das Messen kann berührungslos oder über mechanische Berührung erfolgen. (Bild 2). Das berührungslose Messen erfolgt in der Regel nur bis zu einer Oberflächenrauheit von 3 µm.

Die Vorteile des *berührungslosen Messens* sind:

- es entstehen keine Beschädigungen am Werkstück
- Späne und Verunreinigungen werden weggeblasen

Beim *Kontaktmessen* wird das Werkstück berührt. Es muss angewendet werden, wenn größere Rauigkeiten (> 3 µm) am Werkstück vorliegen.

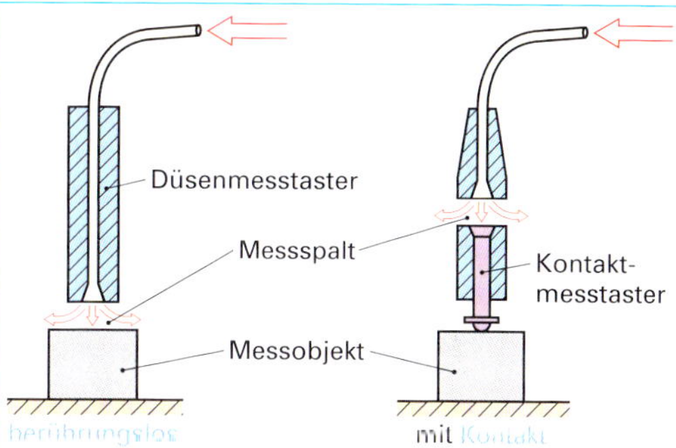

3 Messgrößenaufnehmer

Optische Messanordnung

Optische Messanordnungen werden an CNC-Maschinen in den Wegmesssystemen verwendet. (vgl. S. 369)

Koordinatenmessmaschinen

Wenn komplizierte Werkstücke mit einfachen Messmitteln nicht mehr gemessen werden können, kommen Koordinatenmessmaschinen zum Einsatz. Sie messen in drei Achsen und arbeiten wie CNC-Maschinen (Bild 4). Das Werkzeug wird durch einen Taster ersetzt, der die Messwerte aufnimmt und an den Rechner weiterleitet. Mit den Koordinatenmessmaschinen können schnell nahezu alle Werkstückformen gemessen werden.

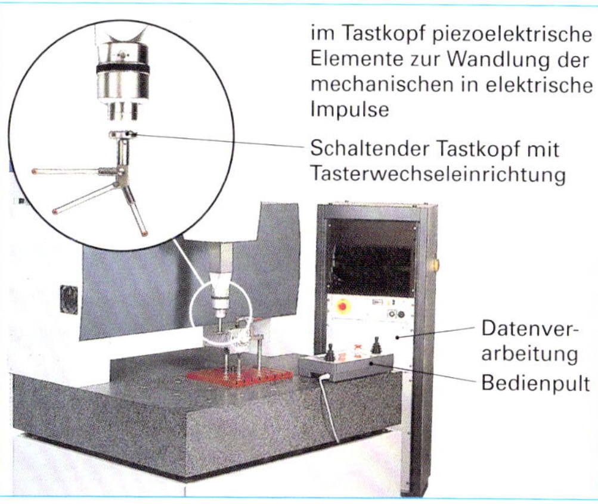

4 Koordinatenmessmaschine

1.2.3 Messabweichungen

Das Messergebnis wird nie genau der tatsächlichen Größe des zu messenden Gegenstandes entsprechen. Es treten **Messabweichungen** (Fehler) auf. Die Messabweichungen können grundsätzlich unterteilt werden in:

systematische und *zufällige* Messabweichungen

Systematische Messabweichungen treten regelmäßig und in gleicher Größe auf. Das Messergebnis ist unrichtig, die Abweichungen kann man aber berücksichtigen.

Ein Beispiel aus dem Alltag: Eine Uhr geht immer 1 Minute vor oder nach, das kann berücksichtigt werden.

Ursachen für systematische Messabweichungen:
Fehler in den Messgeräten, z.B. Abweichungen in der Steigung der Gewindespindel der Messschraube, Abnutzung der Führungen beim Messschieber (Bild 1).
Umweltbedingungen: Die Maßverkörperungen sind auf 20°C geeicht. Auch für die Prüflinge wird von einer Körpertemperatur von 20°C ausgegangen. Alle Abweichungen verfälschen das Messergebnis.
Persönliche Fehler beim Messen: Persönliche Fehler, die immer in der gleichen Weise begangen werden, können berücksichtigt werden, z.B. wenn die Messkraft konstant zu groß ist.

Zufällige Messabweichungen treten unregelmäßig auf, sie machen das Messergebnis unsicher. Die Abweichungen können nicht berücksichtigt werden.

Ursachen für zufällige Messabweichungen:
Mängel am Prüfling: Schmutz, Grate oder Unregelmäßigkeiten in der Form des Prüflings führen zu zufälligen Messabweichungen (Bild 2).
Umweltbedingungen: Schwankende Umwelteinflüsse führen zu schwankenden Messergebnissen.
Persönliche Fehler beim Messen: Unkonzentriertes Messen, unterschiedliche Messkraft, Verkanten des Messgerätes oder Ablesefehler führen zu zufälligen Abweichungen. Zufällige Fehler können nur durch mehrmaliges Messen und das Bilden von Mittelwerten eingegrenzt werden (Bild 3).

Messabweichung = gemessener Wert – tatsächlicher Wert
oder Fehler = Falsch – Richtig

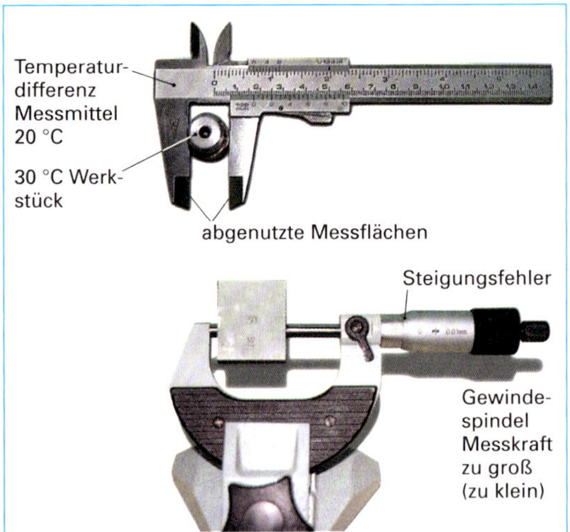

1 Beispiele für systematische Messabweichungen

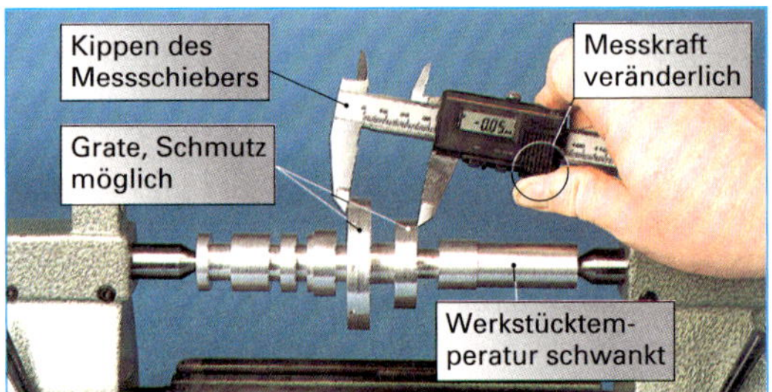

2 Beipiele für zufällige Messabweichungen

$$\bar{x} = \frac{\sum_{i=1}^{n} x_i}{n}$$

Messung n	Messwert x_i
1	60,001 mm
2	60,003 mm
3	59,995 mm
4	59,999 mm
5	60,002 mm
$\bar{x}$	60,000 mm

Mit der Zahl der Messungen wird das Ergebnis weniger unsicher, die systematischen Abweichungen bleiben erhalten.

3 arithmetischer Mittelwert

Übung und Kontrolle

1 Was versteht man unter den Begriffen Messen, Lehren, unmittelbares Messen und Unterschiedsmessen?
2 Erläutern Sie den Aufbau von mechanischen, elektrischen und pneumatischen Messanordnungen.
3 Welche Vorteile bringen Koordinatenmessmaschinen?
4 Aus welchen Gründen treten Messabweichungen auf?
5 Worin unterscheiden sich zufällige von systematischen Messabweichungen und wie sind sie jeweils zu berücksichtigen?
6 Beobachten Sie einmal zielgerichtet Ihre Messtätigkeiten und suchen Sie nach Ursachen für Messabweichungen.

1.3 Prüfen von Maßen, Formen und Lagen

Während und nach der Fertigung von Werkstücken sind entweder deren Maße, die Einhaltung von vorgegebenen Toleranzen oder auch die Lage einzelner Bezugsflächen zueinander zu prüfen.

1.3.1 Prüfen von Maßen und Maßtoleranzen

Für das Messen von Längenmaßen kommen die mechanische, die elektrische, die pneumatische und die optische Messanordnung in Betracht. Die Auswahl der Messgeräte hängt von der konkreten Messaufgabe ab. Dabei ist die geforderte Genauigkeit oft bestimmend.

Mechanische Messmittel

Der Messschieber

Für viele Messaufgaben, bei denen es nicht auf höchste Genauigkeit ankommt, ist der Messschieber ein bewährtes Messgerät. Mit ihm lassen sich Innen-, Außen- und Tiefenmessungen durchführen.

Durch das Anbringen des Nonius ist es möglich Messwerte mit einer Genauigkeit von 0,1 mm bis 0,02 mm abzulesen.

Das Prinzip des Nonius (von none = neun) beruht darauf, dass 9 mm (oder z.B. 49 mm in 50 Abschnitte) in 10 Abschnitte geteilt werden. Die entsprechenden Skalenteile sind so um 0,1 mm kleiner als auf dem Strichmaßstab des Messschiebers. Der Strich des Nonius, der mit einem Strich der Strichmaßstabes in einer Flucht liegt, zeigt die 1/10 mm bzw. 1/20 mm an (oder die 1/20 mm oder 1/50 mm, Bild 2). Messschieber werden zunehmend mit einer elektronischen Ziffernanzeige angeboten. Ablesefehler entfallen hier. Die Ziffernanzeige kann meist wahlweise in Millimeter oder Zoll erfolgen. Regeln zum Umgang mit dem Messschieber hängen meist in den Werkstätten aus.

Messschrauben

Messschrauben werden angewendet, wenn durch unmittelbares Messen auf 0,01 mm genau gemessen werden soll.

Als Maßverkörperung dient bei den Messschrauben eine Messspindel (Gewindespindel). Diese hochgenaue, gehärtete und geschliffene Spindel hat meist eine Steigung von 0,5 mm. Die um die Messspindel liegende Skalentrommel ist mit 50 Teilstrichen versehen, eine Längenänderung von 0,01 mm wird durch das Nachstellen der Messspindel um einen Teilstrich auf der Skalentrommel registriert. Durch das Addieren der ganzen und halben Millimeter von der Skalenhülse mit den hundertstel Millimetern von der Skalentrommel wird das exakte Messergebnis ermittelt. Messschrauben werden auch für das Innenmessen verwendet. Wegen des schwierigen Messens und um Messfehler zu vermeiden werden selbstzentrierende Messschrauben verwendet. Messschrauben mit elektronischer Ziffernanzeige sind auch mit Ziffernschrittwerten von 0,001 mm im Einsatz.

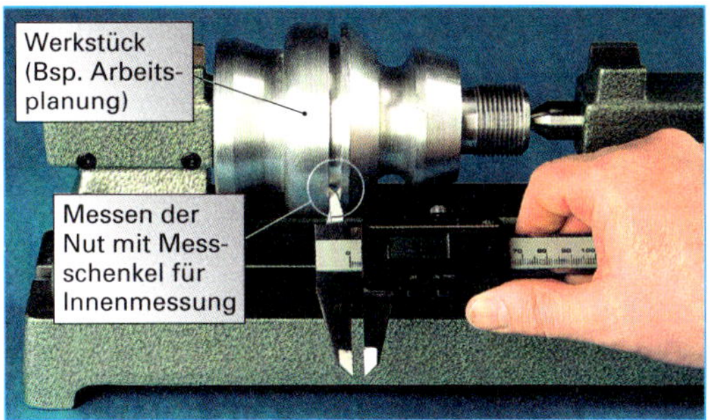

1 Innenmessen mit dem Messschieber

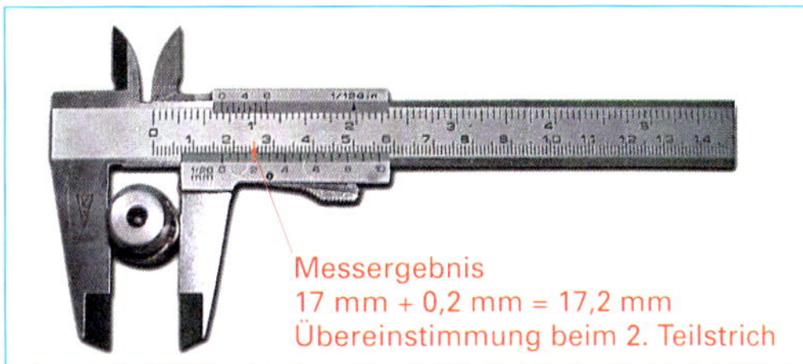

2 Ablesen des Nonius

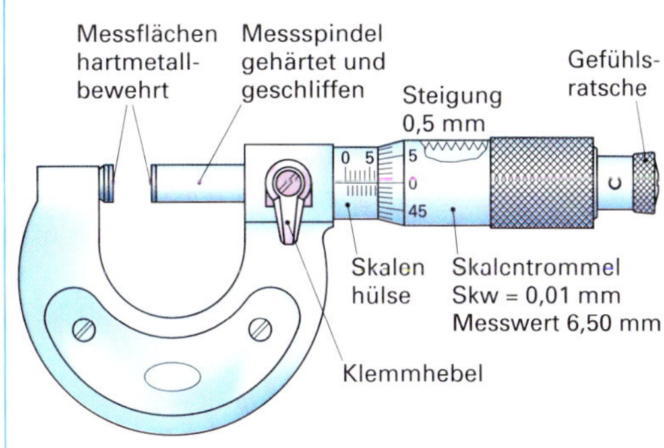

3 Bügelmessschraube für Außenmessung

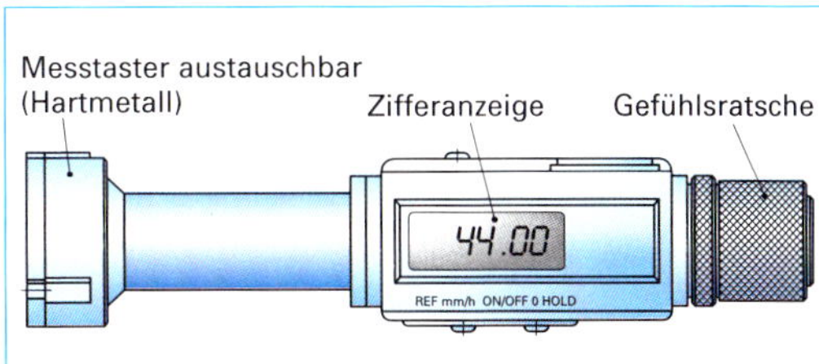

4 Innenmessschraube mit elektronischer Ziffernanzeige

Messschraube mit Feinzeiger

Für höhere Ansprüche an die Genauigkeit sind die Messschrauben mit Feinzeigern versehen.

Damit kann bei Serienteilen die Einhaltung der Toleranzen festgestellt werden. Der Messbereich des Feinzeigers liegt allerdings meist bei 50 µm. Deshalb ist das Unterschiedsmessen anzuwenden. Die Messschraube wird mit Parallelendmaßen (Vgl. Bild 1, S. 12) eingestellt. Dann kann die Differenz des Maßes des Werkstückes mit dem voreingestellten Maß ermittelt werden. Toleranzmarken, die die erlaubten Höchst- und Mindestmaße repräsentieren, machen das genaue Ablesen des Messwertes überflüssig.

Die Messuhr

Bei der Messuhr wird der durch die Längenänderung am Werkstück hervorgerufene Weg des Messbolzens über ein Übersetzungssystem vergrößert.

Sie enthält keine absoluten Maßverkörperungen wie der Messschieber oder die Messschraube. Für das Messen wird immer eine Bezugsbasis benötigt, z.B. Parallelendmaße. Über Unterschiedsmessen wird das Maß des Messobjektes ermittelt. Auf zwei getrennten Skalen lassen sich ganze und Hundertstel mm ablesen. Betrachten Sie dazu noch einmal Bild 2, S.12. Digitale Messuhren erleichtern auch hier das Messen (Bild 2).

Die Feinzeiger

Die genauesten mechanischen Messgeräte sind die Feinzeiger.

Die unter den verschiedensten Firmennamen angebotenen Feinzeiger können sogar auf weniger als ein Tausendstel Millimeter genau messen (Skw bis 0,5 µm) (Bild 3). Diese hohe Genauigkeit wird durch ein Übersetzungsverhältnis aus Hebeln und Zahnrädern erreicht. Der Preis dafür sind sehr kleine Anzeige- und Messbereiche.

Messuhren und Feinzeiger dienen auch zum Feststellen von Form- und Lageabweichungen.

Elektronische Messmittel

Die elektronischen Messgeräte, die meist mit dem induktiven Messsystem arbeiten (Vgl. Bild 2, S. 14) sind in unterschiedlichen Messverfahren einzusetzen. Für die Längenmessung sind interessant:
Einzelmessung: Ein einzelner Messtaster wird wie eine Messuhr zur Längen-(Dicken-)messung genutzt.
Summenmessung: Aus der Summe der von zwei Messtastern gemessenen Werte wird der Messwert ermittelt. Messfehler werden so eingegrenzt.

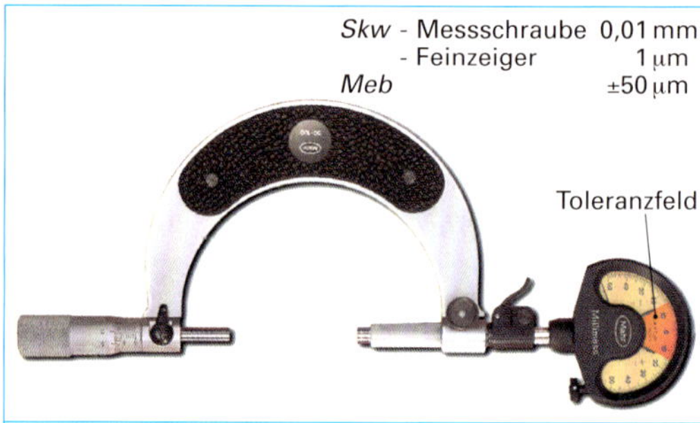

1 Messschraube mit Feinzeiger und Toleranzfeld

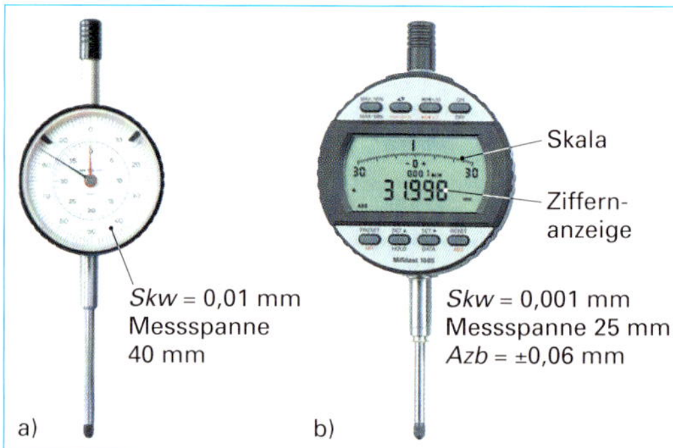

2 a) Langweg-Messuhr mit großem Messbereich
b) Digitale Messuhr mit Ziffern- und Skalenanzeige

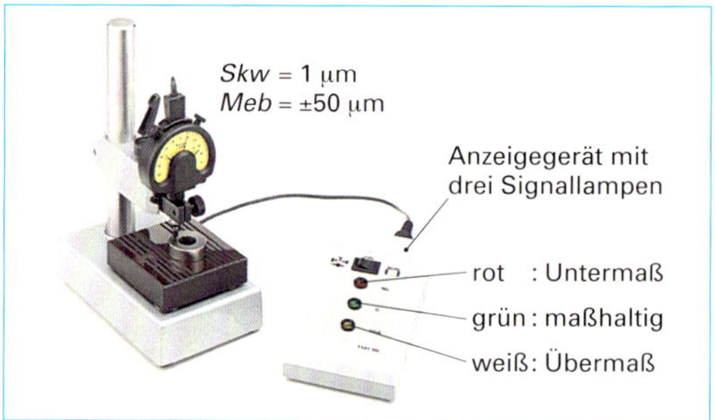

3 Feinzeiger mit zwei Grenzkontakten

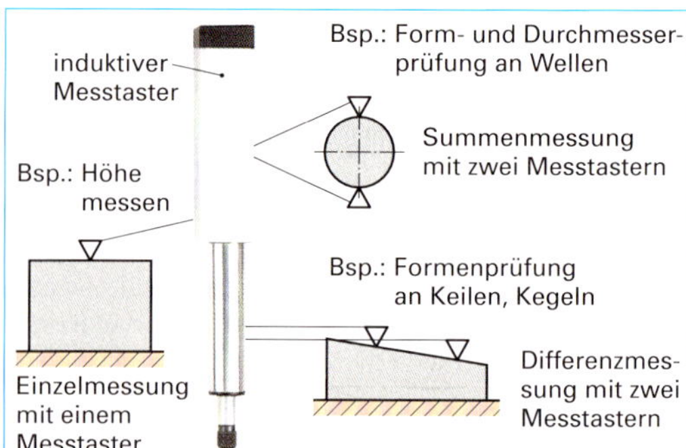

4 Messen mit elektronischen Messgeräten

Maßliches Prüfen mit Lehren
Für sehr viele Werkstücke, die keine fertigen Einzelteile sondern Elemente von Baugruppen oder Maschinen sind, ist nicht so sehr entscheidend, wie ihr genaues Maß ist. Sie müssen „passen", d.h. mit anderen Bauteilen zusammen eine Funktion erfüllen. Damit die Teile passen, muss sich das Maß innerhalb bestimmter geduldeter Grenzen bewegen. Das Einhalten solcher Grenzmaße wird sehr häufig mit Lehren überprüft.

Beim **Lehren** wird festgestellt, ob das Werkstück „gut" ist, d.h. zwischen den erlaubten Grenzwerten liegt, oder ob es zu klein oder groß ist.

Je nachdem, ob am Bauteil ein Innen- oder Außenmaß geprüft wird, zeigt das „zu groß" oder „zu klein" Ausschuss oder Nacharbeit an.

So vorteilhaft das Prüfen mit einer Lehre ist, es setzt aber das gesonderte Anfertigen einer Lehre für jedes Passmaß voraus. Eine bestimmte Anzahl von zu prüfenden Werkstücken ist also die Voraussetzung für den Einsatz von Lehren.

Die Messflächen der **Gutseite** der Lehren sind länger, da mit der Gutseite der Lehre zugleich die Form des Werkstückes mit geprüft wird.
Die **Ausschussseite** der Lehre repräsentiert nur das Maß.

Der Einsatz dieser Grenzlehren dürfte zurückgehen, da immer mehr Lehren mit Feinzeigern zum Einsatz kommen. Diese Lehren sind auf verschiedene Passmaße einstellbar und zeigen zudem konkrete Messwerte an. Für höchste Genauigkeiten sind Elektronik-Rachenlehren mit Skw bzw. Zw von 0,1 μm erhältlich.

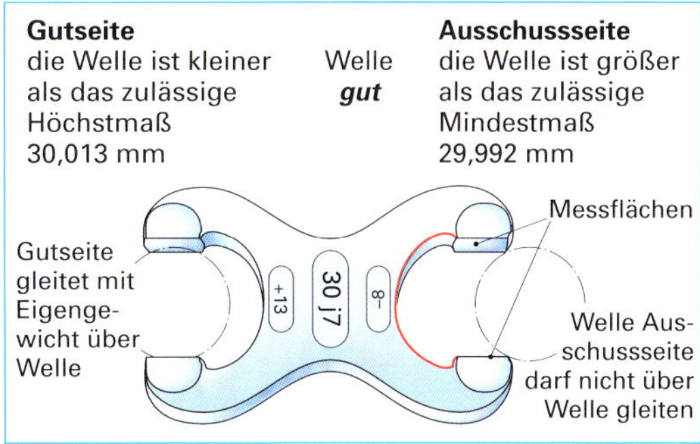

2 Grenzrachenlehre zum Passmaß 30 j7

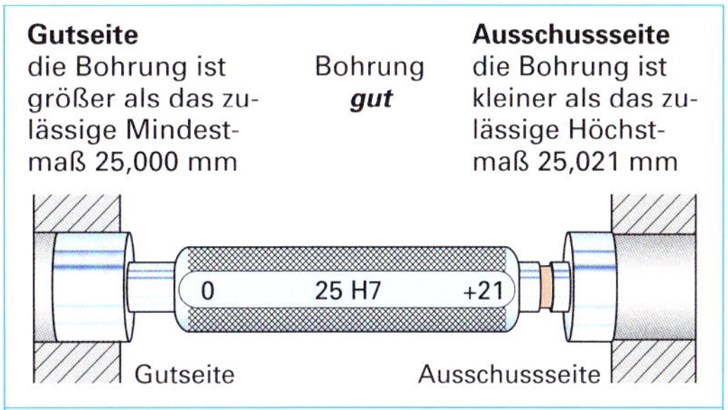

3 Grenzlehrdorn zum Passmaß H7

4 Feinzeigerrachenlehre im Einsatz

Übung und Aufgaben

1 Mit einem Messschieber kann mittels indirektem Messen auch ein Durchmesser einer Welle bestimmt werden, wenn dieser Durchmesser größer als der Messbereich des Messschiebers ist. Bei einem Verfahren wird eine Sehne des Kreises gemessen und nach folgender Formel der Durchmesser berechnet:

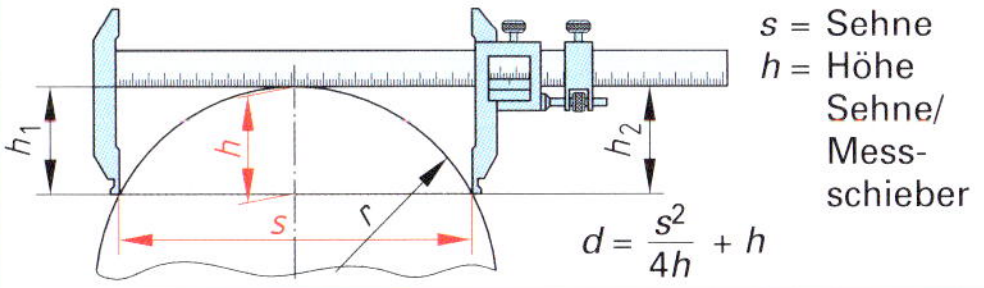

$$d = \frac{s^2}{4h} + h$$

1 Messen der Kreissehne

Probieren Sie das Verfahren einmal mit unterschiedlich großen Messschiebern aus! Können Sie die Richtigkeit der Formel beweisen?
Welche Messunsicherheiten treten bei einer solchen Messung auf?

2 Welche Faktoren bestimmen die Auswahl von Messgeräten?

3 Welche Möglichkeiten stehen Ihnen offen, wenn
- **ein Außenmaß (Welle) größer ist als die Gutseite der Rachenlehre**
- **ein Außenmaß (Welle) kleiner ist als die Ausschussseite der Rachenlehre**
- **ein Innenmaß (Bohrung) kleiner ist als die Gutseite des Lehrdornes**
- **ein Innenmaß (Bohrung) größer ist als die Ausschussseite des Lehrdornes?**

4 Warum werden zum Prüfen Maßverkörperungen, anzeigende Messgeräte und Lehren eingesetzt? Worin sehen Sie die spezifischen Anwendungsgebiete dieser Prüfmittel?

5 Erkunden Sie, welche Hinweise zum Umgang mit Messmitteln in Ihrer Ausbildungsstätte zugänglich sind. Stellen Sie eine Übersicht zum richtigen Umgang mit Messschiebern, Messschrauben, Messuhren und Feinzeigern zusammen.

1.3.2 Prüfen von Formen, Lagen und ihren Abweichungen

Werkstücke lassen sich hinsichtlich ihrer Maße nicht absolut genau fertigen, auch die geometrische Form der Werkstücke und die Lage einzelner Flächen zueinander lassen sich nicht nach der Idealform eines Kreises oder anderer geometrischer Figuren herstellen. Deshalb müssen auch die Formen und Lagen und ihre Abweichungen von den vorgeschriebenen Werten geprüft werden.

Form- und Lagetoleranzen sind genormt und in DIN ISO 1101 aufgeführt.

Eine Form- und Lagetoleranz eines Elementes definiert die Zone, innerhalb der jeder Punkt dieses Elementes liegen muss, wenn das Werkstück die Anforderungen erfüllen soll.

Als Elemente werden Flächen, Achsen u.a. bezeichnet.
Toleranzzonen können z.B. sein:
- die Fläche innerhalb eines Kreises,
- die Fläche zwischen zwei konzentrischen Kreisen,
- die Fläche zwischen zwei parallelen Geraden,
- der Raum zwischen zwei koaxialen Zylindern.

In der technischen Zeichnung wird das Symbol für die jeweilige Form- und Lagetoleranz und ein Toleranzwert angegeben. Ein Pfeil gibt den Bezug zur Achse oder Fläche an, für die die Toleranz gilt.

Tabelle 1: Übersicht über Form- und Lagetoleranzen (nach DIN ISO 1101)

Eigenschaft/ Symbol	**Bild**	**Definition**	**Beispiel** (Alle Längenangaben in mm)	
Geradheit —	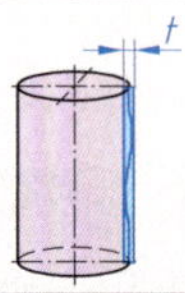	Die Toleranzzone wird in der Messebene durch zwei parallele, gerade Linien vom Abstand *t* begrenzt.	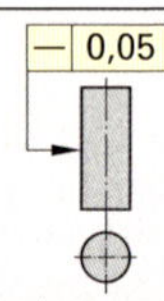	Jede Mantellinie der tolerierten, zylindrischen Fläche muss zwischen zwei parallelen Geraden vom Abstand 0,05 liegen.
Ebenheit ⏥	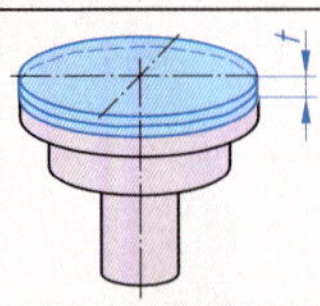	Die Toleranzzone wird durch zwei parallele Ebenen vom Abstand *t* begrenzt.	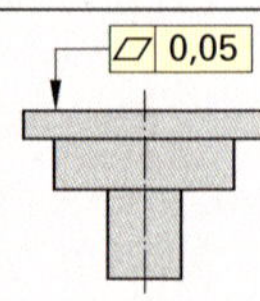	Die tolerierte Fläche muss zwischen zwei parallelen Ebenen vom Abstand 0,05 liegen
Rundheit ○	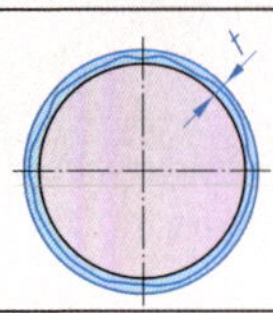	Die Toleranzzone wird in der zur Achse senkrechten Messebene durch zwei konzentrische Kreise vom Abstand *t* begrenzt.	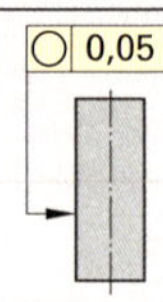	Die Umfangslinie muss in jedem Querschnitt zwischen zwei konzentrischen Kreisen vom Abstand 0,05 liegen.
Zylindrizität ⌭	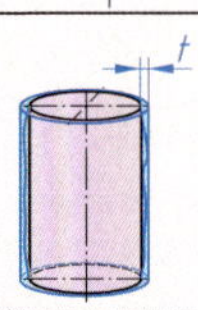	Die Toleranzzone wird durch zwei koaxiale Zylinder vom Abstand *t* begrenzt.	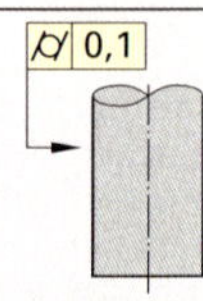	Die tolerierte, zylindrische Fläche muss zwischen zwei koaxialen Zylindern vom Abstand von 0,1 liegen.
Neigung ∠	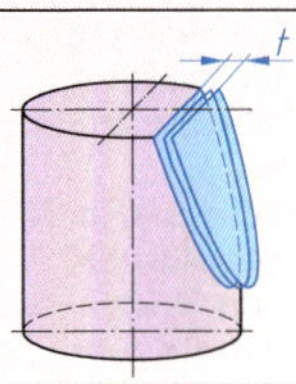	Die Toleranzzone wird durch zwei parallele Ebenen vom Abstand *t* begrenzt, die zum Bezug im vorgeschriebenem Winkel geneigt sind.	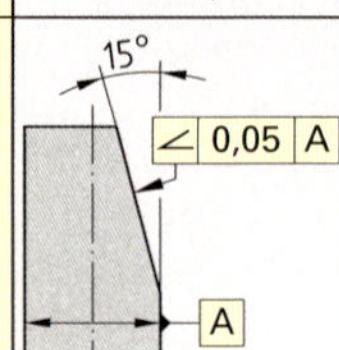	Die tolerierte Fläche muss zwischen zwei parallelen Ebenen vom Abstand 0,05 liegen, die zur Bezugsebene A um 15° geneigt sind.
Parallelität //	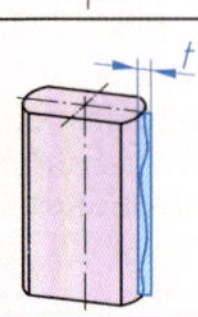	Die Toleranzzone wird in der Messebene durch zwei zum Bezug parallele, gerade Linien vom Abstand *t* begrenzt.	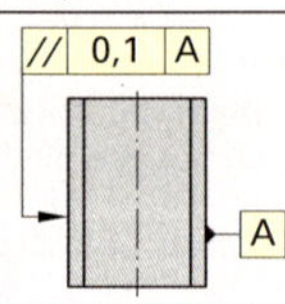	Jede Linie der tolerierten Fläche muss zwischen zwei Ebenen vom Abstand 0,1 liegen, die zur Bezugsfläche A parallel liegen.

Form- und Lagetoleranzen (nach DIN ISO 1101)

Recht-winkligkeit ⊥	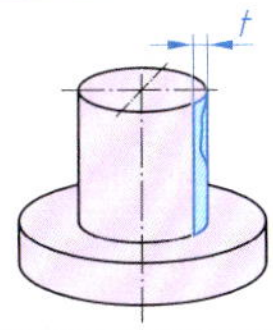	Die Toleranzzone wird in der Messebene durch zwei parallele, gerade Linien vom Abstand *t* begrenzt, die zum Bezug senkrecht sind.	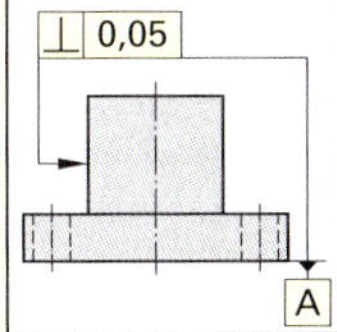	Jede beliebige Mantellinie der tolerierten, zylindrischen Fläche muss zwischen zwei parallelen Linien vom Abstand 0,05 liegen, die auf der Bezugsfläche A senkrecht stehen.
Rundlauf ↗	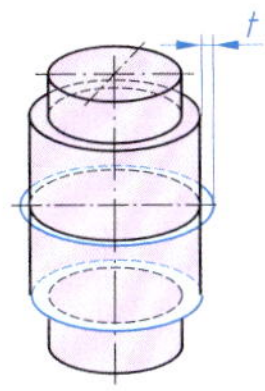	Die Toleranzzone wird in der zur Achse senkrechten Messebene durch zwei konzentrische Kreise vom Abstand *t* begrenzt, deren gemeinsame Mitte auf der Bezugsachse liegt.	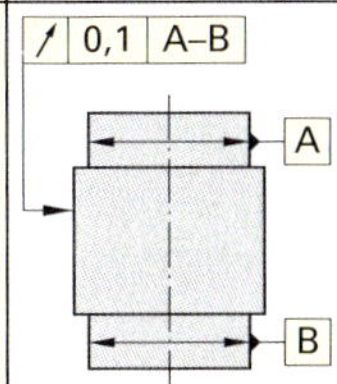	Die Rundlaufabweichung der tolerierten Fläche darf 0,1, bezogen auf die aus A und B gebildete Bezugsachse, nicht überschreiten. Bei der Prüfung ist das Werkstück um die Bezugsachse zu drehen.
Gesamtlauf Planlauf ⌰	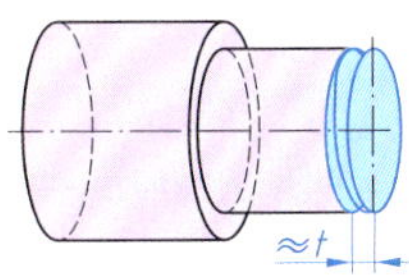	Die Toleranzzone wird durch zwei parallele Ebenen vom Abstand *t* begrenzt, die senkrecht zur Bezugsachse sind	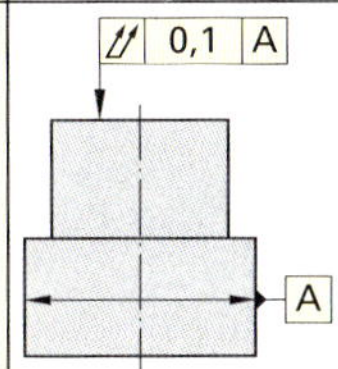	Die tolerierte Fläche muss zwischen zwei parallelen Ebenen vom Abstand 0,1 liegen, die senkrecht zur Bezugsachse A sind. Bei der Prüfung ist das Werkstück bei mehreren Radien zu drehen.
Symmetrie ⌯	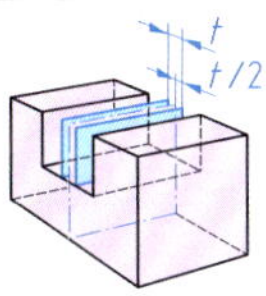	Die Toleranzzone wird durch zwei zur Bezugsachse oder -ebene symmetrisch liegende Ebenen vom Abstand *t* begrenzt.	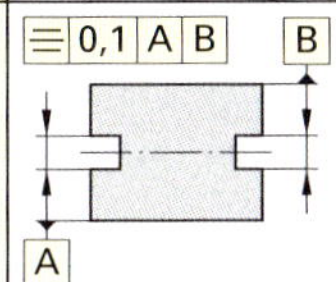	Die Mittelebenen der Nuten müssen zwischen zwei parallelen Ebenen vom Abstand 0,1 liegen, die symmetrisch zu den Bezugsebenen A und B liegen.
Koaxialität ◎	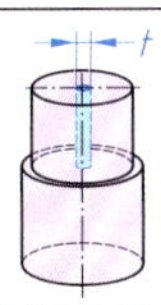	Die Toleranzzone wird durch einen Zylinder vom Durchmesser *t* begrenzt, dessen Achse mit der Bezugsachse übereinstimmt.	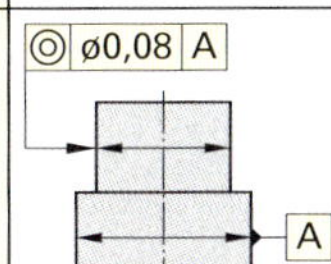	Die Achse des tolerierten Zapfens muss innerhalb eines zur Bezugsachse A koaxialen Zylinders vom Durchmesser 0,08 liegen.
Position ⌖	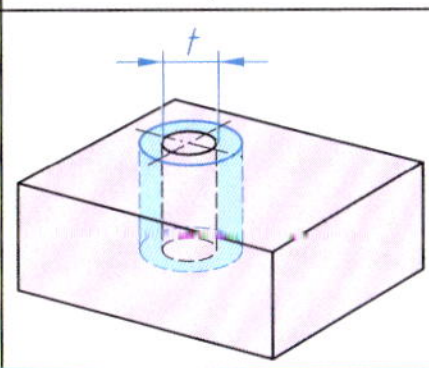	Die Toleranzzone wird durch einen Zylinder vom Durchmesser *t* begrenzt, dessen Achse am theoretisch genauen Ort der tolerierten Position liegt.	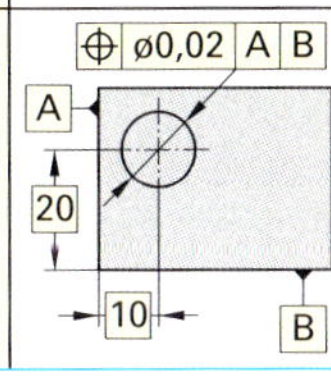	Die Achse der tolerierten Bohrung muss innerhalb eines Zylinders vom Durchmesser 0,02 liegen, dessen Achse sich bezogen auf die Flächen A und B am theoretisch genauen Ort befindet.

Alle die angeführten und noch weitere Elemente lassen sich mit programmierten Messmaschinen prüfen. Mit dem Tastkopf werden die einzelnen Messpunkte angefahren. Die gewonnenen Daten werden verarbeitet und das Prüfergebnis gibt genaue Auskunft über das Einhalten der Toleranzen. Die Arbeit an den Messmaschinen gehört im Normalfall nicht zum Aufgabengebiet des Zerspanungsmechanikers. Deshalb werden einige zumeist einfacher handhabbare und nachvollziehbare Prüfverfahren beschrieben.

Prüfen von Geradheit, Ebenheit und Parallelität

Eine sehr einfache Prüfung der **Geradheit** eines Werkstückes ist die mit einem Haarlineal. Dies ist in jeder Werkstatt möglich. Je nach der geforderten Genauigkeit genügt schon die Sichtprüfung (bis 1µm genau), oder es werden Fühllehren oder Feinzeiger zu Hilfe genommen (Bild 1).

Auch optische Geräte eignen sich zum Prüfen der Geradheit.

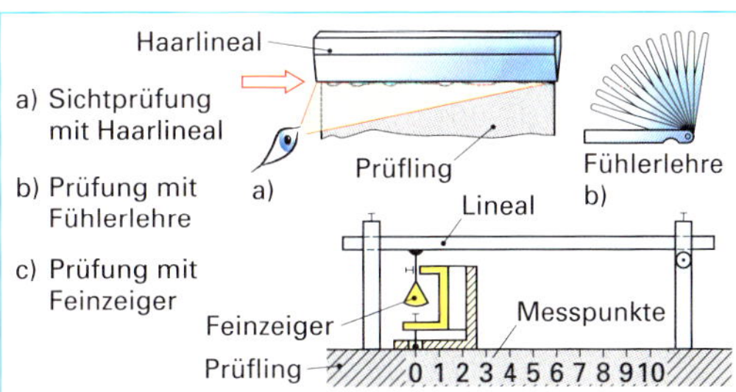

1 Prüfen der Geradheit

Die **Ebenheit** kann wie die Geradheit mit einem Haarlineal geprüft werden. Allerdings ist das Haarlineal dazu an verschiedenen Stellen und in verschiedenen Richtungen aufzulegen.
Das Prüfen der Ebenheit ist auch mit anzeigenden Messgeräten möglich (Bild 1).

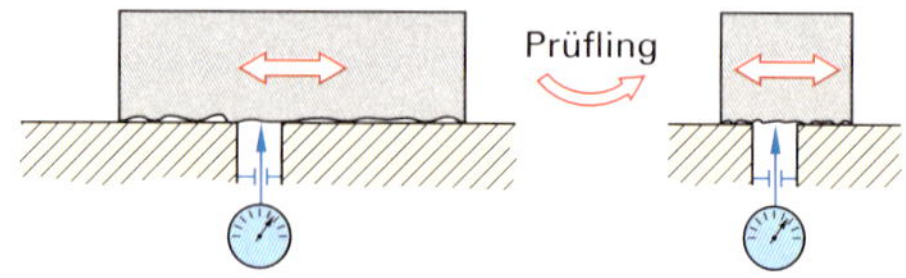

1 Prüfen der Ebenheit mit der Messuhr

Die **Parallelität** wird mit anzeigenden Messgeräten geprüft. Die Messplatte oder ein Messtisch dienen als Bezugsbasis. Die Ebenheit dieser Flächen wird vorausgesetzt (Bild 2).
Für das Prüfen der Parallelität langer Nuten oder Führungen gibt es Sonderprüfvorrichtungen.

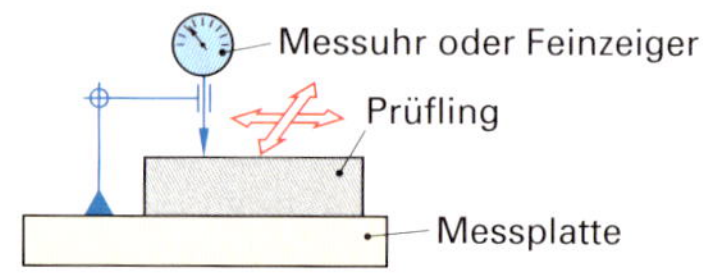

2 Prüfen der Parallelität

Prüfen von Neigungen und Winkeln

Neigungen unterscheiden sich von Winkeln dadurch, dass die Bezugsfläche für Neigungen immer eine horizontale oder vertikale Ebene ist.

Eine Neigung bedeutet immer eine Abweichung von der Horizontalen oder Vertikalen.
Das Prüfen der Neigung verfolgt zwei Ziele:

a) Feststellen, ob ein Bauteil geneigt ist – und dies gegebenfalls beseitigen, z.B. bei Maschinenbetten.
b) Die Größe der Neigung feststellen.

Die Neigung wird meist mit Richtwaagen ermittelt.

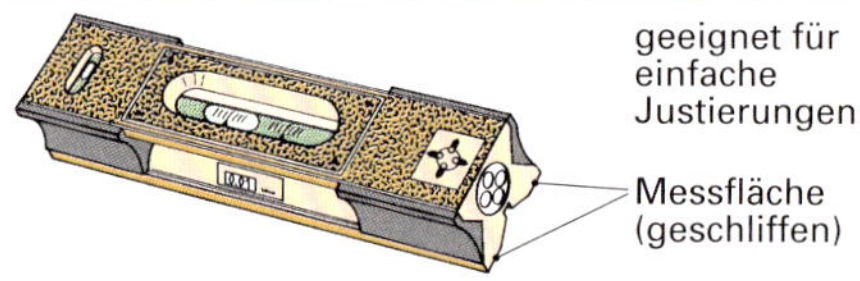

3 Richtwaage für Neigungsprüfung

Bei der **Winkelprüfung** wird die Lage von Kanten und Flächen festgestellt, wobei diese Kanten und Flächen eine beliebige Lage einnehmen können.

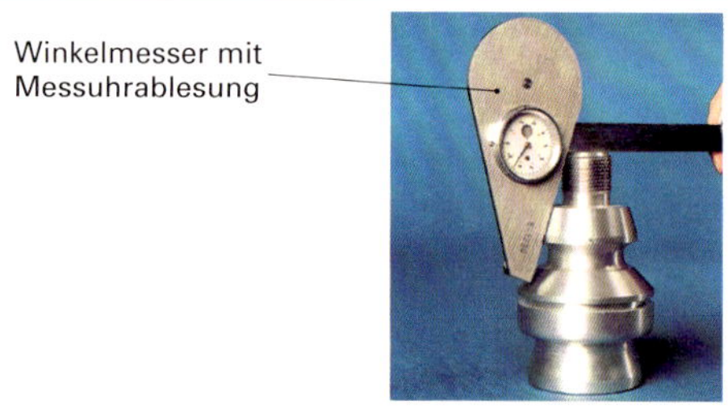

4 Winkelprüfung

Das Prüfen erfolgt mit anzeigenden Messgeräten und Lehren (z.B. Stahlwinkel).
Als anzeigende Messgeräte kommen die unterschiedlichsten Winkelmesser zum Einsatz. Ein besonderes Winkelmessgerät ist das Sinuslineal, mit dem auch Kegel gemessen werden. Mit dem Sinuslineal können Winkel eingestellt oder geprüft werden (Bild 5).
Der Zusammenhang zwischen dem Winkel und der Endmaßkombination über die Sinusfunktion lässt beides zu.

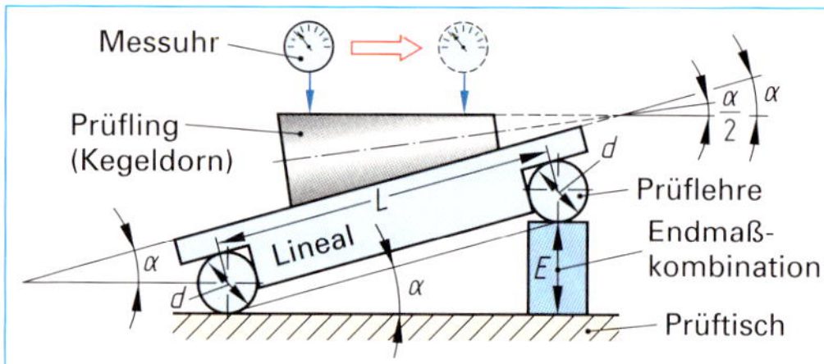

5 Sinuslineal

$$\sin \alpha = \frac{E}{L} \quad \Rightarrow \quad E = L \cdot \sin \alpha$$

Entweder wird vom bekannten Winkel aus über die Endmaßkombination die Lage des Teils eingestellt, oder die notwendige Endmaßkombination dient zur Berechnung des Winkels (Bild 5).

Mit modernen Präzisions-Kontroll-Sinus- Winkeleinstellgeräten können Winkel und Neigungen bis auf 2 Bogensekunden genau eingestellt und gemessen werden (Bild 6).

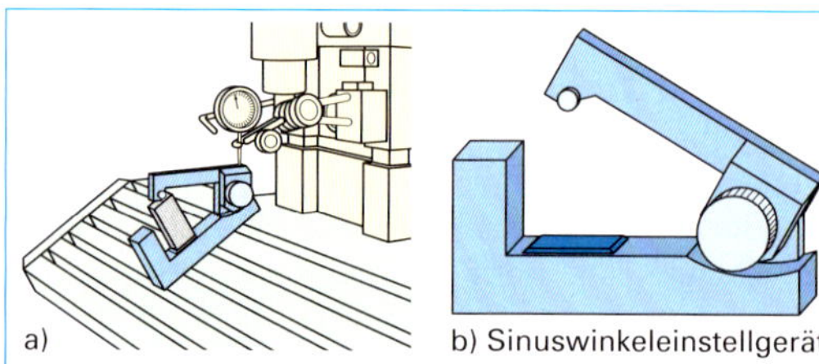

a) b) Sinuswinkeleinstellgerät

6 Einstellung einer Tischneigung mit einem Sinus-Winkeleinstellgerät

Prüfen von Rundheit und Zylindrizität

Rundheit und **Zylindrizität** lassen sich am günstigsten in der Messmaschine prüfen.
Aber auch mit einfachen Mitteln kann über Zwei- und Dreipunktmessungen die Rundheit bestimmt werden. Es ist allerdings zu beachten, dass die oft beim spitzenlosen Schleifen entstehenden Gleichdicke mit der Zweipunktmessung nicht ermittelt werden. Auch Ellipsen lassen sich so nicht immer feststellen (Bild 1).
Bei der Dreipunktmessung in Prismen mit 108° Öffnung wird die Rundheit richtig gemessen.

In Formprüfgeräten mit sich drehendem Prüfling oder drehendem Feinzeiger kann die Kreisform auch exakt ermittelt werden (Bild 2).

Bei der Prüfung der Zylindrizität muss neben der Prüfung der Kreisform auch noch die Geradheit und Parallelität der Mantellinien geprüft werden.

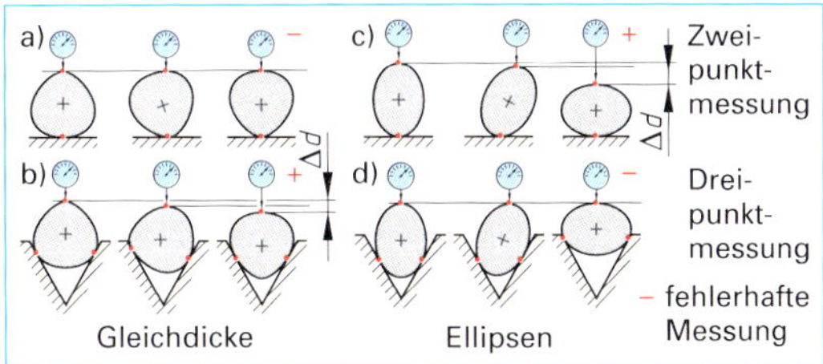

1 Gleichdicke und Ellipsen bei der Rundheitsprüfung

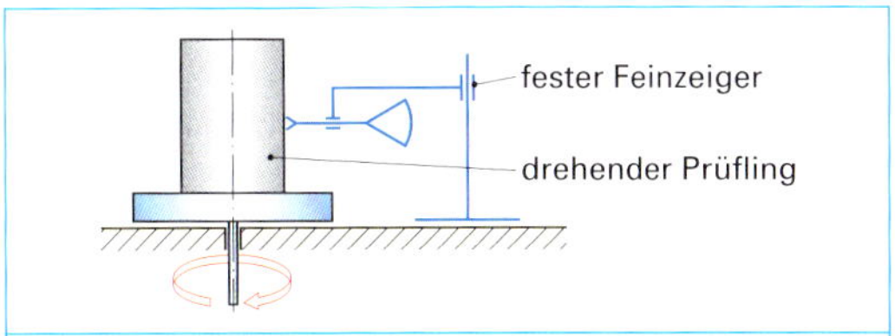

2 Prüfen der Rundheit mit Formprüfgerät

Prüfen von Rundlauf und Planlauf

Rundlauf und **Planlauf** lassen sich relativ einfach mit einer Messuhr oder einem Feinzeiger prüfen.

Die Abweichungen im Rundlauf beruhen auf Mängeln der Rundheit oder der Koaxialität.
Die Toleranzen für den Rundlauf grenzen damit auch Abweichungen der Rundheit oder der Koaxialität mit ein.

Eine Prüfung wie in Bild 3 ermittelt allerdings nur den Rundlauffehler insgesamt, nicht seine Ursachen.
Der Planlauf ist stark von der Ebenheit der Planflachen abhängig.

3 Prüfen des Rundlaufs

Prüfen von Konzentrizität und Koaxialität

Abweichungen von der Konzentrizität und Koaxialität spielen bei allen Bauteilen mit Bohrungen eine Rolle.

Konzentrizität bezieht sich auf mehrere Kreise um einen Mittelpunkt, z.B. den Umfangskreis einer Welle oder Scheibe und einer Bohrung darin.

Koaxialität bezieht sich auf die Achsen von hintereinanderliegenden Bohrungen oder Wellen.

Bei einfachen Messungen ist Rundlauf- und Koaxialitätsabweichung nicht zu unterscheiden. Dazu sind genaue Analysen mit rechnergestützter Auswertung nötig.

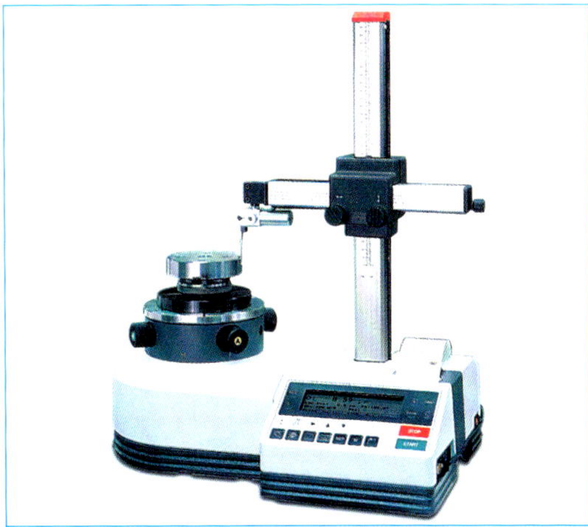
4 Formtester für Rundlauf, Planlauf, Parallelität, Konzentrizität, Koaxialität mit Profilschreiber

Prüfen von Gewinden

Gewinde lassen sich mit anzeigenden Messgeräten und mit Lehren prüfen.

Wenn nur die Passfähigkeit von Innen- und Außengewinde von Bedeutung ist, genügt das Prüfen mit Lehren (Bild 2).

Durch das Zusammenschrauben von Mutter und Bolzen und die feststellbare (Leicht-)Gängigkeit ist eine Gewähr für Funktionstüchtigkeit gegeben.

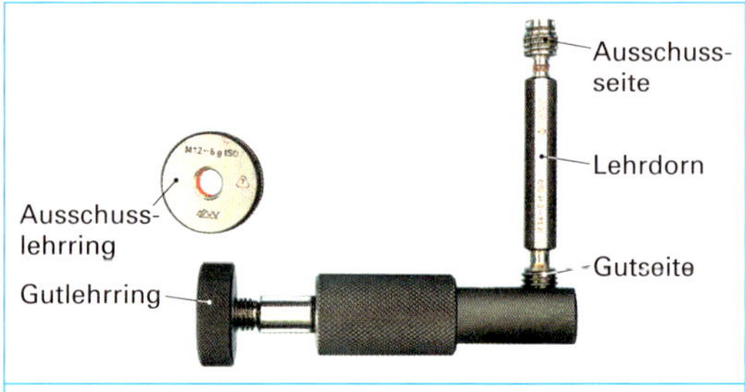

2 Gewindelehren für Innen- und Außengewinde

Sind allerdings die einzelnen Bestimmungsgrößen (Bild 3) am Innen- und Außengewinde exakt zu ermitteln, sind anzeigende Messgeräte zu verwenden. Hierfür ist ein umfangreiches Sortiment an Prüfmitteln vorrätig. Über Einsätze in Gewinde-Messschrauben oder Gewinde-Rachenlehren lassen sich für beliebige Flankenwinkel und Steigungen die Flanken-, Kern- und Außendurchmesser ermitteln.

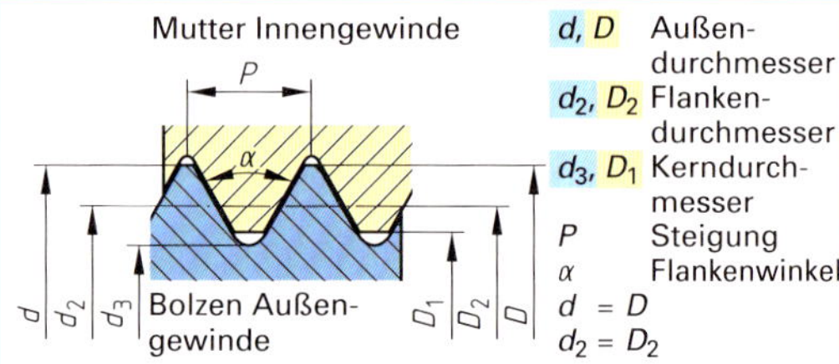

3 Bestimmungsgrößen am Gewinde

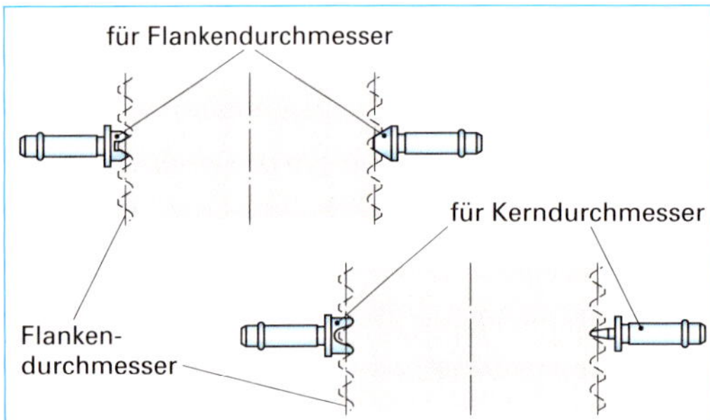

1 Einsätze für Gewindemessung

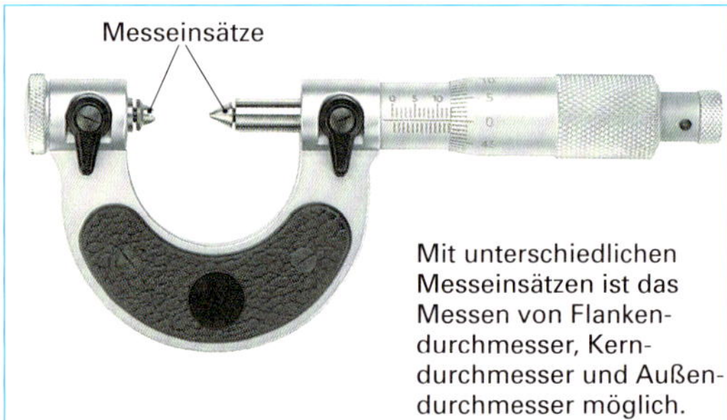

4 Gewindemessschraube

Mit der **Dreidrahtmessmethode** lässt sich der Flankendurchmesser des Gewindes berechnen.

Dabei werden drei Prüfstifte bekannten Durchmessers in die Gewindelücken gelegt und *M* gemessen. Über eine Rechnung oder Tabellen erhält man d_2.

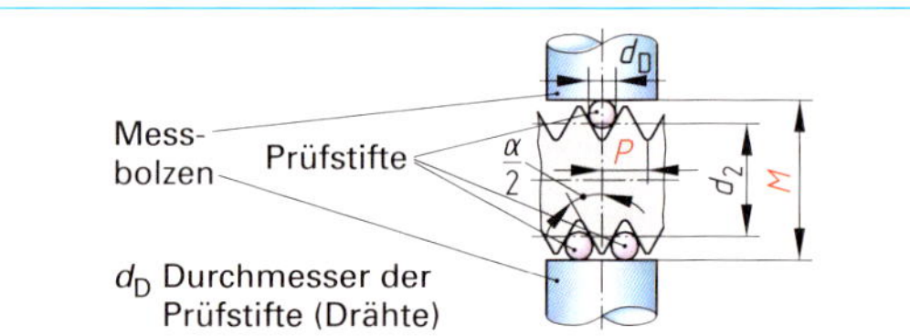

5 Gewindeprüfung mit der Dreidrahtmethode

Gewindesteigungs-Prüfung

Für viele Bauteile, z.B. Antriebsspindeln, ist die Steigung von besonderer Bedeutung. Die Steigung des Gewindes ist der achsparallele Abstand zweier benachbarter, zum selben Gewindegang gehörender, gleichgerichteter Flanken.

Ganz einfach mit dem Messschieber (Messen des Abstandes mehrerer Gänge und Teilen durch die Anzahl der Gänge) oder genauer mit Gewindesteigungsprüfern lässt sich die Größe und Konstanz der Steigung prüfen.

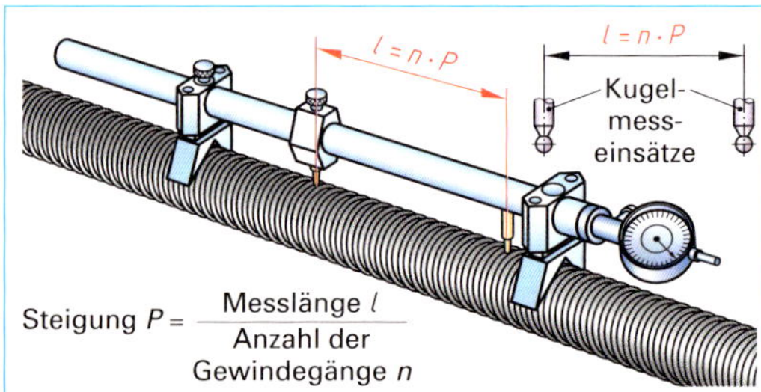

6 Gewinde-Steigungsprüfer für Spindeln

Prüfen von Zahnrädern

Zahnräder greifen immer ineinander. Ein störungsfreier Lauf setzt passende Zahnräder voraus.

Bei der Prüfung der Zahnräder gibt es grundsätzlich zwei Methoden:

- die Erfassung der Einzelabweichungen der einzelnen Bestimmungsgrößen oder
- die Erfassung der Sammelabweichungen (Gesamtabweichungen).

Die Prüfung auf Gesamtabweichung kann durch Aufnahme des Tragbildes, durch Geräuschprüfung oder durch die Einflanken- und Zweiflanken-Wälzprüfung erfolgen.
Das Tragbild erhält man durch Antuschieren und Abrollen eines Lehrrades.

Bei der am häufigsten angewandten **Zweiflanken-Wälzprüfung** werden zwei Zahnräder spielfrei aufeinander abgewälzt. Aus der Veränderung des Achsabstandes wird auf die Fehler geschlossen.

Bei Präzisionszahnrädern oder bei der Fehlersuche sind allerdings die Einzelabweichungen zu ermitteln: Zahnweite, -dicke und -höhe, Teilung, Profilform und Rundlauf sind zu messen (Bild 5).

Zahndickenmessschieber, Zahnweiten- Feinzeigermessschrauben, Rundlaufprüfgeräte und Zahnradprüfgeräte stehen für diese Messungen bereit.

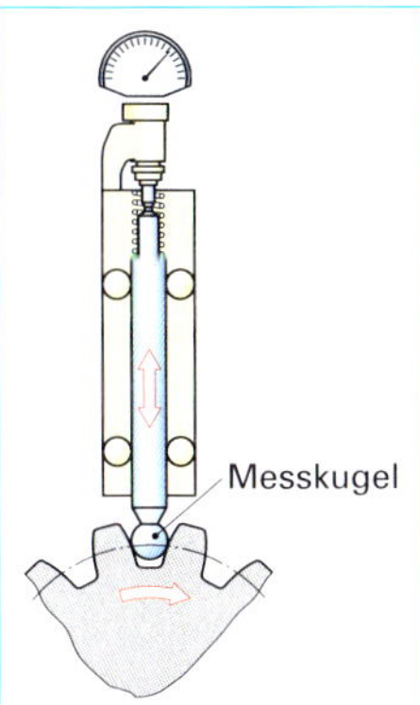

1 Messung der Rundlaufabweichung

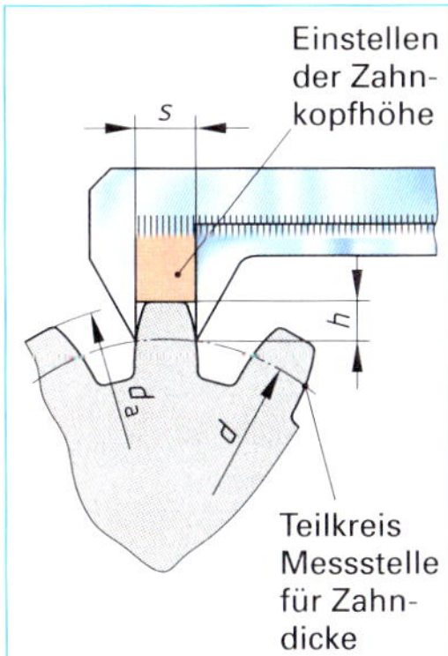

2 Zahndickenmessschieber

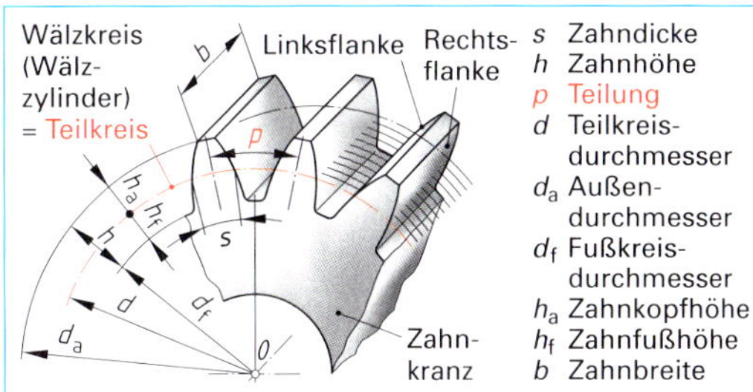

3 Wichtige Bestimmungsgrößen am Stirnrad

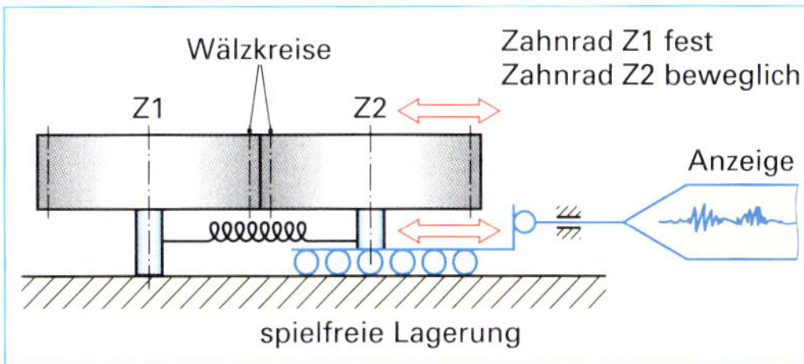

4 Zweiflanken-Wälzprüfung

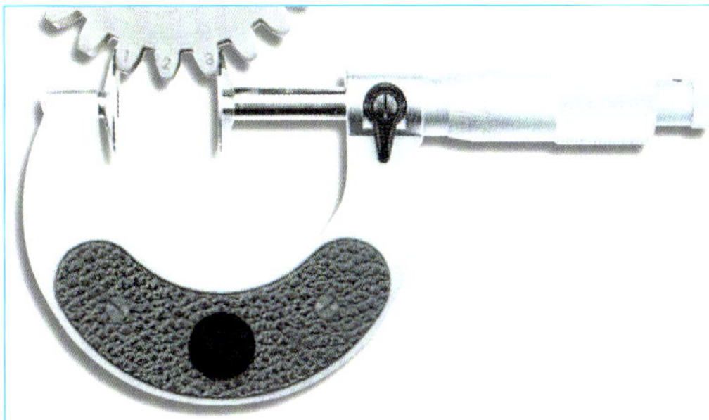

5 Zahnweiten-Messschraube

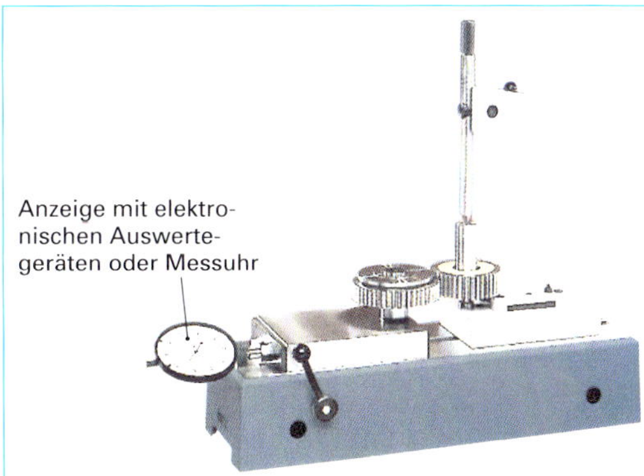

6 Zahnradprüfgerät

Aufgaben

1. **Welche Bestimmungsgrößen sind bei Gewinden und Zahnrädern wichtig? Wie können sie gemessen werden?**
2. **Wie können Geradheit und Ebenheit in der Werkstatt geprüft werden?**
3. **Welche Abweichungen erfassen Sie mit der Rundlaufprüfung?**
4. **Welche Endmaßkombination benötigen Sie, wenn Sie mit einem Sinuslineal mit Rollenachsabstand 100 einen Winkel von 15° einstellen wollen?**
5. **Welche Vor- und Nachteile bringt der Einsatz von Lehren bei der Prüfung von Form- und Lageabweichungen?**

1.4 Prüfen von Oberflächen

Die von den Zerspanungsmechanikern hergestellten Werkstückoberflächen unterscheiden sich auf Grund der verschiedenen spanabhebenden Fertigungsverfahren und der zu bearbeitenden Werkstoffe in vielen Merkmalen. Dabei weicht die tatsächliche Werkstückoberfläche von der völlig glatten und geometrisch definierten Idealoberfläche (Zeichnungsvorgabe) ab. Besonders bei bewegten Teilen von Baugruppen ist jedoch die Oberflächenqualität ein wesentlicher Faktor für die Betriebssicherheit und Lebensdauer. Die praxisorientierte Prüfung festgelegter Toleranzen wie z.B. Form, Welligkeit, Rauheit usw. sichern die Funktionsfähigkeit der Bauteile.

1.4.1 Grundbegriffe

Solloberfläche – durch normgerechte Zeichnungsangaben vorgeschriebene Werkstückoberfläche.

Istoberfläche – messtechnisch erfassbare durch die Fertigung entstandene Werkstückoberfläche (Bild 1).

Istprofil (P-Profil) – Ungefilterte Gesamtheit der erfassten Oberflächenstruktur. Die vom Messgerät gebildete Mittellinie liegt in der Mitte der Flächeninhalte der Erhebungen und Vertiefungen (Bild 2).

Welligkeitsprofil (W-Profil) – Durch die Ausfilterung der Rauheit entsteht die Welligkeit des dargestellten Werkstücks.

Rauheitsprofil (R-Profil) – Die Ausfilterung der Welligkeit durch das Messgerät ergibt das gerichtete Profil (Bild 3).

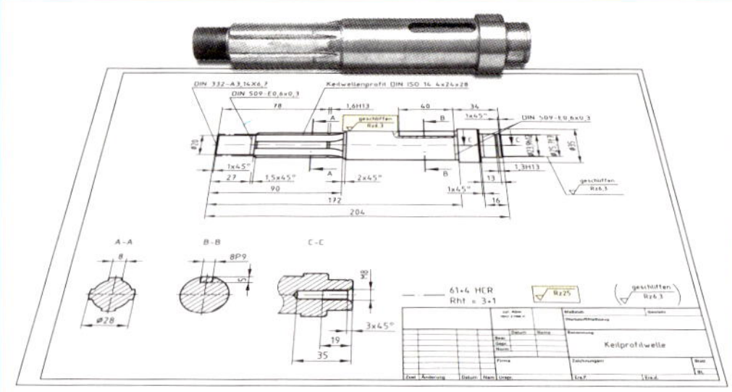

1 Ist- und Solloberfläche

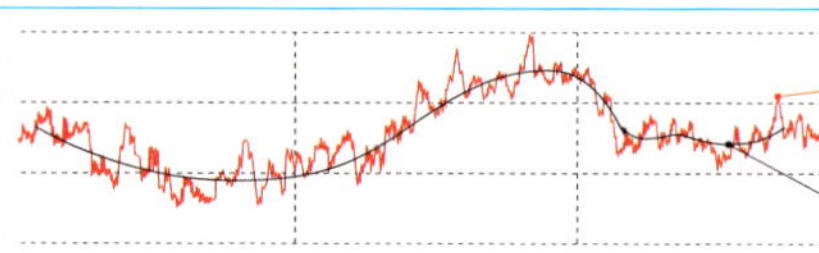

2 Ist- und Welligkeitsprofil

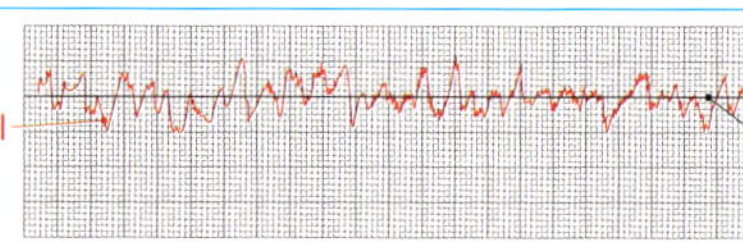

3 Rauheitsprofil

1.4.2 Gestaltabweichungen

Die Summe aller möglichen Abweichungen der Istoberflächen, die während der Fertigung auftreten können, werden nach DIN 4760 als **Gestaltabweichnung** bezeichnet und in sechs Ordnungen eingeteilt.

Tabelle 1: Gestaltabweichungen nach DIN 4760

Ordnung	Darstellung	Bezeichnung	mögliche Ursachen	Beeinflussbarkeit durch Zerspanungsmechaniker
1.	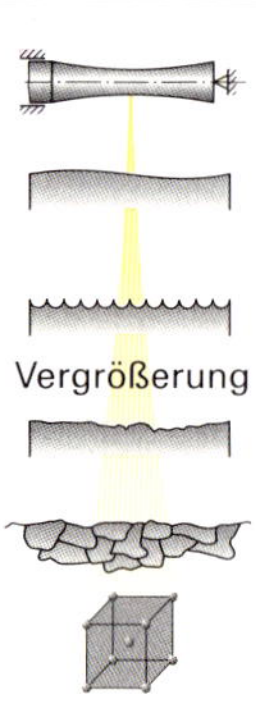	Form	Zerspanungskräfte z.B. F_P	Spanungswerte, Führungselemente
2.		Wellen	Maschinen- und Wz-**schwingung**.	Werkzeugeinspannung, Spanungswerte
3.	Vergrößerung	Rillen	Vorschub f, v_f Wz-**schneide**	Schneidengeometrie
4.		Riefen	**Span**bildung	Schneidengeometrie
5.		Gefüge	**Kristallisations**vorgänge	Arbeitstemperatur zwischen Werkzeug und Werkstoff
6.		Gitteraufbau	**Ent**kohlen od. **Ent**härten	

1.4.3 Rauheitsmessgrößen

Alle **Rauheitsangaben** in den Dokumentationsunterlagen werden aus dem Istprofil der Werkstückoberflächen messtechnisch erfasst und in der **Maßeinheit µm** angegeben.

Primärprofil (Istprofil; P-Profil):

Das ungefilterte Primärprofil ist die Grundlage für die Berechnung der Kenngrößen des Primärprofils und die Ausgangsbasis für das Welligkeit- und Rauheitsprofil. Die Gesamthöhe des Profils ***Pt*** ist die Summe aus der Höhe der größten Profilspitze *Zp* und der Tiefe des größten Profiltales *Zv* innerhalb der Messstrecke l_n.

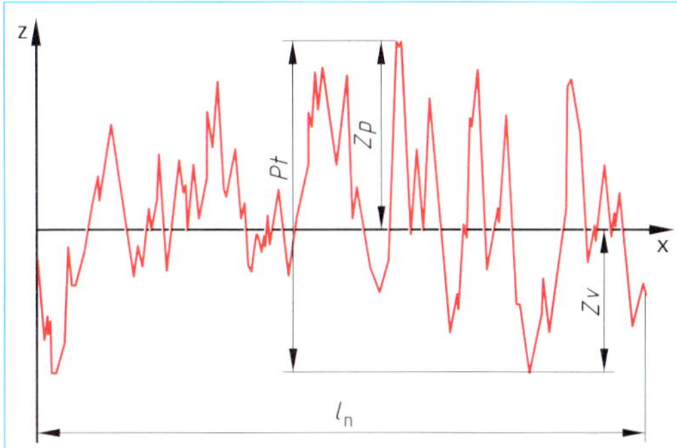

1 Primärprofil (Ist-Profil; P-Profil)

Rauheitsprofil (R-Profil):
Arithmetischer Mittenrauwert *Ra*

Der Mittenrauwert entspricht dem arithmetischen Mittel aller Ordinatenwerte *Z*(x) innerhalb der Messtrecke l_n.
Ausgehend von der Mittellinie ist aus der errechneten Flächengleichheit (Rechteckfläche = Flächen ober- und unterhalb des P-Profils) die Höhe $h = Ra$.

Gemittelte Rautiefe *Rz*

Die definierte Messstrecke l_n wird im Regelfall in fünf Einzelmessstrecken unterteilt. Die gemittelte Rautiefe ist die Summe aus der größten Profilspitze *Zp* und der Tiefe des größten Profiltales *Zv* der Einzelmessstrecken.

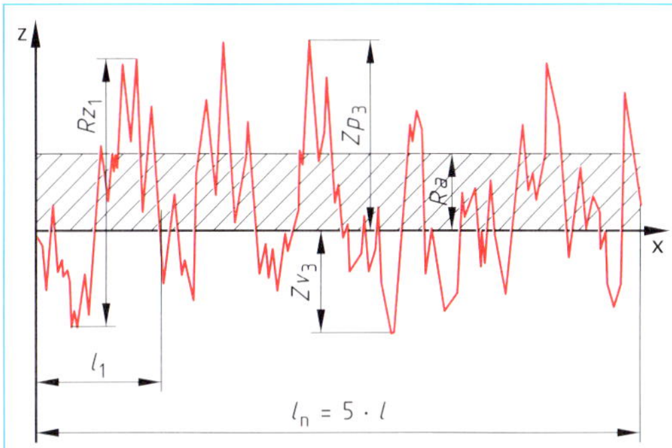

2 Rauheits-Profil (R-Profil)

1.4.4 Oberflächenprüfverfahren

Die Wahl der Oberflächenprüfverfahren ist maßgeblich von den betrieblichen Möglichkeiten bzw. von den messtechnischen Erfordernissen abhängig. Dabei reicht die Palette der Möglichkeiten von einfachsten handwerklichen Verfahren bis zu hochempfindlichen elektronischen Geräten mit Computerauswertung.

1.4.4.1 Sichtprüfung (subjektive Methode)

Durch wechselweises Überstreichen der Werkstücke und der Oberflächenvergleichsnormale mit einem Fingernagel lassen sich mit einiger praktischen Erfahrung typische Oberflächenfehler (Rillen, Risse und Kratzer) mit Rauheitsunterschieden **bis 2 µm** ertasten.
Die unterschiedlichen spanabhebenden Fertigungsverfahren erzeugen auf Grund der spezifischen Schneidengeometrie der Werkzeuge sowie deren Bewegungen verfahrenstypische Oberflächenstrukturen, deshalb muss für jedes Verfahren eine entsprechende Oberflächenverkörperung zugänglich sein.
Hinreichend genaue und wirtschaftliche Prüfergebnisse bringen diese Oberflächenvergleichsnormale, wo keine errechneten Messwerte laut Zeichnungsvorlagen toleriert sind (Bild 3).

3 Werkstückprüfung mit Vergleichsnormalen

1.4.4.2 Tastschnittverfahren

Die **mechanisch** arbeitenden **Oberflächenmessgeräte tasten** die Gestaltabweichungen der Werkstücke in einem Profilschnitt ab. Dabei wird ein Tastsystem mit 0,5 mm/s in Vorschubrichtung über die definierte Profilstrecke bis 12,5 mm gezogen. Der Taster (meist eine Diamantspitze mit 2 µm ... 5 µm Spitzenradius) erfasst mithilfe einer Prüfkraft von $F = 0{,}7$ mN das Istprofil. Die Auslenkungen der Tastspitze entsprechend den Gestaltabweichungen gegenüber dem Tastsystem, werden in elektrische Signale umgewandelt und somit im Anzeigegerät verwertbar gemacht (Bild 1).

Gefilterte Profile des Tastschnittverfahrens:
Durch die fertigungsbedingten Überlagerungen der Gestaltabweichungen 1. bis 4. Ordnung sind die Grenzen der einzelnen Einflussfaktoren nicht deutlich sichtbar. Durch Filterung des Istprofils mittels geeigneter technischer Zusatzeinrichtungen ist eine Trennung der einzelnen Gestaltabweichnungen möglich. Die grafische Darstellung der charakteristischen Profilarten gestattet die eindeutige Auswertung.

P-Profil (ungefiltert):
Das P-Profil (Istprofil) wird messtechnisch erfasst analog übertragen und aufgezeichnet, d.h. die gezeichnete Profilkurve ist identisch mit dem Istprofil (Bild 2).

R-Profil (gefiltertes Rauheitsprofil)
Durch die gerätetechnische Verbindung zwischen Kufe und Messstreifen werden die Wellen der Werkstückoberfläche nicht erfasst. Das Profil wird demzufolge gerichtet aufgezeichnet (Bild 3).

W-Profil (gefiltertes Welligkeitsprofil)
Die Kufe unterdrückt das Rauheitsprofil, sodass nur die Wellen der Werkstückoberflächen dargestellt werden können (Bild 4).

1.4.4.3 Optischer Mikrotaster

Der optische Mikrotaster **FOCODYN** arbeitet nach dem Prinzip der dynamischen Fokussierung. Als Lichtquelle dient eine in das Gehäuse eingebaute Laserdiode. Das Licht wird in einem Kollimator zu einem parallelen Strahlengang zusammengefasst und über ein Prisma zum Mikroobjektiv geführt. Durch ein weiteres Prisma tritt das Licht nach unten aus dem Messhebel aus. Das Objektiv bündelt den Lichtstrahl, sodass er 0,9 mm unter der Austrittsöffnung einen Fokus bildet. Im gleichen Strahlengang gelangt das von der Oberfläche reflektierte Licht in das optische System zurück und wird auf den Fokusdetektor gelenkt. Ein induktives Wegmesssystem wandelt die Bewegungen des Messhebels in ein elektrisches Signal um (Bild 5).

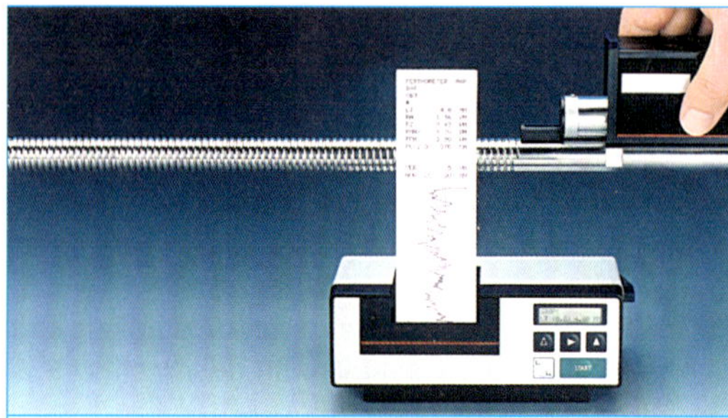

1 Tastschnittgerät

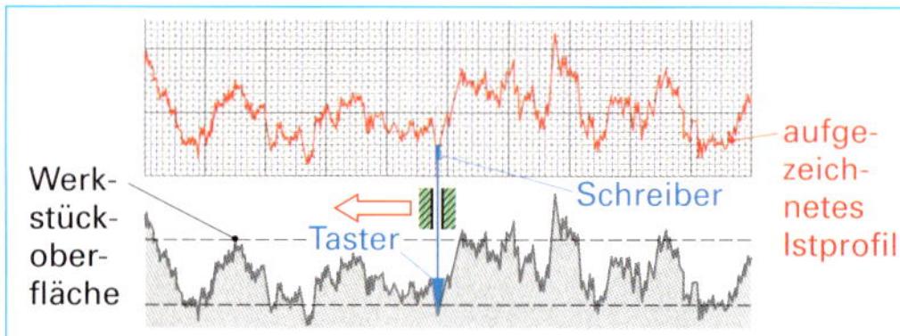

2 P-Profil

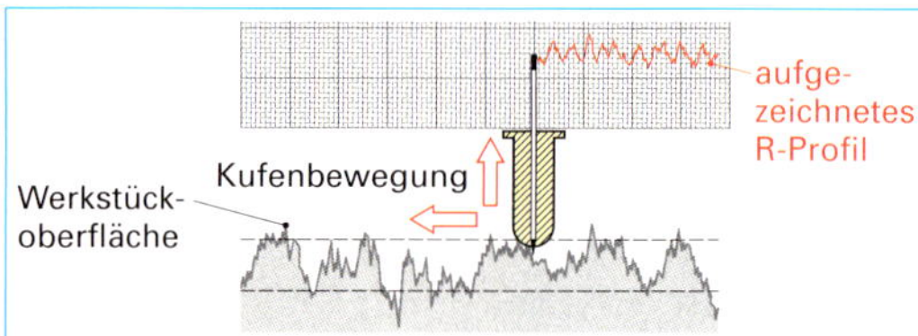

3 R-Profil

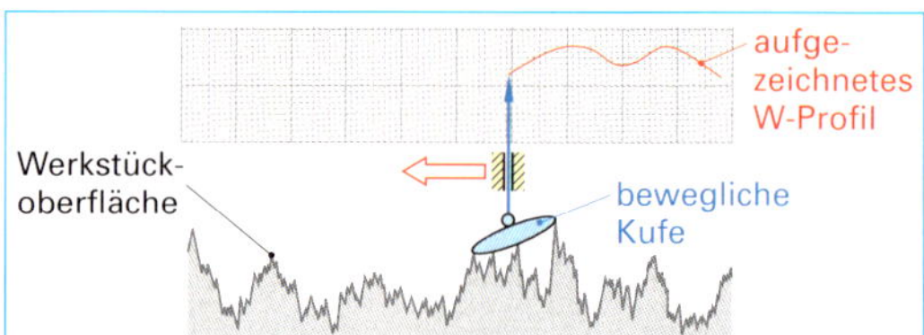

4 W-Profil

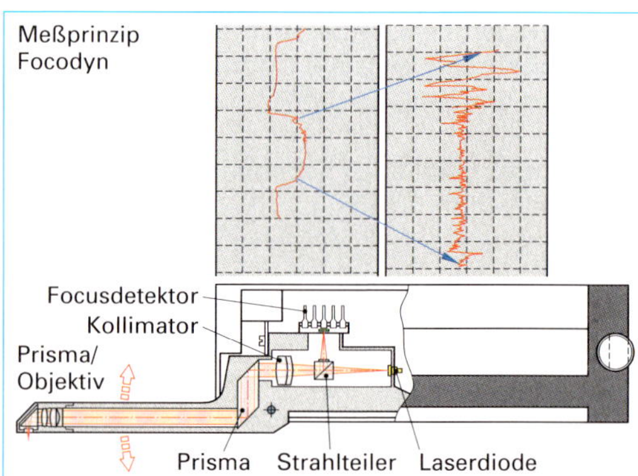

5 Messprinzip des optischen Messtasters FOCODYN

1.4.5 Bewertung der Oberflächengüte

Die optimalen Gebrauchseigenschaften von bewegten Bauteilen werden unter anderem direkt durch deren Oberflächenbeschaffenheit wesentlich beeinflusst.

Mit seinen an der Werkzeugmaschine eingestellten Zerspanungswerten garantiert der Facharbeiter die Vorgaben der Oberflächenqualität am Werkstück und beeinflusst somit die Fertigungskosten. Entscheidend für die qualitative Bewertung technischer Oberflächen ist der Zusammenhang zwischen den geforderten Eigenschaften und der zu messenden Größe (Tabelle 1).

Tabelle 1: Technische Oberflächengüte

Bauteil	geforderte Eigenschaft des Werkstücks	Messgröße
Führungsbahn einer Wzm.	Gleiteigenschaft Tragfähigkeit	Rautiefe Traganteil

Die Zuordnung der Rauheitsklassen N1...N12 zu den Rauheitswerten ist die in einschlägigen Tabellenbüchern übliche Verfahrensweise der Oberflächenbewertung. Die erreichbaren Rautiefen z.B. *Ra, Rz* der verschiedenen spanabhebenden Fertigungsmöglichkeiten in Form einer grafischen Darstellung als Balkendiagramm ergibt einen raschen Überblick (Tabelle 2).

Tabelle 2: Rauheitswerte ausgewählter spanender Verfahren

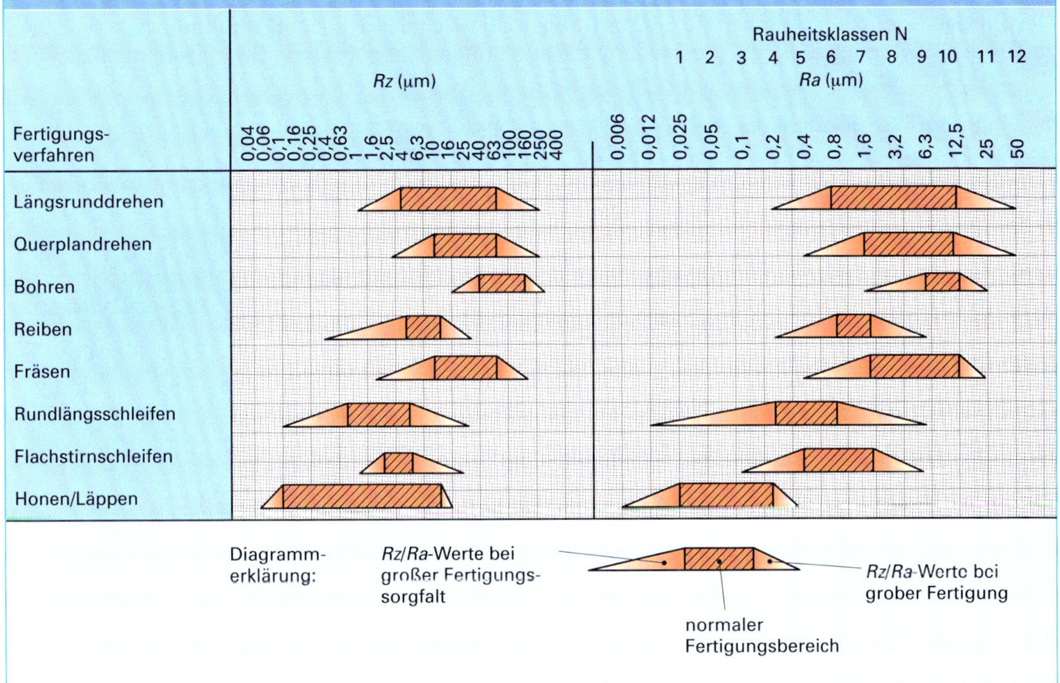

Die Bandbreite der erreichbaren *Ra*-, *Rz*-Werte ergibt sich aus den zahlreichen Einflüssen bei der spanenden Fertigung von Werkstücken:

- Schneidengeometrie
- Werkstoff – Schneidstoffpaarung
- Einstellwerte der Werkzeugmaschine
- Verschleiß, Schmierzustand usw.

1.4.6 Oberflächenangaben in Zeichnungen

Die symbolhafte Kennzeichnung der Werkstückoberflächen gestattet dem Zerspanungsmechaniker eine schnelle und eindeutige Feststellung der durchzuführenden Berabeitungsverfahren. Dazu wird nach DIN ISO 1302 ein Grundsymbol mit den entsprechenden Varianten verwendet (Bild 1).

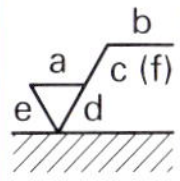

a: Rauheitswert *Ra* in µm oder Rauheitklasse N
b: Fertigungsverfahren, Oberflächenbehandlung, Beschichtung
c: Bezugsstrecke in mm
d: Rillenrichtung
e: Bearbeitungszugabe in mm
f: andere Rauheitsmessgrößen, z.B. *Rz*, *Rt* in µm

1 Grundsymbol der Oberflächenangabe

1.4.7 Rauheitsberechnung

Nach den betrieblichen Bedingungen werden die Werkstückoberflächen in den Zeichnungsunterlagen vorrangig mit *Ra*- bzw. *Rz*-Werten angegeben. Mit den wesentlichen Einflussfaktoren **Vorschub „*f*"** und dem **Eckenradius** des Werkzeuges „r_ε" lassen sich die zu fertigenden Oberflächenvorgaben berechnen.

1. **Einflussgröße Vorschub f** (in mm): Die gemittelte Rautiefe wird mit der Gleichung $\boldsymbol{Rz = \dfrac{f^2}{8 \cdot r_\varepsilon}}$ bestimmt.

geg.: geforderte $Rz = 16$ µm, Eckenradius des vorh. Drehmeißels $r_\varepsilon = 0{,}4$mm

ges.: Welcher Vorschub *f* in mm ist zu wählen?

Lösung:

$$Rz = \frac{f^2}{8 \cdot r_\varepsilon}$$

$$f = \sqrt{Rz \cdot 8 \cdot r_\varepsilon}$$

$$f = \sqrt{0{,}016 \text{ mm} \cdot 8 \cdot 0{,}4 \text{ mm}}$$

$$\boldsymbol{f = 0{,}23 \text{ mm}}$$

Der einzustellende Vorschubwert $f = 0{,}23$ mm liegt im Bereich der Schlichtbearbeitung, d.h. der Eckenradius des Werkzeugs und der eingestellte Vorschub bringen die geforderte Oberflächenqualität.

2. **Einflussgröße Eckenradius** r_ε (in mm): Der Mittenrauwert kann mit der empirischen Formel $\boldsymbol{Ra = \dfrac{f^2}{18\sqrt{3 \cdot r_\varepsilon}}}$ für den Geltungsbereich *f* bis 0,1 mm hinreichend genau berechnet werden. Für größere Vorschubwerte erhält man **noch** brauchbare Werte.

geg.: geforderte $Ra = 12{,}5$ µm, bei einem Vorschub $f = 0{,}7$ mm

ges.: Eckenradius r_ε (mm) des einzusetzenden Drehmeißels

Lösung:

$$Ra = \frac{f^2}{18\sqrt{3 \cdot r_\varepsilon}}$$

$$r_\varepsilon = \frac{f^4}{Ra^2 \cdot 18^2 \cdot 3}$$

$$r_\varepsilon = \frac{(0{,}7 \text{ mm})^4}{(0{,}0125 \text{ mm})^2 \cdot 18^2 \cdot 3}$$

$$\boldsymbol{r_\varepsilon = 1{,}58 \text{ mm}}$$

Der eingestellte Vorschubwert $f = 0{,}7$ mm und der Eckenradius $r_\varepsilon = 1{,}58$ mm des Drehmeißels ergeben eine typische Schruppbearbeitung. Primär ist dabei das Spannungsvolumen, die raue Oberfläche wird billigend in Kauf genommen.

3. **Bestimmung** von Zerspanungswerten mit dem Rauheitsdiagramm (f-r_ε-*Ra*-Diagramm)

Der zu bestimmende Zerspanungswert kann durch die Kombination der beiden anderen Werte sehr schnell und hinreichend genau bestimmt werden (Bild 1).

Zum Beispiel ergibt ein Vorschub $f = 0{,}5$ mm mit einem Eckenradius $r_\varepsilon = 2{,}0$ mm einen Mittenrauwert $Ra = 2{,}9$ µm.

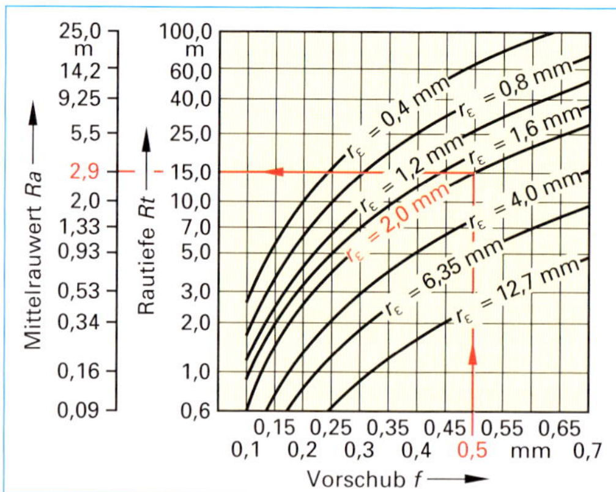

1 Rauheitsdiagramm

Übungsbeispiel:

Aufgaben: 1. Begründen Sie für die Zeichnungsangabe (geschliffen, Rz 6,3) ein geeignetes Oberflächenprüfverfahren (Bild 1).

2. Für die Drehbearbeitung mit der geforderten Oberflächenrauheit von (Rz 25) sind mithilfe des Diagramms die möglichen Einstellwerte für den **Vorschub *f*** und den **Eckenradius r_ε** des Drehmeißels zu bestimmen.

Überprüfen Sie rechnerisch die gefundenen Einstellwerte mit den Vorgaben des Tabellenbuches für die geforderte Oberflächenqualität.

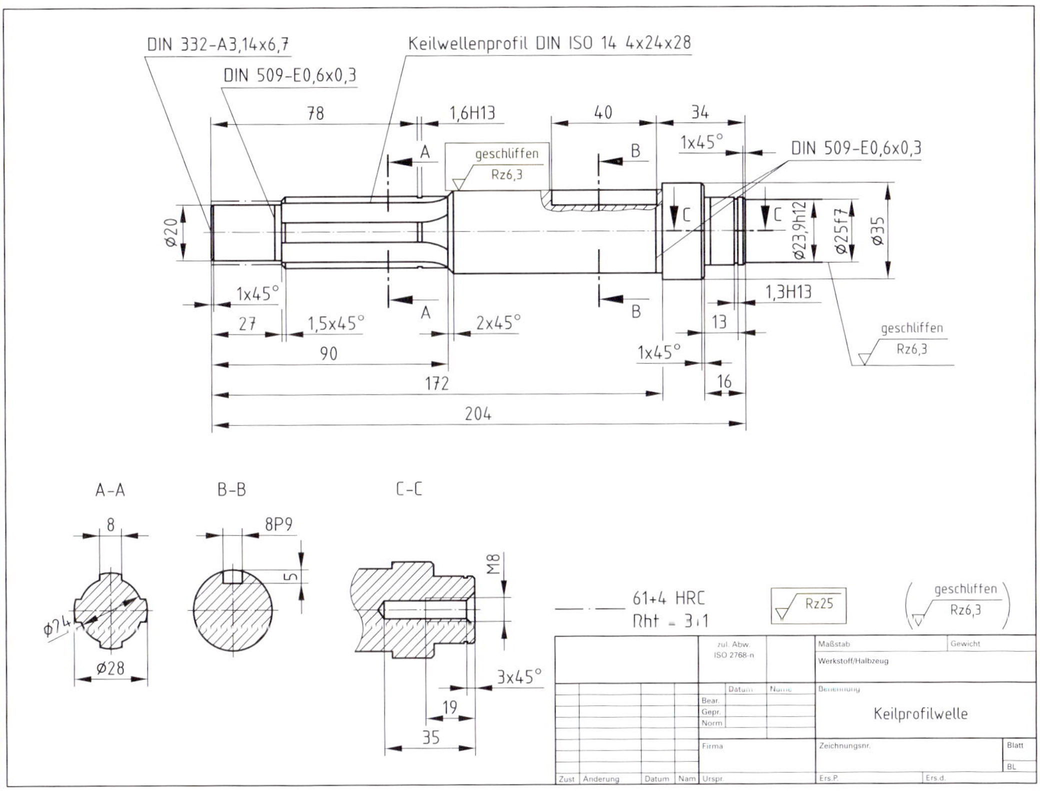

1 Übungsbeispiel Keilprofilwelle

Aufgaben

1 **Unterscheiden Sie die Begriffe Soll- und Istoberfläche.**

2 **Definieren Sie die Begriffe Istprofil, Rauheitsprofil und Welligkeitsprofil!**

3 **Unterscheiden Sie die Rauheitsmessgrößen *Rz*, *Ra*, *Rmax* und *Rp*.**

4 **Bewerten Sie das Tastschnittverfahren und den optischen Mikrotaster für ihre praktische Tätigkeit.**

5 **Begründen Sie die Notwendigkeit der Angabe von Oberflächenkennzeichnungen in Zeichnungen!**

6 **Erstellen Sie einen Prüfmittelplan für die Keilprofilwelle!**

1.5 Toleranzen und Passungen

Alle Werkstücke unterscheiden sich verfahrensbedingt in der Herstellungsgenauigkeit (**Istmaße**) von den vorgegebenen Zeichnungsangaben (**Sollmaße**). Die aus Fertigungs- und Kostengründen geduldete (**tolerierte**) Abweichnung der Werkstücke ist die **Toleranz.** Damit ein Werkstück seine Aufgaben erfüllen kann, müssen seine Istwerte innerhalb definierter Bereiche liegen. Die Größe der **Maßtoleranz** sowie der **Form-** und **Lagetoleranzen** sind abhängig von der Funktion der Werkstücke in den Baugruppen. Durch passend gefügte Werkstücke (**Passungen)** können folgende Aufgaben realisiert werden:

- **Führungsaufgaben** (Welle-Nabe)
- **Austauschbau** (Tausch best. Einzelteile)
- **Maßverkörperung** (Messmittel)

1.5.1 Grundbegriffe

Nennmaß N: Gemeinsames Zeichnungsmaß (z.B. von Welle und Nabe), wobei die Grenzabmaße die Fertigungstoleranz der Einzelteile bestimmen. Das Nennmaß wird als Längenmaß dargestellt.

Istmaß: Gemessenes Werkstückfertigmaß (z.B. ∅ 14,8 mm).

Toleriertes Maß: Ist eine Maßangabe bestehend aus:
- Nennmaß + Grenzabmaße (z.B. 14,3 + 0,1)
- Nennmaß + Toleranzklasse (z.B. 1,1 H13).

Grenzmaße:
Höchstmaß G_o : Zugel. Werkstückgrößtmaß.
Mindestmaß G_u: Zugel. Werkstückkleinstmaß.

Grenzabmaße:
Oberes Abmaß *ES, es*: Ist die Differenz zwischen Höchst- und Nennmaß.
Unteres Abmaß *EI, ei*: Ist die Differenz zwischen Mindest- und Nennmaß.

Grundabmaß: Vorhandener Minimalwert zwischen oberen bzw. unterem Abmaß und der Nulllinie, d.h. Bestimmung der Lage der Toleranz zur Nulllinie.

Maßtoleranz *T*: Differenz zwischen oberem und unterem Abmaß bzw. zwischen Höchst- und Mindestmaß (Bild 2).

Toleranzfeld: Grafische Darstellung von Toleranzen, d.h. Bereich zwischen Höchst- und Mindestmaß.

Toleranzklasse: Angabe der Kombination eines Grundabmaßes mit einem Toleranzgrad (H7).

Toleranzgrad: Zahlenangabe des Grundtoleranzgrades.

Passung: Zahlen- bzw. wertmäßiger Ausdruck der Fügeverhältnisse von Bohrung und Welle.
Passung = Innenpassmaß – Außenpassmaß.

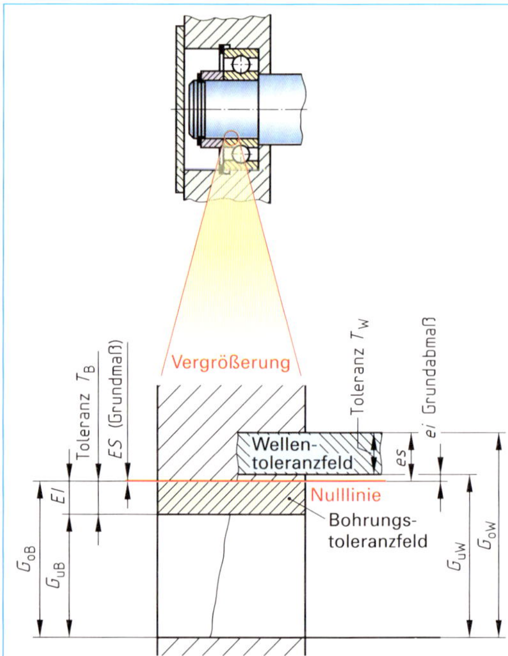

1 Grundbegriffe

Berechnung zum Bild 1:

Allg. Hinweis: Empfohlene Toleranzfelder lt. DIN 5425
Welle: ∅ 25 k6
Lager: ∅ 25 $\varnothing 25^{\,0\,\mu m}_{-10\,\mu m}$ Normaltoleranz PO (Herstellerdaten)

Welle	**Lagerbohrung**
geg.: Nennmaß N = 25 mm	**geg.**: Nennmaß N = 25 mm
es = + 15 µm	ES = 0 µm
ei = + 2 µm	EI = –10 µm
ges.: G_{oW}, G_{uW}, T_W	**ges.**: G_{oB}, G_{uB}, T_B
Höchstmaß G_{oW}:	**Höchstmaß G_{oB}:**
$G_{oW} = N + es$	$G_{oB} = N + ES$
G_{oW} = 25 mm + 0,015 mm	G_{oB} = 25 mm + 0,000 mm
G_{oW} = 25,015 mm	**G_{oB} = 25,000 mm**
Mindestmaß G_{uW}:	**Mindestmaß G_{uB}:**
$G_{uW} = N + ei$	$G_{uB} = N + EI$
G_{uW} = 25 mm + 0,002 mm	G_{uB} = 25 mm + (– 0,010 mm)
G_{uW} = 25,002 mm	**G_{uB} = 24,990 mm**

Toleranz T:

$T_W = G_{oW} - G_{uW} = es - ei$	$T_B = G_{oB} - G_{uB} = ES - EI$
T_W = 25,015 mm – 25,002 mm	T_B = 25,000 mm – 24,990 mm
= 0,015 mm – 0,002 mm	= 0,000 mm – (– 0,010) mm
T_W = 0,013 mm	**T_B = 0,010 mm**

2 Berechnungsbeispiel von Grenzmaßen und Toleranzen

Lage der Toleranzfelder zur Nulllinie

Die Lage eines Toleranzfeldes ist an die konkreten Aufgaben und Funktionen eines Bauteils gebunden. Aus den technischen Unterlagen wird durch die Angabe des Nennmaßes mit den Grenzabmaßen bzw. durch die Passungsangabe die Lage des Toleranzfeldes zum Nennmaß (Nulllinie) erkennbar. Es ergeben sich damit grundsätzlich fünf verschiedene Toleranzfeldlagen (Tabelle 1).

Tabelle 1: Toleranzfeldlagen

Praktisches Beispiel	Beschreibung	Symbolische Darstellung
Laufrad auf Welle ⌀20r6 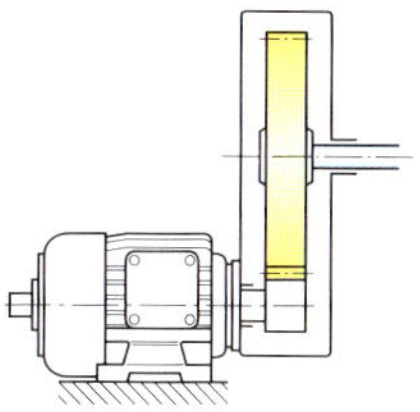	Ø20r6 $^{+41}_{+28}$ Das Toleranzfeld liegt **über** der Nulllinie – ***es, ei*** sind positiv, G_{oW}, G_{uW} > *N* bmaß – Istmaß > Nennmaß	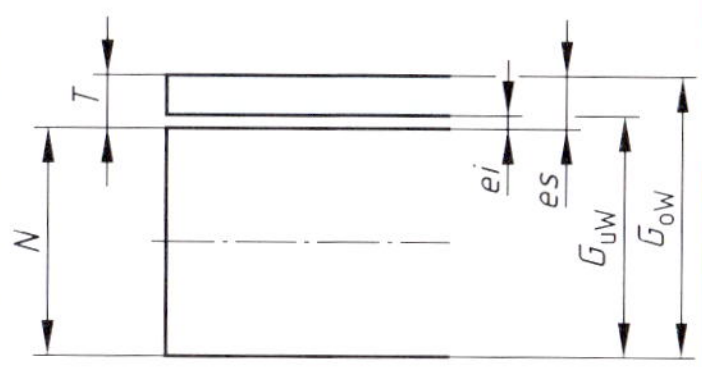
Säulenführung ⌀40H7 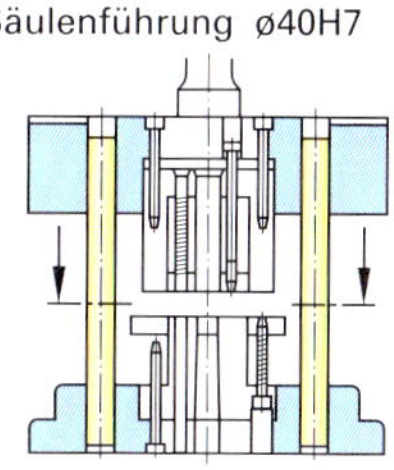	Ø = 40 $^{+0{,}025}_{0}$ Das Toleranzfeld liegt **oberhalb** und an der Nulllinie **an** – ***ES*** ist positiv, *EI* = 0 – G_{oB} > *N*, G_{uB} = *N* – ***EI*** ist das Grundmaß – Istmaß > Nennmaß	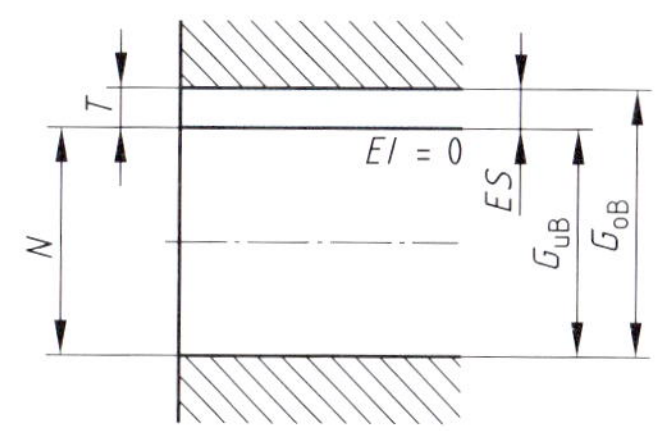
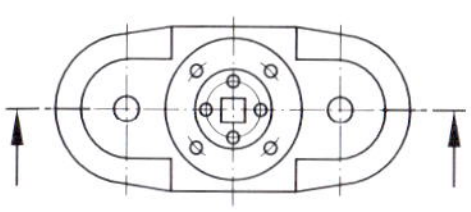 Nebennutbreite b 8JS9 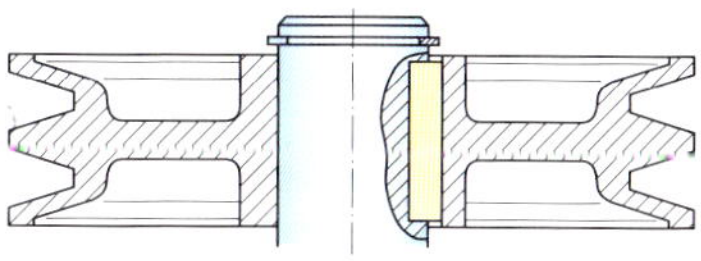	$Ø_B$ = 18 +/– 0,1 bzw 8JS9 $^{+18}_{-18}$ $Ø_B$ = 18j6 $^{+8}_{-3}$ Das Toleranzfeld liegt **beiderseits** der Nulllinie (gleich bzw. ungleich) – ***ES*** ist positiv, ***EI*** ist negativ – G_{oB} > *N*, G_{uB} < *N* – das kleinere Maß ist das Grundabmaß – Istmaß > Nennmaß < Nennmaß	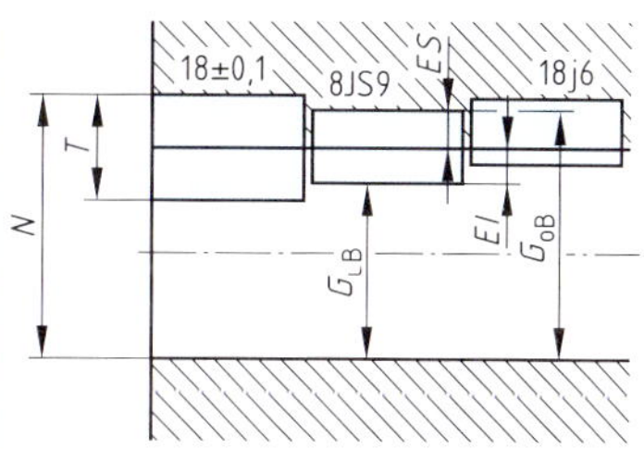
Keilwelle ⌀36h7 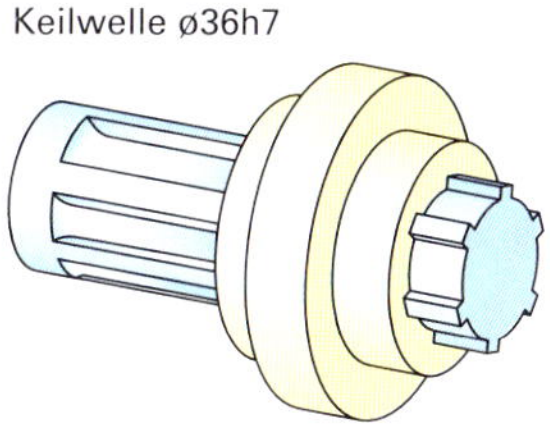	Ø = 36h7 $^{0}_{-25}$ Das Toleranzfeld liegt **an** und **unterhalb** der Nulllinie – ***es*** = 0, ***ei*** ist negativ – G_{oW} = *N*, G_{uW} < *N* – ***es*** ist das Grundabmaß – Istmaß < Nennmaß	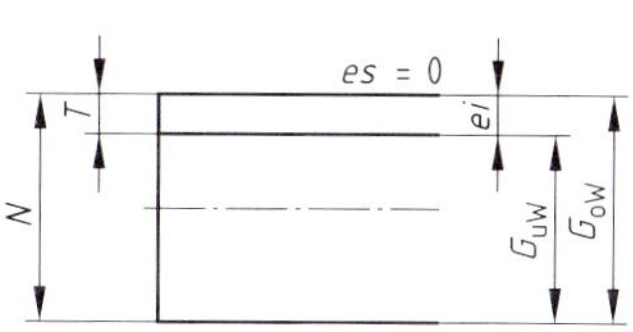
Passfederverbindung 6 P9 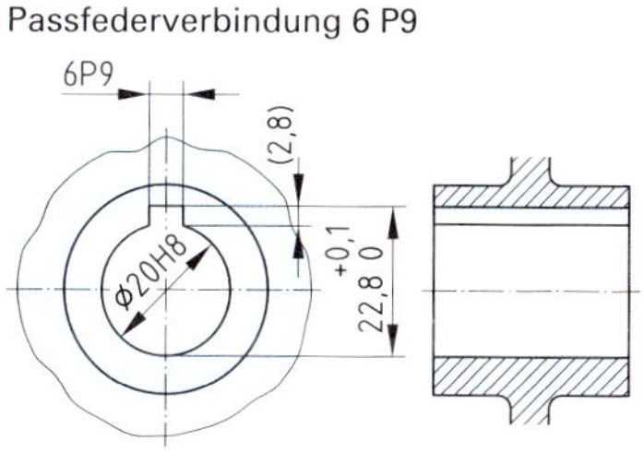	6P9 $^{-12}_{-42}$ Das Toleranzfeld liegt **unterhalb** der Nulllinie – ***ES, EI*** sind negativ, G_{oB}, G_{uB} > *N* – ***ES*** ist das Grundabmaß – Istmaß < Nennmaß	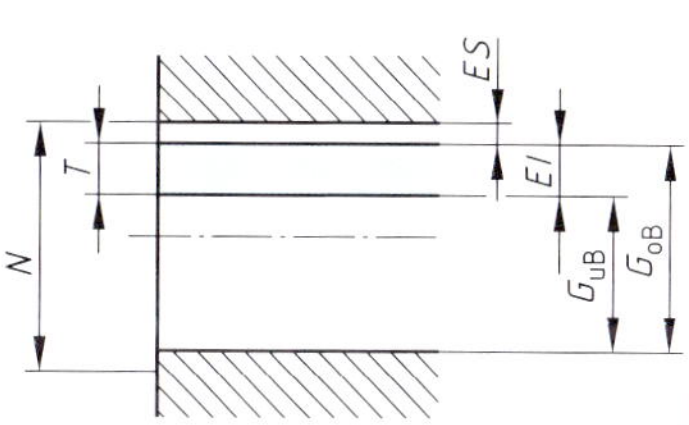

1.5.2 Allgemeintoleranzen

Für alle nichttolerierten Werkstückmaße (Freimaße) sind die Allgemeintoleranzen zu verwenden. Die Einteilung erfolgt nach gestaffelten **Nennmaßbereichen** und in die **Toleranzklassen *fein, mittel, grob*** und ***sehr grob*** **(Tabellen 1, 2, 3)**. Allgemeintoleranzen sind zahlenmäßig gleichgroße **Plus-Minus-Toleranzen**, die für Längenmaße, Rundungshalbmesser, Fasenhöhen und Winkelmaße durch Normhinweise DIN 7168 T 1 in Zeichnungen angegeben werden.

Allgemeintoleranzen für Längenmaße:
Sie gelten für Werkstücke mit typischen rotationssymmetrischen und prismatischen Formen (Bohrungen, Nuten usw.) Ausgenommen sind Werkstückmaße, die durch andere Abmaße bestimmt sind, wie z.B. Montagemaße von Baugruppen, Bemaßung von Schmiede- und Gussstücken sowie Winkelmaße bei Werkstückteilungen.

Allgemeintoleranzen für Rundungshalbmesser und Fasenhöhen:
Verwendung für bearbeitete Werkstückkanten durch Radien und Fasen.

Allgemeintoleranzen für Winkelmaße:
Das kürzere Schenkelmaß der Werkstückform ist das Nennmaß für die Winkelbemaßung.
Beispiel: Schenkelmaße 75 mm und 55 mm, Toleranzklasse mittel
oberes Abmaß: + 20′ unteres Abmaß: – 20′ und damit die Toleranz T = 40′.

Tabelle 1: Allgemeintoleranzen für Längenmaße

Toleranzklasse	Grenzabmaße in mm für Nennmaßbereich in mm					
	0,5 bis 3	über 3 bis 6	über 6 bis 30	über 30 bis 120	über 120 bis 400	über 400 bis 1000
f fein (f)	±0,05	±0,05	±0,01	±0,15	±0,2	±0,3
m mittel (m)	±0,1	±0,1	±0,2	±0,3	±0,5	±0,8
c grob (g)	±0,2 (0,15)	±0,3 (0,2)	±0,5	±0,8	±1,2	±2
v sehr grob (sg)	–	±0,5	±1	±1,5	±2,5(2)	±4(3)

Tabelle 2: Allgemeintoleranzen für Rundungshalbmesser und Fasenhöhen

Toleranzklasse	Grenzabmaße in mm für Nennmaßbereich in mm		
	0,5 bis 3	über 3 bis 6	über 6
f fein (f) **m** mittel (m)	± 0,2	±0,5	±1
c grob (g) **v** sehr grob (sg)	±0,4 (0,2)	±1	±2

Tabelle 3: Allgemeintoleranzen für Winkelmaße

Toleranzklasse	Grenzabmaße in Winkeleinheiten für Länge des kürzeren Schenkels in mm			
	bis 10	über 10 bis 50	über 50 bis 120	über 120 bis 400
f fein (f) **m** mittel (m)	±1°	±30 ′	±20′	±10′
c grob (g)	±1° 30′	±1° (50′)	±30′ (25′)	±15′
v sehr grob (sg)	±3°	±2°	±1°	±30′

1.5.3 Maßtoleranzen

Für eine kostengünstige Montage von Werkstücken und die Funktion von Baugruppen sind alle Einzelteile in **tolerierten Maßen** herzustellen. Das gilt unabhängig von den unterschiedlichen Fertigungsverfahren und den verschiedenen Herstellungsbetrieben. Besondere Bedeutung erlangt diese Forderung bei der Reparatur von Baugruppen (Einbau von Ersatzteilen ohne Nacharbeit – **Austauschbau**!) Vom Konstrukteur kann aus Zweckmäßigkeitsgründen bei der Angabe der Grenzabmaße von Passmaßen zwischen **Zahlen mit Vorzeichen** und **ISO-Toleranzkurzzeichen** gewählt werden (Bild 1).

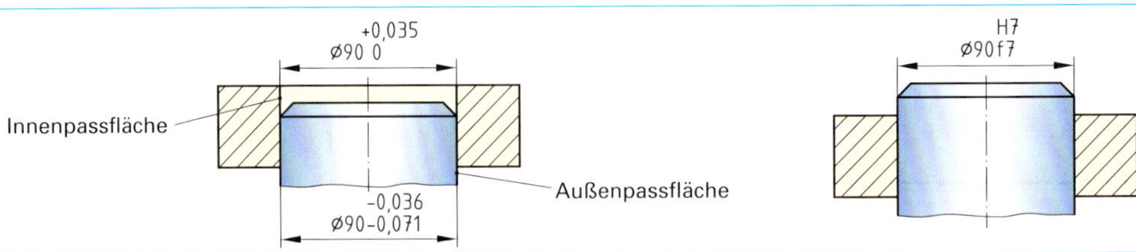

1 Zahlenmäßige Grenzabmaße **ISO-Toleranzkurzzeichen**

1.5.4 ISO-Toleranzen

Das ISO-Toleranzsystem verwendet für die die Angabe der Grenzabmaße von Passmaßen aller möglichen Toleranzfeldlagen **Buchstaben** und **Zahlen** (Bild 1).

Die Buchstaben für das Grundabmaß geben die Lage der Toleranz zur Nulllinie an.

Die Zahlen des Toleranzgrades sind Kennzahlen für die Größe der Toleranz.

Aus einer ISO-Toleranzangabe lassen sich somit Aussagen über die Nennmaßgröße, Toleranzfeldgröße und die Lage der Toleranzfelder zur Nulllinie ableiten.

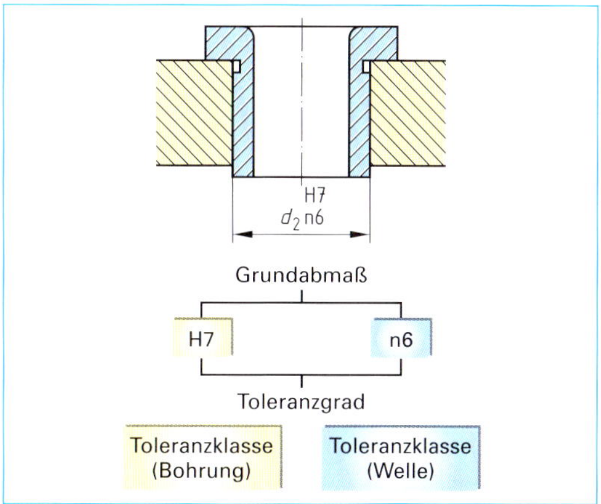

1 ISO-Toleranzangabe

Informationsgehalt der ISO-Toleranzangabe aus Bild 1:

Zeichnungsangabe	Bedeutung		Zeichnungsangabe	Bedeutung	
⌀18H7	Passmaß		⌀18n6	Passmaß	
⌀	Kreisform		⌀	Kreisform	
18	Nennmaß N = 18 mm		18	Nennmaß N = 18 mm	
H	Toleranzfeldlage (Innenpassfläche)		n	Toleranzfeldlage (Außenpassfläche)	
7	Toleranzklasse 7		6	Toleranzklasse 6	
ES	oberes Grenzabmaß	= + 18 µm	es	oberes Grenzabmaß	= + 23 µm
EI	unteres Grenzabmaß	= 0 µm	ei	unteres Grenzabmaß	= + 12 µm
G_{oB}	Höchstmaß	= 18,018 mm	G_{oW}	Höchstmaß	= 18,023 mm
G_{uB}	Mindestmaß	= 18,000 mm	G_{uW}	Mindestmaß	= 18,012 mm
T_B	Toleranz	= 0,018 mm	T_W	Toleranz	= 0,011 mm

Größe der Toleranzfelder (ISO-Qualitäten)

Die Größe der Toleranzfelder ist abhängig vom **Toleranzgrad** und von der **Größe des Nennmaßes N** der Werkstücke. Für eine Unterteilung der **Grundtoleranzgrade** werden mit den Buchstaben **IT** (**I**nternationale **T**oleranzen) die Zahlen **01, 0, 1, ..., 18** (20 Toleranzgrade) verwendet (Bild 2).

Die Qualität 01 kennzeichnet somit innerhalb eines bestimmten Nennmaßbereichs die kleinste und die Qualität 18 die größte Toleranz. Die Toleranzgröße steigt innerhalb eines Nennmaßbereichs um den **Faktor 1,6.** Die zulässige Toleranz eines bestimmten Toleranzgrades ist weiterhin vom Nennmaß abhängig.

Aus Fertigungs- und Kostengründen haben größere Nennmaße größere Toleranzen. Die Nennmaße sind in bestimmte **Nennmaßbereiche** abgestuft: Insgesamt 21 Nennmaßbereiche für Werkstückgrößen zwischen 1 mm...3150 mm.

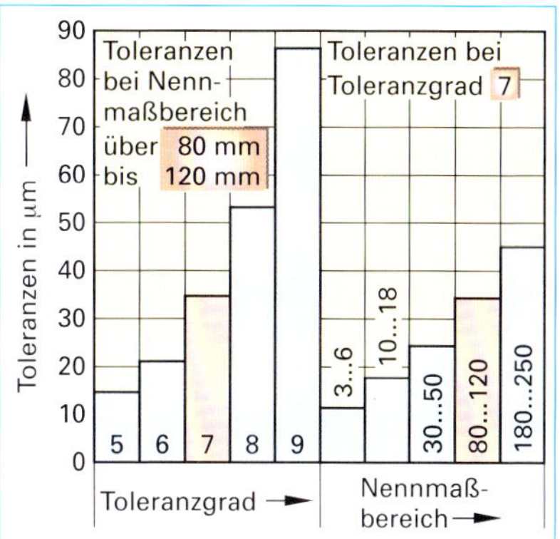

2 Zusammenhang zwischen Toleranzgrad und Nennmaßbereich

Ein bestimmter Toleranzgrad (01...18) ist in Abhängigkeit von der erforderlichen Werkstückgenauigkeit auszuwählen. Die Wahl eines geeigneten Fertigungsverfahrens ist somit abhängig von der **Maßstreuung** bei der Herstellung (Toleranzgrade 01, 0,1 – kleine Streuung, 16, 17, 18 – große Streuung (Tabelle 1).

Tabelle 1: Anwendungsgebiete der Toleranzgrade

ISO Toleranzgrade	01 0 1 2 3 4	5 6 7 8 9 10 11	12 13 14 15 16 17 18
Anwendungsgebiete	Prüfmittel, Arbeitslehren	Werkzeugmaschinen, Maschinen- und Fahrzeugbau	Halbfabrikate, Gussteile, Konsumgüter
Fertigungsverfahren	Feinbearbeitung Läppen, Honen	Reiben, Drehen, Fräsen, Schleifen, Feinwalzen	Walzen, Schmieden, Pressen

Lage der Toleranzfelder zur Nulllinie

Die fünf grundsätzlichen Toleranzfeldlagen sind für die unterschiedlichen praktischen Anforderungen nicht ausreichend. Durch das ISO-Toleranzsystem werden deshalb **24 Grundtoleranzfelder** (plus 4 Sondertoleranzfelder) festgelegt. Die Lage aller Toleranzfelder zur Nulllinie wird durch das **Grundabmaß** (Minimalwert zur Nulllinie) festgelegt (Bild 1).

Grundabmaße für Bohrungen (*ES*, *EI*) werden mit **großen Buchstaben von A ... ZC, Grundabmaße für Wellen** (*es*, *ei*) werden mit **kleinen Buchstaben von a ... zc** bezeichnet.

Besonderheiten der Toleranzfeldbezeichnung

- Die Buchstaben **I**, **L**, **O**, **Q** und **W** (in Groß- und Kleinbuchstaben) werden nicht verwendet, um Verwechslungen auszuschließen.
- Dafür wurden für die häufiger angewendeten **Toleranzgrade 6 ... 11** die **Z-Toleranzen** für Bohrungen um die Toleranzfelder **ZA**, **ZB**, **ZC** und die **z-Toleranzen** für Wellen um die Toleranzfelder **za**, **zb**, **zc** erweitert.
- Die Nennmaßbereiche **bis 10 mm** besitzen **zusätzlich** die Bohrungstoleranzfelder **CD**, **EF**, **FG** und die Wellentoleranzfelder **cd**, **ef**, **fg**.
  Mit gleichen symmetrisch zur Nulllinie liegenden **Plus-Minus-Toleranzen** für die Sondertoleranzfelder „**JS, js**“.

Der Abstand eines Toleranzfeldes von der Nulllinie ist um so größer, je weiter der betreffende Buchstabe im Alphabet von **H, h** entfernt ist.

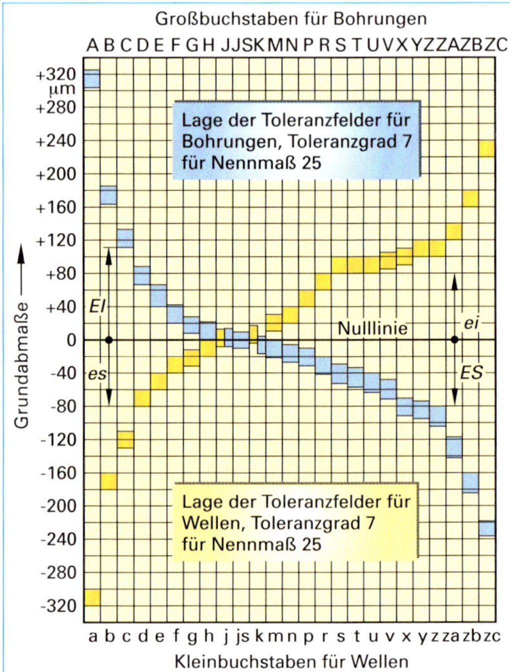

1 Lage der Toleranzfelder zur Nulllinie

Toleranzfeldlagen H, h

Bei Bohrungen sowie weiteren nichtzylindrischen **inneren Formelementen** ist das **Mindestmaß „*EI*“** bei **H-tolerierten** Maßen **gleich** dem **Nennmaß N.** Bei Wellen sowie weiteren nichtzylindrischen **äußeren Formelementen** ist das **Höchstmaß „*es*“** bei **h-tolerierten** Maßen gleich dem **Nennmaß N.**

Für alle Werkstücke mit inneren und äußeren Formelementen mit ISO-Toleranzen gilt (Bild 2):

Je größer die Kennzahl des Toleranzgrades ist, **desto größer ist die Toleranz.**

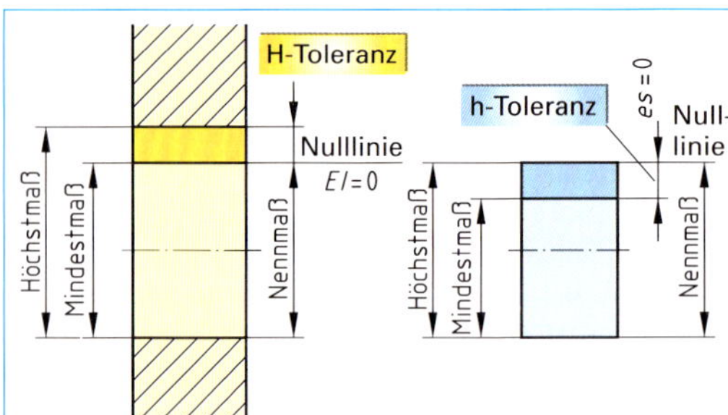

2 Lage der Toleranzfelder H und h

1.5.5 Passungsarten

Bei allen Werkstücken finden sich fertigungsbedingte Maßstreuungen. Sollen zylindrische oder nichtzylindrische Einzelteile (**Passteile** mit Innen- und Außenpassflächen) zu Baugruppen gefügt werden, garantiert das ISO-Toleranzsystem durch die Maßtoleranzen die Erfüllung der geforderten Aufgaben.

Unter Passung versteht man die Differenz zwischen Bohrungs- und Wellenmaß vor dem Zusammenbau bei gleichen Nennmaßen der Passteile.

Aus den theoretischen Kombinationsmöglichkeiten von Innen- und Außenpassflächen und deren Höchst- und Mindestmaßen ergibt sich beim Zusammenbau **Spiel „P_s"** oder **Übermaß „$P_ü$"** (Bild 1). Damit lassen sich zwei **Grenzpassungen** definieren.

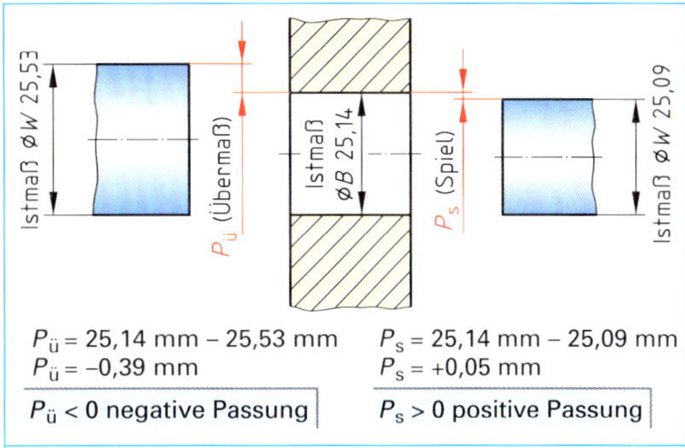

1 Passungen

Höchstpassung: „P_{SH}"	Höchstmaß der Innenpassfläche – Mindestmaß der Außenpassfläche
Mindestpassung: „$P_{ÜM}$"	Mindestmaß der Innenpassfläche – Höchstmaß der Außenpassfläche

G_{oB} = Höchstmaß der Innenpassfläche
G_{uB} = Mindestmaß der Innenpassfläche
G_{oW} = Höchstmaß der Außenpassfläche
G_{uW} = Mindestmaß der Außenpassfläche

Die Maßunterschiede der Grenzpassungen können **positiv** (Spiel), **negativ** (Übermaß) und im Sonderfall **Null** sein.
Grenzpassungen werden unterteilt in

Spielpassungen **Übergangspassungen** **Übermaßpassungen**

Spielpassungen (positive Passung) entstehen wenn sich die Toleranzfelder der Innenpassflächen (Bohrung) und der Außenpassflächen (Welle) bei jeder möglichen Istmaßgröße innerhalb der Grenzmaße **nicht berühren** (Spiel). Die Spielgröße ist von der Toleranzfeldlage und -größe abhängig. Dies gilt für folgende Bedingungen (Bild 2).

Höchstspiel $P_{SH} = G_{oB} - G_{uW} > 0$
Mindestspiel $P_{SM} = G_{uB} - G_{oW} > 0$

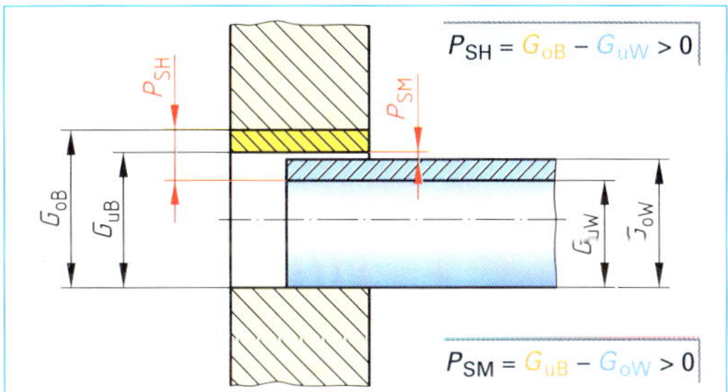

2 Spielpassung

Berechnungsbeispiel: Welche Höchst- und Mindestspielpassung ergibt sich für die im Bild 3 abgebildete Passung (Schieberadgetriebe)?

∅ 30 H7/g6:	G_{oB} = 30,021 mm
H7: +21/ 0	G_{uB} = 30,000 mm
g6: –7/–20	G_{oW} = 29,993 mm
	G_{uW} = 29,980 mm

$P_{SH} = G_{oB} - G_{uW}$ = 30,021 mm – 29,980 mm
P_{SH} = + 0,041 mm
$P_{SM} = G_{uB} - G_{oW}$ = 30,000 mm – 29,993 mm
P_{SM} = + 0,007 mm

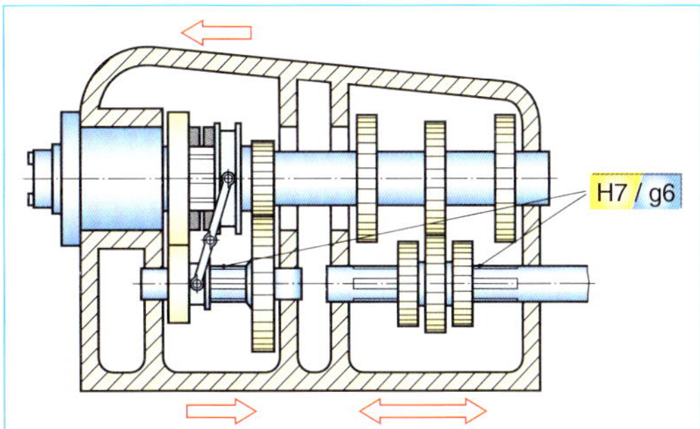

3 Schieberadgetriebe

Übergangspassungen (positive oder negative Passung) entstehen, wenn sich die **Toleranzfelder** der Innenpassflächen (Bohrung) und der Außenpassflächen (Welle) bei jeder möglichen Istmaßgröße innerhalb der Grenzmaße **teilweise überschneiden** (Bild 1).

Dies gilt für folgende Bedingung:

Höchstspiel $P_{SH} = G_{oB} - G_{uW} > 0$
Höchstübermaß $P_{ÜH} = G_{uB} - G_{oW} < 0$

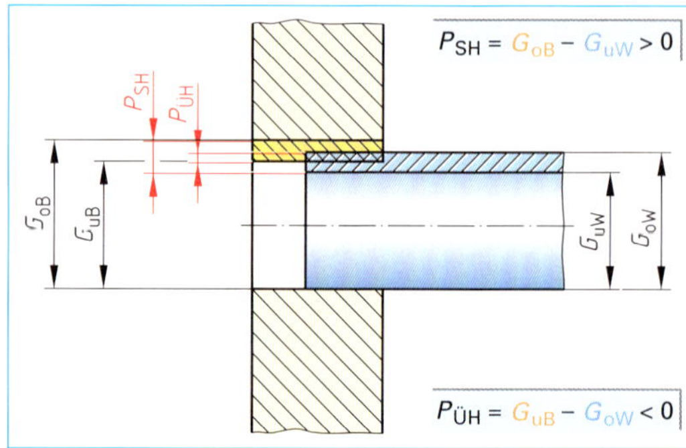

1 Übergangspassung

Berechnungsbeispiel: Welche Höchst- und Mindestpassung ergibt sich für die im Bild 2 abgebildete Passung (Bohrbuchse der Bohrvorrichtung DIN 172 – A – 26 x 36)?

∅ 26 H7/n6 — G_{oB} = 26,021 mm
H7: +21/ 0 — G_{uB} = 26,000 mm
n6: +28/+15 — G_{oW} = 26,028 mm
G_{uW} = 26,015 mm

$P_{SH} = G_{oB} - G_{uW}$ = 26,021 mm – 26,015 mm
P_{SH} = + 0,006 mm
$P_{ÜH} = G_{uB} - G_{oW}$ = 26,000 mm – 26,028 mm
$P_{ÜH}$ = – 0,028 mm
(Übermaß wahrscheinlicher als Spiel!)

2 Schnellspann-Bohrvorrichtung nach DIN 6348

Übermaßpassung (negative Passung) entsteht, wenn die **Toleranzfelder** der Innenpassflächen (Bohrung) und der Außenpassflächen (Welle) so liegen, dass das Istmaß der Welle in keinem Fall **kleiner** als das Istmaß der Bohrung ist (Bild 3).

Dies gilt für folgende Bedingung:

Höchstübermaß $P_{ÜH} = G_{uB} - G_{oW} < 0$
Mindestübermaß $P_{ÜM} = G_{oB} - G_{uW} < 0$

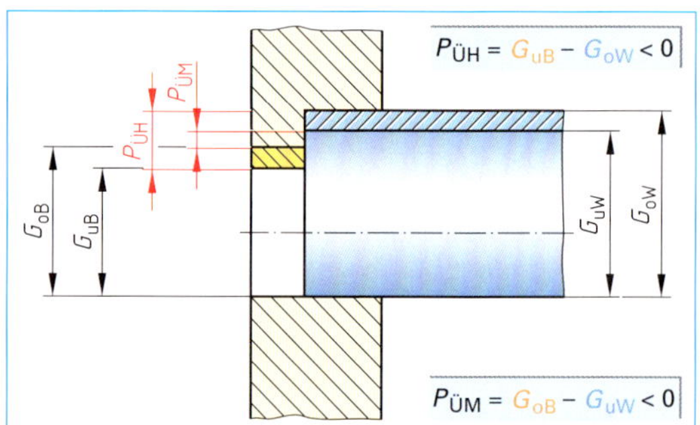

3 Übermaßpassung

Berechnungsbeispiel: Welche Höchst- und Mindestpresspassung ergibt sich für die im Bild 4 abgebildete Passung (Spurkranz)?

∅ 1000 H7/s6 — G_{oB} = 1000,105 mm
H8: + 105/ 0 — G_{uB} = 1000,000 mm
s7: + 586/+ 520 — G_{oW} = 1000,586 mm
G_{uW} = 1000,520 mm

$P_{ÜH} = G_{uB} - G_{oW}$ = 1000,000 mm – 1000,586 mm
$P_{ÜH}$ = – 0,586 mm
$P_{ÜM} = G_{oB} - G_{uW}$ = 1000,105 mm – 1000,520 mm
$P_{ÜM}$ = – 0,415 mm

4 Aufgeschrumpfter Spurkranz

Die Funktion von Baugruppen wird wesentlich von gefügten Passteilen beeinflusst. Eine Kombination bestimmter Istmaße führt daher in der Praxis zu Spiel- oder Presspassungen. Durch die Sonderstellung der Übergangspassung (Überlagerung der Toleranzfelder) können nach dem Fügen, abhängig von den Istmaßen der Passteile ebenfalls nur Spiel- oder Presspassungen entstehen (Bild 1).

Die entstandenen Passungen schwanken innerhalb bestimmter Toleranzfelder, weil die verschiedenen Istmaße der Innen- und Außenpassflächen innerhalb zulässiger Grenzen hergestellt wurden. Diese Passungen sind von P_H und P_M abhängig und werden als **Passtoleranz P_T** bezeichnet (Bild 2).

Passtoleranz = Höchstpassung – Mindestpassung

$$P_T = P_H - P_M$$

Das ISO-Toleranzsystem legt für die Innen- und Außenpassflächen **28 verschiedene Toleranzfeldlagen** (A ... ZC, a ... zc) fest. Für jedes Toleranzfeld gibt es **20 Toleranzgrade** (IT 01 ... 18). Somit könnten z.B. für ein Nennmaß 28 x 20 = **560** verschiedene Toleranzfelder gebildet werden. Bei der Kombination aller möglichen Innen- und Außenpassflächen entsteht somit die Zahl von **313600 Passtoleranzfeldern**. Der erforderliche Werkzeug- und Prüfmittelbedarf wäre dabei aus Kostengründen nicht vertretbar, deshalb wurden die anzuwendenden Passtoleranzfelder sinnvoll eingeschränkt. Die ISO-Normung schreibt vor, dass wahlweise eines der beiden Passteile mit den Toleranzfeldern „H“ bzw.“h“ herzustellen ist. Das erforderliche Passtoleranzfeld mit Spiel oder Pressung erhält man durch die Festlegung eines bestimmten Toleranzfeldes für das Gegenstück. Die Auswahlreihen der Passtoleranzfelder erfüllen in einem wirtschaftlich vertretbaren Rahmen alle Anforderungen der Praxis.

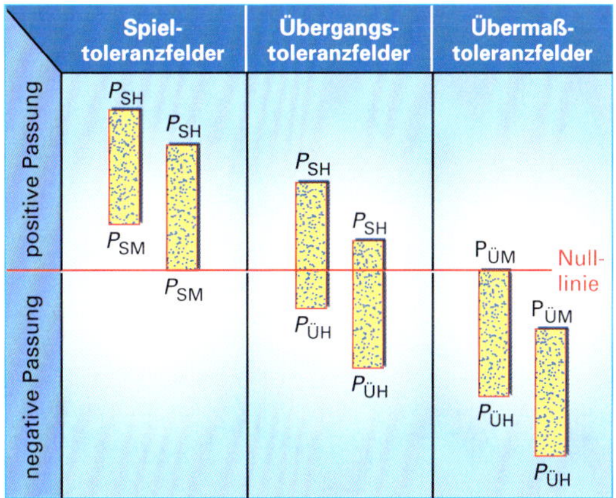

1 Lage der Passtoleranzfelder

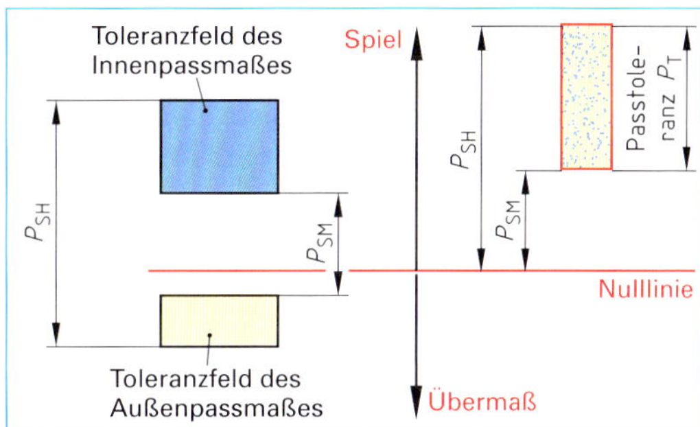

2 Passtoleranz P_T

1.5.6 Passungssysteme

Beim ISO-Passungssystem **Einheitsbohrung EB** nach DIN 7154 erhalten alle Innenpassmaße das **Toleranzfeld „H“.** Die gewünschte Passung (Spiel- oder Übermaßpassung) erhält man, indem den Außenpassflächen geeignete Toleranzfelder zugeordnet werden (Bild 3).

Merkmale:

- Bohrungsmindestmaß G_{uB} = Nennmaß N
- Unteres Bohrungsabmaß $EI = 0$

Die festgelegte Lage des Bohrungstoleranzfeldes „H“ und die verschiedenen Lagen der Wellentoleranzfelder „a ... zc“ ergeben drei charakteristische Passtoleranzfeldlagen.

EB-Toleranzfeld **H**	**Gewähltes** Toleranzfeld der Welle	**Entstehende** Passtoleranz
H	a ... h	Spielpassung
H	j ... n	Übergangsp.
H	p ... zc	Presspassung

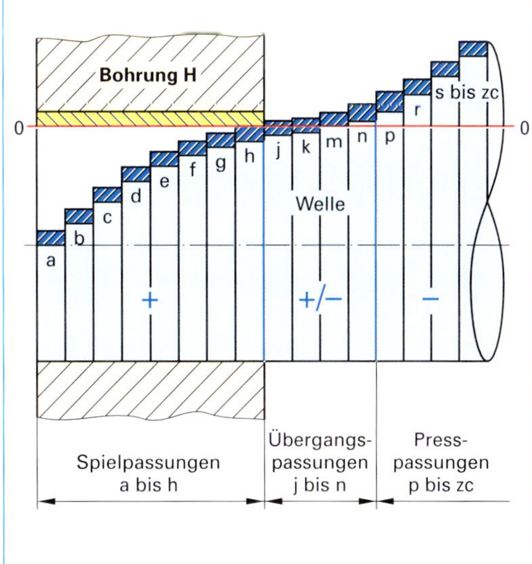

3 ISO-Passungssystem Einheitsbohrung

Beim ISO-Passungssystem **Einheitswelle „EW“** nach DIN 7154 erhalten alle Außenpassflächen das **Toleranzfeld „h“**. Um die gewünschte Passung (Spiel- oder Übermaßpassung) zu erhalten, werden den Innenpassflächen geeignete Toleranzfelder zugeordnet (Bild 1).

Merkmale:

- Wellengrößtmaß G_{oW} = Nennmaß N
- Oberes Wellenabmaß $es = 0$

Die festgelegte Lage des Wellentoleranzfeldes „h“ und die unterschiedlichen Lagen der Bohrungstoleranzfelder „A ... ZC“ ergeben drei charakteristische Passtoleranzfeldlagen.

EW-Toleranzfeld **h**	**Gewähltes** Toleranzfeld der Bohrung	**Entstehende** Passtoleranz
h	A ... H	Spielpassung
h	J ... N	Übergangsp.
h	P ... ZC	Übermaßpassung

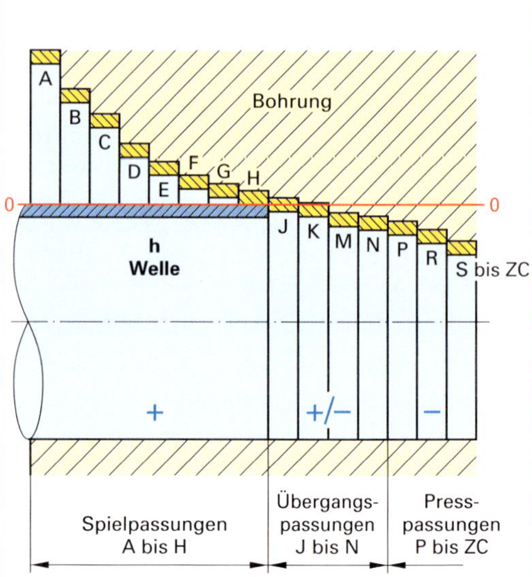

1 ISO-Passungssystem Einheitswelle

Anwendung der Passungssysteme „EB; EW“

Für die Fertigung **größerer Stückzahlen** ist das System **Einheitswelle vorteilhaft**. Der Fertigungsaufwand entfällt bei der Verwendung blankgezogener Wellen (h9 ...h11). Der Einbau ist ohne Nacharbeit möglich, z.B. im Textil- und Landmaschinenbau. Bei kleineren Stückzahlen wird die Anwendung von Einheitswellen unwirtschaftlich wegen des höheren Kostenfaktors für Werkzeuge und Messgeräte. **Außenmaße** mit geforderten Passmaßen lassen sich grundsätzlich leichter fertigen und prüfen als Innenpassmaße. Deshalb wird das System **Einheitsbohrung** vorwiegend im allgemeinen Maschinen- und Fahrzeugbau kostengünstig angewendet. Eine Übersicht typischer Anwendungsbeispiele von Passtoleranzfeldlagen (Spiel-, Übergangs- und Übermaßpassungen) der Systeme Einheitsbohrung und Einheitswelle zeigt die Tabelle 1.

Tabelle 1: Passtoleranzfelder im System Einheitsbohrung und Einheitswelle

	Einheitsbohrung EB			Einheitswelle EW		
Art	Spielpassung	Übergangspassung	Übermaßpassung	Spielpassung	Übergangspassung	Übermaßpassung
Beispiel	Spindellager	Riemenscheibe	aufgeschrumpfte Räder	Schieberäder	Zahnräder auf Achse	eingepresste Zapfen
ISO-Passtoleranz	20 H7/f7	15 H7/j6	35 H8/u8	20 G7/h6	15 N7/h6	35 X9/h9
Toleranzfeldlage						

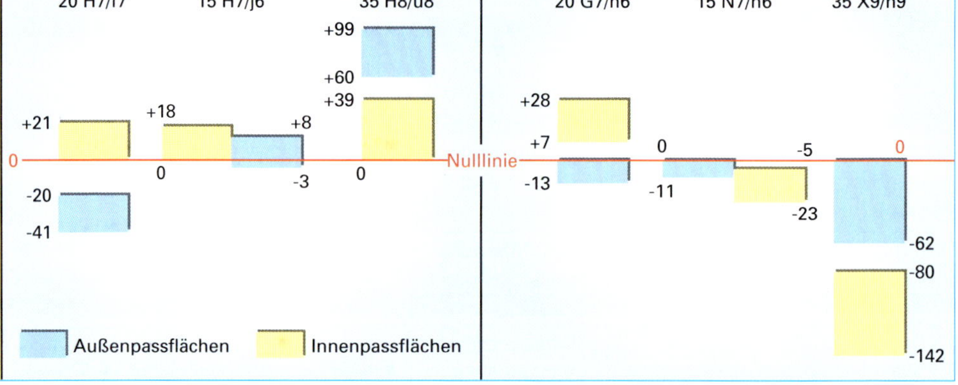

1.5.7 Auswahl und Auswertung von Passtoleranzfeldern

Für eine wirtschaftliche Fertigung und Prüfung von Passteilen steht dem Konstrukteur eine ausreichende Anzahl von Passtoleranzfeldern zur Verfügung. Die **Vorzugsreihe1** als Grundreihe ist für den größten Teil der Aufgaben **ausreichend.** Für **spezielle** Aufgaben steht die **Vorzugsreihe 2** zur Verfügung (Tabelle 1).

Tabelle 1: Auswahl von Passtoleranzfeldern

Vorzugsreihen Reihe 1 ist Reihe 2 vorzuziehen		Einheitsbohrung		Einheitswelle	
Bohrung	Welle	Bohrung	Welle	Bohrung	Welle
Spiel					
1	2			C11	h11
1	1			C11	h9
1	2			D10	h11
1	2	H8	d9		
1	1			E9	h9
1	1	H8	f7		
1	1			F8	h6
1	1	H7	f7		
1	2	H7	g6		
2	1			G7	h6
2	1	H11	h9	H11	h9
1	1	H7	h6	H7	h6
Spiel oder Übermaß					
1	2	H7	j6	nicht festgelegt	
1	2	H7	k6		
1	1	H7	n6		
Übermaß					
1	1	H7	r6	nicht festgelegt	
1	2	H7	s6		

Beispiele Kurzzeichen	Merkmale und Anwendung
H7 – f7 F8 – h6	Die Teile laufen mit merklichem Spiel, z.B. Kulissensteine in Führungen
H7 – g6 G7 – h6	Die Teile laufen ohne merkliches Spiel, z.B. Spindellager an Schleifmaschinen, Zahnräder, Teilkopfspindeln
H7 – h6 H7 – h6	Die Teile gleiten, von Hand bewegt, gerade noch, z. B. Pinole im Reitstock, Säulenführungen, Abstandsringe auf Fräsdornen
H7 – j6 J7 – h6	Die Teile lassen sich mit leichten Schlägen oder von Hand verschieben, z.B. Riemenscheiben, Zahnräder oder Nabe und Welle bei Keil- und Federverbindungen, die wieder ausgebaut werden.
H7 – m6 M7 – h6	Die Teile lassen sich nur mit größerem Kraftaufwand wieder auseinandertreiben, z.B. Lagerbuchsen, Kolbenbuchsen, Führungssäulen in Grundplatte
H7 – s6 S7 – h6	Die Teile pressen sich gegenseitig so fest, dass eine Sicherung gegen Verdrehen nicht erforderlich ist, z.B. Schrumpfringe, Spurkränze, Zahnkränze

Auswertung der Passmaße aus der Tabelle 1 (Seite 40)

Passmaß Mp	**20 G7/h6**		**15 H7/j6**		**35 X9/h9**	
Passsystem	**Einheitswelle**		**Einheitsbohrung**		**Einheitswelle**	
Passfläche	Innenpassfläche	Außenpassfläche	Innenpassfläche	Außenpassfläche	Innenpassfläche	Außenpassfläche
ISO-Toleranzkurzzeichen	20 G7	20 h6	15 H7	15 j6	35 X9	35 h9
ob. Grenzabmaß *ES, es*	+ 28 µm	0	+ 18 µm	+ 8 µm	– 80 µm	0
unt. Grenzabmaß *EI, ei*	+ 7 µm	- 13 µm	0	– 3 µm	+ 142 µm	– 62 µm
Höchstmaß G_{oB}, G_{oW}	20,028 mm	20,000 mm	15,018 mm	15,008 mm	34,920 mm	35,000 mm
Mindestmaß, G_{uB}, G_{uW}	20,007 mm	19,987 mm	15,000 mm	14,997 mm	34,858 mm	34,938 mm
Toleranz T_B, T_W	0,021 mm	0,013 mm	0,018 mm	0,011 mm	0,062 mm	0,062 mm
Höchstpassung P_H		+ 0,041 mm		+ 0,021 mm		– 0,142 mm
Mindestpassung P_M		+ 0,007 mm		– 0,008 mm		– 0,018 mm
Passtoleranz P_T		0,034 mm		0,029 mm		0,124 mm
Toleranzfeldart	**Spieltoleranzfeld**		**Übergangstoleranzfeld**		**Übermaßtoleranzfeld**	

Aufgaben

1. **Was ist unter den Begriffen Nenn- und Istmaß zu verstehen?**
2. **Welche Zusammenhänge bestehen zwischen Höchst-/Mindestmaß und dem oberen/unteren Grenzabmaßen?**
3. **Wie werden Bohrungs- bzw. Wellentoleranzklassen bezeichnet?**
4. **Welche Vorteile bringt die Anwendung von Allgemeintoleranzen?**
5. **Worin liegen die Besonderheiten der Toleranzfelder H bzw. h?**
6. **Worin unterscheiden sich die Passungssysteme Einheitswelle und -bohrung?**
7. **Begründen Sie an praktischen Anwendungsbeispielen die Bedeutung beider Passungssysteme!**
8. **Werten Sie folgende Passungsangaben aus: 12 H7/r6, 44 F8/h9, 75 H11/a11**

1.6 Qualitätsmanagement

Qualitätsmanagement ist der Oberbegriff für alle qualitätsbezogenen Tätigkeiten und Zielsetzungen.

Das „Managen“ der Qualität bezieht sich auf alle Bereiche eines Unternehmens, sowohl auf die Produktionsorganisation und die Arbeitsvorbereitung als auch auf den Zerspanungsmechaniker an der Maschine. Die Hauptphasen des Qualitätsmanagements sind die Qualitätsplanung, die Qualitätslenkung und die Qualitätsprüfung.

Qualitätsmanagement		
Qualitätsplanung • Planung der Qualitätsforderung, d.h. die Forderungen an die Beschaffenheit des Produkts • Festlegung der Qualitätsmerkmale • Klassifizieren und Gewichten der Qualitätsmerkmale	**Qualitätslenkung** Vorbeugende, überwachende und korrigierende Tätigkeiten beim Herstellen des Produkts, d.h. Beseitigung von Ursachen von vorhandenen oder möglichen Fehlern oder Mängeln um die Qualitätsanforderungen zu erfüllen	**Qualitätsprüfung** Feststellen, ob das Produkt die Qualitätsanforderungen erfüllt. Die Prüfung kann sich auf eine Forderung oder auf alle Qualitätsanforderungen an das Produkt beziehen. Prüfungen erfolgen vom Einkauf über die Fertigung bis zum Verkauf.

1.6.1 Qualitätskreis

Qualität wird nicht allein durch genaues Prüfen erreicht, sondern entsteht durch die Verkettung aller Abteilungen, die alle auf die Erfüllung der Qualitätsanforderungen ausgerichtet sind.

Ausgangs- und Endpunkt des Qualitätskreises sind die Forderungen und Erwartungen der Kunden. Daraus werden die Qualitätsanforderungen abgeleitet (Bild 1).

Die **Qualitätsanforderung** an das Produkt ist die *geforderte Beschaffenheit.* Dazu gehören:
- Zuverlässigkeit(Funktionsfähigkeit, Instandhaltbarkeit, Verfügbarkeit)
- Sicherheit bei der Handhabung
- Austauschbarkeit
- Umweltverträglichkeit
- Wirtschaftlichkeit
- ästhetische Gestaltung

Im Rahmen der Qualitätsanforderung an das ganze Produkt gibt es Einzelanforderungen an einzelne **Qualitätsmerkmale**. Sie sind in der Regel auch Prüfmerkmale.

Im Bereich der Zerspanung werden Qualitätsmerkmale vor allem durch Messen und Lehren überprüft. Neben den messbaren Qualitätsmerkmalen gibt es auch solche, die nur qualitativ bewertet werden können. Sie werden z.B. durch Sicht- oder Hörprobe (bei Schleifkörpern) oder durch Funktionsprobe nach dem Einbau in eine Baugruppe oder Maschine überprüft.

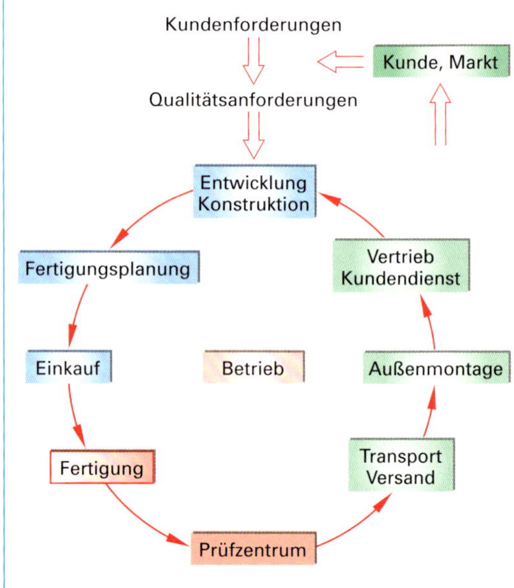

1 Qualitätskreis

Qualitätsmerkmale	
maßlich prüfbar	Länge, Rundheit, Rundlauf, Ebenheit, Rauheit, Parallelität, Winkligkeit
nicht maßlich prüfbar	Sauberkeit, Oberflächenglanz, Dichtheit, Korrosionsfreiheit, Funktionsfähigkeit, ästhetische Gestaltung

Wirtschaftlichkeit

Um ein Produkt qualitätsgerecht und wirtschaftlich herzustellen, muss im gesamten Qualitätskreis bzw. in allen Phasen des Qualitätsmanagements die Einhaltung der Qualitätsmerkmale im Mittelpunkt stehen. Dabei gilt:

Fehler vermeiden ist billiger als Fehler suchen und beseitigen.

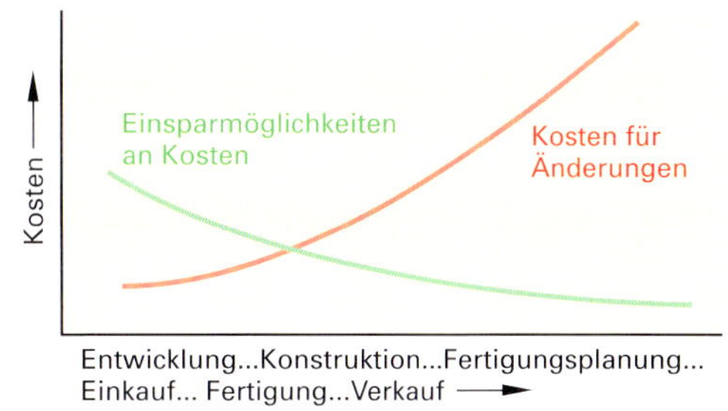

1 Kosten von Fehlerbeseitigung im Qualitätskreis

Die Möglichkeit, Kosten zu sparen, ist besonders hoch in der Konzeptions- und Entwicklungsphase; die Beseitigung von Fehlern wiederum kostet besonders viel, wenn das Produkt schon beim Kunden ist. Hier kostet es neben Geld auch noch Ansehen. Anfang der 90er Jahre entfielen von 6 Mrd. DM Kosten für Qualitätssicherung noch ca. 50% auf die Fehlerbehebung.

Fehler und Mängel am Produkt			
Produkte, die vom Kunden abgelehnt werden, können fehler- oder mangelhaft sein.			
Fehler= Nichterfüllung einer festgelegten Forderung	Fehler	objektiv feststellbar	behebbar
Mangel = Nichterfüllung einer festgelegten Forderung oder einer angemessenen Erwartung. (z.B. Aussehen, Neuartigkeit, Bedienerfreundlichkeit)	Mangel	objektiv/subjektiv feststellbar	teilweise behebbar Vergleich nötig
Deshalb: Durch Marktforschung Erwartungen der Kunden ermitteln!			

Qualitätskreis und spanende Fertigung

Der Qualitätskreis zeigt, dass alle Abteilungen des Betriebes Einfluss auf die Qualität des Produktes nehmen. Der eindeutige Durchlauf des Produktes entspricht aber nicht einem ebenso einseitigen Ablauf der Entscheidungen. Bei der Qualitätsplanung und Qualitätslenkung arbeiten alle Abteilungen zusammen. Beim Bestimmen der Qualitätsanforderungen und der Auswahl der Qualitätsmerkmale ist bereits zu bedenken:

- Welche Maschinen stehen für die Fertigung zur Verfügung? Welche Qualität ist auf diesen Maschinen erreichbar?
- Welches Facharbeiterpotenzial ist vorhanden? Sind bestimmte Qualitätsanforderungen durchsetzbar? Unter welchen Bedingungen sind sie durchsetzbar (Lehrgänge u.a.)?
- Welche Prüfmittel sind vorhanden? Lassen sich die Qualitätsmerkmale damit prüfen?

Nach diesen Überlegungen kommt es auch zu Entscheidungen, ob bestimmte Einzelteile in Eigenfertigung produziert werden oder als Kaufteile erworben werden.
In vielen Betrieben werden zwischen den Abteilungen Marktbedingungen hergestellt. Die spanende Fertigung tritt so mit fremden Firmen gegenüber der eigenen Montage als Verkäufer auf. Der Kunde Montage entscheidet, bei wem er seine Einzelteile kauft.

Die spanende Fertigung wird dadurch gezwungen, hohe Qualität bei niedrigen Preisen zu liefern. Das erfordert höchste Produktivität bei fehlerfreier Produktion.

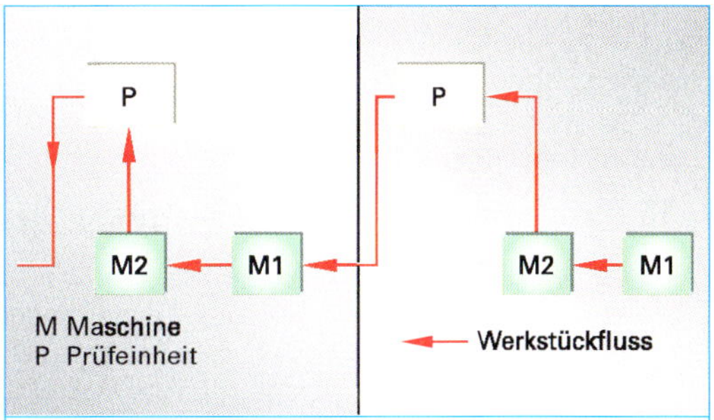

2 Qualitätslenkung

Viele Qualitätsmerkmale sind dabei in Selbstprüfung zu prüfen. Das Qualitätswesen übernimmt nur die Inspektion und die komplizierten Prüfungen. Außerdem nimmt die Qualitätslenkung darauf Einfluss, dass immer mehr computergesteuerte Prüfungen erfolgen (Bild 2). Dadurch sollen Messfehler durch den Facharbeiter ausgeschaltet werden.

1.6.2 Statistisches Qualitätsmanagement

Das statistische Qualitätsmanagement umfasst die qualitätsbezogenen Aktivitäten des Betriebes, bei denen statistische Methoden eingesetzt werden, z.B. Stichproben- oder Schätzverfahren.

Diese Methoden werden sowohl in der Qualitätsplanung als auch in der Qualitätslenkung und -prüfung eingesetzt.
Zunehmend werden die statistischen Methoden in der Qualitätsplanung vor Aufnahme der Fertigung angewandt (**Preline-Qualitätsmanagement**).
Bereits durchgesetzt hat sich die Anwendung statistischer Methoden während der Fertigung (**Online-Qualitätsmanagement**).
Die Qualitätssicherung nach der Fertigung (**Postline-Qualitätssicherung**) wird dadurch eine geringere Bedeutung erhalten.

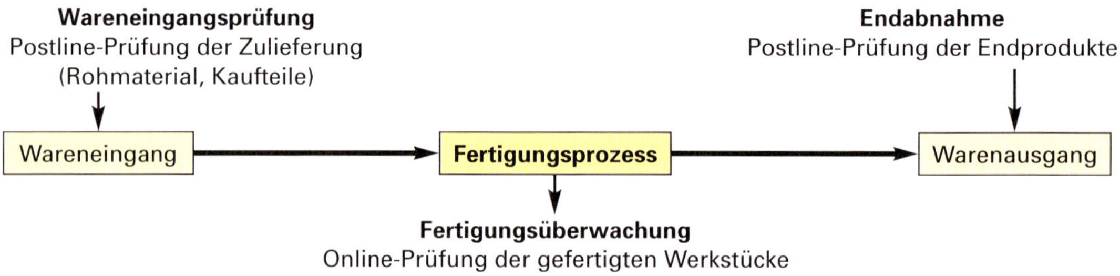

Für die spanende Fertigung steht heute die Fertigungsüberwachung, d.h. die Online-Prüfung der laufenden Produktion im Mittelpunkt. Für Fertigungsüberwachung wird auch die Abkürzung SPC (**S**tatistical **P**rocess **C**ontrol) verwendet.

Ziel der Fertigungsüberwachung:
- Qualitätsmängel während der Fertigung feststellen
- durch Gegenwirkung Mängel beseitigen

Der Einsatz statistischer Methoden setzt die Kenntnis einiger Begriffe und Zusammenhänge voraus:

Grundlagen des statistischen Qualitätsmanagements

Zufällige und systematische Einflüsse
Auf die Herstellung eines Werkstückes haben sehr viele innere und äußere Bedingungen Einfluss. Sie alle bewirken, dass das Werkstück niemals ideal den Qualitätsmerkmalen entsprechen kann.

Zufällige Einflüsse bewirken eine zufällige Abweichung (Fehler), systematische Einflüsse bewirken systematische Abweichungen (Fehler).

Beispiele für zufällige Einflüsse:
- wechselnde Werkstoffzusammensetzung wechselnde Spanungsbedingungen
- wechselnde Spannung (Spannkraft, Ausrichtung)
- wechselnde Prüfbedingungen
- Verschleiß des Werkzeuges
- wechselnde äußere Bedingungen (Licht u.a.)

Beispiele für systematische Einflüsse:
- eine deutlich abweichende Werkstoffzusammensetzung
- ausgebrochenes Werkzeug
- Prüfmittelfehler
- ständig andere Temperatur zu einer bestimmten Zeit

Die Ursachen für systematische Einflüsse können ermittelt und abgestellt werden. Die zufälligen Einflüsse können nur berücksichtigt werden.

Wahrscheinlichkeit P (**P**robability)

Die Wahrscheinlichkeit für das Eintreffen eines Ereignisses ist gleich dem Verhältnis der günstigen (gewollten) Fälle zu allen möglichen Fällen.

$$P = \frac{\text{Anzahl der günstigen Fälle}}{\text{Anzahl der möglichen Fälle}}$$

Zur Veranschaulichung:
Die Wahrscheinlichkeit, eine „6“ zu würfeln, ist 1/6, d.h., bei 600 mal Würfeln wird man wahrscheinlich 100 mal „6“ würfeln. Je länger gewürfelt wird, um so sicherer wird die Aussage.

Normalverteilung

Der Mathematiker C.F. Gauß hat entdeckt, dass bestimmte Merkmalswerte durch zufällige Einflüsse immer um einen Mittelwert schwanken. Das von ihm aufgestellte **Fehlerverteilungsgesetz** ergibt grafisch eine Glockenkurve (Bild 1).
Beispiel:
Ohne das Auftreten von systematischen Einflüssen werden Wellen, die einen Durchmesser von 25 mm haben sollen, zufällig um diesen Wert schwanken. Um in der Fertigung von vergleichbaren Daten ausgehen zu können, wird mit standardisierten Werten gearbeitet.

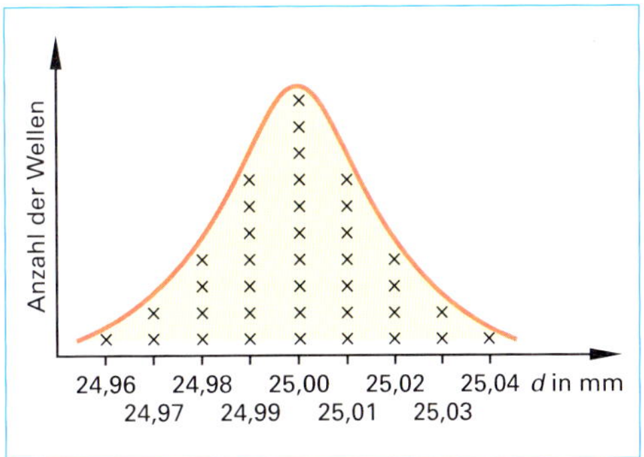

1 Gaußsche Glockenkurve

Mittelwert $\overline{x}$

Der Mittelwert $\overline{x}$ ist das arithmetische Mittel aller Einzelwerte aus der Stichprobe.

$$\overline{x} = \frac{x_1 + x_2 + x_3 + \ldots + x_n}{n}$$

Median $\tilde{x}$

Der Median $\tilde{x}$ ist ein Zentralwert, auf beiden Seiten von ihm liegen eine gleiche Anzahl von Messwerten.

Stichproben Wellendurchmesser (mm)
25,01; 25,02; 25,04; 24,99; 24,98; 25,00; 24,97

$$\overline{x} = \frac{25{,}01 + 25{,}02 + \ldots + 24{,}97}{7} = 25{,}0014$$

$$\tilde{x} = 25{,}00$$

2 Vergleich Mittelwert und Median

Standardabweichung *s* und Spannweite *R*

R und *s* sind Maße für das Abweichen vom Mittelwert.

Die Standardabweichung *s* ist der Abstand vom Mittelwert zum Wendepunkt der Glockenkurve. Die Spannweite *R* ist die Differenz aus dem größten und kleinsten Messwert der Stichprobe. *R* und *s* ergeben Aussagen über die Form der Glockenkurve (schlank, breit) und damit über die Streuung der Messwerte (Bild 3).

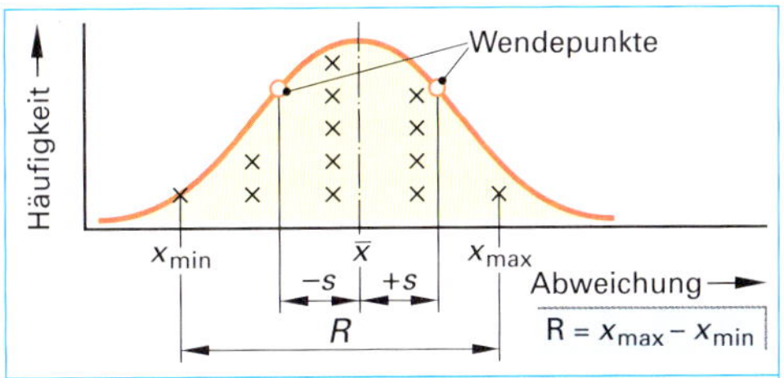

3 Standardabweichung und Spannweite

1.6.3 Qualitätsregelkarten als Instrumente der Fertigungsüberwachung

Eine Qualitätsregelkarte (QRK) dient dem Zweck, ein Qualitätsmerkmal (z.B. eine Länge, einen Winkel) während der laufenden Produktion zu überwachen und Störungen zu ermitteln.

Mit der QRK sollen die zufälligen Schwankungen erfasst und die systematischen Störungen entdeckt werden. Der Prozess soll immer unter statistischer Kontrolle sein; ist er außer statistischer Kontrolle, muss eingegriffen werden. Auf die Kostenentwicklung hat es großen Einfluss, dass bei wirklichen Störungen eingegriffen wird, übervorsichtiges Agieren ist genauso falsch wie sorgloses.
Der **Fertigungsprozess** kann sich nur in zwei Zuständen befinden: **gestört** oder **ungestört**. Der Bediener oder der Rechner kann dazu jeweils zwei Entscheidungen treffen: **eingreifen** oder **nicht eingreifen**

ungestörter Prozess	*eingreifen*	**blinder Alarm**	**falsch**
	nicht eingreifen		**richtig**
gestörter Prozess	*eingreifen*		**richtig**
	nicht eingreifen	**unterlassener Alarm**	**falsch**

Konstruktion der Qualitätsregelkarten (QRK)

Um möglichst wenig Fehler zuzulassen, werden die QRK so konstruiert, dass sie auf Störungen hinweisen.

Bei der Konstruktion der QRK ist festzulegen:
- Stichprobenumfang
- zeitlicher Abstand der Stichproben
- Eingriffsgrenzen

Die **Eingriffsgrenzen** (einseitig oder zweiseitig) sind Grenzen, bei deren Überschreiten (obere Eingriffsgrenze) oder Unterschreiten (untere Eingriffsgrenze) ein festgelegter Eingriff erfolgen muss.

Es sind z.B. alle Teile seit der letzten Stichprobe nachzumessen.
Die Eingriffsgrenzen werden berechnet, oder es werden die Toleranzgrenzen als Eingriffsgrenzen herangezogen.
Werden die Eingriffsgrenzen zu eng an die Mittellinie gelegt, werden schon bei zufälligen Abweichungen blinde Alarme ausgelöst.
Werden die Eingriffsgrenzen zu weit gezogen, kann der Eingriff zu spät erfolgen.
Oftmals werden zusätzliche **Warngrenzen** gezogen (95%-Grenze). Auch hier werden festgelegte Schritte eingeleitet, z.B.: Sofort wieder Probe ziehen.
In die QRK können die gemessenen Werte oder die berechneten bzw. ermittelten Werte wie Mittelwert, Median, Standardabweichung oder Spannweite eingetragen werden. Deshalb gibt es auch verschiedene QRK. Teilweise werden die Karten zusammen eingesetzt, wie die x̃-R-Karte.

Aus den QRK lassen sich viele Störungen bzw. Einflüsse auf den Fertigungsprozess erkennen.
- alle Werte pendeln um die Mittelachse: *beherrschte Fertigung*
- die Mittelwerte bzw. Mediane driften in eine Richtung: *Trend,* die Ursache kann gleichmäßiger Verschleiß sein
- die Mittelwerte oder Mediane liegen über sieben Stichproben hinweg auf einer Seite der Mittellinie: *Run,* die Ursache kann Werkzeugwechsel, Werkzeugbruch, neues Material sein
- die Werte liegen weiter auseinander als vorher: *Streuungszunahme,* die Ursache kann ein allgemeiner Verschleiß der Maschine sein
- die Messwerte liegen außerhalb der Eingriffsgrenzen: die Ursache kann ein Messfehler, eine zufällige Abweichung oder eine grundlegende Störung sein.

In den Firmenanweisungen steht, was zu tun ist.

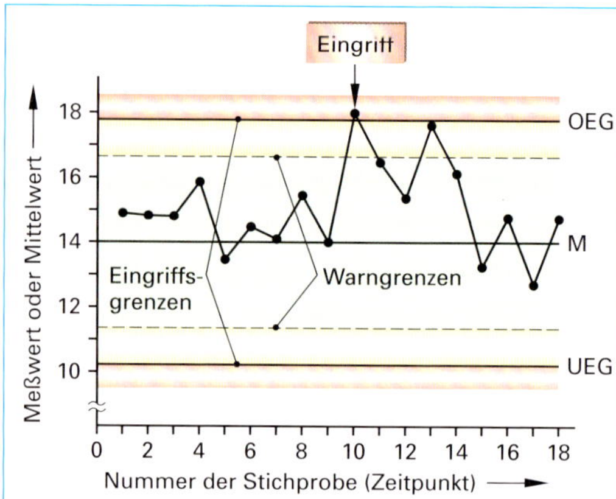

1 Qualitätsregelkarte (allgemeiner Aufbau)

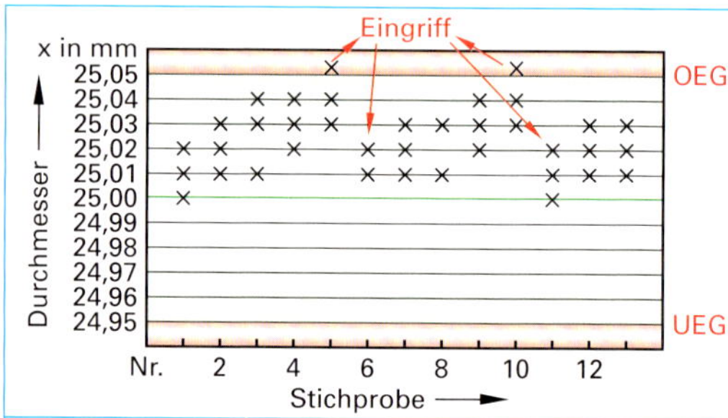

2 Qualitätsregelkarte (Urwertkarte)

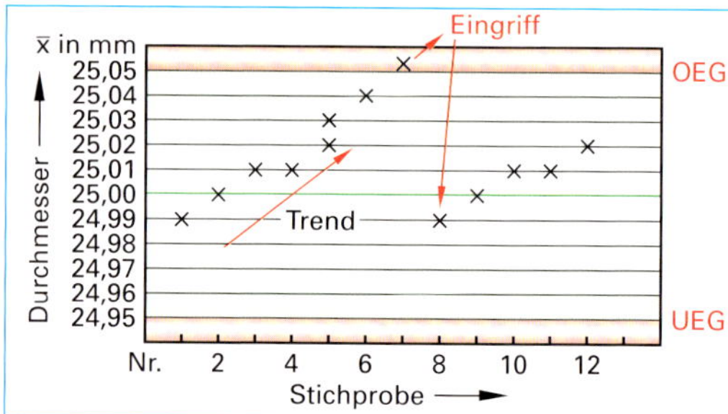

3 Qualitätsregelkarte x̃-R-Karte, mit Trend

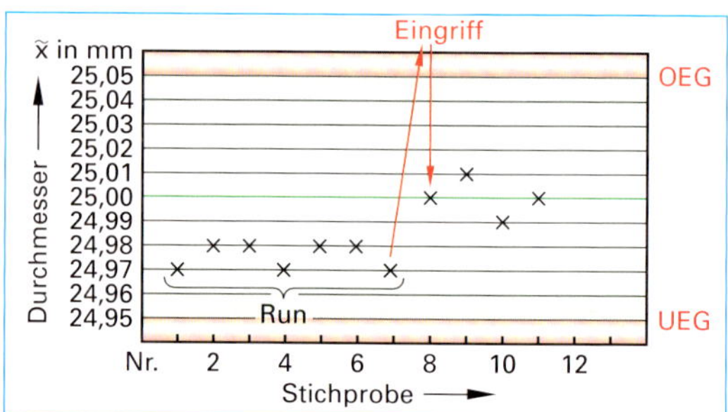

4 Qualitätsregelkarte x̃-R-Karte, mit Run

Qualitätsregelkarten und Rechnersteuerung

Zunehmend werden die Aufgaben des Berechnens und Auswertens der Werte für die QRK durch Rechner übernommen. Besonders günstig ist dies bei der Standardabweichungskarte. Der Verlauf der Standardabweichung wird dann vom Monitor abgelesen.

Die Standardabweichungskarte (s-Karte) und die Spannweitenkarte (R-Karte) sollen vor allem dazu dienen, die Streuung der Messwerte und damit der Fertigung zu dokumentieren (Bild 1).

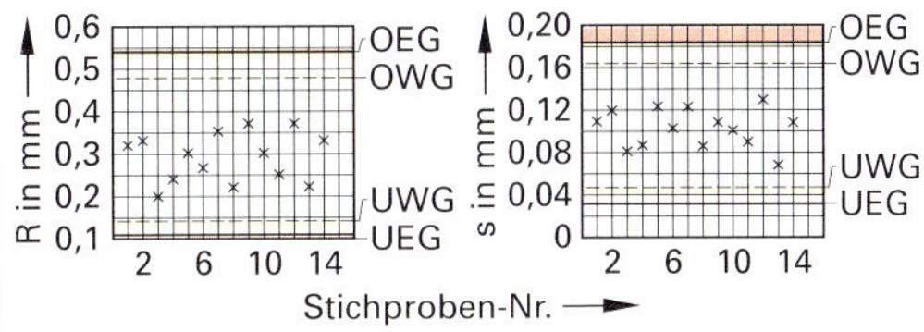

Hier ist nur jeweils die Spur für die Streuung (R, s) angegeben. Die Spur für die Lage (x, $\bar{x}$, $\tilde{x}$) wurde weggelassen. Ansonsten meist Doppelkarten, z.B. $\tilde{x}$-R-Karte oder $\bar{x}$-s-Karte.

1 R-Karte und s-Karte

Einsatz von Ampelkarten

Das Berechnen der Eingriffsgrenzen bei der Gestaltung der QRK ist sehr aufwendig. Deshalb wurde nach Möglichkeiten gesucht, den Prozess zu vereinfachen. Es wurden QRK entwickelt, bei denen die Toleranzgrenzen als Eingriffsgrenzen verwendet werden. Dadurch wird der Aufwand beim Einführen der Karten und auch bei ihrer Handhabung im Fertigungsprozess verringert.

Eine dieser Ampelkarten ist die **Precontrol-Karte (preset control)**. Sie wird vor allem in der Automobilindustrie eingesetzt. Als Stichprobe werden alle zwei Stunden zwei aufeinander folgende Teile entnommen und geprüft. Nach einem auf der Karte vorgegebenen Algorithmus ist dann zu verfahren. Voraussetzung für die Anwendung dieser Karten ist eine hohe Prozesssicherheit der vorhandenen Maschinen und Anlagen, da der Abstand von einer Stichprobe zur anderen recht hoch ist (Bild 2).

Die Verwendung der Ampelfarben ist günstig für die Anwendung, da diese Farben aus dem Alltag eine hohe Signalwirkung besitzen.

In die Karte werden auch alle Eingriffe eingetragen, sodass der Fertigungsprozess einschließlich seiner Störungen nachvollziehbar wird.

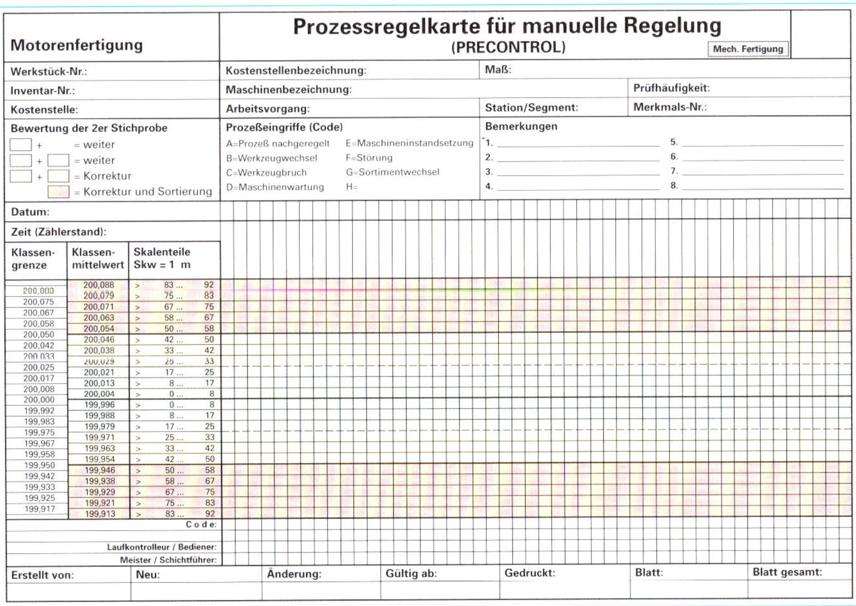

Motorenfertigung

Prozessregelkarte für manuelle Regelung
(PRECONTROL)
Mech. Fertigung

Werkstück-Nr.: | Kostenstellenbezeichnung: | Maß:
Inventar-Nr.: | Maschinenbezeichnung: | Prüfhäufigkeit:
Kostenstelle: | Arbeitsvorgang: | Station/Segment: | Merkmals-Nr.:

Bewertung der 2er Stichprobe
☐ + = weiter
☐ + ☐ = weiter
☐ + ☐ = Korrektur
☐ = Korrektur und Sortierung

Prozeßeingriffe (Code)
A=Prozeß nachgeregelt
B=Werkzeugwechsel
C=Werkzeugbruch
D=Maschinenwartung
E=Maschineninstandsetzung
F=Störung
G=Sortimentwechsel
H=

Bemerkungen
1. 2. 3. 4. 5. 6. 7. 8.

Datum:
Zeit (Zählerstand):

Klassen-grenze	Klassen-mittelwert	Skalenteile Skw = 1 m
200,000	200,088	> 83 ... 92
200,075	200,079	> 75 ... 83
200,067	200,071	> 67 ... 75
200,058	200,063	> 58 ... 67
200,050	200,054	> 50 ... 58
200,042	200,046	> 42 ... 50
200,033	200,038	> 33 ... 42
200,025	200,029	> 25 ... 33
200,017	200,021	> 17 ... 25
200,008	200,013	> 8 ... 17
200,000	200,004	> 0 ... 8
199,992	199,996	> 0 ... 8
199,983	199,988	> 8 ... 17
199,975	199,979	> 17 ... 25
199,967	199,971	> 25 ... 33
199,958	199,963	> 33 ... 42
199,950	199,954	> 42 ... 50
199,942	199,946	> 50 ... 58
199,933	199,938	> 58 ... 67
199,925	199,929	> 67 ... 75
199,917	199,921	> 75 ... 83
	199,913	> 83 ... 92

Code:
Laufkontrolleur / Bediener:
Meister / Schichtführer:

Erstellt von:	Neu:	Änderung:	Gültig ab:	Gedruckt:	Blatt:	Blatt gesamt:

2 Precontrol-Karte

Aufgaben

1 **Welche zufälligen und welche systematischen Einflüsse wirken auf die Qualität Ihrer Werkstücke?**

2 **Erläutern Sie das Prinzip Selbstprüfung.**

3 **Worauf haben Sie beim Einsatz von Qualitätsregelkarten zu achten?**

4 **Aus welchen Gründen werden in der Autoindustrie häufig Ampelkarten eingesetzt? Welche Vorteile bieten sie?**

Optischer 3D-Messtaster zur Maßermittlung

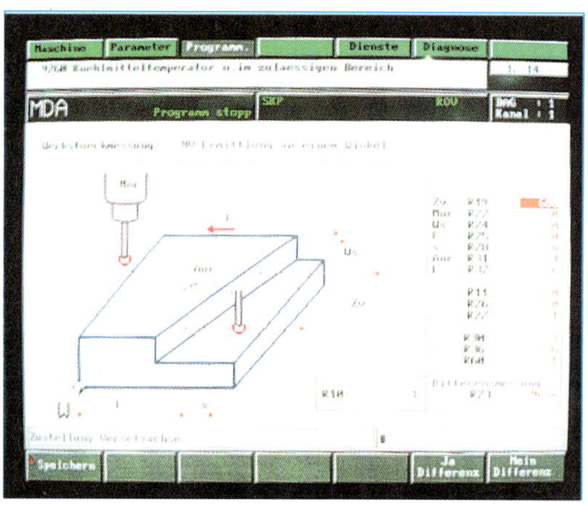

Programmierunterstützung für Messzyklen

Unterschiedliche Fräsarbeiten auf einem Bearbeitungszentrum

2 Spanen auf Werkzeugmaschinen

Mit den Fertigungsverfahren des Spanens wird die überwiegende Anzahl der metallischen Werkstücke vor- und fertigbearbeitet.

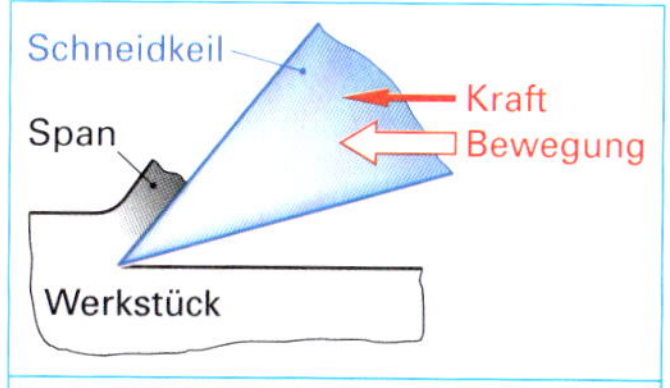

1 Prinzip des Spanens

2.1 Grundlagen des maschinellen Spanens

Spanen ist das Gestaltändern von Werkstücken durch mechanisches Abtrennen von Werkstoffteilchen.

Spanen kann mit Handwerkzeugen, z.B. Feilen oder Schabern, oder maschinell mit spanenden Werkzeugmaschinen erfolgen.

Spanende Verfahren mit		
einschneidigen Werkzeugen mit geometrisch bestimmter Schneide	*mehrschneidigen Werkzeugen mit geometrisch bestimmten Schneiden*	*mehrschneidigen Werkzeugen mit geometrisch unbestimmten Schneiden*
Drehen, Hobeln/Stoßen, Schaben, Meißeln	Bohren, Fräsen, Reiben, Räumen, Sägen, Feilen	gebundenes Korn: Schleifen, Ziehschleifen; ungebundenes Korn: Läppen

Gemeinsam ist allen spanenden Verfahren, dass durch Werkzeuge mit einer oder mehreren keilförmigen Schneiden die Werkstoffteilchen vom Werkstück abgetrennt werden.
Werkzeug und Werkstück müssen dazu unter Einsatz von Energie in bestimmte Bewegungsverhältnisse zueinander gebracht werden.

Nach der Art dieser Relativbewegung und der Formen der Werkzeuge unterscheiden sich die verschiedenen spanenden Verfahren. Die Notwendigkeit verschiedener spanender Verfahren ergibt sich aus den unterschiedlich zu lösenden Aufgaben. Beispielsweise sind Außenkonturen an prismatischen und rotationssymmetrischen Körpern herzustellen, Löcher und Nuten einzubringen oder ist die Oberflächengüte zu verbessern.

Für die Gesamtheit der spanenden Verfahren gibt es nahezu keine unlösbaren Formgebungsaufgaben.

Vergleich des Spanens mit anderen Fertigungsverfahren	
***Vorteile** des Spanens gegenüber anderen Fertigungsverfahren sind vor allem die prinzipielle Möglichkeit des*	***Nachteile** des Spanens gegenüber anderen Fertigungsverfahren können vor allem sein die*
• Bearbeitens auch von kompliziert gestalteten Werkstücken • wirtschaftlichen Bearbeitens von Werkstücken in geringer Stückanzahl • Bearbeitens schwer- oder nichtumformbarer Werkstoffe • Erzielens hoher Oberflächengüten bei geringen Toleranzen	• ungünstigere Werkstoffausnutzung durch den Anfall der Späne • vielfach hohen Investitionen, vor allem bei Fertigungssystemen • oftmals längere Bearbeitungsdauer • hohe Werkzeugkosten und hoher Werkzeugverschleiß

Die Vorteile des Spanens wiegen dessen Nachteile oftmals auf. Daher behält die spanende Fertigung ihre Bedeutung, obwohl Urform- und Umformverfahren durchaus preisgünstiger sein können. Diese Verfahren sind materialsparender und das Werkstück ist in weniger Arbeitsgängen hergestellt.

Bild 2 zeigt die unterschiedliche Werkstoffausnutzung beim Walzen und beim Drehen eines Gewindes. Allerdings sind die Walzen nur für eine bestimmte Gewindeart zu nutzen. Der Drehmeißel ist universell weiter verwendbar.

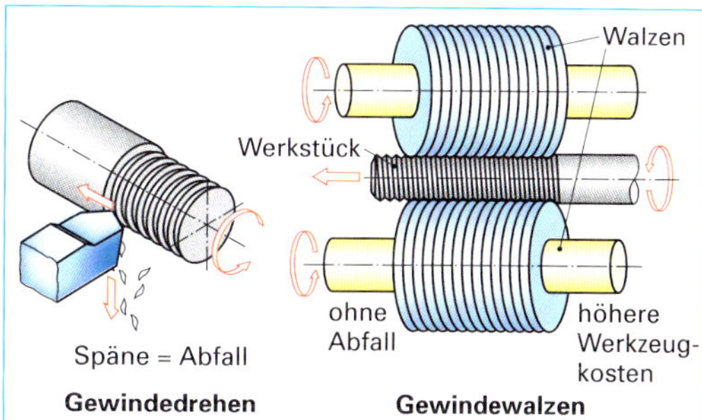

2 Vergleich Umformen und Spanen

Entwicklungstendenzen des Spanens

Dadurch, dass mehr Werkstücke umformend hergestellt werden, die früher spanend bearbeitet wurden, wird nur der Anteil des Grobspanens geringer. Auch Abtrageverfahren (z.B. Elektroerodieren, Elysieren und Abtragen durch Laser-, Plasma- oder Elektronenstrahlen) übernehmen teilweise Aufgaben, die zuvor spanend gelöst wurden. Da aber die Gesamtheit der durch Trennen herzustellenden Werkstücke wächst, bleibt die Bedeutung des Spanens erhalten.
Hinsichtlich des zeitlichen Aufwandes für das Bearbeiten metallischer Werkstücke beanspruchen im Durchschnitt spanende Verfahren 34%, das Fügen 33%, das Ur- und Umformen je etwa 10% des Gesamtaufwands.
Infolge der steigenden Forderungen an Produktivität und Genauigkeit gibt es allerdings innerhalb des Spanens Veränderungen. Da die Tendenz besteht, dass etwa alle 10 Jahre nach einer IT-Qualitätsstufe genauer gefertigt wird, gelangen Verfahren (z.B. das Hobeln) an die Grenze ihrer Entwicklung und andere Verfahren (z.B. Feinbearbeitung) gewinnen an Bedeutung. Technologische Entwicklungstendenzen sind von vielerlei Faktoren bestimmt, die auch nicht immer richtig vorausgesehen werden können. So wurde dem Schleifen eine größere Bedeutung zugesprochen, aber wegen des höheren Energiebedarfes hat das Intensivschleifen das Fräsen nicht wie erwartet verdrängt. Die Aussagen über die künftige Entwicklung der Verfahren sind sehr widersprüchlich.

1 Spanungsvorgang

Spanungsvorgang

Der Spanungsvorgang kennzeichnet das Zusammenwirken von Arbeitskraft, Arbeitsmitteln und Arbeitsgegenständen im Spanungsprozess (Bild 1).
Die vom Menschen in Gang gesetzten Maschinen und Werkzeuge führen zu den gewünschten Veränderungen an den Werkstücken. Das Ingangsetzen der Arbeitsmittel erfolgt zunehmend durch die auch vom Mensch entwickelten Programme für automatisierte Werkzeugmaschinen.

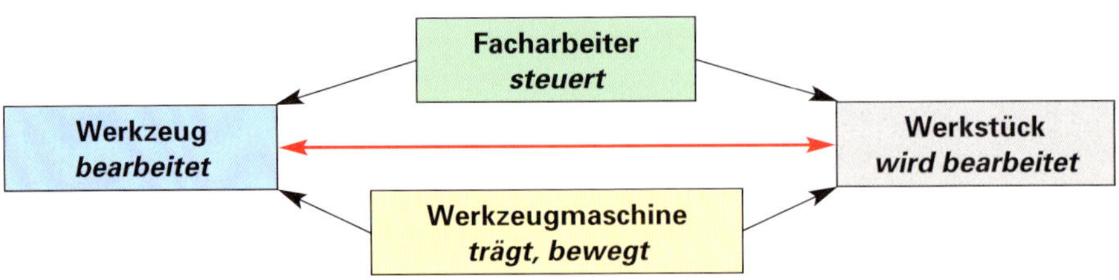

Auf den konkreten Spanungsvorgang haben auch die gewählten Spanungsbedingungen (z.B. die Schnittgeschwindigkeit) und das jeweilige Bearbeitungsverfahren Einfluss.
Alle Elemente beeinflussen sich gegenseitig und es ist schwer, die komplexen Zusammenhänge zu erkennen. Wir geben Ihnen eingangs einen groben Überblick über diese zusammenwirkenden Elemente, in den folgenden Abschnitten dieses Buches und durch Ihre praktischen Erfahrungen sollte Ihnen vieles klarer erscheinen.

Überblick über den Spanungsvorgang

Die einzelnen Elemente des Spanungsvorganges wie die Werkzeugmaschine, die Werkzeuge und Spannmittel sind in sich selbst komplexe Gebilde. Jede Veränderung einer der Komponenten beeinflusst den gesamten Vorgang und letzlich die Qualität und Kosten des Produktes.

Elemente	Komponenten	Wirkungen (z.B)
Werkzeug	Schneidstoff, Art (ein-, zwei-, vielschneidig) Form, Anschliff, Verschleiß, Einspannung Starrheit, Standvermögen	auf Genauigkeit und Oberflächengüte, auf Kraftbedarf
Werkstück	Werkstoff (Härte, Festigkeit, Gefüge u.a.), Abmessungen, Vorbearbeitung, Stabilität Toleranz, Oberfläche, Starrheit, Einspannung	auf Leistung der Werkzeugmaschine und auf Werkzeuganforderungen
Werkzeugmaschine	Art, Typ, Zustand, Stabilität, Genauigkeit, Schwingungsverhalten, Leistung, Steuerung, Automatisierungsgrad	auf Qualität der Werkstücke und erreichbare Stückzahl/Zeiteinheit
Spannmittel	Werkstück- und Werkzeugspannmittel, Art, Stabilität, Größe, Lage, Spannkräfte	auf Sicherheit, auf Genauigkeit
Bearbeitungsverfahren	Art des Verfahrens (Drehen, Fräsen, Schleifen ...) Art der Arbeitstechnik (Plandrehen, Einstechen ...) Verfahrensbesonderheiten (Gleichlauf- und Gegenlauffräsen, Doppelhobeln)	auf Genauigkeit und Oberflächengüte, auf Werkzeug- und Werkstückspannung
Spanungsbedingungen	Schnittwerte (Schnittgeschwindigkeit, Vorschub) Kühlung und Schmierung	Leistung der Maschine, Arbeitsbedingungen

Werkstück

Der ganze Aufwand mit dem Einsatz teils modernster Technik und von viel Wissen und Erfahrung dient dazu, Erzeugnisse mit der geforderten Qualität und bei möglichst niedrigen Kosten herzustellen.
Bis ein Rohteil zum Erzeugnis wird, hat es mehrere Stadien eines Werkstückes hinter sich.

Das Werkstück ist der zu bearbeitende Gegenstand, der beim Spanen meist aus metallischem Werkstoff besteht und dessen geometrische Form und Oberfläche mit Werkzeugen verändert werden.

Das bereits bearbeitete Werkstück ist das Erzeugnis. Die Gesamtqualität eines Erzeugnisses wird von vielen Eigenschaften beeinflusst, z.B. von der Größe, Gestalt, Festigkeit und Härte. Nicht alle diese Eigenschaften kann der Facharbeiter an der Werkzeugmaschine beeinflussen.

Der Facharbeiter an der Werkzeugmaschine ist im Spanungsprozess in hohem Maße verantwortlich für die

- Größe (Maße) des Werkstücks
- Form des Werkstücks
- Oberfläche des Werkstücks.
- Kosten des Erzeugnisses

Ursachen für ein Abweichen von den geforderten Maßen, Formen und der Oberflächengüte	
objektiv	***subjektiv***
Führung der Werkzeugmaschine, Werkstückwerkstoff, falsche Vorgaben oder Programmfehler	falsches Einspannen, unzweckmäßiger Schneidstoff, ungünstige Schnittwerte, Fehler beim Kühlen und Schmieren

Durch besonders krasse Fehler können auch andere Eigenschaften des Werkstücks verändert werden, beispielsweise beim Schleifen die Härte des Werkstücks, besonders an dessen Oberfläche.
Vom Facharbeiter sind die subjektiven Ursachen zu erkennen und zu beseitigen. Mit hoher fachlicher Meisterschaft kann er begrenzt auch den Wirkungen der objektiven Ursachen begegnen.

Aufgaben

1. **Nennen Sie die Aufgaben des Spanens.**
2. **Stellen Sie die Vor- und Nachteile des Spanens für ein konkretes Werkstück gegenüber.**
3. **Welche Eigenschaften des Erzeugnisses werden vorrangig durch den Spanungsvorgang bestimmt?**
4. **Erläutern Sie die Zusammenhänge, die im Spanungsvorgang wirken.**
5. **Überlegen Sie, wie moderne Mess- und Rechentechnik für das Optimieren des Spanungsvorganges genutzt werden kann.**

2.1.1 Bewegungen und Geschwindigkeiten

Spanungsbewegung

Die Lageänderung zwischen Werkstück und Werkzeug beim Spanen heißt Spanungsbewegung.

Die Spanungsbewegungen führen dazu, dass
- Werkzeug und Werkstück aneinander geführt werden
- die Werkzeugschneide in das Werkstück eindringt
- Späne abgehoben werden.

Für das Betrachten des Spanungsvorgangs ist es belanglos, welches Element die Bewegung ausführt. Entscheidendend ist die Relativbewegung zwischen Werkzeug und Werkstück (Bild 1).
Für die Betrachtung des Spanungsvorgangs ist festgelegt:
Das Werkzeug bewegt sich, das Werkstück ruht.

Bei allen spanenden Verfahren werden die Späne vom Werkstück dadurch abgehoben, dass infolge Kraftwirkung und Relativbewegung zwischen Werkstück und Werkzeug der Schneidkeil des Werkzeugs in das weichere Werkstück eindringt.

Bewegungsrichtung

Um die Bewegungen in ihrer Richtung eindeutig benennen zu können, ist festgelegt:
Bei Bewegung in Minus-Richtung nähern sich Werkstück und Werkzeug; die Abmessungen des Werkstücks werden durch die Spanabnahme verringert (Bild 2).

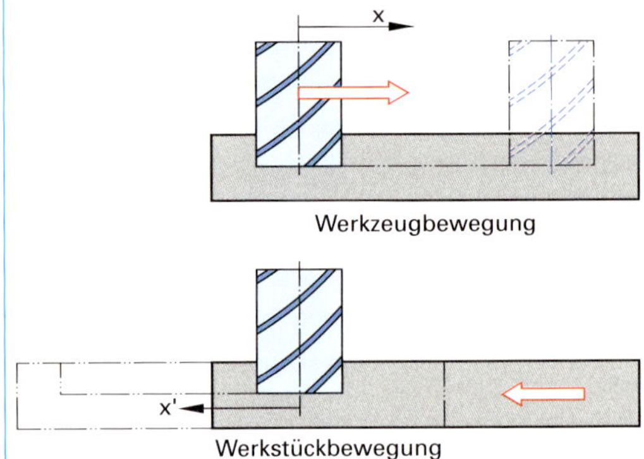

Die gleiche Relativbewegung kann durch die Bewegung des Werkzeuges (x-Richtung) oder der Bewegung des Werkstückes (x'-Richtung) realisiert werden.

1 Relativbewegung beim Spanen

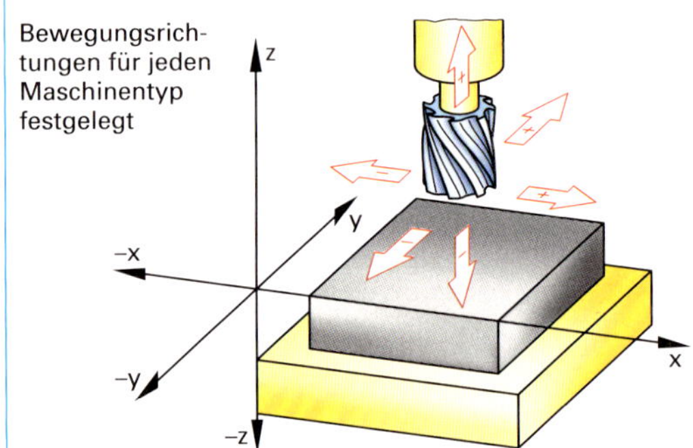

2 Bewegungsrichtung

Spanungsbewegungen		
Art	**Definition**	**Aufgabe**
Schnittbewegung	Die Schnittbewegung ist die Spanungsbewegung in Schnittrichtung.	Die Schnittbewegung bewirkt die einmalige Spanabnahme während einer Umdrehung oder einem Hub.
Vorschubbewegung	Die Vorschubbewegung ist die Spanungsbewegung in Vorschubrichtung.	Die Vorschubbewegung bewirkt zusammen mit der Schnittbewegung eine mehrmalige oder stetige Spanabnahme.
Positionierbewegung	Die Positionierbewegung positioniert das Werkzeug vor und während des Spanungsvorganges.	Die Positionierbewegung bringt das Werkzeug in die vorgesehene Position.
dazu gehören: **Anstellbewegung**	Die Anstellbewegung ist die Spanungsbewegung, die das Werkzeug an die Stelle des Werkstückes führt, an der der Spanungsvorgang beginnen soll.	
Zustellbewegung	Die Zustellbewegung ist die Spanungsbewegung, die die Dicke der abzuspanenden Schicht (Schnitttiefe bzw. -breite) im Voraus bestimmt.	
Nachstellbewegung	Die Nachstellbewegung ist die Spanungsbewegung, die Anstell- und Zustellbewegungen während des Spanens korrigiert.	
Wirkbewegung	Die Wirkbewegung ist die Spanungsbewegung als Resultierende aus Schnittbewegung und gleichzeitig ausgeführter Vorschubbewegung. Wenn die Schnittbewegung nicht von einer Vorschubbewegung begleitet wird, wie beim Hobeln, sind Schnittbewegung und Wirkbewegung identisch.	

Schnittbewegung

Die Schnittbewegung ist die wichtigste Bewegung beim Spanen und wird daher als Hauptbewegung bezeichnet.

Deshalb wird das Spanen nach der Art der Schnittbewegung unterschieden in:

spanende Verfahren mit			
rotatorischer (drehender) Schnittbewegung		**translatorischer Schnittbewegung**	
Drehen Fräsen Sägen mit Kreissäge Reiben	Bohren Senken Schleifen (außer Band- schleifen)	Hobeln Stoßen Räumen Schaben	Sägen mit Band- oder Bügelsäge Feilen Bandschleifen

Die Verfahren unterscheiden sich auch dadurch, ob das Werkzeug, das Werkstück oder beide die Schnitt- und die Vorschubbewegung ausführen.

Bewegungen					
Verfahren (Auswahl)	**Schnittbewegung**		**Vorschubbewegung**		**Bild**
	Art	**Ausführung**	**Art**	**Ausführung**	
Drehen	**rotatorisch**	**Werkstück**	**translatorisch**	**Werkzeug**	**1**
Fräsen	**rotatorisch**	**Werkzeug**	**translatorisch**	**Werkstück**	**2**
Bohren	**rotatorisch**	**Werkzeug**	**translatorisch**	**Werkzeug**	**3**
(Rund)**Schleifen**	**rotatorisch**	**Werkzeug**	**translatorisch**	**Werkstück**	**4**
Hobeln	**translatorisch**	**Werkstück**	**translatorisch**	**Werkzeug**	**5**
Stoßen	**translatorisch**	**Werkzeug**	**translatorisch**	**Werkstück**	**6**
Räumen	**translatorisch**	**Werkzeug**	im Werkzeug gespeichert		**7**
Reiben	**rotatorisch**	**Werkzeug**	**translatorisch**	**Werkzeug**	**8**
(Flach)**Schleifen**	**rotatorisch**	**Werkzeug**	**translatorisch**	**Werkstück**	**9**
(Hub)**Sägen**	**translatorisch**	**Werkzeug**	**translatorisch**	**Werkzeug**	**10**

Tabelle: Schnittbewegung (1) und Vorschubbewegung (2) bei spanenden Verfahren (Auswahl)

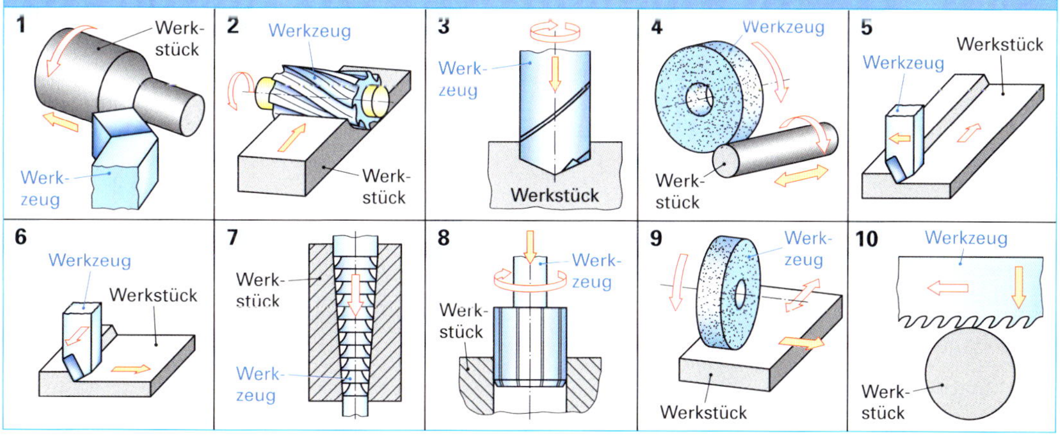

Innerhalb der einzelnen Verfahren, besonders beim Schleifen, gibt es viele Varianten der Ausführung der Bewegungen. Vor allem die Vorschubbewegung kann sehr unterschiedlich realisiert werden.
Die Vorschubbewegung kann sich auch aus einer Haupt- und Nebenvorschubbewegung zusammensetzen. So lassen sich unterschiedliche Formen herstellen.

Wirkbewegung

Die Wirkbewegung als Resultierende aus Schnitt- und gleichzeitig ausgeführter Vorschubbewegung gibt die Richtung des Werkzeugeingriffs an. Sie ist die tatsächliche Bewegung der Werkzeugschneide während des Spanens.

Da die Geschwindigkeit der Schnittbewegung meist sehr viel größer ist als die der Vorschubbewegung, liegen Schnitt- und Wirkbewegung eng beisammen.
Bei großen Vorschüben weicht die Wirkbewegung von der Schnittbewegung ab und das Bezugssystem für die Winkel an der Werkzeugschneide ändert sich (Bild 1). Große Bedeutung hat die Wirkbewegung beim Gewindedrehen (vgl. S. 106 ff.)

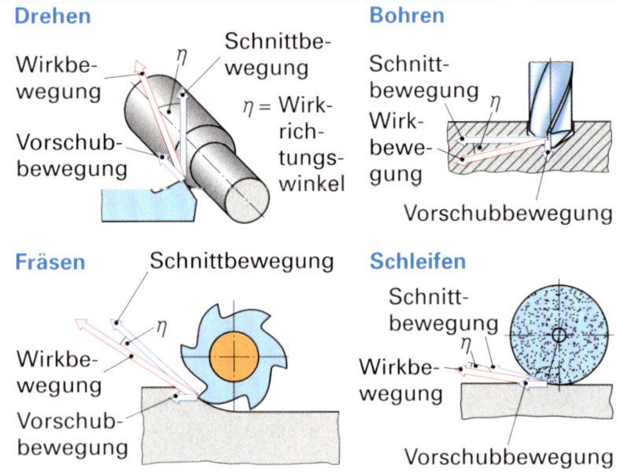

1 Wirkbewegung

Positionierbewegungen

Die Positionierbewegungen sind selbst nicht unmittelbar an der Spanabnahme beteiligt, sind aber über die genaue Positionierung mit für die Maßhaltigkeit der Werkstücke verantwortlich.

Die **Anstellbewegung** kann von Hand oder maschinell erfolgen. Meist verkürzen Eilgänge die für das Spanen unproduktive Bewegung.
Die **Zustellbewegung,** die im klassischen Sinne durch ein Zustellen die Dicke der abzunehmenden Schicht festlegt, ist bei einigen Verfahren gar nicht als Bewegung vorhanden. Beim Bohren und dem Bohren verwandten Verfahren wie Senken, Reiben und Gewindebohren ist die Zustellung im Werkzeug gespeichert. Sie entspricht dem halben Durchmesser des Werkzeuges oder der halben Durchmesserdifferenz zu einem vorhanden Bohrloch.
Bei einigen Verfahren wie Räumen oder Einstechdrehen gibt es keine Zustellbewegung. Geringste Werte für die Zustellbewegung gibt es beim Schleifen (beim Schlichten 0,002 mm...0,01 mm/Hub). Da bei dieser geringen Zustellung das Werkzeug oder das Werkstück leicht ausweichen, wird durch abschließendes Schleifen ohne Zustellung (Ausfeuern) das Maß erreicht.
Die **Nachstellbewegungen** als Korrektur der Anstell- oder Zustellbewegungen wegen Werkzeugverschleiß oder anderen Ungenauigkeiten werden zunehmend automatisch eingeleitet.

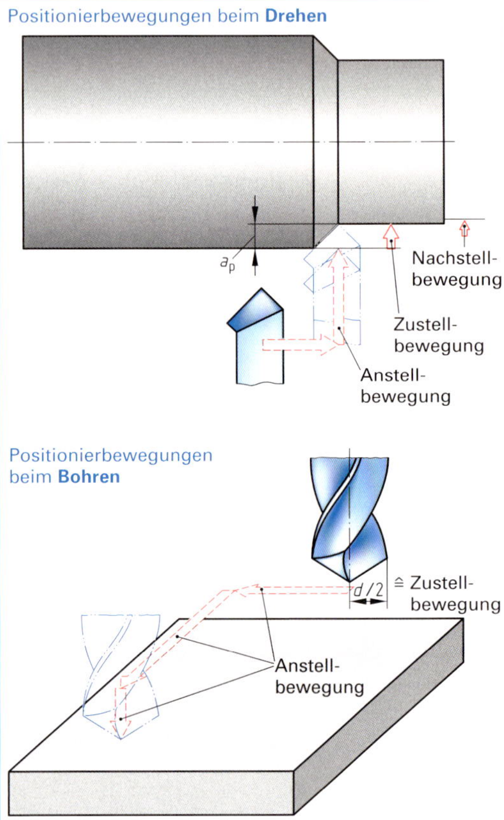

2 Positionierbewegungen

Richtungen	Für die Richtungen der einzelnen Spanungsbewegungen sind Begriffe festgelegt.
Schnittrichtung =	Momentane Richtung der Schnittbewegung.
Vorschubrichtung =	Momentane Richtung der Vorschubbewegung.
Wirkrichtung =	Momentane Richtung der Wirkbewegung.

Geschwindigkeiten

Die Spanungsgeschwindigkeit ist die momentane Geschwindigkeit der Bewegungen beim Spanen bzw. der Stellgeschwindigkeit beim Positionieren.

Spanungsgeschwindigkeiten	
Schnittgeschwindigkeit	Die Schnittgeschwindigkeit v_c ist die momentane Geschwindigkeit des Schneidenpunktes in Schnittrichtung.
Vorschubgeschwindigkeit	Die Vorschubgeschwindigkeit v_f ist die momentane Geschwindigkeit des Werkzeuges in Vorschubrichtung.
Wirkgeschwindigkeit	Die Wirkgeschwindigkeit v_e ist die momentane Geschwindigkeit des betrachteten Schneidenpunktes in Wirkrichtung.
Positioniergeschwindigkeit	Die Positioniergeschwindigkeit ist die Stellgeschwindigkeit beim Positionieren (Anstellen, Zustellen, Nachstellen)

Schnittgeschwindigkeit v_c

Die Schnittgeschwindigkeit beeinflusst entscheidend die Fertigungszeit und damit die Arbeitsproduktivität. Daher arbeiten alle Hersteller von Werkzeugmaschinen und Werkzeugen daran, die Schnittgeschwindigkeit zu erhöhen. Die Erhöhung der Schnittgeschwindigkeit wurde in den vergangenen Jahren vor allem durch die Entwicklung und den Einsatz immer temperaturbeständigerer und verschleißfesterer Schneidstoffe ermöglicht.

Schnittgeschwindigkeit bei

rotatorischer	translatorischer
Schnittbewegung	
$v_c = \dfrac{d \cdot \pi \cdot n}{1000}$	$v_c = \dfrac{2 \cdot L \cdot n}{1000}$

n	v_c	d, L
1/min	m/min	mm

v_c Schnittgeschwindigkeit
n Drehzahl bzw. Doppelhubzahl
d Ausgangsdurchmesser bzw. Werkzeugdurchmesser
L Werkstücklänge plus Bearbeitungszugaben

Weitere Einflussfaktoren auf die mögliche Schnittgeschwindigkeit sind:

- der Werkstoff des Werkstückes
- die Leistung und Steife der Werkzeugmaschine,
- die Werkzeugwinkel,
- der Schneidenzustand,
- die Kühlung
- die anderen Arbeitswerte, z.B. die Schnitttiefe.

Für alle Werkstoff-/Schneidstoffpaarungen und die vorher festgelegten Werte für Vorschub und Schnitttiefe hat man optimale Schnittgeschwindigkeiten in Versuchen ermittelt. Diese sind Richtwerttafeln zu entnehmen.
Aus der entnommenen Schnittgeschwindigkeit ist die an der Maschine einzustellende Dreh- oder Hubzahl zu berechnen oder von Schaubildern abzulesen.
Bei der Berechnung der **Drehzahl** beim Drehen ist vom Ausgangsdurchmesser des Werkstückes auszugehen.Wenn an der Drehmaschine nur eine bestimmte Auswahl an Drehzahlen einstellbar ist, ist wegen des Einhaltens der installierten Leistung immer die nächstniedrigere Drehzahl zu wählen.
Bei Gleichstromantrieben wird die Drehzahl automatisch und stufenlos gesteuert.
Wird auf der Drehmaschine gebohrt, gesenkt, gerieben oder Gewinde geschnitten, sind die Schnittgeschwindigkeit und Drehzahl nach den Besonderheiten dieser Verfahren zu bestimmen.

Drehzahl beim Drehen

$$n = \frac{v_c \cdot 1000}{d \cdot \pi}$$

n	v_c	d
1/min	m/min	mm

n Drehzahl
v_c Schnittgeschwindigkeit
d Ausgangsdurchmesser des Werkstückes

Die Einheiten für n, v_c usw. können mit negativen Potenzen, z.B, $m \cdot min^{-1}$, oder als Bruch geschrieben werden. Bei der Drehzahl n oder dem Vorschub f kann ein Zeichen für die Umdrehung mitgeschrieben (z.B. U/min) oder wie hier weggelassen werden.

Beim **Fräsen** ist beim Berechnen von v_c jeweils von dem am weitesten außen liegenden Schneidenpunkt des Fräswerkzeugs (von seinem größten Durchmesser) auszugehen.

Die gewählte Schnittgeschwindigkeit ist an der Fräsmaschine indirekt über die Fräserdrehzahl unter Berücksichtigung des Fräserdurchmessers einzustellen (Bild 1).

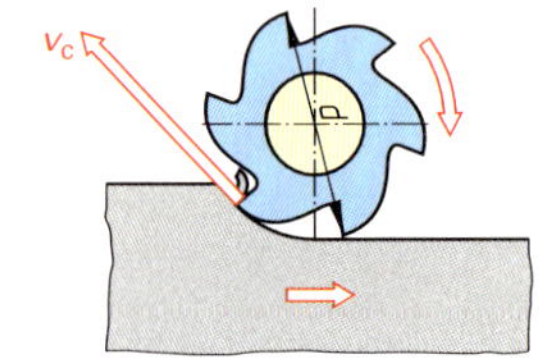

$$v_c = \frac{d \cdot \pi \cdot n}{1000}$$

v_c	d	n
m/min	mm	1/min

1 Schnittgeschwindigkeit beim Fräsen

Beim **Bohren** ist bei der Wahl der Schnittgeschwindigkeit noch stärker als beim Drehen die Kühlung und der Werkstoff des Werkstückes zu beachten, da die Abfuhr der Spanungswärme ungünstiger ist (Bild 2).

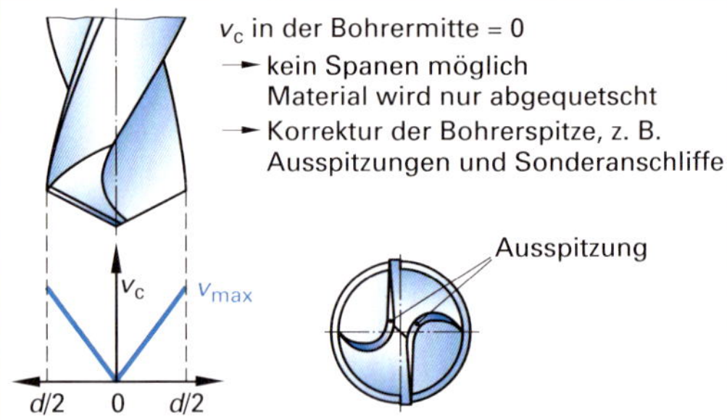

2 Verlauf der Schnittgeschwindigkeit über die Bohrerschneiden

> Es ist stets zu beachten, dass sich die angegebenen Schnittgeschwindigkeiten immer auf die Schneidenecken beziehen; in der Bohrermitte geht die Schnittgeschwindigkeit gegen Null.

Wegen der Gefahr des Abquetschens der Schneide in der Bohrermitte gibt es die unterschiedlichsten Konstruktionen der Bohrerspitze.

Wird auf der Bohrmaschine gesenkt, gerieben oder Gewinde gebohrt, sind die Besonderheiten dieser Verfahren zu beachten. Beim Reiben und Gewindebohren liegen die v_c-Werte viel niedriger.

Beim **Schleifen** entspricht die Schnittgeschwindigkeit der Umfangsgeschwindigkeit des Schleifkörpers. Die Festigkeit des Schleifkörpers, die Maschinen hinsichtlich Leistung und Steife und die nötige Sicherheit begrenzen die Erhöhung der Schnittgeschwindigkeit.

> Eine besondere Bedeutung beim Schleifen hat das Geschwindigkeitsverhältnis q zwischen den Umfangsgeschwindigkeiten von Schleifkörper und Werkstück.

Das **Geschwindigkeitsverhältnis *q*** bestimmt wesentlich die Qualität des Schleifergebnisses. Je größer q, d.h., je höher die Schleifkörpergeschwindigkeit und je niedriger die Werkstückgeschwindigkeit, um so feiner wird die Werkstückoberfläche. Beim Schlichten wird q vor allem durch Herabsetzen der Werkstückgeschwindigkeit erhöht. Allgemein gilt $q = 50 \ldots 125$.

Beim spitzenlosen Schleifen wirkt sich eine Veränderung von q anders aus, da sich Schleifkörper und Werkstück in die gleiche Richtung bewegen (mitlaufendes Schleifen).

Auch an der Schleifmaschine werden nicht die Geschwindigkeiten, sondern Drehzahlen eingestellt: Die Werkstückdrehzahl für das Innenrundschleifen errechnet sich überschlägig nach der nebenstehenden Gleichung.

Geschwindigkeit beim Schleifen

$$v_c = \frac{d_s \cdot \pi \cdot n_s}{60 \cdot 1000}$$

v_c	d_s	n_s
m/s	mm	1/min

v_c Umfangsgeschwindigkeit des Schleifkörpers
d_s Durchmesser des Schleifkörpers
n_s Drehzahl des Schleifkörpers

Geschwindigkeitsverhältnis $q = \frac{v_c}{v_w}$

v_c Umfangsgeschwindigkeit des Schleifkörpers
v_w Umfangsgeschwindigkeit des Werkstückes

Drehzahlen beim Schleifen

$$n_s = \frac{v_c \cdot 60 \cdot 1000}{d_s \cdot \pi} \qquad n_w = \frac{v_w \cdot 1000}{d_w \cdot \pi}$$

n_s, n_w	v_c	v_w	d_s, d_w
1/min	m/s	m/min	mm

n_w *Werkstückdrehzahl*
d_w *Werkstückdurchmesser*

$$n_w = 320 \frac{v_w}{d}$$ d(mm) Bohrungsdurchmesser

Beim **Hobeln** und **Stoßen** sind die Schnittgeschwindigkeiten geringer als vergleichsweise beim Drehen, Fräsen oder Schleifen, da die bewegten großen Massen und das laufende Beschleunigen und Abbremsen Grenzen setzen. Die Schnittgeschwindigkeit während eines Hubs ist nicht konstant. Moderne hydraulische Antriebe ermöglichen allerdings einen fast gleichmäßigen Geschwindigkeitsverlauf. Es wird zumeist in den Bereichen von v_c = 20 m/min bis v_c = 40 m/min gearbeitet. Aber auch v_c = 80 m/min sind möglich.

Es wird zwischen der Schnitt-(Vorlauf-) und der Rücklaufgeschwindigkeit des Tisches mit Werkstück (beim Hobeln) sowie des Stößels mit Werkzeug (beim Stoßen) unterschieden (Bild 1).

Die Geschwindigkeit der unproduktiven Rücklaufbewegung soll möglichst hoch sein. Allerdings setzen die Beschleunigungs- und Bremskräfte auch hier Grenzen. Außerdem könnten sich gespannte Werkstücke lösen.

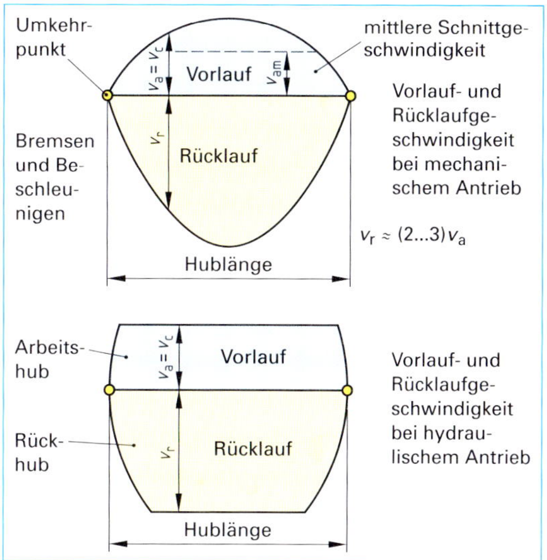

1 Vorlauf- und Rücklaufgeschwindigkeit beim Hobeln

Vorschubgeschwindigkeit v_f

Die Größe der Vorschubgeschwindigkeit berechnet sich aus dem Weg, den das Werkzeug oder das Werkstück in Vorschubrichtung in einer Minute zurücklegt (Bild 2), z. B. 2 mm/min.

Meist wird aber mit der Größe Vorschub gearbeitet.

> Der **Vorschub *f*** ist der Weg in Vorschubrichtung, der vom Werkzeug oder Werkstück je Umdrehung oder Hub zurückgelegt wird.

Beim **Drehen** hängt die Größe des Vorschubs vor allem vom Werkstück und dessen geforderten Eigenschaften ab. Für eine saubere Oberfläche darf der Vorschub nur Hunderstel oder Zehntel Millimeter betragen (Schlichten), während beim Schruppen bei einigen Millimeter Vorschub pro Umdrehung viel Material abgetragen wird.

Beim **Fräsen** wird zum Ermitteln von v_f vom Zahnvorschub f_z ausgegangen. Die Größe von f_z wird bestimmt von der Belastbarkeit der einzelnen Fräserschneide und von der zulässigen Rauheit der zu bearbeitenden Fläche.

Beim **Bohren** und **Senken** verteilt sich der Vorschub auf mehrere Schneiden. So kann bei gleicher v_f beim Senken wegen der größeren Schneidenzahl ein höherer Vorschub gewählt werden.

Beim **Schleifen** kann die v_f in weiten Grenzen variieren und dem Tischvorschub oder der Werkstückumdrehung entsprechen. Für einen sauberen Schliff ist es beim Längsschleifen wichtig, dass der Vorschub *f* je Werkstückumdrehung geringer als die Schleifkörperbreite ist (Bild 3).

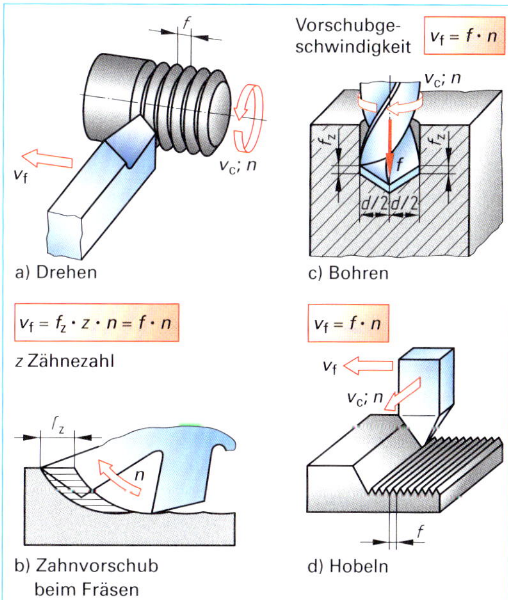

2 Vorschub und Vorschubgeschwindigkeit

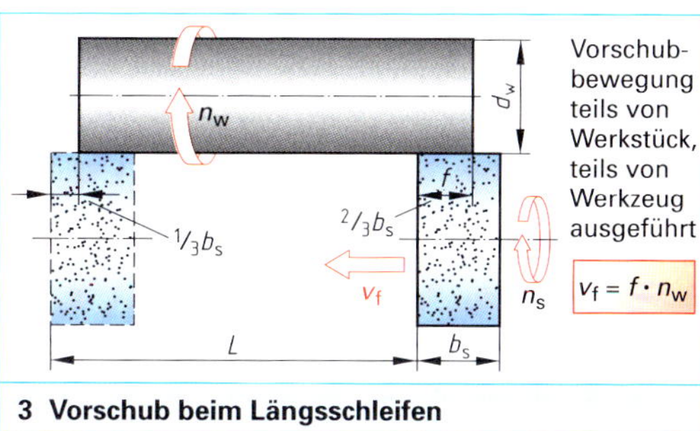

3 Vorschub beim Längsschleifen

Wirkgeschwindigkeit v_e

In den meisten Fällen gilt für die Wirkgeschwindigkeit: $v_e \approx v_c$
Wenn v_f wächst, wächst auch die Differenz zwischen v_e und v_c. Wenn v_f Null ist, gilt: $v_e = v_c$

Positioniergeschwindigkeit

Die Geschwindigkeiten der Anstell-, Zustell- und Nachstellbewegugen haben durch die Stellantriebe moderner Maschinen an Bedeutung gewonnen. So werden beim Positionieren Leerwege durch Eilgänge schnell durchfahren und genaues Anfahren durch Schleichgänge erreicht. Kraft und Geschicklichkeit des Facharbeiters sind wesentlich weniger als an konventionellen Maschinen gefordert.

Berechnungsbeispiel

Drehzahl- und Vorschubgeschwindigkeitsberechnung:
Eine Achse aus legiertem Stahl (34Cr4) soll vorgedreht werden. Der Rohteildurchmesser beträgt 70 mm. Gewählt wurden (bei einer Schnitttiefe $a_P = 4$ mm):
Schnittgeschwindigkeit $v_c = 90$ m/min
Vorschub $f = 0{,}63$ mm
Berechnen Sie n und v_f!

Rechenweg:

$$n = \frac{v_c \cdot 1000}{d \cdot \pi}$$

n	v_c	d
1/min	m/min	mm

$v_c = 90$ m/min, $d = 80$mm

$$n = \frac{90 \cdot 1000}{70 \cdot 3{,}14} = 409{,}46 \quad \text{Gewählt: } n = 400/\text{min}$$

$$v_f = f \cdot n$$

v_f	f	n
mm/min	mm	1/min

$v_f = 0{,}63 \cdot 400 = 252$
$v_f = 252$ mm/min

Aufgaben

1 Welche Bewegungen sind beim Bearbeiten eines Werkstücks durch Drehen bzw. Fräsen, Bohren, Schleifen oder Hobeln und Stoßen erforderlich?

2 Erläutern Sie jeweils anhand einer Skizze die zum Durchführen eines Dreh-, Fräs-, Bohr-, Schleif- oder Hobelarbeitsgangs notwendigen Bewegungen zwischen Werkstück und Werkzeug.

3 Erklären Sie die Begriffe „Schnitt-, Vorschub- und Wirkgeschwindigkeit“.

4 Gibt es Verfahren der spanenden Fertigung, die mit dem Hobeln und Stoßen Gemeinsamkeiten hinsichtlich der Ausführung der Schnitt- und Vorschubbewegung sowie der Werkzeuge aufweisen?

5 Nennen Sie die Faktoren, von denen die Wahl der Schnittgeschwindigkeit abhängig ist.

6 Welche ökonomischen Auswirkungen haben falsch gewählte Spanungsgeschwindigkeiten?

7 Welche Auswirkungen hat die unterschiedliche Schnittgeschwindigkeit längs der Schneide eines Bohrers?

8 Eine Getriebewelle aus C35 mit Ø 80 mm soll mit einer Schnittgeschwindigkeit von 95 m/min gedreht werden. Bestimmen Sie die Drehzahl.

9 Verdeutlichen Sie das Größenverhältnis zwischen einer Schnittgeschwindigkeit von $v_c = 20$ m/min und einer Vorschubgeschwindigkeit von $v_f = 20$ mm/min durch eine grafische Darstellung.

10 Begründen Sie, warum zum spanenden Bearbeiten besonders langer oder schwerer Werkstücke das Hobel- und Stoßwerkzeug die Schnitt- und die Vorschubbewegung ausführt.

11 Begründen Sie, weshalb sowohl beim Hobeln als auch beim Stoßen während der Schnittbewegung nicht gleichzeitig eine Vorschubbewegung erfolgt.

12 Berechnen Sie die Drehzahl n ($v_c = 28$ m/min; $d = 80$ mm).

13 Berechnen Sie die Drehzahl n ($v_c = 60$ m/min; $d = 125$ mm).

14 Berechnen Sie die Vorschubgeschwindigkeit v_f beim Fräsen ($f_z = 0{,}2$ mm je Zahn; $z = 10$ Zähne; $n = 100$/min).

15 Berechnen Sie Drehzahl und Vorschub für eine Welle (Ø 200 mm), die mit einem 40 mm breiten Schleifkörper (Ø 400 mm) mit $v_c = 35$ m/s bearbeitet werden soll! Das Geschwindigkeitsverhältnis q wurde mit 80 festgelegt.

16 Berechnen Sie die Drehzahl n eines Schaftfräsers bei einer gewählten Schnittgeschwindigkeit von 30 m/min und einem Fräserdurchmesser von 20 mm.

17 Berechnen Sie die Drehzahl n eines Schaftfräsers, der bei Bearbeitung von Aluminium mit einer Schnittgeschwindigkeit von 400 m/min spant. Der Fräserdurchmesser beträgt 16 mm.

18 Berechnen Sie die Drehzahl n eines Spiralbohrers, für den bei einem Durchmesser von 12 mm eine Schnittgeschwindigkeit von 28 m/min gewählt wurde. Wie groß ist die Vorschubgeschwindigkeit v_f des Bohrers, wenn ein Vorschub f von 0,28 mm gewählt wurde ?

19 Unter welchen Spanungsbedingungen hat die Wirkbewegung größere Bedeutung?

20 Welchen Einfluss haben die Positionierbewegungen und -geschwindigkeiten auf die Effektivität des Spanungsprozesses?

2.1.2 Schnitt- und Spanungsgrößen

Schnittgrößen

Schnittgrößen sind diejenigen technologisch-physikalischen Größen, die zur Spanabnahme eingestellt werden müssen. Das sind:

- Vorschub
- Schnitttiefe bzw. -breite
- Arbeitseingriff

Schnitttiefe bzw. -breite a_p

Die Schnitttiefe bzw. -breite ist die Tiefe bzw. Breite des Eingriffs der Hauptschneide. Sie wird rechtwinklig zur Arbeitsebene (vgl. S. 76) gemessen.

Sie bestimmt die Größe der abzuspanenden Schicht.
Beim Lang- und Plandrehen, Stirnfräsen und Seitenschleifen entspricht a_p der Tiefe des Eingriffs des Werkzeuges ⇒ **Schnitttiefe.**
Beim Einstechen, Umfangsfräsen und Umfangsschleifen entspricht a_p der Breite des Eingriffs des Werkzeuges ⇒ **Schnittbreite.**
Beim Bohren entspricht a_p dem halben Durchmesser des Bohrers.
Das gilt für das Bohren ins Volle. Beim Aufbohren und Senken ist der vorgebohrte Durchmesser zu berücksichtigen.

Arbeitseingriff a_e

Der Arbeitseingriff ist die Größe des Eingriffs der Schneide in der Arbeitsebene. Er wird senkrecht zur Vorschubrichtung gemessen.

Der Arbeitseingriff a_e bestimmt gemeinsam mit der Schnitttiefe bzw. -breite a_p die Größe der abzuspanenden Schicht.
a_e tritt vor allem beim Fräsen und Schleifen auf.
Beim Stirn- und Umfangsfräsen unterscheiden sich a_p und a_e. Beim Stirnfräsen wird a_e durch den Fräserdurchmesser und a_p durch die Zustellung bestimmt. Beim Umfangsfräsen bestimmt die Zustellung a_e.

Spanungsverhältnis G = a_p : f

Das Spanungsverhältnis ist das Verhältnis zwischen der Schnitttiefe bzw. -breite a_p und dem Vorschub f.

Es gibt für die einzelnen Schneidstoffe in Abhängigkeit vom Werkstoff des Werkstückes und der Art der Bearbeitung vorzugsweise anzuwendende Spanungsverhältnisse.Die Hersteller der Werkzeuge geben Bereiche für G an, innerhalb deren eine günstige Spanbildung erfolgt.

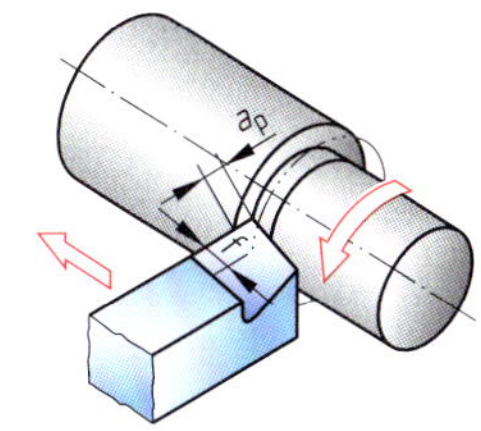

Beim Drehen entsteht a_p durch die Zustellbewegung

1 Schnittgrößen beim Drehen

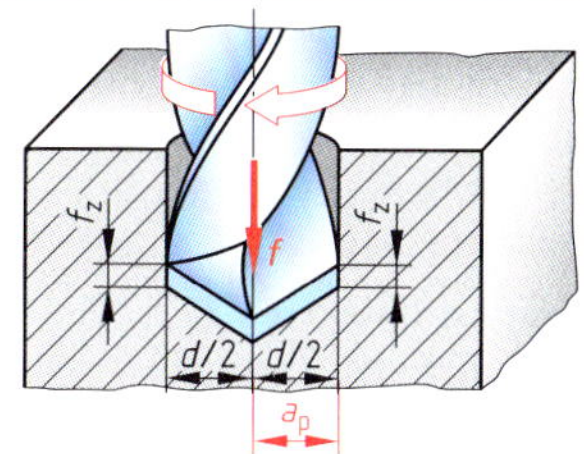

$f = 2 \cdot f_z$ bei zwei Schneiden

$a_p = \frac{d}{2}$

Die Zustellung ergibt sich aus der Größe des Werkzeugs.

2 Schnittgrößen beim Bohren

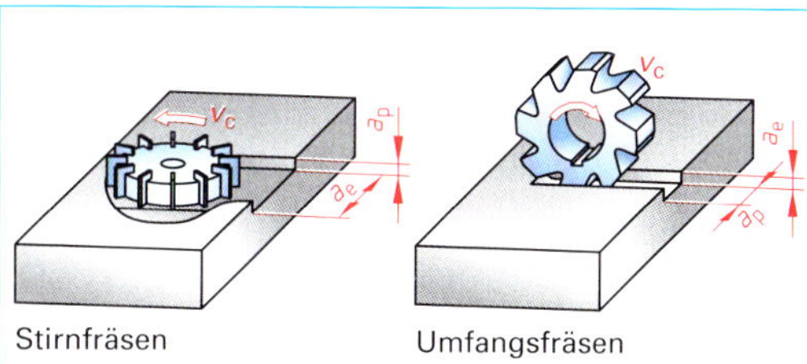

3 Schnittgrößen beim Fräsen

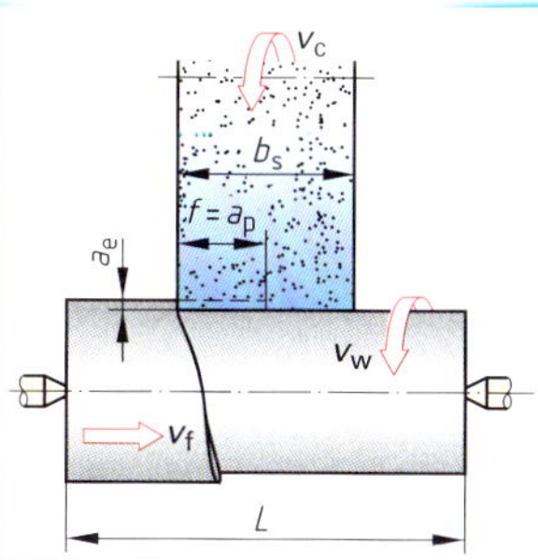

Schnitttiefe und Arbeitseingriff beim Umfangsschleifen:

$f = a_p < b$!

$Ü = \frac{b}{f}$ Überschliffzahl

Vorschleifen weniger Überschliff Ü = 1,3...1,5
Fertigschleifen hoher Überschliff Ü = 4...8

4 Schnittgrößen beim Schleifen

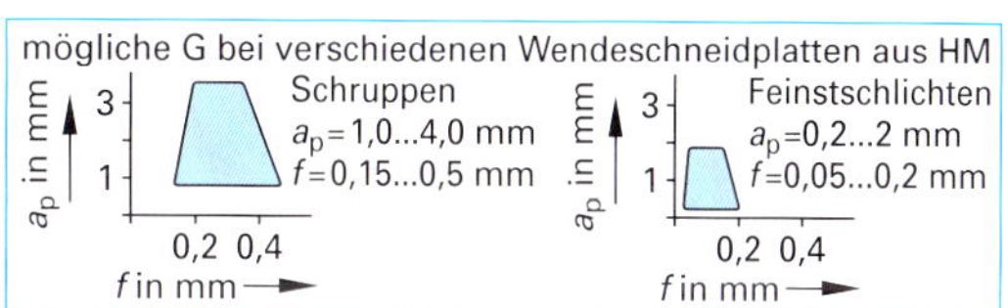

5 Spanungsverhältnis

Spanungsgrößen

Spanungsgrößen sind aus den Schnittgrößen abgeleitete Größen, die die Form und Größe des abzuspanenden Elements im Voraus charakterisieren.

Die Spanungsgrößen sind jedoch nicht mit den Maßen der tatsächlich abgehobenen Späne identisch (vgl. Spanbildung S. 62). Es sind:

- Spanungsbreite
- Spanungsdicke
- Spanungsquerschnitt
- Spanungsvolumen

Spanungsbreite *b*

Die Spanungsbreite *b* ist die Breite des abzunehmenden Spans. Sie wird rechtwinklig zur Schnittrichtung in der Schnittfläche gemessen.

b ist eine von der Schnittbreite a_p abgeleitete Größe. Bei Werkzeugen mit geraden Schneiden und einem Einstellwinkel von $\kappa = 90°$ ist $b = a_p$.
Bei Werkzeugen mit geraden Schneiden ohne Eckenrundung besteht zwischen der Schnittgröße a_p und der Spanungsgröße *b* die Beziehung

$$b = \frac{a_p}{\sin \kappa}$$

b Spanungsbreite
a_p Schnitttiefe, -breite
κ Einstellwinkel der Hauptschneide

Die Spanungsbreite bringt zum Ausdruck, über welche Breite die Werkzeugschneide im Eingriff steht. Bei unregelmäßigen oder gekrümmten Schneiden, z.B. an Formfräsern, ist die Spanungsbreite gleich der gestreckten Länge der im Eingriff stehenden Hauptschneidenabschnitte.

Spanungsdicke *h*

Die Spanungsdicke ist die Dicke des abzunehmenden Spans. Sie wird senkrecht zur Schnittfläche gemessen.

Erfolgen Schnitt- und Vorschubbewegung rechtwinklig zueinander, so gilt:

$$h = f \cdot \sin \kappa$$

Ist $\kappa = 90°$, so ist $\sin \kappa = 1$; somit ist:

$$b = a_p$$
$$h = f$$

Die **Spanungsdicke *h* beim Fräsen** ist eine vom Zahnvorschub f_z abgeleitete Größe; sie bezeichnet beim Fräsen die jeweils größte Spanungsdicke.
Die Dicke des beim Fräsen abzunehmenden Spans ändert sich jedoch ständig. Insbesondere beim Umfangsfräsen steigt sie von einer Minimalhöhe (bei Null beginnend) kontinuierlich auf den Maximalwert *h* und fällt danach steil auf Null zurück. Beim Stirnfräsen verläuft die Dicke des abzunehmenden Spans gleichmäßiger. Für Berechnungen muss auf die mittlere Spanungsdicke zurückgegriffen werden.

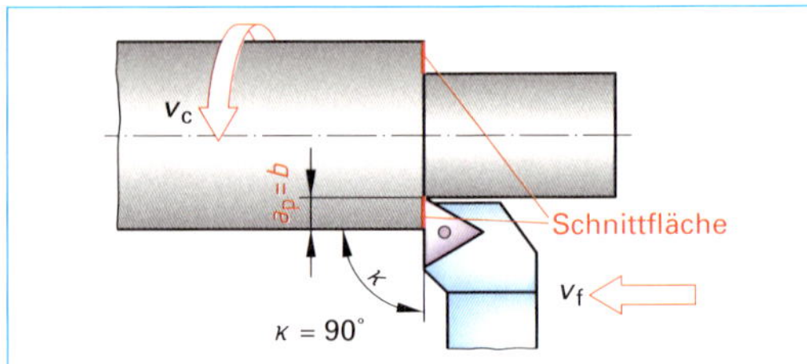

1 Spanungsbreite bei einem Einstellwinkel $\kappa = 90°$

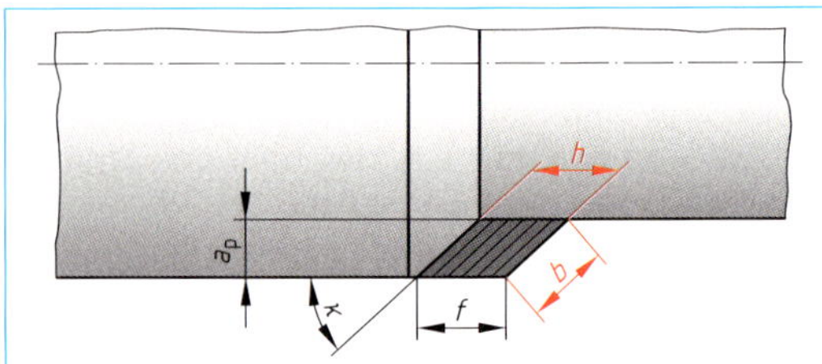

2 Spanungsgrößen beim Drehen

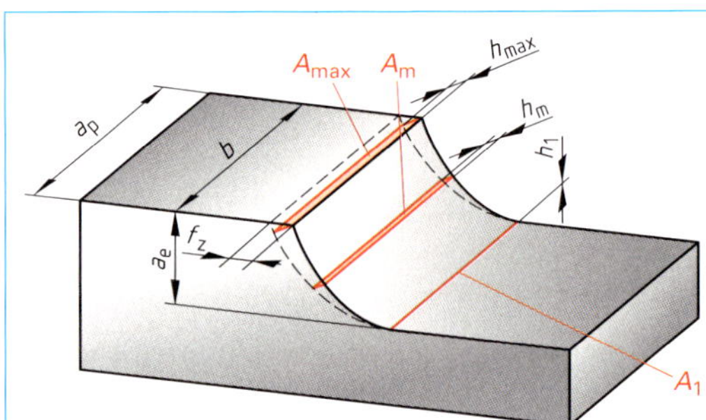

3 Spanungsgrößen beim Umfangsfräsen

Mittlere Spanungsdicke h_m

Die mittlere Spanungsdicke ist die durchschnittliche Dicke eines beim Fräsen abzunehmenden Spans.
Beim Fräsen mit Walzenfräser ändert sich die Spanungsdicke entsprechend der Kommaform des Spans von einem minimalen Wert bis zum Maximum (Bild 3). Für die Größe von h_m gilt allgemein:

$$h_m < h.$$

Die mittleren Spanungsdicken sind von grundlegender Bedeutung für die Schnittkraft- und Leistungsberechnung beim Fräsen. Dazu kann h_m aus Diagrammen abgelesen oder aus dem Fräserdurchmesser, dem Zahnvorschub und dem Arbeitseingriff berechnet werden.

Spanungsquerschnitt A

Der Spanungsquerschnitt A ist der Querschnitt des abzunehmenden Spans senkrecht zur Schnittrichtung.

Er wird für die Kraft- und Leistungsberechnung benötigt. Er ist der auf der Schneide wirksame Querschnitt des Spanes (Bild 1).

$$A = b \cdot h$$

Bei Verfahren, bei denen die Vorschubrichtungswinkel $\varphi = 90°$ betragen (z.B. beim Drehen und Hobeln), gilt außerdem:

$$A = a_p \cdot f$$

Beim **Fräsen** ändert sich der Spanungsquerschnitt in Abhängigkeit von der Eingriffslage der Schneide und der sich ändernden Schneidendicke. Es wird mit der mittleren Spanungsdicke gerechnet.
Beim **Bohren** ist der Spanungsquerschnitt je Schneide A_z bedeutsam.
Da der Bohrerradius gleich der Schnittbreite ist ($D/2 = a_p$), lässt A_z sich leicht angeben.

Beim Aufbohren und Senken ist der Durchmesser des vorgebohrten Lochs zu beachten.

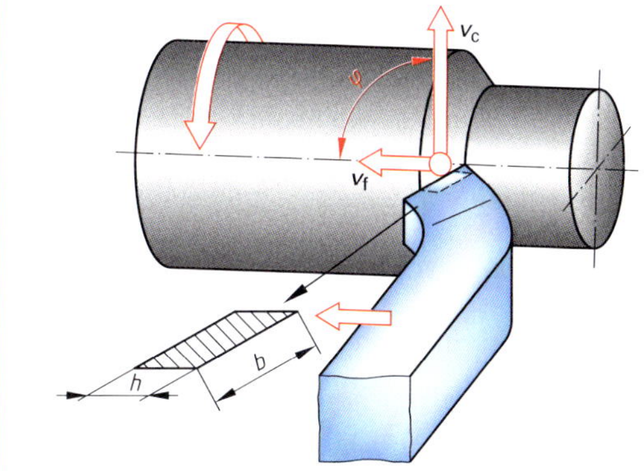

1 Spanungsquerschnitt

Spanungsquerschnitt		
Drehen	**Fräsen**	**Bohren**
$A = b \cdot h$ $A = a_p \cdot f$	$A = b \cdot h_m$	$A_z = \frac{D \cdot f}{4}$

A Spanungsquerschnitt
A_z Spanungsquerschnitt je Schneide
b Spanungsbreite
f Vorschub
D Bohrungsdurchmesser
h_m mittlere Spanungsdicke
a_p Schnitttiefe

Spanungsvolumen Q

Das Spanungsvolumen Q ist das in einer bestimmten Zeiteinheit abgespante Volumen.

$$Q = A \cdot v_c$$

A Spanungsquerschnitt
v_c Schnittgeschwindigkeit

Es gilt als ein Maß für die Effektivität des Spanungsvorgangs und für die Produktivität der Werkzeugmaschine (Bild 2).
Bei Werkzeugen mit gerader Schneide ohne Eckenrundung ergibt sich:

$$Q = b \cdot h \cdot v_c$$

Q Spanungsvolumen (cm^3/min)

Beim Fräsen und Schleifen errechnet man Q einfacher aus der Querschnittsfläche der abzutragenden Schicht, multipliziert mit der Vorschubgeschwindigkeit v_f.
Beim Bohren ist die Kreisform der abgetragenen Schicht zu beachten. Beim Aufbohren und Senken ist das vorgebohrte Loch herauszuhalten.

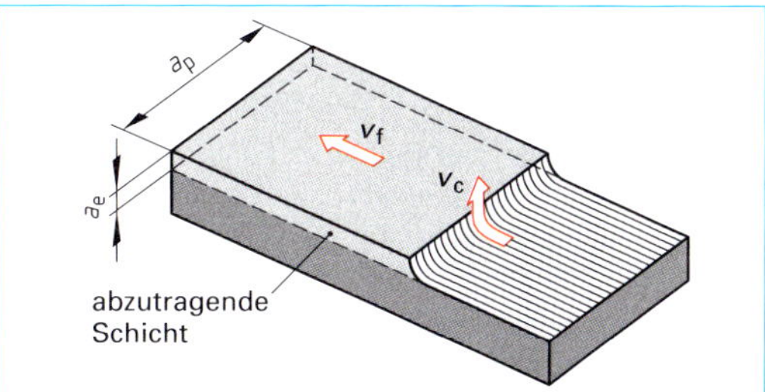

2 Spanungsvolumen beim Umfangsfräsen

Spanungsvolumen		
Drehen Hobeln	**Fräsen Schleifen**	**Bohren**
$Q = b \cdot h \cdot v_c = a_p \cdot f \cdot v_c$	$Q = a_p \cdot a_e \cdot v_f$	$Q = \pi \cdot a_p^2 \cdot v_f$

Q Spanungsvolumen
v_f Vorschubgeschwindigkeit
a_e Arbeitseingriff
b, h, f, a_p · wie oben

Aufgaben

1 **Nennen Sie den Unterschied von Schnittgrößen wie f und a_p zu Spanungsgrößen wie b und h.**

2 **Berechnen Sie die Spanungsbreite beim Stirnfräsen (Gegeben: a_p = 3 mm und drei Fräsköpfe mit den Einstellwinkeln $\kappa = 90°$, $\kappa = 75°$ und $\kappa = 42°$.**

3 **Welche Bedeutung hat das Spanungsverhältnis für die Arbeit an spanenden Werkzeugmaschinen?**

4 **Erläutern Sie den Begriff „Spanungsquerschnitt" anhand einer Skizze.**

5 **Warum ist das Spanungsvolumen ein Kriterium für die Produktivität einer Werkzeugmaschine?**

2.1.3 Späne und Spanungswärme

Ein **Span** ist ein mechanisch abgetrenntes Werkstoffteilchen.

Die Skala spanbarer Werkstoffe reicht von Gusseisen und Stahl über Nichteisenmetalle bis zu Kunststoffen, Holz u.a. Nichtmetallen.

Die **Spanbildung** verläuft in drei sich wiederholenden Phasen, in denen sich der Span fortlaufend in Form dünner Lamellen bildet, wenn das spanende Werkzeug in den Werkstoff des Rohteils eindringt. Vom gesamten Werkzeug dringen in den Werkstoff nur die Schneiden ein. Beim Drehen und Fräsen sind es die Haupt- und die Nebenschneide, beim Hobeln und Stoßen die Hauptschneide, beim Bohren beide Hauptschneiden.

Spanbildung bei den spanenden Verfahren mit geometrisch bestimmter Schneide:

Beim **Anstauchen** beginnt die keilförmige Werkzeugschneide in den Werkstoff einzudringen.

Beim **Abscheren** wachsen an der Schneidenspitze die auf den Werkstoff ausgeübten Druck- und Schubspannungen bis zur Bruchgrenze. Dadurch wird das Spanelement abgetrennt (Bild 1).

Das Abscheren des Spanelements von der Oberfläche erfolgt am geometrischen Ort der maximalen Schubspannungen, der Scherebene, die mit der Werkstückoberfläche den Scherwinkel ϕ bildet.

Beim Verschieben in Gleitebenen wird der unmittelbar an der Scherebene befindliche und weiter über die Spanfläche abfließende Werkstoff kontinuierlich umgeformt, die Kristalle werden in Gleitebenen verschoben. Diese Phase tritt nur bei umformbaren Werkstoffen auf.

Beim **Abfließen** gleitet der Span in Richtung des geringsten Widerstands über die Spanfläche ab. Der Span ist bestrebt, sich senkrecht zur Scherebene auf der Ebene AB zu bewegen. Wird er durch die Spanfläche daran gehindert, erfolgt vor dem Abfließen eine weitere Stauchung.

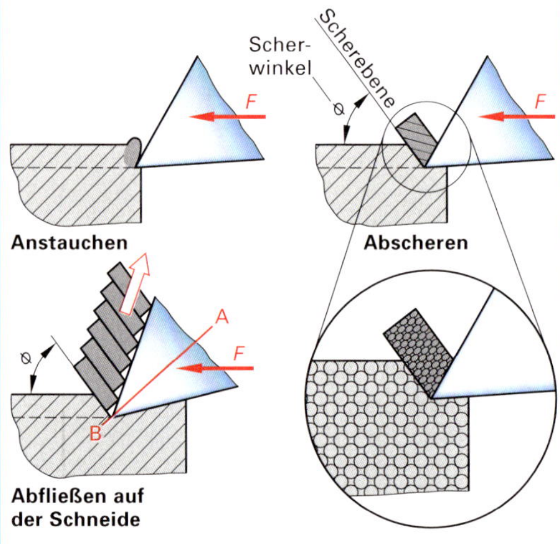

1 Spanbildung beim Spanen mit geometrisch bestimmten Schneiden

Die Spanbildung beim Spanen mit geometrisch unbestimmten Schneiden unterscheidet sich vom Vorgang an den genau festgelegten Schneiden, weil:

- der Schleifkörper eine Vielzahl kleiner Schneiden hat,
- die Schneiden an den Schleifkörnern eine unregelmäßige Form haben und zudem ungleichmäßig auf den Schleifkörper verteilt sind,
- die einzelnen Schleifkörner nur sehr kurze Zeit im Eingriff sind und nur eine sehr geringe Schnitttiefe aufweisen,
- die Körner vor dem eigentlichen Schleifen erst über die Werkstückoberfläche gleiten.

Die Spanwinkel an den Schleifkörnern sind bei den einzelnen Schleifmitteln unterschiedlich, generell aber stark negativ. Bei Korund liegen sie zumeist bei $\gamma = -95°$ bis $-65°$ (Bild 3).

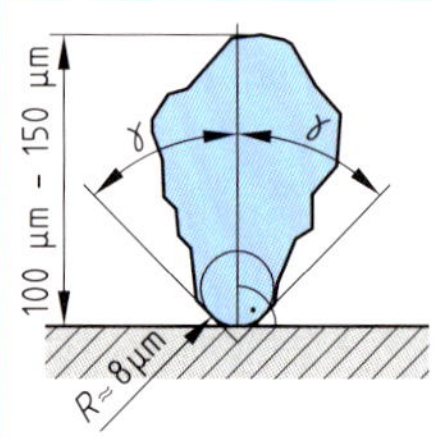

Kornform mit Schneidradius $R \approx 8\ \mu m$ und Kornhöhe $100\ \mu m$ bis $150\ \mu m$ ($\gamma = -60°$ bis $-70°$) Schleifkörner gelten als geometrisch unbestimmte Schneiden - es kann aber an jedem Schleifkorn ein Schneidkeil bestimmt werden. Entscheidend ist der Spanwinkel.

2 Schleifkorn

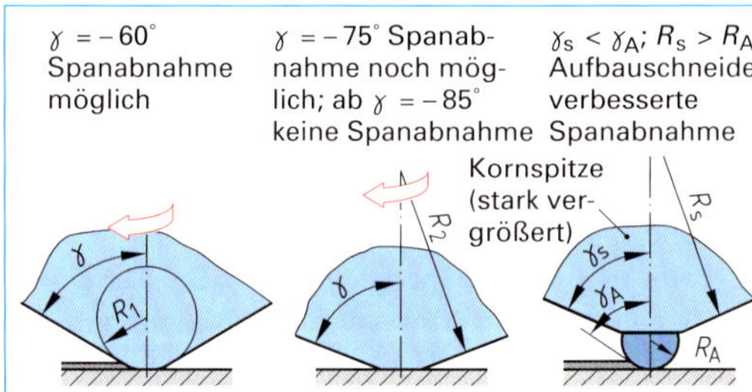

3 Spanwinkel am Schleifkorn

Spanabnahme beim Schleifen

Bei der Schneidteilgeometrie des Schleifkornes ist eine unmittelbare Spanabnahme wie beim Drehen nicht möglich (Bild 1).

- Das Korn erreicht die Werkstückoberfläche und verformt den Werkstoff elastisch.
- Mit zunehmender Eindringtiefe wird das Werkstück plastisch verformt, wodurch sich am Korn eine Aufbauschneide bildet.
- Werkstückteilchen werden abgehoben, da das Korn mit der Aufbauschneide jetzt einen weniger negativen Spanwinkel hat und damit die Voraussetzung für eine Spanabnahme besteht.
- Der Radius *r* an der Schleifkörperspitze wächst (damit wird γ negativer) während des Schleifens bis zum Abstumpfen. Bei $\gamma < -85°$ ist keine Spanabnahme mehr möglich, das Korn gleitet nur noch. Das Werkzeug muss abgerichtet werden.

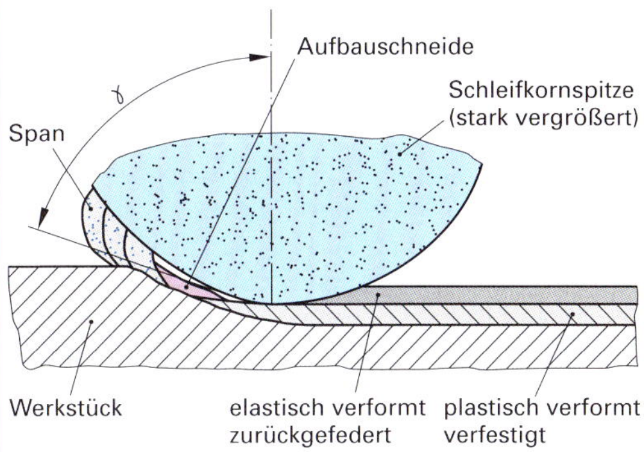

1 Spanabnahme durch das Schleifkorn

Spanstauchung

Die Spanstauchung ist eine Folge der Stauchvorgänge bei der Spanbildung (Bild 2).

Durch die Spanstauchung wird der Span höher, breiter und kürzer als die entsprechenden berechneten Spanungsgrößen.

Der Wert der Spanstauchung ist abhängig vom Formänderungsvermögen des Werkstoffs und von den geometrischen Verhältnissen am Schneidkeil.

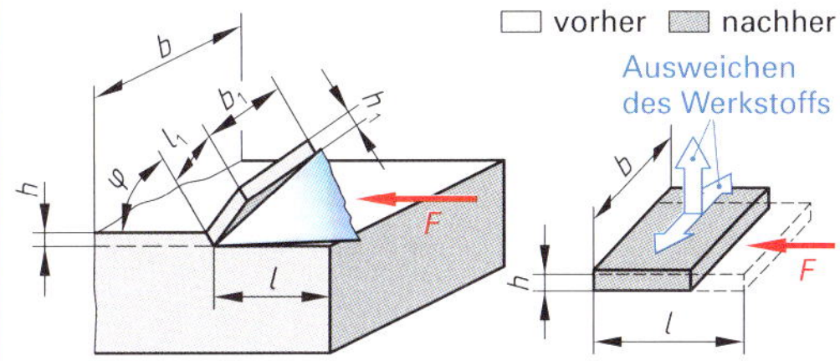

2 Spanstauchung

Allgemein gilt:

Spanungsdicke	h	< Spandicke	h_1
Spanungsbreite	b	< Spanbreite	b_1
Spanungslänge	l	> Spanlänge	l_1
Spanungsquerschnitt	A	< Spanquerschnitt	A_1.

Spanart

Unter Spanart wird eine bestimmte Spangestalt verstanden, die sich in Abhängigkeit von der Spanbildung ergibt.

Die Spanart ist ein Merkmal für das Beurteilen des Spanungsvorgangs. Einflussgrößen sind die Schneidteilgeometrie, das Formänderungsvermögen des Werkstoffs, die Spanungsgrößen und die Schnittgeschwindigkeit. Die Grenzen der Spanarten sind fließend. Man kann beim Bearbeiten eines geeigneten Werkstoffs durch Verändern der Spanungsbedingungen alle Spanarten erzielen.

Nach der Art der Spanbildung kann im wesentlichen unterschieden werden zwischen den Spanarten:
Fließspan **Scherspan** **Reißspan.**

Fließspan

Der Fließspan ist ein Span mit zusammenhängenden Spanelementen bei unterschiedlicher Oberfläche und stets glatter unterer Seite.

Fließspäne entstehen durch kontinuierliches Abfließen des Werkstoffs, die Spanelemente werden in der Scherzone nicht getrennt, sondern kontinuierlich umgeformt (Bild 3).
Fließspäne setzen zähe Werkstoffe bei günstigen Spanbildungsbedingungen voraus (hohe Schnittgeschwindigkeit, großer Spanwinkel).

3 Fließspan

Scherspan

Der Scherspan ist ein Span mit erkennbaren einzelnen zusammenhängenden Spanelementen bei stark gezackter Oberfläche.

Scherspäne entstehen dadurch, dass die Spanlamellen in der Scherebene gering umgeformt, gegeneinander verschoben und anschließend verschweißt werden (Bild 1).
Scherspäne sind eine Störform von Fließspänen. Störursachen sind Ungleichheiten im Werkstoff, Schwingungen, zu kleine Spanwinkel, große Schnitttiefe, geringe Schnittgeschwindigkeit.

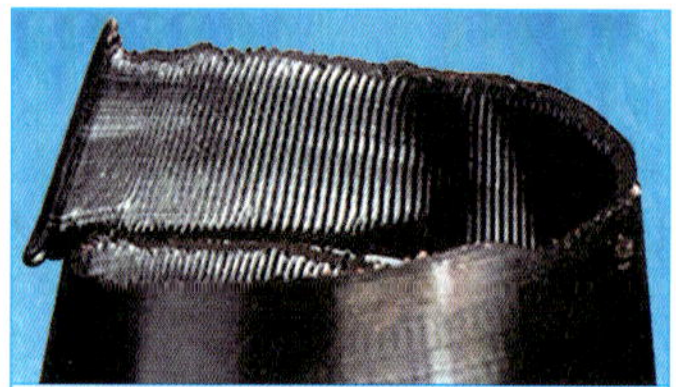
1 Scherspan

Reißspan (Bröckelspan)

Der Reißspan ist ein Span mit einzelnen zusammenhängenden Spanelementen bei rauer Oberfläche durch Bruchgefüge.

Reißspäne entstehen bei spröden Werkstoffen, die bereits nach geringer Verformung in der Scherzone reißen. Bei extrem spröden Werkstoffen erfolgt ein völliger Zerfall der Spanlamelle (Bild 2).
Reißspäne entstehen bei Werkstoffen mit geringem plastischen Verhalten oder ungünstigen Schnittbedingungen (niedrige Schnittgeschwindigkeit, zu kleiner Spanwinkel).

2 Reißspan

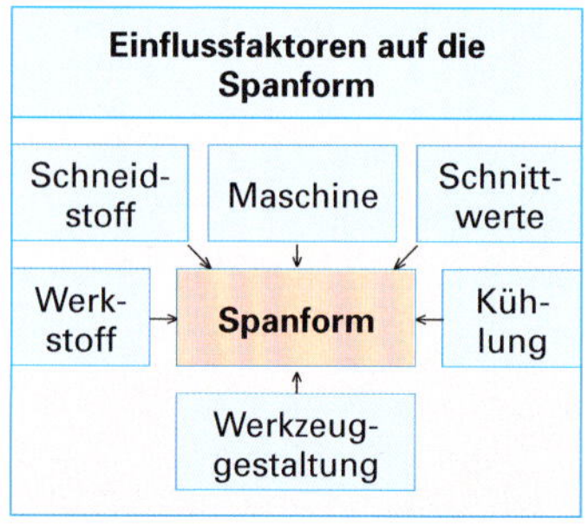

Spanform

Die Spanform ist diejenige Form des Spans, mit der er die Spanfläche des Werkzeugs verlässt.

Die entstehende Spanform ist weitgehend vom Werkstück-Werkstoff und von den Spanungsbedingungen abhängig.
Die bei unterschiedlichen Schnittbedingungen entstehenden Späne werden nach ihrer äußeren Form, nach der Schüttdichte (t/m^3 bei Stahl), nach der möglichen Gefährdung des Bedienenden und nach der möglichen Beschädigung von Werkstück, Werkzeug und Maschine eingeteilt.

Spanformen

- Bandspan
- Wirrspan
- Schraubenspan
- Schraubenbruchspan
- Spiralbruchspan
- Spiralspanstück
- Spanbruchstück

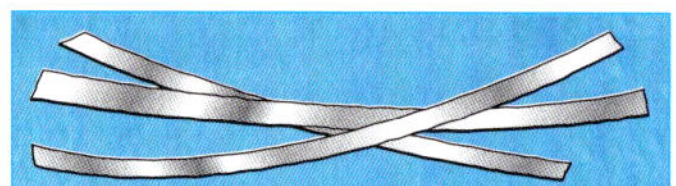
3 Bandspan

4 Wirrspan

Bandspäne und **Wirrspäne** bilden Spanknäuel und gefährden dadurch die Arbeitssicherheit. Sie beschädigen die Werkstückoberfläche, behindern den Spänefall und automatischen Spänetransport. Beide Spanformen sind ungünstig.

5 Schraubenspan

Schraubenspäne können auch sehr lang sein, die negativen Wirkungen sind etwas geringer als bei Band- und Wirrspänen. Sie können als noch befriedigend eingestuft werden, sollten aber auch vermieden werden.

6 Schraubenbruchspan (1) und Spiralbruchspan (2)

Die günstigsten Formen sind **Schraubenbruchspäne**, **Spiralbruchspäne** und **Spiralspanstücke**. Sie sind gut transportierbar, haben eine höhere Schüttdichte und gefährden wenig.

Spanbruchstücke sind so klein, dass sie durch das Umherspritzen den Bediener gefährden. Außerdem können Führungen verstopft und zerkratzt werden.

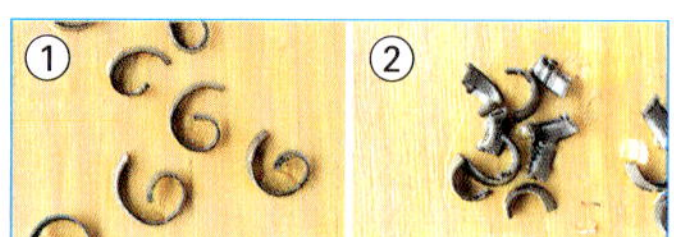

7 Spiralspanstücke (1) und Spanbruchstücke (2)

Über die Wahl der Schnittwerte, der Schneidengestaltung des Werkzeuges und spezieller Hindernisse im Spanablauf kann die Spanform beeinflusst werden.

Spanungsbedingungen und Spanformen

Mit zunehmender Schnittgeschwindigkeit tendiert die Spanform zum Wirr- und Bandspan, d.h. die Spanform verschlechtert sich.

Durch zunehmenden Vorschub wird der Span stärker gekrümmt und bricht besser, die Spanform verbessert sich.

Mit zunehmender Schnitttiefe verschlechtert sich die Spanform, da die Späne weniger brechen.

Große Spanwinkel erleichtern die Spanbildung und führen zu ungünstigen Spanformen. Negative Spanwinkel führen zum Brechen der Späne und damit zu günstigeren Spanformen.

Durch größere Einstellwinkel werden die Späne dicker und brechen besser.

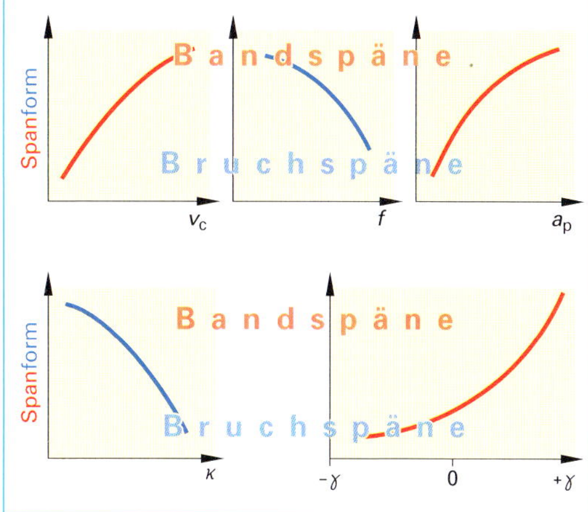

1 Spanungsbedingungen und Spanformen

Durch **Spanleitstufen** und **Spanleitplatten** können die Späne je nach den für die Fertigung besten Spanformen gebrochen werden.

Spanleitstufen dienen der Erzeugung günstiger Spanformen (Bild 3). Dazu leiten und brechen sie den Span. Sie werden realisiert als

- eingearbeitete Spanleitstufe
- aufgesetzte Spanleitplatte

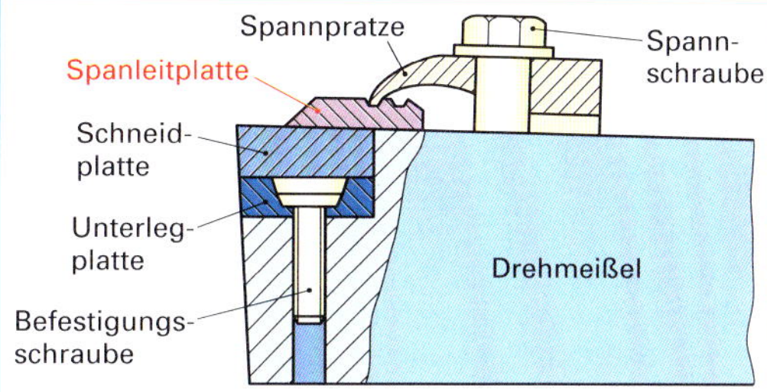

2 Spanleitplatte

Spanleitstufen dienen beim Drehen langspanender Werkstoffe (z.B. Stahl) zum Vermeiden gefährlicher Wirrspäne. Mit ihnen werden zu lange Späne abgebrochen. In Wendeschneidplatten aus Hartmetall oder Schneidkeramik sind die Spanleitstufen bereits eingearbeitet. Sie werden in den Bezeichnungen durch einen Buchstaben ausgedrückt (siehe Seite 92).

Breite und Tiefe der Spanleitstufe sind abhängig vom zu bearbeitenden Werkstoff, von der Schnitttiefe und -geschwindigkeit.

Bei Drehmeißeln mit HM-Schneide sind Hohlkehlen nicht angebracht, durch die Schwächung des Schneidkeils würde die Schneide leicht ausbrechen. Die Größen der Spanleitstufen und die Einstellwerte der Spanleitplatten sind genormt.

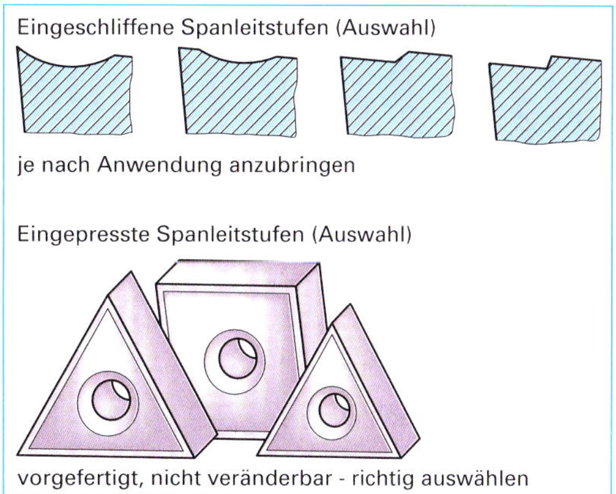

3 Spanleitstufen

Günstige Spanformen werden angestrebt durch:

- Verringern der Reibung zwischen Span und Spanfläche mit Hilfe steigender Schnittgeschwindigkeit bei gleichzeitigem Entgegenwirken des Entstehens von Fließspänen.
- Verspröden langspanender Werkstoffe durch Legierungsbildung oder Zugabe von Blei, Schwefel und Phosphor (Bsp. Automatenstähle).
- Verändern von Schnittbedingungen (a_P, v_c, f).

Spanabführung

Ein ungestörter Spanablauf ist eine Bedingung für bedienerarmes Spanen. Das zuverlässige Entstehen günstiger Spanformen ist daher eine Voraussetzung für einen ungehinderten Fertigungsablauf und die rationelle Spanabführung.

Beim Drehen ist besonders an Drehautomaten oder in Bearbeitungszentren eine ungehinderte Spanabführung wichtig. Kurzspanende Automatenstähle verhindern eine Störung des Fertigungsablaufes.

Beim Bohren hat die Spanabfuhr eine noch größere Bedeutung. Beim Herstellen tiefer Bohrungen muss der Bohrer mehrmals zum Ausspänen aus der Bohrung gezogen werden. Da dies zeitaufwendig ist, werden zahlreiche technische Möglichkeiten genutzt dies zu vermeiden. Beispielsweise kann der Kühlschmierstoff unter Druck zugeführt werden, wodurch die Späne herausgespült werden.

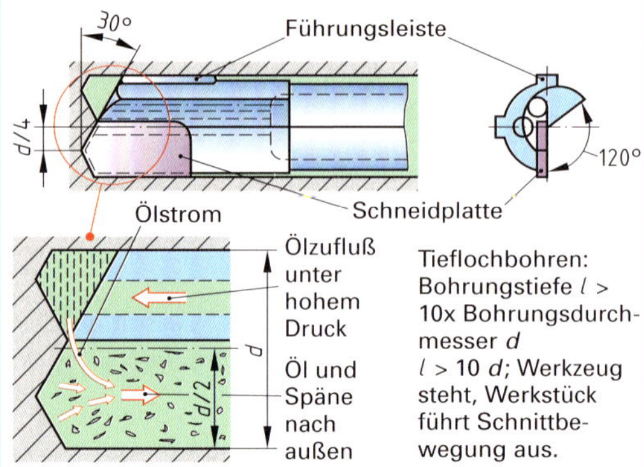

1 Spanabführung beim Einlippen-Tieflochbohrer

Spanungswärme

Die zum Spanen notwendige Energie wird dem Elektroenergienetz entnommen und durch Motoren und Getriebe in die zum Spanen geeignete Bewegungsenergie umgeformt. Ein großer Teil der aufgewendeten Energie wird in Wärme umgesetzt.

Ursache dafür sind Reibungsverluste:

- in den Lagerungen, Führungen und Getrieben der Maschine;
- der Trenn- und Formänderungsarbeit;
- der Reibung unmittelbar beim Spanungsvorgang.

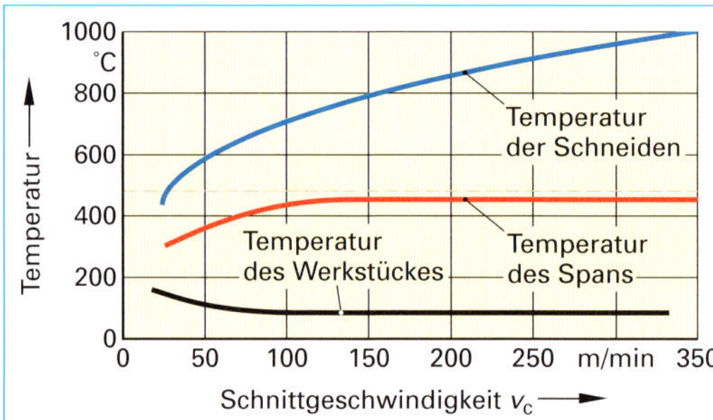

2 Temperaturen beim Spanen in Abhängigkeit von der Schnittgeschwindigkeit v_c

Die entstehende Wärmeenergie führt zur Temperaturerhöhung der Schnittstelle und ihrer Umgebung. In Abhängigkeit von der Schnittgeschwindigkeit sind unterschiedliche Temperaturen am Werkzeug, am Werkstück und im Span feststellbar.

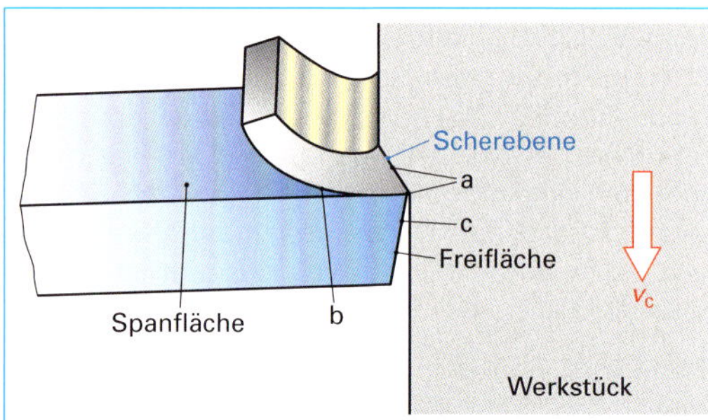

3 Ursachen für das Entstehen der Wärme

Ursachen für die Wärmeentstehung beim Spanen sind vor allem das;

- Abtrennen und Verformen des Spans in der Scherebene (Umformung) → a in Bild 3;
- Reiben des Spans beim Abgleiten auf der Spanfläche → b;
- Reiben des Werkstücks an der Freifläche. → c

Die Erwärmung des Schneidkeils wird durch Reibung zwischen Span und Spanfläche sowie zwischen Werkstück und Freifläche bewirkt (Bild 3). Die Temperatur verteilt sich nicht gleichmäßig über das Werkzeug, sondern ist in der Nähe der Schneidenecke am höchsten und nimmt zum Schaft hin ab (Bild 4).

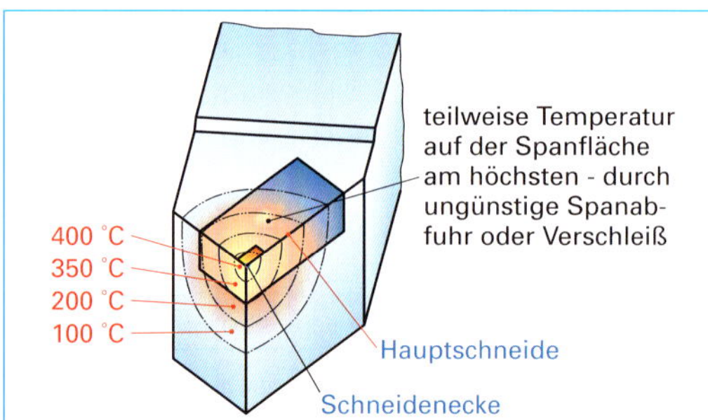

4 Temperaturverteilung am Schneidkeil

Wirkung der Erwärmung

Die durch das Spanen auftretende Erwärmung kann so groß sein, dass der Schneidstoff seine Härte verliert und dadurch schnell unbrauchbar wird (S. 73). Dazu tragen auch die Temperaturunterschiede zwischen Werkzeugschneide und -schaft bei, die Wärmespannungen erzeugen.

Die weitaus größte Wärmemenge wird vom Span abgeführt. Besonders beim Spanen von Stahl wird das „Aufheizen" der Späne durch Anlassfarben sichtbar. Am Werkstück können Brandflecke entstehen, es kann sich auch verziehen.

Wenn Schneidkeil und Werkstück elektrochemisch ein unterschiedliches Potenzial aufweisen, kann es zu Thermospannungen kommen (Bild 1).

Die Wärmeentstehung wird verringert durch:
- Nutzen der richtigen Arbeitswerte, vor allem der zweckmäßigen Schnittgeschwindigkeit;
- scharfe Werkzeugschneiden;
- richtige Schneidteilgeometrie;
- Herabsetzen der äußeren Reibung durch Schmiermittel.

Die Wärmeableitung wird verbessert durch:
- einen breiten Schneidkeil;
- Kühlung, wodurch die Reibungsverhältnisse verbessert und damit der Wärmeentwicklung und dem Energieverbrauch entgegengewirkt wird.

Wird nicht gekühlt, ist es notwendig, die Späne mit ihrer gespeicherten Wärme schnell aus dem Arbeitsbereich zu entfernen, um Spannungen und Wärmedehnungen zu vermeiden (Bild 2).

Verteilung der Spanungswärme in			
Span	Werkzeug	Werkstück	Strahlung
75% ... 80%	10% ... 15%	5% ... 10%	≈ 1%
Angaben für v_c=150 m/min			

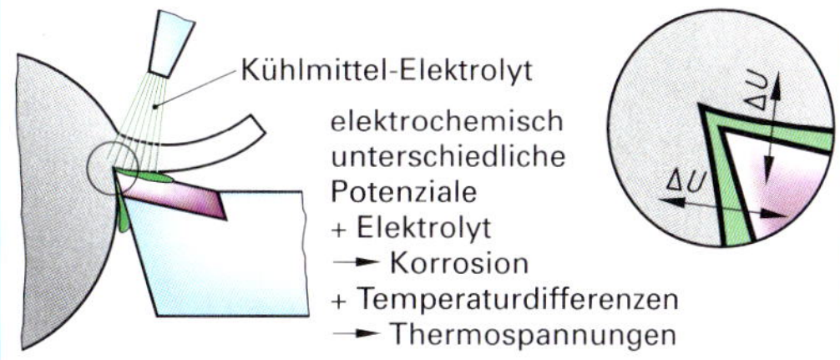

1 Elektrochemische Potenziale an der Schnittstelle

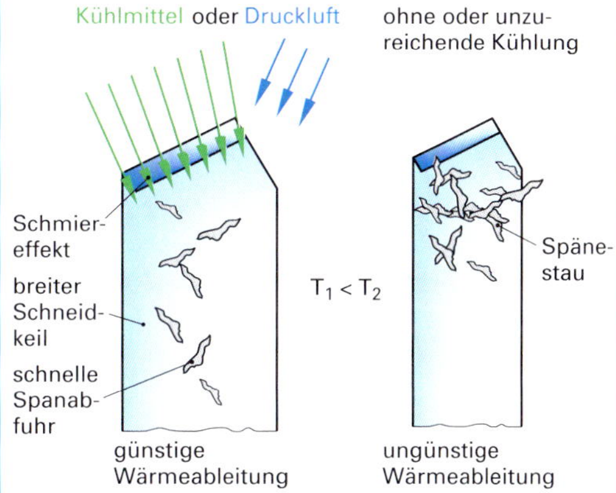

2 Wärmeableitung

Aufgaben:

1 **Nennen Sie die Spanarten und -formen, die beim Drehen oder Hobeln und Stoßen, beim Fräsen oder Bohren von Gusswerkstoffen und von Stahl entstehen.**

2 **Vergleichen Sie die bei Ihrer Arbeit an Werkzeugmaschinen entstehenden Späne und ordnen Sie diese nach Spanart und -form.**

3 **Ordnen Sie tabellarisch verschiedene Werkstoffe typischen Spanformen zu und beurteilen Sie die jeweilige Spanform.**

4 **Welchen Einfluss nehmen die Größe des Vorschubes, der Schnittgeschwindigkeit und des Spanwinkels auf die Spanbildung?**

5 **Beschreiben Sie die Spanbildung am Schleifkorn!**

6 **Welchen Zweck hat das Einschleifen von Spanleitstufen?**

7 **Welche Gefahren können an der Werkzeugmaschine bei der Spanbildung für Mensch, Maschine und Werkstück entstehen?**

8 **Wodurch kann den Gefahren bei der Spanbildung und -abfuhr begegnet werden?**

9 **Welche Auswirkungen hat ein negativer Spanwinkel auf die Kräfte und die Spanbildung beim Schleifen?**

10 **Welche Bedeutung hat die Spanabführung bei den einzelnen spanenden Verfahren?**

11 **Welche Maßnahmen werden ergriffen, um eine einwandfreie Spanabführung zu gewährleisten?**
Haben Sie selbst darauf Einfluss?

12 **Nennen Sie die Ursachen für die Wärmeentstehung beim Spanen.**

13 **Wie können Sie der Wärmeentwicklung beim Spanen entgegenwirken?**

14 **Nennen Sie Möglichkeiten zur verbesserten Wärmeableitung beim Drehen, Hobeln, Fräsen, Bohren und Schleifen.**

15 **Suchen Sie eine Erklärung, warum trotz der Bedeutung der Kühlung für die Wärmeableitung teilweise auf sie verzichtet wird.**

2.1.4 Kräfte und Leistungen

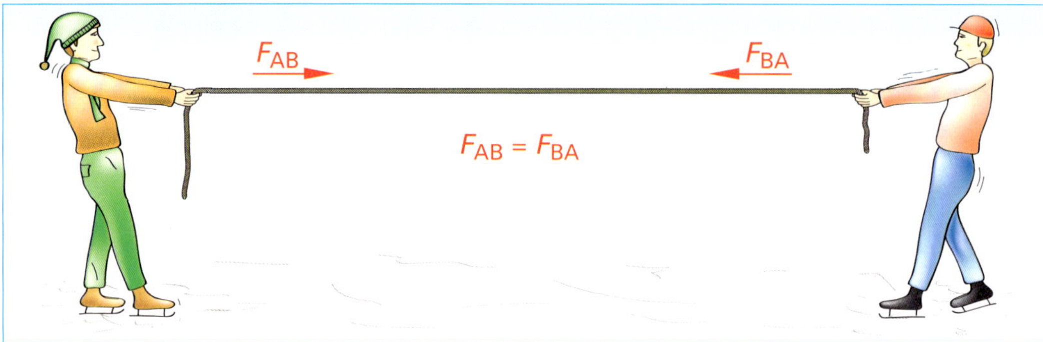

1 Kraft und Gegenkraft

Die beiden Schlittschuhfahrer im obigen Bild demonstrieren uns eine physikalische Gesetzmäßigkeit, die in gleicher Weise beim Spanungsprozess zu beachten ist:

actio = reactio
Kraft = Gegenkraft

(Wirkt auf einen Körper eine Kraft, dann wirkt der Körper zurück mit einer Kraft, die den gleichen Betrag, aber die entgegengesetzte Richtung hat.)

Wenn der Schneidkeil beim Spanen in das Werkstück eindringt, muss er eine Kraft auf das Werkstück ausüben. Der zu bearbeitende Werkstoff setzt dem Eindringen des Schneidkeils einen Widerstand entgegen, der von seiner Härte und Festigkeit, also hauptsächlich vom Zusammenhalt der Stoffteilchen, abhängt.

Die auf das Werkstück wirkende Kraft des Schneidkeils und die auf den Schneidkeil wirkende Gegenkraft des Werkstücks sind gleich groß.

In der zeichnerischen Darstellung wird aus Gründen der Vereinfachung nur eine Kraft abgebildet, die Gegenkraft muss aber immer mitgedacht werden.

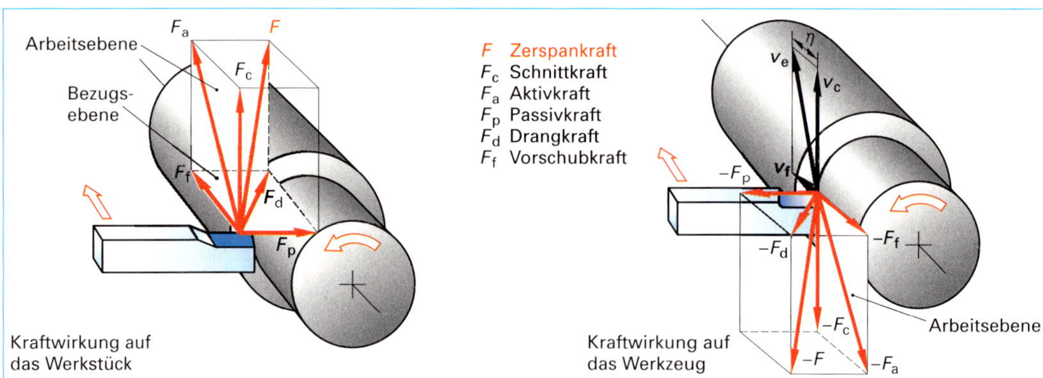

2 Kräftedarstellung

Die gesamte wirkende Kraft wird Zerspankraft (auch Spanungskraft) genannt.
Für die Konstruktion der Werkzeugmaschine, für das Spannen der Werkstücke und Werkzeuge sowie für die Leistungsberechnung sind die Teilkomponenten der Zerspankraft von Bedeutung.
Die Zerspankraft kann in verschiedene Einzelkomponenten zerlegt werden. Diese gewinnt man durch Projektion auf die jeweiligen Kraftwirkungsrichtungen. Diese Richtungen stimmen weitgehend mit den Bewegungsrichtungen überein.

1 Komponenten der Zerspankraft

Die aktive Kraftwirkung geht beim Spanen von der Schnitt- und der Vorschubbewegung aus, bewirkt durch die Aktivkraft.

Die Aktivkraft kann in die Schnittkraft und die Vorschubkraft zerlegt werden.
Beim Hobeln und Stoßen geht die aktive Wirkung nur von der Schnittbewegung aus.

Schnittkraft F_c

Die Schnittkraft ist die Komponente der Zerspankraft in Richtung der Schnittbewegung.

Die Schnittkraft bewirkt die Spanabnahme. Sie wird deshalb für die Leistungsberechnung herangezogen. Die Schnittkraft kann gemessen und berechnet werden (Bild 2).

In die Berechnung gehen ein:
- Die Spanfläche und
- die spezifische Schnittkraft.

$$F_c = A \cdot k_c = b \cdot h \cdot k_c = a_p \cdot f \cdot k_c$$

k_c ist ein Wert, der aus Spanungsversuchen gewonnen wurde. Er kann Tabellen entnommen werden. Für die konkreten Spanungsbedingungen sind noch Korrekturfaktoren zu berücksichtigen.

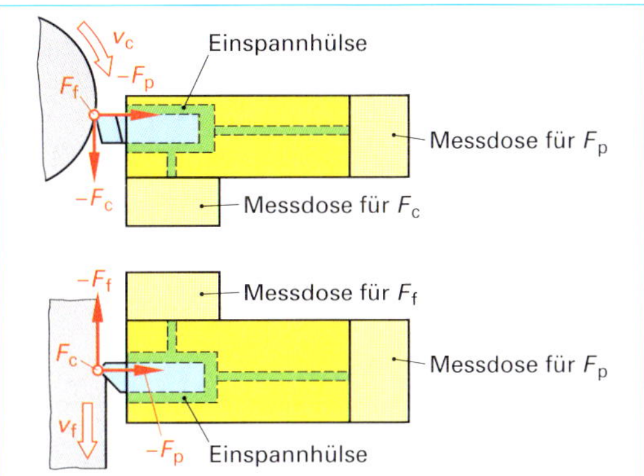

2 Schnittkraftmessung

Vorschubkraft F_f

Die Vorschubkraft ist die Komponente der Zerspankraft in Richtung der Vorschubbewegung.

Diese Kraft ist meist wesentlich kleiner als F_c. Sie muss vor allem beim Spannen der Werkzeuge beachtet werden.

Passivkraft F_P

Die Passivkraft ist eine Komponente der Zerspankraft, die senkrecht zur Arbeitsebene wirkt.

Sie wird durch die Zustellbewegung verursacht.
Die Passivkraft ist an der Spanungsleistung unbeteiligt. Sie ist jedoch beim Spannen zu beachten.
Beim Drehen stehen bei einem Einstellwinkel $\kappa_r = 45°$ die Kräfte im Verhältnis $F_c : F_p : F_f = 5 : 2 : 1$.

Drangkraft F_d

Die Drangkraft ist eine Komponente der Zerspankraft, die senkrecht zur Schnittfläche wirkt.

Sie wird verursacht durch die Zustell- und Vorschubbewegung; diesen setzt der Werkstoff Widerstand entgegen.

Die Drangkraft kann auch als Resultierende von Passiv- und Vorschubkraft betrachtet werden. Ihre Richtung ist vom Einstellwinkel abhängig (Bild 3).

Die Gegenkraft will den Dreh- oder Hobelmeißel seitlich aus dem Schnitt drängen.

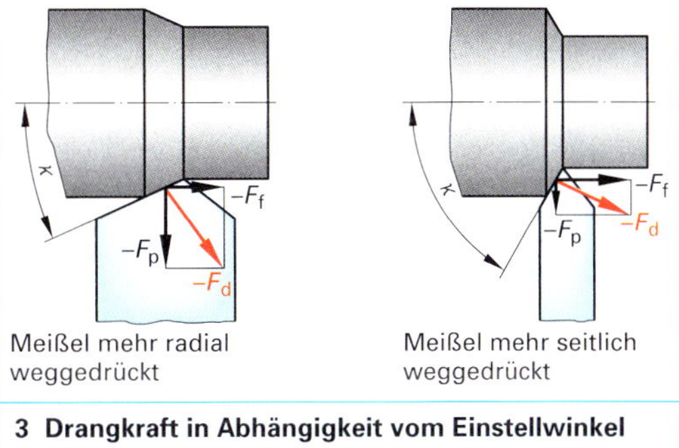

3 Drangkraft in Abhängigkeit vom Einstellwinkel

Stützkraft

Eine Stützkraft tritt nur beim Fräsen auf. Sie wirkt senkrecht zur Vorschubrichtung in der Arbeitsebene (Bild 1).

Die Stützkraft ist verantwortlich für das „Ansaugen" des Fräsers beim Gegenlauffräsen und das „Klettern" des Fräsers beim Gleichlauffräsen.

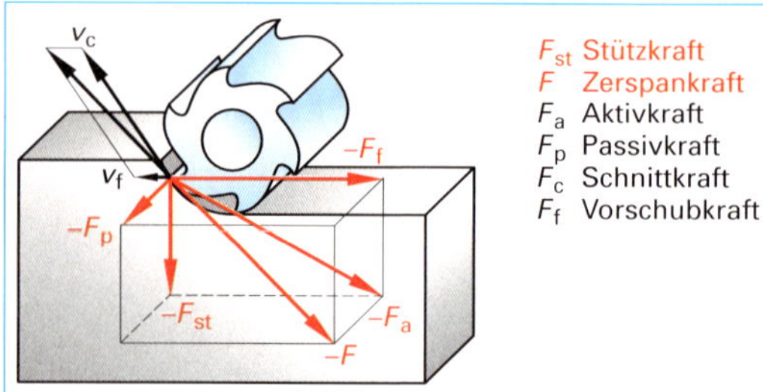

1 Kraftwirkung beim Fräsen

Wirkungen der Zerspankraft auf Werkzeug und Werkstück

Die Wirkungen der Zerspankraft und ihrer Komponenten auf das Werkzeug und das Werkstück sind bei den einzelnen spanenden Verfahren unterschiedlich.

Drehen

Kraft	Wirkung auf Werkzeug	Wirkung auf Werkstück
F_c F_a	Biegung Biegung	Torsion und Biegung
F_f F_d	Biegung Druck, Biegung	Druck Druck
F_p	Druck	Biegung

Ähnliche Bedingungen wie beim Drehen herrschen beim Hobeln und Stoßen vor.

Bohren

Kraft	Wirkung auf Werkzeug	Wirkung auf Werkstück
F_c	Torsion im Werkzeugschaft	Torsion
F_f	Druck, Knicken	Druck

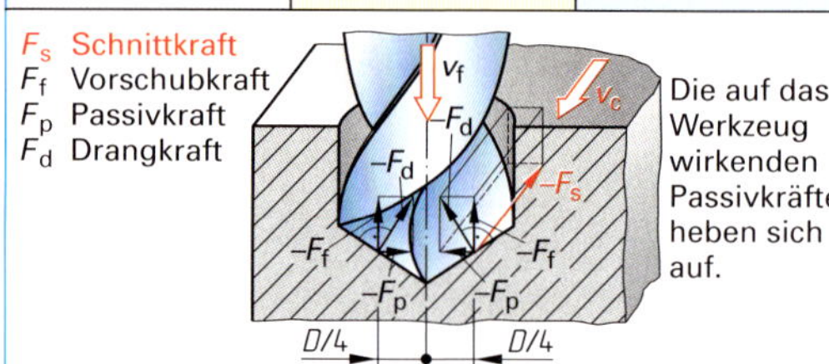

2 Kraftwirkung beim Bohren

Ähnliche Bedingungen wie beim Bohren finden sich beim Senken.

Beim **Fräsen** lassen sich die Kraftwirkungen wegen der komplizierten geometrischen Verhältnisse schwerer bestimmen. Je nach der momentanen Lage des Schneidenpunktes ändern die Kräfte ihre Wirkungsrichtung. Dadurch kommt es auch zu anderen Beanspruchungen von Werkzeug und Werkstück. Je nach der momentanen Spanungsdicke ändern sich auch die Größen der Kräfte.

Bedeutung für die Kraftwirkungen haben auch die Verzahnung der Fräser und das Fräsverfahren. So ist bei geradverzahnten Wälzfräsern die Passivkraft Null, während F_p bei schrägverzahnten Walzfräsern auftritt. Diese sollte auf das Spindellager gerichtet sein.

Kraftwirkung bei

Gleichlauffräsen	**Gegenlauffräsen**
Die Waagerechtkomponente der Zerspankraft zieht das Werkstück an. Die Senkrechtkomponente von *F* drückt das Werkstück auf den Frästisch.	Die Waagerechtkomponente der Zerspankraft drückt gegen das Werkstück und behindert den Vorschub. Die Senkrechtkomponente von *F* hebt das Werkstück ab.

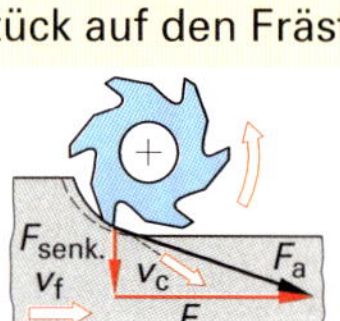

aus den unterschiedlichen Kraftwirkungen ergeben sich Konsequenzen für die Spanbildung, die Oberflächengüte und das Spannen der Werkstücke.

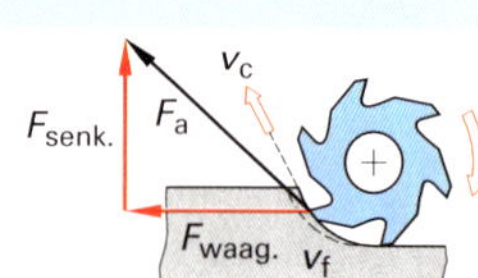

3 Kraftwirkung beim Gleich- und Gegenlauffräsen

Beim **Schleifen** sind die wirkenden Kräfte, insbesondere die Schnittkraft, bedeutend geringer als bei anderen spanenden Verfahren. Die Kraftwirkung in radialer Richtung, die Passivkraft F_P ist hier größer als die in tangentialer Richtung wirkende Schnittkraft F_c (Bild 1).

$F_P = (3 \ldots 4)\ F_c$

Je stumpfer die Schleifkörper sind, desto größer wird die Passivkraft.

Die Passivkraft drückt das instabilere Element des Werkzeug-Werkstück-Paares weg, das sind:

- Beim Außenrundschleifen lange dünne Wellen.
- Beim Innenrundschleifen lange schlanke Schleifdorne.
- Beim Planschleifen dünne hohle Teile.

Bei den notwendigen hohen Genauigkeiten beim Schleifen kann eine Durchbiegung von einigen hundertstel Millimeter schon zu Ausschuss führen.

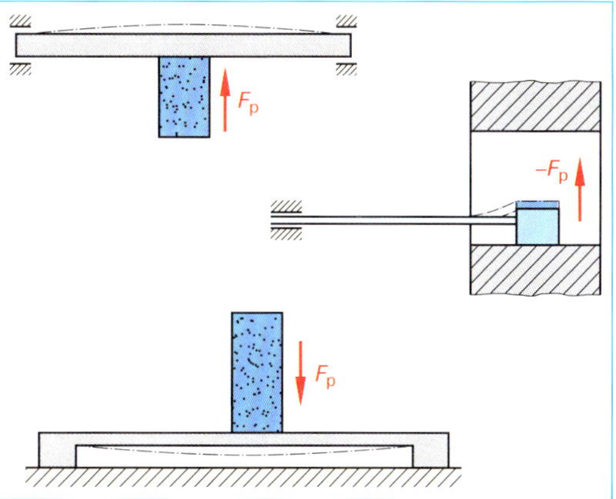

1 Passivkraft beim Schleifen

Leistungen

Da für das Bestimmen der Antriebsleistung der Maschine die Schnittleistung die wichtigste Komponente ist, wird meist nur die Schnittleistung berechnet.

Schnittleistung:

$$P_c = \frac{F_c \cdot v_c}{60}$$

P_c Schnittleistung (W)
F_c Schnittkraft (N)
v_c Schnittgeschwindigkeit (m/min)

Die weitaus geringere **Vorschubleistung** wird meist vernachlässigt.
Alle Verluste (Reibung u.a.) gehen in den Wirkungsgrad der Maschine ein. Dieser dient zum Berechnen der Maschinenleistung (Antriebsleistung).

Maschinenleistung:

$$P_a = \frac{P_c}{\eta}$$

P_a Maschinenleistung
η mechanischer Wirkungsgrad
η 70 % ... 80 %

Die Antriebsleistung der Maschine muss demnach 20% ... 30% größer sein als die Schnittleistung.

Die Berechnung der Schnittleistung ist prinzipiell bei allen Verfahren so möglich, lässt sich aber nur beim **Drehen** und **Hobeln** so einfach verwirklichen. Bei den anderen Verfahren sind noch einige Besonderheiten zu beachten:

Beim **Bohren** ist es günstiger, das Drehmoment für die Berechnung der Leistung heranzuziehen.

$$P_c \cdot 2\pi \cdot M_c \cdot n \qquad \text{wobei } M_c = F \cdot H \cdot z$$

P_c Schnittleistung
M_c Schnittmoment
n Drehzahl
H Angriffspunkt der Schnittkraft, $H = 0{,}5\ r$
z Schneidenzahl

Beim **Fräsen** sind die im Eingriff befindlichen Schneiden zu beachten. Weiterhin muss von der mittleren Schnittkraft ausgegangen werden. Diese bezieht sich auf die mittlere Spanungsdicke.

$$P_{cm} = F_{cgm} \cdot v_c = z \cdot b \cdot h_m \cdot k_{cm} \cdot v_c$$

P_{cm} mittlere Schnittleistung
F_{cgm} mittlere Gesamtschnittkraft
h_m mittlere Spanungsdicke
z mittlere Zahl der im Eingriff befindlichen Schneiden
k_{cm} mittlere spezifische Schnittkraft

Beim **Schleifen** kann die Formel vom Drehen verwendet werden. Allerdings hat die Schnittkraft beim Schleifen nicht so eine dominierende Bedeutung wie bei den anderen Verfahren. Deshalb wird oft mit Erfahrungswerten gearbeitet. Ein solcher Erfahrungswert sagt, dass für ein Spanungsvolumen von $Q = 500\ mm^3/s$ eine Leistung von ca. 20 kW benötigt wird.
Für das vorgesehene Spanungsvolumen kann so die benötigte Leistung der Maschine einfach bestimmt werden.

Berechnungsbeispiel

Schnittkraft und Schnittleistungsberechnung

Eine Welle aus Vergütungsstahl C45 E wird mit einem Meißel mit Schneidkeramikeinsatz überdreht.

Als Spanungsbedingungen gelten bzw. wurden gewählt:

a_p = 2,5 mm, f = 0,4 mm,

v_c = 750 m/min

γ = –6° κ = 75°

Gesucht sind die Schnittkraft und die Schnittleistung (Spindelleistung).

Rechenweg.

$F_c = A \cdot k_c = b \cdot h \cdot k_c$

$\quad = a_p \cdot f \cdot k_c$

k_c = 1936 N/mm², entnommen aus Firmentabellen

$F_c = 2{,}5 \cdot 0{,}4 \cdot 1936$

$F_c = 1936$ N

F_c	a_p	f	k_c
N	mm	mm	N/mm²,

$P_c = F_c \cdot v_c$

$$P_c = \frac{1936 \cdot 750}{60}$$

P_c	F_c	v_c
W	N	m/min

P_c = 24200 W = 24,2 kW

Die Spindelleistung muss mindestens 25 kW betragen. Je nach Wirkungsgrad bestimmt sich die notwendige Maschinenleistung.

Hilfen zur Berechnung

Viele Firmen erleichtern ihren Kunden das Berechnen der Schnittleistung und liefern zu den von den Anwendern ihrer Werkzeuge günstigerweise zu nutzenden Schnittbedingungen Schaubilder, aus denen die Schnittleistungen entsprechend den konkret gewählten Schnittbedingungen (a_p, f) abzulesen sind (Bild 1).

Für das obige Rechenbeispiel ist aus dem Schaubild als Spindelleistung abzulesen: P_c = 25 kW. Bei der eigenen Berechnung ist deren Genauigkeit vor allem von der Bestimmung von k_c abhängig. Je nachdem, wieviele Korrekturfaktoren einbezogen werden, ergeben sich unterschiedliche Werte. Für die Werkstattpraxis hat das aber kaum Belang.

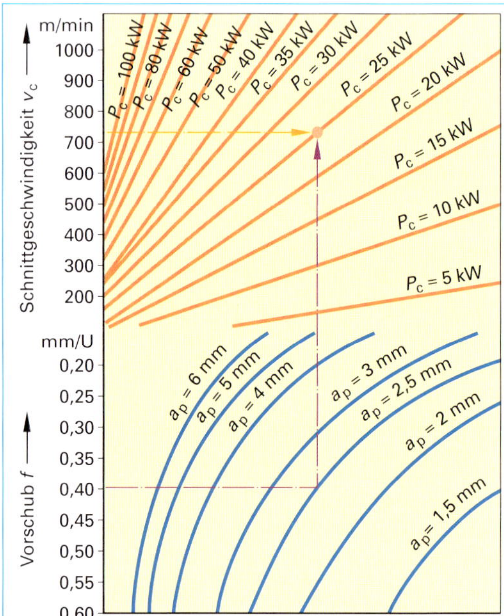

Beispiel: v_c = 750 m/min, f = 0,4 mm/U
a_p = 2,5 mm, Spindelleistung 25 kW.
Werkstoffwerte: Zugfestigkeit R_m = 800 N/mm²,
VB = 0,4 mm; κ_r = 75°, γ_n = –6°

1 Spindelleistung für das Drehen von C45 E

Aufgaben:

1. **Beschreiben Sie die Wirkungen der Zerspankraft und ihrer Komponenten auf Werkstück und Werkzeug bei einzelnen spanenden Verfahren.**
2. **Wie können Sie die Größe der Schnittkraft beim Drehen beeinflussen?**
3. **Was ist beim Spannen der Werkstücke bei den Verfahrensvarianten Gleich- und Gegenlauffräsen jeweils zu beachten?**
4. **Berechnen Sie die Schnitt- und Antriebsleistung mit den Schnittbedingungen aus der Arbeitsaufgabe von S. 215 ff., wobei ein Wirkungsgrad η der Maschine von 75% angenommen wird.**
5. **Eine Welle aus C35 soll von Ø 35 auf Ø 30 abgedreht werden. Wie groß sind bei einem gewählten Vorschub f = 0,3 mm und einer Schnittgeschwindigkeit v_c = 120 m/min die Schnittkraft und die Schnittleistung?**
6. **In ein Gehäuse aus Grauguss sind Löcher mit Ø 10 zu bohren. Berechnen Sie, wie groß beim Bohren ins Volle bei einem Vorschub von f = 0,22 mm und einer Drehzahl von n = 400/min Schnittkraft und Schnittleistung sind.**
7. **Eine Buchse aus Grauguss wird in einem Schnitt mit einem Meißel mit Schneidkeramikplatte abgedreht. Als Schnittbedingungen wurden gewählt: Schnitttiefe a_p = 4 mm, Vorschub f = 0,40 mm, κ = 75° und eine Schnittgeschwindigkeit von v_c = 450 m/min. Berechnen Sie die Schnittkraft und die Schnittleistung.**
8. **Nach den gewählten Schnittbedingungen würden Sie ein Spanungsvolumen Q = 300 mm³/s erreichen. Reicht dazu eine Maschinenleistung von 15 kW?**
9. **Warum ist das Berechnen der Schnittkräfte beim Schleifen komplizierter als bei anderen spanenden Verfahren?**

2.1.5 Verschleiß

Beim Spanen reiben sich feste Körper aneinander. Dadurch entsteht Wärme. Die mechanische und thermische Belastung der Werkzeugschneide führt zu einem Abtragen kleiner oder kleinster Teile der Schneide.

> Das unbeabsichtigte Abtragen kleinster Werkstoffteilchen wird als **Verschleiß** bezeichnet.

Verschleiß führt zu einer Schwächung der Schneide und ihrer Schneidfähigkeit. Ab einer bestimmten Größe des Verschleißes wird die Schneide unbrauchbar.

Verschleißursachen

Der Verschleiß kann mehrere Ursachen haben, diese wirken je nach den Spanungsbedingungen und der Schnitttemperatur einzeln oder zusammen.

1. Reibungsverschleiß (mechanischer Abrieb)
Durch Druck und die gleitende Bewegung entsteht auf der Spanfläche und der Freifläche ein Abrieb von Werkstoffteilchen (Bild 1).
Der Reibungsverschleiß nimmt mit steigender Schnitttemperatur zu, wobei er über einen gewissen Zeitraum nur langsam zunimmt. In diesem Bereich kann produktiv gespant werden (Bild 2).

2. Pressschweißverschleiß
Durch die starke Flächenpressung und die dabei auftretenden hohen Temperaturen lagern sich Werkstoffteilchen vom Werkstück auf der Spanfläche an. Es bildet sich eine Pressschweißverbindung (Aufbauschneide s. S. 75).
Durch den nachfließenden Span werden diese Pressschweißverbindungen wieder zerstört, wobei Teilchen aus der Schneide mitgerissen werden. Die Neigung zu Pressschweißungen hängt stark von der Paarung Werkstückwerkstoff-Schneidenwerkstoff ab.

3. Diffusionsverschleiß
Bei hohen Temperaturen wandern Atome aus der Schneide. Dadurch erweicht die Schneide. Durch solche Diffusionsvorgänge kann sogar der härteste Werkstoff, der Diamant, erweichen. (Wenn mit dem Diamant Eisenwerkstoffe bearbeitet werden, kann es zur Diffusion von C-Atomen aus dem Diamant kommen.)

4. Chemischer Verschleiß
Zwischen den am Spanungsvorgang beteiligten Elementen können chemische Reaktionen eintreten, z.B. kann es zur Verzunderung der Schneide kommen.

5. Elektrochemischer Verschleiß
Durch Temperaturdifferenzen zwischen den verschiedenen Werkstoffen entsteht ein Spannungsgefälle, das kann zu Werkstoffveränderungen führen.

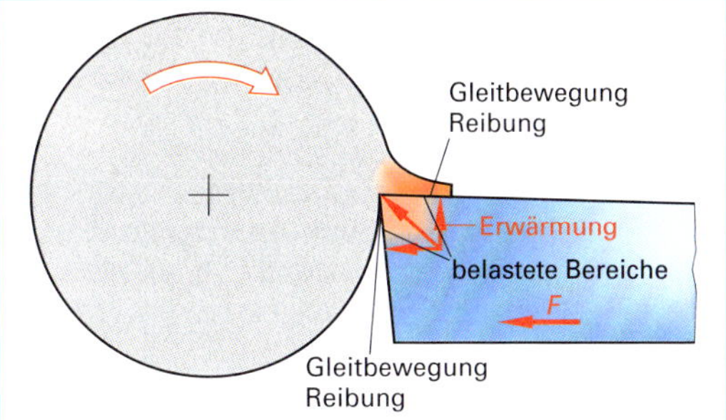

1 Ursachen des Verschleißes

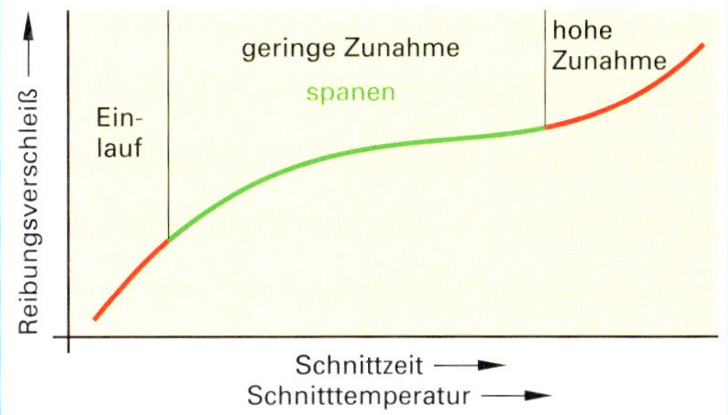

2 Abhängigkeit des Reibungsverschleißes von der Schnitttemperatur und Schnittzeit

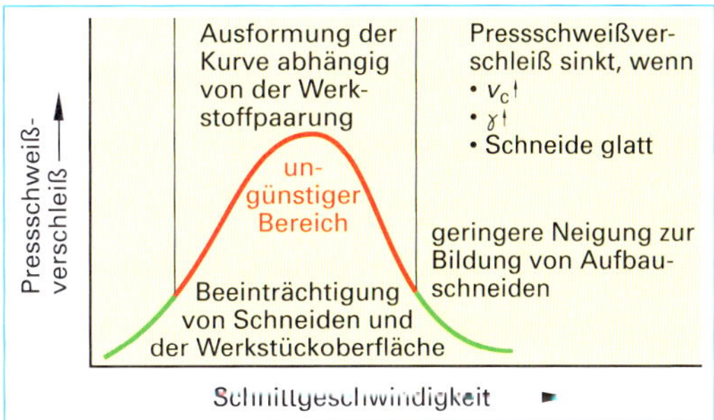

3 Abhängigkeit des Pressschweißverschleißes von der Schnittgeschwindigkeit

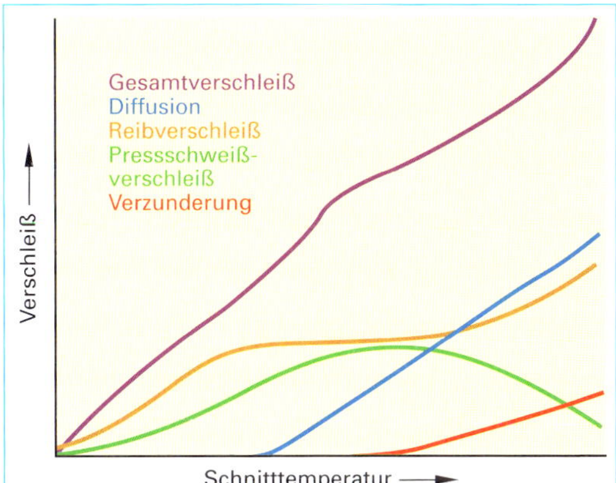

4 Überlagerung der wichtigsten Verschleißursachen

Verschleißformen

Je nachdem, ob einzelne oder mehrere Verschleißursachen wirken, tritt der Verschleiß an der Schneide in bestimmten Formen auf.

Der **Freiflächenverschleiß** tritt an der Freifläche auf und wird vor allem durch mechanischen Abrieb verursacht.

Er ist gut messbar und einschätzbar.
Für die einzelnen Verfahren werden Grenzen dieses Verschleißes angegeben, die *zulässige Verschleißmarkenbreite VB* (Bild 1).

Durch den Freiflächenverschleiß entsteht ein Schneidenversatz. Um diesen Betrag muss das Werkzeug nachgestellt werden (von Hand oder automatisch), um das gleiche Maß am Werkstück zu erhalten wie mit einem scharfgeschliffenen Werkzeug.

Der **Kolkverschleiß** tritt auf der Spanfläche in Form einer Ausbuchtung (Kolk) auf. Er wird durch Abrieb und Diffusion bewirkt.

Durch den Kolkverschleiß wird die Stabilität der Schneide gefährdet (Bild 2).
Zur Beurteilung des Kolkverschleißes dient das **Kolkverhältnis *K***

$K = \frac{K_T}{K_M}$	K_T Kolktiefe K_M Kolkmittenabstand

Der **Spanflächenverschleiß** zeigt sich durch ein gleichmäßiges Abtragen von Schneidstoff auf der Spanfläche. Er wird vor allem durch mechanische Reibung bewirkt.

Der **Schneidkantenverschleiß** ist durch ein gleichmäßiges Abtragen von Werkstoffteilchen entlang der Schneidkante charakterisiert. Die Ursache ist ein relativ gleichmäßiger Abrieb an der Frei- und Spanfläche.

Ebenfalls negative Auswirkungen auf die Stabilität der Schneide haben die dem Verschleiß verwandten Prozesse Schneidenausbruch und Aufbauschneide.

Schneidenausbruch

Durch hohe Schnittkräfte und bzw. oder stoßweise Belastung kann es zu Schneidenausbrüchen kommen. Dadurch kann das Werkzeug sofort unbrauchbar werden (Bild 4).

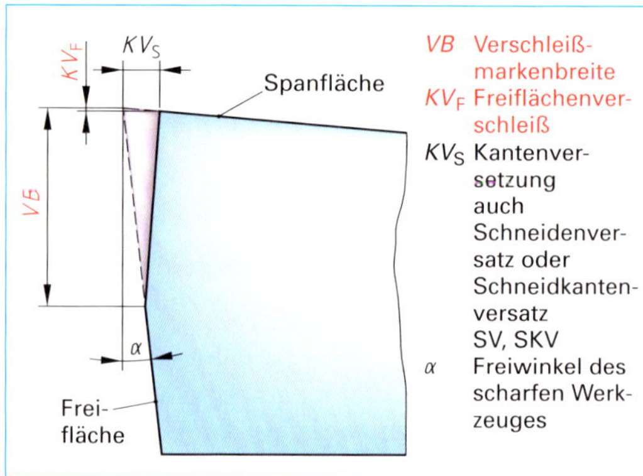

1 Freiflächenverschleiß

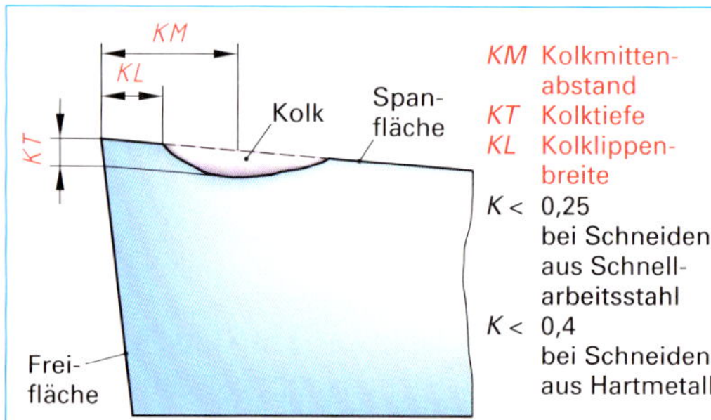

2 Kolkverschleiß

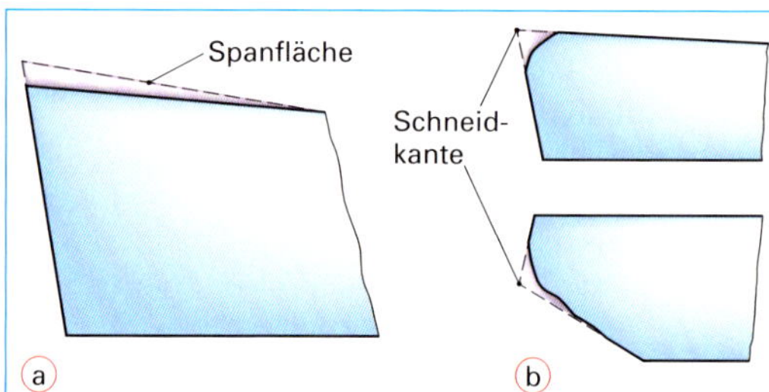

3 a) Spanflächenverschleiß
b) Schneidkantenverschleiß

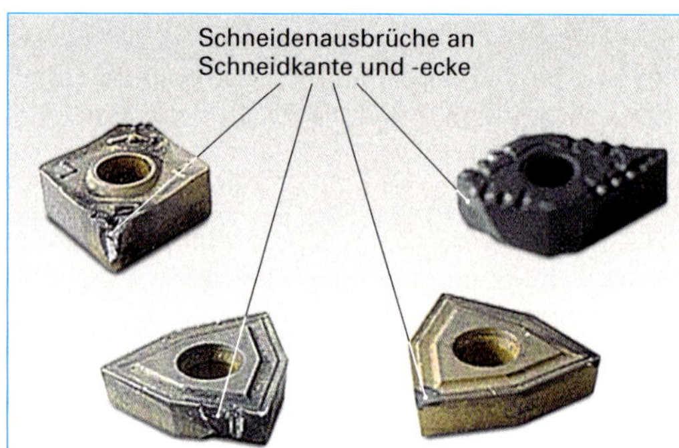

4 Schneidenausbruch

Aufbauschneide

Durch die vorher beschriebenen Pressschweißverbindungen bilden sich auf der Schneide teilweise sehr hohe Aufbauschneiden, diese werden abgerissen und führen auf der Schneide und dem Werkstück zu Ausbrüchen (Bild 1).

Zu diesen Aufbauschneiden kommt es vor allem bei Bildung von Scherspänen.

Das Bilden und Abwandern der Aufbauschneiden kann in einer Frequenz bis zu 50 Hz erfolgen.

Den jeweiligen Verschleißformen ist durch ein Bekämpfen der Ursachen zu begegnen:

- Reibungsverminderung,
- richtige Paarung Werkstück- und Schneidenwerkstoff,
- Wahl der günstigen Spanungsbedingungen.

Dies ist bei den jeweiligen Verfahren unterschiedlich zu realisieren.
Wie sich z.B. die Veränderung der einzelnen Schnittwerte ganz unterschiedlich auf die Erhöhung oder Verminderung des Verschleißes auswirken, zeigt nebenstehendes Bild 2.

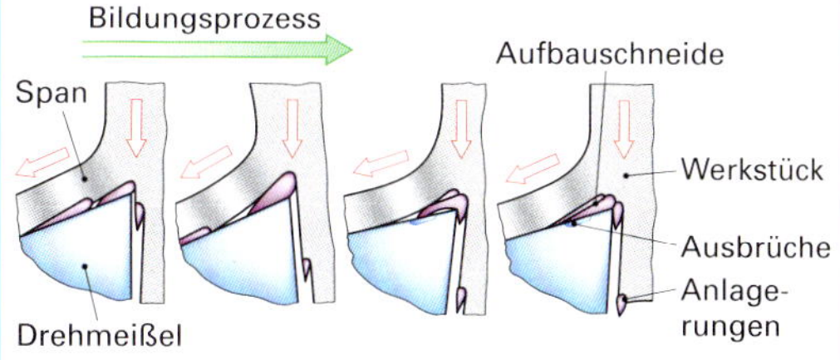

1 Aufbauschneide

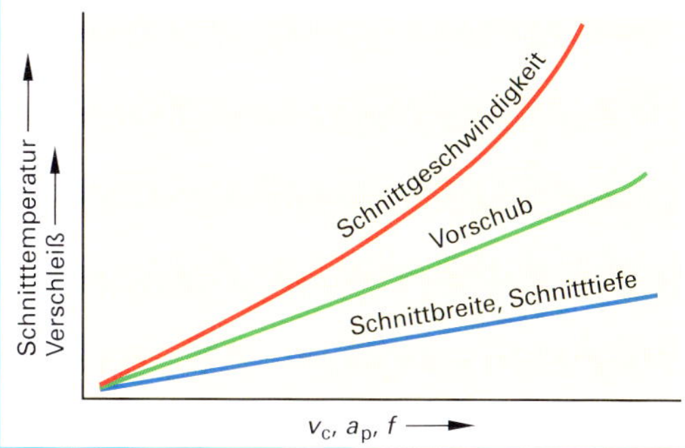

2 Abhängigkeit des Verschleißes von den Schnittwerten

Aufgaben:

1. **Nennen Sie die Ursachen des Verschleißes.**
2. **Erläutern Sie die verschiedenen Verschleißformen anhand einer Skizze.**
3. **Wie können Sie den einzelnen Verschleißformen bei Ihrer Arbeit an der Werkzeugmaschine begegnen?**
4. **Erläutern Sie die Begriffe Verschleißmarkenbreite, Kantenversatz und Kolktiefe.**
5. **Erläutern Sie die Bildung von Aufbauschneiden. Warum waren die Aufbauschneiden beim Schleifen nützlich?**

2.1.6 Geometrie der Schneide

Für einen wirtschaftlichen Spanungsvorgang sind der Schneidstoff und die geometrische Gestaltung der Schneide von großer Bedeutung.
Alle Bezeichnungen und Verhältnisse sind in DIN 6581 festgelegt.

Spanfläche: Die Spanfläche ist die Fläche, auf der der Span abläuft.

Freifläche: Die Freifläche ist die Fläche am Schneidkeil, die der Schnittfläche zugekehrt ist. Es gibt Haupt- und Nebenfreiflächen.

Schneiden

Schneiden können je nach Werkzeugart gerade, geknickt oder gekrümmt sein.

Hauptschneide: Die Hauptschneide ist die Schneide, deren Schneidkeil in Vorschubrichtung weist.

Nebenschneide: Die Nebenschneide ist eine Schneide, die dem Werkstück zugewandt ist.

Schneidenecke: Die Schneidenecke ist die Ecke, an der Haupt- und Nebenschneide zusammentreffen.

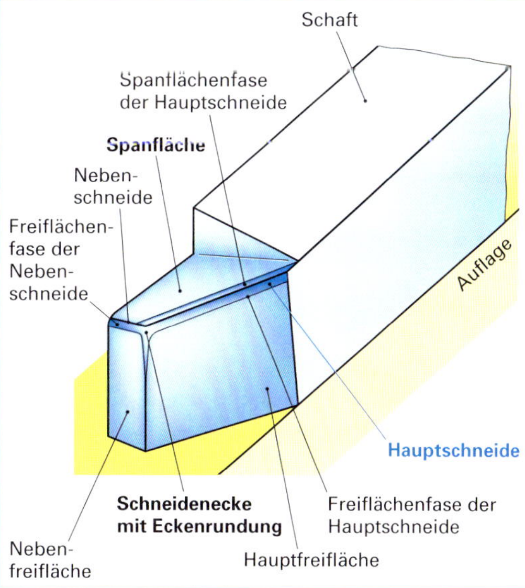

3 Flächen, Schneiden und Schneidenecken am Dreh- oder Hobelmeißel nach DIN 6581

Winkel

Die **Winkel am Schneidkeil** beziehen sich auf verschiedene Ebenen, in denen die Winkel gemessen werden.

Arbeitsebene
Die Arbeitsebene wird von der Schnitt- und Vorschubrichtung gebildet.

Bezugsebene
Die Bezugsebene ist eine Ebene, die parallel zur Auflageebene liegt.

Schneidenebene
Die Schneidenebene ist eine Ebene, die die Schneide enthält und senkrecht auf der Bezugsebene steht.

Orthogonalebene (Keilmessebene)
Die Orthogonalebene entsteht durch einen Schnitt senkrecht zur Hauptschneide.

Winkel in der Bezugsebene

Einstellwinkel κ: Der Einstellwinkel wird von der Hauptschneide und der Vorschubrichtung gebildet.
Eckenwinkel ε: Der Eckenwinkel liegt zwischen Haupt und Nebenschneide.

Winkel in der Orthogonalebene:
Freiwinkel α: Der Freiwinkel ist der Winkel zwischen der Freifläche und der Schneidenebene.
Keilwinkel β: Der Keilwinkel ist der Winkel zwischen der Freifläche und der Spanfläche.
Spanwinkel γ: Der Spanwinkel ist der Winkel zwischen der Spanfläche und der Bezugsfläche. Je nach Lage der Spanfläche kann er positiv oder negativ sein.

Winkel in der Schneidenebene:
Neigungswinkel λ: Der Neigungswinkel ist der Winkel zwischen der Schneide und der Bezugsebene.

Auf die Darstellung der **Wirkwinkel** im Bezugssystem wird hier verzichtet.

Die bisher angeführten Winkel haben bei allen spanenden Werkzeugen Bedeutung. Daneben gibt es Winkel, die nur bei einzelnen Werkzeugen auftreten. Dazu gehört beim Bohrer der **Spitzenwinkel** σ. Er wird aus den beiden Hauptschneiden gebildet. Von diesem Winkel ist das Anschnittverhalten des Bohrers abhängig (Bild 2).

Einfluss der Winkel auf den Spanungsprozess

Von der Größe der Winkel wird der Spanungsprozess entscheidend beeinflusst. Am Beispiel des Drehens werden einige Wirkungen benannt.

Eckenwinkel ε: Seine Größe bestimmt die Wärmeableitung und die Schneidenstabilität.

Große Eckenwinkel ermöglichen eine bessere Wärmeableitung und stabilisieren die Schneide.

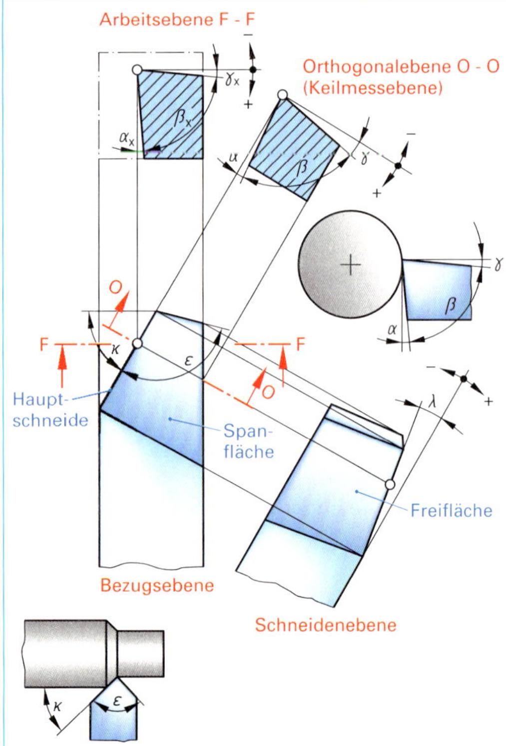

Bemerkung: Die Winkel α, β, γ, ε, κ und λ werden auch oft mit den Indizes der Ebenen versehen, in denen sie gemessen werden. Sie heißen dann: α_0, β_0, γ_0, ε_r, κ_r und λ_s.

1 Drehwerkzeug in verschiedenen Ebenen

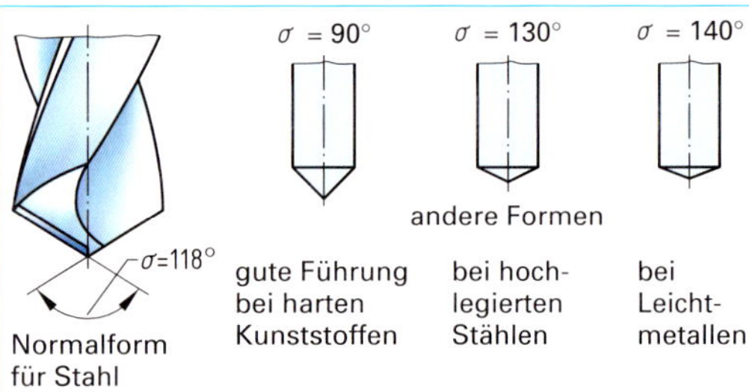

2 Spitzenwinkel beim Bohrer

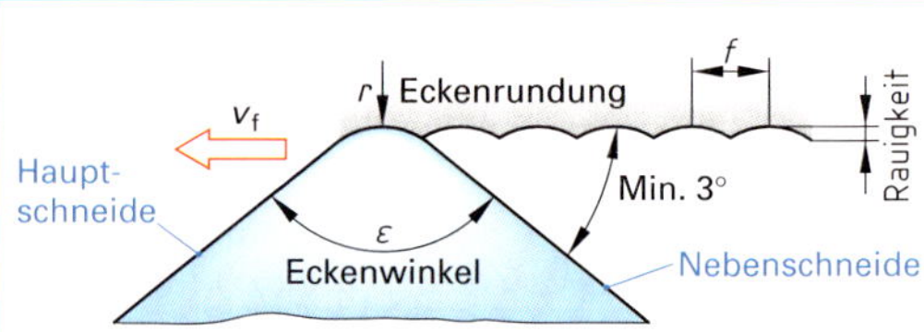

3 Einfluss des Eckenwinkel

Einstellwinkel κ Seine Größe bestimmt maßgeblich das Verhältnis von Vorschub- und Passivkraft.

Große Einstellwinkel bewirken kleine Passivkräfte, die Späne brechen besser, aber die Schneide verschleißt eher (Bild 1).
Kleine Einstellwinkel ermöglichen einen größeren Schneideneingriff.

Freiwinkel α Seine Größe beeinflusst den Werkzeugverschleiß und die Stabilität der Schneide.

Zu kleine Freiwinkel führen zu hohem Freiflächenverschleiß. Zu große Freiwinkel schwächen den Schneidkeil.

Keilwinkel β Die Größe des Keilwinkels beeinflusst die mechanische und thermische Belastbarkeit des Schneidkeils und seine Spanfähigkeit.

Kleine Keilwinkel schwächen den Schneidkeil, der Keil dringt aber besser in den Werkstoff ein.
Große Keilwinkel führen zu einer höheren Belastbarkeit des Schneidkeils. Es gilt:

Kleine Keilwinkel für weiche Werkstoffe
Große Keilwinkel für harte und feste Werkstoffe

Spanwinkel γ Seine Größe beeinflusst ähnlich wie der Keilwinkel das Spanverhalten des Werkstoffs und die Stabilität der Schneide.

Große Spanwinkel ermöglichen einen guten Spanablauf bei geringer Schnittkraft.
Kleine Spanwinkel, vor allem negative Spanwinkel, erhöhen die Schnittkraft und den Verschleiß, sie ermöglichen aber das Bearbeiten harter und fester Werkstoffe (Bild 3). Hier gilt:

Große Spanwinkel für weiche Werkstoffe
Kleine Spanwinkel für harte und feste Werkstoffe.

Neigungswinkel λ Seine Größe beeinflusst die Spanform und die Ablaufrichtung des Spanes.

Positive Neigungswinkel führen zu einer günstigen Späneabfuhr, belasten aber die Schneidenecke. Negative Neigungswinkel erhöhen die Schnittkraft, schonen aber die Schneidenecke.

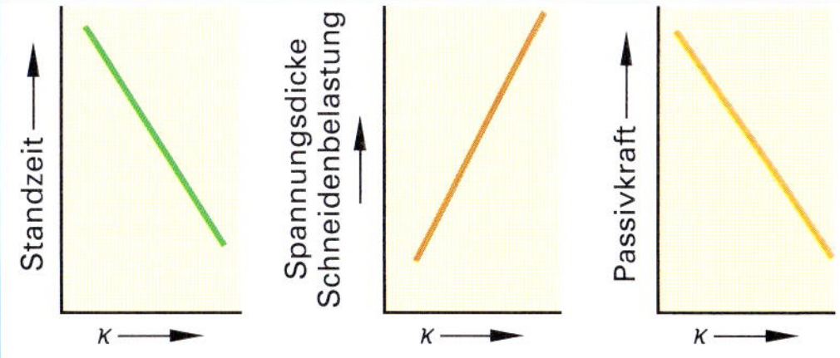

1 Einfluss des Einstellwinkels

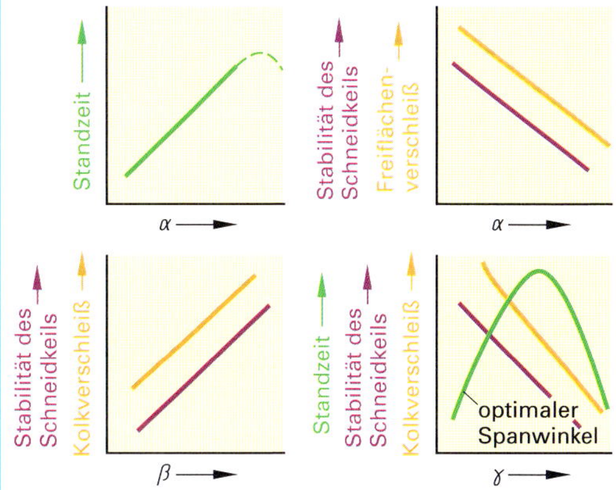

2 Einflüsse von Frei-, Keil- und Spanwinkel

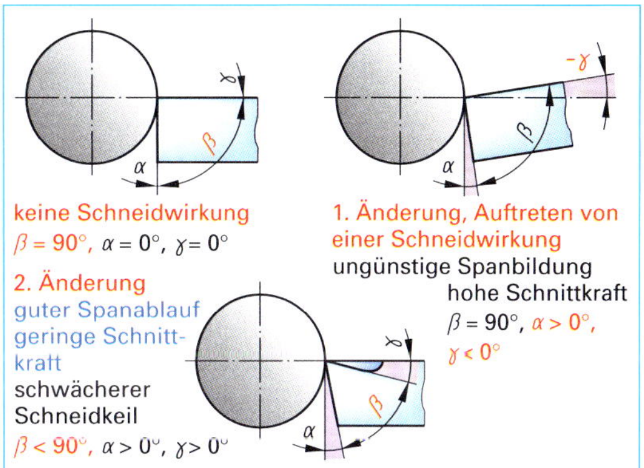

3 Entstehen spanungsgünstiger Winkel beim Drehen

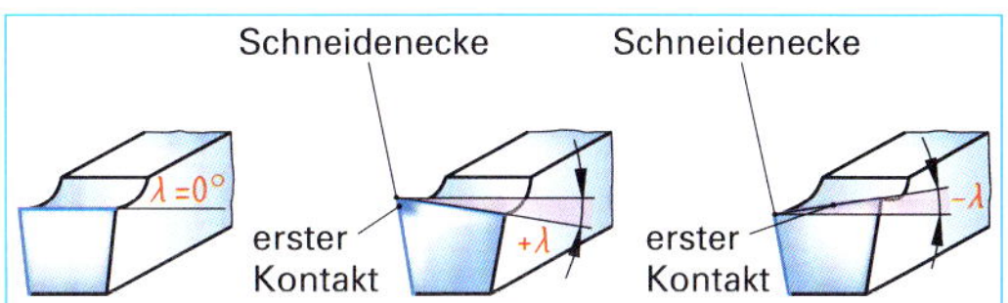

4 Einfluss des Neigungswinkels beim Drehen

Übung und Kontrolle

1. **Welchen Einfluss haben der Frei-, Keil- und Spanwinkel auf die Spanbildung?**
2. **Welchen Einfluss haben der Einstell- und der Spanwinkel auf die Schnittkraft?**
3. **Welche Wirkungen erreicht man durch Verändern des Keilwinkels?**
4. **Aus welchen Gründen wird mit negativen Spanwinkeln gearbeitet?**
5. **Welcher rechnerische Zusammenhang besteht zwischen Frei-, Keil- und Spanwinkel?**
6. **Wie beeinflusst der Neigungswinkel der Schneide den Spanungsprozess?**

2.2 Verfahren und Werkzeuge des Spanens

Allen spanenden Verfahren ist das Herstellen der Werkstückform durch Abtrennen von Stoffteilchen mittels keilförmiger Werkzeugschneiden gemeinsam. Sie unterscheiden sich vor allem durch die Hauptbewegung und die Nebenbewegungen sowie die den Werkstückformen entsprechenden Werkzeuge.

2.2.1 Drehen

Drehen ist Spanen mit geometrisch bestimmter Schneide zur Fertigung meist rotationssymmetrischer Innen- und Außenkonturen.

Die geschlossene, kreisförmige Schnittbewegung wird in der Regel vom Werkstück ausgeführt. Das einschneidige Werkzeug ist fest eingespannt und wird im Vorschub beliebig in einer quer zur Schnittrichtung verlaufenden Ebene an der Bearbeitungsfläche entlang bewegt (Bild 1).

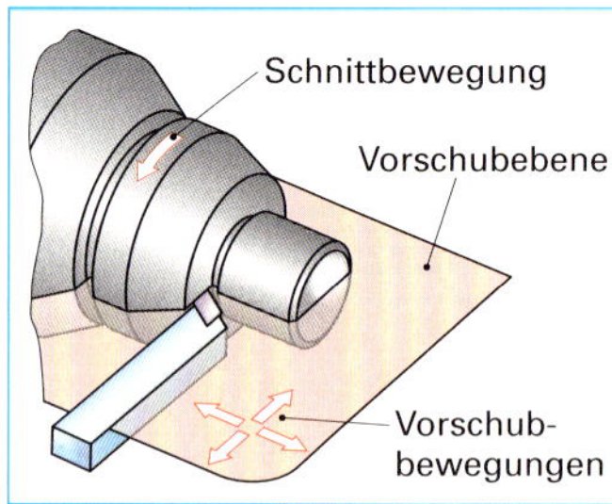

1 Prinzip des Drehens

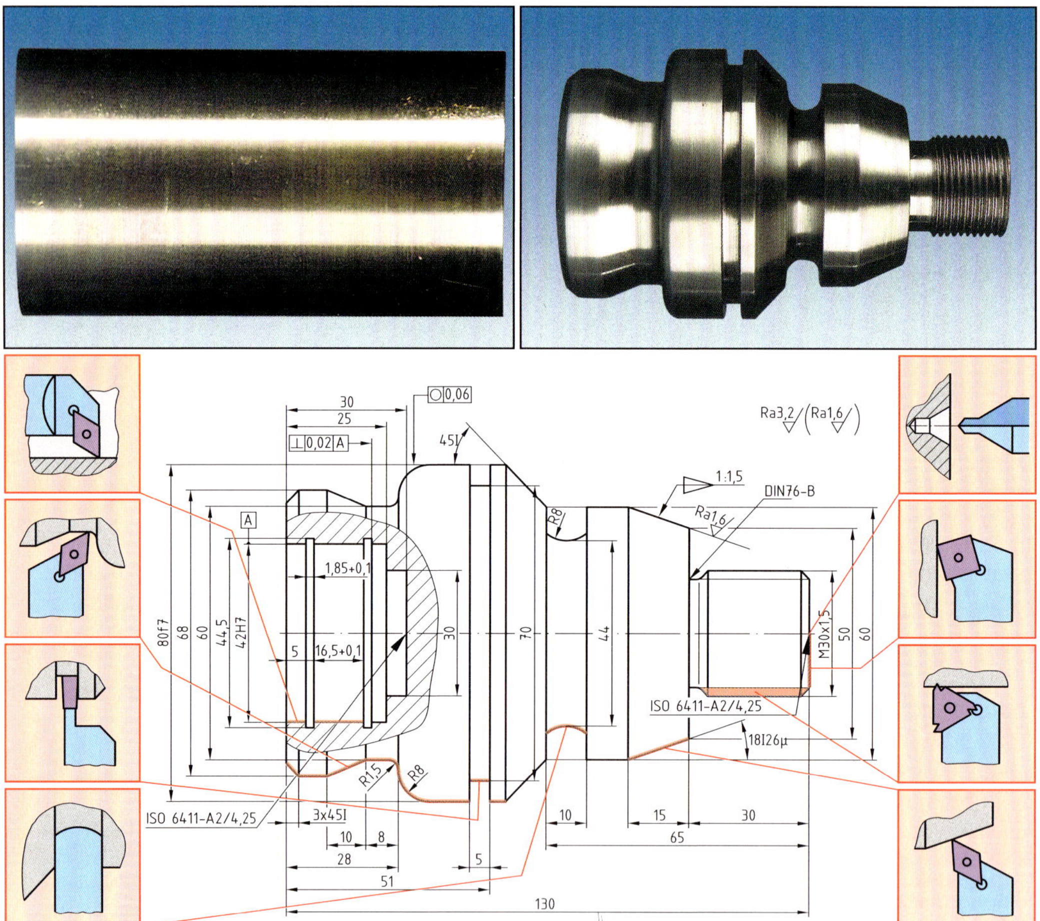

2 Fertigungsaufgabe

Beim Betrachten der Fertigungsaufgabe wird deutlich, dass das Rohteil mit unterschiedlichen Werkzeugen und in einer zweckmäßigen Reihenfolge bearbeitet werden muss, um die fertigen Formen erzeugen zu können.

Einteilung der Drehverfahren

Als Kriterien dienen einzelne Merkmale der hergestellten Formen und der dafür notwendigen Arbeitsschritte (Tabelle 1). Da jeder Vorgang nach allen Kriterien betrachtet werden kann, kommt es zu Begriffsüberlagerungen, die für die genauere Beschreibung des konkreten Drehverfahrens genutzt werden. Das Herstellen von ∅42H7 ist beispielsweise ein **Innen-Längs-Rund-Drehen**.

Tabelle 1: Möglichkeiten der Einteilung von Drehverfahren

Lage der bearbeiteten Fläche am Werkstück	Form der entstehenden Fläche	Vorschubrichtung	Spanquerschnitt und Oberflächengüte
• Außendrehen • Innendrehen	• Plandrehen • Runddrehen • Formdrehen • Profildrehen • Schraubdrehen	• Längsdrehen • Querdrehen	• Schruppen • Schlichten

Beispiel (Bild 2, S. 78):
Der ∅42H7 und die Kontur mit R1,5/R8 unterscheiden sich zunächst durch ihre Lage am Werkstück. Zum Fertigen von ∅42H7 und der Form R8 am ∅44 werden unterschiedliche Vorschubrichtungen benötigt. Alle hervorgehobenen Flächen unterscheiden sich durch ihre Form. Bevor die Fertigkonturen am Werkstück mit allen ihren Eigenschaften erzeugt werden können, müssen eine Reihe von Vorbearbeitungen erfolgen. Die Zentrierbohrung A2/4,25 nach ISO 6411 ist ein Beispiel für Formen, die nicht durch das Verfahren Drehen hergestellt, jedoch auf Drehmaschinen erzeugt werden können.

2.2.1.1 Spanungsquerschnitt und Oberflächengüte

Entsprechend dem technologischen Zweck von Arbeitsschritten innerhalb eines Arbeitsplanes unterscheidet man in **Vordrehen** und **Fertigdrehen**. Mit Blick auf die Schwere der Bearbeitung wird das Vordrehen auch als Schruppen und das Fertigdrehen als Schlichten bezeichnet.

Schruppen (Vordrehen)

Ziel des Schruppens ist das Erreichen eines größtmöglichen Zeitspanungsvolumens Q. Diese Größe wird von der Schnitttiefe a_p, dem Vorschub f und der Schnittgeschwindigkeit v_c bestimmt.

Die verfügbare Antriebsleistung der Maschine, die Stabilität des Werkstückes und die Belastbarkeit des Werkzeuges begrenzen jedoch die Zielstellung, mit maximalem Zeitspanungsvolumen zu fertigen.

Zeitspanungsvolumen

$$Q = a_p \cdot f \cdot v_c$$

Q Zeitspanungsvolumen
a_p Schnitttiefe
f Vorschub
v_c Schnittgeschwindigkeit

Unter Beachtung der Fertigungsaufgabe wird zum Schruppen ein Werkzeug mit größtmöglichem Keilwinkel, Eckenradius und Eckenwinkel, kleinem Einstellwinkel und negativem Neigungswinkel gewählt.

Ein großer **Keilwinkel** β_0 sichert ein mechanisch und thermisch stabiles Werkzeug. Ein großer **Eckenradius** r_ε bewirkt eine verschleißfeste Schneidenecke und ermöglicht die Wahl eines großen Vorschubes. Je größer der Vorschub gewählt werden kann, desto größer ist die im Rahmen der Fertigungsaufgabe einstellbare Schnitttiefe. In der Praxis wird je nach Werkstückwerkstoff die Schnitttiefe **4mal bis 12mal** größer als der Vorschub gewählt.

Eckenradius und Vorschub

Eckenradius r_ε in mm	Empfohlener max. Vorschub f in mm
0,4	0,25
0,8	0,5
1,2	0,8
1,6	1,0

Durch das Verkleinern des **Einstellwinkels** κ_r wird der Span breiter und dünner (Bild 1). Das begünstigt die Spanbildung. Die angreifenden Kräfte verteilen sich auf eine längere Schneidkante. Je kleiner aber der Einstellwinkel wird, desto größer wird die **Passivkraft** F_P (Bild 2). Deshalb werden Werkzeuge mit einem kleinem Einstellwinkel von ca. 45° nur bei sehr stabilen Werkstücken eingesetzt.

Ein in Bezug auf die Fertigungsaufgabe maximaler **Eckenwinkel** ε_r stabilisiert das Werkzeug mechanisch und thermisch und verringert somit den Verschleiß.

Ein negativer **Neigungswinkel** λ_s entlastet die Schneidenecke beim Anschnitt. Er wird deshalb auch bei unregelmäßigem oder unterbrochenem Schnitt gewählt (Bild 1, S. 86).

Beispiel:

Auf einer konventionellen Drehmaschine muss das Werkstück mit Hilfe verschiedener Drehmeißel vorbearbeitet werden (Bild 3). Die Werkzeuge werden unter Beachtung aller beschriebenen Kriterien entsprechend der herzustellenden Form ausgewählt.
Bei Verwendung einer CNC-Drehmaschine kann durch Programmieren eines Längs-Schruppzyklus mit abschließendem Konturschnitt das Vordrehen mithilfe von zwei Werkzeugen erfolgen. Beim späteren Schlichten entlang der Kontur ändern sich Einstellwinkel und damit Spanungsdicke und Spanungsbreite ständig (Bild 4 S. 86). Deshalb muss das Aufmaß so festgelegt werden, dass immer eine einwandfreie Spanbildung möglich ist.

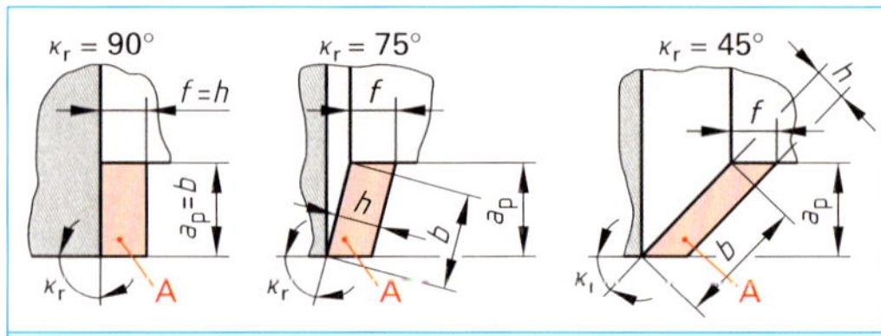

1 Einstellwinkel und Spanungsquerschnitt

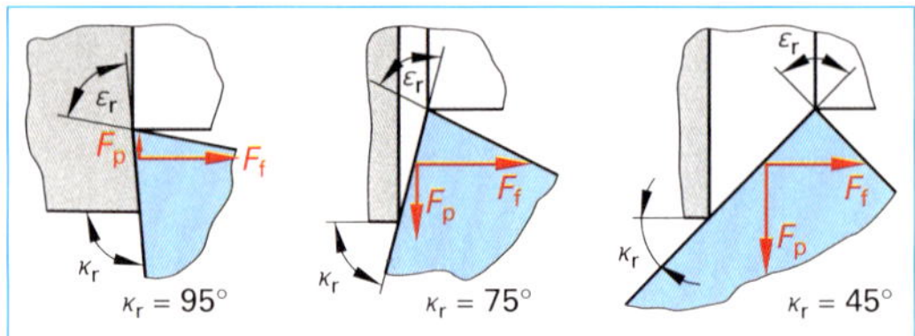

2 Einstellwinkel und Passivkraft

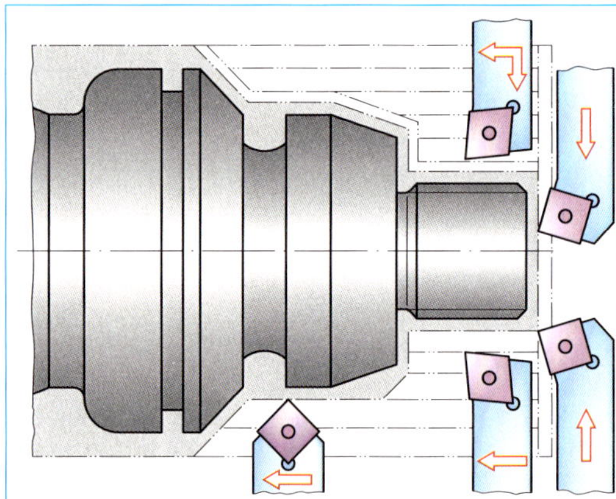

3 Beispiele für Vordrehen

Verschleißformen beim Drehen

Wegen der meist hohen Schnittgeschwindigkeit und Spanungstemperatur beim Drehen sind Reibung und Diffusion die wichtigsten Verschleißursachen (Bild 4). Deshalb sind **Freiflächenverschleiß** und **Kolkverschleiß** die hauptsächlichen Verschleißformen. Das Bilden von **Aufbauschneiden** und das daraus möglicherweise folgende Ausbröckeln der Schneidkanten ist vor allem bei zähen Werkstoffen und geringen bis mittleren Schnittgeschwindigkeiten eine wichtige Verschleißform.

Durch **Reibung** verschleißen die Spanfläche und die Freifläche des Schneidenkeils. Die Höhe der auftretenden Spanungstemperatur wird durch die Schnittgeschwindigkeit, den Vorschub und die Schnitttiefe bestimmt. Die Schnittgeschwindigkeit hat dabei besondere Bedeutung. Ihre Erhöhung bewirkt einen überproportionalen Anstieg des Verschleißes, während die Schnitttiefe den geringsten Einfluss hat.

Unter dem Einfluss hoher Spanungstemperatur tritt Verschleiß durch **Diffusion** auf. Schneidstoffteilchen sondern sich aus und werden mit dem ablaufenden Span abtransportiert. Dadurch verändert sich das Gefüge des Schneidstoffs.

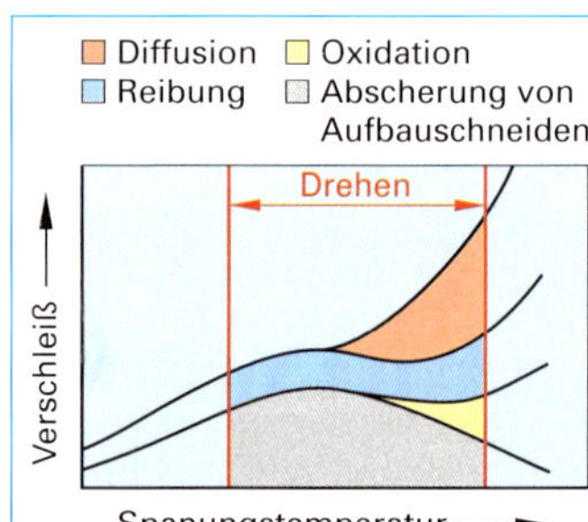

4 Verschleiß beim Drehen

Besonders bei der Zerspanung von zähen Werkstoffen und bei geringen bis mittleren Schnittgeschwindigkeiten schweißen sich periodisch kleine Werkstoffteilchen auf der Spanfläche fest, bilden **Aufbauschneiden** und werden wieder abgetrennt. Dadurch raut die Spanfläche auf. Es kann zu Ausbröckelungen an der Schneidkante kommen.

Bei sehr hohen Spanungstemperaturen verschleißt die Werkzeugschneide auch durch **Oxidation** Dies bewirkt ein Verzundern der Schneide.

Ursache für übermäßiges Auftreten dieser und anderer Verschleißformen sind ungünstige Spanungsbedingungen. Es kommt zu Erscheinungen, die den Zerspanungsvorgang negativ beeinflussen. Kenntnisse über spezielle Ursachen extremen Verschleißes und Möglichkeiten der Abhilfe erlauben es, wirtschaftlicher zu spanen (Tabelle 1).

Tabelle 1: Verschleißformen

Verschleißform	mögliche Erscheinungen	mögliche Ursachen	Abhilfe
Freiflächenverschleiß 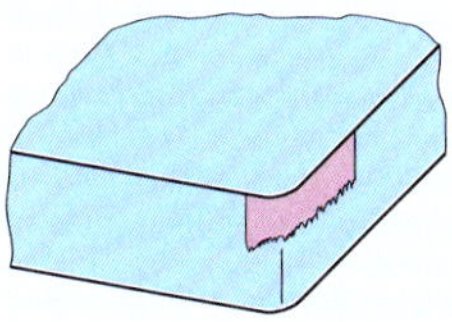	Verminderung der Maßgenauigkeit Verschlechterung der Oberflächengüte Ansteigen der Schnittkraft und Spanungstemperatur Zunehmende Vibrationen	zu hohe Schnittgeschwindigkeit zu geringe Verschleißfestigkeit des Schneidstoffes zu kleiner Vorschub	Schnittgeschwindigkeit verringern verschleißfesteren Schneidstoff wählen Vorschub erhöhen
Kolkverschleiß 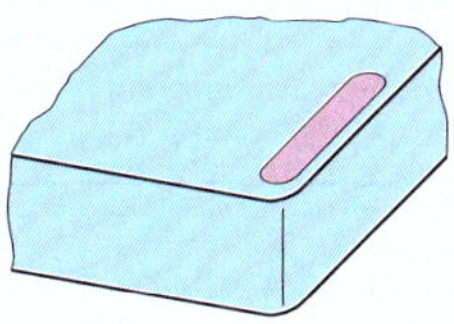	Schwächung der Schneidkante – erhöhte Gefahr von Plattenbruch Verschlechterung der Spanableitung – erhöhte Schnittkraft	zu hohe Spanungstemperatur durch zu hohe Schnittgeschwindigkeit, zu großen Vorschub oder nicht ausreichende Kühlung zu geringe Verschleißfestigkeit des Schneidstoffes	Schnittgeschwindigkeit verringern positiveren Spanwinkel wählen Vorschub verringern kolkfesteren Schneidstoff wählen
Aufbauschneide 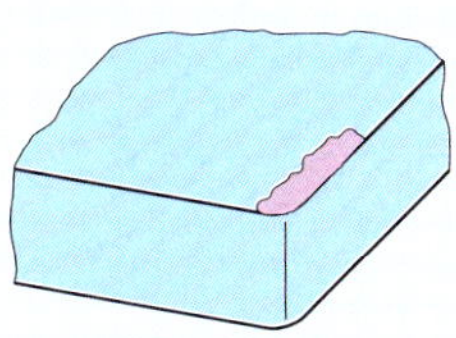	Verschlechterung der Oberflächengüte Kantenausbröckelungen	zu geringe Schnittgeschwindigkeit zu negativer Spanwinkel	Schnittgeschwindigkeit erhöhen Kühlschmierung einsetzen positiveren Spanwinkel wählen
Plastische Verformungen 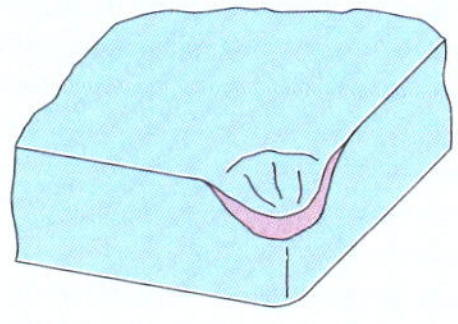	schlechte Spankontrolle schlechte Oberflächengüte Gefahr extremen Freiflächenverschleißes	thermische Überlastung durch zu hohe Schnittgeschwindigkeit und zu großen Vorschub	härteren Schneidstoff wählen Schnittgeschwindigkeit und Vorschub verringern Kühlung verbessern

Tabelle 1: Verschleißformen (Fortsetzung)

Verschleißform	mögliche Erscheinungen	mögliche Ursachen	Abhilfe
Ausbröckelungen 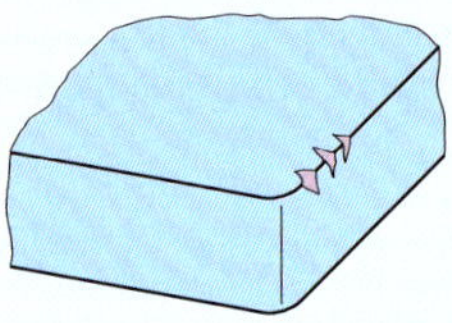	Verschlechterung der Oberflächengüte extremer Freiflächenverschleiß	zu spröder Schneidstoff zu hohe Schnitttiefe zu großer Vorschub zu positiver Spanwinkel Aufbauschneidenbildung	zäheren Schneidstoff wählen Spanungsquerschnitt (besonders Vorschub) verringern negativeren Spanwinkel wählen Schnittgeschwindigkeit erhöhen, positiven Spanwinkel wählen
Kammrisse 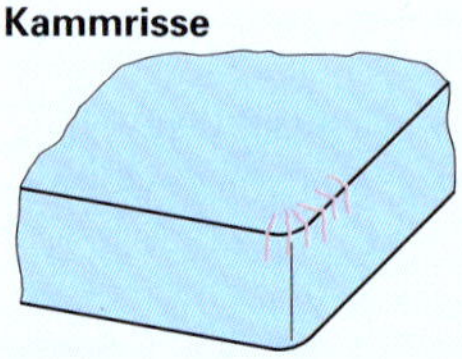	schlechte Oberfläche Kantenbruch	thermische Spannungen durch unterbrochenen Schnitt oder ungleichmäßige Kühlung	zäheren Schneidstoff wählen gleichmäßige Kühlung gewährleisten
Absplitterungen 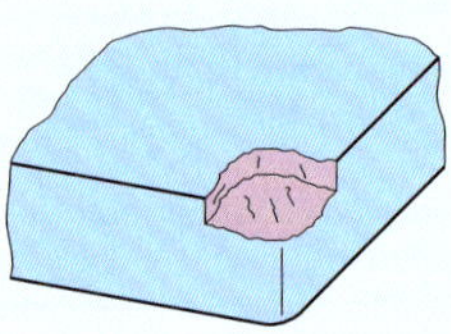	schlechte Oberfläche	zu spröder Schneidstoff zu positiver Spanwinkel	zäheren Schneidstoff wählen größeren Eckenwinkel und negativeren Spanwinkel wählen Vorschub verringern

Verschleißkenngrößen am Drehmeißel

Je höher das während einer Zerspanung erreichte Zeitspanungsvolumen, desto schneller verschleißt die Werkzeugschneide. Den Kosten für das Werkzeug stehen die Kosten für Maschine und Lohn gegenüber. Dazwischen muss die wirtschaftlichste Lösung gefunden werden. Um diese Entscheidung zielgerichtet beeinflussen zu können, wird das Verschleißverhalten in konkreten Zerspanungsversuchen analysiert.

Unter definierten Spanungsbedingungen leistet das Werkzeug Zerspanungsarbeit. Nach einer festgelegten Bearbeitungszeit werden das Werkzeug untersucht und die Verschleißkenngrößen gemessen (Bild 1). Mit ihrer Hilfe wird der Verschleißfortschritt am Werkzeug bestimmt. Die ermittelten Werte ermöglichen Schlussfolgerungen für die Einsatzzeit des Werkzeuges.

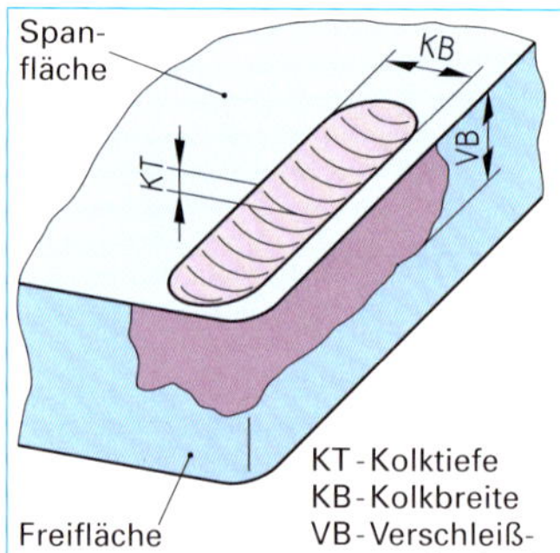

1 wichtige Verschleißkenngrößen am Drehmeißel

Ermittlung der Standzeit

Als Standzeit bezeichnet man die Zeit, in der das Werkzeug zuverlässige Zerspanungsarbeit leistet. Während dieser Zeit bleiben sämtliche Werte der Verschleißformen unterhalb der festgelegten kritischen Grenzen. In den meisten Fällen dient als wesentliches Kriterium die Verschleißmarkenbreite.

Die Höhe der Schnittgeschwindigkeit beeinflusst die Länge der Standzeit maßgeblich. Dieser Zusammenhang wurde durch Versuche ermittelt und wird zur rechnerischen Vorbestimmung der Standzeit genutzt. Bei konstanten Bedingungen (Werkzeug, Werkstoff, Vorschub, Schnitttiefe) wird der Werkstoff mit unterschiedlicher Schnittgeschwindigkeit zerspant. Der Verschleißfortschritt wird jeweils gemessen und über der Zeit in einem Diagramm dargestellt (Bild 1).

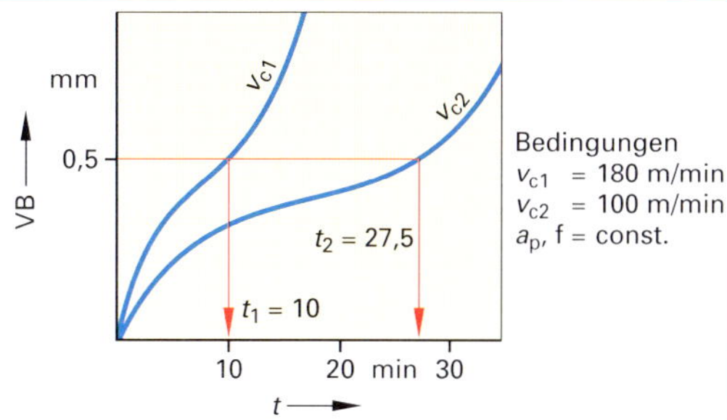

1 Ermittlung der Standzeitgeraden

Überträgt man die Punkte gleichen Verschleißes in ein Zeit-Geschwindigkeits-Diagramm mit logarithmischer Achsteilung und verbindet sie miteinander, so erhält man eine **Standzeitgerade** (Bild 2). Diese ermöglicht das Ablesen der Standzeit für eine festgelegte Schnittgeschwindigkeit und umgekehrt. Dadurch kann der notwendige Werkzeugwechsel im Arbeitsplan eingetragen werden. Die ermittelte Standzeit gilt aber nur für die im Versuch festgelegten Spanungsbedingungen. Für die konkrete Fertigungsaufgabe müssen aus Richtwerttabellen die entsprechenden Werte abgelesen bzw. interpoliert werden.

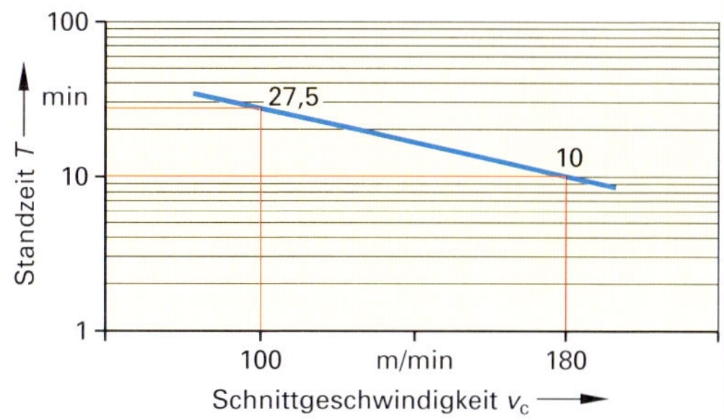

2 Standzeitgerade

In Tabellenbüchern und Unterlagen der Werkzeughersteller sind Richtwerte für Schnitttiefe, Vorschub und Schnittgeschwindigkeit meist nur für eine Standzeit angegeben. Soll die Schnittgeschwindigkeit verändert werden um ein höheres Zeitspanungsvolumen oder eine längere Standzeit zu erreichen, dann müssen die Richtwerte korrigiert werden.

Korrekturfaktoren für Schnittgeschwindigkeit

Standzeit in min	10	15	30	45	60
Korrekturfaktor	1,10	1,00	0,87	0,80	0,75

Spanungsbedingungen und Standzeit

Die zur Ermittlung der Standzeitgeraden konstant gehaltenen Bedingungen haben ihrerseits Einfluss auf die Standzeit des Werkzeuges (Tabelle 1, S. 84). Weitere, vor allem geometrische Bedingungen (Freiwinkel, Einstellwinkel, Eckenradius usw.) müssen bei der Werkzeugwahl beachtet werden, da auch sie das Standzeitverhalten des Werkzeuges beeinflussen.

Auch die Wahl eines höheren zulässigen Verschleißkriteriums führt zu einer längeren Standzeit. Jedoch sinkt dadurch die Bearbeitungssicherheit und die Gefahr von Werkzeugbruch nimmt zu.

Aufgaben:

1 **Wodurch unterscheidet sich das Drehen von anderen spanenden Verfahren?**

2 **Warum sind beim Drehen Freiflächenverschleiß und Kolkverschleiß die hauptsächlichen Verschleißformen?**

3 **Benennen Sie das Verfahren, das zum Herstellen der Form M30 x 1,5 erforderlich ist (S. 78).**

4 **Wie lässt sich beim Drehen einer Welle aus EN AC-AlSi10Mg die Bildung von Aufbauschneiden am Werkzeug vermeiden?**

Tabelle 1: Einflüsse von ausgewählten Spanungsbedingungen auf die Standzeit

Spanungsbedingung	Art der Veränderung	Standzeitdiagramm	Auswirkung auf die Standzeit
Werkstückwerkstoff 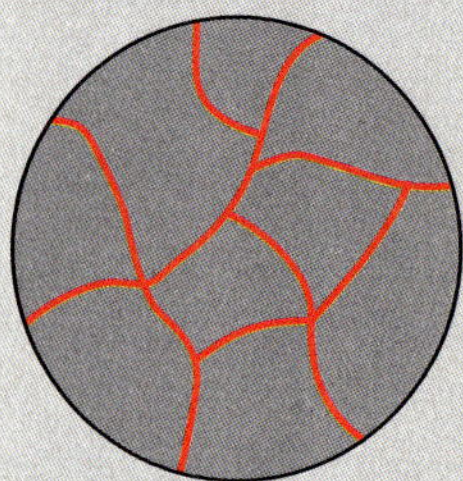	Verschlechterung der Zerspanbarkeit **Werkstoff 1 ⇒ Werkstoff 2**	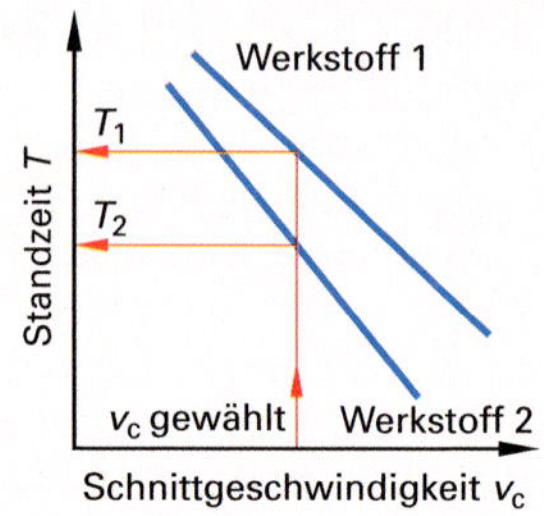	Je schlechter ein Werkstoff zerspanbar ist, desto kürzer ist die Standzeit.
Schneidstoff 	Verwendung eines verschleißfesteren Schneidstoffs **Schneidstoff 1 ⇒ Schneidstoff 2**	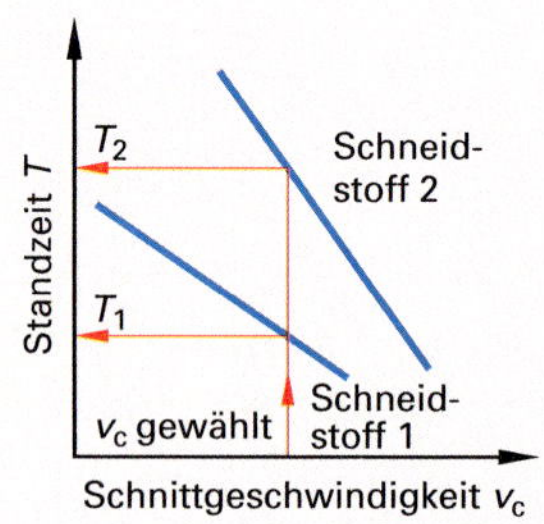	Je verschleißfester ein Schneidstoff ist, desto höher ist die Standzeit.
Schnitttiefe 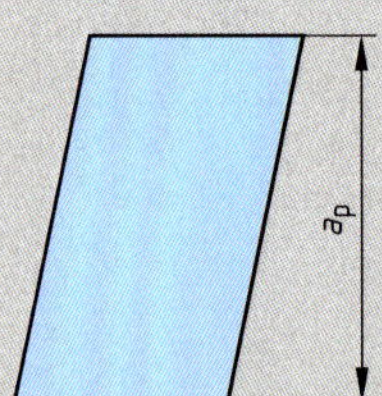	Erhöhung der Schnitttiefe $a_{p2} > a_{p1}$	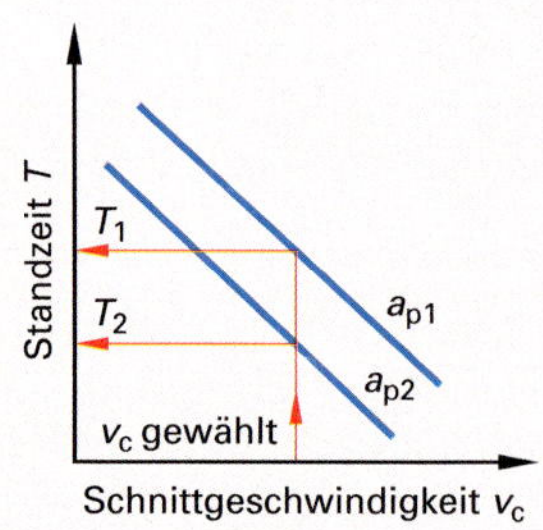	Je größer die Schnitttiefe eingestellt wird, desto kleiner ist die Standzeit.
Vorschub 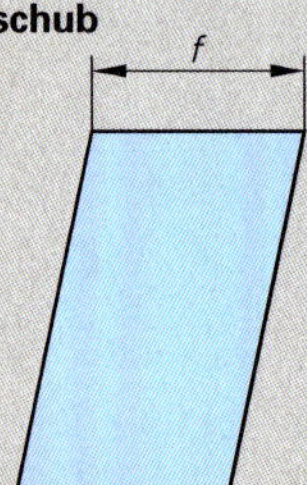	Erhöhung des Vorschubs $f_2 > f_1$	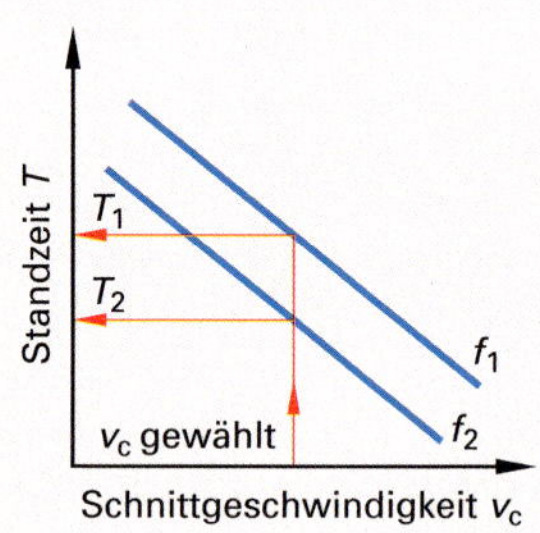	Je größer der Vorschub gewählt wird, desto kleiner ist die Standzeit
Kühlschmierung 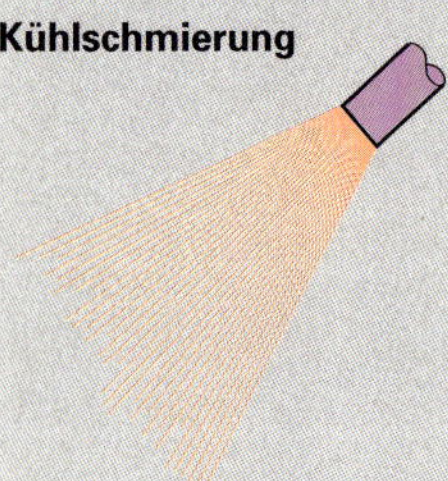	Einsatz eines Kühlschmiermittels	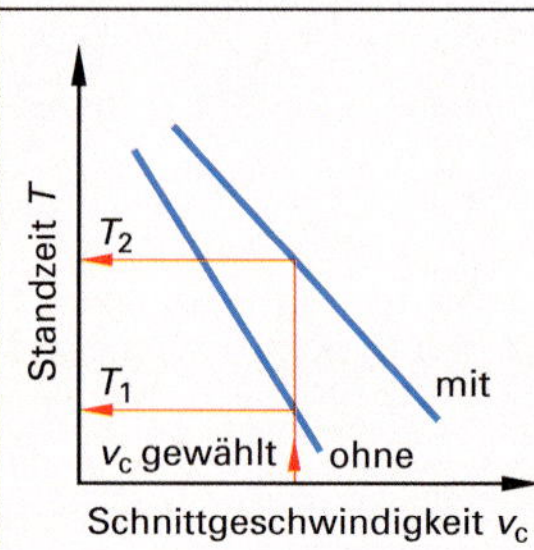	Erhöhung der Standzeit

Schlichten (Fertigdrehen)

Ziel des Schlichtens ist es, die Grenzen der durch die Fertigungszeichnung zugelassenen Gestaltabweichungen der Werkstückoberfläche mit minimalem Fertigungsaufwand einzuhalten (Bild 1). Oft werden auch kleine Konturelemente (Fasen, Freistiche usw.) erst beim Schlichten erzeugt. Maßgebend für die erreichbare Qualität sind

- der allgemeine Zustand der Maschine,
- die Reihenfolge der Arbeitsschritte,
- die Stabilität von Werkzeug, Werkstück und Spannung,
- die festgelegten Verschleißkriterien sowie
- die auszuwählenden Spanungsbedingungen.

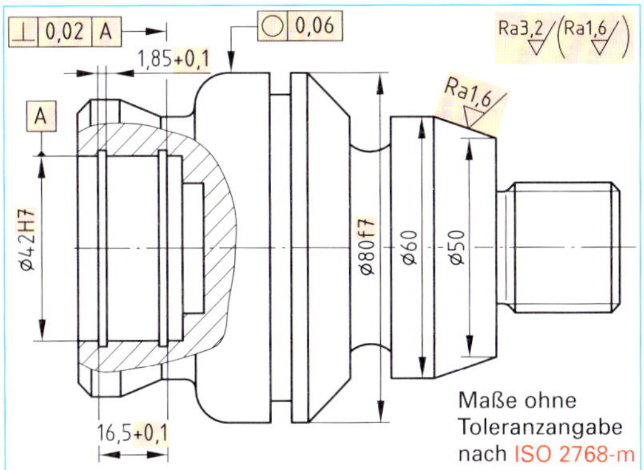

1 Fertigungszeichnung

Die Einhaltung der Lagetoleranzen wird hauptsächlich durch eine zweckmäßige Reihenfolge der Arbeitsschritte gesichert. Die erzielbare Formgenauigkeit ist abhängig vom allgemeinen Zustand der Maschine und der Bearbeitungsstabilität, wird aber über die ausgewählten Spanungsbedingungen beeinflusst. Die erreichbare Rauheit der Werkstückoberfläche wird durch die gewählten Spanungsbedingungen bestimmt.

Prinzipiell wird beim Schlichten ein kleiner Vorschub eingestellt und dazu ein relativ großer Eckenradius gewählt. Mit einer positiven Schneidengeometrie und einer hohen Schnittgeschwindigkeit kann die Oberflächenqualität oft noch verbessert werden.

Durch Reduzieren des Vorschubs verringert sich die Rautiefe der Oberfläche (Bild 2). Gleichzeitig verlängert sich die Fertigungszeit und erhöht damit die Kosten. Deshalb soll der Vorschub nur so klein, wie zum Erreichen der geforderten Rauheit notwendig, gewählt werden. Wird der Vorschub zu klein gewählt, ist zudem eine einwandfreie Spanbildung nicht mehr möglich und das Werkzeug verschleißt sehr stark. Je größer der Eckenradius des Werkzeuges gewählt wird, desto kleiner wird die Rautiefe der Oberfläche. Gleichzeitig nimmt aber die Gefahr von Vibrationen zu.

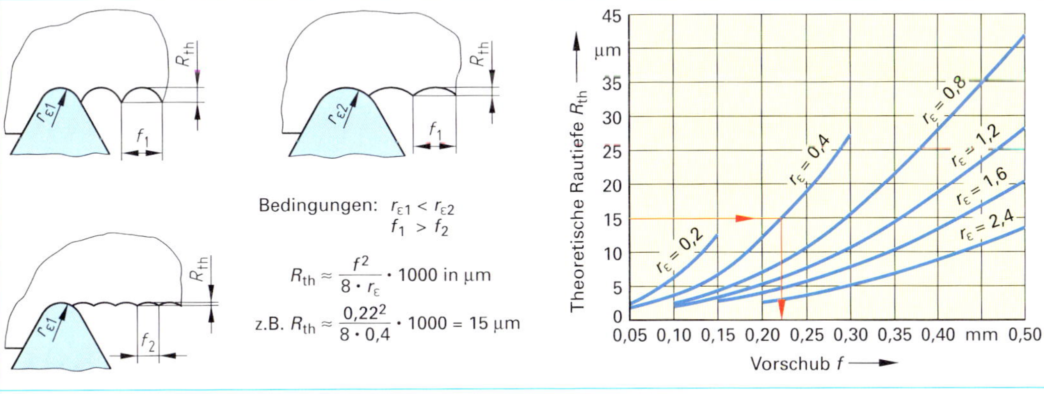

Bedingungen: $r_{\varepsilon 1} < r_{\varepsilon 2}$
$f_1 > f_2$

$$R_{th} \approx \frac{f^2}{8 \cdot r_\varepsilon} \cdot 1000 \text{ in } \mu m$$

$$\text{z.B. } R_{th} \approx \frac{0{,}22^2}{8 \cdot 0{,}4} \cdot 1000 = 15\ \mu m$$

2 Vorschub, Eckenradius und Rautiefe

Der Zusammenhang zwischen dem eingestellten **Vorschub *f***, dem gewählten **Eckenradius r_ε** und der **Rautiefe R_{th}**, die theoretisch auf der Werkstückoberfläche entsteht, lässt sich grafisch und durch eine Berechnungsvorschrift darstellen (Bild 2). Aus dem Diagramm können bei bekannter theoretischer Rautiefe mögliche Vorschub-Eckenradius-Kombinationen abgelesen werden. Da die Stabilität von Werkstück und Werkzeug sowie der Zustand der Maschine die erreichbare Qualität beeinflussen, sind die angegebenen Werte als Ausgangsgrößen zu betrachten und müssen ggf. korrigiert werden.

Tabelle 1: Zuordnung theoretische Rautiefe R_{th} – Mittenrauwert *Ra*															
R_{th} in µm	1,8	2,2	2,6	3,0	3,5	4,0	4,5	5,0	6,0	7,0	8,0	9,0	10,0	15,0	20,0
Ra in µm	0,35	0,44	0,53	0,63	0,71	0,80	0,90	1,0	1,2	1,4	1,6	1,8	2,0	3,2	4,4

Auf der Fertigungszeichnung ist meist der Mittenrauwert *Ra* oder die gemittelte Rautiefe *Rz* eingetragen. Zwischen der theoretischen Rautiefe, dem Mittenrauwert bzw. der gemittelten Rautiefe gibt es keinen mathematischen Zusammenhang. Jedoch sind Zuordnungen möglich. Mittenrauwert und theoretische Rautiefe sind in der Literatur gegenüber gestellt (Tabelle 1). Der Praktiker setzt theoretische Rautiefe und gemittelte Rautiefe ungefähr gleich. Mittenrauwert und gemittelte Rautiefe lassen sich ebenfalls miteinander vergleichen (Bild 2).

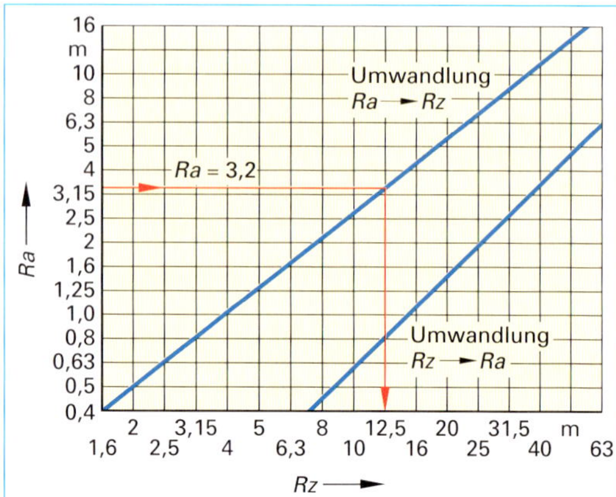

2 Umwandlung der Rauheitswerte

Die Bildung von Aufbauschneiden verschlechtert die Oberflächengüte. Mit dem Erhöhen der Schnittgeschwindigkeit und/oder dem zusätzlichen Einsatz eines Kühlschmierstoffs wird vor allem bei zäheren Werkstoffen die Bildung von Aufbauschneiden verringert oder ganz verhindert. Dadurch entsteht eine höhere Oberflächenqualität (Bild 3).

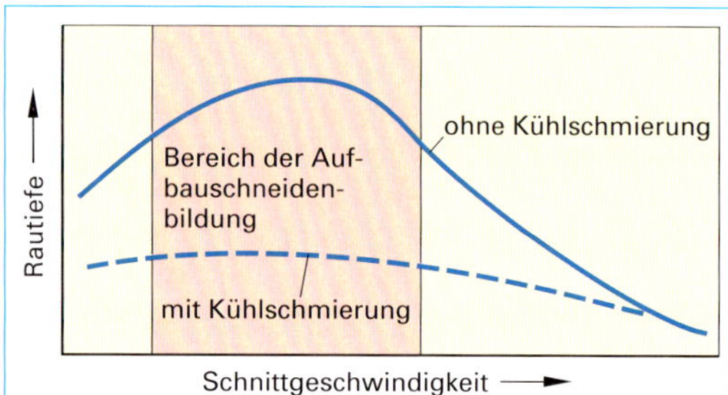

3 Schnittgeschwindigkeit und Rautiefe

Ein positiver Spanwinkel γ_0 begünstigt die Spanbildung. Der entstehende Span läuft besser ab. Das vermindert den Schnittkraftbedarf und die Vibrationsgefahr. Die entstehende Oberfläche hat eine höhere Güte.

Bei der Wahl eines positiven Neigungswinkels λ_s wird der entstehende Span von der Werkstückoberfläche weggelenkt und beschädigt sie dadurch nicht (Bild 1).

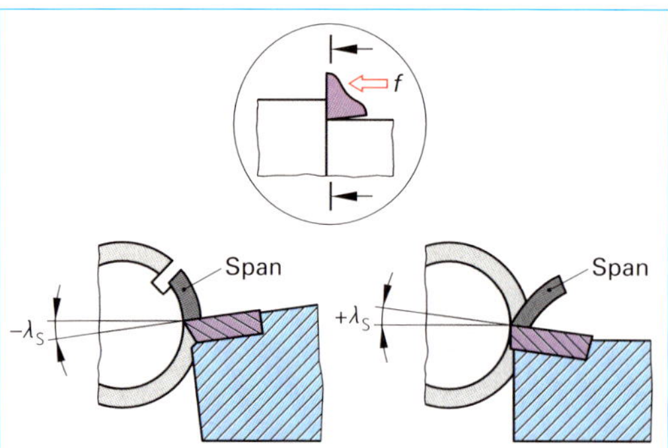

1 Neigungswinkel und Spanablenkung

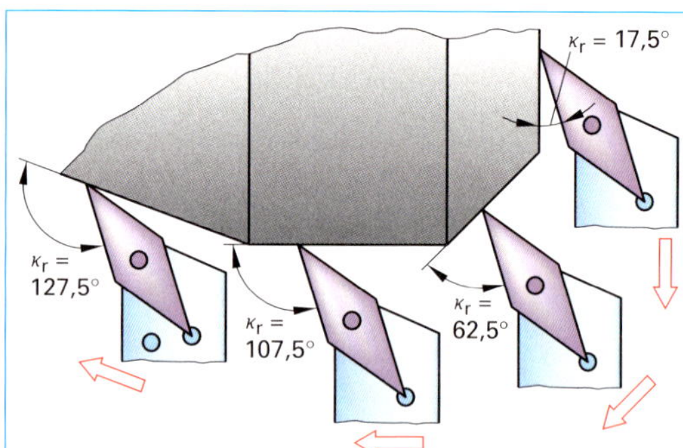

4 Einstellwinkel beim Konturdrehen

Die Spantiefe beim Schlichten wird durch das beim Schruppen belassene Aufmaß bestimmt. Beim Konturdrehen verändern sich ständig der Einstellwinkel und damit Spanungsdicke und Spanungsbreite (Bild 4). Bei der Festlegung von Aufmaß und Vorschub muss darauf geachtet werden, dass Spanungsbreite und Spanungsdicke immer so groß sind, dass eine einwandfreie Spanbildung möglich ist.

Die beim Drehen entstehenden Gestaltabweichungen der Werkstückoberfläche haben unterschiedlichste Ursachen. Genaue Kenntnisse über Möglichkeiten, die Ursachen in ihren Wirkungen zu beeinflussen, sind für ein effektives Erzeugen der erforderlichen Qualität notwendig (Tabelle 1).

Tabelle 1: Gestaltabweichungen, Ursachen und Abhilfe

Ursachen	Auswirkungen auf die Gestaltabweichung	Abhilfe
Führungsfehler **Durchbiegung**	Formabweichung 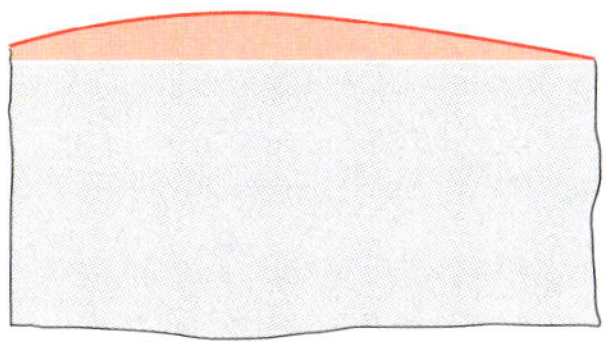 Unebenheit, Unrundheit	Reduzierung der Schnittkraft durch: • Vergrößern des Spanwinkels • Verkleinern der Schnitttiefe • Verkleinern des Vorschubes • Verwenden von scharfkantigen Wendeplatten mit speziellen Spanleitstufen Reduzierung der Passivkraft durch Vergrößern des Einstellwinkels
Schwingungen	Welligkeit 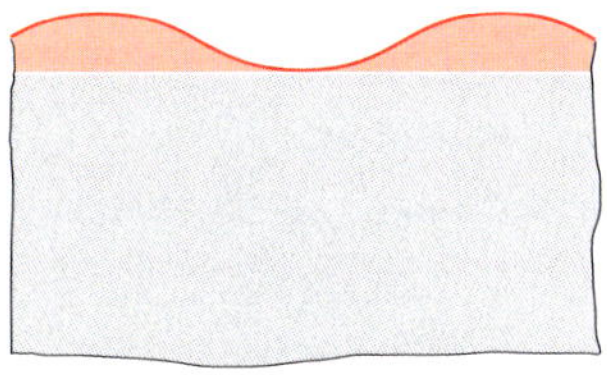 Wellen	Verbessern der Bearbeitungs-stabilität durch: • Vergrößern des Spanwinkels • Verwenden scharfkantiger Wendeplatten • Vergrößern des Einstellwinkels • Verkleinern des Eckenradius
Vorschub **Eckenradius**	Rauheit 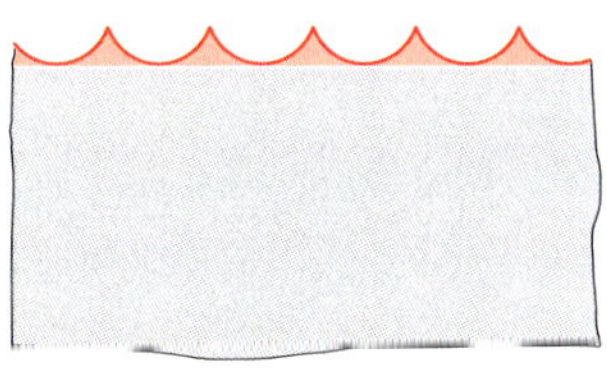 Rillen	Verringern des Vorschubs Vergrößern des Eckenradius
Spanbildung **Aufbauschneiden** **Verschleißfortschritt**	Rauheit  Riefen, Schuppen	Verbesserung der Spanbildung durch: • Vergrößern des Spanwinkels • Verwenden eines positiven Neigungswinkles Einsetzen eines Kühlschmierstoffs Erhöhen der Schnittgeschwindigkeit Verkleinern des Verschleißkriteriums

Beispiel:

Auf der Fertigungszeichnung ist ein Mittenrauwert *Ra* von 3,2 μm vorgegeben. Aus Tabelle 1 S. 86 ergibt sich eine theoretische Rautiefe R_{th} von 15 μm. Diese Oberflächengüte kann z.B. mit einem Eckenradius von 0,4 mm bei einem Vorschub von 0,22 mm erreicht werden (Bild 2, S. 85).

2.2.1.2 Schnittkraft und Schnittleistung

Dem Ziel, beim Schruppen mit maximalem Zeitspanungsvolumen zu fertigen, steht bei Verwendung modernster Werkzeuge immer öfter die an der Maschine verfügbare Schnittleistung P_c gegenüber. Die von den Herstellern der Werkzeuge und Wendeschneidplatten vorgegebenen Richtwerte für die Spanungsbedingungen sind besonders beim Schruppen auf kleineren Maschinen meist nicht realisierbar und müssen zielgerichtet korrigiert werden. Die benötigte Schnittleistung berechnet sich aus der eingestellten Schnittgeschwindigkeit und der benötigten Schnittkraft. Die Größe der Schnittkraft soll grundsätzlich möglichst gering gehalten werden weil dadurch

- die benötigte Schnittleistung kleiner wird,
- die mechanische Belastung des Werkstücks und der Werkzeugmaschine begrenzt wird und
- sich dadurch die Genauigkeit der Bearbeitung und die dabei erreichbare Oberflächengüte erhöht.

Schnittleistung

$$P_c = F_c \cdot v_c$$

P_c Schnittleistung
F_c Schnittkraft
v_c Schnittgeschwindigkeit

Die Veränderung von Spanungsbedingungen beeinflusst den Schnittkraftbedarf unterschiedlich stark. Gleichzeitig ändert sich das Verschleißverhalten des Werkzeuges. Genaue Kenntnisse über Möglichkeiten der Einflussnahme und deren oft gegenläufige Nebenwirkungen auf den Verschleißfortschritt erlauben es, zielgerichtet Spanungsbedingungen festzulegen und zu verändern (Tabelle1).

Tabelle 1: Spanungsbedingungen und Schnittkraft

Bedingung	Art der Veränderung	Auswirkungen auf die Schnittkraft	Auswirkungen auf den Verschleiß
Schnitttiefe	Halbieren der Schnitttiefe $a_{p2} = a_{p1}/2$	Halbierung der Schnittkraft $F_{c2} = F_{c1}/2$	Geringere Verzögerung des Verschleißfortschritts
Vorschub	Halbieren des Vorschubs $f_2 = f_1/2$	Reduzierung der Schnittkraft je nach Werkstoff $F_{c2} = 0{,}8 \ldots 0{,}4 \cdot F_{c1}$	Mittlere Verzögerung des Verschleißfortschritts
Werkstoff	Auswahl von weniger verschleißfesten und weicheren Werkstoffen	Reduzierung der Schnittkraft $F_{c2} < F_{c1}$	Verzögerung der Verschleißfortschritts
Spanwinkel	Vergrößern des Spanwinkels um 1° $\gamma_{01} = 6°$ $\gamma_{02} = 7°$	Reduzierung der Schnittkraft um ca. 1,5% $F_{c2} = 0{,}985 \cdot F_{c1}$	Beschleunigung des Verschleißfortschritts mit zunehmender Vergrößerung des Spanwinkels
Einstellwinkel	Verringern des Einstellwinkels $\kappa_{r2} < \kappa_{r1}$	Erhöhung der Schnittkraft $F_{c2} > F_{c1}$	Verzögerung des Verschleißfortschritts
Schneidkante	Verwenden von verrundeten bzw. gefasten Schneidkanten	Erhöhung der Schnittkraft um 5 – 10% $F_{c2} = 1{,}05 \ldots 1{,}1 \cdot F_{c1}$	Verzögerung des Verschleißfortschritts
Schneidstoff	Verwenden von beschichteten Hartmetallen mit polierten Oberflächen	Reduzierung der Schnittkraft $F_{c2} < F_{c1}$	Verzögerung des Verschleißfortschritts

Festlegen der Spanungsbedingungen

Unter Beachtung der Zielstellungen

- maximales Zeitspanungsvolumen,
- kostengünstige Standzeit und
- realisierbare Schnittleistung

werden die Werte für eine Schruppbearbeitung ausgewählt und dann rechnerisch überprüft.

Festlegen der Spanungsbedingungen

1. Auswahl der Schnitttiefe
2. Zuordnen des Vorschubes
3. Bestimmen der Schnittgeschwindigkeit
4. Prüfen der verfügbaren Schnittleistung

Wegen des relativ geringen Einflusses auf den Verschleißfortschritt bzw. Schnittkraftbedarf werden zunächst für das gewählte Werkzeug eine maximale Schnitttiefe und ein entsprechend großer Vorschub festgelegt. Unter Berücksichtigung der gewünschten Standzeit wird dann eine Schnittgeschwindigkeit gewählt. Mit Hilfe der gültigen Berechnungsvorschriften wird geprüft, ob die Antriebsleistung P_a der Werkzeugmaschine ausreicht.

Die verfügbare Schnittleistung $P_{c\,ver}$ wird über den Wirkungsgrad aus der Antriebsleistung des Hauptmotors der Werkzeugmaschine berechnet. Der Wirkungsgrad beträgt bei modernen Werkzeugmaschinen 0,8 bis 0,95. Die für die Zerspanung benötigte Schnittleistung $P_{c\,erf}$ wird durch die Schnittkraft und die Schnittgeschwindigkeit bestimmt. Die Größe der Schnittkraft berechnet sich aus dem Produkt von Schnitttiefe, Vorschub und spezifischer Schnittkraft k_c.

Die **spezifische Schnittkraft** ist eine Werkstoffkenngröße, welche die Kraft angibt, die zum Zerspanen des konkreten Spanungsquerschnitts notwendig ist. Sie ist beim Drehen hauptsächlich vom Werkstoff, von der Spanungsdicke, vom Schneidstoff und vom Spanwinkel abhängig. Die Spanungsdicke berechnet sich aus dem Einstellwinkel und dem Vorschub. Bei einem Einstellwinkel von ca. 90° ist die Annahme Spanungsdicke = Vorschub hinreichend genau.

Berechnung der spezifischen Schnittkraft

$$k_c = \frac{k_{c1.1}}{h^{m_c}} \cdot C$$

k_c Spezifische Schnittkraft
$k_{c1.1}$ Hauptwert der spezifischen Schnittkraft
m_c Werkstoffkonstante
h Spanungsdicke
C Korrekturfaktor

Für viele Werkstoffe und übliche Spanungsdicken wurden für konkrete Schneidstoffe und Spanwinkel die Werte der spezifischen Schnittkraft durch Versuche ermittelt und in Tabellen zusammengestellt. (Tabelle 1). Werden andere Bedingungen benötigt, muss die spezifische Schnittkraft über ihren Hauptwert, die konkrete Spanungsdicke und andere Faktoren berechnet werden. Der Hauptwert der spezifischen Schnittkraft $k_{c\,1.1}$ gibt die Kraft an, die zur Zerspanung des konkreten Werkstoffs bei einem Spanungsquerschnitt von 1 mm x 1 mm notwendig ist.

Tabelle 1: Richtwerte für die spezifische Schnittkraft (Auszug)

Werkstoff	$k_{c1.1}$ in N/mm²	m_c	γ_0	k_c in N/mm² bei h in mm						
				0,10	0,16	0,20	0,31	0,50	0,80	1,0
E295	1500	0,30	6°	2995	2600	2430	2130	1845	1605	1500
C45	1450	0,27	6°	2700	2380	2240	1990	1750	1540	1450
C60	1690	0,22	6°	2805	2530	2410	2185	1970	1775	1690
9SMn28	1310	0,18	6°	1985	1820	1750	1615	1485	1365	1310
X210Cr12	1720	0,26	6°	3130	2770	2615	2330	2060	1825	1720
EN-GJL-200	825	0,33	2°	1765	1510	1405	1215	1035	890	825

Berechnungsbeispiel

Aufgabe: Das Werkstück aus C60 wird mit einer Schnittgeschwindigkeit von 240 m/min überdreht. Die Schnitttiefe wurde mit 4 mm, der Vorschub auf 0,5 mm festgelegt. Es soll ein Hartmetallwerkzeug mit einem Spanwinkel von 6° verwendet werden. Der Einstellwinkel der Werkzeuges beträgt 95°. Die Antriebsleistung des Hauptmotors der Maschine liegt bei 20 kW. Der Wirkungsgrad der Drehmaschine wird mit 0,82 angegeben. Ist die verfügbare Schnittleistung für die vorgesehene Bearbeitung ausreichend?

gegeben: Werkstoff C60, Schneidstoff HC

Schnittgeschwindigkeit	v_c	=	240 m/min
Schnitttiefe	a_p	=	4 mm
Vorschub	f	=	0,5 mm
Spanwinkel	γ_0	=	6°
Einstellwinkel	κ_r	=	95°
Antriebsleistung	P_a	=	20 kW
Wirkungsgrad	η	=	0,82

gesucht:

verfügbare Schnittleistung	$P_{c\,ver}$	in kW
Spanungsdicke	h	in mm
spezifische Schnittkraft	k_c	in N/mm²
Schnittkraft	F_c	in N
erforderliche Schnittleistung	$P_{c\,erf}$	in kW

Lösung: **verfügbare Schnittleistung**

$P_{c\,ver} = P_a \cdot \eta$

$P_{c\,ver} = 20\ \text{kW} \cdot 0{,}82$

$P_{c\,ver} = \underline{\mathbf{16{,}4\ kW}}$

Spanungsdicke

$h = f \cdot \sin \kappa_r$

$h = 0{,}5\ \text{mm} \cdot \sin 95°$

$h = 0{,}498\ \text{mm} \approx \underline{\mathbf{0{,}5\ mm}}$

spezifische Schnittkraft

k_c lt. Tabellenbuch **1970 N/mm²**

Schnittkraft

$F_c = a_p \cdot f \cdot k_c$

$F_c = 4\ \text{mm} \cdot 0{,}5\ \text{mm} \cdot 1970\ \text{N/mm}^2$

$F_c = \underline{\mathbf{3940\ N}}$

erforderliche Schnittleistung

$P_{c\,erf} = F_c \cdot v_c$

$$P_{c\,erf} = \frac{3940\ \text{N} \cdot 240\ \text{m/min}}{60\ \text{s/min}}$$

$P_{c\,erf} = 15760\ \text{Nm/s} = \underline{\mathbf{15{,}8\ kW}}$

Die verfügbare Schnittleistung (P_{ver} = 16,4 kW) ist größer als die erforderliche Schnittleistung (P_{erf} = 15,8 kW). Die Bearbeitung ist unter den festgelegten Bedingungen durchführbar.

Aufgaben:

1 **Wovon ist beim Schlichten die erreichbare Oberflächengüte abhängig?**

2 **Welcher Zusammenhang besteht zwischen Vorschub, Eckenradius und erreichbarer Oberflächengüte?**

3 **Durch welche Maßnahmen lassen sich bei der Bearbeitung auftretende Schwingungen verringern?**

4 **Bestimmen Sie den maximal möglichen Spanungsquerschnitt, wenn unter den Bedingungen der Beispielaufgabe ein Werkstück aus X210Cr12 mit v_c = 180 m/min bearbeitet werden soll. Legen Sie dementsprechend Vorschub und Schnitttiefe fest.**

2.2.1.3 Bedeutung der Vorschubrichtung

Das sachgerechte Lösen konkreter Fertigungsaufgaben erfordert unterschiedliche Vorschubrichtungen (Bild 1). Die Vorschubrichtung ist ein weiteres Merkmal zur grundsätzlichen Einteilung der Drehverfahren. Beim Drehen mit numerisch gesteuerten Werkzeugmaschinen werden oft Arbeitsschritte ausgeführt, bei denen die Vorschubrichtung sich während des Arbeitsschrittes durch Überlagerung der Längs- und Querbewegung der Achsschlitten mehrfach ändert. Deshalb ist eine Erweiterung der üblichen Einteilung sinnvoll (Tabelle 1, S. 91).

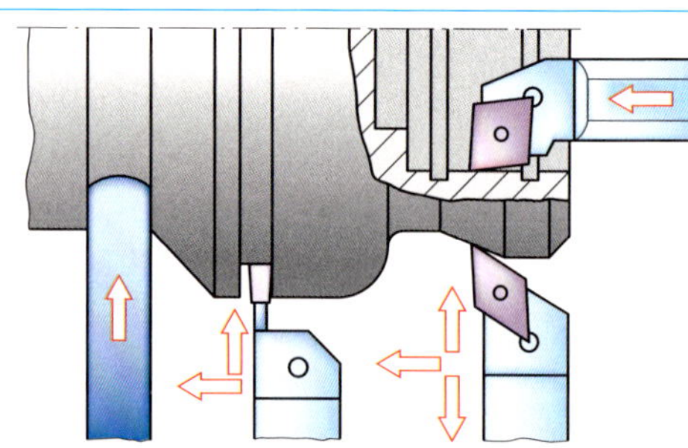

1 Vorschubrichtungen beim Drehen

Tabelle 1: Einteilung der Drehverfahren nach der Vorschubrichtung		
Längsdrehen	**Drehen mit beliebiger und veränderlicher Vorschubrichtung**	**Querdrehen**
	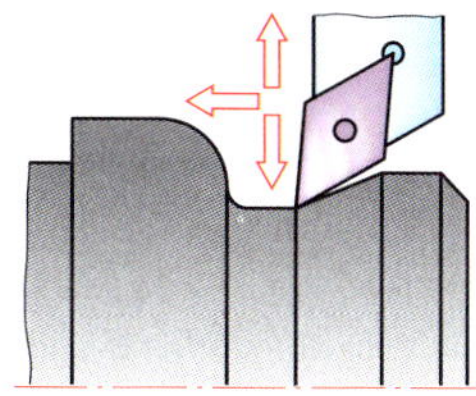	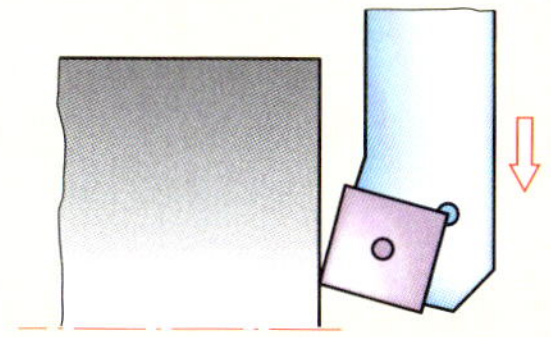
Das Werkzeug bewegt sich parallel (längs) zur Werkstückachse.	Das Werkzeug bewegt sich in einer beliebigen sich z.T. ständig ändernden Richtung zur Werkstückachse.	Das Werkzeug bewegt sich rechtwinklig (quer) zur Werkstückachse.

Entscheidend für die während der Bearbeitung realisierbaren Vorschubrichtungen und Einstellwinkel ist die Form des Drehmeißels. Bei wendeplattenbestückten Drehwerkzeugen ist neben dem Klemmhalter (Vgl. S. 98) auch die Form der Wendeschneidplatte dafür ausschlaggebend.

Auswahl der Wendeschneidplatte

Die Wendeschneidplatte muss entsprechend der zu lösenden Fertigungsaufgabe ausgewählt werden. Neben den Vorschubrichtungen während des Arbeitsganges haben besonderen Einfluss auf die Auswahl

- der Werkstoff des Werkstücks,
- die Größe des Spanungsquerschnitts und
- die Ausführung des Klemmhalters (Bild 1).

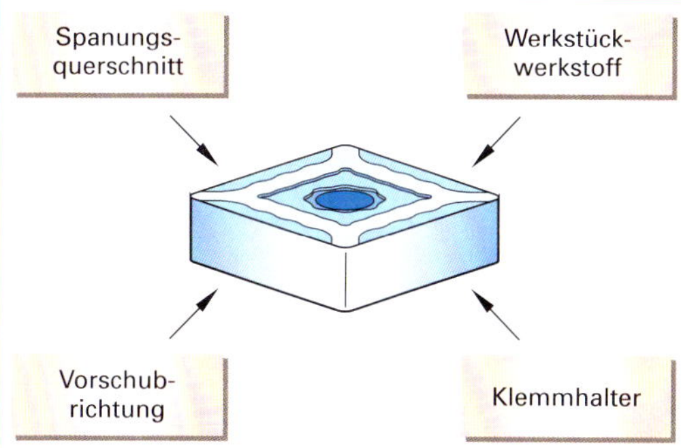

1 Auswahl der Wendeschneidplatte

Fertigungsaufgaben erfordern abhängig vom eingesetzten Werkzeug bestimmte Vorschubrichtungen. Die Werkzeugschneide muss so gestaltet und ausgerichtet sein, dass die sachgerechte Ausführung der notwendigen Vorschubbewegungen möglich ist. Besonders das Einhalten der festgelegten Größe des Einstellwinkels und eines Mindestwinkels zwischen Nebenschneide und Werkstückkontur ist bei der Auswahl der Wendeschneidplattenform und der Zuordnung des Halters zu beachten (Bild 2).

Je nach Werkstückwerkstoff müssen Schneidstoff und Schneidengeometrie, die Ausführung von Spanfläche bzw. Schneidkante der Wendeschneidplatte festgelegt werden.

Die äußeren Abmaße der Wendeschneidplatte, der Eckenradius, die Ausführung der Schneidkante und die Toleranzklasse werden entsprechend dem technologischen Zweck des Arbeitsganges gewählt.

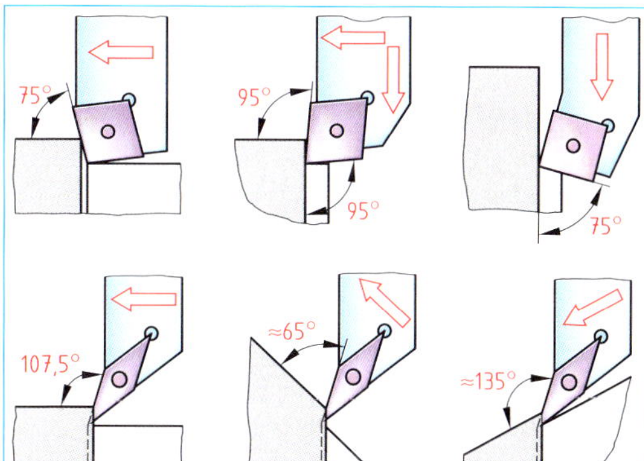

2 Einstellwinkel und Vorschubrichtungen

Zur Sicherung der erforderlichen Schneidkantenstabilität wird für jede Form von Wendeschneidplatten die maximal nutzbare Schneidkantenlänge angegeben (Bild 1). Die Größe der Wendeschneidplatte wird unter Berücksichtigung von Schnitttiefe und Einstellwinkel dementsprechend festgelegt. Beim Drehen gegen eine Schulter kann die Schnitttiefe sich erheblich vergrößern. Dem muss durch Wahl einer größeren Wendeschneidplatte Rechnung getragen werden.

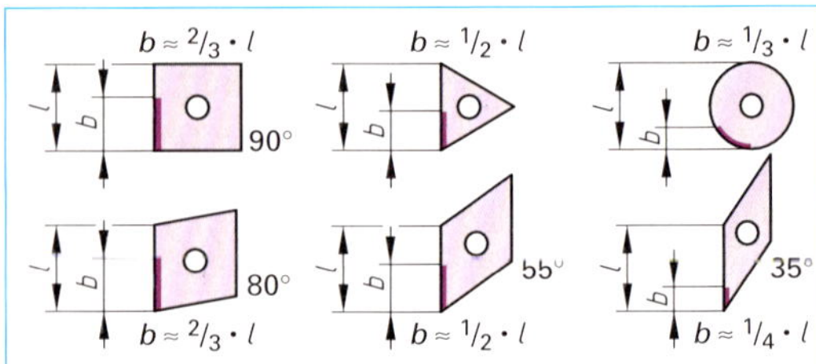

1 Nutzbare Schneidkantenlänge

Die Ausführung von Klemmhalter und Wendeschneidplatte steht im engen Zusammenhang und bedingt einander. Die Form, der Typ und die Größe der Wendeschneidplatte müssen der am Klemmhalter vorgesehenen Aufnahme entsprechen. Die Bezeichnung und Ausführung von Wendeschneidplatten ist genormt (Tabelle 1). Der Bezeichnungsschlüssel ist eine Kombination aus Buchstaben und Ziffern, die die entsprechenden Merkmale der Wendeschneidplatte charakterisieren. Exakte Kenntnisse über die verwendeten Bezeichnungen ermöglichen eine effektive und fehlerfreie Auswahl der benötigten Wendeschneidplatten.

Tabelle 1: Bezeichnungsbeispiel für Wendeschneidplatten nach DIN 4987

1 Plattenform	2 Freiwinkel	3 Toleranzklasse	4 Plattentyp
D 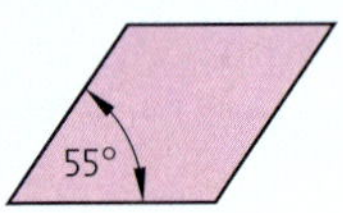	C 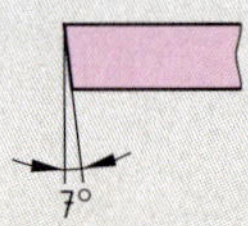	G 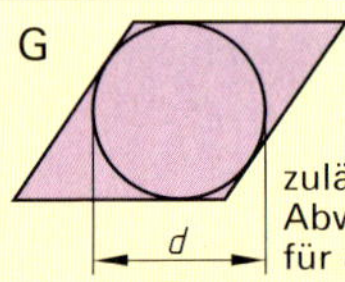 zulässige Abweichung für d ±0,025	T 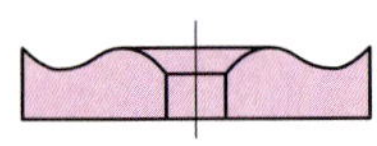
DCGT 11 03 04 F			
5 Plattengröße	**6 Plattendicke**	**7 Eckenradius**	**8 Schneidkante**
11 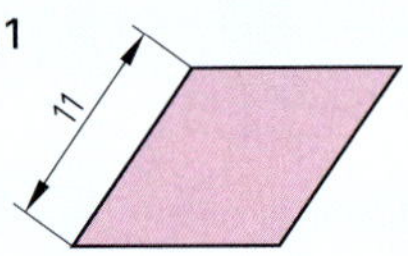	03 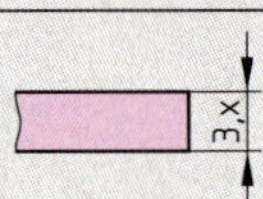 Angabe ohne Dezimalstelle	04 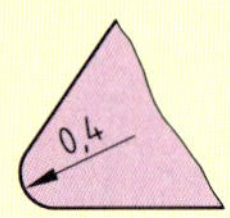	F scharfe Schneidekante 

Beispiel

Für das Vor- und Fertigdrehen der komplexen Außenkontur mit den R1,5/R8 und das Fertigdrehen des ∅42H7 werden Wendeschneidplatten mit einem Eckenwinkel von 55° eingesetzt. Zur Vorbearbeitung des ∅ 42H7 kann eine Wendeschneidplatte mit einem Eckenwinkel von 80° eingesetzt werden. Die Form R8 am ∅44 wird in diesem Fall mithilfe eines Profildrehmeißels aus HSS hergestellt (Vgl. S. 111).

Im Beispiel besteht das Werkstück aus dem Vergütungsstahl C60. Zum Schlichten werden Wendeschneidplatten mit leicht positiver Schneidengeometrie, Spanleitstufe und möglichst scharfer Schneidkante gewählt. Als Schneidstoff dient z. B. eine beschichtete Hartmetallsorte der Zerspanungs-Hauptgruppe P (Vgl. S. 95).

Die zur Fertigbearbeitung eingesetzten Wendeschneidplatten haben einen Eckenradius von 0,4 mm (Vgl. S. 87). Zum Schruppen kann ein Eckenradius von 0,8 mm gewählt werden. Als Toleranzklasse wird wegen den hohen Genauigkeitsanforderungen G festgelegt. Für das Schruppen genügt Klasse M. Die Mindestplattengröße ist abhängig von der während der Bearbeitung maximal auftretenden Spannungsbreite. Darüber hinaus sollten die zur Verfügung stehenden Klemmhalter ausschlaggebend für die verwendeten Plattengrößen sein. Die Platten sind entsprechend des verwendeten Spannsystems am Klemmhalter bei der Außenbearbeitung und beim Vordrehen innen vom Typ M und bei der Fertigbearbeitung innen vom Typ T (Vgl S. 99).

2.2.1.4 Schneidstoffe für die Drehbearbeitung

Die Drehwerkzeuge sind während des Spanens entsprechend der konkreten Bearbeitungsbedingungen mehr oder weniger hohen mechanischen und thermischen Belastungen ausgesetzt. Verschiedene Verschleißformen sind das Ergebnis dieser Beanspruchungen (Vgl. S. 81 f.).

Je nach Fertigungsaufgabe werden bestimmte Anforderungen an den Schneidstoff gestellt. Sie werden in der Praxis durch die Eigenschaften **Verschleißfestigkeit** und **Zähigkeit** zusammenfassend charakterisiert (Bild 1).

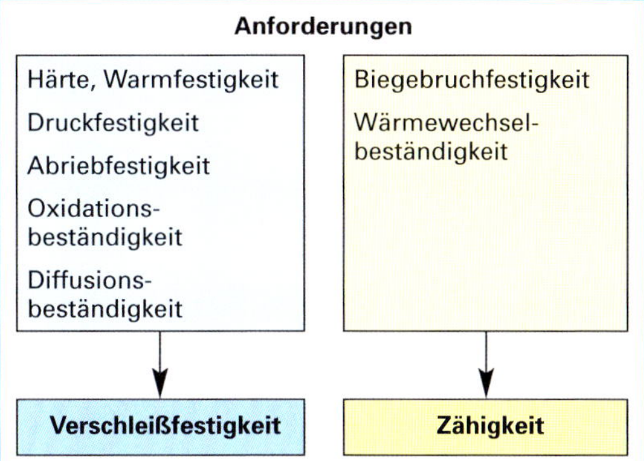

1 Anforderungen an die Schneidstoffe

Wird bei einer Bearbeitung eine hohe Schnittgeschwindigkeit verwendet, ist die Verschleißfestigkeit des Schneidstoffs wichtig. Wird ein unterbrochener Schnitt ausgeführt, ist die Zähigkeit des Schneidstoffs entscheidend. Die Auswahl des konkreten Schneidstoffs ist oft problematisch, da Zähigkeit und Verschleißfestigkeit bei den meisten Schneidstoffen gegenläufige Tendenzen aufweisen (Bild 2).

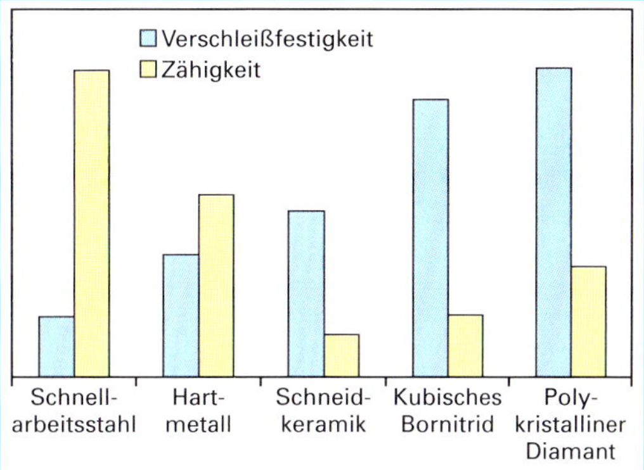

2 Eigenschaften von wichtigen Schneidstoffen

Das Streben nach immer kürzeren Bearbeitungszeiten führt zu einer ständigen Weiterentwicklung der Schneidstoffe. Die erreichbare Schnittgeschwindigkeit ist dabei das wesentliche Innovationskriterium.

Schnellarbeitsstahl (S)

Schnellarbeitsstähle sind hochlegierte Werkzeugstähle mit einem Legierungsgehalt bis ca. 35%. Die Legierungsbestandteile sind Wolfram, Molybdän, Vanadium und Kobalt, die im Grundgefüge z.T. Karbide bilden. Je nach der Zusammensetzung werden sie für die Bearbeitung von Stahl bei mittleren und hohen dynamischen Beanspruchungen eingesetzt (Tabelle1).

Tabelle 1: Einsatzbeispiele für Schnellarbeitsstahl (Auswahl)

Kurzbezeichnung	Bearbeiten von Stahlwerkstoffen	
W-Mo-V-Co	Schruppen	Schlichten
HS18-1-2-10	sehr gut geeignet	nicht geeignet
HS10-4-3-10	sehr gut geeignet	sehr gut geeignet
HS12-1-4-5	wenig geeignet	sehr gut geeignet

Vor allem wegen der hohen Zähigkeit und dem relativ geringen Aufwand bei der Herstellung von kompliziert geformten Profildrehmeißeln haben sich Schnellarbeitsstähle in der Praxis behauptet. Die Weiterentwicklung der Schnellarbeitsstähle hat ihren Einsatzbereich erweitert. Neben den konventionell erschmolzenen Schnellarbeitsstählen gibt es auch pulvermetallurgisch hergestellte und beschichtete (Tabelle 1, S. 94).

Tabelle 1: Arten von Schnellarbeitsstahl			
	erschmolzene Schnellarbeitsstähle	**pulvermetallurgisch hergestellte Schnellarbeitsstähle**	**beschichtete Schnellarbeitsstähle (S-C)**
Gefüge	mit örtlichen Unterschieden in Zusammensetzung und Struktur	gleichmäßig	gleichmäßig mit wenige µm dünner Hartstoffschicht
Produkt	Drehstahlrohlinge	Wendeschneidplatten	Wendeschneidplatten
Anwendungsgrenzen bei Stahlwerkstoffen mit mittlerer Festigkeit	v_c bis 40 m/min	v_c bis 60 m/min	v_c bis 80 m/min

Der Einsatz der beschichteten Schnellarbeitsstähle schließt hinsichtlich der realisierbaren Schnittgeschwindigkeit die Lücke zwischen dem unbeschichteten Schnellarbeitsstahl und dem Hartmetall. Die Eigenschaften von Schnellarbeitsstählen ermöglichen die Lösung spezieller Fertigungsaufgaben beim Spanen von Stahlwerkstoffen (Tabelle 2).

Tabelle 2: Anwendung von Schnellarbeitsstahl	
Anforderungen	**Anwendung**
hohe Biegebruchfestigkeit	labile Bearbeitungsverhältnisse
verfahrensbedingt geringe Schnittgeschwindigkeiten	Plandrehen, Abstechen
hohe Zähigkeit	Unterbrochener Schnitt, wechselnde Schnitttiefen
große Spanwinkel, kleine Keilwinkel	Bearbeiten weicher Werkstoffe mit hoher Bruchdehnung
einfach herstellbare Werkzeuge mit komplizierten Geometrien	Profildrehen
Schnittgeschwindigkeit für andere Schneidstoffe nicht erreichbar	Werkstücke mit kleinen Durchmessern

Unbeschichtetes Hartmetall (HM)

Pulvermetallurgisch hergestellte Hartmetalle sind als Wendeschneidplatten der führende Schneidstoff für die allgemeine Drehbearbeitung. Sie bestehen aus Hartstoffen und Bindestoff. Als Hartstoffe werden Wolframkarbid, Titankarbid und Tantalkarbid verwendet. Als Bindestoff wird Kobalt eingesetzt. Die Anteile der Legierungselemente bestimmen die Eigenschaften des Hartmetalls (Tabelle 3).

Tabelle 3: Einfluss der Legierungselemente auf die Haupteigenschaften der HM				
	zunehmender Gehalt von			
	Wolframkarbid	Titankarbid	Tantalkarbid	Kobalt
Verschleißfestigkeit	nimmt zu	nimmt zu	nimmt zu	nimmt ab
Zähigkeit	nimmt ab	nimmt ab	nimmt zu	nimmt zu

Die Hartmetalle für die spanende Bearbeitung sind in ihrer Bezeichnung genormt. Um dem Anwender Richtlinien zum Einsatz von Hartmetallen zu geben, sind den Hartmetallsorten der Zerspanungs-Hauptgruppen P, M und K konkrete Werkstoffgruppen, Verfahren und Spanungsbedingungen zugeordnet. Für das Fertigungsverfahren Drehen kommen je nach Werkstückwerkstoff alle Hartmetallsorten zum Einsatz (Tabelle 1, S. 95).

Tabelle 1: Zerspanungs-Hauptgruppen und Zerspanungs-Anwendungsgruppen (Drehen)

Hauptgruppe	Kurzzeichen	Anwendungsgruppe: Eigenschaften des Hartmetalls	Anwendungsgruppe: Werkstoffe (Auswahl)	Spanungsbedingungen
P	P01	↑ Verschleißfestigkeit nimmt zu; ↓ Zähigkeit nimmt zu	Stahl, Stahlguss	↑ höhere Schnittgeschwindigkeit; ↓ größerer Vorschub
	P10		Stahl, Stahlguss, langspanender Temperguss	
	P20		Stahl, Stahlguss, langspanender Temperguss	
	P30		Stahl, Stahlguss mit Lunkern	
	P40		Stahl, Stahlguss mit geringer Festigkeit	
M	M10	↑ Verschleißfestigkeit nimmt zu; ↓ Zähigkeit nimmt zu	Stahl, Stahlguss, Gusseisen, Manganhartstahl	↑ höhere Schnittgeschwindigkeit; ↓ größerer Vorschub
	M20		Stahl, Stahlguss, Gusseisen, austenitischer Stahl	
	M30		Stahl, Gusseisen, warmfeste Legierungen	
	M40		Stahl mit geringer Festigkeit, Automatenstahl, NE-Metalle	
K	K01	↑ Verschleißfestigkeit nimmt zu; ↓ Zähigkeit nimmt zu	gehärteter Stahl, hartes Gusseisen, Al-Legierungen mit hohem Si-Gehalt, Duroplaste, Keramik	↑ höhere Schnittgeschwindigkeit; ↓ größerer Vorschub
	K10		gehärteter Stahl, Keramik, Gestein, Gusseisen mit HB > = 220	
	K20		Gusseisen mit HB < = 220, NE-Metalle	
	K30		Stahl und Gusseisen geringer Härte	
	K40		Ne-Metalle, Holz	

Eine besondere Form der unbeschichteten Hartmetalle ist **Cermet**. Als Hartstoff wird an Stelle des Wolframkarbid Titankarbid und Titannitrid verwendet. Cermet ist verschleißfester als unbeschichtetes Hartmetall, gleichzeitig kantenfester als Schneidkeramik. Mit diesem Schneidstoff können hohe Schnittgeschwindigkeiten bei kleiner Schnitttiefe und geringem Vorschub realisiert werden.

Beschichtetes Hartmetall (HC)

Beschichtete Hartmetalle besitzen eine meist mehrlagige Hartstoffschicht aus Titankarbid, Tantalkarbid oder Aluminiumoxid, die eine erhöhte Verschleißfestigkeit bietet. Durch Veränderung der Zusammensetzung der Beschichtung kann der Schneidstoff auf konkrete Verschleißursachen angepasst werden. Die Synthese der positiven Eigenschaften der Schichtbestandteile bringt z.B. eine Erhöhung der Verschleißfestigkeit ohne Verringerung der Zähigkeit.
Mit beschichteten Hartmetallen ist es möglich, bei gleichen Schnittwerten höhere Standzeiten oder bei gleicher Standzeit ein größeres Zeitspanungsvolumen zu erreichen. Für Fertigungsaufgaben, bei denen sehr scharfe Schneidkanten benötigt werden bzw. eine extreme Zähigkeit des Schneidstoffs erforderlich ist, sind beschichtete Hartmetalle nicht geeignet.

Schneidkeramik (C)

Drehwerkzeuge aus Schneidkeramik gibt es als pulvermetallurgisch hergestellte Wendeschneidplatten mit meist negativer geometrischer Grundform, ohne Spanleitstufen und meist ohne Mittelbohrung. Sie haben eine größere Dicke als Wendeschneidplatten aus Hartmetall. Die Schneidkante ist meist angefast um die Bruchgefahr zu mindern und auch bei hohen Schnittgeschwindigkeiten den Spanbruch zu ermöglichen (Bild 1).

Die Vorteile der Schneidkeramik liegen in der hohen Härte und Warmfestigkeit sowie der hohen chemischen und thermischen Beständigkeit. Nachteilig sind die geringe Zähigkeit und Temperaturwechselbeständigkeit.

Deshalb ist der grundsätzliche Einsatzbereich von Schneidkeramik das Zerspanen von Gusseisen und gehärtetem Stahl meist ohne die Verwendung von Kühlschmierstoffen. Dabei empfiehlt es sich, das Werkstück über die Schnitttiefe hinaus vorzufasen.

Durch technische Weiterentwicklung gibt es drei Arten von Schneidkeramik mit unterschiedlichen Eigenschaften (Tabelle 1). Durch Beschichtung kann die Verschleißfestigkeit von Schneidkeramik noch weiter erhöht werden.

1 Wendeschneidplatten aus Schneidkeramik

Tabelle 1: Arten von Schneidkeramik

Art	Basisstoff	Eigenschaften
Oxidkeramik (weiß)	Aluminiumoxid	hohe Verschleißfestigkeit
Mischkeramik (schwarz)	Aluminiumoxid, Titankarbid	
Nitridkeramik	Siliziumnitrid	hohe Zähigkeit

Diamant (D)

Diamant ist der härteste aller bekannten Stoffe. Als Schneidstoff gibt es ihn in zwei Formen, mit verschiedenen Eigenschaften und dementsprechenden Anwendungen (Tabelle 2).

Kubisches Bornitrid (KBN)

Kubisches Bornitrid ist ein sehr harter Schneidstoff. Es hat eine höhere Bruchfestigkeit und Härte als Schneidkeramik und eine geringe Affinität zu Eisen.

Drehwerkzeuge aus diesem Schneidstoff sind sehr teuer und werden als massive Wendeschneidplatten oder als mit KBN beschichtete Hartmetall-Wendeschneidplatten ausgeführt. Der Einsatzbereich von Kubischem Bornitrid ist die spanende Bearbeitung von harten Eisenwerkstoffen.

Beispiel:

Zur Vorbearbeitung des Werkstücks aus C60 kann eine Hartmetallsorte P20 verwendet werden. Zum Schlichten bietet sich der Einsatz eines Cermet an. Die Herstellung des R8 am ⌀44 erfolgt durch einen Profildrehmeißel aus erschmolzenem HSS.

Tabelle 2: Diamant, Formen und Anwendung

Monokristalliner Diamant (DM)	Polykristalliner Diamant (DP)
durch spezielles Verfahren auf Grundkörper aufgebrachter Naturdiamant	in Wendeschneidplatten eingesetzter, synthetisch hergestellter Diamant

sehr spröde, gefügeorientierte Eigenschaften	weniger stoßempfindlich
für extreme Schlichtbearbeitung von NE-Metallen, Grauguss, faser- bzw. teilchenverstärkten Kunststoffen, Glas und Keramik	für Schrupp- und Schlichtbearbeitung von NE-Metallen
Wegen hoher Affinität zu Eisen nicht geeignet für spanende Bearbeitung von Eisenmetallen	

2.2.1.5 Lage der Bearbeitungsfläche

Drehverfahren unterscheiden sich auch durch die Lage der bearbeiteten Fläche am Werkstück.
Je nachdem, ob die Bearbeitungsfläche bei einem Drehvorgang innen oder außen am Werkstück liegt, unterscheidet man in Innendrehen und Außendrehen (Bild1).

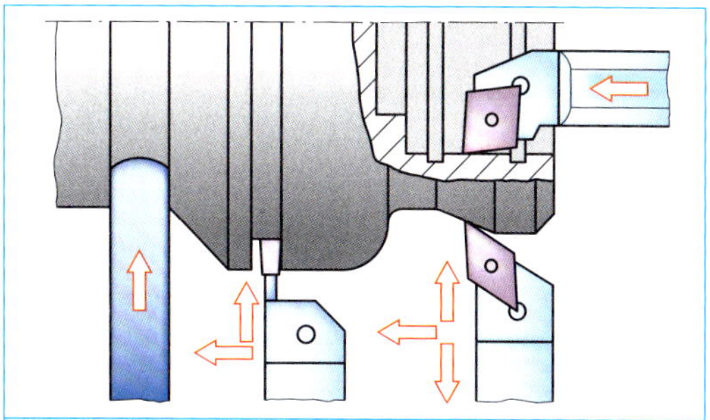

1 **Lage der Bearbeitungsfläche**

Bearbeitungsstabilität

Die Sicherung einer maximalen Bearbeitungsstabilität ist eine grundsätzliche Zielstellung der Fertigungsplanung. Die Stabilität der Bearbeitung ist hauptsächlich abhängig von

- der verwendeten Werkzeugmaschine,
- den Spanungsbedingungen,
- dem herzustellenden Werkstück und der entsprechenden Aufspannung sowie
- dem gewählten Werkzeug (Bild 2).

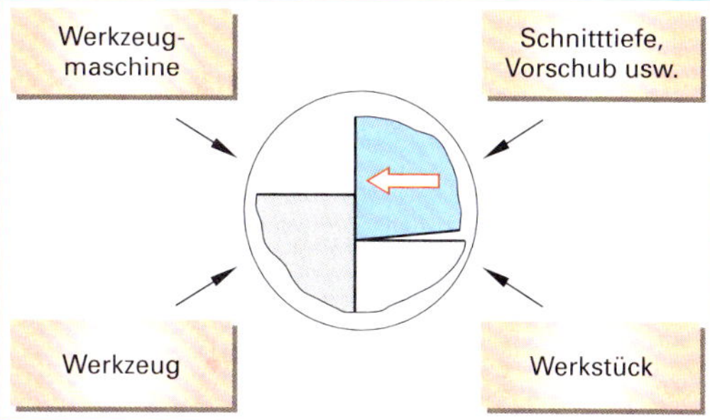

2 **Einflüsse auf die Bearbeitungsstabilität**

Die **Stabilität der Werkzeugmaschine** ist dabei von ihrer Art, Bauform, Baugröße und von ihrem Verschleißzustand abhängig.
Ungünstig gewählte Spanungsbedingungen wie z.B. zu kleine Schnitttiefe, zu geringer Vorschub, kleiner Einstellwinkel und zu großer Eckenradius sowie der Verschleißfortschritt am Werkzeug führen während der Bearbeitung zu Vibrationen, vermindern damit die Bearbeitungsstabilität entscheidend.

Die **Stabilität des Werkstücks** ist von seiner Form, der Lage der Bearbeitungsfläche und der dementsprechend zu wählenden Art der Einspannung abhängig.

Als Kenngröße der Starrheit von Drehteilen gilt das Verhältnis der freien Länge l zum Werkstück durchmesser nach der Spanabnahme d. Nach Art der Einspannung unterscheidet man in Abhängigkeit dieses Verhältnisses in stabile, halbstabile und labile Werkstücke (Bild 3).

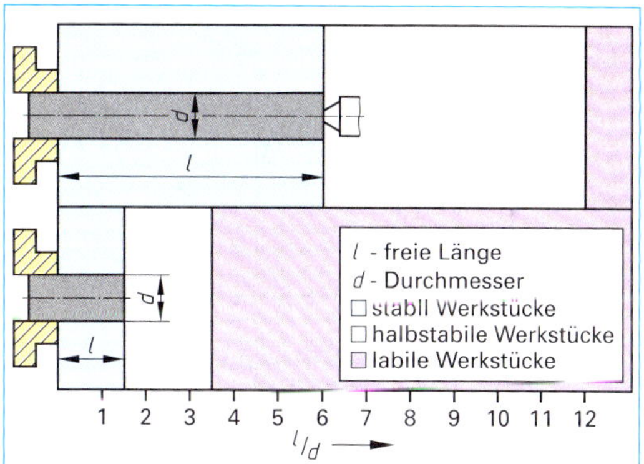

3 **Futterteile und Wellenteile**

Um die Bearbeitungsstabilität bei Wellenteilen zu erhöhen, kann das Werkstück zwischen Spitzen gespannt werden. Dies erfordert das vorherige Herstellen von Zentrierbohrungen (Vgl. S. 109).

Die **Stabilität des Werkzeuges** wird durch

- einen minimalen Überhang,
- einen maximalen Schaftquerschnitt,
- sichere Werkzeugspannung und
- regelmäßige Pflege und Wartung der Klemmhalter sichergestellt (Bild 4).

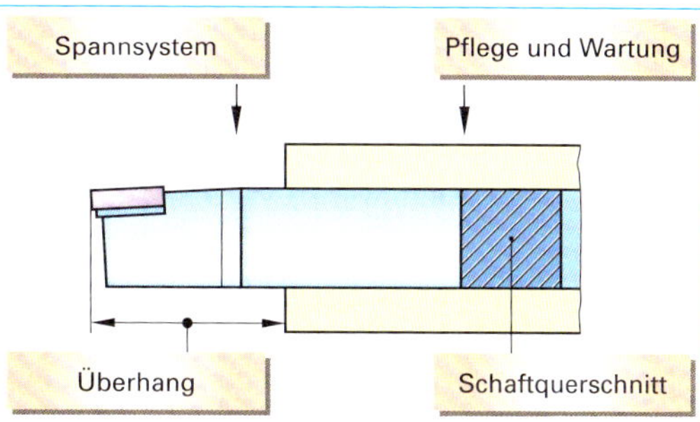

4 **Einflüsse auf die Stabilität des Werkzeugs**

Klemmhalter für Wendeschneidplatten

Die richtige Auswahl des Drehwerkzeugs ist für die Bearbeitungsstabilität von großer Bedeutung. In den meisten Anwendungsfällen werden heute mit Wendeschneidplatten bestückte Klemmhalter als Drehwerkzeuge eingesetzt. Drehwerkzeuge mit aufgelöteten Schneiden und Drehmeißel, die vollständig aus Schneidstoff bestehen, werden nur noch für wenige Fertigungsaufgaben verwendet. Die Befestigung der Wendeschneidplatten erfolgt je nach Spannsystem durch Klemmen oder Verschrauben. Dies hat gegenüber Werkzeugen mit aufgelöteten Schneiden wesentliche Vorteile:

- Genormte Wendeschneidplatten gibt es in einer Vielzahl von Formen, Typen, Ausführungen und Größen aus den unterschiedlichsten Schneidstoffen. Dadurch wird es möglich, das optimale Werkzeug für jede konkrete Fertigungsaufgabe auszuwählen.
- Das Spannsystem ermöglicht einen einfachen und wiederholgenauen Schneidkantenwechsel am eingespannten Werkzeug. Dadurch reduziert sich entscheidend der Aufwand für die Voreinstellung und den Wechsel der Werkzeuge.

Die **Wahl des Klemmhalters** wird beeinflusst von

- der zu lösenden Fertigungsaufgabe,
- der dementsprechend vorausgewählten Wendeschneidplatte,
- dem Werkzeugsystem und
- der Werkzeugmaschine (Bild 1).

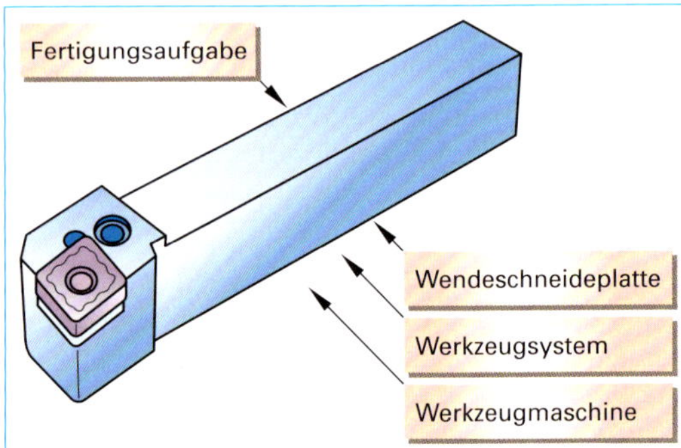

1 Einflüsse auf die Halterwahl

Es gibt heute die unterschiedlichsten technischen Lösungen für Spannsysteme an Klemmhaltern. Für die allgemeine Drehbearbeitung basieren sie im wesentlichen auf vier genormten Grundprinzipien (Tabelle 1). Jedes **Spannsystem** hat konkrete Eigenschaften und Kennwerte.

Dies sind

- die Größe und Richtung der während der Bearbeitung aufnehmbaren Kräfte,
- die eventuelle Behinderung des Spanablaufs,
- die einsetzbaren Formen und Typen von Wendeschneidplatten,
- der Platzbedarf sowie
- die Bedienbarkeit und Bediensicherheit beim Schneidplattenwechsel.

Tabelle 1: Spannsysteme – Eigenschaften und Verwendung

	C	M	P	S
Prinzip	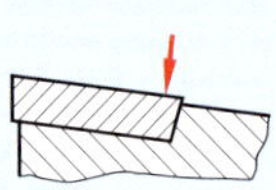 Von oben gespannt	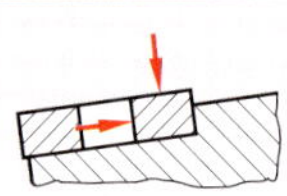 Von oben und über die Bohrung gespannt	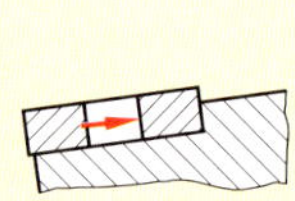 Über die Bohrung gespannt	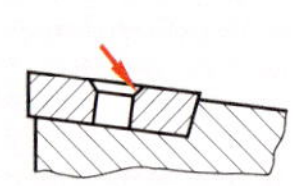 Über die Bohrung geschraubt
wesentliche Eigenschaften	für positive Wendeschneidplatten ohne Mittelbohrung; für geringere Kräfte und nicht wechselnde Kraftrichtung	kombinierte Klemmung; Schneidkanten gut zugänglich; für mittlere Kräfte großer Platzbedarf	einfacher, schneller und sicherer Wechsel der Wendeschneidplatte; keine Behinderung des Spanabflusses	für positive Wendeschneidplatten mit Mittelbohrung; geringer Platzbedarf
Verwendung	für feine bis mittlere Bearbeitung von Werkstoffen mit geringer Festigkeit; nicht für Formdrehen und ziehende Schnitte	für feine bis mittlere Bearbeitung von Werkstoffen mit größerer Festigkeit nicht für Innendrehen	für Schruppbearbeitung außen und innen	für Schlichtbearbeitung innen und außen

Entsprechend den Anforderungen der Fertigungsaufgabe wird der zweckmäßige Halter ausgewählt. Die notwendigen Vorschubrichtungen und die dabei realisierbaren Einstellwinkel bestimmen hauptsächlich die Ausführung und Form des Klemmhalters und die Form der Wendeschneidplatte. Die Form der vorausgewählten Wendeschneidplatte muss der am Halter vorgesehenen Aufnahme entsprechen. Die Abmessungen des Klemmhalters werden entsprechend dem Werkzeugsystem der verwendeten Werkzeugmaschine gewählt. Die Lage der Bearbeitungsfläche und die damit gegebenen geometrischen Bedingungen bestimmen, ob ein Halter für die Außenbearbeitung oder für die Innenbearbeitung eingesetzt wird.

Die Bezeichnung der **Halter für Wendeschneidplatten** zur allgemeinen Drehbearbeitung für innen und außen sind genormt (Tabellen 1 und 2). Sichere Kenntnisse über die normgerechte Bezeichnung ermöglichen eine fehlerfreie Auswahl der benötigten Klemmhalter.

Tabelle 1: Bezeichnungsbeispiel für Klemmhalter zur allgemeinen Außenbearbeitung nach DIN 4983

1 Spannsystem	2 Plattenform	3 Halterform	4 Freiwinkel
M 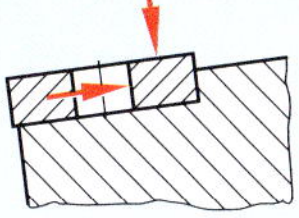	D 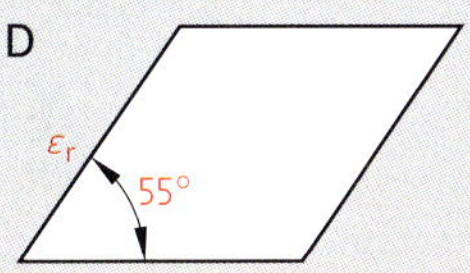	J 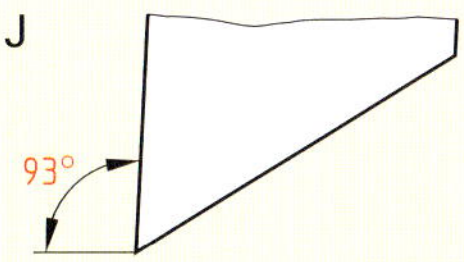	N 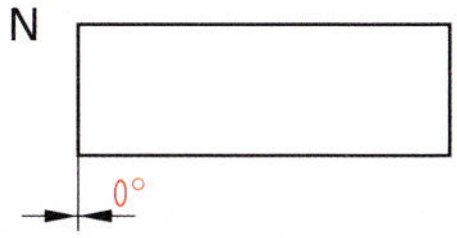
	MDJNL 16 16 H 11		
5 Halterausführung	**6 Schaftquerschnitt**	**7 Werkzeuglänge**	**8 Plattengröße**
L 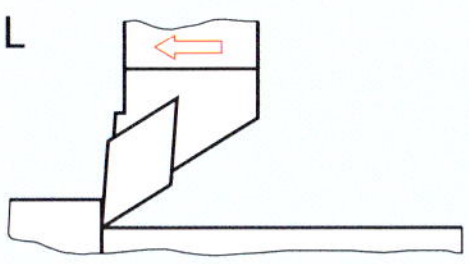	16 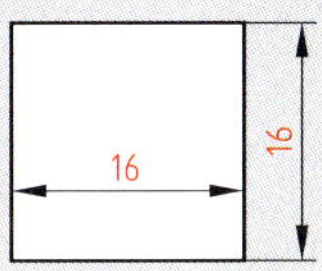	H 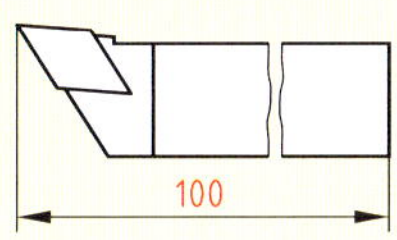	11 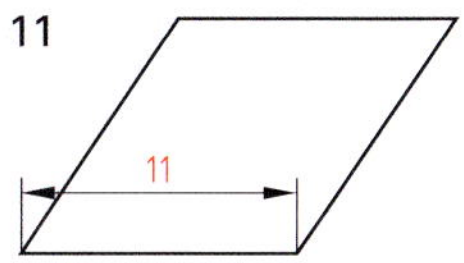

Beispiel:
Zur Vorbearbeitung der Außenkontur wird entsprechend der Wendeschneidplatte (DNMM 11 03 08 F) ein Halter mit einem Einstellwinkel von 93° (J) und dem Spannsystem M verwendet. Die Maße des Halters sind abhängig von der eingesetzten Werkzeugmaschine. Unter dem Aspekt der Bearbeitungsstabilität sollen die Werkzeugbreite und Werkzeughöhe möglichst groß und die Werkzeuglänge möglichst klein gewählt werden. Die Bearbeitung erfolgt hinter Drehmitte. Deshalb muss die linke Ausführung des Halters verwendet werden.

Tabelle 2: Bezeichnungsbeispiel für Klemmhalter zur Innenbearbeitung

1 Bohrstangentyp und Durchmesser	2 Werkzeuglänge	3 Spannsystem	4 Plattenform
S 20 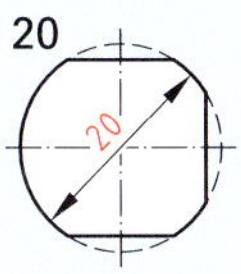 Einteilige Stahlbohrstange	R 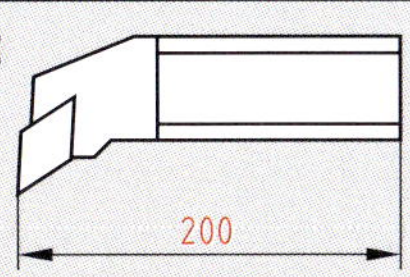	S 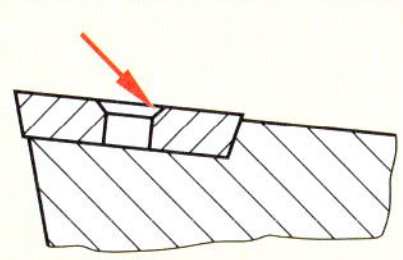	D 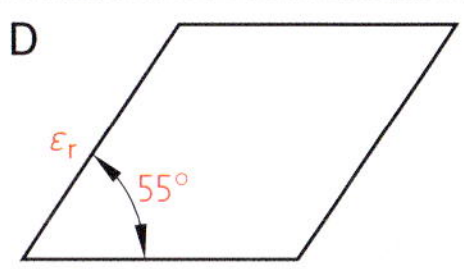
	S 20 R - SDUCR 11		
5 Halterform	**6 Freiwinkel**	**7 Halterausführung**	**8 Plattengröße**
U 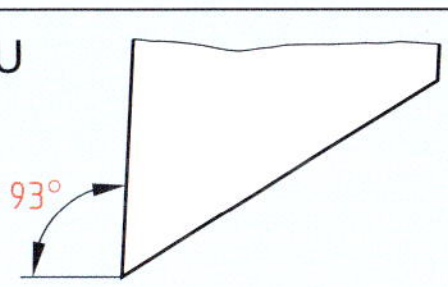	C 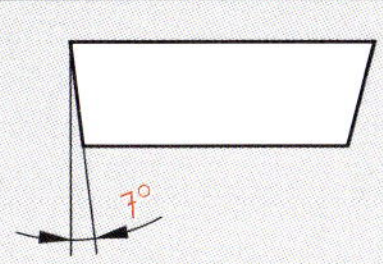	R 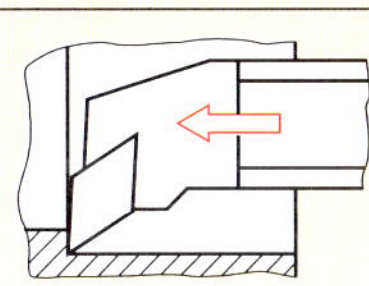	11 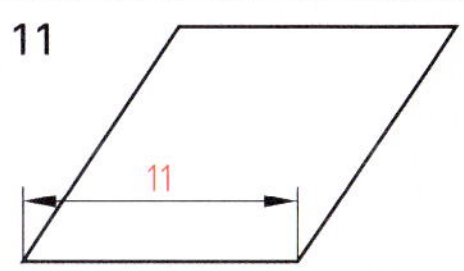

Beispiel:

Der zum Fertigdrehen des ∅42H7 vorausgewählten Wendeschneidplatte (DCGT 110304F) wird ein Halter mit einem Einstellwinkel von 93° (U) und dem Spannsystem S zugeordnet. Das an der Werkzeugmaschine verwendete Werkzeugsystem bestimmt den Bohrstangendurchmesser und die Werkzeuglänge. Die Bearbeitung erfolgt vor Drehmitte. Deshalb wird eine rechte Halterausführung verwendet werden. Zur Lösung der Fertigungsaufgabe genügt eine einfache Stahlbohrstange (S).

Die regelmäßige Pflege und Wartung der Klemmhalter ist ein wesentlicher Faktor zur Sicherung der Bearbeitungsstabilität. Exakte Kenntnisse z.B. über den konkreten Aufbau und die sachgerechte Bedienung der unterschiedlichen Spannsysteme sind für einen effektiven Umgang mit diesen Werkzeugen unbedingt notwendig (Bild 1).

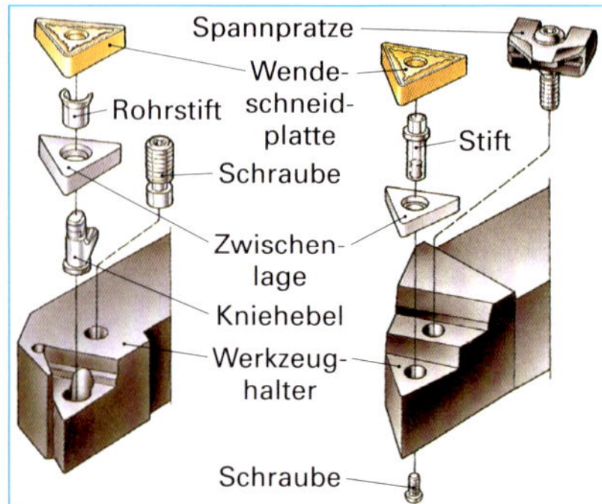

1 Spannsysteme an Klemmhaltern

Modulare Werkzeugsysteme

Der Anteil der produktiven Bearbeitungszeit an der Gesamtlaufzeit der Maschine ist bei Verwendung konventioneller Werkzeugsysteme relativ gering. Mehr als die Hälfte der Zeit muss für Nebentätigkeiten wie Rüsten und Messen, Werkstück- und Werkzeugwechsel sowie Pflege und Wartung aufgebracht werden.

Durch den Einsatz modularer Werkzeugsysteme wird vor allem der Aufwand für Werkzeugwechsel und Werkzeugvermessung reduziert. Ein modulares Werkzeugsystem besteht aus verschiedenen Schneidköpfen und Grundhaltern, die durch ein Schnellspannsystem wahlweise gepaart werden (Bild 2). Dadurch sind die Schneidköpfe je nach Bedarf auf verschiedenen Maschinen nutzbar.

Besonders vorteilhaft ist der Einsatz dieser Systeme auf Maschinen mit automatischem Werkzeugwechsler und Bearbeitungszentren. Die hohe Positioniergenauigkeit beim Werkzeugwechsel ermöglicht eine externe Vermessung der Schneidköpfe. Damit können Werkzeuge und Daten unterschiedlichen Maschinen zur Verfügung gestellt werden. Dies ist eine wesentliche Voraussetzung für eine variable Fertigungsorganisation.

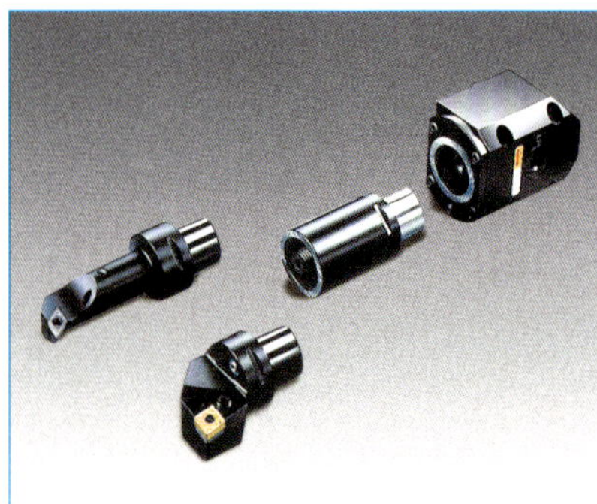

2 Modulares Werkzeugsystem

Besonderheiten bei der Innenbearbeitung

Das Einhalten der Stabilitätsfaktoren Überhang und Schaftquerschnitt ist bei der Innenbearbeitung oft problematisch. Je nach Fertigungsaufgabe sind große Überhänge und kleine Schaftquerschnitte notwendig.

Auch die Zufuhr von Kühlschmierstoff und der Abtransport der Späne kann schwierig sein. Es kommt bei der Bearbeitung zu Vibrationen, die die Standzeit des Werkzeuges verkürzen, schlechte Qualität erzeugen und Lärm verursachen. Entscheidend für die Beurteilung der Fertigungsaufgabe und die Auswahl der Bohrstange ist das Verhältnis von Überhang zum notwendigem Bohrstangendurchmesser (Bild 3).

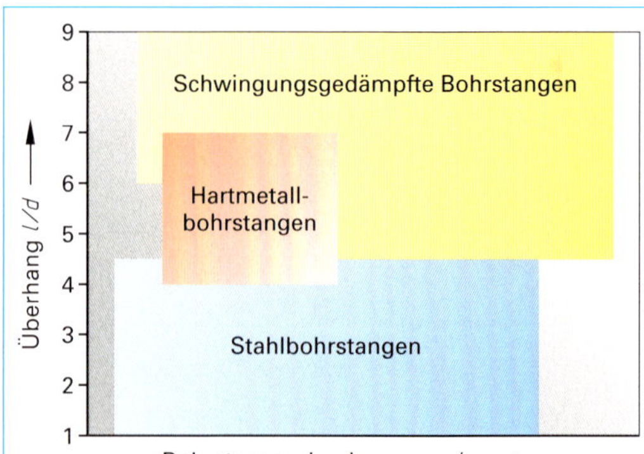

3 Einsatz von Bohrstangen

Schwingungsgedämpfte Bohrstangen ermöglichen die Bearbeitung von sehr tiefen Innenkonturen, können aber auch wegen der vorgeschriebenen Einspannung nur für größere Überhänge eingesetzt werden. Ihr Einsatz führt zu einer Erhöhung der Oberflächengüte.
Gleichzeitig werden der Verschleiß an Werkzeug und Werkzeugmaschine sowie die Lärmbelästigung reduziert. Schwingungsgedämpfte Bohrstangen besitzen oft wechsel- und verstellbare Schneidköpfe (Bild 1).

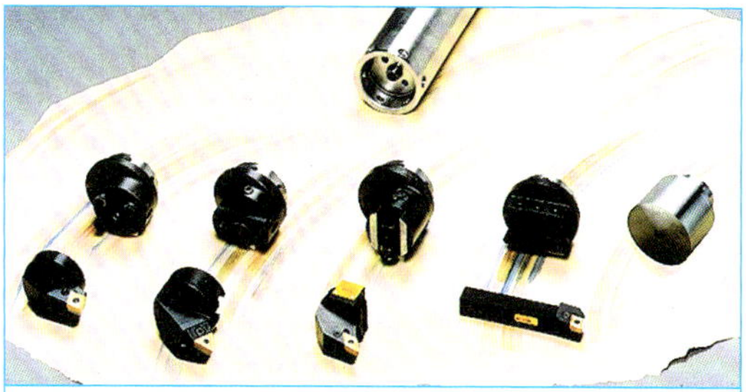

1 Bohrstange mit wechselbaren Schneidköpfen

Bohrstangen werden zum Aufarbeiten vorgearbeiteter Bohrungen und zum Fertigdrehen beliebiger Innenkonturen eingesetzt. Zur Vorbearbeitung und auch zur Fertigbearbeitung zylindrischer Innenkonturen auf CNC-Drehmaschinen und Bearbeitungszentren werden oft Wendeplattenbohrer verwendet (Bild 2).

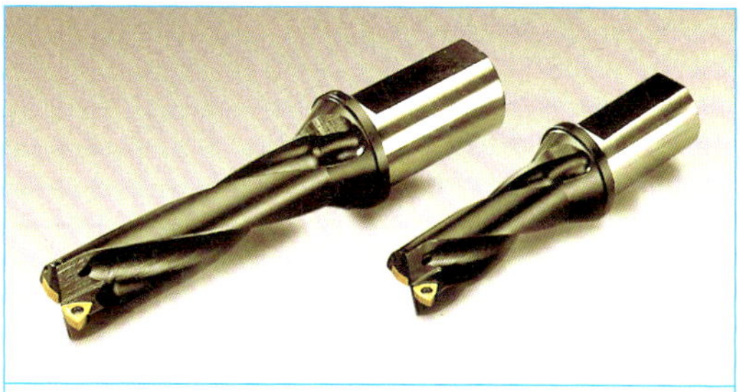

2 Wendeplattenbohrer

Mit einem **Wendeplattenbohrer** wird ohne vorherige Zentrierung ins volle Material gearbeitet. Durch nachfolgendes seitliches Versetzen ist es möglich, Bohrungen maßgenau und mit hoher Oberflächengüte herzustellen (Bild 3). Der maximal mögliche seitliche Versatz muss dem Werkzeugkatalog entnommen werden.
Der Einsatz von Wendeplattenbohrern ist bis zum Verhältnis Bohrungstiefe zu Bohrungsdurchmesser gleich 5:1 und bis ca. 60 mm Bohrungsdurchmesser möglich.

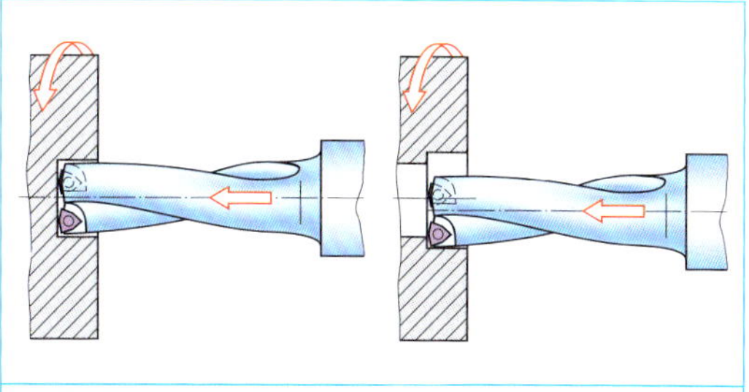

3 Einsatz von Wendeplattenbohrern

Durch die Verwendung eines anderen Schneidstoffs für die innere Wendeschneidplatte ist eine optimale Anpassung an die geringe Schnittgeschwindigkeit im Zentrum des Bohrers möglich.

Beispiel (Bild 2, S. 78):

Zur Herstellung der Innenkontur ∅42H7 kann ein Wendeplattenbohrer ∅40 eingesetzt werden. Nach dem Bohren ins Volle wird mit einem seitlichen Versatz von 1,007 mm fertigbearbeitet. Die Planfläche im Grund der Bohrung muss mit einer Stahlbohrstange und entsprechender Wendeschneidplatte fertiggedreht werden. Zwischenzeitlich wird mit einem Wendeplattenbohrer der ∅30 hergestellt.

Aufgaben:

1 **Wählen Sie für das Plandrehen der ersten Seite eine Wendeschneidplatte und den zugehörigen Klemmhalter aus. Geben Sie dafür die normgerechten Bezeichnung an.**

2 **Wovon ist die Schneidstoffwahl abhängig?**

3 **Warum hat HSS auch heute noch seine Berechtigung als Schneidstoff beim Drehen?**

4 **Was sind Cermets?**

5 **Unterscheiden Sie monokristallinen und polykristallinen Diamant.**

6 **Für welche Werkstoffe ist Diamant als Schneidstoff nicht verwendbar? (Begründung)**

7 **Diskutieren Sie den effektiven Einsatz von modularen Werkzeugsystemen.**

2.2.1.6 Geometrische Form der Werkstückfläche

Die Geometrie des herzustellenden Werkstücks ist durch verschiedenste Formen gekennzeichnet. Deren Herstellung erfordert den Einsatz unterschiedlicher Drehverfahren. Die Form der während der Bearbeitung entstehenden Fläche ist ein weiteres wesentliches Merkmal zur Unterscheidung der Drehverfahren (Tabelle 1).

Tabelle 1: Einteilung der Drehverfahren nach der Form der bearbeiteten Fläche (Auswahl)

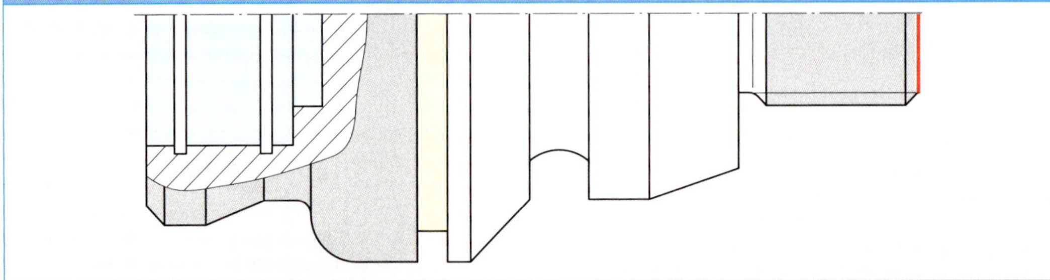

zylindrische Fläche	rotationssymmetrische Fläche mit komplizierter Geometrie	Nut	Schraubfläche	rechtwinklig zur Drehachse liegende ebene Fläche
Runddrehen	Formdrehen Profildrehen	Einstechdrehen	Schraubdrehen	Plandrehen

Zylindrische Mantelflächen und rechtwinklig zur Drehachse liegende ebene Flächen

Runddrehen und Plandrehen sind die einfachsten Drehverfahren, die ohne besondere Probleme auf jeder Drehmaschine ausgeführt werden können. Unter Beachtung der verwendeten Vorschubrichtungen lassen sie sich weiter unterscheiden (Tabelle 2).

Tabelle 2: Runddrehen und Plandrehen (Verfahrensvarianten)

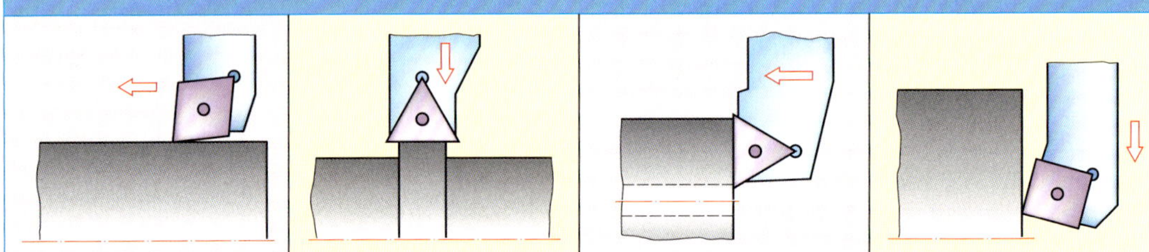

Längs-Runddrehen	Quer-Runddrehen	Längs-Plandrehen	Quer-Plandrehen

Das Längs-Runddrehen und das Quer-Plandrehen sind die typischen Verfahrensvarianten für das Drehen von zylindrischen Mantelflächen und rechtwinklig zur Drehachse liegenden ebenen Flächen.
Das Quer-Runddrehen und das Längs-Plandrehen treten als eigenständige Arbeitsschritte selten auf, sind jedoch Bestandteil komplexerer Bearbeitungsvorgänge.

Beim **Längs-Runddrehen** ist neben der Lage der Bearbeitungsfläche, dem technologischem Zweck und der Vorschubrichtung vor allem **die angrenzende Bearbeitungsfläche** maßgebend für die Auswahl des Werkzeuges (Bild 1).

1 Längs-Runddrehen

Zum Bearbeiten von Stangenmaterial wird ein besonderes Längs-Runddrehverfahren eingesetzt, das **Schäldrehen**. Bei diesem Verfahren wird **das stillstehende Werkstück** durch **einen rotierenden Drehkopf** geführt (Bild 1).

Der Drehkopf ist mit drei oder mehr gleichmäßig am Umfang angeordneten Wendeschneidplatten bestückt. Beim Schäldrehen wird mit sehr kleinem Einstellwinkel gearbeitet. Dadurch wird die hohe Beanspruchung besser über die Werkzeugschneide verteilt und damit die Standzeit erhöht. Um eine gute Werkstückoberfläche zu erhalten muss der Vorschub kleiner als die Länge der Nebenschneide sein.

Das Schäldrehen liefert maßhaltiges Stangenmaterial mit geringer Oberflächenrauheit, das vielfältig weiterverarbeitet werden kann.

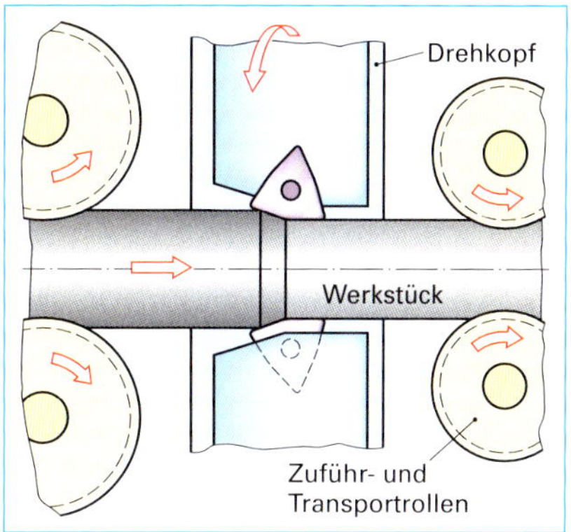

1 Schäldrehen

Das Hauptproblem beim **Quer-Plandrehen** ist die während der Bearbeitung mit dem Durchmesser gegen Null gehende Schnittgeschwindigkeit. Auch bei modernen Werkzeugmaschinen kann die Drehzahl nur bis zu einem technisch bedingten Maximalwert zunehmen um die Schnittgeschwindigkeit konstant zu halten (Bild 2).

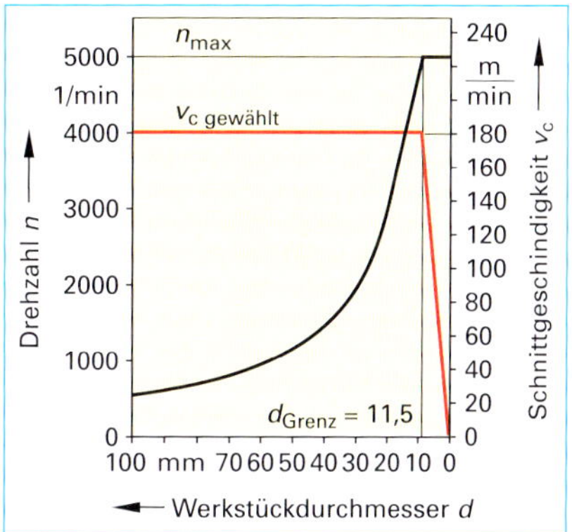

2 Drehzahl und Schnittgeschwindigkeit

Die Schnittgeschwindigkeit verringert sich und durchläuft den Bereich der Aufbauschneidenbildung. Im weiteren Verlauf wird der für das Spanen notwendige Grenzwert unterschritten. Die Werkzeugschneide quetscht den Werkstoff und neigt zu Vibrationen. Plandrehen bis auf Werkstückmitte soll deshalb möglichst vermieden werden.

Besitzt das Werkstück eine Innenkontur, kann zunächst eine Mittenbohrung eingebracht werden. Werkstücke ohne Innenkontur erhalten, wenn möglich, eine Zentrierung. Muss aus technologischen Gründen bis auf Mitte gedreht werden, ist es wichtig, das Werkzeug exakt auf die Werkstückachse auszurichten (Bild 3). Steht das Werkzeug unter der Werkstückmitte, bleibt ein zapfenförmiger Ansatz. Steht es über Mitte wird dieser Ansatz weggedrückt. Es besteht Bruchgefahr am Werkzeug.

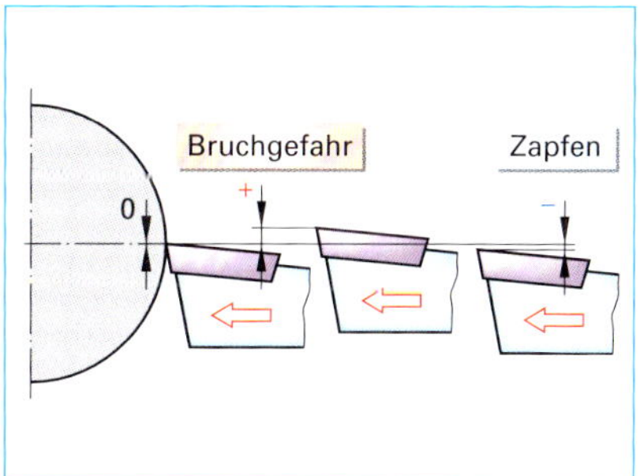

3 Werkzeugeinstellung

Werden Drehteile aus Stangenmaterial hergestellt, wird als abschließendes Trennverfahren das **Abstechdrehen** eingesetzt (Bild 4). Dieses Verfahren kann je nach verwendetem Werkzeugsystem bis zu einem Werkstückdurchmesser von 150 mm bis 200 mm angewendet werden. Zu den beim Quer-Plandrehen bereits beschriebenen Problemen kommen beim Abstechdrehen zusätzliche Schwierigkeiten:

- Die Spanbildung muss so sein, dass der Abtransport der Späne auch bei größerem Werkstückdurchmesser gewährleistet ist.
- Aus Gründen der Materialersparnis werden minimale Stechbreiten angestrebt. Dies beeinträchtigt jedoch die Werkzeugstabilität.

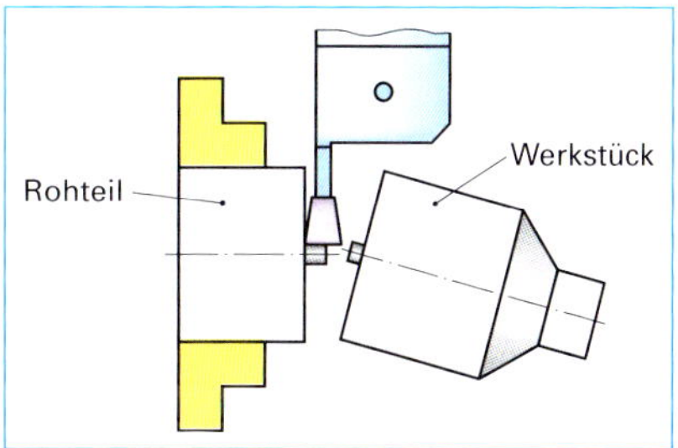

4 Abstechdrehen

Werkzeuge zum Abstechdrehen sind heute hauptsächlich wendeplattenbestückt (Bild 1). Für Werkstückdurchmesser bis 50 mm gibt es Schaftwerkzeuge. Für größere Durchmesser werden Stechklingen verwendet, die in besondere Aufnahmen gespannt werden.

Die **Schneidplatte** zum Abstechen hat meist eine symmetrische Form, einen kleinen Spanwinkel und besitzt spezielle Spanleitstufen, die den entstehenden Span quer stauchen (Bild 1). Damit sie nicht klemmt, verjüngt sie sich von der Schneidkante nach hinten und besitzt an den Seitenflächen Freiwinkel.

Um über den gesamten Durchmesserbereich günstige Bearbeitungsbedingungen zu erzielen, wird ein Schneidstoff mit hoher Zähigkeit verwendet. Beim Abstechen wird oft "über Kopf" gearbeitet. Dadurch wird der Abtransport der Späne verbessert. Besonders wichtig ist beim Abstechen der Einsatz eines Kühlschmierstoffs. Er begünstigt den Spänetransport und mindert den Werkzeugverschleiß.

Zur **Sicherung der Werkzeugstabilität** muss je nach Werkstückdurchmesser eine Mindeststechbreite festgelegt werden (Bild 2). Dementsprechend wird die Wendeschneidplatte gewählt. Der Werkstückdurchmesser bestimmt auch die Halterwahl. Grundsätzlich wird der Halter mit

- dem kleinstmöglichen Überhang,
- der größtmöglichen Plattensitzgröße und
- dem größtmöglichen Schaftquerschnitt gewählt.

Zur weiteren Verminderung der Vibrationsgefahr wird der Halter mit einem Einstellwinkel von 90° eingebaut. Das Halbzeug muss so gespannt werden, dass die Abstichstelle so nahe wie möglich am Spannmittel liegt (Bild 3).

Beim Abfallen des Werkstücks kann es zu Beschädigungen des Werkstücks oder Werkzeugs kommen. An Dreh-Bearbeitungszentren gibt es Einrichtungen, die das fertige Werkstück abfangen bzw. die sofortige Rückseitenbearbeitung organisieren.

Nach dem Abstechen bleibt ein kleiner Zapfen am Werkstück. Wird die Rückseite in der zweiten Aufspannung nicht weiterbearbeitet, bietet sich das zapfenfreie Abstechen an (Bild 4).

Durch Verwendung einer rechten oder linken Wendeschneidplatte wird die Zapfenbildung unterbunden. Beim Abstechen von Rohren verhindert diese Maßnahme eine störende Ringbildung.

Wegen der seitlich wirkenden Abdrängkräfte muss der Vorschub je nach Werkstoff um bis zu 50 % verringert werden.

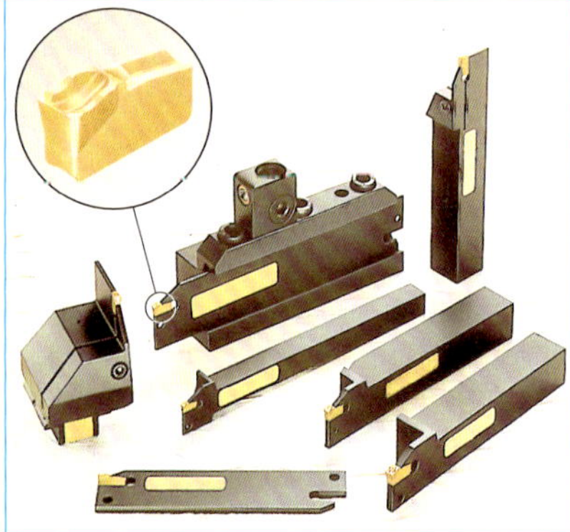

1 Werkzeuge zum Abstechdrehen

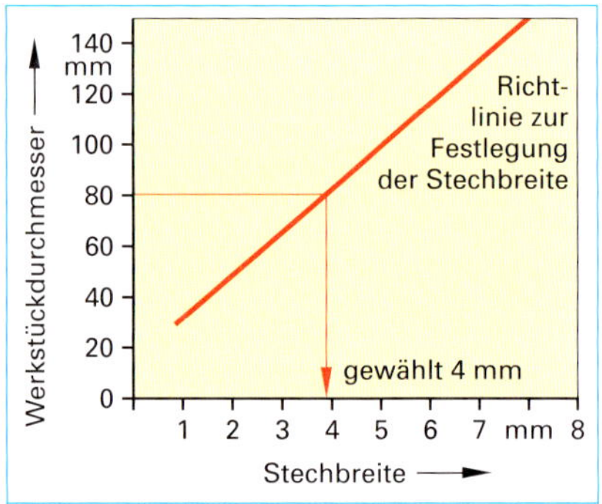

2 Auswahl der Plattenbreite

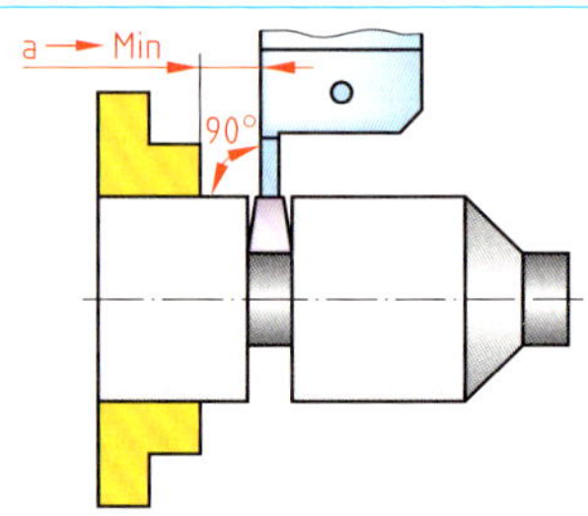

3 Vermindern der Vibrationsgefahr

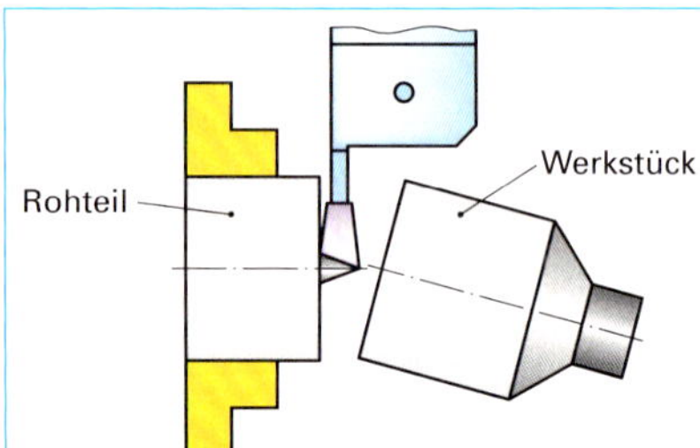

4 Zapfenfreies Abstechen

Nuten

Das **Einstechdrehen** dient der Fertigung schmaler und breiter Nuten. Unter Beachtung von Vorschubrichtung und Lage der Bearbeitungsfläche lassen sich Verfahren des Einstechdrehens unterscheiden (Tabelle 1).
Neben den beim Abstechdrehen beschriebenen Problemen müssen weitere Besonderheiten beachtet werden.

Je kleiner die Stechbreite und je tiefer die Nut, desto kleiner muss der Vorschub gewählt werden.

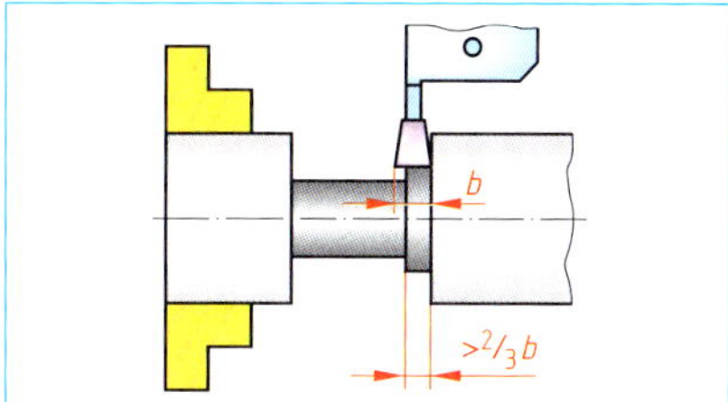

1 Stechen breiter Nuten

Tabelle 1: Gebräuchliche Verfahren des Einstechdrehens

Außen-Quer-Einstechdrehen	Außen-Längs-Einstechdrehen	Innen-Quer-Einstechdrehen
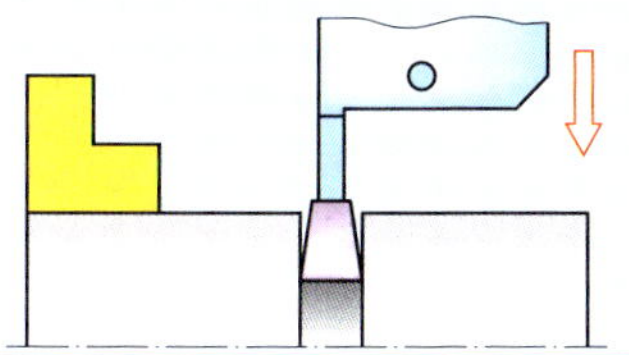	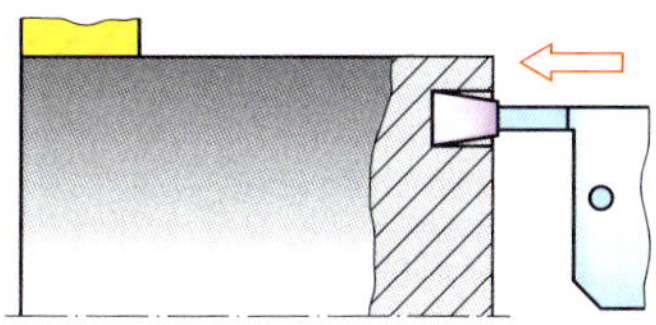	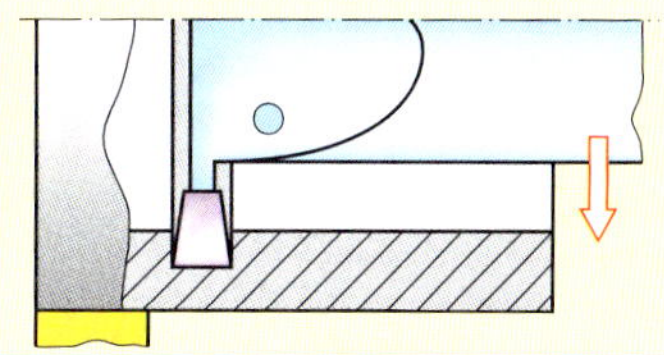

Für die Innenbearbeitung und das Längs-Einstechdrehen wird die Schnittgeschwindigkeit um bis zu 60% verringert. Um beim Stechen breiter Nuten die seitlich wirkenden Abdrängkräfte zu verringern, wird das Werkzeug zwischen den einzelnen Schnitten um mindestens 2/3 der Plattenbreite versetzt (Bild 1). Beim Herstellen von Einstichen an Kegelflächen wird während der Anschnittphase der Vorschub um bis zu 50% reduziert (Bild 2).

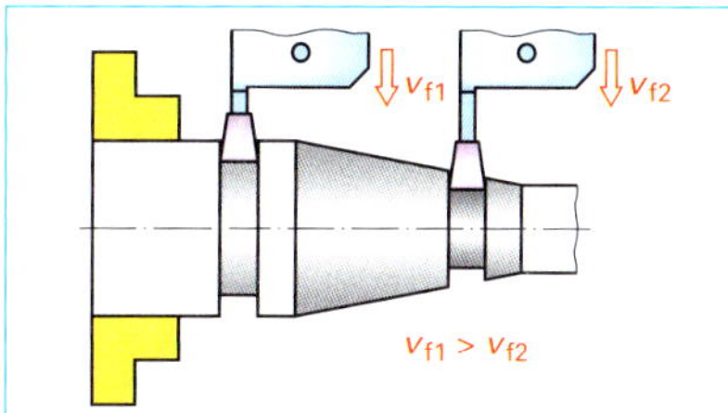

2 Einstechen am Kegel

Die Tiefe und die Lage der Nut am Werkstück bestimmen hauptsächlich die Wahl des Wendeplattenhalters. Der Überhang wird nur so groß gewählt, wie für das Fertigen der Nut notwendig.
Beim Innen-Einstechdrehen wird der Bohrstangendurchmesser abhängig vom Durchmesser der Innenkontur festgelegt. Die Werkzeughalter für das Längseinstechdrehen sind jeweils nur für einen bestimmten Durchmesserbereich verwendbar (Bild 3). Der Durchmesser der zu fertigenden Nut muss in diesem Bereich liegen, da sonst die Schneidplattenunterstützung am Werkstück anliegt und es beschädigt.

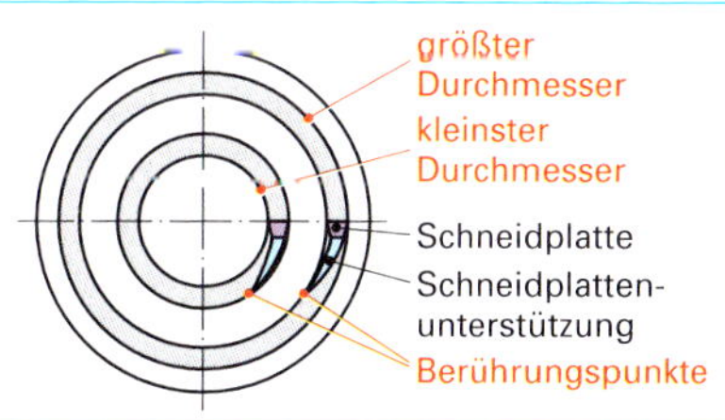

3 Nutzbarer Durchmesserbereich

Für das Einstechdrehen finden oft Werkzeugaufnahmen mit Federspannung Anwendung (Bild 4). Die Vorteile dieses Systems liegen im einfachen, sicheren und wiederholgenauen Plattenwechsel.

Soll während der Bearbeitung auch quer zur Werkzeugachse verfahren werden, muss ein Schraubspannsystem eingesetzt werden. Solche Plattenhalter werden oft auch zum CNC-Formdrehen verwendet. Die Schneidkanten der Werkzeuge sind sehr gut zugänglich und es gibt eine Vielzahl von Plattengeometrien für die verschiedensten Fertigungsaufgaben.

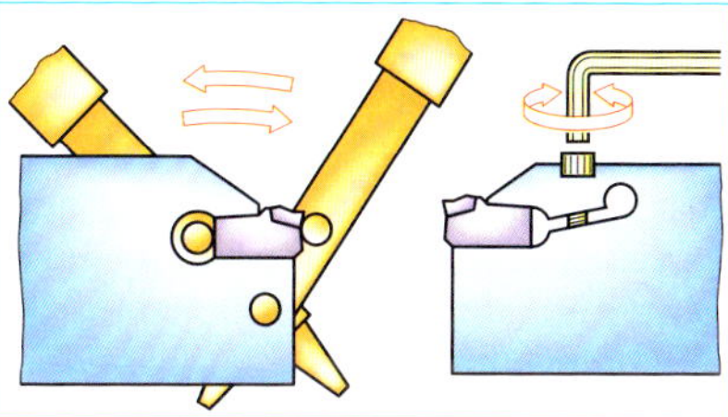
4 Spannsysteme

Schraubflächen (Gewinde)

Zum Herstellen von Gewinden auf Drehmaschinen gibt es verschiedene Möglichkeiten, die entsprechend der Anforderungen der Fertigungsaufgabe eingesetzt werden (Tabelle 1).

Tabelle 1: Verfahren der spanenden Gewindeherstellung

Fertigungsaufgabe (Beispiel)	Gewinde mit mittlerer Qualität und kleinem Nenndurchmesser	Gewinde mit hoher Qualität in allen Gewindearten	Lange Gewinde und Rohrverschraubungen	Gewindespindeln
Verfahren	**Gewindeschneiden** 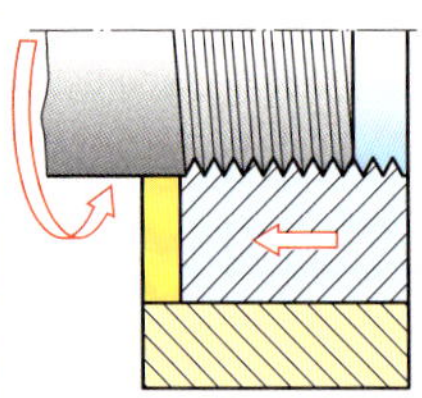	**Gewindedrehen** 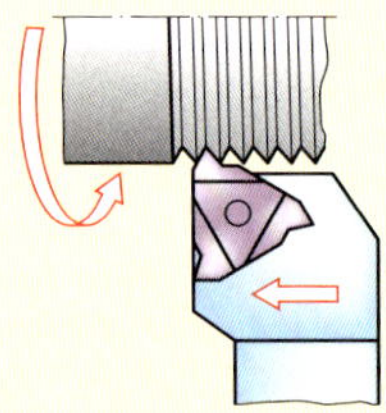	**Gewindestrehlen** 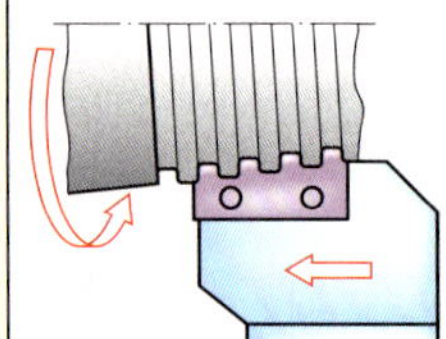	**Gewindewirbeln** 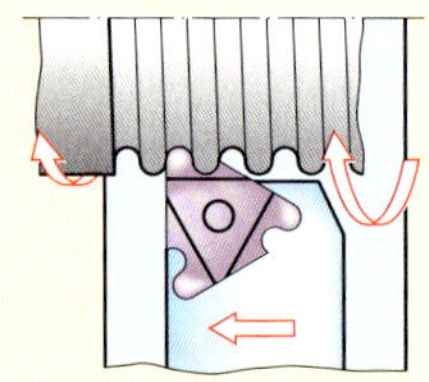
Werkzeuge	Schneideisen, Gewindebohrer	Gewindedrehmeißel	Gewindestrehler	Gewindewirbeleinrichtung

Beim **Gewindeschneiden** entsteht das fertige Gewinde meist in einem Arbeitsschritt. Zum Schneiden von Außen- und Innengewinden werden Schneideisen bzw. Schneidbohrer verwendet (Bild 1).

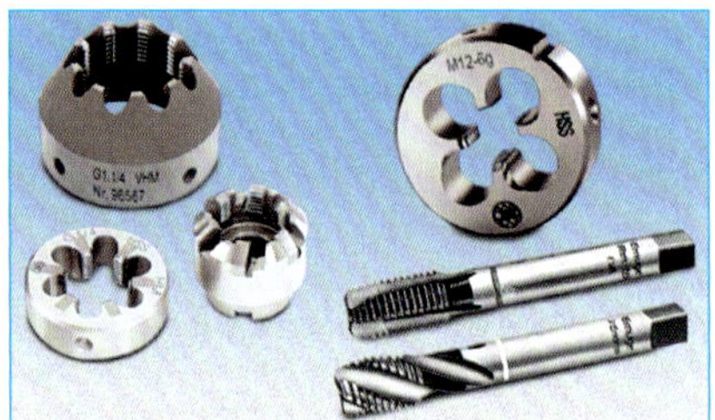

1 **Werkzeuge zum Gewindeschneiden**

Das Werkzeug verformt während der Bearbeitung den Werkstoff leicht. Deshalb wird beim Außengewinde der Bolzendurchmesser etwas kleiner als der Nenndurchmesser und beim Innengewinde der Bohrungsdurchmesser etwas größer als der Kerndurchmesser des Gewindes gefertigt. Konkrete Werte werden aus Tabellen abgelesen bzw. mittels Faustformeln berechnet.

Zum Anschneiden wird das Schneideisen mit Hilfe der Pinole leicht gegen das Werkstück gedrückt. Aufnahme für den Gewindebohrer ist auf konventionellen Drehmaschinen der Reitstock.

Soll auf einer CNC-Maschine mit einem Schneidbohrer gearbeitet werden, empfiehlt sich ein Spannmittel mit axialem Längenausgleich (Bild 2).

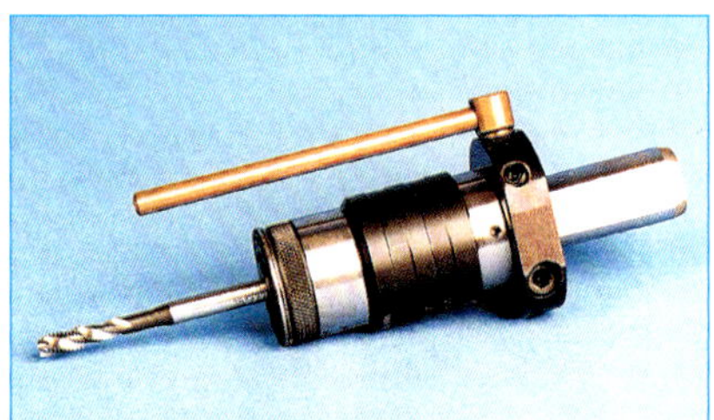

2 **Werkzeugaufnahme**

Um ein einwandfreies Anschneiden zu gewährleisten, wird das Werkstück exakt und breit angefast. Beim Gewindeschneiden wird mit sehr kleinen Schnittgeschwindigkeiten und reichlich Kühlschmierung gearbeitet.

Das **Gewindedrehen** mit wendeplattenbestückten Werkzeugen ist die häufigste Art der Gewindeherstellung. Bei diesem Verfahren entsteht das Gewinde durch eine exakte Vorschubbewegung des abhängig vom herzustellenden Gewindeprofil geformten Werkzeuges. Der Vorschub muss der Steigung des Gewindes entsprechen (Bild 3).

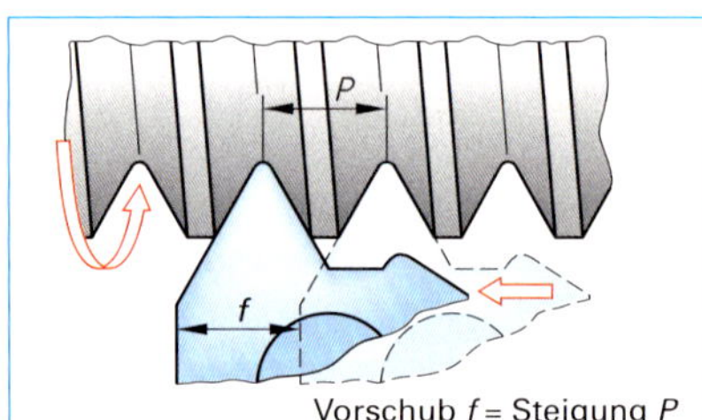

3 **Prinzip des Gewindedrehens**

Beim **Gewindedrehen** auf konventionellen Werkzeugmaschinen wird die Vorschubbewegung über Leitspindel und Schlossmutter realisiert. Die Bewegung der Leitspindel wird über ein Wechselrädergetriebe von der Bewegung der Arbeitsspindel abgegriffen (Bild 1).
Die Einstellung der notwendigen Gewindesteigung erfolgt über Schalthebel und falls erforderlich durch vorherigen Austausch der Wechselräder.

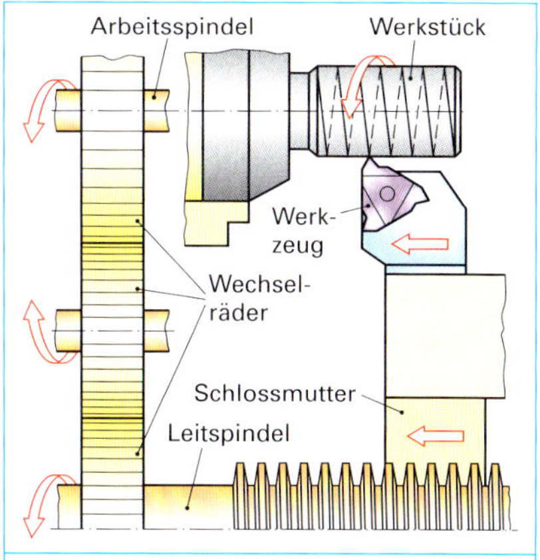

1 Vorschubbewegung

Beim Gewindedrehen auf CNC-Maschinen wird der Vorschub von der Steuerung aus Drehzahl und Gewindesteigung errechnet. Der Vorschubmotor bewegt dann den Werkzeugschlitten in der notwendigen Geschwindigkeit. Die Maschine muss dabei unbedingt auf konstante Drehzahl programmiert sein.

Die Auswahl von Typ und Form der Schneide des Gewindedrehmeißels wird hauptsächlich vom zu fertigenden Gewinde beeinflusst. Die Form der Wendeschneidplatte muss grundsätzlich dem herzustellenden Gewindeprofil entsprechen. Es können jedoch unterschiedliche Plattentypen eingesetzt werden (Bild 2).

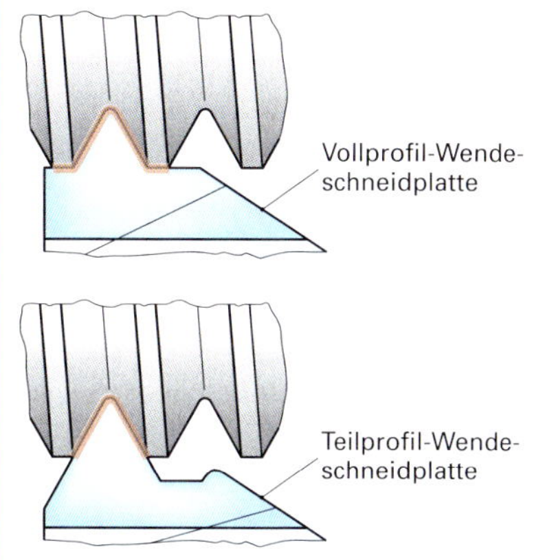

2 Plattentypen zum Gewindedrehen

Bei Verwendung von **Vollprofil-Wendeschneidplatten** entsteht ein vollständiges Gewindeprofil, bei dem Gewindetiefe und Radien absolut normgerecht ausgeführt sind. Der Ausgangsdurchmesser wird während der Bearbeitung mit kalibriert. Eine solche Wendeschneidplatte kann nur für genau eine konkrete Gewindesteigung verwendet werden.

Teilprofil-Wendeschneidplatten sind innerhalb eines kleinen Steigungsbereichs einsetzbar. Die Gewindemaße sind auf die kleinste Steigung innerhalb des Bereichs ausgelegt und der Ausgangsdurchmesser wird nicht bearbeitet. Daher weicht das entstehende Gewindeprofil geringfügig von der Norm ab.

Um an beiden Gewindeflanken annähernd gleiche geometrische Bedingungen zu gewährleisten, muss der Neigungswinkel λ des Werkzeuges dem Steigungswinkel ρ des Gewindes entsprechen (Bild 3).

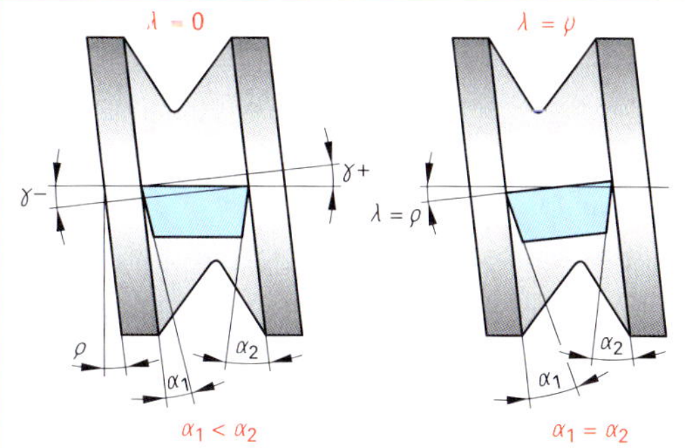

3 Neigungswinkel am Werkzeug

Damit wird ein einseitiger Freiflächenverschleiß verhindert und die Standzeit erhöht. Um Wendeplattenhalter zur Herstellung von Gewinden unterschiedlicher Steigung benutzen zu können, wird der Neigungswinkel durch entsprechende Zwischenlagen angepasst. Der notwendige Neigungswinkel des Werkzeuges wird berechnet oder aus einem Diagramm abgelesen.

Es gibt auch Zwischenlagen mit negativen Neigungswinkeln. Diese werden z.B. benötigt, wenn mit einem Werkzeug in Rechtsausführung Linksgewinde hergestellt werden soll.

Zur Herstellung von Links- oder Rechtsgewinden innen oder außen am Werkstück gibt es verschiedene Möglichkeiten der Kombination von Drehrichtung der Arbeitsspindel, Vorschubrichtung und Ausführung des Werkzeuges.

Je nach Fertigungsaufgabe und zur Verfügung stehender Werkzeugmaschine wird die günstigste Variante ausgewählt. Die Bearbeitung erfolgt meist zum Spannfutter hin. Sie kann aber auch entgegengesetzt verlaufen. Dann müssen Drehrichtung der Arbeitsspindel und Einbaulage des Werkzeuges geändert werden oder für Rechtsgewinde Werkzeuge in Linksausführung – und umgekehrt – verwendet werden. Prinzipiell müssen die Ausführung von Wendeschneidplatten und Haltern übereinstimmen.

Beim Gewindedrehen wird das Gewinde **nicht** in einem einzigen Durchlauf hergestellt.

Die erforderliche **Anzahl der Schnitte** ist von der Gewindesteigung und dem Werkstückwerkstoff abhängig (Tabelle 1). Bei gleicher Steigung müssen für einen schwer zerspanbaren Werkstoff mehr Schnitte geplant werden als für einen leicht zerspanbaren.

Die bei jedem Schnitt notwendige Zustellung kann radial, seitlich oder wechselseitig erfolgen (Bild 1). Bei der radialen Zustellung entsteht ein V-förmiger Span, der vor allem bei größeren Steigungen schwer zu brechen ist. Dadurch können Vibrationen entstehen. Die Schneide wird relativ gleichmäßig an ihrer Spitze, jedoch mechanisch und thermisch hoch belastet.

Die radiale Zustellung wird hauptsächlich für Gewinde mit kleinen Steigungen und kurzspanende Werkstoffe verwendet. Sie ist auf konventionellen Drehmaschinen einfacher realisierbar als die seitliche Zustellung entlang der Gewindeflanke.

Bei dieser Art muss die Zustellung durch Planschlitten und Oberschlitten erfolgen. Der Zustellwert für den Oberschlitten muss berechnet werden. Auf CNC-Drehmaschinen lässt sich diese Zustellart programmieren.
Bei der seitlichen Zustellung wird der Span besser gebildet und abgeführt. Dadurch verringert sich die Ratterneigung. Die Schneide wird geringer thermisch und mechanisch belastet als bei der radialen Zustellung. Die in Vorschubrichtung liegende Schneide leistet den Großteil der Zerspanungsarbeit.

Um die Oberflächengüte zu verbessern und übermäßigen Freiflächenverschleiß an der gegen die Vorschubrichtung liegenden Schneide zu verhindern, kann der Zustellwinkel etwas kleiner als der Flankenwinkel des Gewindes gewählt werden.

Varianten zum Gewindedrehen (Auswahl)

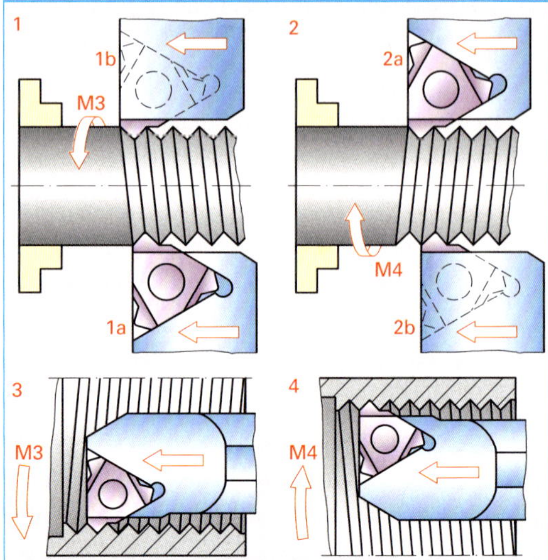

Gewinde	Klemmhalter und Platte	Drehsinn	Vorschub in Richtung	Beispiele
Außen rechts	rechts	M3	Futter	1a, 1b
Außen links	links	M4	Futter	2a, 2b
Innen rechts	rechts	M3	Futter	3
Innen links	links	M4	Futter	4

Tabelle 1: Anzahl der Schnitte

Steigung *P* in mm	1,0	1,5	2,0	2,5	3,0
Schnitte	4...8	6...10	7...12	8...14	10...16

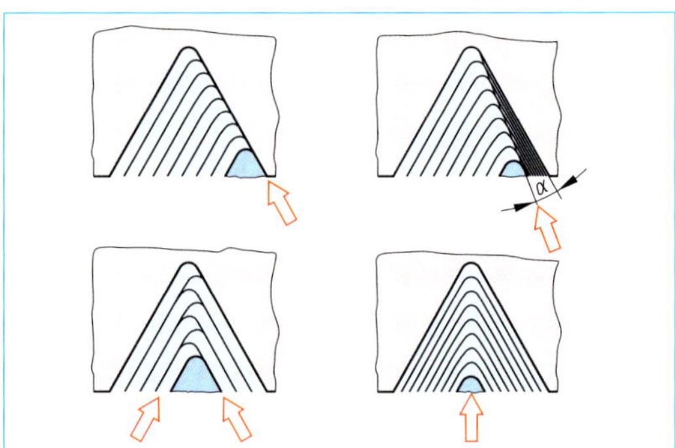

1 Zustellmöglichkeiten

Die seitliche Zustellung ist für langspanende Werkstoffe, labile Werkstücke und Innenbearbeitung vorteilhaft. Die wechselseitige Zustellung eignet sich besonders zur Herstellung großer Gewindeprofile. Die Wendeschneidplatte verschleißt gleichmäßig. Dadurch ergeben sich gute Standzeiten. Diese Zustellungsart lässt sich auf einer konventionellen Drehmaschine nur mit großem Aufwand realisieren. Sie wird deshalb hauptsächlich auf CNC-Maschinen verwendet.

Da der Spanungsquerschnitt je Zustellung ungefähr gleich bleiben soll, muss die radiale Zustellung kontinuierlich abnehmen. Es ist darauf zu achten, dass die zur einwandfreien Spanbildung notwendige Spanungsdicke nicht unterschritten wird.

Um Maß- und Formfehler zu verhindern, werden Gewindedrehwerkzeuge exakt auf Werkstückmitte gespannt. Wegen des hohen Verschleißes wird beim Gewindedrehen mit wesentlich geringeren Schnittgeschwindigkeiten gearbeitet als beim Außen-Längsdrehen. Dadurch verstärkt sich die Gefahr der Aufbauschneidenbildung. Auch deshalb ist der Einsatz von Kühlschmiermitteln unbedingt zu empfehlen.

Das **Gewindestrehlen** ist Gewindedrehen mit Mehrzahn-Wendeschneidplatten (Bild 1). Die Anzahl der zur Herstellung des Gewindes notwendigen Durchläufe ist beim Gewindestrehlen um den Zähnefaktor geringer. Die Zustellung kann nur in radialer Richtung erfolgen. Wegen der auftretenden Schnittkräfte und hohen Ratterneigung ist das Verfahren nur für stabile Werkstücke geeignet. Bei kleineren Werkstücken können Platzprobleme auftreten, weil ein großer Gewindeauslauf notwendig ist.

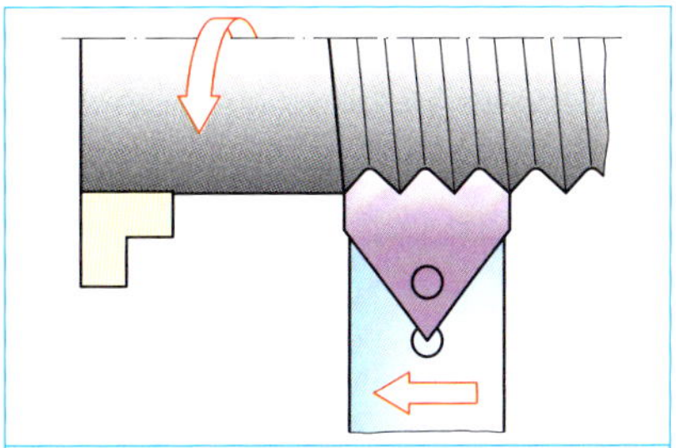

1 Gewindestrehlen

Zum **Gewindewirbeln** muss die Drehmaschine mit einem angetriebenen Werkzeugträger ausgerüstet sein. Wie beim Schäldrehen umkreisen mehrere Werkzeuge mit hoher Geschwindigkeit das Werkstück. Die Vorschubbewegung wird wie beim Gewindedrehen über die Leitspindel realisiert. Durch die exzentrische Lage von Werkstück und Werkzeug stehen die Schneiden nur zeitweise im Eingriff. Deshalb werden zum Gewindewirbeln Schneidstoffe mit hoher Zähigkeit eingesetzt (Bild 2). Es wird eine hohe Form- und Maßgenauigkeit erreicht, wie sie z.B. an Gewindespindeln für Werkzeugmaschinen benötigt wird.

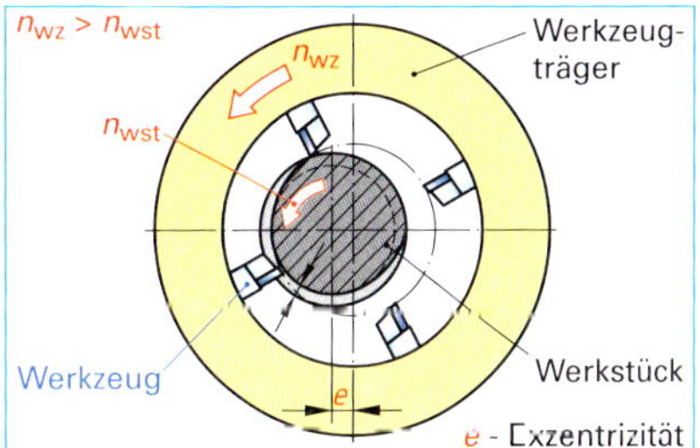

2 Gewindewirbeln

Zentrierbohrungen

> Damit Werkstücke zwischen Spitzen gespannt werden können, müssen sie an ihren Stirnseiten zentriert werden.

Zentrierbohrungen werden auf Drehmaschinen mit Hilfe von Zentrierbohrern hergestellt. Sie sind in Form und Größe genormt und werden entsprechend der Fertigungsaufgabe ausgewählt. Die Auswahl wird hauptsächlich durch

- die Masse und den Werkstückwerkstoff,
- die notwendigen Spannkräfte und
- den technologischen Ablauf bestimmt.

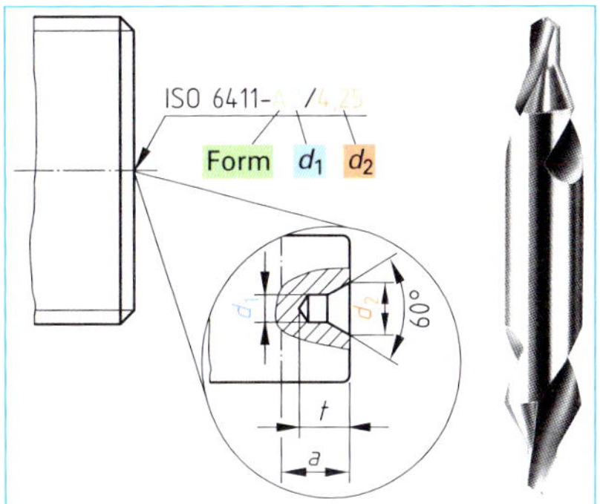

3 Auswahl des Zentrierbohrers

Alle zum Herstellen der Zentrierbohrung notwendigen Angaben sind in der Fertigungszeichnung enthalten (Bild 3).

Das **Kegeldrehen** auf konventionellen Drehmaschinen ist noch weit verbreitet. Mögliche Verfahrensvarianten sind das Schwenken des Oberschlittens und das Verstellen des Reitstocks (Tabelle 1). Entsprechend der Fertigungsaufgabe wird die Verfahrensvariante gewählt. Nach den Angaben auf der Fertigungszeichnung müssen die benötigten Größen abgelesen oder berechnet und an der Maschine eingestellt werden.

Tabelle 1: Möglichkeiten der Kegelherstellung auf konventionellen Drehmaschinen

	Schwenken des Oberschlittens	Verstellen des Reitstocks
Anwendung	wegen des begrenzten Verfahrweges des Oberschlittens nur für kurze Kegel geeignet	wegen abnehmender Stabilität nur für sehr schlanke Kegel geeignet (maximale Reitstockverstellung 2 % der Werkstücklänge)
Bestimmung der zum Einrichten der Maschine benötigten Größe	Kegelerzeugungswinkel $\frac{\alpha}{2}$ $\tan \frac{\alpha}{2} = \frac{D-d}{2 \cdot L}$	Reitstockverstellung V_R $V_R = \frac{D-d}{2} \cdot \frac{L_W}{L}$
Verfahrensprinzip	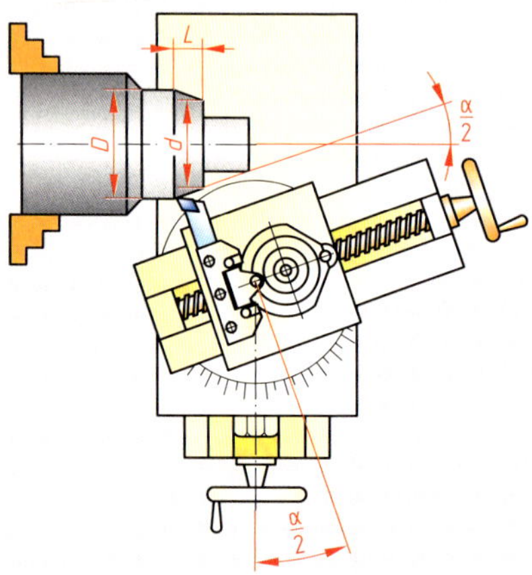	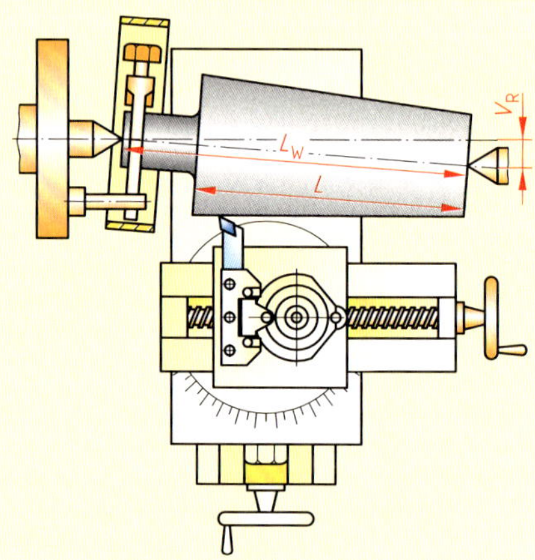
Hinweise	Die Einstellung des Oberschlittens kann durch eine Kegellehre geprüft werden.	Die Werkstücklänge und die Tiefe der Zentrierbohrung wirken sich auf den Verstellwert aus. Zur Verbesserung der Sicherheit soll als Reitstockspitze eine Kugelform verwendet werden.

Um Maß- und Formfehler zu vermeiden muss beim Kegeldrehen das Werkzeug exakt auf Werkstückmitte ausgerichtet sein.

Der Einsatz von modernen CNC-Drehmaschinen verbessert entscheidend die Möglichkeiten der Fertigung von beliebigen rotationssymmetrischen Mantelflächen. Durch die Überlagerung von Längs- und Querbewegungen der Achsschlitten lassen sich beliebige geometrisch bestimmbare Konturen erzeugen. Komfortable Programmzyklen erleichtern die Vorbearbeitung.

Aufgaben:

1 **Wodurch unterscheidet sich das Schäldrehen von anderen Drehverfahren?**

2 **Weshalb ist Quer-Plan-Drehen bis auf Werkstückmitte zu vermeiden?**

3 **Welche Maßnahmen sind notwendig um beim Abstechen die Vibrationsgefahr zu verringern?**

4 **Worauf ist beim Stechen einer Nut in die Planfläche des Werkstücks zu achten?**

5 **Wodurch unterscheiden sich Gewindedrehen und Gewindestrehlen?**

Rotationssymmetrische Flächen mit beliebiger Geometrie

Durch Profildrehen oder Formdrehen werden beliebig geformte Mantelflächen hergestellt. Die Verfahren unterscheiden sich durch die Komplexität von Werkzeug und Vorschubbewegung.

Beim **Profildrehen** ist die herzustellende Form im Werkzeug gespeichert. Deshalb genügt eine einfache Vorschubbewegung um die Kontur zu fertigen. Das **Formdrehen** ist durch komplizierte Vorschubbewegungen mit einem einfachen Werkzeug gekennzeichnet (Bild 1).

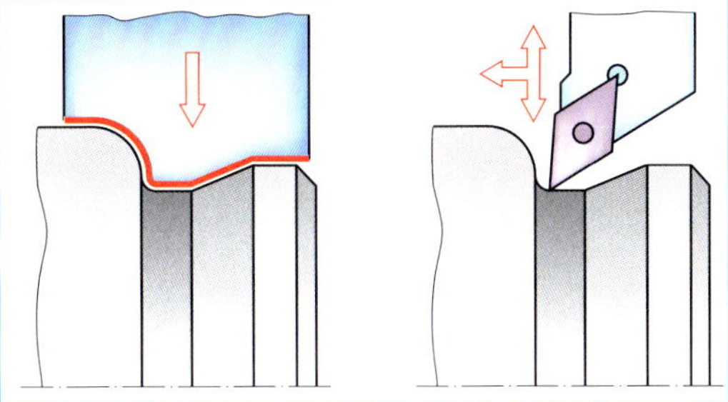

1 Profil- und Formdrehen

Im konkreten Fertigungsbeispiel kann das Formelement R8 am ∅44 durch Quer-Profildrehen hergestellt werden. Das dazu notwendige Werkzeug wird aus einem geeigneten HSS-Drehling geschliffen. Um Maß- und Formfehler zu vermeiden muss der Spanwinkel 0° betragen und das Werkzeug beim Einbau exakt auf Werkstückmitte ausgerichtet werden.

Steht zur Herstellung des Werkstückes eine CNC-Drehmaschine mit Bahnsteuerung zur Verfügung, lässt sich das Element R8 effektiver durch Formdrehen erzeugen (Bild 2).

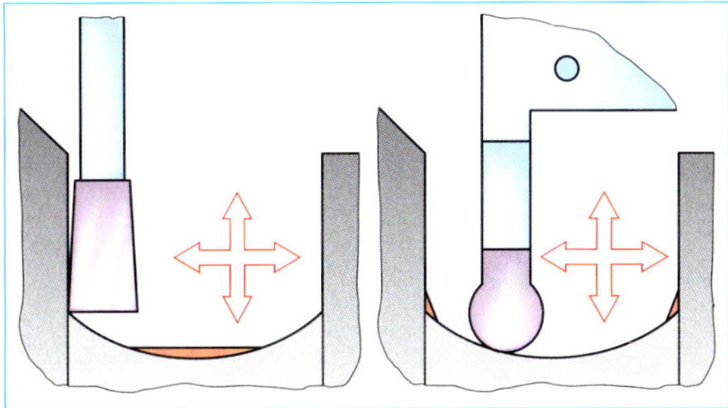

2 Formdrehen von R8

Das Formdrehen auf konventionellen Drehmaschinen ist aufwendig, kompliziert, auf relativ einfache Formen beschränkt und genügt oft nicht den Genauigkeitsanforderungen.

Beim **Nachformdrehen** wird ein Muster des herzustellenden Werkstückes abgetastet. Die Bewegung des Tasters wird verstärkt und auf das Drehwerkzeug übertragen (Bild 3). Das Nachformdrehen findet bei vorhandenem Maschinenpark in der automatisierten Klein- und Mittelserienfertigung Anwendung.

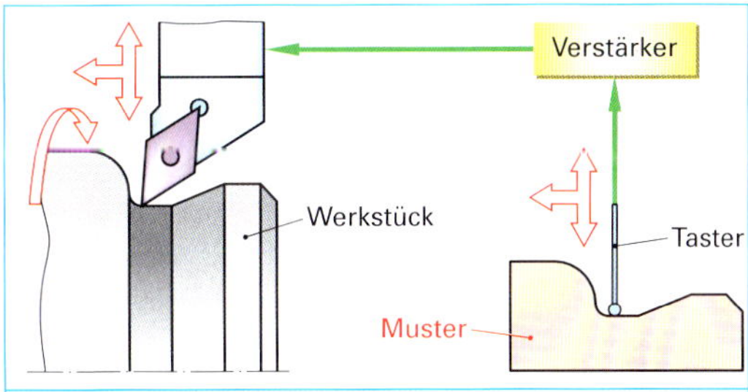

3 Nachformdrehen

Beim **Freiformdrehen** bewegt der Maschinenbediener den Werkzeugschlitten und den Planschlitten von Hand um die gewünschte Form zu erzeugen. Die entstehende Kontur wird mithilfe einer Lehre geprüft. Dieses Verfahren wird an Einzelteilen eingesetzt, wenn größere Form- und Maßabweichungen zulässig sind.

Außermittig liegende Formen

Formelemente an kleinen Werkstücken, deren Symmetrieachsen nicht deckungsgleich mit der Mittelachse des Werkstücks sind aber parallel dazu liegen, werden auf konventionellen Drehmaschinen durch **Außermittedrehen** hergestellt (Bild 4).

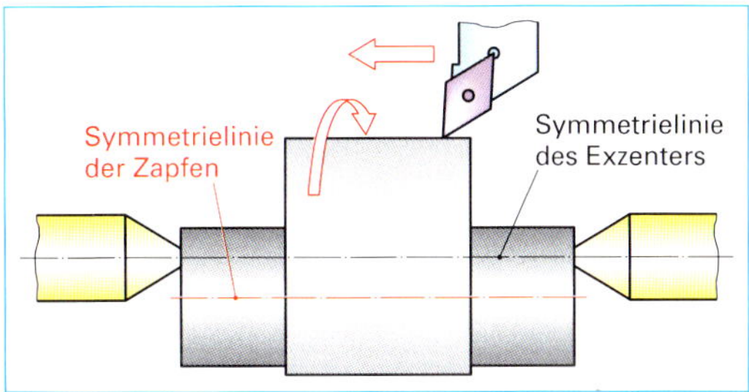

4 Außermittedrehen

Das Werkstück erhält an beiden Planflächen zusätzliche Zentrierbohrungen, die sich auf der Symmetrieachse der außermittig liegenden Form befinden. Zur Bearbeitung wird das Werkstück darüber gespannt. Futterteile können auch auf einer Planscheibe ausgerichtet und gespannt werden. Für die Herstellung großer exzentrischer Teile werden spezielle Vorrichtungen und Maschinen verwendet.

Auf CNC-Drehmaschinen mit steuerbarer Hauptspindelbewegung (C-Achse) kann die exzentrische Form durch Interpolation zwischen der C-Achse und dem Quervorschub des Drehmeißels (X-Achse) erzeugt werden (Bild 1).

Ist die Maschine im Werkzeugrevolver mit angetriebenen Werkzeugen ausgerüstet, lassen sich diese und noch wesentlich komplexere Formen sehr effektiv durch Fräsen herstellen.

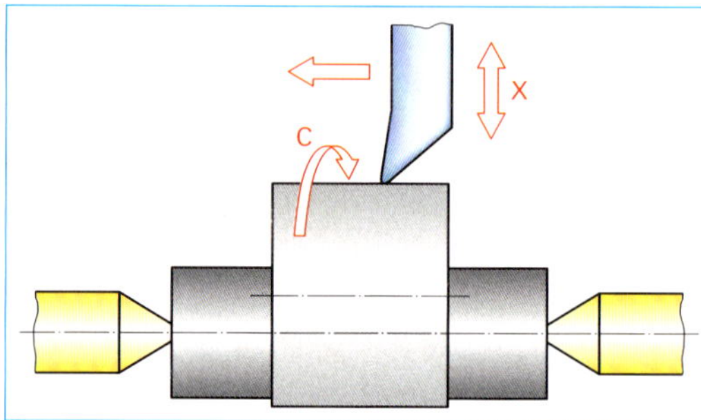

1 Interpolation zwischen C- und X-Achse

Prägungen (Rändel)

Oberflächenstrukturen an Werkstückflächen können durch Rändeldrücken oder Rändelfräsen hergestellt werden.

Beim **Rändeldrücken** entsteht die Oberfläche durch spanlose Formung. Während der Bearbeitung drücken die an einer stabilen Aufnahme befestigten Rändelräder ihr Oberflächenprofil in das Werkstück (Bild 2). Je nach Prägung vergrößert sich dadurch der Werkstückdurchmesser um 1/3 bis 2/3 der Rändelteilung. Die mechanische Beanspruchung von Werkstück und Werkzeug ist sehr hoch. Deshalb wird mit einer geringen Schnittgeschwindigkeit und reichlich Kühlschmierstoff gearbeitet. Ist die herzustellende Prägung breiter als das Rändelrad, so kann der Längsvorschub verwendet werden.

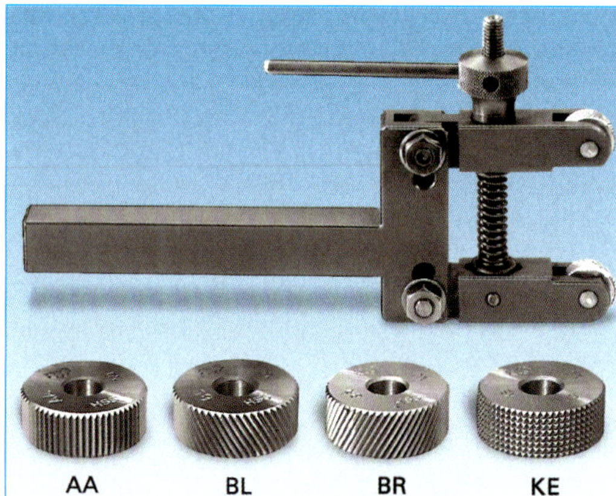

2 Rändelwerkzeug und Rändelräder

Beim **Rändelfräsen** entsteht die Oberfläche durch Spanabnahme. Die mechanische Beanspruchung ist kleiner. Deshalb wird dieses Verfahren zum Bearbeiten von weniger stabilen Werkstücken eingesetzt (Bild 3).

3 Rändelfräsen

Für das Herstellen verschiedener Prägungen werden unterschiedliche Rändelräder bzw. deren Kombination benötigt. Beim Rändeldrücken werden Rändelräder mit Fase eingesetzt. Die Rändelräder zum Rändelfräsen sind scharfkantig. Rändelräder gibt es in verschiedenen genormten Teilungen. In Abhängigkeit von Werkstückdurchmesser, Rändelbreite und Werkstoff wird die Größe der Teilung festgelegt.

Aufgaben:

1. **Wovon ist die Anzahl der Schnitte beim Gewindedrehen abhängig?**
2. **Welche Möglichkeiten der Kegelherstellung gibt es auf konventionellen Drehmaschinen?**
3. **Wovon sind Form und Größe von Zentrierbohrungen abhängig?**
4. **Welchen Zweck hat das Rändeln?**

2.2.2 Fräsen

Fräsverfahren sind in vielen Arbeitsgebieten, weit über die Metallindustrie hinaus, zu finden. Stellt man sich vor, dass einerseits im Straßenbau riesige Straßenflächen und andererseits in der Medizin kleinste Blutgefäße durch Fräsen bearbeitet werden, wird die Vielfalt der Möglichkeiten deutlich.

Fräsen ist ein spanendes Fertigungsverfahren mit geometrisch bestimmter Schneide.

Das meist mehrzahnige Werkzeug führt die kreisförmige Schnittbewegung aus.

Die Vorschubbewegung wird je nach der Verfahrensweise vom Werkstück oder vom Werkzeug durchgeführt und ist senkrecht oder schräg zur Drehachse des Werkzeugs gerichtet.

Neben dem Drehen ist das Fräsen in der Metalltechnik das wichtigste Bearbeitungsverfahren. Für denjenigen, der über die notwendigen Kenntnisse und Fähigkeiten verfügt, wird es möglich sein, Produkte mit großer Formenvielfalt auf seiner Fräsmaschine zu fertigen.

Fräsen wird in der Regel zum Bearbeiten prismatischer manchmal aber auch rotationssymmetrischer Werkstücke eingesetzt, die durch Ur- oder Umformen hergestellt wurden. So können unter anderem Profile, unregelmäßige Formen und vorzugsweise ebene Flächen hergestellt werden.

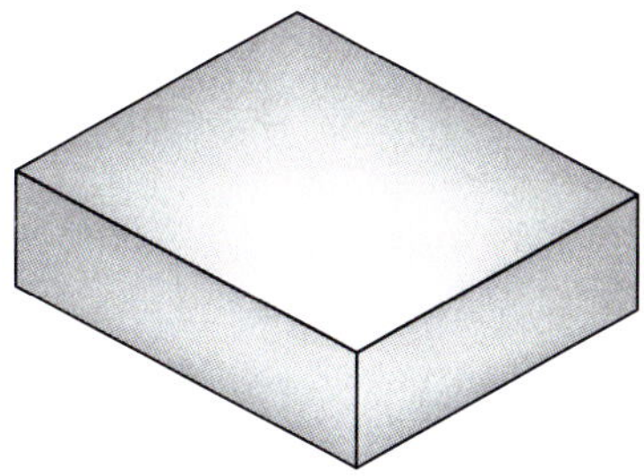

1 Rohteil

2.2.2.1 Fertigungsauftrag

Da in Ihrer Lehrwerkstatt der Aufspanntisch einer Ständerbohrmaschine nicht mehr gebrauchsfähig ist, erhalten Sie den Auftrag aus einem Gussteil EN-GJS-500-7 durch Fräsen dieses Werkstück zu fertigen (Bilder 1, 2). Das Rohteil wird mit den Aufmaßen angeboten, die beim Gießen üblich sind.

Um diese Aufgabe zu erfüllen sind einige Grundlagenkenntnisse sowie eine Reihe von Bearbeitungsschritten mit unterschiedlichen Fräsverfahren nötig.

Das Merkmal A kennzeichnet die möglichen Bearbeitungsrichtungen sowie notwendiges Grundlagenwissen.

Die Kennzeichnung B bis E weist auf die unterschiedlichen Fräsverfahren hin, die zur Herstellung des Schlittens notwendig sind (ab Seite 130).

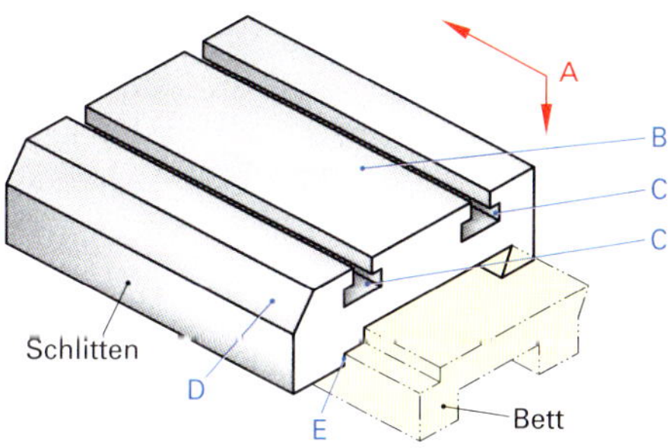

2 Fertigungsauftrag

2.2.2.2 Einteilung der Fräsverfahren

Je nach Betrachtungsweise lassen sich Fräsverfahren nach unterschiedlichen Gesichtspunkten ordnen und einteilen.

Einteilung der Fräsverfahren

Art des Werkzeugeingriffs	Form der bearbeiteten Fläche	Vorschubrichtung	Oberflächengüte
Umfangsfräsen Stirnfräsen Stirn-Umfangsfräsen	Planfräsen Rundfräsen Schraubfräsen Wälzfräsen Profilfräsen Formfräsen	Gleichlauffräsen Gegenlauffräsen	Schruppen Schlichten

2.2.2.3 Arten der Bearbeitung

Um den zu Beginn dieses Kapitels vorgestellten Fertigungsauftrag zu erledigen, ist die Anwendung mehrerer Fräsverfahren notwendig. Anfangs wird das Rohteil meist durch **Schruppen** bearbeitet – die Bearbeitungsart mit hoher Spanleistung.

Da die **Oberflächengüte** bei diesem Fertigungsschritt kaum eine Rolle spielt, erfolgt das Schruppen bei normalen Bearbeitungsaufmaßen in einem Schnitt. Hierfür sind kleine Schnittgeschwindigkeiten bei großem Zahnvorschub vorteilhaft. Die entsprechenden Werte sind stark vom Werkstück- und Schneidenmaterial abhängig. Wegen der schnellen Entwicklung auf dem Werkzeugmarkt sollten deshalb Richtwerte aus den aktuellen Tabellen der Hersteller entnommen werden.
Durch die Mehrschneidigkeit des Werkzeuges entstehen sehr schnell hohe Bearbeitungskräfte. Werkstückspannung und Maschine müssen dazu geeignet sein!

Die Leistungsfähigkeit moderner Schruppwerkzeuge übersteigt oft die maximal zulässige Belastung kleiner Fräsmaschinen der Werkstattfertigung.

Das anschließende **Schlichten** wird im Unterschied zum Schruppen mit höheren Schnittgeschwindigkeiten sowie geringeren Vorschüben und Schnitttiefen durchgeführt. Wegen der geforderten Oberflächengüte erfordert dieser Arbeitsgang in diesem Fall zwei Schnitte. So können die geforderten Werte unter *Rz* 20 erreicht werden.

Falls die Qualitätsanforderungen eine gemittelte Rautiefe *Rz* 6,3 oder eine noch bessere Oberflächengüte vorschreiben, werden beim **Feinfräsen** besondere Spanungsbedingungen eingestellt (Bild 1). Diese Spanungsbedingungen entsprechen meist der betrieblichen Erfahrung oder werden durch spezielle Fräsverfahren wie dem **Hochgeschwindigkeitsfräsen** erfüllt.

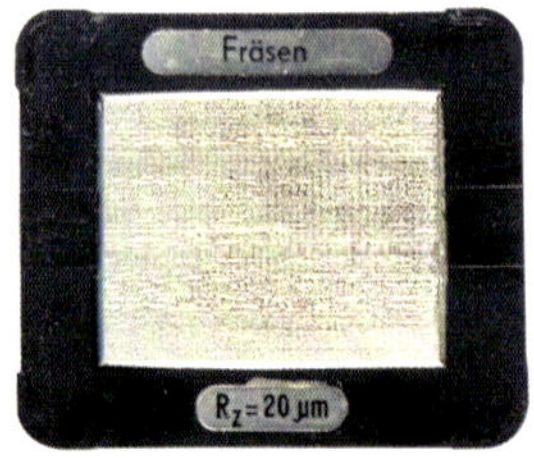

Schruppen > *Rz* 20

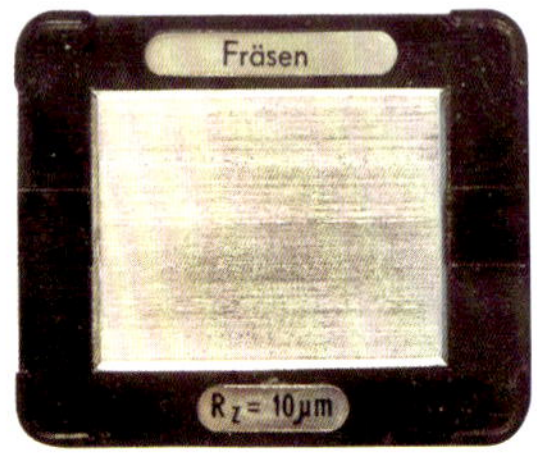

Schlichten *Rz* 10

Feinfräsen *Rz* 6,3

1 Durch Fräsen erreichbare Oberflächengüte

2.2.2.4 Werkzeugeingriff

Grundsätzlich wird beim Fräsen je nach Lage von Fräserachse, Schneiden und Werkstückoberfläche zueinander unterschieden in **Stirnfräsen, Umfangsfräsen** und **Stirn-Umfangsfräsen.**

Stirnfräsen

Das Stirnfräsen wird heute bei den meisten Fertigungsaufgaben bevorzugt. Der Grund dafür sind die zahlreichen Vorteile, die sich daraus ergeben, dass sich die Werkzeugachse senkrecht zur Werkstückoberfläche befindet (Bild 2).

Beim Stirnfräsen können gleichzeitig mehr Schneiden im Eingriff sein als beim Umfangsfräsen.

Je mehr Schneiden im Eingriff sind, um so höhere Arbeitswerte können eingestellt werden weil sich die Zerspankräfte auf viele Schneiden aufteilen.

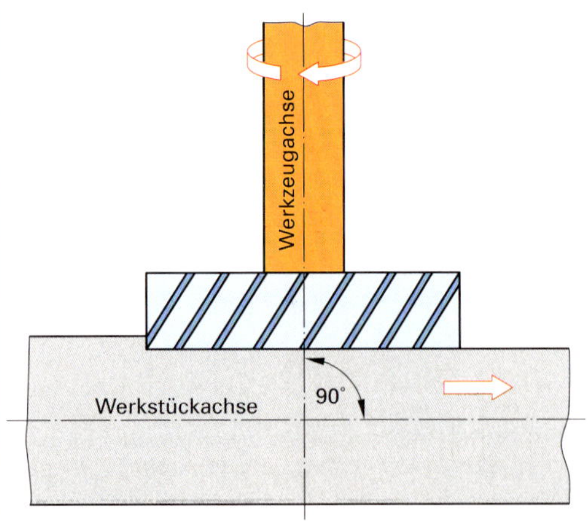

2 Prinzip des Stirnfräsens

Stirnfräsende Werkzeuge eignen sich besonders gut für das Bestücken mit Wendeschneidplatten (S. 125).

Durch die kurzen Schneiden wird der Arbeitsprozess sehr stabil. Außerdem lassen sich Schneidplatten schnell wenden bzw. wechseln, was zeitraubendes Nachschleifen erspart.

Wendeschneidplatten sind sehr hoch belastbar und weisen ein größeres Zeitspanvolumen bei günstigeren Kosten als Schneiden aus HSS auf.

Beim **Stirnfräsen** sind immer mehrere Schneiden im Eingriff (Bild 1). Weil so die beim Fräsen wirkenden Kräfte nicht so stark schwanken können, entsteht ein gleichmäßiger Schnitt. Wegen des hohen Zeitspanvolumens eignet sich also das Stirnfräsen sehr gut zum Bearbeiten von Rohteilen bis zu einem Aufmaß von 2 mm ... 3 mm.

In Abhängigkeit von der Werkstückform ist sowohl Planfräsen als auch Rundfräsen möglich (Bilder 1 und 2)

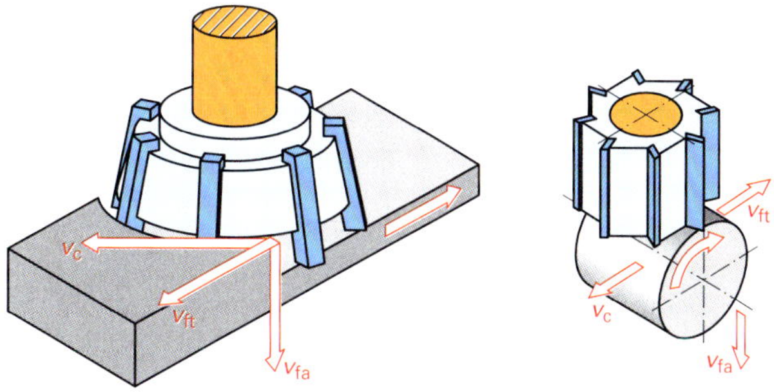

v_{fa} axiale Vorschubgeschwindigkeit
v_{ft} tangentiale Vorschubgeschwindigkeit
v_c Schnittgeschwindigkeit

1 Stirn-Planfräsen **Stirn-Rundfräsen**

Umfangsfräsen

Beim Umfangsfräsen befindet sich die Werkzeugachse parallel zur bearbeiteten Werkstückfläche. Dabei sind nur die Umfangsschneiden an der Spanungsarbeit beteiligt (Bild 2).

Es entsteht meist eine wellige Werkstückoberfläche

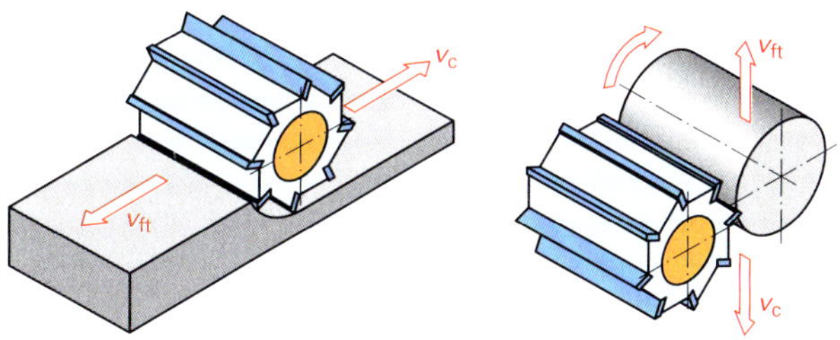

2 Umfangs-Planfräsen **Umfangs-Rundfräsen**

Stirn-Umfangsfräsen

Sind die Schneiden so angelegt, dass in einem Arbeitsgang Stirn- und Umfangsseite des Werkzeugs zur Bearbeitung genutzt werden, spricht man vom Stirn-Umfangsfräsen (Bild 3).

Die Umfangsschneiden verrichten hauptsächlich die Spanarbeit, während die Stirnschneiden glättende Wirkung haben. Dadurch entsteht trotz hoher Spanleistung bereits eine gute Werkstückoberfläche.

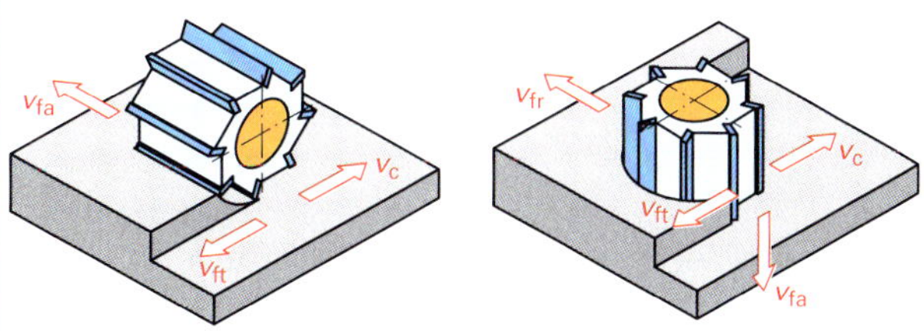

v_{fr} = radiale Vorschubgeschwindigkeit

3 Stirn-Umfangsfräsen

2.2.2.5 Geometrische Form der Werkstückoberfläche

Planfräsen

Planfräsen ist die Bearbeitung einer eben (plan) verlaufenden Oberfläche mit Fräswerkzeugen (Bilder 1 und 2).

Rundfräsen

Das Rundfräsen ermöglicht die Bearbeitung von zylindrischen Flächen oder auch plattenförmigen Werkstücken, an denen Rundungen nicht durch Drehen zu fertigen sind (Bild 1). Dabei können sowohl Außen- als auch Innenrundungen gefräst werden.

Dazu werden die Werkstücke auf Rundtische oder Teilapparate gespannt. Die kreisförmig verlaufende Vorschubbewegung kann je nach Ausführung maschinell oder von Hand betrieben werden.

Als Werkzeuge werden vorwiegend Walzenfräser in Gegen- oder Gleichlaufrichtung eingesetzt.

Mit CNC-gesteuerten Werkzeugmaschinen können auch unrunde und unregelmäßige Kurven (z.B. Ovale) hergestellt werden.

Schraub- und Wälzfräsen

Schraubfräsen ermöglicht die Herstellung von Lang- und Kurzgewinde durch zwei unterschiedliche Fräsverfahren. Sie werden jedoch immer seltener verwendet, weil es im Vergleich mit anderen Herstellungsverfahren relativ aufwendig und teuer ist.

Beim **Langgewindefräsen** wird der Gewindegang oder eine Wendelnut mit einem scheibenförmigen Fräser herausgearbeitet. Die Schneiden dieses Fräsers beinhalten das Gewindeprofil. Der Steigungswinkel des Gewindes wird durch die Neigung der Werkzeugachse zur Werkstückachse bestimmt. Dieser Einstellwinkel muss berechnet werden (Bild 2).

Da bei diesem Verfahren die Umfangsgeschwindigkeit des Werkstückes und die axiale Vorschubgeschwindigkeit v_{fa} genau übereinstimmen müssen, sind Gewindefräsmaschinen mit speziellen Einrichtungen (z.B. Wechselradgetriebe) ausgestattet. Langgewindefräsen kann auch auf Universalfräsmaschinen mit Teilkopf durchgeführt werden. Hier muss außerdem das Zähnezahlverhältnis der Wechselräder z_t/z_g berechnet werden (Bild 2).

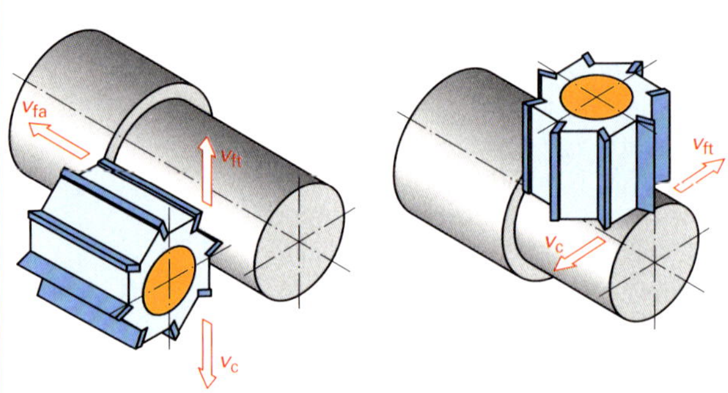

v_{fa} axiale Vorschubgeschwindigkeit
v_{ft} tangentiale Vorschubgeschwindigkeit
v_c Schnittgeschwindigkeit

1 Rundfräsen

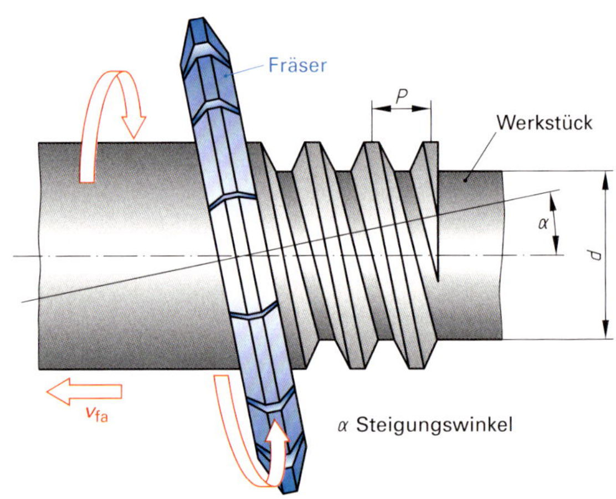

α Steigungswinkel

Gewindesteigung: $P = \pi \cdot d \cdot \tan\alpha$

Steigungswinkel: $\tan\alpha = \dfrac{P}{\pi \cdot d}$

Einstellwinkel: $\tan\beta = \dfrac{\pi \cdot d}{P}$

Wechselräderverhältnis: $z_t/z_g = \dfrac{P_T \cdot i \cdot i_1}{P}$

P_T Steigung der Tischspindel

i Schneckengetriebe

i_1 Kegelräder

2 Langgewindefräsen und notwendige Formeln

Ein ähnliches Fertigungsverfahren wie das Langgewindefräsen ist das Gewindeschlagfräsen.

Gewindeschlagfräsen

Das Werkzeug ist hier ein Schlagfräser mit Wendeschneidplatte, welcher mit sehr hoher Drehzahl rotiert. Dadurch kann eine hohe Schnittgeschwindigkeit erreicht werden. Der meist einschneidige Schlagfräser ist wegen der schlagenden Arbeitsweise starken Belastungen ausgesetzt, erzeugt jedoch eine hohe Oberflächengüte. Bedingungen sind dabei eine geringe Spantiefe und ein geringer Zahnvorschub (Bild 1).

Schlagfräsen wird auch bei ebenen Flächen zur Feinbearbeitung angewandt. Je nach Lage der Schneide unterscheidet man Stirnschlagfräsen und Walzschlagfräsen (Bild 2).

Beim **Kurzgewindefräsen** werden sowohl die Gewindeart als auch die Gewindelänge durch das Werkzeug bestimmt. Das Werkzeug ist ein walzenförmiger Profilfräser.

Durch eine Drehung des Werkstückes von 60° wird der Fräser auf die volle Gewindetiefe in den Werkstoff gebracht. Anschließend ist nur noch eine Werkstückumdrehung nötig, um das Gewinde zu fertigen. Der Fräser wird dabei bei einer vollen Drehung axial um die Steigung *P* bewegt (Bild 3).

Dieses Fertigungsverfahren ist recht effektiv und deshalb für die Herstellung größerer Stückzahlen geeignet.

Eines der wichtigsten Fertigungsverfahren zur Herstellung von achsparallelen und schraubenförmig gewundenen Verzahnungen ist das Wälzfräsen.

Wälzfräsen

Die Zähne des Walzenfräsers verlaufen wie Gewindegänge um den Grundkörper, sind durch Spanlücken unterbrochen und hinterdreht. Werkstück und Werkzeug bewegen sich beim Fertigungsprozess genau definiert zueinander (Bild 4).

Je nach Art des Anschneidens unterscheidet man Axial-, Radial-, Diagonal- und Tangentialwälzfräsen.

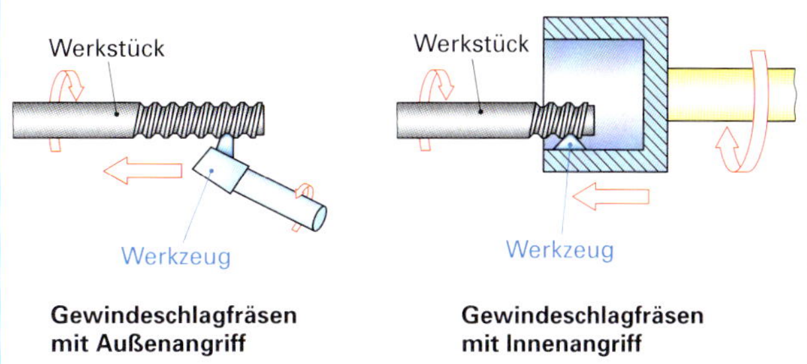

1 Gewindeschlagfräsen

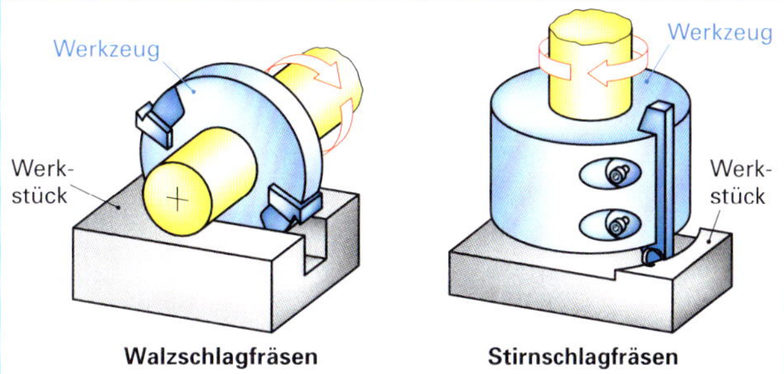

2 Schlagfräsen

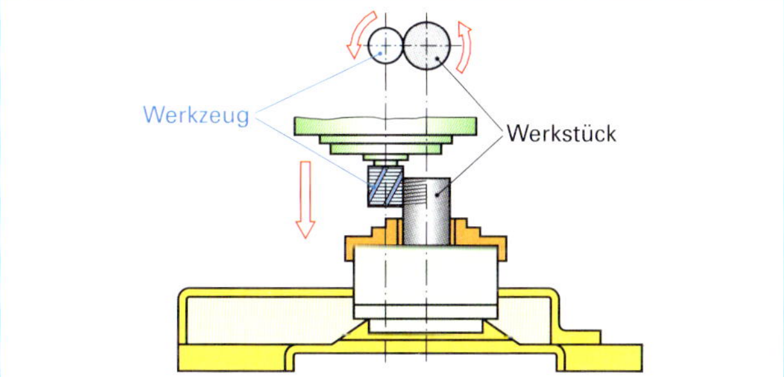

3 Kurzgewindefräsen

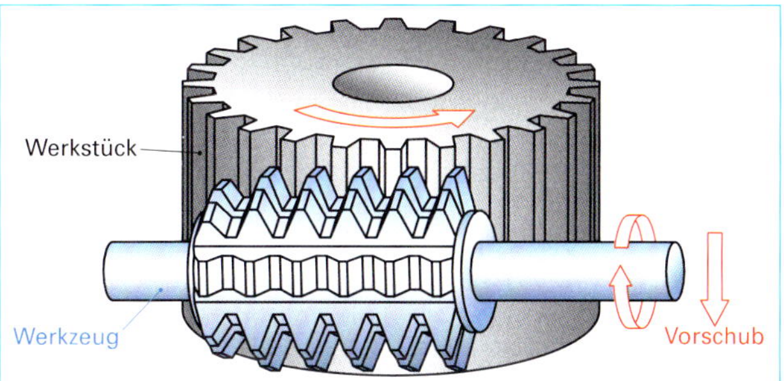

4 Wälzfräsen

2.2.2.6 Bewegungsrichtungen beim Fräsen

Beim Fräsen erfolgt die Spanabnahme durch die kreisförmige Schnittbewegung der Fräserschneiden. Dabei kann die Vorschubbewegung je nach Konstruktion der Maschinen vom Werkzeug oder vom Werkstück ausgeführt werden.

In Bezug auf einen Arbeitsprozess ist es jedoch unwichtig, ob das Werkzeug oder das Werkstück die Vorschubbewegung ausführt. Für die Spanbildung ist wichtig, wie sich Vorschubbewegung und Schnittbewegung zueinander verhalten. Es kommt also auf die **Relativbewegung** an.

Bei der Werkzeugdrehrichtung in Bezug zum Vorschub sind zwei Möglichkeiten der Relativbewegung denkbar.

Sind Vorschubbewegung und Schnittbewegung einander entgegengerichtet, handelt es sich um **Gegenlauffräsen**.

Da die Schneide vor dem Eindringen über die Werkstückoberfläche schabt, ist ein relativ hoher Freiflächenverschleiß zu beobachten. Dieses Verfahren ist bei unstabilen Arbeitsbedingungen oder ungünstiger Oberflächenbeschaffenheit des Werkstückes wie bei Lunkern, sandiger Gusskruste, harter Schmiedehaut oder Schweißnähten anzuwenden (Bild 1).

In den meisten Fällen ist das Gleichlauffräsen vorteilhafter und wirtschaftlicher.

Sind Vorschubbewegung und Schnittbewegung einander gleichgerichtet, erfolgt **Gleichlauffräsen.**

Voraussetzung dafür ist eine Gleichlaufeinrichtung der Fräsmaschine. Durch den auslaufenden Span wird eine genauere und gleichmäßigere Oberfläche erreicht als beim Gegenlauffräsen. Wegen des geringeren Schneidenverschleißes können die Schnittgeschwindigkeiten und Vorschübe bis auf das 1,5-fache erhöht werden. Die Standzeit der Werkzeuge verringert sich dadurch nicht (Bild 2).

Vorteilhaft ist der Einsatz von Fräsern mit kleinem Keilwinkel und relativ großem Spanwinkel (S. 121).

Da diese Bewegungseinrichtung die Werkstückspannung unterstützt, ist Gleichlauffräsen für schwierig zu spannende Werkstücke gut geeignet. Ein weiterer Vorteil des Gleichlauffräsens ist das Erreichen großer Spanmengen beim Schruppen.

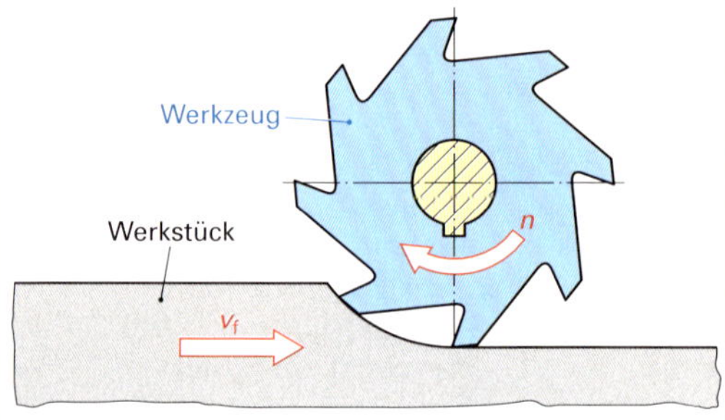

1 Gegenlauffräsen

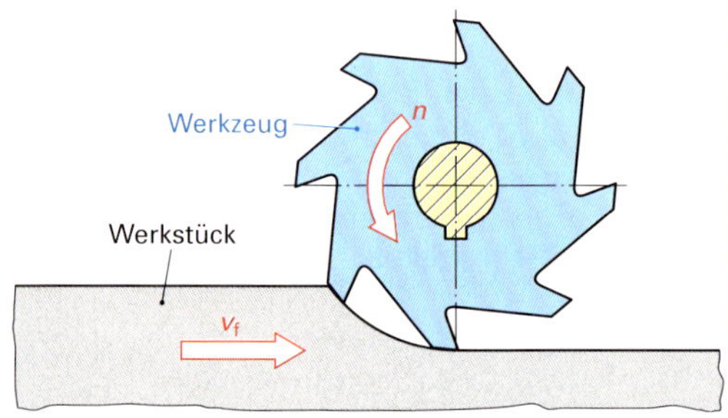

2 Gleichlauffräsen

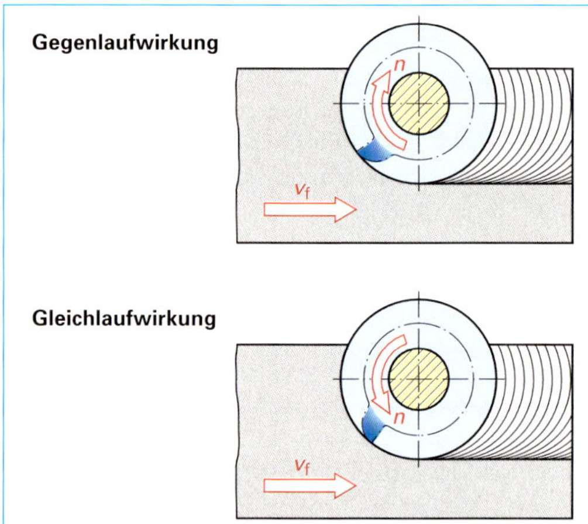

3 Gegen- und Gleichlaufwirkung beim Stirnfräsen

Aufgaben:

1. **Was verstehen Sie unter Relativbewegung?**
2. **Welcher Unterschied besteht zwischen Gegenlauffräsen und Gleichlauffräsen?**
3. **Unter welchen Bedingungen wendet man das eine oder das andere Verfahren an?**

Fräsen mit Spindelsturz

Weil beim Fräsen mit senkrechter Spindelachse (Stirnfräsen) die Schneiden auf dem Rückweg nachschneiden, entstehen auf der Werkstückoberfläche Kreuzspuren (Bild 1). Dieser Vorgang wird **Nachschneideffekt** genannt. Er schädigt die Schneiden und verkürzt damit die Standzeit. Außerdem wird eine unregelmäßige Oberfläche hergestellt.

Beides kann vermieden werden, indem die Frässpindel oder (seltener) der Maschinentisch leicht geneigt wird. Diese Neigung bezeichnet der Fachmann als **Sturz**. Der **Sturzwinkel** sollte zwischen **0,005° und 0,03°** (30"... 1'48") von der Werkzeugachse in **Vorschubrichtung** eingestellt werden (Bild 2).

Wird der Sturz zu groß eingestellt, werden die Schneiden ungünstig beansprucht. Zu beachten ist, dass bei eingestelltem Sturz auf dem Werkstück eine leicht konkave Oberfläche entsteht.

Beim Fräsen mit senkrechter Spindelachse muss der Sturz eingestellt werden um den Nachschneideffekt zu verhindern.

Im Gegensatz zu anderen Fertigungsverfahren wird beim Fräsen die Schnittbewegung immer vom Werkzeug ausgeführt (Bild 3).

Die Ausführung der Vorschubbewegung und der Zustellbewegung ist abhängig vom Maschinentyp. Bei herkömmlichen, kleinen Fräsmaschinen, wie der Konsolfräsmaschine, werden der Vorschub und die Zustellbewegung durch den Maschinentisch, auf den das Werkstück gespannt ist, realisiert (Bild 4).

Möglich ist jedoch auch die Zustellbewegung durch das Werkzeug wie bei der Bettfräsmaschine. Bei größeren, aber auch moderneren, meist NC-gesteuerten Werkzeugmaschinen führt das Werkzeug die Schnittbewegung, die Vorschubbewegung und die Zustellbewegung aus. Das hat den Vorteil, dass nicht ein zweites Maschinenelement (der Maschinentisch) zusätzlich zur Arbeitsspindel beweglich gestaltet werden muss. Das ist billiger und ermöglicht ein genaueres Positionieren.

Aufgaben:

1. **Wodurch entstehen Kreuzspuren?**
2. **Wie können Kreuzspuren vermieden werden?**
3. **Welche Bewegungen kann das Fräswerkzeug unter Umständen übernehmen?**

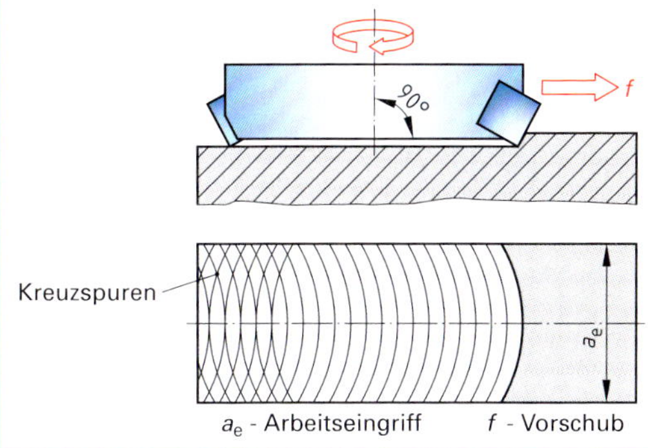

1 Nachschneideffekt

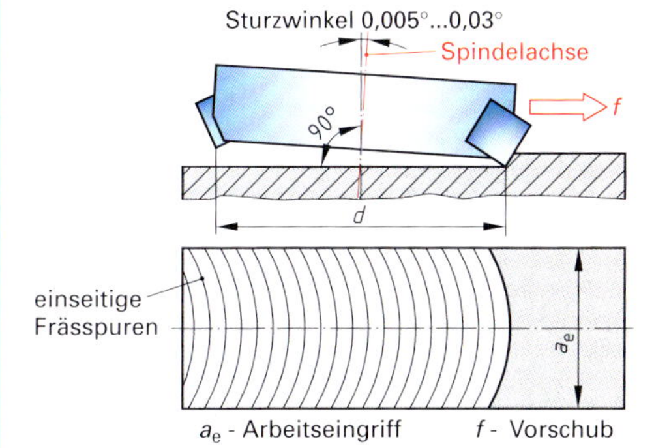

2 Stirnfräsen mit Spindelsturz

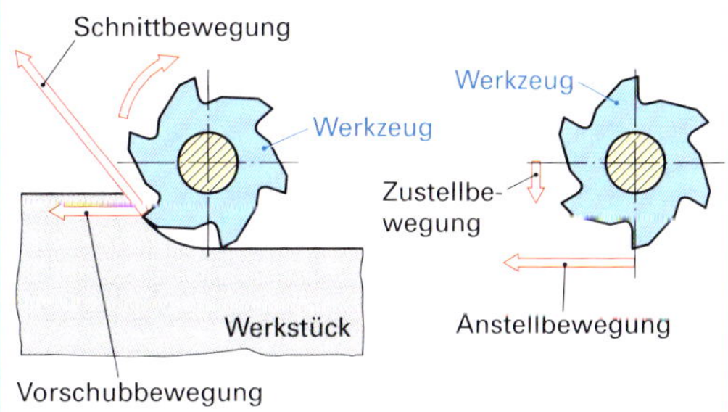

3 Bewegungen beim Fräsen

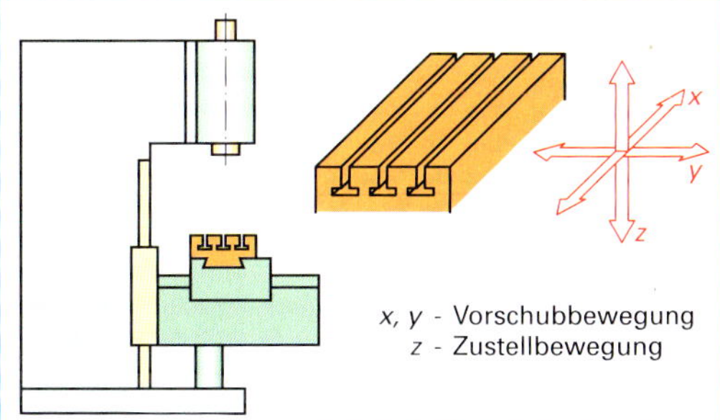

4 Bewegungen einer Konsolfräsmaschine

2.2.2.7 Einteilung der Fräswerkzeuge

Die unterschiedlichen Arten der Fräswerkzeuge lassen sich am besten ordnen, indem man sie nach ihrer geometrischen Form, der Art der Aufnahme (Aufsteck- oder Schaftfräser) sowie nach der Ausführung der Schneiden (HSS-Fräser bzw. massive Fräser oder Fräser mit eingesetzten Schneidplatten) einteilt. Neben den dargestellten Fräsern gibt es noch eine Reihe spezieller Werkzeuge für einzelne Fräsverfahren.

Tabelle 1: Fräswerkzeuge

	Aufsteckfräser		Schaftfräser	
HSS-Fräser	**Walzenfräser** 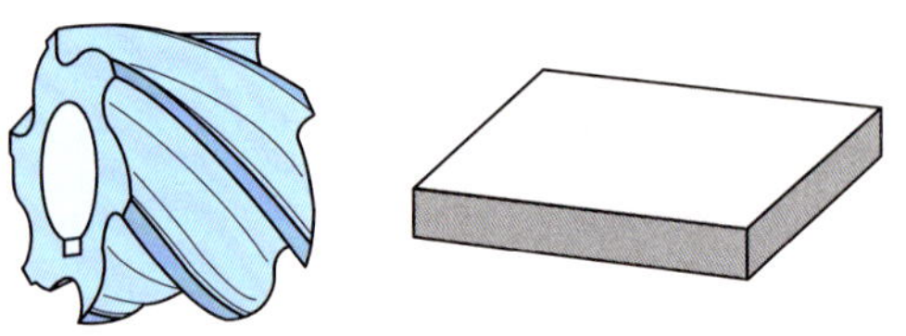	Planflächen	**Langlochfräser** 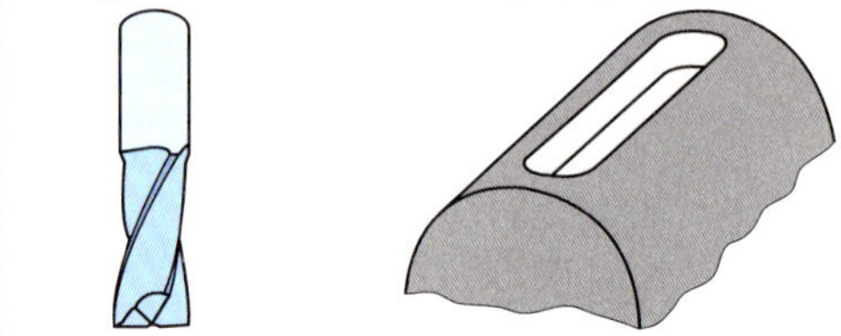	Keilnuten und Taschen
HSS-Fräser	**Walzenstirnfräser** 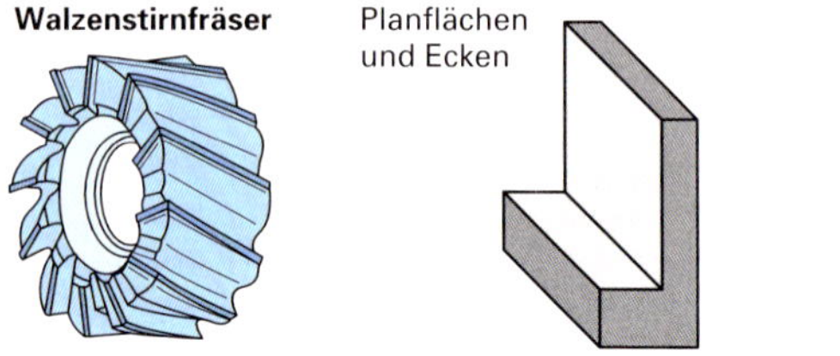	Planflächen und Ecken	**Schaftfräser** 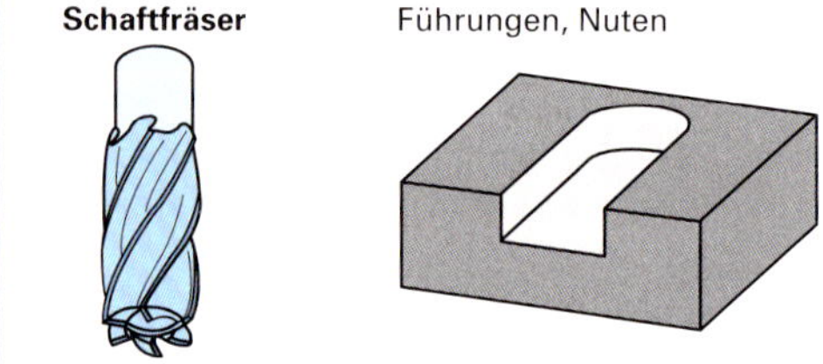	Führungen, Nuten
HSS-Fräser	**Scheibenfräser** 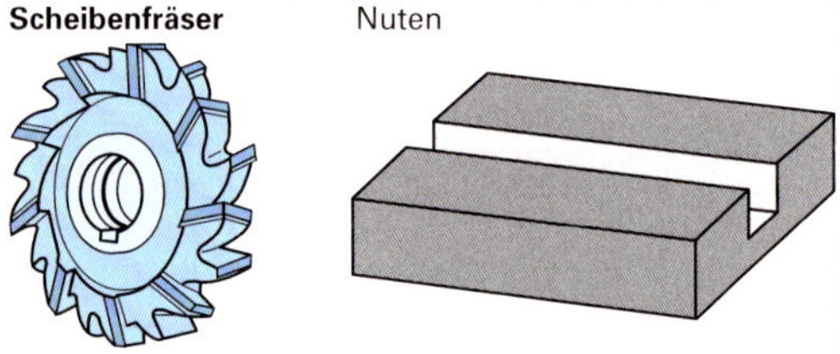	Nuten	**T-Nutenfräser** 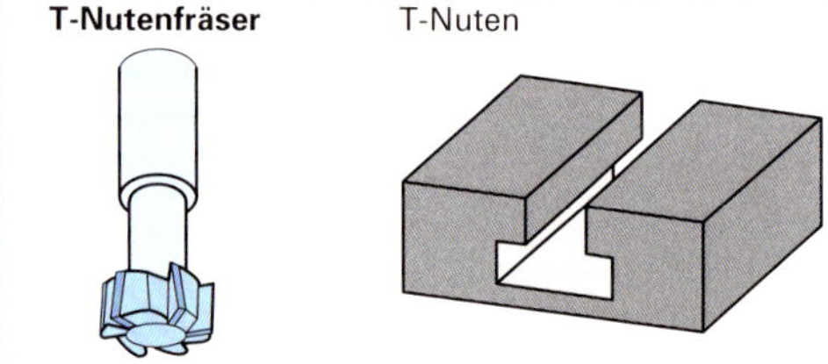	T-Nuten
HSS-Fräser	**Profilfräser (halbrund)** 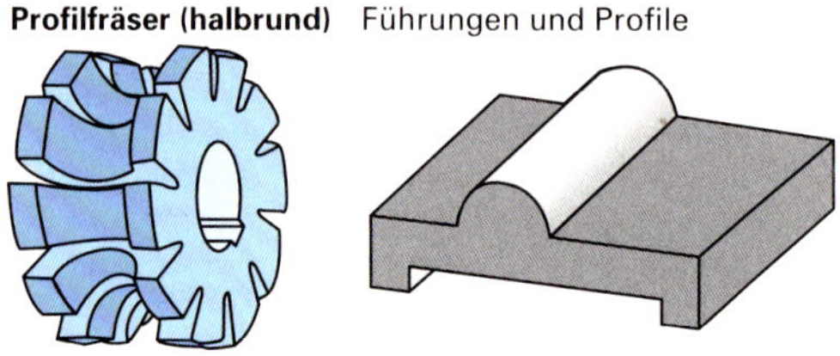	Führungen und Profile	**Winkelfräser** 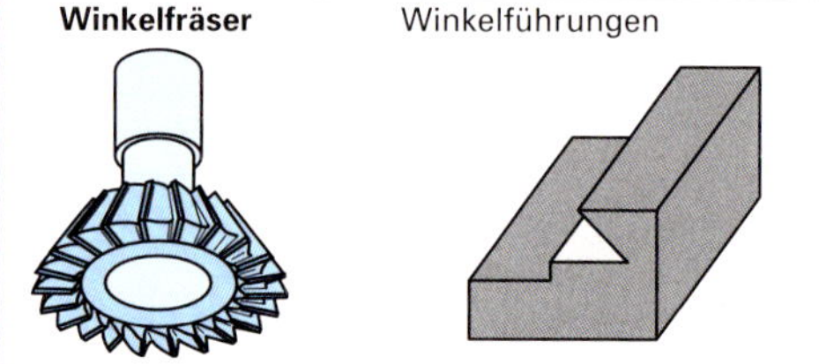	Winkelführungen
Fräser mit Schneidplatten	**Fräskopf** 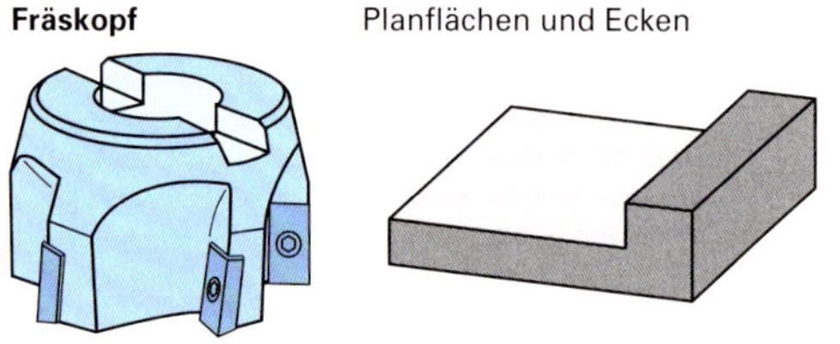	Planflächen und Ecken	**Walzenstirnfräser** 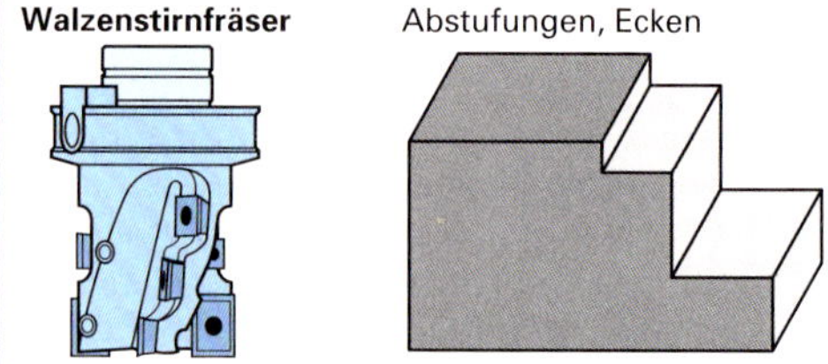	Abstufungen, Ecken
Fräser mit Schneidplatten	**Scheibenfräser** 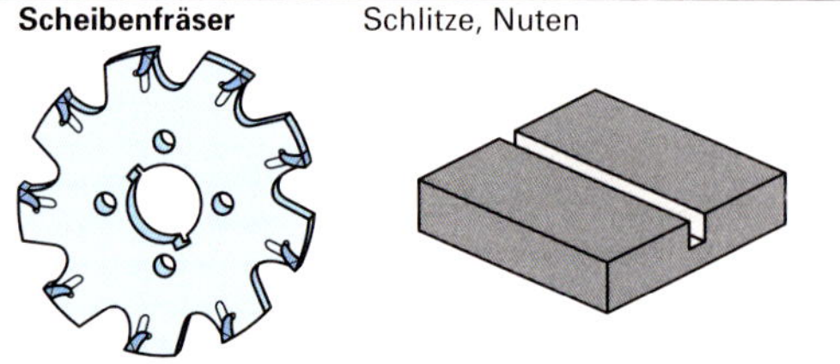	Schlitze, Nuten	**Schaftfräser** 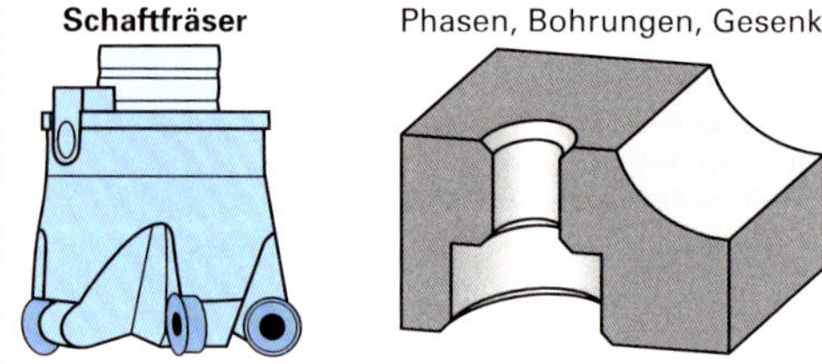	Phasen, Bohrungen, Gesenke

Unterscheidungsmerkmale von Fräswerkzeugen

Damit das Fräswerkzeug besonders gut an die jeweilige Fertigungsaufgabe angepasst ist, wurde eine Vielzahl verschiedenartiger Fräser entwickelt.

Um einen Überblick zu erhalten, werden die Fräswerkzeuge nach bestimmten Merkmalen unterschieden. Daraus ergeben sich oftmals die Bezeichnungen. So unterscheidet man nach der:

- Aufspannung an der Fräsmaschine (Schaftfräser, Aufsteckfräser, Fräsköpfe, Messerköpfe),
- Schneidengeometrie (Drall- und Schneidrichtung),
- Art des Verfahrens (Stirn-, Walzenfräsen),
- Werkzeugform (z.B. Scheibenfräser, Walzenfräser),
- damit herzustellenden Fläche (z.B. Nutfräser, Schlitzfräser),
- Leistungsfähigkeit (z.B. Hochleistungsfräser),
- Herstellungsart (durch Fräsen oder Hinterdrehen),
- Ausführung (z.B. massiv aus HSS oder mit eingesetzten Schneiden).

Auf einige Werkzeuge können auch mehrere der genannten Bearbeitungsfälle oder Schnittbedingungen zutreffen. So kann ein Schaftfräser gleichzeitig ein Stirnfräser sowie ein Nutenfräser sein.

Für die Bezeichnung des Fräswerkzeuges wird das am meisten zutreffende Merkmal verwendet.

Trotz der unterschiedlichen Werkzeugtypen gibt es doch einige grundsätzliche Gemeinsamkeiten aller Fräser im Unterschied z.B. zu Drehmeißeln.

2.2.2.8 Eigenschaften der Fräswerkzeuge

Schneidengeometrie

Das vielschneidige Fräswerkzeug kann man sich als eine Kombination mehrerer zusammenwirkender Schneidkeile vorstellen (Bild 1). Sie müssen in Form, Größe und Lage genau übereinstimmen. Betrachtet man eine einzelne Schneide, findet man alle bekannten Flächen und Winkel des Schneidkeiles wieder (S. 75). Neu ist bei diesem Werkzeug, dass der Drallwinkel eine große Rolle spielt. Durch die gegen die Achse geneigten Schneiden können eine bessere Laufruhe und Spanabfuhr erreicht werden.

Der wesentliche Unterschied zu anderen spanenden Verfahren (z.B. Drehen oder Bohren) liegt bei den sich stetig verändernden Eingriffsverhältnissen der Werkzeugschneide. Diese kommen durch den unterbrochenen Schnitt sowie die sich ständig ändernde Spandicke zustande.

Freifläche, Spanfläche, Hauptschneide und bei vielen Werkzeugen auch Nebenschneide und Nebenfreifläche sind wie bei anderen Werkzeugen zur spanenden Bearbeitung auch am Fräser zu finden (Bild 2).

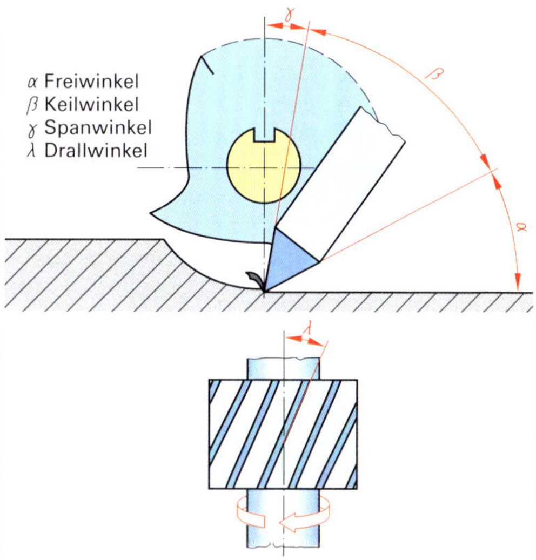

1 Winkel am Fräser

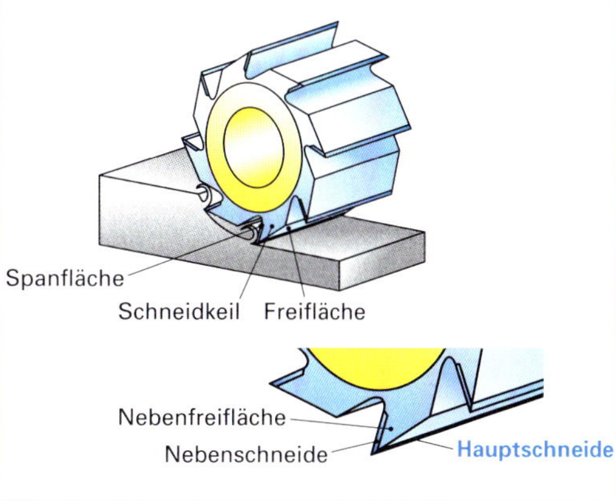

2 Flächen und Schneiden am Fräser

Jeder Fräser besitzt mehrere Hauptschneiden. Da die einzelne Schneide während einer Umdrehung nur zeitweise an dem Zerspanungsprozess teilnimmt und in der übrigen Zeit leer läuft, können die Schneiden sich immer wieder etwas abkühlen. Das erhöht die Standzeit.

Im Vergleich zu anderen Fertigungsverfahren wird beim Fräsen oft mit niedrigen Schnittgeschwindigkeiten und hohen Vorschüben gearbeitet. Der Grund dafür ist wiederum eine Maximierung der Standzeit des oftmals teuren Werkzeuges. Wie in dem Standzeitdiagramm zu sehen ist, gibt es einen Idealwert, bei dem die Standzeit sehr hoch ist (Bild 1). Wird nun die Schnittgeschwindigkeit v_c erhöht, verschleißt das Werkzeug schneller. Besser ist deshalb die Vergrößerung des Vorschubes, da hier bei gleicher Erhöhung des Zeitspanvolumens ein geringerer Verschleiß zu beobachten ist.

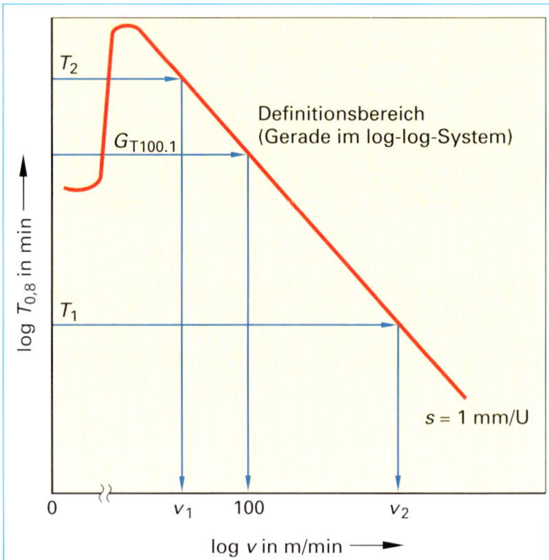

1 Standzeitdiagramm

Schneidstoffe

Fräswerkzeuge können komplett aus Schnellarbeitsstahl hergestellt werden. Zunehmend bestehen sie jedoch aus einem Grundkörper aus weniger beanspruchbarem Werkzeugstahl, auf den Schneidplatten aufgelötet bzw. geklemmt werden (Bild 2). Das macht die Werkzeuge nach dem Verschleiß der Schneiden schnell wieder einsetzbar, da nur die beschädigten Schneidplatten ausgewechselt werden müssen.

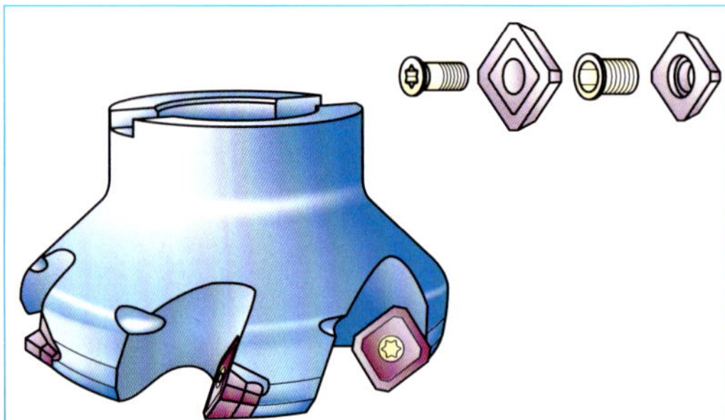

2 Fräser mit Schneidplatten

Häufig verwendete Schneidstoffe sind Hochleistungs-Schnellarbeitsstähle (HSS) sowie Hartmetalle, aber auch Schneidkeramik und Diamant werden zunehmend eingesetzt (Tabelle 1). Zum Fräsen verwendete Schneidstoffe müssen wegen des unterbrochenen Schnittes bei ausreichend großer Härte sehr zäh sein. Außerdem sollten sie einen ständigen Temperaturwechsel unbeschadet überstehen. Die unterschiedlichen Eigenschaften des Schneidstoffs ermöglichen verschiedene Anwendungsmöglichkeiten.

Tabelle 1: Beim Fräsen verwendete Schneidstoffe in der Übersicht

Schneidstoff	Eigenschaften, Anwendungsmöglichkeit
Schnellarbeitsstahl HSS	Hohe Zähigkeit und Kantenfestigkeit, deshalb relativ großer Spanwinkel möglich. Für kompliziert geformte Fräser, z.B. Profilfräser, Gewindefräser.
Hartmetall HM	Große Härte bei ausreichender Zähigkeit. Für Fräsarbeiten aller Art bei hoher Wirtschaftlichkeit.
Keramik	Ist noch härter als HM. Große Verschleißfestigkeit bis 1200 °C. Für das Arbeiten mit sehr hohen Schnittgeschwindigkeiten, das Bearbeiten von gehärteten Werkstoffen ist möglich.
Diamant	Besitzt die größte Härte aller Schneidstoffe. Für die Feinbearbeitung von Aluminium-Legierungen, Kunststoffen, NE-Metallen, Glas, Keramik, Hartmetallen.

Fräser aus Schnellarbeitsstahl sind in der Anschaffung relativ billig und verfügen über eine hohe Biegebruchfestigkeit sowie günstige Zähigkeit. Deshalb und wegen ihrer Formvielfalt werden sie bei Werkstoffen mit guter Bearbeitbarkeit oft eingesetzt. Sie werden auch massive Fräser genannt. Die Schneiden werden direkt aus dem Trägermaterial herausgearbeitet. Man unterscheidet hier drei **Werkzeugtypen**:

- **1. Typ W** für langspanende, **weiche** Werkstoffe wie z.B. Leichtmetall,
- **2. Typ N** für **normale** Werkstoffe bis zu einer Mindestzugfestigkeit von 1000 N/mm^2
- **3. Typ H** für kurzspanende, hochfeste und **harte** Werkstoffe

Tabelle 1: Winkel und Zähnezahl einiger ausgewählter Fräser

	Typ	Zähnezahl bei Fräserdurchmesser								γ	α	λ
		40	50	63	80	100	125	160	200			
Walzenfräser	N	6	6	6	8	10	10	12	—	10°	6°	40°
	H	12	12	12	14	16	20	24	—	6°	6°	25°
	W	4	4	4	6	6	6	8	—	20°	8°	40°
Walzenstirnfräser	N	8	8	9	10	14	14	16	—	10°	6°	15°
	H	12	12	12	14	18	22	24	—	6°	6°	10°
	W	4	5	6	6	8	9	10	—	20°	8°	35°
Scheibenfräser	N	—	12	12	12	14	16	18	22	10°	6°	10°
	H	—	14	16	18	20	24	26	30	5°	6°	0°
	W	—	6	6	6	8	10	10	14	20°	6°	20°
Nutenfräser	H	—	14	14	16	18	20	22	26	5°	10°	5°

Je härter das zu bearbeitende Material wird, um so kleiner muss der Spanwinkel sein und um so mehr Zähne sind am Fräswerkzeug nötig.

Spanteiler an Schruppfräsern

Da es besonders beim Schruppen unerwünscht ist, wenn breite, lange Späne entstehen, werden die Schneiden von Schruppfräsern mit einer Profilierung versehen. Dieses Profil, der **Spanteiler**, bricht die entstehenden Späne (Bild 1).

Die runde Profilierung erhält das Kürzel **R** und die flache Profilierung den Buchstaben **F**. Ein HSS Fräser vom Typ Normal mit rund profilierten Schneiden erhält so die Bezeichnung **NR**.

Das runde Profil eignet sich besonders gut zum Schruppen (Vorfräsen). Das flache Profil hinterlässt eine bessere Oberfläche und eignet sich deshalb am besten zum Schrupp-Schlichten.

Durch die Profilierung der Schneiden bei Schruppfräsern entstehen kurze, dicke Späne.

Das wirkt sich beim Schruppen positiv auf den Bearbeitungsprozess aus.

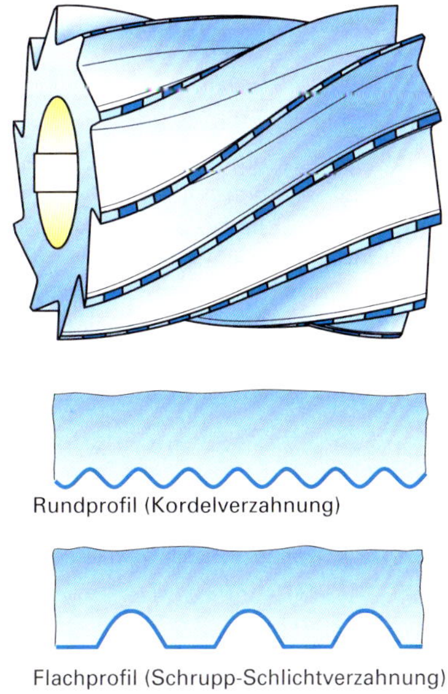

1 Spanteiler am HSS-Schruppfräser

Zahnform massiver Fräser aus HSS

An massiven Fräsern sind zwei unterschiedliche Zahnformen üblich. Diese ergeben sich aus der Art der Herstellung und sind optisch sehr gut zu unterscheiden (Bild 1).

Spitzgezahnte Fräser sind an ihrer spitzen Zahnform erkennbar. Sie werden durch Fräsen hergestellt. Damit können jedoch nur Fräser mit geradlinig verlaufenden Konturen gefertigt werden (z.B. Scheiben-Walzenfräser).

Bei Verschleiß können diese Fräser an Spanfläche und Freifläche scharfgeschliffen werden.

Hinterdrehte Fräser können nur auf einer speziellen Hinterdrehmaschine gefertigt werden (Bild 3). Vorher müssen jedoch die Zahnlücken durch Fräsen hergestellt werden (Bild 2). Der Herstellungsprozess ist also aufwendiger.

Im Vergleich zu spitzgezahnten Fräswerkzeugen sind durch Hinterdrehen mit Hilfe eines Formdrehmeißels auch Formfräser herstellbar (z.B. nach innen oder außen gewölbte Halbkreisfräser).

Bei Verschleiß werden hinterdrehte Fräser nur an der Spanfläche geschliffen um die Maßhaltigkeit des Werkzeuges zu gewährleisten.

Hinterdrehte Fräser besitzen oftmals einen zu geringen Drallwinkel (meist $\lambda = 0°$). Diesem daraus folgenden Nachteil der geringeren Standzeit stehen jedoch Vorzüge, wie z.B. die verhältnismäßig hohe Gesamtlebenszeit, gegenüber.

Hartmetall-Schneidstoffe

Hartmetalle besitzen eine große Härte, Warmverschleißfestigkeit sowie eine große Druckfestigkeit. Damit bieten sich für diesen Schneidstoff die meisten Anwendungsmöglichkeiten. Am häufigsten werden zum Fräsen Hartmetalle der K-Gruppe nach DIN ISO 513 (1992-06) eingesetzt. Zum Bearbeiten von Stahl verwendet man oft P20 bis P40 und zum Schlichtfräsen M10 und M20.

Besonders verschleißfest sind Hartmetalle mit Titankarbid- oder Aluminiumoxid-Beschichtung.

Werden an Verschleiß- und Kantenfestigkeit besonders hohe Anforderungen gestellt, verwendet man **Feinstkorn-Hartmetallplatten**.

Hartmetallschneidstoffe werden aufgelötet oder in Form von Wendeplatten auf den Werkzeuggrundkörper geklemmt oder geschraubt (Bild 4).

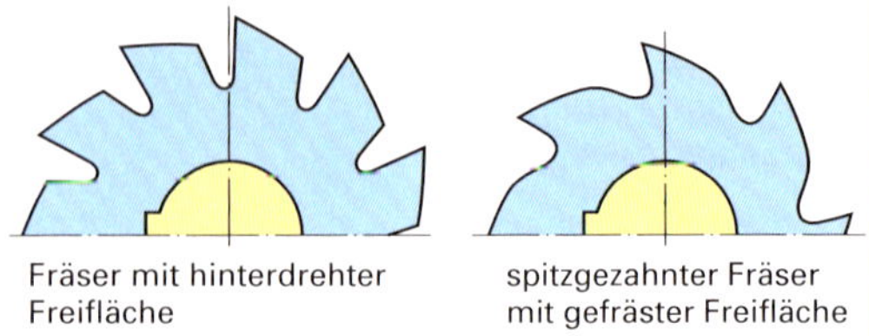

1 Zahnformen

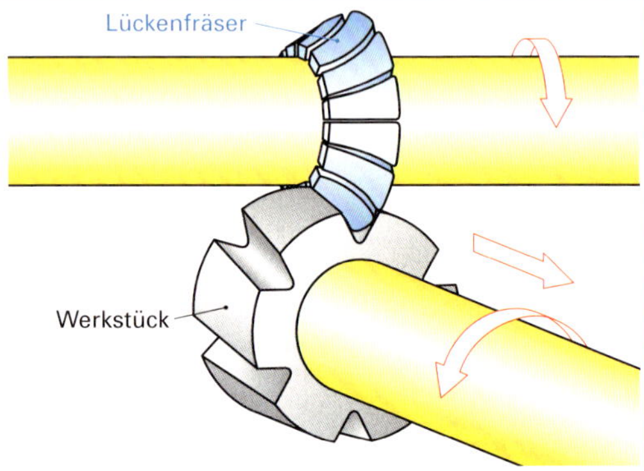

2 Fräsen der Zahnlücken

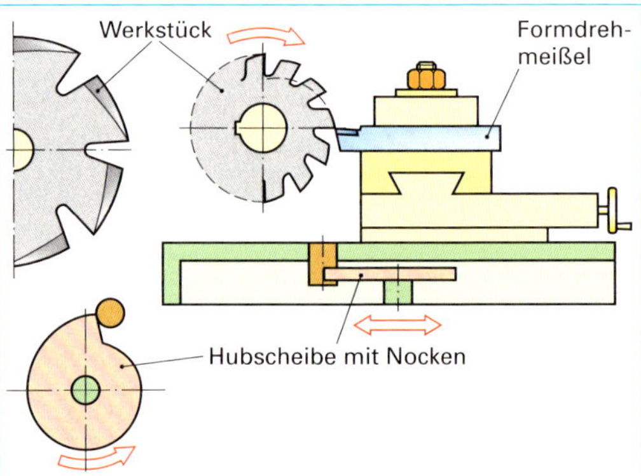

3 Vorgang des Hinterdrehens

4 Hartmetall-Wendeplatten

Wendeschneidplatten für Fräswerkzeuge

Wendeschneidplatten werden überwiegend aus Hartmetallen sowie aus keramischen Schneidstoffen hergestellt. Sie sind in ihren Abmaßen genormt und werden mit einem Loch zum Schrauben oder ohne Loch zum Klemmen angeboten.

Die **Vierkantplatten** besitzen eine höhere Schneidenstabilität und eine größere Anzahl von Schneiden als die Dreikantplatten. **Dreikantplatten** benötigt man zum Eckfräsen, weil damit ein Einstellwinkel von $\varkappa = 90°$ erreicht wird (Bild 1).

Außerdem werden Wendeschneidplatten mit positivem oder negativem Freiwinkel verwendet. Bei einem Keilwinkel von 90° handelt es sich um negative Schneidplatten. Deren Schneiden können im Gegensatz zu positiven Schneidplatten an der Ober- und Unterseite genutzt werden.

Viele Schneidplatten besitzen eine Spanleitstufe. Dadurch kommt ein positiver Spanwinkel zustande und es wird eine geringere Schnittkraft sowie weniger Leistung benötigt.

Schneidplatten, die mit einem Eckenradius ausgestattet wurden, haben zwar eine längere Lebensdauer, bewirken aber eine raue Oberfläche. Sie werden deshalb überwiegend zum Vorfräsen/Schruppen eingesetzt.

Für Präzisionsarbeiten gibt es neben der Normalausführung auch eine **Genauigkeitsausführung**. Mit diesen Schneidplatten lassen sich ohne zusätzliche Justierung Werkstücktoleranzen von 0,1 mm einhalten.

Zum Schlichten verwendet man Schneidplatten mit Planfase oder mit Breitschlichtfase. Um eine optische Oberfläche zu erhalten muss aber der Vorschub je Fräserumdrehung kleiner als die Breitschlichtfase sein (Bild 2). Deshalb muss die passende Vorschubgeschwindigkeit v_f errechnet werden.

Die maximale Vorschubgeschwindigkeit zum Schlichten ergibt sich aus der Fasenbreite B und der Drehzahl n.

Maximale Vorschubgeschwindigkeit $\boldsymbol{v_f = B \cdot n}$

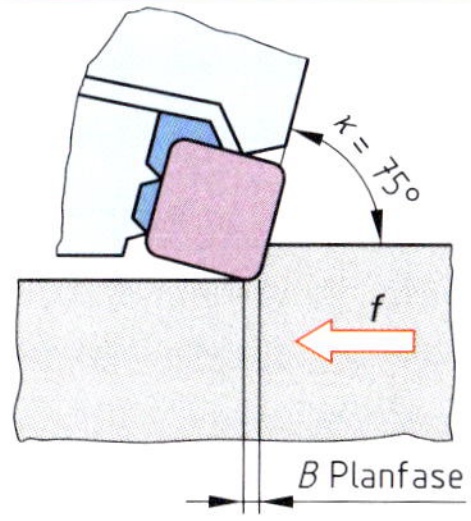

Planfräsen mit Vierkant-Planfasenplatte

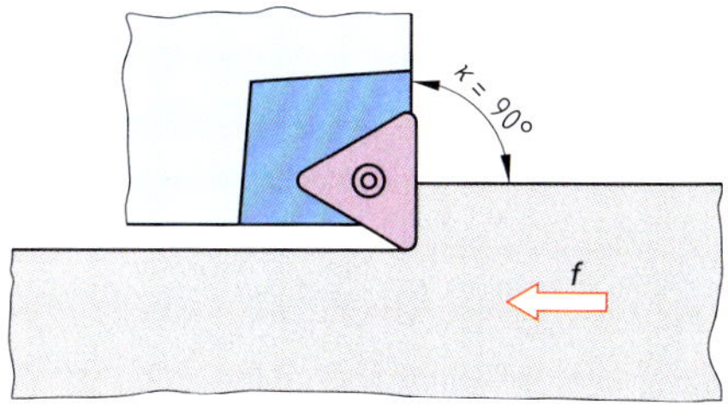

Eckfräsen mit Dreikantplatte

1 Einstellwinkel beim Plan- und Eckfräsen

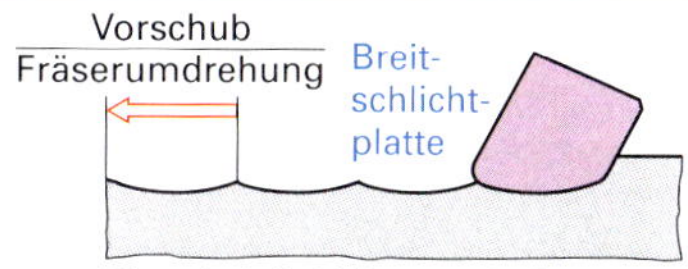

Vorschub je Fräserumdrehung kleiner als die Breitschlichtfase

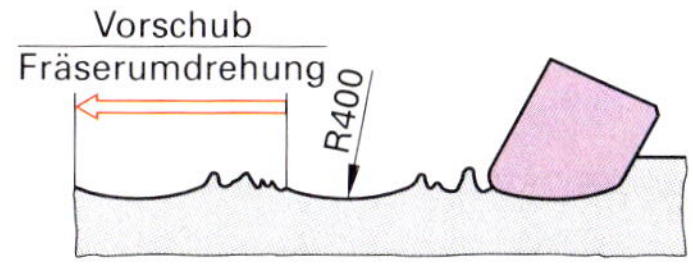

Vorschub je Fräserumdrehung größer als die Breitschlichtfase

2 Oberfläche beim Fräsen mit Breitschlichtplatte

Beispiel:

Wie groß darf die maximale Vorschubgeschwindigkeit sein, wenn der Fräserdurchmesser d = 230 mm beträgt, bei einer Breitschlichtfase von B = 10 mm und einer Schnittgeschwindigkeit von v_c = 150 m/min?

Lösung:

$$n = \frac{v_c}{\pi \cdot d} = \frac{150\ \text{m/min}}{\pi \cdot 0{,}23\ \text{m}} = \underline{208\ 1/\text{min}}$$

$$v_f = B \cdot n = 10\ \text{mm} \cdot 208\ 1/\text{min} = \underline{\mathbf{2070\ mm/min}}$$

Die Vorschubgeschwindigkeit darf höchstens 2070 mm/min betragen um zu schlichten.

Keramik und Diamant als Schneidstoff

Seltener als aus Hartmetallen werden Fräserschneiden aus keramischen Werkstoffen gefertigt (Bild 1). Diese Materialien haben zwar den Vorteil einer sehr großen Härte, der Nachteil ist jedoch die hohe Empfindlichkeit gegen Schlagbeanspruchung, welche beim Fräsen notwendigerweise ständig auftritt. Gegenwärtig werden jedoch neue **Mischkeramik**-Werkstoffe entwickelt, die den Belastungen immer besser standhalten können. Keramik wird meist für die Feinbearbeitung von gehärtetem Stahl oder Hartguss eingesetzt. Dabei arbeitet man mit negativem Span- und Neigungswinkel.

Besonders zu beachten ist die Tatsache, dass Keramik auf schnellen Temperaturwechsel sehr empfindlich reagiert.

Beim Spanen mit keramischen Schneidstoffen ist immer ohne Kühlmittel zu arbeiten!

Naturdiamanten werden nur beim Ultrapräzisionsfräsen oder beim Hochglanzfräsen von Metallspiegeln verwendet. Die Spandicke bewegt sich hier im Mikrometerbereich.

Häufiger dagegen wird mit künstlich hergestelltem, synthetischem Diamant, dem **Polykristallinen Diamant (PKD)** gearbeitet (Bild 2). PKD wird überwiegend für Nichteisen-Werkstoffe wie Aluminium, Kupfer, Kunststoffe verwendet. Wegen seiner sehr großen Härte ist der Verschleiß so gering, dass Tausende von Werkstücken mit einer Schneide hergestellt werden können.

Diamanten sind vor hohen Temperaturen zu schützen. Sie verbrennen bereits bei ca. 800 °C!

Standzeit und Verschleiß

Wie bei jedem spanenden Verfahren tritt auch beim Fräsen an der Werkzeugschneide Verschleiß auf.

Eine Besonderheit des Fräsens ist der unterbrochene Schnitt. Dadurch wird die Schneide bei jeder Werkzeugumdrehung durch den schlagartigen Eintritt in das Material des Werkstückes mechanisch stark belastet. Tritt die Schneide aus dem Werkstoff heraus, wird sie ebenso plötzlich wieder entlastet. Außerdem kühlt der Schneidstoff, nachdem er sich beim Arbeiten auf einige hundert Grad Celsius erhitzt hat, an der Umgebungsluft plötzlich ab. Diese Vorgänge werden **mechanische und thermische Beanspruchung** genannt.

Prinzipiell sind alle bekannten Verschleißformen – also Freiflächen-, Spanflächen-, Schneidkanten-, Kolkverschleiß sowie die Aufbauschneide auch beim Fräsen zu beobachten (Bild 4).

Am häufigsten tritt **Freiflächenverschleiß** auf. Er wird durch Messung der Verschleißmarkenbreite VB bestimmt, die mit der zulässigen VB verglichen wird (Bild 3). Wird die zulässige VB überschritten, muss das Werkzeug geschliffen oder ausgewechselt werden, weil in diesem Zustand das Werkstück Schaden nehmen könnte.

Besonders oft kommen beim Fräsen infolge des unterbrochenen Schnitts, Kamm- und Querrisse vor.

1 Fräswerkzeuge mit keramischen Schneiden

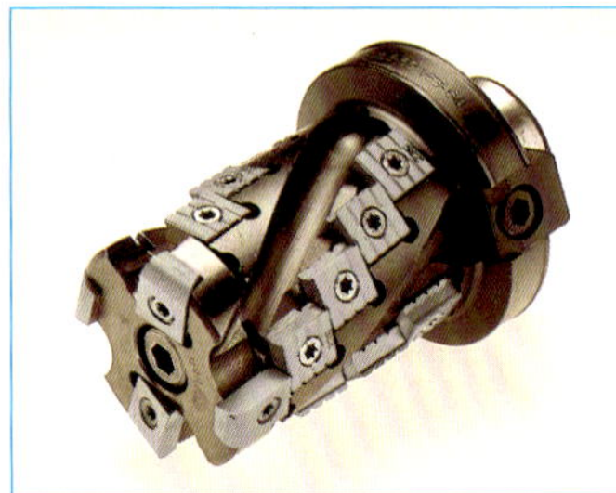

2 Fräswerkzeuge mit Diamant-Schneiden

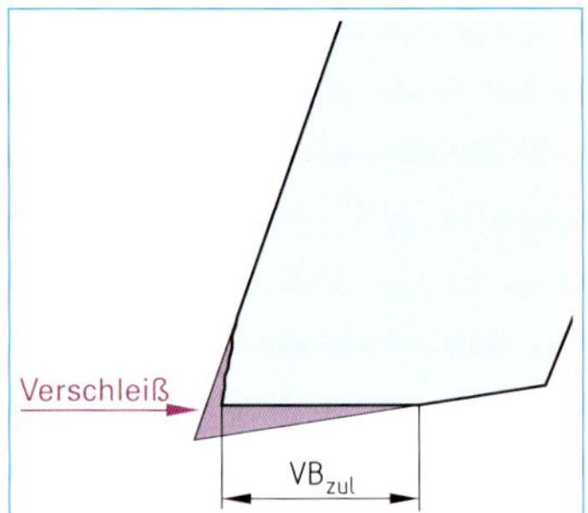

3 Verschleißmarkenbreite VB

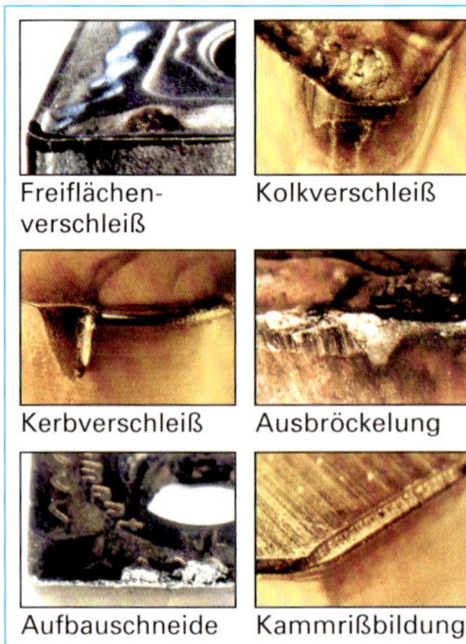

4 Verschleißformen

Werkzeugverschleiß verursacht jährlich beträchtliche Kosten. Nicht nur die Werkzeuge werden immer teurer, auch die Kosten der Stillstandszeit der Maschine beim Werkzeugwechsel steigen ständig.

Verschleiß kann nicht verhindert werden, aber man kann ihn **vermindern**, wenn seine häufigsten Ursachen sowie die Mittel und Methoden zur Vermeidung der zu schnellem Verschleiß führenden Vorgänge bekannt sind. In der folgenden Tabelle sind Ursachen des normalen Verschleißes und Wege zu seiner Verminderung sowie die vermeidbaren Veränderungen an der Werkzeugschneide zusammengefasst:

Tabelle: Verschleißformen und ihre Vermeidung

Verschleißform	Ursache	Verminderung/Vermeidung
normaler Freiflächenverschleiß	Abrieb	nicht zu vermindern
erhöhter Freiflächenverschleiß	• zu kleiner Zahnvorschub • beim Umfangsfräsen im Gegenlauf	• Erhöhung des Zahnvorschubes • Verwendung eines anderen Schneidstoffes
normaler Kolkverschleiß	Abrieb	nicht zu vermindern
erhöhter Kolkverschleiß	hohe Werkzeugtemperatur	• Verringerung der Schnittgeschwindigkeit • Verwendung eines anderen Schneidstoffes
Kammrisse	schneller, häufiger Temperaturwechsel	• Verringerung der Schnittgeschwindigkeit, • Arbeiten ohne Kühlmittel
Querrisse	zu hohe Schlagbeanspruchung	günstigeren Anschnitt einstellen
Ausbröckelungen und Aussplitterungen	• zu hohe Schnittkräfte • schneller, häufiger Temperaturwechsel	• Verringerung der Schnittgeschwindigkeit, • Arbeiten ohne Kühlmittel • Verwendung eines anderen Schneidstoffes
Aufbauschneide	zu niedrige Schnittgeschwindigkeit	Erhöhung der Schnittgeschwindigkeit
Verformungen	zu hoher Schneidendruck	• Verringerung des Zahnvorschubes • Verwendung eines anderen Schneidstoffes

Standzeit bzw. Standweg sind abhängig vom Schneidstoff, dem Werkstückmaterial sowie den Einstellwerten und der Kühlschmierung.

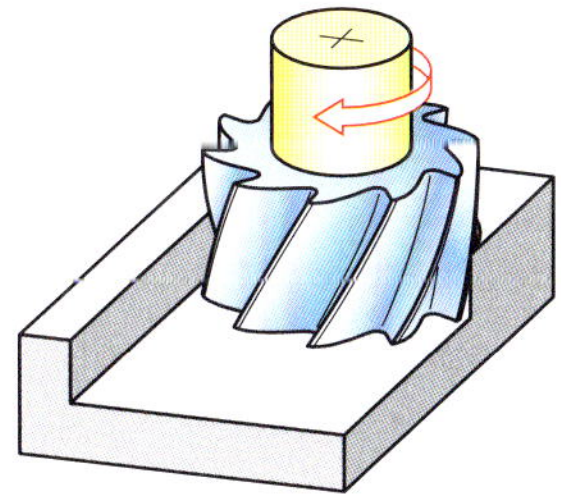

1 **Walzenstirnfräser mit Drall im Eingriff**

Drall- und Schneidrichtung

Um die schlagende Wirkung beim Eintritt in das zu bearbeitende Material zu vermeiden, werden einige Fräswerkzeuge mit einem Drall versehen. Die Schneide kann sich dadurch allmählich in den Werkstoff einarbeiten (Bild 1). Die Folge ist eine starke Erhöhung der Standzeit. Außerdem wirkt eine axiale Kraft. Dadurch lassen sich mittels der Kombinationsmöglichkeiten von Drall- und Schneidrichtung die Größe und Richtung auftretender Schnitt- und Axialkräfte positiv beeinflussen.

Die Drallrichtung wird wie bei Gewinden bestimmt, also Links- oder Rechtsdrall. Zur Bestimmung der Schneidrichtung wird das Werkzeug von der Antriebsseite aus betrachtet (Bild 2).

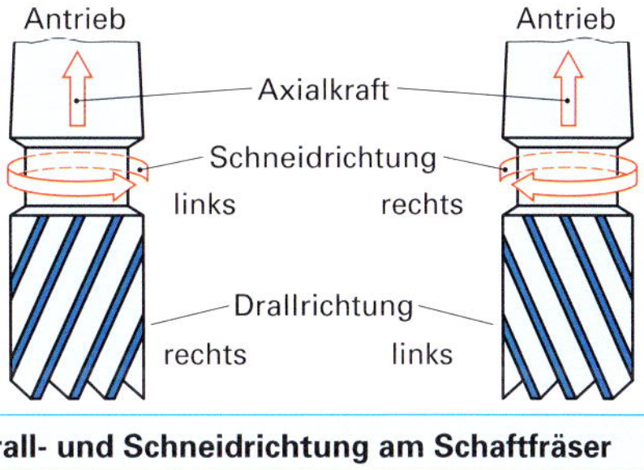

2 **Drall- und Schneidrichtung am Schaftfräser**

Schneid- und Drallrichtung sollten an einem Fräser entgegengesetzt sein, damit die Axialkraft gegen das Spindellager gerichtet ist.

Fräser mit Drall gewährleisten einen ruhigen, gleichmäßigen Lauf während der Bearbeitung.

Die wegen des Zahndralls auftretenden Axialkräfte, die bei **geradgezahnten Fräsern** in Richtung der Frässpindellagerung wirken, können durch eine **Kreuzzahnung** aufgehoben werden (Bild 1). Die dadurch entstehende gleichförmige Schnittkraft hat zur Folge, dass die Maschine ruhiger arbeitet.

Ein ähnlich ruhiger Lauf kann durch **wendelgezahnte** Schneidkanten erreicht werden.

Bei wendelgezahnten Walzenfräsern kann die Axialkraft durch Kuppeln zweier Werkzeuge mit entgegengesetzter Drallrichtung aufgehoben werden. Dazu wird der zweite Fräser einfach entgegengesetzt aufgesteckt (Bild 2).

Werden mehrere Fräswerkzeuge auf einer Spindel kombiniert, spricht der Fachmann von einem **Satzfräser** (S. 136).

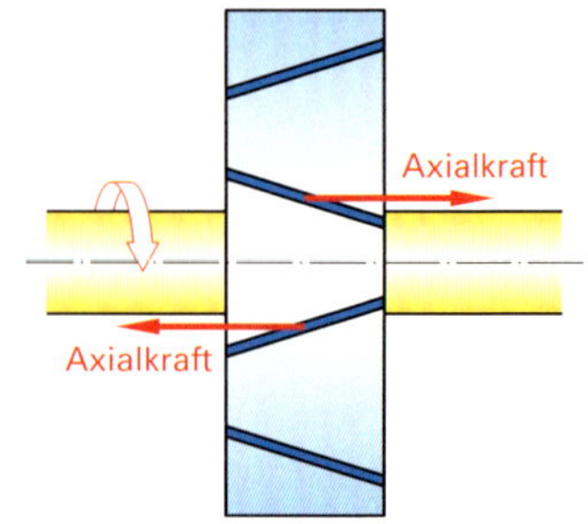

1 Scheibenfräser kreuzgezahnt

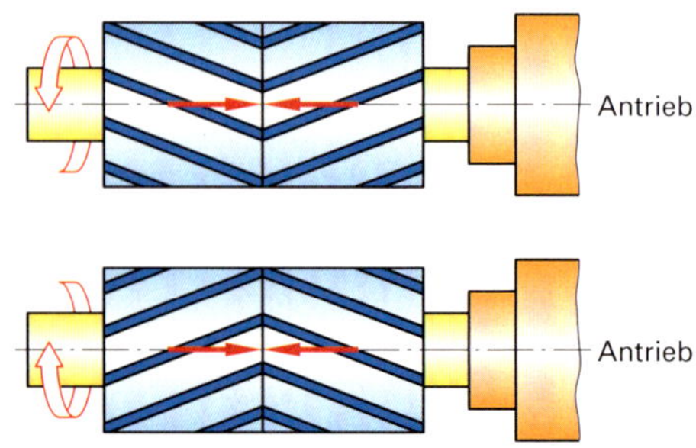

2 Entgegengesetzt gekuppelte Walzenfräser

Aufgaben:

1 **Nach welchen Merkmalen lassen sich Fräswerkzeuge unterscheiden?**
2 **Welche Flächen und Winkel finden sich an einer typischen Fräserschneide?**
3 **Besteht ein Unterschied im Vergleich zur Geometrie am Bohrer?**
4 **Was unterscheidet das Fräsen grundsätzlich von anderen Fertigungsverfahren?**
5 **Warum wird beim Fräsen mit relativ niedrigen Schnittgeschwindigkeiten gearbeitet?**
6 **Aus welchen Materialien können die Grundkörper von Fräswerkzeugen bestehen?**
7 **Welche Schneidstoffe werden beim Fräsen verwendet? Nennen Sie Eigenschaften und Anwendungsmöglichkeiten.**
8 **Welche Schneidstoffe werden am häufigsten eingesetzt?**
9 **Warum werden Fräser aus HSS noch verwendet, obwohl sie die geringste Härte aller Schneidstoffe besitzen?**
10 **Welche Typen von HSS-Fräsern gibt es?**
11 **Wie verhält sich der Spanwinkel und die Anzahl der notwendigen Schneiden zur Härte des Werkstückes?**
12 **Was sind Spanteiler, welche Typen gibt es?**
13 **Welchen Zweck haben Spanteiler?**
14 **Welche Zahnformen können Fräser aus HSS haben, wie werden sie hergestellt?**
15 **Was ist beim Nachschleifen hinterdrehter Fräser zu beachten?**
16 **Welche Vorteile haben Wendeschneidplatten?**
17 **Welche Hartmetalle nach DIN ISO 513 (1992-06) werden beim Fräsen am häufigsten eingesetzt?**
18 **Welche Grundformen von Wendeschneidplatten gibt es?**
19 **Was ist beim Schlichten mit Breitschlichtfase zu beachten?**
20 **Welche Vor- und Nachteile haben keramische Schneiden?**
21 **Wofür verwendet man Schneiden aus PKD?**
22 **Was verstehen Sie unter mechanischer und thermischer Beanspruchung?**
23 **Welche Verschleißformen treten beim Fräsen besonders häufig auf?**
24 **Warum kann Verschleiß nicht generell vermieden werden?**
25 **Warum sind einige Fräserschneiden mit einem Drall versehen?**

2.2.2.9 Spanungsgrößen

Da sich das Fräswerkzeug immer auf einer Kreisbahn bewegt, wird die Schnittgeschwindigkeit v_c folgendermaßen errechnet:

Schnittgeschwindigkeit $v_c = \pi \cdot d \cdot n$

Sie ist abhängig vom Werkstoff des bearbeiteten Werkstückes, vom Schneidstoff sowie von der Art der Bearbeitung. Auch die Steifigkeit von Maschine und Werkstück müssen beachtet werden.

Die **Schnitttiefe** a_p wird in Richtung der Werkzeugachse bestimmt, während der **Arbeitseingriff** a_e von der in Schnittrichtung bearbeiteten Fläche abhängt (Bilder 1 und 2). Der Arbeitseingriff liegt jedoch immer rechtwinkelig zur Werkzeugachse (S. 59).

Weil an den meisten Fräswerkzeugen mehrere Schneiden vorhanden sind, ergibt sich der **Vorschub** f aus dem Weg, den das Werkzeug gegenüber dem Werkstück bei einer Werkzeugumdrehung zurücklegt. Die Strecke, die eine Schneide im Eingriff zurücklegt, der **Zahnvorschub** f_z, wird dazu mit der **Anzahl der Schneiden** z des benutzten Werkzeuges multipliziert.

Vorschub $f = f_z \cdot z$

Der Zahnvorschub kann aus Tabellen abgelesen werden. Er ist abhängig von der geforderten Oberflächengüte sowie von der Schnitttiefe.

Schnittgeschwindigkeit und Zahnvorschub sind den Richtwerttabellen der Werkzeughersteller zu entnehmen.

Unter Hinzunahme der **Drehzahl** n kann nun auch die Vorschubgeschwindigkeit bestimmt werden (Bilder 3 und 4).

Vorschubgeschwindigkeit $v_f = f_z \cdot z \cdot n = f \cdot n$

Die **Schnittleistung** P_c und die **Antriebsleistung** P_a werden berechnet wie beim Bohren und Drehen. Das geschieht ebenfalls über das **Zeitspanungsvolumen** Q. Das Zeitspanvolumen sagt aus, wieviel cm³ Werkstoff in einer Minute gespant werden.

$Q = A \cdot v_c$ $P_c = Q \cdot k_c$ $P_a = \frac{P_c}{\eta}$	A Spanungsquerschnitt k_c spezifische Schnittkraft η Wirkungsgrad

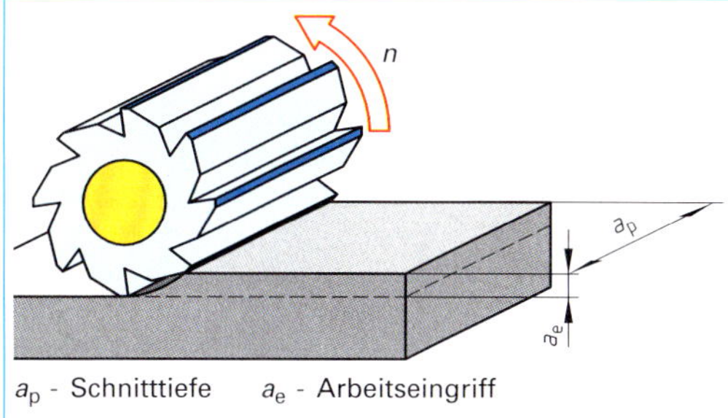

1 Schnitttiefe und Arbeitseingriff beim Umfangsfräsen

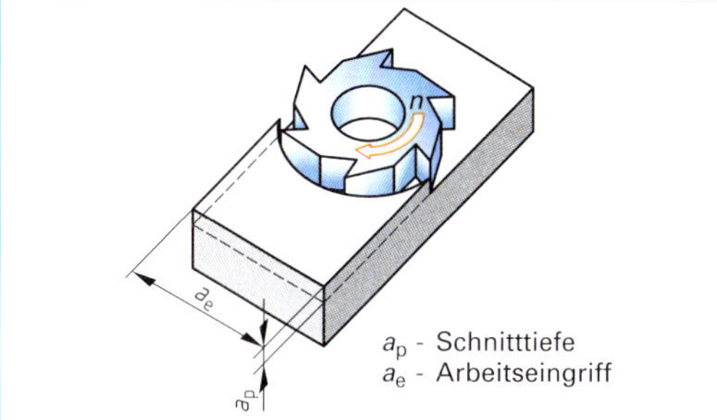

2 Schnitttiefe und Arbeitseingriff beim Stirnfräsen

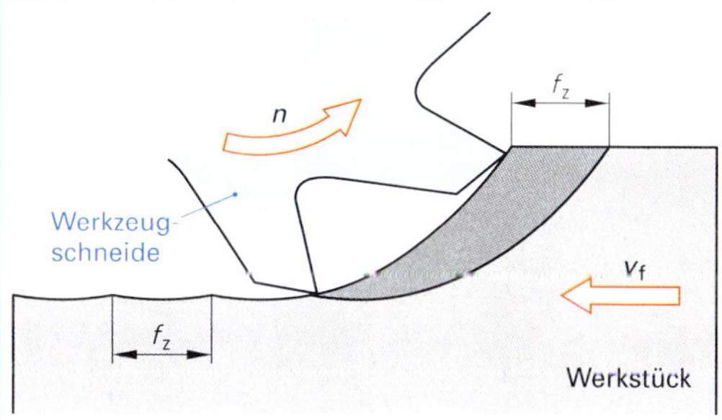

3 Vorschubgeschwindigkeiten beim Umfangsfräsen

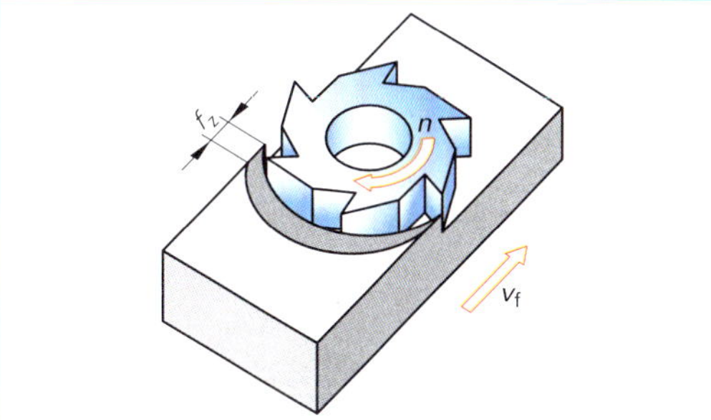

4 Vorschubgeschwindigkeit beim Stirnfräsen

2.2.2.10 Arbeitsbeispiel entsprechend dem Fertigungsauftrag von Seite 113

Vorüberlegungen

Um das Arbeitsbeispiel zu fertigen, muss das Rohteil als erstes durch Planfräsen den Zeichnungsmaßen angenähert werden.

Planfräsen ist die Erzeugung einer ebenen Fläche mit geradliniger Vorschubbewegung durch Stirnfräsen, Umfangsfräsen oder Stirnumfangsfräsen.

Nach Möglichkeit wird zum Planfräsen die Verfahrensvariante Stirnfräsen eingesetzt.

Stirnfräsen hat gegenüber dem Umfangsfräsen folgende Vorteile:

- Da sich der Anschnitt weg von den Schneidecken verlegen lässt, werden die Schneiden geschont. Der Kühlschmierstoff kann besser an die Schneiden gelangen.
- Die erforderliche Schnittleistung ist beim Stirnfräsen geringer. Die Maschinenleistung lässt sich besser nutzen.
- Da beim Stirnfräsen mehr Zähne im Eingriff sind, sind der Spanungsquerschnitt und die Maschinenbelastung gleichmäßiger.

Zur Einsparung von Fertigungszeit wird versucht, mit wenigen Arbeitsgängen zu produzieren. Deshalb wählt man beim Planfräsen durch Stirnfräsen einen möglichst großen Fräserdurchmesser.

Besteht auf der vorhandenen Maschine die Möglichkeit einen Fräskopf einzusetzen, dessen Durchmesser ein wenig größer ist als die dickste Stelle des Werkstückes, kann die Oberfläche mit einem Schnitt gefräst werden.

Der Durchmesser des Fräskopfes sollte mindestens das 1,3-fache der Werkstückdicke betragen.

Außerdem ist beim Planfräsen mit Stirnfräsern der Einstellwinkel κ (Kappa) zu beachten. Ist dieser Winkel größer als 75°, kann die Werkstückkante ausbrechen (Bild 1).

Werden sehr schmale Werkstücke bearbeitet, muss die Fräserachse innerhalb des Werkstückes liegen. Dadurch wird vermieden, dass die Schneidkante direkt aufschlägt und damit schnell verschleißt (Bild 2).

Weiterhin muss der Sturz beachtet werden, da das Nachschneiden ebenfalls einen unnötig hohen Verschleiß verursacht (S. 119).

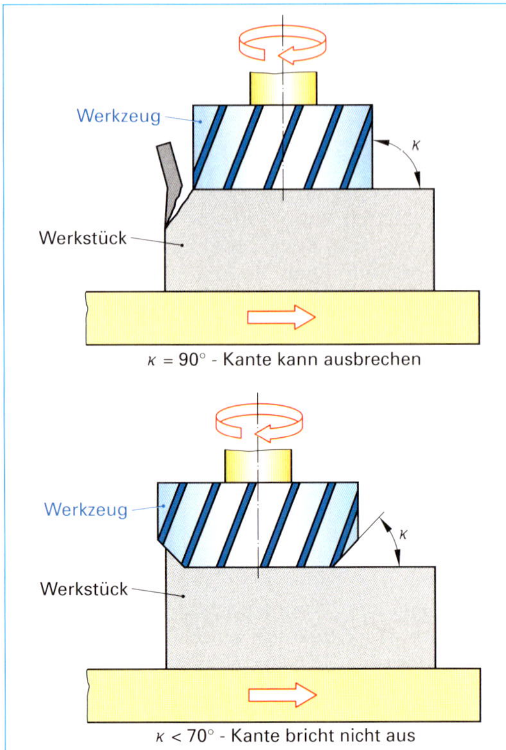

1 Günstiger Einstellwinkel beim Stirn-Planfräsen

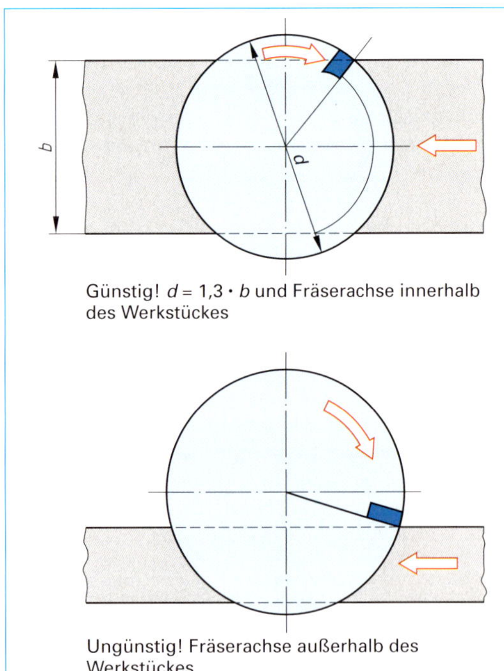

2 Möglichkeiten der Fräserachslage

Nach diesen Vorüberlegungen ist es möglich, mit der Herstellung des Schlittens nach Zeichnung zu beginnen (Bild 1).

Als Erstes muss ein **Arbeitsplan** mit den günstigsten Bearbeitungsschritten aufgestellt werden. Dabei muss Folgendes beachtet werden:

- Kann das Werkstück vor jedem Arbeitsgang stabil gespannt werden?
- Ist die Reihenfolge der Arbeitsgänge rationell? Das bedeutet konkret:
  - minimale Werkzeugwechsel
  - so wenige Umspannvorgänge beim Werkstück wie nötig!
- Mögl. kein Einsatz von Spezialwerkzeugen und Spezialspannmitteln, da diese meist teuer sind.
- Welche Maschinen, Werkzeuge, Spannmittel stehen zur Verfügung?

Aus diesen Überlegungen könnte sich folgender Arbeitsplan ergeben:

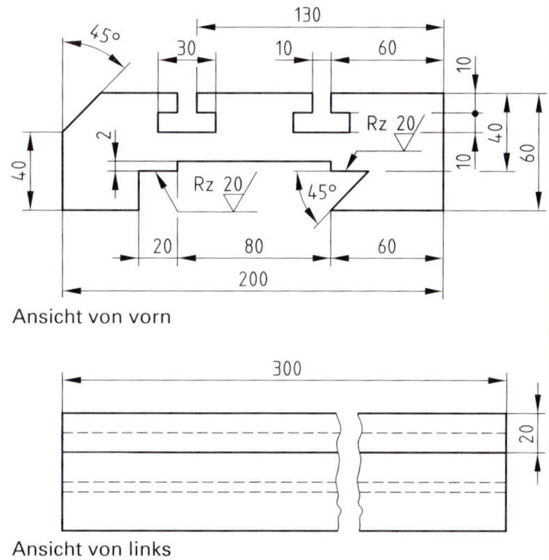

1 Auszug aus der Fertigungszeichnung

Arbeitsplan Auftrags-Nr.:		Bearbeiter: Datum:
Benennung: Aufspanntisch Werkstoff: EN-GJS-500-7 Abmessungen: 200 · 60 · 300		Losgröße: 1 Gewicht/Teil: 5,5 kg Termin: sofort
Arb.-gang	Arbeitsvorgang	Werkzeug
10	Fräsen 200 · 62 · 300	Planfräskopf D 270
20	Schlichtfräsen Oberseite 200 · 60 · 300	Planfräskopf D 270
30	Eckfräsen 100 · 18 · 300	Eckfräskopf D 100
40	Schlichten 100 · 20 · 300	Eckfräskopf D 100
50	Planfräsen 80 · 22 · 300	Planfräskopf D 80
60	Winkelfräsen 45°	Winkelstirnfräser 45°
70	Fräsen Rechtecknut 10 · 20 · 300	Scheibenfräser b = 10
80	Fräsen T-Nut 30 · 10 · 300	T-Nutenfräser D 30, b =10
90	Fräsen Schräge 45°	Winkelfräser 45°

So oder ähnlich könnte der Arbeitsplan (AP) unter den hier vorgegebenen Bedingungen aussehen. In anderen Fällen sind aber auch weitere Varianten denkbar. Die folgenden Arbeitsgänge sind für die Fräserei uninteressant.
Das Rohteil, welches verwendet werden soll, hat die Abmaße 200 mm · 70 mm · 300 mm (B · H · L). Es hat an fünf Seiten eine durch Sägen erzeugte Oberfläche. Auf der sechsten Seite (Höhe) ist eine Gusshaut vorhanden (Bild 2).

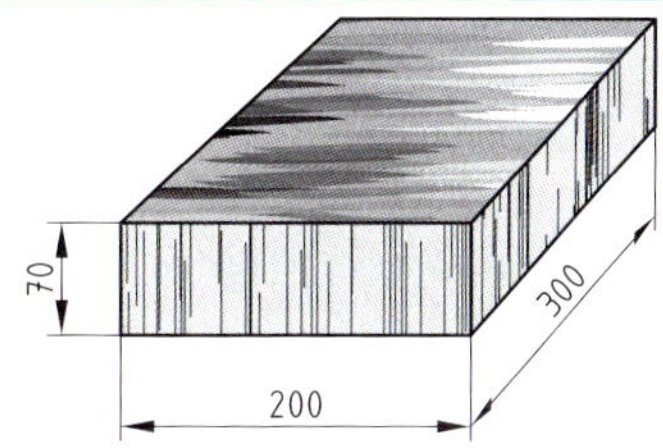

2 Abmaße des Rohteils

Vor Beginn der Fertigung müssen verschiedene Einstellwerte der Maschine ermittelt werden. Das ist notwendig um Werkzeuge und Maschine vor Überlastung zu schützen. Die Ermittlung der Richtwerte erfolgt als Erstes nach den bestimmenden Faktoren:

- dem Werkstoff (EN-GJS-500-7),
- dem Schneidstoff (HM),
- der Fräserart (Stirnfräser),
- der beabsichtigten Bearbeitung (Schruppen),
- dem Spanvolumen (Schnitttiefe und Schnittbreite).

Schnittgeschwindigkeit v_c und Vorschub je Zahn f_z werden aus Tabellen abgelesen. Sie sind dort auf bestimmte Werkstoffe und Fräser bezogen.

Auf jeden Fall sollten die Richtwerttabellen des Schneidenherstellers genutzt werden, so können die Einstellwerte der Maschine am besten ermittelt werden.

Tabelle 1: Richtwerte für Schnittgeschwindigkeit v_c in m/min und Vorschub

Fräswerkzeug	Art der Bearbeitung		Unl. Stahl R_m bis 700 N/mm²	Legierter Stahl R_m bis 750 N/mm²	Legierter Stahl R_m bis 1000 N/mm²	Gusseisen bis 180 HB
Fräskopf (Messerkopf)	Schneiden aus Hartmetall					
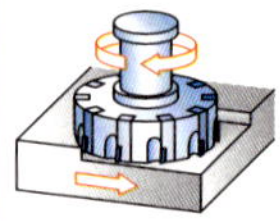	Schruppen	v_c	80...150	80...150	60...120	70...120
		f_z	0,1...0,3	0,1...0,3	0,1...0,3	0,1...0,3
	Schlichten	v_c	100...300	100...300	80...150	80...160
		f_z	0,1...0,2	0,1...0,2	0,06...0,15	0,1...0,2

Tabelle 2: Werkstoffwerte

Kurzzeichen	Zugfestigkeit R_m in N/mm²
EN-GJS-400-15	410
EN-GJS-500-7	490
EN-GJS-600-3	590
EN-GJS-700-2	690

Ist dies nicht möglich werden allgemein gültige Tabellenbücher verwendet. Zu beachten ist bei Gusseisen als erstes die Brinellhärte. Diese liegt für EN-GJS-500-7 unter 180 HB. Die abzulesenden Richtwerte für einen Fräskopf mit Hartmetallschneiden lassen jedoch noch einen großen Spielraum zu.

Es können folgende Werte abgelesen werden (Tab. 1): v_c = 70 m/min...120 m/min; f_z = 0,1 mm...0,3 mm.

Um die genauen Arbeitswerte zu erhalten, müssen weitere Einflussgrößen berücksichtigt werden, die ebenfalls bei der Bearbeitung wirksam werden. Diese **beeinflussenden Faktoren** sind:

- Walz- oder Gusshaut bzw. Schmiedekruste,
- Gleichlauf- oder Gegenlauffräsen,
- spezielle Hochleistungsfräser mit/ohne angefaste Schneidecken,
- Stabilität des Werkstücks, des Werkzeugs sowie der Maschine.

Sie können durch Korrekturfaktoren rechnerisch eingebracht werden. Positiv wirkende Faktoren erhalten einen **Korrekturwert** > 1; Faktoren, die die Bearbeitung erschweren, werden < 1 eingesetzt.

Beispiel:

Fräser hat angefaste Schneidecken:	Korrekturfaktor: 1,2
Gusshaut ist zu fräsen:	Korrekturfaktor: 0,8
Gewählte Schnittgeschwindigkeit:	$v_{c/gewählt}$ = 100 m/min
Tatsächliche Schnittgeschwindigkeit:	v_c = 100 m/min · 1,2 · 0,8 = **96 m/min**

Es muss ein geringerer Arbeitswert eingestellt werden als ursprünglich angenommen wurde.

In der Werkstattfertigung ist die Basis der Arbeitswerte jedoch oft die Erfahrung des Facharbeiters. Zum Schruppen der Ober- und Unterseite des Gussteils bei einer Schnitttiefe von jeweils 4 mm, werden unter Beachtung der beeinflussenden Faktoren folgende Werte gewählt:

$\boldsymbol{v_c}$ = 90 m/min; $\boldsymbol{f_z}$ = 0,1 mm.

Für die Drehzahlermittlung muss der Fräserdurchmesser (D = 270) eingesetzt werden:

$$\boldsymbol{n} = \frac{v_c}{\pi \cdot d} = \frac{90 \text{ m/min}}{\pi \cdot 0{,}27 \text{ m}} = 106 \; \frac{1}{\text{min}}$$

$$\boldsymbol{v_f} = z \cdot f_z \cdot n = 18 \cdot 0{,}1 \text{ mm} \cdot 106 \text{ 1/min} = \underline{\underline{\textbf{190 mm/min}}}$$

Aufgabe:

Ermitteln Sie n und v_f für den Fall, dass statt des im Arbeitsbeispiel gewählten nur ein Walzenfräser aus HSS mit 16 Zähnen und einem Durchmesser D = 100 zur Verfügung steht. Nutzen Sie die kleinstmöglichen Werte (Tabelle 3).
Beurteilen Sie das Ergebnis!

Tabelle 3: Vorschub und Schnittgeschwindigkeit

Fräswerkzeug	Art der Bearbeitung		Unl. Stahl R_m bis 700 N/mm²	Legierter Stahl R_m bis 750 N/mm²	Legierter Stahl R_m bis 1000 N/mm²	Gusseisen bis 180 HB
Walzenfräser	Fräser aus Schnellarbeitsstahl					
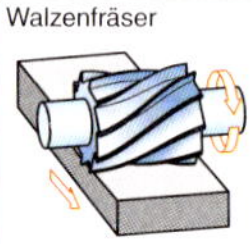	Schruppen	v_c	30...40	25...30	15...20	20...25
		f_z	0,1...0,2	0,1...0,15	0,1...0,15	0,1...0,3
	Schlichten	v_c	30...40	25...30	15...20	20...25
		f_z	0,05...0,1	0,05...0,1	0,05...0,1	0,1...0,15

Besonders wichtig ist beim Schruppen die Kontrolle, ob die zur Verfügung stehende Maschine überhaupt in der Lage ist, die geforderte Leistung zu erbringen, die für die errechneten Schnittwerte notwendig ist (Kapitel 2.1). Diese **Schnittleistung P_c** ist notwendig, um den Werkstoffwiderstand zu überwinden. Sie ergibt sich aus **Schnittkraft F_c** und **Schnittgeschwindigkeit v_c**.

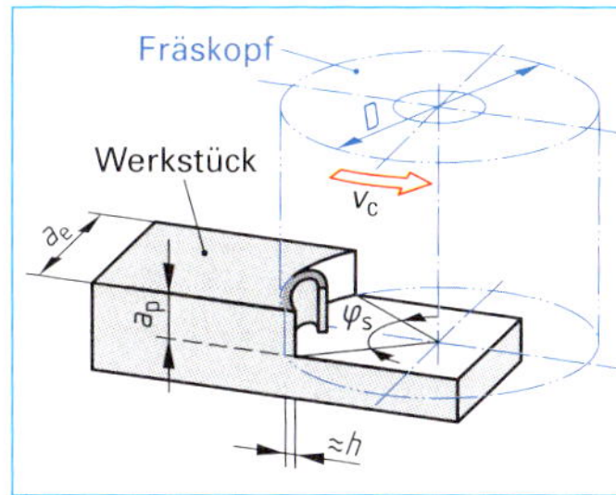

1 Arbeitswerte beim Stirnfräsen

Die ständigen Weiterentwicklungen der Werkzeughersteller lassen heute Arbeitswerte zu, die man wegen der mangelnden Leistung auf älteren Maschinen nicht voll nutzen kann. Andererseits ist es bei der Herstellung größerer Stückzahlen äußerst wirtschaftlich, wenn mit den höchst möglichen Einstellwerten gearbeitet wird.

Da ein Teil der Leistungsaufnahme der Maschine nicht als Zerspankraft zur Verfügung steht, wird am Typenschild die **Antriebsleistung P_a** angegeben. Hier ist der Wirkungsgrad η (Eta) berücksichtigt. Der Wirkungsgrad liegt bei Fräsmaschinen etwa zwischen 70 % ($\eta = 0{,}7$) und 90 % ($\eta = 0{,}9$).

Eine Maschine ist ausgelastet, wenn die erforderliche Schnittleistung der Antriebsleistung entspricht.

Die **Antriebsleistung** = $\dfrac{\textbf{Schnittleistung}}{\textbf{Wirkungsgrad}}$

$$P_a = \frac{P_c}{\eta}$$

Weil sich die Spanungsdicke während des Schnittes ändert, wird beim Fräsen mit gemittelten Werten gearbeitet:

Die **mittlere Schnittleistung = mittl. Schnittkraft · Schnittgeschwindigkeit**

$$P_{cm} = F_{cm} \cdot v_c$$

Die Schnittkraft F_c ist die Summe der Kräfte, die erforderlich ist, um den Werkstoff zu zerspanen. Sie ergibt sich aus dem Spanungsquerschnitt A und einem Wert, der für alle Werkstoffe unter gleichen Bedingungen ermittelt wurde, der spezifischen Schnittkraft k_c.

Die **mittlere Schnittkraft = spez. Schnittkraft · Spanungsquerschnitt**

$$F_{cm} = k_c \cdot A$$

Der mittlere Spanungsquerschnitt A_m kennzeichnet die Dicke der entstehenden Späne aller im Eingriff befindlichen Schneiden (Bild 1).

Mittl. Spanungsquerschnitt =
Schnitttiefe · Spanungsdicke · Anzahl der im Eingriff befindlichen Schneiden

$$A_m = a_p \cdot h \cdot z_e$$

Für die Spanungsdicke h kann beim Stirnfräsen vereinfacht angenommen werden:

Spanungsdicke ≈ 0,9 · Vorschub je Schneide

$$h \approx 0{,}9 \cdot f_z$$

Die Anzahl der im Eingriff befindlichen Schneiden wird mit dem Fräserdurchmesser D, der Anzahl der am Fräser befindlichen Schneiden z und der zu bearbeitenden Werkstückbreite a_e ermittelt (Bild 1).

Anzahl der Schneiden im Eingriff = $\dfrac{\textbf{Winkel zw. Schneideein- und -austritt · Anzahl d. Schneiden}}{\textbf{360°}}$

$$z_e = \frac{\varphi_s \cdot z}{360°}$$

$$\sin\frac{\varphi}{2} = \frac{a_e}{D}$$

Beispiel:

Hier soll die mittlere Schnittkraft $F_{cm} = 5850$ N betragen. Durch Einsetzen für F_c erhält man für die Errechnung der Antriebsleistung in kW:

$$P_c = \frac{F_c \cdot v_c\,(\text{m/min})}{60000} = \frac{5850\ \text{N} \cdot 96\ \text{m/min}}{60000} = \underline{8{,}77\ \text{kW}}$$

$$P_a = \frac{P_c}{\eta} = \frac{8{,}77\ \text{kW}}{0{,}8} = \underline{\mathbf{10{,}96\ kW}}$$

Um die geforderte Schnittleistung von 8,77 kW zu erzeugen, muss die Maschine über eine Antriebsleistung von mindestens 11 kW verfügen.

Beim Programmieren von NC-gesteuerten Fräsmaschinen ist außer den bisher ermittelten Arbeitswerten noch wichtig zu wissen, an welchem Punkt der Eilgang beendet ist, der Arbeitsvorschub beginnt und ab wann das Werkzeug wieder mit Eilgang in die Ausgangslage verfahren kann.

Der praktische Nutzen liegt bei einer optimalen Maschinenauslastung. Ist die genaue **Hauptnutzungszeit** bekannt, wird verhindert, dass der Fräser einen zu langen Anlauf oder Überlauf mit Arbeitsgeschwindigkeit ausführt. Auch die Abteilung für Arbeitsvorbereitung muss mit der exakten Hauptnutzungszeit t_h des Arbeitsganges kalkulieren.

Die Zeit, während der sich das Werkzeug zum Ausführen eines Arbeitsganges im Arbeitsvorschub befindet, ist die Hauptnutzungszeit.

Hauptnutzungszeit $t_h = \dfrac{L \cdot i}{v_f} = \dfrac{L \cdot i}{n \cdot f}$

Der Weg L ergibt sich dabei aus der Werkstücklänge l, dem Anlaufweg l_a, dem Überlauf l_u sowie beim Umfangsfräsen dem Anschnitt l_s.

Der Anschnitt l_s sollte besonders bei großem Fräserdurchmesser sorgfältig gewählt werden, da hier beträchtliche Zeit eingespart werden kann. Der Fräser befindet sich beim Umfangsfräsen schon über dem Werkstück, führt aber noch keine Fräsarbeit aus (Bild 1).

Der Anlaufweg l_a dient als Sicherheitsabstand zwischen Eilvorschub und Arbeitsvorschub.

Durch Multiplikation mit der **Anzahl der Schnitte *i*** wird die wirklich zu fräsende Länge ermittelt (Bilder 2, 3, 4).

Beispiel:

Die Unterseite des Rohteils zur Schlittenherstellung soll in zwei Schnitten von $h = 70$ mm auf 62 mm mit einem Stirnfräser D 270 durch Schruppen plangefräst werden. Der Arbeitseingriff beträgt deshalb $a_e = 4$ mm. Es wurde eine Drehzahl $n = 106$ 1/min und der Vorschub $f = 1{,}8$ ermittelt. Als An- und Überlauf genügt $l_a = l_u = 1$ mm.

Lösung:

$$L = l + \frac{d}{2} - l_s + l_a + l_u; \quad l_s = \frac{1}{2}\sqrt{d^2 - a_e^2}$$

$$l_s = \frac{1}{2}\sqrt{270\ \text{mm}^2 - 4\ \text{mm}^2} = \underline{135\ \text{mm}}$$

$$L = 300\ \text{mm} + 135\ \text{mm} + 1\ \text{mm} + 1\ \text{mm} = 437\ \text{mm}$$

$$t_h = \frac{L \cdot i}{n \cdot f} = \frac{437\ \text{mm} \cdot 2}{106\ \frac{1}{\text{min}} \cdot 1{,}8} = \underline{\underline{4{,}58\ \text{min}}}$$

Um ein gleichmäßiges Fräsbild zu erhalten, muss der Stirnfräser die bearbeitete Fläche ganz verlassen haben (Nachschneiden).

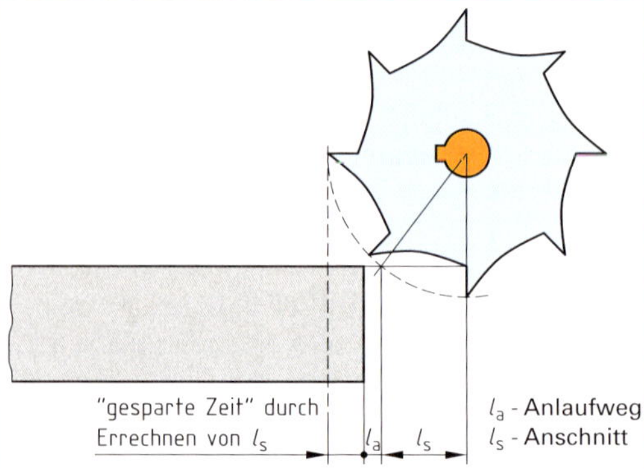

1 Notwendigkeit der Ermittlung von l_s

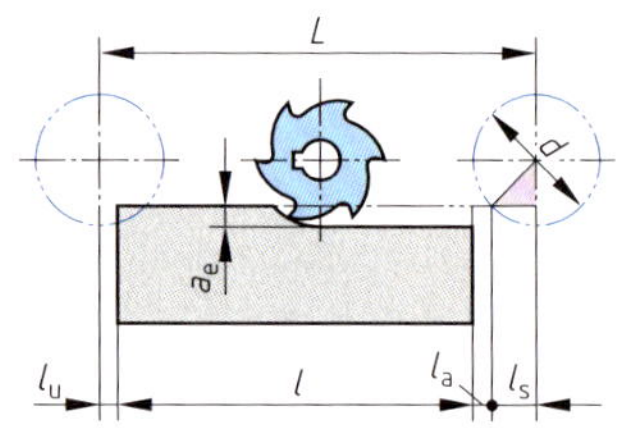

2 Vorschubwege beim Umfangsfräsen

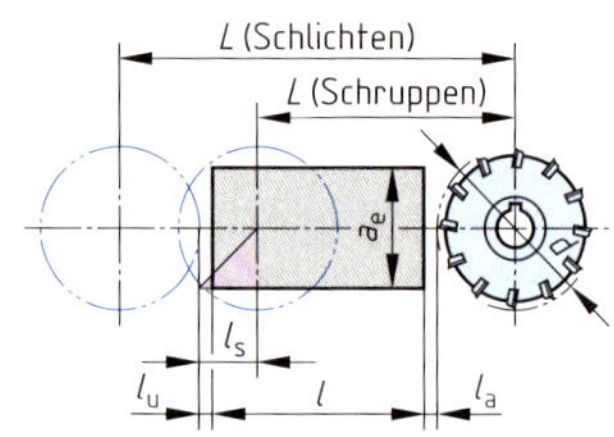

3 Vorschubwege beim Stirnfräsen

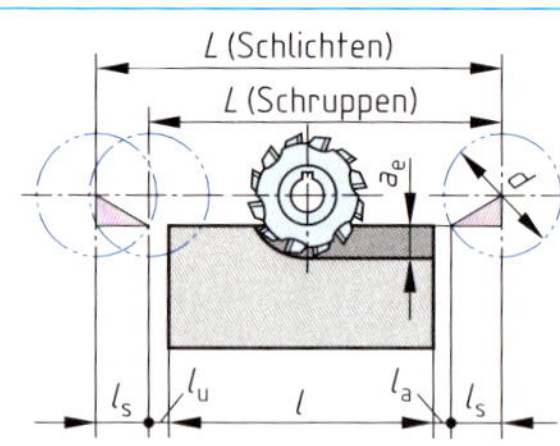

4 Vorschubwege beim Stirn-Umfangsfräsen

Die Oberseite des Rohteils wird bei einer Schnitttiefe von 2 mm in einem Schnitt auf $h = 60$ mm geschlichtet.

Lösung:

$L = 1 + d + l_a + l_u$

$L = 300\ \text{mm} + 270\ \text{mm} + 1\ \text{mm} + 1\ \text{mm} = \underline{572\ \text{mm}}$

$\underline{\underline{t_h = 2{,}99\ \text{min}}}$

Nachdem der Grundkörper durch das Planfräsen nun die geforderten Außenmaße erhalten hat, kann mit der Fertigung der Lauffläche begonnen werden. Dazu bietet sich der Einsatz eines Eckfräskopfes mit Dreikantplatte an. Mit diesem Werkzeug lassen sich rechtwinklige Oberflächen und Vertiefungen am besten herstellen.

Fräsköpfe gehören zur Gruppe der **Aufsteckfräser**.

> Aufsteckfräser werden über eine Bohrung an einem Aufsteckfräsdorn mit Morse- oder Steilkegelschaft befestigt.

Dafür gibt es verschiedene Varianten, die vom Hersteller und von der Art des Fräskopfes abhängig sind.

Damit alle Schneiden gleichmäßig beansprucht werden, muss der Fräser über eine hohe Plan- und Rundlaufgenauigkeit verfügen. Deshalb verfügen Fräsköpfe über eine Außen- oder Innenzentrierung (Bild 1). Bei Universalfräsmaschinen ist meist die Innenzentrierung mit einem in die Spindel eingesetzten Zapfen zu finden.

Der mit Dreikantplatten ausgerüstete Fräskopf neigt wegen seiner relativ schwachen Schneidkanten zu Vibrationen. Er sollte deshalb ausschließlich zum Fräsen rechtwinkliger Konturen verwendet werden. Sind mehrere Schnitte notwendig, kann der Einsatz eines Fräskopfes mit Vierkantplatten zum Vorfräsen nützlich sein.

Die Arbeitswerte werden nach den bisher verwendeten Formeln errechnet.

Nachdem Arbeitsgang 30/40: Eckfräsen und Schlichten 100 · 20 · 300 abgeschlossen ist, wird mit einem Planfräskopf D 80 der Arbeitsgang 50 durchgeführt. Da die entstehende Fläche keine besondere Funktion zu erfüllen hat, ist hier eine völlig exakte Ecke nicht nötig. Der Vorteil gegenüber dem Eckfräser liegt in der längeren Standzeit des Planfräsers mit Vierkantplatte und einem Einstellwinkel $\varkappa = 75°$. Auch die Oberfläche spielt für die Funktion des Schlittens keine Rolle. Ein Schlichten muss deshalb ebenfalls nicht stattfinden (Bild 2).

Der Einsatz eines Walzenfräsers auf einer Waagerecht-Fräsmaschine wäre für die Arbeitsgänge 30... 50 ebenfalls möglich. Stirnfräsen hat jedoch gegenüber dem Umfangsfräsen mit einem Walzenfräser einige Vorteile (S. 130). Deshalb sollte in diesem Fall vom Umfangsfräsen möglichst abgesehen werden, wenn sich daraus keine Nachteile für die Funktion des Werkstückes ergeben (Bild 3).

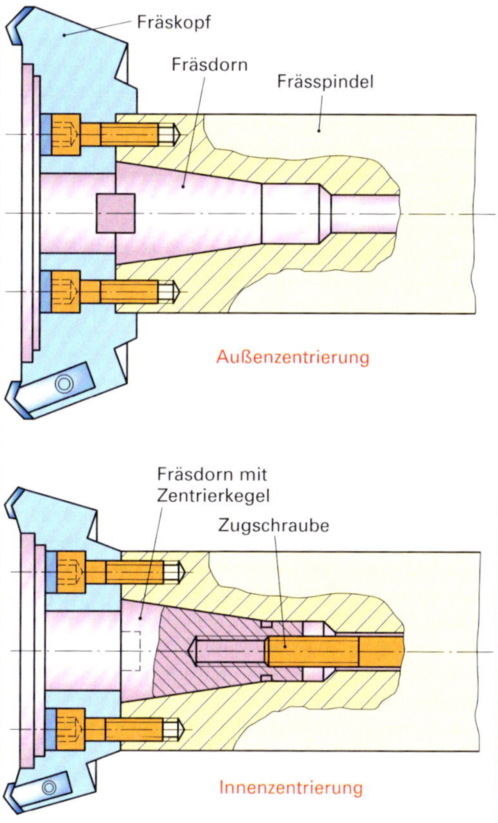

1 Befestigung und Zentrierung von Fräsköpfen

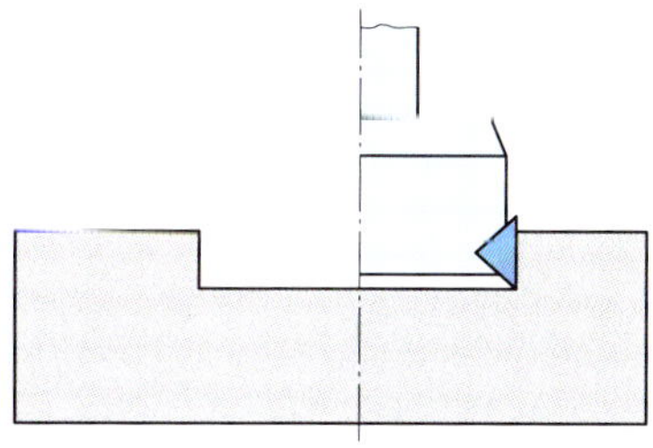

2 AG 30/40 Eckfräsen und Schlichten 100 · 20 · 300

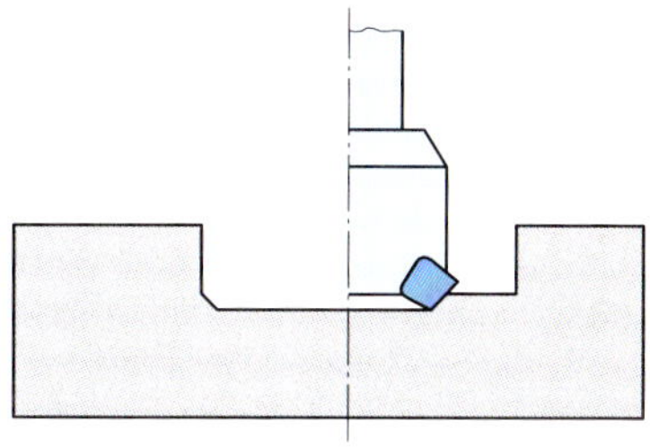

3 AG 50 Planfräsen 80 · 22 · 300

Um die schräge 45°-Fläche der ersten Führungsbahn herzustellen, ist ein geeigneter **Winkelstirnfräser** notwendig (Bild 1).

Winkelstirnfräser dienen der Herstellung von Winkelführungen (Schwalbenschwanzprofil) und können einen Profilwinkel von 45°, 50°, 55° oder 60° haben.

Sie gehören auch zur Gruppe der Aufsteckfräser und bestehen meist aus HSS.

Ein geeigneter Fräser hätte die Bezeichnung:

Fräser DIN 842 – A 45° x 100 L – HSS

(Profilwinkel 45°, Form A; d_1 = 100 mm; linksschneidend; Material: HSS)

Nicht verwechselt werden sollten diese Fräser mit **Winkelfräsern** (Bild 2).

Winkelfräser sind Lückenfräser, die zur Herstellung der Spannuten an spitzgezahnten Werkzeugen gebraucht werden.

Deren Profilwinkel und Form sind nicht genormt, da sie von der Drallsteigung und dem geforderten Werkzeugwinkel abhängig sind. Sie werden auch als Schaftfräser (s. folgende Seite) angeboten.

Im nächsten Arbeitsschritt ist es notwendig die T-Nuten in zwei Schritten zu fertigen.

Im ersten Arbeitsschritt werden Rechtecknuten gefräst. Sie ermöglichen im nächsten Arbeitsschritt den Zugang für den T-Nutenfräser.

Aus der Zeichnung ist ersichtlich, dass für die Rechtecknut ein **Scheibenfräser** mit einer Breite b = 10 mm verwendet werden kann.

Scheibenfräser verfügen über Schneiden an allen drei Seiten. Sie sind kreuzverzahnt (Form A) für tiefe Nuten oder geradverzahnt (Form B) für flache Nuten und bis max. 50 mm breit (Bild 3).

Der hier benötigte Scheibenfräser könnte folgende Bezeichnungen tragen:

Fräser DIN 885 – A 50 x 10 N – HSS

(Form A; d_1 = 50 mm; b = 10 mm; Werkzeug-Anwendungsgruppe N; Material: HSS)

Da die zu fertigenden Nuten genau parallel zueinander verlaufen, bietet es sich geradezu an, zwei Fräser gleichzeitig auf den Frädorn der Waagerecht-Fräsmaschine zu spannen. Die Herstellung der beiden Nuten ist dadurch in einem Arbeitsschritt möglich (Bild 4).

Den exakten Abstand zwischen den Werkzeugen erhält man durch spezielle Ringe und Buchsen, mit denen jeder beliebige Abstand mit ausreichender Genauigkeit eingestellt werden kann. Bei solch einer Kombination mehrerer Aufsteckfräser spricht man von einem **Satzfräser**. Vorteil des Satzfräsens ist die hohe Produktivität (Bild 5).

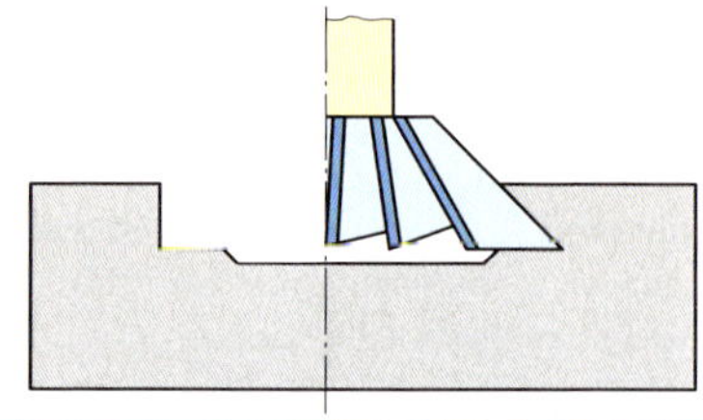

1 AG 60 Winkelfräsen mit Winkelstirnfräser

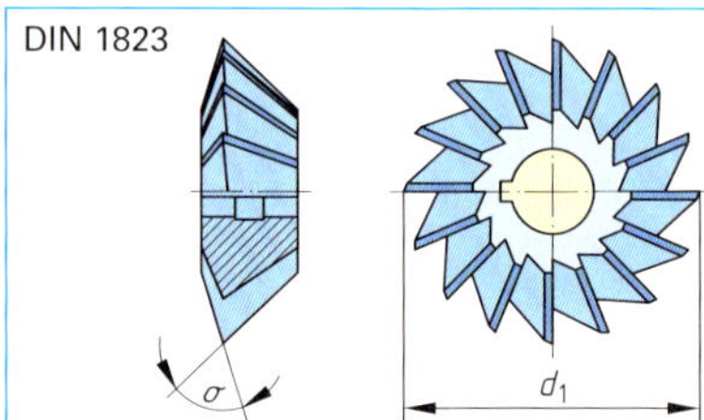

2 Winkelfräser, Form B

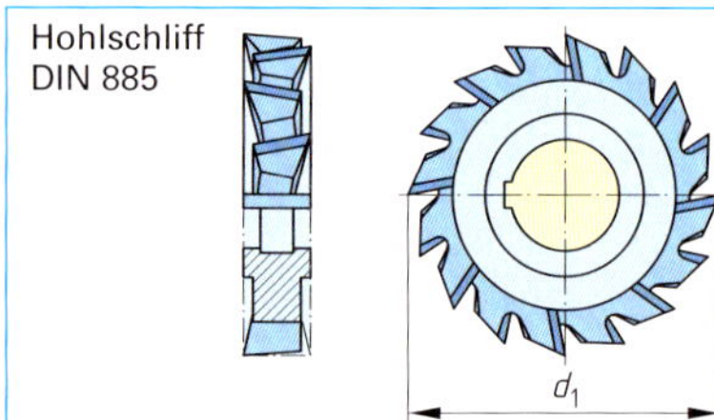

3 Scheibenfräser Form A

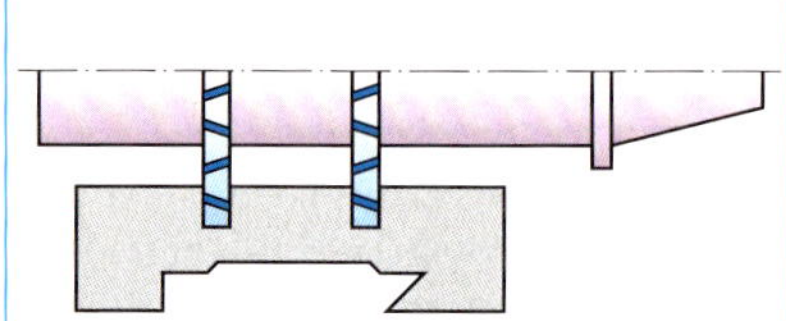

4 AG 70 Fräsen Rechtecknut

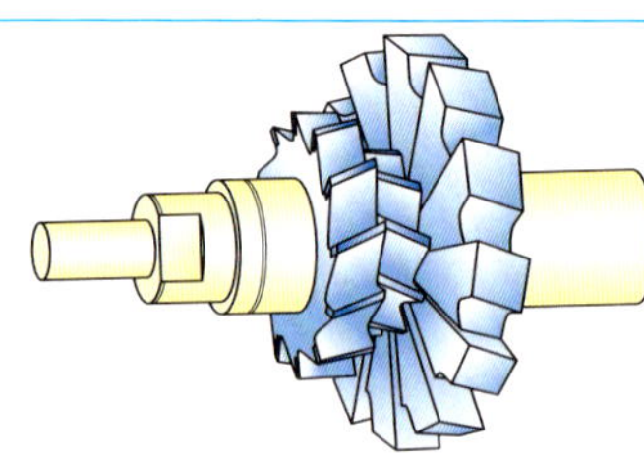

Haben die einzelnen Werkzeuge unterschiedliche Durchmesser, wird zur Berechnung der Arbeitswerte der größte Durchmesser oder das schwächste Material angenommen.

5 Satzfräser (dreiteilig)

Die im Arbeitsbeispiel gefertigten Rechtecknuten sind auch durch andere Verfahrensweisen herstellbar. Diese eignen sich aber besonders gut für verschiedene Nutarten. Für jede gibt es spezielle, besonders gut geeignete Werkzeuge.

Zum Fräsen von Passfedernuten werden Schlitzfräser, Langlochfräser (Bild 1) oder einfache **Schaftfräser** verwendet.

Schaftfräser sind meist rechtsschneidend sowie rechtsgedrallt und haben Durchmesser von 2 mm ... 65 mm.

Einige Modelle verfügen über auswechselbare HM-Platten (Igelfräser).

Sollen Nuten für Scheibenfedern gefräst werden, finden **Schlitzfräser** Anwendung (Bild 2).

Schlitzfräser sind Schaftfräser und arbeiten nach dem Verfahren des Tauchfräsens. Die kreuz- oder geradeverzahnten Schneiden sitzen nur am Umfang (eine Seite).

Der zu fertigende Aufspanntisch verfügt nun über zwei Rechtecknuten.

Für den zweiten Arbeitsgang existieren spezielle Werkzeuge, die **T-Nutenfräser** (Bild 3).

T-Nutenfräser gehörten zur Gruppe der Schaftfräser und besitzen an drei Seiten Schneiden. Sie sind meist kreuzverzahnt (Bild 4).

Zur Fertigung der Schräge 45° bieten sich verschiedene Möglichkeiten.

Erlaubt die vorhandene Maschine, die Frässpindel zu schwenken, ist normales Stirnfräsen mit einem Fräskopf oder einem Walzenstirnfräser möglich (Bild 6). Besteht die Möglichkeit nicht, kann durch schräges Spannen des Werkstückes das gleiche Ziel erreicht werden. Dazu bietet sich ein Dreh-Kippschraubstock an. Durch diese Schwenk-Spanneinrichtung kann jeder beliebige Winkel erreicht werden.

Bei einem günstigen Winkel wie 45° ist es am einfachsten, das Fräsen bei senkrechter Frässpindel mit einem genormten **Winkelfräser** durchzuführen (Bild 5).

Wie die Aufsteck-Winkelstirnfräser, die den gleichen Zweck erfüllen können, gibt es den Winkelfräser mit Profilwinkeln 45°, 50°, 55°, 60°.

Bei parallel verlaufenden Schrägen und günstigem Winkel kann bei waagerechter Frässpindel sehr günstig im Satz gefräst werden (Satzfräsen).

Zur **Herstellung von Schrägen** gibt es drei Möglichkeiten:
- Walz- oder Stirnfräsen durch schwenkbaren Frässpindelkopf,
- schräges Spannen,
- Prismen- oder Winkelfräser.

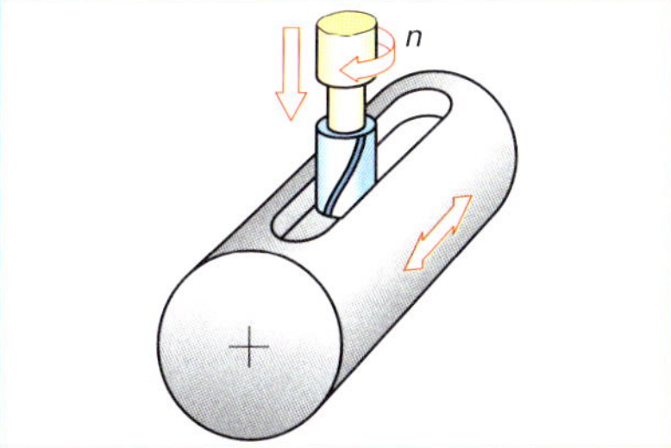

1 Tauchstirnfräsen mit Langlochschaftfräser

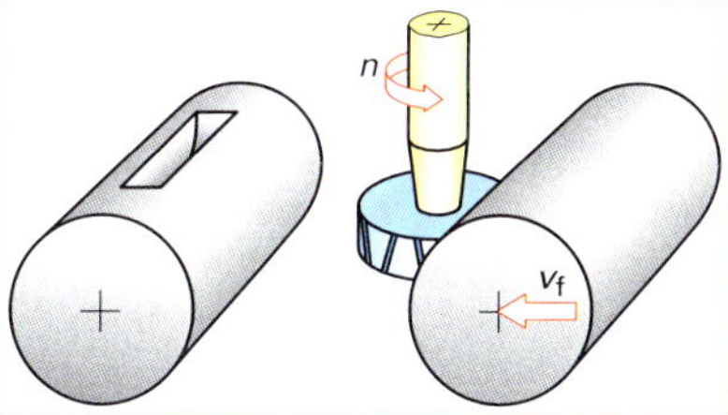

2 Tauchwälzfräsen mit Schlitzfräser

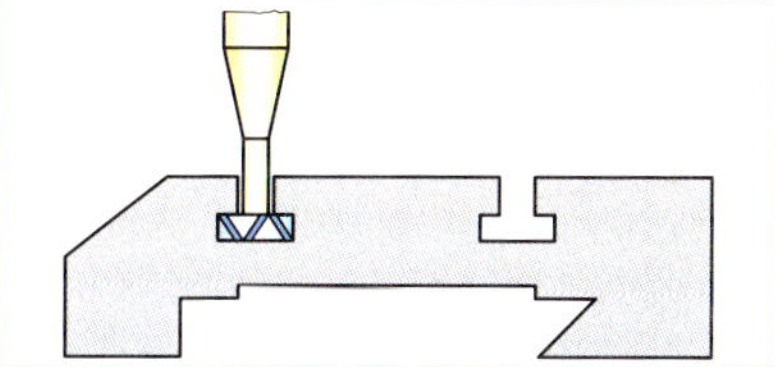
3 AG 80 Fräsen der T-Nuten

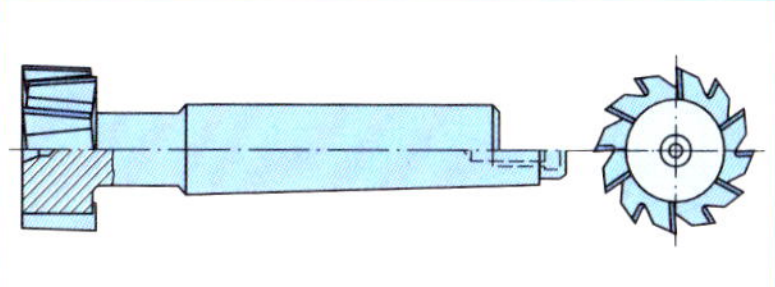
4 T-Nutenfräser

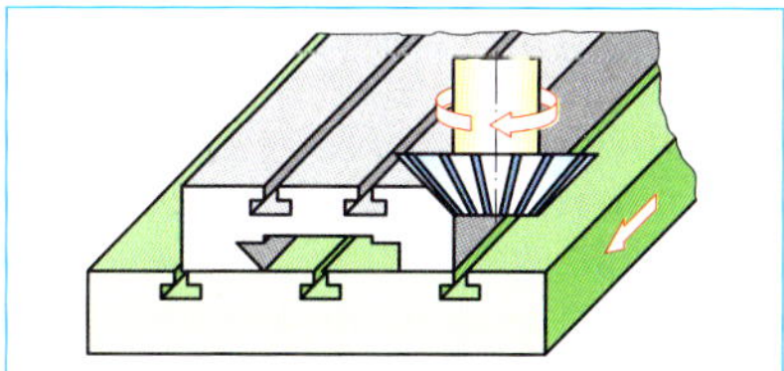
5 AG 90 Fräsen der Schräge 45° mit Winkelfräser

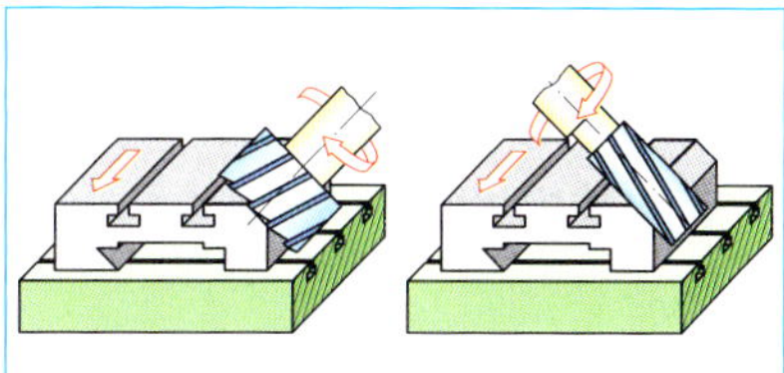
6 Fräsen mit geschwenktem Frässpindelkopf

2.2.2.11 Sonder-Fräswerkzeuge

Die Herstellung eines Aufspanntisches (Fertigungsaufgabe) konnte mit häufig verwendeten Werkzeugen ausgeführt werden. Da sich beim Fertigungsverfahren Fräsen sehr viele Lösungen über Sonder-Fräswerkzeuge erreichen lassen, sollen einige davon kurz vorgestellt werden.

Zur **Gewindeherstellung** bietet das Fräsen mehrere Möglichkeiten (S. 116 f.).

Zur Herstellung von **langen Trapezgewinden** oft mit einem Flankenwinkel 30°, werden **Gewinde-Scheibenfräser** verwendet (Bild 1, 2). Allerdings ist die Profilgenauigkeit meist unzureichend. Deshalb müssen die Flanken im Anschluss oft noch geschliffen oder nachgedreht werden. Diese Arbeiten sind nur auf einer Langgewindefräsmaschine oder einer Maschine mit entsprechender Ausstattung möglich, da sich die drehende Werkstückbewegung mit der Längsbewegung des Frässchlittens im definierten Zwangslauf befinden muss. Die Arbeitswerte sind abhängig von der Maschine und werden deshalb den Empfehlungen des Herstellers entnommen.

Gerade oder gedrallte zylindrische Verzahnungen bei Zahnrädern oder Zahnradwellen werden meist auf **Langgewindefräsmaschinen** oder **Zahnradabwälzmaschinen** mit speziellen Wälzfräsern hergestellt (Bild 3). Gewindeprofil und Steigung sind im jeweiligen Werkzeug enthalten. Der Arbeitsablauf kann axial, tangential oder radial verlaufen (Bild 4).

Kurze Gewinde werden mit **Aufsteck-(Kurz)Gewindefräsern** oder **Schaftgewindefräsern** hergestellt (Bild 5). Dazu benötigt man eine Kurzgewindefräsmaschine. Die Werkzeuge sind etwas länger als das zu fertigende Gewinde und verfügen über gerade Gewinderillen. Die Steigung wird erreicht, indem das sich drehende Werkstück oder das Werkzeug während der Bearbeitung gehoben bzw. gesenkt wird. Durch Schlichtfräsen können sehr saubere Gewinde erreicht werden.

Aufgaben:

1. **Wie unterscheiden sich die Vorschubwege beim Umfangsfräsen und beim Stirnfräsen?**
2. **Wie können Fräsköpfe zentriert werden?**
3. **Was ist ein Satzfräser?**
4. **Wie können winklige Führungen gefertigt werden?**
5. **Wie können Schrägen gefertigt werden?**
6. **Welche Möglichkeiten der Gewindeherstellung durch Fräsen gibt es?**

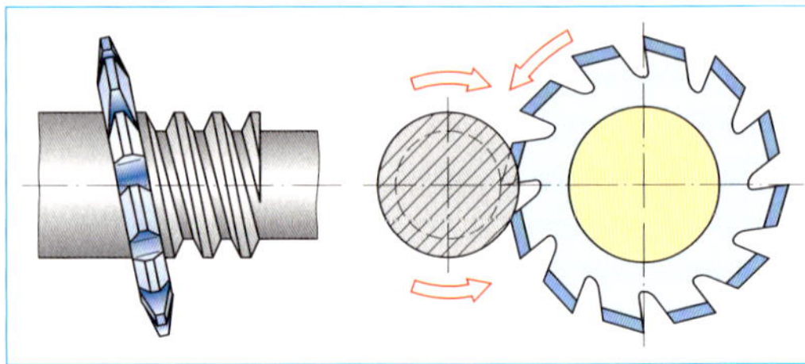

1 Gewinde-Scheibenfräsen

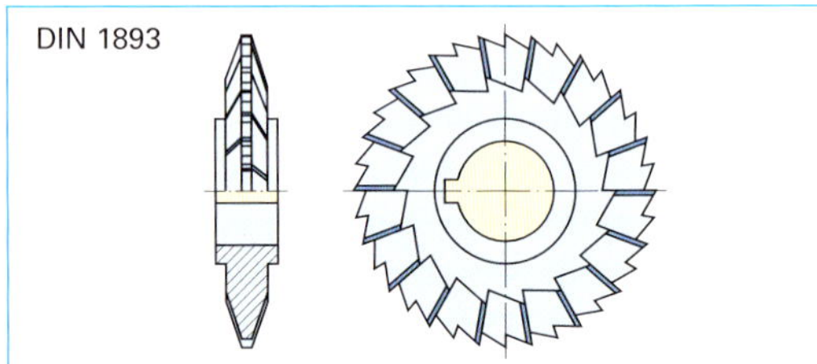

2 Gewinde-Scheibenfräser

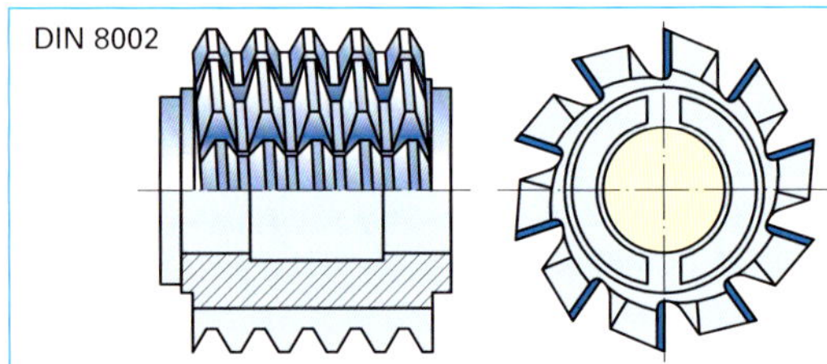

3 Wälzfräser für Stirnräder

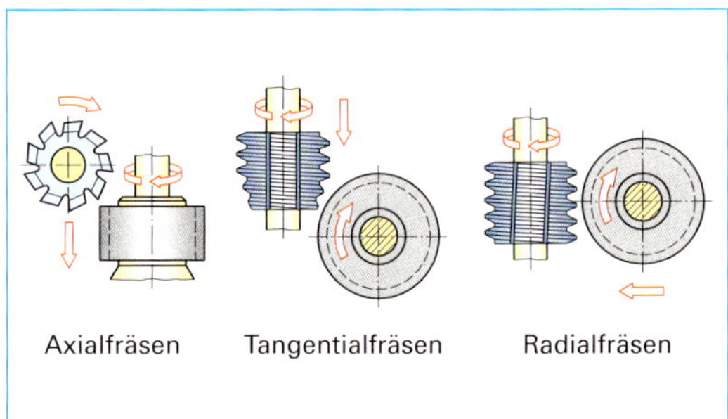

4 Vorschubrichtungen beim Wälzfräsen

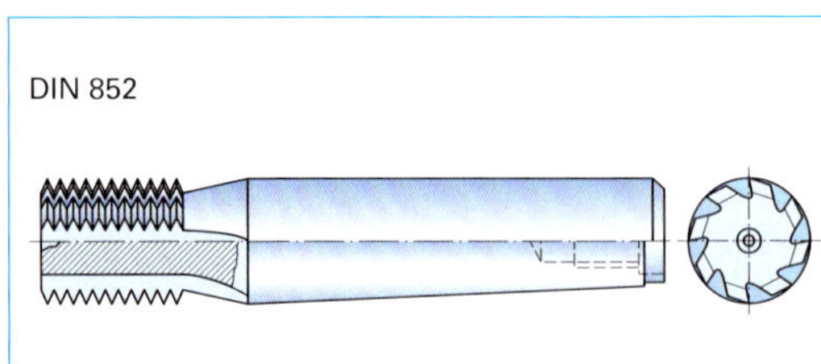

5 Aufsteck-Gewindefräser

2.2.3 Bohren, Senken und Reiben

Wegen ihrer gleichartigen Zerspanungsvorgänge und Werkzeugbewegungen werden die Fertigungsverfahren Bohren, Senken und Reiben zusammengefasst. Alle drei Fertigungsverfahren werden in der Regel mit mehrschneidigen Werkzeugen durchgeführt.
Während auf Bohr- und Fräsmaschinen die Bohr-, Senk- und Reibwerkzeuge eine **kreisförmige Schnittbewegung** ausführen, erfolgt auf der Drehmaschine demgegenüber die gleichartige Schnittbewegung durch das Werkstück. Bei allen drei Verfahren wird eine **geradlinige Vorschubbewegung** meist durch das Werkzeug in axialer Richtung erzeugt.

Bohren, Senken und Reiben sind spanende Verfahren mit geometrisch bestimmten Schneiden der Werkzeuge zur Fertigung rotationssymmetrischer Innenkonturen.

Ein Überblick der Fertigungsverfahren Bohren, Senken und Reiben gibt die Tabelle 1.

Tabelle 1: Bohr-, Senk- und Reibverfahren

	Rundbohren	Schraubbohren	Profilbohren	Plansenken
Bohren	• Bohren ins Volle • Aufbohren • Tiefbohren • Kurzlochbohren	• Gewindebohren von Hand • Gewindebohren auf Maschine	• Profilbohren ins Volle (z.B. Zentrieren) • Profilaufbohren	
Senken			• Profilsenken	• Planansenken • Planeinsenken
Reiben	• Rundreiben		• Profilreiben	

Im Verlauf des Unterkapitels 2.2.3 werden für die **Bearbeitungsaufgabe „Fertigung einer Stempelführung"** die Fertigungsverfahren Bohren, Senken und Reiben dargestellt und Einzelverfahren ausgewählt. Die zu bearbeitende Stempelführung ist Bestandteil eines **Papierlochers** (Bild 1) und wird an der dargestellten Schneid- und Grundplatte befestigt. Die Befestigung erfolgt hierbei über Innensechskantschrauben und Zylinderstifte. Der seitlich angeordnete Querträger wird durch Zylinderschrauben an der Stempelführung arretiert. Die Führungsbohrung für den Stempel und die jeweiligen Zylinderstiftbohrungen müssen gerieben werden.

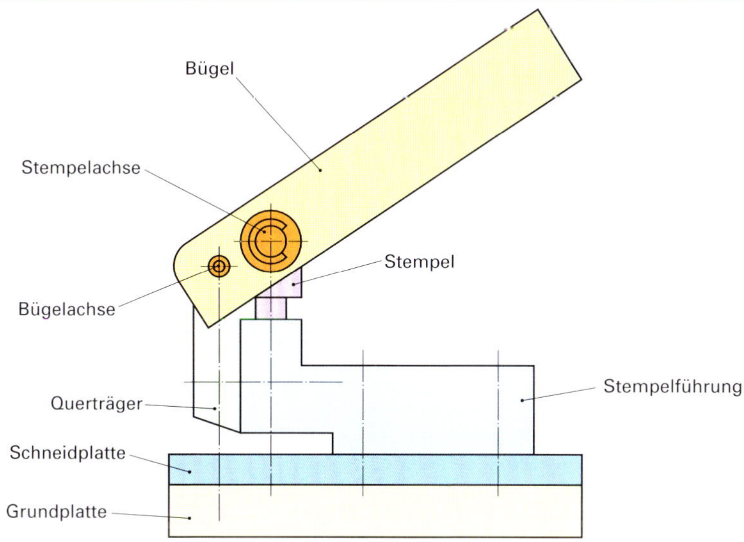

1 Gesamtdarstellung des Papierlochers

Die folgende Grafik veranschaulicht alle Verfahren zum Bohren, Senken und Reiben, die für die Herstellung der Stempelführung erforderlich sind (Bild 1):

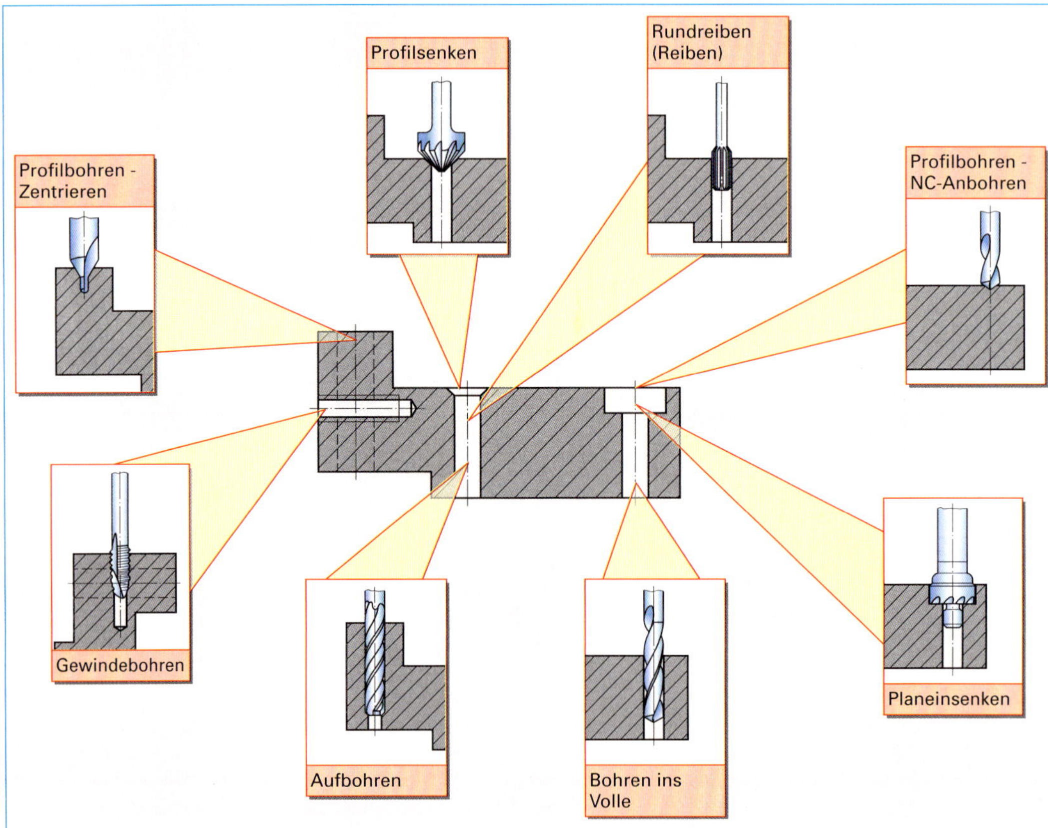

1 Fertigungsverfahren zur Herstellung der Stempelführung

2.2.3.1 Verfahren zum Rundbohren

Bohren ins Volle

Für das Bohren ins Volle wird ein Spiralbohrer oder ein Bohrer mit Wendeschneidplatten benötigt (Bild 2).

Spiralbohrer sind hierbei die meist verwendeten Bohrwerkzeuge, da sie ein gutes Führungsverhalten beim Bohrvorgang zeigen und somit auch für einfache Bohrmaschinen einsetzbar sind. Weitere Vorteile des Spiralbohrers sind:

- gleich bleibender Durchmesser beim Nachschleifen
- selbsttätige Spanabfuhr aus der Bohrung
- gute Einspannmöglichkeit

Bohrer mit Wendeschneidplatten (Bild 3) besitzen geringere Führungseigenschaften als Spiralbohrer und werden daher vorwiegend an Werkzeugmaschinen mit spielfreiem Schlittenantrieb eingesetzt. Sie finden aufgrund der Wendeschneidplatten und der inneren Kühlmittelzufuhr bei hohen Schnittgeschwindigkeiten Verwendung.

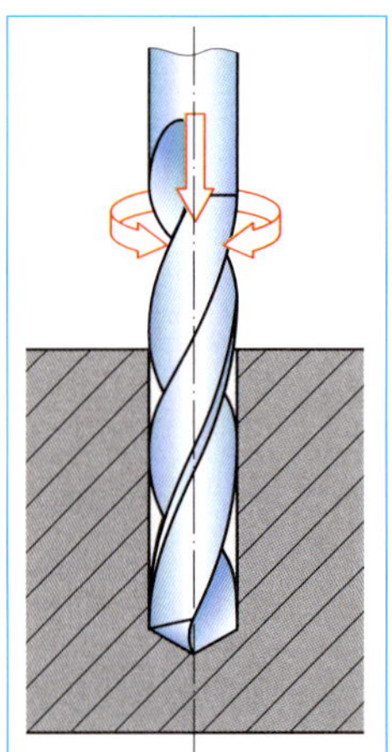

2 Bohren ins Volle (Prinzip)

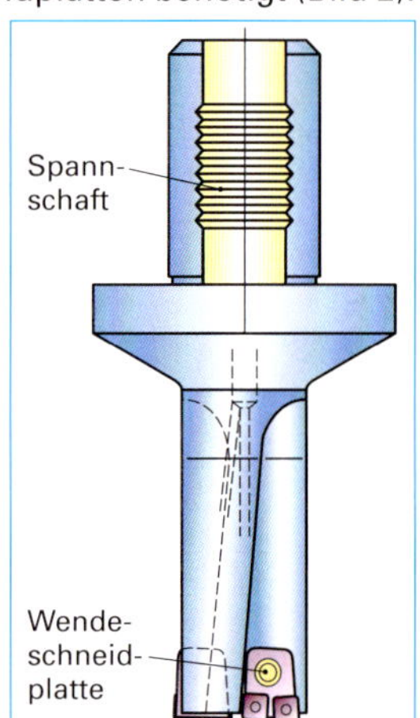

3 Bohrer mit Wendeschneidplatten

Schneiden und Winkel am Spiralbohrer

Spiralbohrer sind zweischneidige Werkzeuge meist aus Schnellarbeitsstahl.

Geometrisch betrachtet sind es Wendelbohrer, doch hat sich diese exakte Bezeichnung gegenüber der volkstümlichen nicht durchsetzen können. Zur Verschleißminderung können Spiralbohrer auch mit einer Titannitrid-Schicht (TIN) ausgeführt werden. Während Spiralbohrer zum Spannen in das Bohrfutter einen **Zylinderschaft** (Bild 1) besitzen, können Spiralbohrer mit **Kegelschaft** (Bild 2) direkt über Reduzierhülsen in die Bohrspindel der Werkzeugmaschine getrieben werden. Die Austreiblappen dienen zum Ausspannen der Bohrer aus der Bohrspindel.

Die **Bohrschneide** (Bild 3) besteht aus einem Schneidkeil, dessen Spitze die Querschneide bildet. Die beiden wendelförmigen Spannuten ermöglichen den Abfluss der Späne und den Zutritt des Kühlmittels zu den Schneiden. Durch die äußere Fase der Wendelnut wird der Bohrer im Bohrloch geführt. Zur Verringerung der Reibung der Führungsfase in der Bohrung wird der Spiralbohrer auf 0,02 mm bis 0,08 mm auf einer Länge von 100 mm verjüngt.

Den Übergang von der Fase zur Wendelnut bildet die Nebenschneide, während die Hauptschneide durch das Ende der Wendelnut und der Freifläche des Schneidkeils entsteht. Bei richtigem Anschliff bildet die Hauptschneide eine gerade Linie. Um dies zu erreichen, wird die Freifläche von der Hauptschneide aus bogenförmig angeschliffen. Durch diesen Hinterschliff entsteht der **Freiwinkel** α (Bild 3), der keine feste Größe wie beim Drehen hat, sondern von außen bis zur Mitte des Bohrers zunimmt.

Die Berührungslinien der beiden Freiflächen bilden die Bohrerspitze mit ihrer Querschneide. Der **Querschneidenwinkel** Ψ (Bild 4) liegt je nach Anschliff der Freifläche zwischen 49° und 55°. Die Querschneide hat eine schabende Wirkung und erfordert nahezu 2/3 der Vorschubkraft. Zum Bohren von Stahlwerkstoffen ist die Vorschubkraft bei einem Querschneidenwinkel Ψ = 55° am geringsten. Der Sonderanschliff der Querschneide verringert die Vorschubkraft.

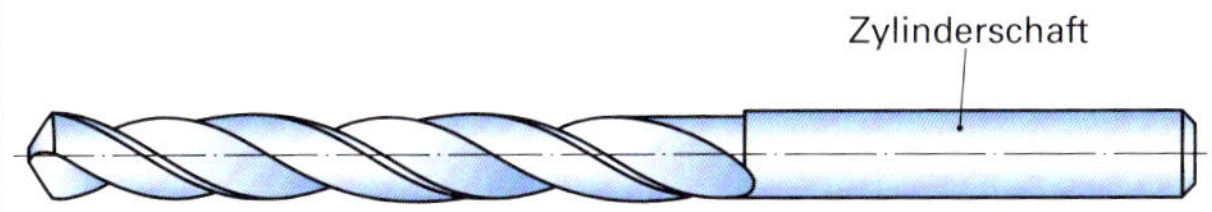

1 Spiralbohrer mit Zylinderschaft

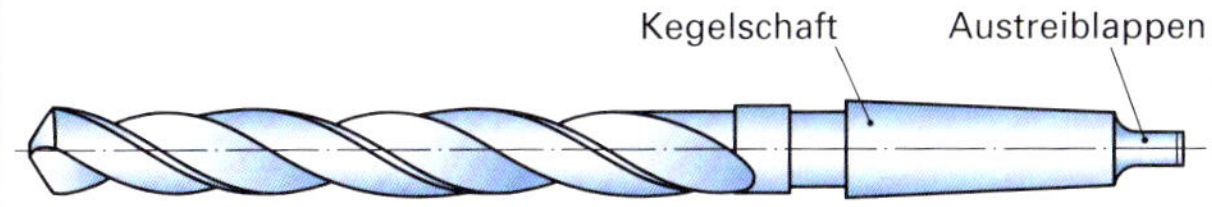

2 Spiralbohrer mit Kegelschaft

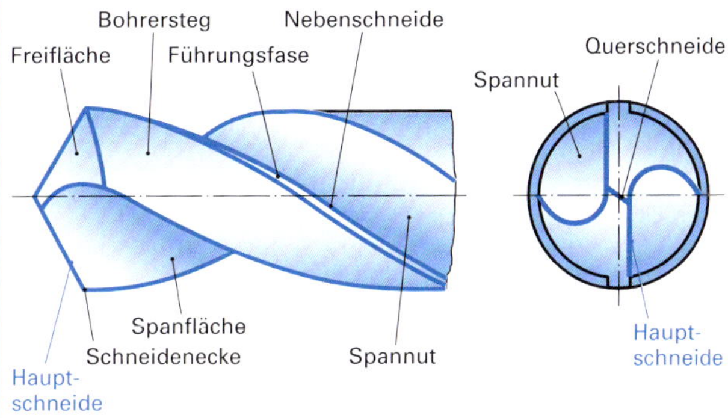

3 Bezeichnungen am Spiralbohrer

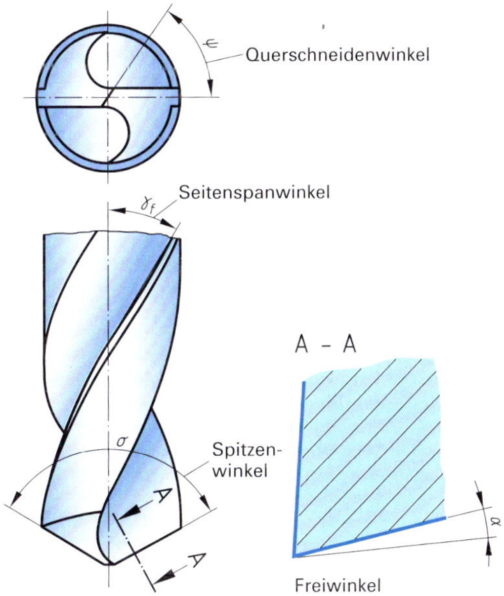

4 Winkel am Spiralbohrer

Spiralbohrer werden in drei unterschiedliche Typenklassen eingeteilt, die Bohrertypen N, H und W.

Den Bohrertypen werden die jeweiligen Einsatzbereiche und Winkel zugeordnet (Bild 1).

Der **Seitenspanwinkel** γ_f (Bild 1) wird durch den Drall der wendelförmigen Nut gebildet und deshalb auch Drallwinkel genannnt. Bei Bohrern mit einem geringen Drall kann der Span von harten Werkstoffen besser abgeführt werden. Entsprechend wird bei hartem bzw. zähhartem Werkstoff ein Seitenspanwinkel von 10° bis 19° verwendet. Diese Größen des Seitenspanwinkels besitzt der **Bohrertyp H**.

Bei weichen Werkstoffen kann der Spanraum durch einen kleinen Drall des Bohrers vergrößert werden. Deshalb werden hier Bohrer mit einem Seitenspanwinkel von 27° bis 45° verwendet. Sie werden dem **Bohrertyp W** zugeordnet.

Bei allgemeinen Baustählen und einigen Nicht-Eisen-Metallen werden Bohrer mit einem mittleren Drall eingesetzt. Der Seitenspanwinkel kann je nach Stahlwerkstoff zwischen 19° und 40° liegen. Es wird vom **Bohrertyp N** gesprochen.

Der Winkel zwischen den beiden Hauptschneiden wird als **Spitzenwinkel** σ (Bild 1) bezeichnet. Die Größe des Spitzenwinkels liegt je nach dem zu bohrendem Werkstoff zwischen 80° und 140°.

Bei Werkstoffen mit geringer Wärmeleitfähigkeit (z.B. Kunststoffe) oder kurzspanenden Werkstoffen (z.B. unlegierter Stahl) wählt man einen kleinen Spitzenwinkel von $\sigma = 80°$ bzw. $\sigma = 118°$. Langspanende Werkstoffe (z.B. hochlegierter Stahl) oder gut wärmeleitende und zähe Werkstoffe (z.B. Kupfer) benötigen Spiralbohrer mit einem Spitzenwinkel $\sigma = 130°$ bzw. $\sigma = 140°$.

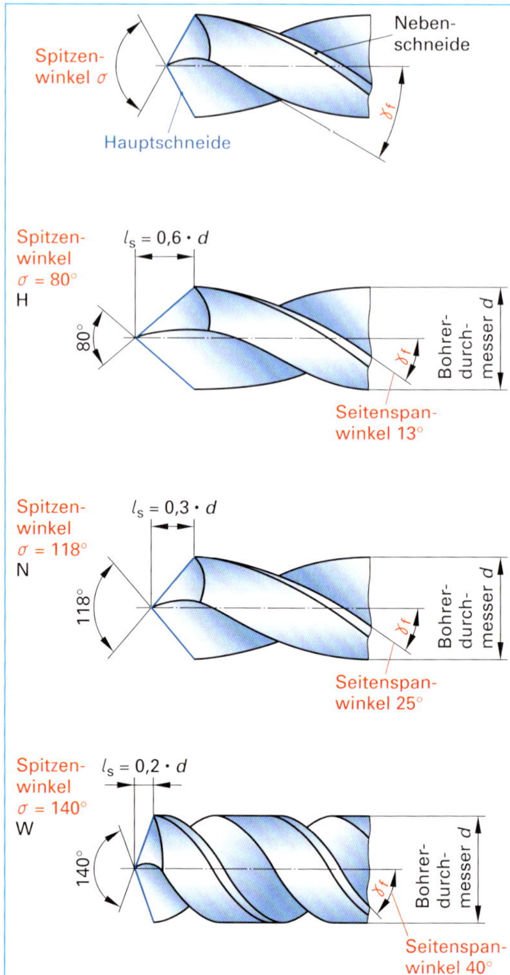

1 Bohrertypen N, H und W

Werkzeugverschleiß am Spiralbohrer

Der **Verschleiß am Spiralbohrer** (Bild 2) findet hauptsächlich an der Hauptschneide statt. Bei zu hoch gewählten Schnittgeschwindigkeiten können zusätzlich die Schneidenecken und die Fase der Wendelnut verschleißen. Ein zu großer Vorschub verursacht einen Verschleiß der Querschneide und der Freiflächen des Bohrers.

Zu hohe **Spanungstemperaturen** verursachen einen Kolkverschleiß an der Hauptschneide. Hierfür gibt es folgende Gründe:

- falsches oder fehlendes Kühlmittel
- das Kühlmittel erreicht nur unzureichend die Hauptschneide z.B. durch zu viele Späne in der Wendelnut oder zu große Bohrtiefe.

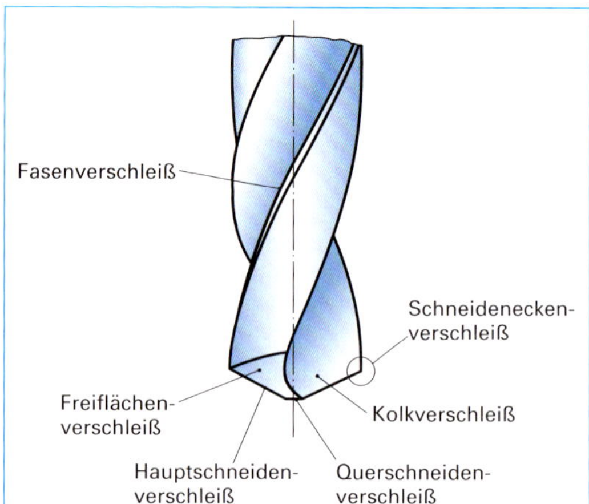

2 Verschleiß am Spiralbohrer

Zur **Beseitigung des Verschleißes** muss der Spiralbohrer so weit nachgeschliffen werden, bis der Verschleiß an der Haupt- und Nebenschneide sowie an der Führungsfase der Wendelnut beseitigt ist. Wird der Verschleiß an der Führungsfase nicht vollständig beseitigt, kann es zu einem Klemmen des Bohrers kommen.

Aufgrund von **Schleiffehlern** (Bild 1) können die Maßgenauigkeit der zu fertigenden Bohrung und die vom Hersteller angegebene Standzeit des Bohrers nicht mehr erreicht werden.

Während ein **zu großer Freiwinkel** ein Haken und Brechen der Hauptschneide bewirkt, muss bei einem **zu kleinen Freiwinkel** eine zu hohe Vorschubkraft aufgebracht werden. Hierbei besteht die Gefahr des Bohrerbruchs.

Bei **ungleich langen Schneiden** sitzt der Bohrer außerhalb der Mitte der Bohrung und verursacht eine zu große Bohrung. **Ungleiche Schneidenwinkel** führen dazu, dass nur eine Hauptschneide des Bohrers im Eingriff ist. Durch die hohe Belastung der im Eingriff befindlichen Schneide verringert sich die Standzeit des Bohrers.

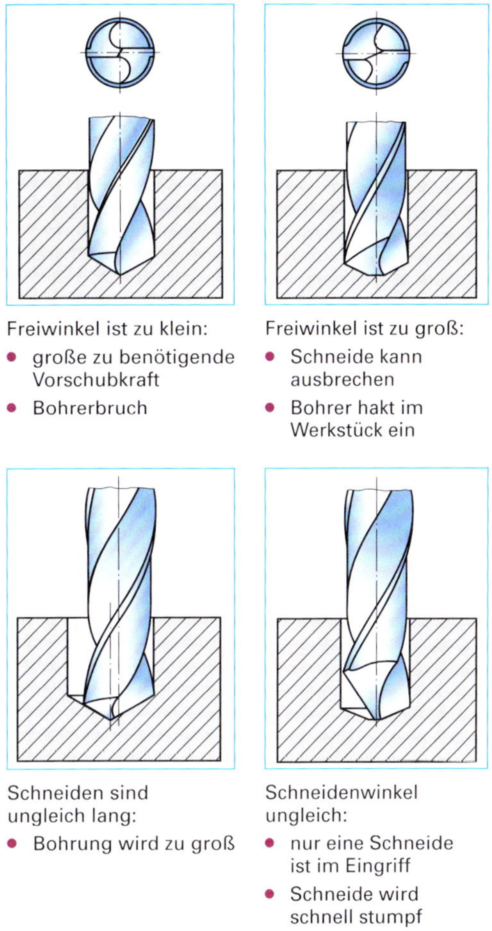

1 Schleiffehler am Spiralbohrer

Sonderanschliffe für den Spiralbohrer

Für die meisten Bearbeitungsfälle hat sich der **Kegelmantelanschliff** (Bild 2) als geeignetste Grundform durchgesetzt. Beim Kegelmantelanschliff sind die Freiflächen Bestandteil eines Kegelmantels.

Vorteile des Kegelmantelanschliffs:

- einfache Herstellung und leichtes Nachschleifen des Kegelmantels am Bohrer;
- geringe Empfindlichkeit gegen hohe auftretende mechanische Beanspruchung.

Nachteile des Kegelmantelanschliffs:

- geringe Selbstzentrierung und damit verbundene Form und Lagefehler der gefertigten Bohrungen;
- große Querschneidenlänge bei großen Bohrerdurchmessern und daraus folgende hohe Vorschubkräfte.

Um den aufgeführten Nachteilen des Kegelmantelanschliffs bei den unterschiedlichsten Bearbeitungsaufgaben entgegenzuwirken, wird die Bohrerspitze des Spiralbohrers mit einem Sonderanschliff versehen, der entweder den Kegelmantel ergänzt oder die Bohrerspitze völlig neu gestaltet.

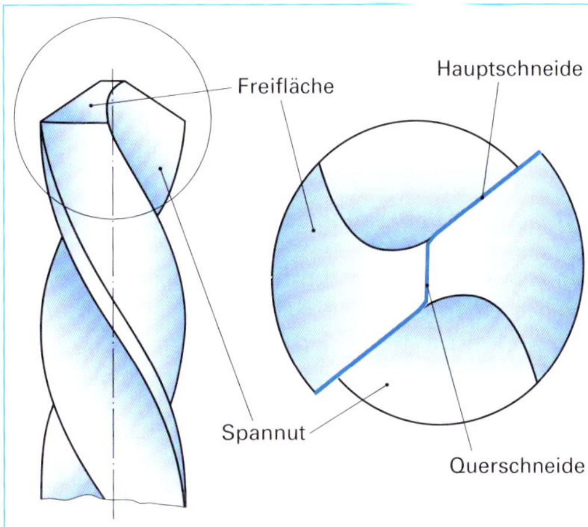

2 Kegelmantelanschliff

Durch den **Kegelmantelanschliff mit ausgespitzter Querschneide** (Bild 1) wird die Zentrierfähigkeit des Spiralbohrers wesentlich verbessert. Gleichzeitig werden durch die Verkürzung der Querschneide kleinere Vorschubkräfte benötigt, die Bohrerspitze hat jedoch eine geringere Festigkeit. Eingesetzt wird dieser Sonderanschliff bei Spiralbohrern Typ N.

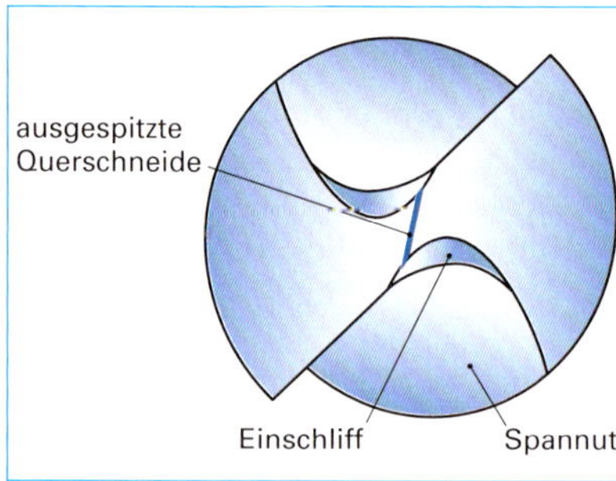

1 Ausgespitzte Querschneide

Der **Kegelmantelanschliff mit ausgespitzter Querschneide und korrigierter Hauptschneide** (Bild 2) wird bei der Bearbeitung harter Werkstoffe eingesetzt. Durch die Veränderung des Spanwinkels an der Hauptschneide entsteht ein sehr stabiler Schneidkeil, ohne dass der Spänetransport beeinträchtigt wird. Ein weiteres Einsatzgebiet dieses Sonderanschliffes ist das Bohren dünner Bleche um das Anheben der Bleche beim Werkzeugdurchtritt zu verhindern.

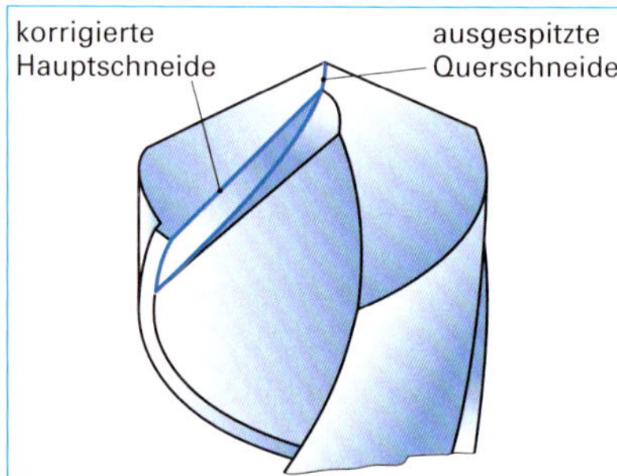

2 Korrigierte Hauptschneide

Der **Doppelkegelmantelanschliff** (Bild 3) wurde speziell für die Bearbeitung von Graugusswerkstücken entwickelt. Durch den zweiten Kegelmantel mit kleinerem Spitzenwinkel werden die empfindlichen Schneidenecken geringer beansprucht und die harte Gusshaut kann gut bearbeitet werden. Die Verlängerung der Hauptschneide hat eine gute Wärmeleitung zur Folge. Die Vergrößerung der Freiflächen bewirkt eine Verringerung des Freiflächenverschleißes.

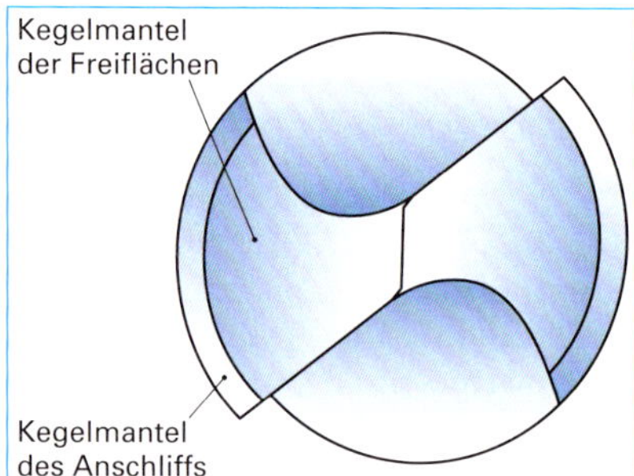

3 Doppelkegelmantelanschliff

Der **Spiralbohrer mit Zentrumsspitze** (Bild 4) wird eingesetzt, wenn runde und gratfreie Löcher in Blechen herzustellen sind. Während der Spitzenwinkel das zentrische Anbohren sichert, bearbeiten die Hauptschneiden sofort auf ihrer ganzen Länge das Werkstück. Die Führungsfasen können sich sofort an der Bohrungswand abstützen. Beim Austritt des Bohrers wird ein ringförmiges Plättchen bei nur geringer Gratbildung herausgeschnitten.

Durch den **Kegelmantelanschliff mit Kreuzanschliff** wird die Querschneide völlig beseitigt. Dieser Sonderanschliff eignet sich besonders für tiefe Bohrungen. Die Querschneide wird hierbei zu zwei kleinen Hauptschneiden, die mit zerspanen. Der Kreuzanschliff bewirkt eine gute Zentrierfähigkeit und Herabsetzung der Vorschubkraft.

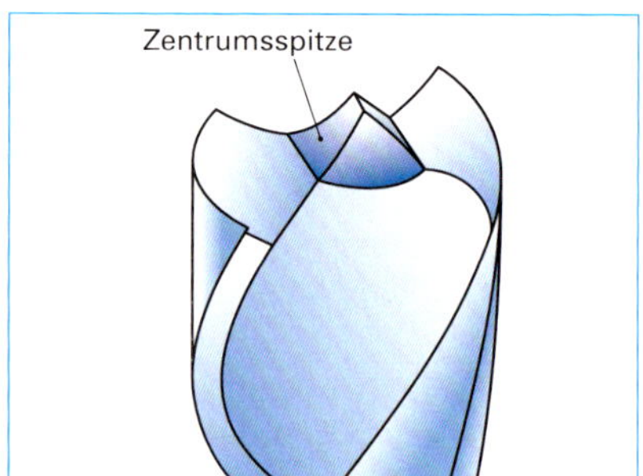

4 Zentrumsspitze

Schnittkraft und Schnittleistungen beim Bohren ins Volle

Die Größe der **Schnittkraft F_c** beim Bohren ist abhängig von der Größe und der Geometrie des Bohrers, dem zu bearbeitenden Werkstoff sowie dem eingestellten Vorschub.

Die aufzubringende **Schnittleistung P_c** wird noch zusätzlich durch die gewählte Schnittgeschwindigkeit bestimmt. Die einzustellenden Vorschübe und Schnittgeschwindigkeiten werden vom Hersteller angegeben oder können Tabellenbüchern entnommen werden. Hierbei muss beachtet werden, dass die meist hohen Angaben der Vorschübe und Schnittgeschwindigkeiten nicht auf jeder Werkzeugmaschine realisiert werden können und dementsprechend angepasst werden müssen.

Arbeitsbeispiel:

Für die Fertigung der Durchgangsbohrung ∅11 der **Stempelführung** (Bild 1) wird nachfolgend überprüft, ob die verfügbare Schnittleistung der Bohrmaschine mit einer Antriebsleistung $P_a = 5$ kW bei einem Wirkungsgrad $\eta = 0{,}8$ ausreicht. Der für die Bearbeitung zu verwendende Spiralbohrer aus HSS besitzt einen Drallwinkel $\gamma_f = 25°$ und wurde mit einem Spitzenwinkel $\sigma = 118°$ angeschliffen. Die Schnittgeschwindigkeit des Bohrers beträgt $v_c = 35$ m/min. An der Bohrmaschine wurde ein Vorschub von $f = 0{,}18$ mm eingestellt.

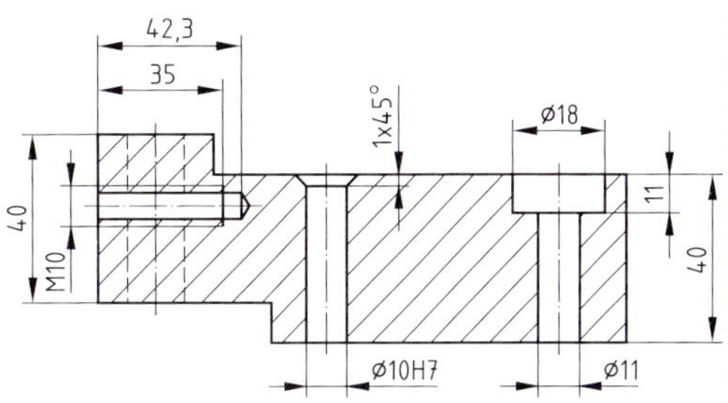

1 Stempelführung

Berechnung:

gegeben: Werkstoff: E295 (St 50-2)
Bohrerschneidstoff: HSS
Bohrertyp N, Seitenspanwinkel: $\gamma_f = 25°$
Bohrerdurchmesser: $d = 11$ mm
Spitzenwinkel: $\sigma = 118°$
Schnittgeschwindigkeit: $v_c = 35$ m/min
Vorschub: $f = 0{,}18$ mm
Antriebsleistung: $P_a = 5$ kW
Wirkungsgrad: $\eta = 0{,}8$

gesucht: verfügbare Schnittleistung: $P_{c\,ver}$ in kW
Spanungsdicke: h in mm
Spanungsquerschnitt: A in mm²
spezifische Schnittkraft: k_c in N/mm²
Schnittkraft: F_c in N
erforderliche Schnittleistung: $P_{c\,erf}$ in kW

Lösung: *verfügbare Schnittleistung*

$P_{c\,ver} = P_a \cdot \eta$

$P_{c\,ver} = 5\ \text{kW} \cdot 0{,}8$

$P_{c\,ver} = $ **4 kW**

Spanungsdicke

$h = f/2 \cdot \sin \sigma/2$

$h = f/2 \cdot \sin 118°/2$

$h = f \cdot 0{,}43$

$h = 0{,}18 \cdot 0{,}43$

$h = $ **0,08 mm**

Spanungsquerschnitt

$A = d \cdot f/2$

$A = 11\ \text{mm} \cdot 0{,}18\ \text{mm} / 2$

$A = $ **0,99 mm²**

spezifische Schnittkraft

$k_c = k \cdot C_1 \cdot C_2$

C_1, C_2: **Korrekturfaktoren**			
Schnitt-geschwindigkeit	C_1	Fertigungs-verfahren	C_2
10 30	1,3	Fräsen	0,8
31 80	1,1	Drehen	1,0
81 400	1,0	Bohren	1,2

$k_c = 3200\ \text{N/mm}^2 \cdot 1{,}1 \cdot 1{,}2$

$k_c = $ **4224 N/mm²**

(Ermittlung des Tabellenwertes für die spezifische Schnittkraft k siehe Tabelle 1)

Schnittkraft

$F_c = A \cdot k_c/2$

$F_c = 0{,}99\ \text{mm}^2 \cdot 4224\ \text{N/mm}^2$

$F_c = 4182$ N

erforderliche Schnittleistung

$P_{c\,erf} = F_c \cdot v_c/2$

$P_{c\,erf} = 4182\ \text{N} \cdot 35\ \text{m/min} \cdot 1\ \text{min}/60\ \text{s} / 2$

$P_{c\,erf} = 1220\ \text{Nm/s} = $ **1,22 kW**

Die verfügbare Schnittleistung ($P_{c\,ver} = 4$ kW) ist größer als die erforderliche Schnittleistung ($P_{c\,erf} = 1{,}22$ kW). Die Bearbeitung ist unter den festgelegten Bedingungen durchführbar.

Tabelle 1: Richtwerte für die spezifische Schnittkraft $k = k_{c\,1.1} / h^{mc}$

Werkstoff	$k_{c\,1.1}$ N/mm²	m_c	**spezifische Schnittkraft** k in N/mm² für die Spanungsdicke h in mm								
			0,08	0,1	0,16	0,2	0,31	0,5	0,8	1,0	1,6
E295 (St 50-2)	1500	0,30	3200	2995	2600	2430	2130	1845	1605	1500	1305
C35, C45	1450	0,27	2870	2700	2380	2240	1990	1750	1540	1450	1275
16 MnCr 5	1400	0,30	2985	2795	2425	2270	1990	1725	1495	1400	1215
EN-GJL 100	825	0,33	1900	1765	1510	1405	1215	1035	890	825	705

Schnittmomente beim Bohren ins Volle

Für die Fertigung der Durchgangsbohrung ∅ 11 der Stempelführung soll überprüft werden, ob ein Festhalten des Maschinenschraubstockes von Hand erfolgen kann. Hierbei wird angenommen, dass der Facharbeiter zum Festhalten des Schraubstocks höchstens eine Handkraft von F_{Hand} = 50 N sicher aufbringen kann (Bild 1). Die wirksame Hebellänge l_{Hand} zwischen Hand und Bohrermitte beträgt 120 mm.

Berechnungsbeispiel:

gegeben:	Schnittkraft:	F_c	= 4182 N
	Bohrerdurchmesser:	d	= 11 mm
	wirksame Hebellänge:	l_{Hand}	= 120 mm
	zulässige Handkraft	F_{Hand}	= 50 N
gesucht:	Schnittmoment	M_c	in Nm
	erforderliche Handkraft	F_{erf}	in N

Lösung: *Schnittmoment*

Das Schnittmoment wird durch die Kräfte am Bohrer bestimmt (Bild 2):

$M_c = F_c \cdot d / 4$

M_c = 4182 N · 11 mm / 4

M_c = 11500 Nmm = <u>11,5 Nm</u>

erforderliche Handkraft

$F_{erf} = M_c / l_{Hand}$

F_{erf} = 11500 Nmm / 120 mm

F_{erf} = 96 N

Die Berechnungen der erforderlichen Handkraft zeigen, dass ein sicheres Festhalten des Schraubstocks bereits beim Bohrungsdurchmesser von ∅11 mm nicht mehr möglich ist. Daher wird zur Verhütung von Unfällen vorgeschrieben, Werkstücke immer ordnungsgemäß zu spannen und bei Bohrungsdurchmessern über 8 mm zusätzlich gegen Herumreißen zu sichern.

Aufbohren

Durch das Aufbohren sollen vorgegossene, vorgestanzte oder vorgebohrte Löcher vergrößert werden.

Große Löcher können hierbei in mehreren Stufen aufgebohrt werden. Ziel des Aufbohrens ist die Bohrung auf das Nennmaß mit Untermaß zum nachfolgenden Reiben oder direkt auf das Nennmaß zu fertigen. Hierfür sind folgende Aufbohrwerkzeuge einsetzbar:

- Spiralbohrer mit zwei Schneiden
- Aufbohrer (Spiralsenker) mit drei Schneiden
- Aufsteck-Aufbohrer
- Bohrstange mit Senkmesser
- Ausdrehkopf mit Bohrmesser

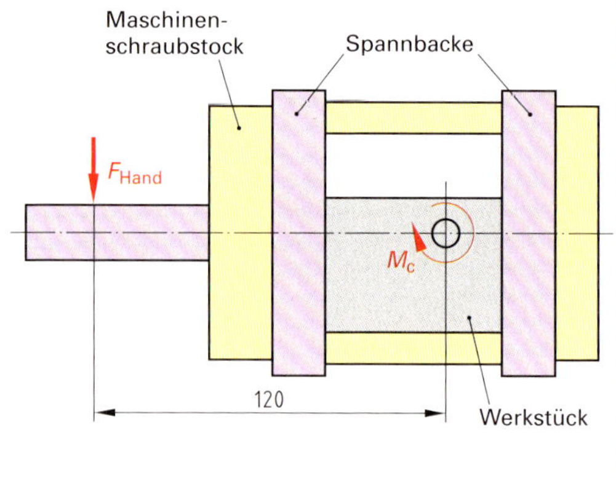

1 Kräfte und Momente am Maschinenschraubstock

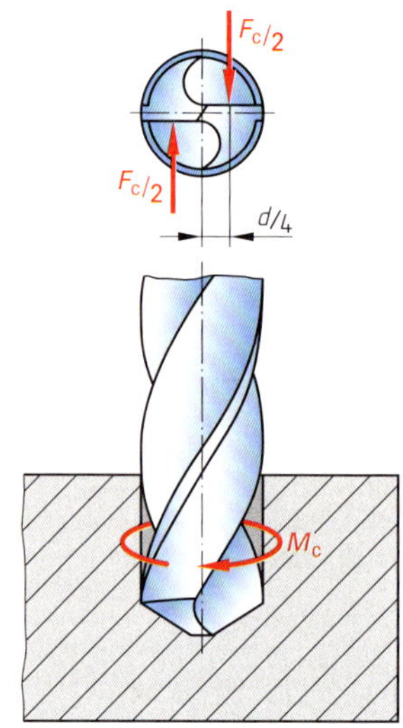

2 Kräfte am Bohrer

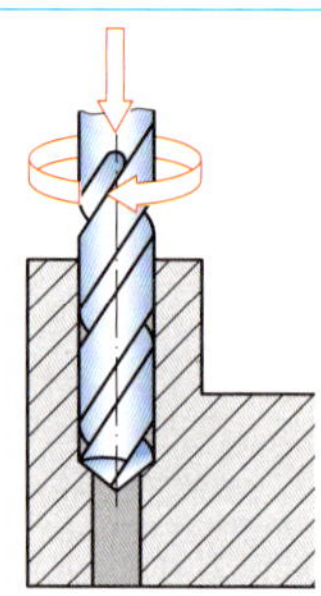
3 Aufbohren (Prinzip)

Spiralbohrer mit zwei Schneiden erzeugen beim Aufbohren eine grobe Oberfläche. Sie sind nur dann zum Aufbohren geeignet, wenn die Rauheit der Oberfläche der Bohrung ohne Bedeutung ist. Spiralbohrer mit zwei Schneiden besitzen relativ schlechte Führungseigenschaften. Es ist daher beim Aufbohren mit diesen Bohrern darauf zu achten, dass der Anschliff des Bohrers gleichmäßig durchgeführt wird. Bei ungleichmäßigen Schneidenlängen würde der Bohrer eine unrunde Bohrung herstellen. Die gewollte Größe der Bohrung wird bei der schlechten Führung des Bohrers überschritten.

Aufbohrer (Spiralsenker) mit drei Schneiden (Bild 1) sorgen für eine gute Führung, bessere Oberflächenqualität und höhere Formgenauigkeit als beim Spiralbohrer mit zwei Schneiden. Durch die größere Schneidenanzahl ist auch dementsprechend die Schnittleistung größer. Die Schneidengeometrie ist ähnlich wie beim Spiralbohrer mit zwei Schneiden, allerdings reichen die Hauptschneiden nicht bis zum Zentrum des Werkzeuges.

Aufsteck-Aufbohrer (Bild 2) werden mit ihrer kegeligen Bohrung auf entsprechende Bohrstangen geschoben. Die Mitnahme des Aufsteck-Aufbohrers erfolgt über Querkeile oder Lappen. Aufsteck-Aufbohrer besitzen vier Schneiden. Ihre Arbeitsweise gleicht der des Dreischneiders. Sie werden für die Herstellung großer und tiefer Bohrungen verwendet. Aufsteck-Aufbohrer werden durch einen Führungs-Zapfen am Aufsteck-Halter in dem vorgebohrten Loch geführt. Bei einer gut durchgeführten Vorbohrung werden mit dem Aufsteck-Aufbohrer sehr gute Formgenauigkeiten erreicht.

Bohrstangen mit Senkmesser (Bild 3) sind besonders zum Aufbohren größerer Bohrungen sowie zum fluchtgenauen Aufbohren hintereinander liegender Bohrungen geeignet. Das Senkmesser besteht meist aus Hartmetall oder Oxidkeramik und wird in der Bohrstange festgeklemmt. Die Führung des Bohrers erfolgt über den Führungszapfen.

Ausdrehbohrköpfe mit Bohrstahl (Bild 4) werden zur Herstellung genauer Bohrungen (z.B. Passbohrungen) eingesetzt. Sie dienen aber auch zum Plan- und Ausdrehen und zum Einstechdrehen auf Bohr- und Fräsmaschinen. Der Ausdrehdurchmesser wird durch Drehen der gerändelten Mikrometertrommel verändert und kann präzise mittels der Skala eingestellt werden. Durch das Schwenken des Bohrstahls können bei axialer Position des Stahls kleinste Bohrungen und bei schräger Position des Stahls größere Bohrungen ausgedreht werden. Ein Klemmmechanismus verhindert die Veränderung des eingestellten Ausdrehdurchmessers.

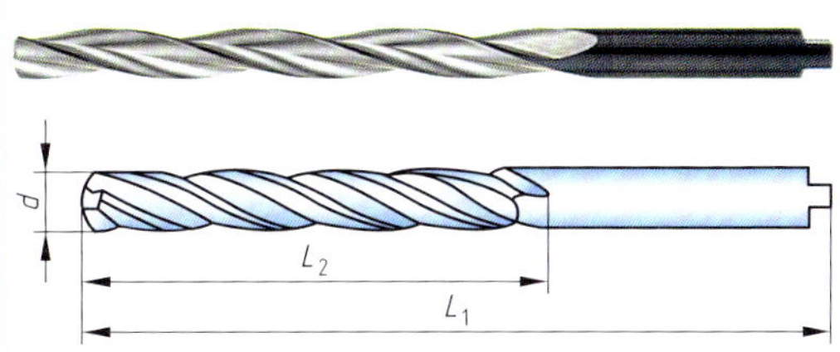

1 Aufbohrer (Spiralsenker) mit drei Schneiden

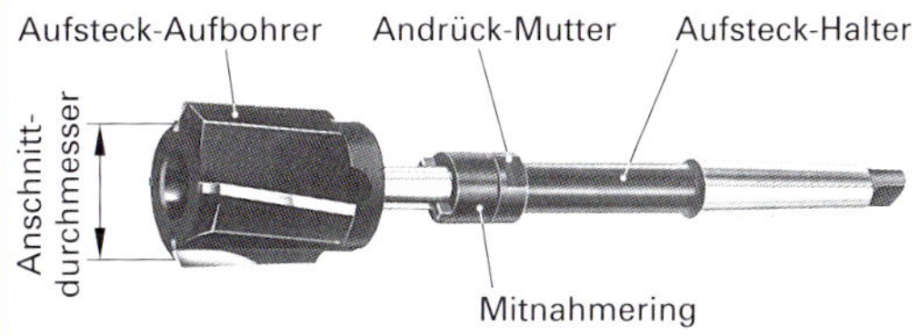

2 Aufsteck-Aufbohrer

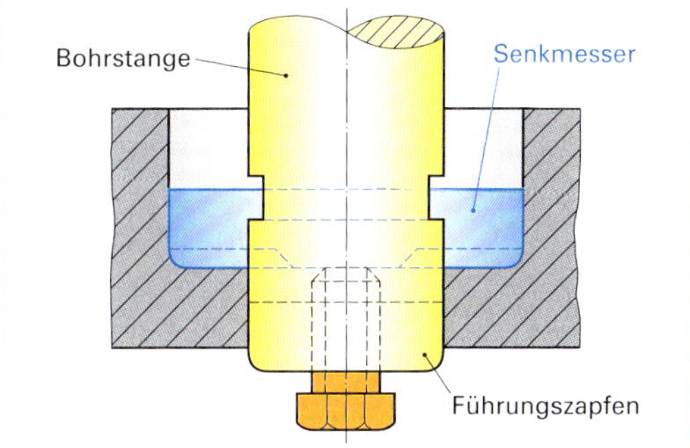

3 Bohrstange mit Senkmesser

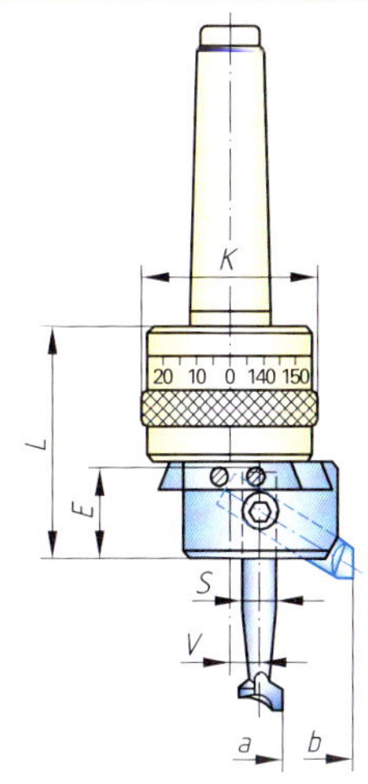

4 Ausdrehkopf mit Bohrstahl

Spezielle Bohrverfahren und Bohrwerkzeuge

Tiefbohren

Bohrungen mit einer Tiefe vom 3- bis 5fachen des Durchmessers lassen sich problemlos mit Spiralbohrern in einem Arbeitsgang herstellen.

Bei einer größeren Bohrungstiefe als dem 5-fachen des Durchmessers spricht man von einer „tiefen Bohrung".

Die Bearbeitung einer tiefen Bohrung erfolgt bei mittleren Tiefen mit besonders ausgelegten Spiralbohrern und einem häufigen Unterbrechen des Schnittvorganges zum Entspanen der Bohrung. Für größere Tiefen (ab einem Verhältnis von Tiefe/Durchmesser = 20) muss ein Tiefbohrer eingesetzt werden. Mit dem Einsatz eines Tiefbohrers können Bohrungstiefen bis zum 150fachen des Durchmessers erzielt werden. Hierbei kann man hohe Oberflächenqualitäten erzielen, die weitere Bearbeitungsgänge oft überflüssig machen.

Vom herkömmlichen Bohren unterscheidet sich das Tiefbohren hauptsächlich durch die Verwendung eines unter Druck stehenden Kühlschmiermittels. Das Kühlschmiermittel wird direkt den Schneiden zugeführt und die Späne werden herausgespült.

Bei den Tiefbohrwerkzeugen wird zwischen dem **Einlippenbohrer, dem BTA-Bohrer und dem Ejektorbohrer** (Tabelle 1) unterschieden. Alle drei Bohrerarten können für das Bohren ins Volle sowie für das Aufbohren verwendet werden.

Tabelle 1: Tiefbohrer

	Einlippen-bohrer	BTA-Bohrer	Ejektor-bohrer
Vollbohrer	D = 2 bis 20	D = 6 bis 63	D = 20 bis 63
	t = 100 D		t = 40 bis 100 D
Aufbohrer	D = 20 bis 250	D = 20 bis 1000	D = 63 bis 250
	t = 100 D		

D = Bohrungsdurchmesser, t = Bohrungstiefe

Einlippenbohrer

Beim **Tiefbohren mit dem Einlippenbohrer** (Bild 1) erfolgt die Kühlmittelzufuhr innen über den Bohrerschaft. Die Späne werden durch den Druck des Kühlmittels außen in einer V-förmigen Aussparung am Umfang abgeführt.

Das **Einlippen-Tiefbohrwerkzeug** (Bild 2) wird als Vollbohrer oder Aufbohrer eingesetzt, wobei das Vollbohren in der Fertigung überwiegt. Der Einlippenbohrer besteht aus drei Einzelteilen, dem Bohrerkopf, dem Bohrerrohr und der Einspannhülse.

Der Bohrerkopf kann sowohl aus Vollhartmetall als auch aus hartmetallbestückten Schneiden bestehen. Der Einlippenbohrer besitzt lediglich eine Schneide und muss vor dem Eindringen in das Werkstück durch eine Bohrbuchse und Führungsleisten am Bohrkopf geführt werden.

Das Bohrerrohr besteht aus hochfestem Material, in das eine Sicke für die Spänerückführung eingearbeitet wurde. Beim Aufbohren werden stabilere Rohre ohne Sicke verwendet, da die Späne durch die bereits vorhandene Bohrung abgeführt werden können.

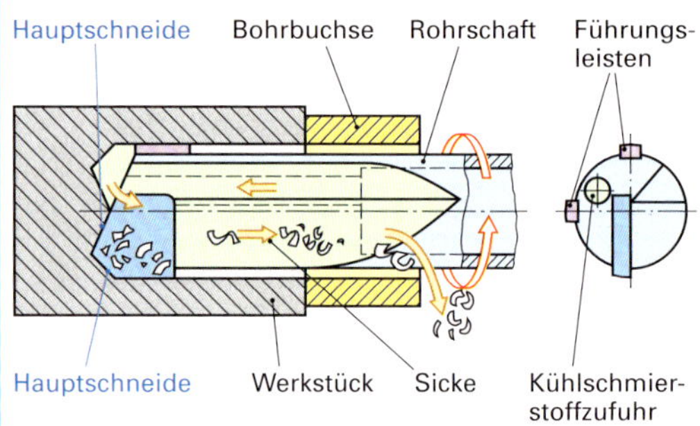

1 Tiefbohren mit dem Einlippenbohrer

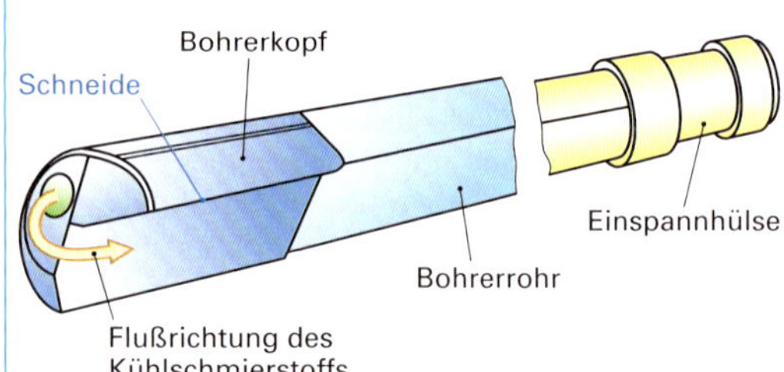

2 Einlippen-Tiefbohrwerkzeug

Das **Tiefbohren mit dem BTA-Bohrer** (Bild 1) wurde entwickelt, um das Kratzen der Späne beim Transport an der Bohrerwand zu vermeiden. Hierbei entwickelte die „Boring and Trepanning Association (BTA)" eine Methode, die Charakteristik des Einlippenbohrers umzudrehen.

Beim **BTA-Bohrwerkzeug** (Bild 2) wird das Kühlschmiermittel von außen durch einen ringförmigen Spalt zwischen Bohrerrohr und Wandung gedrückt. Der Rückfluss der Kühlschmiermittels mit den Spänen erfolgt dann durch das Spanmaul und das innere Bohrerrohr. Für das Tiefbohren mit dem BTA-Bohrer wird eine spezielle Tiefbohrmaschine benötigt, bei der die Bohrbuchse und das Bohrrohr völlig abgedichtet werden.

Für die Herstellung von tiefen Bohrungen auf besonders ausgeführten Maschinen wurde der **Ejektorbohrer** (Bild 3) entwickelt. Der Bohrerschaft des Ejektorbohrers besteht aus einem doppelten Rohr. Dementsprechend wird die Kühlmittelzufuhr nicht mehr durch die Bohrerwand abgegrenzt, sondern durch ein zweites Rohr. Somit entfällt die aufwendige Abdichtung der Bohrung, wie beim BTA-Bohrer.

Beim Ejektorbohrer kann ein Teil des Kühlmittels bereits über Düsen in das innere Bohrerrohr eindringen, bevor es zur Schneide gelangt. Hierdurch entsteht im inneren Rohr eine Saugwirkung, die den Spänetransport zusätzlich fördert.

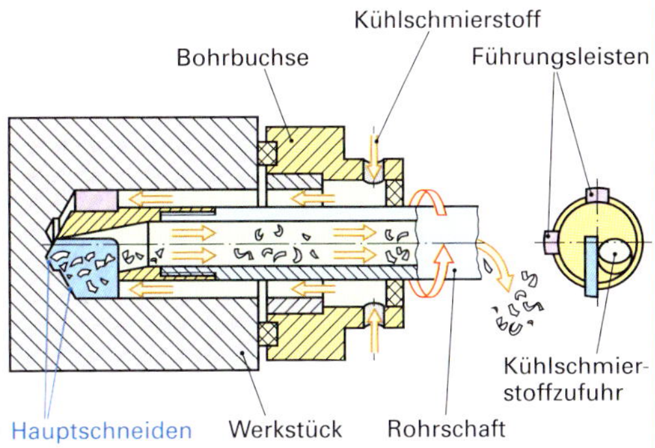

1 Tiefbohren mit dem BTA-Bohrer

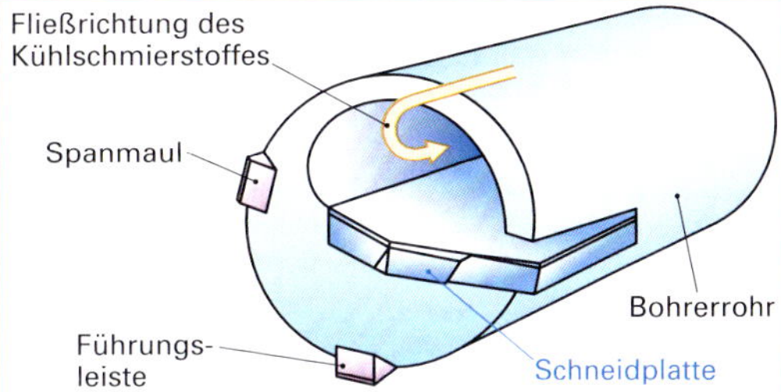

2 BTA-Tiefbohrwerkzeug

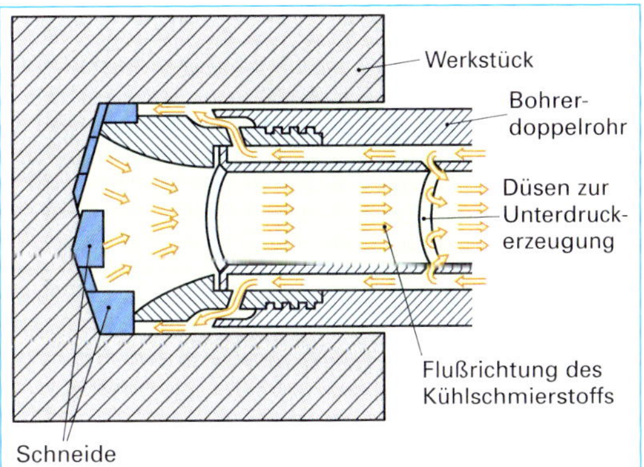

3 Ejektorbohrer

Kurzlochbohren

Kurzlochbohrer (Bild 4) besitzen hartmetallbestückte Wendeschneidplatten und werden im Durchmesserbereich von 16 mm bis über 120 mm eingesetzt. Beim Bohren mit dem Kurzlochbohrer kann eine bis zu 15fach höhere Schnittgeschwindigkeit als beim herkömmlichen Spiralbohrer aus HSS eingestellt werden. Aufgrund der unsymmetrisch auftretenden Zerspankräfte und der damit verbundenen Rattergefahr sollten Kurzlochbohrer nur an Werkzeugmaschinen mit spielfreiem Schlittenantrieb eingesetzt werden.

Die Bohrtiefe des Kurzlochbohrers beträgt das Doppelte seines Durchmessers. Die Bohrtiefe hat den Namen geprägt und weist auf den beschränkten Einsatzbereich hin.

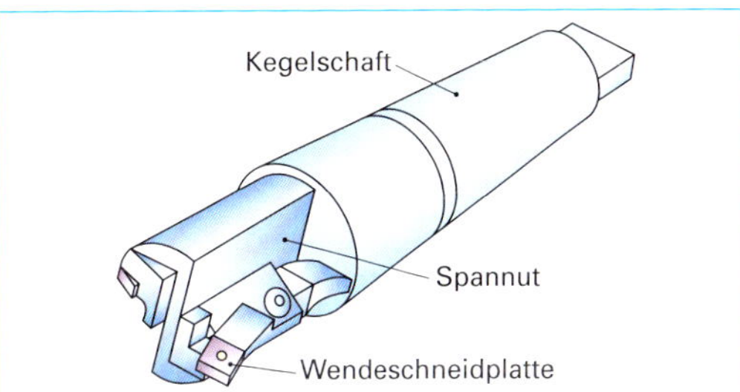

4 Kurzlochbohrer

2.2.3.2 Verfahren zum Rundreiben

Rundreiben ist ein Feinbearbeitungsverfahren mit dem Zweck zylindrische Bohrungen in ihrer Qualität zu verbessern.

Rundreiben gehört zum Fertigungsverfahren Reiben, bei dem feinste Späne entstehen. Beim Rundreiben wird die Bohrung mit einer geringen Spanungsdicke aufgebohrt (Bild 1).

Durch das Rundreiben können keine Lagefehler oder Formfehler der Bohrung ausgeglichen werden. Die Bohrung erhält nur eine hohe Oberflächengüte und ein genaues Durchmessermaß. In der Regel entspricht eine geriebene Bohrung der Passungsgröße H 7.

Neben dem Rundreiben wird zu der Gruppe der Reibverfahren das **Profilreiben** (Abschnitt 2.2.3.3) gezählt. Es dient zur Herstellung kegeliger oder profilierter Bohrungen und wird daher im Kapitel Profilbohren genauer beschrieben.

Schneiden und Winkel an der Reibahle

Zum Rundreiben werden als Werkzeug Reibahlen mit HSS-Schneiden oder Hartmetallschneiden verwendet. Reibahlen sind als Hand- oder Maschinenahlen einsetzbar.

Die Schneiden befinden sich an dem **Anschnitt** und der **Führung** der Reibahle (Bild 2). Während die eigentliche Schneidarbeit vom kegelförmigen Anschnitt ausgeführt wird, sorgt die Führung der Reibahle nur für die Maßhaltigkeit, Rundheit und Glätte.

Die Form und Länge des Anschnittes richtet sich nach der jeweiligen Bearbeitungsaufgabe und der Verwendung einer Hand- oder Maschinenreibahle. Die Führung ist nach dem Anschnitt nur ein kurzes Stück zylindrisch. Danach setzt zum Schaft hin eine sehr geringe Verjüngung der Führung ein, damit ein Klemmen während des Reibens vermieden wird.

Die Zähnezahl der Reibahlen ist gerade, wobei sich jeweils zwei Schneiden zur besseren Durchmesserbestimmung gegenüberliegen. Um ein Rattern während des Reibens zu vermeiden, besitzen die Reibahlen allerdings eine **ungleichmäßige Teilung** (Bild 3).

Der **Spanwinkel** γ der keilförmigen Zähne ist bei Reibahlen aus HSS leicht positiv oder leicht negativ. Hartmetallreibahlen erhalten einen Spanwinkel $\gamma = 0°$. Die hierdurch erzielte **schabende Wirkung** der Schneiden trägt zur Erzeugung einer guten Oberfläche bei.

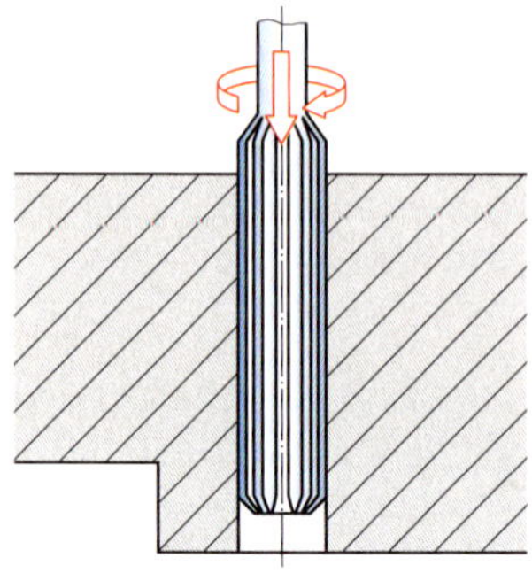

1 Rundreiben (Prinzip)

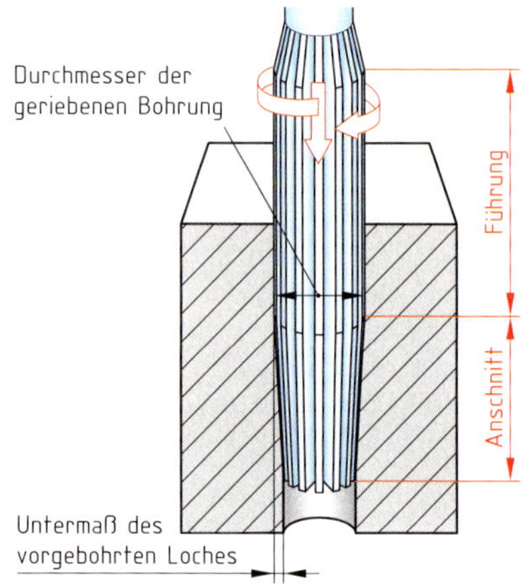

2 Anschnitt und Führung der Reibahle

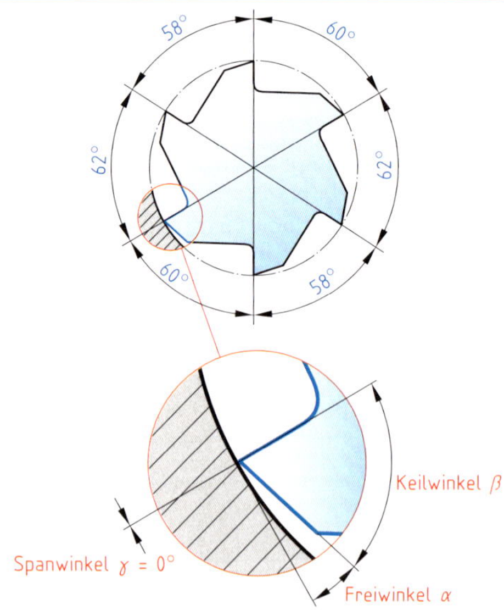

3 Teilung und Winkel der Reibahlenschneiden

Die Schneiden am Führungsteil der Reibahle besitzen einen **Fasenanschliff** (Bild 1). Während mit der gerundeten Fase die Standzeit der Reibahle erhöht wird, dient die gewetzte Fase zur Verbesserung der Oberflächenqualität. Mit einer größeren Fasenanschliffsbreite *b* kann eine bessere Rundheit der Bohrung erreicht werden, die Oberflächengüte nimmt jedoch ab.

Reibahlen sind **geradförmig** oder **wendelförmig** ausgeführt (Bild 2). Die Schneiden der geradförmigen Reibahlen verlaufen parallel zur Drehachse. Die Schneiden der wendelförmigen Reibahlen besitzen einen Linksdrall, Drall und Drehrichtung laufen hierbei entgegengesetzt. Hätten die Schneiden einen Rechtsdrall, würde sich die Reibahle wie ein Korkenzieher in die Bohrung hineinziehen, da die Schneidkraft in Vorschubrichtung wirkt. Durch die wendelförmige Reibahle kann eine Längsnut überbrückt werden.

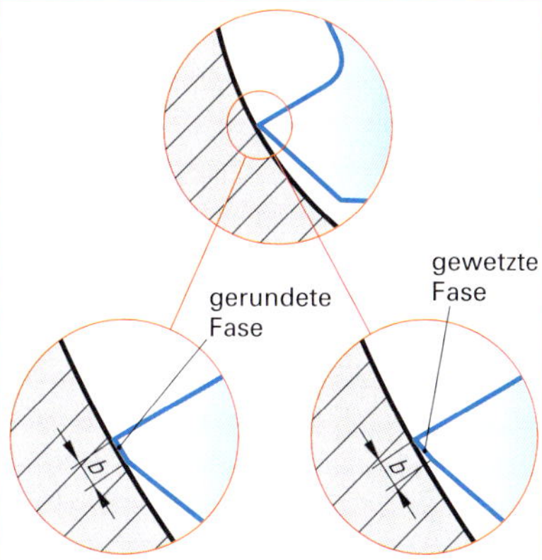

1 Fasenanschliff der Führungsschneide

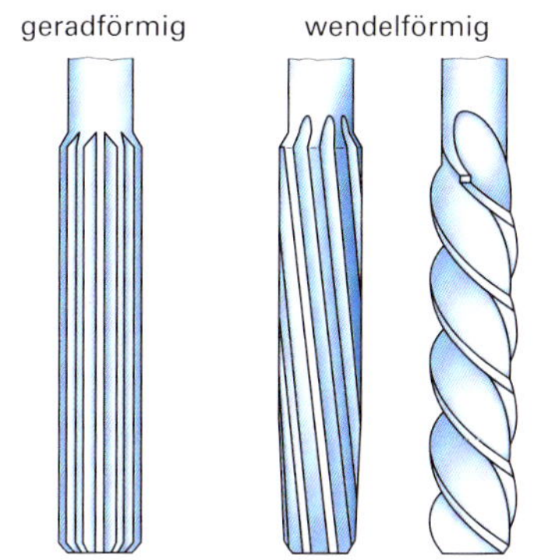

2 Geradförmige und wendelförmige Reibahlen

Arbeitsregeln und Richtwerte beim Reiben

Zum Erreichen der geforderten Maß- und Formgenauigkeit der Bohrung sowie der zu erzielenden Oberflächengüte sind folgende Regeln beim Arbeiten mit der Reibahle zu beachten:

- Die Reibahle darf niemals entgegen der Schnittbewegung gedreht werden. Diese Forderung gilt auch beim Herausdrehen der Reibahle, da sich sonst Späne zwischen den Schneiden und der Bohrungswand einklemmen würden. Hierdurch entstehen Riefen an der Bohrungswand oder es wird ein Schneidenbruch verursacht.
- Die aufzureibende Bohrung muss mit dem richtigen Untermaß vorgebohrt werden. Falls das Untermaß der Vorbohrung zu klein ist, werden die durch das Bohren entstandenen Bearbeitungsspuren nicht beseitigt. Bei einem zu großen Untermaß kann die Reibahle verlaufen und die Oberflächengüte abnehmen. In der Praxis haben sich folgende Bearbeitungszugaben als Richtwerte bestätigt:

Tabelle 1: Untermaße beim Reiben

Durchmesser des fertig geriebenen Loches in mm	unter 5	5 bis 20	20 bis 30	30 bis 50	50 bis 100	über 100
Untermaß des vorgebohrten Loches in mm	0,1	0,2	0,3	0,4	0,5	0,6

- Zur Erzielung der geforderten Oberflächengüte muss das geeignete Kühlschmiermittel eingesetzt werden. Da beim Reiben die Schmierwirkung wichtiger ist als das Kühlen, werden z.B. für unlegierte Stähle 10%ige bis 20%ige Kühlschmieremulsionen verwendet. Während Gusswerkstoffe und Duroplaste trocken gerieben werden, ist für weiche Aluminium-Legierungen auch Petroleum geeignet.
- Die Schnittgeschwindigkeit beim Reiben muss wesentlich geringer als beim Bohren gewählt werden. Als Richtwert gilt ca. $\frac{1}{3}$ der Schnittgeschwindigkeit eines Bohrers mit vergleichbarem Durchmesser. Der einzustellende Vorschub entspricht dem des Bohrers.

Tabelle 2: Kühlen und Schmieren beim Reiben

Werkstoffe	Stahl mit R_m < 900 N/mm², Kupfer-Legierungen, Aluminium-Legierungen Thermoplaste	Stahl mit R_m > 900 N/mm², Hochlegierte Stähle, Titan-Legierungen	Gusswerkstoffe, Magnesium-Legierung, Duroplaste	weiche Aluminium-Legierungen
Kühlschmiermittel	10%ige bis 20%ige Emulsion	Schneidöl	trocken/Druckluft	Petroleum

Werkzeuge zum Rundreiben

Bei den Reibahlen wird grundsätzlich zwischen **Handreibahle, Maschinenreibahle und Schälreibahle** (Tabelle 1) unterschieden. Beide Ausführungen sind zum Rundreiben als unverstellbare oder verstellbare Reibahlen erhältlich. Handreibahlen und Maschinenreibahlen haben geradförmige oder wendelförmige Schneiden mit einem Drallwinkel von 7°. Bei Schälreibahlen sind sie nur wendelförmig und besitzen einen Drallwinkel von 45°.

Reibahlen besitzen einen **Anschnitt.** Durch diesen Anschnitt wird die Reibahle in eine Bohrung, die mit einem Untermaß von nur wenigen Zehntelmillimeter vorgebohrt wurde, geführt. Durch die Schnitt- und Vorschubbewegung trennt der Anschnitt feine Späne ab.

Die Zähne der Reibahle sind keilförmig. An den Zähnen befindet sich eine Fase, die meistens durch Rundschliff erzeugt wurde. Reibahlen haben in der Regel eine gerade Zähnezahl (6, 8, 10 usw.), so dass der Durchmesser der Reibahle einwandfrei an zwei gegenüberliegenden Zähnen gemessen werden kann. Die Zahnteilung der Reibahlen ist ungleich, d.h. der Abstand von Zahn zu Zahn ist unterschiedlich. Hierdurch werden an der Lochwand **Rattermarken** vermieden. Bei gleicher Teilung würde der nachfolgende Zahn immer wieder in die Ratterstelle des vorhergehenden Zahnes einhaken. Durch eine ungleiche Teilung wird dieser Nachteil vermieden.

Tabelle 1: Handreibahle, Maschinenreibahle, Schälreibahle

unverstellbare Reibahle	verstellbare Reibahle
• Reibahle mit Zylinderschaft oder Kegelschaft	• Einstellbar mit Verstellbereich
• Aufsteckreibahle mit Aufsteckhalter	• Nachstellbar nach Abnutzung

Unverstellbare Reibahlen

Unverstellbare Reibahlen nutzen sich durch häufigen Gebrauch ab.

Die fertig geriebene Bohrung unterschreitet mit der Zeit im Durchmesser ihr Toleranzmaß.

Unverstellbare Handreibahlen (Bild 1) werden zur besseren Führung mit einem langen kegeligen Anschnitt und einem längeren Führungsteil versehen. Der zylindrische Schaft der Handreibahle besitzt zur Aufnahme des Windeisens am Ende einen Vierkant.

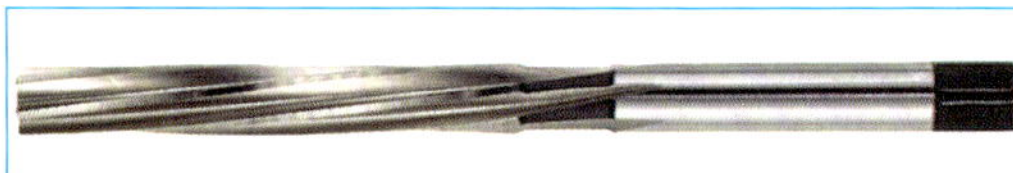

1 Unverstellbare Handreibahle

Unverstellbare Maschinenreibahlen (Bild 2) sind im Anschnitt und im Führungsteil etwas kürzer, weil eine genauere Führung über die Maschinenspindel erfolgt. Sie besitzen einen zylindrischen oder kegeligen Schaft zum Einspannen. Maschinenreibahlen mit einem größeren Durchmesser als 10 mm werden mit einem Morsekegel als Schaft ausgeführt.

2 Unverstellbare Maschinenreibahle

Unverstellbare Schälreibahlen (Bild 3) sind Maschinenreibahlen mit einem Drallwinkel von 45° und können nur für Durchgangsbohrungen wegen ihres langen Anschnittes verwendet werden. Ihr Einsatzgebiet liegt bei langspanenden Werkstoffen. Wegen der höheren einstellbaren Schnittgeschwindigkeit sind Schälreibahlen besonders für die Serienfertigung geeignet.

3 Unverstellbare Schälreibahle

Unverstellbare Aufsteckreibahlen (Bild 4) sind als Maschinenreibahlen oder als Schälreibahlen einsetzbar. Sie werden vorwiegend bei größeren Bohrungen ab einem Durchmesser von ca. 25 mm verwendet. Für die Bearbeitung werden die Aufsteckreibahlen auf einem Aufsteckhalter befestigt.

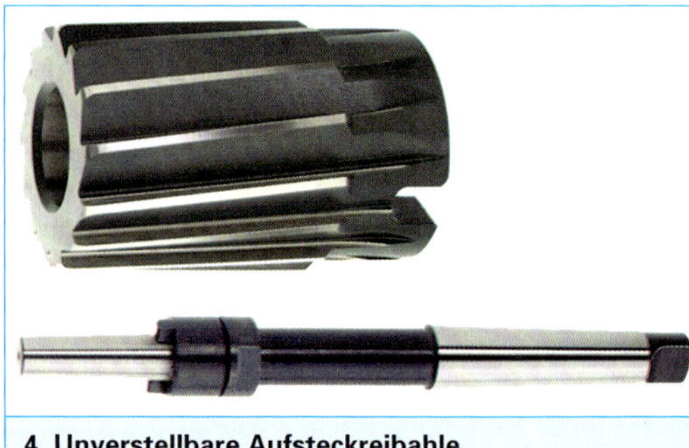

4 Unverstellbare Aufsteckreibahle

Verstellbare Reibahlen

Verstellbare Reibahlen werden als einstellbare oder nachstellbare Reibahlen eingesetzt.

Bei der **einstellbaren Reibahle** (Bild 1) wird je nach Größe ein Einstellbereich von 1 mm bis 10 mm genutzt. Sie sind als Handreibahlen und Maschinenreibahlen erhältlich und werden mit einer Verstellmutter und Einstellskala eingerichtet. Hierbei wird die hintere Mutter gelöst und die vordere Mutter angezogen.

1 Einstellbare Reibahle

Aufgrund von Verschleiß und Abnutzung können **nachstellbare Reibahlen** (Bild 2) auf das zu reibende Maß vorgestellt und anschließend nachgeschliffen werden. Zum Voreinstellen dient ein Einstellring. Nachstellbare Reibahlen werden vorwiegend als Handreibahlen ausgeführt.

2 Nachstellbare Handreibahle

Für das Reiben von **Grundbohrungen** sind die oben aufgeführten verstellbaren Reibahlen nicht zu gebrauchen. Ihr Messer kann wegen des Anschnitts und der Verstellmutter die Bohrung nicht bis zum Ende erreichen.

Bei der **Aufsteck-Grundreibahle** (Bild 3) sind die verstellbaren Messer so befestigt, dass sie bis zum Grunde schneiden können. Die Messer werden durch Klemmstücke gehalten. Das Nachstellen der Messer erfolgt durch Drehen der oberen zwei Muttern.

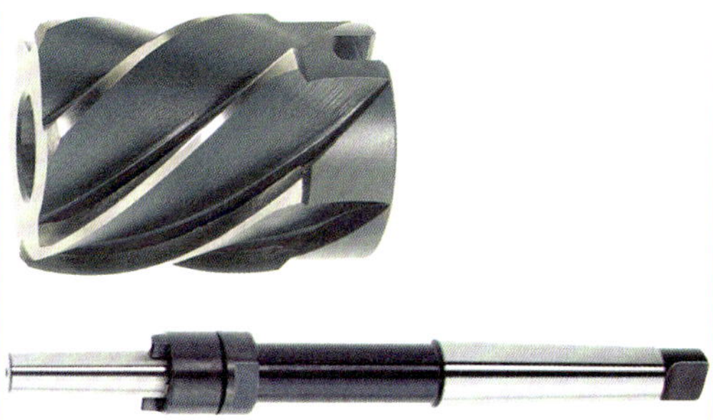

3 Aufsteck-Grundreibahle

Aufgaben zum Rundbohren und Reiben

Auswahl und Auslegung der Rundbohrverfahren der Stempelführung

Auf einer Ständerbohrmaschine soll die bereits vorgestellte Stempelführung nach der im Bild 4 dargestellten **Fertigungszeichnung** gebohrt und gerieben werden.

Der **Arbeitsplan zum Rundbohren** sieht folgende Fertigungsfolge vor:

- Vorbohren der Bohrung mit dem ∅ 11.
- Fertigbohren der Bohrung ∅ 11.
- Vorbohren der Bohrung ∅ 10 H7 mit Untermaß zum Rundreiben.
- Rundreiben der Passung ∅ 10 H7

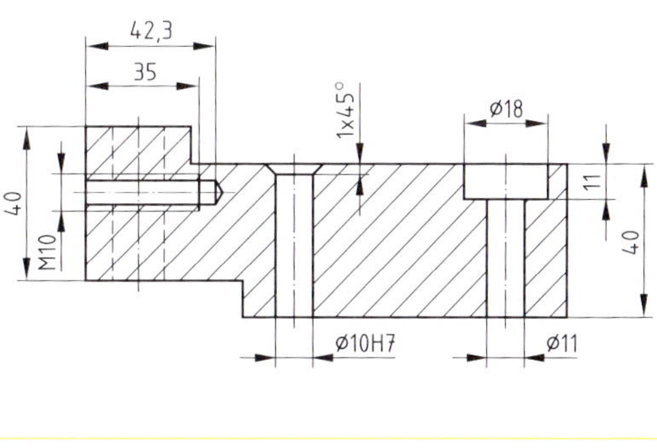

4 Fertigungszeichnung der Stempelführung

1. Für den Prototyp der Stempelführung soll eine weiche Aluminium-Legierung verwendet werden. Wählen Sie für die Bearbeitung der Bohrungen die geeigneten Bohrer aus. Geben Sie für die ausgewählten Bohrer den Bohrertyp, Seitenspanwinkel und Spitzenwinkel an.

2. Die Serienfertigung der Stempelführung soll mit dem Werkstoff E360 (St 70-2) erfolgen. Welche Bohrertypen müssen bei diesem Werkstoff verwendet werden? Begründen Sie Ihre Auswahl.

3. Zur Optimierung des Bohrverfahrens sollen die ausgewählten Bohrer für die Serienfertigung mit einem Sonderanschliff versehen werden. Geben Sie für die Bohrungen geeignete Sonderanschliffe an und begründen Sie den gewählten Anschliff.

4. Nennen Sie Schleiffehler, die beim Anschleifen der Bohrer gemacht werden können und erläutern Sie die Auswirkungen.

5. Für die Prototypenherstellung sollen die Bohrer keinen Sonderanschliff erhalten. Entsprechend müssen die größeren Löcher vorgebohrt und anschließend aufgebohrt werden. Beschreiben Sie hierfür die geeigneten Aufbohrer.

6. Wählen Sie zum Rundreiben der Passung ∅ 10 H7 Werkzeuge aus und beschreiben Sie ihre Wirkungsweise. Beschreiben Sie die Arbeitsregeln für die Fertigung der Passung.

2.2.3.3 Verfahren zum Schraubbohren

Die Herstellung der Innengewinde kann von Hand oder auf einer Werkzeugmaschine erfolgen.

Als Werkzeuge werden hierbei je nach Bearbeitungsaufgabe unterschiedliche Gewindebohrer verwendet. Für die Auswahl des Fertigungsverfahrens und des Gewindebohrers müssen folgende Gesichtspunkte berücksichtigt werden (Bild 1):

- Zerspanbarkeit des zu bearbeitenden Werkstoffs
- Anzahl der zu fertigenden Gewindebohrungen
- Geforderte Genauigkeit und Oberflächengüte
- Art der Gewindebohrung (Durchgangs- oder Grundbohrung)
- Art des Gewindes (z.B. Metrisches Gewinde)

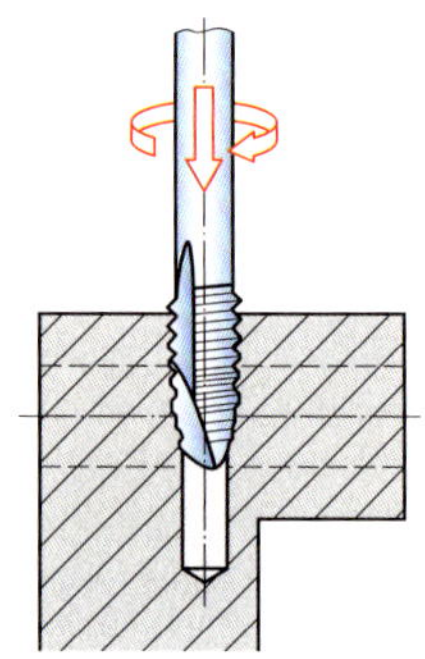

1 Prinzip des Schraubbohrens

Vorbereitung der Gewindebohrung

Innengewinde müssen vor der Bearbeitung durch den Gewindebohrer mit einem Kernloch versehen werden. Der **Kerndurchmesser D_1** wird für alle Metrischen ISO-Gewinde (Regelgewinde und Feingewinde) aus dem Nenndurchmessr *D* abzüglich der Steigung *P* ermittelt. Beim Whitworth-Gewinde errechnet sich der Kerndurchmesser D_1 aus dem Nenndurchmesser *D* abzüglich dem 1,28fachen der Steigung *P* (Tabelle 1).

Tabelle 1: Kerndurchmesser für Gewinde

Metrisches ISO-Gewinde		Whitworth-Gewinde	
D	***D_1***	***D***	***D_1***
M 5	4,2	1/4 Zoll	5,1
M 6	5,0	3/8 Zoll	7,9
M 8	6,8	1/2 Zoll	10,5
M 10	8,5	3/4 Zoll	16,5
M 12	10,2	1 Zoll	22,0
M 16	14,0	1 1/4 Zoll	28,0

Nachdem das Kernloch eingearbeitet wurde, schneidet der Gewindebohrer die Flanken des Gewindes. Hierbei bestimmt sich der **Vorschub des Gewindebohrers** aus seiner jeweiligen Steigung. Der Gewindebohrer schraubt sich mit der Steigung *P* pro Umdrehung in das Kernloch hinein.

Beim Schneiden wird der Werkstoff leicht gequetscht, so dass der erste Gewindegang an der Oberseite der Bohrung etwas herausgedrückt wird.

Um einen Grat zu vermeiden, werden Kernlöcher mit einem 90°-Kegelsenker angesenkt oder mit einem NC-Anbohrer zentriert und gesenkt.

Zur **Reduzierung der Einschraublänge** können Gewinde in langen Durchgangsbohrungen von unten freigeschnitten werden. Beim Einbringen von Grundlöchern muss das Grundloch tiefer als die nutzbare Gewindelänge sein. Der Gewindebohrer schneidet durch den Anschnitt die letzten Gewindeflanken flacher aus und benötigt daher einen Kernlochüberstand. Der **Kernlochüberstand von Innengewinden** ist hinsichtlich seines Größenwertes festgelegt (Tabelle 1).

Tabelle 1: Kernlochüberstand von Innengewinden

Gewinde	Kernlochüberstand
M 4	3,8
M 5	4,2
M 6	5,1
M 8	6,2
M 10	7,3
M 12	8,3
M 16	9,3
M 20	11,2
M 24	13,1
M 30	15,2
M 36	16,8
M 42	18,4
M 48	20,8

Schneiden und Winkel am Gewindebohrer

Gewindebohrer sind mehrschneidige Werkzeuge mit keilförmigen Schneiden.

Die Schneiden des Gewindebohrers arbeiten lediglich das Gewindeprofil heraus. Die keilförmigen Schneiden bilden sich beim Gewindebohrer durch das Einbringen von drei oder vier **Spannuten**, die gerade oder drallgenutet sind (Bild 1).

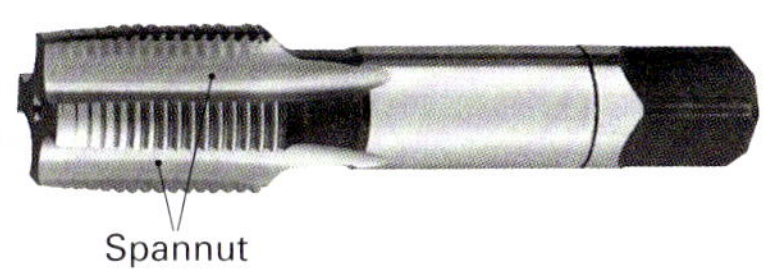

1 Spannuten am Gewindebohrer

Der **Schneidvorgang** wird hauptsächlich von der Größe des **Spanwinkels** γ (Bild 2) bestimmt. Während bei langspanenden Werkstoffen (z.B. Aluminium- oder Kupferlegierungen) der Spanwinkel groß gewählt werden soll, müssen bei harten und spröden Werkstoffen Gewindebohrer mit einem kleinen Spanwinkel eingesetzt werden.

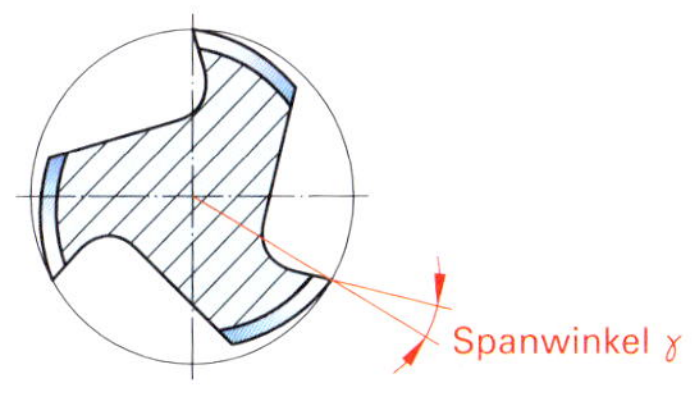

2 Spanwinkel

Die Größe des **Freiwinkels** α (Bild 3) bestimmt die Reibung zwischen den Gewindeflanken von Werkstück und Werkzeug. Der Hinterschliff am Umfang des Gewindebohrers ergibt den Freiwinkel. Hierdurch wird die Gefahr des Klemmens und des Werkzeugbruchs des Gewindebohrers verringert.

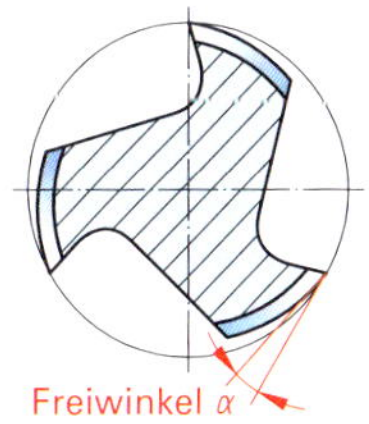

3 Freiwinkel

Der Schneidkeil des Gewindebohrers bildet den **Keilwinkel** β (Bild 4). Je größer der Keilwinkel ist, desto stabiler ist der Schneidkeil ausgeprägt. Dementsprechend wird für harte und spröde Werkstoffe ein Gewindebohrer mit einem großen Keilwinkel bevorzugt.

Die Größe des Keilwinkels verringert aber auch die Größe der Spannut. Bei langspanenden und zähen Werkstoffen neigt der Span zum Verklemmen im Spanraum. Daher ist es bei diesen Werkstoffen wichtiger, einen Gewindebohrer mit einem größeren Spanraum einzusetzen, als bei einem Gewindebohrer mit einem stabilen Schneidkeil.

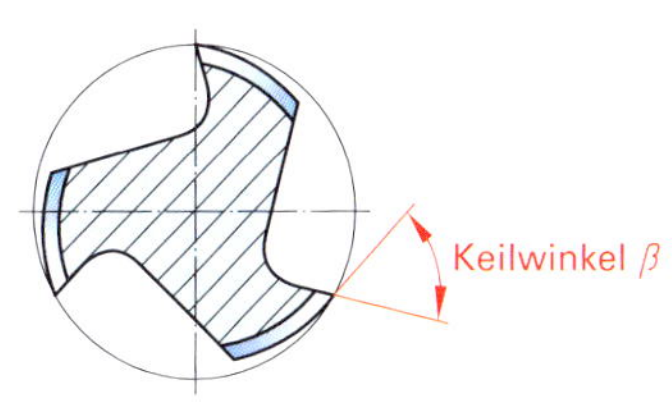

4 Keilwinkel

Werkzeuge zum Gewindebohren von Hand

Beim Gewindebohren mit der Hand werden in der Regel mehrere unterschiedliche Werkzeuge für ein Gewinde benötigt. Während Metrische ISO-Gewinde mit einem **3-teiligen Handgewindebohrersatz** (Bild 1) hergestellt werden, braucht man für Feingewinde und Whitworth-Gewinde nur einen **2-teiligen Handgewindebohrersatz**.

Der **3-teilige Gewindebohrersatz** besteht aus einem **Vor-, Mittel- und Fertigschneider**. Alle drei Gewindebohrer besitzen zum Einführen des Werkzeuges in das Bohrloch einen kegeligen Anschnitt. Hierbei besitzt der Vorschneider den längsten kegeligen Anschnitt. Die Gewindeflanken des Vorschneiders sind flacher ausgeprägt als die der nachfolgenden Werkzeuge. Der Mittel- und Fertigschneider haben jeweils kürzere Anschnittlängen. Das Gewindeprofil nähert sich bis zum Fertigschneider der Endform. Die Spanabnahme wird durch die Verwendung des 3-teiligen Gewindebohrersatzes auf alle Werkzeuge verteilt.

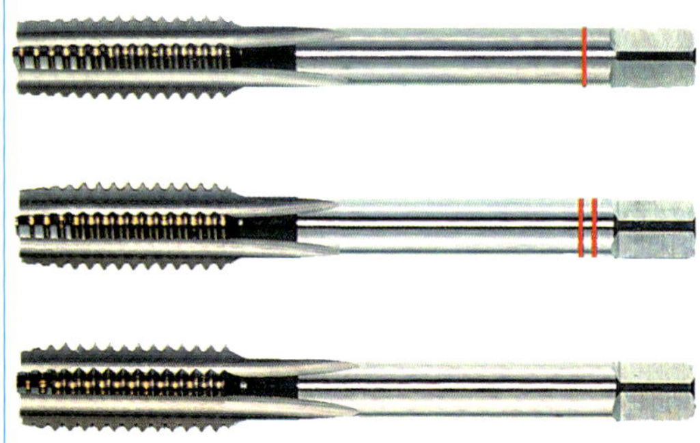

1 3-teiliger Gewindebohrersatz

Der **2-teilige Gewindebohrersatz** (Bild 2) besteht nur aus einem **Vor- und Fertigschneider**, da Feingewinde und Whitworth-Gewinde eine geringere Gewindetiefe als Metrische ISO-Gewinde besitzen.

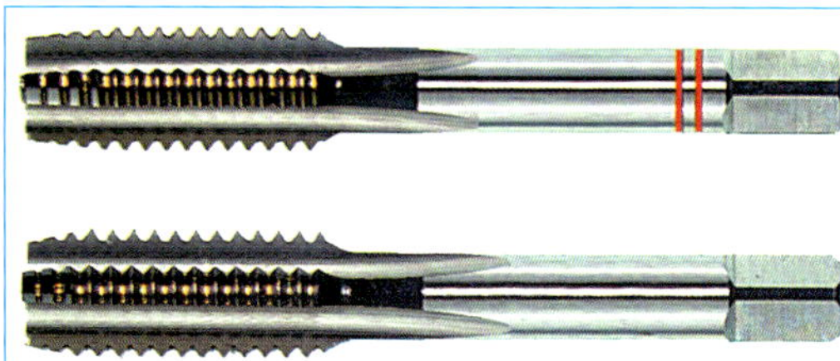

2 2-teiliger Gewindebohrersatz

Der **Vorschneider** muss bei beiden Gewindebohrersätzen genau axial in das Kernloch eingebracht werden. Um einen Werkzeugbruch zu vermeiden, sollte bei langspanenden Werkstoffen und größeren Gewinden der Gewindebohrer wiederholt zurückgedreht werden. Hierdurch können die Späne abfließen und neuer Schmierstoff gelangt an die Schneidkanten des Gewindebohrers.

Gut formbare Werkstoffe (z.B. Aluminium-, Kupfer- oder Zinklegierungen) können mit einem **Innengewindeformer** (Bild 3) bearbeitet werden. Hierbei besitzt das Gewindewerkzeug keine Spannuten, sondern einen unrunden Querschnitt.

3 Innengewindeformer

Innengewindeformer werden vorwiegend zur Herstellung von Gewinden in Blechen einsetzt. Der Werkstoff wird hierbei nur verdichtet, wobei sich die Belastbarkeit des Gewindes erhöht. Als Kühlschmierstoff werden bei Innengewindeformern grafithaltige Schneidöle eingesetzt, die einen wesentlich höheren Druck als normale Schneidöle aufnehmen können.

4 Einschnitt-Gewindebohrer-Bits

Bei **Durchgangsgewinden** in Blechen oder Profilstählen ist die Gewindetiefe verhältnismäßig gering. In diesem Fall können zum Gewindeschneiden mit der Hand auch direkt Gewindebohrer eingesetzt werden, die das Gewinde mit einem einzigen Werkzeug vorschneiden, nachschneiden und fertigschneiden. Zur Auswahl als Werkzeuge stehen hierbei Maschinen-Gewindebohrer und **Einschnitt-Gewindebohrer-Bits** (Bild 4). Während die Maschinen-Gewindebohrer z.B. in Windeisen eingespannt werden, können die Gewindebohrer-Bits direkt in Bits-Aufnahmen von z.B. Handbohrmaschinen eingesetzt werden.

Werkzeuge zum Gewindebohren auf der Maschine

Zum Gewindebohren auf der Bohr-, Dreh- oder Fräsmaschine wird ein **Maschinengewindebohrer** verwendet. Da die Führung des Gewindebohrers durch die Werkzeugmaschine erfolgt, ist ein Vorschneiden und Nachschneiden des Gewindes mit unterschiedlichen Werkzeugen nicht erforderlich. Beim Maschinen-Gewindebohrer wird mit den ersten Gewindeflanken des Bohrers vor- und nachgeschnitten und mit den letzten Gewindeflanken die Gewindebohrung fertiggeschnitten.

Maschinengewindebohrer für Durchgangsgewinde (Bild 1) besitzen einen Schälanschnitt und eine gerade Spannut. Die anfallenden Späne werden hierbei vor dem Gewindebohrer hergeschoben und fallen aus dem Bohrloch nach unten heraus. Der Schälanschnitt sorgt zusätzlich für eine hohe Spanleistung.

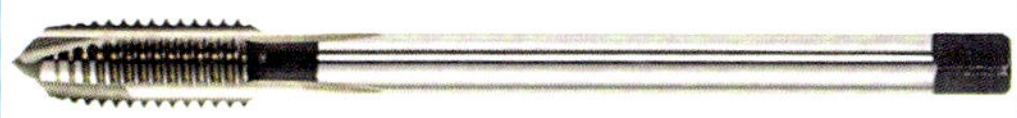

1 Maschinen-Gewindebohrer für Durchgangsgewinde

Maschinengewindebohrer für Sacklochgewinde (Bild 2) sind mit einem Rechtsdrall versehen. Der Span wird hierbei durch den Rechtsdrall nach oben geleitet. Bei kurzspanenden Werkstoffen (z.B. Messing) beträgt der Rechtsdrall des Gewindebohrers 15°. Bei langspanenden Werkstoffen wird ein Drallwinkel von 35° bevorzugt. Während durch den kleinen Drallwinkel von 15° der Span besser nach oben aus der Bohrung herausgedrückt wird, sorgt der große Drallwinkel von 35° für einen guten Spanabfluss der langen Späne.

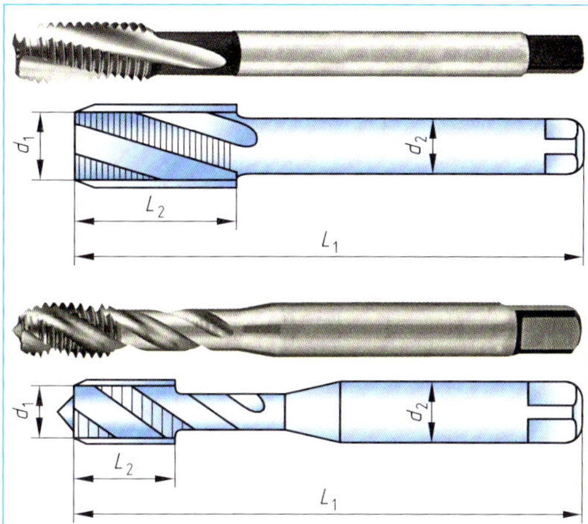

2 Maschinen-Gewindebohrer für Sacklochgewinde

Der **Maschinen-Gewindebohrer mit ausgesetzten Zähnen** (Bild 3) stellt eine Sonderform des Gewindebohrers dar. Hierbei wird jede zweite Gewindeflanke des Bohrers zum Fertigschneiden ausgesetzt. Der Einsatzbereich dieser Maschinen-Gewindebohrer umspannt die Bearbeitung von zähen, klemmenden Werkstoffen wie z.B. Elektrolytkupfer.

3 Maschinen-Gewindebohrer mit ausgesetzten Zähnen

Zur Erzielung einer guten Oberflächengüte und zur Vermeidung des vorzeitigen Werkzeugverschleißes bzw. Werkzeugbruchs ist für den jeweils zu bearbeitenden Werkstoff der geeignete **Kühlschmierstoff** auszuwählen (Tabelle 1)

Tabelle 1: Kühlschmierstoffe zum Gewindebohren

Werkstoff	Kühlschmierstoff	Werkstoff	Kühlschmierstoff
Stahl, Titanium und Titanium-Legierungen	Schneidöl	Magnesium und Magnesium-Legierungen	kein Kühlschmierstoff
Grauguss, Kupfer und Kupfer-Legierungen, Zink, Aluminium und Aluminium-Legierungen	wassermischbare Kühlschmierstoffe	Duroplaste, Thermoplaste, faserverstärkte Kunststoffe	oder Druckluft

2.2.3.4 Verfahren zum Profilbohren

Zu den Verfahren des Profilbohrens zählen alle Bohr-, Senk- und Reibverfahren, bei denen eine nicht-zylindrische Bohrung oder Stufenbohrung entsteht. Profilbohrungen können als Vorbohrungen (z.B. Zentrieren) für weitere Bohrverfahren oder als Fertigbohrungen (z.B. Profilsenken) verwendet werden.

Beim Profilbohren wird zwischen drei Verfahren unterschieden:

- Profilbohren ins Volle
- Profilaufbohren
- Profilreiben

Profilbohren ins Volle

Beim Profilbohren ins Volle (Bild 1) entsteht eine nicht-zylindrische Bohrung durch die Verwendung eines Werkzeuges. Profilbohrungen können durch **Zentrierbohrer** oder **Stufenbohrer** gefertigt werden. Der Einsatz von **NC-Bohrern** oder **Stufenbohrsenkern** ermöglicht ein gleichzeitiges Bohren und Senken der Profilbohrung mit einem Werkzeug.

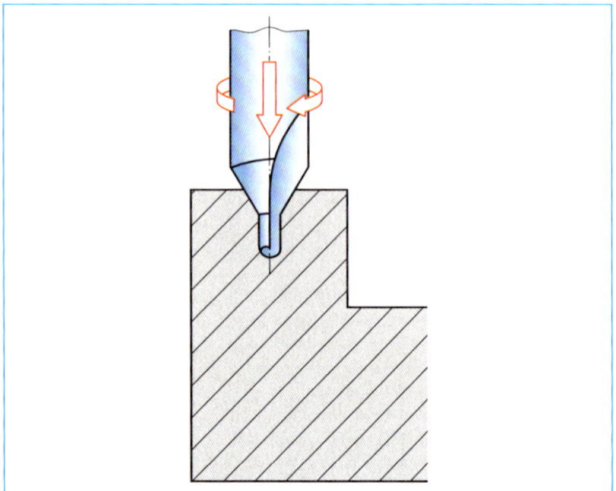

1 Prinzip des Profilbohrens

Werkzeuge zum Profilbohren ins Volle

Zentrierbohrungen dienen entweder als Vorbohrung, damit ein Verlaufen bei Bearbeitung mit einem nachfolgenden Sprialbohrer vermieden wird. Weiterhin wird die Zentrierbohrung als Führungsbohrung eingearbeitet. Sie dient hierbei zum Aufnehmen der Spitzen der Arbeitsspindel und des Reitstocks bei Dreh- und Schleifmaschinen. Die Form der Zentrierbohrung ist genormt. Jede Zentrierbohrung besitzt einen zentrierenden kegeligen Teil und einen zylindrischen Teil. Zentrierbohrungen werden je nach Verwendungszweck in drei unterschiedlichen Ausführungen eingesetzt (Bild 2).

Der **Zentrierbohrer** mit der **Form A** wird als Vorbohrer für nachfolgende Spiralbohrer oder als Führungsbohrung für geplante gerade Flächen eingesetzt.

Die Zentrierbohrung **Form B** besitzt gegenüber Form A eine zusätzliche kegelige Schutzsenkung und dient als Führungsbohrung für ungeplante oder unebene Flächen.

Die Zentrierbohrung **Form R** hat eine gewölbte Lauffläche und wird beim Kegeldrehen mit Reitstockverstellung verwendet. Weiterhin wird ein Ausgleich der Formabweichung nach der Wärmebehandlung eines Drehteils ermöglicht. Hierbei können geringe Fluchtfehler beim Schleifen zwischen Spitzen verhindert werden.

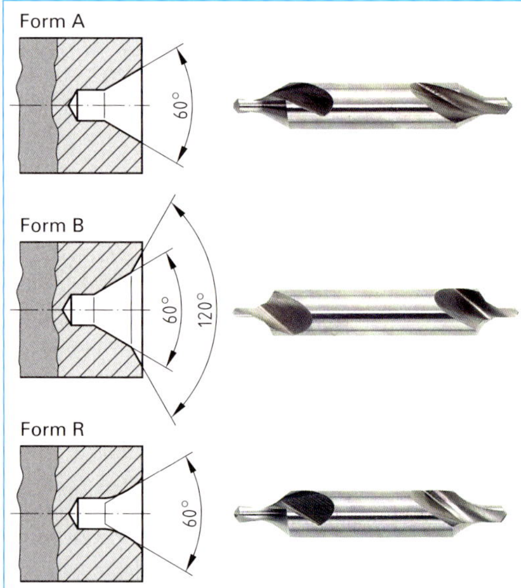

2 Zentrierbohrer

Zentrierbohrungen, die am Fertigteil nicht verbleiben dürfen, aber zum Drehen oder Schleifen des Werkstücks notwendig sind, müssen besonders gekennzeichnet werden.

Zylinderbohrungen in unterschiedlichen Abstufungen können in einem Arbeitsgang mit einem **Stufenbohrer** (Bild 3) gefertigt werden. Der Einsatz dieser Sonderwerkzeuge wird besonders in der Serienfertigung genutzt, da die Fertigungszeiten erheblich verkürzt werden.

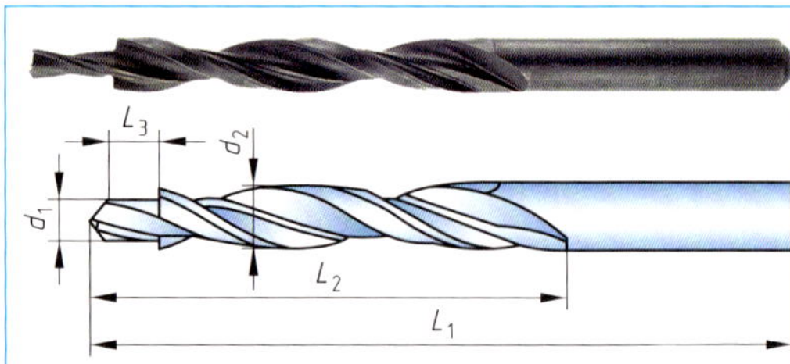

3 Stufenbohrer

Ein gleichzeitiges Bohren und Senken ermöglicht der **Stufenbohrsenker** (Bild 1). Hierbei kann direkt mit einem Werkzeug in einem Arbeitshub die zuvor hergestellte Bohrung gesenkt werden.

Der **NC-Anbohrer** führt ein Zentrieren und Ansenken der Bohrung auf CNC-Werkzeugmaschinen durch (Bild 2). Der NC-Anbohrer besitzt einen Spitzenwinkel von 90°. Der mit dem NC-Anbohrer gebohrte Kegel ist mit seinem Durchmesser an der Oberseite größer als der Durchmesser des nachfolgenden Bohrers.

Der nach dem NC-Anbohrer eingesetzte Spiralbohrer wird durch den eingebrachten Kegel geführt und hinterlässt aufgrund seines kleineren Durchmessers eine Senkung an der Oberseite der Bohrung.

Profilaufbohren

Beim **Profilaufbohren** wird das jeweilige Innenprofil durch Aufbohren einer zuvor hergestellten zylindrischen Bohrung gefertigt (Bild 3). Der Profilaufbohrer, auch Stiftlochbohrer genannt, wird meistens zur Bearbeitung von kegeligen Innenflächen für Kegelstifte eingesetzt.

2.2.3.5 Verfahren zum Profilreiben

Zum Profilreiben wird als Werkzeug die **Kegel-Reibahle** eingesetzt. Die mit unterschiedlichen Kegelgrößen ausgeführten Reibahlen werden zum **Reiben konischer Bohrungen für Kegelstifte** (Bild 4) oder zur **Feinbearbeitung von Morsekegeln** verwendet (Bild 5). Hierbei werden die Kegel-Reibahlen als geradgenutete oder drallgenutete Reibahlen eingesetzt.

Zum **Vorreiben** von konischen Bohrungen sind die Kegel-Schälreibahlen in zwei Ausführungen erhältlich. Die **Kegel-Schälreibahle** (Bild 6) wird zum Vorreiben von Bohrungen für Kegelstifte benutzt.

Die **geradgenutete Reibahle mit Spanbrechern** wird zum Vorreiben für Morsekegel (Bild 7) verwendet. Die Spanbrecher werden hierbei durch ein Unterbrechen der Schneiden erzeugt und ermöglichen eine größere Spanabnahme.

Bevor mit dem Profilreiben begonnen werden kann, muss eine zylindrische Vorbohrung in das Werkstück eingebracht werden. Nachfolgend wird je nach Bearbeitungsaufgabe die Reibahle mit Spanbrechern bzw. die Kegelschälreibahle zum Vorreiben benutzt. Zum Fertigreiben wird die drallgenutete Morsekegel-Reibahle oder die geradgenutete Kegel-Reibahle eingesetzt. Hierdurch wird die geforderte Oberflächengüte erreicht. Die Kegelreibahle muss unter allen Umständen zur vorgearbeiteten zylindrischen Bohrung rund laufen, sonst wird der Kegel vorn zu stark aufgeweitet. Deshalb erledigt man das Vorbohren und Reiben in der Regel in einer Aufspannung.

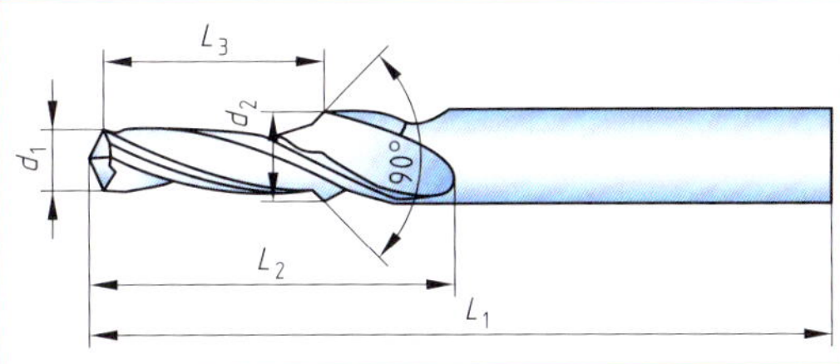

1 **Stufenbohrsenker**

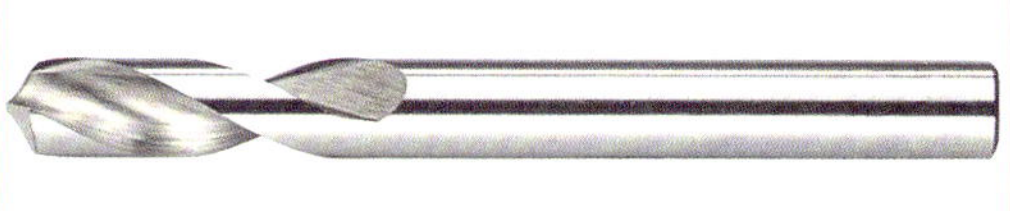

2 **NC-Anbohrer**

3 **Profilaufbohrer**

4 **geradgenutete Kegel-Reibahle für Kegelstifte**

5 **drallgenutete Morsekegel-Reibahle**

6 **Kegel-Schälreibahle**

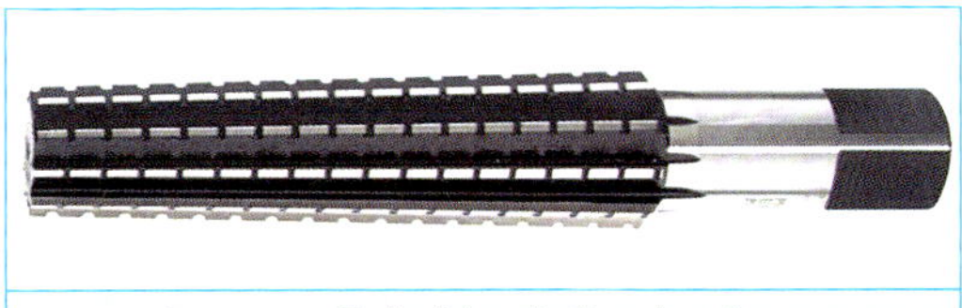

7 **geradgenutete Reibahle mit Spanbrechern**

2.2.3.6 Verfahren zum Senken

Das Senken unterscheidet sich vom Bohren im Wesentlichen dadurch, dass nicht ins volle Material gearbeitet wird, sondern in ein vorgebohrtes, gegossenes oder gestanztes Loch eine ebene, kegelige oder zylindrische Senkung eingebracht wird. Dementsprechend werden beim Senken die Verfahrensvarianten **Profilsenken, Plansenken und Planeinsenken** unterschieden (Tabelle 1).

Tabelle 1: Senken

Profilbohren	Plansenken	
Profilsenken	**Planansenken**	**Planeinsenken**
Herstellung einer kegeligen oder entsprechend profilierten Fläche	Herstellung einer hervorstehenden ebenen Fläche	Herstellung einer zylindrischen Einsenkung mit einer vertieften ebenen Fläche

Schneiden und Winkel am Senker

Die Spanabnahme beim Senken erfolgt durch einschneidige oder mehrschneidige Werkzeuge. Bei mehrschneidigen Senkern wird das Werkzeug besser geführt, da sich die Schnittkraft und die Vorschubkraft auf mehrere Schneiden verteilen. Im Vergleich zum Bohrer hat der Senker einen kleineren Freiwinkel mit einer größeren Freifläche. Diese Geometrie bewirkt ein ratterfreies Arbeiten des Senkers.

Richtwerte für das Senken mit Werkzeugen aus Schnellarbeitsstahl (HSS)

Beim Arbeiten mit Senkern werden in der Regel bessere Ergebnisse erzielt, wenn kleinere Schnittgeschwindigkeiten und höhere Vorschübe als beim Bohren zur Anwendung kommen (Tabelle 2).

Tabelle 2: Schnittgeschwindigkeiten und Vorschübe beim Senken

Werkstoff	Schnittgeschwindigkeit v_c in m/min	Vorschub f in mm je Umdrehung bei Nenndurchmesser des Senkers in mm							
		5	8	10	12,5	16	25	40	63
Stahl unlegiert bis 700 N/mm²	20...30	0,06	0,08	0,10	0,12	0,14	0,18	0,22	0,30
Stahl unlegiert über 700 N/mm²	16...25	0,04	0,05	0,07	0,08	0,10	0,14	0,18	0,24
Stahl legiert	10...15	manuell	0,04	0,06	0,07	0,08	0,09	0,12	0,17
Grauguss	10...20	0,06	0,08	0,12	0,14	0,17	0,22	0,27	0,27
Kupfer	25...40	0,06	0,09	0,11	0,12	0,14	0,18	0,22	0,27
Messing	30...80	0,09	0,11	0,13	0,15	0,17	0,22	0,28	0,35
Al-Legierung, langspanend	40...80	0,09	0,11	0,14	0,16	0,18	0,22	0,28	0,35
Al-Legierung, kurzspanend	25...40	0,07	0,09	0,11	0,13	0,14	0,18	0,22	0,30
Kunststoff, weich	20...40	0,06	0,08	0,10	0,11	0,14	0,18	0,22	0,30
Kunststoff, hart	12...20	0,05	0,06	0,08	0,09	0,11	0,14	0,18	0,22

Profilsenken

Das Fertigungsverfahren **Profilsenken** (Bild 1) wird der Verfahrensgruppe Profilbohren zugeordnet. Hierbei wird in der Regel ein kegeliges Profil in die bereits vorhandene Bohrung angesenkt. Es können aber auch ballige oder entsprechend geformte Profile hergestellt werden.

Kegelige Profilsenkungen werden aus folgenden Gründen gefertigt:

- Entgraten von Löchern, Bohrungen oder Rohren
- Ansenken einer Bohrung zum Gewindeschneiden
- Anfertigen von Auflageflächen für Schraubenköpfe

Werkzeuge zum Profilsenken

Zum Entgraten und Ansenken von Löchern und Bohrungen werden in der Regel **Kegelsenker mit einem Spitzenwinkel von 90°** verwendet (Bild 2). Der Kegelsenker besitzt drei Schneiden und ist mit einem Zylinderschaft oder Morsekegelschaft erhältlich.

Je nach Bearbeitungsaufgabe werden auch Kegelsenker mit einem Spitzenwinkel von 60° zum Entgraten, 75° für Nietköpfe oder 120° für Blechnieten eingesetzt (Bild 3).

Eine besondere Ausführung des Kegelsenkers stellt der **Entgratungssenker** dar (Bild 4). Dieses Werkzeug zeichnet sich besonders durch ein ratterfreies Arbeiten aus und erzeugt eine hohe Oberflächengüte aufgrund der guten Spanabfuhr.

Zum Anfertigen von Auflageflächen für Schraubenköpfe ist der **Kegelsenker mit festem Führungszapfen** (Bild 5) geeignet. Durch den Führungszapfen ist ein zentrischer Sitz der Senkung zur Durchgangsbohrung gewährleistet. Der mit einem Spitzenwinkel von 90° ausgeführte Kegelsenker erzeugt Auflageflächen für Senkschrauben, Linsenschrauben und Gewindeschneidschrauben.

Eine Sonderform des Profilsenkers stellt der **Rohrentgrater** dar (Bild 6). Hierbei werden durch einen innenliegenden Kegelsenker die Schnittkanten des Rohrs von innen und durch das äußere Messer von außen gleichzeitig entgratet. Durch eine Verstellschraube wird die Vorschubkraft des inneren Kegelsenkers für verschiedene Rohrdurchmesser eingestellt.

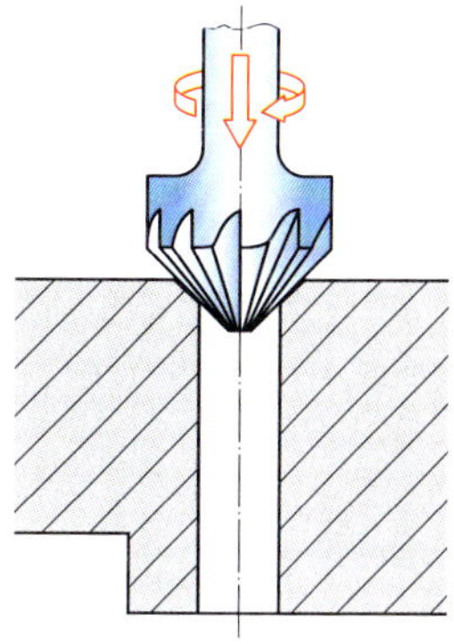

1 Prinzip des Profilsenkens

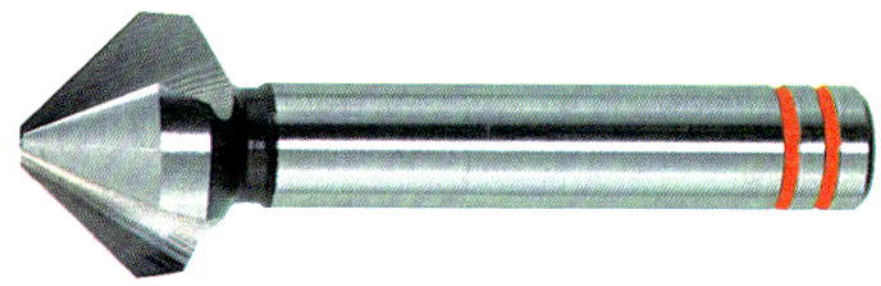

2 Kegelsenker mit einem Spitzenwinkel von 90°

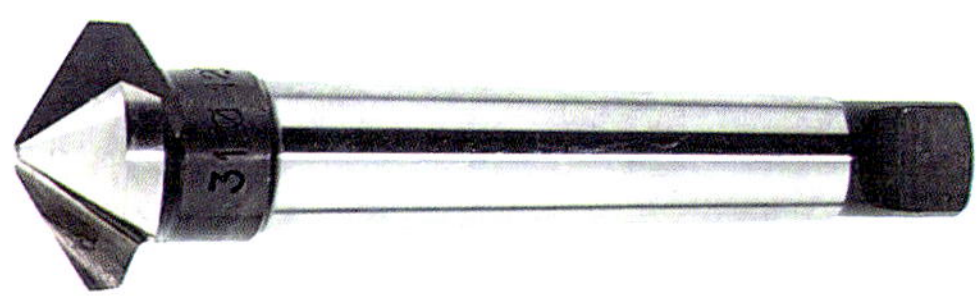

3 Kegelsenker mit einem Spitzenwinkel von 120°

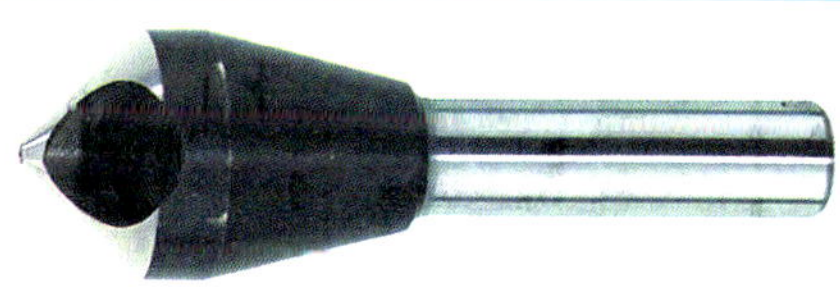

4 Entgratungssenker

5 Kegelsenker mit festem Führungszapfen

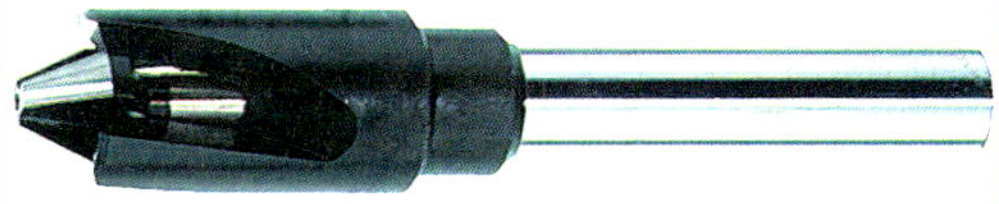

6 Rohrentgrater

Plan-Einsenken

Plan-Einsenken gehört zur Verfahrensgruppe Plansenken und beschreibt die Herstellung vertiefter ebener Flächen an Durchgangsbohrungen. Beim Planeinsenken werden zylindrische Senkungen mit einer Auflagefläche für den Kopf von Zylinderschrauben hergestellt. Die Größe der zylindrischen Einsenkung ist, je nachdem, welche Innensechskantschraube verwendet wird, genormt.

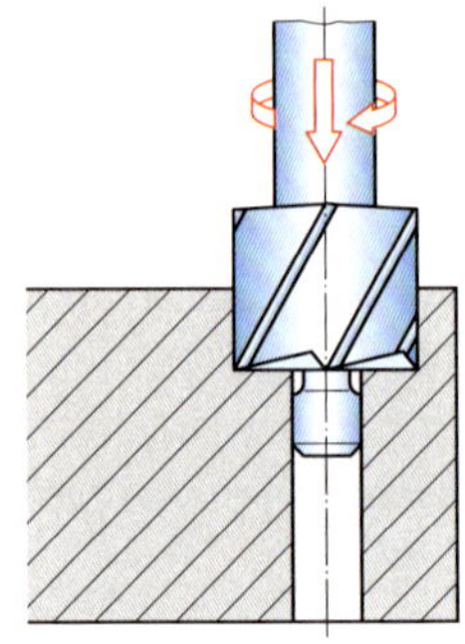

1 Prinzip des Plan-Einsenkens

Werkzeuge zum Plan-Einsenken

Als Werkzeug zum Pleineinsenken wird der **Flachsenker** mit einem Spitzenwinkel von 180° eingesetzt (Bild 2). Der genormte Flachsenker hat einen festen Führungsschaft für die Führung des Senkers in der bereits vorgefertigten Durchgangsbohrung und ist mit Zylinderschaft oder Morsekegelschaft erhältlich.

2 Flachsenker

Werden bei der Fertigung von Bauteilen häufig Senkungen für unterschiedliche Zylinderkopfschrauben benötigt, bietet sich der Erwerb eines **Kombi-Flachsenker-Satzes** an (Bild 3). Hierbei werden die Flachsenker auf die jeweils zu benötigenden Führungszapfen geschoben. Die Drehbewegung auf den Flachsenker wird über den Normhalter realisiert.

3 Kombi-Flachsenker-Satz

Plan-Ansenken

Plan-Ansenken (Bild 4) gehört zur Verfahrensgruppe Plansenken und ist ein Fertigungsverfahren zur Bearbeitung hervorstehender, ebener Flächen. Hierbei können z.B. glatte Auflageflächen für den Kopf von Sechskantschrauben gefertigt werden. Die hervorstehenden Flächen werden direkt bei der Konstruktion von Gusswerkstücken oder Schmiedeteilen eingeplant. Die restliche Fläche bleibt im Rohzustand.

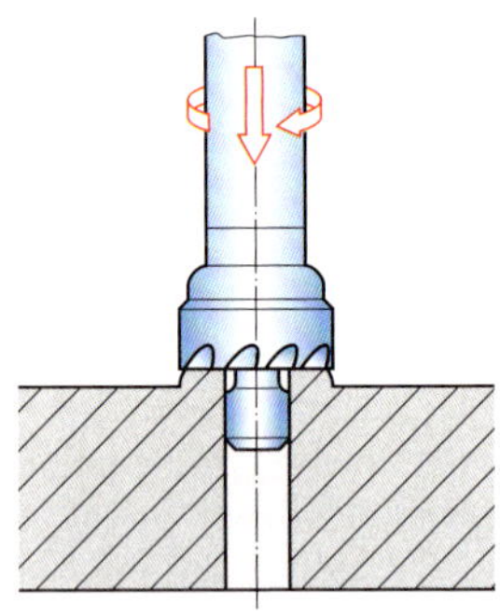

4 Prinzip des Plan-Ansenkens

Kühlschmiermittel zum Senken

Zur Vermeidung der Aufbauschneidenbildung muss beim Senken auf eine gute Kühlung geachtet werden und für den jeweiligen Werkstoff der geeignete Kühlschmierstoff ausgewählt werden (Tabelle 1).

Tabelle 1: Kühlschmierstoffe zum Senken

Werkstoff	Kühlschmierstoff	Werkstoff	Kühlschmierstoff
Stahl, Aluminium-Legierungen	Kühlschmieremulsion	zäher Messing, Kupfer	Schneidöl
Grauguss, Magnesium-Legierungen	trocken	Duroplaste, Thermoplaste	Druckluft

Aufgaben zum Schraubbohren, Profilbohren und Senken

Auswahl und Auslegung der Verfahren zum Schraubbohren, Profilbohren und Senken der Stempelführung

Im Kapitel 2.2.3.1 wurden Vertiefungsaufgaben zur Fertigung der Bohrungen ∅ 11, ∅ 10 H7 der **Stempelführung** gestellt (Bild 1). In den nachfolgenden Vertiefungsaufgaben wird die Auswahl und Auslegung der Fertigungsverfahren zur Bearbeitung der Gewindebohrung M10, der Profilsenkungen und der Flachsenkungen gefordert.

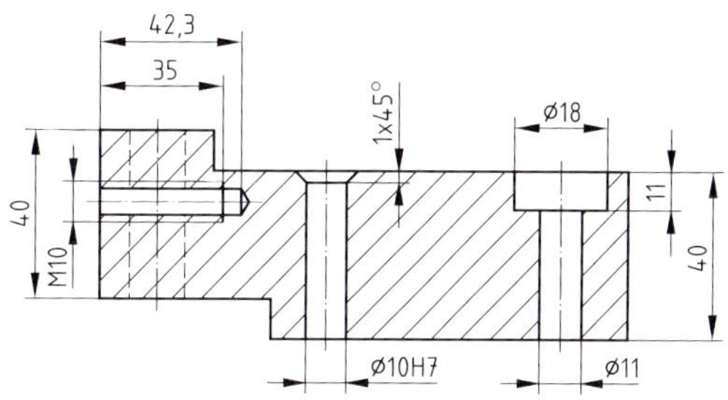

1 Fertigungszeichnung der Stempelführung

Der **Arbeitsplan zur Fertigbearbeitung** der Stempelführung sieht folgende Fertigungsfolge vor:

- Herstellung der Kernlochbohrung für die Gewindebohrung M10
- Ansenken der Kernlochbohrung
- Gewindeschneiden M10
- Ansenken der Bohrung ∅ 10 H7
- Planeinsenken an der Bohrung ∅ 11
- Entgraten der noch nicht gesenkten Bohrungen.

1 Für den Prototyp der Stempelführung wurde eine weiche Aluminium-Legierung verwendet. Wählen Sie für die Vorbereitung der Gewindebohrung den geeigneten Kernloch-Bohrerdurchmesser aus und kontrollieren Sie die Maßangabe der Gesamttiefe der Grundbohrung (Tabelle 1, Seite 155).

2 Der Arbeitsplan sieht im zweiten Schritt das Ansenken der Kernlochbohrung für das Gewinde M10 vor. Erklären Sie, warum dieser Fertigungsschritt notwendig ist.

3 Wählen Sie das Werkzeug zum Ansenken der Kernlochbohrung für den Prototypen aus und begründen Sie Ihre Wahl.

4 Begründen Sie, welcher Gewindebohrer für den Prototypenbau am sinnvollsten ist und geben Sie hierzu eine Alternative für die Serienfertigung der Stempelführung an.

5 Welcher Kühlschmierstoff muss beim Gewindeschneiden des Prototypen eingesetzt werden?

6 In der Serienfertigung steht Ihnen für die Bearbeitung der Stempelführung aus E360 (St 70-2) eine CNC-Fräsmaschine zur Verfügung. Zeigen Sie auf, welche Werkzeuge Sie zum Zentrieren und Senken der Kernlochbohrung für das Gewinde M10 einsetzen. Begründen Sie Ihre Werkzeugwahl.

7 Bestimmen Sie für das Ansenken der Bohrung ∅ 10 H7 das einzusetzende Werkzeug. Bestimmen Sie für Ihr Senkwerkzeug die Schnittgeschwindigkeit und den einzustellenden Vorschub. Berechnen Sie die Drehzahl des Senkers bei einem Nenndurchmesser des Werkzeuges von 15 mm.

8 Beschreiben Sie den Aufbau des Werkzeuges zum Planeinsenken an der Bohrung ∅ 11 für die Serienfertigung.

9 Wählen Sie für die noch nicht entgrateten Bohrungen das zu verwendende Werkzeug aus und begründen Sie Ihre Wahl.

2.2.4 Schleifen

Der Maschinenbau unterliegt heute immer kürzeren Zyklen technischer Veränderungen. Im Fahrzeugbau z.B. steigen die Anforderungen nach höherer Wirtschaftlichkeit und verbesserter Umweltverträglichkeit, nach mehr Sicherheit und Fahrkomfort.

Die Fertigung in gleichem Maße hoch präziser und wirtschaftlich hergestellter Einzelteile nimmt im Maschinen- wie im Fahrzeugbau ständig an Bedeutung zu. Die rasche Anpassung an internationale Marktforderungen wird damit garantiert.

Präzisionsteile für den Motorenbau, die Getriebe- und Fahrwerkstechnik sowie zahlreiche Hilfsaggregate erfordern das Know-how der Schleifbearbeitung um den hohen Genauigkeitsansprüchen zu entsprechen (Bild 1).

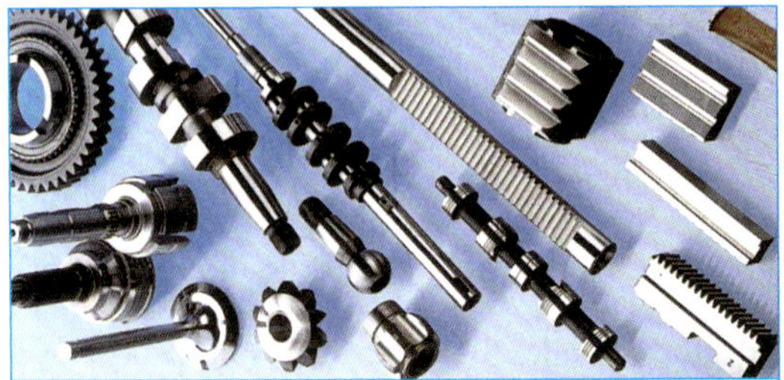

1 Geschliffene Präzisionsteile

2 Schleifbearbeitung einer Schaltgetriebewelle

Durch die geometrische Form der Getriebewelle und die Art der verwendeten Schleifscheibe sind mehrere Schleifkörner gleichzeitig im Eingriff. In der Kontaktzone zwischen Schleifscheibe und dem zu bearbeitenden Werkstück entstehen dadurch unterschiedliche Spanungsbedingungen. Mit Zusatzbaugruppen und die Verwendung von Hilfsstoffen ergeben sie einen komplexen Schleifvorgang (Bild 2).

Schleifen ist ein spanendes Fertigungsverfahren **mit geometrisch unbestimmten Schneiden.**

Das vielschneidige **Werkzeug** besteht aus einer großen Anzahl **natürlicher** oder **synthetischer gebundener Schleifkörner**. Dabei ist das einzelne Schleifkorn am Umfang der mit **hoher Drehzahl** rotierenden Schleifscheibe **nicht ständig** im Eingriff.

Schleifen kommt besonders zum Einsatz bei der **Bearbeitung von gehärteten Werkstoffen** und bei Werkstücken **mit hohen Ansprüchen** an die **Oberflächengüte** sowie **Formgenauigkeit**. Das Ergebnis der Schleifbearbeitung wird durch zahlreiche Einflussfaktoren bestimmt, die wichtigsten sind das Schleifmittel, der Werkstoff, die Bearbeitungsgeschwindigkeit und die Zerspanungsgrößen.

2.2.4.1 Schleifmittel

Die differenzierten Fertigungsaufgaben beim Schleifen erfordern unter anderem den Einsatz unterschiedlicher Schleifmittelarten. Ohne größeren technischen Aufbereitungsaufwand kommen die **natürlichen** Schleifmittel **Diamant** und **Schmirgel** zum Einsatz. Hoher Energieaufwand ist für die Erschmelzung bzw. für den Pressvorgang unter hohem Druck und hoher Temperatur für die Herstellung **künstlicher** Schleifmittel (**Korunde** – Aluminiumoxide, **Carbide** – Kohlenstoffverbindungen, **Nitride** – Stickstoffverbindungen und **Diamant**) notwendig. Die Kurzbezeichnungen, Härteangaben und typischen Einsatzbeispiele sind aus der Tabelle 1 zu entnehmen.

Tabelle 1: Schleifmittelarten

Zeichen	Schleifmittel	Härte nach Mohs	Härte nach Knoop HK	Einsatzgebiete
	Normalkorund Halbedelkorund (Al_2O_3)	~ 9	1635... 2080	mittelzähe bis harte Werkstoffe unter 60 HRC (R_m < 500 N/mm²) wie ungehärteter Stahl, Temperguss
A	Edelkorund (Al_2O_3)	9,0...9,2	2080	zähharte Stähle über 60 HRC, wie Werkzeugstahl; Schleifen und Polieren von Glas.
C	Siliciumkarbid (SiC)	9,5...9,7	2480	Planschleifen von HM, GG, Keramik, NE-Metalle; Tiefschleifen von Stahl, Abrichten, Abziehen.
B	Bornitrid (BN)	—	4700	Präzisionsschleifen von zähharten Stählen, wie HSS-Stahl, Warm- und Kaltarbeitsstahl.
D	Diamant (C)	10	7000	Präzisionsschleifen von zähharten und spröden Werkstoffen, wie HM, GG, Glas, Keramik, Nimonic.

Körnung

Die Größe der Schleifmittelkörner wird durch den Begriff Körnung festgelegt. Die definierten Körnungen **grob, mittel, fein und sehr fein** erhält man durch Siebvorgänge mit verschiedenen Siebgrößen. Die angewendete **Maschenzahl pro 1 Zoll Seitenlänge** wird als Körnungsnummer für die Schleifmittel verwendet. Sehr feine Körnungen müssen jedoch durch spezielle Schlämmverfahren abgetrennt werden. Ausnahmen in der Bezeichnung der Körnung gelten für Bornitride und Diamant. Die **Siebmaschenweite** wird für beide Schleifmittelarten in **µm** angegeben.

Tabelle 2: Körnung nach DIN 69101

Makrokörnungen grob	Makrokörnungen mittel	Makrokörnungen fein	Mikrokörnung sehr fein
4	30	70	230
5	36	80	240
6	40	90	280
7	46	100	320
8	54	120	360
10	60	150	400
12		180	500
14		220	600
16			800
20			1000
22			1200
24			

Bezeichnungsbeispiele: (Tabelle 2)

B 320: **B**ornitrid **B**N der Körnung (**sehr fein**)
D 80: **D**iamantschleifkorn der Körnung (**fein**)
C 46: Siliziumkarbid SI**C** der Körnung (**mittel**)
A 24: Korundschleifkorn **A**l_2O_3 der Körnung (**grob**)

Die zu verwendende Körnung ist von der geforderten Rauheit der Werkstücke abhängig. Je komplizierter die Schleifprofile und je kleiner die zu fertigenden Rautiefen sind, um so feiner muss die Körnung der Schleifscheiben sein. Als allgemeine Richtwerte für die Praxis kommt für Schrupparbeiten von gehärteten Stählen eine Körnung von 24/30 in Betracht. Für präzisere Schleifarbeiten z.B. Feinschleifen sind Körnungen von 80/100 anzuwenden (Bild 1).

Anwendungskriterien
feines Korn – **Fein- oder Präzisionsschleifen**
grobes Korn – **Schruppschleifen**

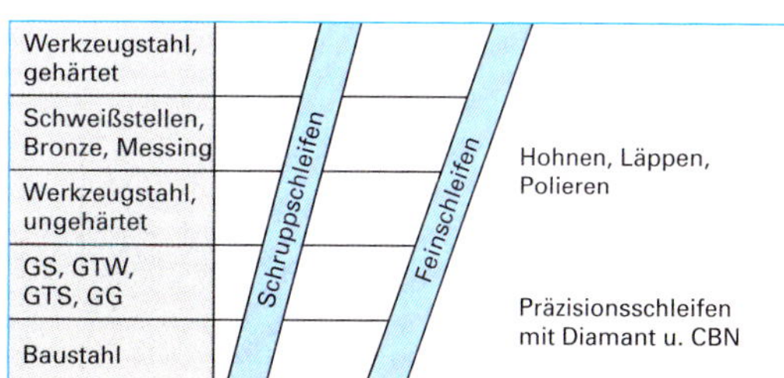

Körnung	8...36	46...80	90...180	220...1200
Korngröße in mm	2,83...0,42	0,3...0,15	0,18...0,05	0,075... 0,003
Bezeichnung	grob	mittel	fein	sehr fein

1 Verwendung der Körnungen

Körnungsarten

Natürliche und künstlich hergestellte Schleifkörner unterscheiden sich in der Kornform. Die **spitzen** oder **blockigen** Körner eignen sich entsprechend ihrer Eigenschaften für spezifische Verwendungszwecke. Für die Bearbeitung von langspanenden Werkstoffen werden Schleifscheiben mit spitzen Körnern vorteilhaft verwendet. Die scharfen Kanten der blockigen Körner sind bei der Bearbeitung von spröden Werkstoffen verschleißfester.

Monokristalline Körner (Einkornkristalle)

Die blockigen Körner besitzen eine hohe Kornfestigkeit. Für die Bearbeitung von harten und spröden Werkstoffen sind sie gut geeignet, z.B. diamantbestückte Trennscheiben.

Polykristalline Körner (Mehrkornkristalle).

Die unregelmäßig aufgebauten Körner besitzen eine vergrößerte zerklüftete Oberfläche. Dadurch entstehen beim Schleifprozess bedeutend mehr kleinere abgetrennte Werkstoffpartikel als bei monokristallinen Schleifkörnern. Die größere raue Kornoberfläche garantiert eine bessere Haftung in der Bindung der Schleifscheiben. Durch den erhöhten Reibungsverschleiß bei der Bearbeitung härterer Werkstoffe ergibt sich eine bessere Kornausnutzung.

Kornummantelung

Dünne metallische oder nichtmetallische Schichten aus Kupfer oder Nickel bzw. Keramiküberzüge als Schleifkornummantelung erhöhen die Kornhaltekraft in der Bindung der Schleifkörper und verbessern gleichzeitig die **Wärmeabfuhr Q_{ab}** aus dem Schleifkörper (Bild 1).

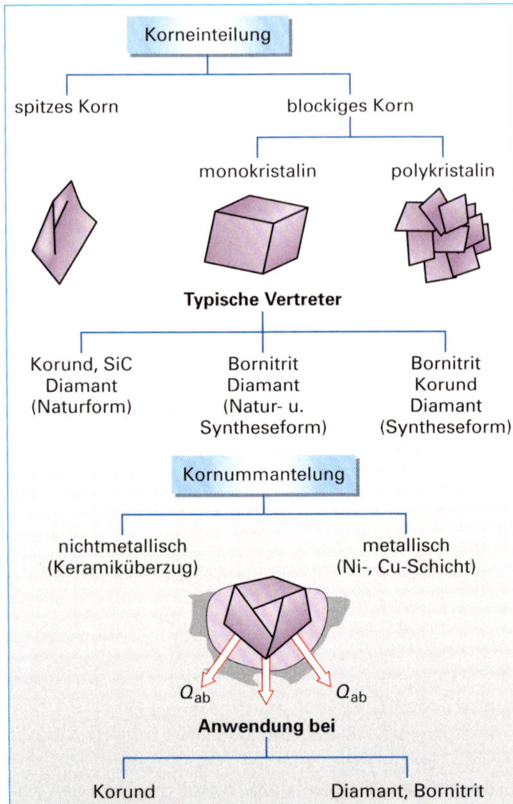

1 Körnungsarten und Kornummantelung

2.2.4.2 Schleifkörper

Die Zusammensetzung und die geometrische Form der Schleifkörper richtet sich nach den Einsatzbedingungen der betrieblichen Praxis. Alle charakteristischen Merkmale der Schleifkörper sind durch die DIN-Normung erfasst. Die **Form** und **Abmessung** des Schleifkörpers wird durch die **Werkstückform** bestimmt. Der zu bearbeitende Werkstoff bestimmt das **Schleifmittel,** die **Körnung,** den **Härtegrad**, das **Gefüge** und die **Bindung.**

Bezeichnungs-beispiel:	Schleifscheibe	DIN 69120 – 1 – A	630 x 80 x 305	A 80 Jot 5 V – 35
	Nummer:	1 2	3	4 5 6 7 8 9
	Angaben:	Form	Abmessung	Schleifmittelangaben

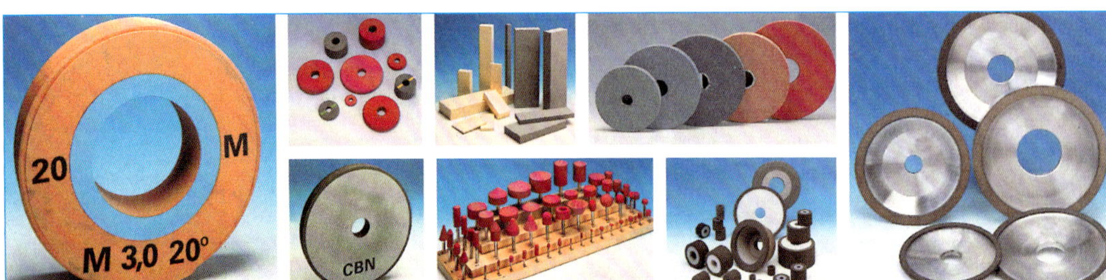

2 Schleifkörperformen

Klassifikation von Schleifkörpern

Nummer	DIN- Angaben	Inhaltliche Bedeutung des **Bezeichnungsbeispiels**/ Allgemeine Angaben
1	DIN 69120 Form 1 ISO Form 1	**Gerade** Schleifscheibe **ohne** Aussparung mit einer stirnseitig bevorzugten Wirkfläche. Anwendungsbeispiele: Plan-, Außen- und Innenrund-, Profil-, Trenn- und Werkzeugschleifen.

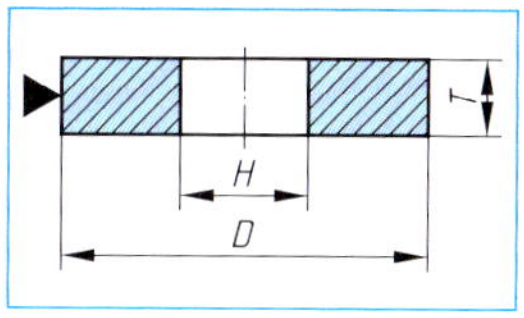

2 Kennzeichnung der Randform

A: **stirnseitig gerade** Randform

Bezeichnung	**A**	**B**	**C**	**D**	**E**	**F**
Form		65°	45°	60°	60° 60°	

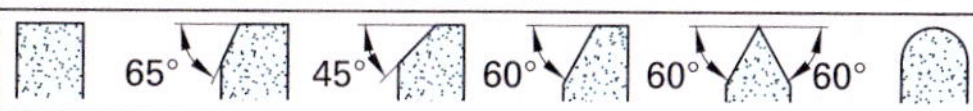

3 Hauptabmessung der Schleifscheibe

630 x 80 x 305
D: **Außen**durchmesser = 630 mm
T: Schleifscheiben**breite** = 80 mm
H: **Bohrungs**durchmesser = 305 mm

4 Schleifmittelsorte

A: Elektrokorund

Schleifmittel	**Zeichen**	**Chem. Zusammensetzung**	**Härte nach Mohs**	**Knoop**
Schmirgel	SL	$AL_2O_3 + SiO_2 + Fe_2O_3$	8	
Elektrokorund	A	AL_2O_3	9	 2080
Silciumkarbid	C	SIC	9,6	2480
Bornitrid	B	BN	—	4700
Diamant	D	C	10	7000

5 Körnungsangabe

80: fein (= 80 Maschen pro inch Sieblänge)

Einteilung	**Maschen pro inch Sieblänge**
grob	4 5 6 7 8 10 12 14 16 20 22 24
mittel	30 36 46 54 60
fein	70 80 90 100 120 150 180 220
sehr fein	230 240 280 320 360 400 500 600 800 1000 1200

6 Angabe der Scheibenhärte

Jot: weich – für normales Schleifen

Einteilung	**Buchstaben**
äußerst weich	A B C D
sehr weich	E F G
weich	H I Jot K
mittel	L M N O
hart	P Q R S
sehr hart	T U V W
äußerst hart	X Y Z

7 Gefügeangabe

5: mittlere Gefügedichte

Kennziffer:	0 1 2 3 4 5 6 7 8 9 10 11 12 13 14
Gefüge:	geschlossen (dicht) offen (porös)

8 Bindungsart

V: Keramische Bindung

Bindungsart	Zeichen	Eigenschaften	Anwendung
Keramisch	V	porös, spröde	Feinschleifen
Kunstharz	B	elastisch	Trennschleifen
Metall	M	zäh, druckfest	Profilschleifen
Galvanische Bindung	G	hohe Griffigkeit	Hartmetallinnenschleifen
Gummibindung	R	elastisch	Trennschleifen
Schellackbindung	E	zähelastisch	Formschleifen
Magnesitbindung	Mg	weich	Trockenschleifen

9 Umfangsgeschwindigkeit (maximaler Wert)

35: Höchstumfangsgeschwindigkeit in **m/s**

Farbkennzeichnung	blau	gelb	rot	grün	grün+blau	grün+gelb	grün+rot
Umfangsgeschwindigkeit v_c max (m/s)	50	63	80	100	125	140	160

Schleifkörper aus gebundenem Schleifmittel (nach DIN 69111 T 1)

Hauptgruppe	Gruppe 1.1. Gerade Schleifscheiben					Gruppe 1.2. Konische und verjüngte Schleifscheiben					
Untergruppe (Benennung)	**1.1.1. ohne Aussparung**	**1.1.2. einseitig ausgespart**	**1.1.3. zweiseitig ausgespart**	**1.1.4. einseitig abgesetzt**	**1.1.5. zweiseitig abgesetzt**	**1.2.1. einseitig konisch**	**1.2.2. zweiseitig konisch**	**1.2.3. einseitig verjüngt**	**1.2.4. zweiseitig verjüngt**		**1.2.5. zweiseitig ausgespart** und **zweiseitig verjüngt**
Bildliche Darstellung (▶ Zeichen für die bevorzugte Wirkfläche)	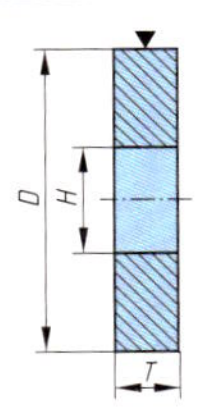	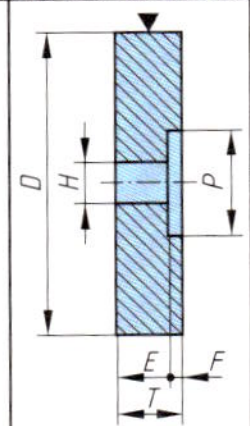	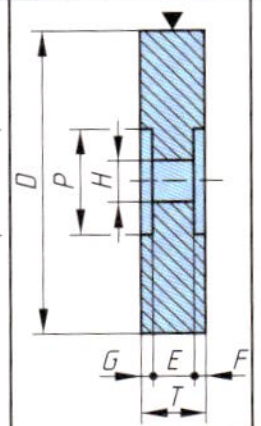	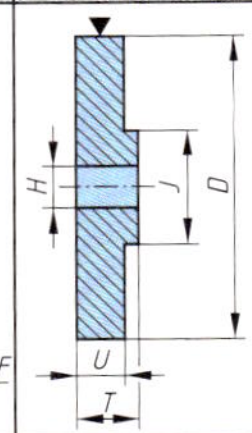	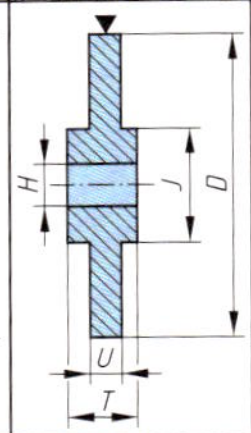	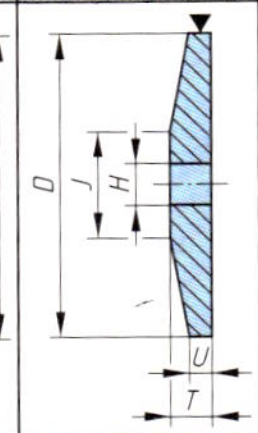	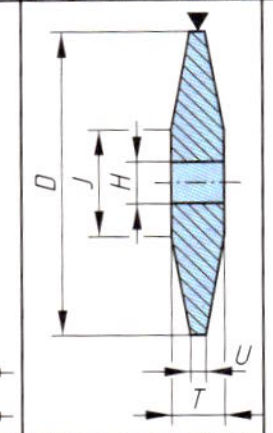	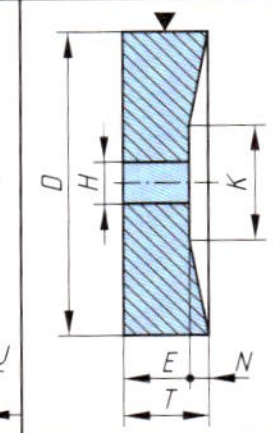	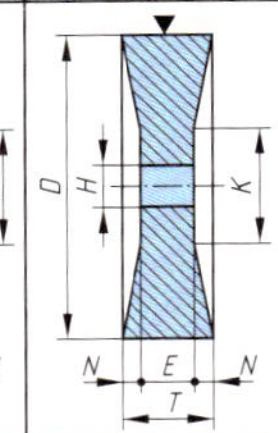	....	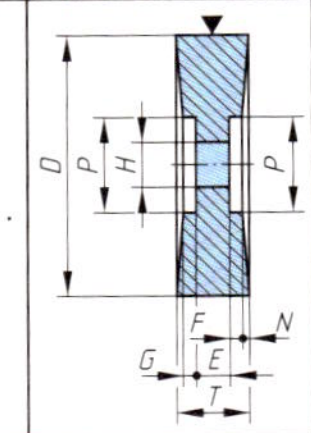
Nennmaße	D x T x H Beispiel: 300 x 20 x 127	D x T x H – P ... x F ... Beispiel: 508 x 50 x 304,8 – P 390 x F 20	D x T x H – P ... x F/G ... Beispiel: 760 x 100 x 304,8 – P 410 x F 30/G 30	D/J x T/U x H Beispiel: 610/390 x 32/20 x 304,8	D/J x T/U x H Beispiel: 610/390 x 32/20 x 304,8	D/J ... x T/U ... x H Beispiel: 300/J 100 x 32/U 4 x 76,2	D ... x T ... x H Beispiel: 150 x 25 x 20	D/K ... x T/N ... x H Beispiel: 508/K 400 x 50/N 5 x 304,8	D/K ... x T/N ... x H Beispiel: 508/K 400 x 50/N 5 x 304,8		D x T/N ... x H – P ... x F ... /G ... Beispiel: 508 x 80/N 5 x 304,8 – P 390 x F 10/G 5
Form-Nr. (DIN 69100 T 1)	1	5	7	38	39	3	4	20	21		26
Ausgewählte Anwendungsbeispiele: 1 Planschleifen	●	●	●	●	●			●	●		●
2 Trennschleifen											
3 Außenrundschleifen	●	●	●	●	●	●		●	●		●
4 Innenrundschleifen	●	●	●	●	●						
5 Zahnflankenschleifen	●					●	●				
6 Sägeblattschleifen	●										
7 Werkzeugschleifen	●			●	●	●	●	●	●		●
8 Schleifböcke	●	●	●				●				
9 Handschleifen	●						●				

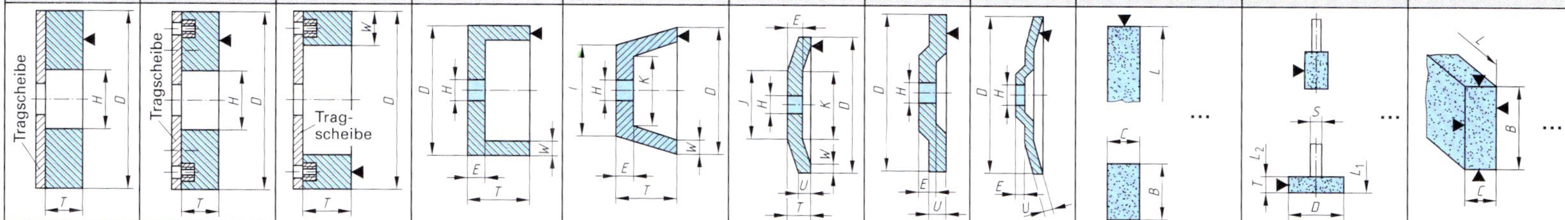

	Gruppe 1.3. **Auf Tragscheiben befestigte** Schleifscheiben			Gruppe 1.4. **Topf-** und **Teller**schleifscheiben			Gruppe 1.5. **Gekröpfte** Schleifscheiben		Gruppe 1.6. Schleif-**segmente**	Gruppe 1.7. Schleif-**stifte**	Gruppe 1.8. **Abziehsteine, Schleifstäbe**
	1.3.1. **Schleifscheibe mit Tragscheibe verklebt**	1.3.2. **Schleifscheibe mit Tragscheibe verschraubt**	1.3.3. **Schleifzylinder mit Tragscheibe verschraubt**	1.4.1. **zylindrischer Schleifkopf**	1.4.2. **kegliger Schleifkopf**	1.4.3. **Schleifteller**	1.5.1. **Gekröpfte Schleifscheibe**	1.5.2. **Gekröpfte Schleifscheibe** (Glockenform)	1.6.1. **Schleifsegmente**	1.7.1. **Schleifstift** (Zylinderform ZY)	1.8.1. **Schleifstäbe,** Abziehsteine (Rechteckform)
	D x T x H Beispiel: 450 x 63 x 200	D x T x H Beispiel: 600 x 70 x 20	D x T x W ... Beispiel: 350 x 70 x W 40	D x T x H – W ... x E ... Beispiel: 200 x 63 x 76,2 – W 20 x E 20	D/J ... x T x H – W ... x E ... x K ... Beispiel: 150/J 114 x 50 x 32 – W 10 X E 13 x K 96	D/J ... x T/U x H – W... x E... x K... Beispiel: 200/J 92 x 32/U 3,2 x 32 – W 10 x E 12 x K 92	D x U x H Beispiel: 230 x 6 x 22,23	D x U x H Beispiel: 80 x 5 x 13	B x C x L	D x T x S Beispiel: 20 x 20 x 03	B x C x L Beispiel: 50 x 25 x 200
	35	36	37	6	11	12	27	28	3101	52	26
1	●	●	●						●		
2							●	●			
3										●	
4											
5						●					
6						●					
7			●	●	●	●					
8	●	●	●								
9						●	●			●	

2.2.4.3 Betriebssicherheit beim Schleifen

Die im Vergleich zu vielen anderen spanabhebenden Fertigungsverfahren höheren Schnittgeschwindigkeitswerte **(v_c bis 100 m/s)** erfordern wegen der erheblichen Unfallgefahren verschärfte Arbeitsschutzvorschriften. Durch die Einhaltung der verbindlichen **U**nfall**v**erhütungs**v**orschriften **UVV** der Eisen- und Metall-Berufsgenossenschaft und des Deutschen Schleifscheibenausschusses können die Unfallgefahren minimiert werden.

Transport und Lagerung

Die unterschiedlichen Fertigungsaufgaben beim Schleifen verlangen sprödes bis elastisches Arbeitsverhalten der Schleifkörper.

Ausschlaggebend für das Verhalten der Schleifkörper ist das Bindemittel.
Dünne Schleifkörper (elastisch gebunden) müssen **liegend** und mit entsprechenden **Zwischenlagen** gelagert werden.
(Stapelhöhe = Außendurchmesser)
Ab **Außendurchmesser 300 mm** erfolgt der Transport und die Lagerung **stehend** in entsprechenden Gestellen (Bruchgefahr!) (Bild 1).
Aufgeflanschte und **ausgewuchtete** Schleifscheiben sind **hängend** aufzubewahren (Unwucht).

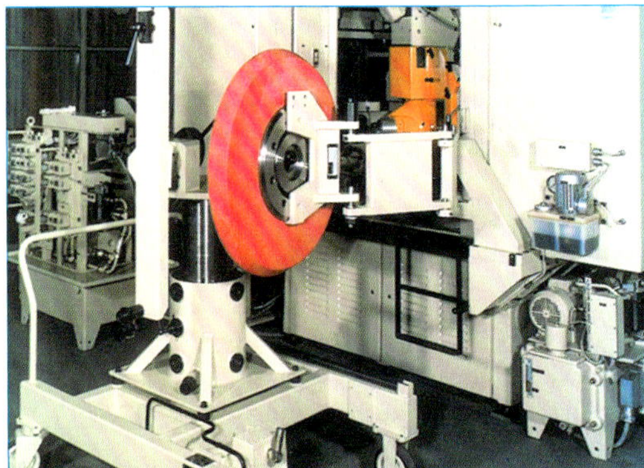

1 Sachgemäß gelagerte Schleifscheibe

- Schleifkörper dürfen **nicht** in **feuchten Räumen** aufbewahrt werden!
- Größere Temperatur**schwankungen** sind zu **vermeiden!**
- **Chemisch aggressive Stoffe** sind **fernzuhalten!**

Überprüfung von Schleifscheiben

Die vorhandene Sprödigkeit der Schleifscheiben, vor allem die der keramisch gebundenen, machen diese sehr stoßempfindlich. Beschädigungen durch unsachgemäße Herstellung, Transport oder Lagerung führen unweigerlich zur Zerstörung der Schleifscheiben.

Akustische Härteprüfung

Das akustische Prüfverfahren ermöglicht die **zerstörungsfreie Härtemessung** keramisch gebundener Schleifscheiben (Bild 2).
Dabei wird die **Eigenfrequenz** des Schleifkörpers ermittelt, die von dessen Geometrie und der Schallgeschwindigkeit in der Schleifscheibe bestimmt wird.
Die Schallgeschwindigkeit ist ein Maß für die Härte der Schleifscheibe (je höher desto härter!).

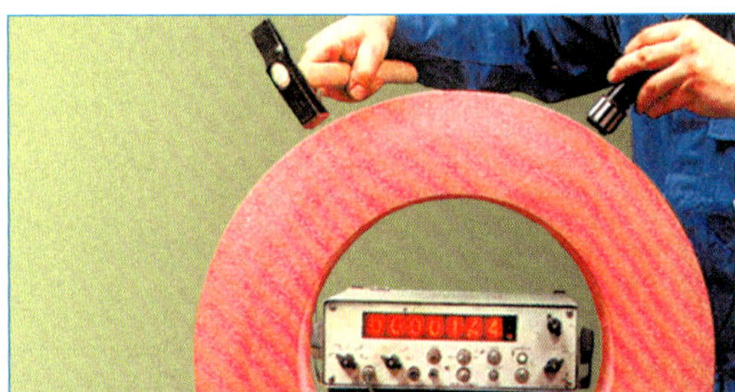

2 Härteprüfung einer Schleifscheibe

Aufspannen von Schleifscheiben

Die Form des Schleifkörpers und die auszuführende Fertigungsaufgabe bestimmen die Aufnahme bzw. Befestigung der Schleifscheiben.
Für die Befestigung mit Flanschen gilt:

- Spindeldurchmesser = Bohrungsdurchmesser H
- Flanschwerkstoff: Stahl/Guss
- Flanschdurchmesser = 1/3 *D* (Scheibenaußendurchmesser mit Schutzhaube)
- Zwischenlagen aus elastischem Material (Flächenpressung) aus Gummi oder Leder (Bild 3).

3 Aufgeflanschte Schleifscheiben

Auswuchten von Schleifscheiben

Die **Arbeitssicherheit** und die hohen Ansprüche an die **zu erreichenden Schleifqualitäten** (Lauf- und Ebenheitstoleranzen bis $t = 1\ \mu m$ und die Oberflächenrauheit bis zu $Rz\ 0{,}1\ \mu m$) erfordern **vor Arbeitsbeginn** das Auswuchten der Schleifscheiben. Eine vorhandene **Unwucht von Schleifscheiben** führt bei steigenden Drehzahlen zu stark anwachsenden Fliehkräften, die folgende z.T. gefährliche Auswirkungen nach sich ziehen:

- Unkontrollierbare **Rauheitszunahme** der geschliffenen Werkstückoberflächen.
- Erhöhte Beanspruchung durch Schwingungen führt zum **Verschleiß der Schleifspindelführung!**
- **Zerplatzen der Schleifscheiben – Unfallgefahr!**

Auswuchtverfahren

- **Statisches** Auswuchten:

Die aufgespannten Schleifkörper (d.h. mit Welle und Flansch) werden zunächst **ruhend** auf die Auswuchtwaage gelegt. Die vorhandene Unwucht erzeugt ein Drehmoment und dadurch ein **Abrollen** der auszuwuchtenden Schleifscheibe. Ein entsprechendes Verschieben von Ausgleichsmassen in den vorhandenen Ringnuten erzeugt ein Kräfte- bzw. Drehmomentengleichgewicht.
Die **ausgewuchteten** Schleifscheiben verharren in jeder Position **in Ruhe** (Bild 1).

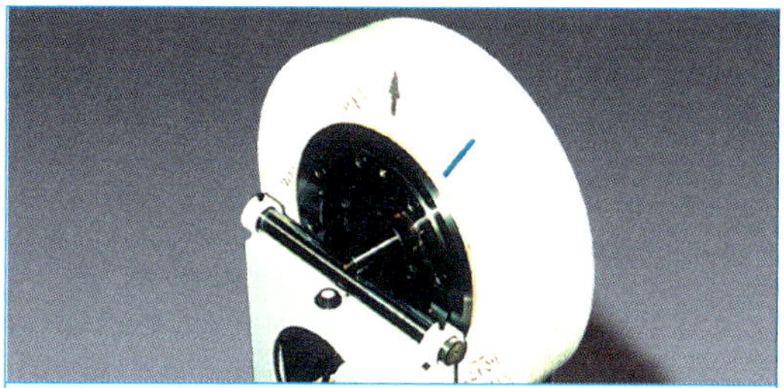

1 Statisches Auswuchten

- **Dynamisches** Auswuchten:

Schnelllaufende, größere Scheiben **(T > 1/6 D)** müssen dynamisch mit festgelegten Drehzahlen (Herstellerdaten) ausgewuchtet werden.
Dazu sind die Schleifscheiben bereits auf der Schleifspindel montiert.
Als Zusatzeinrichtungen gehören dynamische Auswuchteinrichtungen zum Lieferprogramm von Schleifmaschinenherstellern (Bild 2).

2 Dynamisches Auswuchten

Abrichten von Schleifscheiben

Den Besonderheiten des spanabhebenden Werkzeugs (Schleifscheibe) muss vor Arbeitsbeginn und oftmals zwischenzeitlich durch aufgabenspezifische Abrichtvorgänge Rechnung getragen werden.

Die Hauptaufgaben des Abrichtens sind:
- **Rundlaufoptimierung** neu aufgespannter Schleifscheiben
- **Profilierung** der Schleifscheiben entsprechend der Arbeitsaufgabe
- **Wiederherstellung** der ursprünglichen Schneidfähigkeit – Schärfen

Abrichten am Schleifbock

Stark verschlissene Schleifscheiben an Schleifböcken werden hauptsächlich von Hand mittels **Abrichtsteinen** oder **Stahlwellenräder** relativ genau, dem Verwendungszweck entsprechend z.B. Scharfschleifen von Spiralbohrern, abgerichtet. Dabei werden durch das Abtragen der Bindung bzw. eine Zertrümmerung verschlissener Körner neue schneidfähige Körner an der Schleifscheibenoberfläche freigelegt (Bild 3).

3 Abrichtvorgang am Schleifbock

Abrichten von Schleifscheiben in Schleifmaschinen

Spezielle Fertigungsaufgaben z.B. die Herstellung von Wasserpumpenwellen, Schleifbearbeitung von Ventilen und Getriebewellen usw. erfordern wesentlich genauere Abrichtergebnisse bzgl. des Rundlaufs und des Schleifscheibenprofils.

Einzelkornabrichter

Sind einzeln gefasste Diamanten (bis 2,5 Karat) die ca. $^2/_3$ ... $^3/_4$ ihrer Größe in ein Lot eingebettet sind. Der günstigste Eingriffsbereich der Diamantspitze liegt ab Scheibenmitte bis geringfügig versetzt ca. 3 mm unter ca. 10° Neigung in Drehrichtung. Dadurch entsteht ein **ziehender Abrichtvorgang.** Aus Sicherheitsgründen dürfen folgende **Abrichtwerte** nicht überschritten werden:

Zustellung: 0,03 mm ... 0,05 mm
bei 0,01 mm ... 0,02 mm
Vorschub je Scheibenumdrehung

Anschließendes 2 ... 3-maliges Abrichten ohne Zustellung mit unterschiedlichem Vorschub über die Scheibenbreite erzielt wesentlich bessere Werkstückrauheiten.

Vielkornabrichter

Bestehen aus zahlreichen kleinkarätigen Diamanten (kleiner 0,1 Karat) die schichtweise in ein Metall eingebettet sind. Der Abrichtprozess verteilt sich dadurch gleichzeitig auf mehrere Schneiden. Das Abrichtwerkzeug wirkt immer **mittig und senkrecht** auf die Schleifscheibe.

Teilkornabrichter

Bestehen aus zahllosen kleinsten Diamantsplittern die in ein Grundmetall eingesintert sind.
Der Abrichtvorgang entspricht dem des Vielkornabrichters (Bild 1).

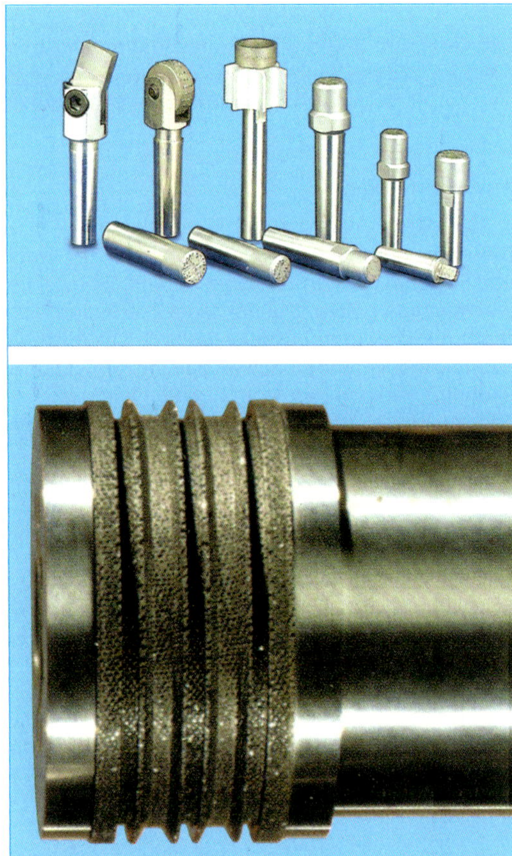

1 Abrichtwerkzeuge

Profilieren

Für komplizierte Fertigungsaufgaben, z.B. Gewindeschleifen, erhält die Schleifscheibe durch **Profilierung** (Abdrehen) die Negativform des Werkstücks.
Mit diamantbestückten Abrichtrollen profilierte Schleifscheiben erreichen sehr gute Werkstückgenauigkeiten.
Der Antrieb erfolgt über die Rolle, die die Schleifscheibe mit einer Anpresskraft bis **1000 N/mm** Scheibenbreite im Gegenlauf bewegt. Die Geschwindigkeitsverhältnisse verhalten sich

$$v_{\text{Rolle}} : v_{\text{Scheibe}} \approx 1:5.$$

Die Abrichtzeit ist vom Durchmesser der Schleifscheiben abhängig, liegt jedoch in der Regel zwischen 0,05 Minuten ... 0,15 Minuten (Bild 2).

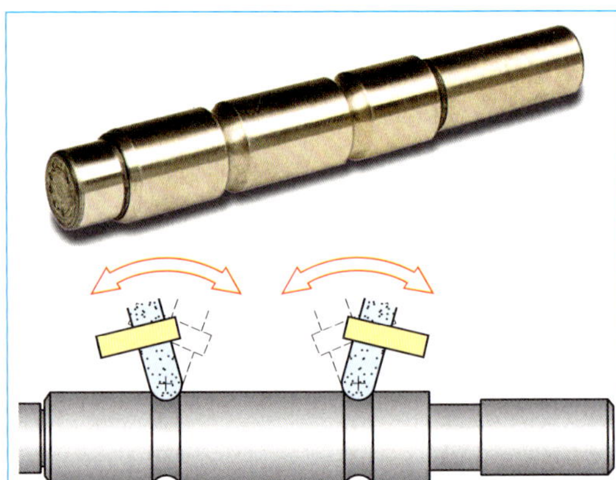

2 Profilierte Schleifscheibe für die Herstellung von Wasserpumpenwellen im Einstechschleifverfahren

Werkstückspannung beim Schleifen

Die anzuwendenden Werkstückaufnahmen bzw. Werkstückspanner sind beim Schleifen sehr sorgfältig entsprechend der Fertigungsaufnahme und des Schleifverfahrens auszuwählen.

Im Gegensatz zum Spannen z.B. bei Dreh- oder Fräsarbeiten kommt es beim Schleifen auf eine exakte Lagebestimmung d.h. **Positionierung der Werkstücke zur Schleifscheibe mit kleinen Spannkräften** an. Folgende Anforderungen müssen erfüllt werden:

- Exakte und eindeutige **Positionierung** der Werkstücke zum Werkzeug
- Aufnahme und Weiterleitung der **Spannkräfte**
- **Deformationsfreies** Spannen der Werkstücke
- **Schneller, einfacher** aber **sicherer** Werkstückwechsel
- **Unfallfreie** und **bedienungsfreundliche** Handhabung

Werkstückaufnahmen und -spannmittel sind **fertigungsbezogen auszuwählen, vorschriftsmäßig zu bedienen** und **sorgfältig zu warten!**

Werkstückspannung beim Flachschleifen (Planspannung)

Unterschiedliche Fertigungsaufgaben bei der planparallelen Bearbeitung von verschiedenen Werkstücken (Größe, Form, Menge usw.) erfordern spezielle Spannmittel.

Spannschrauben, Spanneisen und **Nutensteine** werden für einfache Zwecke oder in Verbindung mit weiteren Spannmitteln auf dem Tisch von **Flachschleifmaschinen** verwendet.

Universell einsetzbar sind **Maschinenschraubstöcke**, besonders bei der Bearbeitung von Werkstücken mit kleinen Auflageflächen, Nichteisenmetallen und bei der Herstellung bestimmter Winkelflächen (Sinusschraubstock).

Schleifvorrichtungen werden verwendet bei der Bearbeitung größerer Stückzahlen mit gleichen Werkstückformen.

Zur Grundausstattung von Flachschleifmaschinen gehören **elektro- oder permanentmagnetische Spannplatten** (Bild 1).

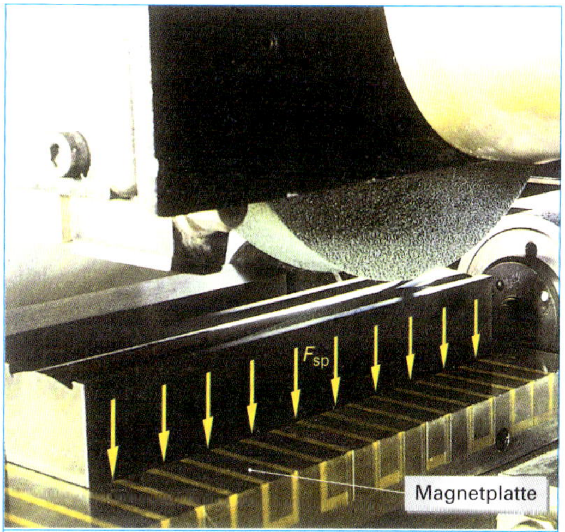

1 Werkstückspannung beim Flachschleifen

Werkstückspannung beim Rundschleifen

Bei der Bearbeitung rotationssymmetrischer Werkstücke erfordern die unterschiedlichen Fertigungsaufgaben noch stärker differenzierte Werkstückführungs- bzw. -spanneinrichtungen im Vergleich zum Flachschleifen (Bild 2).

Die anzuwendenden Werkstückführungen oder -spanner unterscheiden sich grundsätzlich z.B. beim Längs-Umfangs-Schleifen zwischen Spitzen, Quer-Umfangs-Innenschleifen im Futter und dem spitzenlosen Durchgangsschleifen mit Führungsschiene.

2 Spannprinzip beim Rundschleifen

Außenrundschleifen

Zum Führen und zur zentrischen Lagebestimmung der zu bearbeitenden Werkstücke kommen **feststehende Zentrierspitzen** zum Einsatz. Der verwendete Werkstoff (Werkzeugstahl/HM), die geschliffenen Zentrierspitzenschäfte mit der Morsekegelreihe MK 1 ... MK 6 und der Spitzenwinkel von 60° sind die wesentlichsten Merkmale.

Einsatzhülsen dienen der wahlweisen Reduzierung auf einen kleineren Morsekegel der Werkstückspindel bzw. der Reitstockpinole.

Schleifmitnehmer gehören in abgestuften Größen zum Normalzubehör einer Rundschleifmaschine. Sie dienen der Übertragung des Drehmoments auf das Werkstück. Schleifdorne werden eingesetzt zum exakten Zentrieren und Spannen von vorgearbeiteten Werkstücken mit Durchgangsbohrungen. Feste und verstellbare Schleifdorne unterscheiden sich in unterschiedlichen Spannkegelverhältnissen.

Spannzangen sind als selbstzentrierende, radialspannende Schnellspanneinrichtung vor allem für runde Werkstücke einsetzbar.

Setzstöcke als 2-Punkt-, 3-Punktausführung oder in geschlossener Form verhindern die werkstückbedingte Durchbiegung langer, dünner Wellen durch den Schleifdruck der Schleifscheibe (Bild 1).

1 Außenrundschleifen einer Kolbenstange

Werkstückführung beim Spitzenlosschleifen

Die entsprechend positionierte Führungsschiene übernimmt mit der Regel- und Schleifscheibe die Werkstückführung beim spitzenlosen Außenschleifen. Ebenfalls eine Dreipunktführung wird durch die Druck- bzw. Stützrolle und durch eine Regelscheibe beim futterlosen Innenrundschleifen garantiert. Die Regelrolle überträgt die Drehzahl n_r, um das gewünschte q-Verhältnis zu erreichen. Die zu bearbeitenden Werkstücke können quer- und längsgeschliffen werden (Bild 2).

2 Spitzenlosschleifen von Getriebewellen

Innenrundschleifen

Mehrbackenfutter als universelle Spannmittel eignen sich für die Bearbeitung von Einzelteilen und Kleinserien. Für größere Stückzahlen mit gleichen Werkstückdurchmessern werden vorteilhaft die radialspannenden selbstzentrierenden **Gleitbackenfutter** verwendet. **Stirnbackenfutter** mit Außen- und Innenzentrierung werden für vor- oder fertiggearbeitete Werkstücke, die durch radiales Spannen verformt würden, verwendet. Die Werkstückspannung erfolgt stirnseitig und zentrisch in vorgearbeiteten Bohrungen. **Aufspannbacken** finden Anwendung beim Schleifen von großen, unregelmäßig geformten Werkstücken, die mittels Zentrierdornen ausgerichtet werden (Bild 3).

3 Innenrundschleifen von Laufringen

Werkstückspannung beim Profilschleifen

Im wesentlichen kommen für das Profilschleifen auf Grund der Werkstückformen die gleichen Führungs- und Spannelemente in Betracht, die für die Außenrund-, Innenrund- und Planbearbeitung verwendet werden. Die komplizierten Relativbewegungen und die Werkstückform müssen bei der Spannmittelwahl beachtet werden.

Werkstückspannung beim Werkzeugschleifen (Scharfschleifen)

An verschlissenen einfachen Werkzeugen (Drehmeißel) kann bei entsprechender Erfahrung die erforderliche Schneidengoemetrie am Schleifbock hergestellt werden. Dabei muss mit großer Sorgfalt gearbeitet werden, da in der Regel das zu schleifende Werkzeug mit der Hand **geführt** und **gehalten** wird. Komplizierte und genaue Werkzeuganschliffe (Spezialanschliffe an Spiralbohrern oder Werkzeuge für die CNC-Bearbeitung) müssen auf gesonderten Scharfschleifmaschinen durchgeführt werden. Diese Schleifarbeiten sind mit dem Profilschleifen zu vergleichen.

Arbeits- und Umweltschutz beim Schleifen

Für die Vorbereitung und Durchführung der unterschiedlichsten Schleifarbeiten sind für die Gewährleistung einer hohen Arbeitssicherheit **eindeutige Arbeitsregeln** erlassen worden. Die **Unfallverhütungsvorschriften UVV** der Berufsgenossenschaft Eisen und Metall und des DSA (Deutscher Schleifscheibenausschuss) **sind verbindliche Vorschriften**. Schuldhafte Verstöße gegen die Vorschriften der UVV können zivil- und strafrechtlich geahndet werden.

Unfallverhütungsvorschriften

- **Schleifkörper** dürfen nur von einem **bestimmten Personenkreis aufgespannt** werden. (nachweisliche Qualifikation muss vorhanden sein!)
- Eine **Klangprobe** ist **vor** jedem **Aufspannen** durchzuführen. Die Schleifkörper sind dabei in der Bohrung freihängend leicht anzuschlagen.
- **Schadlose Schleifscheiben** ergeben einen **klaren Klang. Klirren und Nebengeräusche** deuten auf **schadhafte** Schleifkörper, die **sofort zerschlagen** werden müssen.
- Die Schleifscheiben müssen sich **zwanglos** auf die Spindel schieben lassen.
- Die Schleifscheiben müssen **zwischen Flanschen** gespannt werden.
- Der **Mindestdurchmesser** der Flansche ist wie folgt festgelegt:
  1/3 *D* mit Schutzhaube
  1/2 *D* bei konischen Scheiben
  2/3 *D* ohne Schutzhaube und gerade Scheiben
- Schleifscheiben dürfen **nicht auf Biegung** beansprucht werden, deshalb sind gleichgroße und gleichgeformte Flansche mit **elastischen Zwischenlagen** aus Gummi, Filz usw. zu verwenden.
- Jede **Neuaufspannung** der Schleifkörper macht einen **Probelauf** zwingend notwendig (5 Minuten mit der höchstzulässigen Drehzahl) – Gefahrenbereich absichern.
- **Schutzhauben** müssen aus **zähen Materialien** bestehen und der Schleifscheibenabnutzung entsprechend **nachstellbar** sein. Beim Schleifen sind **Schutzbrillen** zu tragen.
- Die angegebene **maximale Schnittgeschwindigkeit v_c (m/s)** darf **nicht überschritten** werden.

Praktizierter Arbeitsschutz und Umweltschutz:

Durch die moderne Gestaltung der Schleifmaschinen können die beim Fertigungsprozess unvermeidlichen verfahrensspezifischen Nebenerscheinungen minimiert werden. Durch die komplette Vollumhausung des Arbeitsraumes wird der ungehinderte Austritt der Schleifemulsion verhindert, die Arbeitsgeräusche werden auf ein erträgliches Maß gedämpft und die Festigkeit der verwendeten Materialien gewährleistet eine höhere Sicherheit, z.B. beim Schleifscheibenbruch (Bild1).

1 Arbeitsschutz- und umweltgerecht konzipierte Rundschleifmaschine

2.2.4.4 Schleifverfahren

Die Einteilung der **Schleifverfahren mit rotierendem Werkzeug** mit der Gliederung nach DIN 8589 Teil 11 (1984 – 01) wird durch die **Werkstückform** (4. Stelle der Ordnungsnummer), durch die **Lage der Schleifscheibe zum Werkstück** (5. und 6. Stelle der Ordnungsnummer) und durch die **Vorschubbewegung** (7. Stelle de Ordnungsnummer) getroffen.

4. Stelle der Ordnungsnummer

... 1 Planschleifen	... 2 Rundschleifen	... 3 Schraubschleifen
... 4 Wälzschleifen	... 5 Profilschleifen	... 6 Formschleifen

5. Stelle der Ordnungsnummer

... 1 Außenschleifen	... 2 Innenschleifen

6. Stelle der Ordnungsnummer

...... 1 Umfangsschleifen	...... 2 Seitenschleifen

7. Stelle der Ordnungsnummer

...... 1 Längsschleifen	...... 2 Querschleifen	...... 3 Schrägschleifen
...... 4 Freiformschleifen	...... 5 Nachformschleifen	...... 6 kinematisch Formschleifen
......7 NC-Formschleifen	...... 8 kontinuierliches Wälzschleifen	...... 9 diskontinuierliches Wälzschleifen

Übersicht der wichtigsten Schleifverfahren und ihre Stellgrößen

	Plan	Dreh	Außenrund	Innenrund
Umfang-Querschleifen	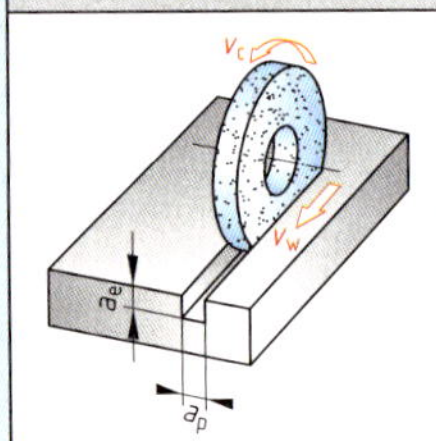	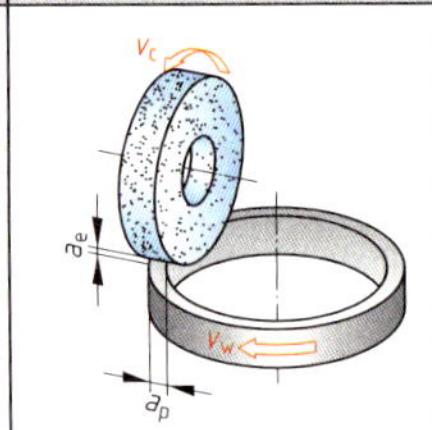	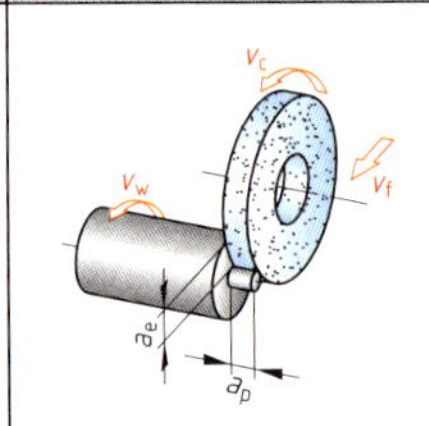	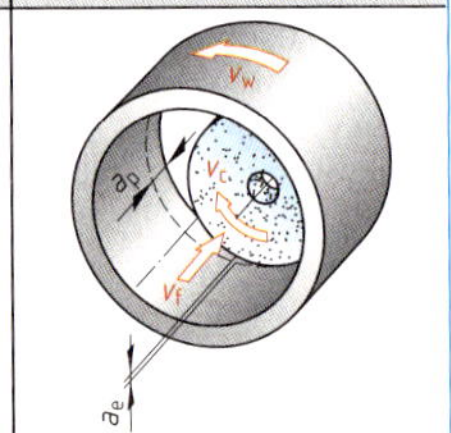
Umfang-Längsschleifen	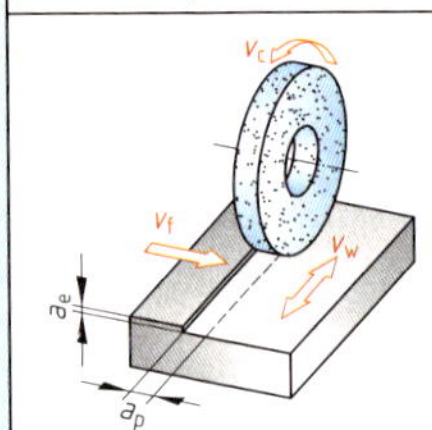	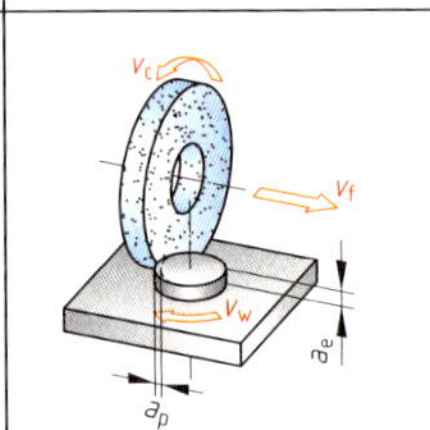	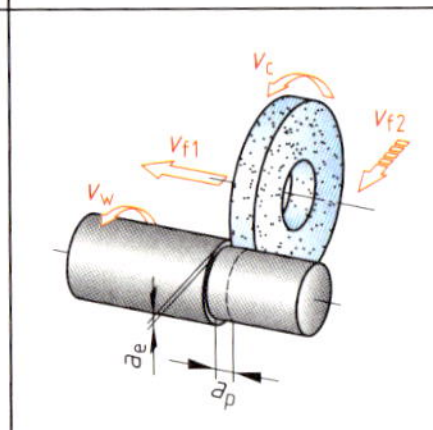	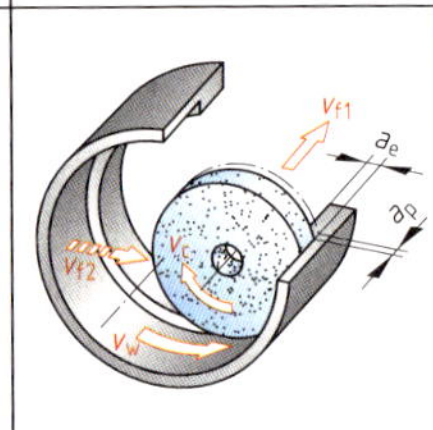
Seiten-Querschleifen	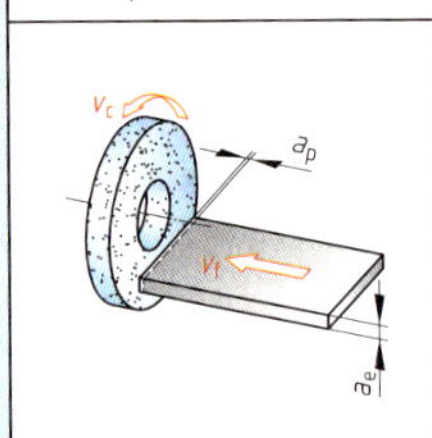	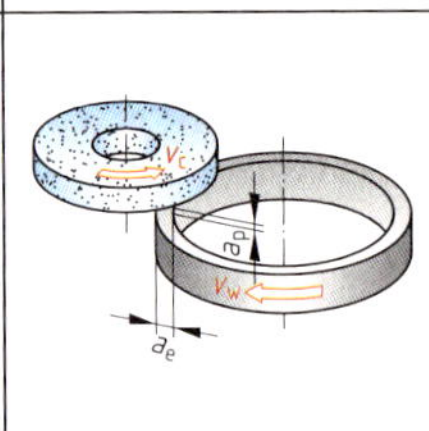	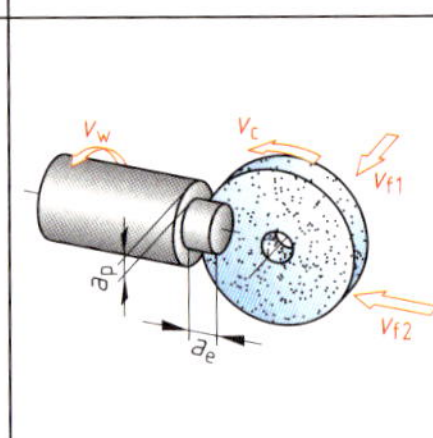	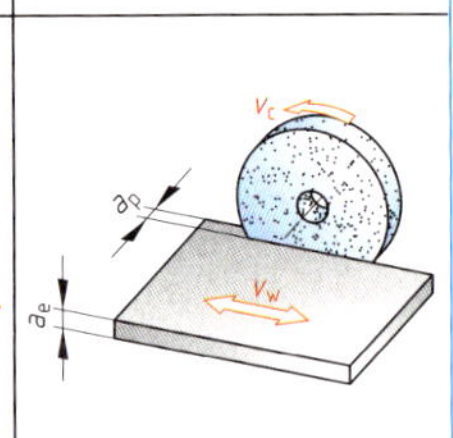
Seiten-Längsschleifen	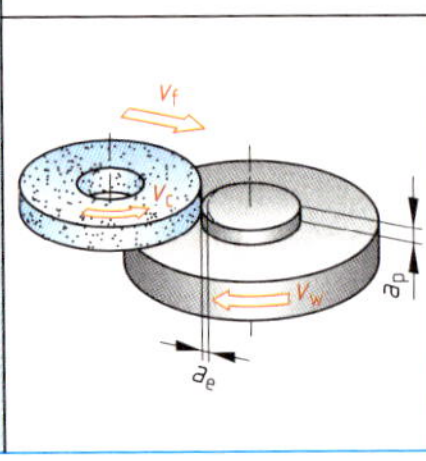	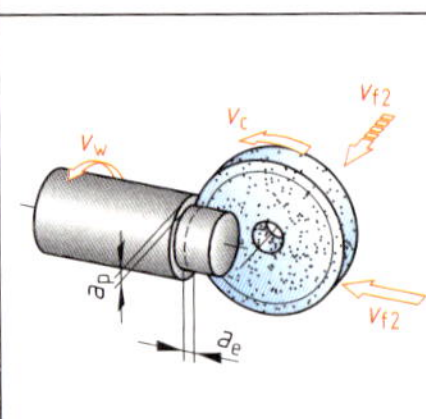		

Zeichenerklärung: a_p Schnittbreite bzw. -tiefe , a_e Arbeitseingriff, v_c Schnittgeschwindigkeit, v_w Werkstückgeschwindigkeit, kontinuierlich, diskontinuierlich, v_f Vorschubgeschwindigkeit

2.2.4.5 Zerspanungsvorgang und Zerspanungsgrößen

Schneidengeometrie

Schneidenform Aus der Zuordnung der Schleifverfahren in die Gruppe der Fertigungsverfahren **Spanen mit geometrisch unbestimmten Schneiden** (DIN 8580) lassen sich folgende Schlussfolgerungen ableiten:

Bei Schleifwerkzeugen sind **Schneidenanzahl,** die **Geometrie des Schneidkeils** und die **Lage der Schneiden zu den Werkstückflächen unbestimmt!**

Für den Schleifvorgang günstige Schneidenformen d.h. das Größenverhältnis zwischen der Korngröße und dem Spitzenradius erfüllen die Bedingungen:

- **negativer Spanwinkel** γ (– 80° ... – 60°)
- **Verhältnis** Korngröße: Spitzenradius 1/12 ...1/15

Diese Vorgaben sind für **künstliche** und **natürliche Schleifmittel** anzustreben.

Für einen anschaulichen Vergleich zwischen einem Schneidkeil mit einer definierten Schneidengeometrie und der Schneidenform beim Schleifen ermittelt man mit statistischen Verfahren ein **mittleres Schneidenprofil** durch Abtasten der Schleifkörperoberfläche. Die Schneidenform (Schneidkeil) wird vorrangig durch den **Freiwinkel** α und den **negativen Spanwinkel** γ definiert.

Die **Verschleißfläche** A_{VK} ist mit der Freifläche am Drehmeißel vergleichbar (Bild 1).

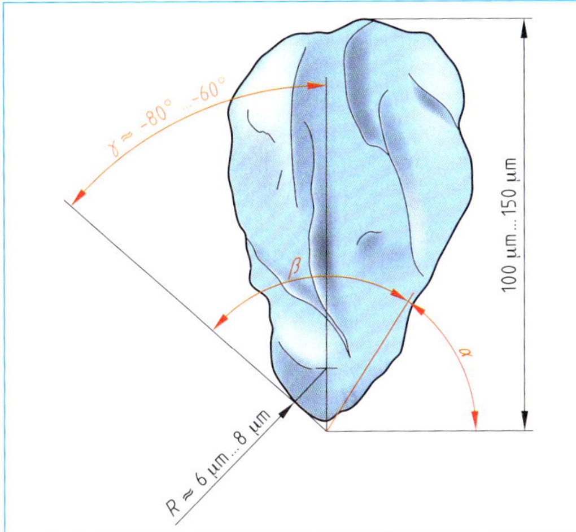

1 Form und Schneidengeometrie eines idealen Schleifkorns

Schneideneingriff

Die Bewegungsverhältnisse, Einstellwerte und die Scheidenform unterscheiden sich grundsätzlich von den Fertigungsverfahren mit geometrisch bestimmten Schneiden.

Die Spanabnahme ist gekennzeichnet durch:

- **Elastische** Werkstoffverformung beim Kontakt zwischen Korn und Werkstoffoberfläche.
- **Plastische** Werkstoffverformung mit zunehmender Eindringtiefe der Körner (Werkstoffstauchung).
- **Werkstofftrennung** in der Scherebene (Späne)
- Gleichzeitige **Werkstoffverfestigung** in seitlicher und radialer Richtung (Bild 2).

Diese Vorgänge überlagern sich mehrfach und führen somit zu einer kontinuierlichen Spanabnahme.

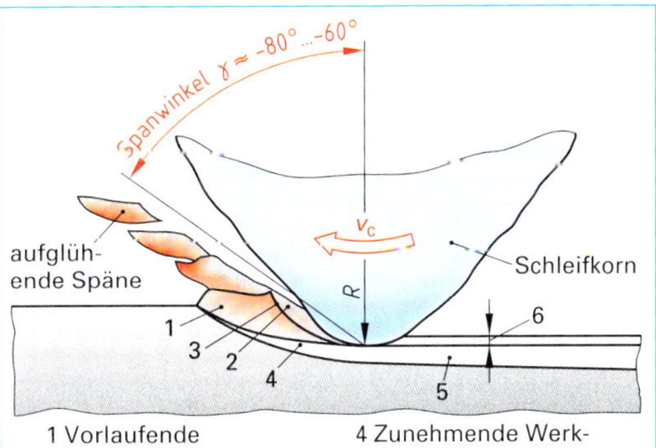

1 Vorlaufende Werkstoffstauchung
2 Abwandernder Werkstoffkeil
3 Werkstofftrennung in der Scherebene
4 Zunehmende Werkstoffverfestigung
5 Verfestigte Werkstoffschicht
6 Elastische rückgefederte Schicht

2 Schneideneingriff

Bei allen Schleifverfahren erfolgt der Werkstoffabtrag durch ein **vielschneidiges Werkzeug.** Die einzelnen gebundenen Körner, mit ihrer unterschiedlichen Form und Lage und sich dadurch ständig ändernden Winkeln zum Werkstück, erzeugen **unterschiedlichste Zerspanungsvorgänge.**

Die Spanbildung ist mit den allgemeinen Grundlagen der Zerspanungstheorie (Freiwinkel α, Keilwinkel β und negativer Spanwinkel $\gamma \sim -80° \ldots -60°$ der einzelnen Körner der Schleifscheibe erklärbar.

Spanbildung

Die **Zustellung a_e** und die **Relativbewegung** zwischen Werkstück und Werkzeug sowie die Schleifkornabstände sind die Ursachen für die Entstehung **minimaler kommaförmiger Späne** (Bild 1).
Durch die Abtrennung von kontinuierlich entstehenden, zahlreichen Spanquerschnitten **AEE'** entsteht allmählich ein Polygon als Werkstückquerschnitt.
Das entstehende Polygon besitzt um so mehr Ecken (Annäherung an die ideale Kreisform), je größer die Schnittgeschwindigkeit v_c im Verhältnis zur Werkstückgeschwindigkeit v_w ist. Die Schnittgeschwindigkeit v_c ist durch die Schleifscheibenstruktur begrenzt. Die farbliche Markierung der Schleifscheiben nach den Richtlinien des DSA und den Unfallverhütungsvorschriften kennzeichnen die zugelassenen maximalen Schnittgeschwindigkeitswerte.

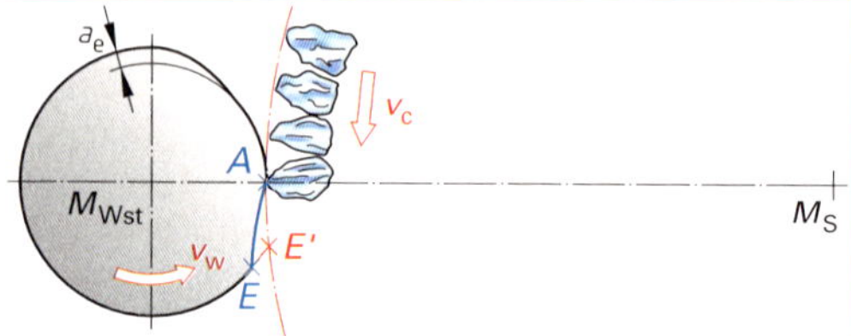

v_w - Werkstückgeschwindigkeit
v_c - Schnittgeschwindigkeit
a_e - Zustellung
M_{Wst}/M_S - Werkstück/Werkzeug-Mittelpunkte
AEE' - stark vergrößert dargestellte theoretische **Spanform**
A - Anfang der Spanabnahme durch ein Korn
E - Ende der Spanabnahme durch ein Korn
AE - Werkstück-Istoberfläche (Polygon)
EE' - entspricht dem Zahnvorschub f_z

1 Spanbildung beim Schleifen

Das Geschwindigkeitsverhältnis $$q = \frac{v_c}{v_w} \ (-)$$

lässt sich am besten durch die Wahl der Werkstückgeschwindigkeit v_w erreichen (Tabelle 1).
Darüber hinaus beeinflussen das Schleifverfahren, die Schleifart (Schruppen/Schlichten), der zu bearbeitende Werkstoff sowie das Gefüge, die Härte und die Körnung der Schleifscheibe das Geschwindigkeitsverhältnis *q* (Tabelle1).
Die möglichst stufenlose Einstellung der Werkstückdrehzahl n_w ist berechenbar aus den Einflussgrößen.

Tabelle 1: Geschwindigkeitsverhältnis „q" (herkömmliches Schleifen)

Werkstoff	Planschleifen Umfangs-schleifen	Planschleifen Seiten-schleifen	Rundschleifen außen	Rundschleifen innen
Stahl	80	50	125	80
Gusseisen	65	40	100	65
Cu, Cu-Leg.	50	30	80	50
Leichtmetall	30	20	50	30

$$n_w = \frac{D \cdot n_1}{d \cdot q} \ (1/\text{min})$$

D – Schleifscheibendurchmesser (mm)
n_1 – Schleifscheibendrehzahl (1/min)
d – Werkstückdurchmesser (mm)
q – Geschwindigkeitsverhältnis (–)

Hinweis für die praktische Arbeit:
- Eine **größere Geschwindigkeitsverhältniszahl *q*** ergibt eine **bessere Werkstückoberfläche**.
- Das **Zerspanvolumen** nimmt dabei **ab**, d.h. die Schleifbearbeitungszeit wird größer.
- **Brandflecke sind** durch die intensiveren Werkstück-Werkzeugkontakte **möglich**.

Der **Zahnvorschub „f_z"** wird aus dem Vorschubweg und der Summe der Schleifvorgänge je Werkstückumdrehung berechnet.

$$f_z = \frac{d \cdot \pi}{q \cdot d \cdot \pi / \lambda_{ke}} = \frac{\lambda_{ke}}{q} \ (\text{mm})$$

d – Werkstückdurchmesser (mm)
q – Geschwindigkeitsverhältniszahl (–)
λ_{ke} – Effektiver Kornabstand (mm)

Der **Längsvorschub „f"** richtet sich nach dem zu schleifenden Werkstoff, der Schleifbreite, vorrangig aber nach der Schleifart.

f = 1/4 ... 1/2 T (mm) für Schlichten
f = 2/3 ... 3/4 T (mm) für Schruppen
T Schleifscheibenbreite (mm)

Die Maßhaltigkeit und die geometrische Werkstückform bearbeiteter Werkstücke kann durch ein zusätzliches Überschleifen ohne Zustellung – **Ausfeuern –** wesentlich verbessert werden.

Ausfeuerungshubzahlen der Praxis:

Werkstücke mit **IT 5**	**5 Ausfeuerungshübe**
Werkstücke mit **IT 6**	**3 Ausfeuerungshübe**
Werkstücke mit **IT 7**	**2 Ausfeuerungshübe**

2.2.4.6 Bewegungen, Kräfte und Schnittleistung beim Schleifen

Koordinierte Haupt- und Nebenbewegungen sind Wesensmerkmale aller spanabhebender Fertigungsverfahren. Die Hauptbewegungen, entscheidend für die Werkstoffabtrennung, sind die **Schnittbewegung** der **Schleifscheibe** und die **Werkstückbewegung**.

Die resultierende **Wirkbewegung** ist die augenblickliche **Bewegung eines Schleifkorns**.

Nicht unmittelbar beteiligt am Werkstoffabtrag sind die erforderlichen Nebenbewegungen: **An-, Rück-, Zu-** und **Nachstellbewegungen**.

Alle Stellbewegungen zwischen Schleifscheibe und Werkstück erfolgen relativ zueinander.

Mit a_p wird die Schnittbreite oder -tiefe, mit a_e der Arbeitseingriff bzw. die Eindringtiefe bezeichnet.

Die betragsmäßige Bestimmung der wirkenden Einzelkräfte beim Schleifen ist wegen der unterschiedlichen Schneidengeometrie der Schleifkörner kompliziert. Für die im Verhältnis zu anderen spanabhebenden Fertigungsverfahren relativ kleinen Kräfte sind zahlreiche **empirische Berechnungsgleichungen** entwickelt worden.

Die in Betracht kommenden Einflussfaktoren ergeben sich aus den unterschiedlichen Anwendungsgebieten. Wichtige Einflussfaktoren sind die Scherfestigkeit der Werkstoffe, die Geschwindigkeitsverhältnisse, die spezifische Schnittkraft k_c und die Zustellwerte a_e und a_p (Bild 1).

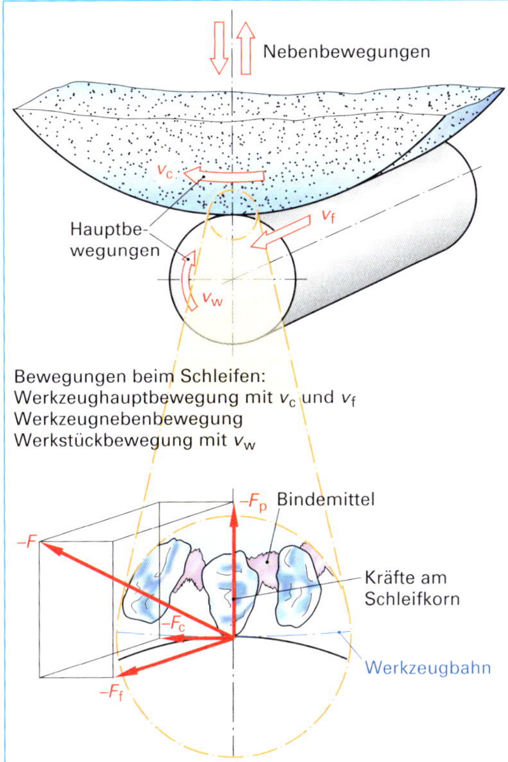

Kraftkomponenten am Schleifkorn:
F - Spankraft beim Schleifen
F_c - Schnittkraft
F_f - Vorschubkraft
F_p - Passivkraft ($F_p > F_c$)

1 Bewegungen und Kräfte beim Schleifen

Vereinfachte Berechnung der Schnittkraft F_c (kN), der Schnitt- und **Antriebsleistung P_c / P_a (kW)**

Mithilfe der vereinfachten Berechnungsgleichung ergeben sich für die Praxis verwertbare **Schnittkraftwerte F_c,** wenn für die spezifische Schnittkraft k_c ca. 30000 N/mm² (prakt. Erfahrungswert) angesetzt wird.

Der Schleifscheibenverschleiß, die Kühlschmierung, die Schleifscheibenart und der tatsächlich zu bearbeitende Werkstoff werden nicht berücksichtigt.

Die **Schnittleistung „P_c"** lässt nach den physikalischen Beziehungen wie nebenstehend berechnen.

Die tatsächliche **Antriebsleistung „P_a"** erhält man daraus durch die Berücksichtigung des mechanischen Wirkungsgrades η.

$$F_c = \frac{v_w}{v_c} \, a_e \cdot a_p \cdot k_c \text{ (N)}$$

v_c – Schnittgeschwindigkeit (m/s)
v_w – Werkstückgeschwindigkeit (m/min)
a_e – Zustellung (mm)
a_p – Schnittbreite (mm)
k_c – spezifische Schnittkraft (N/mm²)

$$P_c = F_c \cdot v_c \text{ (kW)}$$
$$P_c = v_w \cdot a_e \cdot a_p \cdot k_c \text{ (kW)}$$

$$P_a = \frac{P_c}{\eta} \text{ (kW)}$$

Berechnungsbeispiel:

Für die im Kapitel **2.5.4. Arbeitsplanung beim Schleifen** Arbeitsschritt 60 zu bearbeitende Getriebewelle (Vorschleifen des Einstechschleifsitzes) ∅70h5 sind zu berechnen.

ges.: Schnittkraft F_c (N)
Schnittleistung P_c (kW)
Antriebsleistung P_a (kW)

geg.: Arbeitseingriff (Zustellung) a_{eV} = 0,0016 mm
Schleifscheibenbreite $b_s = a_p$ = 80 mm
Schnittgeschwindigkeit v_c = 45 m/s
Werkstückgeschwindigkeit v_w = 20 m/min
spezifische Schnittkraft $k_c \approx$ 30000 N/mm²
mechan. Wirkungsgrad η = 0,6

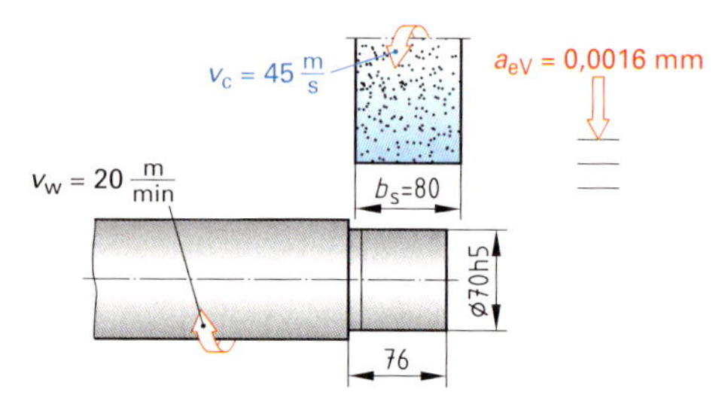

1 Vorschleifen des Einstechschleifsitzes ∅70h5

Lösung: $F_c = \frac{v_w}{v_c}\, a_{eV} \cdot a_p \cdot k_c$

$$F_c = \frac{20\ \text{m/min}}{45\ \text{m/s} \cdot 60\ \text{s/min}}\ 0{,}0016\ \text{mm} \cdot 80\ \text{mm} \cdot 30000\ \text{N/mm}^2$$

$\underline{\mathbf{F_c = 28{,}4\ N}}$

$$P_c = v_w \cdot a_{eV} \cdot a_p \cdot k_c$$

$$P_c = \frac{20\ \text{m/min}}{60\ \text{s/min}}\ 0{,}0016\ \text{mm} \cdot 80\ \text{mm} \cdot 30000\ \text{N/mm}^2$$

P_c = 1280 Nm/s = 1,28 kW $\qquad P_a = \frac{P_c}{\eta} = \frac{1{,}28\ \text{kW}}{0{,}6}$ $\qquad \underline{\mathbf{P_a = 2{,}13\ kW}}$

Für das Vorschleifen des Einstechschleifsitzes müsste entsprechend der Hauptreihe R 20 der Normzahlen nach DIN 323 Teile 1 eine Antriebsleistung P_a = 2,24 kW zur Verfügung stehen. Für die geringere Zustellung a_{eF} = 0,0008 mm und den unveränderten weiteren Einstellwerten ist die Antriebsleistung P_a ausreichend.

Aufgabe:

Ist die Antriebsleistung von 2,24 kW für die **Fertigungsaufgabe 50** Vor- und Fertigschleifen des Längsschleifsitzes ∅77h7 mit den lt. Tabellen gegebenen Einstellwerten zu realisieren?

geg.: Arbeitseingriff (Zustellung) a_{eV} = 0,0057 mm
Schleifscheibenbreite $b_s = a_p$ = 80 mm
Schnittgeschwindigkeit v_c = 45 m/s
Werkstückgeschwindigkeit v_w = 20 m/min
spezifische Schnittkraft $k_c \approx$ 30000 N/mm²
mechan. Wirkungsgrad η = 0,6

Wenn **„Nein"**: Welche **Einstellwerte** müssten Sie **wie** verändern?

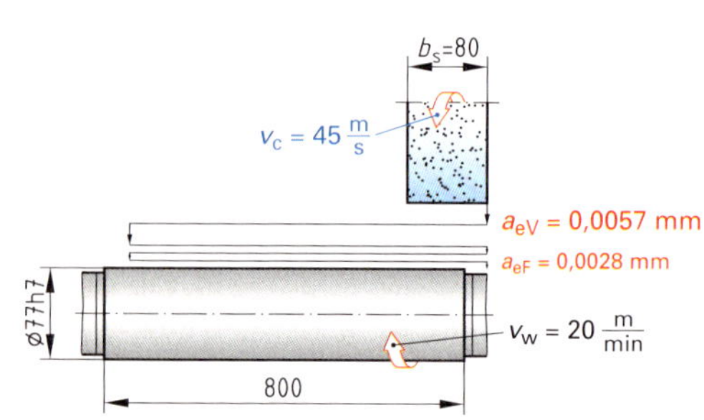

2 Vor- und Fertigschleifen des Längsschleifsitzes ∅77h7

Kühlschmierung

Der ungünstige Zerspanvorgang beim Schleifen durch den meist **schabenden** statt schneidenden **Werkstoffabtrag** (der Spanwinkel γ ist unbestimmt!) und der relativ **hohen Schnittgeschwindigkeit v_c** erfordern große Antriebsleistungen an Schleifmaschinen. Die zugeführte Wirkleistung wird jedoch bis zu 90 % in Wärme umgewandelt. Temperaturen bis 1000 °C sind möglich (Funkenflug). Dadurch entstehen erhebliche **verfahrensspezifische Wärmebelastungen** am Werkstück und an der Schleifscheibe.

- **Maßabweichung** (Ausdehnung – Ausschussgefahr nach der Werkstückabkühlung).
- **Werkstückspannungen** mit möglicher **Rissbildung** auf Grund der Werkstückausdehnung.
- **Brandflecken** als oberflächliches Zeichen bis in den Anlasstemperaturbereich und einer Tiefenwirkung bis 0,15 mm (Bild 1).
- **Bindungsauflockerung** der Schleifscheiben.

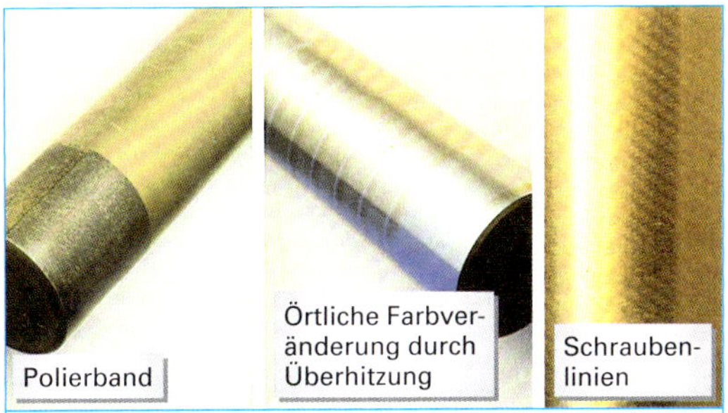

1 Schleifschäden durch Wärmebelastung am Werkstück

Der negative Wärmeeinfluss auf das Werkstück und die Schleifscheibe kann durch geeignete anzustrebende Zerspanungsbedingungen entscheidend verringert werden.

Verringerung von Wärmeschäden:
- **Einstellwerte (kleine** Zustellwerte a_e, **kleine** Geschwindigkeitsverhältnisse q)
- **Schleifkörperauswahl** (Fertigungsaufgabe bestimmt die zu verwendende Schleifscheibe)
- Kombiniert mit einer **intensiven Kühlschmierung**

Durch die Kühlschmierung entsteht beim Schleifen spürbar weniger Reibungswärme. Das Werkstück kann sich nur begrenzt erwärmen, da der Flüssigkeitsstrom für einen ständigen Wärmeabtransport sorgt. Gleichzeitig werden die Spankammern der Schleifscheiben freigespült.

Arten und Einsatzbedingungen von Kühlschmierstoffen

Die **erreichbare Schmierwirkung** eines Kühlschmierstoffes ist für den praktischen Einsatz ausschlaggebend.

- **Lösungen** bestehen aus in Wasser gelösten anorganischen Stoffen z.B. Soda. Sie besitzen eine sehr gute Kühlwirkung bei mäßiger Schmierwirkung.
- **Emulsionen** sind mit einem entsprechenden Mischungsverhältnis E 1(%) feinverteiltes Öl in Wasser. Sie besitzen eine gute Kühlwirkung, aber nur geringe Schmierwirkung.
- **Schneidöle** sind Öle mit polaren EP-Zusätzen. Sie besitzen gute Schmierwirkung, jedoch nur noch geringe Kühlwirkung.

Kühlschmierstoffe

Lösungen	**Emulsionen**	**Schleiföle**
L1 / L2	E 1 % ... 5 %	S 2 ... S 5
Rundschleifen von Stahl	Flach- und Formschleifen von normal-	von schwer-spanbaren Stählen
Getriebewellen mit L1/E 1%	Schneidplatten E 2%	Gewindeschleifen S 3/ S 5

Arbeitsdaten: Flüssigkeitsdruck p_e ... 1,5 bar
Flüssigkeitsmenge Q_k ...4l/min (pro mm Schleifscheibenbreite)

Werkzeugverschleiß beim Schleifen

Die Eigenschaften der verwendeten Schleifmittel, der Aufbau der Schleifkörper sowie weitere äußere Einflüsse sind für den Werkzeugverschleiß entscheidende Faktoren. In Abhängigkeit der Einflussfaktoren treten die definierten Verschleißformen vorwiegend einzeln oder in überlagerter Form auf.

Ursachen des Werkzeugverschleißes

Mikroverschleiß

Der Mikroverschleiß von Schleifkörpern ist von der thermischen und chemischen Beständigkeit abhängig. Der Kontakt des Schleifmittels mit dem Werkstoff, der Kühlschmierstoff- und Luftzutritt führen zu chemischen Reaktionen, der den Kornverschleiß begünstigt.

Mit steigenden Arbeitstemperaturen nimmt der Diffusionsverschleiß zu. Bei Verwendung von Diamantschleifkorn und Arbeitstemperaturen >800 °C diffundieren Kohlenstoffatome aus dem Schleifmittel in das Stahlgefüge und bilden mit Eisen und bestimmten Legierungselementen Karbide, die die Ursache für den erhöhten Verschleiß sind. Die Absplitterung kleinster Schleifkornpartikel, die **Mikrosplitterung,** tritt besonders bei polykristallinem Korn und bei geringer Kornbelastung auf (Tabelle 1).

Tabelle 1: Thermische und chemische Eigenschaften von Schleifmitteln

Schleifmittel	Chemische Reaktion	Wärmebeständigkeit	Wärmeleitfähigkeit
Korund	keine	beständig bei Schleiftemperatur	niedrig
Siliciumkarbid			hoch
Kubisches Bornitrid	mit Kühlwasser oberhalb 1050 °C	ab 1200 °C Zerfall	hoch
Diamant	ab 800 °C Karbidbildung ab 1000 °C CO_2-Bildung	ab 800 °C weicher als CBN und Umwandlung in Graphit	sehr hoch

Makroverschleiß

Der Makroverschleiß entsteht durch die Belastung der **Schnittkraft F_c** auf die Bindung und die einzelnen Körner der Schleifkörper (Bild 1).

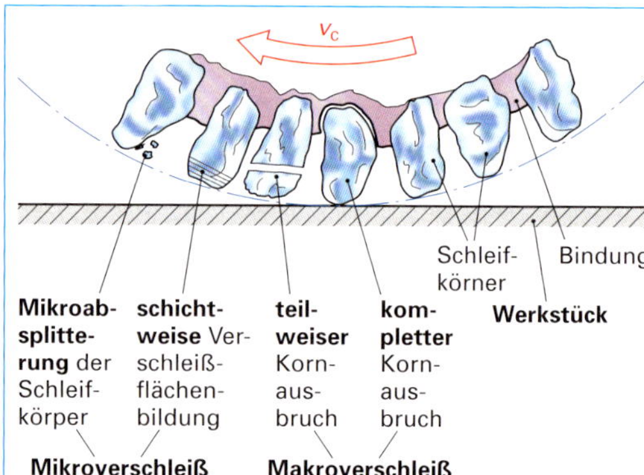

1 Mikro- und Makroverschleiß an Schleifkörnern

Die Reibung in der Kontaktzone Werkstück – Schleifkörper verursacht zunächst eine Kornabsplitterung und danach erst bei steigenden Reibungswerten einen gesamten Kornausbruch (Bindungslockerung durch steigende Temperatur). Die darunter liegenden frei werdenden Körner können damit die Schleifarbeit voll funktionsfähig übernehmen (Selbstschärfeffekt).

Der Makroverschleiß von Schleifkörpern macht sich bemerkbar durch:

Kanten- oder **Radienveränderung**

Sie ist die Formabweichung in radialer und axialer Richtung der Schleifkörper (Welligkeit, Profilabweichung).

Ein **Maß** für die **Verschleißfestigkeit** von Schleifkörpern ist der **Schleifmittelabtrag** durch die auftretenden Mikro- und Makroverschleißformen.

In der technologisch begründeten Standzeit (Fertigungszeit zwischen zwei Abrichtvorgängen) muss der Schleifkörper eine vorgeschriebene Werkstückmenge in tolerierten Grenzen scharf bearbeiten (Bild 2).

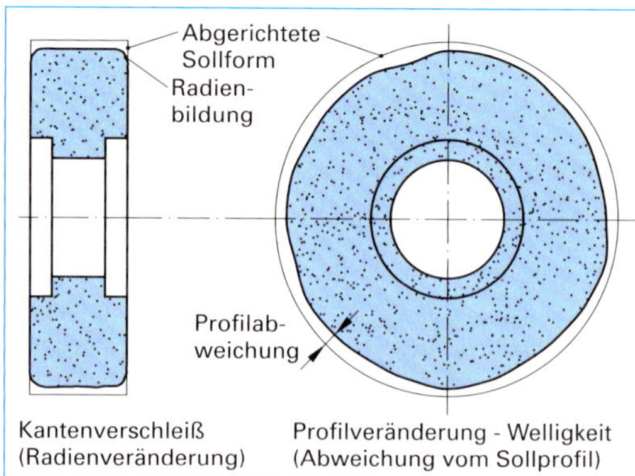

2 Geometrischer Werkzeugverschleiß

2.2.4.7 Fertigungsaufgaben

Planschleifen – Herstellung ebener Flächen

Planschleifverfahren erzeugen ebene Werkstückoberflächen durch Stirn- und Umfangsschleifen mit geradlinig reversierender oder rotierender Vorschubbewegung der Werkstücke v_w (m/min) und stets vom Werkzeug ausgeführte Schnittbewegung v_c (m/s).

Für den Verwendungszweck erforderliche Qualitätsmerkmale (Oberflächenrauheit, Ebenheit) zahlreicher Bauteile der Maschinenbauindustrie lassen sich durch die Anwendung von aufgabenspezifischen Planschleifverfahren kostengünstig realisieren.

Umfangs-Planschleifen

Gute Arbeitsergebnisse bei der Schleifbearbeitung von gehärteten planparallelen Spannbacken können durch das Umfangs-Planschleifen erreicht werden (Bild 1).

Große und breite Schleifscheiben sind aus wirtschaftlichen Gründen zu verwenden. Die dadurch entstehende kleine Kontaktlänge zwischen Werkzeug und Werkstück gewährleistet eine optimale Kühlschmierstoffwirkung, so dass die Wärmebelastung minimiert werden kann.

Kleine Zustellungswerte a_e (mm) und **große Werte** für den **Quervorschub *f*** (mm) (ca. 20% ... 50%) der Scheibenbreite b_s (mm) bewirken eine gleichmäßige Verteilung der Schleifarbeit und somit einen geringen Kantenverschleiß (Tabelle 1).

Unterschiedliche Oberflächenstrukturen (Schliffbilder) entstehen auf den Werkstücken durch die verschiedenen Lagen der Werkzeug-Werkstück-Achsen der Planschleifverfahren.

Umfangsplanschleifen: **parallele** Rillenrichtung
Stirn-Planschleifen: **radiale** Rillenrichtung
Plan- bzw. Stirnumfangsschleifen: **zentrische** Rillenrichtung
(Bild 2)

Zur Gewährleistung der zu erreichenden Schleifqualität bzgl. Formtoleranz, Maßhaltigkeit und Rautiefen (beim Feinschleifen bis ISO-Toleranz 4 und *Rz*-Werte bis 0,1 µm) müssen die Schleifspindeln der Schleifmaschinen sehr gute Steifigkeit und Rundlaufgenauigkeit besitzen. Hohe Ansprüche an die Tischführung und -bewegung garantieren vor allem beim Ausfeuern i ... 8 die erforderliche Lagewiederholung (Bild 3).

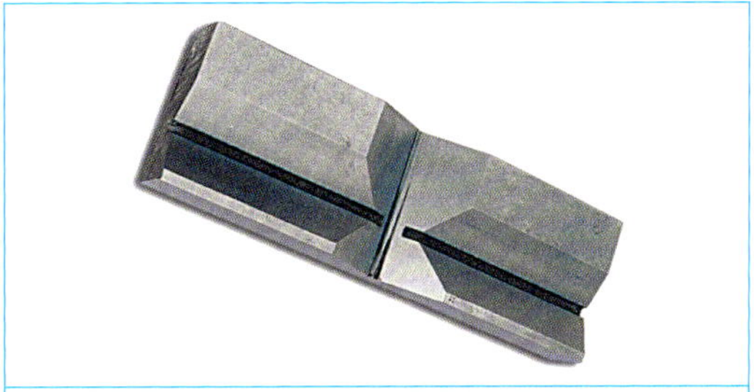

1 **Plangeschliffene Prismenbacke**

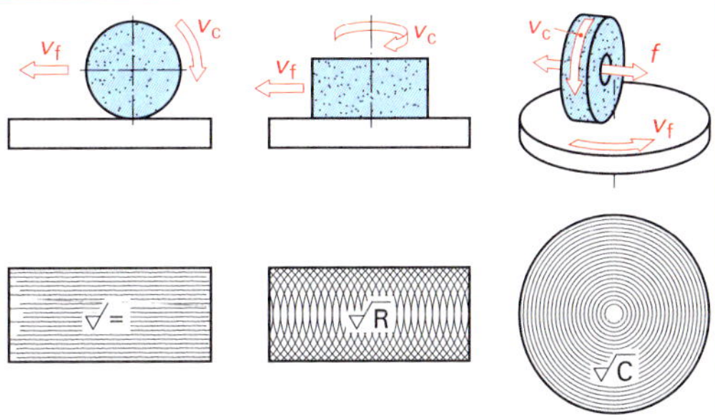

2 **Schliffbilder von Planschleifverfahren**

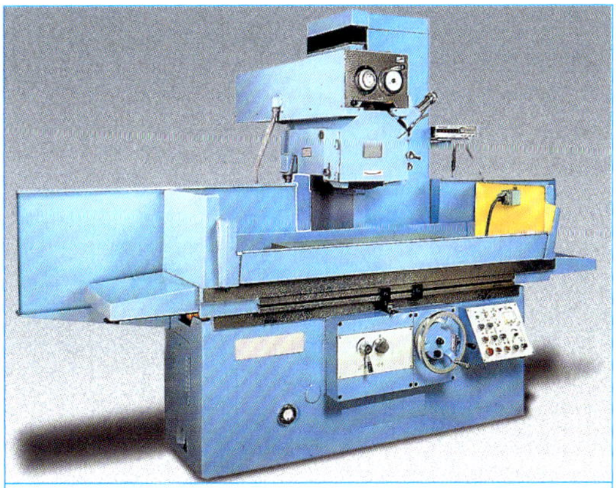

3 **Planschleifmaschine**

Tabelle 1: Richtwerte zum Schleifen von Eisenwerkstoffen mit Korund/Siliciumcarbid

Schleifverfahren	Aufmaß in mm	Zustellung a_e mm	*Rz* in µm	Körnung	v_c m/s	v_f m/min
Vorschleifen	**0,5 ... 0,2**	**0,1 ... 0,02**	**10 ... 3**	**30 ... 46**		
Fertigschleifen	**0,1 ... 0,02**	**0,05 ... 0,005**	**5 ... 1**	**46 ... 80**	**20 ... 35**	**20 ... 30**
Feinstschleifen	**0,02 ... 0,005**	**0,008 ... 0,002**	**1,6 ... 0,1**	**80 ... 120**		

Rundschleifen – Herstellung rotationssymmetrischer Flächen

Rundschleifverfahren erzeugen rotationssymmetrische Innen- und Außenflächen mit hochtourig rotierenden Umfangsschleifscheiben und langsam rotierenden Werkstücken.

Radial- und Axialrundschleifverfahren unterscheiden sich durch die Vorschub- und Zustellbewegung.

Für die Schleifbearbeitung von Getriebewellen in der Massenproduktion (Kraftfahrzeugherstellung Schleifbearbeitung einer Schaltgetriebewelle) bietet das Rundschleifkonzept bei der Bearbeitung mit einem Schleifscheibensatz beste Voraussetzungen zur Gewährung hoher Produktivitätsansprüche (Bild 1).

Rundschleifmaschinen sind auf die jeweilige Einzelaufgabe zugeschnitten. Im Gegensatz zu den reinen Einzweckmaschinen jedoch geeignet, nach entsprechenden CNC-Programmen auch ganze Teilefamilien zu bearbeiten (Bild 2).

Werkstückerkennungssysteme bewirken die Selbstumrüstung der Maschine und den Abruf der zugehörigen Bearbeitungsprogramme.

Typische **Fertigungsbeispiele** sind:

- Getriebe- und Motorteile
- Fahrwerksteile
- Gehäuseinnenformen
- Einzelteile von Hydraulikbaugruppen

Für eine flexible Bearbeitung unterschiedlicher Werkstücke eignet sich die Fertigung auf einer Hochgeschwindigkeits-Schälschleifmaschine mit CBN-Schleifscheiben (Bild 3).

Alle Bewegungen werden durch das Werkzeug ausgeführt und ermöglichen dadurch die Bearbeitung komplizierter Werkstückkonturen in einer Aufspannung.

Charakteristische Verfahrensvorteile bei der Bearbeitung beliebiger rotationssymmetrischer Teile sind:

- **kurze Rüstzeiten**
- **hohe Dauergenauigkeit**

Rundschleifen

Durch die Abmessungen und die Achsenlagen von Werkstück und Werkzeug bei allen Rundschleifmaschinen entstehen sehr kurze Kontaktlängen zur Spanabnahme. Für den Fertigungsprozess ergeben sich daraus typische Verfahrensvorteile bei entsprechenden Einstellwerten (Bild 4):

- Günstige Kühlschmierstoffwirkung
- Geringe Wärmebelastung für das Werkstück
- Ungehinderte Spanaufnahme in die Porenräume der Schleifscheiben

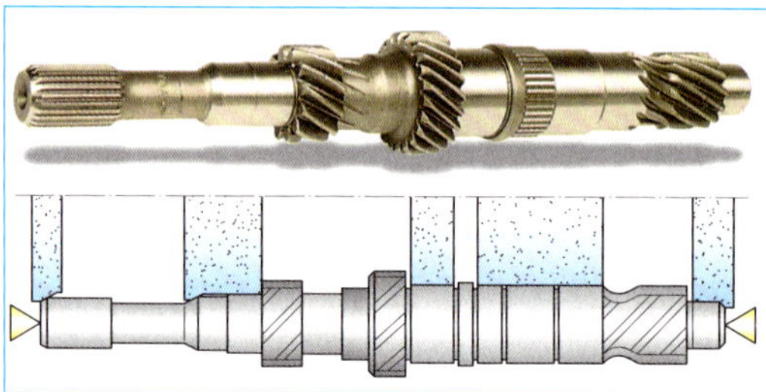

1 Schleifen einer Getriebewelle mit Scheibensatz im Einstechverfahren

2 CNC-Produktions-Rundschleifmaschine

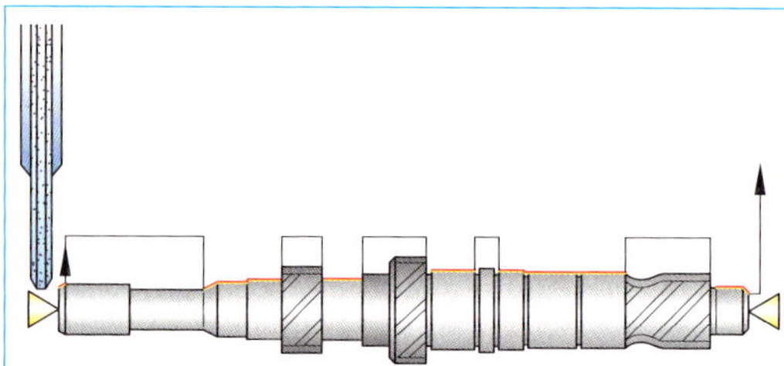

3 Längsformschleifen der Getriebewelle mit CBN-Schleifscheibe in HSG-Schleiftechnik (High Speed Grinding)

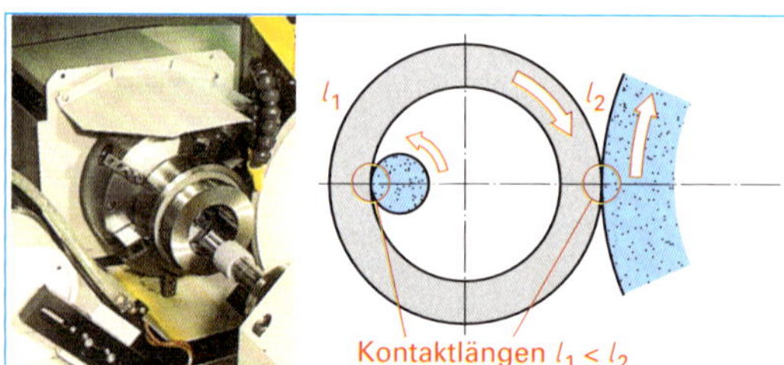

4 Kontaktlängen beim Innen- und Außenrundschleifen von Getrieberädern

Fertigungsbeispiel für Rundschleifverfahren

Neue Schleifmaschinen werden vom Hersteller an die Kunden mit normgerechten Abnahmewerkstücken (Bild 1) übergeben. Für Rundschleifverfahren gelten unter anderem folgende Bedingungen.

Alle geschliffenen Flächen:	***Ra* < 0,4 µm**
Rundlauf:	**< 2 µm (außen), < 3 µm (innen)**
Zylindrizitätsfehler:	**< 2 µm (außen), < 4 µm (innen)**

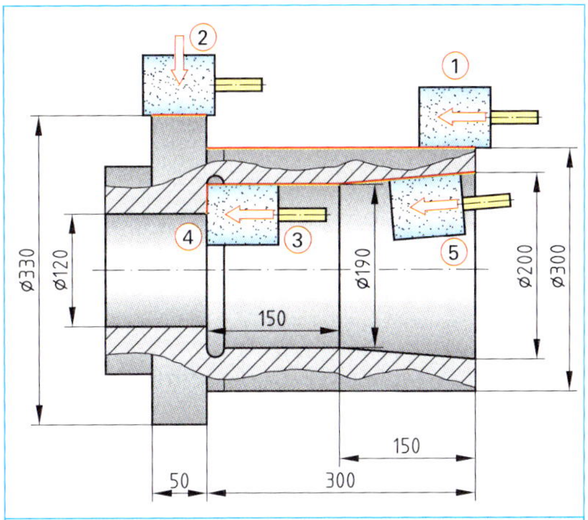

1 Abnahmewerkstück

Bearbeitungsfolge des Abnahmewerkstückes

Arbeitsgang	Toleranzgröße
1 außen Längsschleifen ∅ 300, L = 300 mm	m4
2 außen Einstechschleifen ∅ 330, L = 50 mm	f4
3 innen Längsschleifen ∅ 190, L = 150 mm	H5
4 innen Planschleifen ∅ 120/190	
5 innen Kegellängsschleifen ∅ 190/200, L = 150 mm	nach Lehre

Längsrundschleifen

Durch den Längsvorschub des Werkstückschlittens wird das Werkstück (∅ 300) an der Schleifscheibe entlanggeführt (Bild 2).

Freistiche an Durchmesserübergängen bzw. der Schleifscheibenüberlauf am Werkstückende gewährleisten einen konstanten Werkstückdurchmesser über die gesamte Werkstücklänge.

Die Größen der Einstellwerte für den **Vorschub *f*** und die **Zustellung a_e** sind vom Bearbeitungszustand (**Vor- oder Fertigschleifen**) abhängig.

Die zwangsläufig auftretende Durchbiegung von Wellen mit großen Schlankheitsgraden muss durch mitlaufende Setzstöcke abgefangen werden.

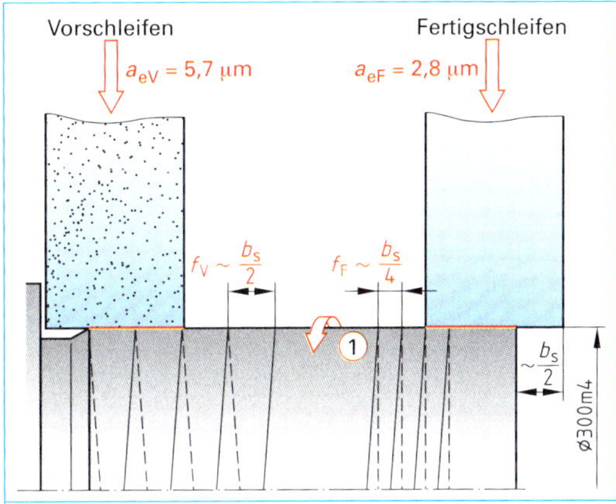

2 Einstellgrößen beim Längsrundschleifen

Einstechschleifen

Die Zustellung einer breiten Schleifscheibe erfolgt kontinuierlich bis zum Erreichen des Fertigmaßes ∅330f4 (Bild 3).

Zunächst durch **Vorschleifen** mit a_{eV} ≈ **1,2 µm** und abschließend durch **Fertigschleifen** mit a_{eF} ≈ **0,6µm.**

Die **Schleifscheibenbreite b_s** (max. 100 mm) ist größer als die **Werkstückbreite *l***, der Längsvorschub entfällt somit.

Längere Wellen > 200 mm werden fertigungstechnisch günstig, zuerst abschnittsweise auf Fertigmaß bearbeitet und danach abschließend mit mehreren Längshüben ohne Zustellung (Ausfeuern!) fertigbearbeitet.

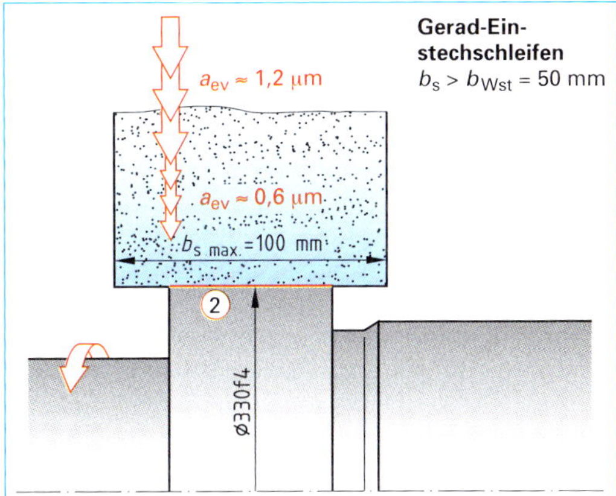

3 Einstellgrößen beim Einstechschleifen

Schrägeinstechschleifen

Zur gleichzeitigen Bearbeitung von Mantel- und Planflächen an Werkstücken wird die Schleifscheibe 30° schräg gestellt und für die vorgesehene Fertigungsaufgabe profiliert (Bild 1).
Der Einsatz von geeigneter Messtechnik während der Schleifbearbeitung von Zahnradpumpenwellen minimiert die Fertigungszeit. Eine große Schleifscheibenbreite und -profilierung ermöglichen ein breites Anwendungsspektrum des Schrägeinstechschleifens.

Bearbeitungsbeispiel:
Werkstück: Pumpenrad
Schleifen von ø18 mm und der angrenzenden Planseite

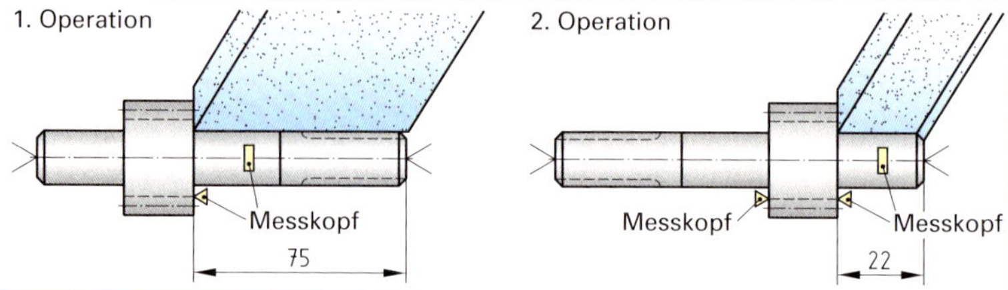

1 Schleifbearbeitung von Zahnradpumpenwellen durch Schrägeinstechen

Innenrundschleifen

Durch die aufgabenspezifische Umkehrung der Größenverhältnisse zwischen $\varnothing_{Wst} > \varnothing_{Wz}$ ergeben sich veränderte Spanungsverhältnisse beim Innenrundschleifen. Die Durchmesserabnahme des Werkzeuges ist größer und die Schleifkontaktlänge ist kleiner. Dünnwandige Werkstücke und die Schleifspindel dürfen nur geringen Schleifkräften (Durchbiegung) zur Gewährleistung der geforderten Qualität ausgesetzt werden. Dementsprechend **klein** sind die **Zustellwerte a_e < 1 μm** und die **Schleifkörperbreite** zu wählen.
Das Längsschleifverfahren kommt deshalb für die Bearbeitung des Innendurchmessers ∅190H5 in Betracht (Bild 2).
Ist die Bearbeitungslänge kleiner als die Schleifkörperbreite wird im Querschleifverfahren bearbeitet.
Planschleifen von Innenformen mit kleinen Durchmesserunterschieden wird mit den Stirnflächen der Schleifkörper durchgeführt. Durch geneigte Schleifspindeln ist die Bearbeitung von kegeligen Innenformen durch **Kegellängsschleifen** realisierbar (Bild 3).

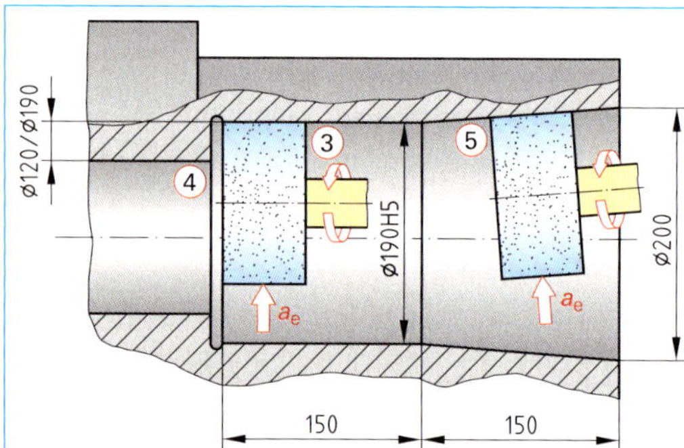

2 Innenschleifen des Abnahmestückes

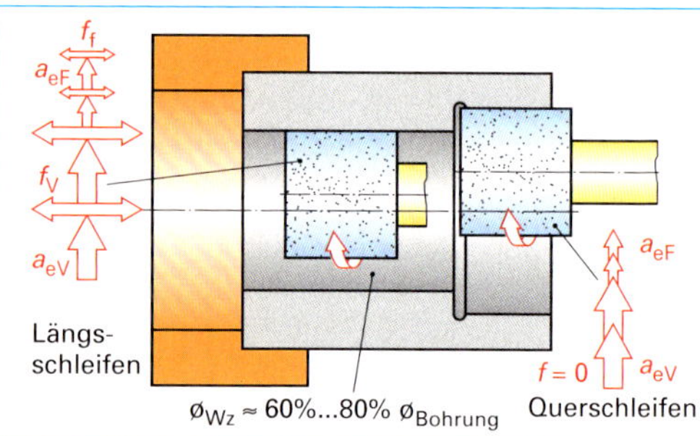

3 Längs- und Querschleifen

Werkstückabhängige Verfahrenskombination

Die wirtschaftlichste Schleifbearbeitung eines Getrieberades erfolgt in simultaner Komplettbearbeitung der Innen- und Außenkontur in einer Aufspannung. Annähernd gleich große Einstellwerte für die Vor- und Fertigbearbeitung sind die Voraussetzungen zum Erreichen der geforderten Qualitätsmerkmale der Werkstücke.
Kurze Bearbeitungzeiten und hohe Genauigkeiten werden in Fertigungszellen erreicht. Dabei kommen auch Automatisierungslösungen mit maschinenintegrierter oder beigestellter Handhabungstechnik einschließlich der Einbindung in den vor- bzw. nachgelagerten Fertigungsprozess zum Einsatz (Bild 4).

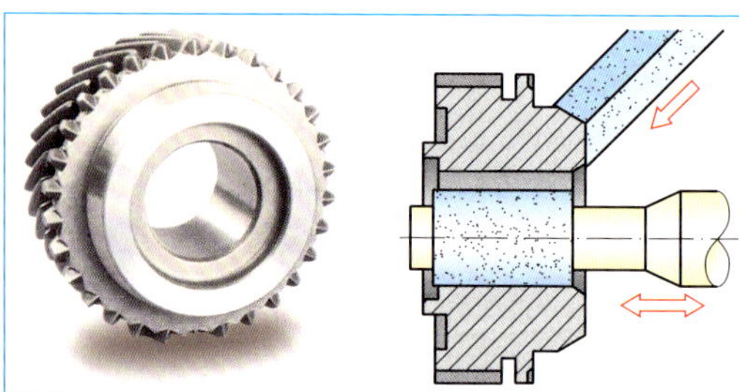

4 Simultanschleifen eines Getrieberades

Spitzenlosschleifen

Zylinderstifte, Wälzkörper und ähnliche ansatzlose Teile werden im Spitzenlos-Durchgangsschleifen hergestellt.

Die Schleifmaschinengeometrie und vor allem die Konstanthaltung des **Schleifmaulwinkels** γ sind verfahrensspezifische Merkmale (Bild 1).

Die längere geneigte Regelscheibe bewirkt den Werkstückvorschub und sorgt mit der Auflage für die Werkstückführung. Die Schleifarbeit wird von einer großen Umfangsschleifscheibe ausgeführt. Regelscheibe und Schleifscheibe haben den gleichen Drehsinn und stehen im Verhältnis zueinander.

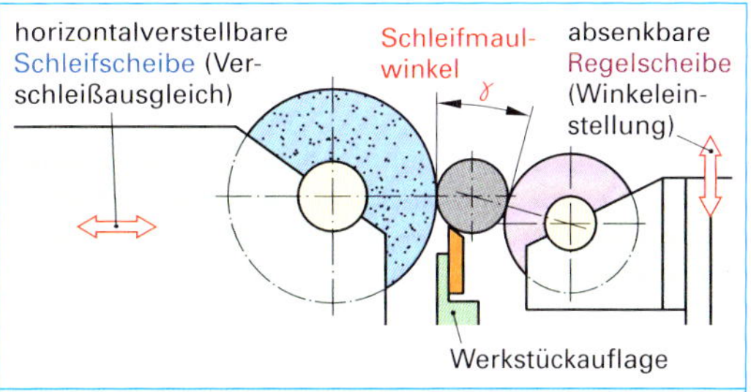

1 Verfahrensprinzip Spitzenlosschleifen

$$n_R \sim n_{Wst} < n_S$$

CNC-Schleifen

Die zwei Hauptachsen einer CNC-Bahnsteuerung werden durch die Längsbewegung des Werkstückschlittens (Z-Achse) und die Zustellbewegung des Querschlittens (X-Achse) gebildet (Bild 2).

Die Werkstückgeometrie zahlreicher rotationssymmetrischer Teile wird damit bearbeitet.

Mit weiteren Hilfsachsen und Bewegungen kann das Bearbeitungsspektrum wesentlich erweitert werden (Beispiele S. 395 ... 398).

Durch Schwenken der Hilfsachse (B-Achse) können Kegel geschliffen werden. Eine Mehrfachbearbeitung bei einer Aufspannung ist durch Schwenken der Schleifeinheit mit mehreren Schleifspindeln möglich. Hohe Schleifqualitäten für Innen- und Außenschleifarbeiten werden damit erreicht.

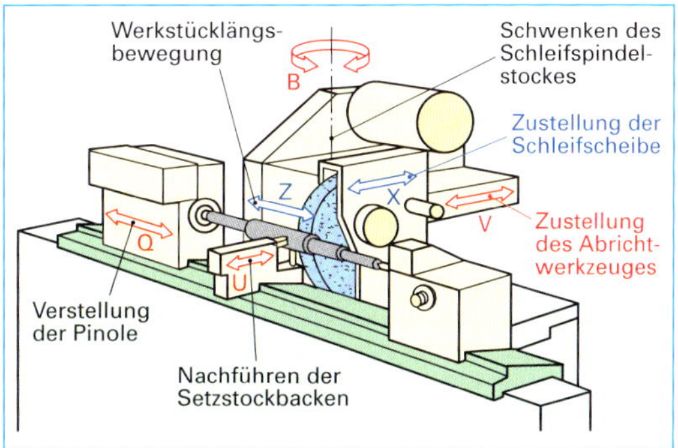

2 Achsen und Verfahrbewegungen CNC-Rundschleifmaschine

Schleifzyklen und Einrichtprogramme

1. Bahngesteuertes Profilieren der Schleifscheibe
2. Werkstückposition ertassen
3. Eichen des Absolutmesskopfes
4. Werkstück-Axialmessposition erfassen
5. Einstechschleifen mit programmierbaren Vorschüben f_1 ... f_4 für Anfunken, Schruppen, Schlichten und Feinschleifen
6. Mehrfach-Einstechen mit programmierbaren Vorschüben f_1 ... f_3 für mehrmaliges Einstechschleifen mit anschließendem Längsschleifen
7. Längsschleifen mit drei programmierbaren Vorschüben f_1 ... f_3
8. Planschleifen mit drei programmierbaren Vorschüben f_1 ... f_3, Schleifaufmaß oder Fertigmaßposition programmierbar
9. Kegellängsschleifen – wie Längsschleifen
10. Kegel-Mehrfach-Einstechschleifen – wie Mehrfach-Einstechschleifen
11. Radiusschleifen mit zwei programmierbaren Vorschüben, Anfunksteuerung möglich

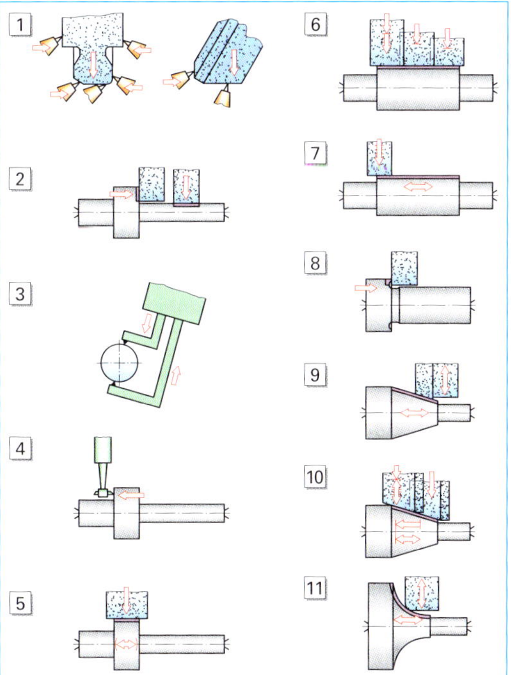

3 CNC-Schleifzyklen und Einrichtprogramme

Rundschleifmaschinen

Die Klassifizierung der Rundschleifmaschinen erfolgt nach der Fertigungsaufgabe in **Innen-Rundschleifmaschinen** zum Bohrungsschleifen und **Außen-Rundschleifmaschinen** zum Schleifen von Wellen und Sonderprofilen. Als **Universal-Rundschleifmaschine** werden Maschinen bezeichnet, die sowohl für die Innen- und Außenbearbeitung ausgestattet sind (Bild 1).

Innen-, Außen- und Universal-Rundschleifmaschinen werden zum Längs- oder Querschleifen (Gerad- bzw. Schrägeinstechschleifen) verwendet. Dem **Spannen** der rotierenden Werkstücke ist wegen der Abdrängkraft der Schleifspindel besondere Aufmerksamkeit zu widmen (Bild 2).

- **Kurze Werkstücke** (∅ > *l*) werden in **Spannzangen** oder **-futter** „fliegend" gespannt.
- **Lange Werkstücke** (∅ < *l*) müssen zur Vermeidung der Durchbiegung mit einem mitlaufenden Setzstock und zwischen Spitzen gespannt werden.

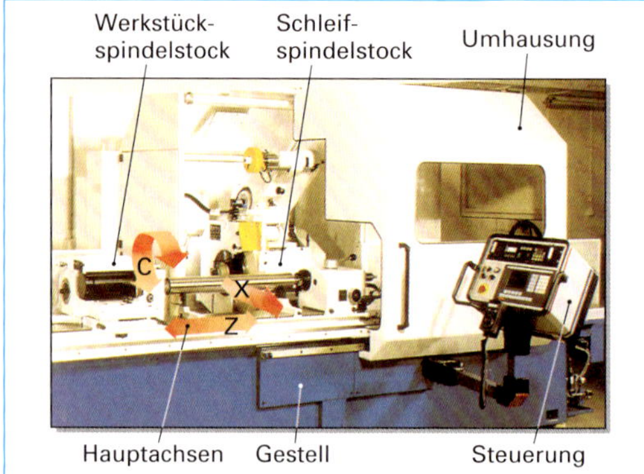

1 Außen-Rundschleifmaschine

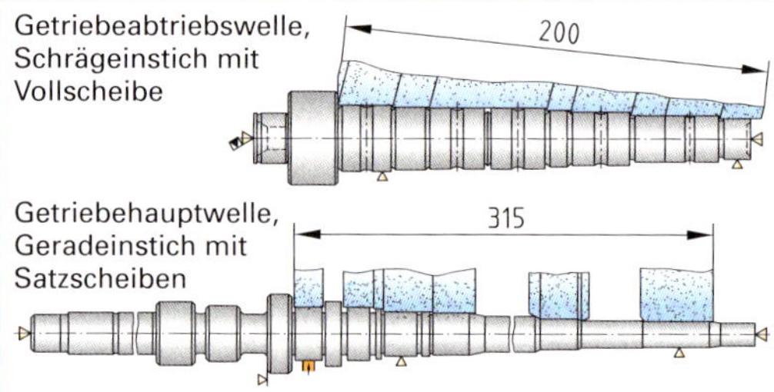

2 Bearbeitungsbeispiele

Spezielle aufgabenbezogene Schleifverfahren

Wälzschleifen

Ist die Schleifbearbeitung von Werkstückoberflächen, die aus dem Bezugsprofil Werkzeug – Werkstück im **Abwälzverfahren** entstehen.

Die Zustell-, Vorschub- und Schnittbewegung wird von einer profilierten Schleifscheibe ausgeführt.

Das Werkstück führt eine Pendelbewegung aus. Zur Fertigbearbeitung werden die Lenkritzel in eine 3-fach Teil-Wälzvorrichtung aufgenommen und ausgerichtet. Ein Rundschwenktisch ∅ ... 1600 mm mit zwei Aufspannvorrichtungen ermöglicht das Be- und Entladen der Werkstücke während des Schleifprozesses (Bild 3).

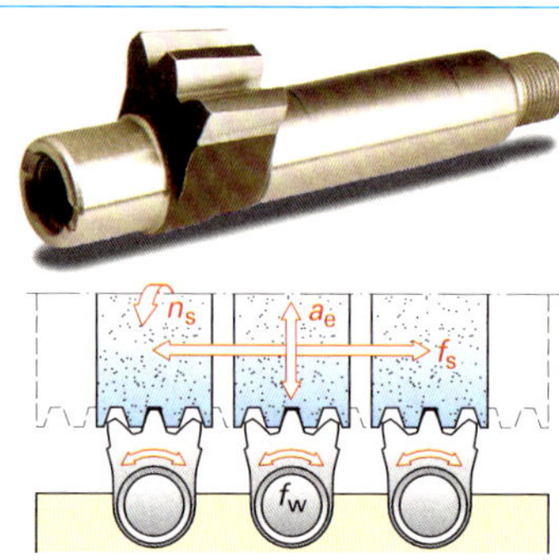

3 Wälzschleifen eines Lenkritzels

Schraubschleifen

Ist die Schleifbearbeitung von **Schraubflächen** für eine kontinuierliche Bewegung von Werkstücken und Bauteilen in Längsrichtung.

Das Werkstück und die entsprechend der Fertigungsaufgabe profilierte Schleifscheibe bewegen sich durch den Vorschub relativ zueinander. Der Vorschubwert ist gleich der zu schleifenden Steigung. Die Zustellbewegung wird von der Schleifscheibe ausgeführt. Der Drehsinn von Werkstück und Werkzeug ist gleich.

Die Herstellung erfolgt in Einzelfertigung, gespannt wird zwischen Spitzen (Bild 4).

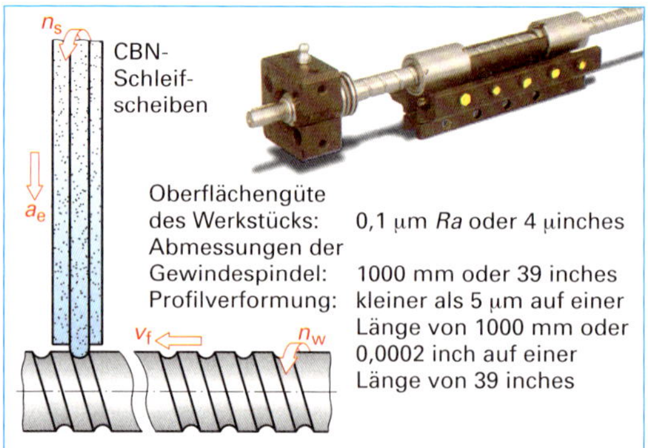

4 Schraubschleifen von Kugelspindeln

Tiefschleifen

Ist eine Schleifbearbeitung zur Herstellung von **starkprofilierten Werkstückkonturen** durch einmalige Schleifscheibenzustellung.

Die Schleifscheibe wird zunächst durch eine Diamant-Abrichtrolle für die auszuführende Bearbeitungsaufgabe abgerichtet. Danach im Anschnitt auf die volle Tiefe zugestellt und anschließend mit einer zu anderen Schleifverfahren relativ kleinen Vorschubgeschwindigkeit v_f **= 20mm/min … 100mm/min** in einem Bearbeitungszyklus fertig geschliffen.

Die Zuführung von ausreichend Kühlschmierstoff mit hohem Druck verhindert die Erwärmung des Werkstücks, spühlt die Schleifspäne und Abrieb aus dem entstehenden Profil (Bild 1).

Verfahrenstypische Merkmale sind das große Zerspanvolumen und die erreichbare Schleifqualität.

Profilschleifen

Ist die Schleifbearbeitung komplizierter Werkstückformen durch die Direktübertragung des Werkzeugprofils (z.B. Schleifen von Einstichen) oder durch eine Bewegungskombination zwischen Schleifscheibe und Werkstück.

Profilschleifen im Einstechverfahren

Die Zustellbewegung bringt die profilierte Schleifscheibe zum Eingriff an das vorgearbeitete Werkstück. Die Schnittbewegung und die Vorschubbewegung des Werkstücks bewirken den Bearbeitungsprozess (Bild 2).

Profilschleifen unregelmäßiger Querschnitte

Im modernen Werkzeugbau findet eine spezielle Form des Profilschleifens Anwendung.

Die unregelmäßige Form eines zu bearbeitenden Stempelquerschnittes wird zunächst abschnittsweise auf dem Projektionsschirm der Schleifmaschine sichtbar gemacht. Detail- und Projektionsvergrößerungen gewährleisten die hohe Abbildungsgenauigkeit. Die Schleifscheibe führt außer der Hauptbewegung (Schnittbewegung) zusätzlich noch eine ca. 80 mm lange Hubbewegung aus.

Die nichtprofilierte Schleifscheibe wird durch die Zustellbewegung eines Schlittens am Stempel entlang geführt. Der Schleifkopf folgt unmittelbar dieser Bewegung. Der Schlitten wird bei Einzelfertigung manuell durch Handräder betätigt.

Vorteilhafter ist der Einsatz einer Profilschleifmaschine mit CNC-Steuerung bei Wiederholteilen bzw. der Serienfertigung (Bild 3).

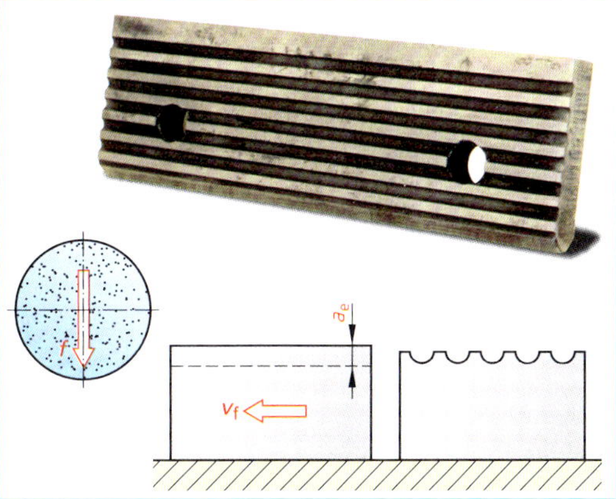

1 Verfahrensprinzip des Tiefschleifens

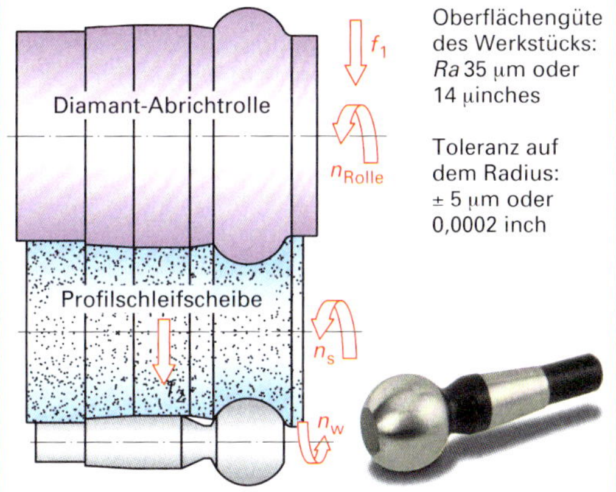

2 Profilschleifen von Lenkungskugeln

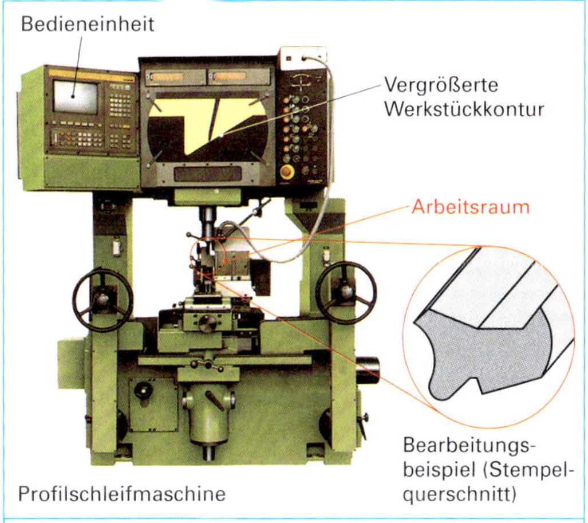

3 Profilschleifmaschine

Scharfschleifen von Werkzeugen

Die Schleifbearbeitung von geometrisch bestimmten ebenen und gewölbten Flächen an Werkzeugen zur Herstellung bzw. Wiederherstellung einer bestimmten Schneidengeometrie umfasst die unterschiedlichsten Einzelverfahren.

Abgesehen von wenigen Ausnahmen beim Scharfschleifen (z.B. Drehmeißel, Spiralbohrer für die Werkstattfertigung) wird die erforderliche Schneidengeometrie ausschließlich auf speziellen Maschinen hergestellt (Bild 1).

Aus der Vielfalt der verschiedenen Werkzeuge (Größe, Schneidengeometrie usw.) resultieren unterschiedliche zu schleifende Flächen und Formen: **eben, konisch, gewendelt** usw. < 1mm^2

1 **Scharf geschliffene Werkzeuge**

Achsensystem beim Scharfschleifen

Die Wirkebene zwischen Werkstück und Werkzeug ergibt die verschiedenen Achsenlagen beim Scharfschleifen.

Hauptachsenlage und Bewegungen sind identisch mit vergleichbaren Schleifverfahren. Die Besonderheit moderner Scharfschleifmaschinen sind zwei **Soft-Achsen** die anstelle von Nebenschlitten für das Nachstellen der Schleifscheibenposition verwendet werden (Bild 2).

2 **7-Achsen-System beim Scharfschleifen**

Maschinenkonzept

Bei der Konzipierung von modernsten Scharfschleifmaschinen wird unter anderem auf folgende Details großer Wert gelegt (Bild 3).

- **Vollintegriertes Design** bei den Hauptabmessungen der Maschinen (Umhausung).
- Garantie der perfekten **Geradlinigkeit der Hauptachsen** durch Polymerbeton-Sockel (erreicht bis zu achtfach höhere Stabilität und Dämpfung gegenüber herkömmlichen Maschinengestellen).
- **Statistische Prozessüberwachungssysteme** gewährleisten die Kompensation der erfassten Maßtoleranzen.
- Ausstattung mit einem Telefonmodem zur **Ferndiagnostik** bei Betriebsstörungen.

3 **Produktionsschleifmaschine zur Bearbeitung von HSS/ HM-Werkzeugen**

Aufgaben:

1 **Wie ist das Fertigungsverfahren „Schleifen" allgemein zu definieren?**
2 **Nennen Sie die wichtigsten Einflussgrößen auf das Schleifergebnis.**
3 **Was sind Schleifmittel? Nennen Sie die wichtigsten Arten bezogen auf praktische Anwendungsbeispiele.**
4 **Definieren Sie die Kornbezeichnung: D 60, A 16!**
5 **Welche Angaben nach DIN 6910 kennzeichnen einen Schleifkörper?**
6 **Welcher Zusammenhang besteht zwischen Schleifscheibenhärte und Werkstoffhärte?**
7 **Wie erfolgt die Klangprobe von Schleifkörpern?**
8 **Wie erfolgt das statische und dynamische Auswuchten von Schleifscheiben?**
9 **Was wird mit dem Abrichten von Schleifscheiben beabsichtigt?**
10 **Was sagt das q-Verhältnis aus?**
11 **Nennen Sie die wichtigsten Kühlschmierstoffe für das Schleifen!**
13 **Was wird durch die Kühlschmierung beabsichtigt?**
14 **Charakterisieren Sie mögliche Schleiffehler.**
15 **Welche Verfahrensunterschiede gibt es zwischen Umfangs- und Stirnschleifen?**
16 **Erarbeiten Sie den Fertigungsplan für die Schleifbearbeitung einer Reitstockspitz.**

2.2.5 Hobeln, Stoßen und Räumen

Hobeln und Stoßen gehören zu den ältesten handwerklichen und später industriellen Fertigungsverfahren. Ebenso wie das Räumen sind sie gekennzeichnet durch eine geradlinige Bewegung des Werkzeugs entlang der Werkstückoberfläche.

2.2.5.1 Hobeln und Stoßen

Die rasche Entwicklung des Maschinenbaus im 19. Jahrhundert erzeugte einen großen Bedarf an Führungsbahnen, Maschinentischen und anderen Maschinenteilen mit Schwalbenschwanzführung, T-Nuten, Winkeln usw. (Bild 1). Diese beiden spanenden Verfahren stellten damals die einzige Möglichkeit dar, auf Maschinen ebene Flächen in hoher Oberflächengüte zu fertigen. Große Hobel- und Stoßmaschinen sind heute nur noch vereinzelt zu finden, in Deutschland werden sie nicht mehr gebaut.

> Hobeln und Stoßen sind spanende Verfahren, bei denen sich Werkzeug und Werkstück geradlinig gegeneinander bewegen.

Sie unterscheiden sich durch die Funktion der Bewegung, die Werkzeug oder Werkstück ausführen (Bild 2).
Beim **Hobeln** wird die Schnittbewegung durch das Werkstück ausgeführt, während das Werkzeug die Vorschub- und Zustellbewegung gewährleistet.
Erfolgt die Schnittbewegung dagegen durch das Werkzeug, handelt es sich um **Stoßen**.
Betrachtet man den Prozess der Spanbildung sowie Werkzeug, Werkzeugformen und die durch Schrupp- oder Schlichtbearbeitung entstehenden Späne, wird die prinzipielle Ähnlichkeit des Spanungsvorgangs beim Hobeln und Stoßen mit demjenigen beim Drehen erkennbar. Die Begriffe bei der Benennung der Werkzeuge sowie der Schneidengeometrie sind deshalb meist gleich denen beim Drehmeißel (Bild 3).
Die Schnittgeschwindigkeiten liegen bei etwa 50% bis 80% der entsprechenden Drehwerte. Als Schneidstoffe werden überwiegend Schnellarbeitsstähle verwendet. Beim Hobeln ist auch der Einsatz eines Hartmetallwerkzeuges möglich.

Werkzeuge

In einigen Situationen ist der Einsatz normaler Drehmeißel möglich. Da aber oft deren Schaftlänge nicht ausreichend ist oder Spezialformen benötigt werden, gibt es spezielle Hobelmeißel (Bild 4).
Wegen der stoßartigen Bewegung müssen die Werkzeuge möglichst kurz eingespannt werden um die Entstehung von Schwingungen zu vermeiden. Der Gefahr des Einhakens kann durch rückwärts gekröpfte (gebogene) Schäfte vorgebeugt werden. Oftmals werden große Eckradien und Fasen an den Hauptschneiden angebracht.

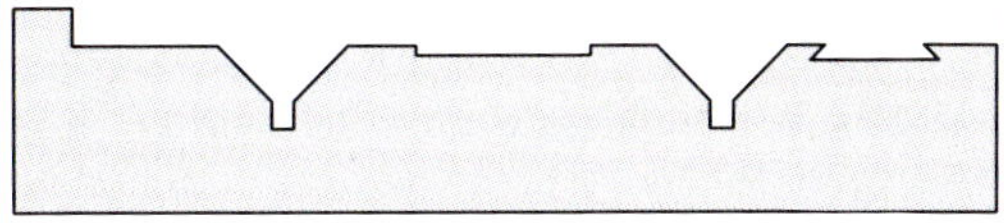

1 Durch Hobeln und Stoßen herstellbare Formen

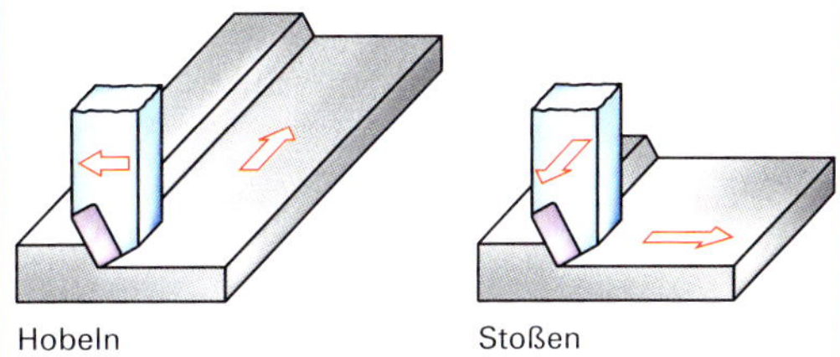

2 Unterschied zwischen Hobeln und Stoßen

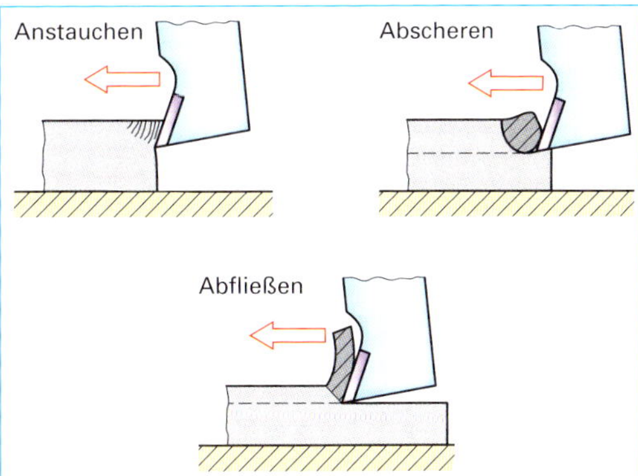

3 Spanbildung beim Hobeln und Stoßen

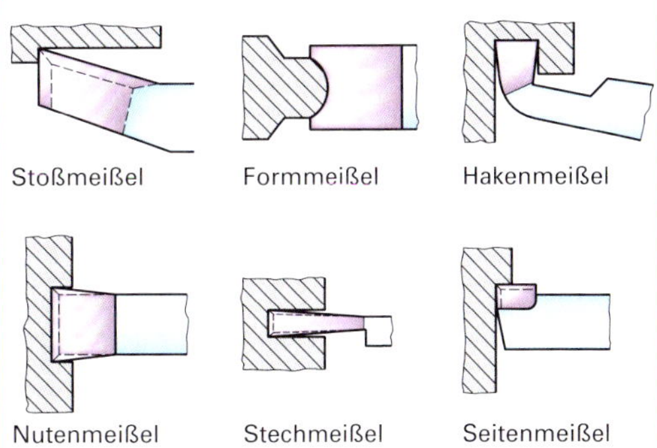

4 Einige Hobelmeißelformen

Die Vorteile gegenüber dem Fräsen sind geringe Einricht- und Werkzeugkosten sowie geringe Erwärmung des Werkstückes. Ein wesentlicher Nachteil besteht darin, dass eine höhere Schnittgeschwindigkeit als ca. 40 m/min schwer beherrschbar ist. Der schnelle Wechsel zwischen Stillstand, Bewegung und Richtungsänderung stößt mit diesen großen Massen aus physikalischen Gründen an Grenzen. Deshalb wird eine maximale Schnitttiefe angestrebt, was wiederum einen geringeren Standweg des Werkzeuges zur Folge hat. Alle diese Faktoren haben in den letzten Jahrzehnten zum Ersatz des Hobelns und größtenteils des Stoßens durch das Fräsen geführt.

Ein Arbeitszyklus (ein Hub) besteht aus Arbeitshub t_a (Schnitthub), Tischüberlauf mit Umsteuerung t_u und Rückhub t_r. In den unproduktiven Bewegungen liegt ein weiterer Nachteil gegenüber dem Fräsen. Das kleine Beispiel in Bild 1 verdeutlicht dies.

Um die unproduktive Zeit kurz zu halten, werden möglichst viele Werkstücke hintereinander auf dem Maschinentisch aufgespannt.

Die Ermittlung der Arbeitswerte erfolgt am Besten durch Ablesen aus den für jede Hobelmaschine und die häufigsten Werkstoffe vorhandenen Richtwerttabellen.

Sie sind für beide Verfahren prinzipiell gleich.

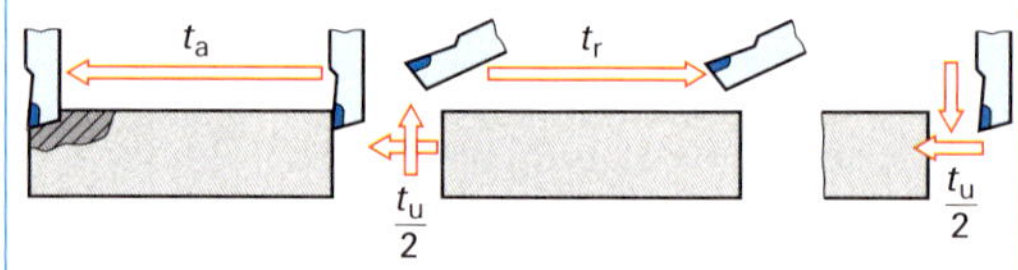

Beim Hobeln eines 6 m langen Werkstückes mit v_c = 40 m/min und einer Rückhubgeschwindigkeit v_r = 60 m/min ergibt sich:

$t_a = 9$ s, $t_u = 3$ s, $t_r = 6$ s

Die *unproduktive Verlustzeit* ergibt sich aus Rückhub + Tischüberlauf = *9 s*. Das bedeutet, dass die Bearbeitungszeit eines Werkstückes zu 50 % unproduktiv ist.

1 Arbeitszyklus einer Stoßmaschine

Hobelmaschinen

Da bei Hobelmaschinen das Werkstück die Schnittbewegung ausführt, benötigt die Maschine viel Platz, weil das Maschinenbett mindesten doppelt so lang sein muss wie der Maschinentisch.

Zweiständerhobelmaschinen weisen zudem noch ein hohes Gewicht auf, verfügen dagegen aber über eine vorteilhafte, hohe Starrheit (Bild 2).

Einständerhobelmaschinen haben den Vorteil eines etwas geringeren Platzbedarfes. Sie sind besonders für die Bearbeitung mittelgroßer Werkstücke geeignet (Bild 3).

Wegen abnehmender Einsatzmöglichkeiten in der spanenden Fertigung werden Hobelmaschinen häufig mit Schleif- bzw. Fräseinheiten kombiniert. Außerdem sind diese Fertigungsverfahren oft im direkten Anschluss an Hobelarbeiten notwendig, weil die erreichbare Oberflächengüte durch Hobeln und Stoßen bestenfalls bei *Rmax* = 10 µm liegen kann.

Der Tischantrieb einer Hobelmaschine (auch Langhobelmaschine genannt) ist meist stufenlos und kann elektrisch (Motor), hydraulisch (Pumpe) oder mechanisch (Getriebe) erfolgen.

Die Vorschub- und Rückhubgeschwindigkeit sind je nach Antriebsart des Maschinentisches unterschiedlich.

Beim Antrieb durch eine Kurbelschwinge ist der Arbeitshub langsamer, weil dazu mehr als die halbe Kurbelumdrehung benötigt wird.

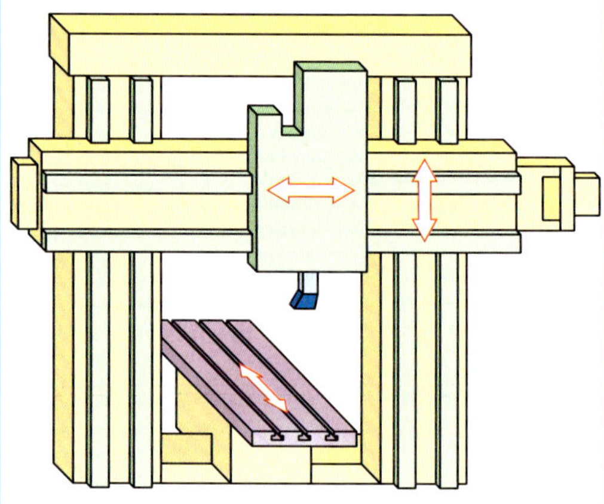

2 Zweiständerhobelmaschine

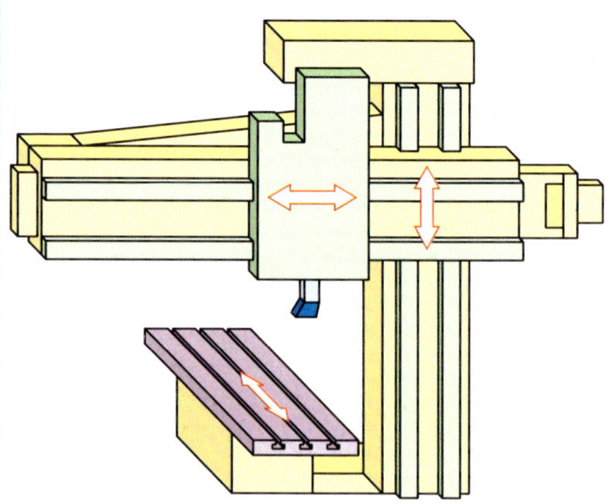

3 Einständerhobelmaschine

Eine Sonderform des Hobelns ist das **Doppelhobeln**. Hier gelingt es den unproduktiven Rückhub zum Schlichten der im Arbeitshub geschruppten Fläche zu nutzen. Durch Kippen oder Verschieben wird der jeweils nicht arbeitende Meißel von der Werkstückoberfläche abgehoben (Bild 1).

Stoßmaschinen

Stoßmaschinen benötigen weniger Platz als Hobelmaschinen, da das Werkzeug die Schnittbewegung ausführt. Außerdem werden sie für die Bearbeitung relativ kurzer Werkstücke eingesetzt. Stoßmaschinen gibt es in waagerechter und senkrechter Bauart.

Waagerecht-Stoßmaschinen (auch Shaping- oder Kurzhobelmaschine) eignen sich besonders für die Herstellung von Absätzen, Nuten und ebene Flächen (Bild 2).

Senkrecht-Stoßmaschinen werden vorwiegend zur Herstellung von Innenvier- und Innensechskantprofilen sowie für Innenverzahnungen und Keilnuten eingesetzt. Der Werkzeugträger ist aus der senkrechten Lage bis zu 15° schwenkbar (Bild 3).

Eine Sonderform ist das **Nutenziehen**. Hier ist die Richtung des Arbeitshubes entgegengesetzt dem Stoßen. Die Werkzeuge (Ziehmeißel) sind ebenfalls entsprechend angepasst (Bild 4).
Der Stößelantrieb kann hier wie der Tischantrieb von Hobelmaschinen hydraulisch, mechanisch und elektrisch erfolgen. Deshalb treffen hier die gleichen Geschwindigkeitsverhältnisse für den Arbeitshub zu. Einige Maschinen sind mit einem dreh-, schwenk- und kippbaren Maschinentisch ausgerüstet, welcher zudem noch über eine Bahnsteuerung bewegt werden kann. Das ermöglicht auch die Herstellung komplizierter Formen (Bild 5).

Sonderstoßmaschinen

Zu den Sonderstoßmaschinen zählen:

- **Form- und Stempelstoßmaschinen** (zur Herstellung stark untergliederter Formteil),
- **Blechkantenstoßmaschine** (zur Bearbeitung großer und sperriger Bleche an Seiten und Kanten),
- **Zahnradstoßmaschine** (zur Herstellung von Zahnprofilen in zylindrischen oder kegligen Grundkörpern).

Aufgaben:

1. **Wo liegt der Unterschied zwischen Hobeln und Stoßen?**
2. **Welche Formen können durch Hobeln und Stoßen hergestellt werden?**
3. **Warum ist die Rückhubgeschwindigkeit beim Antrieb durch Kurbelschwinge höher als der Arbeitshub?**
4. **Warum werden beide Fertigungsverfahren zunehmend durch andere abgelöst; durch welche?**

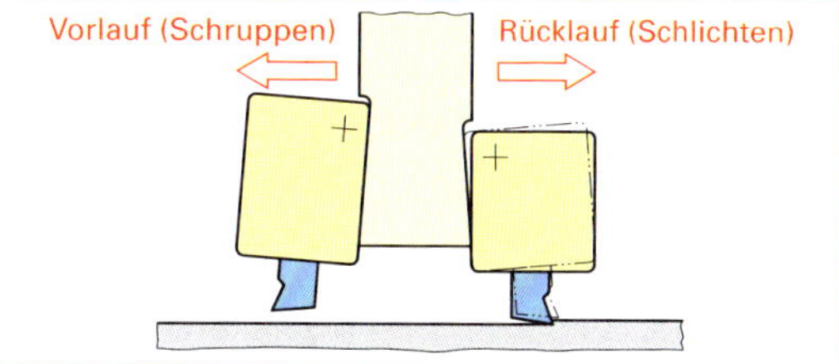

1 Prinzip des Doppelhobelns

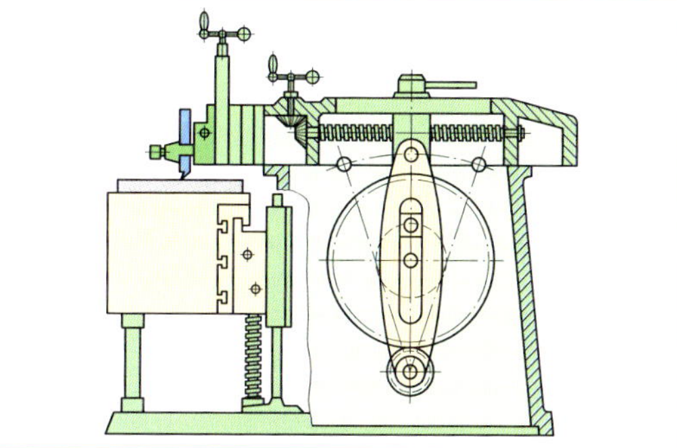

2 Waagerecht-Stoßmaschine

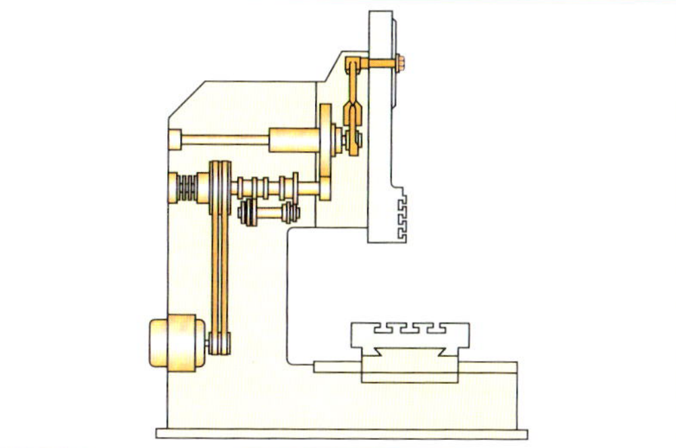

3 Senkrecht-Stoßmaschine

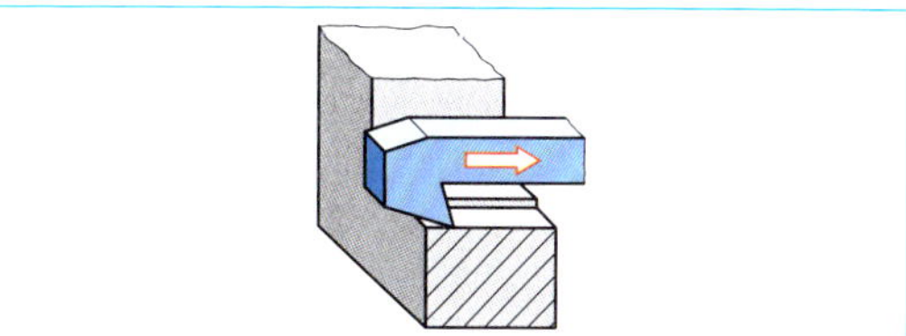

4 Nutenziehen

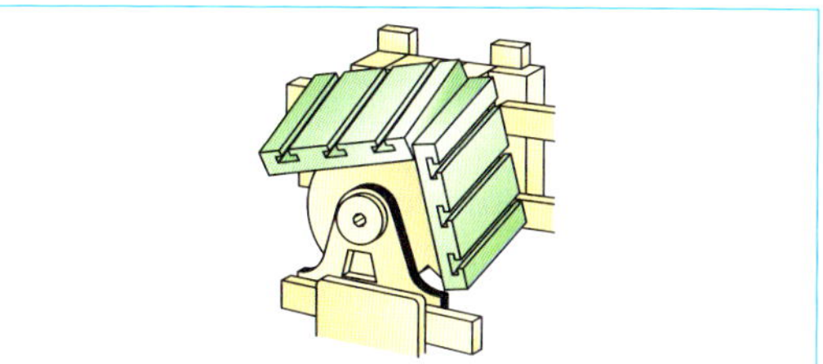

5 Universaltisch einer Stoßmaschine

2.2.5.2 Räumen

Räumen ist ein spanendes Verfahren mit mehrschneidigem Werkzeug. Dabei erhält das Werkstück eine bestimmte Kontur, die im Räumwerkzeug vorgegeben ist.

Durch die versetzten Schneiden kann bei geringer Spandicke eine große Zustellung in einem Arbeitsgang erreicht werden (Bild 1). Dadurch können besonders schwierig herzustellende Profile mit hoher Oberflächengüte und Formgenauigkeit in kurzer Zeit hergestellt werden. Da das Räumwerkzeug nur für eine bestimmte Form zu verwenden ist, eignet sich dieses Fertigungsverfahren nur für große Stückzahlen.

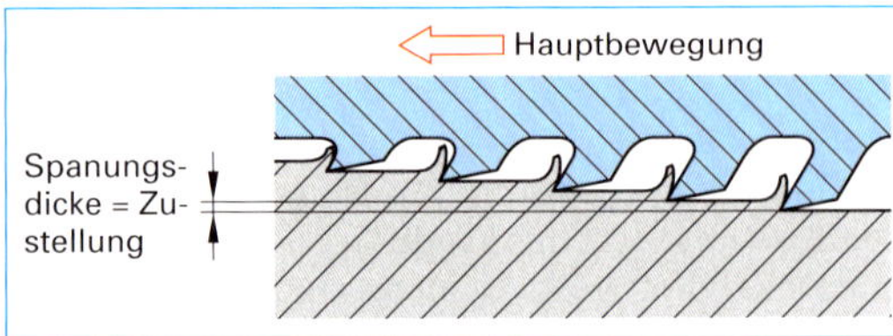

1 Schneidengeometrie eines Räumwerkzeuges

Verfahrensvarianten

Das **Druckräumen** ist das technisch einfachste Räumverfahren. Hier wird der **Räumdorn** durch den Stößel der Räummaschine am Werkstück vorbei oder durch eine vorgefertigte Öffnung des Werkstückes gedrückt (Bild 2). Es ist für die Klein- und Mittelserienfertigung besonders geeignet.

Der Nachteil liegt in der Knickbeanspruchung des relativ dünnen Räumdorns, die der Belastbarkeit Grenzen setzt. Außerdem können nur Werkstücke bearbeitet werden, die kürzer sind als die maximale Hubhöhe der Räummaschine.

Diese spielt beim **Zugräumen** kaum noch eine Rolle. Da das Räumwerkzeug durch Zug höher belastbar ist, können größere Schnittgeschwindigkeiten als beim Druckräumen eingestellt werden. Dadurch werden geringere Stückzeiten erreicht und ein Einsatz in der Massenfertigung lohnt trotz des höheren technischen Aufwands bei Werkzeug und Maschine. Das Werkzeug zum Zugräumen von Werkstück-Innenkonturen ist die **Räumnadel** (Bild 3).

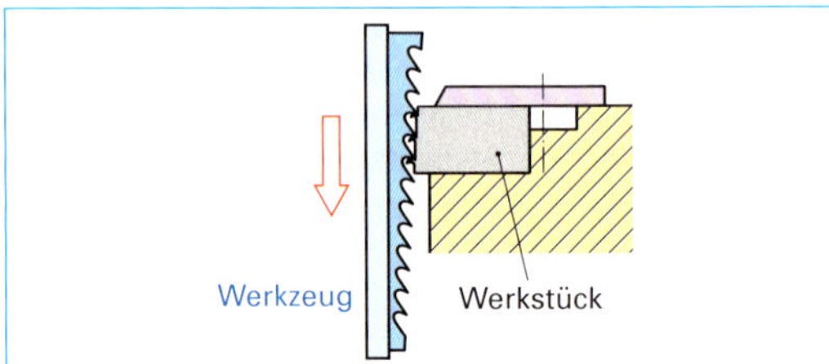

2 Räumdorn

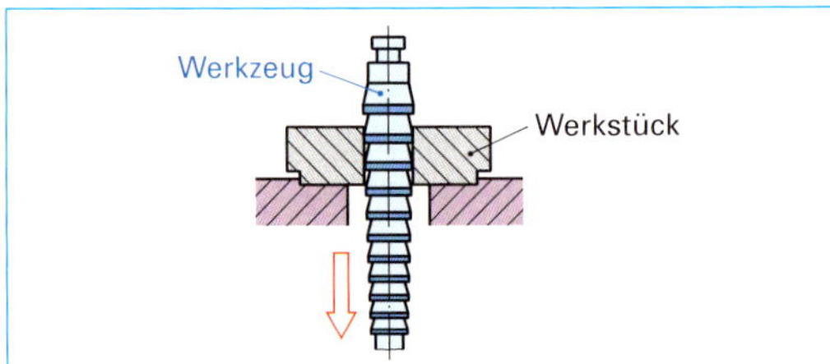

3 Räumnadel

Ein spezielles Verfahren zum Zugräumen von Außenkonturen ist das **Kettenräumen**. Hier wird das Werkstück von Werkstückträgern, die an einer Kette befestigt sind, aufgenommen und an der feststehenden **Räumplatte** (Bild 4) vorbeigezogen.

Schraubräumen ist ein dem Gewindebohren ähnliches Spanungsverfahren. Das Werkstück wird drehbar gelagert und durch die schraubenförmig angeordneten Zahnflanken des Räumwerkzeuges so gedreht, wie es die Steigung vorgibt. Ebenso findet es bei der Herstellung von Außengewindeflächen Anwendung.

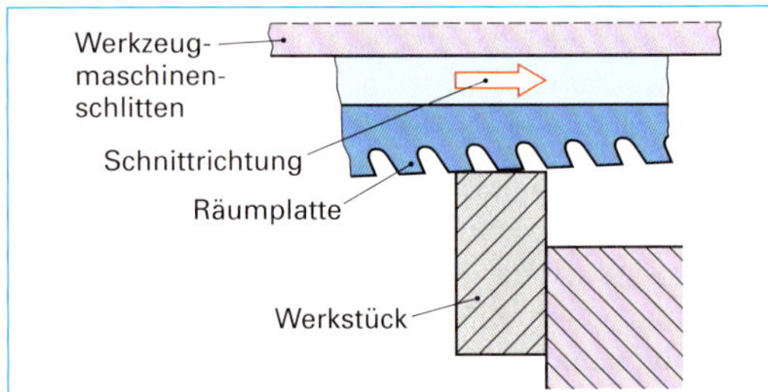

4 Räumplatte beim Planräumen

Beim **Formräumen** führt das Werkzeug eine gesteuerte, kreisförmige Schnittbewegung aus. So können Formflächen erzeugt werden.

Wird zusätzlich das Werkstück um seine Achse gedreht, heißt das Verfahren **Drehräumen**.

Je nach den geometrischen Formen, die dem Werkstück beim Räumen gegeben werden, spricht man von **Rundräumen, Profilräumen** oder **Planräumen**.

Prinzipiell können alle Profile und Flächen sowohl innen als auch außen angebracht werden (Bild 5). Man unterscheidet dann **Innen- und Außenräumen**.

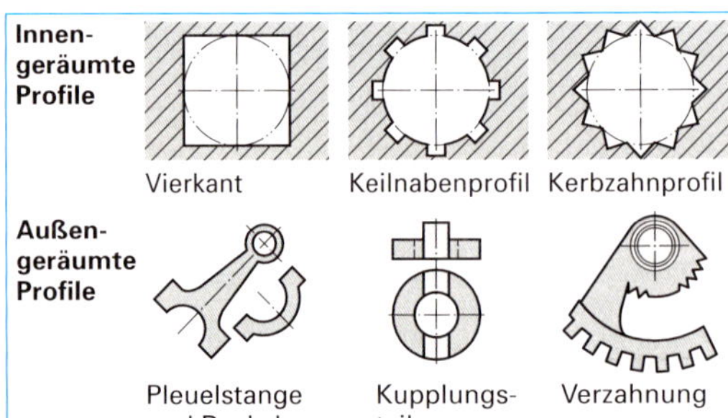

5 Einige durch Räumen gefertigte Profile

Räummaschinen

Auf der Räummaschine wird das mehrschneidige Werkzeug an der zu bearbeitenden Werkstückfläche vorbeigedrückt- oder gezogen. Dabei wird die Fläche in einem Arbeitsgang fertiggestellt.
Die Schnittbewegung wird je nach Verfahren meistens vom Werkzeug manchmal auch vom Werkstück, ausgeführt.
Durch die Schnittgeschwindigkeit kann die Oberflächenrauheit beeinflusst werden.
Die Zustellung ist durch das Räumwerkzeug vorgegeben.
Die Arbeitswerte für die Bearbeitung sind abhängig vom Material des Werkstückes sowie der Schneiden des Werkzeuges. Sie werden aus Richtwerttabellen ermittelt.
Je nach Aufgabe wird in Innen- oder Außenräummaschinen unterschieden. Außerdem gibt es sie in senkrechter und waagerechter Bauform.

Waagerechträummaschinen benötigen viel Platz, da sie zur Bearbeitung besonders langer Werkstücke verwendet werden (Bild 1). Durch Teilung des Räumwerkzeuges, dessen Teile numerisch gesteuert nacheinander zum Einsatz gebracht werden, kann die Maschinenlänge erheblich geringer sein als das Gesamtwerkzeug.

1 Waagerecht-Außenräummaschine

2 Senkrecht-Innenräummaschine

Senkrechträummaschinen stehen oft wegen ihrer Höhe in einer Grube oder verfügen über einen erhöhten Bedienstand (Bild 2).

Dies ist bei **Hebetischmaschinen** nicht mehr nötig. Hier führt das Werkstück den Arbeitshub aus. Räummaschinen werden hydraulisch betrieben und können numerisch gesteuert sein.

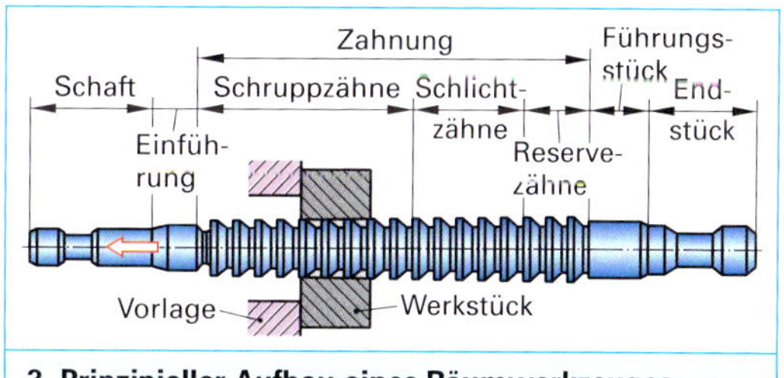

3 Prinzipieller Aufbau eines Räumwerkzeuges

Werkstückeinspannung beim Innenräumen

Nachdem das Werkstück auf der Spannplatte befestigt wurde, wird das am Endstückhalter hängende Werkzeug in die Bohrung des Werkstückes eingeführt und im Schafthalter verriegelt.

Räumwerkzeuge

Räumwerkzeuge sind meist aus Schnellarbeitsstahl, können jedoch auch mit andersartigen Schneiden bestückt sein. Damit sie nachgeschliffen werden können ohne das Endmaß zu verlieren, sind am Ende eines jeden Räumwerkzeuges Reservezähne zu finden (Bild 3).

Aufgaben:

1. **Warum ist Räumen nur für Mittel- und Großserienfertigung rationell?**
2. **Wann spricht man von einem Räumdorn, einer Räumnadel oder einer Räumplatte?**
3. **Wie hängen Aufbau und Funktion eines Räumwerkzeuges zusammen?**
4. **Wie kann eine Waagerecht-Außenräummaschine kürzer gebaut werden als das Werkzeug?**
5. **Wozu dienen die Reservezähne am Räumwerkzeug?**

2.2.6 Feinbearbeitung

Feinbearbeitung ist oft notwendig, weil viele technische Systeme nur bei einer hohen Oberflächengüte sowie höchster Maß- und Formgenauigkeit der sich berührenden Oberflächen einzelner Elemente mit geringem Verschleiß über einen langen Zeitraum zuverlässig arbeiten können.

Feinbearbeitung ist jede umformende und abtragende Endbearbeitung eines Werkstückes, bei der eine Oberflächengüte der Toleranzklasse 6 oder besser erreicht wird.

Die **umformenden Feinbearbeitungsverfahren** können meist nicht alle Genauigkeitsanforderungen erfüllen. Besteht jedoch die Möglichkeit zur Anwendung, werden diese spanlosen Bearbeitungsverfahren gern genutzt.

Bei Erreichen genauester Abmaße kann gleichzeitig die oftmals gewünschte Verfestigung der Oberfläche erreicht werden. Das geht schnell und spart Energie. Die wichtigsten Verfahren sind Glattwalzen und Kalibrieren.

Beim **Glattwalzen** wird in speziellen Glattwalzmaschinen die Oberfläche des zylindrischen Werkstückes durch kräftiges Andrücken eines Glattwalzwerkzeuges geglättet. Dabei findet in der Werkstückoberfläche eine Kaltumformung sowie eine Materialverfestigung statt. Es werden dabei Rautiefen unter $R_z = 0{,}5\ \mu m$ erreicht. Dieses Verfahren wird bei Turbinenwellen, Achsschenkeln aber auch innerhalb von Rohren verwendet (Bild 2).

Wenn nach dem Urformen wegen der starken Abkühlung keine ausreichende Maßgenauigkeit mehr vorhanden ist, folgt oft bei Halbzeugen oder Formteilen das **Kalibrieren**. Dabei wird das Werkstück ohne Erwärmung durch eine Matritze (formgenaues Gegenstück) oder über einen Dorn gezogen oder gedrückt.

Das Kalibrieren wird nur bei hohen Stückzahlen angewendet, da spezielle Maschinen mit hoher Presskraft notwendig und die Werkzeuge (Matrizen) nicht universell einsetzbar sind.

Die größere Bedeutung für die Feinbearbeitung haben jedoch spanende Fertigungsverfahren.

Spanende Feinbearbeitung mit geometrisch bestimmter Schneide wie Feindrehen, Feinbohren oder Feinfräsen ist durch spezielle Schneidengeometrie sowie hohe Schnittgeschwindigkeit bei geringer Schnitttiefe und kleinem Vorschub gekennzeichnet (Bild 1 und nebenstehende Tabelle). Erforderlich sind dabei Werkzeugmaschinen mit hoher Steifigkeit und kurze, starre Einspannung von Werkzeug und Werkstück.

Die geringsten Oberflächenrauheiten werden jedoch durch **spanende Feinbearbeitung mit geometrisch unbestimmter Schneide** erreicht. Ein wichtiges Fertigungsverfahren mit geometrisch unbestimmter Werkzeugschneide bei gebundenem Korn ist neben dem Fein- und Schwingschleifen das Honen.

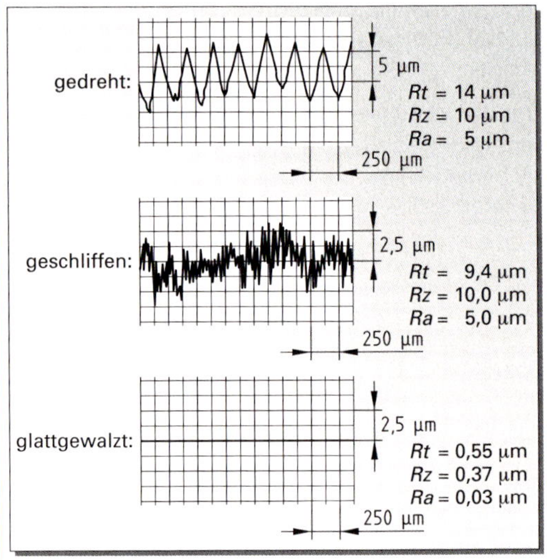

1 Rauigkeitswerte verschiedener Bearbeitungsverfahren

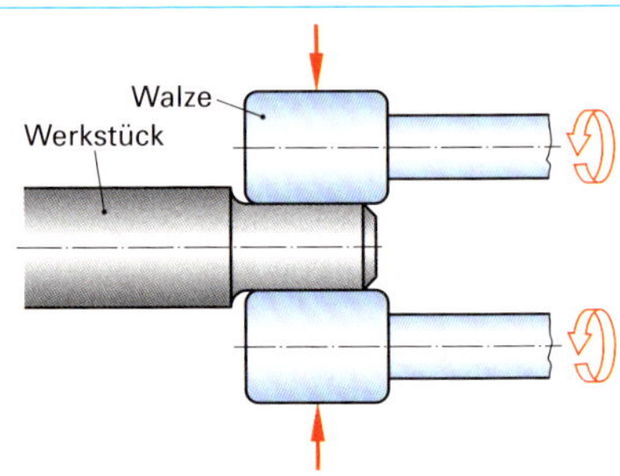

2 Glattwalzen eines Vollkörpers

Durch Feindrehen erreichbare minimale Rautiefen

Werkstoff	Schneidstoff	Rautiefe *Rz*
Stahl	HM, Cermet	3 µm
Grauguss	HM, Cermet	4 µm
Messing	HM	2,5 µm
	Diamant	0,2 µm
Bronze	HM	0,5 µm
	Diamant	0,2 µm

2.2.6.1 Honen

Honen ist ein dem Schleifen sehr ähnliches Verfahren mit geometrisch unbestimmten Schneiden. Auch hier wird ein Werkzeug mit gebundenem Korn verwendet. Der Unterschied zum Schleifen liegt im geringeren Werkstoffabtrag und der Arbeitsweise des Schleifmittels. Durch mehrere Bearbeitungsstufen mit immer feineren Honsteinen, verringerter Flächenpressung bzw. höherer Schnittgeschwindigkeit lassen sich Rautiefen von $Rz = 0{,}2\ \mu m$ erreichen. Typische gehonte Werkstücke sind Lagerbuchsen, Nockenwellen und Zylinderlaufbuchsen.
Bei Gleit- und Führungsflächen sind die beim Verhonen entstehenden Riefen nützlich, da dem Schmierfilm eine gute Haftfähigkeit gewährleistet wird.
Beim Honen wird die Schnittbewegung in zwei Richtungen ausgeführt (Bild 1). Die Werkstückoberfläche wird dabei in erster Linie durch Anpressen und Verschieben des Werkstoffes geglättet und verfestigt. Mit der Verfestigung ist aber gleichzeitig eine Versprödung der Werkstoffoberfläche verbunden. Erst infolge der dadurch auftretenden Werkstoffermüdung findet ein Werkstoffabtrag durch die Schneidkörner statt. Zum Abspülen der abgetragenen Teilchen von Werkzeug und Werkstück kann Honöl verwendet werden.
Je nach Länge des Werkzeuges in einer der beiden Richtungen, dem Hub, wird in Langhubhonen und Kurzhubhonen unterschieden. Dadurch entstehen für diese Verfahren typische, mikroskopische Muster auf der Werkstückoberfläche (Bild 2).

Das **Kurzhubhonen** ist auch als Super- Finish- Verfahren bekannt. Hier erstreckt sich ein Hub über nur wenige mm Länge. Die für das Honen typische Schnittbewegung in die andere Richtung führt das Werkstück aus (Bild 3, 4). Kurzhubhonen wird vorwiegend zur Feinbearbeitung zylindrischer Außenflächen angewendet.
Als Werkzeug wird hier ein Honstein mit den Schleifmitteln Edelkorund oder Siliziumkarbid verwendet. Der Honstein wird im Hongerät festgeklemmt. Die Breite des Honsteines sollte etwa dem halben Werkstückdurchmesser entsprechen.
Honsteine sind ähnlich aufgebaut wie Schleifscheiben. Auch hier findet eine Selbstschärfung durch ab- und ausbrechendes Schleifmittel statt. Da beim Honen mit sehr niedrigen Schnittgeschwindigkeiten (ca. 60 m/min) und geringem Anpressdruck 20 N/cm² bis 100 N/cm²) gearbeitet wird, ist auch die Abnutzung sehr gering. Dadurch werden einzelne Körner stumpf, ohne rechtzeitig zu splittern um neue Schneidkanten zu bilden. Das führt zu einem relativ schlechten Zerspanungsverhalten.
Das Zerspanungsverhalten kann durch Richtungswechsel oder Überschleifen des Honsteines verbessert werden.

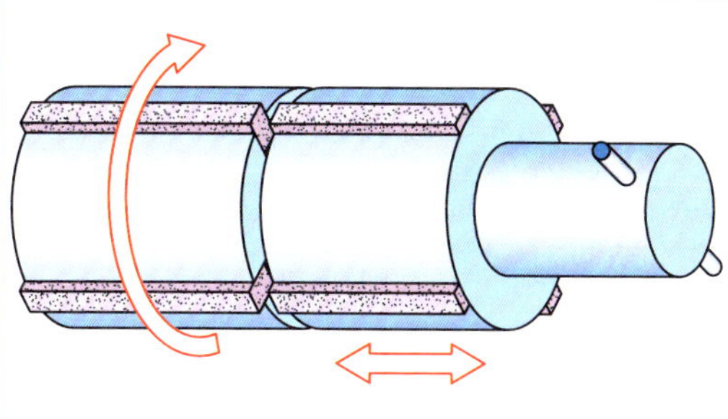

1 Schnittbewegung beim Innenhonen

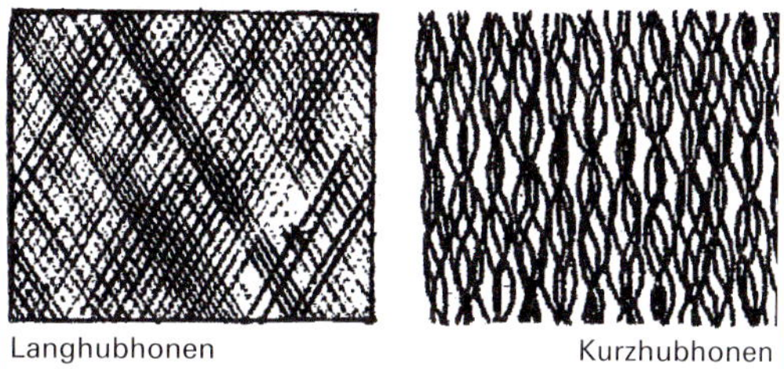

2 Werkstückoberfläche nach dem Honen

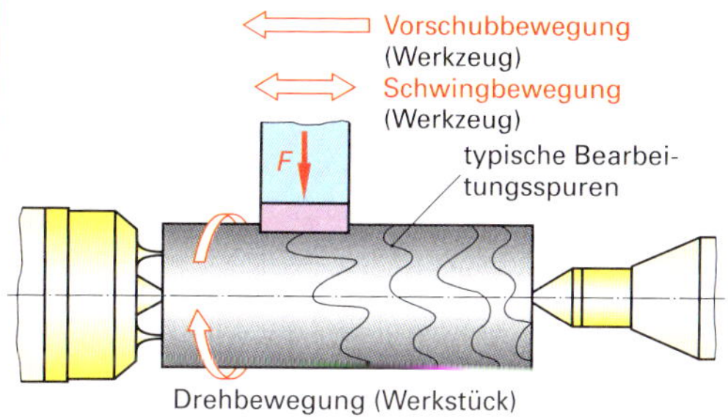

3 Bewegungen beim Kurzhubhonen

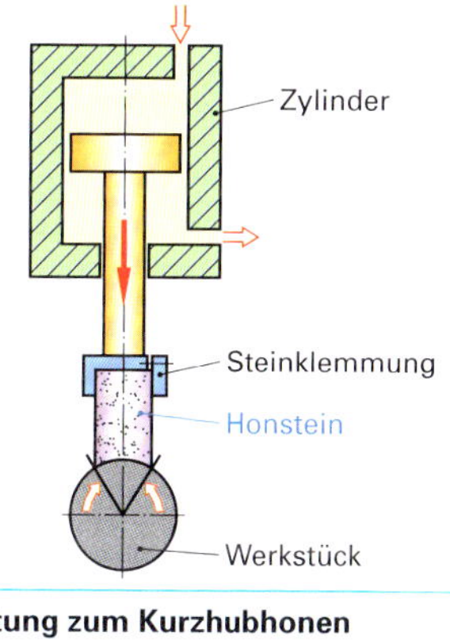

4 Vorrichtung zum Kurzhubhonen

Das **Langhubhonen** (auch Ziehschleifen genannt) wird verwendet um Bohrungen zu bearbeiten. Dabei können eine Formkorrektur, ein verbessertes Ölhaltevermögen sowie eine bessere Oberflächenqualität erreicht werden. Die Schnittbewegung entsteht durch die hin- und hergehende Hubbewegung und eine gleichmäßige Drehbewegung der Honahle (Bild 1). Dadurch kommt das für dieses Verfahren typische Kreuzschliff-Bild der Oberfläche zustande (vorherige Seite Bild 2).

Je länger die Bearbeitung erfolgt, um so größer wird der Werkstückdurchmesser.

Die **Honwerkzeuge** lassen sich am besten nach Anzahl und Form der Honleisten unterscheiden. **Honleisten** sind die Teile am Honwerkzeug, an denen das Schleifmittel, der Honstein, befestigt ist.

Honleisten sind oft verstellbar, damit der Verschleiß, der während der Bearbeitung an den Honsteinen auftritt, ausgeglichen werden kann. Außerdem kann so das Honwerkzeug genau dem gewünschten Durchmesser angepasst werden.

Die Verstellung der Honleisten erfolgt über den Zustellkonus, der durch die Honmaschine elektromechanisch oder hydraulisch bedient wird. Beim schnellen Zurückfahren können sie wiederum rückgestellt werden, sodass eine Beschädigung der eben bearbeiteten Fläche verhindert wird.

Die Honsteine sollen etwa 2/3 der Länge der zu bearbeitenden Bohrung besitzen. Der Hub muss so eingestellt werden, dass die Honsteine am unteren und oberen Umkehrpunkt 1/3 ihrer Länge über das Werkstück hinausragen. Dabei nutzt sich das Werkzeug gleichmäßig ab und die Bohrung erhält eine gute zylindrische Form (Bild 2).

Durch die Verstellung des Überlaufes kann an bestimmten Stellen der Bohrung eine besonders große Ausarbeitung erreicht werden; je nachdem, wo der größte Anteil der Werkzeugfläche vorbeigeführt wird. Damit können z.B. Formfehler ausgeglichen aber auch bewusst bestimmte Formen ausgearbeitet werden (Bild 3).

Am unteren Ende von Sackbohrungen muss unbedingt ein Freistich mit 1/3 der Honsteinlänge angebracht werden, weil sonst ein bedeutender Formfehler entstehen kann.

Die wichtigsten Honmittel sind Diamantkorn und Bornitrit. Als Bindemittel wird meist Kunstharz oder Keramik verwendet.

Das **Flachhonen** ist ein dem Läppen sehr ähnliches Verfahren.

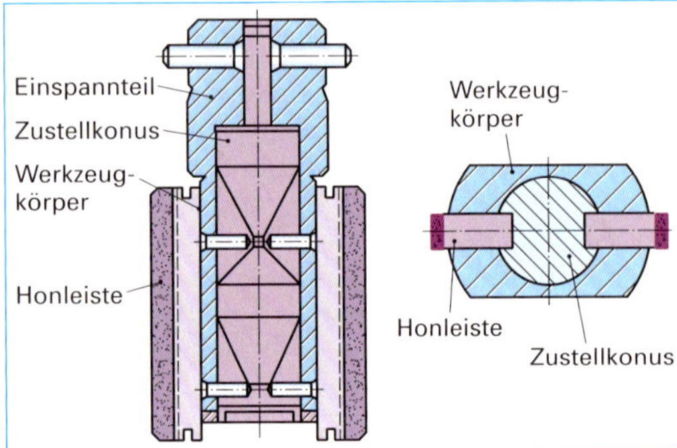

1 Honahle

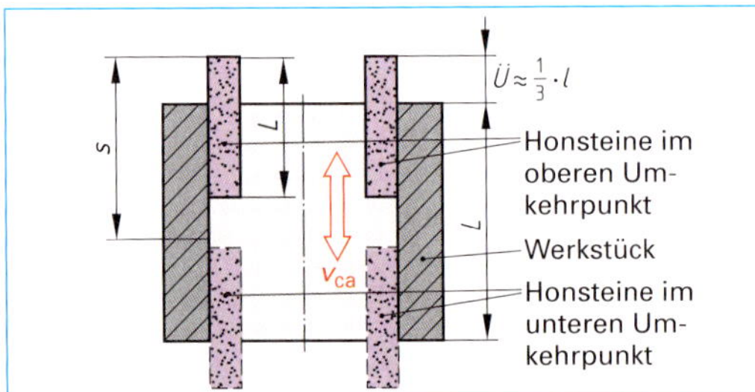

2 Überlauf bei einer Durchgangsbohrung

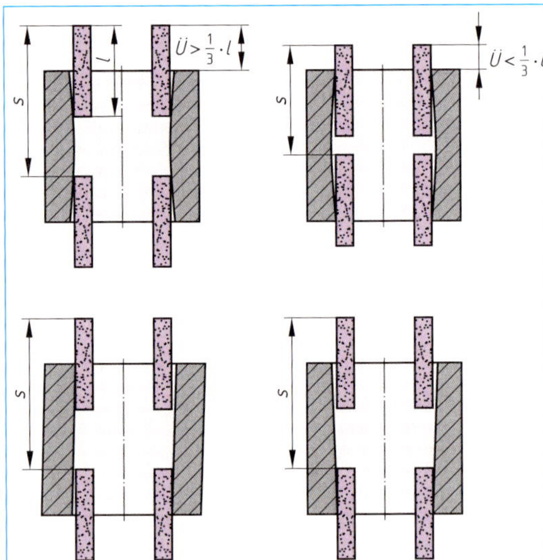

3 Möglichkeiten der Formkorrektur

Aufgaben:

1 **Welche Vorteile bietet das Honen gegenüber dem Schleifen?**

2 **Welches Honverfahren wird überwiegend zur Feinbearbeitung zylindrischer Außenflächen eingesetzt?**

3 **Wie kann ein stumpfes Honwerkzeug erneuert werden?**

4 **Was muss beim Langhubhonen alles beachtet werden?**

2.2.6.2 Läppen

Eines der ältesten bekannten Oberflächen-Bearbeitungsverfahren ist das Läppen. Schon in der Steinzeit wurden mit etwas Sand, Wasser und einem Holzstück Oberflächen geglättet.
Wenn auch heute das Läppen ein hochentwickeltes Feinbearbeitungsverfahren ist, so hat sich doch am Verfahrensprinzip nichts geändert.

Läppen ist ein spanendes Verfahren, das mit losem Korn die Werkstückoberfläche abträgt.

Die losen Körner werden zusammen mit einer Flüssigkeit zwischen Werkzeug und Werkstück gebracht. Dabei kann höchste Oberflächengüte (bis unter $Rz = 0{,}05\ \mu m$) und Präzision erreicht werden (Bild 1).
Diese geringe Rautiefe wird erreicht, weil die Läppkörner zwischen Werkzeug und Werkstück abrollen und so viele winzige Krater in die Oberfläche drücken.
Benutzt man ein hartes Läppwerkzeug (meist feinkörniges Gusseisen), rollen die Körner des Läppmittels gut ab. Dadurch kommt es wegen der auftretenden Verfestigung zum Ausbrechen von Werkstoffteilchen. Die Oberfläche sieht matt und grau aus.
In einem weichen Läppwerkzeug (Aluminium, Kupfer), verhaken sich die Schleifkörner kurz und wirken durch die Bewegung spanend. Es entsteht eine glänzende Oberfläche (Polierläppen).
Beim Läppmittel handelt es sich heute meist um ein Gemisch aus leichtem Mineralöl oder Wasser verbunden mit dem Läpppulver der gewünschten Korngröße. Das Läppmittel besteht meist aus Korund, Bornitrid, Siliciumkarbid oder Diamant mit Korngrößen von 5 µm ... 100 µm.
Die Flüssigkeit hat die Aufgabe auch flachen Körnern ein Abrollen zu ermöglichen. Würden sie rutschen, wären Bearbeitungsriefen wie beim Schleifen die Folge. Außerdem dient sie zum Korrosionsschutz und befördert abgetragenen Werkstoff und verschlissene Läppkörner nach außen.

Arbeitsregeln:

- **Während des Läppens ist das Werkstück möglichst ungleichmäßig gerichtet gegen das Werkzeug zu bewegen, damit keine regelmäßigen Bearbeitungsspuren entstehen (unerwünscht).**
- **Mit sinkendem Anpressdruck verringert sich der Werkstoffabtrag. Die Oberfläche wird feiner.**
- **Soll eine ebene Oberfläche entstehen, muss auch das Werkzeug (die Läppscheibe) eben sein.**
- **Je weniger Läppkörner in der Läpppaste sind, um so geringer ist der Werkstoffabtrag.**
- **Die Werkstücke sollten immer breiter sein als hoch. Dadurch wird ein eventuelles Kippen vermieden.**
- **Durch gleichmäßigen Anpressdruck wird das Arbeitsergebnis erheblich verbessert.**

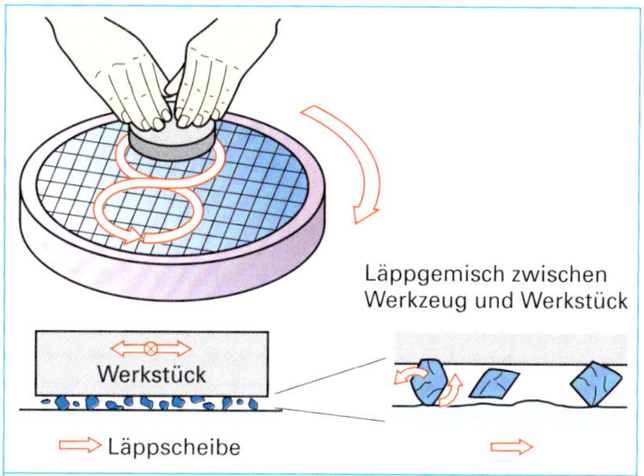

1 Prinzip des Läppens

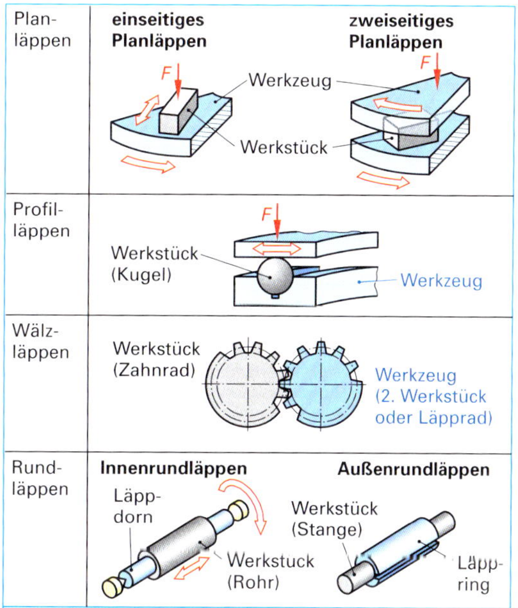

2 Die wichtigsten Läppverfahren

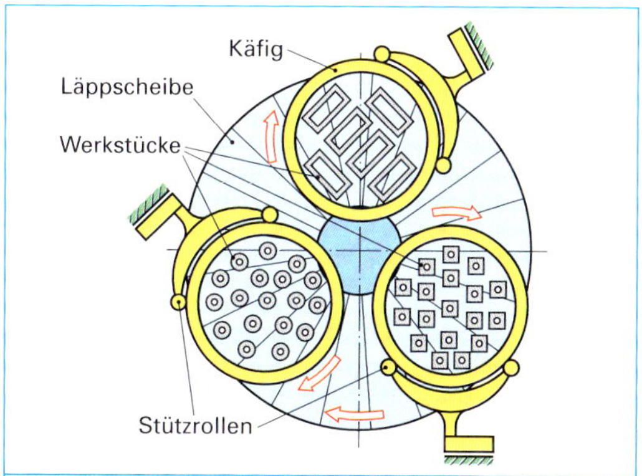

3 Planläppen mit Werkstücken in Käfigen

2.2.6.3 Abtragende Feinbearbeitung

Schaut man sich den Kolben eines alten PKW-Motors mit hoher Laufleistung an, ist an der oberen Kolbenfläche eine starke Zerstörung der Oberfläche zu sehen, obwohl hier keinerlei Reibung stattfindet. Grund dafür ist das millionenfache Auftreffen des Zündfunkens während eines Motorlebens.

Dieser materialzerstörende Effekt wird beim Funkenerosiven Abtragen sinnvoll genutzt.

Funkenerosives Abtragen

Mit diesem auch **Erodieren** genannten Fertigungsverfahren können alle elektrisch leitenden Werkstoffe geschnitten oder gesenkt werden. Es wird deshalb unterschieden in **funkenerosives Senken** und **funkenerosives Schneiden**.

Das funkenerosive Schneiden wird auch **Drahterodieren** genannt, weil hier die Elektrode ein umlaufender Draht, meist aus einer Kupfer-Zink-Legierung, ist. Damit können gehärtete Stähle aber auch Hartmetalle sehr exakt geschnitten werden (Bild 2).

Wie hart der zu bearbeitende Werkstoff oder wie gut dessen Spanbarkeit ist, spielt beim Erodieren keine Rolle.

An Werkstück und Werkzeug wird je nach Maschinenausführung eine pulsierende Gleichspannung von 20 V bis 150 V angelegt. Die beiden Metalle werden so zu Elektroden. Zwischen den Elektroden befindet sich eine elektrisch nicht leitende Flüssigkeit (Dielektrikum).

Diese Flüssigkeit bewirkt, dass sich ein starkes elektrisches Feld bilden kann, ehe es zur kraftvollen Entladung in Form eines Funken kommt. Bei dieser Entladung herrschen kurzfristig Temperaturen von bis zu 12000 °C und es werden von beiden Elektroden Werkstoffteilchen geschmolzen und verdampft (Bild 1). Dabei entsteht im Werkstück allmählich eine Gegenform des Werkzeuges. Das Dielektrikum (Mineralöl, entsalztes Wasser) kühlt und spült Werkstoffteilchen davon.

Die Stärke des Werkstoffabtrages kann durch Einstellen des Entladungsstromes (bis 100 A) geregelt werden. Je stärker die Stormstärke, um so schlechter wird jedoch die Oberflächengüte.

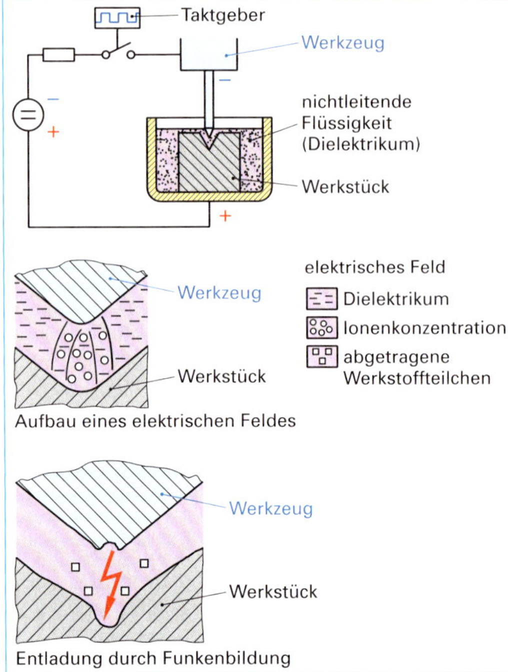

1 Funktionsweise des Erodierens
(am Beispiel des funkenerosiven Senkens)

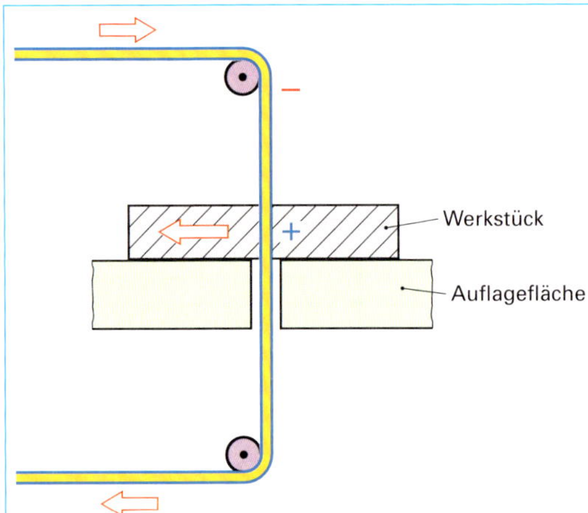

2 Prinzip des Drahterodierens

Unter dem Mikroskop sind auf der erodierten Werkstückoberfläche viele kleine Krater zu erkennen. Das ermöglicht Schmierstoffen eine gute Haftung bei gleichmäßiger Oberflächengüte.

Die Nachteile des Verfahrens liegen vor allem in den relativ hohen Werkzeugkosten beim Senk-Erodieren. Da auch das Werkzeug zerstört wird, muss oft zum Schlichten ein zweites formideales Gegenstück gefertigt werden. Außerdem ist beim Schlichten die Abtragsleistung sehr gering.

Wegen des großen Bearbeitungsaufwandes werden diese Verfahren besonders da eingesetzt, wo die Oberflächenschichten eines Werkstückes möglichst nicht durch Bearbeitungswärme beeinflusst werden dürfen.

2.3 Spannen der Werkzeuge und Werkstücke

Für das Spannen der Werkzeuge und Werkstücke stehen je nach Fertigungsverfahren und Bearbeitungsaufgabe die unterschiedlichsten Spannmittel zur Verfügung. Im nachfolgenden Abschnitt werden für zwei verschiedene Bearbeitungsaufgaben mögliche Spannmittel beschrieben und verglichen. Hierbei werden die Fertigungsverfahren Bohren, Fräsen, Drehen und Schleifen berücksichtigt.

Spannmittel haben im Wesentlichen drei Aufgaben:

- **Sicherung der Lage des Werkzeuges oder des Werkstückes**
- **Übertragung der Schnittbewegung**
- **Aufnahme der Schnittkräfte**

Einen Überblick der am häufigsten eingesetzten Spannmittel für Werkzeuge und Werkstücke gibt die folgende Tabelle:

<table>
<tr><th rowspan="2"></th><th colspan="2">Spannmittel (Auswahl)</th></tr>
<tr><th>Spannmittel für Werkzeuge</th><th>Spannmittel für Werkstücke</th></tr>
<tr><td>Bohren</td><td>• Dreibacken-Bohrfutter
• Schnellspann-Bohrfutter
• Bohrer mit Morsekegelschaft und Bohrspindel mit entsprechenden Innenkegel
• Bohrer mit Steilkegelschaft und Bohrspindel mit entsprechenden Innenkegel</td><td rowspan="4">Mechanische Spanneinrichtungen
Spannelemente
• Spannpratze
• Schnellspannpratze
• Spannschraube
• Tiefenspannbacke
Schraubstöcke
• Universal-Maschinenschraubstock
• Präzisions-Maschinenschraubstock
Spannvorrichtungen
• Spannwürfel
• Rundtisch
• Teilapparat
• modulare Vorrichtungselemente

Hydraulische Spanneinrichtungen
• hydraulische Kompaktspanner
• hydraulische Spannpratzen

Magnetische Spanneinrichtungen
• magnetische Spannplatte</td></tr>
<tr><td>Gewinde-bohren</td><td>• Zweibacken-Bohrfutter
• Gewindeschneidapparat
• Gewindeschneidfutter
• Gewindebohrer-Halter</td></tr>
<tr><td>Fräsen</td><td>• Spannzange für Schaftfräser
• Aufsteckfräsdorn
• Fräsdorn und Gegenhalter</td></tr>
<tr><td>Schleifen</td><td>• Spannen der Schleifscheibe erfolgt direkt auf der Schleifmaschinenspindel</td></tr>
<tr><td>Drehen</td><td>• Vierfachdrehmeißelhalter
• Wechselhalter
• Stahlhalterkopf
• Werkzeughalter mit Zylinderschaft
• Schneidkopfsystem</td><td>• Drehmaschinenfutter
• Planscheibe
• Stirnseiten-Mitnehmer und Mitnehmerscheibe
• Zentrierspitze
• Drehherz</td></tr>
</table>

2.3.1 Spannmittel zum Bohren, Gewindebohren und Fräsen

Die Spannmittel zum Bohren, Gewindebohren und Fräsen werden im nachfolgenden Abschnitt exemplarisch für die **Bearbeitung der Grundplatte** eines Maschinenschraubstockes analysiert. Die Auswahl der aufgeführten Spannmittel erfolgt anhand der Fertigungszeichnung (Bild 1), der geforderten Stückzahl, der auszuführenden Fertigungsverfahren sowie der einzusetzenden Werkzeugmaschinen.

Die Auswahl der Spannmittel wird durch die Art der Bearbeitungsaufgabe bestimmt.

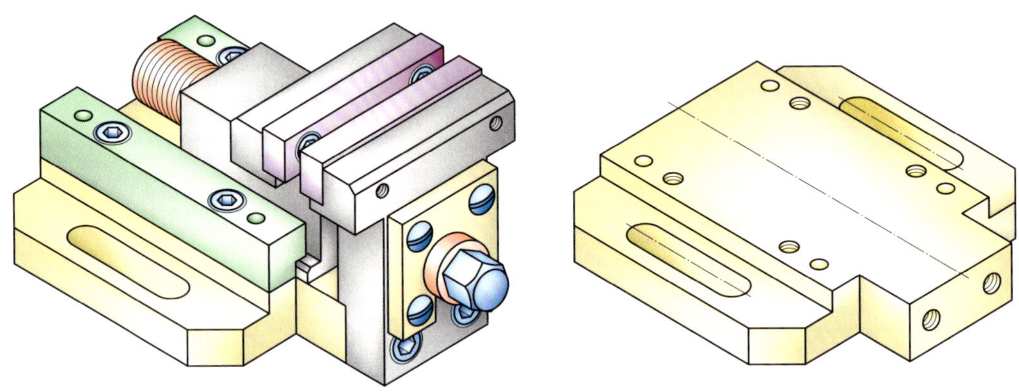

1 Grundplatte eines Maschinenschraubstocks

Für die Bearbeitung der Grundplatte müssen folgende Fertigungsverfahren ausgeführt werden:

- Fräsen der oberen und der unteren Planfläche sowie der Stirnseiten
- Fräsen der Absätze auf der oberen Planfläche und an der rechten Stirnseite
- Fräsen der Nuten
- Fräsen der 45°-Schrägen
- Zentrieren, Vorbohren und Senken der Pass- und Gewindebohrungen
- Gewindebohren

Spannmittel für Bohrwerkzeuge

Bei Spiralbohrern mit einem Durchmesser in der Regel bis 10 mm ist der Bohrerschaft meist zylindrisch ausgeführt. Diese Bohrer werden häufig in **Dreibacken-Bohrfutter** eingespannt (Bild 2). Beim Einspannvorgang muss auf einen festen Sitz und genauen Rundlauf des Bohrers geachtet werden. An dem Bohrfutter befindet sich ein **Kegeldorn**, der durch eine selbsthaltende oder durch Schrauben festgezogene Kegelaufnahme eingesetzt wird. Ein selbsthaltender Kegeldorn besitzt einen kleinen Kegelwinkel. Dieser Kegel wird als Morsekegel bezeichnet.

Das Spannen der Werkzeuge im Dreibacken-Bohrfutter erfolgt über einen Zahnkranz, der mit einem Schlüssel gedreht wird. Die Drehung des Zahnkranzes bewirkt je nach Drehrichtung ein Schließen bzw. Öffnen der Spannbacken. Zahnkranz und Schlüssel sind genormt, damit eine Austauschbarkeit gewährleistet ist.

2 Dreibacken-Bohrfutter

Während beim Dreibacken-Bohrfutter das Festspannen des Bohrers mit einem passenden Schlüssel erfolgt, muss das **Schnellspann-Bohrfutter** mit der Hand angezogen werden (Bild 1). Um ein Rutschen des Werkzeuges zu vermeiden, erhöht sich beim Schnellspann-Bohrfutter während der Bearbeitung automatisch die Spannkraft proportional zur Schnittkraft.

Größere Spiralbohrer besitzen in der Regel einen kegeligen Schaft mit einem **Morsekegel unterschiedlicher Größe**. Durch den Kegel wird die Zerspankraft vom Bohrer auf die Spindel kraftschlüssig übertragen. Kleine Kegel am Bohrer können durch Aufstecken entsprechender **Reduzierhülsen** dem Innenkegel der Bohrmaschinenspindel angepasst werden.

Der Austreiblappen am Ende des Morsekegels dient zum Schutz des Kegels beim Austreibvorgang (s. S. 141, Bild 2). Reduzierhülsen sind ebenso mit einem Durchbruch versehen, in dem der passende Austreibkeil eingeschlagen wird (Bild 2).

Bei CNC-Werkzeugmaschinen wird im Gegensatz zu konventionellen Maschinen eine Verbindung zwischen Werkzeug und Spindel vorwiegend durch einen **Steilkegelschaft** erzielt (Bild 3). Während beim Morsekegel die Zerspankraft kraftschlüssig übertragen wird, kann der Steilkegel keine Kräfte übertragen. Die Aufgabe des Steilkegels besteht lediglich darin, das Werkzeug in seiner richtigen Position zu zentrieren.

Die Kraftübertragung beim Steilkegel erfolgt formschlüssig über die Nuten am Rande des Kegels und Nutensteine an der Spindel. Das Ausspannen des Bohrfutters oder des Bohrers erfolgt mit einem Keil. Der Keil wird in einer nutförmigen Öffnung der Pinole eingesetzt und durch Schlagen zwischen die Pinole und dem Morsekegel getrieben. Am Anfang des Steilkegels befinden sich eine Gewindebohrung und eine Ringnut. Der Steilkegel wird je nach Maschine mit einer Schraube über das Gewinde oder hydraulisch über die Ringnut axial angezogen. Hierdurch wird auch ein Kraftschluss zwischen der Pinole und dem Steilkegel erreicht.

Spannmittel für Gewindebohrwerkzeuge

Für das Gewindebohren auf einer Werkzeugmaschine mit genau einstellbarem Vorschub pro Drehzahl für den Vor- und Rücklauf des Gewindebohrers können **Zweibacken-Bohrfutter** (Bild 4) eingesetzt werden. Hierbei muss jedoch darauf geachtet werden, dass der Gewindebohrer durch eine zu hoch eingestellte Drehzahl nicht überlastet wird, damit ein Werkzeugbruch vermieden wird.

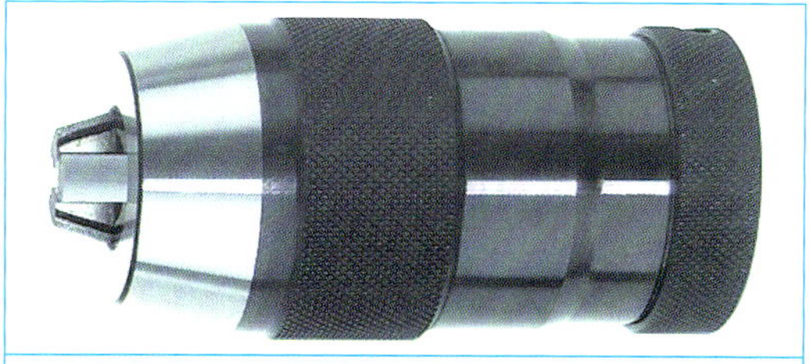

1 Schnellspann-Bohrfutter

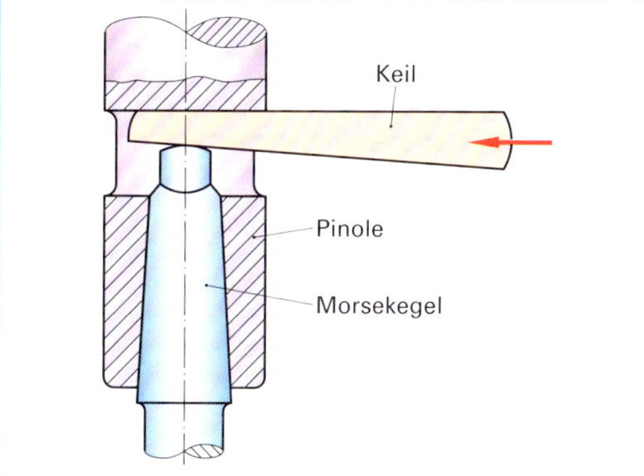

2 Werkzeugkegel und Austreiber

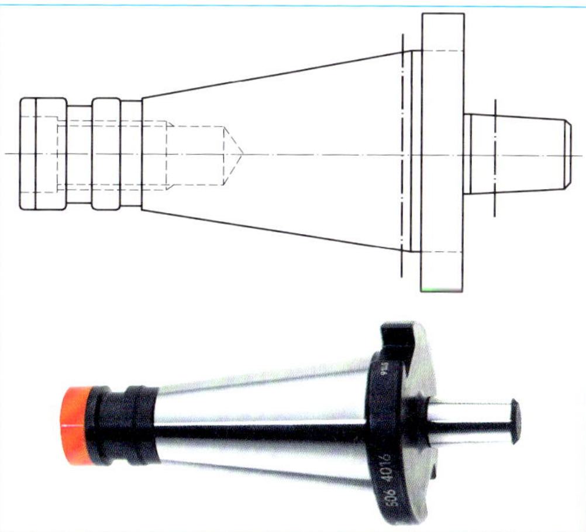

3 Steilkegelschaft

4 Zweibacken-Bohrfutter

Für Tisch- und Ständerbohrmaschinen, bei denen mit Handvorschub gearbeitet wird und die Drehrichtung der Bohrmaschinenspindel nicht umgekehrt werden kann, können **Gewindeschneidapparate** (Bild 1) verwendet werden. Hierbei schützt eine einstellbare Sicherheits-Rutschkupplung den Gewindebohrer bei zu hoch auftretenden Kräften vor Bruch.

1 **Gewindeschneidapparat**

Der Unterschied zwischen der Gewindesteigung und dem Maschinenvorschub wird durch einen eingebauten Längenausgleich behoben. Die Sicherheitskupplung kann durch Drehen der oberen Überwurfmutter eingestellt werden. Nachdem die eingestellte Gewindetiefe erreicht wurde, schaltet der Gewindeschneidapparat selbsttätig auf Rücklauf mit einer erhöhten Drehzahl um. Dieser Schnellrücklauf wird durch ein im Gewindeschneidapparat eingesetztes Planetengetriebe erreicht.

2 **Gewindeschneidfutter**

Für Werkzeugmaschinen, bei denen die Drehrichtung des Gewindebohrers umgekehrt werden kann, sind **Gewindeschneidfutter** (Bild 2) die geeigneten Spannmittel. Sie unterscheiden sich zum Gewindeschneidapparat hinsichtlich ihres fehlenden selbsttätigen Rücklaufs.

Während für Werkzeugmaschinen mit mechanischem Vorschub Gewindeschneidkupplungen mit Längenausgleich eingesetzt werden, können auf Werkzeugmaschinen mit Drehzahl- und Vorschubsynchronisation Gewindeschneidkupplungen ohne Längenausgleich verwendet werden. Der Gewindebohrer wird durch eine an dem Gewindeschneidfutter aufgesetzte Spannzange festgespannt.

3 **Gewindeschneid-Schnellwechselfutter**

Für die rasche Montage von Gewindebohrer und Gewindeschneidfutter wurde das **Gewindeschneid-Schnellwechselfutter** (Bild 3) entwickelt. Das Einsetzen bzw. Entnehmen des Gewindebohrers erfolgt durch Verschieben der Überwurfhülse.

Eine weitere Möglichkeit zum Spannen des Gewindebohrers stellt der **Gewindebohrer-Halter** (Bild 4) dar. Bei diesem Spannwerkzeug wird ebenso wie beim Gewindeschneidfutter eine Werkzeugmaschine mit Drehrichtungsumkehr benötigt. Der aufgeführte Gewindebohrer-Halter besitzt eine einstellbare Sicherheitskupplung zur Vermeidung eines Werkzeugbruchs.

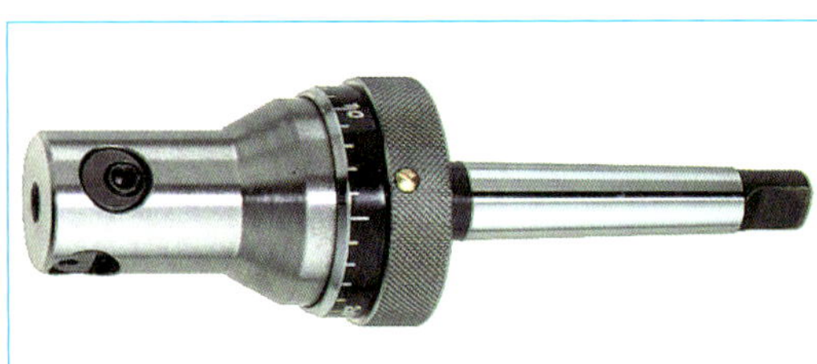

4 **Gewindebohrer-Halter**

Spannmittel für Fräswerkzeuge

Die Verbindung zwischen dem Fräser und der Spindel kann durch einen Frädorn, Aufsteckfrädorn oder einer Spannzange hergestellt werden.

Das Spannen des Schaftfräsers mit seinem zylindrischen Schaft wird durch **Spannzangen** realisiert (Bild 1). Der Schaftfräser befindet sich in der Spannzange und wird über eine Spannmutter festgeklemmt. Für das Anziehen der Spannmutter wird ein Hakenschlüssel benötigt. Mit der Spannzange können höhere Zerspankräfte als beim Dreibacken-Bohrfutter übertragen werden.

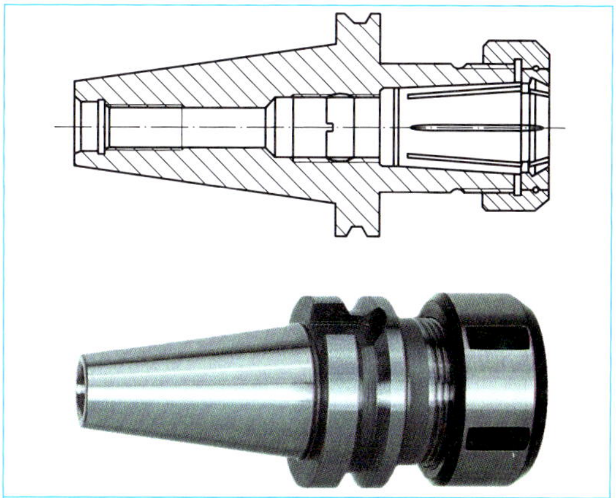

1 **Spannzange für Schaftfräser**

Walzenfräser können mit einem **Fräsdorn** oder einem Aufsteckfräsdorn gespannt werden.

Wird ein Walzenstirnfräser zum Stirn-Umfangsfräsen (z.B. Fräsen der Absätze) benötigt, so muss als Spannmittel ein **Aufsteckdorn** eingesetzt werden (Bild 2). Hierbei wird der Fräser auf einen Dorn geschoben und mit der Fräseranzugsschraube axial gesichert. Die Kraft kann bei Wälzfräsern mit Längsnut durch eine Passfeder oder bei Fräsern mit einer Quernut durch einen Mitnehmerring formschlüssig übertragen werden.

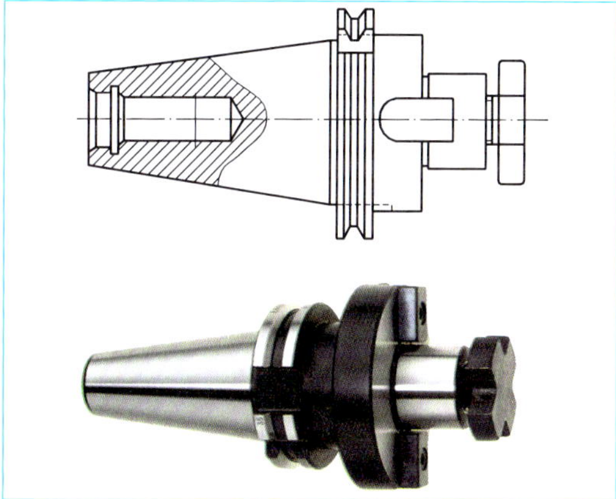

2 **Aufsteckfräsdorn**

Für die Walzenfräser, die zum Umfangsfräsen eingesetzt werden (z.B. zum Fräsen der Planflächen), benötigt man einen **Fräsdorn** (Bild 3). Hierbei wird der Walzenfräser mit einer Längsnut auf einen längeren Fräsdorn geschoben. Der Fräsdorn wird von der Spindelseite der Fräsmaschine angetrieben und von seiner gegenüberliegenden Seite durch einen **Gegenhalter** geführt. Damit sich der Fräsdorn nicht axial verschiebt, werden zusätzlich Zwischenringe auf den Dorn geschoben. Über die Fräsdornmutter werden Fräser und Zwischenringe gespannt.

Beim Einrichten der Fräsmaschine muss beachtet werden, dass der Abstand zwischen Gegenhalter und Fräser möglichst kurz ist, damit ein Durchbiegen des Fräsdornes bei der Bearbeitung gering gehalten wird. Die Zerspankraft am Werkzeug wird über eine Passfeder auf den Fräsdorn übertragen.

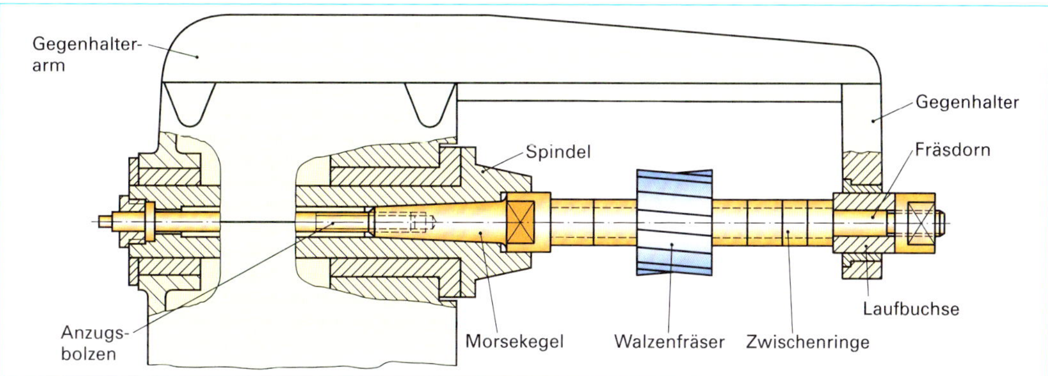

3 **Spindel mit Fräsdorn und Gegenhalter**

Spannmittel für die Grundplatte

Während der Bearbeitung muss die Grundplatte auf der Werkzeugmaschine in einer möglichst starren Lage auf dem Maschinenschlitten bzw. -tisch eingespannt werden.

Außerdem werden folgende **Anforderungen an die Spanneinheit** gestellt:

- das Werkstück muss in der richtigen Lage gespannt sein,
- das Werkstück darf durch die Spanneinheit nicht verspannt werden,
- die Bearbeitungskräfte müssen durch die Spanneinheit aufgenommen werden,
- die Oberfläche des Werkstücks darf nicht beschädigt werden,
- das Ein- und Ausspannen des Werkstücks muss bei größeren Stückzahlen schnell erfolgen können.

Für die Bearbeitung der Grundplatte können mechanische, hydraulische oder magnetische Spannmittel verwendet werden – je nach Vorhandensein oder Zweckmäßigkeit.

Mechanische Spanneinrichtungen

Im Unterschied zu den Spanneinheiten an Drehmaschinen (z.B. Drehmaschinenfutter) besteht die Spanneinheit der Fräsmaschine oft aus einzelnen Bauteilen, die in einem kompletten Baukastensystem in verschiedenen Größen zusammengefasst sind. Der Baukasten kann unterschiedliche Spannpratzen, Spannunterlagen und Spannschrauben enthalten.

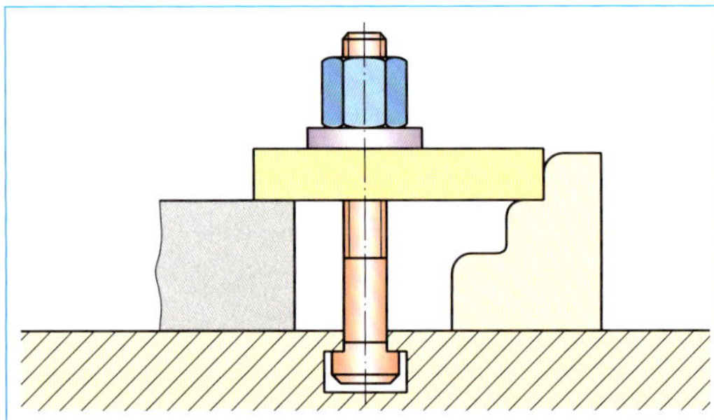

1 Spannpratze mit Treppenbock

Bei der **Spannpratze mit Treppenbock** hat die Spannpratze die Aufgabe, die Spannkraft über das Werkstück auf den Maschinenschlitten bzw. -tisch zu übertragen. Der Treppenbock bildet hierbei ein grobstufiges Gegenstück zum Werkstück (Bild 1).

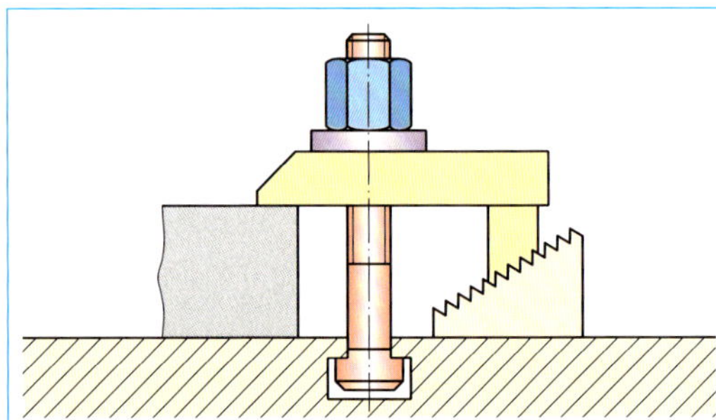

2 Spannpratze mit verstellbarer Spannunterlage

Für feinere Abstufungen ist die in Bild 2 dargestellte **Spannpratze mit verstellbarer Spannunterlage** geeignet. Die Höheneinstellung der Spannunterlage wird durch zwei feingestufte Keile erreicht, die aufeinander versetzt werden können. Als verstellbare Spannunterlagen sind verschiedene Größen aus einem Baukastensystem einzusetzen.

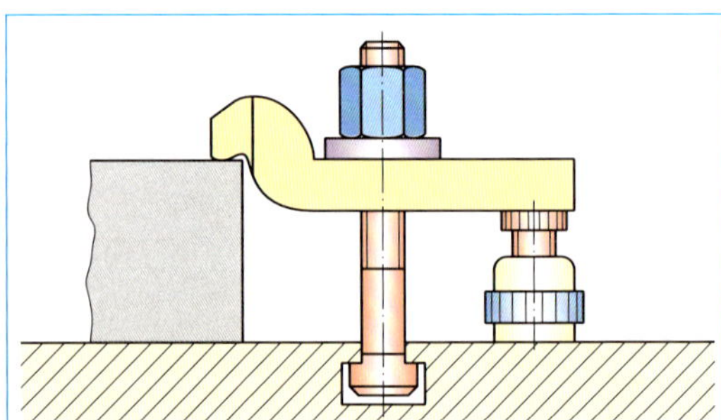

3 Spannpratze mit Schraubbock

Eine **stufenlose Verstellung** kann mit der in **Bild 3** gezeigten **Spannpratze mit Schraubbock** ausgeführt werden. Der Schraubbock kann über eine Rändelschraube in seiner Höhe genau eingestellt werden. Je genauer die Spannunterlage eingestellt wird, desto besser werden die oben beschriebenen Anforderungen an die Spanneinheit erfüllt.

Ein direktes Spannen ohne Spannunterlage wird durch die Spannschraube **mit Kugelscheibe und Kegelpfanne** ermöglicht (Bild 1). Hierbei befinden sich die Spannschrauben in bereits eingearbeiteten Bohrungen des Werkstücks. Die Kegelpfanne und Kugelscheibe dient zum Ausgleich von Schrägen und Unebenheiten auf der Werkstückoberfläche.

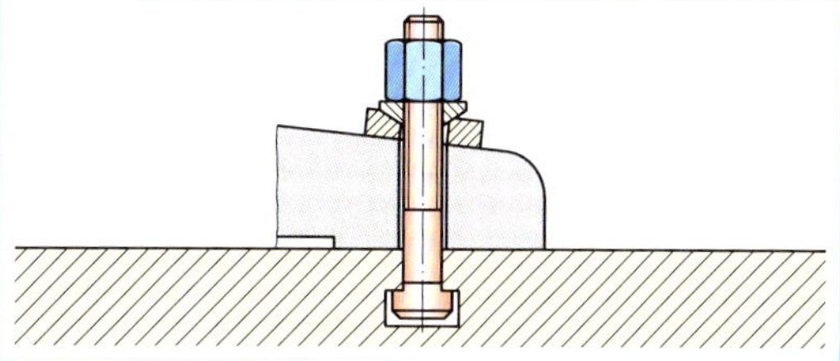

1 Spannschraube mit Kugelscheibe und Kegelpfanne

Bei großen Stückzahlen ist ein schnelles Spannen des Werkstücks erforderlich. Hierbei kann die in Bild 2 dargestellte **Schnellspannpratze** verwendet werden. Schnellspannpratzen sind ohne lose Teile und können daher ebenso schnell eingerichtet werden. Ein weiterer Vorteil der Schnellspannpratze ist der geringe Platzbedarf und die schnelle Anpassung der Spannpratze auf die jeweilige Werkstückhöhe.

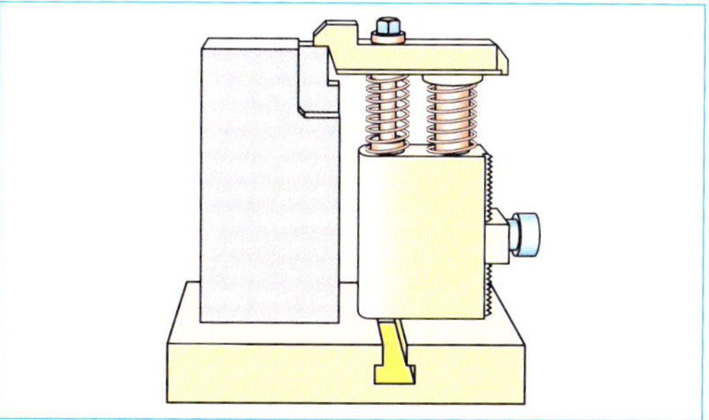

2 Schnellspannpratze

Bild 3 zeigt den Einsatz einer **Tiefenspannbacke**. Durch dieses Spannelement können niedrige Werkstücke gespannt werden. Der Einsatz einer Tiefenspannbacke ermöglicht ein völliges Freihalten der zu bearbeitenden Oberfläche. Die Tiefenspannbacke wird im gelösten Zustand an das Werkstück angelegt und auf dem Maschinenschlitten befestigt. Durch das Anziehen der seitlichen Backenschraube wird das Werkstück gespannt.

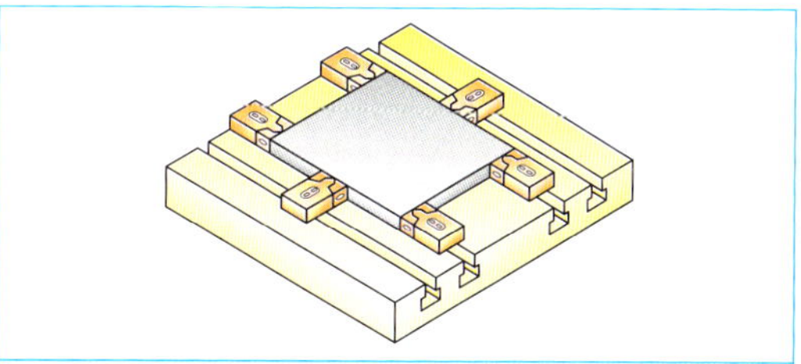

3 Tiefenspannbacke

Der **Maschinenschraubstock** (Bild 4) wird zum Spannen kleinerer Werkstücke verwendet. Als Universal-Maschinenschraubstock kann er je nach Bearbeitungsvorgang geschwenkt und gedreht werden. Wird die feste Backe des Schraubstocks parallel zur Maschinentischführung ausgerichtet, kann die Einrichtarbeit des Spannens wesentlich erleichtert werden.

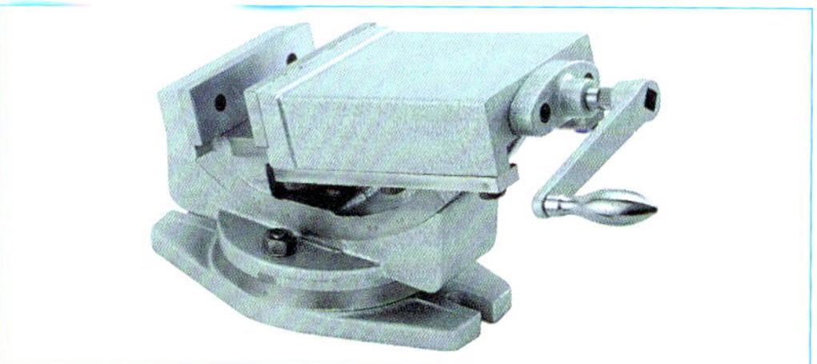

4 Universal-Maschinenschraubstock

Mit dem **Präzisions-Maschinenschraubstock** (Bild 5) können flache Werkstücke genau eingespannt werden. Der Schraubstock ist modular aufgebaut, d.h. sämtliche Bauelemente sind austauschbar und können somit für die jeweilige Spannaufgabe angepasst werden. Durch die kompakte Bauweise hat der Präzisions-Maschinenschraubstock eine hohe Steifigkeit.

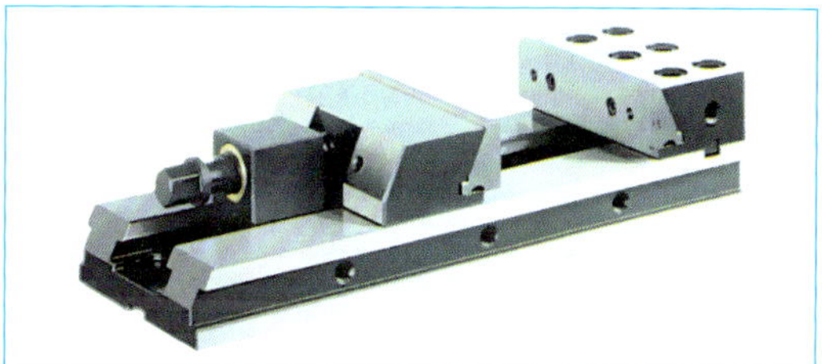

5 Präzisions-Maschinenschraubstock

Spannmittel für weitere Werkstücke

Der **Spannwürfel** (Bild 1) ermöglicht ein gleichzeitiges Einspannen von vier Werkstücken. Der Spannwürfel besteht aus einer Grundplatte und einer Tragsäule, an der vier gleichartige Maschinenschraubstöcke senkrecht befestigt sind.

Durch die senkrechte Lage können bei diesem Spannmittel die vier Werkstücke nur in vertikaler Richtung bearbeitet werden. Zur Bearbeitung des jeweiligen Werkstückes muss der Spannwürfel in die entsprechende Position gedreht werden. Hierfür kann z.B. der nachfolgend beschriebene CNC-Rundtisch verwendet werden.

Mit dem **CNC-Rundtisch** (Bild 2) können Winkelschrittbewegungen ausgeführt werden. Hierdurch wird die Bearbeitung eines Werkstückes von verschiedenen Stellen in einer Aufspannung, die Herstellung von Teilkreis-Bohrbildern oder die Fertigung von Umfangsbohrungen an zylindrischen Werkstücken ermöglicht.

Der CNC-Rundtisch ist in horizontaler oder vertikaler Richtung einsetzbar. Die Drehbewegung des CNC-Rundtisches kann über die Maschinensteuerung erfolgen.

Mit dem **Universal-Teilapparat** (Bild 3) erfolgt die Drehung des Werkstückes manuell. Der Antrieb des Teilapparates kann auch durch den Maschinentisch erreicht werden. Mit dem Teilapparat können Werkstücke gespannt werden, die z.B. am Umfang verteilte oder kreisförmige An- oder Ausfräsungen (Sechskant, Keilwelle u.a.) erhalten sollen.

Durch den Universal-Teilapparat besteht die Möglichkeit direktes und indirektes Teilen sowie Differentialteilen durchzuführen.

Das **direkte Teilen** erfolgt über eine 24er Raster-Teilscheibe. Hierbei wird das Werkstück direkt ohne ein zwischengeschaltetes Getriebe angetrieben.

Beim **indirekten Teilen** wird die Drehung des Werkstückes über ein Schneckengetriebe ermöglicht. Angetrieben wird das Werkstück mit einer Kurbel hinter der sich eine auswechselbare Lochscheibe befindet.

Beim **Differenzialteilen** können über die Wechselräder Teilungen vorgenommen werden, für die keine Lochscheiben vorhanden sind.

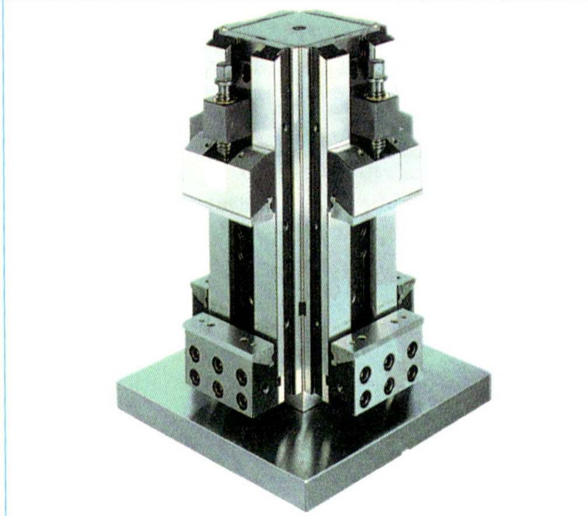

1 Spannwürfel

2 CNC-Rundtisch

3 Universal-Teilapparat

Modulare Vorrichtungselemente (Bild 1) dienen zum schnellen und genauen Spannen von Werkstücken. Modulare Vorrichtungselemente bieten einen flexiblen Einsatz für die unterschiedlichsten Spannaufgaben. Das Bohrungssystem besteht aus Gewindebohrungen. Werkstücke können hierbei beliebig angeschraubt oder durch Spannelemente befestigt werden. Zum Zentrieren der Werkstücke können in die Gewindebohrungen Hülsen mit Passbohrungen eingeschraubt und entsprechende Passstifte eingesetzt werden.

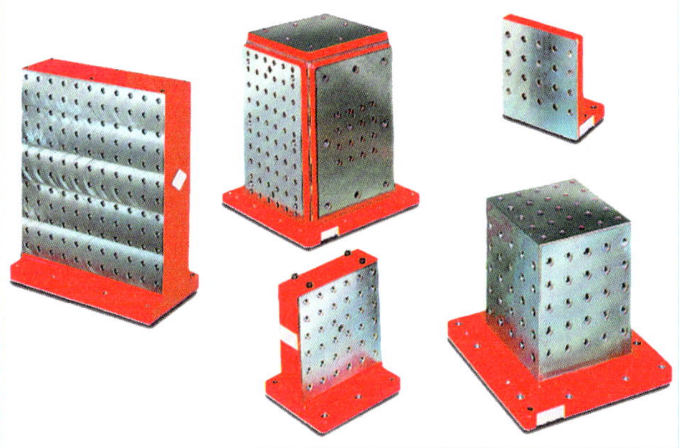

1 **Modulare Vorrichtungselemente**

Hydraulische Spanneinrichtungen

Da das mechanische Spannen von Werkstücken hohe Nebenzeiten erfordert, werden in der Serienfertigung häufig hydraulische (bei geringen Spannkräften auch pneumatische) Spanneinrichtungen verwendet. Durch den Einsatz eines **hydraulischen Kompaktspanners** (Bild 2) können sehr hohe Spannkräfte schnell erreicht werden. Der hydraulische Kompaktspanner bietet durch die schnelle Bewegung der Spannbacken den Vorteil, dass sehr unterschiedliche Werkstückgrößen in einer kurzen Zeit gespannt werden können.

2 **Hydraulischer Kompaktspanner**

Hydraulische Spannpratzen (Bild 3) werden direkt am Maschinentisch befestigt. Über Steuerventile können sehr große Spannkräfte auf das Werkstück ausgeübt werden. Hydraulische Spannpratzen schwenken sich nach Betätigung direkt über die Spannstelle und Pressen das Werkstück an den Schlitten.

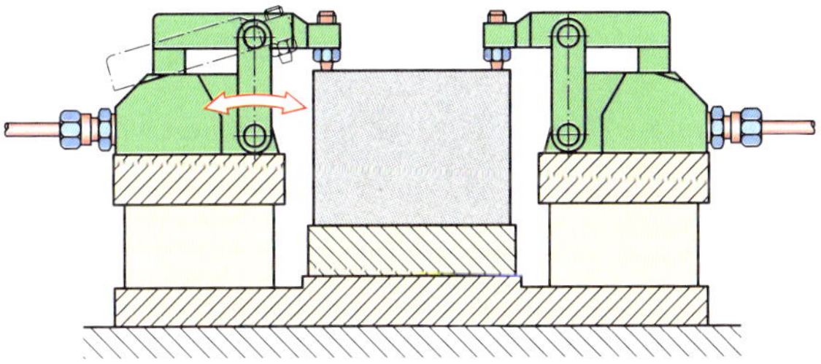

3 **Hydraulische Spannpratzen**

Magnetische Spanneinrichtungen

Eine Alternative zu den mechanischen und hydraulischen Spanneinrichtungen bietet die in Bild 4 gezeigte **magnetische Spannplatte**. Diese Spanneinrichtung wird besonders beim Schleifen von Werkstücken verwendet. Das Magnetfeld der Spannplatte kann entweder durch einen zu- bzw. abschaltbaren Dauermagneten oder durch Elektromagneten erzeugt werden. Häufig kombiniert man beide Magnetarten um die Wärmeentwicklung des Elektromagneten zu verringern. Die Entmagnetisierung nach der Bearbeitung erfolgt automatisch durch eine entsprechende Steuerung der Spannplatte.

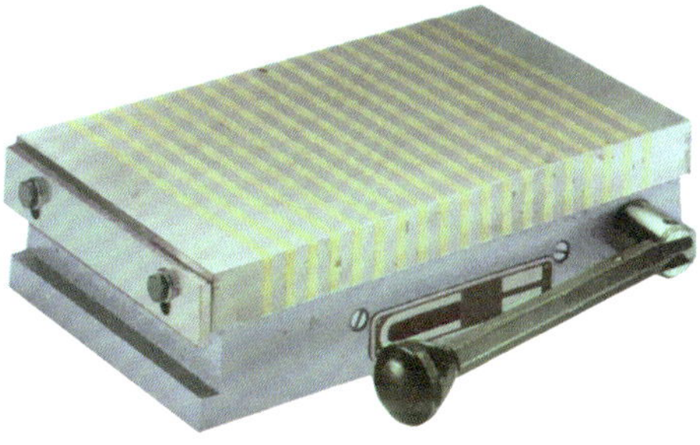

4 **Magnetische Spannplatte**

2.3.2 Spannmittel zum Drehen

Für die notwendigen Überlegungen vor der Auswahl der Spannmittel zum Drehen wird im nachfolgenden Abschnitt exemplarisch die **Fertigung einer Getriebewelle** (Bild 1) herangezogen.

Die Bearbeitung der Getriebewelle erfordert den Einsatz unterschiedlicher Spannmittel sowohl für das Werkstück als auch für das Werkzeug. Die Auswahl der Spannmittel erfolgt wie bei der im Abschnitt 2.3.1 vorgestellten Grundplatte anhand der Fertigungszeichnung, abhängig von der Stückzahl, den auszuführenden Fertigungsverfahren und der zu verwendenden Werkzeugmaschine.

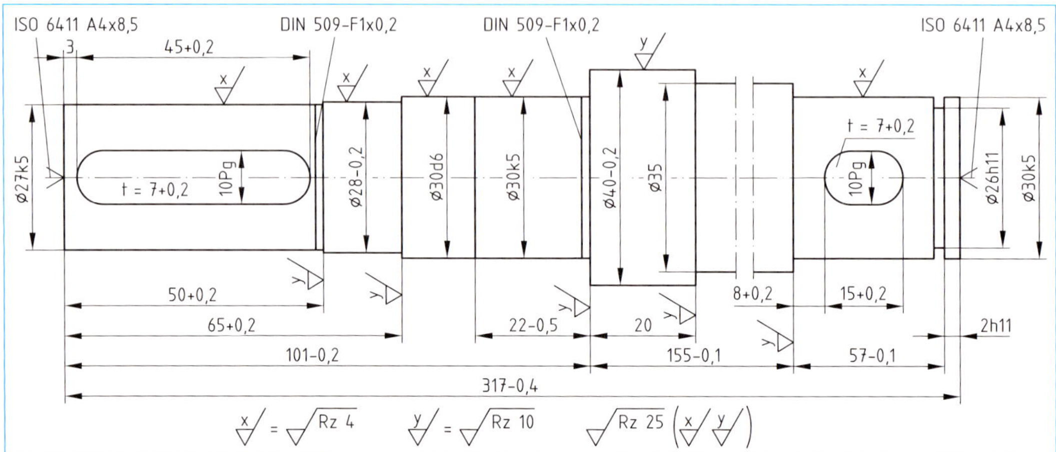

1 Getriebewelle

Die Getriebewelle wird durch folgende Arbeitsschritte hergestellt:

- Bohren der Zentrierbohrungen
- Plan- und Längsdrehen der Absätze
- Einstechdrehen der Ringnut
- Fräsen der Passfedernuten
- Rundschleifen der Passflächen und Lagersitze

Spannmittel für Bohrwerkzeuge beim Drehen

Beim Drehen werden kleinere Bohrer sowie Zentrierbohrer in ein Dreibackenfutter gespannt, an dem sich eine Kegelaufnahme mit einem Morsekegel befindet (vgl. 2.3.1 Spannmittel für Bohrwerkzeuge). Der Reitstock der Drehmaschine bietet eine Aufnahme für den Morsekegel (Bild 2). Größere Bohrer können wie an der Bohrmaschine direkt in die Aufnahme des Reitstockes eingetrieben werden. Durch den Morsekegel wird die Zerspankraft auf den Reitstock kraftschlüssig übertragen.

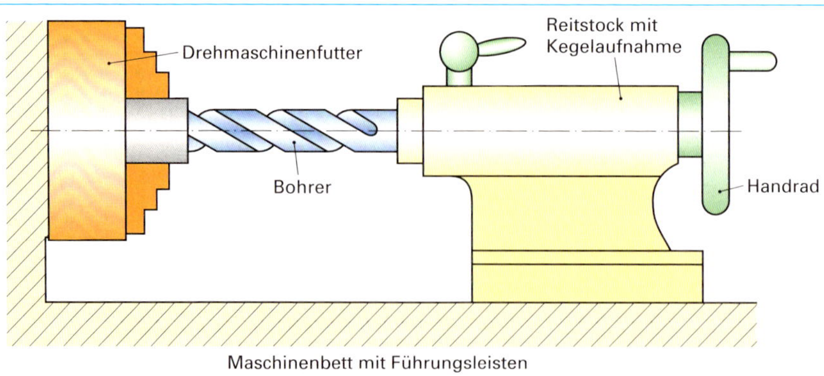

2 Reitstock mit Bohrer

Spannmittel für Drehwerkzeuge

Die einfachste und kostengünstigste Form der Einspannung eines Drehwerkzeuges bietet der **Vierfachdrehmeißelhalter** (Bild 1).

Die Aufnahme des Meißelhalters ermöglicht das gleichzeitige Einspannen von vier unterschiedlichen Drehwerkzeugen. Durch Schwenken des Meißelhalters um je 90° kann der benötigte Drehmeißel schnell in die gewünschte Arbeitsstellung gebracht werden.

Der Vierfachdrehmeißelhalter wurde an den meisten Drehmaschinen durch den nachfolgend beschriebenen **Schnellwechselhalter** abgelöst. Gegen den Einsatz des Drehmeißelhalters sprechen folgende Gründe:

- Das Einrichten des Werkzeuges erfordert größere Nebenzeiten, da der Drehmeißel nur direkt an der Drehmaschine ausgerichtet werden kann.
- Längere Werkzeuge (z.B. Innendrehmeißel) können sich gegenseitig bei der Bearbeitung behindern.

Schnellwechselhalter erlauben ein Ausrichten des Drehmeißels außerhalb der Drehmaschine. Beim Schnellwechselhalter bleibt der Drehmeißel in seinem Halter eingespannt und kommt beim Wiedereinspannen genau in die gleiche Lage, in der er vorher war. Das Einstellen des Drehmeißels auf die richtige Höhe erfolgt mit Hilfe einer Stellschraube (Bild 2).

Für die Bearbeitung wird der Schnellwechselhalter von oben auf den **Stahlhalterkopf** geschoben. Durch Drehung des Hebels wird der Schnellwechselhalter gespannt. Die Zerspankräfte werden zwischen dem Wechselhalter und Stahlhalterkopf formschlüssig übertragen (Bild 3).

Eine schnelle und hohe Wechselgenauigkeit wird durch den **Werkzeughalter mit Zylinderschaft** erreicht. Die Verbindung zwischen Werkzeughalter und Werkzeughalteraufnahme erfolgt formschlüssig (Bild 4).

Für den Einsatz automatischer Werkzeugwechselsysteme eignet sich besonders das **Schneidkopf-System**. Der auszuwechselnde Drehmeißel besteht hierbei nur noch aus einem kleinen Schneidkopf, der auf dem Werkzeughalter mittels einer Kupplung befestigt wird (Bild 5).

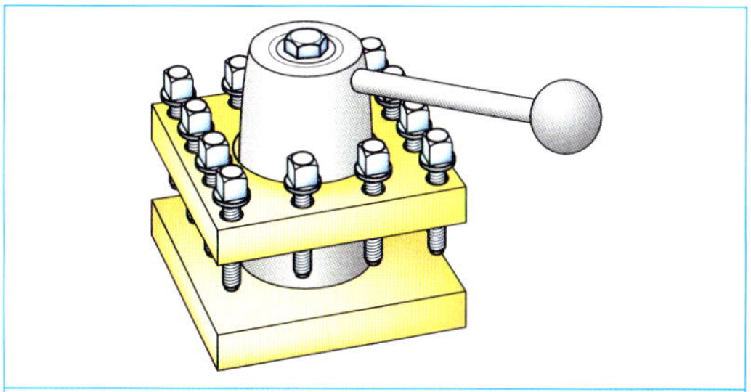

1 Vierfachdrehmeißelhalter

2 Schnellwechselhalter

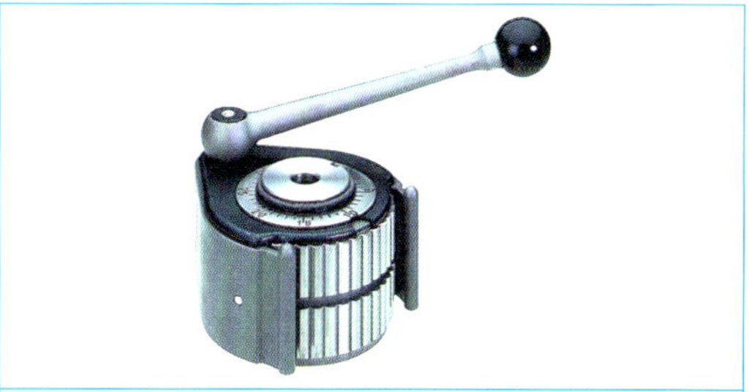

3 Stahlhalterkopf

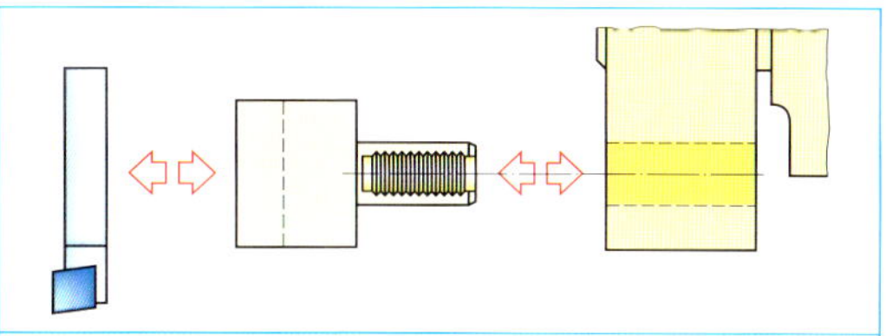

4 Werkzeughalter mit Zylinderschaft

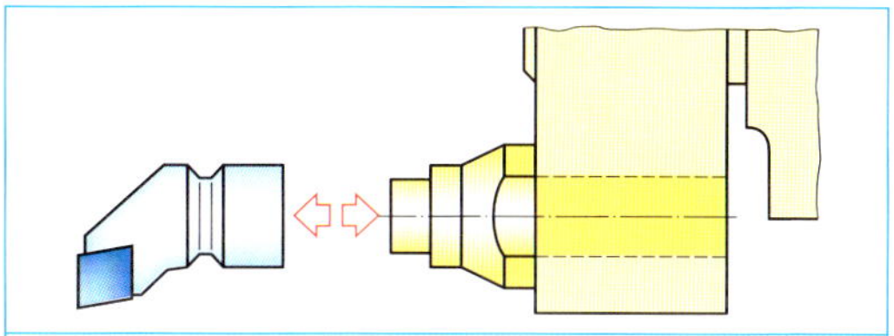

5 Schneidkopf-System

Spannmittel für die Getriebewelle

Umlaufende Werkstücke (z.B. die Getriebewelle) müssen an Drehmaschinen so gespannt werden, dass die Werkstücke nach dem Spannen genau rundlaufen. Ebenso sollen die Werkstücke möglichst schnell gespannt werden.

Drehmaschinenfutter dienen zum raschen und zentrischen Spannen verschieden geformter Werkstücke. Bei zylindrischen Teilen (oder regelmäßig geformten 3-, 6- oder 12kantigen Werkstücken) werden Drehmaschinenfutter mit drei Backen verwendet, bei formgenauen 4- oder 8kantigen Werkstücken Vierbackenfutter (Bild 1).

Die Spannkraft des Drehmaschinenfutters muss groß genug sein, damit das erforderliche Drehmoment übertragen werden kann. Durch die Hebelwirkung der Zerspankraft müssen längere Werkstücke mit einem feststehenden oder mitlaufenden Setzstock abgestützt werden.

Eine weitere Möglichkeit des Spannens längerer Werkstücke auf Dreh- oder Schleifmaschinen ist das **Spannen zwischen Spitzen**. Hierfür erhält das Werkstück an beiden Stirnseiten Zentrierbohrungen.

Das Einspannen des Werkstücks erfolgt auf der treibenden Seite mit einem **Stirnseiten-Mitnehmer** (Bild 2) und auf der nicht-angetriebenen Seite durch eine **mitlaufende Zentrierspitze** (Bild 3). Die mitlaufende Zentrierspitze drückt das Werkstück gegen die Hauptspindelspitze des Stirnseiten-Mitnehmers.

Während das Werkstück durch die Zentrierspitzen nur zentrisch geführt wird, erfolgt die Drehbewegung der Arbeitsspindel auf dem Werkstück durch eine **Mitnehmerscheibe**. Die Mitnehmerscheibe besteht aus mehreren scharfkantigen Mitnehmerbolzen und ist in unterschiedlichen Größen einsetzbar.

Die Mitnehmerscheibe wird auf den Stirnseiten-Mitnehmer geschoben und mit einer Anpresskraft gegen die Stirnseite des Werkstücks gedrückt. Hierbei dringen die Zacken der Mitnehmerscheibe in das Werkstück ein. Es erfolgt eine formschlüssige Übertragung der Drehbewegung auf das Werkstück. Die Stirnfläche des Werkstückes muss aufgrund der Zackenabdrücke nachgearbeitet werden.

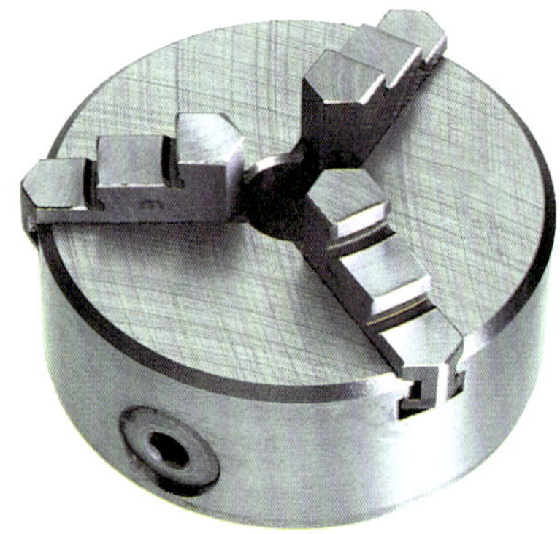

1 Drehmaschinenfutter

2 Stirnseiten-Mitnehmer und Mitnehmerscheiben

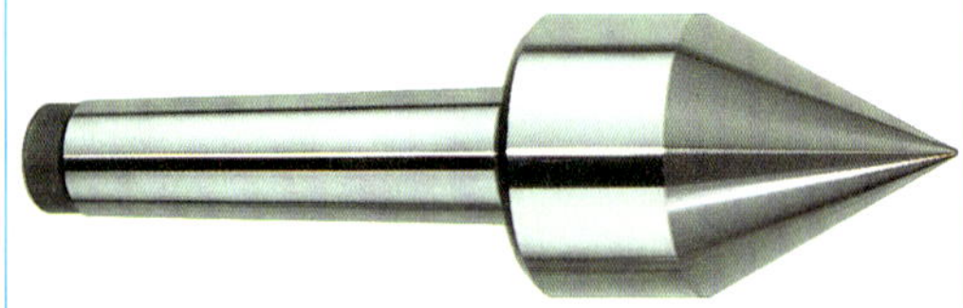

3 Zentrierspitze

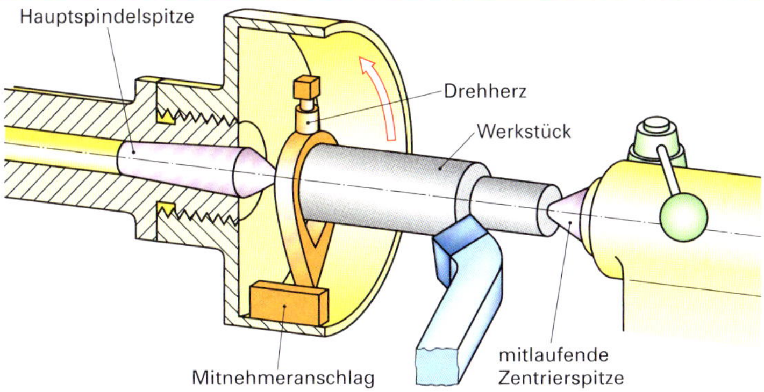

1 Drehherz

Eine Alternative zum Stirnseiten-Mitnehmer bietet das **Drehherz** (Bild 1). Auf das Werkstück wird hierbei am linken Ende das Drehbankherz aufgeschoben und mit einer Schraube an das Werkstück festgeklemmt. Das Werkstück wird über einen Mitnehmeranschlag in Drehung versetzt.

Aufgrund der **Unfallgefahr** müssen Drehherzen durch einen Deckel verschlossen sein.

Für schnelles und zentrisches Spannen stehen **Sicherheits-Drehherzen** (Bild 2) zur Verfügung. Hierbei klemmen sich Hebel-Kurvenstücke umso stärker an die Werkstückoberfläche, je größer die Schnittkraft ist. Die Drehbewegung wird somit von der Hauptspindel auf das Werkstück übertragen.

2 Sicherheits-Drehherz

Weitere Spannmittel für Drehwerkzeuge

Bei flachen unsymmetrisch geformten Werkstücken müssen **Planscheiben mit Backen** (Bild 3) eingesetzt werden. Hierbei werden die Backen mit den jeweiligen Gewindespindeln einzeln eingestellt. Die Planscheibe bietet die Möglichkeit, das Einschieben der Spannbacken in unterschiedlichen Abständen vorzunehmen. Entsprechend können auf der Planscheibe auch rechteckige Werkstücke eingespannt und bearbeitet werden.

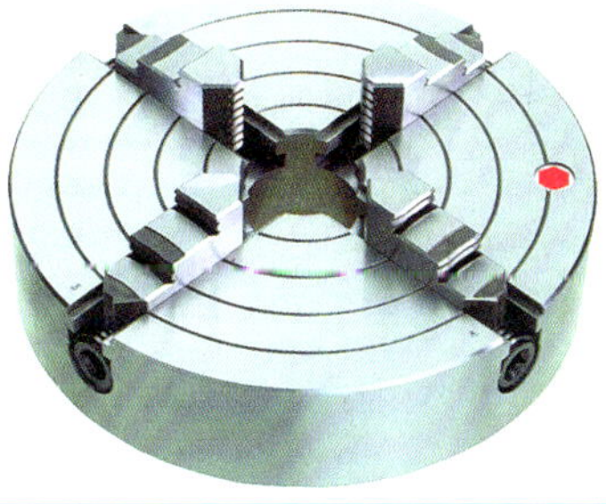

3 Planscheibe mit Backen

Größere unregelmäßig geformte Werkstücke werden über Vorrichtungen an der **Planscheibe** z.B. **Aufspannwinkel** (Bild 4) gespannt. Hierfür befinden sich an der Vorderseite der Planscheibe Aufspannschlitze. Zur Aufnahme der Werkstücke können auf der Planscheibe auch unterschiedliche Vorrichtungen aufgespannt werden. Der Aufspannwinkel stellt eine mögliche Aufspannung dar.

Die auftretende Unwucht der nicht zentrisch sitzenden Werkstücke wird mit Gegengewichten ausgeglichen. Die Befestigung der Gegengewichte erfolgt über T-Nuten an der Vorderseite der Planscheibe. Aufgrund der hohen Schwungmasse von Planscheiben dürfen nur niedrige Drehzahlen eingestellt werden.

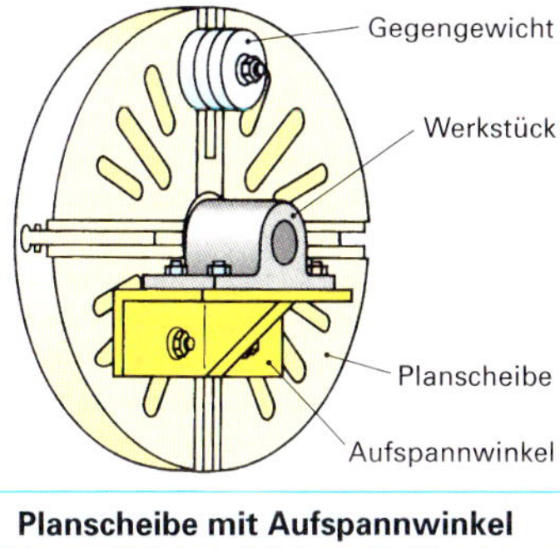

4 Planscheibe mit Aufspannwinkel

Vertiefungsaufgaben:

Spannmittelauswahl für die Grundplatte des Maschinenschraubstocks

Auf einer CNC-Fräsmaschine soll die im Kapitel 2.3.1 vorgestellte Grundplatte eines Maschinenschraubstocks nach der **Fertigungszeichnung** in Bild 1 gefertigt werden.

Werkstoff:
S 235 JR

Halbzeugmaß:
90 x 16 x 100

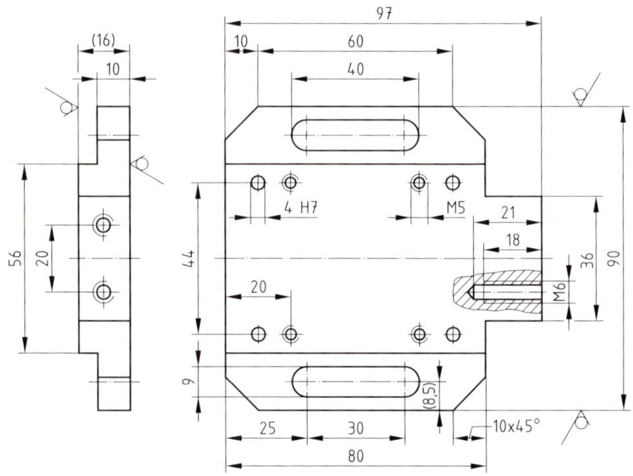

1 Fertigungszeichnung der Grundplatte eines Maschinenschraubstocks

Der **Arbeitsplan** sieht folgende Fertigungsfolge vor:

- **1. Aufspannung:**
  Fertigen der Absätze der Stirnseite.
  Bearbeiten der Gewindebohrungen der Stirnseite.

- **2. Aufspannung:**
  Fertigen der Absätze der oberen Fläche.
  Fertigen der 45°-Schrägen.
  Bearbeiten der Bohrungen und Gewindebohrungen der oberen Fläche.

1 **Die Grundplatte soll zunächst als Modell hergestellt werden. Wählen Sie für die beiden Aufspannungen zur Fertigung der Grundplatte geeignete Spannmittel aus und begründen Sie Ihre Wahl.**

2 **Welche Anforderungen müssen Ihre ausgewählten Spanneinrichtungen erfüllen?**

3 **Die Grundplatte soll mit der Stückzahl n = 500 Stück gefertigt werden. Würden Sie für diesen Auftrag andere als in Aufgabe 1 gewählte Spanneinrichtungen verwenden? Wenn ja, wählen Sie entsprechende Spannmittel und begründen Sie Ihre Wahl.**

4 **Die Grundplatte soll auf der oberen Fläche nach der Bearbeitung geschliffen werden. Wählen Sie für diesen Schleifvorgang Spannmittel aus und begründen Sie Ihre Wahl.**

5 **Die Schraubstockspindel des Maschinenschraubstocks soll gedreht und nach dem Härten und Anlassen geschliffen werden. Welche Spanneinrichtungen würden Sie für die beiden Fertigungsvorgänge Drehen und Schleifen der Spindel verwenden? Beschreiben Sie die gewählten Spannmittel.**

2.4 Arbeitsplanung

Die praktische Tätigkeit eines Facharbeiters erfordert in hohem Maße eigenverantwortliches Handeln. Reagieren auf unterschiedliche Kundenwünsche, vor allem bei Kleinserien und Einzelanfertigungen, ist unerlässlich. Bei Großserien stehen ausgereifte Arbeitsunterlagen zur Verfügung, die aufgabenspezifisch abzuarbeiten sind. Je nach Arbeitsaufgabe und Einsatzbedingungen, d.h. Größe und Organisation des Unternehmens, muss der Facharbeiter bestimmte Teilaufgaben der Auftragsabwicklung übernehmen.

In ständig steigendem Maße ist von ihm die **Arbeitsplanung** zu realisieren. Nicht auszuschließen sind weitere Teilaufgaben des Arbeitsauftrages wie Bestimmung der Einstellwerte, Festlegung der Spannmittel, Veränderungen der vorhandenen CNC-Programme und die Qualitätskontrolle.

2.4.1 Grundlagen der Arbeitsplanung

Für die im Bild 1 dargestellten typischen durch Dreh-, Fräs- und Schleifbearbeitung hergestellten Werkstücke muss eine Fertigungsfolge so aufgebaut werden, dass sie kostengünstig ist.

Die gesamte Auftragsabwicklung gliedert sind in die Bereiche **Konstruktion, Arbeitsvorbereitung** und **Fertigung**.

Wie und womit produziert wird, sind Festlegungen der Arbeitsplanung (Teilgebiet der Arbeitsvorbereitung), die sich in vier Schritte gliedert:

- **Bestimmung des Ausgangsmaterials** (Festlegung von Rohteilart und -abmessung)
- **Technologie** (schrittweise Werkstückentstehung)
- **Auswahl der Fertigungs-, Spann- u. Hilfsmittel** (Eindeutige Zuordnung Werkstück – Werkzeug)
- **Vorgabezeit** (Fertigungszeit)

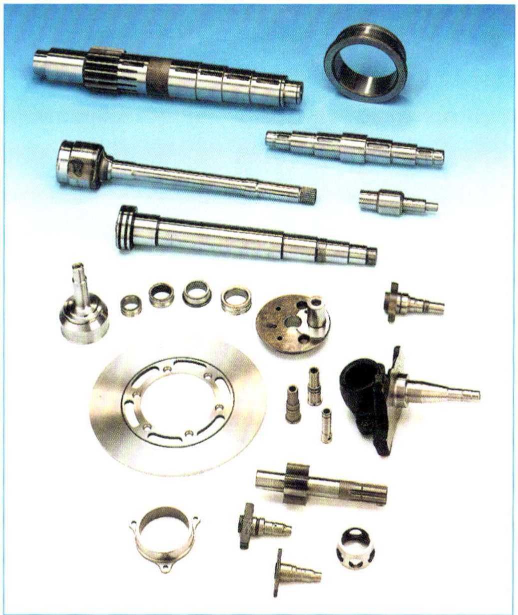

1 Fertigungsbeispiele durch Dreh-, Fräs- und Schleifbearbeitung

Vorgabezeit

Das ist die auf den arbeitenden Menschen bezogene **Auftragszeit**, die das gesamte Zeitvolumen zur Realisierung eines Arbeitsauftrages beinhaltet. Sie ist notwendige Grundlage für die **Planung, Durchführung** und **Entlohnung** von Arbeitsabläufen. Vorgabezeiten können je nach Arbeitsauftrag ermittelt werden durch:

- **Vergleichendes Schätzen** (Vorgabe durch ähnliche Arbeitsaufgaben)
- **Planzeiten** (wiederkehrende Arbeitsvorgänge)
- **Arbeitsplatzgebundene Zeitaufnahmen** (Zeitmessung)
- **Berechnungen** (Hauptnutzungszeit)

Nach **REFA** – Verband für Arbeitsstudien und Betriebsorganisation e.V. – setzt sich die **Auftragszeit** T aus der Rüstzeit t_r und der Ausführungszeit t_a zusammen (Übersicht 1).

Auftragszeit T

$T = t_r + t_a$

Rüstzeit t_r	**Ausführungszeit t_a**
	$t_a = m \cdot t_e$ m-Anzahl der Einheiten
Rüstzeit t_r	**Zeit je Einheit t_e**
t_r = ...	t_e = ...
Rüstgrundzeit t_{rg}	Grundzeit t_g
+	+
Rüstverteilzeit t_{rv}	Verteilzeit t_v
+	+
Rüsterholungszeit t_{rer}	Erholungszeit t_{er}
$t_r = t_{rg} + t_{rv} + t_{rer}$	$t_e = t_g + t_v + t_{er}$

Übersicht 1: Vorgabezeit (Grobstruktur)

Rüstzeit t_r: Erfasst alle erforderlichen Zeiten für die Arbeitsbereitschaft der Maschine

Ausführungszeit t_a: Ist die Fertigungszeit je Einheit t_e multipliziert mit der Stückzahl m

2.4.2 Arbeitsplanung beim Drehen

Unabhängig vom Schwierigkeitsgrad der Arbeitsaufgabe und dem anzuwendenden Drehverfahren mit den zugehörigen Werkzeugen gilt für die Arbeitsplanung von Drehteilen eine gemeinsame Berechnungsgrundlage. Zu beachten sind die unterschiedlichen Werkzeugbewegungen der einzelnen Drehverfahren bei den verschiedenen Arbeitsaufgaben, die sich jedoch sinnvoll einschränken lassen.

Wesentlich für die Arbeitsplanung sind die Berechnungen bzw. die Festlegung von Maschineneinstellwerten (Tabellenwerte oder praktische Erfahrungswerte), die Werkzeugwahl, der Einsatz der erforderlichen Spannmittel sowie die zu verwendenden Hilfsstoffe.

Berechnungsgrundlagen:

1. **Vorschub „*f*“:** $f = \sqrt{8 \cdot Rz \cdot r}$

   f : Vorschub des Werkzeuges (mm)
   Rz: Rauheit der Werkstückoberfläche (µm)
   r : Eckenradius des Drehmeißels (mm)

2. **Schnitttiefe „a_p“:** Die Schnitttiefe kann aus dem Spanungsverhältnis $\boldsymbol{G = a_p / f}$ festgelegt werden. Bestimmte Zahlenwerte sind nur in Verbindung mit konkreten Aussagen zu den verwendeten Werkzeugen, Drehverfahren, Maschinen und den zu bearbeitenden Werkstoffen möglich. Eine günstige Spanbildung ist bei einem Verhältnis $G = 2:1$ bis 10:1 zu erwarten. Schneidstoffspezifische Spanungsverhältnisse:

Schneidstoff	Schlichten	Schruppen
HM-gelötet	3:1	10:1
-Wendeplatten	5:1	8:1
Cermet	5:1	7:1
Keramik	2:1	–

3. **Drehzahl „*n*“:** $n = \frac{1000 \cdot v_c}{d \cdot \pi}$

   Die an der Werkzeugmaschine einzustellende Drehzahl n (1/min) ist vom Drehdurchmesser und der Werkstoff-Schneidstoffpaarung (v_c-Wert) abhängig.

Verfahrensmerkmale:

1. Längsrunddrehen

   Vorschub „*f*“: Berechnungsgröße – abhängig von der geforderten Oberflächenrauheit und dem Eckenradius des Werkzeugs

   Zustellung „a_p“: Aufgabengebundene Größe (Schlichten/Schruppen)

   Drehzahl „*n*“: Berechnungsgröße – abhängig vom Werkstückdurchmesser (∅ = konst.) und dem ermittelten Schnittgeschwindigkeitswert (Bild 1)

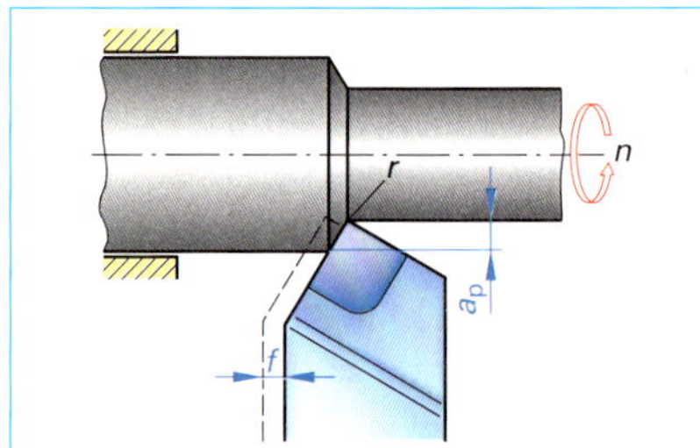

1 Einstellwerte: Längsrunddrehen

2. Querplandrehen

   Vorschub „*f*“: Konstante Berechnungsgröße oder von Hand

   Zustellung „a_p“: Konstante Einstellungsgröße

   Drehzahl „*n*“ : Berechnungsgröße – abhängig von der ermittelten Schnittgeschwindigkeit und dem Anfangsdurchmesser
   Wst.-∅↓ ⇒ *Rz*↗ (Bild 2)

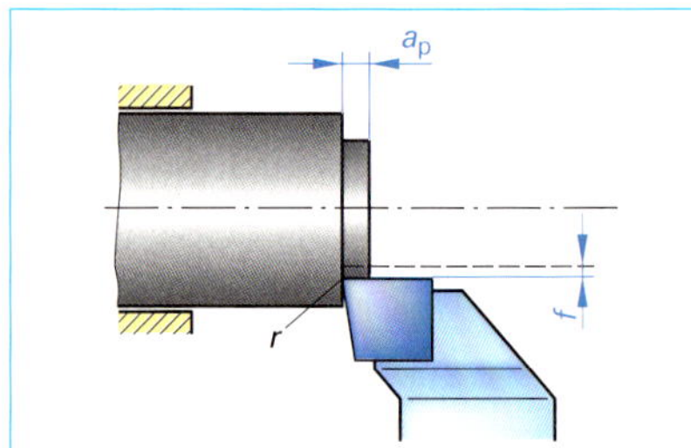

2 Einstellwerte: Querplandrehen

Alle anderen zum Einsatz kommenden Drehverfahren können bei der Arbeitsplanung einem der Grundverfahren zugeordnet werden.

Berechnungsbeispiel

Aufgabe: Für die vereinfachte Fertigungsfolge des Drehteils (Bild 1) aus S235JR (1.0037) ist mit der vorgegebenen Berechnungsgrundlage die Arbeitsplanung durchzuführen. Die ermittelten Ergebnisse für die Verfahrensskizzen, die verwendeten Werkzeuge und die berechneten Einstellwerte sind in Tabellenform zusammenzustellen.

Arbeitsschritte beim Drehen:

10 Spannen der abgesägten Rohteile ∅ 100 mm.

20 Zentrieren und Bohren ∅ 27 mm

30 Querplandrehen 1. Seite

40 Längsrunddrehen auf ∅ 90 x 11 mm
Werkstück wenden

50 Querplandrehen 2. Seite auf Dicke 10 mm

60 Absatz ∅ 56 x 5 mm drehen

70 Bohrung auf ∅ 28 mm aufdrehen

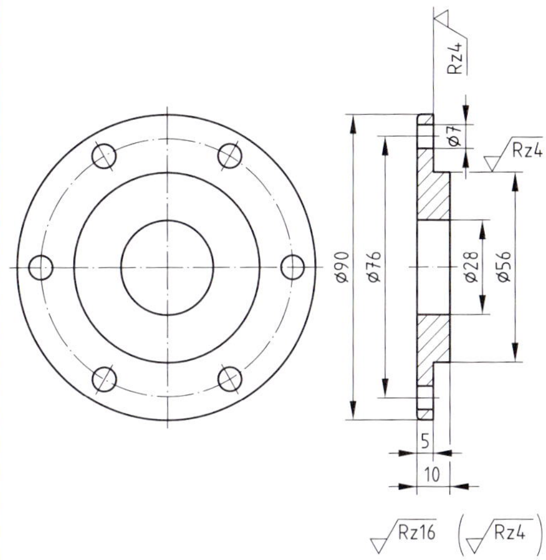

1 Drehteil (Berechnungsbeispiel)

(Ohne Kanten brechen und Teilkreisdurchmesser ∅ 76 markieren!)

Arbeitsschritt 30:

geg.: Werkstückdurchmesser ∅ 100 mm (Ausgangsmaterial), Rauheit der Planseite *Rz* 16 µm, Werkstoff S235JR, Drehmeißelradius $r = 0{,}4$ mm (hartmetallbestückt)

ges: Einstellwerte : Vorschub *f* (mm), Zustellung a_p (mm), Drehzahl *n* (1/min)

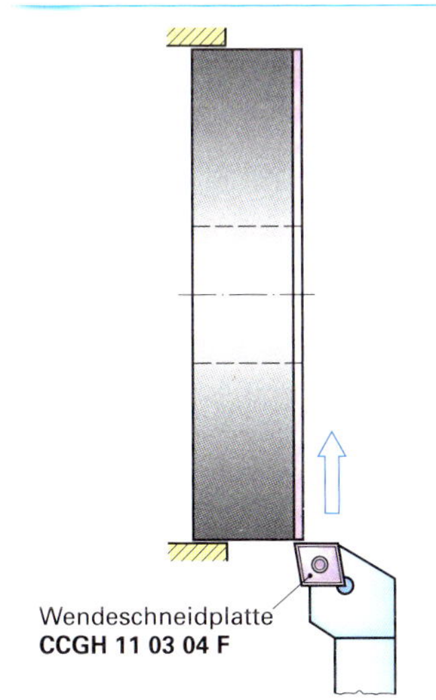

2 Querplandrehen 1. Seite

Lösung: Bearbeitungsaufgabe : **Querplan**drehen **1. Seite** (Bild 2)

Schlichtbearbeitung (*Rz* 16 µm), HM : **P10** (beschichtet)

Wendeschneidplatte CCGH 11 03 04 F

$f = \sqrt{8 \cdot Rz \cdot r}$

$f = \sqrt{8 \cdot 0{,}016 \text{ mm} \cdot 0{,}4 \text{ mm}}$

$\underline{\underline{f = 0{,}23 \text{ mm}}}$

$a_p \approx 4 \cdot f$

$a_p \approx 4 \cdot 0{,}23$ mm

a_p (theoret.) bis ≈ 0,92 mm

a_p (prakt.) 0,5 ... 1 mm – Zustellung ist abhängig vom vorangegangenen Trennverfahren

$$n = \frac{1000 \cdot v_c}{d \cdot \pi}; \qquad n = \frac{1000 \cdot 350 \text{ m/min}}{100 \text{ mm} \cdot \pi}$$

v_c **= 350 m/min** (Tabellenwert) aus der Kombination S235JR / P10 beschichtet/leichte Zerspanbedingungen

$n = 1114{,}9$ 1/min

$\underline{\underline{n_{R20} = 1120 \text{ 1/min}}}$

Arbeitsschritt 40:

geg.: Werkstückdurchmesser ∅ 100 mm (Ausgangsdurchmesser), Rauheit der Umfangsfläche *Rz* 16 µm, Werkstoff S235JR, Drehmeißelradien r = 0,4 mm bzw. 1,2 mm (mit HM)

ges: Einstellwerte: Vorschub f (mm), Zustellung a_p (mm), Drehzahl n (1/min) (Bild 1)

Lösung: Bearbeitungsaufgabe: **Längsrund**drehen

Schrupp- und **Schlicht**bearbeitung (*Rz* 63 µm *Rz* 16 µm)

Wendeschneidplatte CCGH 11 03 04 F, HM: **P10** (beschichtet)

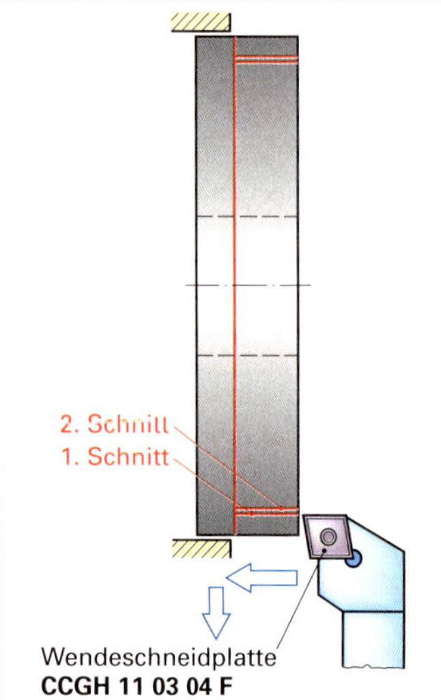

1 Längsrunddrehen außen

1. Schnitt: Schruppbearbeitung

$f = \sqrt{8 \cdot Rz \cdot r}$

$f = \sqrt{8 \cdot 0{,}063 \text{ mm} \cdot 1{,}2 \text{ mm}}$

$\underline{\underline{f = 0{,}78 \text{ mm}}}$

$a_p \approx 7 \cdot f$

$a_p \approx 7 \cdot 0{,}78 \text{ mm}$

a_p (theoret.) bis ≈ 5,4 mm

$\underline{\underline{a_p \text{ gewählt} = 4{,}5 \text{ mm}}}$

2. Schnitt: Schlichtbearbeitung

$f = \sqrt{8 \cdot Rz \cdot r}$

$f = \sqrt{8 \cdot 0{,}016 \text{ mm} \cdot 0{,}4 \text{ mm}}$

$\underline{\underline{f = 0{,}23 \text{ mm}}}$

$a_p \approx 4 \cdot f$

$a_p \approx 4 \cdot 0{,}23 \text{ mm}$

a_p (theoret.) bis ≈ 0,92 mm

$\underline{\underline{a_p \text{ gewählt} = 0{,}5 \text{ mm}}}$

(a_p-Werte entsprechend der Arbeitsaufgabe ∅ 100 ⇒ ∅ 90)

$n = \frac{1000 \cdot v_c}{d \cdot \pi}$ $\qquad$ $n = \frac{1000 \cdot v_c}{d \cdot \pi}$

$n = \frac{1000 \cdot 240 \text{ m/min}}{100 \text{ mm} \cdot \pi}$ $\qquad$ $n = \frac{1000 \cdot 350 \text{ m/min}}{91 \text{ mm} \cdot \pi}$

v_c-Werte = 240 m/min / 350 m/min Tabellenwerte aus der Kombination S235JR / P10 (beschichtet bei leichten/schweren Bearbeitungsbedingungen

n = 764 1/min $\qquad$ n = 1124 1/min

$\underline{\underline{n_{R20} = 710 \text{ 1/min}}}$ $\qquad$ $\underline{\underline{n_{R20} = 1120 \text{ 1/min}}}$

Arbeitsschritt 50:

geg.: Werkstückdurchmesser ∅ 90 mm (bearbeitete Umfangsfläche), Rauheit der 2. Planseite *Rz* 16 µm, Werkstoff S235JR, Drehmeißelradius r = 0,4 mm (hartmetallbestückt)

ges.: Einstellwerte: Vorschub f (mm), Zustellung a_p (mm), Drehzahl n (1/min)

Lösung: Bearbeitungsaufgabe: **Querplan**drehen **2. Seite** auf Werkstückdicke 10 mm (Bild 2)

Schlichtbearbeitung (*Rz* 16 mm), HM: **P10** (beschichtet)

Wendeschneidplatte CCGH 11 03 04 F

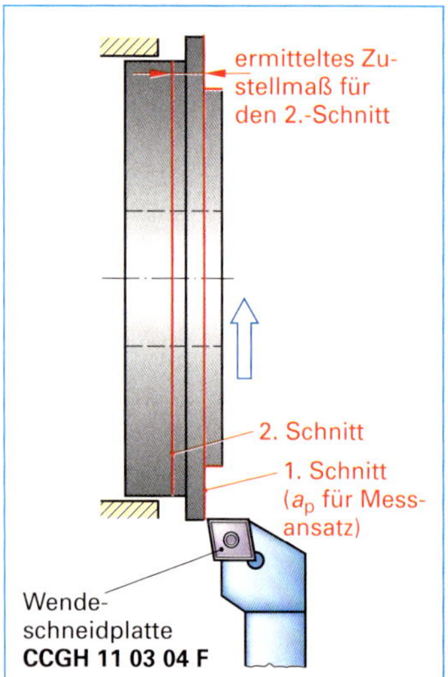

2 Querplandrehen 2. Seite

$f = \sqrt{8 \cdot Rz \cdot r}$

$f = \sqrt{8 \cdot 0{,}016 \text{ mm} \cdot 0{,}4 \text{ mm}}$

$\underline{\underline{f = 0{,}23 \text{ mm}}}$

$a_p \approx 4 \cdot f$

$a_p \approx 4 \cdot 0{,}23 \text{ mm}$

a_p (theoret.) bis 0,92 mm möglich

Fertigungshinweis: Messansatz drehen $\underline{\underline{a_p \approx 1 \text{ mm}}}$ ausreichend. Werkstückdicke messen – weitere Zustellung auf vorgeschriebene Werkstückdicke 10 mm

$n = \frac{1000 \cdot v_c}{d \cdot \pi}$

$n = \frac{1000 \cdot 350 \text{ m/min}}{90 \text{ mm} \cdot \pi}$

n = 1238 1/min

$\underline{\underline{n_{R20} = 1250 \text{ 1/min}}}$

Arbeitsschritt 60:

geg.: vorgearbeitetes Werkstück ∅ 90 x 10. Rauheit *Rz* 4 µm, Werkstoff S235JR, Drehmeißelradien $r = 0{,}2$ mm bzw. 1,2 mm (hartmetallbestückt)

ges.: Einstellwerte: Vorschub *f* (mm), Zustellung a_p (mm), Drehzahl *n* (1/min)

Lösung: **1. Querplan**drehen (Einstechen)

2. Kombination von **Längsrund- und Plandrehen (nach außen)**

Schrupp- bzw. **Schlicht**bearbeitung (*Rz* 63 µm, 4 µm) (Bild 1)

Wendeschneidplatte CCGH 11 03 04 F, HM: **P10** (beschichtet)

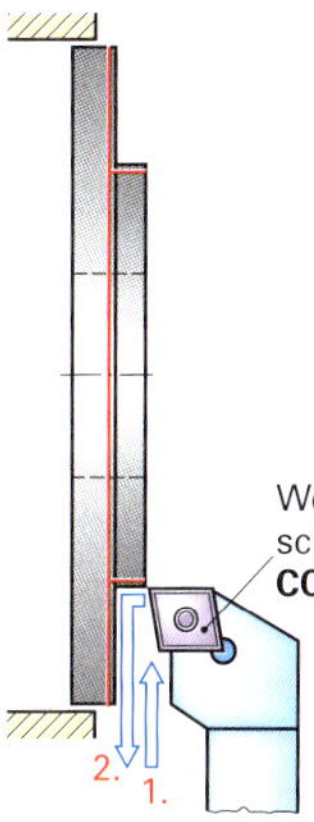

1 Absatz drehen

1. Schruppbearbeitung (Vordrehen)

$f = \sqrt{8 \cdot Rz \cdot r}$

$f = \sqrt{8 \cdot 0{,}063 \text{ mm} \cdot 1{,}2 \text{ mm}}$

$\underline{\underline{f = 0{,}78 \text{ mm}}}$

$a_p \approx 7 \cdot f$

a_p (theoret.) bis ≈ 5,4 mm

a_p gewählt = 2,4 mm (mit 2 Schnitten)

$$n = \frac{1000 \cdot v_c}{d \cdot \pi}$$

$$n = \frac{1000 \cdot 240 \text{ m/min}}{90 \text{ mm} \cdot \pi}$$

$n = 849$ 1/min

$\underline{\underline{n_{R20} = 800 \text{ 1/min}}}$

2. Feinschlichtbearbeitung (Fertigdrehen)

$f = \sqrt{8 \cdot Rz \cdot r}$

$f = \sqrt{8 \cdot 0{,}004 \text{ mm} \cdot 0{,}2 \text{ mm}}$

$\underline{\underline{f = 0{,}08 \text{ mm}}}$

$a_p \approx 3 \cdot f$

a_p (theoret.) bis ≈ 0,24 mm

a_p gewählt = 0,2 mm

$$n = \frac{1000 \cdot v_c}{d \cdot \pi}$$

$$n = \frac{1000 \cdot 350 \text{ m/min}}{56 \text{ mm} \cdot \pi}$$

$n = 1989$ 1/min

$\underline{\underline{n_{R20} = 2000 \text{ 1/min}}}$

Arbeitsschritt 70:

geg.: Bohrungsdurchmesser ∅ = 27 mm, Rauheit *Rz* 16 µm, Werkstoff S235JR, Innendrehmeißel $r = 0{,}4$ mm (hartmetallbestückt)

ges.: Einstellwerte : Vorschub *f* (mm), Zustellung a_p (mm), Drehzahl *n* (1/min)

Lösung: Bearbeitungsaufgabe: (Bild 2)

Längsrunddrehen **innen ∅ 28 mm**

Schlichtbearbeitung *Rz* 16 µm, HM: **P10** (beschichtet)

Wendeschneidplatte S 15 R SCUDR 10

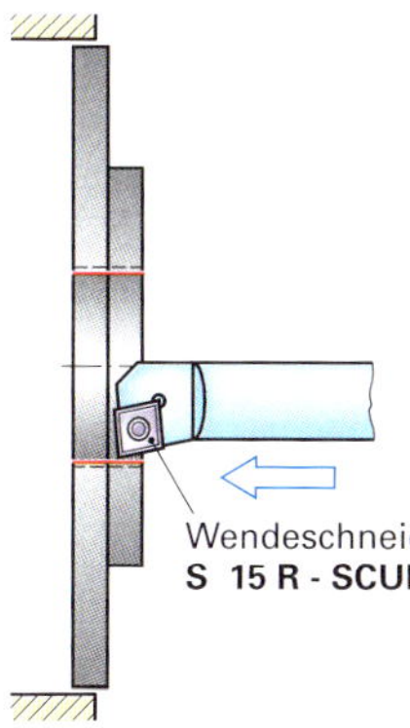

2 Längsrunddrehen innen

$f = \sqrt{8 \cdot Rz \cdot r}$

$f = \sqrt{8 \cdot 0{,}016 \text{ mm} \cdot 0{,}4 \text{ mm}}$

$\underline{\underline{f = 0{,}23 \text{ mm}}}$

$a_p = 4 \cdot f$

$a_p = 4 \cdot 0{,}23$ mm

a_p (theoret.) bis ≈ 0,9 mm möglich

a_p (prakt.) < 0,5 mm

Messansatz drehen – Werkstück messen – weitere Zustellung a_p < 0,5 mm auf den vorgeschriebenen ∅ Bohrung 28 mm

$$n = \frac{1000 \cdot v_c}{d \cdot \pi}$$

$$n = \frac{1000 \cdot 350 \text{ m/min}}{28 \text{ mm} \cdot \pi}$$

$n = 3979$ 1/min

$\underline{\underline{n_{R20} = 3550 \text{ 1/min}}}$

Ergebniszusammenstellung

Arbeitsschritt	Verfahrensskizze	Werkzeug Form	Werkzeug Schneidstoff	Einstellwerte f (mm)	Einstellwerte a_p (mm)	Einstellwerte n_{R20} (1/min)
10 Werkstück spannen	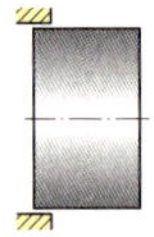					
30 Querplandrehen (1. Seite)	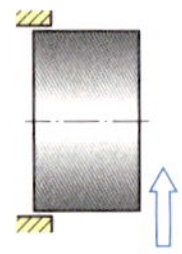	DIN 4977 r = 0,4 mm	P10 beschichtet	0,23	0,5...1	1120
40 Längsrunddrehen	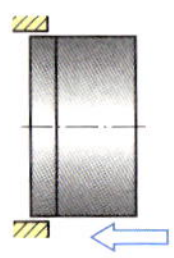	DIN 4980 r = 1,2 mm r = 0,4 mm	P10 beschichtet	0,78 0,23	4,5 0,5	710 1120
50 Querplandrehen (2. Seite)	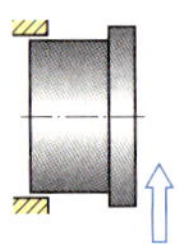	DIN 4977 r = 0,4 mm	P10 beschichtet	0,23	≈1 + Rest	1250
60 Ansatz ∅ 56 x 5 drehen	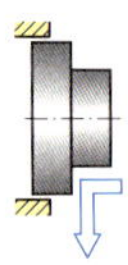	DIN 4977 r = 1,2 mm r = 0,2	P10 beschichtet	0,78 0,08	2,4 0,2	800 2000
70 Bohrung auf ∅ 28 aufdrehen	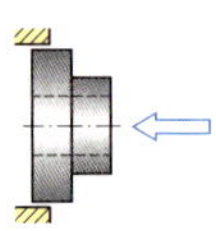	DIN 4975 r = 0,4 mm	P10 beschichtet	0,23	< 0,5	3550

Einfaches Übungsbeispiel zur Arbeitsplanung Drehen: Werkstoff: 28Mn6 (1.1170)

Erarbeiten Sie für die typische Werkstückform (Welle) den Fertigungsplan, vereinfacht dargestellt in der Spalte **„Verfahrensskizze"**. Legen Sie die zu verwendenden **„Werkzeuge (Form und Schneidstoff)** fest und berechnen Sie nach der allgemein gültigen Berechnungsgrundlage die **„Einstellwerte"** für den **Vorschub *„f"*** (mm), die **Zustellung *„a_p"*** (mm) und die **Drehzahl *„n"*** (1/min).

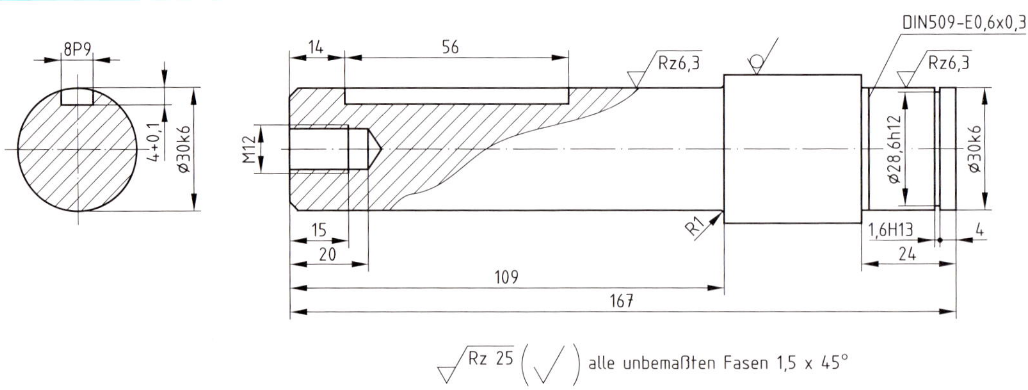

Welle

Komplexaufgabe zur Arbeitsplanung Drehen

Für das in der Zeichnung dargestellte Aufnahmestück (Bild 1) ist die vollständige Arbeitsplanung nach dem vorangegangenen Schema durchzuführen.

Fertigungsspezifische Besonderheiten werden für den entsprechenden Arbeitsschritt in den Spalten Verfahrensskizze, Werkzeuge (Form und Schneidstoff) und den Einstellwerten (***f***, $\boldsymbol{a_p}$ und ***n***) berücksichtigt.

Das Aufnahmestück soll in **Einzelanfertigung** nach der Zeichnung hergestellt werden (Bild 2).

Werkstoff: **Vergütungsstahl C60 (1.0601)**

1 Aufnahmestück

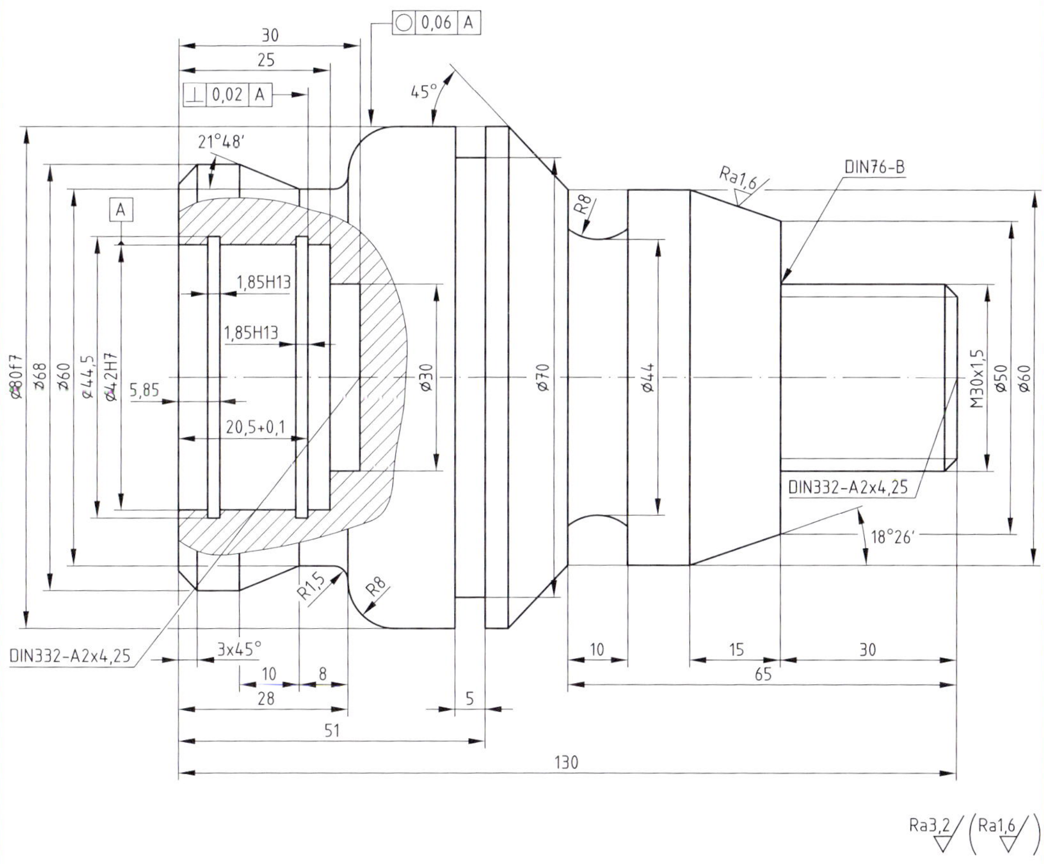

2 Fertigungszeichnung des Aufnahmestückes

Arbeitsschritt 10:

Überprüfung der Rohmaße ∅ 90 x 132 lang (**Rd 90 x 132 warmgewalzter Rundstahl** nach **DIN 1013 – C60**) entsprechend der Fertigungszeichnung und Spannen des Rohlings.

Arbeitsschritt 20:

geg.: Werkstückdurchmesser ∅ 90 mm (Ausgangsmaterial), geforderte Rauheit der Planseite *Ra* 3,2 µm, Werkstoff C60, Drehmeißelradius $r = 0{,}4$ mm (hartmetallbestückt)
ges.: Einstellwerte: Vorschub f (mm), Zustellung a_p (mm), Drehzahl n (1/min)

Lösung: Bearbeitungsaufgabe: (Bild 1)
Querplandrehen 1. Seite ∅ 90
Schlichtbearbeitung: *Ra* 3,2 µm ≈ *Rz* 12,5 µm
Wendeschneidplatte CCGH 11 03 04 F
Hartmetallsorte **P10** (beschichtet)

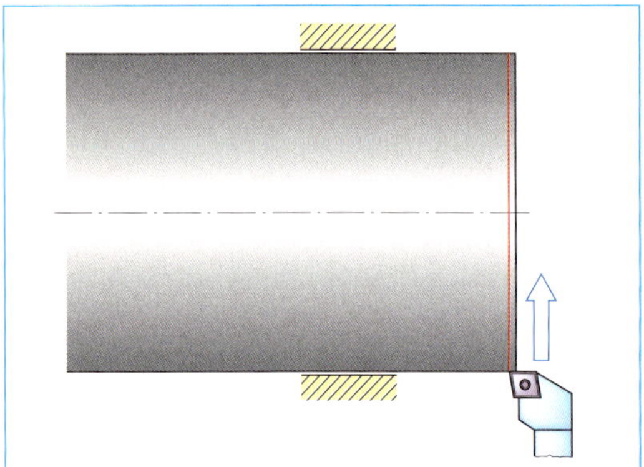

1 Querplandrehen 1. Seite

$f = \sqrt{8 \cdot Rz \cdot r}$

$f = \sqrt{8 \cdot 0{,}0125\ \text{mm} \cdot 0{,}4\ \text{mm}}$

$f = 0{,}2\ \text{mm}$

$a_p \approx 4 \cdot f$

$a_p \approx 4 \cdot 0{,}2\ \text{mm}$

a_p theoretisch bis ~ 0,8 mm möglich

$a_p \approx 0{,}5 \ldots 1$ mm (praktischer Erfahrungswert!)

$$n = \frac{1000 \cdot v_c}{\pi \cdot d}$$

$\mathbf{v_c} =$ **350 m/min** (Tabellenwert) aus der Kombination Werkstoff-Schneidstoff bei leichten Bearbeitungsbedingungen!

$$n = \frac{1000 \cdot 350\ \text{m/min}}{90\ \text{mm} \cdot \pi}$$

$n = 1238$ 1/min

$n_{R20} = 1250$ 1/min

Arbeitsschritt 30:

geg.: geplante Werkstückseite, Werkstoff C60, geforderte Rauheit der Zentrierbohrung *Ra* 3,2 µm
ges.: Einstellwerte: Vorschub f (mm), Drehzahl n (1/min)

Lösung: Bearbeitungsaufgabe: (Bild 2)
Zentrierbohrung 1. Seite nach DIN 332 – A 2x4,25
Zentrierbohrer DIN 333 Form **A** aus HSS (unbeschichtet)

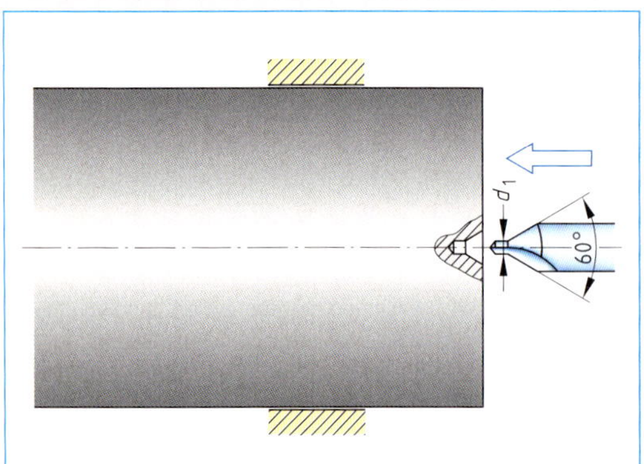

2 Zentrierbohrung 1. Seite

Werte siehe Tabellenbuch:

$\mathbf{v_c} =$ **36 m/min**

$\mathbf{f} =$ **0,08 mm**

$$n = \frac{1000 \cdot v_c}{\pi \cdot d}$$

$$n = \frac{1000 \cdot 36\ \text{m/min}}{\pi \cdot 4{,}25\ \text{mm}}$$

$n = 2696$ 1/min

$n_{R20} = 2500$ 1/min

Arbeitsschritt 40: Werkstück umspannen

Arbeitsschritt 50: Zentrierbohrung 2. Seite – Einstellwerte/Verfahren analog Arbeitsschritt 30

Arbeitsschritt 60: Querplandrehen 2. Seite **auf Länge** – Einstellwerte und Drehverfahren analog Arbeitsschritt 20:

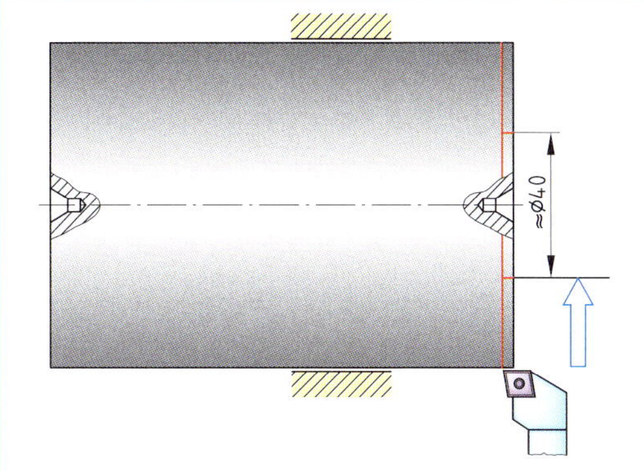

1 Plandrehen auf Fertigmaß (Länge l = 130 mm)

Messansatz drehen
Werkstücklänge ermitteln
Fertigmaß l = 130 mm ist mit einer Zustellung erreichbar (Bild 1)
(! aus nachfolgenden spanntechnischen Gründen nur bis ca. Ø 40 fertigdrehen)

Arbeitsschritt 70: Werkstück zur weiteren Bearbeitung **zwischen Spitzen** spannen

Arbeitsschritt 80:

geg.: Werkstückausgangsdurchmesser Ø 90, geforderte Rauheit Ra 3,2 µm am Ø80f7, Werkstoff C60, Drehmeißelradien r 1,2 / 0,4 mm (hartmetallbestückt)

ges.: Einstellwerte: Vorschub f (mm), Zustellung a_p (mm), Drehzahl n (1/min) für die Schrupp- und Schlichtbearbeitung

Lösung: Bearbeitungsaufgabe: (Bild 2)
Längsrunddrehen **Ø 90** ⇒ **Ø80f7**
Schruppbearbeitung Ra 16 µm ≈ Rz 63 µm
Schlichtbearbeitung Ra 3,2 µm ≈ Rz 12,5 µm
Wendeschneidplatte CCGH 11 03 04 F
HM: **P10** (beschichtet)

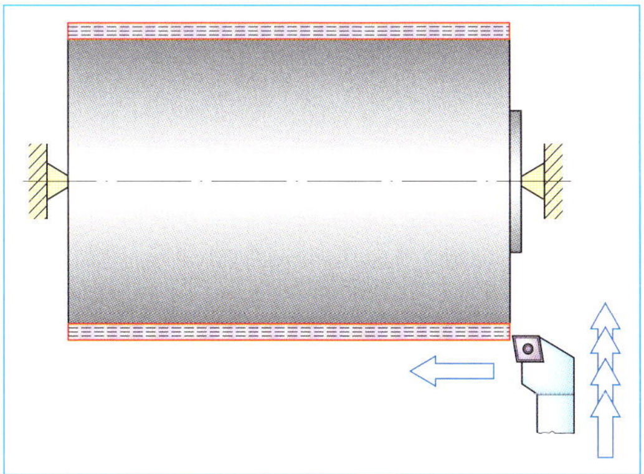

2 Längsrundvor- und -fertigdrehen Ø 90 ⇒ Ø 80 f7

1. Schruppbearbeitung (Vordrehen)
2. Schlichtbearbeitung (Fertigdrehen)

$$f = \sqrt{8 \cdot Rz \cdot r}$$

1. Schruppbearbeitung:

$$f = \sqrt{8 \cdot 0{,}063\ \text{mm} \cdot 1{,}2\ \text{mm}}$$
$$\underline{\underline{f = 0{,}78\ \text{mm}}}$$

$$a_p \approx 7 \cdot f$$
$$a_p \approx 7 \cdot 0{,}78\ \text{mm}$$
$$a_p\ (\text{theoret.}) \approx 5{,}5\ \text{mm}$$

$$\underline{\underline{a_p = 2{,}25\ \text{mm}}}$$
$$i = 2: \Rightarrow \varnothing\, 81\ \text{mm}$$

2. Schlichtbearbeitung:

$$f = \sqrt{8 \cdot 0{,}0125\ \text{mm} \cdot 0{,}4\ \text{mm}}$$
$$\underline{\underline{f = 0{,}2\ \text{mm}}}$$

$$a_p \approx 4 \cdot f$$
$$a_p \approx 4 \cdot 0{,}2\ \text{mm}$$
$$a_p\ (\text{theoret.})\ \text{bis} \approx 0{,}8\ \text{mm}$$

$$\underline{\underline{a_p = 0{,}5\ \text{mm}}}: \Rightarrow \varnothing 80\text{f7}$$

$$n = \frac{1000 \cdot v_c}{\pi \cdot d}$$

1. Schruppbearbeitung:

$$n = \frac{1000 \cdot 240\ \text{m/min}}{\pi \cdot 90\ \text{mm}}$$
$$n = 849\ \text{1/min}$$
$$\underline{\underline{n_{R20} = 800\ \text{1/min}}}$$

2. Schlichtbearbeitung:

$$n = \frac{1000 \cdot 350\ \text{m/min}}{\pi \cdot 81\ \text{mm}}$$
$$n = 1375\ \text{1/min}$$
$$\underline{\underline{n_{R20} = 1400\ \text{1/min}}}$$

Arbeitsschritt 90:

geg.: Werkstückdurchmesser ∅80f7, geforderte Rauheit Ra = 3,2 µm am ∅ 68, Werkstoff C60, Drehmeißelradien r = 1,2 / 0,4 mm (hartmetallbestückt)

ges.: Einstellwerte: Vorschub f (mm), Zustellung a_p (mm), Drehzahl n (1/min) für die Schrupp- und Schlichtbearbeitung

Lösung: Bearbeitungsaufgabe: (Bild 1)

Längsrunddrehen **∅ 80f7 ⇒ ∅ 68 x 28**
Schruppbearbeitung Ra 16 µm ≈ Rz 63 µm
Schlichtbearbeitung Ra 16 µm ≈ Rz 12,5 µm

Wendeschneidplatte CCGH 11 03 04 F
HM: **P10** (beschichtet)

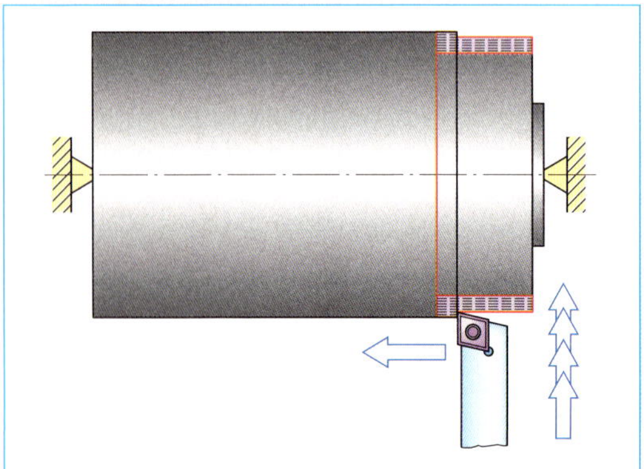

1 Längsrundvor- und -fertigdrehen
∅ 80 f7 ⇒ ∅ 68 x 28

1. Schruppbearbeitung (Vordrehen)
2. Schlichtbearbeitung (Fertigdrehen)

$$f = \sqrt{8 \cdot Rz \cdot r}$$

1. Schruppbearbeitung:

$$f = \sqrt{8 \cdot 0{,}063\ \text{mm} \cdot 1{,}2\ \text{mm}}$$
$$\underline{\underline{f = 0{,}78\ \text{mm}}}$$

$$a_p \approx 7 \cdot f$$
$$a_p \approx 7 \cdot 0{,}78\ \text{mm}$$
a_p *(theoret.) bis* ≈ 5,5 mm
$$\underline{\underline{a_p = 2{,}75\ \text{mm}}}$$
i = 2: ⇒ ∅ 69 mm

2. Schlichtbearbeitung:

$$f = \sqrt{8 \cdot 0{,}0125\ \text{mm} \cdot 0{,}4\ \text{mm}}$$
$$\underline{\underline{f = 0{,}2\ \text{mm}}}$$

$$a_p \approx 4 \cdot f$$
$$a_p \approx 4 \cdot 0{,}2\ \text{mm}$$
a_p (theoret.) bis ≈ 0,8 mm
$\underline{\underline{a_p = 0{,}5\ \text{mm}}}$: ⇒ ∅ 68 mm

$$n = \frac{1000 \cdot v_c}{\pi \cdot d}$$

$$n = \frac{1000 \cdot 240\ \text{m/min}}{\pi \cdot 80\ \text{mm}} \qquad n = \frac{1000 \cdot 350\ \text{m/min}}{\pi \cdot 69\ \text{mm}}$$

n = 955 1/min $\qquad$ n = 1615 1/min

$\underline{\underline{n_{R20} = 900\ \text{1/min}}}$ $\qquad$ $\underline{\underline{n_{R20} = 1600\ \text{1/min}}}$

Arbeitsschritt 100:

geg.: Werkstückdurchmesser ∅ 68, geforderte Rauheit der Fase Ra 3,2 µm, Werkstoff C60 Einstellwinkel am Drehmeißel κ = 45°, hartmetallbestückt

ges.: Einstellwerte: Vorschub f (mm), Zustellung a_p (mm) Drehzahl n (1/min)

Lösung: Bearbeitungsaufgabe (Bild 2)

Längsdrehen: **Fase 3 x 45°**
Schlichtbearbeitung Ra 3,2 µm ≈ Rz 12,5 µm

Wendeschneidplatte SCGH 10 03 04 F
P10 (beschichtet)

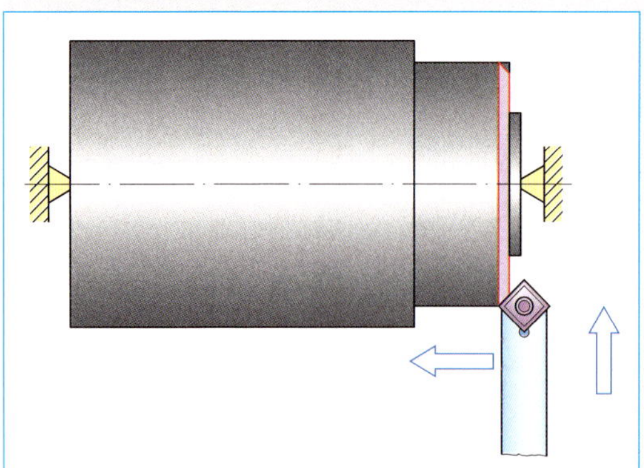

2 Längsdrehen der Fase 3 x 45°

Berechnung des Vorschubes f mit der allgemeinen Formel $f = \sqrt{8 \cdot Rz \cdot r}$ nicht möglich!

Praktische Erfahrungswerte:

Vorschub ***f*** durch **Handzustellung**

Zustellung $\boldsymbol{a_p}$ entspricht der **Fasengröße**

Drehzahl ***n* ≈ 400** 1/min

Arbeitsschritt 110:

geg.: Werkstückdurchmesser ∅ 68, geforderte Rauheit Ra 3,2 µm am ∅ 60 mm, Werkstoff C60, hartmetallbestückt

ges.: Einstellwerte: Vorschub f (mm), Zustellung a_p (mm), Drehzahl n (1/min)

Lösung: Bearbeitungsaufgabe: (Bild 1)

Einstechdrehen **∅ 68 ⇒ ∅ 60 (*R* 2,5)**
Schlichtbearbeitung Ra 3,2 µm ≈ Rz 12,5 µm

Breiter Drehmeißel DIN 4976/ISO 4, HM: **P10** (gelötet)

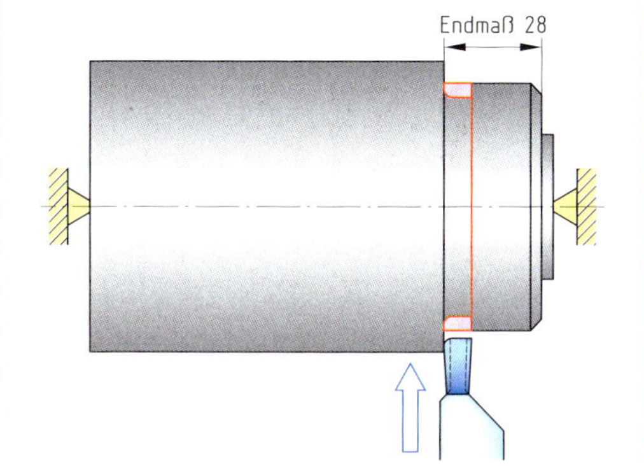

1 Einstechdrehen ∅ 68 ⇒ ∅ 60 (*R* 2,5)

Berechnung des Vorschubes ***f*** mit der allgemeinen Formel $f = \sqrt{8 \cdot Rz \cdot r}$ nicht möglich!

Praktische Erfahrungswerte:

Vorschub ***f*** durch **Handzustellung**

Zustellung $\boldsymbol{a_p}$ entspricht der **Einstichbreite**

Drehzahl ***n*** ≈ **400** 1/min

Arbeitsschritt 120:

geg.: Werkstückdurchmesser ∅ 68/60, geforderte Rauheit der Kegelfläche Ra 3,2 µm, Werkstoff C60, Drehmeißeleckenradius r = 0,4 mm, hartmetallbestückt

ges.: Einstellwerte: Vorschub f (mm), Zustellung a_p (mm), Drehzahl n (1/min), Einstellwinkel $\alpha/2$

Lösung: Bearbeitungsaufgabe: (Bild 1)

Längsrundkegeldrehen ⊳ 1 : 1,25
Schlichtbearbeitung Ra 3,2 µm ≈ Rz 12,5 µm

Wendeschneidplatte CCGH 11 03 04 F
P10 (beschichtet)

$$f = \sqrt{8 \cdot Rz \cdot r}$$
$$f = \sqrt{8 \cdot 0{,}0125\ \text{mm} \cdot 0{,}4\ \text{mm}}$$
$$\underline{\underline{f = 0{,}2\ \text{mm}}}$$

$$a_p \approx 4 \cdot f$$
$$a_p \approx 4 \cdot 0{,}2\ \text{mm}$$
$$a_p\ \text{(theoret.) bis} \approx 0{,}8\ \text{mm}$$
$$i = 5\text{: } \underline{\underline{a_p = 0{,}8\ \text{mm}}}$$

$$n = \frac{1000 \cdot v_c}{\pi \cdot d}$$
$$n = \frac{1000 \cdot 350\ \text{m/min}}{\pi \,.\, 68\ \text{mm}}$$
$$n = 1638\ \text{1/min}$$
$$\underline{\underline{n_{R20} = 1600\ \text{1/min}}}$$

$$\tan \alpha/2 = \frac{D - d}{2 \cdot L}$$
$$\tan \alpha/2 = \frac{68\ \text{mm} - 60\ \text{mm}}{2 \cdot 10\ \text{mm}} = \frac{8\ \text{mm}}{20\ \text{mm}} = 0{,}4$$
$$\underline{\underline{\alpha/2 = 21{,}801° = 21°\ 48'}}$$

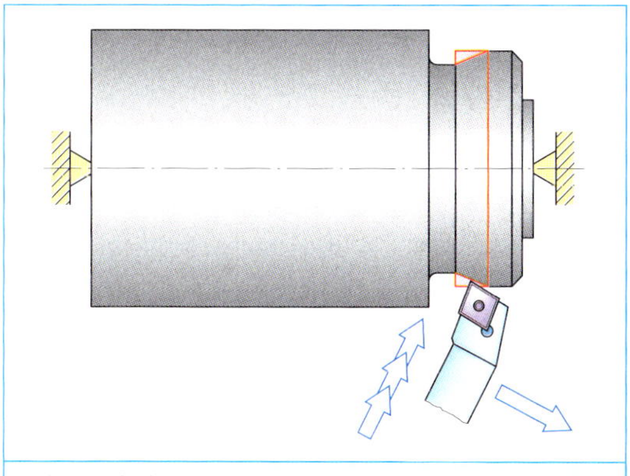

2 Kegeldrehen ⊳ 1 : 1,25

Arbeitsschritt 130:

geg.: Werkstückdurchmesser ∅80f7, geforderte Rauheit *Ra* 3,2 µm am Radius R8, Werkstoff C60, Schneidstoff des Profildrehmeißels HSS

ges.: Einstellwerte: Vorschub *f* (mm), Zustellung a_p (mm), Drehzahl *n* (1/min)

Lösung: Bearbeitungsaufgabe (Bild 1)

Profileinstechdrehen am ∅ 80 (**R 8)**
Schlichtbearbeitung *Ra* 3,2 µm ≈ *Rz* 12,5 µm

Profildrehmeißel **R 8** DIN 4964 (Form B), Schneidstoff: **HSS**

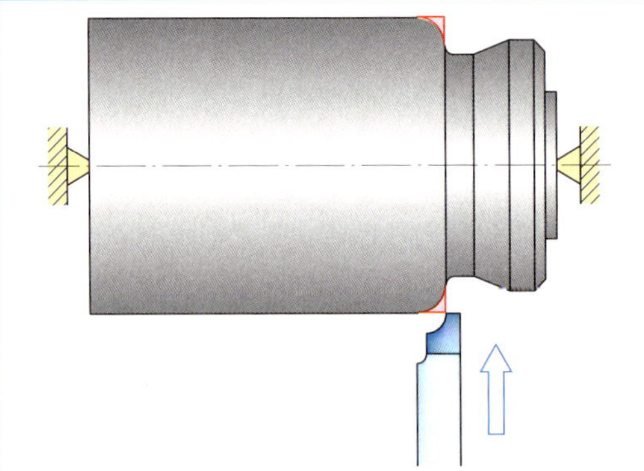

1 **Profildrehen Radius R8**

Berechnung des Vorschubes *f* mit der allgemeinen Formel $f = \sqrt{8 \cdot Rz \cdot r}$ nicht möglich!

Praktische Erfahrungswerte:

Vorschub ***f*** durch **Handzustellung**
Zustellung $\boldsymbol{a_p}$ entspricht dem **Radius**
Drehzahl ***n*** **< 100** 1/min

Arbeitsschritt 140:

geg.: Werkstückdurchmesser ∅80f7, geforderte Rauheit des Einstichs *Ra* 3,2 µm, Werkstoff C60, Stechdrehmeißel hartmetallbestückt

ges.: Einstellwerte: Vorschub *f* (mm), Zustellung a_p(mm), Drehzahl *n* (1/min)

Lösung: Bearbeitungsaufgabe: (Bild 2)

Einstechdrehen **∅ 80*f* 7 ⇒ ∅ 70 5 mm breit**
Schlichtbearbeitung *Ra* 3,2 µm ≈ *Rz* 12,5 µm

Wendeschneidplatte LCGW 12 04 F, HM: **P10** (beschichtet)

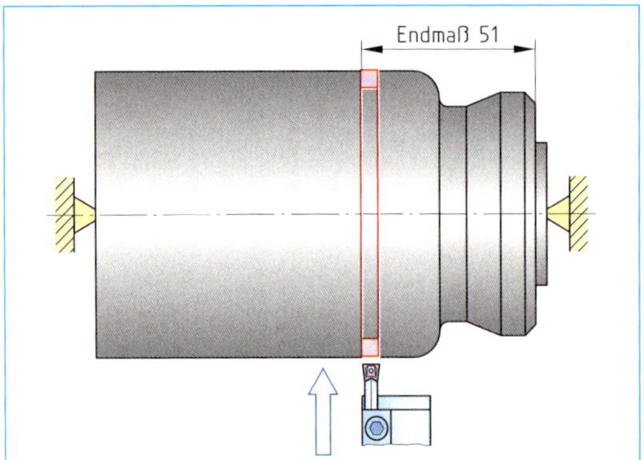

2 **Einstich ∅ 80 ⇒ ∅ 70 5 mm breit**

Berechnung des Vorschubes *f* mit der allgemeinen Formel $f = \sqrt{8 \cdot Rz \cdot r}$ nicht möglich!

Praktische Erfahrungswerte:

Vorschub ***f*** durch **Handzustellung**
Zustellung $\boldsymbol{a_p}$ entspricht der **Nutbreite**
Drehzahl ***n*** **≈ 400** 1/min

Arbeitsschritt 150: Werkstück wenden und zwischen Spitzen spannen

Arbeitsschritt 160:

geg.: Werkstückdurchmesser Ø80f7, geforderte Rauheit *Ra* 3,2 µm am Ø 60, Werkstoff C60, Drehmeißelradien *r* = 1,2 / 0,4 mm (hartmetallbestückt)

ges.: Einstellwerte: Vorschub *f* (mm), Zustellung a_p (mm), Drehzahl *n* (1/min) für die Schrupp- und Schlichtbearbeitung

Lösung: Bearbeitungsaufgabe (Bild 1)

Längsrunddrehen **Ø80f7 ⇒ Ø 60 x 65**

Schruppbearbeitung *Ra* 16 µm ≈ *Rz* 63 µm

Schlichtbearbeitung *Ra* 3,2 µm ≈ *Rz* 12,5 µm

Wendeschneidplatte CCGH 11 03 04 F, HM: **P10** (beschichtet)

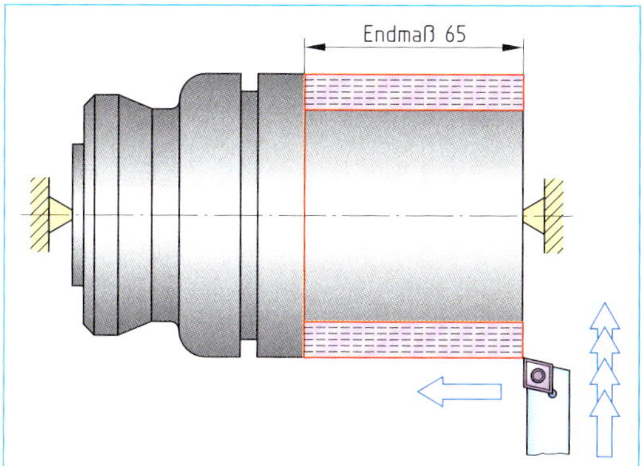

1 Längsrundvor- und -fertigdrehen
Ø 80 f7 ⇒ Ø 60 x 65

1. Schruppbearbeitung (Vordrehen)	2. Schlichtbearbeitung (Fertigdrehen)

$$f = \sqrt{8 \cdot Rz \cdot r}$$

1. Schruppbearbeitung (Vordrehen):

$f = \sqrt{8 \cdot 0{,}063\ \text{mm} \cdot 1{,}2\ \text{mm}}$

$f = 0{,}78\ \text{mm}$

$a_p \approx 7 \cdot f$

$a_p \approx 7 \cdot 0{,}78\ \text{mm}$

a_p (theoret.) bis ≈ 5,5 mm

$a_p = 3{,}0\ \text{mm}$

$i = 3$: ⇒ Ø 62 mm

2. Schlichtbearbeitung (Fertigdrehen):

$f = \sqrt{8 \cdot 0{,}0125\ \text{mm} \cdot 0{,}4\ \text{mm}}$

$f = 0{,}2\ \text{mm}$

$a_p \approx 4 \cdot f$

$a_p \approx 4 \cdot 0{,}8\ \text{mm}$

a_p (theoret.) bis ≈ 3 mm

$a_p = 0{,}5\ \text{mm}$

$i = 2$ ⇒ Ø 60 mm

$$n = \frac{1000 \cdot v_c}{\pi \cdot d}$$

Schruppbearbeitung: $n = \frac{1000 \cdot 240\ \text{m/min}}{\pi \cdot 80\ \text{mm}}$

$n = 955\ \text{1/min}$

$n_{R20} = 900\ \text{1/min}$

Schlichtbearbeitung: $n = \frac{1000 \cdot 350\ \text{m/min}}{\pi \cdot 62\ \text{mm}}$

$n = 1797\ \text{1/min}$

$n_{R20} = 1800\ \text{1/min}$

Arbeitsschritt 170:

geg.: Werkstückdurchmesser Ø 60 mm, geforderte Rauheit *Ra* 3,2 µm am Ø 30, Werkstoff C60, Drehmeißelradien *r* = 1,2 / 0,4 mm (hartmetallbestückt)

ges.: Einstellwerte: Vorschub *f* (mm), Zustellung a_p (mm), Drehzahl *n* (1/min) für die Schrupp- und Schlichtbearbeitung

Lösung: Bearbeitungsaufgabe (Bild 2)

Längsrunddrehen **Ø60f7 ⇒ Ø 30 x 30**

Schruppbearbeitung R_a 16 µm ≈ R_Z 63 µm

Schlichtbearbeitung R_a 3,2 µm ≈ R_Z 12,5 µm

Wendeschneidplatte CCGH 11 03 04 F, HM: **P10** (beschichtet)

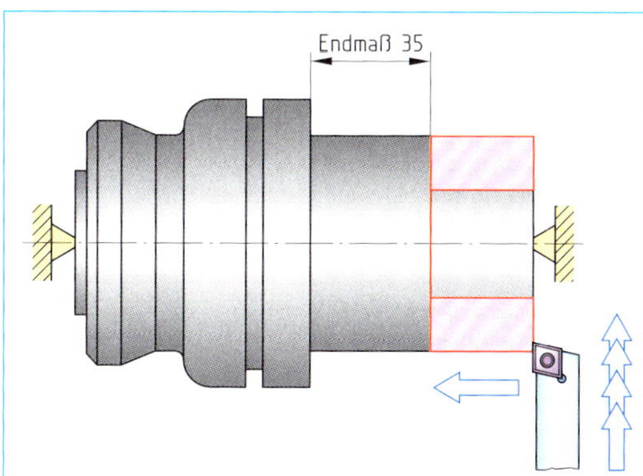

2 Längsrundvor- und -fertigdrehen
Ø 60 ⇒ Ø 30 x 30

$$f = \sqrt{8 \cdot Rz \cdot r}$$

1. Schruppbearbeitung (Vordrehen):

$f = \sqrt{8 \cdot 0{,}063\ \text{mm} \cdot 1{,}2\ \text{mm}}$

$f = 0{,}78\ \text{mm}$

$a_p \approx 7 \cdot f$

$a_p \approx 7 \cdot 0{,}78\ \text{mm}$

a_p (theoret.) bis ≈ 5,5 mm

$a_p = 2\ \text{mm}$

$i = 7$: ⇒ Ø 32 mm

2. Schlichtbearbeitung (Fertigdrehen):

$f = \sqrt{8 \cdot 0{,}0125\ \text{mm} \cdot 0{,}4\ \text{mm}}$

$f = 0{,}2\ \text{mm}$

$a_p \approx 4 \cdot f$

$a_p \approx 4 \cdot 0{,}2\ \text{mm}$

a_p (theoret.) bis ≈ 0,8 mm

$a_p = 0{,}5\ \text{mm}$

$i = 2$ ⇒ Ø 30 mm

$$n = \frac{1000 \cdot v_c}{\pi \cdot d}$$

Schruppbearbeitung: $n = \frac{1000 \cdot 240\ \text{m/min}}{\pi \cdot 60\ \text{mm}}$

$n = 1273\ \text{1/min}$

$n_{R20} = 1250\ \text{1/min}$

Schlichtbearbeitung: $n = \frac{1000 \cdot 350\ \text{m/min}}{\pi \cdot 31\ \text{mm}}$

$n = 3594\ \text{1/min}$

$n_{R20} = 3550\ \text{1/min}$

Arbeitsschritt 180:

geg.: Werkstückdurchmesser ∅ 60, geforderte Rauheit *Ra* 3,2 µm am Einstich, Werkstoff C60, Schneidstoff des Profildrehmeißels HSS

ges.: Einstellwerte: Vorschub *f* (mm), Zustellung a_p (mm), Drehzahl *n* (1/min)

Lösung: Bearbeitungsaufgabe (Bild 1)

Einstechdrehen am ∅ 60 ⇒ ∅ 44 (**R 8**)
Schlichtbearbeitung *Ra* 3,2 µm ≈ *Rz* 12,5 µm

Profildrehmeißel **R 8** DIN 4964 Form B (10 mm breit), Schneidstoff: **HSS**

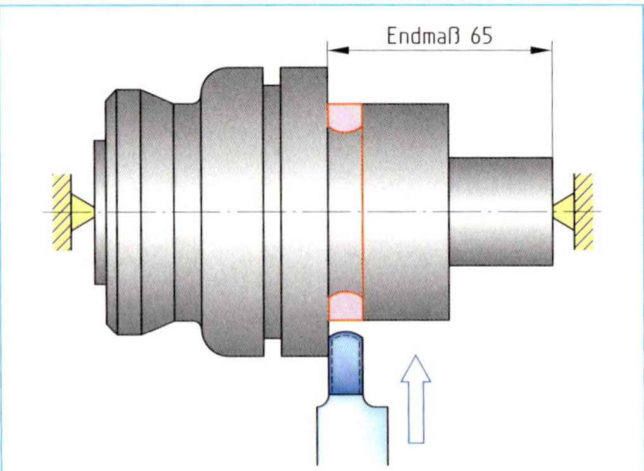

1 Profileinstich R8 x 10

Berechnung des Vorschubes *f* mit der allgemeinen Formel $f = \sqrt{8 \cdot Rz \cdot r}$ nicht möglich!

Praktische Erfahrungswerte:

Vorschub ***f*** durch **Handzustellung**
Zustellung $\boldsymbol{a_p}$ entspricht der **Nutbreite**
Drehzahl ***n*** **< 100** 1/min

Arbeitsschritt 190:

geg.: Werkstückdurchmesser ∅ 80, geforderte Rauheit *Ra* 3,2 µm an der Fase 45°, Werkstoff C60, Einstellwinkel am Drehmeißel $\kappa = 45°$, Schneidstoff des Drehmeißels HSS

ges.: Einstellwerte: Vorschub *f* (mm), Zustellung a_p (mm), Drehzahl *n* (1/min)

Lösung: Bearbeitungsaufgabe (Bild 2)

Längsdrehen: **Fase 45°** am ∅80f7
Schlichtbearbeitung *Ra* 3,2 µm ≈ *Rz* 12,5 µm

Wendeschneidplatte SCGH 10 03 04 F, HM: **P10** (beschichtet)

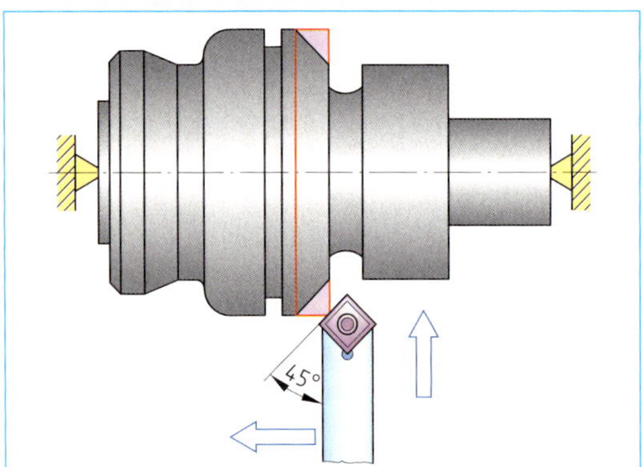

2 Längsdrehen der Fase 45° am ∅80f7

Berechnung des Vorschubes *f* mit der allgemeinen Formel $f = \sqrt{8 \cdot Rz \cdot r}$ nicht möglich!

Praktische Erfahrungswerte:

Vorschub ***f*** durch **Handzustellung**
Zustellung $\boldsymbol{a_p}$ entspricht der **Fase**
Drehzahl ***n*** **< 100** 1/min

Arbeitsschritt 200: Werkstück wenden und zwischen Spitzen spannen

Arbeitsschritt 210:

geg.: Werkstückdurchmesser ∅ 60/50, geforderte Rauheit der Kegelfläche *Ra* 1,6 µm, Drehmeißelradius r_ε = 0,2 mm, Werkstoff C60

ges.: Einstellwerte: Vorschub *f* (mm), Zustellung a_p (mm), Drehzahl *n* (1/min), Einstellwinkel $\alpha/2$ (Kegelerzeugungswinkel)

Lösung: Bearbeitungsaufgabe: (Bild 1)

Längsrunddrehen ▷ 1 : 1,5
Feinschlichtbearbeitung *Ra* 1,6 µm ≈ *Rz* 6,3 µm

Wendeschneidplatte CCGH 11 03 04 F
HM: **P10** (beschichtet)

$$f = \sqrt{8 \cdot Rz \cdot r}$$
$$f = \sqrt{8 \cdot 0{,}063\ \text{mm} \cdot 0{,}2\ \text{mm}}$$
$$\underline{\underline{f = 0{,}1\ \text{mm}}}$$

$$a_p \approx 3 \cdot f$$
$$a_p \approx 3 \cdot 0{,}1\ \text{mm}$$
a_p (theoret.) bis ≈ 0,3 mm
$$i = 5\text{: } \underline{\underline{a_p = 0{,}2\ \text{mm}}}$$

$$n = \frac{1000 \cdot v_c}{\pi \cdot d}$$
$$n = \frac{1000 \cdot 350\ \text{m/min}}{\pi \cdot 60\ \text{mm}}$$
$$n = 1857\ \text{1/min}$$
$$\underline{\underline{n_{R20} = 1800\ \text{1/min}}}$$

$$\tan \alpha/2 = \frac{D-d}{2 \cdot L}$$
$$\tan \alpha/2 = \frac{60\ \text{mm} - 50\ \text{mm}}{2 \cdot 15\ \text{mm}} = \frac{10\ \text{mm}}{30\ \text{mm}} = 0{,}333$$
$$\underline{\underline{\alpha/2 = 18{,}43^\circ = 18^\circ\ 26'}}$$

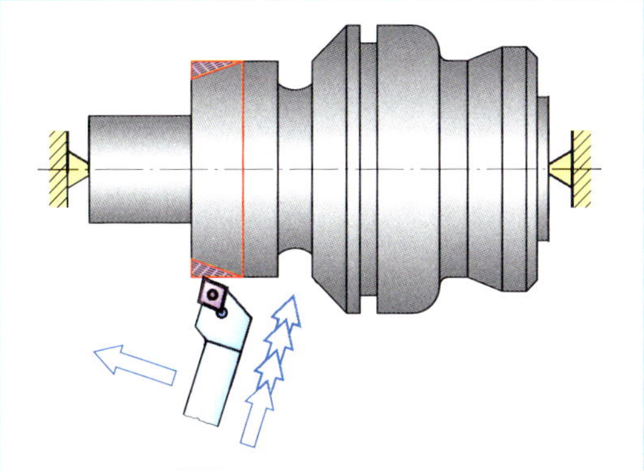

1 Kegeldrehen ▷ 1 : 1,5 am ∅ 60

Arbeitsschritt 220: Werkstück wenden und zwischen Spitzen spannen

Arbeitsschritt 230:

geg.: Werkstückdurchmesser ∅ 30, geforderte Rauheit des Gewindefreistiches *Ra* 3,2 µm, Schlichtbearbeitung, hartmetallbeschichtet, Werkstoff C60

ges.: Einstellwerte: Vorschub *f* (mm), Zustellung a_p (mm), Drehzahl *n* (1/min)

Lösung: Bearbeitungsaufgabe (Bild 2)

Einstechdrehen **∅ 30 (DIN 76-B)**
Schlichtbearbeitung *Ra* 3,2 µm ≈ *Rz* 12,5 µm

Wendeschneidplatte VDAH 12 03 04 F, HM: **P10** (beschichtet)

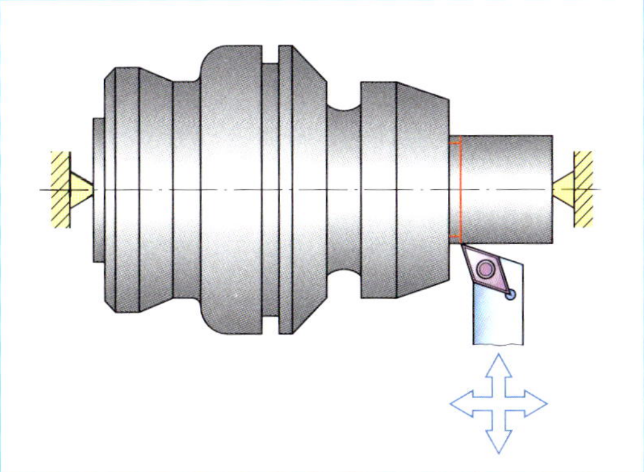

2 Freistichdrehen DIN 76-B am ∅ 30

Berechnung des Vorschubes *f* mit der allgemeinen Formel $f = \sqrt{8 \cdot Rz \cdot r}$ nicht möglich!

Praktische Erfahrungswerte:

Vorschub ***f*** durch **Handzustellung**
Zustellung $\boldsymbol{a_p}$ entspricht der **Freistichbreite**
Drehzahl ***n*** **< 400** 1/min

Arbeitsschritt 240:

geg.: Werkstückdurchmesser ∅ 30, geforderte Rauheit der Fase *Ra* 3,2 µm, Werkstoff C60
Einstellwinkel am Drehmeißel κ = 45°, hartmetallbestückt

ges.: Einstellwerte: Vorschub *f* (mm), Zustellung a_p (mm) Drehzahl *n* (1/min)

Lösung: Bearbeitungsaufgabe (Bild 1)

Längsdrehen der **Gewindefase 45°**
Schlichtbearbeitung *Ra* 3,2 µm ≈ *Rz* 12,5 µm

Wendeschneidplatte SCGH 10 03 04 F, HM: **P10** (beschichtet)

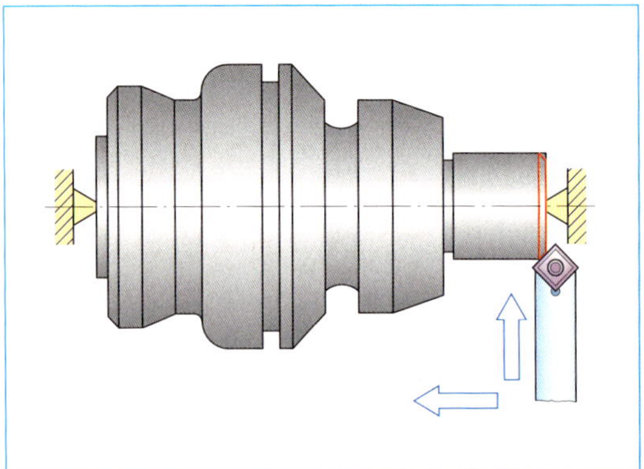

1 Längsdrehen der Gewindefase

Berechnung des Vorschubes *f* mit der allgemeinen Formel $f = \sqrt{8 \cdot Rz \cdot r}$ nicht möglich!

Praktische Erfahrungswerte:

Vorschub ***f*** durch **Handzustellung**
Zustellung $\boldsymbol{a_p}$ entspricht der **Fasengröße**
Drehzahl ***n*** **≈ 400** 1/min

Arbeitsschritt 250:

geg.: Werkstückdurchmesser ∅ 30, geforderte Rauheit des Gewindes M 30 x 1,5 *Ra* 3,2 µm, Werkstoff C60, Schneidstoff des Gewindedrehmeißels HSS

ges.: Einstellwerte: Vorschub *f* (mm), Zustellung a_p (mm), Drehzahl *n* (1/min)

Lösung: Bearbeitungsaufgabe (Bild 2)

Feingewindedrehen **M 30 x 1,5**
Schlichtbearbeitung *Ra* 3,2 µm ≈ *Rz* 12,5 µm

Wendeschneidplatte TCGH 11 03 05 F, HM: **P10** (beschichtet)

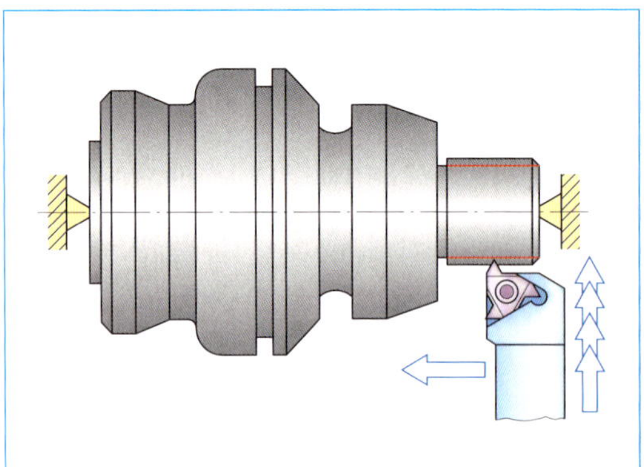

2 Feingewindedrehen M 30 x 1,5

Gewindespezifische Einstellwerte lassen sich nach den allgemeinen Berechnungsunterlagen **nicht** bestimmen!

Praktische Erfahrungswerte:

Vorschub ***f*** entspricht der **Gewindesteigung *P***
Zustellung $\boldsymbol{a_p}$ **(*i* = 5)** – Schnittaufteilung!
Drehzahl ***n*** **≈ 50 1/min**
Eine seitliche Zustellung ***b*** **≈ 0,02 mm** verhindert das Einhaken bei der Gewindeherstellung

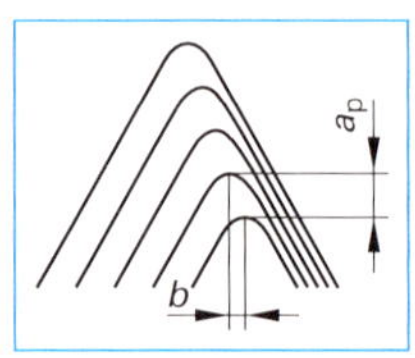

Arbeitsschritt 260: Werkstück wenden und auf dem Außendurchmesser ∅ 60 spannen

Arbeitsschritt 270:

geg.: Plangedrehte und zentrierte linke Werkstückseite, Werkstoff C60, Tabellenwerte für die Schnittgeschwindigkeit v_c (m/min) und den Vorschub f (mm), Hartmetall P20

ges.: Einstellwerte: Vorschub f (mm), Drehzahl n (1/min)

Lösung: Bearbeitungsaufgabe (Bild 1)

Grundlochbohren ∅ **28 x 31 tief**
Voll-Hartmetall-Spiralbohrer
HM: **P20**

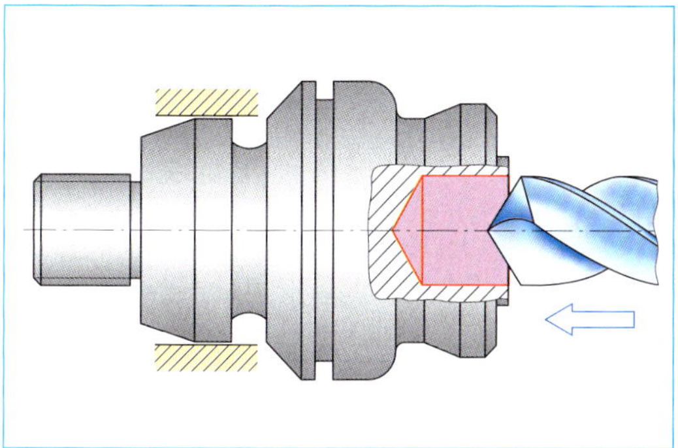

1 Grundlochbohren ∅ 28 x 31 tief

Werte siehe Tabellenbuch:

$v_c \approx$ **70 m/min**

$f =$ **0,32 mm ... 0,5 mm**

$$n = \frac{1000 \cdot v_c}{\pi \cdot d}$$

$$n = \frac{1000 \cdot 70 \text{ m/min}}{\pi \cdot 28 \text{ mm}}$$

$$n = 796 \text{ 1/min}$$

$$n_{R20} = 710 \text{ 1/min}$$

Arbeitsschritt 280:

geg.: Bohrungsdurchmesser ∅ 28, geforderte Rauheit Ra 3,2 µm der $\varnothing_{\text{Innen}}$ = 30 / 42H7, Drehmeißelradius r = 0,4 mm, hartmetallbestückt, Werkstoff C60

ges.: Einstellwerte: Vorschub f (mm), Zustellung a_p (mm), Drehzahl n (1/min)

Lösung: Bearbeitungsaufgabe (Bild 2)

Längsrundinnendrehen **∅ 30 x 30/∅ 42H7/ x 25**
Sohlichtbearbeitung Ra 3,2 µm ≈ Rz 12,5 µm
Wendeschneidplatte S 15 R - SCUDR 10,
HM: **P10** (beschichtet)

1. **∅ 30** 2. **∅ 42H7**

$$f = \sqrt{8 \cdot Rz \cdot r}$$

$$f = \sqrt{8 \cdot 0{,}0125 \text{ mm} \cdot 0{,}4 \text{ mm}}$$

$$f = 0{,}2 \text{ mm}$$

$$a_p \approx 4 \cdot f$$

$$a_p \approx 4 \cdot 0{,}2 \text{ mm}$$

a_p (theoret.) bis ≈ 0,8 mm

i = 2: a_p = 0,5 mm (∅ 28 ⇒ ∅ 30)

i = 12: a_p = 0,5 mm (∅ 30 ⇒ ∅ 42H7)

(Messansätze beachten!)

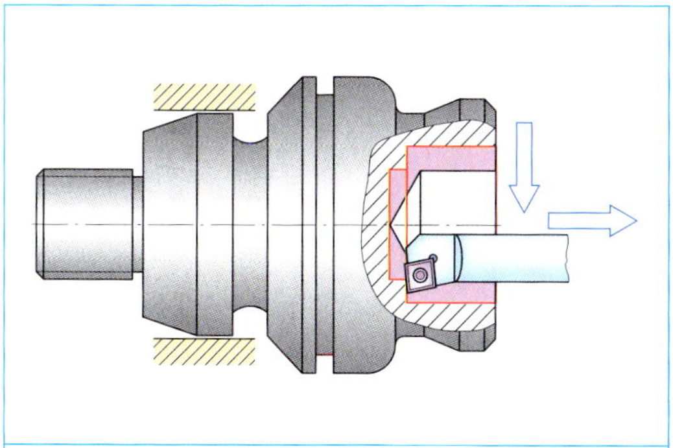

2 Längsrundinnendrehen ∅ 30 x 30 / ∅ 42H7 x 25

$$n = \frac{1000 \cdot v_c}{\pi \cdot d}$$

$$n = \frac{1000 \cdot 280 \text{ m/min}}{\pi \cdot 30 \text{ mm}} \qquad n = \frac{1000 \cdot 280 \text{ m/min}}{\pi \cdot 42 \text{ mm}}$$

$$n = 2971 \text{ 1/min} \qquad n = 2122 \text{ 1/min}$$

$$n_{R20} = 2800 \text{ 1/min} \qquad n_{R20} = 2000 \text{ 1/min}$$

Arbeitsschritt 290:

geg.: Werkstückinnendurchmesser ∅ 42H7, geforderte Rauheit der Nuten *Ra* 3,2 µm, Wirkstoff C60, Drehmeißelradius $r = 0{,}4$ mm, Schneidstoff des Inneneinstechmeißels HSS

ges.: Einstellwerte: Vorschub f (mm), Zustellung a_p (mm), Drehzahl n (1/min)

Lösung: Bearbeitungsaufgabe (Bild 1)

Einstechdrehen **∅42H7 ∅ 44,5 x 1,85H13**
Schlichtbearbeitung *Ra* 3,2 µm ≈ *Rz* 12,5 µm

Rechter Inneneinstechdrehmeißel DIN 4963
Schneidstoff: **HSS**

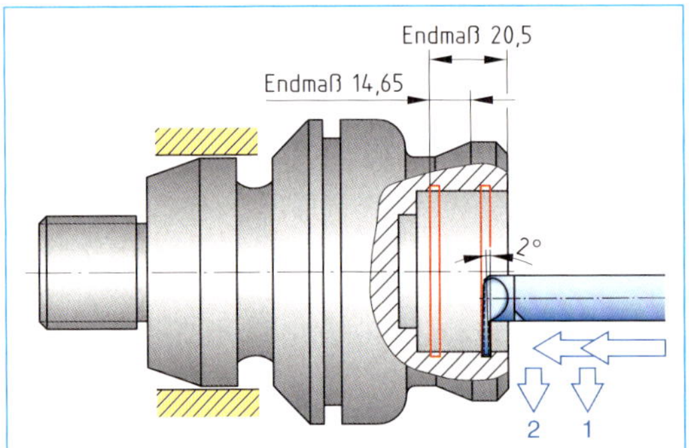

1 Einstechen der Nuten ∅ 44,5 x 1,85H13

Fertigungsspezifische Einstellwerte lassen sich nach der allgemeinen Berechnungsgrundlage **nicht bestimmen!**

Praktische Erfahrungswerte:
Vorschub ***f*** durch **Handzustellung**
Zustellung $\boldsymbol{a_p}$ **= Nutbreite**
Drehzahl $\boldsymbol{n}$ < **100** 1/min

(Achtung: **Gratbildung**)

Arbeitsschritt 300: Qualitätskontrolle des fertigen Werkstücks

Ergebniszusammensellung

Arbeitsschritt	**Verfahrensskizze**	**Werkzeug**		**Einstellwerte**		
		Form	Schneidstoff	f (mm)	a_p (mm)	n_{R20} (1/min)
10 Rohling prüfen und spannen	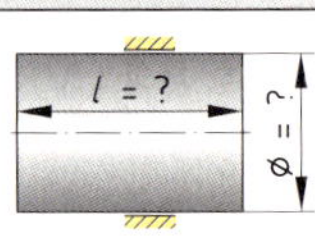					
20 Querplan-drehen (1. Seite)	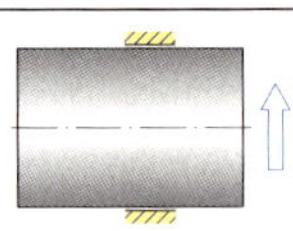	DIN 4977 ISO 5	P10 beschichtet	0,2	0,5...1	1250
30 Zentrierbohrung (1. Seite)	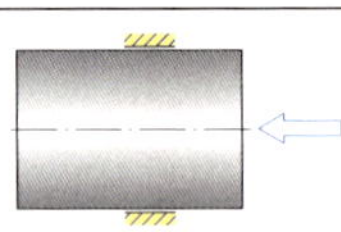	DIN 333 Form A	HSS	0,08	—	2500
40 Werkstück umspannen						
50 Zentrierbohrung (2. Seite)	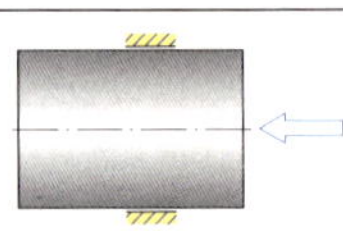	DIN 333 Form A	HSS	0,08	—	2500

60 Querplandrehen (2. Seite)	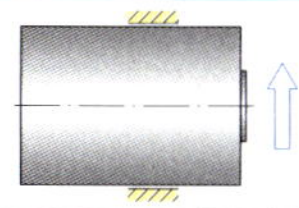	DIN 4977/ P10 ISO 5 beschichtet	0,2	Maß 130	1250
70 Werkstück zwischen Spitzen spannen	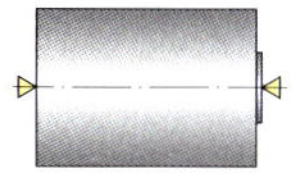				
80 Längsrundvor- u. -fertigdrehen ∅ 90 ⇒ ∅ 80f7	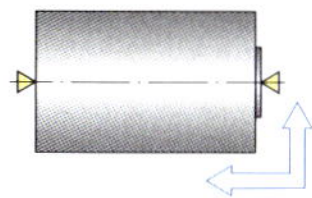	DIN 4980 P10 ISO 6 beschichtet	0,78 0,2	2,25 0,5	800 1400
90 Längsrundvor- und -fertigdrehen ∅ 80f7 ⇒ ∅ 68 x 28	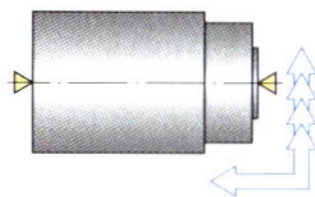	DIN 4980/ P10 ISO 6 beschichtet	0,78 0,2	2,75 0,5	900 1600
100 Längsdrehen der Fase 3 x 45°	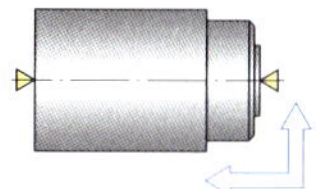	DIN 4972/ P10 ISO 2 beschichtet	Hand	3	400
110 Einstechdrehen ∅ 68 ⇒ ∅ 60 (R2,5)	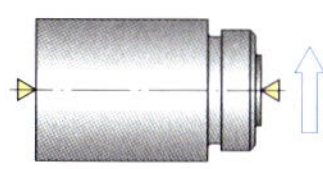	DIN 4976/ P10 ISO 4 gelötet	Hand des	Breite Einstichs	400
120 Kegeldrehen ▷ 1 : 1,25	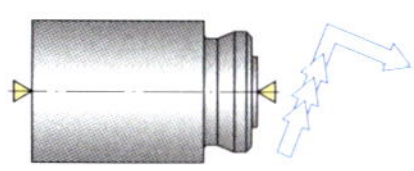	DIN 4971/ P10 ISO 1 beschichtet	0,2	0,8	1600
130 Profildrehen Radius R 8	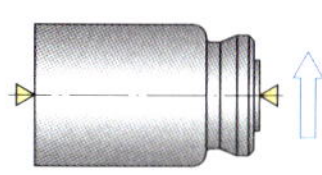	DIN 4964 HSS Form B	Hand	= R	<100
140 Einstichdrehen ∅ 80 ⇒ ∅ 70 (5 breit)	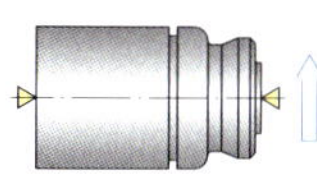	DIN 4981/ P10 ISO 7 beschichtet	Hand	5	400
150 Werkstück wenden					
160 Längsrundvor- und -fertigdrehen ∅ 80f7 ⇒ ∅ 60 x 65	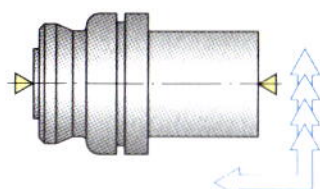	DIN 4980/ P10 ISO 6 beschichtet	0,78 0,2	3,0 0,5	900 1800
170 Längsrundvor- und -fertigdrehen ∅ 60 ⇒ ∅ 30 x 30	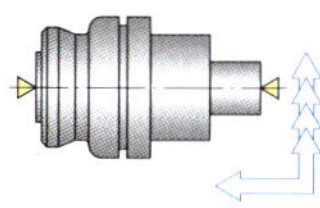	DIN 4980 P10 beschichtet	0,78 0,2	2,0 0,5	1250 3550
180 Profileinstich R8 x 10	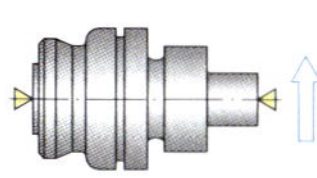	DIN 4964 HSS Form B	Hand	10	<100

190 Längsdrehen der Fase 45°	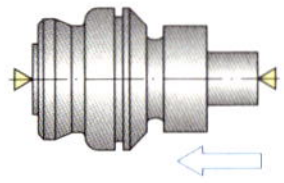	DIN 4952	HSS	Hand	Maß der Fase	<100
200 Werkstück wenden						
210 Kegeldrehen 1 : 1,5	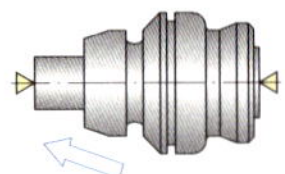	DIN 4971 ISO 1	P10 beschichtet	< 0,1	0,2	1800
220 Werkstück wenden						
230 Freistich nach DIN 76-B	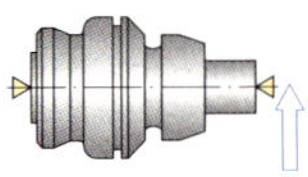	DIN 76-B	P10 beschichtet	Hand	Maß der Breite	<400
240 Längsdrehen der Gewindefase	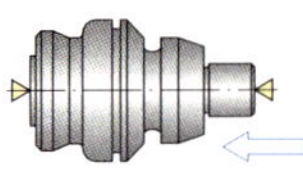	DIN 4972/ ISO 2	P10 beschichtet	Hand	Maß der Fase	400
250 Feingewindedrehen M 30 x 1,5	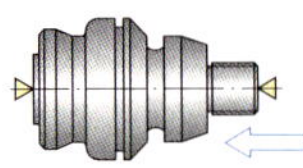	DIN 4955	HSS beschichtet	= P	i = 5	~ 50
260 Werkstück wenden						
270 Grundlochbohren ∅ 28 x 31 tief	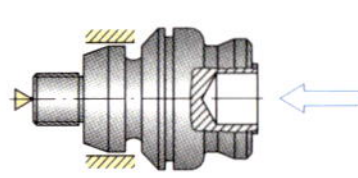	Bohrer Typ N	HM P20	0,32...0,5	—	710
280 Längsrund-innendrehen ∅ 30 x 30 ∅ 42 H7 x 25	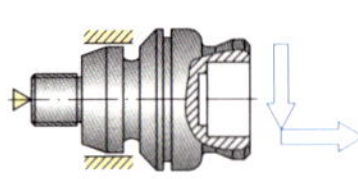	DIN 4974/ ISO 9	P10 beschichtet	0,2 0,2	0,5 0,5	2800 2000
290 Einstechen der Nuten ∅ 44,5 x 1,85 H13	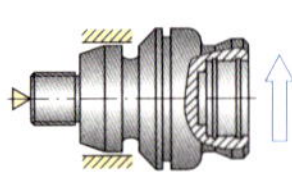	DIN 4963	HSS	Hand	1,85	<100
300 **Qualitätskontrolle des fertigen Werkstückes**						

Berechnungen zur Arbeitsplanung

Die Berechnung der **Hauptnutzungszeit t_h** (min) beim Drehen (Bild 2) erfordert eine exakte Unterscheidung der angewendeten Fertigungsverfahren. Die folgende Berechnung ist auf die vorangegangene Bearbeitung des **Drehteils** (Einführungsbeispiel Bild 1) bezogen. Das Rohteil wird im Arbeitsschritt 30 an einer Planseite schlichtend (Rz = 16 µm) bearbeitet. Die verfahrensspezifischen Berechnungsgrößen sind aus der Zuordnung im Tabellenbuch **Querplandrehen (Hohlzylinder)** ersichtlich.

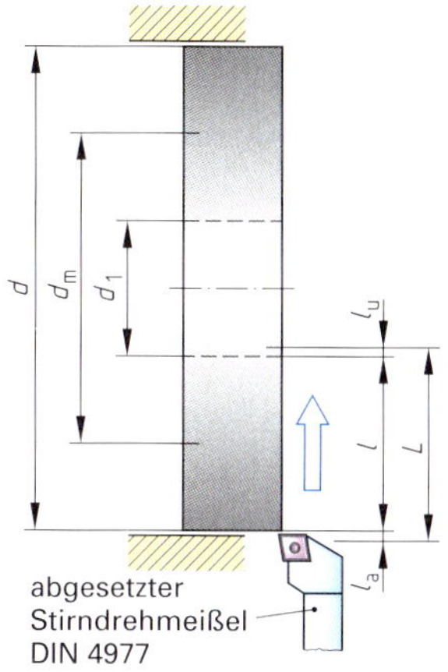

1 Drehteil (Arbeitsschritt 30)

Quer-Plandrehen
Hohlzylinder

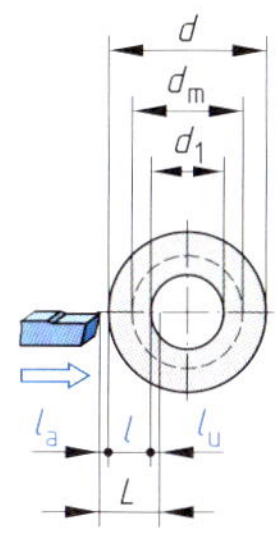

$$L = \frac{d - d_1}{2} + l_a \cdot l_u$$

$$d_m = \frac{d + d_1}{2}; \quad n = \frac{v_c}{\pi \cdot d_m}$$

Hauptnutzungszeit

$$t_h = \frac{\pi \cdot d_m; L \cdot i}{v_c \cdot f}$$

2 Querplandrehen (Hohlzylinder) Berechnungsgrundlagen

geg.: d = 100 mm
d_1 = 27 mm
$l_a = l_u$ = 1,5 mm (allg. festgelegt!)

ges.: Vorschubweg L (mm),
Drehzahl n (1/min),
Hauptnutzungszeit t_h (min)

Berechnungs- bzw. Tabellenwerte:
$\boldsymbol{f}$ **= 0,23 mm**
$\boldsymbol{v_c}$ **= 350 m/min**

$$L = \frac{d - d_1}{2} + l_a + l_u$$

$$L = \frac{100\text{ mm} - 27\text{ mm}}{2} + 1{,}5\text{ mm} + 1{,}5\text{ mm}$$

$$L = 39{,}5\text{ mm}$$

$$d_m = \frac{d + d_1}{2}$$

$$d_m = \frac{100\text{ mm} + 27\text{ mm}}{2}$$

$$d_m = 63{,}5\text{ mm}$$

$$t_h = \frac{\pi \cdot d_m \cdot L \cdot i}{v_c \cdot f}$$

$$t_h = \frac{\pi \cdot 63{,}5\text{ mm} \cdot 39{,}5\text{ mm} \cdot 1}{350000\text{ mm/min} \cdot 0{,}25\text{ mm}}$$

$$\underline{\underline{t_h = 0{,}09\text{ min}}}$$

Für die Bearbeitung der ersten Planseite in einem Schnitt (Fertigungsschritt 30) wird eine Hauptnutzungszeit von 5,4 s benötigt.

Beim Einsatz einer **beschichteten Wendeschneidplatte** (Typ MA US 735 – ultradünne TiC/TiN-Zweilagenschicht 4 µm) ergeben die vom Hersteller empfohlenen Schnittdaten betriebswirtschaftliche Vorteile. Die Werte für den **Vorschub f** und die **Schnitttiefe a_p** liegen im Bereich der allgemeinen Zerspanungswerte. Beeindruckend ist die fast **3-fache** Standzeitverlängerung, durch den geringen Freiflächenverschleiß VB (mm) dokumentiert (Bild 3).

Freiflächenverschleiß VB (mm)

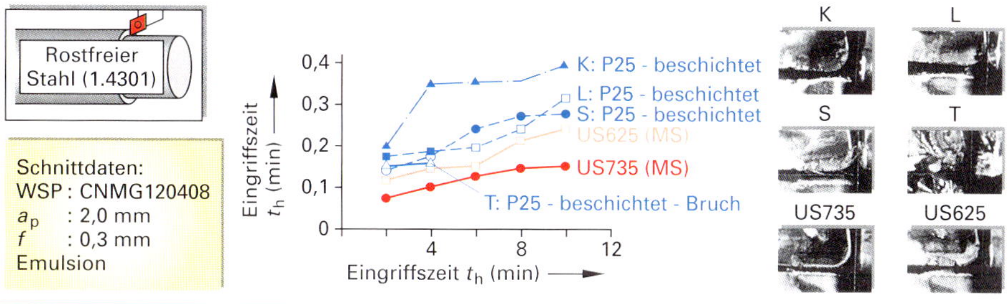

3 Leistungsdiagramm von US 735

2.4.3 Arbeitsplanung beim Fräsen

Die Herstellung der unterschiedlichen Werkstückformen durch das Fertigungsverfahren „Fräsen“ erfordert die Anwendung differenzierter Fräsverfahren (Fräserform und Achsenlage):

- **Wälzfräsen (Walzenfräser)**
- **Stirnfräsen (Walzenstirnfräser)**
- **Nutenfräsen (Scheibenfräser)**
- **Langlochfräsen (Schaftfräser)**

Die unterschiedliche Werkzeugbelastung, die Bewegungsspezifik und der verwendete Schneidstoff verlangen stark voneinander abweichende Werte für die **Schnitt- und Vorschubgeschwindigkeiten** v_c (m/min), v_f (m/min). Bei der Werkzeugbereitstellung und Berechnung ist die **Zähnezahl** z der Fräser als verfahrenstypische Größe zu beachten.

Die Arbeitsplanung von Frästeilen baut auf den Grundlagen der Drehbearbeitung auf und wird durch Verfahrensbesonderheiten ergänzt.

Berechnungsgrundlage:

1. **Drehzahl „n“:** $n = \frac{1000 \cdot v_c}{d \cdot \pi}$

   Die einzustellende Drehzahl n (1/min) des Werkzeuges ist vom Fräsverfahren, der Werkstoff-Schneidstoffpaarung sowie vom Werkzeugdurchmesser abhängig

2. **Vorschubgeschwindigkeit „v_f“:** $v_f = f_Z \cdot z \cdot n$

   Die Vorschubgeschwindigkeit v_f (mm/min) ist vom Fräsverfahren/Fräser (f_z, z) und der berechneten Drehzahl n abhängig.

3. **Schnittgeschwindigkeit „v_c“:**

   Vom Hersteller angegebener Wert (m/min)

Verfahrensmerkmale:

1. Herstellung ebener Flächen: (Bild 1)
   z.B. durch Walzen-, Walzenstirn-, Scheiben- u. Schaftfräser

   Zustellung „a_p“: Konstante aufgabengebundene Größe
   a_p = 0,5 mm für Schlichten (*Rz* 10)
   a_p = 8 mm für Schruppen (*Rz* 63)

   Schnittgeschwindigkeit v_c und **Vorschub pro Zahn f_Z:**
   Sind konstante von der Werkstoff-Schneidstoffpaarung abhängige Tabellenwerte

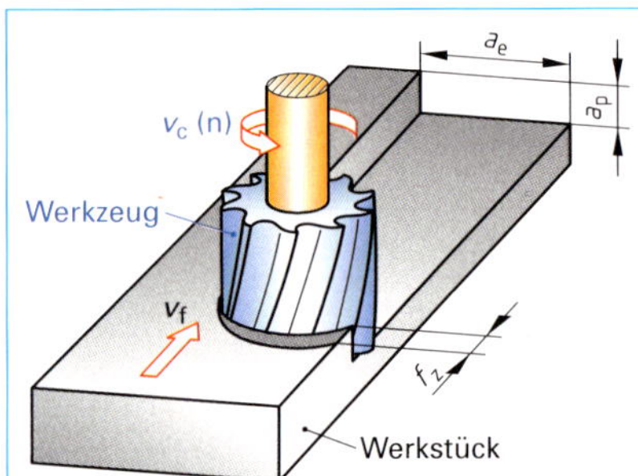

1 Einstellwerte beim Fräsen ebener Flächen

2. Herstellung gekrümmter Flächen (Bild 2)
   z.B. Zahnrad-, Gewinde- und Nachformfräsen

   Zustellung a_p, Schnittgeschwindigkeit v_c und **Zahnvorschub f_Z** sind durch Tabellenwerte und die Berechnungsformeln zu bestimmen.

   Der grundsätzliche Verfahrensunterschied besteht in der unterschiedlichen Bewegungskombination der Schnittgeschwindigkeit v_c und der Vorschubgeschwindigkeit v_f.

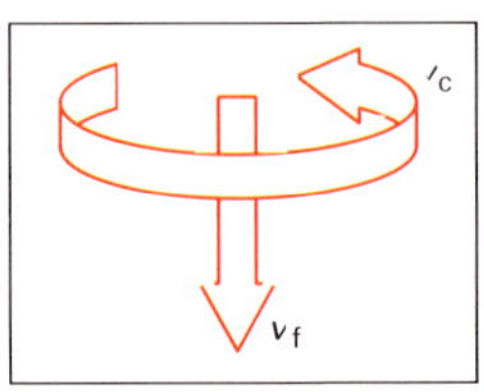

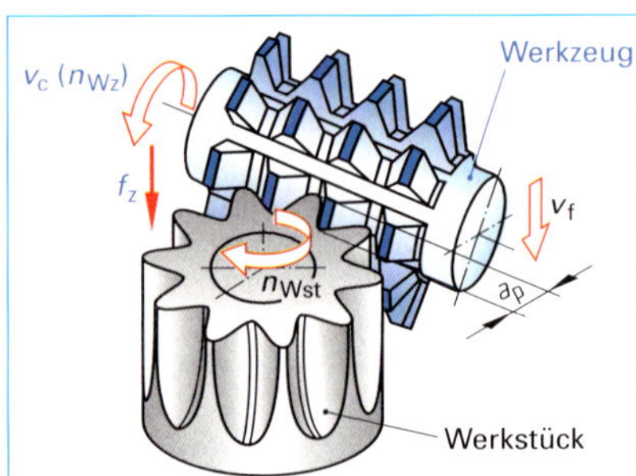

2 Einstellwerte beim Fräsen gekrümmter Flächen

Beispiel: Wälzfräsen von Zahnrädern (Bild 3)

Berechnungsbeispiel:

Aufgabe: Für die vorgegebene Fräsbearbeitung der Grundplatte (Gussteil Bild 1) aus EN-GJL-HB235 (EN-JL2050) ist mit der speziellen Berechnungsgrundlage der Fräsverfahren die Arbeitsplanung zu erstellen. Analog der Arbeitsplanung beim Drehen sind die ermittelten Ergebnisse für die Verfahrensskizze, Werkzeuge und Einstellwerte in Tabellenform zusammenzustellen.

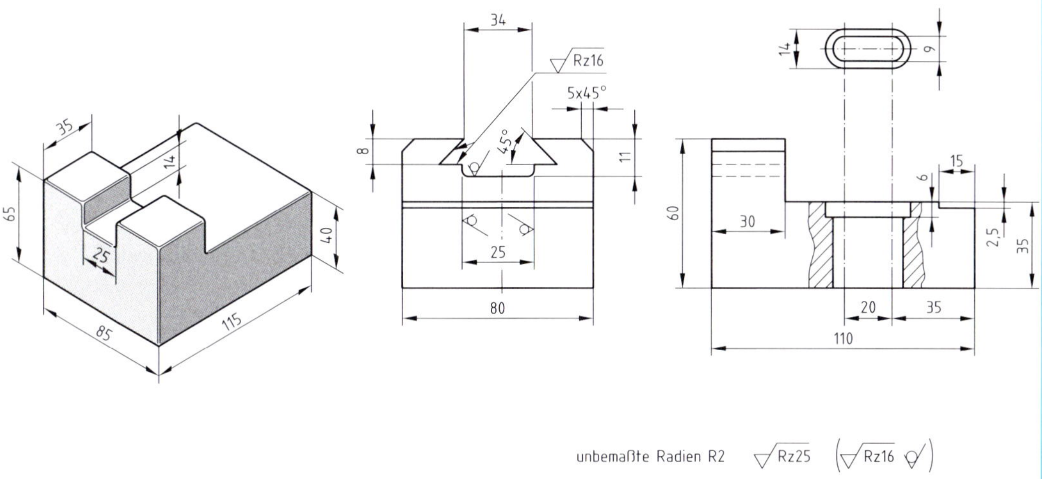

1 Gussteil (Rohteil und Fertigwerkstück)

Arbeitsschritte beim Fräsen:

10 Gussrohteil auf Maßhaltigkeit prüfen, Hauptmaße anreißen.

20 Werkstück mit Hilfe von Parallelleisten in der entsprechenden Lage sichern und längs im Maschinenschraubstock spannen (obere Werkstückseite nach oben!)

30 Die drei oberen Flächen mit einem Walzenstirnfräser nach Anriss bzw. vorgegebenem Maß planfräsen.

40 Umspannen, Lagesicherung! Bearbeitung der Werkstückunterseite mittels Fräskopf, dabei auf die vorgeschriebenen Maße planfräsen.

50 Umspannen, Lagesicherung (Werkstück senkrecht)! Stirnflächen mit Fräskopf bearbeiten.

60 Umspannen, Lagesicherung! Seitenflächen mit Fräskopf bearbeiten.

70 Fräskopf um 45° neigen und damit die Fasen 5 x 45° fräsen.

80 Fräskopf zurückschwenken! Mit einem Winkelstirnfräser 45°, ∅ 40 x 10, die Schwalbenschwanznut fräsen.

90 Anzeichnen der Langlöcher.

100 Mit Spiralbohrer die Fräseransätze vorbereiten (∅ 9 mm durchbohren, ∅ 14 mm, 6 mm tief anbohren)

110 Mit Schaftfräser ∅ 9 mm bzw. ∅ 14 mm in mehreren Schnitten die Langlöcher fräsen.

Arbeitsschritt 30:

geg.: Werkstoff EN-GJL-HB235, geforderte Rauheit *Rz* 25 µm, Walzenstirnfräser

ges.: Einstellwerte: Drehzahl *n* (1/min), Vorschubgeschwindigkeit v_f (mm/min)
Tabellenwerte: Schnittgeschwindigkeit v_c (m/min), Vorschub je Zahn f_Z (mm)

Lösung: Bearbeitungsaufgabe: **Stirn-Planfräsen** (Bild 1)

Walzenstirnfräser ∅ = 125 mm, *z* = 12
DIN 1880, **Schlicht**bearbeitung *Rz* 25 µm
Schneidstoff: **HSS** (unbeschichtet)

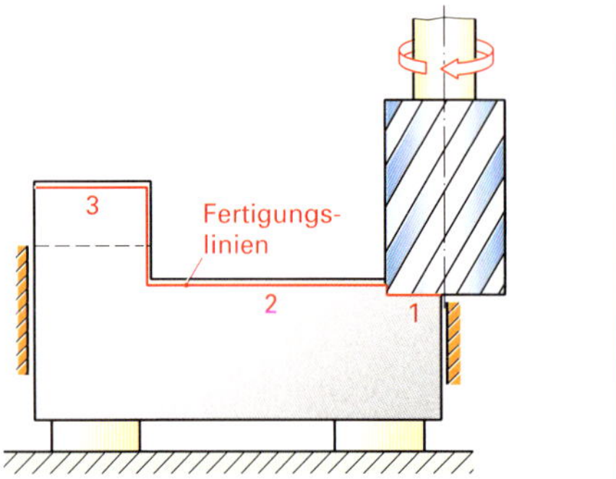

1 Arbeitsschritt 30

Tabellenwerte:

$\mathbf{v_c = 17\ m/min,\ f_Z = 0{,}06\ mm\ ...\ 0{,}13\ mm}$

$$n = \frac{1000 \cdot v_c}{d \cdot \pi}$$

$$n = \frac{1000 \cdot 17\ \text{m/min}}{125\ \text{mm} \cdot \pi}$$

$$n = 43\ \text{1/min}$$

$$n_{R20} = 40\ \text{1/min}$$

$$v_f = f_Z \cdot n \cdot z$$

$$v_f = 0{,}1\ \text{mm} \cdot 40\ \text{1/min} \cdot 12$$

$$v_f = 48\ \text{mm/min}$$

Jede Teilfläche (1, 2, 3,) mit einem Schnitt herstellbar $\mathbf{a_p}$ **... 3 mm** möglich! (entspricht Materialzugabe)

Arbeitsschritt 40:

geg.: Werkstoff EN-GJL-HB235, geforderte Rauheit *Rz* 25 µm, Fräskopf

ges.: Einstellwerte: Drehzahl *n* (1/min), Vorschubgeschwindigkeit v_f (mm/min)
Tabellenwerte: Schnittgeschwindigkeit v_c (m/min), Vorschub je Zahn f_Z (mm)

Lösung: Bearbeitungsverfahren: **Planfräsen mit Fräskopf** (Bild 2)

Fräskopfdurchmesser ∅ = 160 mm, *z* = 8
Schlichtbearbeitung *Rz* 25 µm,
Schneidstoff HM (**K10**)

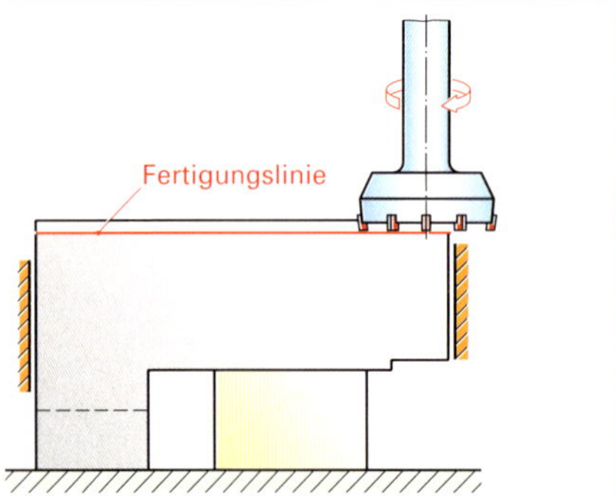

2 Arbeitsschritt 40 (Fräsen mit Fräskopf)

Tabellenwerte:

$\mathbf{v_c = 200\ m/min,\ f_Z = 0{,}1\ mm\ ...\ 0{,}3\ mm}$

$$n = \frac{1000 \cdot v_c}{d \cdot \pi}$$

$$n = \frac{1000 \cdot 200\ \text{m/min}}{160\ \text{mm} \cdot \pi}$$

$$n = 398\ \text{1/min}$$

$$n_{R20} = 400\ \text{1/min}$$

$$v_f = f_Z \cdot n \cdot z$$

$$v_f = 0{,}15\ \text{mm} \cdot 400\ \text{1/min} \cdot 8$$

$$v_f = 480\ \text{mm/min}$$

$\mathbf{a_p}$ **nach geg. Werkstückmaßen einstellen** (Anzahl der Schnitte beachten!)

Arbeitsschritt 50/60:

geg.: Werkstoff EN-GJL-HB235, geforderte Rauheit *Rz* 25 μm, Fräskopf

ges.: Einstellwerte: Drehzahl *n* (1/min), Vorschubgeschwindigkeit v_f (mm/min)
Tabellenwerte: Schnittgeschwindigkeit v_c (m/min), Vorschub je Zahn f_Z (mm)

Lösung: Bearbeitungsaufgabe: **Planfräsen mit Fräskopf** (Bild 1/2)

Fräskopfdurchmesser ∅ = 160 mm, $z = 8$
Schlichtbearbeitung *Rz* 25 μm

Schneidkopf HM (**K10**)

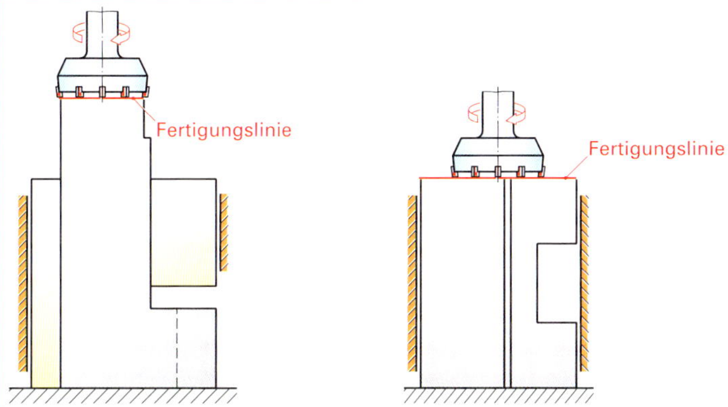

1 Arbeitsschritt 50/60

Tabellenwerte:

v_c = 200 m/min
f_Z = 0,1 mm ... 0,3 mm

$$n = \frac{1000 \cdot v_c}{d \cdot \pi}$$

$$n = \frac{1000 \cdot 200 \text{ m/min}}{160 \text{ mm} \cdot \pi}$$

$$n = 398 \text{ 1/min}$$

$$n_{R20} = 400 \text{ 1/min}$$

$$v_f = f_Z \cdot n \cdot z$$

$$v_f = 0{,}15 \text{ mm} \cdot 400 \text{ 1/min} \cdot 8$$

$$v_f = 480 \text{ mm/min}$$

a_p auf der ersten Bearbeitungsseite **unter die Gusshaut**! Zweite Bearbeitungsseite **auf Maß** zustellen!

Arbeitsschritt 70:

geg.: Werkstoff EN-GJL-HB235, geforderte Rauheit *Rz* 25 μm, Walzenstirnfräser

ges.: Einstellwerte: Drehzahl *n* (1/min), Vorschubgeschwindigkeit v_f (mm/min)
Tabellenwerte: Schnittgeschwindigkeit v_c (m/min), Vorschub je Zahn f_Z (mm)

Lösung: Bearbeitungsaufgabe: **Walzenfräsen der Fasen** (Bild 2)

Walzenstirnfräser ∅ = 125 mm, $z = 12$
DIN 1880, **Schlicht**bearbeitung *Rz* 25 μm

Schneidstoff: **HSS** (unbeschichtet)

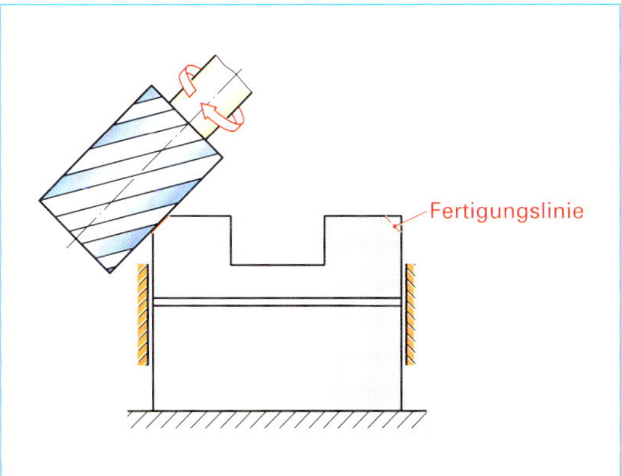

2 Arbeitsschritt 70

Tabellenwerte:

v_c = 17 m/min,
f_Z = 0,06 mm ... 0,13 mm

$$n = \frac{1000 \cdot v_c}{d \cdot \pi}$$

$$n = \frac{1000 \cdot 17 \text{ m/min}}{125 \text{ mm} \cdot \pi}$$

$$n = 43 \text{ 1/min}$$

$$n_{R20} = 40 \text{ 1/min}$$

$$v_f = f_Z \cdot n \cdot z$$

$$v_f = 0{,}1 \text{ mm} \cdot 40 \text{ 1/min} \cdot 12$$

$$v_f = 48 \text{ mm/min}$$

$$a_p = 5 \text{ mm}$$

Arbeitsschritt 80:

geg.: Werkstoff EN-GJL-HB235, geforderte Rauheit Rz 16 µm, Winkelstirnfräser

ges.: Einstellwerte: Drehzahl n (1/min), Vorschubgeschwindigkeit v_f (mm/min)
Tabellenwerte: Schnittgeschwindigkeit v_c (m/min), Vorschub je Zahn f_Z (mm)

Lösung: Bearbeitungsverfahren: **Fräsen der Prismenführung mit Winkelstirnfräser**

Winkelstirnfräser 45°, ∅ 40 x 10, $z = 16$, DIN 842 (Bild 1)
Feinschlichtbearbeitung (Führungsqualität Rz 16 µm)

Schneidstoff **HSS** (unbeschichtet)

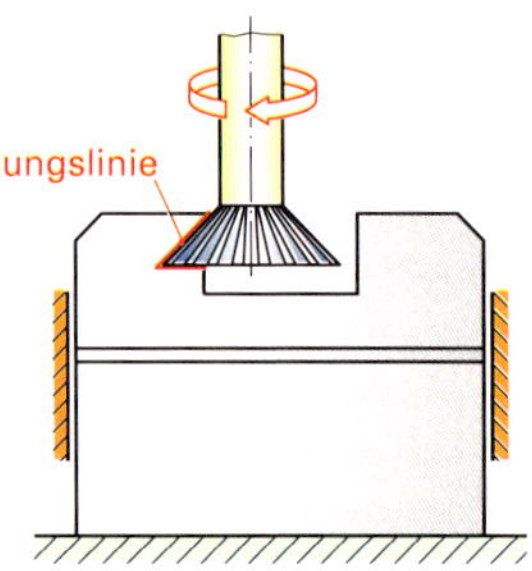

1 Arbeitsschritt 80

Tabellenwerte:

$\mathbf{v_c = 17\ m/min,}$
$\mathbf{f_Z = 0{,}06\ mm\ ...\ 0{,}13\ mm}$

(Werte analog Walzenstirnfräsen gewählt!)

$$n = \frac{1000 \cdot v_c}{d \cdot \pi}$$

$$n = \frac{1000 \cdot 17\ \text{m/min}}{40\ \text{mm} \cdot \pi}$$

$$n = 135\ \text{1/min}$$

$$n_{R20} = 125\ \text{1/min}$$

$$v_f = f_Z \cdot n \cdot z$$

$$v_f = 0{,}1\ \text{mm} \cdot 125\ \text{1/min} \cdot 16$$

$$v_f = 200\ \text{mm/min}$$

(mehrere Schnitte erforderlich, a_p entsprechend aufteilen!)

Arbeitsschritt 110:

geg.: Werkstoff EN-GJL-HB235, geforderte Rauheit Rz 25 µm, Schaftfräser

ges.: Einstellwerte: Drehzahl n (1/min), Vorschubgeschwindigkeit v_f (mm/min)
Tabellenwerte: Schnittgeschwindigkeit v_c (m/min), Vorschub je Zahn f_Z (mm)

Lösung: Bearbeitungsverfahren: **Langlochfräsen** (Bild 2)

Schaftfräser ∅ 9 mm, ∅ 14 mm, $z = 3$, DIN 327 B
Schlichtbearbeitung Rz 25 µm

Schneidstoff HM **(K10)**

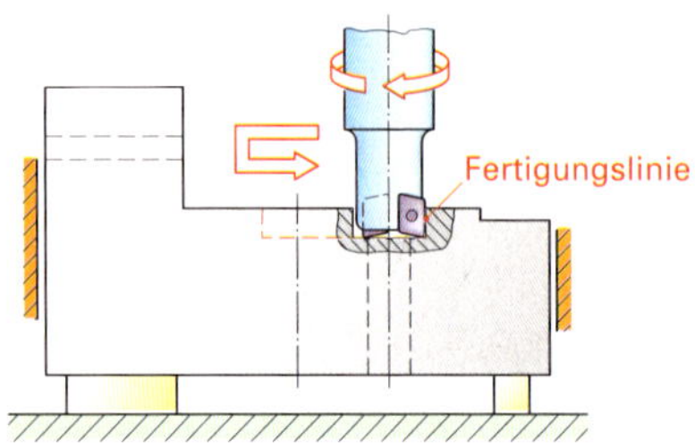

2 Arbeitsschritt 110

Tabellenwerte:

$\mathbf{v_c = 200\ m/min,}$
$\mathbf{f_Z = 0{,}1\ mm\ ...\ 0{,}3\ mm}$

$$n = \frac{1000 \cdot v_c}{d \cdot \pi}$$

$$n_1 = \frac{1000 \cdot 200\ \text{m/min}}{9 \cdot \pi} \qquad n_2 = \frac{1000 \cdot 200\ \text{/m/min}}{14 \cdot \pi}$$

$$n_1 = 7074\ \text{1/min} \qquad n_2 = 4547\ \text{1/min}$$

$$n_{1/2\ \text{gewählt R20}} = 4500\ \text{1/min}$$

$$v_f = f_Z \cdot n \cdot z$$

$$v_f = 0{,}2\ \text{mm} \cdot 4500\ \text{1/min} \cdot 3$$

$$v_f = 2700\ \text{mm/min}$$

(Zustellung in mehreren Schnitten, a_p entsprechend aufgeteilt!)

Ergebniszusammenstellung:

Arbeitsschritt	Verfahrensskizze	Werkzeug Form	Werkzeug Schneidstoff	Tabellen- und Einstellwerte v_c (m/min)	f_Z mm	n_{R20} 1/min	v_f mm/min	a_p mm
10 Werkstück spannen	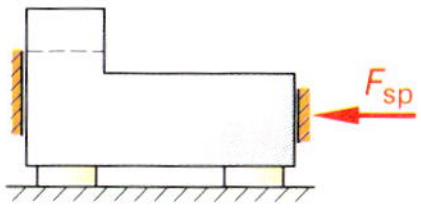							
30 Stirnplan-fräsen	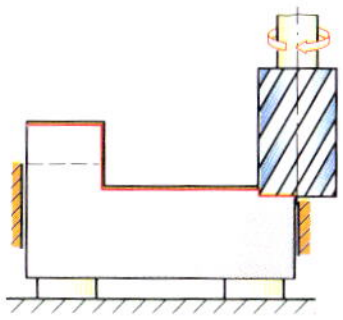	DIN 1880, ∅ 125, z = 12	HSS unbeschichtet	17	0,1	40	48	...3
40 Planfräsen mit Fräskopf	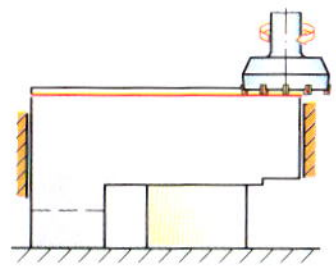	∅ 160, z = 8,	HM (K10)	200	0,15	400	480	nach Maß
50 Planfräsen mit Fräskopf	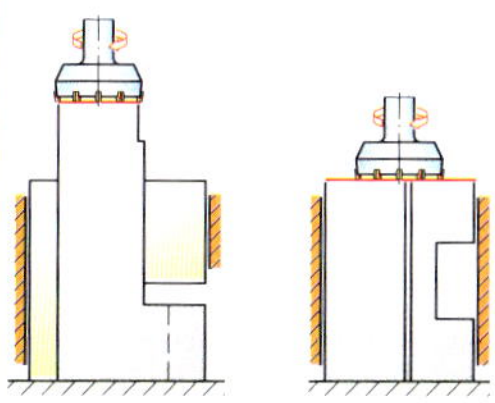	∅ 160, z = 8,	HM (K10)	200	0,15	400	480	nach Maß
60 Planfräsen mit Fräskopf		∅ 160, z = 8,	HM (K10)	200	0,15	400	480	nach Maß
70 Walzenfräsen der Fasen	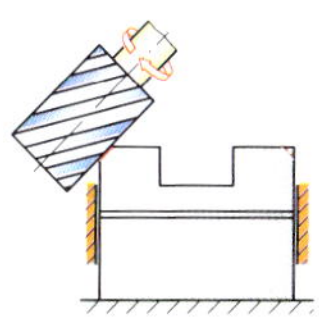	DIN 1880, ∅ 125, z = 12	HSS unbeschichtet	17	0,1	40	48	5
80 Prismenführung fräsen	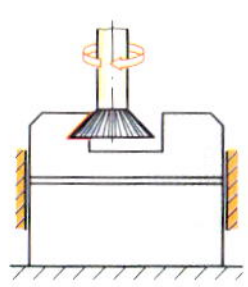	DIN 842, 45°, ∅ 40x10, z = 16	HSS unbeschichtet	17	0,1	125	200	aufgeteilt!
110 Langloch fräsen	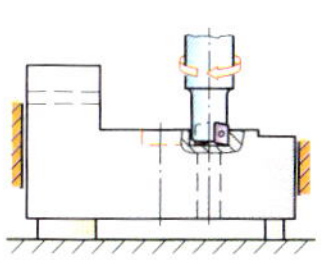	DIN 327 B, ∅ 9, ∅14, z = 3	HM (K10)	200	0,2	4500	2700	aufgeteilt!

Übungsbeispiel: Grundplatte

Für die dargestellte Grundplatte (Bild 1) aus S235JR (1.0037) mit den Rohmaßen 125 x 105 x 55 ist der Fertigungsplan nach dem vorangegangenen Beispiel zu erarbeiten. Gesucht sind:

Verfahrensskizze, Werkzeug, Tabellen- und **Einstellwerte (v_c, f_Z, n_{R20}, v_f, a_p)**

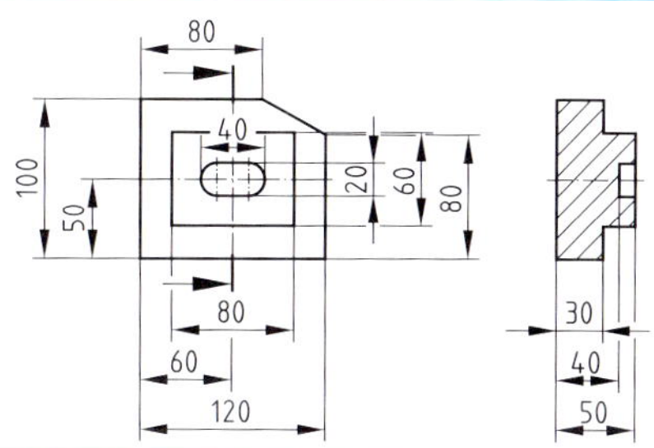

1 Grundplatte

Berechnungen zur Arbeitsplanung

Die Berechnung der **Hauptnutzungszeit t_h** (Bild 2) unterscheiden sich im Gegensatz zum Drehen durch die Anwendung **mehrschneidiger** Werkzeuge und die verschiedenen Fräsverfahren **(Achsenlage)**.

Die folgenden Berechnungsbeispiele sind auf die vorangegangenen Fertigungsstufen des Frästeils (Bild 1) bezogen. Die Grundfläche des Gussteils wird im Fertigungsschritt 40 mit einem Fräskopf bearbeitet. Die Fertigbearbeitung des Werkstücks durch Langlochfräsen erfolgt im Fertigungsschritt 110. Die Oberflächengüte beider Fertigungsschritte ist mit *Rz* festgelegt.

Die verfahrensspezifischen Berechnungsgrößen sind aus der Zuordnung im Tabellenbuch **Stirn-Planfräsen (mittig)** und **Nutenfräsen** ersichtlich.

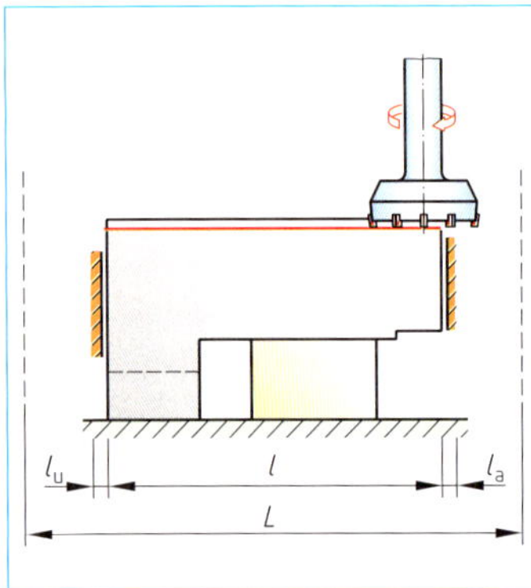

1 Frästeil (Arbeitsschritt 40)

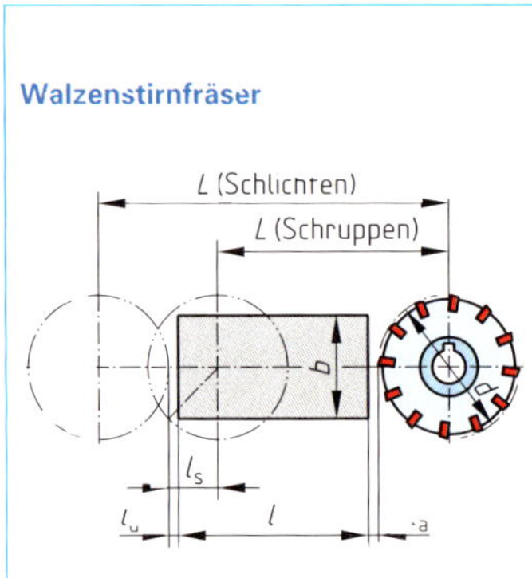

Fräsweg $L = l + d + l_a + l_u$

Schlichten

$l_a = l_u \approx 1{,}5$ mm

Vorschubgeschwindigkeit

$v_f = n \cdot f$

Vorschub je Umdrehung

$f = f_z \cdot z$

Hauptnutzungszeit

$$t_h = \frac{L \cdot i}{v_f}$$

2 Stirn-Planfräsen (mittig)

geg.: Fräskopfdurchmesser $d = 160$ mm
Zähnezahl $z = 8$
An- und Überlauf $i_a = l_u \approx 1{,}5$ mm

ges.: Vorschubweg L (mm), Vorschub f (mm),
Vorschubgeschwindigkeit v_f (mm/min),
Hauptnutzungszeit t_h (min)

Berechnungs- bzw. Tabellenwerte für Schneidstoff HM (K10)

f_z = 0,1 mm ... 0,3 mm,
v_c = 200 m/min,
n = 398 1/min

Lösung: $L = l + d + l_a + l_u$

$L = 115\text{ mm} + 160\text{ mm} + 1{,}5\text{ mm} + 1{,}5\text{ mm}$

$L = 278\text{ mm}$

$$t_h = \frac{L \cdot i}{v_f}$$

$$t_h = \frac{278\text{ mm} \cdot 1}{478\text{ mm/min}}$$

$\underline{\underline{t_h = 0{,}58\text{ min}}}$

$f = f_z \cdot z$

$f = 0{,}15\text{ mm} \cdot 8$

$\underline{f = 1{,}2\text{ mm}}$

$v_f = f \cdot n$

$v_f = 1{,}2\text{ mm} \cdot 398\text{ 1/min}$

$\underline{v_f = 478\text{ mm/min}}$

Die Bearbeitung der Grundfläche mit einem Fräskopf ($z = 8$) mit Hartmetallsorte K 10 bestückt, nimmt 0,58 Minuten in Anspruch.

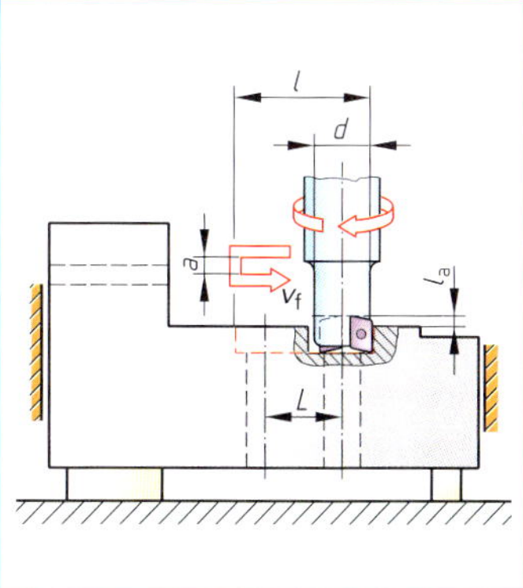

1 **Frästeil (Arbeitsschritt 110)**

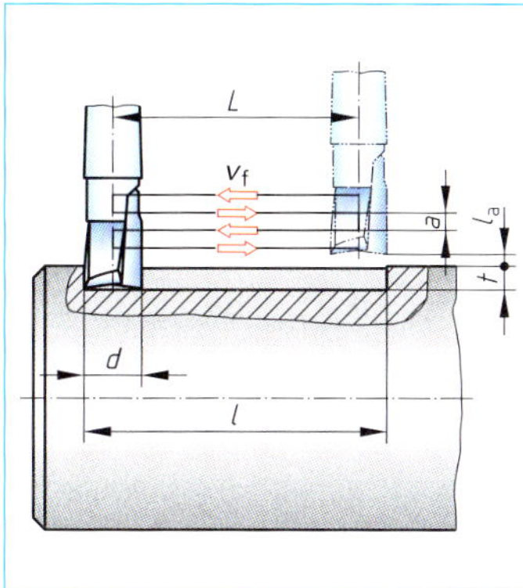

Geschlossene Nut

$L = l - d$

$i = \frac{t + l_a}{a}$; $l_u = l_a \approx 1{,}5$ mm

Vorschub je Umdrehung

$f = f_Z \cdot z$

Vorschubgeschwindigkeit

$v_f = n \cdot f$

Hauptnutzungszeit

$t_h = \frac{L - i}{v_f}$

2 **Nutenfräsen**

geg.: PVD-beschichteter Vollhartmetall-Schaftfräser **SSM 200 C** ∅ 14 mm, Zähnezahl $z = 2$
Schnittwerte (Herstellerdaten): $n = 1500$ 1/min, $v_f = 365$ mm/min, $t = 6$, $l_a = 1$ mm (Bilder 1/2)

ges.: Vorschubweg L (mm), Vorschub f (mm), Drehzahl n (1/min), Hauptnutzungszeit t_h (min)

Lösung:

$L = l - d$

$L = 34\text{ mm} - 14\text{ mm}$

$\underline{L = 20\text{ mm}}$

$i = \frac{t + l_a}{a} = \frac{6\text{ mm} + 1\text{ mm}}{2\text{ mm}} = \underline{3{,}5\ (4)}$

$v_c = \frac{\pi \cdot d \cdot n}{1000} = \frac{\pi \cdot 14\text{ mm} \cdot 1500\text{ 1/min}}{1000} = \underline{66\text{ m/min}}$

$f = f_Z . z$

$f = 0{,}12\text{ mm} \cdot 2$

$\underline{f = 0{,}24\text{ mm}}$

$f_Z = \frac{v_f}{n \cdot z} = \frac{365\text{ mm/min}}{1500\text{ 1/min} \cdot 2} = \underline{0{,}12\text{ mm}}$

$t_h = \frac{L \cdot i}{v_f}$

$t_h = \frac{20\text{ mm} \cdot 4}{365\text{ mm/min}}$

$\underline{\underline{t_h = 0{,}22\text{ min}}}$

Durch die verfahrensbedingte geringe Schnitttiefe eines Schaftfräsers ist der Einsatz eines **beschichteten Schaftfräsers** mit seinen **hohen Schnittdaten (v_c, f_Z)** vorteilhaft.

Die Hauptnutzungszeit beträgt **nur noch** 0,22 Minuten! (Bei ca. **3-facher Standzeit**!)

Übungsbeispiel:

Erarbeiten Sie für die Prismenbacke eines Spannschraubstockes aus C22 (1.0402) den Fertigungsplan für die durchzuführenden Fräsarbeiten.

Gesucht sind: **Verfahrensskizze, Werkzeuge, Tabellen-** und **Einstellwerte v_c, f_Z, n_{R20}, v_f, a_p** und berechnen Sie für die Hauptnutzungszeit t_h.

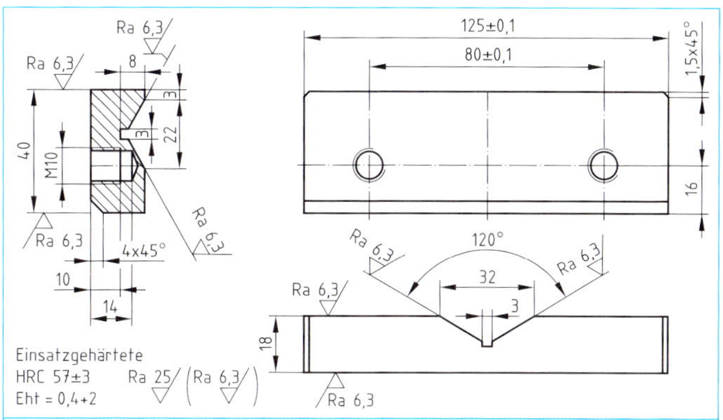

3 **Übungsbeispiel Prismenbacke**

2.4.4. Arbeitsplanung beim Schleifen

Zur wesentlichen Verbesserung der Oberflächengüte und Formgenauigkeit von vorgefertigten Werkstücken werden in der Praxis am häufigsten Verfahren des Schleifens eingesetzt.

Die wichtigsten Schleifverfahren sind: **Außenrund-, Innenrundschleifen** und **Flachschleifen** sowie deren Verfahrensvarianten. Die verschiedenen Schleifverfahren unterscheiden sich in ihren spezifischen Werkzeug- und Werkstückbewegungen (Bilder 1, 2, 3). Diese charakteristischen Merkmale sind bei der Arbeitsplanung zur Erzielung optimaler Arbeitsergebnisse zu beachten.

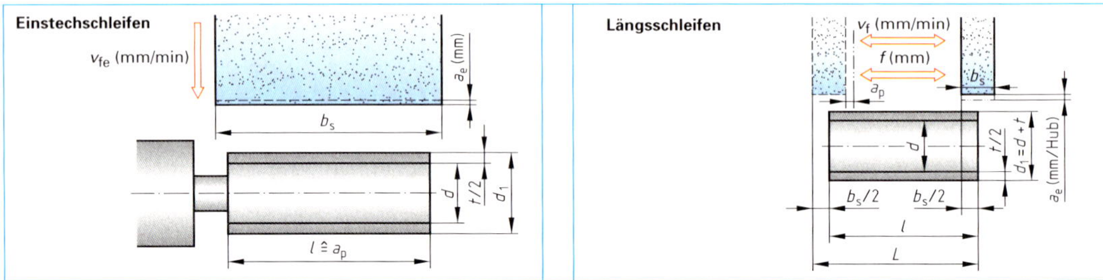

1 Kenngrößen für Außenrundschleifen (Einstech- und Längsschleifen)

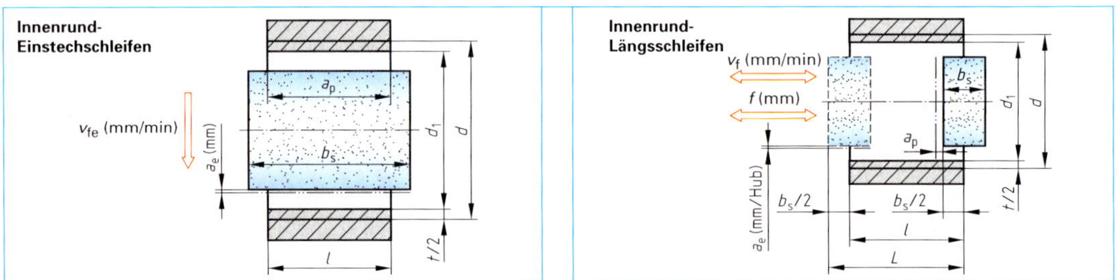

2 Kenngrößen für Innenrundschleifen (Einstech- und Längsschleifen)

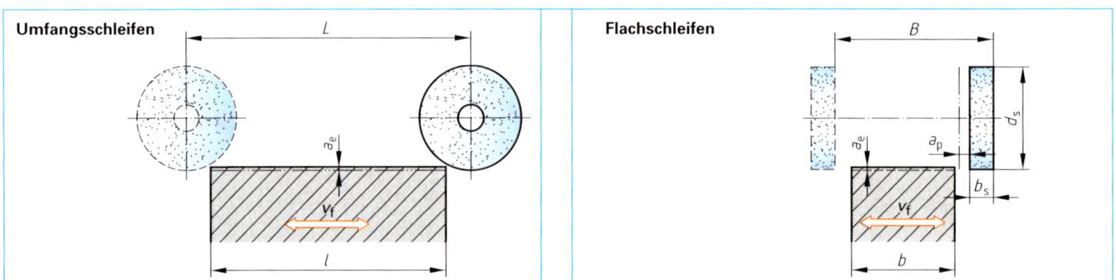

3 Kenngrößen für Flachschleifen

Erklärung der Kurzzeichen:

- b_s – Schleifscheibenbreite (mm)
- B – Schleifbreite (Flachschleifen) + Zugabe für An- und Überlauf (mm), (mm/Hub)
- d_s – Schleifscheibendurchmesser (mm)
- i – Anzahl der Schnitte (/)
- f – Quervorschub (mm/Hub)
  – Vorschub je Umdrehung (mm)
- v_{fe} – Zustellgeschwindigkeit (mm/min)
- v_f – Vorschubgeschwindigkeit (mm/min)
- l, b – Werkstücklänge, -breite (mm)
- L – Schleiflänge, Schleifbreite = Werkstücklänge oder -breite + Zugabe für An- u. Überlauf (mm)
- d_1 – Werkstückausgangsdurchmesser (mm)
- d – Fertigdurchmesser des Werkstücks (mm)
- t – Schleifzugabe, Aufmaß (mm)
- a_p – Schnittbreite bzw. -tiefe (mm/Hub)
- a_e – Arbeitseingriff beim Einstechen (mm) bzw. beim Längsschleifen (mm/Hub)

Berechnungsgrundlagen

Die anzuwendenden Berechnungen leiten sich aus den Einflussgrößen der verschiedenen Schleifverfahren ab. **Einflussgrößen sind:**

- **Zerspanungsbedingungen** (v_c, a_e, f)
- **Aufspannart** (Werkstücksteifigkeit)
- **Wechselwirkung** zwischen Werkstoff und Werkzeug
- **Qualitätsanforderungen**
- **Maschinengröße und -ausrüstung**
- **Kühlung**
- **Abrichtung des Schleifkörpers**

Die Berechnung von Schleifprozessen ist neben der **Beachtung der Einflussgrößen** besonders von der **Prozessgestaltung** abhängig. Schleifprozesse werden gestaltet nach:

- **dem technischen Maschinenausrüstungsgrad**
- **den Qualitäts- und Zeitforderungen**
- **den zu bearbeitenden Stückzahlen**

Einfache Schleifprozesse

Konstante Zustellung während des gesamten Schleifvorganges (konst. Aufmaßverminderung).
Aufteilung des Schleifprozesses in **Vor- und Fertigschleifen** – wobei schnell aber ungenau vorgeschliffen wird und danach in einem zweiten Arbeitsgang ca. 0,05 mm (Richtwert) vom Aufmaß mit deutlich geringeren Zustellwerten fertiggeschliffen wird.

Vorteil:
- Besonders bei hohen Oberflächengenauigkeiten kann das Fertigschleifen **mit einem Werkzeug** (Schleifkörper) durchgeführt werden.

Mehrstufige Schleifprozesse

Die Programmsteuerung moderner Schleifmaschinen ermöglicht die **stufenweise Verminderung der Zustellung** zum Fertigmaß hin. Es wird in einem Prozess so weit wie möglich mit hoher Zerspanleistung an das Fertigmaß herangeschliffen, um dann gerade noch sicher Maß-, Form- und Oberflächenqualität durch Änderung der Schnittbedingungen (Zustellung, Drehzahlen, Durchbiegungskompensation durch Zustellrücksprung) zu erreichen.

Vorteile:
- Verbesserung der Automatisierungsmöglichkeiten messgesteuert ablaufender Schleifprozesse
- deutlich stabilere Fertigungsqualität (Messsteuerung)
- Einsparung von Nebenzeiten (einmaliger Werkstückspannvorgang)

Nachteilig sind der höhere technische Aufwand, speziellere Schleifkörper und der Aufwand zur Optimierung der mehrstufigen Prozesse. Deshalb werden mehrstufige Schleifprozesse hauptsächlich für das Schleifen großer Losgrößen verwendet.

Tabelle 1: Richtwerte zur Berechnung von Schleifprozessen (Außenrundschleifen)

Schleifscheibenumfangsgeschwindigkeit v_s (m/s) aufgabenbezogen		**Werkstücksumfangsgeschwindigkeit** v_w (m/min) biegesteife Teile	biegsame Teile	**Geschwindigkeitsverhältnis q** $q = \frac{v_s \cdot 60}{v_w}$
35	dünnwandige Teile, thermisch empfindliche Werkstoffe	**20**	**15**	**105 ... 140**
45	Standardaufgaben, Stahl hart und weich	**30**	**20**	**90 ... 135**
60	Hohe Abtragsleistung und großes Werkstoffaufmaß	**20 ... 30**	**—**	**120 ... 180**
15 ... 20	Hartmetall, Keramik (mit Diamantscheibe)	**35 ... 40**	**35 ... 40**	**25 ... 35**
25 ... 35	Innenschleifen Stahl hart und weich	**22 ... 28**	**22 ... 28**	**65 ... 75**

Vorschub „f" (mm)

Einflussfaktoren auf den Vorschub:
- **Schleiflänge „L"**
- **Werkstückdurchmesser „d"**
- **Schleifscheibenbreite „b_s"**

Praktischer Richtwert für den **Werkstückseitenvorschub**

$$f = 0{,}5 \cdot b_s$$

Auf Grund der Tischbeschleunigung und -verzögerung an den Umkehrpunkten bei kürzeren Schleifhüben kann der Längsvorschub von $f = 0{,}5 \cdot b_s$ nicht erreicht werden. Mit den relativ großen Werkstückdrehzahlen bei kleinen Werkstückdurchmessern ist ebenfalls der Wert für den Längsvorschub kleiner als $0{,}5 \cdot b_s$ (Tabelle 1).

Tabelle 1: Richtwerte für Vorschub „f"

Schleiflänge L	Vorschub „f" mm beim Außenschleifen „d" Werkstückdurchmesser in mm und b_s = 100 mm		
mm	< 30	> 30 ... 50	> 50
150	13	23	39
200	16	25	41
250	18	27	43
300	21	30	44
400	26	34	46
500	30	38	47
600	—	42	49
700	—	45	50
800	—	—	50

Ermittlung der Zustellung „a_e" (µm)

Einflussfaktoren auf die Zustellung:
- **Stabilität der Werkstücke**
- **Prozess (Vor- oder Fertigschleifen)**
- **Schleifscheibenbreite**

Die angegebenen Tabellenwerte der Zustellung sind gültig für ungehärtete und gehärtete Bau- und Werkzeugstähle bis 62 HRC und enthalten die Anzahl der erforderlichen Ausfeuerungshübe entsprechend der herzustellenden Qualität.

Anzahl der Ausfeuerungshübe: **IT 7 = 2 Ausfeuerungshübe**
IT 5 = 5 Ausfeuerungshübe

Die Stabilität kann als charakteristische Kennzahl entsprechend der Werkstückform ermittelt werden. In der Praxis wird auf Grund des Zeitaufwandes vereinfacht mit Erfahrungswerten gearbeitet. Die Stabilitätskennzahlen gelten nicht für „fliegende Spannung" (Tabelle 2).

Stabilitätskennzahl SK:

$$SK = \frac{\text{mittlerer Durchmesser}}{\text{Entfernung der nächsten Spannstelle}}$$

Tabelle 2: Richtwerte für Zustellung „a_e"

SK	Ermittlung der Zustellung „a_e" in µm – Längsschleifen – Vorschleifen IT 7 – Scheibenbreite b_s in mm		Längsschleifen – Fertigschleifen IT 5		Einstechschleifen – Vorschleifen IT 7 – wirksame Scheibenbreite b_s in mm			Einstechschleifen – Fertigschleifen IT 5		
	30...60	80...100	30...60	80...100	30	60	100	30	60	100
0,20	8,6	5,7	4,2	2,8	3,0	2,0	1,2	1,5	1,0	0,6
0,25	9,0	6,0	4,7	3,1	3,2	2,2	1,5	1,8	1,3	0,9
0,30	9,3	6,2	5,1	3,4	3,4	2,5	1,7	2,2	1,6	1,2
0,35	9,5	6,4	5,4	3,6	3,6	2,7	2,0	2,4	1,8	1,5
0,40	9,9	6,6	5,6	3,7	3,8	2,8	2,2	2,5	2,1	1,7
0,45	10,0	6,7	5,7	3,8	3,9	3,1	2,4	2,7	2,3	1,8
0,50	10,2	6,8	5,8	3,9	4,1	3,3	2,5	2,8	2,4	2,0
0,55	10,2	6,8	5,8	3,9	4,2	3,4	2,7	2,9	2,5	2,2
0,60	10,4	6,9	6,0	4,0	4,3	3,5	2,9	3,0	2,6	2,3
0,65	10,4	6,9	6,0	4,0	4,3	3,6	3,0	3,1	2,7	2,3
0,70	10,5	7,0	6,0	4,0	4,4	3,7	3,2	3,2	2,8	2,4
0,75	10,5	7,0	6,0	4,0	4,5	3,8	3,3	3,2	2,8	2,5
0,80	10,5	7,0	6,0	4,0	4,5	3,9	3,3	3,3	2,9	2,6

Berechnungsbeispiel:

Außenschleifen einer Getriebewelle (Bild 1) mit den Schleifsitzen ∅77h7 (Längsschleifsitz) und ∅70h5 (Einstechschleifsitz). Für die gegebene Fertigungsaufgabe ist entsprechend der Besonderheiten beim Schleifen die Arbeitsplanung zu erarbeiten. Die festgelegten und ermittelten Zerspanungswerte, Verfahrensskizzen und Verfahrenshinweise sind in Tabellenform zusammenzustellen. Werkstoff: **C60** (1.0601) gehärtet, Schleifaufmaß $t = 0{,}25$ mm.
Die Welle wird mit den Verfahrensvarianten **Längs- und Einstechschleifen** bearbeitet, dabei soll die Aufteilung des Schleifprozesses in **Vor- und Fertigschleifen** vorgenommen werden.

Arbeitsschritte beim Schleifen

10 Schleifkörper auswählen und aufspannen

20 Drehzahl n_s (1/min) einstellen

30 Schleifkörper abrichten

40 Werkstück spannen und die Werkstückdrehzahl n_W (1/min) einstellen

50 Längsschleifsitz: – Vorschleifen
– Fertigschleifen

60 Einstechsitz: – Vorschleifen
– Fertigschleifen

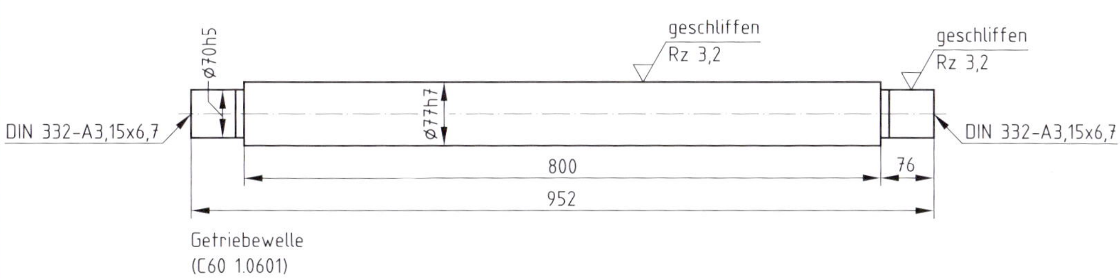

1 Getriebewelle

Arbeitsschritt 10:

ges.: Schleifkörper

Lösung: **DIN 69120 –1A– 630 x 80 x 305 – A 70 Jot 5 V – 35**
(s. Tabellenbuch)

Arbeitsschritt 20:

ges.: Schleifscheibendrehzahl n_s (1/min)
geg.: Auszug aus $\boldsymbol{v_s}$**- Tabelle** (Schleifscheibenumfangsgeschwindigkeit (m/s)

Schleifscheibenumfangsgeschwindigkeit v_s (m/s) aufgabenbezogen	
35	dünnwandige Teile, thermisch empfindliche Werkstoffe
45	Standardaufgaben, Stahl hart und weich
60	Hohe Abtragsleistung und großes Werkstoffaufmaß
15 ... 20	Hartmetall, Keramik (mit Diamantscheibe)
25 ... 35	Innenschleifen Stahl hart und weich

Lösung: lt. Tabelle $\boldsymbol{v_s = 45}$ **m/s**

$$n_s = \frac{1000 \cdot 60 \cdot v_s}{d \cdot \pi} = \frac{1000 \cdot 60 \cdot 45 \text{ m/s}}{630 \text{ mm} \cdot \pi} = 1365 \text{ 1/min}$$

Arbeitsschritt 30: Schleifkörper abrichten (Bild 2)

2 Abrichtvorgang

Arbeitsschritt 40:

ges.: Werkstückdrehzahl n_W (1/min)

geg.: Auszug aus $\boldsymbol{v_W}$**-Tabelle** (Werkstücksumfangsgeschwindigkeit m/min)

Werkstücksumfangsgeschwindigkeit v_w (m/min)	
biegesteife Teile	biegsame Teile
20	15
30	20
20 ... 30	
35 ... 40	35 ... 40
22 ... 28	22 ... 28

Lösung:

lt. Tabelle $\boldsymbol{v_W = 20}$ **m/min**

$$n_{W1} = \frac{1000 \cdot v_W}{d_1 \cdot \pi} = \frac{1000 \cdot \mathbf{20}}{77 \cdot \pi}$$

$$n_{W1} = 83 \text{ 1/min}$$

$$n_{W2} = \frac{1000 \cdot v_W}{d_2 \cdot \pi} = \frac{1000 \cdot \mathbf{20}}{70 \cdot \pi}$$

$$n_{w2} = 91 \text{ 1/min}$$

Arbeitsschritt 50 (Längsschleifsitz):

geg.: Werkstückmesser d_W = 77 mm, Schleifscheibenbreite b_s = 80 mm, Schleifzugabe t = 0,25 mm, Schleiflänge L = 800 mm (Überlauf des Schleifkörpers beidseitig 40 mm), Werkstückdrehzahl n_{w1} = 83 1/min, Tabellen für Zustellung a_e (µm) und Vorschub f bzw. Berechnungsgleichung für den Werkstückseitenvorschub f (mm) SK = 0,20

1. **Vor**schleifen (Bild 1)

ges.: Schleifzugabe $\boldsymbol{t_V}$ (mm), Zustellung $\boldsymbol{a_{eV}}$ (mm), Vorschub $\boldsymbol{f_V}$ (mm)

geg.: Auszug $\boldsymbol{a_e}$ **– Tabelle** (Zustellungsrichtwerte in µm)

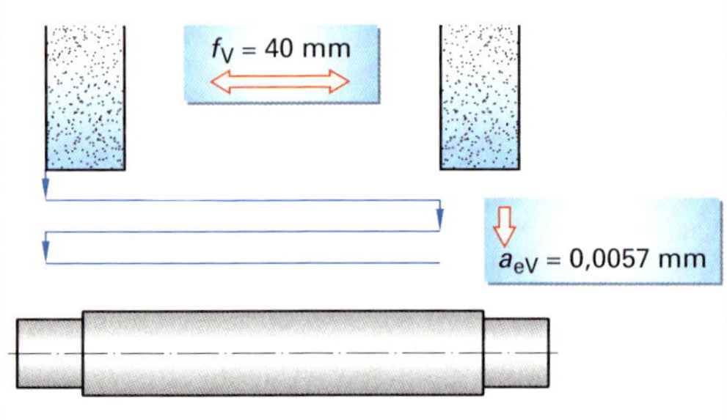

1 Verfahrensprinzip Vorschleifen

Längsschleifen				
SK	**vorschleifen IT 7** Scheibenbreite b_s in mm		**fertigschleifen IT 5**	
	30…60	**80…100**	**30…60**	**80…100**
0,20	8,6	5,7	4,2	2,8
0,25	9,0	6,0	4,7	3,1
0,30	9,3	6,2	5,1	3,4

Lösung:

Schleifzugabe t_V: $t_V = t - 0{,}05$ mm

(0,05 mm bleiben fürs Fertigschleifen)

t_V = 0,25 mm – 0,05 mm

$\boldsymbol{t_V}$ = 0,20 mm

2. **Fertig**schleifen (Bild 2)

ges.: Schleifzugabe $\boldsymbol{t_F}$ (mm), Zustellung $\boldsymbol{a_{eF}}$ (mm), Vorschub $\boldsymbol{f_F}$ (mm)

geg.: $\boldsymbol{a_e}$-Tabelle

Zustellung: $\boldsymbol{a_{eV}}$= **0,0057** mm (s. Tabelle)

Vorschub: $f_V = 0{,}5 \cdot b_s$

$f_V = 0{,}5 \cdot 80$ mm

Lösung: $\boldsymbol{f_V}$ = 40 mm

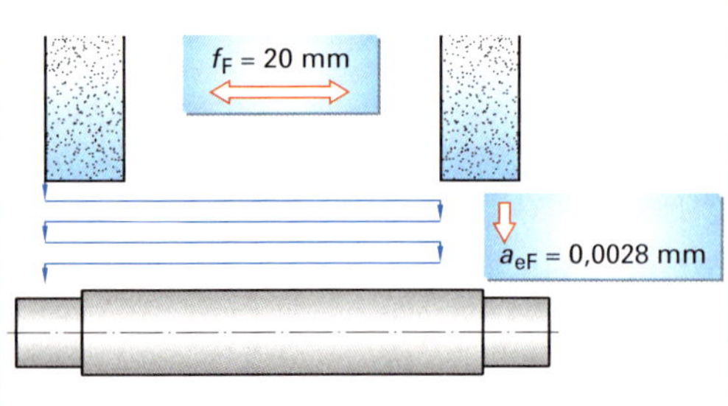

2 Verfahrensprinzip Fertigschleifen

Schleifzugabe: $\boldsymbol{t_F}$ = 0,05 mm

Zustellung: $\boldsymbol{a_{eF}}$ = **0,0028 mm** (s. Tabelle)

Vorschub f_F: $\boldsymbol{f_F}$ = 20 mm

(Praktischer Erfahrungswert)

Arbeitsschritt 60 (Einstechsitz):

geg.: Werkstückdurchmesser d_w = 700 mm, Schleifscheibenbreite b_s = 80 mm, Schleifzugabe t = 0,25 mm, Werkstücklänge l = 76 mm, Werkstückdrehzahl n_{w2} = 91 1/min, SK = 0,20 – festgelegt.

1. **Vor**schleifen (Bild 1):

geg.: Auszug aus a_e-Tabelle (Zustellungsrichtwerte)
ges.: Schleifzugabe $\boldsymbol{t_V}$ (mm), Zustellung $\boldsymbol{a_{eV}}$ (µm)
Lösung:

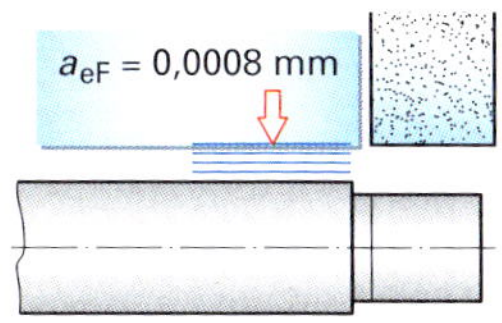

1 Verfahrensprinzip Vorschleifen

Einstechschleifen

SK	**Vorschleifen IT 7** wirksame Scheibenbreite b_s in mm			**Fertigschleifen IT 5**		
	30	**60**	**100**	**30**	**60**	**100**
0,20	3,0	2,0	1,2	1,5	1,0	0,6
0,25	3,2	2,2	1,5	1,8	1,3	0,9
0,30	3,4	2,5	1,7	2,2	1,6	1,2
0,35	3,6	2,7	2,0	2,4	1,8	1,5

Schleifzugabe $\boldsymbol{t_V}$: $t_V = t - 0{,}05$ mm
(0,05 mm bleiben fürs Fertigschleifen)

t_V = 0,25 mm – 0,05 mm

$\boldsymbol{t_V}$ = 0,20 mm

Zustellung: $\boldsymbol{a_{eV}}$ = **0,0016 mm** (s. Tabelle)

Mittelwert b_s 60/100 = **80** mm (s. Spalte für **SK 20)**

2. **Fertig**schleifen (Bild 2):

geg.: Auszug aus a_e-Tabelle (Zustellungsrichtwerte)
ges.: Schleifzugabe $\boldsymbol{t_F}$ (mm), Zustellung $\boldsymbol{a_{eF}}$ (µm)
Lösung:

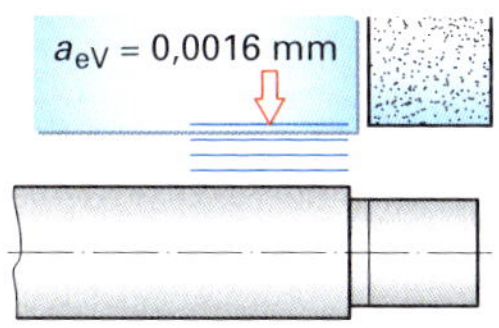

2 Verfahrensprinzip Fertigschleifen

Schleifzugabe: $\boldsymbol{t_F}$ = 0,05 mm

(0,05 mm bleiben fürs Fertigschleifen)

Zustellung: $\boldsymbol{a_{eF}}$ = **0,0008 mm** (s. Tabelle)

Mittelwert b_s 60/100 = **80** mm (s. Spalte für **SK 20**)

Ergebniszusammenstellung:

Arbeitsschritt	Verfahrensskizze	Werkzeug	Tabellen- und Einstellwerte n_s/n_w (1/min)	t_V/t_F (mm)	a_{eV}/a_{eF} (mm)	f_V/f_F (mm)
10 Schleifkörperauswahl und aufspannen	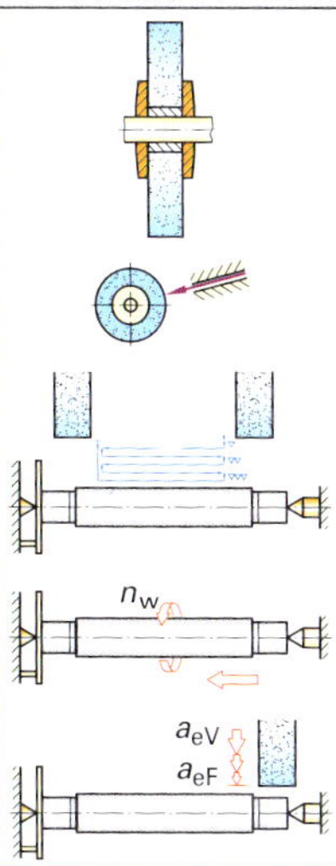	DIN 69120 – 1A – 630 x 80 x 305 – A 70 Jot 5 V – 35				
20 Drehzahl n_s einstellen			1365			
30 Schleifkörper abrichten						
40 Werkstück spannen und Drehzahl n_w			83/91			
50 Längsschleifsitz Vor- und Fertigschleifen				0,20 0,05	0,0057 0,0028	40 20
60 Einstechsitz Vor- und Fertigschleifen				0,20 0,05	0,0016 0,0008	

Übungsbeispiele:

Erarbeiten Sie an Hand der vorgegebenen technologischen Abläufe die Arbeitsplanung der dargestellten Werkstücke. Ermitteln Sie aus den gegebenen Tabellen bzw. durch Berechnung alle erforderlichen Einstellwerte. Stellen Sie die Verfahrensskizzen, Werkzeuge sowie die Tabellen- und Einstellwerte in Tabellenform zusammen.

Gesucht: Verfahrensskizze, Werkzeug, Tabellen- und Einstellwerte n_s, n_W, t_V, t_F, a_{eV}, a_{eF}, f_V, f_F

1. **Getriebewelle**: Schleifbearbeitung nach dem gegebenen technologischen Ablauf (Bild 1):
   1. Profilabrichten des Schleifkörpers – Außendurchmesser, Kegelfase, linke Planseite – Radius 3 mm, rechte Planseite
   2. Messung der Axiallage des Werkstücks (Planseite) zwecks Verrechnung in der Z-Achse
   3. Einstechschleifen (messgesteuert) ∅55h5
   4. Einstechschleifen (programmgesteuert) ∅80h6
   5. Kegelschleifen (bahngesteuert)
   6. Planschleifen
   7. Mehrfacheinstechschleifen (messgesteuert) ∅50g6
   8. Einstechschleifen (messgesteuert) ∅30h6
   9. Radiusschleifen (bahngesteuert)

geg.: Werkstoff **E335**, geforderte Rauheit R_z **= 3,2 µm,** Aufmaß t **= 0,1** mm an der **Planseite**, Aufmaß t **= 0,03** mm auf dem **Werkstückdurchmesser**

2. **Werkstückspindel** (Bild 2):

Schleifen der 5 gekennzeichneten Sitze ∅ 55 ± 0.004 mm, ∅60h5, ∅62h6, ∅ 65 ± 0,0025 mm und ∅65g6 im **Einstechverfahren** (Anschlagschleifen) sowie Innenschleifen der Kegelbohrungen Morsekegel 5, Innenkegel 1 : 10. Die beiden Kegel sind vor- und fertigzuschleifen.

geg.: Werkstoff: **20MnCr5 gehärtet**, t **= 0,3 mm** auf dem Werkstückdurchmesser, t **= 0,1 mm** auf der **Planseite** sowie t **= 0,5 mm** für das **Innenschleifen,** geforderte Rauheit R_a = 0,16 µm bzw. 1,25 µm.

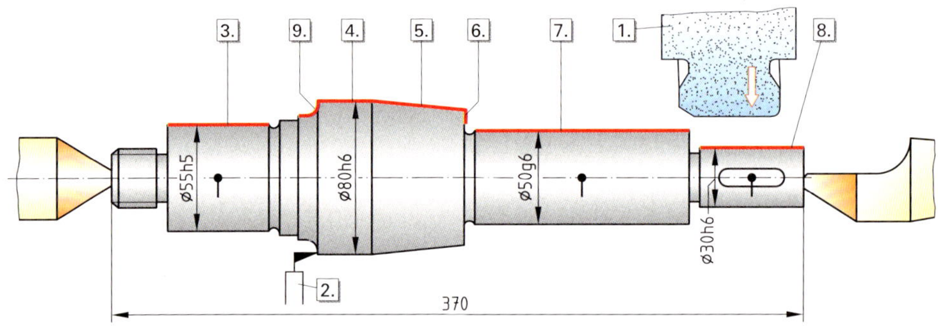

1 Getriebewelle

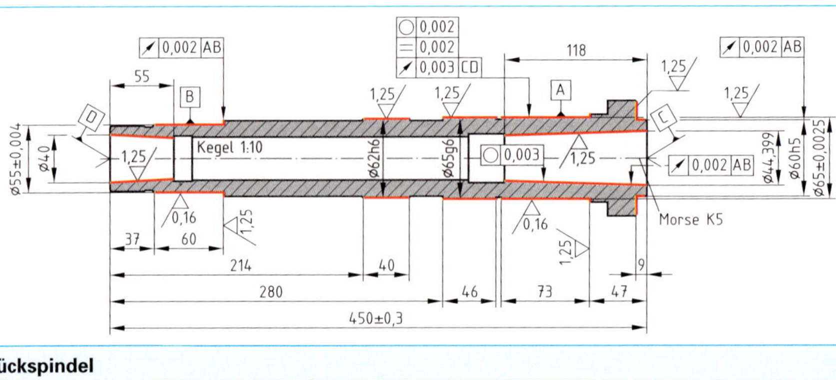

2 Werkstückspindel

Berechnung zur Arbeitsplanung (Schleifen)

Die Bearbeitungsschritte des Fertigungsbeispiels (Getriebewelle – Bild 1) der vorangegangenen Arbeitsplanung (Arbeitsschritte 50/60 Längs- und Einstechschleifsitze) dienen als Berechnungsbeispiele der **Hauptnutzungszeit t_h** für alle weiteren Schleifverfahren. Das Außenrundschleifen der Welle erfolgt durch die Verfahrensvarianten Längs- und Einstechschleifen. Der Schleifprozess wird in Vor- und Fertigschleifen unterteilt.

Berechnungsbeispiel:

Für das Außenrundschleifen der gegebenen Getriebewelle (Bild 2) mit Vor- und Fertigschleifen ist die Hauptnutzungszeit zu ermitteln.

geg.: ∅77h7 (Längsschleifsitz), ∅70h5 (Einstechschleifsitz), Werkstoff: C60 gehärtet, Schleifaufmaß: t = 0,25 mm, Schleifgeschwindigkeit: v_c = 45 m/s, Werkstückgeschwindigkeit: v_w = 22 m/min

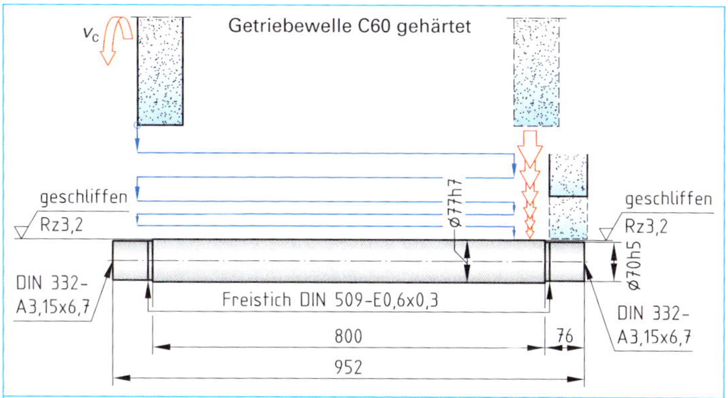

1 Getriebewelle

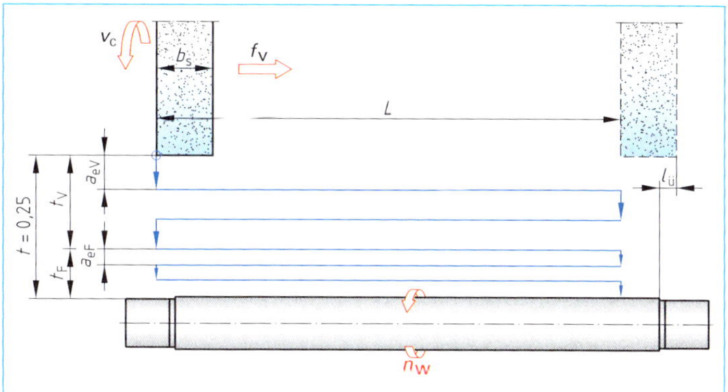

2 Berechnungsgrößen (Längsrundschleifen)

Vorschublänge L:

$$L = l - \frac{1}{3} \cdot b_s$$

Anzahl der Schnitte i:
(Außenrundschleifen)

$$i = \frac{d_1 - d}{2\,a} + 8$$

1. Längsschleifsitz:

geg.: Berechnungsgrößen (Bild 2) Werkstückdurchmesser $d_w = 77$ mm, Werkstückdrehzahl $n_w = 91\ ^1/_{min}$, Schleifzugabe $t = 0,25$ mm/∅, Schleifkörperbreite b_s = 80 mm, Werkstücklänge l = 800 mm

ges.: Hauptnutzungszeit t_h, t_{hv}, t_{hf} (min)

Lösung: $$t_h = \frac{t \cdot L}{2 \cdot n_w \cdot a_e \cdot f} = \frac{L \cdot i}{n_w \cdot f}$$

Vorschleifen: Schleifzugabe $\boldsymbol{t_v}$ = 0,20 mm (Richtwert $t_v = t - 0,05$), Zustellung $\boldsymbol{a_{ev}}$ = 0,0057 mm (s. Tabelle Sk 0,20), Längsvorschub $\boldsymbol{f_v}$ = 40 mm ($f_v = 0,5\ b_s$)

$$t_{hv} = \frac{t_v \cdot L}{2 \cdot n_w \cdot a_{ev} \cdot f_v} = \frac{0,20 \text{ mm} \cdot 774 \text{ mm}}{2 \cdot 91 \text{ 1/min} \cdot 0,0057 \text{ mm} \cdot 40 \text{ mm}}$$

$$\underline{\underline{t_{hv} = 3,73 \text{ min}}}$$

Fertigschleifen: **Schleifzugabe t_f** = 0,05 mm, Zustellung a_{ef} = 0,0028 mm
Längsvorschub f_f = 20 mm

$$t_{hf} = \frac{t_f \cdot L}{2 \cdot n_w \cdot a_{ef} \cdot f_f} = \frac{0{,}05\ \text{mm} \cdot 774\ \text{mm}}{2 \cdot 91\ 1/\text{min} \cdot 0{,}0028\ \text{mm} \cdot 20\ \text{mm}}$$

$$\underline{t_{hf} = 3{,}79\ \text{min}}$$

Die **Hauptnutzungszeit** für den Längsschleifsitz ∅77h7, 800 mm lang $t_h = t_{hv} + t_{hf}$ beträgt

t_h = 3,73 min + 3,79 min

$\underline{\underline{t_h = 7{,}52\ \text{min}}}$

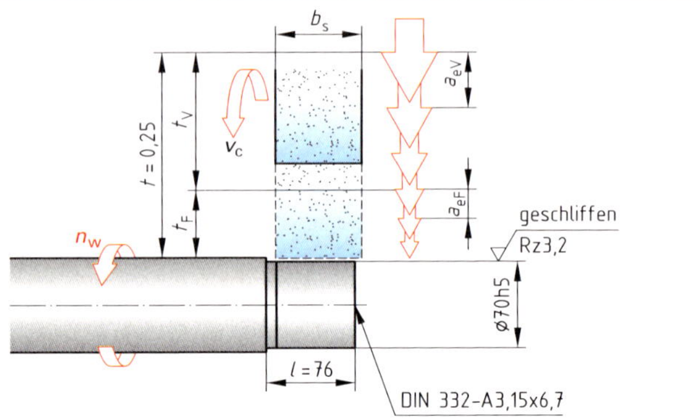

1 Berechnungsgrundlagen (Einstechschleifen)

2. Einstechsitz (Bild 1):

geg.: Werkstückdurchmesser d_W = 70 mm, Schleifkörperbreite b_s = 80 mm, Werkstückbreite l = 76 mm, Werkstückdrehzahl n_w = 100 1/min, Schleifzugabe t = 0,25 mm/∅

ges.: Hauptnutzungszeit t_h, t_{hv}, t_{hf} (min)

Lösung: $t_h = \dfrac{t}{2 \cdot n_w \cdot a_e}$

Vorschleifen: Schleifzugabe t_v = 0,20 mm ($t_v = t - 0{,}05$), Zustellung a_{ev} = 0,0016 mm (aus Tabelle SK 20)

$$t_{hv} = \frac{t_v}{2 \cdot n_w \cdot a_{ev}} = \frac{0{,}20\ \text{mm}}{2 \cdot 100\ \ 1/\text{min} \cdot 0{,}0016\ \text{mm}}$$

$$\underline{t_{hv} = 0{,}63\ \text{min}}$$

Fertigschleifen: Schleifzugabe t_f = 0,05 mm, **Zustellung a_{ef}** = 0,0008 mm

$$t_{hf} = \frac{t_f}{2 \cdot n_w \cdot a_{ef}} = \frac{0{,}05\ \text{mm}}{2 \cdot 100\ \ 1/\text{min} \cdot 0{,}0008\ \text{mm}}$$

$$\underline{t_{hf} = 0{,}31\ \text{min}}$$

Die **Hauptnutzungszeit** für den Einstechsitz ∅70h5, 76 mm breit $t_h = t_{hV} + t_{hf}$ beträgt

t_h = 0,63 min + 0,31 min

$\underline{\underline{t_h = 0{,}94\ \text{min}}}$

2.5 Arbeitssicherheit

Mit zunehmender Mechanisierung der Arbeitswelt seit ca. 200 Jahren wurden auch die Unfälle, die den Menschen bei der Arbeit zustießen, immer häufiger und schrecklicher. Da Arbeiter in großer Menge vorhanden waren, interessierte man sich wenig für deren Belange. Arbeitsunfälle passierten täglich und wer nicht mehr arbeitsfähig war, wurde einfach entlassen. Maßnahmen zur Beseitigung vieler Unfallursachen waren den Unternehmern zu teuer, weil sich daraus kein Gewinn errechnen ließ.
Um diese Missstände zu beenden, wurden ab der zweiten Hälfte des 19. Jahrhunderts nach und nach Gesetze zum Schutz von Leben und Gesundheit des Arbeitnehmers geschaffen. Heutzutage sind sie ein Teil des „sozialen Netzes" unseres Landes.

2.5.1 Allgemeine Arbeitssicherheit

Der Arbeitsschutz in der Bundesrepublik Deutschland umfasst Regeln und Verbote, die **in zwei Arten von Schutzvorschriften unterteilt werden**.

Die **staatlichen Vorschriften** legen den Arbeitsschutz in sechs verschiedenen Sachgebieten fest:

- Die **Arbeitsstättenverordnung** regelt den Zustand der Arbeitsstätte (z.B. Beleuchtung, Lüftung, Sanitäreinrichtungen u. a.).
- Im **Gerätesicherheitsgesetz** werden Sicherheitsmaßnahmen für den Umgang mit Maschinen, Geräten und Anlagen gefordert.
- Die **Gefahrstoffverordnung** fordert die Kennzeichnung aller gefährlichen Stoffe durch genau festgelegte Angaben.
- Die **Arbeitszeitordnung** regelt die Einhaltung von Arbeits- und Pausenzeiten für bestimmte Tätigkeiten.
- Nach dem **Jugendarbeitsschutzgesetz** gelten für jugendliche besondere Arbeitsschutzgesetze über Art und Dauer der Tätigkeit.
- Im **Arbeitssicherheitsgesetz** werden vom Gesetzgeber betriebliche Maßnahmen zur Einhaltung des Arbeitsschutzes am Arbeitsplatz gefordert. An der Durchführung der Arbeitsschutzmaßnahmen sind neben dem Arbeitgeber auch der Betriebsrat, sowie je nach Art und Größe des Betriebes Sicherheitsbeauftragte und andere Fachkräfte beteiligt.

All diese Gesetze und Vorschriften sind jedoch nutzlos, wenn der, den sie schützen sollen, sie nicht kennt oder bewusst leichtsinnig missachtet. Gerade Neulingen im Betrieb ist zu raten:

Informieren Sie sich!
Übernehmen Sie nicht die Unvorsichtigkeiten „erfahrener Kollegen".

Die **berufsgenossenschaftlichen Unfallverhütungsvorschriften** legen allgemein den Umgang mit Maschinen, Geräten und Anlagen zur Vermeidung von Unfällen fest.

Die Hersteller erhalten, bevor z.B. eine Werkzeugmaschine verkauft werden darf, ein **amtliches Prüfzeichen.** Außerdem darf eine Maschine erst in Betrieb genommen werden, wenn alle Sicherheitsbestimmungen beachtet worden sind.

1 Logo der Berufsgenossenschaft

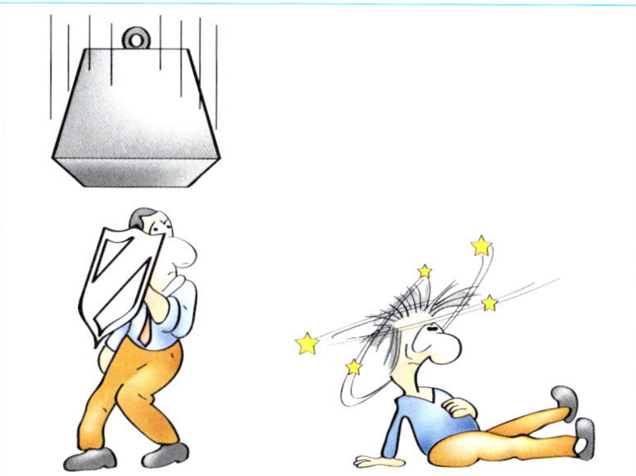

2 Exemplarische Darstellung auf Arbeitsschutzplakaten

Um Gefahren „auf einen Blick“ zu erkennen, aber auch für Menschen, die nicht lesen oder die jeweilige Landessprache verstehen können, wurden einige wichtige Symbole entwickelt, die für jeden verständlich sind. Diese Darstellungen zeigen **Verbote, Gebote, Warnungen** oder **Hinweise** und werden inzwischen in ähnlicher Art weltweit verwendet. Man unterscheidet sie durch unterschiedliche Farben und Formen.

▶ Verbote sind unter allen Umständen einzuhalten! Das Nichtbeachten kann Menschenleben kosten, unter Umständen auch Ihr eigenes.

Alle Verbotszeichen sind kreisrund und stellen die verbotene Handlung schwarz dar. Sie sind rot umrandet sowie durchgestrichen. Das Nichtbeachten kann strafrechtliche Folgen haben (Bild 1).

1 Verbotszeichen

Brandschutz

Ein Rauchverbotszeichen an einzelnen Maschinen gilt im Umkreis von 8 m, an Türen für den ganzen dahinterliegenden Raum. Der Grund hierfür können brennbare Flüssigkeiten oder explosive Gase sein. Bei Bränden elektrischer Anlagen, wie z.B. Werkzeugmaschinen, sowie von Flüssigkeiten ist das Löschen mit Wasser oder Nassfeuerlöschen nicht erlaubt. Informieren Sie sich über die Einsatzmöglichkeiten des Feuerlöschers an einem neuen Arbeitsplatz! Leere oder defekte Feuerlöscher müssen schnellstens ausgetauscht werden. Sollte doch einmal ein Brand ausbrechen gilt immer:

▶ Erst melden, dann löschen!

- Die Meldung erfolgt über Telefon Nr. 112 oder Feuermelder.
- Enge, brennende Räume müssen als Erstes gut belüftet werden, da der oft entstehende Rauch die Löscharbeiten und die Gesundheit flüchtender Personen am meisten gefährdet.
- Überschätzen Sie nicht Ihre eigenen Möglichkeiten bei der Brandbekämpfung. Ihre Gesundheit ist wichtiger als die Rettung von Maschinen und Anlagen.

▶ Gebotszeichen schreiben bestimmte Maßnahmen vor, die beim Ausüben gefährlicher Arbeiten Ihre Gesundheit schützen.

Gebotszeichen sind blau, kreisrund und stellen die zu verwendenden Schutzmittel dar. Das Nichtbefolgen von Geboten kann im Schadensfall unter Umständen die Verweigerung von Versicherungsleistungen bewirken (Bild 2).

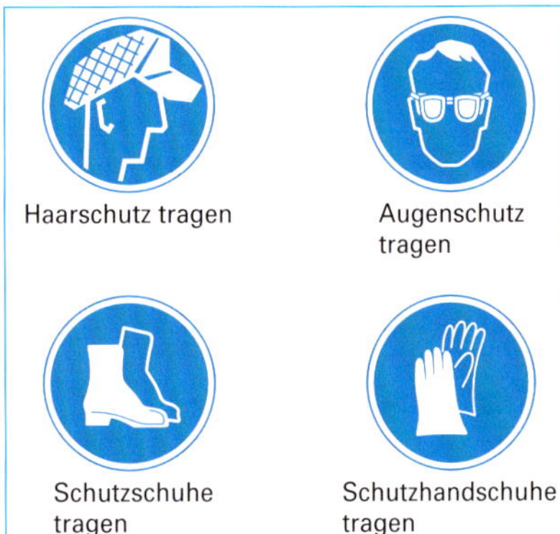

2 Gebotszeichen

▶ Einige Warnzeichen kennzeichnen gefährliche Orte, die nur unter größter Vorsicht oder von autorisierten Personen betreten werden dürfen. Andere warnen vor gefährlichen Stoffen in Behältnissen (Bild 3).

Warnschilder sind dreieckig. Die Gefahr, vor der gewarnt werden soll, ist schwarz auf gelbem Untergrund dargestellt.

3 Warnzeichen

▶ Rettungszeichen geben Hinweise auf wichtige Wege und Orte im Notfall.

Rettungszeichen sind weiß auf grünem Untergrund und viereckig (Bild 4).

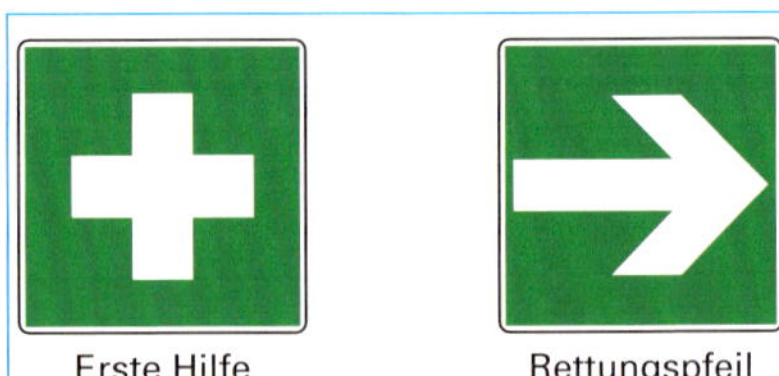

4 Rettungszeichen

2.5.2 Allgemeine Arbeitssicherheit an Werkzeugmaschinen

Einige Regeln zur Arbeitssicherheit gelten speziell beim Umgang mit allen Werkzeugmaschinen und werden durch besondere Regeln an jedem Arbeitsplatz ergänzt. Die Wichtigsten werden hier genannt, müssen aber durch die Vorschriften der speziellen Tätigkeit ergänzt werden.

Angebrachte Verbots-, Gebots- oder Warnzeichen sind unbedingt zu beachten. Anderenfalls gefährden Sie unnötig die Gesundheit aller anwesenden Personen. Bedenken Sie auch die Folgen der Zerstörung von Anlagen und Gebäuden. Ihr Arbeitsplatz könnte verloren gehen!

Bei allen größeren Werkzeugmaschinen müssen an jederzeit gut erreichbaren Stellen „Not-Aus"-Schalter angebracht sein. Diese sollten in regelmäßigen Abständen auf Funktionstüchtigkeit untersucht werden. Das Betätigen des Not- Aus-Schalters muss den sofortigen Stillstand der Maschine zur Folge haben! Ein Nachlaufen wird durch eingebaute Bremsen verhindert.

Arbeitssicherheit geht jeden an!

- Melden Sie gefährliche Stellen oder Situationen vorgesetzten Personen und drängen Sie auf Beseitigung der Gefährdung!
- Vermeiden Sie das Essen am Arbeitsplatz! Sie verhindern damit die ungewollte Aufnahme giftiger oder krebsfördernder Stoffe. Die Wirkung mancher Arbeitsmittel auf den menschlichen Organismus wird oft erst nach vielen Jahren des Einsatzes als ungesund erkannt.
- Benutzen Sie Arbeitsschutzkleidung, auch wenn diese unmodern erscheint! Ungeeignetes Schuhwerk z.B. schützt Sie selten vor dem Eintreten von Spänen oder vor herunterfallenden Teilen (Bild 1).
- Bei älteren Maschinen sind manche rotierenden Teile nicht ummantelt. Hier ist besonders auf eng anliegende, nicht reißfeste Kleidung zu achten. Lange Haare müssen fest aufgesteckt werden (Bild 2). Auch kurze Haare sollten durch einen geeigneten Kopfschutz bedeckt sein. Hängender Schmuck (Ketten), Armbänder, Uhren und Ringe müssen auf jeden Fall abgelegt werden.
- Überprüfen Sie beim Umspannen die Werkstücke auf hohe Temperaturen oder scharfe Kanten (Grat). Benutzen Sie auch im Zweifelsfalle Schutzhandschuhe.
- Defekte oder stark verschlissene Werkzeuge und Maschinenteile sind unverzüglich zu erneuern.
- Das Reinigen der Maschine mit Druckluft ist gefährlich und nur unter bestimmten Voraussetzungen erlaubt.
- Am Arbeitsplatz aufbewahrte Flüssigkeiten wie Petroleum oder Schmierstoffe sind keinesfalls in Lebensmittelbehälter zu füllen. Immer wieder müssen Menschen den Griff zur falschen Flasche mit Gesundheit oder Leben bezahlen (Bild 3).
- Melden Sie auch kleinste Verletzungen und lassen Sie diese behandeln. Dadurch können langwierige Erkrankungen verhindert werden.
- Scherzen, Ärgern und Necken können in Maschinenräumen besonders böse Folgen haben. Warten Sie damit bis Arbeitsende.

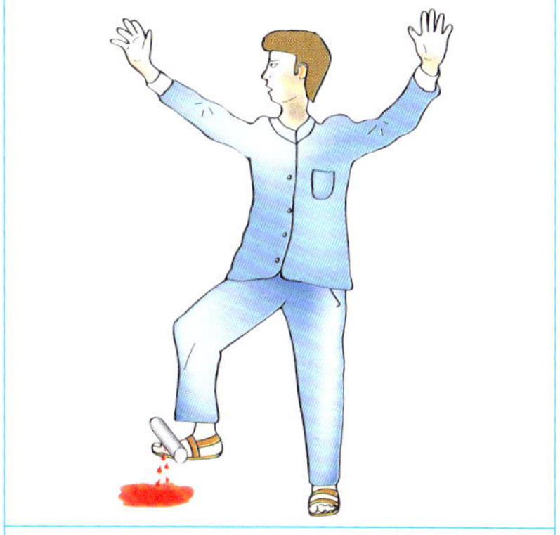

1 Arbeitsschutzschuhe fehlen

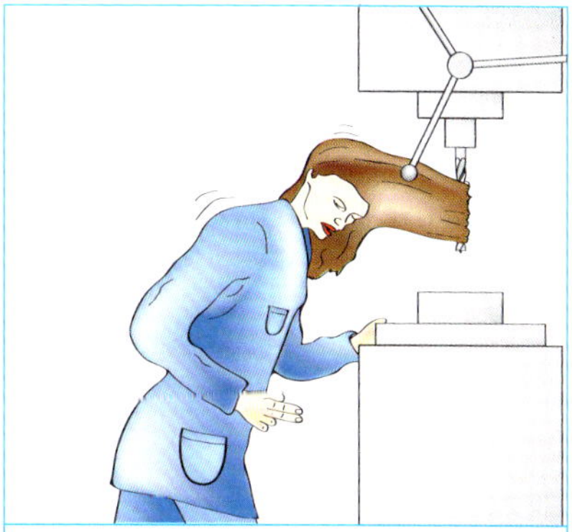

2 Haarschutz fehlt

3 Falsch gefüllte Flaschen

2.5.3 Arbeitssicherheit beim Drehen und Fräsen

Wegen häufig ungeschützter rotierender Wellen und Achsen älterer Drehmaschinen sowie vieler Fräsmaschinen müssen hier die Anforderungen an Arbeitsschutzkleidung besonders beachtet werden.

Während des Betriebes darf nicht in den Zerspanprozess eingegriffen werden!

- Manuelles Arbeiten an rotierenden Teilen ist sehr gefährlich und nicht gestattet.
- Bei manchen Arbeiten, wie beim Zustellen von Hand, kann wegen ungünstiger Spanabfuhr eine Schutzbrille nötig sein. Entscheiden Sie nicht zu spät!
- Drehautomaten und CNC-Werkzeugmaschinen sind von einer geschlossenen Verkleidung umgeben, die den Betrieb der Maschine beim Öffnen sofort unterbricht. Beim verbotenen Außerkraftsetzen dieser Schutzvorrichtung könnten auch unbeteiligte Personen zu Schaden kommen. Durch das Sichtfenster können sich anbahnende, ungünstige Entwicklungen beim Zerspanprozess zeitig erkannt und verhindert werden. Wenn vorhanden, sollte die Einrichtung zum automatischen Spanabtransport genutzt werden, weil dadurch gefährliche Berührungen mit Spänen vermieden werden (Bild 1).

1 Sicherheitseinrichtungen einer CNC-Maschine

- Die Absaugung entstehender Dämpfe vermindert das unnötige Einatmen von Kühl-Schmierstoffdämpfen.
- Zum Entfernen von Wirr-, Schrauben- und Bandspänen ist nur das dafür vorgesehene Werkzeug (z.B. Haken) zu benutzen (Bild 2). Die Späne können selbst Arbeitsschutzhandschuhe problemlos zerschneiden.

  Späne können sehr heiß und scharfkantig sein. Benutzen Sie einen Pinsel oder Handfeger. Vorsicht: Lange Späne können beim Entfernen zurückschnellen.

2 Werkzeuge zum Entfernen von Spänen

- Beim Scharfschleifen des Drehwerkzeuges, werden alle überflüssigen Ecken und Kanten abgerundet.
- Achten Sie stets auf exakte Einstellungen sowie richtig gespannte Werkstücke. Durch die oft hohen Arbeitswerte, können sich Teile lösen und eine hohe Durchschlagskraft erreichen (Fliehkraftwirkung).

3 Schlüssel im Spannfutter

Worauf Sie beim Drehen besonders achten sollten:

- Vergessen Sie nie beim Ein- und Ausspannen den Schlüssel vom Spannfutter zu ziehen (Bild 3)!
- Benutzen Sie nur Drehherzen, die rundumlaufend verkleidet sind!

Worauf Sie beim Fräsen besonders achten sollten:

- Vor dem Einschalten der Maschine sind immer die Schutzvorrichtungen wirkungsvoll einzustellen (Bild 4).
- Das mehrschneidige Werkzeug Fräser erfordert höhere Spannkräfte. Deshalb ist ein exakter Sitz des Spannmittels notwendig.
- Beschädigte Fräser sind sofort auszuwechseln.

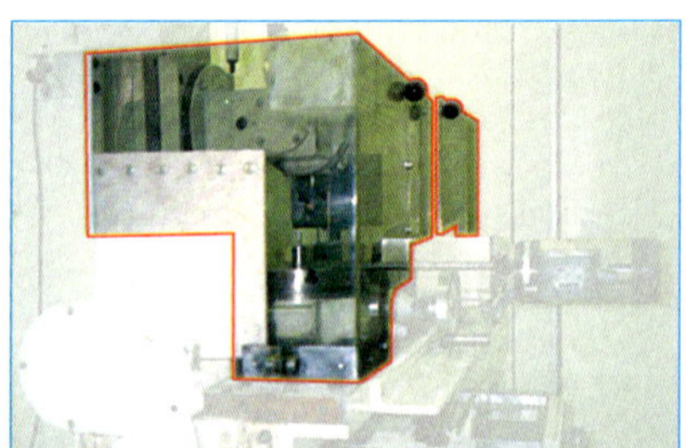

4 Schutzvorrichtungen einer Fräsmaschine

2.5.4 Arbeitssicherheit beim Schleifen

Schleifmaschinen sind heute mit den üblichen Sicherheitseinrichtungen wie Schutzummantelung und Not-Aus-Schalter ausgestattet. Deshalb gelten hier die gleichen Sicherheitsbestimmungen wie für andere CNC-gesteuerte Werkzeugmaschinen.

Von Zeit zu Zeit müssen Werkzeuge an der Werkzeugschleifmaschine (Schleifbock) geschärft werden.

- Beim Trockenschleifen ist immer eine Schutzbrille zu tragen.
- Die Montagevorschriften beim Wechseln von Schleifscheiben sind genau einzuhalten, da durch die hohe Drehzahl das Zerspringen einer Schleifscheibe verheerende Auswirkungen haben kann (Vorschriften auf S. 175).
- Der sichere Sitz der Schutzhaube sollte von Zeit zu Zeit überprüft werden (Bild 1).
- Die Werkstückauflage muss allseitig dicht an der Schleifscheibe sitzen. Der Abstand zwischen Schleifscheibe und Auflage sollte nicht größer als 3 mm sein!
- Aluminium- und Magnesiumstaub können explodieren! Deshalb gilt bei Arbeiten mit diesen Materialien striktes Verbot von offenem Licht und Feuer.

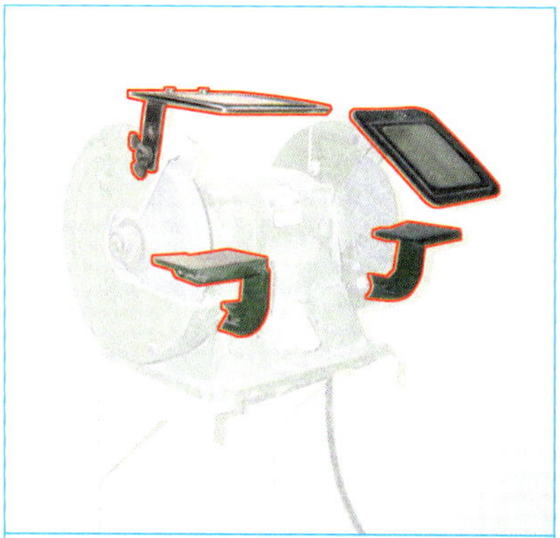

1 Schleifmaschine mit Schutzhaube und Auflage

2.5.5 Arbeitssicherheit beim Bohren

Beim Bohren ist darauf zu achten, dass die Werkstücke gegen Mit- und Hochreißen gesichert sind.

Dies kann in seltenen Fällen durch das Eigengewicht des Werkstückes geschehen. In den meisten Fällen jedoch muss das Spannen des zu bohrenden Teiles durch eine spezielle Vorrichtung oder durch Festspannen am Bohrmaschinentisch erfolgen (Bild 2). Auch hier sind die bekannten Hilfsmittel zum Entfernen der Späne zu benutzen.

Zusätzlich zu den anderen Regeln gilt hier besonders:

- Um Verletzungen zu vermeiden werden scharfkantige Bohrungen im Anschluss meist gesenkt.
- Bei langem Haar ist immer ein geeigneter Haarschutz zu tragen!
- Bei Benutzung von Handbohrmaschinen sind Handschuhe besonders gefährlich.

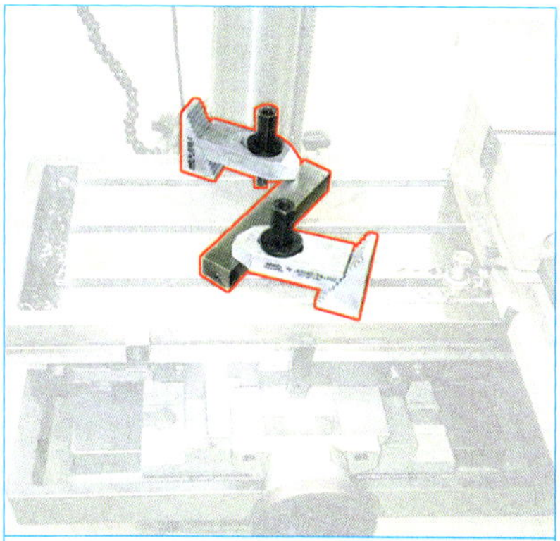

2 Gegen Hochreißen gesichertes Werkstück

2.5.6 Richtiger Umgang mit sonstigen Betriebsmitteln

Flurfahrförderzeuge (Gabelstapler, Elektrotransporter) dürfen nur von Personen gefahren werden, die mindestens 18 Jahre alt sind und eine entsprechende Ausbildung erhalten haben.

Hebewerkzeuge (Kräne) dürfen Sie ebenfalls nur benutzen, wenn Sie älter als 18 Jahre sind. Allerdings ist hier nur eine Einweisung durch die dazu berechtigte Person nötig. Beachten Sie jedoch überall dort, wo mit Hebezeugen gearbeitet wird:

Das Aufhalten unter schwebenden Lasten ist verboten!

- Das Arbeiten mit **Säuren und giftigen sowie radioaktiven Stoffen** ist Personen unter 18 Jahren verboten.
- Ausführliche Hinweise über den Umgang mit **Kühlschmiermitteln** und anderen **Gefahrstoffen** finden Sie auf den Seiten 305 bis 309.

Seien Sie vorsichtig und aufmerksam! Ihre Gesundheit ist Ihr höchstes Gut!

Aufgaben:

1. **Weshalb muss jeder auf Arbeitssicherheit achten?**
2. **Wie verhalten Sie sich, wenn Sie einen Brand bemerken?**
3. **Wann müssen Sie einen Kopfschutz tragen?**
4. **Mit welchen Betriebsmitteln dürfen Sie erst ab 18 Jahren arbeiten?**

Verhalten im Brandfalle

1. Menschen retten
2. Feuer melden
   über **Feuermelder**
   nächster Standort: **Treppenhaus**
   Meldung alarmiert automatisch die Feuerwehr
   und löst Hausalarm aus

oder
   über **Haustelefon** Nr. **100** oder **112**
   Melde ruhig und deutlich: Wo brennnt es? Was brennt?
   Sind Menschen in Gefahr? Wer meldet?

3. Brand bekämpfen
4. Türen und Fenster schließen
5. Verständigen Sie die Teilnehmer in den angrenzenden Räumen und Toiletten
6. Angriffswege für die Feuerwehr frei halten
7. Feuerwehr einweisen
8. Anordnungen der Einsatzleitung befolgen
9. Bei drohender Gefahr:

Gefahrenbereich verlassen   keine Aufzüge benutzen

Sammelplatz nach
Evakuierungsplan aufsuchen

RUHE BEWAHREN

3 Werkstofftechnik

Werkstoffe sind feste Stoffe, die nutzbare technische Eigenschaften besitzen. Sie sind aus Rohstoffen gewonnene Ausgangsmaterialien, die zur Herstellung von Halbfabrikaten und Fertigerzeugnissen dienen. Von den Werkstoffen werden die Hilfsstoffe, wie Schmier- und Kühlmittel, unterschieden.

3.1 Aufbau der Werkstoffe

Die Materialien, aus denen die uns umgebenden Gegenstände bestehen, sind aus den ca. 100 Elementen aufgebaut, aus denen das Periodensystem besteht. Allerdings besitzen nur wenige Stoffe im elementaren Zustand für den Menschen nutzbare Eigenschaften. Gold ist eines dieser Elemente, und es ist deshalb seit Jahrtausenden in Gebrauch. In Industrie- und Handwerk sind die Werkstoffe fast immer Kombinationen von zweien oder mehreren Elementen.

Der Werkstoffkreislauf

Alle Werkstoffe befinden sich in einem ständigen Kreislauf zwischen natürlichen und künstlich geschaffenen Zuständen.

Im Spanungsprozess begegnen sich jeweils zwei Werkstoffe, die sich in verschiedenen Stadien des Werkstoffkreislaufs befinden. Von diesen Werkstoffen interessieren ganz unterschiedliche Eigenschaften:

Der Werkstoff des Werkstückes wird bearbeitet, hier interessieren die Verarbeitungseigenschaften: ist er gut spanbar, reibt er oder schmiert er? Vom Werkstoff des Werkzeuges interessieren vor allem die Härte, die Verschleißfestigkeit und die Temperaturbeständigkeit.

Von Bedeutung ist außerdem, ob beide Werkstoffe „gepaart" werden können oder ob sie miteinander unverträglich sind wie Diamant und Eisenwerkstoffe. Ganz allgemein kann man sagen:

Im Spanungsprozess soll sich der Zusammenhang der Stoffteilchen im Werkstück möglichst problemlos aufheben lassen und im Werkzeug soll der Zusammenhalt möglichst hoch sein.

Wie gut dieser Zusammenhalt ist, kann man durch Werkstoffprüfung ermitteln oder durch Kenntnis der inneren Struktur der Werkstoffe voraussagen.

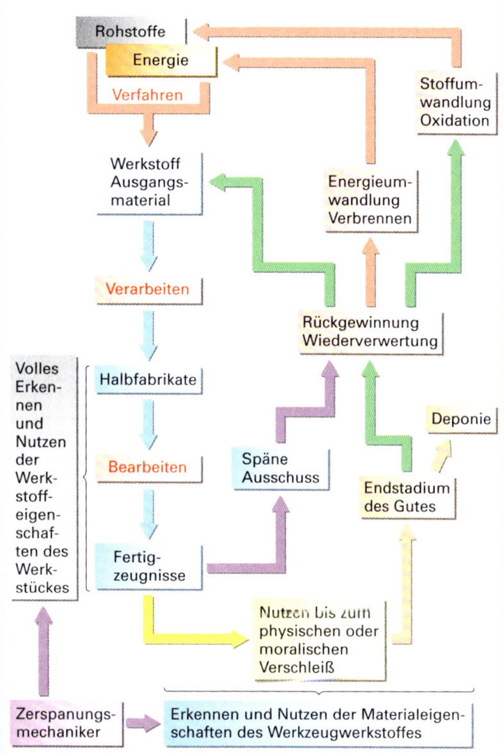

1 Werkstoffkreislauf

3.1.1 Bindungsarten

Die wichtigsten Eigenschaften der Elemente hängen von der Anzahl und der Anordnung der Elektronen der Atome ab. Die Außenelektronen spielen dabei die entscheidende Rolle. Die Atome haben das Bestreben, vollbesetzte Außenschalen zu besitzen. So eine Außenschale erreichen die Atome, indem sie Bindungen mit anderen Atomen eingehen.

Der Zusammenhalt der Atome, wie er vor allem in Molekülen und Kristallen besteht, wird als Bindung bezeichnet. Von der Art dieser Bindung lassen sich Schlüsse auf die Bearbeitbarkeit und Verwendung der so aufgebauten Werkstoffe ableiten.

Bindungsarten

Ionenbindung — Atombindung — Metallbindung

Ionenbindung

Diese Bindung gehen elektronenabgebende metall- und elektronenaufnehmende Nichtmetallatome ein. Die Atome werden dadurch zu Ionen, die sich gegenseitig anziehen.

Als Musterbeispiel für eine Ionenbindung gilt das Kochsalz (NaCl). Die für Schneidstoffe wichtige Oxidkeramiken, z.B. Al_20_3, besitzen auch diese Bindung (Bild 1).
Die Bindungskräfte der Ionen untereinander sind groß bis sehr groß. Deshalb sind die Schmelztemperaturen und die Härte der Stoffe hoch, die plastische Verformbarkeit ist gering. Im festen Zustand ist die elektrische und Wärmeleitfähigkeit gering.

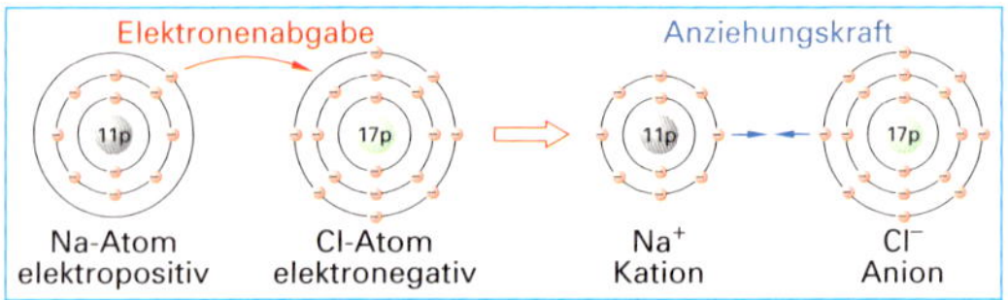

1 Ionenbindung beim Kochsalz

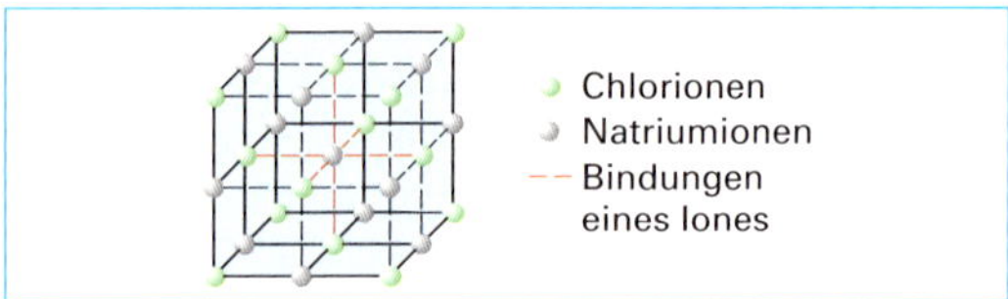

2 Ionengitter beim Kochsalz

Atombindung

Diese Bindung gehen Atome des gleichen Elementes oder Atome mit chemisch ähnlichem Charakter ein.

Es sind jedoch immer elektronegative (elektronenaufnehmende) Nichtmetallatome. Diese Elemente bilden gemeinsame Elektronenpaare und sie füllen so ihre Außenschale auf. Wegen der Elektronenpaare wird die Atombindung auch als Elektronenpaarbindung bezeichnet (Bild 3).

Die Atombindungen sind räumlich gerichtet und ergeben als Teilchen Moleküle oder Atomgitter.

Moleküle sind typisch für Gase (H_2, O_2, Cl_2), wenige anorganische Verbindungen (H_2O, CO_2, NH_3) und für die organischen Verbindungen.
Atomgitter werden vom Kohlenstoff in der Modifikation Diamant und anderen diamantartigen Stoffen (B_4C, SiC) und Quarz (SiO_2) gebildet (Bilder 4 und 5).

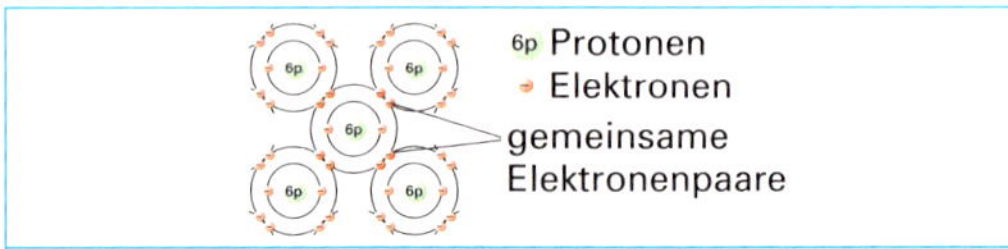

3 Atombindung beim Kohlenstoff

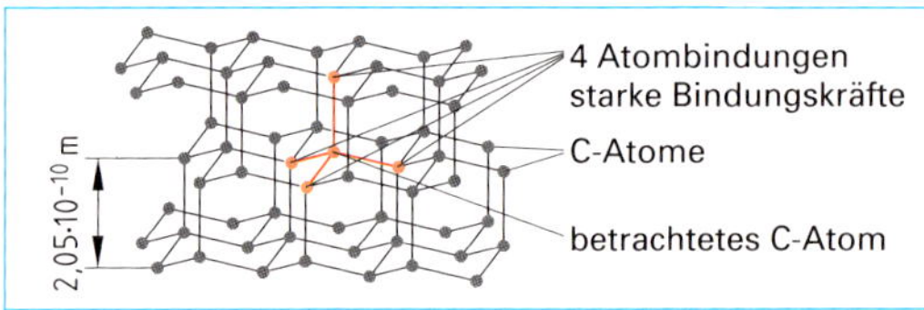

4 Atomgitter des Diamanten

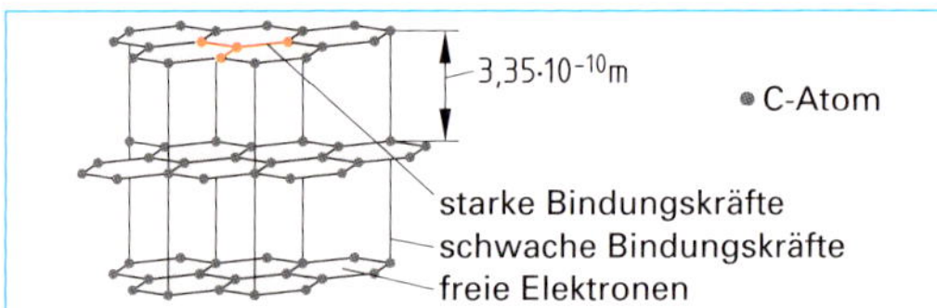

5 Atomgitter des Grafit

Da bei der Atombindung freie Elektronen fehlen, sind Verbindungen mit Atombindung Nichtleiter.
Aus *Molekülen* bestehende Stoffe besitzen niedrige Schmelz- und Siedepunkte, sie sind oft flüchtig.
Die Stoffe mit *Atomgitter* sind extrem hart und schmelzen erst bei hohen Temperaturen. Sie sind deshalb als Schneidstoff sehr gut geeignet. Grafit nimmt eine Sonderstellung ein – hier sind nur drei C-Atome gebunden. Wegen der freien Elektronen ist Grafit leitfähig, aber die Bindungskräfte zwischen den Schichten sind sehr gering.

Metallbindung

Die Metallatome besitzen wenige Außenelektronen. Diese stoßen sie ab um eine volle Außenschale zu erhalten. Die entstehenden Metallionen bilden ein Kristallgitter. Zwischen den Metallionen befinden sich die frei beweglichen Valenzelektronen als Elektronenwolke.

Aus den vorhandenen freien Elektronen erklären sich die elektrische und die Wärmeleitfähigkeit der Metalle sowie ihr Glanz. Die Bindungskräfte sind relativ groß, sie erlauben aber das Verformen.

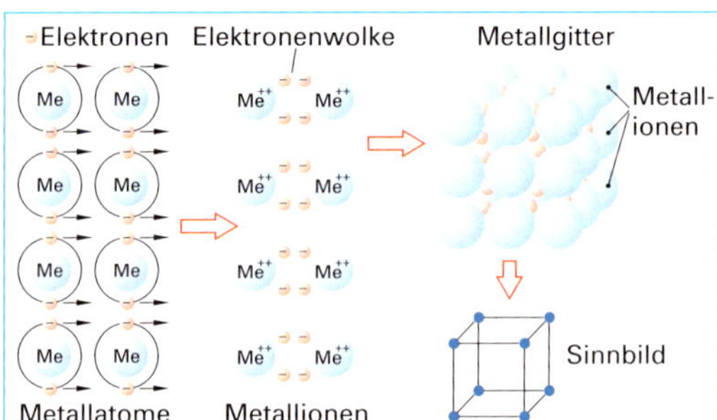

6 Metallbindung

Nebenbindungsarten

Neben den Hauptbindungsarten gibt es noch andere, beispielsweise die ***Van-der-Waalsche Bindung***. Die Bindungskräfte sind schwach. Sie hat bei thermoplastischen Kunststoffen Bedeutung. Die Moleküle haben Atombindung, die Molekularketten untereinander werden nur durch die schwachen Van-der-Waalschen Kräfte gehalten. Festigkeit, Härte und Schmelzpunkte sind deshalb niedrig. Auch die Grafitschichten werden untereinander nur durch diese Kräfte gehalten, deshalb lassen sie sich leicht abtragen.

Übersicht über Bindungsarten und Werkstoffeigenschaften

Bindungsart	**Ionenbildung**	**Atombindung**		**Metallbindung**
Beteiligte Atome	Metallatom und Nichtmetallatom	Nichtmetallatome		Metallatome
Vorgang in Elektronenhülle	Elektronenabgabe und Elektronenaufnahme	Bildung gemeinsamer Elektronenpaare		Elektronenabgabe
Bausteine/Teilchen	Metallionen (+) und Nichtmetallionen (-)	Moleküle	Atome	Metallionen
Eigenschaften	Nichtleiter hohe Schmelz- und Siedepunkte geringe Verformbarkeit	Nichtleiter Niedrige Schmelz- und Siedepunkte, z.T. verformbar	hohe Schmelzpunkte	hohe Siedepunkte
Beispiele	Oxidkeramik	Kunststoffe	Diamant, Quarz	Metalle und ihre Legierungen

3.1.2 Metallgitter

Reine Metalle und Legierungen bilden Metallgitter.

Je nach den beteiligten Atomen werden unterschiedliche Gitter aufgebaut. Dies hat Auswirkungen auf die Eigenschaften der Werkstoffe.
Die Verformbarkeit der Metalle ist stark von der Anzahl der Gleitsysteme abhängig (Bild 1).

	Gittertypen		
—	hexagonal	kubisch-raumzentriert	kubisch-flächenzentriert
Gleitsysteme	6	12	24

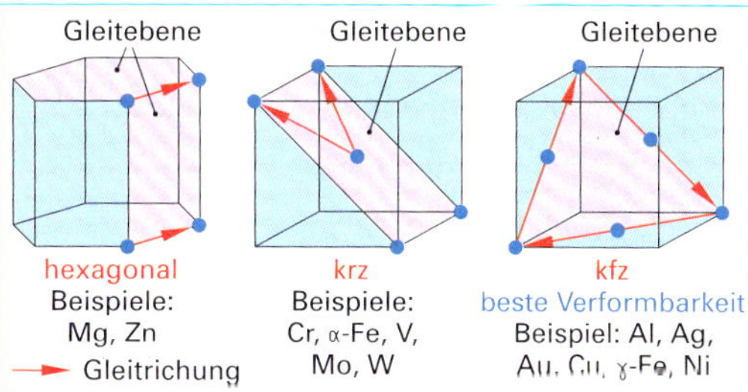

1 Gittertypen und Gleitsysteme

Mit der Anzahl der Gleitsysteme erhöht sich die Verformbarkeit. Einen oft noch höheren Einfluss auf die Werkstoffeigenschaften haben die gewollten oder ungewollten Baufehler der Kristalle und das gestörte oder ungestörte Wachstum der Kristalle zu Kristalliten (Körnern).

Gefüge – Korngröße: Von der Abkühlungsgeschwindigkeit und der Keimzahl in der Schmelze abhängig bilden sich Gefüge mit unterschiedlich großen Körnern.

Feinkörniges Gefüge: fester und besser verformbar. Grobkörniges Gefüge besser spanbar.

Versetzungen, Fremdatome oder Gitterlücken erhöhen wegen der entstehenden Spannungen im Kristallgitter meist die Festigkeit des Gefüges.

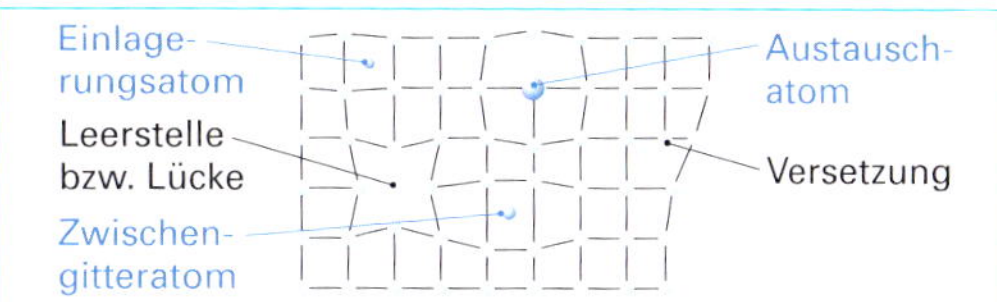

2 Baufehler der Kristallite

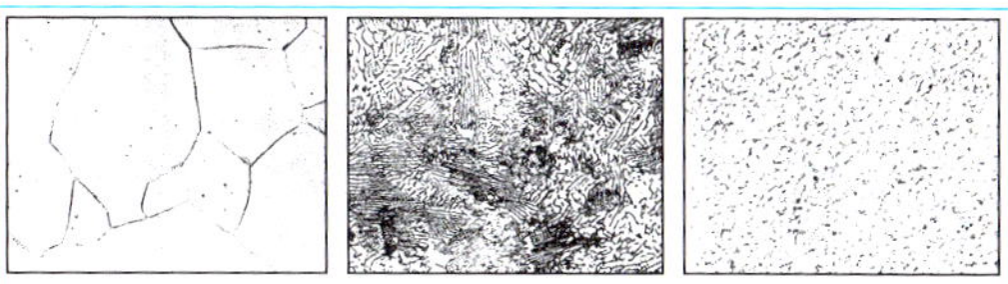

0,1 % C Ferrit | 0,8 % C nadeliger Zementit | 0,8 % C körniger Zementit

3 Grob- und feinkörniges Gefüge im Stahl

3.1.3 Legierungen

Werkstück- und Werkzeugwerkstoffe sind fast ausschließlich Legierungen, d.h. Gemische aus Metallen oder aus Metallen und Nichtmetallen.

Das Erstarren der Legierungen aus der Schmelze erfolgt in zwei grundsätzlichen Gefügearten:

Kristallgemische und Mischkristalle

Bei **Kristallgemischen** sind die Legierungsbestandteile nur im flüssigen Zustand völlig löslich. Bei der Abkühlung bilden sich getrennte Kristallite.

Die Eigenschaften ergeben sich rechnerisch aus den Eigenschaften der beteiligten Elemente. Stahl ist ein Kristallgemisch aus verschiedenen Kristallen wie Ferrit und Zementit.

Bei **Mischkristallen** entstehen neue Kristalle mit neuen Eigenschaften.

Je nach der Größe der Atome der Legierungselemente entstehen (Bild 2):

Einlagerungs-Mischkristalle und *Austausch (Substitutions)-Mischkristalle.*

Durch den Größenunterschied von Eisen- und Kohlenstoffatomen bilden Fe und C Einlagerungsmischkristalle. Eisen bildet mit den Legierungselementen wie Mn und Ni Austauschmischkristalle. Es gibt auch Kombinationen beider Typen.

Intermetallische Verbindungen

Verschiedene Metalle bilden mit anderen Metallen oder Nichtmetallen Verbindungen mit metallischem Charakter.

Jede intermetallische Verbindung kristalliert nach einem eigenen Gitter. Das meist komplizierte Gitter aus teilweise über 100 Atomen in einer Elementarzelle bewirkt eine hohe Härte und Temperaturbeständigkeit dieser Verbindungen. Die Eigenschaften der Intermetallischen Verbindungen gehen oft auf den gesamten Werkstoff über, selbst wenn der Anteil nur wenige Prozent beträgt (Bild 3).

Hartstoffe

Carbide und Nitride kristallisieren in Form von intermetallischen Verbindungen aus, sie sind als Hartstoffe für Schneidstoffe unentbehrlich.

Der Härteträger im unlegierten Stahl, das Eisenkarbid Fe_3C (Zementit) ist ebenfalls eine intermetallische Phase. Die Formel Fe_3C deutet hier nicht auf ein Molekül hin, sondern sagt nur, dass auf 3 Eisenatome 1 Kohlenstoffatom kommt. Fast alle Legierungselemente des Stahles bilden mit Kohlenstoff solche harten Carbide, besonders W, Mo, V, Ti, Ta.

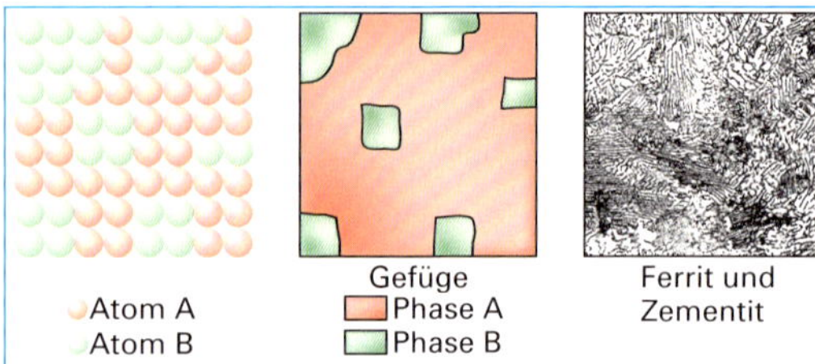

1 Kristallgemisch

KG: mehrere Phasen → besser spanbar

MK: eine Phase →→→ besser verformbar

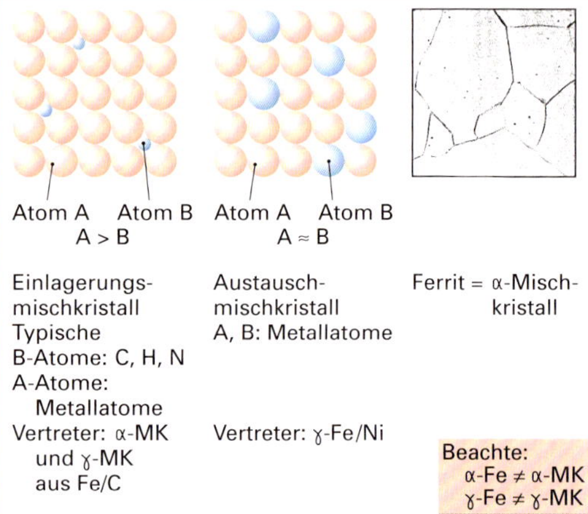

2 Mischkristalle

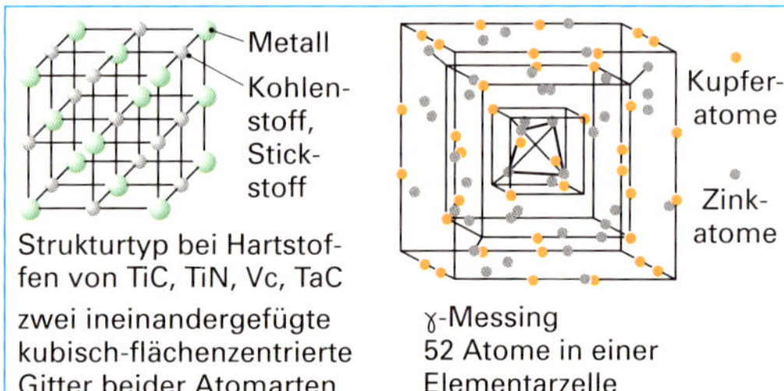

3 Intermetallische Verbindung

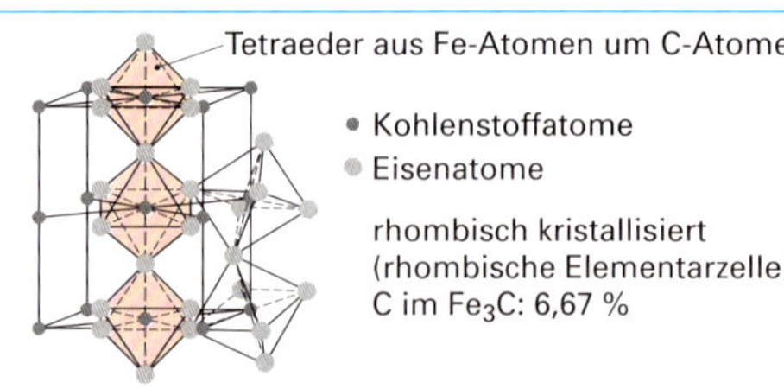

4 Zementit

Zusammenhang zwischen Aufbau, Eigenschaften und Anwendung der Werkstoffe

Durch das Legieren und andere Gefügeveränderungen, z.B. durch die Wärmebehandlungsverfahren Härten und Glühen, lässt es sich erreichen, dass vom gleichen Ausgangswerkstoff Eisen sowohl ein gut bearbeitbarer Werkstückwerkstoff als auch ein harter und temperaturbeständiger Werkzeugwerkstoff erzeugt werden kann. Beide begegnen sich im Spanungsprozess. Diese große Veränderbarkeit der Eigenschaften ist auch bei anderen Metallen möglich, allerdings haben diese geringere Bedeutung für das Spanen.

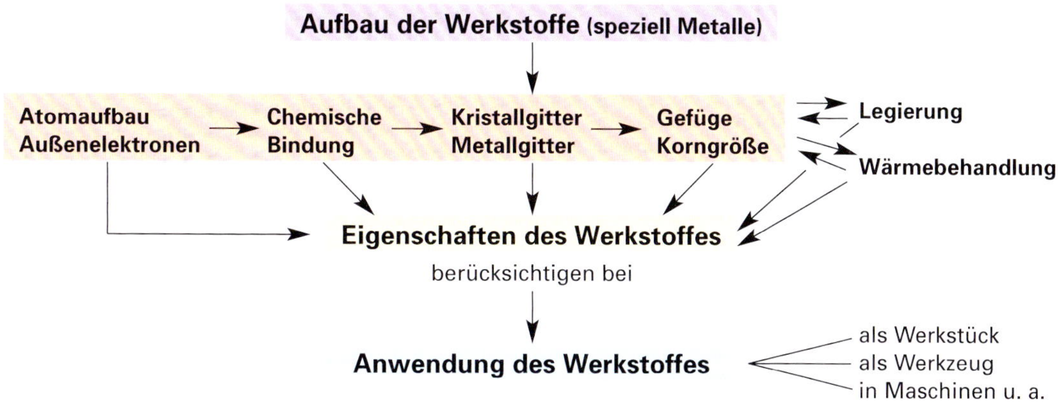

3.1.4 Aufbau keramischer Werkstoffe

Aus der großen Gruppe der keramischen Werkstoffe, die von Porzellan über Beton zu Glas reichen, sind für den Spanungsprozess zwei Gruppen interessant:

die oxidkeramischen Werkstoffe und *die nichtoxidkeramischen Werkstoffe*

Zur ersten Gruppe gehört vor allem das als Schneidkeramik bekannte Al_2O_3. Zur technischen Anwendung werden meist Zusätze anderer Oxide oder Carbide wie ZrO_2, SiC oder TiC hinzugegeben, die Eigenschaftsveränderungen ergeben. Die hohe Härte und Sprödigkeit des Al_2O_3 wird z.B. durch eine höhere Biegefestigkeit ergänzt.

Zur zweiten Gruppe gehören die nichtmetallischen Carbide und Nitride von Bor und Silizium. Die Härte dieser Stoffe ist noch größer. Vor allem das kubische Bornitrid (CBN) wird als Schneidstoff und Schleifmittel für extreme Schnittgeschwindigkeiten verwendet.

Herstellung von Schneidstoffen

Für die Herstellung von Schneidstoffen werden auch metallische und nichtmetallische Hartstoffe gemischt, z.B. WC, TiC, TaC mit TiN (Bild 1).

In diesen *Cermets* (ceramic + metal) sind mehrere Bindungsarten vertreten. Je nach der Zusammensetzung hat der gesamte Werkstoff mehr metallischen oder nichtmetallischen Charakter.

Alle diesen Werkstoffen ist gemeinsam, dass sie nicht aus einer Schmelze erstarren, sondern mit der Sintertechnik gewonnen werden.

Sintertechnik: Pulver der Bestandteile → Pressen → Erhitzen (Sintern) → Kalibrieren

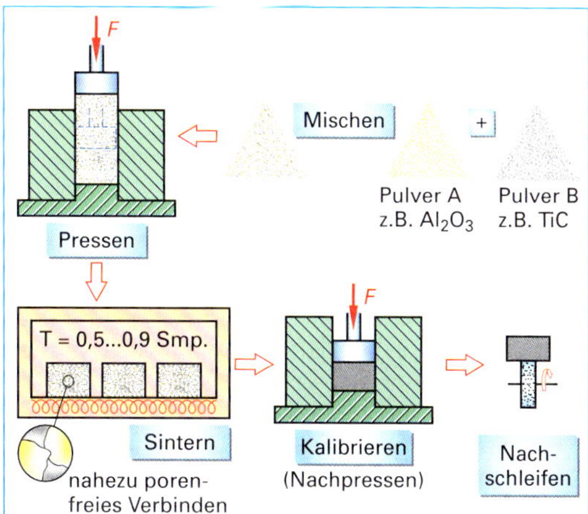

1 Herstellen von Keramik-Schneidstoffen

3.1.5 Aufbau der Kunststoffe

Kunststoffe sind meist organische Stoffe aus hochmolekularen Kohlenstoffverbindungen; bei einigen ist Silizium die Basis.
Kunststoffe entstehen, wenn gleiche oder verschiedenartige Moleküle zu Riesenmolekülen verbunden werden.

Polyreaktionen

Polymerisation
Verknüpfen gleicher Moleküle unter Aufspaltung von Mehrfachbindungen.

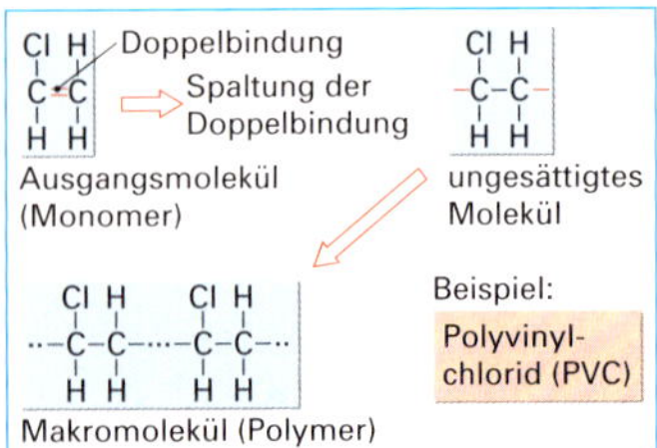

1 Polymerisation

Beispiele: Polyethylen, Polyvinilchlorid, Polystyrol. Diese Thermoplaste sind bei Raumtemperatur fest, bei erhöhter Temperatur werden sie weich.

Polykondensation
Verknüpfen gleicher oder verschiedener Moleküle unter Abspaltung von Wasser oder anderen Molekülen.

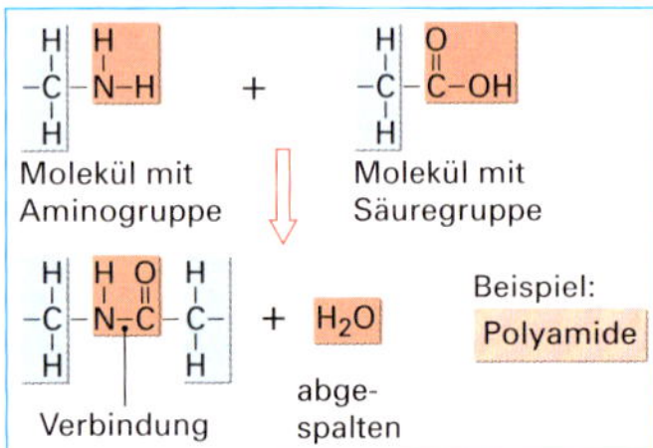

2 Polykondensation

Beispiele: Polyester, Polyamide, Phenolharze. Durch Polykondensation entstehen Thermo- und Duroplaste.

Polyaddition
Verknüpfen gleicher oder verschiedener Moleküle ohne Abspaltung von Molekülen

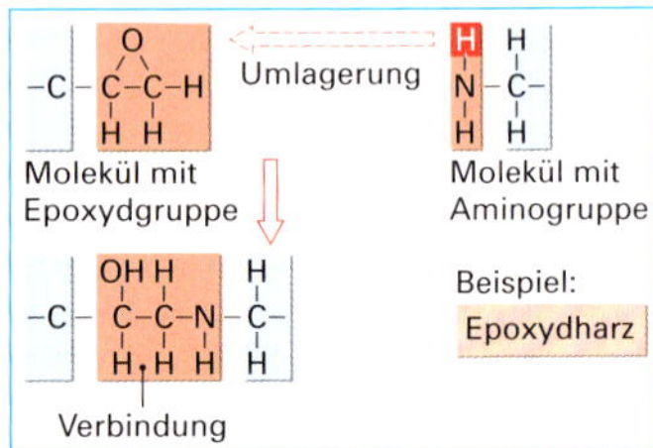

3 Polyaddition

Beispiele. Polyurethane, Epoxidharze, Silicone. Durch Polyaddition entstehen Thermo- und Duroplaste.

Thermoplaste: gut verarbeitbar, z.B. warm verformbar, schweißbar, trennbar. Spanende Bearbeitung ist möglich. Es ist auf eine ausreichende Wärmeableitung zu achten, da der Plastwerkstoff ein Nichtleiter ist. Wegen des niedrigen Schmelzpunktes der Thermoplaste kann es zum Verschmieren oder Verkohlen der Oberfläche kommen.

Duroplaste: als Vorprodukt durch Pressen und Gießen verarbeitbar. Nach dem Aushärten sind Duroplaste nicht mehr plastisch verformbar. Die Bearbeitung ist nur noch spanend möglich.
Auch hier ist auf die schlechte Wärmeleitfähigkeit zu achten.

Da viele Plaste quellen, kann nicht mit Wasser gekühlt werden, Druckluft ist vorzuziehen.

Aufgaben:

1. **Welche Bedeutung hat das sortenreine Erfassen der anfallenden Späne?**
2. **Kennzeichnen Sie die Hauptbindungsarten und leiten Sie Schlussfolgerungen für das Verhalten der Werkstoffe im Spanungsprozess ab.**
3. **Erklären Sie, warum sich grobkörniges Gefüge besser spanen lässt als feinkörniges.**
4. **Wie wird es sich auf die Belastung der Schneide auswirken, wenn der Zementit in Streifen- oder Kugelform auftritt?**
5. **Nennen Sie den Einfluss der Carbide auf die Eigenschaften und Verwendung von Werkstücken und Werkzeugen.**
6. **Unterscheiden Sie, was bei einem bestimmten Werkstoff hinsichtlich seines Aufbaus gegeben ist und was durch die Be- und Verarbeitung veränderbar ist.**
7. **Überlegen Sie, ob ein Zerspanungsmechaniker Einfluss auf den Aufbau und die Eigenschaften der Werkstoffe nehmen kann.**
8. **Welche Schlüsse ziehen Sie aus den Eigenschaften von Schneidstoffen – z.B. Al_2O_3: sehr hart und spröde – auf ihre Anwendung?**
9. **Welche Bedeutung haben Hartstoffe für die spanende Bearbeitung?**
10. **Worauf haben Sie bei der spanenden Bearbeitung von Plastwerkstoffen zu achten?**

3.2 Einteilung der Werkstoffe

Die Legierungen des Eisens sind seit Jahrhunderten die weitest verbreiteten Werkstoffe. Deshalb stehen sie auch traditionell im Mittelpunkt der Einteilung der Werkstoffe:

Eisenwerkstoffe | **Nichteisenmetalle** | **Nichtmetalle**

Durch die immer größere Bedeutung der Kunststoffe und der „Werkstoffe nach Maß“, die meist Verbundwerkstoffe sind, bietet sich eine andere Einteilung an. In dieser sollen die grundsätzlichen Eigenschaften der jeweiligen Werkstoffgruppen stärker berücksichtigt werden.

Metalle		Halbleiter – Si – Ge	**Nichtmetalle** anorganische		organische
Eisenwerkstoffe	Nichteisenmetalle	**Keramische Werkstoffe**		Naturstoffe	**Kunststoffe**
Stähle – Baustahl – Werkzeugstahl	Leichtmetalle – Al – Mg – Ti	Kristallin Keramiken – Oxidkeramik – Nichtoxidkeramik	keramische Bindemittel – Gips – Zement	Diamant Holz abgewandelte Naturstoffe – Papier	Polymerisate – PVC – Polyethylen
Gusswerkstoffe – Gusseisen – Temperguss	Schwermetalle – Cu, Cr – Ni, W	amorph Gläser			Polykondensate – Phenolharze – Polyamid Polyaddukte – Polyurethan – Epoxydharz

Verbundwerkstoffe				
Hartmetalle	Stahlbeton	Cermets	Glasfaserverbund	Faserverbund

3.2.1 Einteilung, Bezeichnung und Normung der Eisenwerkstoffe

Ihre Kenntnisse aus der „Grundbildung Metalltechnik“ sollen kurz zusammengefasst und auf die Belange des Zerspanungsmechanikers zugeschnitten werden.

Eisenwerkstoffe werden grundsätzlich nach ihrem Kohlenstoffgehalt in Stahl und Gusswerkstoffe eingeteilt.
Allgemein wird Stahl als schmiedbarer Eisenwerkstoff mit weniger als 2 % Kohlenstoffanteil bezeichnet. (In Ausnahmefällen haben Chromstähle auch einen größeren Kohlenstoffanteil.)

Einteilung der Stähle		
nach Güteklassen in Qualitätsstähle und Edelstähle (bis 2000 noch Grundstähle bzw. Massenstähle)	nach der Zusammensetzung: unlegierte und legierte Stähle	nach der vorgesehenen Behandlung: Einsatzstähle, Vergütungsstähle, Nitrierstähle u.a.

Die **traditionelle** Bezeichnung richtet sich nach dem generellen Verwendungszweck des Stahles und den wichtigen Eigenschaften dafür. Ein Baustahl – mit dem gebaut werden soll – muss vor allem fest sein um bestimmte Belastungen ohne Zerstörung zu ertragen. Folglich wurde die Zugfestigkeit zum Hauptkriterium für die Stahlbezeichnung.

Beispiel für eine traditionelle heute veraltete Bezeichnung (von S 185):
St 33 = Stahl mit 33 kp/mm^2 Zugfestigkeit (alte Maßangabe, jetzt = 330 N/mm^2)

Für Stähle, die wärmebehandelt werden sollen, ist der genaue Kohlenstoffgehalt wichtig (Eisen-Kohlenstoff-Diagramm)

Beispiel: C 22 = Stahl mit 0,22 % Kohlenstoff (C)

Normung der Einteilung

Die deutschen, europäischen und internationalen Normen über Einteilung und Bezeichnung der Stähle sind in einem ständigen Prozess der Überarbeitung. Dabei sind die verschiedenen Normen in einem unterschiedlichen Stadium ihrer Gültigkeit und noch nicht vollständig aufeinander abgestimmt. Die geltende Norm für das Bezeichnungssystem für Stähle **DIN EN 10027** ist seit 1992 gültig. Inzwischen wird an einer neuen Fassung gearbeitet. Teil 1 der Norm (Kurznamen und Hauptsymbole) liegt seit 2001 vor und wird mit hoher Wahrscheinlichkeit 2004 für verbindlich erklärt. Die Norm für die Einteilung der Stähle **DIN EN 10020** „Begriffsbestimmung für die Einteilung der Stähle“ ist aus dem Jahre 2000. So treten gewisse Widersprüche auf: In den Normen aus dem Jahr 1992 werden noch Grundstähle angeführt (vgl. S. 269), die es in der neueren Norm zur Einteilung der Stähle nicht mehr gibt. Hier werden die ehemaligen Grundstähle den unlegierten Qualitätsstählen zugeordnet.

Die Einteilung der Stähle erfolgt nach verschiedenen Kriterien.

Einteilung nach der chemischen Zusammensetzung

a) nach Legierungsgehalten

Nach dieser Einteilung wird nur zwischen *legierten* und *unlegierten* Stählen unterschieden. Es ist genau festgelegt, bei welchen Anteilen anderer Elemente im Stahl die Grenze zwischen legiert und unlegiert liegt. Diese Grenzwerte (Tabelle 1) unterscheiden sich sehr.

b) nach Klassen

Nach dieser Einteilung werden alle Stähle drei Klassen zugeordnet:

- **Unlegierte Stähle**

Zu den unlegierten Stählen gehören nach dieser Norm alle Stahlsorten, bei denen kein einziges Element den in der Tabelle 1 festgelegten Grenzwert erreicht.

- **Nichtrostende Stähle**

Zu den nichtrostenden Stählen gehören alle Stähle mit mindestens 10,5 % Chrom und höchstens 1,2 % Kohlenstoff.

- **Andere legierte Stähle**

Alle Stahlsorten, außerhalb der nichtrostenden Stähle und die mindestens bei einem Element die Grenzwerte der Tabelle 1 erreichen.

Einteilung nach Hauptgüteklassen

- **Unlegierte Stähle**

a) unlegierte Qualitätsstähle

Diese Stähle erfüllen im Allgemeinen bestimmte festgelegte Anforderungen, z. B. an die Zähigkeit, die Korngröße oder die Umformbarkeit.

b) unlegierte Edelstähle

Edelstähle haben einen höheren Reinheitsgrad als Qualitätsstähle. Dadurch sind die Anforderungen besser zu erfüllen. Die unlegierten Edelstähle werden häufig für das Vergüten und Oberflächenhärten eingesetzt. Festgesetzte Härtetiefen, Kerbschlagzähigkeit oder Höchstgehalte an Einschlüssen (z. B. P, S) sind wesentliche Eigenschaften.

Tabelle 1: Grenze zwischen unlegierten und legierten Stählen (Auswahl)

Element	Grenzwert in %
Al Aluminium	0,30
B Bor	0,008
Bi Wismut	0,10
Co Kobalt	0,30
Cr Chrom	0,30
Cu Kupfer	0,40
Mn Mangan	1,65 bzw. 1,80
Ni Nickel	0,30
Pb Blei	0,40
Se Selen	0,10
Si Silizium	0,60
Ti Titan	0,05
V Vanadium	0,10
W Wolfram	0,30

Übersicht: Einteilung der Stähle

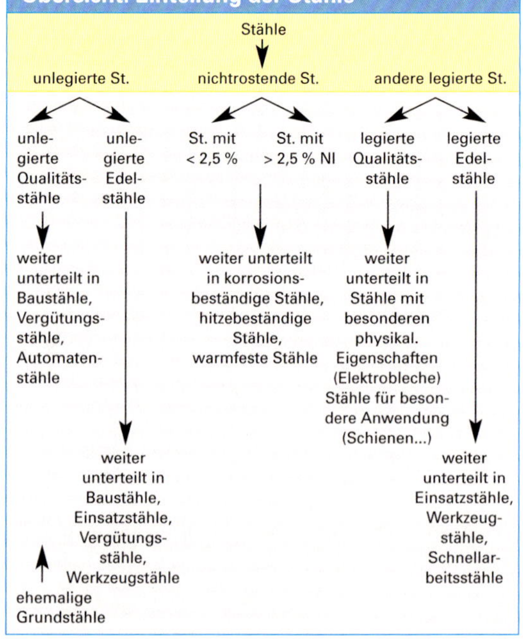

- **Nichtrostende Stähle**

Die nichtrostenden Stähle, die als Hauptelement neben Eisen Chrom (Min. 10,5 %) enthalten, werden nach dem Gehalt des nächsten wichtigen Legierungselementes Nickel weiter unterteilt:

- Nichtrostende Stähle mit weniger als 2,5 % Nickel,
- Nichtrostende Stähle mit 2,5 % oder mehr % Nickel;

eine weitere Unterteilung erfolgt nach den weiteren wichtigen Eigenschaften in

- korrosionsbeständige Stähle,
- hitzebeständige Stähle,
- warmfeste Stähle,

wobei diese Eigenschaften noch miteinander verknüpft werden, z. B. zu den chemisch beständigen und hochwarmfesten Stählen.

- **Andere legierte Stähle**

Die anderen (als die nichtrostenden) legierten Stähle werden wie die unlegierten Stähle in Qualitäts- und Edelstähle eingeteilt:

legierte Qualitätsstähle

Diese Stähle erfüllen im Allgemeinen bestimmte festgelegte Anforderungen, z. B. an die Zähigkeit, die Korngröße oder Umformbarkeit.
Diese Stähle sind im Allgemeinen nicht für das Vergüten oder Oberflächenhärten vorgesehen.
Beispiele für solche Stähle sind:

- schweißgeeignete Feinkornbaustähle,
- legierte Stähle für Schienen,
- Stähle für schwierige Kaltumformungen.

legierte Edelstähle

Diese Edelstähle sind durch eine hohe Reinheit, eine genaue chemische Zusammensetzung, besondere Herstellungs- und Prüfbedingungen gekennzeichnet. Sie erfüllen deshalb besonders hohe Anforderungen.
Beispiele für solche Stähle sind:

- legierte Maschinenbaustähle,
- Stähle für Druckbehälter, Wälzlagerstähle,
- Werkzeugstähle, Schnellarbeitsstähle.

Normung der Bezeichnung

Bezeichnungen nach DIN EN 10027-1

Die jetzt gültige Norm geht von zwei Möglichkeiten der Bezeichnung aus:

A: mit **Kurznamen,** wiederum mit zwei Varianten:

1. *Kurznamen, die Hinweise auf die Verwendung und die mechanischen oder physikalischen Eigenschaften der Stähle enthalten.*
2. *Kurznamen, die Hinweise auf die chemische Zusammensetzung enthalten.*

B: mit **Werkstoffnummern**

A1 Dieser **Kurzname** beginnt mit einem Hauptsymbol

Diesem Symbol folgt eine Zahl, die dem Mindeststreckgrenzenwert R_e in N/mm² entspricht.

Bei anderen Stählen, z. B. **M** Elektrobleche, kann die Zahl andere physikalischen Größen, hier die Magnetisierungsverluste angeben.
Ein **G** vor das erste Symbol gesetzt, bedeutet Stahlguss.

Zusätzliche Zeichen nach der Zahl geben Informationen zu Wärmebehandlung, Verwendung, besonderen Eigenschaften u.a.

Hauptsymbole (Beispiele)	
S	Stähle für den allgemeinen Stahlbau
E	Maschinenbaustähle
P	Stähle für den Druckbehälterbau
R	Stähle für Schienen

Beispiele: S185

Stahl für den allgemeinen Stahlbau — Mindeststeckgrenze 185 N/mm²

GP240

Stahlguss für den Druckbehälterbau — Mindeststreckgrenze 240 N/mm²

A2 Die **Kurznamen** nach dieser Version kommen den herkömmlichen Bezeichnungen nahe.

- **Unlegierte Stähle** (ausgenommen Automatenstähle) mit einem Mangangehalt unter 1%

der Kurzname besteht aus:
- dem Kennbuchstaben C für Kohlenstoff
- einer Zahl, die dem Hundertfachen des Kohlenstoffgehaltes entspricht

Beispiel: C10

unlegierter Stahl 0,1 % C

- **Unlegierte Stähle** mit einem Mangangehalt über 1%, unlegierte Automatenstähle sowie **legierte Stähle** (außer Schnellarbeitsstählen) mit Gehalten der einzelnen Legierungselemente unter 5%

der Kurzname besteht aus:
- einer Zahl, die dem Hundertfachen des Kohlenstoffgehaltes entspricht
- chemischen Symbolen der Legierungselemente, geordnet nach abnehmendem Gehalt. Bei gleichem Gehalt werden die chemischen Symbole in alphabetischer Reihenfolge angeordnet.
- Zahlen, die in der Reihenfolge der Legierungselemente einen Hinweis auf ihren Gehalt geben. Die Umrechnungsfaktoren entsprechen noch denen nach DIN 17006 (vgl. S. 270)

Die Zahlen sind durch Bindestriche zu trennen.

Beispiel: 15MnMoV4 – 5

legierter Stahl 0,15% C, 1% Mn, 0,5% Mo

Beispiel: 41CrMo4

legierter Stahl 0,41% C, 1% Cr, Mo

- **Legierte Stähle** (außer Schnellarbeitsstählen), wenn mindestens für ein Legierungselement der Gehalt > 5% beträgt.

Der Kurzname besteht aus:
- dem Kennbuchstaben X
- einer Zahl, die dem Hundertfachen des C-Gehalts entspricht
- chemischen Symbolen für die Legierungselemente, geordnet nach abnehmendem Gehalt
- Zahlen, die in der Reihenfolge der Legierungselemente deren Gehalt angeben.

Die Zahlen sind durch Bindestriche zu trennen.

Beispiel: X40CrMoV S 5 – 1

legierter Stahl 0,4% C, 5% Cr, 1,2% Mo, 1% V, 0,1% S

Beispiel: X5CrNi18-10

legierter Stahl 0,05% C, 18% Cr, 10% Ni

- **Schnellarbeitsstähle**

Der Kurzname besteht aus:
- den Kennbuchstaben HS
- Zahlen, die in fester Reihenfolge die Gehalte folgender Elemente angeben:
  Wolfram – Molybdän – Vanadium – Kobalt.

Die Zahlen sind durch Bindestrich zu trennen. Fehlt in der Stahlbezeichnung die vierte Ziffer, handelt es sich um kobaltfreie Schnellarbeitsstähle.

Beispiel: HS12 – 1 – 4 – 5

Schnellarbeitsstahl 12% W, 1% Mo, 4% V, 5% Co

Ausblick auf die neue DIN EN 10027-1

Entsprechend der Vorgaben der europäischen Normeninstitute ist die bisherige DIN EN 10027-1 mit der Norm CR 10260 verknüpft worden. In der CR 10260 sind alle Zusatzsymbole für die Stahlbezeichnungen enthalten. Diese Zusatzsymbole waren für die deutschen Anwender als deutsche Vornorm DIN V 17006 vorhanden.

Die Zusatzsymbole werden an die bisher beschriebenen Kurznamen angehängt.

Mit den Zusatzsymbolen für Stahl und Stahlerzeugnisse lassen sich Aussagen zur Kerbschlagarbeit, Wärmebehandlung, zu besonderen Anforderungen (z. B. +F = Feinkornstahl), zum Behandlungszustand usw. treffen. (vgl. Tabellenbuch)

Beispiel:
S235JR: Stahlbaustahl, $R_e = 235\ N/mm^2$, Kerbschlagarbeit 27 J bei + 20 °C
S235J2W: Wetterfester Stahlbaustahl, $R_e = 235 N/mm^2$ Kerbschlagarbeit 27 J bei –20 °C

B Werkstoffnummern (nach DIN EN 10027-2)

Ziel dieses Systems ist es, jeden verwendeten Werkstoff mit einer Nummer zu versehen. Damit lassen sich Bestellungen und Lieferungen mit EDV stark vereinfachen und die Suche nach geeigneten Werkstoffen für bestimmte Anwendungsfälle wird erleichtert.
Jedem Werkstoff wird eine fünfstellige Zahl zugeordnet (kann bei Bedarf auf sieben Stellen erweitert werden).

Die erste Stelle kennzeichnet die Werkstoffhauptgruppe:			
0	Reineisen, Gusseisen	3	Leichtmetalle
1	Stahl	4	Sinterwerkstoffe
2	andere Schwermetalle	5 – 8	nichtmetallische Werkstoffe

Das System ist vorerst nur für Stahl voll verwirklicht: 1 **XX** XX (XX)

Die beiden nächsten Ziffern kennzeichnen eine Stahlgruppe (Auswahl):			
00 und 90	Grundstähle	20 bis 28	Edelstähle: Werkzeugstähle
01 bis 02	unlegierte Baustähle	32 bis 33	Schnellarbeitsstähle
15 bis 17	unlegierte Werkzeugstähle	40 bis 45	nichtrostende Stähle

Die Gruppennamen geben meist alle zutreffenden Einteilungskriterien wieder:
Die letzten beiden Ziffern benennen den konkreten Stahl.

Beispiel: **Gruppe 85** legierte Edelstähle: Baustähle, Nitrierstähle

1.8550 ist der Stahl 34CrAlNi7, ein Nitrierstahl, aus dem z. B. Spindeln für Werkzeugmaschinen hergestellt werden

- **Beachte:** Die Gliederung der Werkstoffnummern entspricht nicht voll der Einteilung der Stähle nach der jetzt gültigen DIN EN 10020. Er werden in der DIN EN 10027-2 noch die Grundstähle ausgewiesen und die grundsätzliche Einteilung erfolgt nur in legierte und unlegierte Stähle. Die jetzt als besondere Klasse ausgewiesenen nichtrostenden Stähle sind innerhalb der Werkstoffnummern nur als Untergruppe innerhalb der legierten Edelstähle zugeordnet.

Tabelle: Stahlgruppennummern (Auswahl)

unlegierte Stähle			legierte Stähle				
Grundstähle	Qualitätsstähle	Edelstähle	Qualitätsstähle	Edelstähle			
				Werkzeugstähle	verschiedene Stähle	Chemisch beständige Stähle	Bau-, Maschinenbau- und Behälterstähle

Gruppennummer	Stahlgruppen für unlegierte Stähle
00,90	Grundstähle
	Qualitätsstähle
01, 91	Allgemeine Baustähle mit R_m < 500 N/mm²
02, 92	Nicht für eine Wärmebehandlung bestimmte Baustähle R_m < 500 N/mm²
06, 96	Stähle mit im Mittel ≥ 0,55% C oder R_m ≥ 700 N/mm²
07, 97	Stähle mit einem höheren P- oder S-Gehalt
	Edelstähle
10	Stähle mit besonderen physikalischen Eigenschaften
11	Bau-, Maschinenbau-, Behälterstähle < 0,50% C
12	Maschinenbaustähle mit ≥ 0,50% C
15...18	Werkzeugstähle

Gruppennummer	Stahlgruppen für legierte Stähle
	Qualitätsstähle
08, 98	Stähle mit besonderen physikalischen Eigenschaften
	Edelstähle
20...28	Werkzeugstähle
32, 33	Schnellarbeitsstähle
40...45	nicht rostende Stähle
47...48	hitzebeständige Stähle
50...84	Bau-, Maschinenbau- und Behälterstähle mit jeweiligen Festlegungen zu Legierungselementen, z. B. 77 Cr-Mo-V
85	Nitrierstähle
87...89	Nicht für eine Wärmebehandlung vorgesehene hochfeste schweißgeeignete Stähle

Wandel in den Bezeichnungen

Weltweite Handelsbeziehungen erfordern, dass die Werkstoffbezeichnungen in allen Ländern Gültigkeit besitzen müssen. Früher galten in Deutschland Werkstoffbezeichnungen nach DIN (DIN 17006, DIN 17007 u.a.). Diese Bezeichnungen werden in den Werkstätten teilweise noch gebraucht. Übergangsweise galt ab 1990 eine EURONORM (EN 10025) für Stahlbezeichnungen. Seit 1992 werden die jetzt gültigen Werkstoffbezeichnungen nach EN 10027 eingeführt, die sich in der Praxis allmählich durchsetzen.

Exkurs 1 alte Bezeichnungen nach DIN-Normen

- **Baustähle (Massenstähle)**

St 37-2 – Zusatzinformationen

Stahl – Zugfestigkeit in kp/mm²

- **Unlegierte Qualitäts- und Edelstähle**

C35 – Stahl mit Kohlenstoffgehalt: Ziffer: 100 – Stahl mit 0,35 % C

Ck45 – k besonderer Reinheit – Stahl mit 0,45 % C, wenig P und S

- **Legierte Stähle**

Bei niedrig legierten Stählen | bei hoch legierten Stählen

Faktor	Elemente	
4	Cr, Co, Mn, Ni, W	Hochlegierte Stähle werden mit einem
10	Al, Cu, Mo, Ta, Ti, V	X gekennzeichnet. Dann werden alle
100	C, S, P, N	Elemente – außer C – in voller Prozent-
1000	B	höhe angegeben.

Mit diesen Faktoren werden die %-Anteile multipliziert und in die Stahlbezeichnung aufgenommen.

Beispiel: 20CrMo4

20:100 = 0,2%C – 4:4 = 1%Cr

Beispiel: X12CrNi18.8

hochlegierter Stahl – 12:100 = 0,12%C – 18%Cr – 8%Ni

- Gusswerkstoffe

Kennzeichnung mit G und weiteren Buchstaben und Zahlen für die nähere Bestimmung.

Beispiel: GG25

Grauguss – Zugfestigkeit 25 kp/mm²

Beispiel: GGG-4015

Zugfestigkeit 40 kp/mm² – Bruchdehnung 15% – Grauguss mit globularem (Kugel)Grafit

Exkurs 2 Bezeichnungen nach der EURONORM DIN EN 10025

Die Bezeichnungen bestehen aus einem Anfangskennzeichen, einer Festigkeitsangabe und Zusatzinformationen.

Beispiel: Fe 310-0

Gütegruppe 0 – Stahl – Zugfestigkeit 310 N/mm²

Beispiel: Fe E355 Mn

enthält Mn – Stahl – Streckgrenze 355 N/mm²

3.2.2 Bezeichnung der Gusswerkstoffe

Die bisher recht einfach handhabbaren Bezeichnungen für Gusswerkstoffe wie GG für Grauguss oder GS für Stahlguss sind ebenfalls überholt. Die neuen Bezeichnungen sind teils ähnlich, teils völlig anders. Analog der Norm für Stahl gibt es auch hier Bezeichnungen durch Kurzzeichen und durch Werkstoffnummern.

A Bezeichnung von Gusswerkstoffen durch Kurzzeichen

Die Kurzzeichen bestehen aus 6 Teilen, von denen die Teile 1, 2 und 5 obligatorisch sind.

1 **EN**
2 **GJ** für Gusseisen
3 Angabe der Grafitstruktur, z.B. **S** kugelartig
L lamellar
4 zur Mikro- oder Makrostruktur, z.B. **F** Ferrit
5 mechanische Eigenschaften oder chemische Zusammensetzung
6 zusätzliche Anforderungen

Beispiel: EN-GJS-320
Gusseisen | kugeliger Grafit | Zugfestigkeit 320 N/mm²

Beispiel: EN-GJL-150C
Probe einem Gussstück entnommen
Gusseisen | lamellarer Grafit | Zugfestigkeit 150 N/mm²

B Bezeichnung von Gusswerkstoffen durch Nummern

Nach der Vorsilbe **EN** und **J** für Gusseisen folgt ein Buchstabe zur Grafitstruktur.
Anschließend bezeichnen vier Ziffern den konkreten Werkstoff und wichtige Merkmale

Beispiel: EN-JL2171
getrennt gegossenes Probestück
Gusseisen | konkreter Werkstoff
lamellarer Grafit | Härte als Hauptmerkmal

3.2.3 Bezeichnung und Normung von Nichteisenmetallen

Die Nichteisenmetalle sind Reinmetalle und Legierungen, bei denen Eisen nicht die größten Masseanteile besitzt.

Üblicherweise werden Nichteisenlegierungen in Knet- und Gusslegierungen unterteilt, wobei die Gusslegierungen durch ein **G** gekennzeichnet werden. In den Bezeichnungen werden die Legierungselemente aufgeführt, wobei die %-Zahlen für die auf den Hauptbestandteil folgenden Legierungselemente in ihrem Anteil angegeben werden.
Bsp.: GD – ALSi8Cu3 ist eine **D**ruck**g**usslegierung mit 8% Si und 3% Cu.

Auch für Nichteisenmetalle kommen schrittweise neue Formen zur Geltung. Beispielhaft sei die EN 573-2 für Aluminium vorgestellt. Auch hier kann die Bezeichnung mit Nummern oder mit chemischen Symbolen erfolgen

A Bezeichnung mit chemischen Symbolen
Nach dem Symbol für Aluminium folgen die chemischen Symbole der Legierungselemente und Ziffern für die prozentualen Anteile

Beispiel: AlMg 2,5
Aluminium mit | 2,5% Magnesium

B Bezeichnung mit Nummern
Nach der Vorsilbe **EN** folgt **A** für Aluminium und **W** für Halbzeug.
Anschließend folgen vier Ziffern.
Die erste Ziffer gibt das Hauptlegierungselement an.
Die 2. Ziffer gibt Legierungsabweichungen an.
Die letzten beiden Ziffern geben Hinweise auf die Zusammensetzung, bei dem 99%igen Al sind es die %-Angaben über 99,00%.

Bedeutung der ersten Ziffer:		
1	mehr als 99 % Aluminium	
2	Al-Legierung mit Kupfer	Als wichtigstem Legierungselement
3	Al-Legierung mit Mangan	
4	Al-Legierung mit Silizium	
5	Al-Legierung mit Magnesium	
6	Al-Legierung mit Mg und Si	
7	Al-Legierung mit Zink	

Beispiel: EN AW-1199
Aluminium | Halbzeug | 99,99% Al

3.2.4 Einteilung und Benennung harter Schneidstoffe nach DIN ISO 513

Unter die hier bezeichneten harten Schneidstoffe fallen Hartmetall, Schneidkeramik, Diamant und Bornitrid.

Hartmetalle

Hartmetalle werden nach dieser Form grundsätzlich nach ihren Hauptbestandteilen (WC, TiC, TIN) und dem Kriterium beschichtet oder unbeschichtet unterteilt.

Eine weitere Unterteilung erfolgt dann in die Anwendungsgruppen P, K und M.

Mit Ziffern werden die Gruppen weiter unterteilt. In jeder Gruppe bedeuten die niedrigen Ziffern höchste Verschleißfestigkeit, die höheren Ziffern höhere Zähigkeit.

Gruppe	Anwendung	Kennzeichnung
P	langspanende Werkstoffe	blau
K	kurzspanende Werkstoffe	rot
M	lang- und kurz spanende Werkstoffe	gelb

Hartmetalle	
Kennbuchstabe	**Hartmetallgruppe**
HW (freigestellt)	Unbeschichtetes Hartmetall, vorwiegend aus Wolframcarbid (WC)
HT (auch Cermet)	Unbeschichtetes Hartmetall, vorwiegend aus Titancarbic (TiC) oder Titannitrid (TiN) oder aus beiden
HC	beschichtete Hartmetalle

Beispiel: HW-P01 oder P01

unbeschichtetes Hartmetall

Zerspanungshauptgruppe P, langspanende Werkstoffe

Anwendungsgruppe P01 sehr hohe Verschleißfestigkeit

Schneidkeramik

Die kristallinen Keramiken haben große Bedeutung als Schneidstoffe.

Die Keramiken unterteilen sich in oxidische (Al_2O_2 und ZrO_2) und nichtoxidische Keramiken. (Si_3N_4 und SiC).

In Mischkeramiken aus oxidischen und nichtoxidischen Keramiken kommen vor allem Al_2O_3 und TiC und TiN vor.

Alle Schneidkeramiken können beschichtet sein.

Sowohl Hartmetalle als auch Schneidkeramiken kommen unter Firmennamen in den Handel, aus denen die Anwendungsgruppe nicht immer hervorgeht.

Schneidkeramik	
Kennbuchstabe	**Schneidkeramikgruppe**
CA	Oxidkeramik, vorwiegend aus Aluminiumoxid (Al_2O_3)
CM	Mischkeramik, auf der Basis von Al_2O_3, jedoch auch andere Oxide
CN	Nitridkeramik, vorwiegend aus Siliziumnitrid (Si_3N_4)
CC	beschichtete Schneidkeramik

Beispiel: CA-K10

Oxidkeramik K

Zerspanungshauptgruppe K, kurzspanende Werkstoffe

Anwendungsgruppe K10 hohe Verschleißfestigkeit

Die Buchstaben P, K und M sind ausschließlich für die Kennzeichnung der Zerspanungshauptgruppe vorgesehen und dürfen nicht für Firmenbezeichnungen der Schneidstoffe verwendet werden. Innerhalb einer bestimmten Anwendungsgruppe wie P10 können deshalb von mehreren Firmen verschiedene Schneidstoffe mit unterschiedlichen Bezeichnungen angeboten werden.

Diamant

Mono- und polykristalline Diamanten sind die härtesten Schneidstoffe. Sie nennt man auch hochharte oder superharte Schneidstoffe.

Diamant	
Kennbuchstabe	**Diamantgruppe**
DP	Polykristalliner Diamant

Bornitrid

Polykristallines Bornitrid ist auch als kubisches Bornitrid (CBN) bekannt. Es zählt auch zu den hochharten Schneidstoffen.

Bornitrid	
Kennbuchstabe	**Bornitridgruppe**
BN	kubisch-kristallines Bornitrid

3.2.5 Einteilung und Benennung der Kunststoffe

Einteilungskriterien	
nach den Hauptelementen C und Si	nach der Herstellung (Bildungsreaktion)
Kohlenstoff-Kunststoffe Silicone	Polymerisate Polykondensate Polyaddukte
nach den Ausgangsstoffen	nach dem mechanisch-thermischen Verhalten
umgewandelte Naturstoffe vollsynthetische Kunststoffe	Thermoplaste Duroplaste Elaste

Aus den Bezeichnungen der riesigen Anzahl von Kunststoffen geht meist das Ausgangssmonomer hervor, z.B. bei Poly-Ethylen, Poly-Vinyl, Poly-Styrol. Die Handelsnamen weichen davon allerdings oft ab. Eine Ableitung von Eigenschaften aus der Bezeichnung wie bei den Stahlnamen ist hier nur schwer möglich.

Einteilung und Benennung von Verbundwerkstoffen

Verbundwerkstoffe bestehen aus mindestens zwei Werkstoffen mit unterschiedlichen Eigenschaften, wobei der Verbundwerkstoff die gewünschten Eigenschaften beider Werkstoffe verbindet.

Verbundwerkstoffe sind teils seit langem bekannt wie Sperrholz oder Stahlbeton, andererseits sind sie die Werkstoffe der Zukunft. Über Verbundwerkstoffe sollen „Werkstoffe nach Maß" erzeugt werden, die jede beliebige Eigenschaftsverknüpfung erlauben, also z.B. hart und biegsam, fest und leicht oder elektrisch leitende Kunststoffe.

Verbundwerkstoffe

Teilchenverbund-werkstoffe	Faserverbund-werkstoffe	Schichtverbund-werkstoffe	Oberflächen-beschichtung
• Hartmetalle aus Hartstoffen und Bindemittel • Metall-Keramik-Mischungen	• faserverstärkte Kunststoffe • faserverstärkte Metalle • faserverstärkte Keramik	• Sperrholz • Sicherheitsglas	Beschichtung von Hartmetallen, z.B. TiC- oder Al_2O_3-Schichten

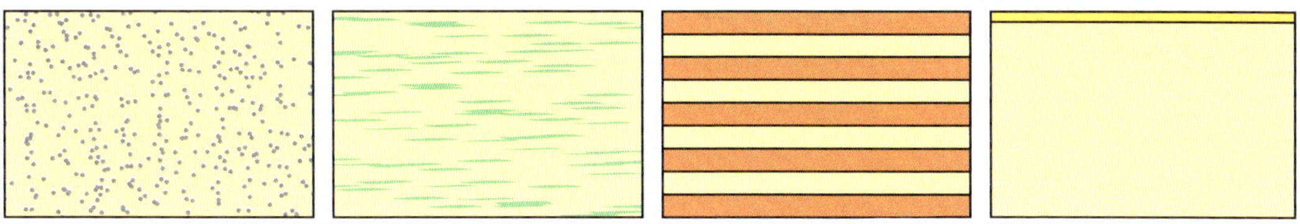

Übungsbeispiele:

Welche Schlüsse sind aus folgenden Werkstoffbezeichnungen zu ziehen?

a) St 34 b) S550 Q c) 40CrMnMoS 8-6 d) X1CrNiMoN 25 – 25 – 2

a) Eine veraltete Bezeichnung für einen unlegierten Baustahl mit einer Zugfestigkeit von 340 N/mm², nicht für Wärmebehandlung vorgesehen.
b) Eine gültige Bezeichnung für einen Stahl für den Stahlbau mit einer Mindeststreckgrenze von 550 N/mm². Der Stahl ist vergütet.
c) Sichtlich ein legierter Stahl, genauer ein Werkzeugstahl mit 0,4% C, 2% Cr (8 : 4), 1,5% Mn (6 : 4) und Anteile von Mo und S
d) Ein hochlegierter Stahl, genauer ein nicht rostender Stahl mit 0,01% C, je 25% Cr und Ni, 2% Molybdän und Stickstoff

Aufgaben:

1 Deuten Sie folgende Werkstoffbezeichnungen

HS12-1-4-5	**15MnMoV4-5**	**9SMn28Pb**	**AlMg3**	**30WCr V15-1**
HS3-3-2	**X12CrNi26-5**	**X165CrCoMo12**	**HC-P01**	**EN AW-1070**
9SMn28	**GX40CrSi23**	**CN-P10**	**EN AW-2014**	**AlCu4SiMg**

2 Welche Vor- und Nachteile bietet die Kennzeichnung der Werkstoffe mit Werkstoffnummern?

3 Wie erklären Sie sich, dass immer mehr beschichtete Hartmetalle zum Einsatz kommen?

4 Begründen Sie, warum Hartmetalle und Keramiken gut als Schneidstoffe geeignet sind.

5 Was haben Sie als Zerspanungsmechaniker zu beachten, wenn der Grafit im Gusseisen einmal lamellar und ein anderes Mal globular vorliegt?

3.3 Eisenwerkstoffe

Die herausragende technische und wirtschaftliche Bedeutung der Eisenwerkstoffe unter den metallischen Werkstoffen beruht auf deren werkstoffspezifischen Eigenschaften sowie auf der relativ guten Verfügbarkeit.

Durch gezielt eingesetzte Legierungselemente und Wärmebehandlungsverfahren können die chemischen und physikalischen Eigenschaften wie sonst bei keinen anderen Legierungen auf die Verwendungszwecke abgestimmt werden. Den Haupteinfluss übt der Kohlenstoff aus. Weitere Legierungselemente erweitern die technischen Möglichkeiten verschiedenartige Eisenwerkstoffe herzustellen.

Die endgültige Formgebung der Werkstücke durch spanende Verfahren kann durch günstige Paarung von Werkstoff und Schneidstoff optimiert werden.

3.3.1 Zerspanbarkeit von Eisenwerkstoffen

Der Begriff **Zerspanbarkeit** beruht auf zahlreichen Wechselwirkungen bei der Spanbildung zwischen

Werkzeug – Werkzeugmaschine – Werkstück

Die Zerspanbarkeit ist nicht durch eine Maßzahl definierbar, sondern je nach Anwendungsfall durch

Schnittkraft, Spanform, Verschleiß/Standzeit und **Oberflächengüte** bestimmt (Bild 1).

1 Feinbearbeitung eines Kegelrades – Hauptsächliche Zerspanungskenngrößen

Durch verbindliche anwendungsorientierte Zerspanungsversuche stehen dem Praktiker geeignete Daten für eine kostengünstige und qualitätsgerechte Fertigung zur Verfügung.

3.3.2 Einfluss der Einstellwerte auf die Zerspanbarkeit

1. Zerspanungskenngröße: **Zerspankraft *F***

Die Kenntnis von Richtung und Größe der Komponenten F_c, F_f **und** F_p der Zerspankraft ***F*** hat bei der Werkstückbearbeitung wesentlichen Einfluss auf die Festlegung der Maschineneinstellwerte und das Arbeitsergebnis (Gestaltabweichung 1. Ordnung – Werkstückform). Die Richtung der Wirkungslinien der Kräfte sind verfahrensspezifisch, lassen sich jedoch am Beispiel Längsdrehen am deutlichsten darstellen (Bild 2). Die Zerspankraft *F* ist ein Maß für:

- die erforderliche Kraft der Spanverformung und Spanabtrennung,
- die Reibungsüberwindung zwischen Werkstück und Werkzeug (ablaufender Span!).

Unter Versuchsbedingungen stehen dazu geeignete Messmethoden zur Verfügung (Dehnungsmessstreifen, piezoelektrisch arbeitende Messgeräte). Mit den Einstellwerten Vorschub ***f***, Schnittgeschwindigkeit v_c, Schnitttiefe a_p und dem Einstellwinkel κ besteht die direkte Einflussnahme auf die Zerspankraft und damit unmittelbar auf das Arbeitsergebnis.

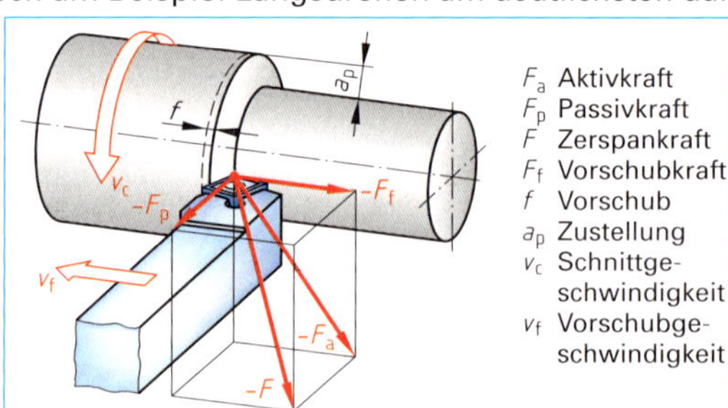

2 Kräfte und Einstellwerte beim Längsrunddrehen

Auswirkungen der Maschineneinstellwerte auf:

1. **Vorschub *f***: Mit zunehmenden Vorschubwerten steigen alle drei Kräfte fast linear an, am stärksten wird die Schnittkraft F_c beeinflusst.
2. **Schnittgeschwindigkeit v_c**: Die Unregelmäßigkeiten des Kraftbedarfs bei kleineren v_c-Werten sind abhängig von den entstehenden Spanarten. Fließspäne sind mit geringeren Kräften zu erzielen.
3. **Einstellwinkel κ**: Die Schnittkraft fällt linear mit größerem Einstellwinkel ab. Vorschubkraft und Passivkraft ändern linear ihre Wirkungen.
4. **Schnitttiefe a_p**: Alle drei Kräfte steigen linear mit zunehmender Schnitttiefe an. Der Steigungswinkel der Schnittkraft ist fast doppelt so groß wie der von Vorschub- und Passivkraft (Bild 1).

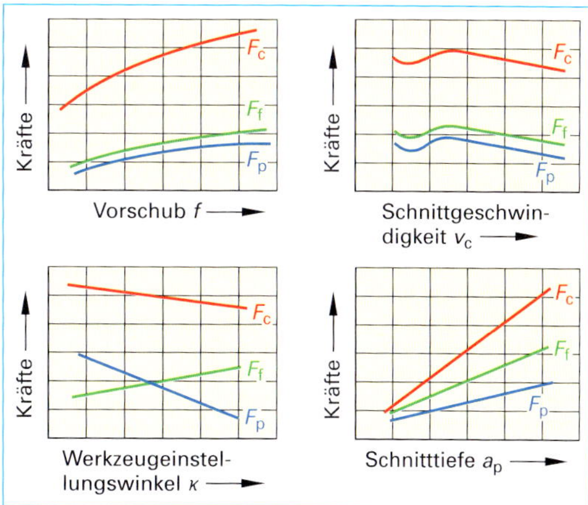

1 Einflussgrößen auf die Schnittkraft F_c (F_f, F_p)

Berechnung der Schnittkraft F_c: Sie wird durch den Spanungsquerschnitt ***A*** und den zu bearbeitenden Werkstoff (Tabellenwert k_c) beeinflusst.

Berechnungsgrundlage $F_c = A \cdot k_c$ (N)

Spanungsquerschnitt $A = f \cdot a_p = h \cdot b$

f / a_p – Tabellenwerte

Spanungsdicke $h = f \cdot \sin \kappa$

Spanungsbreite $b = \dfrac{a_p}{\sin \kappa}$

Berechnungsbeispiel: Eine Welle aus 34CrMo4 (1.7220) wird längsrund schlichtend überdreht. Als Berechnungsgrundlage werden die Einstellwerte lt. Tabellenbuch verwendet.

geg.: Vorschub f = 0,1 mm ... 0,2 mm

Schnittgeschwindigkeit v_c = 150 m/min

Werkzeugeinstellwinkel κ = 60°

Schneidstoff Cermets

ges.: Schnittkraft F_c = ? (N)

Lösung: $F_c = k_c \cdot A$ (N)

Bestimmung des Spanungsquerschnittes

h – Berechnung: $h = f \cdot \sin 60°$

$h = 0{,}2 \text{ mm} \cdot \sin 60°$

$\underline{h = 0{,}17 \text{ mm}}$

a_p – Festlegung: lt. Tabellenbuch: a_p = 0,25 mm ... 0,8 mm $\underline{a_p = 0{,}5 \text{ mm}}$

Bestimmung des k_c-Wertes: $k_c = k \cdot C_1 \cdot C_2$

Tabellenbuchwerte k = 2590 N/mm² (abh. von der Spanungsdicke h)

C_1= 1,0 Korrekturfaktor der Schnittgeschwindigkeit

C_2= 1,0 Korrekturfaktor des Fertigungsverfahrens

k_c = 2590 N/mm² · 1,0 · 1,0

$\underline{k_c = 2590 \text{ N/mm}^2}$

$F_c = k_c \cdot f \cdot a_p$

F_c = 2590 N/mm² · 0,2 mm · 0,5 mm

$\underline{\underline{F_c = 259 \text{ N}}}$

Durch die Anwendung von **fertigungsspezifischen Werkstoffen** (z.B. Automatenstähle) in der Serienfertigung von Kleinteilen ergeben sich günstigere Zerspanungswerte.

Berechnungsbeispiel:

$F_c = k_c \cdot A = k_c \cdot f \cdot a_p$

Werkstoffwahl: Automatenstahl 35S20 (1.0726)

$k_c = k \cdot C_1 \cdot C_2$

Tabellenbuchwerte:
$C_1 = C_2 = 1{,}0$
$k = 1940\ \text{N/mm}^2$

$k_c = 1940\ \text{N/mm}^2 \cdot 1{,}0 \cdot 1{,}0$

$k_c = 1940\ \text{N/mm}^2$

f/a_p-Werte s. Berechnungsbeispiel Seite 273

$F_c = 1940\ \text{N/mm}^2 \cdot 0{,}2\ \text{mm} \cdot 0{,}5\ \text{mm}$

$F_c = 194\ \text{N}$

Für die aufzubringende **Schnittleistung** $P_c = \dfrac{F_c \cdot v_c}{60000}$ (kW) ist die werkstoffspezifische Schnittgeschwindigkeit $\boldsymbol{v_c}$ (m/min, Tabellenwert) und die Schnittkraft $\boldsymbol{F_c}$ (N) entscheidend, d.h. der Energiebedarf ist direkt abhängig vom zu bearbeitenden Werkstoff.

2. Zerspanungskenngröße: **Spanform**

Für alle spanabhebenden Fertigungsverfahren mit geometrisch bestimmter Schneide ist die bewusste Beeinflussung der entstehenden Spanarten bzw. -formen für den Arbeitsprozess und das Werkstück von Bedeutung. Einige Spanformen sind aus Gründen großer Unfallgefahr und Störung des Produktionsablaufes auszuschließen. Durch praxisorientierte Versuche mit den Einstellgrößen **Vorschub *f*, Schnitttiefe $\boldsymbol{a_p}$** und variiertem **Spanungsquerschnitt *A*** sind mit weiteren Schnittbedingungen z.B. Schnittgeschwindigkeit $\boldsymbol{v_c}$, Spanwinkel γ usw. Aussagen für den Praktiker bzgl. des Bereiches günstiger Spanformen möglich.

Ablauf der Spanbildung:

- **elastische Phase**: Beim Eindringen des Schneidkeiles (Spanungsbeginn) in den Werkstoff erfolgt zunächst eine elastische Werkstoffverformung.
- **plastische Verformung**: Durch die eingeleitete Schnitt- und Vorschubbewegung beginnt der Werkstoff zu fließen und fortschreitend kommt es im Bereich der Scherebene zu einer Werkstoffstauchung.
- **Werkstofftrennung**: Zu einer kontinuierlichen Spanbildung kommt es im Bereich der Scherzone, wenn die Scherfestigkeit des Werkstoffs überwunden ist, verbunden mit der Werkstofftrennung vor der Schneidkante (Bild 1).

Bestimmungsgrößen: **Stauchfaktor** und **Scherwinkel**.
Durch die Werkstoffumformung in der 2. Phase der Spanbildung ergeben sich Unterschiede zwischen den eingestellten Spanungswerten und den Abmessungen des Spanes (Bild 1).

Der Stauchfaktor λ (Lambda) ist eine Kenngröße der Werkstoffstauchung, unter anderem zählt z.B. der Spandickenstauchfaktor $\boldsymbol{\lambda_h}$ dazu.

$$\lambda_h = \frac{h_{St}}{h}\ (-)$$

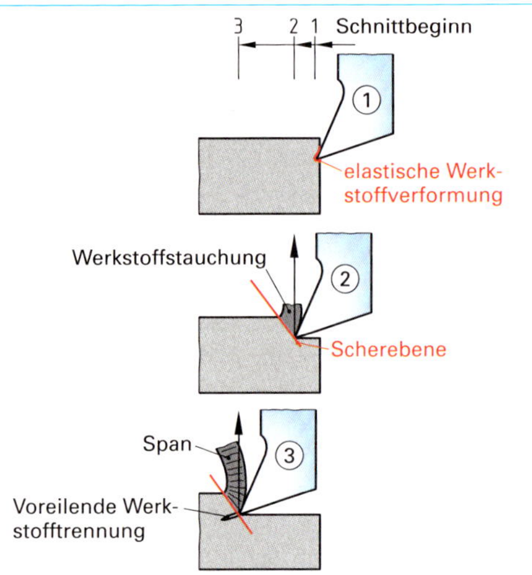

1 Phasen der Spanbildung

Berechnungsbeispiel:

eingestellte Spanungsdicke $h = 0{,}7\ \text{mm}$

gemessene Spandicke $h_{St} = 2{,}1\ \text{mm}$

$$\lambda_h = \frac{h_{St}}{h} = \frac{2{,}1\ \text{mm}}{0{,}7\ \text{mm}} = 3$$

Der Scherwinkel Φ ist der Winkel zwischen der Schnittrichtungswirkungslinie und der sich ergebenden Scherebene (Bild 2).

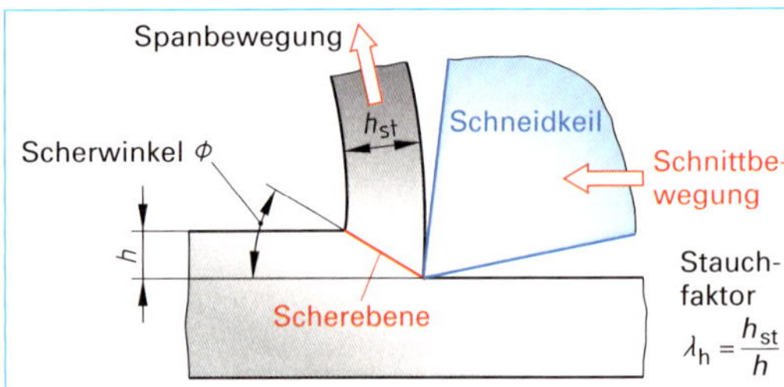

2 Stauchfaktor und Scherwinkel

Günstige Spanungsverhältnisse ergeben sich bei **Scherwinkeln Φ < 45°,** dadurch entstehen stets dickere Späne als die eingestellte Spanungsdicke $h_{St} > h$. Die Abweichung der Einstellwerte Schnittgeschwindigkeit v_c und des Spanwinkels γ von den werkstoffspezifischen Tabellenwerten wirkt sich unmittelbar auf die Spanbildung durch veränderte Stauchwerte und Scherwinkel aus (Diagramm 1).

Im direkten Zusammenhang der Spanbildung mit der Oberflächengüte der Werkstücke kommen folgende Einflussfaktoren in Betracht:

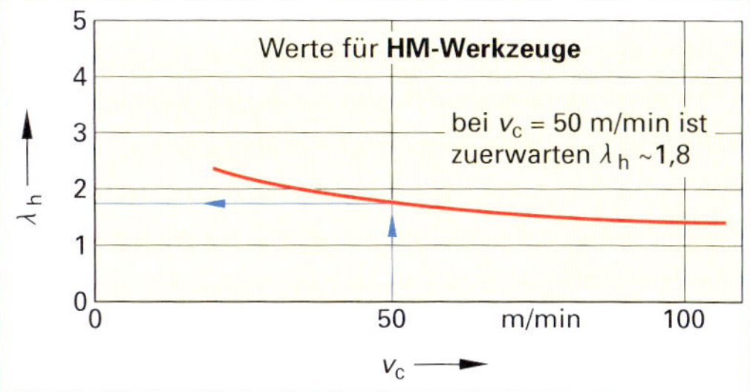

Diagramm 1: v_c-Einfluss

Schnittkraft F_c

Durch die Veränderung der Schnittgeschwindigkeit v_c und des Spanwinkels γ sind die entstehenden **Spanarten beeinflussbar**:

v_c = 30 m/min	γ = 0°	Φ = 10° Reißspäne
⋮	⋮	Φ = 20° Scherspäne
v_c = 300 m/min	γ = 10°	Φ = 30° Fließspäne

Der mittlere Schnittkraftbedarf ist zwar bei allen drei Spanarten fast gleich groß, unterscheidet sich aber wesentlich im Schwankungsbereich.

Eine Auswirkung auf die Rauheitswerte ist zwangsläufig (Diagramm 2).

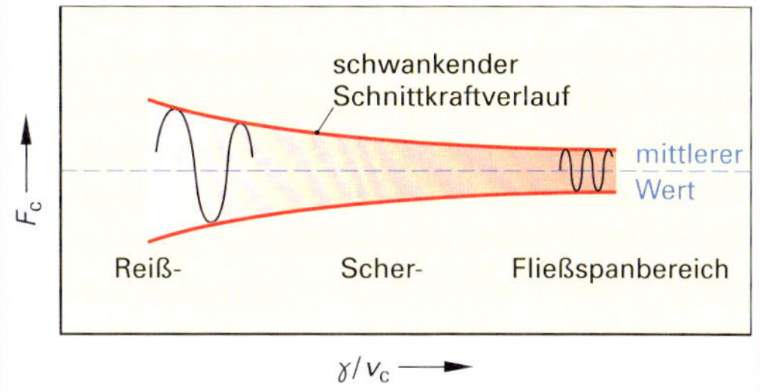

Diagramm 2: Schnittkrafteinfluss

Aufbauschneidenbildung

Bei der Bearbeitung von **zähen Werkstoffen** mit Schnittgeschwindigkeitswerten **v_c = 5 m/min ... 50 m/min** kommt es vorwiegend bei der Entstehung von Scherspänen zur Aufbauschneidenbildung.

Dabei setzen sich hochverfestigte Werkstoffteilchen kurzfristig (**0,01 s ... 0,5 s**) an der Werkzeugschneide fest. Diese Schichten des zerspanten Werkstoffs übernehmen dabei kurzzeitig die Funktion der Werkzeugschneide (mit undefinierbarer Schneidengeometrie). Durch die periodische Zerstörung der Aufbauschneide gleiten einige Bruchstücke mit der Spanunterseite ab. In die Werkstückoberfläche lagern sich schuppenartig Teilchen der zerstörten Aufbauschneide ein (Bild 1).

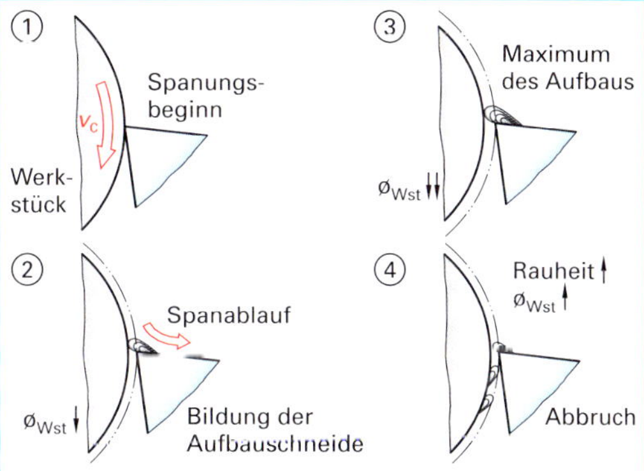

1 Aufbauschneidenbildung (schematisch)

Die gefertigten Werkstücke weisen eine **verminderte Maßhaltigkeit** und eine **raue Oberfläche** auf. Die aufgeführten Spanungsbedingungen führen zu **erhöhtem Verschleiß** der **Werkzeugschneide**.

Spanbildungseinfluss auf das **Randgefüge**

Die plastische Werkstoffverformung der 2. und 3. Phase der Spanbildung erfasst ebenfalls die Werkstückoberfläche.

Aufgrund dieser Werkstoffbeanspruchung wird das Kristallgefüge der Randschicht verändert. (Verfestigung). Geeignete Wärmebehandlungsverfahren und Schnittgeschwindigkeitswerte bringen Abhilfe. Dagegen erzeugen niedrige v_c-Werte durch Herausbrechen der Gefügekörner eine spürbare Oberflächenverschlechterung (Bild 2).

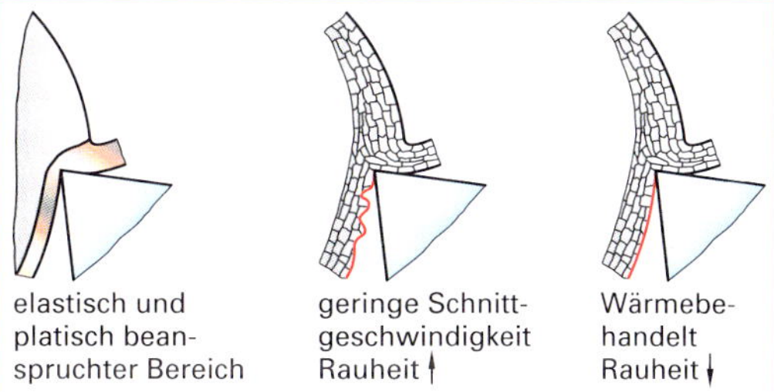

2 Randgefügeveränderung

3. Zerspanungskenngrößen: **Verschleiß und Standzeit *T***

Die werkzeugspezifischen Kenngrößen Verschleiß und Standzeit stehen in unmittelbaren Zusammenhang mit den Phasen des Spanbildungsprozesses und der Schnittkraft. Durch die Veränderung der Schneidengeometrie ergeben sich beträchtliche Auswirkungen auf das Arbeitsergebnis (z.B. Rauheit und Maßhaltigkeit). Solide Kenntnisse über Erscheinungsbild, Möglichkeiten der messtechnischen Erfassung und die Folgen des Verschleißes und der Standzeit ermöglichen dem Facharbeiter gezielt Einfluss zu nehmen.

Verschleiß: Der Werkzeugschneidenverschleiß ist das komplexe Zusammenwirken von mehreren Faktoren des Zerspanungsprozesses, die kontinuierlich oder schlagartig wirken.

Reibung: Entsteht zwischen dem ablaufenden Span und der Spanfläche sowie zwischen Werkstück und der Werkzeugfreifläche. Zwangsläufig kommt es zu einer starken **Erwärmung** (v_c-abhängig!), die die einsetzenden Diffusionsvorgänge begünstigt bzw. zur Schneidstofferweichung führt. Die hochverfestigten Bruchstücke der **Aufbauschneiden** reißen kleinste Werkstoffteilchen des Schneidstoffes der Werkzeugschneide ab. **Schneidenbruch** kann durch starken Temperaturwechsel, unterbrochenen Schnitt oder zu kleine Keilwinkel des Werkzeuges auftreten und somit die Werkzeuge unbrauchbar machen.

Verschleißarten: Die spanabhebenden Fertigungsverfahren unterscheiden sich durch die verschiedenen Bewegungen von Werkzeug und Werkstück, demzufolge entstehen unterschiedliche Beanspruchungen der Werkzeugschneiden. Charakteristische Erscheinungsformen des Verschleißes lassen sich wie folgt unterteilen. (Übersicht)

Übersicht: Verschleißarten (schematisch)	Erscheinungsbild (vereinfacht)	messtechnische Größe	Ursache	Folgen	Abhilfemaßnahmen	Verschlissene Werkzeugschneiden
Freiflächenverschleiß Zurückversetzen der Werkzeugschneide	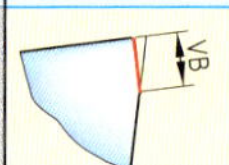	**VB** Verschleißmarkenbreite	Reibung zw. Wst. und Freifläche	*F*↑ bis 50%	• Zerspanvolumen (z.B. Schnitttiefe) erhöhen • Schnittgeschwindigkeit erhöhen	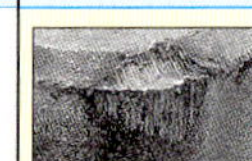
Spanflächenverschleiß Herabsetzen der Werkzeugschneide (Spanwinkelabnahme)	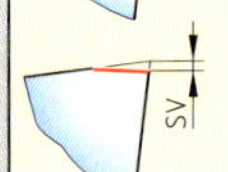	**SV** Schneidenversatz	Spanablauf	Werkzeugerwärmung	• Schnittgeschwindigkeit erhöhen • Vorschub reduzieren • Werkstückein-/austritte anfasen	
Kantenabrundung **Kanten**ausbruch (Verschleißkombination)	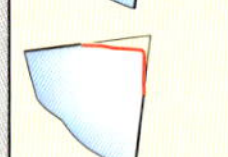	—	extreme Schneidkantenbelastung	Spanbildung *Rz*, *Ra*-Werte↑	• gefaste Schneidplatte einsetzen • Werkstückunterbrechungen anfasen (Ein-/austritte, Nuten, Bohrungen) • Eingriffsfrequenz der Schnittunterbrechungen variieren • Systemsteifigkeit erhöhen	
Kolkverschleiß muldenartige Schneidkeilschwächung	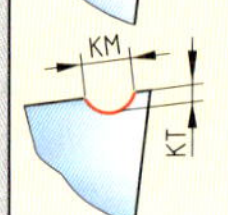	**KT, KM** Kolktiefe und Mittenabstand	Diffusion Aufbauschneide	Maßhaltigkeit↓	• Zeitspanvolumen (z.B. Vorschub) reduzieren • Schnittgeschwindigkeit reduzieren • Vorschub erhöhen	

Standzeit T: Die Standzeit ist die Einsatzdauer (min) eines spanenden Werkzeuges zwischen zwei Anschliffen. Das Standzeitende eines Werkzeuges ist erreicht, wenn die laut Übersicht aufgezeigten messtechnischen Verschleißgrößen (VB, SV, KT, KM) überschritten sind und sich zwangsläufig auf Maßhaltigkeit und Oberflächengüte der Werkstücke auswirken. Die Standzeit von Werkzeugen ist ebenfalls von mehreren Einflussfaktoren abhängig. Haupteinfluss ist die Schnittgeschwindigkeit v_c.

Schneidstoffabhängig gibt es: $\boldsymbol{v_{c15}}$, $\boldsymbol{v_{c60}}$, $\boldsymbol{v_{c120}}$ d.h. bei Vorgabe einer bestimmten Schnittgeschwindigkeit (Tabellenwerte) beträgt die zu erwartende Standzeit 15, 60 oder 120 Minuten.

Weitere Einflussfaktoren sind:

- **Werkstoffe** von Werkstück/Werkzeug,
- **Schnittgrößen** (Spanungsquerschnitt),
- **Werkzeugschneidengeometrie**,
- **Kühlschmierung**.

Die gewählte Standzeit ist meist ein Kompromiss zwischen den Einflussfaktoren zur Erzielung der kostengünstigsten Fertigung (Diagramm 1).

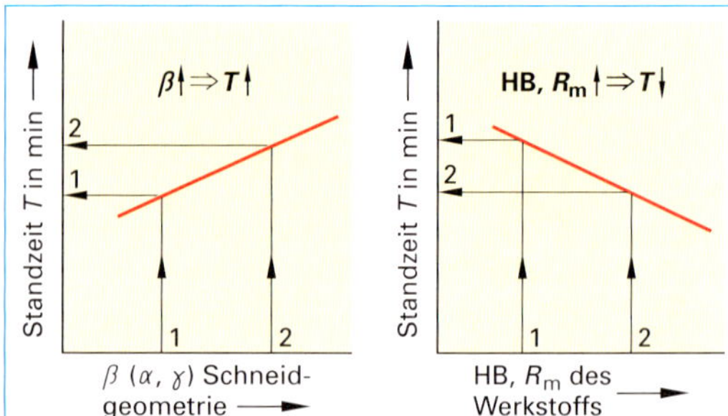

Diagramm 1: Standzeiteinflussgrößen

4. Zerspanungskenngröße **Oberflächengüte**

Mit den in der Praxis gebräuchlichen **Rauheitskenngrößen *Rz* und *Ra*** lässt sich die Oberflächenqualität eines Werkstückes für die Verwendung sicher bewerten. Geringe Rautiefen entsprechen somit einer guten Zerspanbarkeit. In der Fertigung ist das erreichbar durch:

- Vergrößerung des Eckenradius,
- Erhöhung der Schnittgeschwindigkeit,
- Verringerung des Vorschubes,
- Verwendung von Kühlschmierstoffen.

Weitere Einflüsse wie z.B. das Schwingungsverhalten und die Steifigkeit der Werkzeugmaschine sind vom Zerspaner nur schwer zu beeinflussen.

Das geometrisch ideale Oberflächenprofil eines Werkstückes wird vom **Vorschub *f*** und dem **Eckenradius *r*** der Schneidplatte bestimmt (Bild 1).

Für *Rt* gilt bei $f > 0{,}1$ mm:

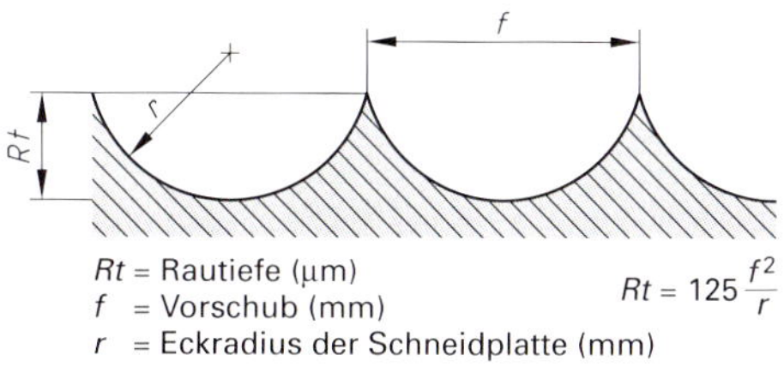

1 Werkstückoberflächenprofil

Ablesebeispiel: $f = 0{,}3$ mm; $r = 1{,}6$ mm
Rautiefe $Rt = 7$ µm (Bild 2)

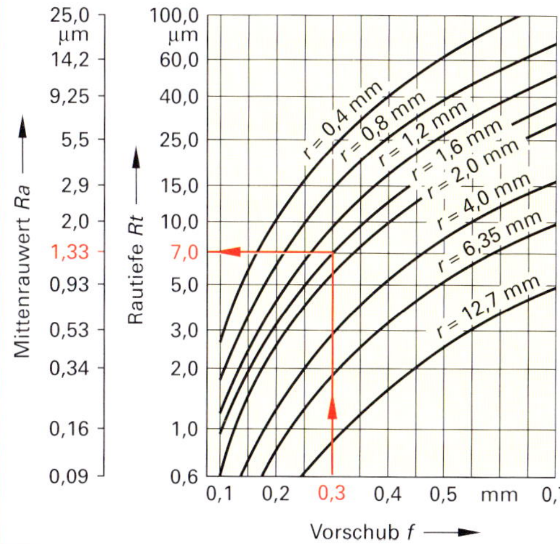

2 Einfluss von Eckenradius und Vorschub

Für die Schruppbearbeitung besteht nahezu Deckungsgleichheit zwischen den errechneten und praktisch gemessenen Werten. Die Ergebnisse für eine Schlichtbearbeitung werden durch weitere Einflussgrößen stark beeinträchtigt.

Die Neigung einiger Werkstoffe zur Bildung von Aufbauschneiden unter bestimmten Schnittbedingungen beeinflusst beträchtlich die erreichbaren Rauheitskennwerte der Werkstücke.
Bei geringen Schnittgeschwindigkeitswerten ergibt sich ein Maximum der Rauheitswerte auf Grund der ständig abwandernden Aufbauschneidenteilchen.
Durch die Erhöhung der Schnittgeschwindigkeit kommt man bei der Bearbeitung in den Fließspanbereich. Damit verbunden ist eine wesentliche Reduzierung der Aufbauschneidenbildung und eine Verbesserung der **Oberflächenqualität** (Bild 3).

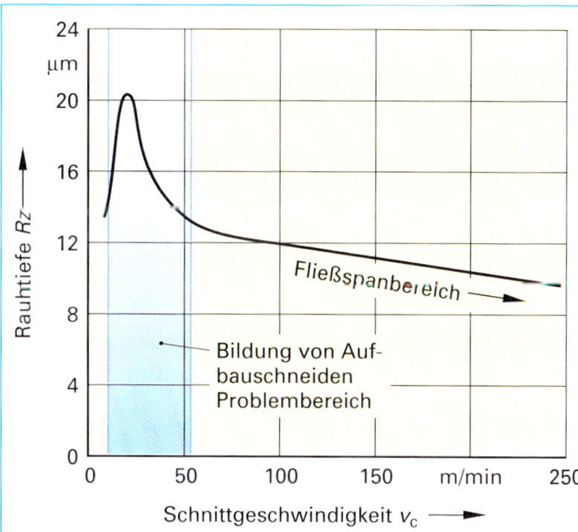

3 Einfluss der Schnittgeschwindigkeit

Aufgaben:

1 **Was verstehen Sie unter dem Begriff Zerspanbarkeit von Eisenwerkstoffen?**

2 **Beschreiben Sie die Zusammenhänge der Zerspanungskenngrößen!**

3 **Welche Faktoren beeinflussen die Schnittkraft F_c?**

4 **Welche Faktoren bewirken bei der Fertigung eine günstige Spanbildung?**

5 **Nennen Sie Möglichkeiten der Einflussnahme auf die Standzeit und den Verschleiß!**

6 **Wie gewährleisten Sie die geforderten Rauheitsangaben bei der spanenden Fertigung?**

3.3.3 Einfluss des Werkstoffs auf die Zerspanbarkeit

Auf die Eigenschaften der zu bearbeitenden Werkstoffe kann der Zerspanungsmechaniker während des Fertigungsprozesses keinen Einfluss nehmen. Gerade deshalb sind grundlegende werkstoffkundliche Kenntnisse nicht unbedeutend bei der bestmöglichen Gestaltung der Fertigung.

Stahlwerkstoffe: Durch die Kontrolle nichtmetallischer Einschlüsse, die Zugabe von Desoxidationsmitteln (Al, Si) sowie besonderer Desoxidationsverfahren kann die Zerspanbarkeit von Stählen während des Schmelzprozesses positiv beeinflusst werden.

Legierungselemente beeinflussen die Zerspanbarkeit indirekt durch typische Stahleigenschaften wie z.B. Festigkeit,Härtbarkeit, Zähigkeit usw. Die massenhafte Teilefertigung in Automaten ist u.a. an günstige Spanformen gebunden. Die Anhebung des Schwefelgehaltes bis auf 0,35% brachte eine deutlich verbesserte Zerspanbarkeit mit sich (bis zu 20%-ige Standzeiterhöhung).

Gusswerkstoffe: Besondere Beachtung müssen bei der Bearbeitung von Gusswerkstoffen die fertigungsbedingten Einflüsse des Form- und Gießverfahrens auf die Randzone finden. Ihre wesentlich verschlechterte Zerspanbarkeit gegenüber dem Kernbereich beruht auf nichtmetallischen Einschlüssen (Formsand), Zundereinschlüssen und abweichenden Gefügeausbildungen (steigender Perlitanteil).

Bearbeitungshinweise für die Werkstückrandzonen:

- Geeignete Werkstück**vorbehandlung** (Sandstrahlen)
- Ständiger Werkzeugeingriff durch ausreichende Schnitttiefe (**unter** die Gusshaut!)
- Schnittgeschwindigkeits**verminderung** bei größerem Vorschub

Die Oberflächenqualität der bearbeiteten Werkstücke ist abhängig vom angewandten Fertigungsverfahren, den Zerspanungsgrößen, dem Verschleißzustand der Werkzeugschneide und der Gefügebeschaffenheit der Werkstoffs.

Allgemein gültige Zerspanungshinweise:

- mögliche Aufbauschneidenbildung bei der Bearbeitung von ferritischen Gusswerkstoffen beachten (Zunahme der Rauheit!),
- Günstige Spanbildung für automatisierte Fertigung (Gefügeunterbrechung durch Grafitauslagerung),
- Die aufzubringende Schnittkraft ist von der Werkstofffestigkeit und der Gefügeausbildung abh.,
- Die Werkstoffhärte ist der Haupteinfluss auf das Standzeit–Schnittgeschwindigkeitsverhalten (Bild 1),
- Eine exakte Gefügeanalyse und die darauf abgestimmte Wärmebehandlung ermöglicht eine Schnittgeschwindigkeitserhöhung bis zu 300%.

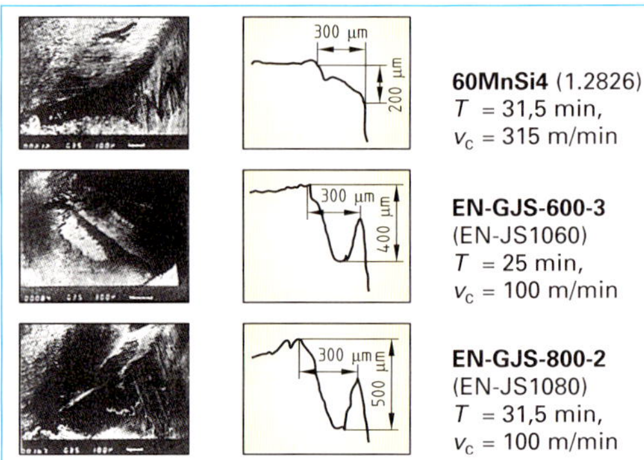

1 Schneidenverschleiß durch Auskolkung (unterschiedliche Werkstoffhärten)

Einfluss der Legierungselemente:

Die Eigenschaften und somit die Bearbeitung und Verwendung der Eisenwerkstoffe werden direkt von den zulegierten Elementen **„Legierungselementen"** und den herstellungsbedingten **Eisenbegleitern** bestimmt. Als Legierungselemente und Eisenbegleiter kommen metallische und nichtmetallische Elemente in Betracht, die durch ihren prozentualen Anteil und das Zusammenwirken der einzelnen Elemente Einfluss nehmen. Unlegierte Stähle werden vor allem durch die Eisenbegleiter beeinflusst. Die Legierungselemente verbessern z.B. Eisenkarbidbildung (Cr, W), die Verschleißfestigkeit und Korrosionsbeständigkeit der legierten Stähle.

Kohlenstoffeinfluss:

Der Kohlenstoff beeinflusst wesentlich als **Hauptlegierungselement** des **Eisens** die mechanischen Eigenschaften der verschiedenen Eisenwerkstoffe, dabei tritt er in folgenden Modifikationen auf:

- als reiner Kohlenstoff **Grafit** (Lamellen- oder kugelförmig) in Gusswerkstoffen,
- als chemische Verbindung **Fe_3C Eisencarbid,**
- gelöst im Eisen als Einlagerungsmischkristall **Austenit** (max. 2,06%) (Bild 2).

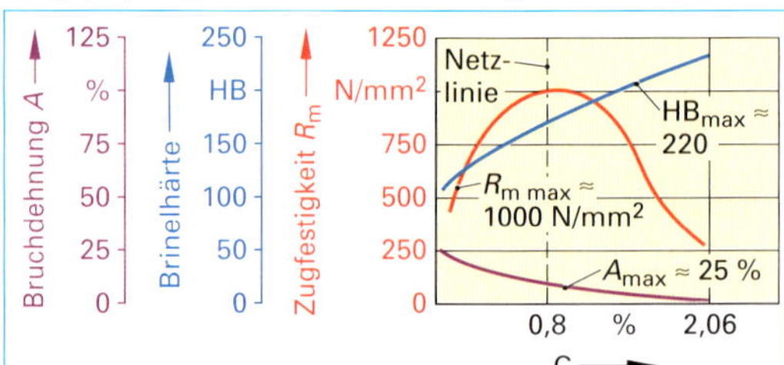

2 Kohlenstoffeinfluss auf wesentliche mechanische Eigenschaften

Einfluss wichtiger Legierungselemente und Eisenbegleiter

Das breite Anwendungsspektrum der Eisenwerkstoffe erfordert spezifische Werkstoffeigenschaften, die durch verschiedene Elemente bzw. deren Kombinationen erreicht werden können. Eine Auswahl auf die Bedürfnisse der Zerspantechnik bezogen zeigt die Tabelle.

Tabelle 1: Zerspanbarkeit legierter Eisenwerkstoffe

Chem. Element	1	2	3	4	5	%- Werte als **Eisenbegleiter**		%-Werte als **Legierungselement** typische Anwendungsbeispiele	
						Stahl	Guss	Stahl	Guss
C	–	+	++	+	+	...2,06	...5	**C60** (1.0601) Qualitätsstahl	
Si	–	+	+	+	+	...0,6	...4	**38Si7** (1.5023) Federstahl	bis 13% bei säurebest. Guss
P	+	+	+	0	0	... 0,08	...1		bis 2% bei dünnwandigen Teilen
S	+	0	0	0	–	...0,06	...0,12	**35S20** (1.0726) Automatenstahl	
Mn	–	+	+	–	0	...0,8	...1,2	**20MnCr5** (1.7147) Einsatzstahl	
W	–	+	+	++	++			**HS6-5-2-5** (1.3243) Schnellarbeitsstahl	
Mo	–	+	+	++	++			**X38CrMoV5-1** Warmarbeitsstahl (1.2343)	**G17CrMo5-5** warmfester Guss (1.7357)
V	–	+	+	++	+			**115CrV3** (1.2210) leg. Kaltarbeitsstahl	
Co	–	+	+	0	++			**HS10-4-3-10** (1.3207) Schnellarbeitsstahl	
Cr	–	++	+	+	+			**X2CrNiMo18-15-4** nicht rostender Stahl (1.4438)	**GX22CrNi17** nichtrost. Guss (1.4059)
Ni	–	+	+	–	+			**15NiCr13** (1.5752) (Einsatzstahl)	

Zeichenerklärung der Spalten:

1 – Zerspanbarkeit , 2 – Härte, 3 – Zugfestigkeit, 4 – Verschleißfestigkeit, 5 – Warmfestigkeit

++ starke Eigenschaftszunahme, + Eigenschaftszunahme, 0 ohne Einfluss, – Eigenschaftsabnahme

Zerspanungseigenschaften von Kristallgemischen und Mischkristallen

Die metallischen und nichtmetallischen Legierungselemente bilden je nach Atomgröße und differenzierten Bindungskräften (Gittertyp) mit dem Grundwerkstoff **Eisen** unterschiedliche Gefügearten aus. Daraus ergeben sich Verbesserungen bestimmter Eigenschaften des Grundmetalls, die sich auf die Zerspanbarkeit unmittelbar auswirken.

Kristallgemisch:

Die getrennt kristallisierten Bestandteile der Legierung bilden ein **heterogenes Gefüge.** Bei Gusseisen mit Kugelgrafit ist z.B. gegenüber dem Grundmetall eine wesentliche Festigkeitszunahme zu verzeichnen.

EN-GJS-400-25 $R_m = 400$ N/mm²
EN-GJS-800-2 $R_m = 800$ N/mm² (Tabellenwerte)

Der globularkristallisierte Kohlenstoff als Legierungsbestandteil hebt sich im Schliffbild deutlich vom Grundwerkstoff ab. (Bild 1)

1 **Gefüge des Kristallgemisches Gusseisen mit Kugelgraphit**

Bei der spanabhebenden Bearbeitung von Kristallgemischen entstehen auf Grund der unterschiedlichen Festigkeit der Gefügebestandteile **kurzbrüchige Späne.** Automatenstähle und Gusswerkstoffe lassen sich je nach Zusammensetzung und weiterer zerspanungstechnischer Einflussgrößen **gut** bis **sehr gut bearbeiten.** Darüber hinaus sind Kristallgemische schwer umformbar aber gut gießbar (Bild 2).

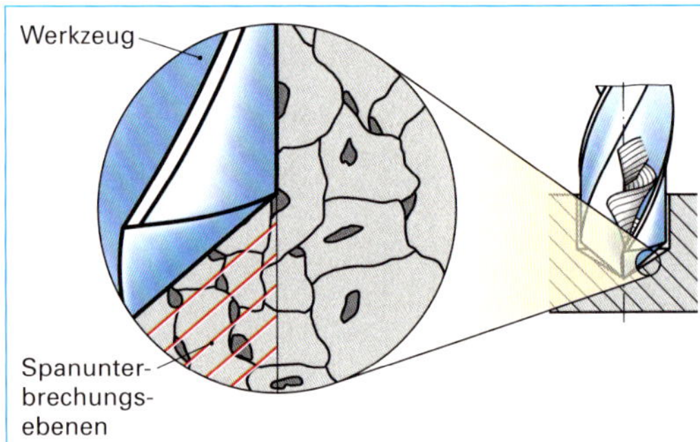

2 **Spanbildung von Kristallgemischen**

Mischkristalle:

Die Legierungselemente bewirken sowohl im Einlagerungs- als auch im Substitutionsmischkristall **höhere Bindungskräfte**, sodass die **Härte** und die **Festigkeit** der Werkstoffe zunehmen.
Das **homogene Gefüge** der Mischkristalllegierungen wirkt sich auf die Zerspanbarkeit durch geringere Zähigkeit aus (Bild 3).

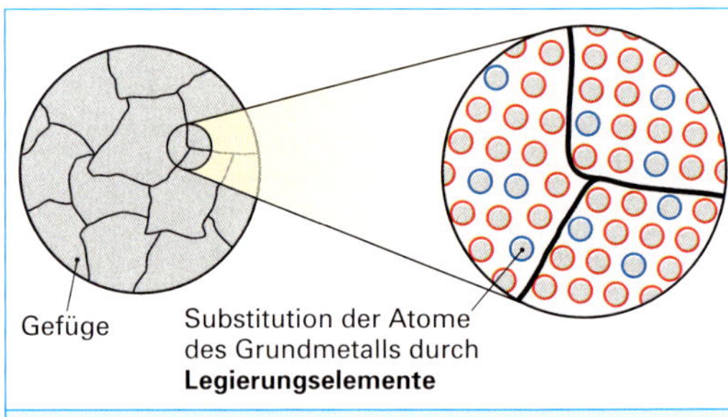

3 **Mischkristallgefüge**

Die Bearbeitung von mischkristallisierten Werkstoffen kann durch geeignete Maßnahmen zielgerichtet beeinflusst werden (Bild 4).

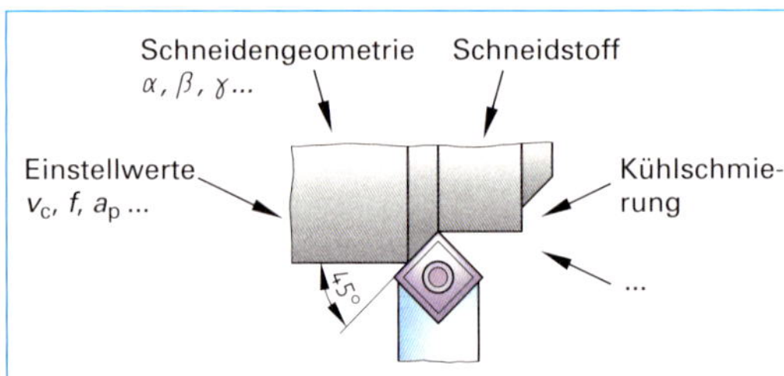

4 **Einflussfaktoren auf den Zerspanungsprozess**

Der $k_{c1.1}$-Wert der verschiedenen Werkstoffe ist dafür eine aussagekräftige Größe, die unter anderem bei der Leistungsberechnung einer Drehmaschine Berücksichtigung findet.

z.B. E 295:	$k_{c1.1} = 1500$ N/mm²
X210Cr12:	$k_{c1.1} = 1720$ N/mm²

Bei der Berechnung der spezifischen Schnittkraft k_c werden die Schnittgeschwindigkeit v_c (C_1), das Fertigungsverfahren (C_2) und die spanungsdickenabhängige Schnittkraft k berücksichtigt.

$k_c = k \cdot C_1 \cdot C_2$ (N/mm²)

3.3.4 Zerspanungseigenschaften wärmebehandelter Eisenwerkstoffe

Bei den Eisenwerkstoffen (Stahl bis 2,06% C und Gusseisen 2,06% ... 6,67%C) treten in Abhängigkeit von der Temperatur und der Kohlenstoffkonzentration charakteristische Gefügearten auf. Das **Eisen-Kohlenstoff-Zustandsdiagramm** (Bild 1) zeigt eine Übersicht der von beiden Einflussfaktoren abhängigen Gefügearten. Die einzelnen Gefügebereiche sind durch Linien und Buchstaben begrenzt.

Gefügeumwandlungen und damit verbunden veränderte Zerspanungsbedingungen sind erkennbar beim Über- bzw. Unterschreiten von Gefügebegrenzungslinien. Eine gezielte Einflussnahme auf die Zerspanbarkeit von Werkstoffen ist durch die Wärmebehandlungsverfahren gegeben.

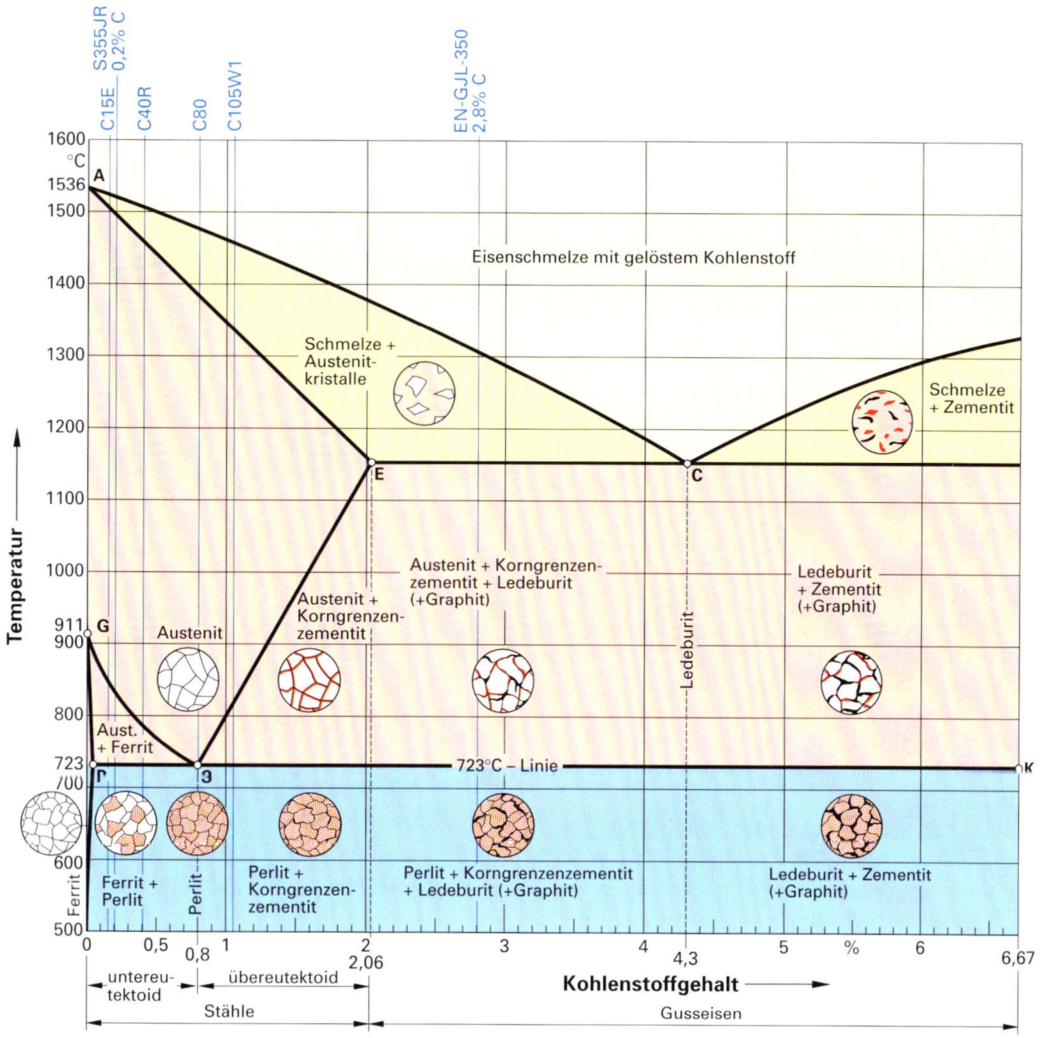

1 Eisen-Kohlenstoff-Zustandsdiagramm (Gefügebereiche)

Aufgaben:

1 **Was verstehen Sie unter dem Begriff „Wärmebehandlung von Metallen"?**

2 **Welche Aussagen sind mithilfe des Eisen-Kohlenstoff-Zustandsdiagramms möglich?**

3 **Beschreiben Sie die Gefügeveränderungen eines Stahls mit 1% Kohlenstoff von der Schmelze bis auf Raumtemperatur!**

4 **Leiten Sie aus den Gefügestrukturen folgender Stähle: Einsatzstahl C15E, Vergütungsstahl C40+QT, Werkzeugstähle C80+U und C105+U bei Raumtemperatur die wesentlichen Eigenschaften für die Zerspanung ab!**

5 **Begründen Sie die unterschiedlichen Zerspanungseigenschaften von S275JR und EN-GJL-350!**

Einfluss von Wärmebehandlungsverfahren

■ **Weichglühen –** Einflussnahme auf Zerspankraft, Verschleiß und Standzeit

Stähle mit zunehmendem Kohlenstoffgehalt werden spürbar härter. Die harten Zementitlamellen (Fe_3C) des perlitischen Grundgefüges und zusätzlich ab 0,8% Kohlenstoff der Korngrenzenzementit lassen die Werkzeugschneiden bei einer spanenden Bearbeitung schneller verschleißen. Standzeiterhöhend bzw. verschleißsenkend kann man solche Stähle nach zwei Möglichkeiten weichglühen (Bild1).

- Pendelglühen (**1**) um die PSK-Linie 723 °C
- Erwärmen und Halten (**2**) auf 600 °C... 750 °C (je nach Kohlenstoffgehalt)

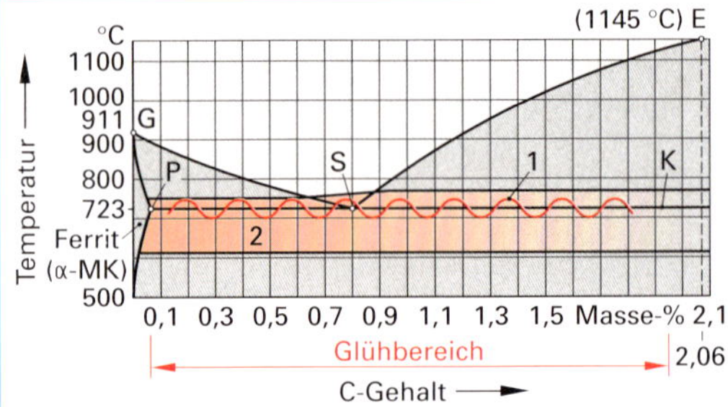

1 Weichglühtemperaturen im Fe_3-C-Diagramm

In beiden Fällen wandelt sich der lamellenförmige Zementit während des Glühens in kugelförmigen Zementit um. Nach der Abkühlung bleibt das umgewandelte Gefüge erhalten. **Härte** und **Festigkeit** weichgeglühter Stähle sind **geringer**.

Weichgeglühte Stähle sind mit **geringerem Kraftaufwand spanbar**. Die eindringende Werkzeugschneide zertrennt nicht die Zementitkugeln, sondern löst diese aus dem Grundgefüge (Rauheitszunahme). Anwendung: Bei allen Fertigungsverfahren mit geometrisch bestimmter Schneide z.B. Drehen, Fräsen usw. (Bild 2).

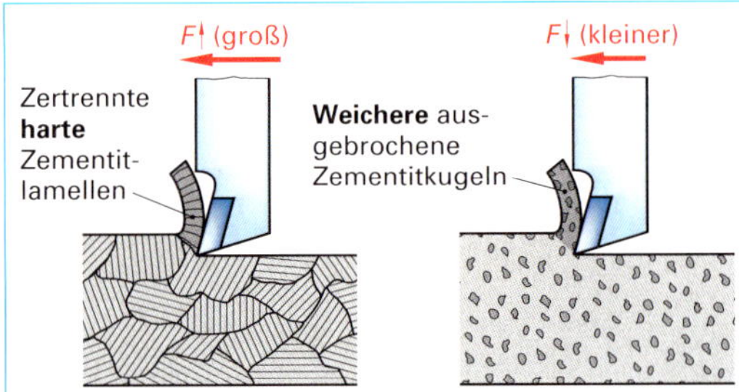

2 Spanen vor und nach dem Weichglühen

■ **Härten –** Einflussnahme auf die Oberflächengüte

Primär haben alle Härteverfahren die Aufgabe die Härte der wärmebehandelten Werkstoffe anwendungsbedingt beträchtlich zu erhöhen.

Stähle mit mindestens 0,3% Kohlenstoff bilden nach der Erwärmung (oberhalb GSK-Linie) und der raschen Abkühlung das charakteristische **Martensitgefüge.**

Weitere Legierungselemente haben Einfluss auf das zu verwendende Abschreckmittel (Wasser, Öl).

Ein Durchhärten oder Randschichthärten ist werkstück- oder werkstoffabhängig (Bild 3).

Bei der spanenden Bearbeitung **harter Bauteile** sind die Wirtschaftlichkeit und die erreichbaren Form- und Oberflächenqualitäten verfahrensabhängig. Zum Schleifen als bewährte Methode der spanenden Fertigung gewinnen zunehmend **Hartdrehen, -fräsen** und **-bohren** an Bedeutung.

Zu beachten sind dabei die Einstellwerte, hohe spezifische Kräfte ($F_P \gg F_C$, F_F) und auftretende Veränderungen im Werkstückgefüge.

Die spanende Fertigbearbeitung (nach der Wärmebehandlung) schließt den Wärmeverzug der Werkstücke nahezu aus (Bild 4).

Bearbeitungsbeispiele: CNC-Hartdrehen von Bremsscheiben, Hartdrehen und -fräsen von Zahnrädern.

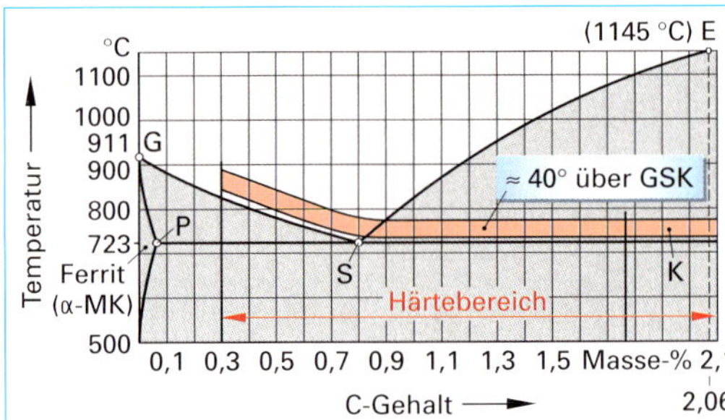

3 Härtetemperaturen im Fe_3-C Diagramm

4 Spanen von harten Werkstücken

3.4 Nichteisenmetalle

Die Werkstoffgruppe der NE-Metalle (reine Metalle und deren Legierungen) sind Werkstoffe ohne nennenswerten Eisenanteil. In der Bronzezeit wurden einige vom Menschen als erste metallische Werkstoffe verwendet. Die meisten erlangten aber erst in unserem Jahrhundert wesentlich an Bedeutung (Bild 1).

Reine NE-Metalle und -Legierungen mit ihren speziellen Eigenschaften sind heute aus vielen Technikbereichen nicht mehr wegzudenken.

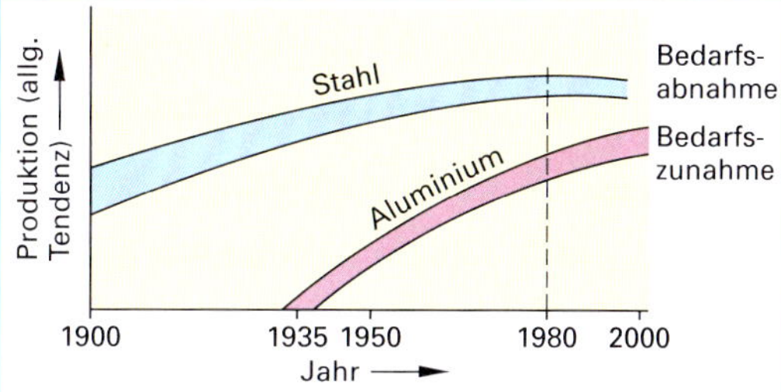

1 Bedarfsentwicklung von Aluminium

3.4.1 Einteilung und Benennung

Für eine Systematisierung der NE-Metalle eignen sich charakteristische Eigenschaften, die für die praktische Anwendung entscheidend sind. (Tabelle 1)

Wenig aussagefähig sind die im üblichen Sprachgebrauch auftretenden Begriffe Buntmetall für Kupfer und -legierungen sowie Weißmetall für Zinn, Blei und Antimon.

Tabelle 1: Einteilung der NE-Metalle

	Leichtmetalle	Schwermetalle
niedrigschmelzend (660 °C)	**Mg, Al**	**Sn, Pb, Zn**
hochschmelzend (960 °C ... 1903 °C)	**Be, Ti**	**Cu, Ni, Co, Cr, Mn, Ag, Au, Pt**
höchstschmelzend (über 2000 °C)		**W, Mo, Ta**

Genormte Bezeichnungen

Reine Metalle werden nach dem Reinheitsgrad bezeichnet. Dabei wird unterschieden zwischen dem Ausgangsmaterial (z.B. Rohkupfer) und durch bestimmte Veredelungsverfahren entstandene Endprodukte. Verwendung finden dabei die Begriffe **Fein-, Rein- und Elektrolyt-**. (z.B. **Elektrolytkupfer)** (Tabelle 2).

Die **Werkstoffangabe** besteht aus:

- **Kennbuchstabe** (Aussage zur Herstellung/Verwendung),
- **Metall + %-Gehaltsangabe.**

NE-Legierungen werden durch ihre unterschiedlichen Verarbeitungseigenschaften in Guss- und Knetlegierungen unterteilt. Die Werkstoffangabe besteht aus:

- **Kennbuchstabe** (Aussage zur Herstellung/Verwendung),
- **Basismetall + Legierungselemente in %.**

Werkstoffnummern nach DIN 17007

Die siebenstelligen Werkstoffnummern setzen sich zusammen aus:

- **Werkstoffhauptgruppe (einstellig):**
  2 für Schwermetalle
  3 für Leichtmetalle,
- **Sortennummer (vierstellig)**
  Werkstoffangabe (chem. Zusetzung),
- **Anhängezahl (zweistellig)**
  Zusatzgruppe (Werkstoffeigenschaften nach der Behandlung).

Tabelle 2: Bezeichnungsbeispiele

E – Ni 99,95
- 99,95%
- Nickel
- Elektrolytische Herstellung

GD-ZnAl4Cu1
- 1% Cu
- 4% Al
- 95% Zn
- Druckguss

CuSn6
- 6% Sn
- 94% Cu

Kupferknetlegierung

2. 0360. 01 (G–CuZn40)
- Sandguss
- Kupfer-Zinklegierung
- Schwermetall

3. 2315 62 (AlMgSi1)
- warmausgehärtet
- Aluminiumlegierung
- Leichtmetall

Handelsformen der NE-Metalle

Für die Zerspanungsmechanik sind sowohl die durch Gießen hergestellten Werkstücke (**Gusslegierungen**) als auch die Halbzeuge (**Knetlegierungen**) bei der Weiterverarbeitung von Bedeutung.

Die umfangreichen Normangaben liefern dem Zerspanungsmechaniker die erforderlichen Bearbeitungswerte.

Beispiel einer kompletten Bezeichnung:

U-Profil DIN 9713 – EN AW-AL 99,0 R 40x20x3x3

- U-Profil: Benennung
- DIN 9713: DIN -Nummer
- EN: Europäische Norm
- AW: Aluminiumhalbzeug
- AL 99,0: Werkstoffangabe
- R: gerundete Kanten
- 40x20x3x3: Abmessungen

3.4.2 Aluminium und Aluminiumlegierungen

Eigenschaften und Verwendung

Aluminium ist ein sehr bedeutender Werkstoff (Platz 2 nach Stahl), dessen günstige Eigenschaften ein breites Anwendungsspektrum als reines Metall oder Legierung ausfüllen (Tabelle 1).

Für die Bearbeitung und Verwendung lassen sich die wesentlichen mechanischen Werkstoffeigenschaften
- Zugfestigkeit,
- Dehnung,
- Härte und Festigkeit

gezielt durch Legierungselemente beeinflussen (Tabelle 2).

Aluminium mit ca. **12 % Silizium** legiert besitzt bei 600 °C sehr gute Gießeigenschaften.
Anwendung als Gusslegierung:
Motoren- u. Getriebegehäuse

Zusätze von **Magnesium, Kupfer, Zink und Mangan** erhöhen die Festigkeit und Härte des reinen Aluminium wesentlich. Die Umformbarkeit ist gut.
Anwendung als Knetlegierung:
Stranggepresste Profile

Härten von Al-Legierungen

Durch eine gezielte Wärmebehandlung – **Aushärten** – lassen sich die Härte- und Festigkeitswerte von Al-Legierungen nahezu verdoppeln (R_m...600 N/mm²)

Aushärtephasen (Bild 1):

Lösungsglühen:
Die Legierungselemente Kupfer, Zink, Magnesium und Silizium bilden bei ca. 500 °C mit Aluminium Mischkristalle.

Abschrecken:
Durch **schnelles Abkühlen** bleibt das Mischkristallgefüge (Träger der Härte) erhalten.

Auslagern:
Die Maximalwerte der Härte werden im Gegensatz zu Stahl erst durch langsam sich aufbauende Gitterverspannungen erreicht.

Tabelle 1: Eigenschaften von Aluminium

Eigenschaften	Verwendung
geringe Dichte ϱ (2,7 g/cm³)	**Leicht**bauweise Verkehrs- und Bauwesen
guter **elektrischer Leiter**	E-Technik (**Kabel**)
gute **Umformbarkeit**	stark umgeformte **Halb-** und **Fertigprodukte** (Folien, Profile...)
Bildung einer sehr **widerstandsfähigen** Oxidschicht	Behälterbau (**Chemieanlagen**)
gute **Legierbarkeit**	verbesserte Spanungsbed. **(Spanbildung)**

Tabelle 2: Legierungsmetalle für Aluminium

Beeinflusste Eigenschaft	Legierungsmetalle					
	Mg	Cu	Si	Zn	Mn	Pb
Festigkeit	++	++	+	++	+	0
Korrosionsbeständigkeit	++	–	++	–	++	0
Gießbarkeit	+	0	++	++	0	0
Spanbarkeit	+	0	–	+	–	++

++ sehr positiver Einfluss, + positiver Einfluss
– negeativer Einfluss, 0 kein Einfluss

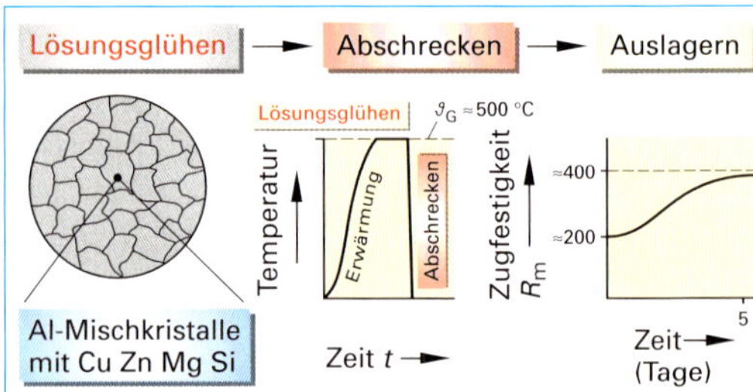

1 Härtephasen

Spanende Bearbeitung von Aluminium und Al-Legierungen

Gute Zerspanungsergebnisse (Bearbeitungszeit Oberfläche usw.) lassen sich durch sachgerechte Abstimmung zwischen den spezifischen Werkstoffeigenschaften und den Einstelldaten erreichen.(Bild1)

Als **Schneidstoffe** eignen sich besonders **HSS, HM.** Bei Schnittgeschwindigkeiten v_c **bis 400 m/min** können die Kühlschmierstoffe **Schneidöle (Gr. 1** bis **3**) oder **Emulsionen (2% ....5%)** auf Grund der guten Wärmeleitfähigkeit zum Einsatz kommen.

Die Spanwinkel und Zahnteilungen der Werkzeuge müssen gegenüber der Stahlbearbeitung vergrößert werden.

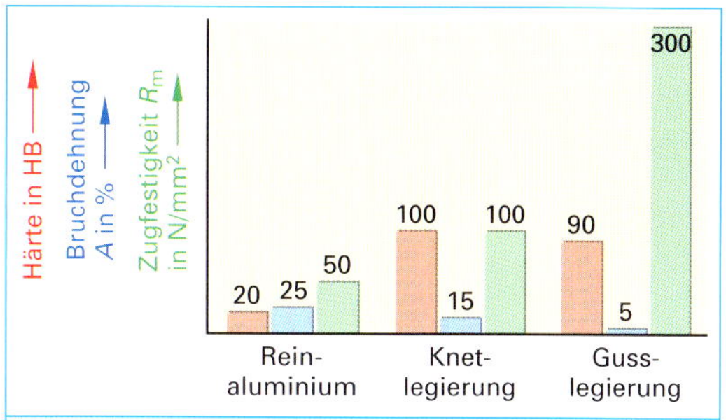

1 Wichtige Werkstoffwerte für die Bearbeitung

Bearbeitung von Reinaluminium

Unzureichende Bearbeitungsergebnisse mit Neigung zur **Aufbauschneidenbildung** resultieren aus der geringen Werkstoffhärte in Verbindung mit ungünstigen Schnittgeschwindigkeiten (v_c-Werte).

Bearbeitung von Knetlegierungen

Durch Zulegieren geringer **Blei**mengen ergibt sich eine **verbesserte Spanbildung**. Schmieren und die Bildung langer Späne wird unterdrückt (Automatenlegierungen).

Bearbeitung von Gusslegierungen

Der **Si-Anteil** erzeugt wesentliche Eigenschaftsveränderung gegenüber dem Grundwerkstoff (Zugfestigkeit,Härte) und somit gute bis sehr **gute Zerspanbarkeit** (Bild 2).

2 Fräsbearbeitung von Werkstücken

3.4.3 Kupfer und Kupferlegierungen

Kupfer wird auf Grund seiner spezifischen Eigenschaften sowohl als reines Metall als auch mit seinen Hauptlegierungselementen Zink, Zinn, Nickel, Aluminium und Blei in der Technik sehr oft verwendet.

Legierungen und Reinmetall unterscheiden sich in wesentlichen Eigenschaften beträchtlich (Zugfestigkeit, Dehnung) (Tabelle1).

Tabelle 1: Eigenschaften von Kupfer

Eigenschaften	Anwendung
sehr gute elektr. **Leitfähigkeit**	**Elektrotechnik**
sehr gute **Wärmeleitfähigkeit**	**Wärmetauscher**
gute **Umformbarkeit** (Ktz-Gitter)	Halbzeuge **bis 1/100mm** Dicke (Folien, Drähte)
legierungsabhängige **Zerspanbarkeit** (von sehr gut bis problemhaft)	Bearbeitung von **Guss**- und **Knetlegierungen**

Spanende Bearbeitung von Kupfer

Reines Kupfer neigt bei der spanenden Bearbeitung zur Bildung von **Aufbauschneiden**. Durch angepasste Schneidengeometrie (große Spanwinkel und scharfe Werkzeuge) wird der Aufbauschneidenbildung sowie langer Wendel- und Wirrspäne entgegengewirkt.

Geringes Zulegieren von **Schwefel** und **Blei verbessert** die **Zerspanbarkeit** spürbar.

Als **Kühlschmierstoffe** eignen sich Schneidöle und Emulsionen (**L1, L2, S 1...3, E 5...10%**) (Bild 3).

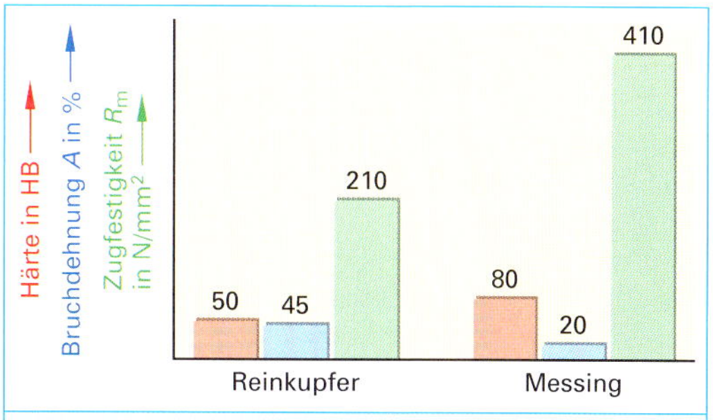

3 Wichtige Werkstoffwerte für die Bearbeitung

Spanende Bearbeitung von Kupferlegierungen

Messing (Kupfer-Zink-Legierung)

Eine Kupfer-Zink-Legierung mit mindestens 50% Kupferanteil und Zink als Hauptlegierungsbestandteil zeigt gegenüber dem Grundmetall wesentlich verbesserte mechanische Eigenschaften (Bild 1).
Für die Verarbeitung ist der 38%-ige Zinkanteil ausschlaggebend (Bild 2).

Unter 38% Zinkanteil besteht Messing aus kubisch-flächenzentrieten **Mischkristallen**. Die vorhandenen Gleitebenen gewährleisten die gute Umformbarkeit. Geringe Zusätze von Eisen, Zinn, Mangan und Silizium verbessern zusätzlich die Zug-, Verschleißfestigkeit und Korrosionsbeständigkeit. Als Knetlegierung finden sie z.B. Anwendung als

- CuZn15 Druckdosen,
- CuZn31Si1 Lagerbuchsen,
- CuAl8Fe3 Schneckenräder, Ventilsitze.

Über 38% Zinkanteil (Bild 3) bildet sich ein **Kristallgemenge,** das sich gut gießen und zerspanen lässt. Durch Zulegieren bis 3,5% Blei wird die Spanbarkeit positiv beeinflusst. Gusslegierungen finden vor allem bei den so genannten **Automatenlegierungen** Anwendung. CuZn39Pb3 für Drehteile.

Zinnbronze (Kupfer-Zinn-Legierung)

Die Zinnbronzen sind im Vergleich zu Messing korrosionsbeständiger sowie zug- und verschleißfester (R_m bis 690 N/mm², HB bis 210). Zinn wird zwischen 2% ... 15% zulegiert, werkstoff- und **bearbeitungsentscheidend** ist die **9%-Zinn Grenze**.
Knetlegierungen (Sn-Gehalt bis 9%) lassen sich gut umformen auf Grund des Kristallaufbaus.
Werkstücke aus Gusslegierungen sind das Hauptbetätigungsfeld für die Zerspanung.
Zinnbronze mit 9%...15% Sn (Kristallgemisch) läßt sich gut spanend bearbeiten (Bild 4).

Aluminiumbronze (Kupfer-Aluminium-Legierung)

Bestehen aus mindestens 70% Kupfer und dem Hauptlegierungszusatz Aluminium. Bis 2% Al ist die Farbe der Legierung rot, ab 5% Al gelb.
Die Zugfestigkeit R_m von Aluminiumbronzen beträgt 450 N/mm²...750 N/mm². Konstruktionsteile aus Stahl für den chemischen Apparatebau, die starken Korrosionseinflüssen ausgesetzt sind, können durch eine geeignete Kupfer-Aluminium-Legierung, z.B. CuAl10Fe3Mn2, ersetzt werden. Die Zerspanbarkeit ist bei einer Härte bis 180 HB gut.

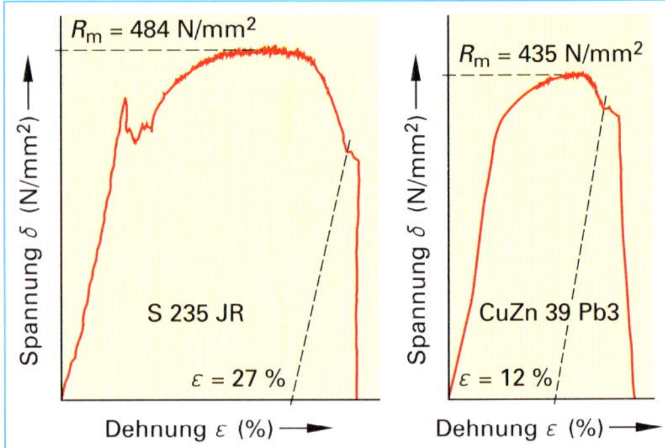

1 Spannungs-Dehnungsverhalten von Baustahl und einer Kupferlegierung

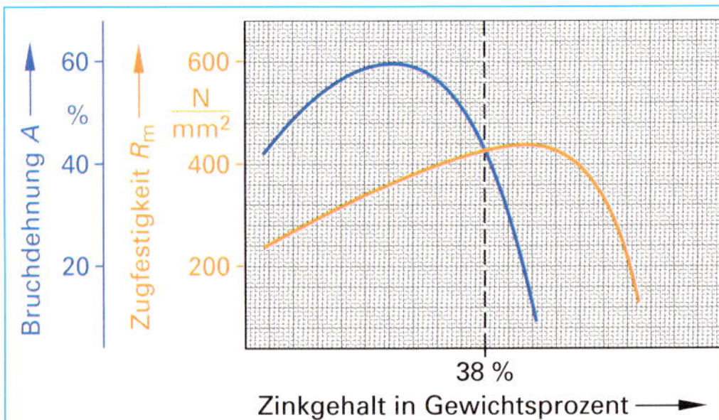

2 38%-Grenze von Messing

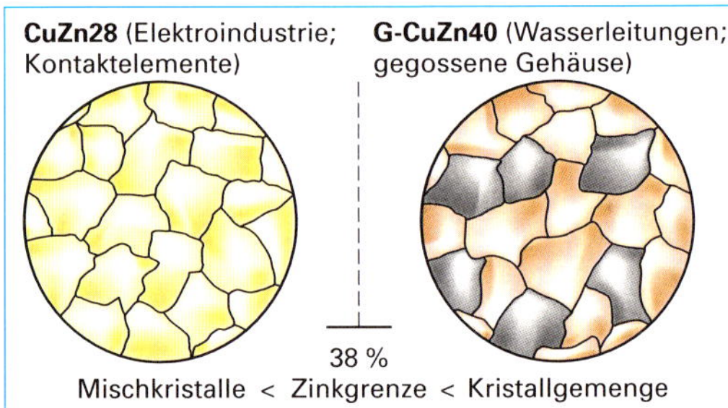

3 Messinggefüge (schematisch)

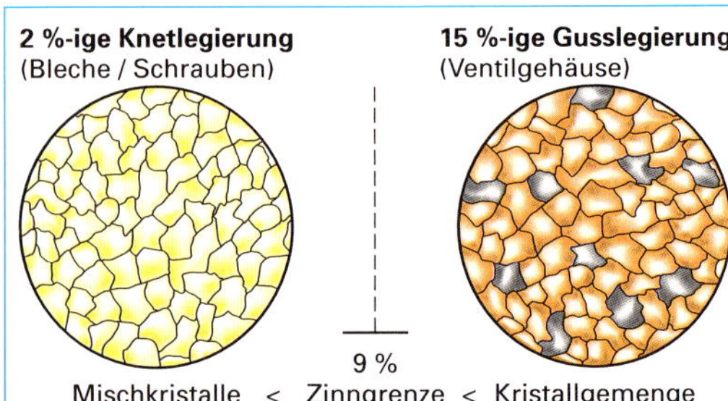

4 Zinnbronzegefüge (schematisch)

Rotguss

Der hohe Anteil an Zinn und Zink als Hauptlegierungselemente sowie weitere Beimengungen ergibt beim Erstarren ebenfalls ein Kristallgemenge. Daraus ist die gute Zerspanbarkeit gegossener Halbzeuge ableitbar.
Rotguss ist sehr korrosionsbeständig und eignet sich zum Vergießen für dünnwandige Werkstücke.

Beispiele: G – CuSn5ZnPb (Bild1) :
- dünnwandige profilierte Pumpengehäuse,
- Lager, Spindelmuttern, Schnecken- und Schraubenräder und Rohrverbindungen

1 Bearbeitung von Rotgussteilen

Neusilber (Kupfer-Zink-Nickel-Legierung)

Der Nickelgehalt bis zu 30 % dominiert das Aussehen und die Eigenschaften von Neusilber.
- günstige Zerspanungseigenschaften (Pb-Zusatz),
- chemiekalienbeständig,
- silberähnliches Aussehen **(German Silver)**.

Der Zinkgehalt beeinflusst die Gießbarkeit, während Kupfer die Legierung für die Kaltumformung geschmeidig macht. Ein geringer Bleizusatz erleichtert die spanende Bearbeitung (Bild 2).

Anwendung:
- Uhrenindustrie,
- Feinmechanik, Optik,
- Geschirr- und Besteckteile.

Die starke Lunkerbildung (bis 2 % Schwund!) beeinflusst die spanende Bearbeitung negativ.

2 Bearbeitung von Neusilber

3.4.4 Bearbeitungsrichtwerte ausgewählter NE-Legierungen (Drehbearbeitung)

Tabelle 1: Bearbeitungsrichtwerte (Drehbearbeitung)

Werkstoffeigenschaften			**Werkzeugangaben**						
	Zugfestigkeit R_m (N/mm²)	Härte HB	Schneidstoffe	Einstellwerte f (mm)	a_p (mm)	v_c (m/min)	Schneidengeometrie α (°)	γ (°)	Standzeit T (min)
AL-Legierungen	bis 400	bis 90	HS10-4-3-10	0,6	6	180...120	10	25...35	240
Cu-Legierungen	bis 750	bis 100	HS10-4-3-10 HM: P10	0,6 0,6	6 6	120...80 950	10 6	18...30 5	120 120
Mg-Legierungen	bis 300	bis 85	K 10	0,6	6	1200	10	15...25	30
Kunststoffe									
Duroplaste			HS14-1-4-5	0,2	3	250...150	10	0	480
Thermoplaste				0,2	3	400...200	10	0	480
Schicht- und Pressstoffe			HM: K20	0,2	5	bis 40	8	6	120

3.4.5 Sinterwerkstoffe

Urgeformte Werkstücke aus Sinterwerkstoffen entstehen aus metallischen oder nichtmetallischen Ausgangsstoffen in drei Fertigungsstufen (Bild 1).

Pulverherstellung und -mischung:
Durch mechanische Verfahren, besser jedoch durch Verdüsen, entsteht ein feines und gleichmäßiges Ausgangsgefüge (kleine Pulverteilchen ergeben große Abkühlgeschwindigkeit).
Metallische Werkstücke bestehen aus:

- reinen und legierten Metallen,
- Metallverbindungen,
- Pulvergemischen.

Oxidkeramische Werkstücke bestehen aus:

- Hartstoffen Al_2O_3
- Bindemitteln MgO, ZrO_2

Pressen der Rohlinge:

In formgebenden Presswerkzeugen wird durch hohen Druck das Pulver stark verdichtet. Der Werkstoffzusammenhalt entsteht durch mechanische Verankerung und Adhäsion zwischen den Pulverteilchen (Kaltverfestigung an den Korngrenzen).

Sintern:

Die anschließende Wärmebehandlung der Rohlinge bringt die endgültige Festigkeit durch:

- Diffusionsvorgänge an den Korngrenzen,
- Rekristallisation der kaltverfestigten, Berührungsstellen.

Die Kristallbildung ist zeit- und temperaturabhängig. Einstoffpulver erwärmt man bis ca. 80% der Schmelztemperatur. Bei Mehrstoffpulvern ist der niedrigste Schmelzpunkt entscheidend.

Normung der Sinterwerkstoffe

Die am häufigsten in der Praxis anzutreffenden Sintermetalle sind:

- Sintereisen und -stahl (Bild 2),
- Sinterbronze (CuSn),
- Sintermessing (CuZn),
- Sinteraluminium.

Neben der Zusammensetzung und den Grundeigenschaften der Metalle ist das vom Pressdruck abhängige Porenvolumen nach dem Sintern ein wichtiges Merkmal und deshalb Grundlage der Normung. Die **genormten Kurzzeichen** aller Sintermetalle bestehen aus:

- Kennsilbe SINT: als verfahrenstechn. Hinweis,
- Kennbuchstabe: für die Werkstoffklasse,
- 2-stellige Kennziffer: Zusammensetzung und Zählziffer.

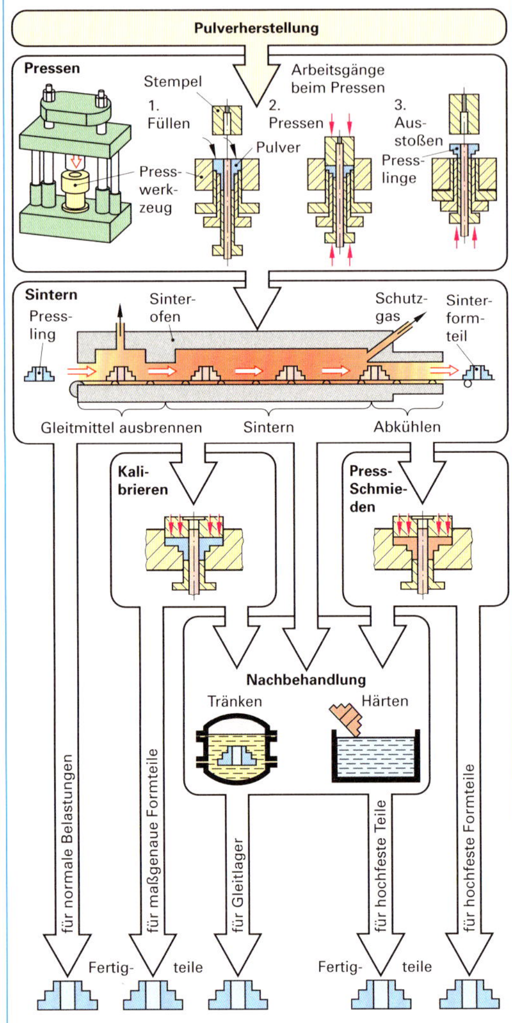

1 Allgemeines Herstellungsprinzip von Sinterteilen

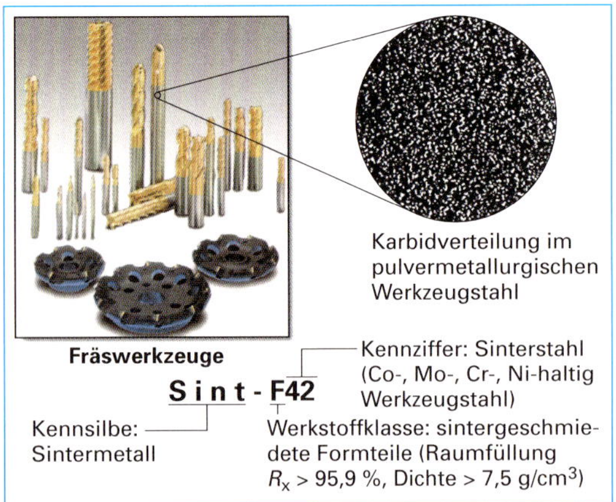

2 Anwendungs- und Bezeichnungsbeispiel

3.5 Nichtmetalle

Die nichtmetallischen Werkstoffe treten aufgrund unterschiedlichster Eigenschaften in verschiedenen Teilbereichen der Zerspanungstechnik in Erscheinung. Dabei ist grundsätzlich zwischen zu bearbeitendem Werkstoff und der Verwendung als Schneidstoff bzw. verfahrensunterstützendem Hilfsstoff zu unterscheiden.

Spezielle Aufgaben (z.B. Schleifscheibenprofilierung) sind ohne den härtesten Naturstoff – Diamant – nur unzureichend auszuführen. Keramische Schneidstoffe eignen sich zur Nachbearbeitung von gehärteten Werkstücken. Richtig eingesetzte Schmier- und Kühlstoffe wirken grundsätzlich positiv auf die Werkstückbearbeitung ein.

Unter bestimmten Maschinenvoraussetzungen ist eine wirtschaftliche Bearbeitung von Gusswerkstücken mit **künstlich hergestellten Schneidkeramiken** wegen der großen Härte und Verschleißfestigkeit des Schneidstoffs zu erzielen.

Mit den **Hilfsstoffen** soll unter anderem beim Zerspanungsprozess die Reibung und die Wärmeabfuhr positiv beeinflusst werden.

Die **Kunststoffe** spielen in der Zerspanungstechnik nur eine untergeordnete Rolle.

Eine Ausnahmestellung nimmt der **Naturstoff** Diamant ein.

Die organischen und anorganischen Stoffe lassen sich ihrer Herkunft nach leicht zuordnen (Tabelle 1).

Tabelle 1: Einteilung der Nichtmetalle

nicht metallische Stoffe

- anorganische
  - künstlich hergestellte Stoffe, Keramische Werkstoffe
    - **Schneidstoffe**
    - amorphe Gläser
    - keramische Bindemittel
  - Hilfsstoffe
    - **Schmier**- und **Kühlstoffe**
- organische
  - Hilfsstoffe
    - **Schmier**- und **Kühlstoffe**
  - Naturstoffe
    - **Diamant**, Holz, Leder
  - Kunststoffe
    - Polymerisate, Polykondensate

Tabelle 2: Einteilung der künstlich hergestellten Schneidstoffe

Keramik-Schneidstoffe

- **Oxid**keramik: Reines Aluminiumoxid
- **Misch**keramik: Aluminiumoxid + metallische Zusätze
- **Nichtoxid**keramik: Siliciumnitrid

3.5.1 Künstlich hergestellte Stoffe

Die Eigenschaften von Aluminiumoxid Al_2O_3 (hohe Temperatur- und Druckbeständigkeit sowie chemische Beständigkeit) als Basismaterial aller Schneidkeramiken sind für die Anwendung in der Zerspanungstechnik die erforderlichen Grundlagen für harte und verschleißfeste Werkzeuge (Bild 1).

Schneidkeramik

Keramische Schneidstoffe sind Sinterwerkstoffe mit sehr großer Härte und Verschleißfestigkeit, jedoch großer Stoßempfindlichkeit (Tabelle 2).

Oxidkeramik

Reines Aluminiumoxid $\mathbf{Al_2O_3}$ ist der Grundstoff oxidkeramischer Schneidstoffe.

Mischkeramik

Aus $\mathbf{Al_2O_3}$ und metallischen Zusätzen z.B. **TiC**, $\mathbf{Cr_2O_3}$ entstehen Verbundstoffe mit den spezifischen Eigenschaften der Ausgangsstoffe.

Al_2O_3 – Härte
Cr, Ti – Festigkeit, Zähigkeit

Nichtoxidkeramik

Siliciumnitrid $\mathbf{Si_3N_4}$ als Grundstoff hat gegenüber Aluminiumoxid verbesserte Werte bei

- Bruch- und Schlagfestigkeit
- Temperaturschockbeständigkeit

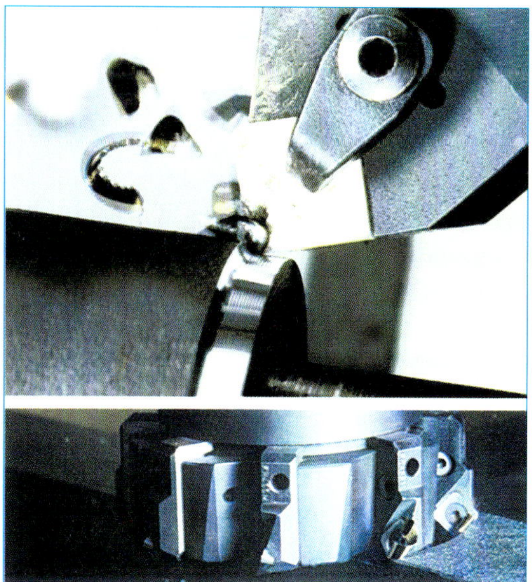

1 Schneidkeramik im Einsatz

Einsatzkriterien:

Die relativ preiswerten **Wendeschneidplatten** können durch formentsprechende Klemmhalter mehrfach nutzbar gemacht werden. **Kein Nachschleifen !** (Tabelle 1)

Tabelle 1: Einsatzbedingungen für Schneidkeramik

spezifische Eigenschaften	Anwendung
Härte	spanende Bearbeitung von Guss, Einsatz- und Vergütungsstahl, Hartguss, gehärteter Stahl
Warmfestigkeit	Arbeitstemperaturen bis 1400 °C bei Schnittgeschwindigkeit v_c bis 1000 m/min
Sprödigkeit, Schlagempfindlichkeit	Gleichmäßige Schnittbedingungen erforderlich (ununterbrochener Schnitt!)
Temperaturschockempfindlichkeit	Ohne Kühlung arbeiten!
Schlechter Wärmeleiter	Hohe Arbeitstemperaturen

Kunststoffe

Kunststoffe sind hochmolekulare, durch Synthese organischer Kohlenwasserstoffverbindungen hergestellte Werkstoffe.

Eigenschaften und Einteilung (Tabelle 1)
Das breite Spektrum der spezifischen Eigenschaften machen Kunststoffe für die Technik als Alternative zu den metallischen Werkstoffen interessant.

Charakteristische Kunststoffeigenschaften

- relativ geringe Dichte → Leichtbau
- saubere einfärbbare Oberflächen → Ausbau
- korrosions- und säurebeständig → Chemie
- elektrischer Nichtleiter → Elektrotechnik
- gut umform- und spanbar → Fahrzeugbau

Problematisch in der Zerspanungstechnik ist die schlechte Wärmeleitfähigkeit. Bearbeitungstemperaturen **ab 50 °C** durch Wärmestau hervorgerufen, lassen den Bearbeitungswiderstand rasch absinken, wirken sich aber auf die Spanbildung und somit auf die Oberflächenrauheit negativ aus (Bild1).

Tabelle 2: Kunststoffarten

Kunststoffe		
Thermoplaste	**Duroplaste**	**Elastomere**
Polyvinylchlorid **PVC**	Epoxidharz **EP**	Naturgummi **NR**
Polystyrol **PS**	Polyurethanharze **PUR**	Styrol-Butadien-Gummi **SBR**
Polycarbonate **PC**		Silikon-Gummi **Q**

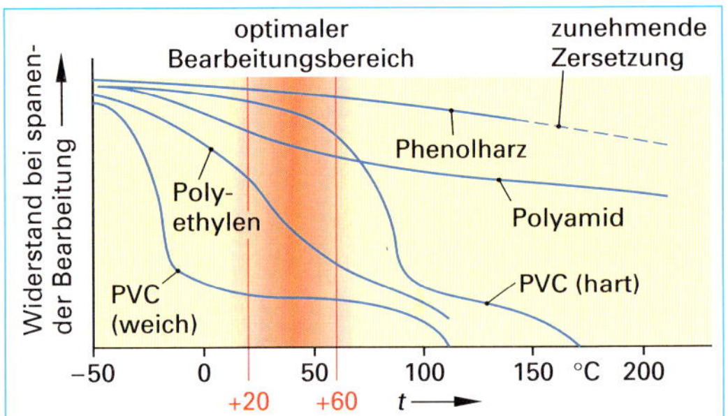

1 Wärmeverhalten von Kunststoffen

Das thermische Werkstoffverhalten in der Kontaktzone **Werkzeug – Werkstoff** ist ein wesentliches Kriterium für die Kunststoffbearbeitung. Die starke Wärmeabhängigkeit der Kunststoffe wirkt sich sowohl bei der Bearbeitung als bei der Anwendung der bearbeiteten Werkstücke aus.

Thermoplaste **erweichen** Duroplaste **verbrennen** Elastomerene werden **weich** und **schmieren**

Allgemeine Zerspanungshinweise:

- Gute Späneabfuhr und Kühlung (meist Luft) so wie HSS-/HM-Werkzeuge mit scharfen Schneiden bringen gute Ergebnisse.
- Die entstehenden Spanformen sind bei Thermo- und Duroplasten kurz und brüchig, bei Plastomerenen entstehen lange, gutablaufende Späne.
- Für die Schnittwerte gilt: hohe Schnittgeschwindigkeiten bei kleinen Vorschüben (Bild 2).

2 Bearbeitungsbeispiel

Tabelle 1: Eigenschaften, Anwendung und Einstellwerte für die Kunststoffbearbeitung

Werkstoff	typische Eigenschaften	Beispiel	Zerspanungswerte Drehen
Polyamid	ρ = 1,14 g/cm³, R_m = 80 N/mm² Bruchdehnung A = 200% verschleißfest, gleitfähig, chemiekalienbeständig	Lagerschalen, Zahnräder Führungselemente	HS, HM: v_c = 200 m/min...500 m/min f = 0,1 mm...0,5 mm, a_p...6 mm
PVC (hart)	ρ = 1,14 g/cm³, R_m = 60 N/mm² A = 100%, hart und zäh	Halbzeuge (Rohre, Profile) Behälterbau, Gehäuse	HS: v_c = 200 m/min...500 m/min f = 0,1 mm...0,2 mm, a_p...6 mm
Phenoplaste	ρ = 1,3 g/cm³, R_m = 250 N/mm² A = 1%, chemikalienbeständig	Zahnräder, Lagerschalen Bedienelemente	HM, Diamant: v_c < 40 m/min, a_p...10 mm, f = 0,05 mm...0,5 mm

3.5.2 Hilfsstoffe

Hilfsstoffe sind Zusatzstoffe, die bei der spanenden Fertigung erforderlich sind, am Werkstück jedoch nach der Bearbeitung nicht mehr erscheinen.

Hilfsstoffe der Spanungstechnik sind (Bild 1):

- **Schmier- und Kühlschmierstoffe,**
- **Schleif- und Poliermittel,**
- **Reinigungsmittel**.

1 Hilfsstoffeinsatz beim Werkzeugscharfschleifen

3.5.2.1 Kühlschmierstoffe

Der **Werkzeugschneidenverschleiß** ist direkt abhängig von der Zerspanungstemperatur. Der richtigen Wahl eines Kühlschmierstoffs kommt entsprechend den Zerspanungsbedingungen größte Bedeutung zu.

Je höher die Schnittgeschwindigkeit, je größer die Zerspankraft, je zäher der Werkstoff, je ungünstiger die Schneidengeometrie, je schlechter die Wärmeleitfähigkeit des Werkstoffs und je geringer die Kühlschmierung ist, desto höher wird die **Zerspantemperatur**.

Daraus leiten sich die Aufgaben der Kühlschmierung ab. Alle Kühlschmierstoffe nach DIN 51385 unterliegen der Tatsache, dass die Kühlwirkung auf Kosten der Schmierwirkung in Abhängigkeit der zugesetzten Mengen von Additiven (Emulgatoren und EP-Zusätzen) abnimmt (Bild 2).

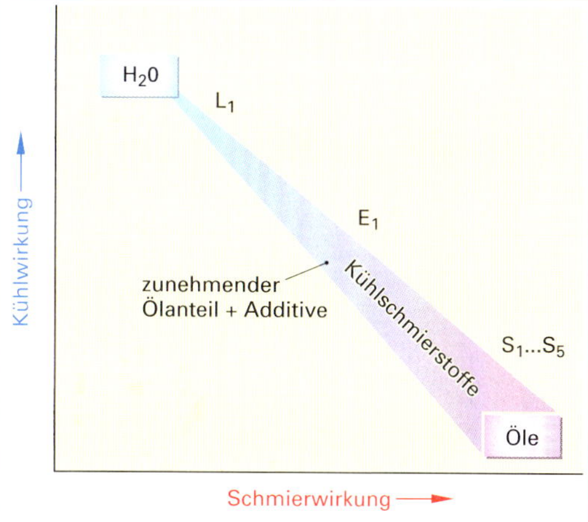

2 Kühl- und Schmierwirkung von Kühlschmierstoffen

Folgende **Anforderungen** an einen **Kühlschmierstoff** sind für die Anwender bei der Auswahl wichtig:

- **Kühl- und Schmierfähigkeit,**
- **Druckaufnahmefähigkeit/Viskosität,**
- **Spülvermögen/Korrosionsschutz,**
- **benetzend, alterungsbeständig,**
- **geruchsfrei, gesundheitsunschädlich,**
- **abbaubar, naturverträglich,**
- **schwer entflammbar.**

3.5.2.2 Schmierstoffe

An allen bewegten Teilen einer Werkzeugmaschine entsteht **unerwünscht Reibung.** Durch einen gezielten Schmierstoffeinsatz lässt sich das Verhältnis zwischen $\boldsymbol{P_{zu}}$ und der **Zerspanungsleistung** positiv bei vermindertem Verschleiß beeinflussen.

Physikalische Grundlagen

Die entstehende **Reibungskraft F_R** wirkt der Bewegungsrichtung der Maschinenteile entgegen (Bild 1). Sie ist abhängig von der:

- **Normalkraft F_N**
- **Werkstoffpaarung**
- **Schmierung**
- **Oberflächengüte der Gleitflächen**
- **Reibungsart**

Außer der Normalkraft F_N werden alle Einflussfaktoren in der **Reibungszahl „μ"** zusammengefasst (Tabelle 1).

Berechnungsgrundlage für Reibungskraft: $$F_R = \mu \cdot F_N$$

Ist die Verschiebkraft $F < F_R = \mu \cdot F_N$, d.h. es erfolgt keine Bewegung, dann herrscht **Haftreibung**.

Bei der Bedingung $F > F_R$ erfolgt eine Bewegung, es herrscht **Bewegungsreibung** (Bild 2).

Reibungszustände

Ungünstige Betriebszustände wie z.B. große Normalkräfte, ungünstige Werkstoffpaarungen und Geschwindigkeitsverhältnisse (kleine Drehzahlen) beeinflussen nachhaltig die Reibungsverhältnisse in den Lagern (Bild 3).

Trockenreibung:

Die ungehinderte Berührung der sich bewegenden Bauteile führt zur raschen Erwärmung und Verformung des Oberflächenprofils. Erhöhter Verschleiß, im schlimmsten Fall das Verschweißen der hocherhitzten Gleitflächen, das gefürchtete **„Fressen"** ist die Folge.

Mischreibung:

Bei Bewegungsbeginn oder unzureichender Schmierung (Wartung und Pflege!) kommt es noch zu einer **punktweisen Berührung** der Gleitflächen. Reibung und Verschleiß sind verringert. Diesen Drehzahlbereich meiden!

Flüssigkeitsreibung:

Eine ausreichende Schmierstoffmenge verhindert die Berührung der Gleitflächen. Die restliche Reibung entsteht durch die **Gleitbewegung der Schmierstoffmoleküle** (Bild4).

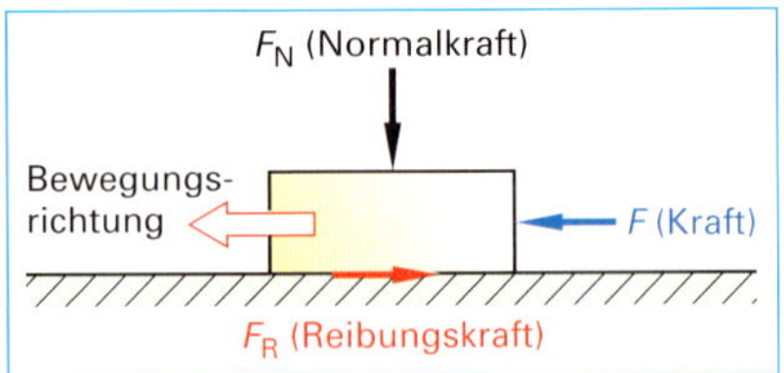

1 Grundprinzip der Reibung

Tabelle 1: Reibungszahlen

Werkstoffpaarung	Haftreibungszahl μ_H trocken	Gleitreibungszahl μ_G trocken	Gleitreibungszahl μ_G geschmiert
Stahl auf Gusseisen	0,2	0,18	0,09
Stahl auf Stahl	0,2	0,15	0,07
Stahl auf CuSn-Leg.	0,2	0,1	0,04
Stahl auf Reibbelag	0,6	0,5	0,25

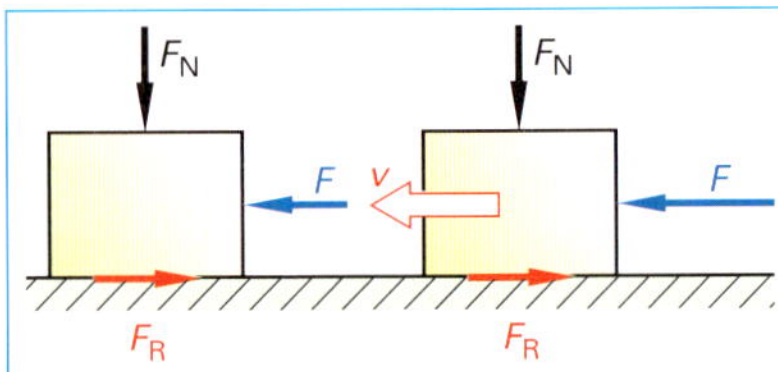

2 Haft- und Bewegungsreibung

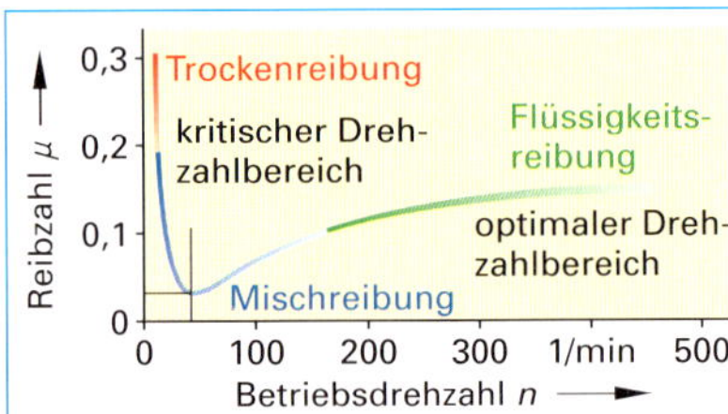

3 Drehzahlabhängige Reibwerte

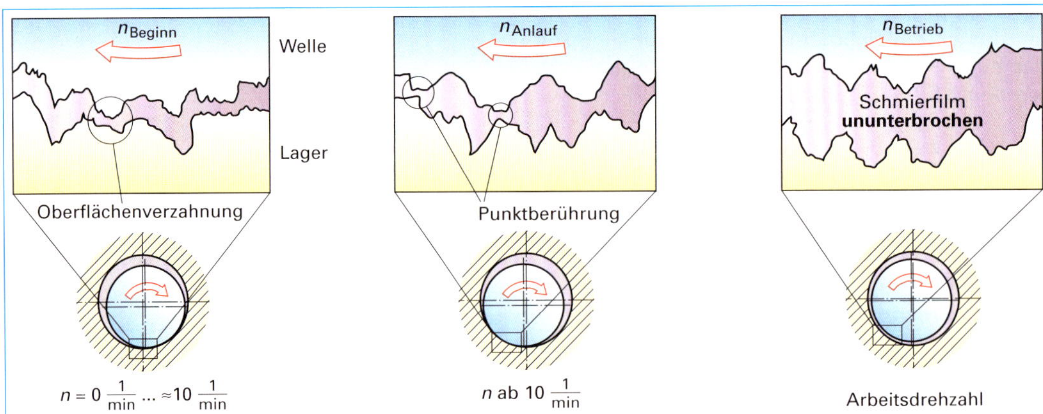

4 Reibungszustände

Aus den allgemeinen physikalischen Grundlagen und den technischen Anforderungen lassen sich die wichtigsten Aufgaben eines Schmierstoffs ableiten.

Schmierstoffe bewirken Verminderung der Reibung, Wärmetransport und Beseitigung des Abriebes aus der Kontaktzone, Dämpfung von Stößen und Schwingungen sowie Korrosionsschutz.

Schmierstoffart

Die einzelnen Schmierstoffarten (Tabelle 1) werden durch charakteristische Kennwerte definiert. Die wichtigste Eigenschaft ist die **Viskosität** (Zähflüssigkeit). Darunter ist der Verschiebewiderstand zweier benachbarter Flüssigkeitsschichten (innere Reibung) zu verstehen. Die Viskosität ist temperaturabhängig!
Die Temperatur, die einen Schmierstoff nicht mehr fließen lässt, heißt **Stockpunkt** (unter 0°).
Bei höheren Temperaturen entweichen dem Schmierstoff brennbare Gase, der Beginn wird als **Flammpunkt** bezeichnet.

Tabelle 1: Schmierstoffarten

Zustand der Schmierstoffe		
fluid	**plastisch**	**fest**
Öle	Fette	Festschmierstoffe
SAE 10W – 30	K 3 N – 20	Grafit

Schmierstoffe der Zerspantechnik sollten folgende Eigenschaften besitzen:

großer Temperaturbereich, geringe Viskosität und Viskositätsänderung bei Temperaturwechsel, haftbeständig und druckfest, säure- und wasserfrei, alterungsbeständig, hoher Flamm- und niedriger Stockpunkt.

Schmierfette

Schmierfette sind durch feinste Verteilung von „Seifen" in Mineral- oder Syntheseölen pastenartige Schmierstoffe (Bild 1).
Barium-, Natrium- oder Lithiumseifen beeinflussen nachhaltig die Schmierfetteigenschaften.
Spezifische Kenngrößen klassifizieren die einzelnen Schmierfettarten und bestimmen somit deren Einsatz nach DIN 2137 (Tabelle 2).

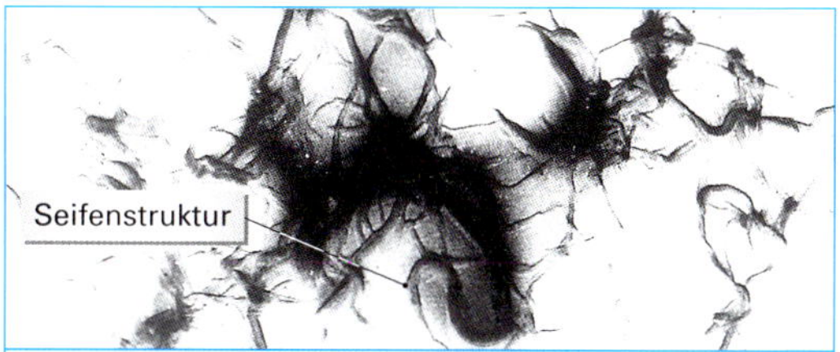

1 Struktur von Schmierfetten

Tabelle 2: Klassifizierung von Schmierfetten DIN ISO 2137 (12.81)

Konsistenzklasse NLGI-Klassen	Walkpenetration bei 25 °C in 1/10 mm (zunehmend ↑)	Konsistenz (zunehmend ↓)	Verwendung
000	445...475	ähnlich sehr dickem Öl	
00	400...430	halb fließend	
0	355...385	sehr weich	Getriebefette
1	31...340	weich	
2	265...295	salbenartig	
3	220...250	beinahe fest	
4	175...205	fest	Wälzlagerfette
5	130...160	sehr fest	Gleitlagerfette
6	85...115	sehr fest	Blockfette

Kennzeichnung:

Die symbolhafte Darstellung soll dem Anwender als zweifelsfreie Richtlinie in der praktischen Arbeit dienen (Bild 2).

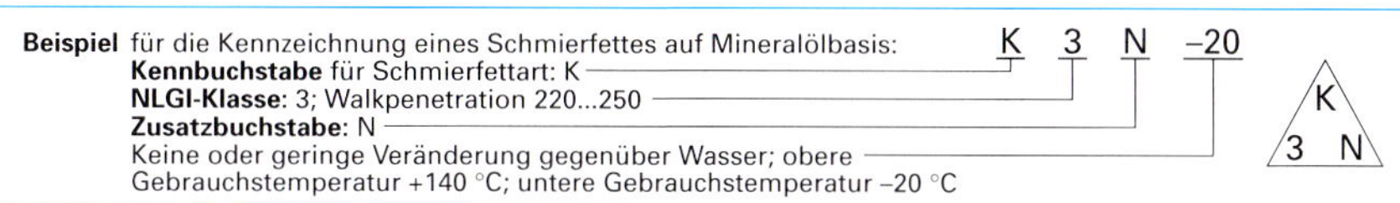

2 Bezeichnungsbeispiel

Schmieröle

Schmieröle sind flüssige Schmierstoffe auf Mineral- oder Syntheseölbasis. Die wichtigste Kenngröße ist ebenfalls die **Viskosität,** die nach DIN 51519 in Viskositätsklassen von ISO VG 2 (dünnflüssig) bis ISO VG 1500 (zähflüssig) eingeteilt wird.

Mineralöle

Sind Destillationsprodukte der Erdölchemie, deren Eigenschaften gezielt durch Zusätze beeinflusst werden, z.B. Schmierwirkung, Druckfestigkeit, Temperaturbereich, Alterungsbeständigkeit.

Syntheseöle

Gleiche Kohlenwasserstoffe ergeben bei der Synthese bessere Schmieröle in Bezug auf Alterungsbeständigkeit und vor allem im Viskositäts-Temperatur-Verhalten (Tabelle 1).

Tabelle 1: Schmieröle Auszug aus DIN 51 502

Stoffgruppe Symbol	Kennbuchstabe	DIN-Nr.	**Schmierstoffart** Eigenschaften, Anwendung
Mineralöle	AN	51501	• Normalschmieröle ohne Zusätze, Öltemperatur bis 50 °C, Umlaufschmierung
	C	51517	• Schmieröle ohne Zusätze alterungsbeständig Umlaufschmierung bei Gleit- und Wälzlager
	CG	8659 T2	• Mineralöle mit Wirkstoffzusatz, Verschleißminderung bei Mischreibung z.B. Führungsbahnen
	L	—	• Öle zur Wärmebehandlung
Syntheseöle	E		• Esteröle, geringe Viskositätsänderung, Lagerstellen mit großen Temperaturschwankungen
	PG	—	• Polyglykolöle, hohe Alterungsbeständigkeit, gutes Mischreibungsverhalten, teilweise wasserabweisend
	SI	—	• Silikonöle, hohe Alterungsbeständigkeit, stark wasserabweisend, Einsatz bei großen Temperaturschwankungen

Berechnungsbeispiel :

Bestimmen Sie die Ölqualität (Viskosität) für ein Stirnradgetriebe einer Werkzeugmaschine mit Hilfe der gegebenen Berechnungsgrundlage und des Diagramms.

geg.: i = 1,8 : 1 Übersetzungsverhältnis
b = 25 mm Zahnradbreite
d_1 = 78 mm Teilkreisdurchmesser
F = 3500 N Umfangskraft am Teilkreisdurchmesser
v = 3,5 m/s Umfangsgeschwindigkeit
Diagramm zur Viskositätsauswahl

ges.: Ölsorte nach ISO – VG

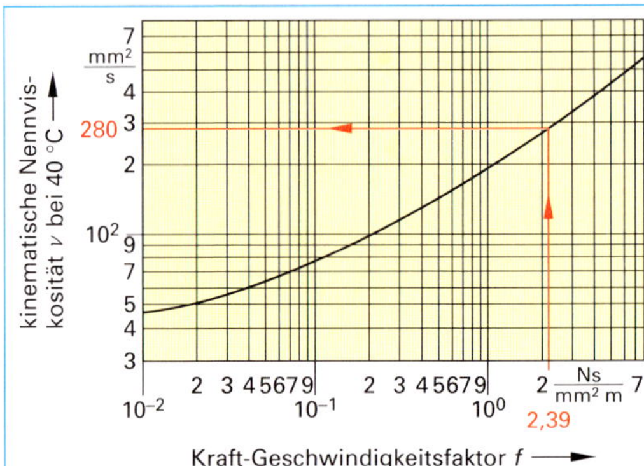

Diagramm 1: Viskositätsbestimmung für Kegel- und Stirnradgetriebe

Lösung: – Berechnungsgleichung

$$f = \frac{F}{b \cdot d_1} \cdot \frac{i+1}{i} \cdot 3 \cdot \frac{1}{v}$$

– Diagramm zur Bestimmung der Viskosität (f– ν-Diagramm)

$$f = \frac{3500\ \text{N}}{25\ \text{mm} \cdot 78\ \text{mm}} \cdot \frac{1{,}8 + 1}{1{,}8} \cdot 3 \cdot \frac{1}{3{,}5\ \text{m/s}}$$

$$f = 2{,}39\ \frac{N \cdot \text{s}}{\text{mm}^2 \cdot \text{m}}$$

Mit dem Kraft-Geschwindigkeitsfaktor $f = 2{,}39\ \frac{N \cdot \text{s}}{\text{mm}^2 \cdot \text{m}}$ ergibt sich

lt. Diagramm für $\nu = 280\ \frac{\text{mm}^2}{\text{s}}$ eine Ölsorte **ISO VG 280**

Festschmierstoffe

Extreme Betriebsbedingungen (geringe Gleitgeschwindigkeit, zu hohe oder niedrige Temperatur) verhindert die Bildung eines funktionsfähigen Schmierfilms aus Ölen/Fetten.

Die Blättchenstruktur der Festschmierstoffe: **Graphit, PTEE, MoS_2** erzeugt eine höhere Adhäsionskraft zu den Schmierflächen, d.h. ein Verdrängen des Schmierstoffs aus den Unebenheiten des Schmierspaltes wird verhindert.

Bei einsetzender Bewegung richten sich die Blättchen bewegungsorientiert aus und gleiten aufeinander ab (Bild 1).

Festschmierstoffe sollten nur dann eingesetzt werden wenn eine Flüssigkeitsreibung nicht erreichbar ist, bei hohen Betriebstemperaturen und bei stoßartigen Schmierfilmbelastungen. **Notlaufschmierstoff!** (Tabelle 1)

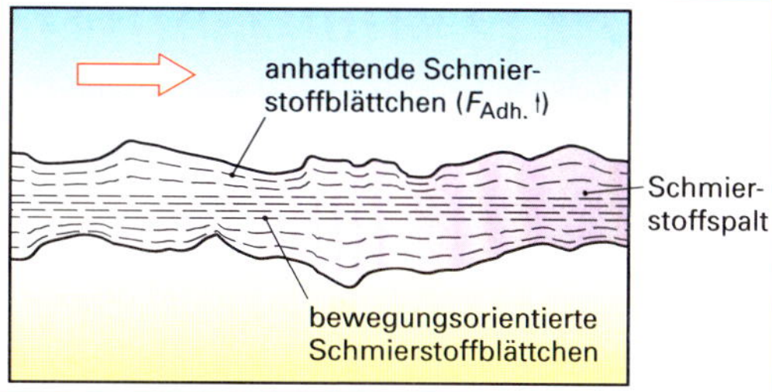

1 Schmierspaltbildung

Tabelle 1: Festschmierstoffe

	Farbe	Betriebstemperatur °C	Beständigkeit gegen Chemikalien	Beständigkeit gegen Korrosion	Reibungszahl μ
Grafit	grauschwarz	–18 bis +450	sehr gut	gut	0,1 bis 0,2
Molybdändisulfid	grauschwarz	–180 bis +400	gut	schlecht	0,04 bis 0,09
PTFE	weiß bis transparent	–250 bis +260	gut	gut	0,04 bis 0,09

3.5.3 Naturstoffe

Die Naturstoffe, z.B. Holz, Leder usw., spielen in der modernen Zerspantechnik metallischer Werkstoffe kaum eine Rolle.
Eine andere Berufsgruppe, die Holzmechaniker, beschäftigt sich ausführlich mit dem Werkstoff Holz.

Der Lederflachriemen als Antriebsmittel von Werkzeugmaschinen ist höchstens in technischen Museen zu bewundern. Verschiedene Gummiprodukte finden als Bauteile von elastischen Kupplungen, Schwingungsdämpfern und als Zugmittel an Werkzeugmaschinen Anwendung.

Wiederholungsaufgabe :

Beim Ölwechsel eines Stirnradgetriebes ist Öl mit der Bezeichnung **ISO VG 300** verwendet worden.

Das Getriebe arbeitet mit folgenden Parametern:

Übersetzungsverhältnis	i	= 2,5 : 1
Zahnradbreite	b	= 25 mm
Teilkreisdurchmesser	d_1	= 80 mm
Umfangskraft F an d_1	F	= 4000 N
Umfangsgeschwindigkeit	v	= 3 m/s

Aufgaben:

1 **Entspricht die verwendete Ölsorte der Wiederholungsaufgabe den Bedingungen nach ISO?**

2 **Begründen Sie an Hand der Eigenschaften von Schneidkeramik die besonderen Einsatzbedingungen!**

3 **Worauf müssen Sie bei der Bearbeitung von Kunststoffen achten?**

4 **Welche Vorteile bringt der Einsatz von Kühlschmierstoffen bei der Zerspanung?**

5 **Beschreiben Sie das allgemeine Grundprinzip der Reibung!**

6 **Beschreiben Sie verschiedene Reibzustände an Werkzeugmaschinen!**

7 **Begründen Sie den zweckgebundenen Einsatz von verschiedenen Schmierstoffarten!**

8 **Begründen Sie in welchen Fällen eine niedrige Viskosität des einzusetzenden Schmierstoffes zu wählen ist:**
hohe Drehzahl,
hohe Betriebstemperatur,
kleines Lagerspiel,
hohe Lagerbelastung.

3.6 Schneidstoffe

Schneidstoff	chemische Zusammensetzung	Eigenschaften
Werkzeugstahl WS ***unlegiert*** ***legiert***	Stahl mit 0,6 bis 1,7% Kohlenstoff Stahl mit 0,6 bis 1,7% Kohlenstoff, geringe Mengen von Cr, W, Mo, V, Mn,	große Härte durch den Zementit, aber geringe Warmhärte, Schneiden nur bis ca. 200 °C beständig, biegebruchfest durch die zusätzlichen Metallcarbide größere Härte und Warmhärte (bis 300 °C), größere Zähigkeit als unlegierter WS, schlagfest,
Schnellarbeitsstahl (Schnellschnittstahl) (SS oder HSS)	4 Legierungsgruppen a) 18% W 18% W, 0,6...0,8% C ca. 4% Cr, Mo, V, 4...16% Co b) 12% W 12% W, 0,8...1,4% C ca. 4% Cr, Mo, V, 3...5% Co c) 6% W + 5% Mo 6% W, 5% Mo 0,8...1,2% C, V, 4% Cr, z.T. Co d) 2% W + 9% Mo 2% W, 9% Mo 0,8...1,2% C, V 4% Cr, z.T. Co	große Härte, vor allem durch die Wolframcarbide (WC), bei höherem Co-Anteil auch größere Warmhärte (bis 600°C) möglich; V erhöht die Warmhärte, Cr verbessert die Durchhärtung, Mo verbessert ebenfalls die Warmhärte Neben den Legierungsbestandteilen hat auch die Herstellung des HSS großen Einfluss auf die Eigenschaften. Die Art der Gewinnung (Schmelzen oder pulvermetallurgisch) und die Wärmebehandlung hat Einfluss auf die Verteilung der Körner und die Feinheit des Gefüges. In allen 4 Legierungsgruppen gibt es je nach der Zusammensetzung HSS für mittlere und höchste Beanspruchung
Hartmetalle unbeschichtet (HM)	**P-M-und-K-gruppe** WC / TiC/TaC / Co P02 33% 59% 8% ... P40 76% 12% 14% M10 84% 10% 6% M40 79% 6% 15% K03 92% 4% 4% K40 88% 0 12%	In jeder Gruppe nimmt mit zunehmender Zahl hinter dem Gruppenzeichen (P, K, M) die Härte, die Verschleiß- und Druckfestigkeit ab, die Biegefestigkeit und Zähigkeit zu. P02 ist also härter und verschleißfester aber weniger zäh als P40 und K03 ist härter und verschleißfester und weniger zäh als K40. Für die Härte sind vor allem die Karbide verantwortlich, Kobalt beeinflusst die Zähigkeit positiv.
Hartmetalle beschichtet	Beschichtung mit Titankarbid TIC oder TiC/TiN oder Al_2O_3	Durch die sehr harten Schichten wird das Verschleißverhalten verbessert, wobei die Grundplatte relativ zäh ist.
Schneidkeramik (SK)	wichtigster Stoff: Al_2O_3 daneben: Al_2O_3+ TiC+TiN Si_3N_4	härter, verschleißfester, warmhärter und spröder als Hartmetalle kantenfester als Al_2O_3 biegefester als Al_2O_3
Schneiddiamant (SD)	natürlich oder synthetisch: reiner Kohlenstoff (C)	extreme Härte und Verschleißfestigkeit, aber ab 800 °C Affinität zu Eisenwerkstoffen und Erweichen
Bornitrid	Bornitrid (BN)	Härter als HM, fast so hart wie Diamant, aber höhere Wärmebeständigkeit

Schleifmittel (vgl. S. 165)

Anwendung	**Vergleiche**

Anwendung in der Holz- und Gesteinsbearbeitung, in der Metallbearbeitung nur für niedrige Schnittgeschwindigkeiten: Feilen, Sägeblätter, Gewindeschneidwerkzeuge, Reibahlen, Formdrehmeißel, Schabwerkzeuge. Bei legiertem WS etwas höhere Schnittgeschwindigkeiten möglich.

SS wird vor allem bei mehrschneidigen Werkzeugen wie Fräsern, Bohrern, Gewindebohrern und Räumwerkzeugen eingesetzt.
SS mit hohem Wolframgehalt (18% W) sind für schwere Bearbeitung (Schruppen) geeignet.
SS mit 12% W werden vor allem zum Schlichten eingesetzt, mit zusätzlichem V-Gehalt kann die Belastung steigen.
SS mit 6% W sind für Schrupp- und Schlichtbearbeitung geeignet, mit steigendem Co-Gehalt steigt die Belastbarkeit. (Fräser und Räumnadeln mit hoher Beanspruchung)
SS mit 2% W ist für verschiedenste Werkzeuge geeignet, der Mo- und Co-Gehalt zeigt die mögliche Beanspruchung an.

Spanungshauptgruppe

P ... für langspanende Werkstoffe (vor allem Stahl)

M ... für lang und kurzspanende Werkstoffe

K ... für kurzspanende Werkstoffe (Gusseisen u.a.)

HM mit hohem TiC-Gehalt (P01) für höchste v_c, nur kleine Spanquerschnitte → Feindrehen
HM mit hohem Kobaltanteil (P40) sind zäher und eignen sich für das Schruppen.

Durch die Beschichtung werden verschiedene Eigenschaften kombiniert (Härte, Zähigkeit), dadurch wird die Anwendungsbreite dieser Sorten erhöht.

Doppelte v_c wie bei HM möglich, für Fein- und Schlichtbearbeitung. Schwingungs-, Schlag- und Kühlungsempfindlichkeit beachten
Al nur mit SK aus Siliziumnitrid spanen.

Nur für Feinbearbeitung. Vor allem für Nichteisenmetalle geeignet. Beste Maß- und Oberflächenqualität möglich.

Für die Feinbearbeitung aller Werkstoffe. Vor allem beim Drehen eingesetzt.

Tabelle 1: Hartstoffanteil (Oxide, Carbide) am Schneidstoff (%)

Werkzeugstahl	5 ... 10
Schnellarbeitsstahl	20 ... 40
Hartmetall	40 ... 80
Schneidkeramik	80 ... 100
Bornitrid	voll hart
Diamant	natürlich voll hart

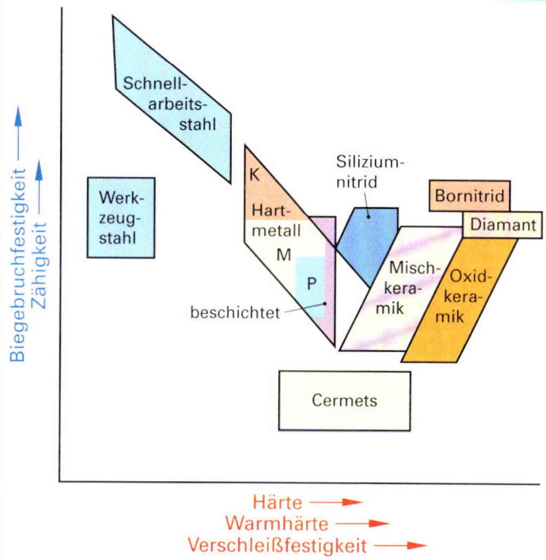

1 Eigenschaften von Schneidstoffen

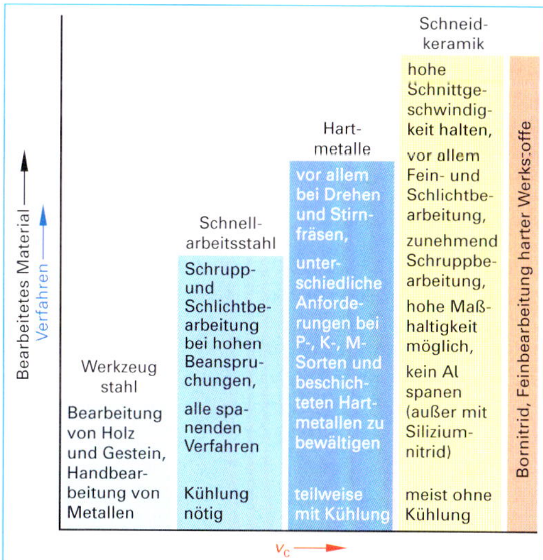

2 Einsatzbedingungen der Schneidstoffe

3.7 Korrosion

Die Korrosion und der Kampf dagegen kostet jährlich Milliarden. Richtiger Umgang mit den Werkstoffen kann diese Ausgaben verringern und Schäden begrenzen.

Alle Stoffe haben das Bestreben, in einem stabilen und energiearmen Zustand zu verharren oder dorthin zurückzukehren. Bei den meisten Metallen besteht dieser energieärmste Zustand in Form des Metalloxides. Metalle, bis auf edle Metalle wie Gold, Silber und Platin, kommen in der Natur als Oxid oder in anderen Verbindungen vor. Durch aufwändige Verfahren werden die Metalle gewonnen, ihre unerwünschte Rückkehr in den „verunreinigten“ Zustand nennen wir Korrosion.

Der Zerspanungsmechaniker muss vor allem wissen, wie er mit korrodierten Rohteilen (verrostet, verzundert) umgeht und wie er seine Werkstücke und Maschinen vor weiterer Korrosion schützt.

Korrosion kann nie ganz vermieden werden, sie wird durch Schutzmaßnahmen nur begrenzt.

Korrosion

ist die Reaktion eines metallischen Werkstoffes, die eine messbare Veränderung des Werkstoffes bewirkt und zu einer Beeinträchtigung der Funktion eines metallischen Bauteils oder eines ganzen Systems führen kann. In den meisten Fällen ist die Reaktion elektrochemischer Natur, in einigen Fällen ist sie jedoch auch chemischer oder metallphysikalischer Natur (DIN 50900).
Die Definition für Metalle kann sinngemäß auf Nichtmetalle übertragen werden.

Korrosionserscheinung

ist die messbare Veränderung des metallischen Werkstoffes.

Korrosionsschaden

ist eine Beeinträchtigung der Funktion des metallischen Bauteils oder Systems durch Korrosion.

Korrosionsschutz

betrifft alle Maßnahmen mit dem Ziel, Korrosionsschäden zu vermeiden.

3.7.1 Korrosionsformen und Korrosionsarten

Nach den Ursachen der Korrosion und den Korrosionsvorgängen lassen sich zwei wesentliche Korrosionsformen unterscheiden: die chemische und die elektrochemische Korrosion.

Nach dem Erscheinungsbild der Korrosion werden mehrere Korrosionsarten unterschieden, z.B. gleichmäßige und örtlich wirkende Korrosion, Korrosion bei gleichzeitiger mechanischer Spannung oder Narbenkorrosion (Bild 1).

Das Erscheinungsbild der Korrosionsarten ist oft erst in Verbindung mehrerer Bauteile sichtbar (z.B. Kontaktkorrosion). Für den Zerspanungsmechaniker ist das typische Erscheinungsbild die gleichmäßige Flächenkorrosion durch Rosten.

Unterscheidung der Korrosion

nach den Ursachen

Korrosionsformen

- chemische Korrosion
- elektrochemische Korrosion

nach dem Erscheinungsbild

Korrosionsarten

- gleichmäßige Korrosion bzw. Flächenkorrosion
- örtlich begrenzte Korrosion z.B. Lochfraß
- Korrosion unter mechanischer Belastung, z.B. Spannungsrisskorrosion

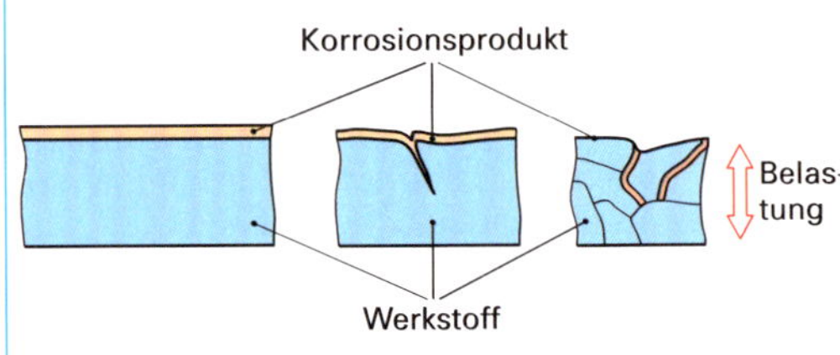

1 Korrosionsarten

Chemische Korrosion

Chemische Korrosion tritt vor allem durch die Einwirkung von Gasen auf heiße Metalle auf.

Ein technisch häufig auftretender Fall ist das Verzundern von Stahl, z.B. im Walzwerk. Je nach der Temperatur des Stahls bilden sich die Eisenoxide FeO, Fe_2O_3 oder Fe_3O_4 (Bild 2).

Wenn das Ausgangsmaterial nicht vorbehandelt ist, kann auf der Oberfläche der Rohteile noch eine Zunderschicht sein. Die Schicht selbst ist sehr hart und kann die Werkzeugschneiden beschädigen. Andererseits platzen Zunderschichten leicht ab. Normalerweise spielt die chemische Korrosion beim Spanen keine Rolle.

2 Verzundertes Werkstück

Elektrochemische Korrosion

Beim Zusammentreffen zweier Metalle und einer wässrigen Lösung, dem Elektrolyten, entsteht ein galvanisches Element. Die dabei entstehende Spannungsdifferenz ist ein Maß für die Abgabe von Metallionen des einen Metalls an das andere.

In der Spannungsreihe sind die Metalle entsprechend ihren Potenzialen im Vergleich zu Wasserstoff angeordnet.

Die elektrochemische Korrosion wirkt wie ein ungewolltes galvanisches Element. Besonders anfällig gegen Korrosion sind die unedlen Metalle, sie gehen leichter in Lösung, sie **korrodieren** (Bild 1).

Bei der elektrochemischen Korrosion tritt die Zerstörung des Materials unter Anwesenheit von Elektrolyten auf, wobei ein Stromfluss stattfindet.

Bedingungen für elektrochemische Korrosion:

1. Metallteile mit unterschiedlichem elektrochemischen Potenzial
2. Kontakt zwischen den Metallteilen, um den Elektronenaustausch zu sichern
3. Ein Elektrolyt, der den Ionenaustausch (Metallionenabgabe) ermöglicht.

Beachte:

- Die verschiedenen Metallteile können auch Legierungsbestandteile in einem Metallkörper sein.
- Die unterschiedlichen Potenziale können sich an einem Metallkörper befinden → Bsp. Rosten des Eisens.

Rosten von Eisen und Stahl

Die häufigste und für den Zerspanungsmechaniker bedeutendste Korrosionserscheinung ist das Rosten von Eisenwerkstoffen in feuchter Umgebung.
Bei Vorhandensein von Sauerstoff und Wasser bilden sich auf der Oberfläche viele kleine lokale Anoden und Katoden.
In der Mitte des Wassertropfens geht Eisen in Form von Fe^{++}-Ionen in Lösung.
Am Rand des Tropfens reagieren die Fe^{++}-Ionen mit den OH^--Ionen, die aus Wasser und dem gelösten Sauerstoff entstanden sind.
Als Gesamtreaktion bildet sich der Rost, Fe0 (OH) oder $Fe_20_3 - H_20$.
Der Rost scheidet sich ringförmig am Rand des Wassertropfens bzw. der Feuchtigkeit ab. Nach einiger Zeit ist die gesamte Oberfläche des Metalls von Rost bedeckt. Eine gleichmäßige und dichte Rostschicht schützt dann vor weiterer Korrosion.

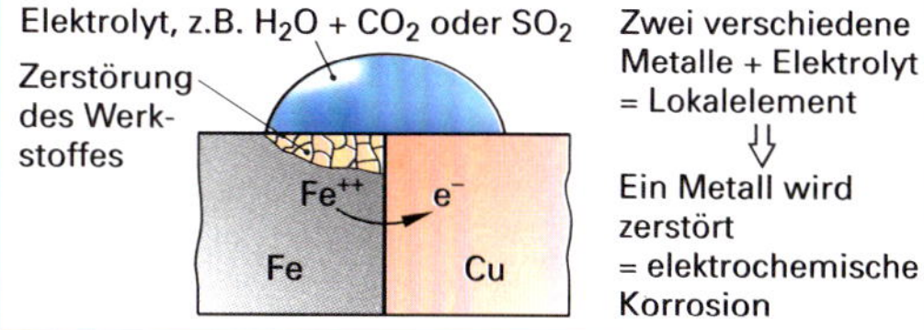

1 elektrochemische Korrosion

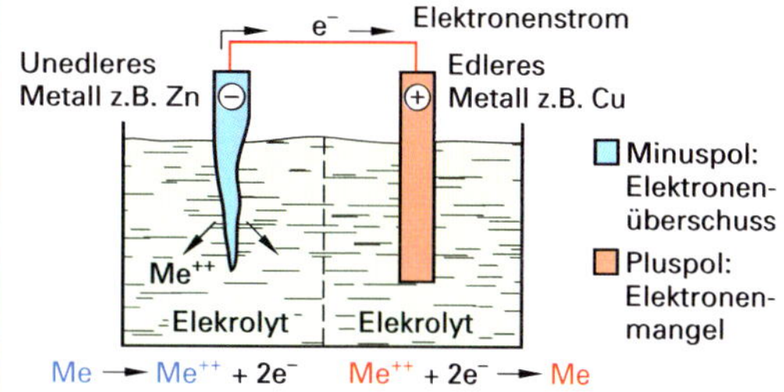

2 galvanisches Element

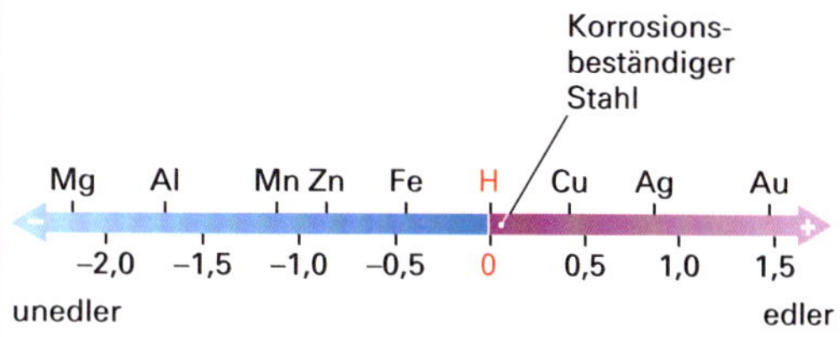

3 Spannungsreihe der Metalle

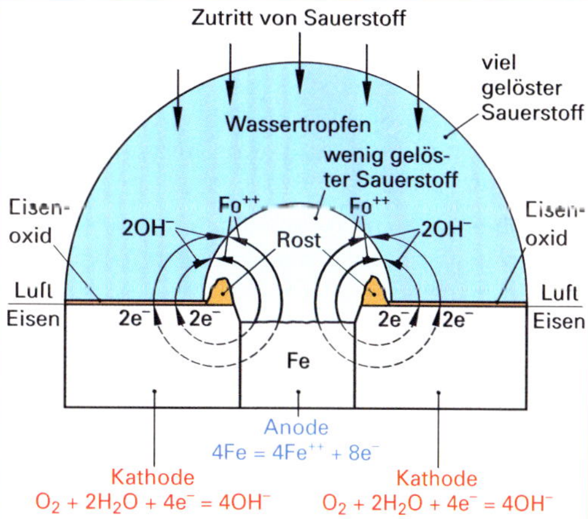

bei wenig Sauerstoff entsteht:
$2Fe^{++} + 4OH^- \rightarrow 2Fe(OH)_2$
lösliches Eisen (II)-hydroxid

bei mehr Sauerstoff entsteht:
FeO (OH)
unlösliches, braunes Eisen (III)-oxidhydrat
Hauptbestandteil des Rostes

Im Rost meist mehrere Bestandteile, je nach den Umweltbedingungen.

4 Rosten von Eisen

3.7.2 Korrosionsschutz

Metalle lassen sich vor Korrosion schützen, wenn die Umstände, bei denen Korrosion eintritt, ausgeschlossen werden. Wenn wir die Metalle total von feuchter Luft fern halten könnten, wäre dies gegeben. Im Alltagsleben wie auch im Industriebetrieb kann Korrosion nur eingeschränkt werden.

Grundsätzlich kann

a) *das Metall von innen geschützt werden*: durch Legierungselemente, die sehr korrosionsbeständig sind bzw. korrosionsbeständige Verbindungen erzeugen. Korrosionsbeständiger Stahl wirkt wie ein Edelmetall. Die Bearbeitung solcher Stähle wird dadurch aber erschwert.

b) *das Metall von außen geschützt werden*, z.B. durch Anstriche, metallische Überzüge oder besondere konstruktive Gestaltung

Korrosionsschutz in der spanenden Fertigung	
Maschinen, Bauteile, Werkzeuge und Messmittel.	Die Werkstücke während und nach der Bearbeitung
Schutz vor Luftfeuchtigkeit und Kühlschmiermitteln	

Maßnahmen des Korrosionsschutzes

- Blanke Bauteile von Maschinen oder Messzeugen werden durch Einölen oder Einfetten vor Korrosion geschützt. Wenn diese Schutzschicht undicht geworden ist, ist sofort eine Nachbehandlung nötig.
- Korrosion kann auch entstehen, wenn die Kühlschmiermittel und die Schutzmittel auf den Führungsbahnen miteinander unverträglich sind.
  Die gegenseitige Verträglichkeit muss ständig gewährleistet werden. Die Anleitungen der Hersteller der Maschinen und der Kühlschmiermittel sind dabei zu beachten.
- Beim Spanen werden vorherige Schutzschichten zerstört. Das Werkstück ist dann korrosionsanfällig. Wassermischbaren Kühlschmiermitteln sind deshalb Zusätze (Inhibitoren) beigemischt, die einen undurchlässigen passivierenden oder einen polarisierten Film auf der Metalloberfläche bilden
- Die Emulsionen müssen ständig überwacht werden: Konzentration der Lösung, pH-Wert und Temperatur müssen den Vorschriften entsprechen, Verschmutzungen müssen beseitigt werden (Bild 2).
- Nach dem Spanen wird eine Schutzschicht aufgetragen, die von Arbeitsgang zu Arbeitsgang vor Korrosion schützen soll. Diese Schicht wird aufgesprüht, kann aber auch durch Eintauchen aufgebracht werden.
  Diese Schutzschicht wird auch bei Werkstücken benötigt, die trocken bearbeitet werden. Die normale Luftfeuchtigkeit oder auch Handschweiß sind schon ausreichend, eine Korrosion auszulösen.
- Nach der Fertigung bzw. vor der Lagerhaltung werden die Werkstücke mit Wachs konserviert.

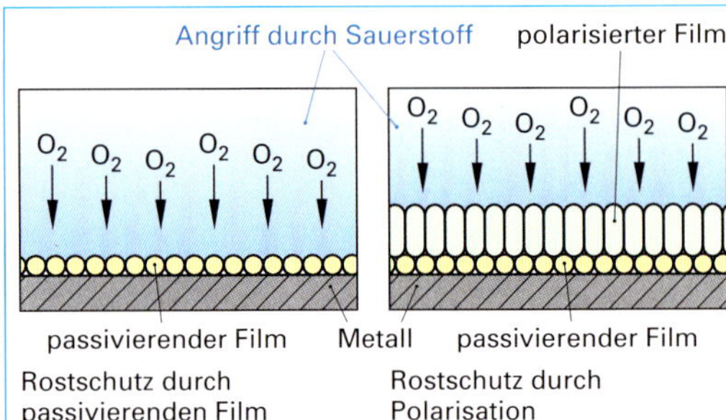

1 Rostschutzmaßnahmen

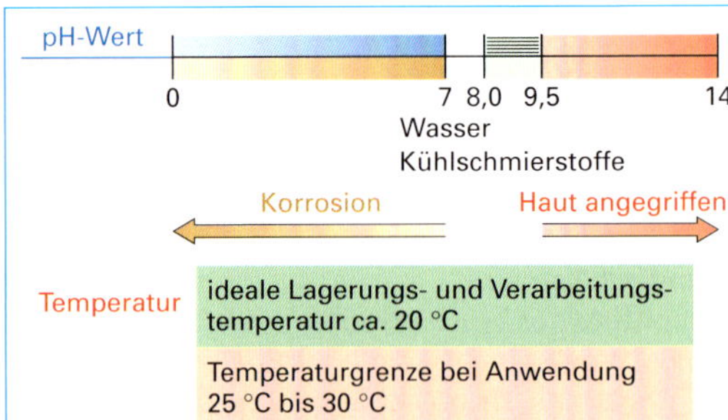

2 Einsatzbedingungen für Emulsionen

Aufgaben:

1 Nennen Sie alle Gefahrenquellen für Korrosion bei Werkstücken in der spanenden Fertigung.

2 Warum kann Korrosion kaum verhindert, sondern nur eingeschränkt werden?

3 Wie wird den äußeren Angriffen auf die Maschinen, Messmittel und Werkstücke durch korrosionsauslösende Medien begegnet?

4 Warum sind dem Korrosionsschutz von innen durch Legieren Grenzen gesetzt?

3.8 Werkstoffprüfung

Die Werkstoffprüfung hat die Aufgabe, aufzuzeigen,

- wie sich Werkstoffe bei ihrer Bearbeitung voraussichtlich verhalten werden,
- wie sich die hergestellten Werkstücke bei ihrer Nutzung voraussichtlich verhalten werden,
- ob die hergestellten Werkstücke Materialfehler haben
- warum Schäden an Bauteilen aufgetreten sind.

Die traditionelle Werkstoffprüfung bedient sich verschiedener Methoden, bei denen jeweils Probestücke aus den einzelnen Werkstoffen unterschiedlichen Belastungen ausgesetzt werden.
Aus den Ergebnissen dieser Prüfungen wird auf die Werkstoffeigenschaften wie Härte, Festigkeit oder Umformvermögen geschlossen.
Zunehmend werden Methoden angewendet, bei denen die fertigen Bauteile ohne Beschädigung geprüft werden (= zerstörungsfreie Werkstoffprüfung, z.B. Röntgenprüfung von Schweißnähten)

3.8.1 Prüfverfahren

Mit mechanischen Werkstoffprüfungen wird die Belastbarkeit von Bauteilen ermittelt.

Festigkeitsprüfungen (Auswahl)			
Belastungsart	**Prüfverfahren**		**Ziel der Prüfung**
Zug	**Zugversuch**	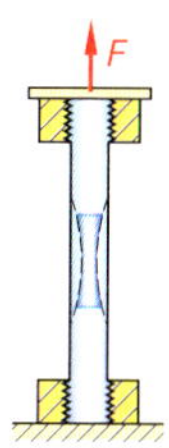	Ermittlung der **Zugfestigkeit**, der **Dehnbarkeit** und **Elastizität** der vorwiegend metallischen Werkstoffe. Aus dem **Zugversuch** lassen sich die wichtigsten Schlussfolgerungen auf das Werkstoffverhalten ziehen
Knickung	**Knickversuch** rechtes Bild	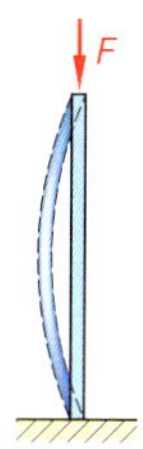	Ermittlung der **Knickfestigkeit** bei langen, schlanken Bauteilen
Druck	**Druckversuch**	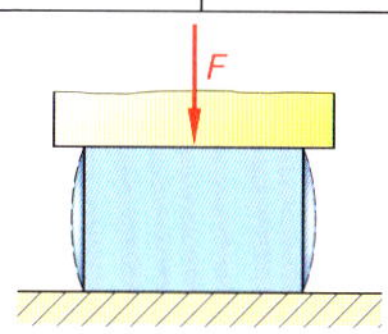	Ermittlung der **Druckfestigkeit** metallischer Werkstoffe, besonders wichtig, wenn die Druckfestigkeit von der Zugfestigkeit abweicht
Biegung	**Biegeversuch**	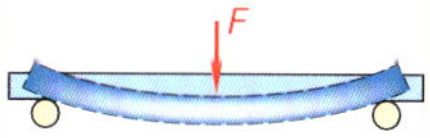	Ermittlung der **Biegefestigkeit** oder **Biegewechselfestigkeit** bei Bauteilen
Scherung	**Scherversuch**	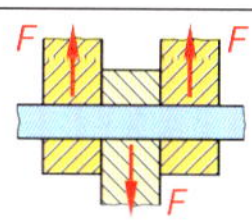	Ermittlung der **Scherfestigkeit**, wichtig bei Blechbearbeitung (Scheren, Lochen)
Härteprüfverfahren			
Belastungsart	**Prüfverfahren**		**Ziel der Prüfung**
Druck	**Brinellprüfung**	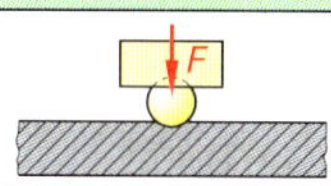	Aus dem Eindruck einer Stahlkugel wird die **Härte** normalharter Werkstoffe berechnet.
	Vickersprüfung	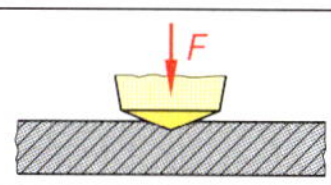	Aus dem Eindruck einer Diamantpyramide wird der **Härtewert** beliebiger Werkstoffe berechnet.
	Rockwellprüfung	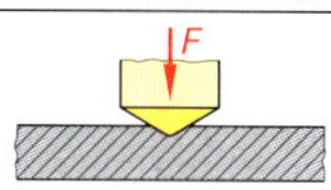	Ein Diamantkegel ergibt einen Eindruck, der ohne Berechnung als **Härtewert** benutzt wird.
Der Härtewert wird nach dem jeweiligen Verfahren HB, HV oder HR bezeichnet.			

Technologische Prüfverfahren

Technologische Prüfverfahren werden vor allem angewendet um die Bearbeitbarkeit von Blechen oder Rohren vorauszusagen. Zu diesen Verfahren gehören z.B. die Tiefziehversuche, bei denen festgestellt wird, wie weit Bleche dehnbar sind ohne zu reißen.

Zerstörungsfreie Werkstoffprüfung

Zu diesem Verfahren zählen Werkstoffprüfungen, bei denen die Eigenschaften bestimmter elektromagnetischer Wellen ausgenutzt werden, durch Werkstoffe dringen zu können ohne Spuren zu hinterlassen. Dazu gehören das Prüfen mit Röntgen- und Gammastrahlen sowie Ultraschall.
Zur Auswertung der Prüfungsergebnisse gehören allerdings viel Erfahrung und Wissen.

Werkstattversuche

Neben den standardisierten Werkstoffprüfverfahren gibt es eine Anzahl von traditionellen Werkstattversuchen, mit denen grob Werkstoffzusammensetzung und -verhalten ermittelt werden kann.

Ritzversuch	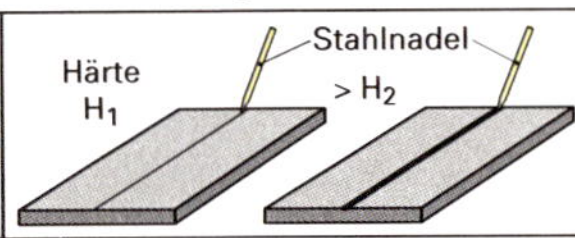	Mit einer gehärteten Stahlnadel oder einer Diamantspitze kann auf die Härte des geritzten Materials geschlossen werden.
Rückprallversuch	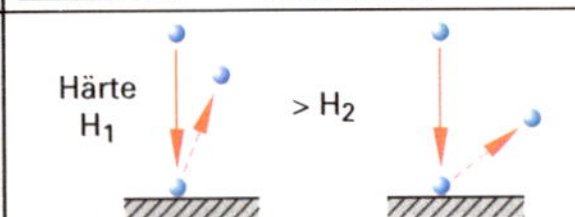	Wegen des Zusammenhangs von Elastizität und Härte kann aus dem Rückprall von Kugeln oder eines Hammers auf die Härte geschlossen werden.
Funkenprobe		Die einzelnen Legierungselemente und Beimengungen des Stahles hinterlassen beim Schleifen ein unterschiedliches Funkenbild. Aus der erkannten Zusammensetzung können die Eigenschaften abgeleitet werden.

Anwendung der Prüfverfahren

Der einzelne Zerspanungsmechaniker wird die Verfahren der Werkstoffprüfung selten anwenden. In den größeren Industriebetrieben werden die Verfahren von speziellen Betriebsabteilungen vorgenommen. In der Instandhaltung oder in kleineren Betrieben kann es wichtig sein, selbst bestimmte Prüfverfahren zu beherrschen. Mit der Funkenprobe kann z.B. grob bestimmt werden, welcher Werkstoff vorliegt. Mit dem Ritzversuch oder durch die Klangprobe (härtere Werkstoffe klingen heller) können auch grobe Zuordnungen getroffen werden.

3.8.2 Prüfung der Zerspanbarkeit

Für das Ermitteln der Zerspanbarkeit der Werkstoffe gibt es kein genormtes Prüfverfahren.

Die Zerspanbarkeit ist eine komplexe Eigenschaft. Sie lässt sich deshalb nur durch mehrfach wiederholte Versuche feststellen.

Es erweist sich häufig als sinnvoll, mittels eigener Versuche die Zerspanbarkeit verschiedener Werkstoffe miteinander zu vergleichen.
Der Kraftaufwand bei Handvorschub kann als ein Kriterium genommen werden. Weiterhin zeigen die Spanform und die erzielte Oberfläche bei gleichen Spanungsbedingungen, welcher Werkstoff besser spanbar ist (Vorschlag nebenstehend).

Werkstoff	Spanform	Oberfläche	Kraftaufwand
Baustahl			
Werkzeugstahl			
gehärteter Stahl			
Gusseisen			
Aluminium			
Kupfer			
Messing			

Tabelle für die Ermittlung der Zerspankeit

Aufgaben:

1 **Wie können Sie die Zerspanbarkeit von Werkstoffen ermitteln?**

2 **Welche Vorteile besitzen zerstörungsfreie Werkstoffprüfverfahren?**

3.9 Arbeits- und Gesundheitsschutz, Entsorgung

Im Spanungsprozess treffen unterschiedliche Materialien aufeinander. Manche dieser Materialien sind teils gesundheitsgefährdend teils umweltschädlich. Einige Stoffe können erst durch den Spanungsprozess selbst gefährdend werden, wenn z.B. Schwermetalle freigesetzt werden.

Umweltprobleme im Spanungsprozess		
Eingang	***Spanungsprozess***	***Ausgang***
Werkstückwerkstoff	*Aufeinandertreffen von Werkzeug, Werkstückwerkstoff, Kühlschmiermittel und Luft*	Werkstück, Späne
Werkzeug	*physikalische und chemische Reaktion*	Werkzeug, Abrieb
Kühlschmiermittel	*Entstehen von Hitze und Lärm*	verändertes Kühlschmiermittel, Ölnebel, giftige Nebenprodukte
Luft		

Während früher Lärm die häufigste Ursache für Berufskrankheiten war, sind heute Hautkrankheiten an diese Stelle getreten. Hauptsächlich durch die Kühlschmiermittel, aber auch durch organische Lösungsmittel sind Zerspanungsmechaniker gefährdet.
Im Spanungsprozess lauern aber noch weitere Gefahren, so können Schwermetalle mit dem Ölnebel eingeatmet werden.

Drei Fragen müssen gelöst werden, damit vom Spanungsprozess **keine Gefährdungen** für den Mechaniker und die Umwelt ausgehen:

die Frage der Berührung — **die Frage des Einatmens** — **die Frage der Entsorgung**
gesundheitsgefährdender Stoffe

Da es keine umweltneutrale Entsorgung gibt, ist seit langem die Erkenntnis gereift, dass es günstiger ist, umweltgefährdende Stoffe in geschlossenen Kreisläufen immer wieder zu verwenden. Der Königsweg jedoch ist, auf ihren Einsatz zu verzichten.

Allgemein gilt:

Vermeidung ist der Verwertung vorgeordnet.
Verwertung ist der Entsorgung vorgeordnet.

Was ist bei der spanenden Bearbeitung zu tun um diese Grundsätze einzuhalten?

Vermeidung: Da in naher Zukunft nicht davon auszugehen ist, dass auf giftige Zusätze in Kühlschmiermitteln völlig verzichtet werden kann, steht als Gebot:

↓

Verlängerung der Standzeit der Kühlschmiermittel: Die Standzeit kann vor allem durch das Sauberhalten vor Verunreinigungen erhöht werden. Solche Verunreinigungen können Härtesalze, Fremdöle, aber auch Zigaretten oder Essensreste sein.

↓

Überwachung: Durch ständige Überwachung der Kühlschmiermittel und das Messen von Konzentration, pH-Wert, Keimzahl und Nitritwert kann die Standzeit erhöht werden. Der Facharbeiter und der Auszubildende haben hier die größte Einflussmöglichkeit, die Umwelt zu schonen. Ein Wartungsplan an der Maschine erleichtert es, ständig die notwendigen Kontrollen termingerecht auszuführen.

Verwertung: Die wichtigste Möglichkeit zur weiteren Verwertung gebrauchter Kühlschmiermittel ist die Einhaltung des **Vermischungsverbotes** mit anderen gebrauchten Ölen.

Vor der erneuten Verwertung müssen die Kühlschmiermittel, aber auch die Luft gereinigt werden.

Reinigungsverfahren			
Reinigung	in **Absetzbecken** durch **Filter** in **Zentrifugen**	**Abscheiden**	von Aerosolen und Dämpfen

Entsorgung: Die Entsorgung der Rückstände wird vom eigenen Betrieb oder Fremdfirmen vorgenommen. Bei der Entsorgung erfolgt eine „Belohnung" oder „Bestrafung" der Verwender von weniger oder mehr schädlichen Kühlschmiermitteln. Die Preise für die Entsorgung eines Kubikmeter Kühlschmiermittel beginnen bei unter Hundert und enden bei 1500 €.

Persönliches Verhalten im Umgang mit Kühlschmierstoffen	
1. Verschaffen von Informationen	**über die eingesetzten Kühlschmiermittel** **über Regeln des Umgangs mit den Kühlschmiermitteln, Einhalten von Grenzwerten u.a.** **über rechtliche Vorschriften und Beteiligungsrechte**
2. Verhalten	**das mich schützt** **das Werkstück und den Arbeitsplatz schützt** **das der Umwelt nützt**
3. Kontrolle	**ob ich mich selbst immer an die Regeln halte** **ob sich andere an die Regeln halten**

Die Kühlschmiermittel werden entsprechend ihrer für den Spanungsprozess wichtigen Eigenschaften eingesetzt. Die Eigenschaften werden nach den Grundstoffen und den Zusätzen (Additiven) bestimmt. Bei einigen Kohlenwasserstoffverbindungen kommen auch **p**olyzyklische **a**romatische **K**ohlenwasserstoffe (PAK's) vor. Diese **PAK's gelten als krebserregend**. Ein Vertreter ist das Benzo(a)pyren, das auch im Zigarettenrauch enthalten ist. PAK's werden auch als Grillgift bezeichnet, weil sie beim Grillen im heißen Fett entstehen. Ein ähnlicher Prozess läuft beim Spanen ab, wo auch die Öle aus dem Kühlschmierstoff erhitzt werden.

Benzo(a)pyren darf nicht mehr als **0,002 mg/m³** Luft bzw. 50 mg/kg Kühlschmierflüssigkeit vorhanden sein.

Als Richtwert für Mineralöl in der Raumluft gilt:

für Ölnebel	**5 mg/m³**
für Öldampf + Ölnebel	**20 mg/m³**

Weitere Stoffe, für die Grenzwerte beachtet werden müssen, sind **Nitrite, Amine** und **chlorierte Stoffe**. Beim Verbrennen chlorierter Stoffe können **Dioxine** entstehen, die als Ultragift gelten.

Vom Gesetzgeber ist dafür gesorgt, dass Gefahren weitgehend auszuschließen sind. Den Arbeitgebern sind Auflagen erteilt, was beim Einführen von neuen Gefahrstoffen zu beachten ist und wie die Belegschaft darüber zu informieren ist. (Gefahrstoffverordnung GefStoffV) In der **Gefahrstoffverordnung** sind auch die Beteiligungsrechte der Betriebs- und Personalräte festgehalten, z.B. das Anhörungsrecht bei der Einführung neuer Gefahrstoffe (§ 19) oder das Mitbestimmungsrecht bei der Festlegung von technischen Schutzmaßnahmen und bei der Bereitstellung von persönlichem Körperschutz (§ 87).

Gesetzliche Regelungen und betriebliche Dokumente

Da der richtige Umgang mit gesundheitsgefährdenden Stoffen für die betroffenen Menschen eine existenziell wichtige Bedeutung hat und andererseits deren Gefährlichkeit oft grob unterschätzt wird, hat der Gesetzgeber ein komplexes System von Gesetzen und Verordnungen zum Schutz der Menschen und der Umwelt geschaffen. Ausgangspunkt ist das **Chemikaliengesetz**. Dies nimmt den Hersteller von Chemikalien, wozu die **Kühlschmierstoffe** zählen, in Produkthaftung. Der Hersteller wir zur Einstufung und Kennzeichnung seiner Produkte verpflichtet. Den genaueren Umgang mit den Gefahrstoffen regelt die **Gefahrstoffverordnung** (GefStoffV). In dieser werden in 9 Abschnitten genaue Vorschriften zur Einstufung, Kennzeichnung, Verpackung, Verboten und Umgangsvorschriften gegeben.

In der GefStoffV werden die Hersteller verpflichtet, dem Anwender ein **Sicherheitsdatenblatt** mitzugeben. Das Sicherheitsdatenblatt, das auf einer EU-Richtlinie basiert, liefert dem Anwender wichtige Angaben zum Produkt.

In dem **Sicherheitsblatt** sind Angaben enthalten:

- zum Hersteller,
- zur Zusammensetzung des Produktes,
- zu möglichen Gefahren bei der Zubereitung,
- zu Erste-Hilfe-Maßnahmen,
- zu Maßnahmen zur Brandbekämpfung,
- zu Maßnahmen bei unbeabsichtigter Freisetzung,
- zu Handhabung und Lagerung,
- zur Expositionsbegrenzung (Kontaktdauer) und persönlicher Schutzausrüstung,
- zu den genauen physikalischen und chemischen Eigenschaften (Farbe, Geruch, Flammpunkt usw.)
- bis hin zu Entsorgung, Transport und Kennzeichnung.

Aus den meist mehrseitigen Sicherheitsdatenblättern sei hier am Beispiel des Blattes für den Kühlschmierstoff Zubora 92 F der Punkt 2 Zusammensetzung/Angaben zu Bestandteilen angeführt:

„Chemische Charakterisierung
Wassermischbarer Kühlschmierstoff, enthält Mineralöl, Fettstoffe, anionische und nichtionische Tenside, Korrionsinhibitoren und Biozide.
Gefährliche Inhaltsstoffe:

CAS-Nr.	Bezeichnung	Gehalt %	Kenn.	R-Sätze
6204-44-2	Oxazolidinderivat	<3	Xn	20/21/22-36-38-43
	Fettalkoholpolyglykolether	4	Xn	22-36-38

Mit dem Erarbeiten und Übergeben des Sicherheitsdatenblattes an den Anwender hat der Hersteller des Kühlschmierstoffes seine Pflicht erfüllt. Es kommt aber darauf an, dass an jeder Maschine jeder Zerspanungsmechaniker (und auch Wartungspersonal u.a.) in klarer und verständlicher Form erfährt, worauf er im Umgang mit diesem Kühlschmierstoff zu achten hat.

Im § 20 der GefStoffV wir deshalb gefordert, dass in einer **Betriebsanweisung** auf die besonderen Gefahren hingewiesen wird und ausreichende Belehrungen durchzuführen sind.

GefStoffV § 20 Betriebsanweisung

„(1) Der Arbeitgeber hat eine arbeitsbereichs- und stoffbezogene Betriebsanweisung zu erstellen, in der auf die mit dem Umgang mit Gefahrstoffen verbundenen Gefahren für Mensch und Umwelt hingewiesen wird sowie die erforderlichen Schutzmaßnahmen und Verhaltensregeln festgelegt werden; auf die sachgerechte Entsorgung entstehender gefährlicher Abfälle ist hinzuweisen. Die Betriebsanweisung ist in verständlicher Form und in der Sprache der Beschäftigten abzufassen und an geeigneter Stelle in der Arbeitsstätte bekanntzumachen. In der Betriebsanweisung sind auch Anweisungen über das Verhalten im Gefahrfall und über die Erste Hilfe zu treffen.
(2) Arbeitnehmer, die beim Umgang mit Gefahrstoffen beschäftigt werden, müssen anhand der Betriebsanweisung über die auftretenden Gefahren sowie über die Schutzmaßnahmen unterwiesen werden. ..."

Wenn in bestimmten Betrieben nur das Sicherheitsdatenblatt vorliegt, dann ist die Forderung nach der verständlichen Form nicht unbedingt gewährleistet, da sich dieses in erster Linie an das technische Personal richtet und auch meist mehrere Seiten umfasst. Bei ausländischen Arbeitnehmern kann auch eine Übersetzung vonnöten sein, der Einsatz der Piktogramme (s. Bild S. 308) ist empfehlenswert.

Es gibt keine genauen Vorschriften, wie die Betriebsanweisung auszusehen hat, aber:

Die Betriebsanweisung muss klar und verständlich sein.

Nummer:
Datum:

BETRIEBSANWEISUNG gem. § 20 GefStoffV

Betrieb:

GEFAHRSTOFFBEZEICHNUNG

Zubora 92 F

Form: flüssig | **Farbe:** braun | **Geruch** typisch

GEFAHREN FÜR MENSCH UND UMWELT

Gefahren für Mensch
Reizt die Haut, Allergiegefahr

Gefahren für Umwelt
Nicht in die Kanalisation gelangen lassen

SCHUTZMASSNAHMEN UND VERHALTENSREGELN

Technische Schutzmaßnahmen und Verhaltensregeln
Handhabung: persönliche Schutzausrüstung tragen, Aerosolbildung verhindern. Absaugen täglich prüfen. Zustand des KSS beobachten und regelmäßig prüfen.
Lagerung: vor Hitze und Frost schützen und trocken lagern. Behälter geschlossen halten.

Persönliche Schutzmaßnahmen und Verhaltensregeln
Allgemein: von Nahrungsmitteln und Getränken fernhalten, verschmutzte Kleidung wechseln. Bei der Arbeit nicht essen, rauchen und trinken. Vor Pausen und bei Arbeitsende Hände waschen.
Atemschutz: bei unzureichender Belüftung
Handschutz: Schutzhandschuhe tragen, wenn sicherheitstechnisch zulässig Hautpflegemittel verwenden.
Augenschutz: Schutzbrille bei Spritzgefahr tragen.

VERHALTEN IM GEFAHRFALL

Maßnahmen zur Brandbekämpfung
Umluftunabhängiges Atemschutzgerät tragen.
Löschmittel: Schaum, Pulver, Kohlendioxid.
Reinigung: mit Papiertüchern aufnehmen, daheim Schutzhandschuhe tragen.

Wichtige Telefonnummern:
Feuerwehr: 0-112 **Tor 2: 1214**

ERSTE HILFE

Hautkontakt: mit Wasser und Seife waschen, Arzt rufen.
Augenkontakt: Augen gründlich mit Wasser ausspülen.
Verschlucken: Kein Erbrechen auslösen, sofort Arzt rufen.

SACHGERECHTE ENTSORGUNG

Entsorgung: Abfall der betrieblichen Sammelstelle zuführen und nach behördlichen Vorgaben entsorgen.
Verpackungen: vollständig entleeren. Der Entsorgung bzw. Wiederverwertung zuführen.

1 Betriebsanweisung zum Kühlschmierstoff ZUBORA 92 F

Auf der Basis des Sicherheitsdatenblattes und der konkreten betrieblichen Bedingungen hat der Betrieb die hier abgebildete **Betriebsanweisung** zum Kühlschmierstoff ZUBORA 92 F erarbeitet und an den zutreffenden Maschinen ausgehängt.
Die Bedeutung der Piktogramme sind zu erläutern; es kann davon ausgegangen werden, dass hier – bei Beachtung der noch folgenden Hinweise – die nötigen Vorkehrungen für den Schutz der Bediener als auch für die Umwelt gegeben sind.

Hautschutzplan

Wenn die Angaben zum Kühlschmierstoff im Sicherheitsdatenplan es erfordern, ist ein Hautschutzplan zu erarbeiten. Der Hautschutzplan ist auf die im Betrieb vorhandenen Hautschutz-, -reinigungs- und -pflegemittel bezogen.

Muster eines Hautschutzplanes			
Hautschutzplan			
Hautverschmutzung oder Belastung durch	**Hautschutz** vor der Arbeit	**Hautreinigung**	**Hautpflege** nach der Arbeit
Nichtwassermischbare Kühlschmierstoffe,	Hautschutzcreme A	Hautreinigungsmittel B	Hautpflegemittel C
Wassermischbare Kühlschmierstoffe	Hautschutzcreme D	Hautreinigungsmittel E	Hautpflegemittel C
Organische Lösungsmittel	Hautschutzcreme F	Hautreinigungsmittel G	Hautpflegemittel H

Im **Wartungsplan** ist festgehalten, in welchem Messintervall, z.B. täglich, mit welchen Messmethoden, z.B. mit Teststäbchen, die Werte für Nitrite, die Keimzahl, den pH-Wert und die Konzentration gemessen werden. Im Vergleich zu den vorgegebenen Grenzwerten sind dann bestimmte Maßnahmen einzuleiten, z.B. Emulsion zugeben oder nach Ursachen für die hohe Keimzahl suchen. Keime entstehen meist durch Verunreinigung oder schlechte Reinigung der Kühlmittelbehälter.

Über den Umgang mit Gefahrstoffen gibt es noch eine Reihe weitere Hilfen für den Facharbeiter:

a) **Hinweise auf besondere Gefahren (R-Sätze)**

In 48 Sätzen werden Hinweise gegeben, z.B.

R 4 Bildet hochempfindliche explosionsgefährliche Metallverbindungen
R 23 Giftig beim Einatmen
R 35 Verursacht schwere Verätzungen

b) **Sicherheitsratschläge (S-Sätze)**

In 53 Sicherheitssätzen wird auf richtiges Verhalten hingewiesen, z.B.

S 22 Staub nicht einatmen
S 24 Berührung mit der Haut vermeiden
S 38 Bei unzureichender Belüftung Atemschutz anlegen.

c) Symbole

Gefahrensymbole (Beispiel)

1 ätzend

2 giftig

Die S- und R-Sätze können auch kombiniert werden, wie das auch beim Kühlschmierstoff ZUBORA 92 F der Fall ist. Die hier angeführten R-Sätze (S. ●) bedeuten:

20/21/22 Gesundheitsschädliche beim Einatmen, Verschlucken und Berührung mit der Haut
36 Reizt die Augen
38 Reizt die Haut

In die Betriebsanweisung sind diese Sätze sinngemäß eingegangen.

Vollständig sind die R- und S-Sätze in den Metalltechnik-Tabellenbüchern zu finden. Die Einhaltung aller Vorschriften bietet eine hohe Sicherheit, wenn damit auch meist ein erhöhter Aufwand und manche Unbequemlichkeit verbunden sind.

Aufgaben:

1 Überprüfen Sie, ob in Ihrem Betrieb zu den Kühlschmiermitteln Betriebsanweisungen und Sicherheitsdatenblätter vorhanden sind und ob Wartungs- und Hautschutzpläne erstellt worden sind.

2 Welche Möglichkeiten gibt es, ein zu häufiges Entsorgen von Kühlschmiermitteln zu vermeiden?

3 Welche Hinweise auf Gesundheitsgefahren sind in der Betriebsanweisung und auf den Sicherheitsblättern enthalten?

4 Begründen Sie die Regel Vermeidung vor Verwertung und Verwertung vor Entsorgung.

5 Welche Verordnungen und Richtlinien müssen bei der Arbeit mit Kühlschmierstoffen beachtet werden?

6 Welche Rechte haben Betriebsräte bei der Überwachung der Gefahren, die von Kühlschmierstoffen ausgehen?

7 Wird in Ihrem Betrieb mit den R- und S-Sätzen gearbeitet? Werden diese Sätze als Hilfe eingeschätzt?

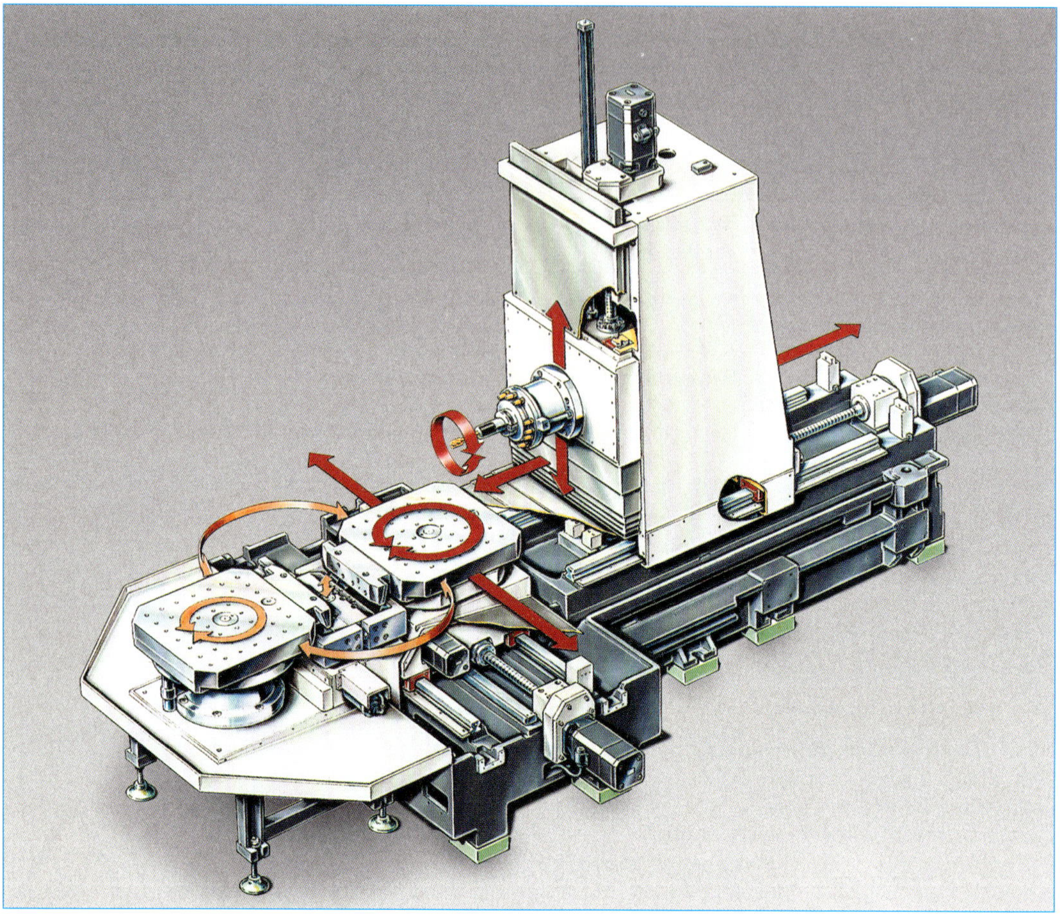

Hauptbaugruppen eines Bearbeitungszentrums

NC-gesteuerte, separat angetriebene Pinole eines Bearbeitungszentrums

4 Maschinen und Gerätetechnik

Werkzeugmaschinen setzen sich aus vielen Einzelteilen zusammen. Einige dieser Bau- und Funktionsteile werden unter dem Begriff Maschinenelemente zusammengefasst. Um eine Werkzeugmaschine bewusst bedienen zu können sowie um die Gründe eventuell auftretender Störungen schnell zu finden, ist es notwendig, ihre wesentlichen Bauteile, deren Aufgaben und Funktionsweise genau zu kennen.

4.1 Maschinenelemente

Maschinenelemente sind bestimmte Bauelemente von Maschinen, welche durch Zug, Druck, Verdrehung, Abscherung bzw. Biegung beansprucht werden und die sinnvoll miteinander verbunden sind.
Als **Funktionselemente** bezeichnet man Einzelteile oder Baugruppen einer Maschine, die eine genau bestimmte Funktion übernehmen.
Funktionsgruppen entstehen durch das Fügen von mindestens zwei Einzelteilen.
Dabei muss beachtet werden, dass beispielsweise für den Hersteller von Werkzeugmaschinen das Getriebe als Funktionselement gilt, während es für den Getriebehersteller eine Funktionsgruppe darstellt (Bilder 1 und 2).

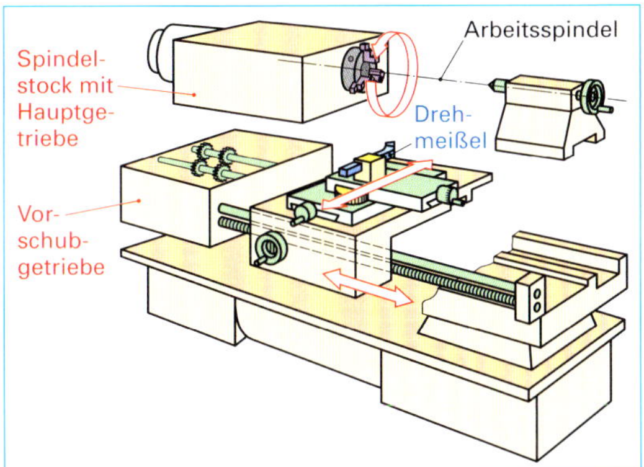

1 Leit- und Zugspindeldrehmaschine (Schema)

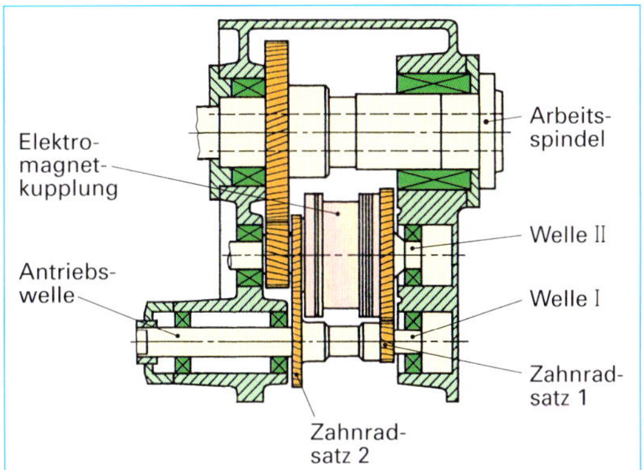

2 Kupplungsgetriebe

Maschinenelemente	
können beim Umsetzungsprozess von **Energien, Stoffen** oder **Informationen** diese:	werden deshalb unterschieden in:
• umformen,	• Umformelemente (Bremse, Zahnradpaar),
• übertragen,	• Übertragungselemente (Wellen, Rohre),
• verbinden,	• Verbindungselemente (Schrauben, Stifte),
• speichern,	• Speicherelemente (Federn, Druckbehälter),
• steuern,	• Schaltelemente (Schrittschaltwerke),
• stützen,	• Stützelemente (Lager, Führungen),
• stoppen.	• Isolierungen, Dichtungen (Silicone).

4.1.1 Verbindungselemente

Fast alle technischen Geräte bestehen aus mehreren Bauteilen, die nach unterschiedlichen Anforderungen aus miteinander verbundenen Einzelteilen bestehen und gleichfalls verbunden sind.

Verbindungselemente

- **lösbar**
  - **kraftschlüssig** (z.B. Stiftverb.)
  - **formschlüssig** (z.B. Schraubverb.)
- **unlösbar**
  - **formschlüssig** (z.B. Nietverb.)
  - **kraftschlüssig** (z.B. Pressverb.)
  - **stoffschlüssig** (z.B. Lötverb.)

Lösbare Verbindungen ermöglichen die unkomplizierte Montage und Demontage von Maschinenelementen ohne großen Aufwand an Fertigungsmitteln. Die Möglichkeit zur Demontage ist wichtig für das Ausführen von Reparaturarbeiten.

Unlösbare Verbindungen entstehen durch das Wirken von Kohäsions- und Adhäsionskräften zwischen den Molekülen. Ihre Herstellung ist häufig mit höherem Aufwand an Fertigungsmitteln und speziell qualifizierten Arbeitskräften verbunden. Sie sind nur unter hohem Aufwand und bei Zerstörung des Verbindungsmaterials wieder zu trennen.

4.1.1.1 Schraubenverbindungen

Schrauben sind ein sehr oft verwendetes und vielfältig einsetzbares Maschinenelement. Sie werden häufig in Verbindung mit Muttern montiert (Bild 1).

Schrauben dienen meist dem **lösbaren Verbinden** von Maschinenelementen, was je nach Zweck der Schraube sowohl **form- als auch kraftschlüssig** geschehen kann.

Weitere Anwendungsmöglichkeiten sind der Einsatz als Verschlussschraube (z.B. einer Ölwanne), als distanzbestimmendes Element (Werkzeughalter) oder auch als Messinstrument (Bügelmessschraube).

Für die unterschiedlichen Aufgaben und Anforderungen existieren zahlreiche Schraubenarten, die in der Regel genormt sind. Die Einteilung von Schrauben erfolgt nach der **Kopfform** (Bild 2) sowie nach der **Schaftform** (Bild 3).

Schrauben sind meist mit Regel- oder Feingewinde versehen und bestehen aus unterschiedlichen Werkstoffen. In den weit aus meisten Fällen handelt es sich aber um Stahl.

Andere Werkstoffe ergeben sich aus den Anforderungen. Außerdem werden im Werkzeugmaschinen- und Fahrzeugbau in Einzelfällen ungenormte Spezialschrauben eingesetzt.

Bezeichnungsbeispiel:
Sechskantschraube DIN EN 24014 – M 10 x 50 – 5.6
Gewindebezeichnung M 10,
Gewindelänge 50 mm, Festigkeitsklasse 5.6
(Bild 4).

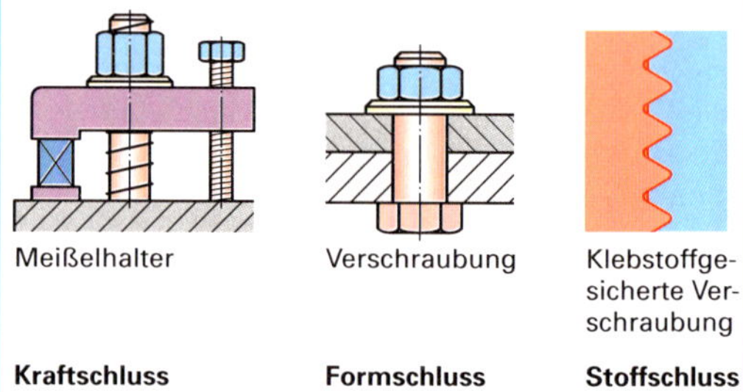

1 Möglichkeiten der Schraubenverbindung

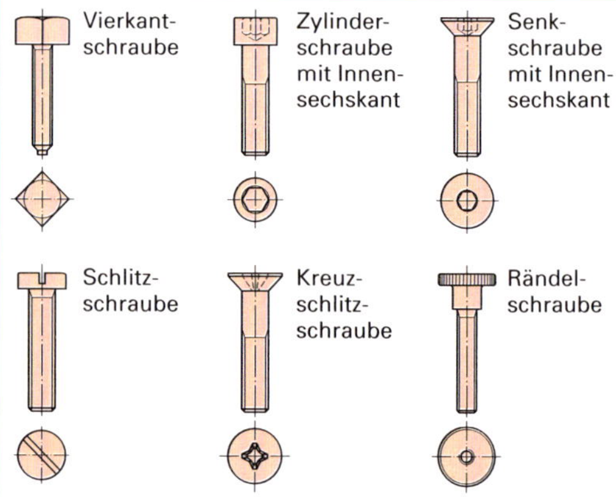

2 Einteilung der Schrauben nach der Kopfform

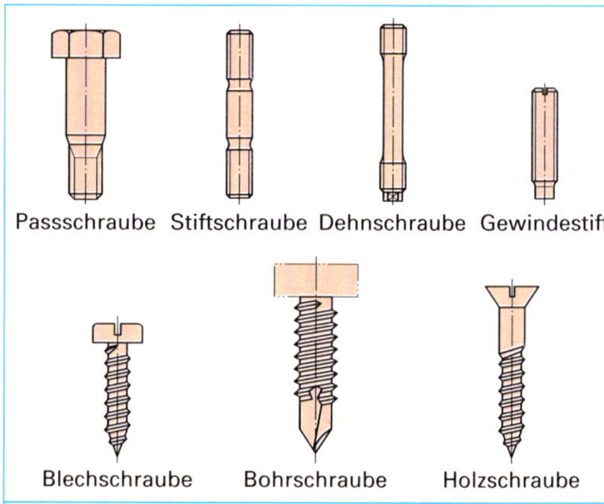

3 Einteilung der Schrauben nach der Schaftform

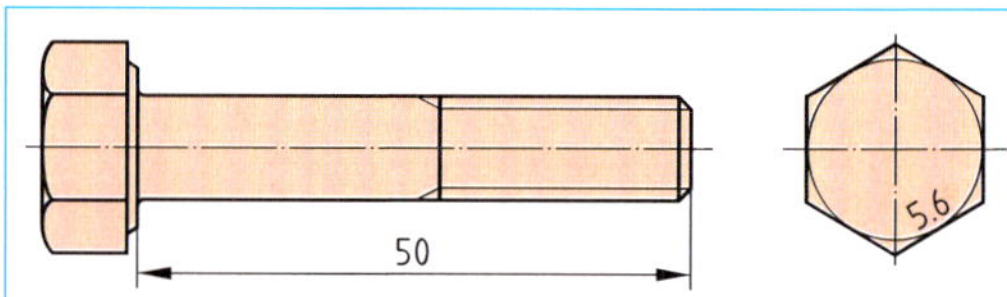

4 Sechskantschraube mit Bezeichnung

Mindeststreckgrenze (R_e) und Mindestzugfestigkeit (R_m) lassen sich aus der auf jedem Schraubenkopf eingeprägten Festigkeitsklasse (zwei durch einen Punkt getrennte Zahlen) über entsprechende Tabellen oder rechnerisch ermitteln. (Bei Schrauben aus NE-Metallen wird stattdessen das Material angegeben). Diese Werte sind notwendig um die zulässige Spannung zu errechnen und damit eine Überlastung der Schraubenverbindung zu vermeiden.

Berechnungsbeispiel:

Festigkeitsklasse 5.6

Lösung:

R_m = erste Zahl x 100

R_m = 5 x 100 = 500 N/mm²

R_e = erste Zahl x zweite Zahl x 10

R_e = 5 x 6 x 10 = 300 N/mm²

Beispiel:

Mindesteinschraubtiefe einer Schraube M 8, Festigkeitsklasse 8.8, in Stahl S 235 JR

Mindesteinschraubtiefe =
8 mm x 1,0 = **8,0 mm**

Besonders wichtig ist der Wert der Mindeststreckgrenze R_e, da sich das Material bei größerer Zugbeanspruchung dauerhaft verformt. Durch die Verringerung der Presskraft zwischen den verbundenen Bauteilen kann es dann zum Lösen der Schraubverbindung kommen.

Beim Überschreiten der Mindestzugfestigkeit R_m ist kein Halt der Schraubverbindung mehr gewährleistet.

Zu berücksichtigen ist, dass die eingeschraubten Gewindegänge unterschiedliche Belastungen aufnehmen. So trägt der 1. Gewindegang 40% der auf die Schraube wirkenden Belastung, der 2. Gewindegang 30% und der 3. noch 8% usw. (dies sind ungefähre Richtwerte). Daraus ergeben sich Überlegungen über die Länge und Einschraubtiefe der eingesetzten Schrauben.

Die Mindesteinschraubtiefen wurden durch Versuche ermittelt. Sie sind abhängig von der Festigkeitsklasse der Schraube und dem Werkstoff des Gegengewindes. Diese Werte sind aus Tabellen ablesbar (siehe Tabellenbuch).

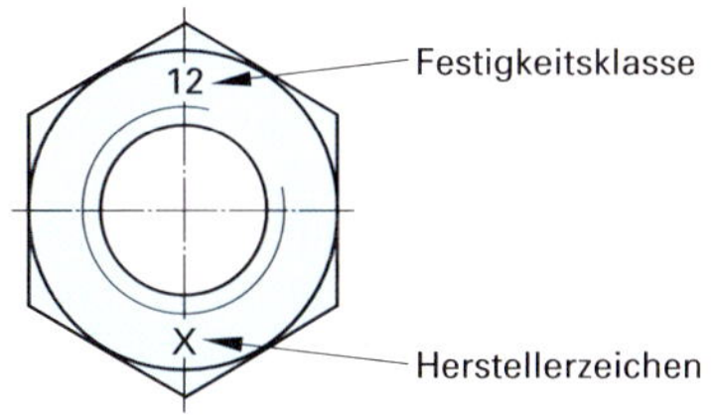

1 Sechskantmutter mit Bezeichnung

Auch **Muttern** sind in der Regel genormt. Man unterscheidet Muttern nach ihrer Form (Bilder 1 und 2).

Sie können aus den unterschiedlichsten Materialien bestehen, werden jedoch meist aus dem gleichen Werkstoff wie dem der Schraube gewählt.

Da Muttern gleiche Belastungen aufnehmen müssen wie die dazugehörigen Schrauben, sind diese ebenfalls mit dem Wert der Festigkeitsklasse gekennzeichnet (ab Festigkeitsklasse 8). Weil sich Muttern jedoch oft besser ersetzen lassen als Schrauben, werden manchmal welche mit geringerer Festigkeit gewählt.

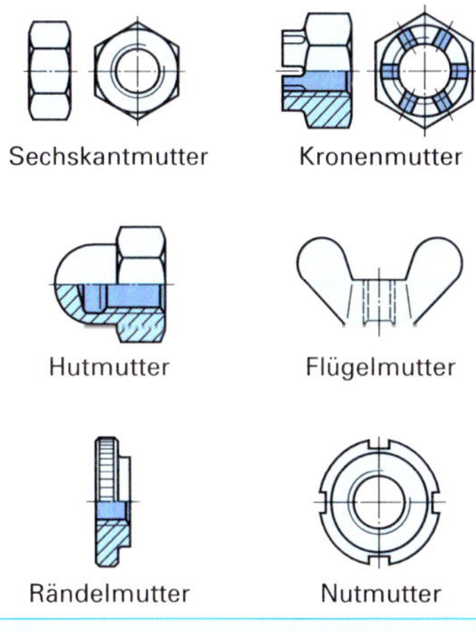

2 Häufig verwendete Muttern

Am häufigsten werden Sechskantmuttern verwendet. Diese Form hat sich durchgesetzt, weil es bei dieser Teilung mehr Möglichkeiten gibt, den Schraubenschlüssel anzustecken als bei Vierkantmuttern.

Um eine Beschädigung der Werkstückoberfläche zu verhindern sowie eine sichere Auflage zu gewährleisten, werden **Unterlegscheiben** zwischen Mutter bzw. Schraubenkopf und Werkstückoberfläche gelegt.

Zum Ausgleich schräger Werkstückoberflächen (U- oder I-Profil) setzt man **Keilscheiben** ein (Bild 3).

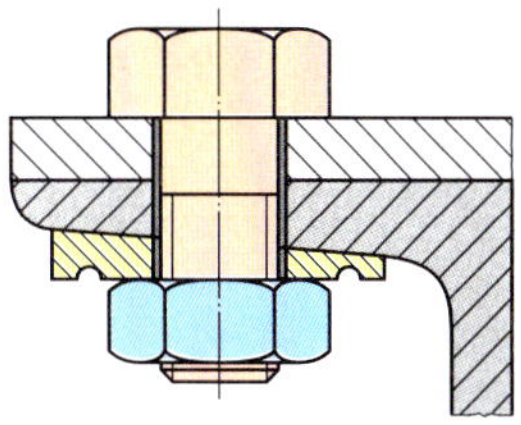

3 Keilscheibe

Bei zu festem Anziehen einer Schraubverbindung kann es zur Zerstörung des Gewindes kommen. Um das zu vermeiden, gibt es die Möglichkeit des **drehmomentgesteuerten Anziehens** mit einem speziellen Werkzeug.

Das unkontrollierte Lösen von Schraubverbindungen kann sehr wirkungsvoll durch drei grundsätzlich verschiedene Möglichkeiten der **Schraubensicherung** verhindert werden.

Die durch Kriechen des Werkstoffs oder durch zu hohe Flächenpressung unter dem Schraubenkopf nachlassende Vorspannkraft kann durch kraftschlüssig wirkende **Setzsicherungen** ausgeglichen werden. Dazu werden Tellerfedern und Spannscheiben verwendet. Federringe, Fächerscheiben und Zahnscheiben können nur geringe Vorspannkräfte aufnehmen und werden deshalb nur bis Schraubenfestigkeitsklasse 8.8 eingesetzt (Bild 1).

Bei in Achsrichtung dynamisch belasteten Schraubverbindungen (Größe bzw. Richtung der Spannung ändert sich ständig) sind **Losdrehsicherungen** nötig. Diese wirken oft stoffschlüssig und sind die beste Möglichkeit der Sicherung. Dazu zählen mit Klebstoff beschichtete Schraubengewinde, sowie Sperrzahnschrauben- bzw. -muttern. Bei Letztgenanntem ist zu beachten, dass das Werkstückmaterial weicher sein muss als das der Sperrzahnschraube bzw. -mutter. Auch das Festkleben eines Schraubenkopfes bzw. einer Mutter stellt eine Variante der Losdrehsicherung dar (Bild 2).

An Schraubverbindungen, bei denen die Vorspannkraft keine oder nur eine untergeordnete Rolle spielt, werden vorwiegend **Verliersicherungen** eingesetzt. Dabei werden Splinte, Sicherungsbleche, Drahtsicherungen oder kunststoffbeschichtete Schrauben oder Drähte verwendet. Es handelt sich hierbei um formschlüssige Schraubensicherungen (Bild 3).

Eine weitere Möglichkeit der sicheren Schraubenverbindung stellt der Einsatz von **selbsthemmenden Schrauben** dar. Es handelt sich dabei um Schrauben mit Feingewinde, welche aufgrund ihrer geringen Steigung und der kegeligen Anlage eine große Selbsthemmung besitzen. Der Reibungswinkel ist bei diesem Gewinde größer als der Steigungswinkel (Bild 4). Der Einsatz von zusätzlichen Sicherungselementen wird damit überflüssig.

Wegen schneller unkomplizierter Montage und ihrer hohen Wirksamkeit werden häufig auch Gegenmuttern (Kontermuttern) als Schraubensicherung eingesetzt (Bild 5).

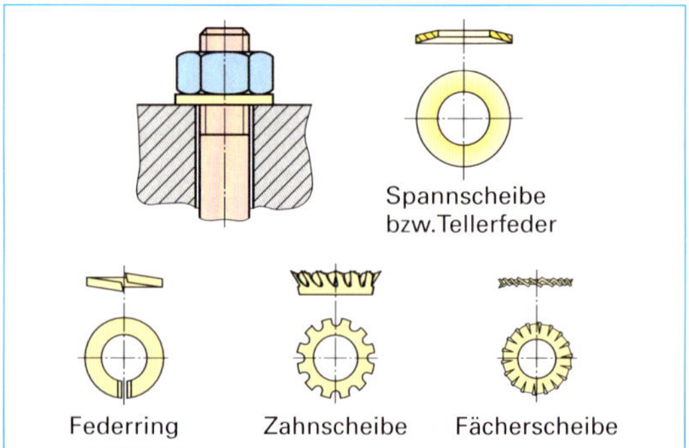

1 Setzsicherungen

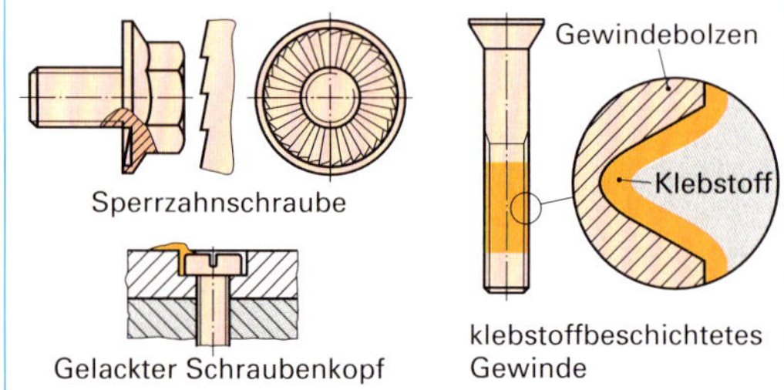

2 Losdrehsicherungen

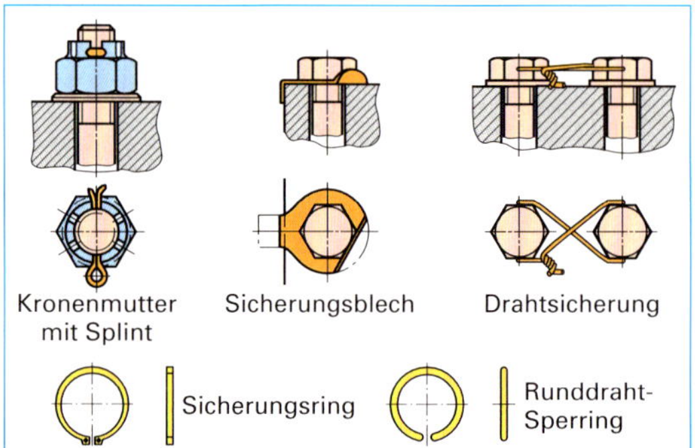

3 Verliersicherungen

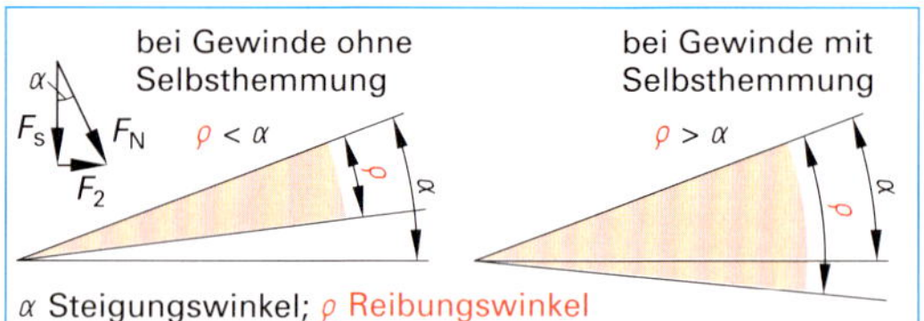

4 Selbsthemmung

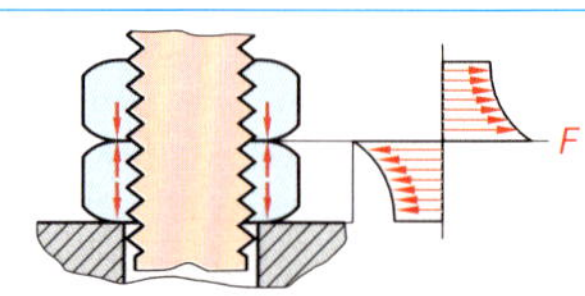

5 Gegenmutter

4.1.1.2 Stift- und Bolzenverbindungen

Stift- und Bolzenverbindungen finden im Maschinenbau wegen ihrer schnellen, unkomplizierten Montage als **lösbare Verbindungen** mit Kraft- oder Formschluss ein großes Einsatzgebiet. Bolzen unterscheiden sich von Stiften durch ihre Kopfform, den Durchmesser sowie durch eine mögliche Splintbohrung. Er werden 28 verschiedene Stifte sowie 7 Bolzenarten unterschieden.

Funktionsarten von Stiften

- **Passstifte** setzt man zur Lagesicherung zweier Bauteile gegen seitliches Verrutschen ein.
- **Befestigungsstifte** verbinden Bauteile kraft- oder formschlüssig.
- **Abscherstifte** schützen wertvollere Bauteile, wie bspw. Getriebe, indem sie bei zu hoher Belastung zerstört werden (abscheren) und damit den Kraftfluss unterbrechen.
- **Haltestifte** (z.B. Einhängen einer Feder), **Sicherungsstifte** (z.B. Sichern einer Sechskantschraube) und **Mitnehmerstifte** (z.B. bei im Stillstand schaltbaren Getrieben) werden seltener genutzt.

Stiftformen (Bild 1)

- **Zylinderstifte** werden am häufigsten eingesetzt. Es gibt sie in gehärteter und ungehärteter Ausführung, mit oder ohne Fase sowie mit Linsenkuppe oder Kegelkuppe. Zylinderstifte erfüllen besonders hohe Anforderungen an Zentrierung und Lagesicherung verschiedener Bauteile zueinander. Die Aufnahmebohrungen der zu verbindenden Bauteile sollten möglichst zusammen gebohrt werden, um genaueste Funktionstüchtigkeit zu gewährleisten.
- **Kegelstifte** sind im Kegelverhältnis 1 : 50 verjüngt. Die Aufnahmebohrung muss so gewählt werden, dass sich bei Einsetzen des Stiftes mit Hand die Stiftkuppe noch 4 mm über der Lochkante befindet. Anschließend ist der Stift bündig einzuschlagen. Es entsteht eine form- und kraftschlüssige Verbindung, welche jedoch nicht rüttelsicher ist.

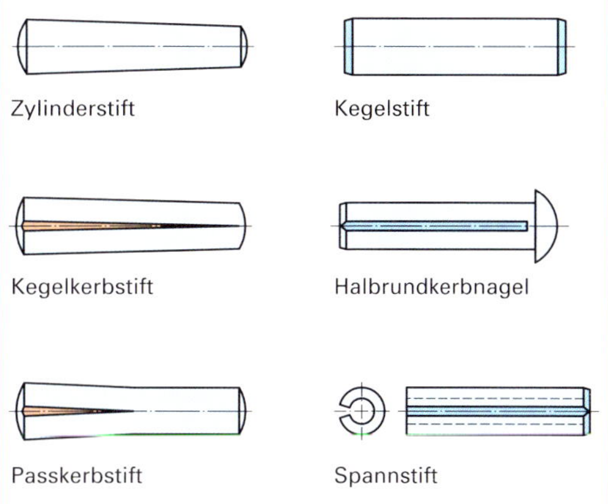

1 Die gebräuchlichsten Stiftarten

Beim **Einschlagen von Stiften** sollte beachtet werden, dass der Stift sich genau senkrecht zur Bohrung befindet und eingefettet ist. Die Größe des Hammers sollte der des Stiftes angepasst sein, da zu große Eintreibkräfte im Bauteil schädliche Spannungen ergeben.

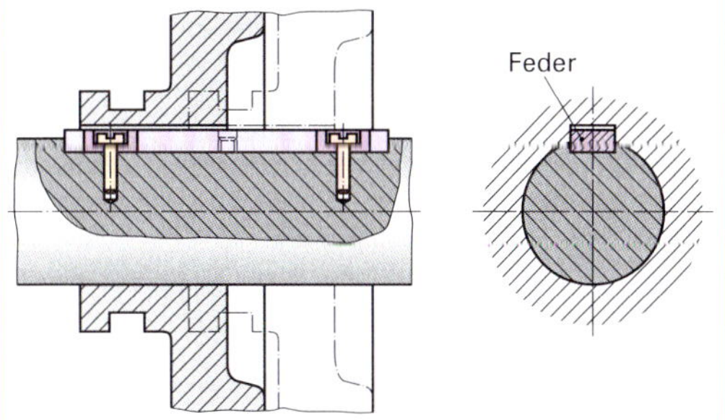

2 Welle- Nabe- Verbindung

4.1.1.3 Mitnehmerverbindungen

Müssen schnell rotierende, genau rundlaufende Teile große Drehmomente übertragen (Zahnräder, Fräser auf Frässpindel), sind Stiftverbindungen nicht geeignet. Stattdessen werden **Federn** eingesetzt. Diese verspannen die rotierenden Teile so, dass sie genau rund drehen und hohe Kräfte aufnehmen können.

Besonders in Werkzeugmaschinen sind viele Federn als Verbindungselement in Form einer **Welle-Nabe-Verbindung** zu finden (Bild 2). Da die Feder sowohl in der Nut der Welle als auch in der Nut der Nabe eine Passung bildet, spricht man von **Passfedern** (Bild 3). Am meisten werden Passfedern der **Formen A, B** und **Form C** verwendet.

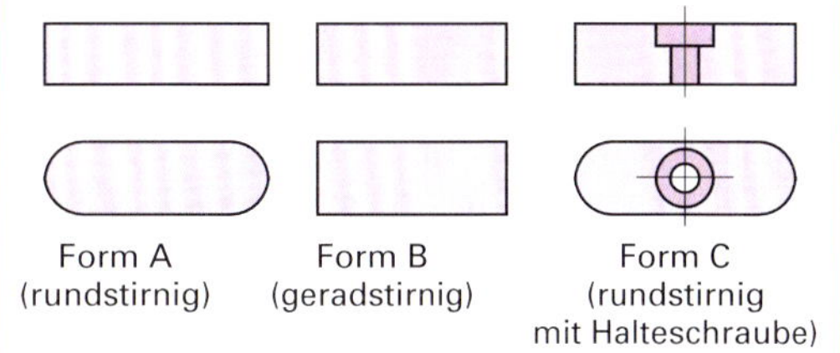

3 Formen von Passfedern

Müssen Welle und Nabe gegeneinander axial verschiebbar bleiben, wird dies durch eine entsprechende Toleranz (Gleitsitz) erreicht. Hier spricht man von **Gleitfedern**.

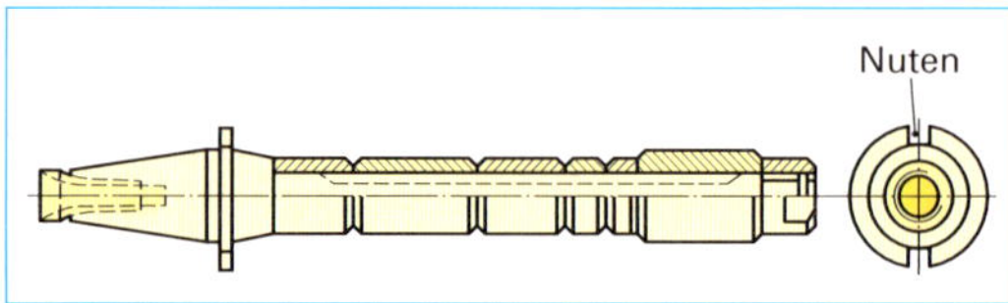

1 Fräsdorn einer Waagerecht-(Konsol-)Fräsmaschine

Für hochbeanspruchte rotierende Verbindungen mit wechselnder Drehrichtung (Schaltgetriebe) werden Feder und Welle aus einem Stück gefräst. Man erhält dadurch eine **Keilwelle**. Auch diese Verbindung kann durch eine entsprechende Toleranz axial verschiebbar gefertigt werden. Obwohl eigentlich von „Federwelle" gesprochen werden müsste, hat sich der Begriff der Keilwelle durchgesetzt (Bild 2).

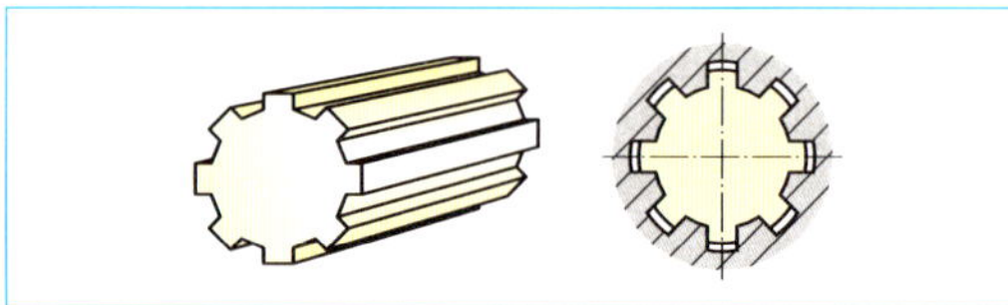

2 Keilwelle

Zum schnell **lösbaren Verbinden** zweier Bauteile werden **Keile** genutzt. Auch sie werden in Form A (rundstirnig) und Form B (geradstirnig) unterschieden. Durch Verspannen bilden Keile eine kraftschlüssige Verbindung.

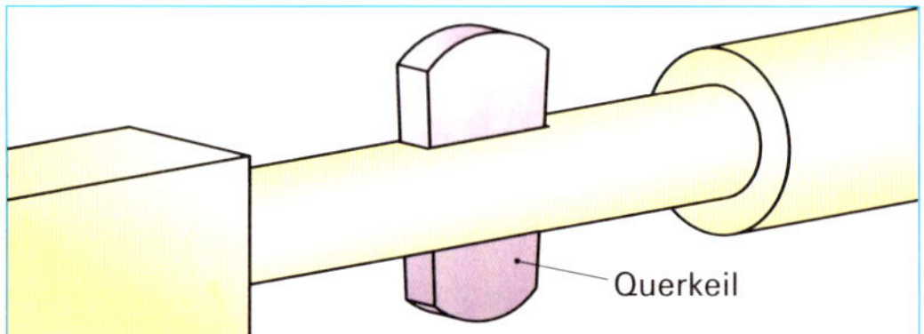

3 Querkeilverbindung

Bei **Längskeilverbindungen** besteht gegenüber Federn der Nachteil, dass die Massenmittelpunkte aus der Drehachse geschoben werden (Bild 4). Wegen ungenügendem Rundlauf ist diese Art der Welle-Nabe-Verbindung nicht für schnell rotierende Teile geeignet (Bild 4).

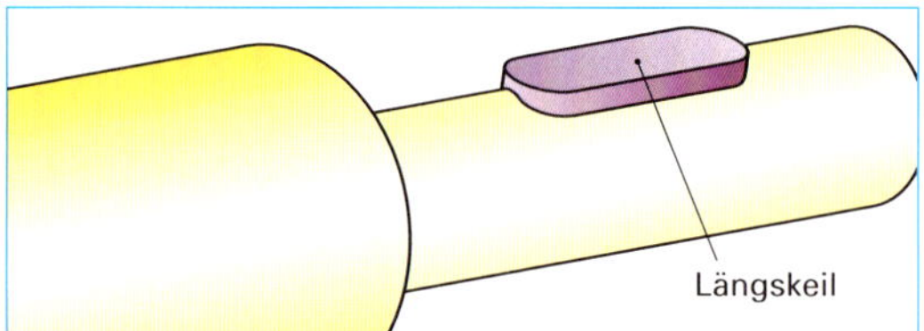

4 Längskeilverbindung

Aufgaben:

1 **Welche Aufgaben können Maschinenelemente erfüllen? Nennen Sie Beispiele aus Ihrer praktischen Ausbildung!**

2 **Worum handelt es sich bei einer Schraube mit folgender Bezeichnung:
Sechskantschraube DIN EN 24014-M10 x 50 – 8.8?
Welche Einschraubtiefe muss sie in Aluminium haben? (Schauen Sie unter Umständen in ein Tabellenbuch).**

3 **Welche Schraubensicherungen kennen Sie?**

4 **Wozu werden welche Stifte oder Bolzen verwandt? Nennen Sie Beispiele!**

5 **Wann benutzen Sie Federn?**

6 **Wann verwenden Sie Keile? Welchen Nachteil haben sie gegenüber Federn?**

7 **Warum kann ein Maschinenschraubstock sowohl Funktionselement als auch Funktionsgruppe sein?**

4.1.2 Führungen und Lager

Bewegliche Maschinenelemente müssen genau geführt werden und auch bei der Aufnahme radialer oder axialer Kräfte ihre Lage beibehalten. Dazu benötigt man **Führungen** und **Lager**.

Bei Werkzeugmaschinen gewährleisten sie z.B. die Bewegung der Arbeitstische und Supporte bzw. dienen der Lagerung der Hauptspindeln. Sie müssen folgende Eigenschaften besitzen:

- geringe Reibung, um Stick-Slip-Effekt (der genaues Positionieren verhindert, vgl. S. 319) und schnellen Verschleiß zu vermeiden,
- hohe Steifigkeit und möglichst Spielfreiheit um die Genauigkeit der Maschine nicht zu beeinträchtigen,
- gute Dämpfung um Rattern und Schwingungen zu schwächen,
- einfache Wartungsmöglichkeit.

4.1.2.1 Lager

Lager haben die Aufgabe, radial oder axial belastete Wellen oder Achsen (vgl. S. 316 f.) zu führen und zu stützen. Man unterteilt Lager in Gleitlager und Wälzlager. Beide gibt es, je nachdem aus welcher Richtung sie Belastungen aufnehmen müssen, als **Radiallager** oder **Axiallager**.

Gleitlager werden heute dort eingesetzt, wo stoßweise Belastungen auftreten und hohe Umlaufgeschwindigkeiten gegeben sind. Dabei gleitet der am Wellenende befindliche Zapfen in einer Lagerbuchse, welche aus verschiedensten Materialien bestehen kann. Die Lagerbuchse ist stets aus weicherem Material gefertigt als der Zapfen und verfügt über gute Gleiteigenschaften. Oft sind Gleitlager mit Schmiernuten versehen, da der Schmiermitteleinsatz erhebliche Vorteile erbringt (Bild 1).

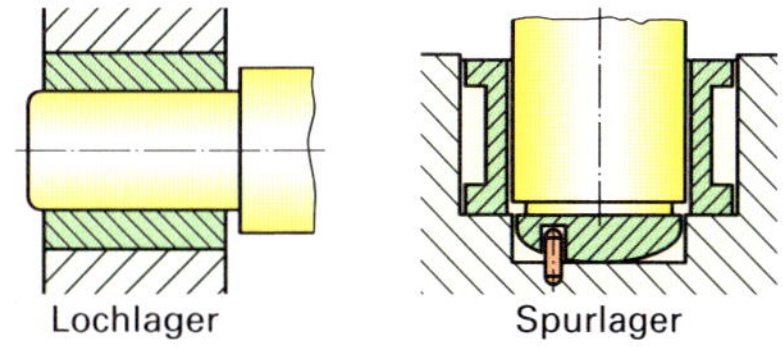

1 Gleitlager

Wälzlager bestehen aus Außenring, Innenring, Wälzkörper und Käfig. Man unterscheidet sie meist nach der Form der eingesetzten Wälzkörper (Bild 2). Eingesetzt werden dafür Kugeln, Zylinderrollen, Kegelrollen, tonnenförmige Rollen und Nadeln (Bild 3). Je nachdem in welcher Richtung axiale Kräfte aufgenommen werden sollen, unterscheidet man drei Lagerarten:

- **Festlager** (nimmt beidseitig Axial- und Radialkräfte auf) (Bild 4a).
- **Loslager** (nimmt keine Axialkräfte auf) (Bild 4b).
- **Stützlager** (nimmt Axialkräfte in einer Richtung auf) (Bild 4c).

Axialkraft: Belastung in Richtung der Achse
Radialkraft: Belastung 90° zur Achse

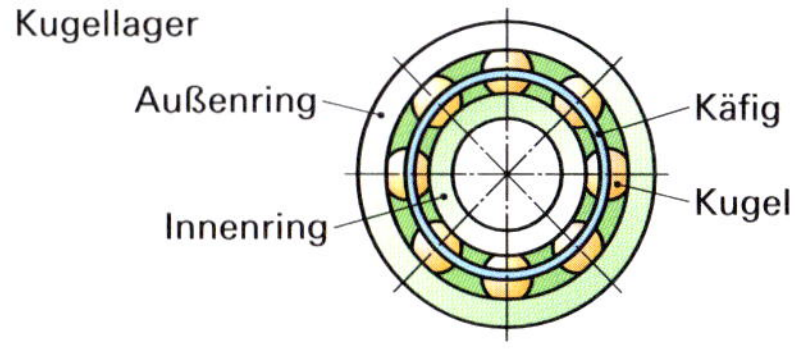

2 Wälzlager

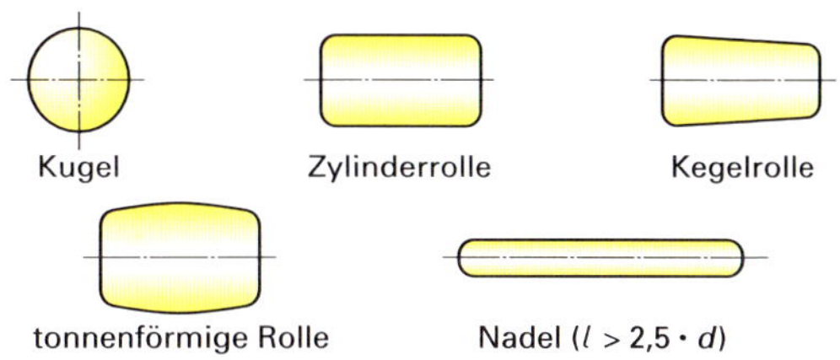

3 Wälzkörper

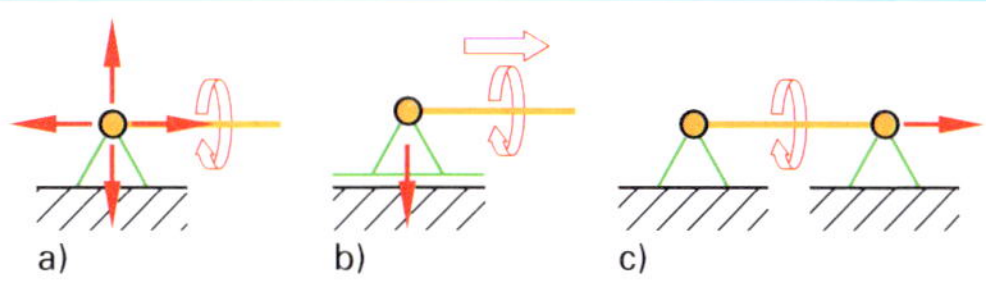

4 a) Festlager b) Loslager c) Stützlager

Die Lager einer Drehspindel müssen folgende Anforderungen erfüllen:

- hohe Werkstücklasten tragen,
- Stabilität gegen geringe Axialbelastung (beim Drehen zwischen Spitzen),
- ruhiger, schwingungsarmer Rundlauf.

Deshalb werden zur Lagerung von Drehspindeln Axialkugellager und Radialrollenlager verwendet (Bild 5).

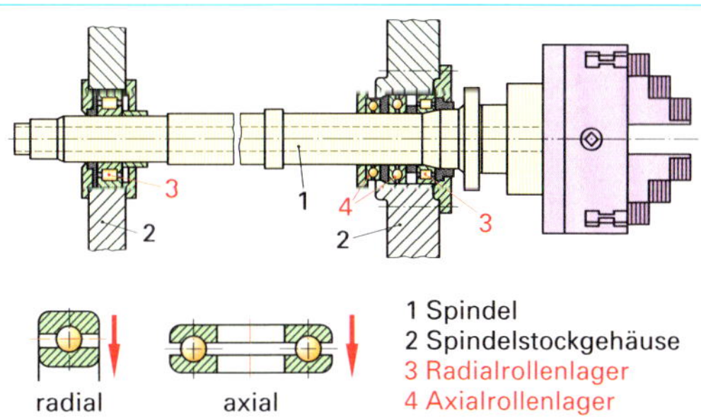

5 Kraftaufnahme einer Drehmaschinenspindel

Wälzlager haben **gegenüber Gleitlagern** im Wesentlichen folgende Vor- und Nachteile:

Vorteile	Nachteile
• kleine Baulänge • geringe Masse • einfache Schmierung • geringer Schmiermittelverbrauch • geringe Reibungsverluste • hohe Tragfähigkeit bei niedrigen Drehzahlen • Austauschbarkeit	• relativ große Bauhöhe (Durchmesser) • empfindlich gegen Stöße und Erschütterungen • großes Lagerspiel • geräuschvoll • schmutzempfindlich

4.1.2.2 Führungen

Führungen sollen die Längsbewegung anderer Bauelemente ermöglichen, wie z.B. das Führen des Maschinentisches einer Fräsmaschine. Der Maschinentisch bewegt sich auf Gleitbahnen, welche Bestandteil des Maschinengestells sind oder aufgeklebte bzw. geschraubte Leisten sein können. Meist wird für die Führungsbahn das härtere Material verwendet, da sich das geführte Teil bei Verschleiß oft besser ersetzen lässt. Man unterscheidet je nach der vorgegebenen Reibungsart und Bauweise in Gleitführung und Wälzführung.

Gleitführungen können offen oder geschlossen aufgebaut sein. **Geschlossene Führungen** können auch Kräfte quer zur Bewegungsrichtung aufnehmen, weil die Führungsbahn den Gleitkörper in allen, senkrecht zur Schieberichtung liegenden Richtungen hält, was bei **offenen Führungen** nicht der Fall ist (Bild 1).

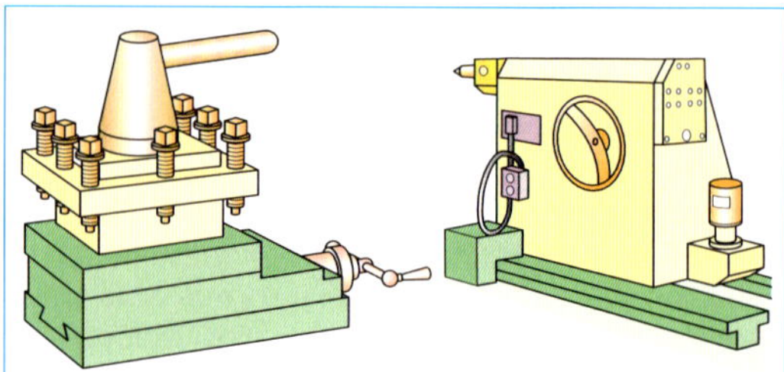

1 Geschlossene und offene Gleitführung

Wegen ihres geringen Spieles und der oftmals vorhandenen Nachstellmöglichkeit werden Gleitführungen bei Werkzeugmaschinen mit hohen Genauigkeitsanforderungen eingesetzt.

Soll eine Führung besonders leicht beweglich sein oder sind kleinste Zustellungen gefordert, werden **Wälzführungen** angewandt. Hier befinden sich zwischen Führungsbahn und geführtem Teil Wälzkörper wie Kugeln, Rollen oder Nadeln (Bild 2).

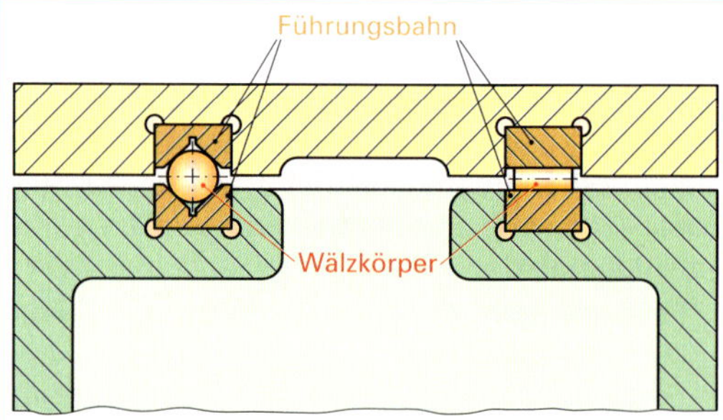

2 Wälzführung

Vorteile gegenüber der Gleitführung sind geringere Reibung, geringer Verschleiß, kein Ruckgleiten bei niedrigen Geschwindigkeiten. Sie lassen sich jedoch schwieriger herstellen, da große Anforderungen an Härte und Ebenheit gestellt werden.

4.1.2.3 Reibung

Schon beim Konstruieren von Maschinen muss an die **Reibung** zwischen bewegten Maschinenteilen gedacht werden. Hier treten die größten Energieverluste auf, die den Wirkungsgrad einer Maschine verringern. Außerdem ist erhöhte Reibung mit schnellem Verschleiß sowie unnötiger Erwärmung verbunden. Man unterscheidet je nach der Bewegung der Flächen gegeneinander die Reibungsarten Gleitreibung, Haftreibung, Rollreibung und Wälzreibung (Bild 3).

Gleitreibung tritt bei **Gleitführungen** und **Gleitlagern** auf. Zum Bestimmen der auftretenden Reibung zwischen gleichen oder verschiedenen Werkstoffen, wird die Gleitreibungszahl μ (auch Gleitreibungskoeffizient) ermittelt. Sie errechnet sich aus der Reibkraft F_R und der Normalkraft F_N.

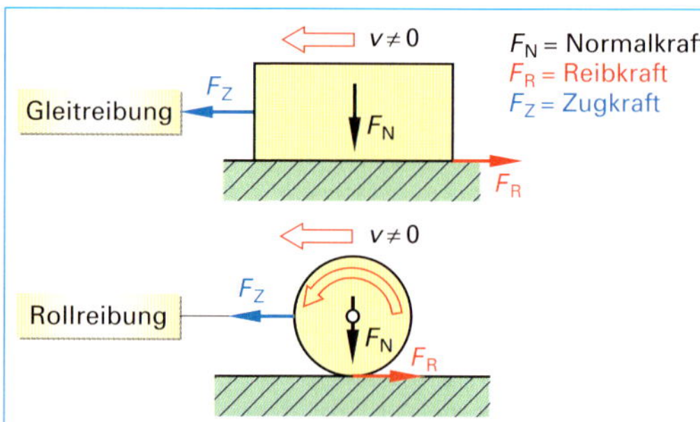

3 Reibungsarten bei Bewegung

Die Reibung wird durch Werkstoffpaarung, Art des Schmiermittels, Rautiefe, Gleitgeschwindigkeit, Alter und Viskosität des Schmiermittels, Flächenpressung sowie die Lagergestaltung beeinflusst.

Werkstoffpaarung	Gleitreibungszahl μ		
	trocken	gefettet	geölt
Grauguss-Grauguss	0,25 ... 0,15	0,1 ... 0,05	0,1 ... 0,02
Bronze-Grauguss	0,2	0,15	0,1
Stahl-Grauguss	0,2 ... 0,15	0,1 ... 0,15	0,05

Als **Schmiermittel** werden Gase, Festschmierstoffe, flüssige Schmierstoffe und Schmierfette genutzt.

Schmiermittel haben die Aufgabe, die Reibung, den Verschleiß sowie Wärmeentwicklung zu vermindern.

Außerdem sind sie in der Lage, Schwingungen und Geräusche zu dämpfen, die Teile vor Korrosion zu schützen sowie Verschleißteilchen und Wärme abzuführen.

Unter **Viskosität** versteht man das Fließverhalten (Zähigkeit) einer Flüssigkeit. Da sie sich mit der Temperatur ändert, sind Viskositätsangaben für ein Schmiermittel nur mit der zulässigen Temperaturangabe sinnvoll. Durch chemische Veränderungen und Verschmutzung ändern sich während des Einsatzes die Eigenschaften von Schmiermitteln negativ. Auf regelmäßigen Austausch sollte deshalb geachtet werden.

Wird kein Schmiermittel verwendet, spricht man von **Festkörperreibung** (Bild 1). Es kommt dabei zum Abschleifen der Oberflächenrauheit. Die abgetragenen Werkstoffteilchen können so große Flächenpressungen erzeugen, dass es zum Kaltverschweißen führen kann. Geschieht dieses Verschweißen großflächig, bezeichnet man dies als „**Fressen**". Dabei werden große Teile der Oberfläche aus dem Material gerissen und damit die Führungsbahn zerstört.

Die Abhängigkeit der **Gleitreibungszahl** μ von der Gleitgeschwindigkeit v bei hydrodynamischer Gleitführung wird im so genannten Stribeck-Diagramm deutlich (Bild 2).

Bei **hydrodynamischer Gleitführung** macht man sich den in der hydrodynamischen Schmiertheorie beschriebenen Effekt von Flüssigkeiten zunutze, dass die Schmierflüssigkeit mit zunehmender Geschwindigkeit einen Keil zwischen beiden Gleitflächen bildet. Dabei muss der Führung oder dem Lager drucklos Schmiermittel angeboten werden.

Mit Hilfe des **Stribeck-Diagrammes** lassen sich so die auftretenden Reibungszustände (Art der Reibung entsprechend den Betriebsbedingungen) erklären.

Im ruhenden Zustand liegt zwischen zwei Führungselementen **Haftreibung** vor. Die in diesem Bereich vorliegende Haftreibungszahl μ_0 ist etwa doppelt so groß wie die Gleitreibungszahl μ. Das heißt, dass zum Überwinden dieses Zustandes eine größere Kraft aufgebracht werden muss als im weiteren Verlauf der Bewegung.

Im Bereich der **Mischreibung** tritt die abnehmende Reibungszahl μ mit zunehmender Geschwindigkeit auf. Dabei schiebt sich die Schmierflüssigkeit nur langsam zwischen die Gleitflächen, wobei sich aber einzelne Stellen noch berühren (Bild 3). Bei zu spätem Schmiermittelwechsel kann es auch hier wegen der gelösten Teilchen zum „Fressen" kommen.

In diesem Bereich tritt auch das **Ruckgleiten**, der so genannte **Stick-Slip-Effekt**, auf. Er ist durch wechselndes Haften und Gleiten gekennzeichnet und sollte möglichst schnell überwunden werden, da der gesamte Bereich der Mischreibung ungünstige Eigenschaften besitzt. Im letzten Bereich spricht man von **Flüssigkeitsreibung**. Hier entwickelt der durch die hydrodynamische Schmiermitteltheorie beschriebene Schmiermittelkeil eine so große Kraft, dass die Gleitebenen vollständig voneinander getrennt werden (Bild 4). Deswegen kann kein mechanischer Verschleiß mehr erfolgen.

Seltener werden Gleitführungen und Gleitlager hydrostatisch, aerostatisch oder elektromagnetisch geführt. Bei hydrostatischer bzw. aerostatischer Gleitführung wird eine Flüssigkeit bzw. ein Gas über ein Drucksystem (Pumpe) zwischen die Gleitflächen gepresst.

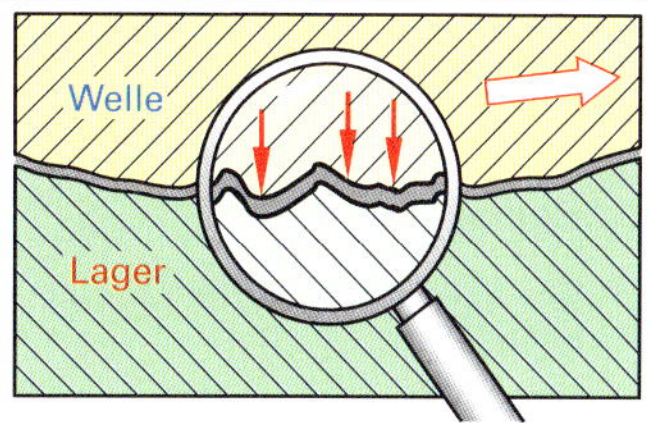

1 Festkörperreibung

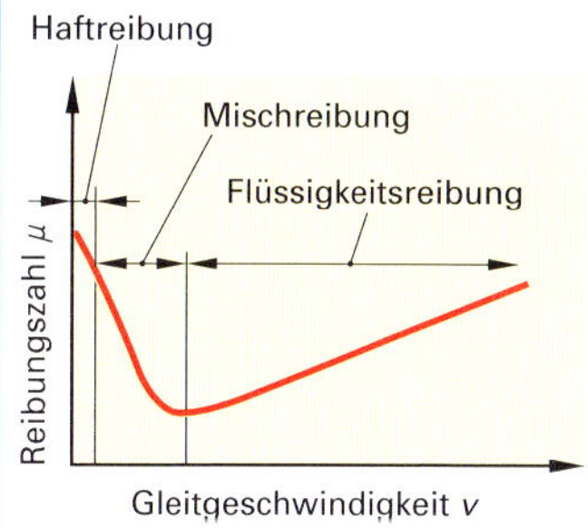

2 Stribeck-Diagramm

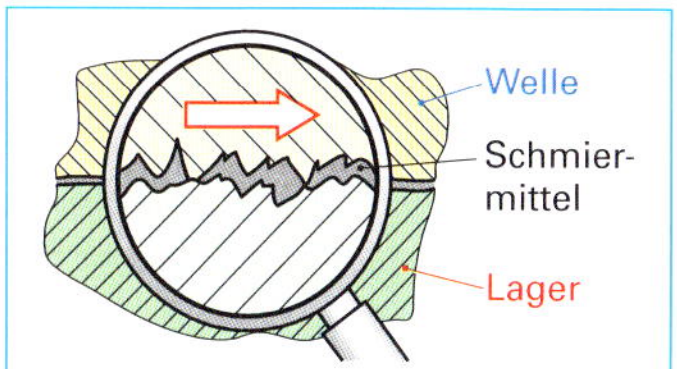

3 Stick-Slip-Effekt

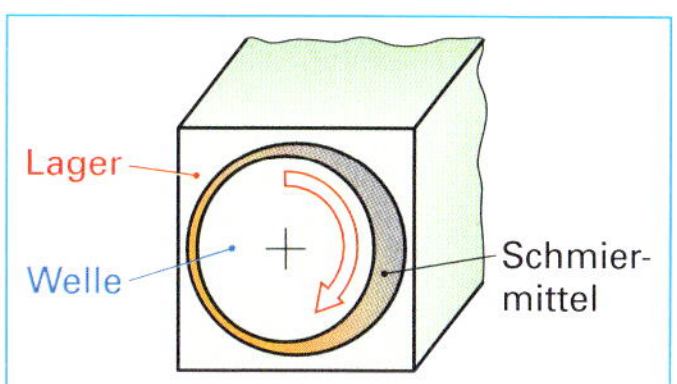

4 Schmiermittelkeil

Der Vorteil dieser Führungsart liegt darin, dass die ungünstigen Bereiche der Haft- und Mischreibung ausgeschaltet werden, da sich beide Gleitflächen auch im Stillstand nicht berühren. Da diese Hydraulik- oder Luftdrucksysteme einen höheren Wartungsaufwand und höhere Betriebskosten erfordern, werden sie nur dort eingesetzt, wo eine hydrodynamische Schmierung wegen geringer Arbeitsgeschwindigkeiten nicht möglich ist, oder hohe Präzisionsanforderungen von Beginn der Gleitbewegung an erfüllt werden müssen. Bei Werkzeugmaschinen sind durchschnittlich nur etwa 7% der Lager und Führungen hydrostatisch oder aerostatisch geschmiert.

Um den ungünstigen Bereich der Haft- und Mischreibung schneller zu verlassen, werden Lager und Führungen mit speziellen Formen und Segmenten ausgestattet (Bild 1). Sie ermöglichen einen schnelleren Aufbau des Schmiermittelkeils bzw. eine Erhöhung der Anzahl der Schmiermittelkeile und damit auch eine bessere Zentrierung der Welle.

Wälzreibung tritt bei Wälzlagern und Wälzführungen auf. Die Reibungszahl liegt deutlich unter der von Gleitlagerungen. Ein weiterer Vorteil ist die hohe Tragfähigkeit der Lager auch bei geringen Geschwindigkeiten sowie der geringe Schmiermittelverbrauch.

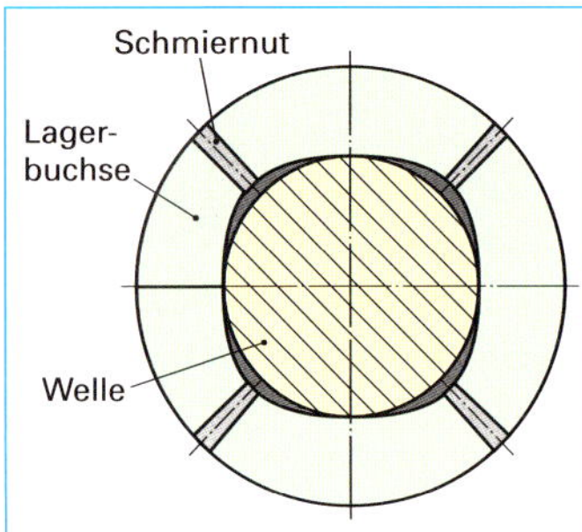

1 Mehrflächengleitlager

Aufgaben:

1. **Bei welchen Anforderungen werden Gleitlager eingesetzt?**
2. **Welche drei Lagerarten kennen Sie und wodurch unterscheiden sie sich?**
3. **Was verstehen Sie unter Stick-Slip-Effekt (Ruckgleiten)?**
4. **Welche Vorteile hat die Wälzführung gegenüber der Gleitführung?**
5. **Wodurch wird die Reibung beeinflusst?**
6. **Welche Aufgaben haben Schmiermittel?**

4.1.3 Achsen

Achsen sind Maschinenelemente zum Lagern und Tragen von ruhenden, umlaufenden oder pendelnden Maschinenteilen.

Sie stützen sich dazu auf anderen Bauelementen ab oder rotieren in Lagern. Achsen übertragen jedoch keine Drehmomente!

Man unterscheidet stehende und umlaufende Achsen. Stehende Achsen werden auf Durchbiegung, umlaufende Achsen auf Umlaufbiegung (Torsion) beansprucht. Kurze stehende Achsen werden als Bolzen bezeichnet.

Achsen können gerade oder gekröpft sein und in Form verschiedener Profile eingesetzt werden (Bild 2). Die belastete Stelle einer Achse bezeichnet man als **Achskopf**, während die Lagerstelle **Zapfen** genannt wird. Die Zapfen treten in verschiedenen Formen auf, die denen der Wellen identisch sind. Die Tabelle zeigt eine Übersicht über Zapfenarten.

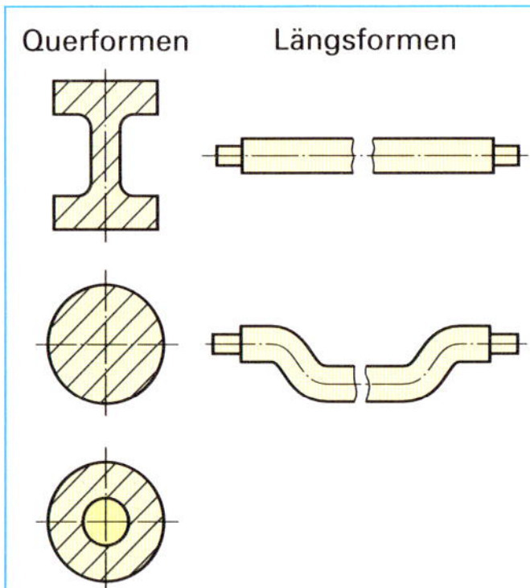

2 Achsformen

Zapfenarten

- Zapfen
  - Tragzapfen
    - Stirnzapfen
    - Halszapfen
    - Kegelzapfen
  - Spur- oder Stützzapfen
    - Ringzapfen
    - Kammzapfen
    - Kugelzapfen

An Nuten, Bohrungen oder Rillen treten starke Kerbwirkungen auf. Diese können durch entsprechende Gestaltung, wie Rundungen oder Eindrehungen, vermindert werden. Achsen sind an Drehmaschinen häufig zu finden (z.B. zur Lagerung von Zwischenrädern).

4.1.4 Übertragungselemente

Übertragungselemente übertragen Drehmomente und Drehbewegungen oder verändern Drehrichtung bzw. Drehzahl.

Außerdem können sie eingesetzt werden um Stöße und Schwingungen zu dämpfen, andere Maschinenelemente zu tragen und abzustützen, sowie um andere Systeme vor Überlastung zu schützen.

Übertragungselemente werden nach ihrer Aufgabe folgendermaßen klassifiziert:

Übertragungselemente
- die Drehmomente und Drehbewegungen übertragen sowie Drehzahl bzw. Drehrichtung ändern
  - Riemengetriebe
  - Zahnradgetriebe
  - Kettengetriebe
  - Reibkörpergetriebe
- die Drehbewegung und Drehmoment übertragen
  - Kupplungen
  - Wellen

4.1.4.1 Wellen

Starre **Wellen** stellen die einfachste Form von Übertragungselementen dar.

Wellen dienen dem Übertragen von Drehmomenten sowie dem Tragen von Maschinenelementen.

Demzufolge werden sie auf Verdrehung und Biegung beansprucht.

Die zu tragenden Maschinenelemente können auf der Welle fest oder verschiebbar angeordnet sein. Der Durchmesser einer Welle ist meist im Verhältnis zur Länge relativ klein und richtet sich nach den angreifenden Kräften. In Werkzeugmaschinen werden Wellen, die Bewegungen von Werkzeugen oder Werkstücken übertragen, als **Spindeln** bezeichnet.

Wellen treten mit unterschiedlichen Querschnitten und Längsformen auf (Bild 1).

Spezielle Arten außer der **starren Welle** sind die **Gelenkwelle** (z.B. Kupplung) und die **biegsame Welle** (z.B. Tachowelle), (Bild 2).

Besonders im Motorenbau werden **Kurbelwellen** benötigt. Sie wandeln geradlinige Bewegungen (des Kolbens) in Drehbewegungen (Abtrieb) um (Bild 3).

Die Lagerstellen der Welle werden als Zapfen bezeichnet. Sie sind in Funktion und Form mit denen bei Achsen identisch.

Die **Wellenzapfen** sind zur Verschleißminderung meist geglättet.

Als **Sicherungselemente** finden häufig Sprengringe, Sicherungsringe, Stellringe und Sicherungsscheiben Verwendung. Bei auftretender Änderung des Durchmessers (z.B. der Übergang zum Zapfen) müssen die Übergänge durch Rundungen oder Kegel gestaltet werden um der Dauerbruchgefahr durch Kerbwirkung entgegenzuwirken und die Gestaltfestigkeit zu erhöhen.

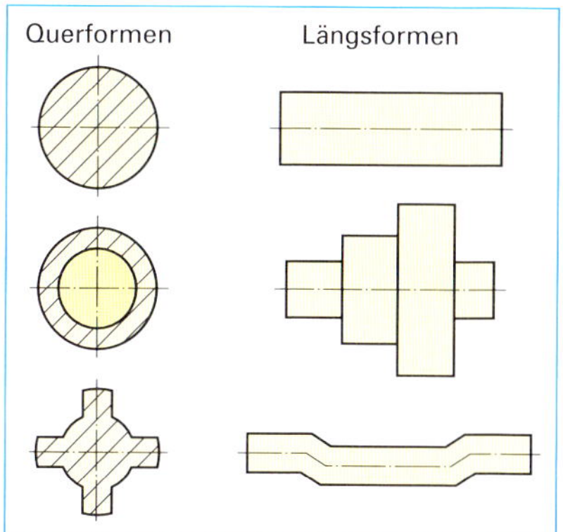

1 Wellenformen

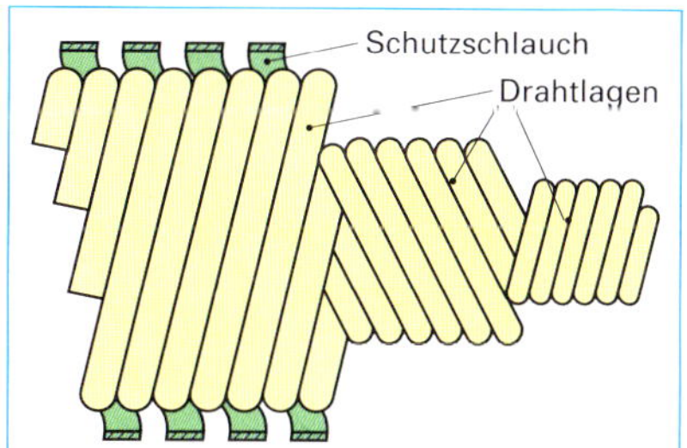

2 Biegsame Welle

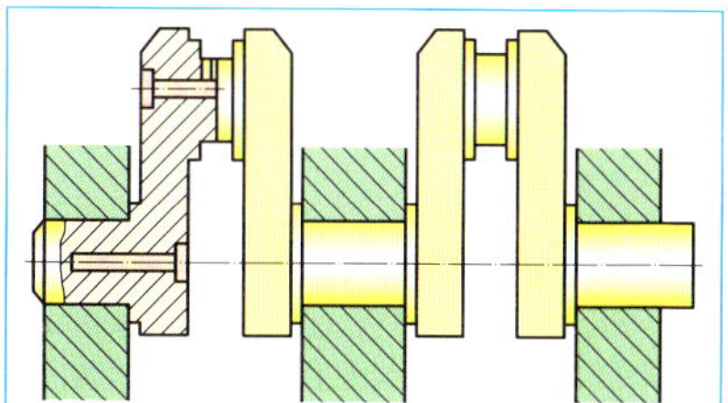

3 Kurbelwelle

4.1.4.2 Wellenkupplungen

Kupplungen (exakt: Wellenkupplungen) haben die Aufgabe, zwei Wellenenden zu verbinden und den Drehmomentenfluss eines Wellenstranges durch Form- oder Kraftanschluss gezielt zu unterbrechen bzw. herzustellen.

Da Wellenkupplungen zusätzlich auch andere Aufgaben erfüllen müssen, gibt es eine Vielzahl von unterschiedlichen Bauformen und Kupplungsprinzipien entsprechend ihrer jeweiligen Aufgabe. Grundsätzlich können sie jedoch wie in der Übersicht unterteilt werden.

Nichtschaltbare starre Kupplungen verbinden Wellen, die ständig fluchtend zueinander stehen und nicht schaltbar sind. Häufig verwendet werden Muffenkupplungen und Scheibenkupplungen (Bild 1).

Nichtschaltbare bewegliche Kupplungen werden eingesetzt, wo Wellen nicht ständig fluchtend zueinander verlaufen. Sie können unterschiedliche Quer-, Winkel- oder Längsbewegungen oder auch ruck- oder stoßartige Bewegungen ausgleichen.

Ein typischer Vertreter beweglicher Kupplungen ist die Gelenkkupplung, die dort eingesetzt wird, wo sich Wellen winklig zueinander bewegen müssen (Bild 2).

Schaltbare Kupplungen werden benötigt um den Kraftfluss zwischen zwei Wellen zu trennen und bei Bedarf wieder herzustellen. Das Drehmoment wird durch Formschluss (Zähne, Bolzen) oder durch Kraftschluss (mechanische Federn, Hydraulik) übertragen.

Formschlüssige Kupplungen können nur während des Gleichlaufs beider Wellen (synchron) oder im Stillstand geschaltet werden (z.B. Klauenkupplung, Bild 3).

Durch Ersetzen der Formelemente durch Gummiformteile oder mechanische Federn erreicht man den Ausgleich radialer oder axialer Wellenversetzungen sowie das Dämpfen von Stößen und Schwingungen. Man spricht hier von **elastischen Kupplungen**.

Kraftschlüssige Kupplungen können auch bei unterschiedlichen Drehfrequenzen geschaltet werden. Außerdem gewährleisten sie eine materialschonende, allmähliche Erhöhung der Drehzahl. Sie werden deshalb häufig bei der Drehzahländerung durch Getriebe genutzt um den Kraftfluss zwischen Motor und Getriebe beim Schalten zu unterbrechen. Wegen der leichten Schaltbarkeit bei hoher Kraftübertragung werden häufig Einscheibenkupplungen oder Lamellenkupplungen eingesetzt (Bild 4). Sie können mechanisch (Fußpedal, Hebel), hydraulisch oder elektrisch betätigt werden.

Kupplungsprinzipien

Wellenkupplungen
- nicht schaltbar
  - starr
  - beweglich
- schaltbar
- selbstschaltend

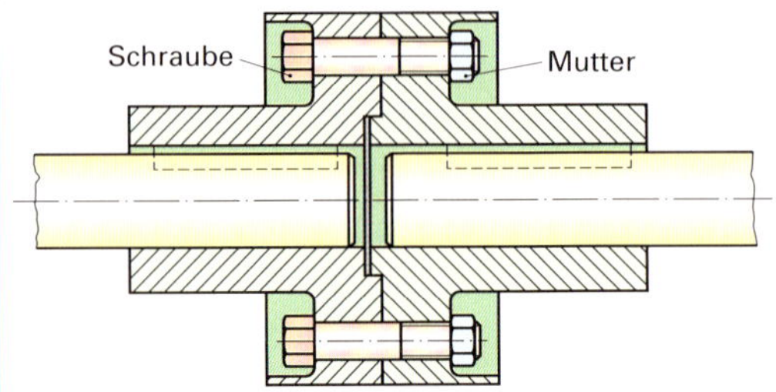

1 Scheibenkupplung

2 Gelenkkupplung (Gelenkwelle)

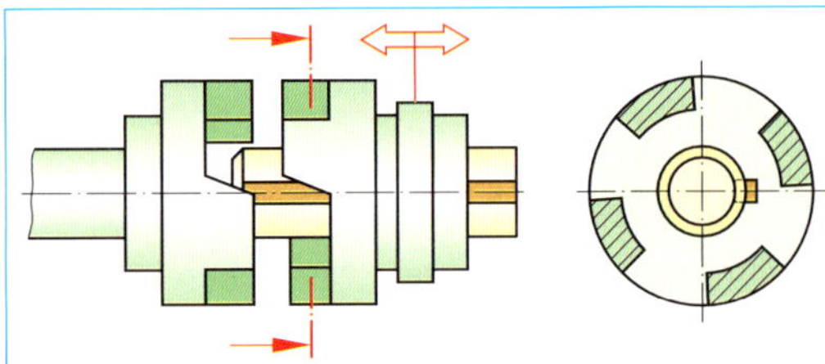
3 Klauenrückkupplung

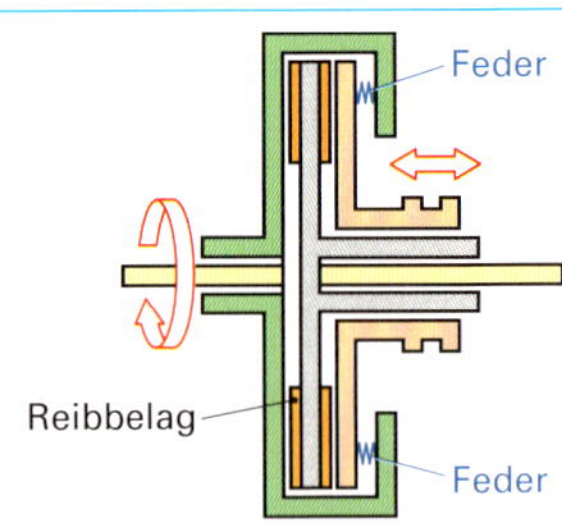

Zwei mit Reibbelag versehene Kupplungsscheiben werden zusammengedrückt. Zum Unterbrechen des Drehmomentes werden die Scheiben getrennt. Je größer die Reibfläche, um so größer ist die mögliche übertragene Kraft.

4 Einscheibenkupplung

Selbstschaltende Kupplungen lösen den Schaltvorgang selbsttätig bei bestimmten, vorgegebenen Drehfrequenzen, Drehrichtungen oder Drehmomenten aus. Die Fliehkraftkupplung (oder auch Anlaufkupplung) schaltet erst bei einer bestimmten Drehzahl und entsprechend großer Fliehkraft den Antrieb zu. Dadurch wird der Motor vor ungünstigen Belastungen während der Anlaufphase geschützt (Bild 2).

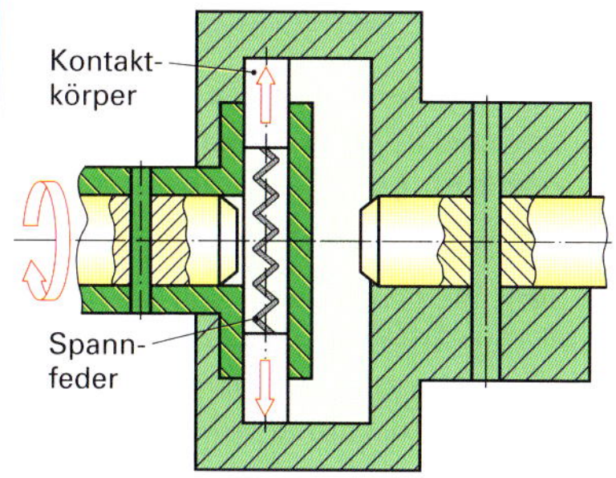

2 Fliehkraftkupplung

4.1.4.3 Getriebe

Viele Antriebsmotoren der Werkzeugmaschinen liefern eine rotierende Bewegung, die nicht immer genau in dieser Drehzahl (Umdrehungsfrequenz), diesem Drehmoment oder überhaupt nicht als rotierende Bewegung benötigt wird. Dieses Problem kann durch Getriebe gelöst werden.

Getriebe sind mechanische Einrichtungen, die neben der Übertragung von Bewegungen und Kräften die Aufgabe haben, Drehzahl, Drehmoment und Drehrichtung zu ändern oder Maschinenelemente auf bestimmten Bahnen zu führen (Übersicht).

An Werkzeugmaschinen dienen Getriebe vorwiegend dem Verringern der oft hohen Drehzahlen des Antriebsmotors sowie dem Herstellen bestimmter Bewegungen wie der Vorschubbewegung des Werkzeugsupportes.

Ungleichförmig übersetzende Getriebe wandeln meist die gleichförmige, rotierende Antriebsbewegung in eine ungleichförmige geradlinige um (Bild 1).

Schwingende Kurbelschleife	Schubkurbel	Kurvenscheibe
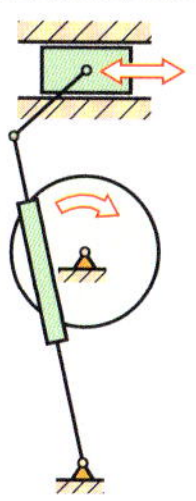	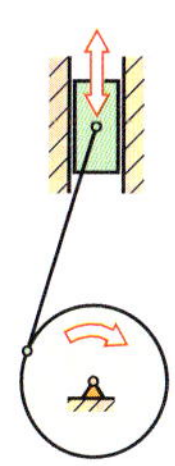	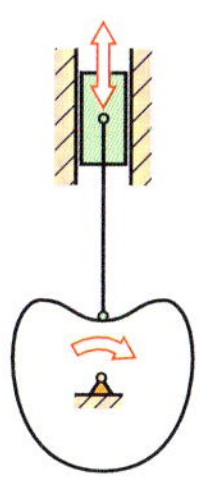
z.B. Waagerechtstoßmaschine	z.B. Presse	z.B. Zustellbewegung am Drehautomat

1 Weil mit ungleichmäßig übersetzenden Getrieben komplizierteste Bewegungsabläufe erzeugt werden müssen, existiert noch eine Vielzahl weiterer Mechanismen.

Getriebe

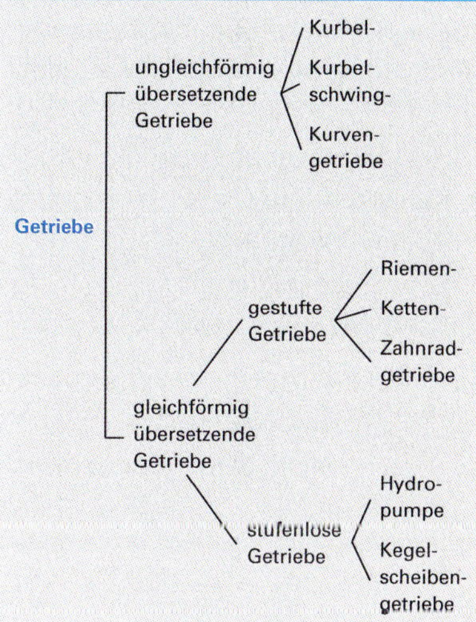

Eine weit größere Bedeutung haben **gleichförmig übersetzende Getriebe**. Hier steht die Abtriebsbewegung in einem festen Verhältnis zur Antriebsbewegung.

Bei **stufenlosen Getrieben** können Drehfrequenzen und Drehmomente in einem bestimmten Bereich beliebig gewählt werden (Bild 3). Man unterscheidet hier:

- **hydraulische Getriebe** (Schleifscheibenantrieb einer Zahnradschleifmaschine),
- **mechanische Getriebe** (Vorschubantrieb einer Waagerecht-Fräsmaschine),
- **elektrische Getriebe** (Leonardsatz).

Die elektrischen Getriebe werden jedoch im Werkzeugmaschinenbau immer mehr von modernen Elektromotoren in Verbindung mit Leistungselektronik (Schrittmotoren) abgelöst.

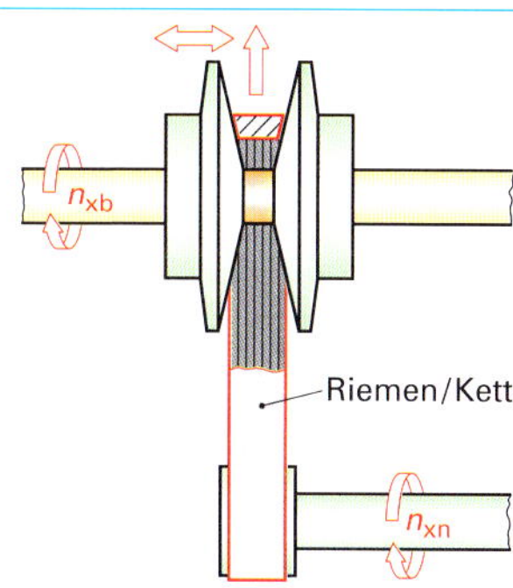

3 Stufenlos verstellbarer Umschlingungstrieb

Gestufte Getriebe erzeugen eine begrenzte Anzahl vorgegebener Drehfrequenzen und Drehmomente.

Die wichtigsten Getriebe mit gestufter Abtriebsdrehfrequenz sind **Umschlingungsgetriebe** mit Riementrieb oder Kettentrieb sowie **Rädergetriebe** als Zahnradgetriebe oder Reibkörpergetriebe.

Zu den ältesten bekannten Getrieben überhaupt zählt das **Riemengetriebe**. Es wird eingesetzt, wenn größere Abstände überbrückt werden sollen. Weiterhin schützt der Riemen die Maschine vor Überlastung und ist in der Lage stoßartige Belastungen auszugleichen. Wegen dieser positiven Eigenschaften sind Riementriebe in fast jeder Werkzeugmaschine zu finden (Bilder 1 und 2).

Je nach Aufgabe gibt es verschiedenste Riemenquerschnitte und unterschiedlichste Materialien. Daraus ergeben sich vor allem unterschiedliche Übertragungskräfte (Bild 3).

Kettengetriebe funktionieren prinzipiell wie Riemengetriebe. Sie sind jedoch lauter und weniger elastisch, können dafür aber höhere Kräfte übertragen. Ketten und Kettenräder können aus unterschiedlichsten Materialien gefertigt sein und über verschiedenste Formen verfügen.

Zum Kettengetriebe können zusätzlich gehören:

- Kettenführung,
- Spanneinrichtung,
- Schwingungsdämpfung,
- Schmiereinrichtung.

Reibkörpergetriebe werden heute wegen vieler Nachteile kaum noch genutzt (Bild 4).

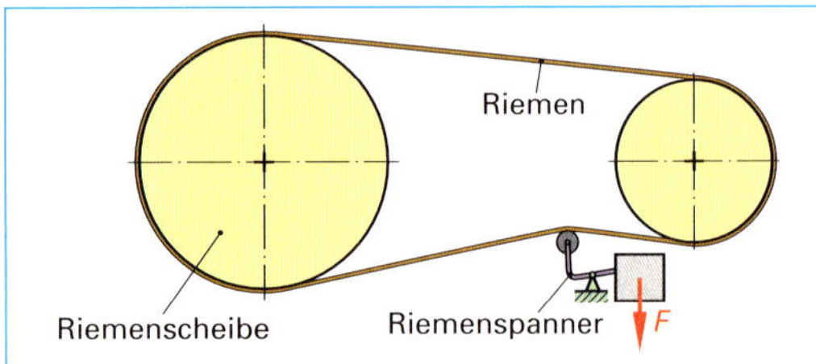

1 Riemengetriebe

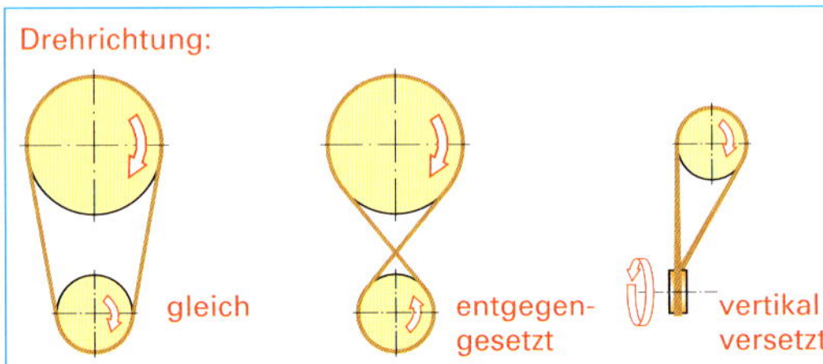

2 Möglichkeiten der Momentenübertragung

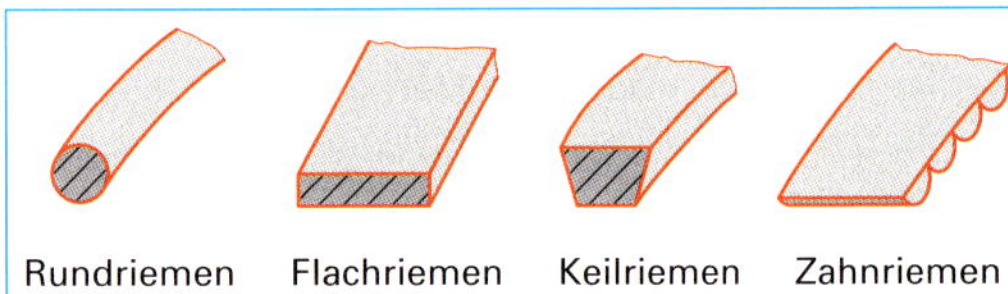

3 Riemenquerschnitte

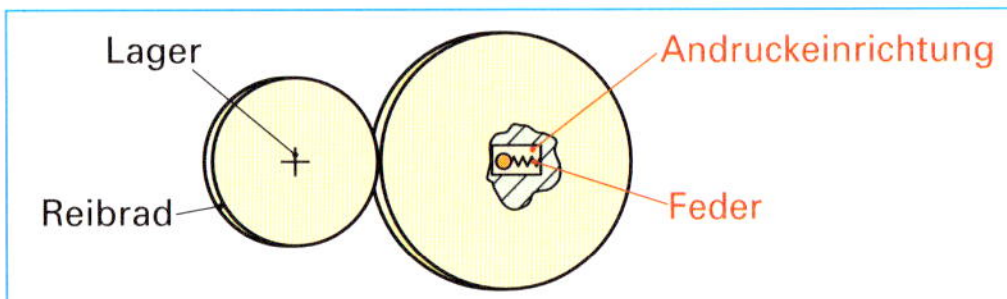

4 Reibkörpergetriebe (auch als stufenlos schaltbares Getriebe möglich)

Zu Berechnungen eines **Flachriementriebes** (einfache Übersetzung), werden folgende Formeln benötigt:

$$v_{An} = v_{Ab}$$

$$n_{An} \cdot \pi \cdot d_{An} = n_{Ab} \cdot \pi \cdot d_{Ab}$$

$$i = \frac{d_{Ab}}{d_{An}} = \frac{d_2}{d_1}$$

d_{An} = Durchmesser Antrieb
d_{Ab} = Durchmesser Abtrieb

d Durchmesser
n Drehzahl
v Umfangsgeschwindigkeit
i Übersetzungsverhältnis

Bei Keilriemen wird der Wirkdurchmesser d_w verwendet!
Wirkdurchmesser d_w = Außendurchmesser $d_a - 2 \cdot$ Korrekturwert c
$d_w = d_a - 2 \cdot c$

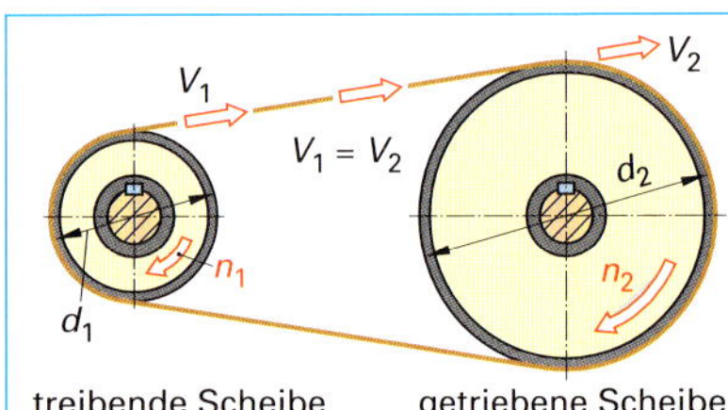

5 Riemengetriebe

Berechnungsbeispiel: Flachriementrieb

geg.: Treibende Scheibe (1)
$n_1 = 300$ 1/min
$d_1 = 50$ mm

Getriebene Scheibe (2)
$d_2 = 120$ mm

ges.:
a) Wie hoch ist der Abtrieb?
b) Wie groß ist das Übersetzungsverhältnis?

<u>Lösung:</u>

a) $n_1 \cdot \pi \cdot d_1 = n_2 \cdot \pi \cdot d_2$

$$n_2 = \frac{n_1 \cdot \pi \cdot d_1}{\pi \cdot d_2} = \frac{300 \text{ 1/min} \cdot 50 \text{ mm}}{120 \text{ mm}} = \underline{\underline{125 \text{ 1/min}}}$$

b)

$$i = \frac{d_2}{d_1} = \frac{120 \text{ mm}}{50 \text{ mm}} = \underline{\underline{2{,}4 : 1}}$$

Wegen hoher Laufleistung, zuverlässiger Arbeitsweise und kompaktem Aufbau werden in Werkzeugmaschinen sehr häufig **Zahnradgetriebe** verwendet (Bild 1).

Man unterscheidet je nach den verwendeten Zahnrädern in Stirnrad-, Schneckenrad-, Zahnstangen- oder Kegelradgetriebe.

Von einem schaltbaren Getriebe spricht man, wenn mindestens zwei gegeneinander laufende Zahnradpaare wählbar vorhanden sind.

Die am häufigsten verwendeten Bauformen von Hauptgetrieben an Drehmaschinen sind das **Schieberadgetriebe** und das Lastschaltgetriebe.

Schieberadgetriebe sind nur im Stillstand zu schalten!

Die Schieberadblöcke befinden sich auf einer Keilwelle. Durch einen Schalthebel oder eine entsprechende Einrichtung werden jeweils nur diejenigen Zahnradpaare in Eingriff gebracht, die für die gewünschte Drehzahl nötig sind. Durch die enge Anordnung der Schieberäder wird ein hoher Wirkungsgrad sowie eine kleine Bauform erreicht (Bild 2).

Beim **Lastschaltgetriebe** (Bild 3) erfolgt das Umschalten zwischen den gewünschten Arbeitsdrehzahlen durch Kupplungen (z.B. Lamellenkupplung). Der Vorteil liegt darin, dass der Schaltvorgang während des Betriebes (unter Last) erfolgen kann. Nachteilig sind die größere Bauform wegen der Kupplungen sowie ein geringerer Wirkungsgrad, da sich alle Zahnradpaarungen ständig im Eingriff befinden.

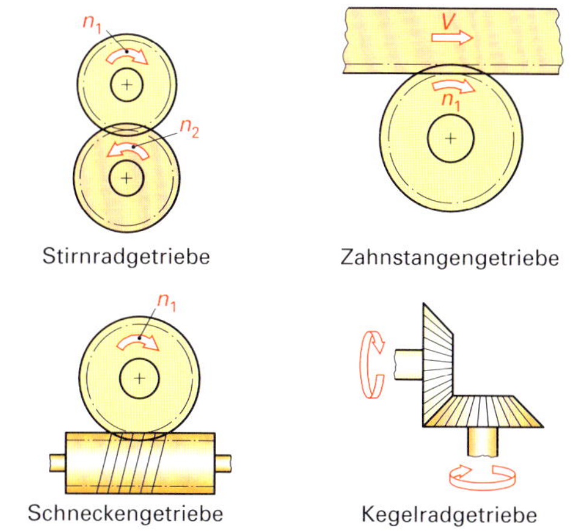

1 Zahnradgetriebe

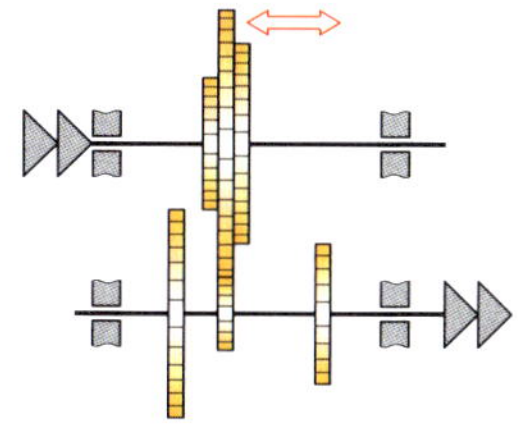

2 Schieberadgetriebe

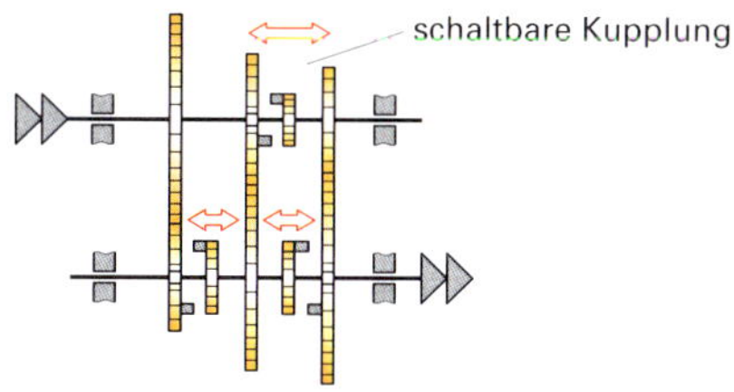

3 Lastschaltgetriebe

Zur **Berechnung eines Stirnradtriebes** (einfache Übersetzung), werden folgende Formeln benötigt (Bild 4):

$$v_{An} = v_{Ab}$$

$$n_{An} \cdot \pi \cdot d_{An} = n_{Ab} \cdot \pi \cdot d_{Ab}$$

$$n_{An} \cdot m \cdot z_{An} = n_{Ab} \cdot m \cdot z_{Ab}$$

$$i = \frac{n_{An}}{n_{Ab}} = \frac{n_1}{n_2}$$

z_{An} Zähnezahl Antriebsrad

z_{Ab} Zähnezahl Abtrieb

d Durchmesser

n Drehzahl

v Umfangsgeschwindigkeit

z Zähnezahl

i Übersetzungsverhältnis

m Modul

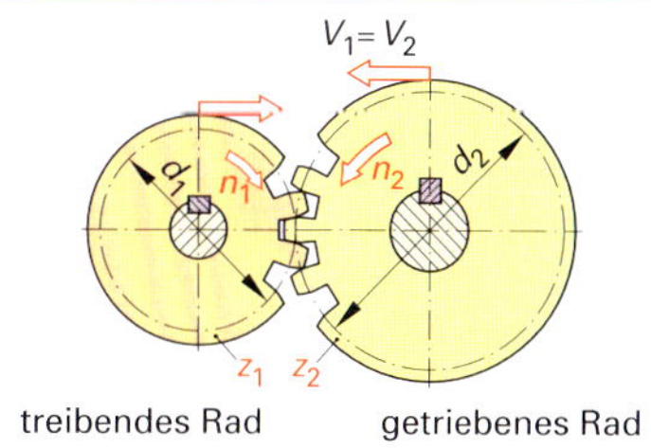

4 Zahnradtrieb

Aufgaben:

1 Welche Aufgaben haben Übertragungselemente?

2 Was ist der Unterschied zwischen Wellen und Achsen?

3 Welche Aufgaben werden von allen Kupplungen erfüllt?

4 Welche Aufgabe erfüllen schaltbare Kupplungen?

5 Wie unterscheiden sich ungleichförmig übersetzende von gleichförmig übersetzenden Getrieben?

6 Berechnen Sie die Abtriebsdrehzahl und das Übersetzungsverhältnis eines Zahnradtriebes mit einfacher Übersetzung!
Das Antriebszahnrad hat 40 Zähne und eine Drehzahl von 400 1/min. Das getriebene Zahnrad hat 80 Zähne.

4.2 Werkzeugmaschinen

Für die Endfertigung der geometrischen Form eines einzelnen Werkstücks werden in der Regel mehrere Arbeitsverfahren eingesetzt. Diese Arbeitsverfahren lassen sich in zwei große Gruppen unterteilen:

Spanlose Fertigungsverfahren	**Spanende Fertigungsverfahren**
z.B. Gießen, Spritzgießen, Biegen, Pressen, Schmieden, Ziehen, Schneiden	z.B. Drehen, Bohren, Fräsen, Schleifen, Honen, Läppen.

Die Maschine, mit der die Bearbeitung entsprechend dem Arbeitsverfahren ausgeführt wird, bezeichnet man als Werkzeugmaschine.

4.2.1 Einteilung und Bauarten der Werkzeugmaschinen

Werkzeugmaschinen werden in erster Linie nach dem Arbeitsverfahren eingeteilt, das hauptsächlich auf der Maschine ausgeübt wird. Ein markantes Merkmal der Werkzeugmaschine für die spanlose Formgebung ist die Tatsache, dass zwar Abfälle, aber keine Späne produziert werden.

Diese Abfälle sind bei umformenden Werkzeugmaschinen im Vergleich zu den Abfällen beim Einsatz spanender Fertigungsverfahren sehr klein. Abfälle bei trennenden Werkzeugmaschinen sind aufgrund des Verschnittes oft erheblich größer als bei Maschinen mit spangebender Formgebung.

Zu den **spanlosen Fertigungsverfahren** gehören die Werkzeugmaschinen aus dem Bereich Urformen, wie z.B. Kolben- oder Extruderspritzgießmaschinen zum Spritzgießen von Kunststoffen (Bild 1). Der Bereich Umformen umfasst die Werkzeugmaschinen zum Schmieden, Pressen und Biegen wie z.B. Hämmer, Pressen (Bild 2) oder Biegemaschinen. Das Schneiden wird z.B. mit Scheren ausgeführt.

Die Vorteile der Fertigung von Werkstücken mit diesen Werkzeugmaschinen sind:

- geringer Materialverlust
- optimaler Faserverlauf
- Kaltverfestigung bei der Kaltverformung
- geringe Fertigungszeiten

Demgegenüber wird bei der spanenden Formgebung mit der Werkzeugmaschine das Rohteil oder vorgefertigte Werkstück durch Abheben des Werkstoffs in Form von Spänen bearbeitet.

Zu den Maschinen für **spanende Fertigungsverfahren** zählen u.a.:

- Fräsmaschinen
- Drehmaschinen
- Schleifmaschinen
- Stoß- und Hobelmaschinen
- Sägemaschinen
- Bohrmaschinen

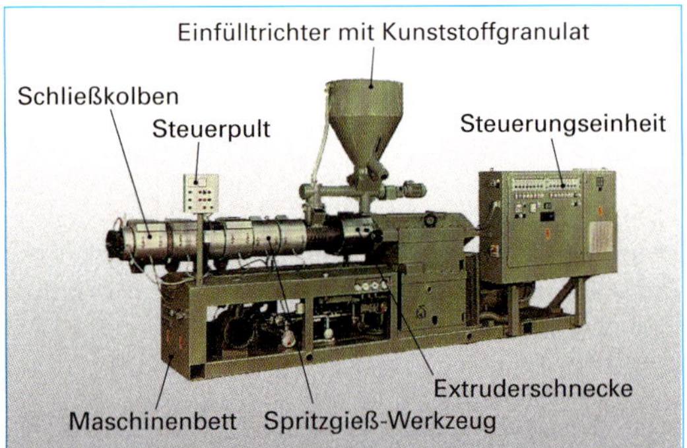

1 Extruderspritzgießmaschine

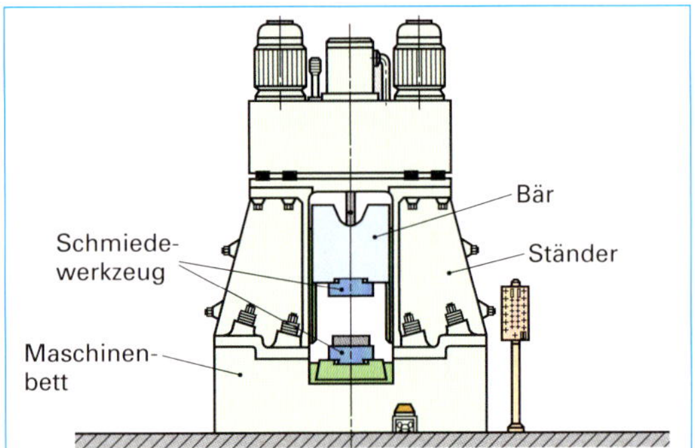

2 Schmiedepresse

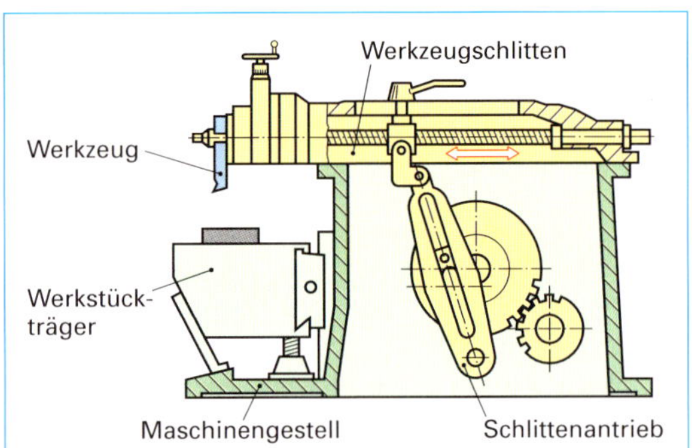

3 Stoßmaschine

Fräsmaschinen

Ein dem Bohren sehr ähnliches Verfahren ist das Fräsen. Hierbei führt das Werkzeug wie beim Bohren eine **rotatorische Schnittbewegung** aus. Werkzeugmaschinen zum Fräsen werden nach unterschiedlichen Merkmalen eingeteilt:

- Lage der Arbeitspindel
- Lage der Schlitten
- Art der Bearbeitungsaufgabe

Lage der Arbeitspindel

Eine Möglichkeit der Einteilung erfolgt nach der **Lage der Arbeitsspindel**. Als Arbeitsspindel wird die Spindel benannt, die eine Schnittbewegung des Werkzeuges oder des Werkstückes bewirkt.
Bei Fräsmaschinen wird die Schnittbewegung vom Werkzeug ausgeführt. Bei den nachfolgend beschriebenen Drehmaschinen wird die Schnittbewegung durch das Werkstück umgesetzt.
Befindet sich die Arbeitsspindel in einer waagerechten Lage, so wird diese Werkzeugmaschine z.B. beim Fräsen als **Waagerechtfräsmaschine** (Bild 1) bezeichnet. Dementsprechend ist bei der **Senkrechtfräsmaschine** die Arbeitsspindel in der senkrechten Lage (Bild 2).

Ist die Arbeitsspindel je nach Werkstückform in die senkrechte oder waagerechte Lage umschwenkbar, so spricht man von einer **Universal-Fräsmaschine** (Bild 3). Durch den Schwenkkopf kann die Maschine schnell und einfach auf die eine oder andere Arbeitsweise umgerüstet werden.

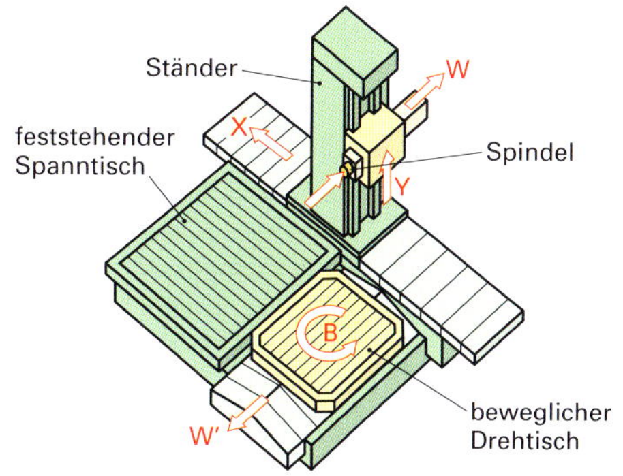

1 Waagerechtfräsmaschine

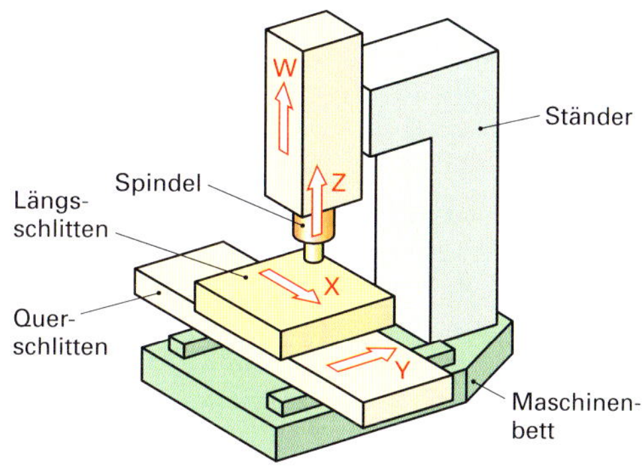

2 Senkrechtfräsmaschine

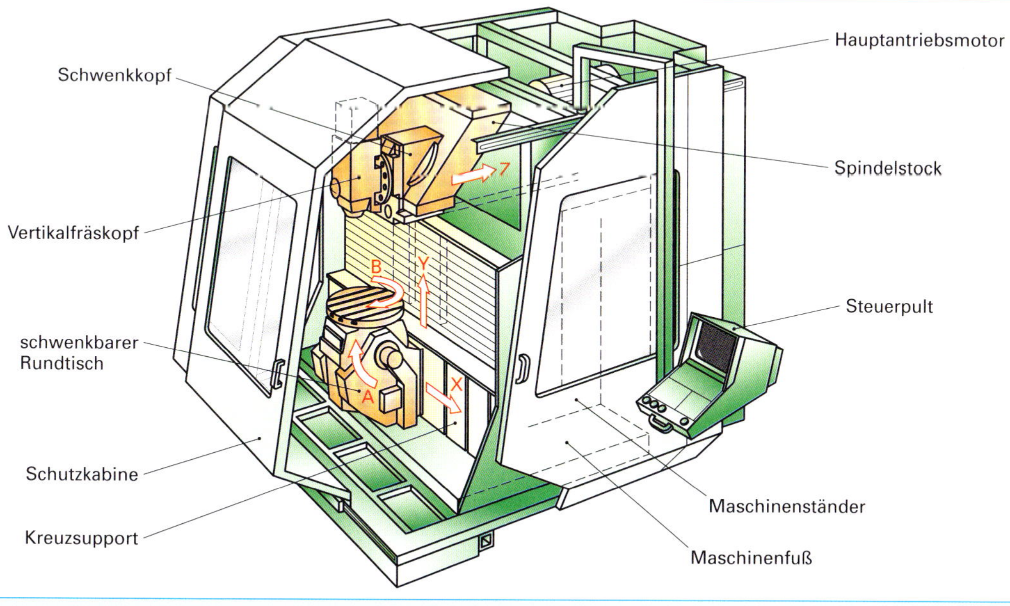

3 Universal-Fräsmaschine

Lage der Schlitten

Weiterhin können Werkzeugmaschinen auch nach der **Lage der Schlitten** bzw. Tische bezeichnet werden, die zur Aufnahme des Werkstücks dienen.

Während bei der **Konsolfräsmaschine** (Bild 1) der Schlitten mit der Konsole hoch bzw. herunter gefahren werden kann, wird bei der **Bettfräsmaschine** (Bild 2) das Werkzeug über die Arbeitsspindel zugestellt. Der Schlitten liegt in dieser Bearbeitungsrichtung fest im Maschinenbett und kann nur seitlich bewegt werden.

Besonders großflächige Werkstücke können auf den bisher betrachteten Werkzeugmaschinen nicht gefertigt werden. Solche Werkstücke werden mit **Portalfräsmaschinen** bearbeitet (Bild 3). Das Werkzeug kann durch die Bewegung des Querbalken in der Höhe zugestellt werden. Auf dem Querbalken kann der Arbeitskopf mit dem Werkzeug eine seitliche Vorschubbewegung ausführen. Der Vorschub in Längsrichtung wird bei dieser Portalfräsmaschine durch das Verfahren des gesamten Maschinenportals ausgeführt.

Art der Bearbeitungsaufgabe

Fräsmaschinen, die nach der Art der Bearbeitungsaufgabe bezeichnet werden, sind oftmals zweckgebunden eingesetzt. **Nutenfräsmaschinen** besitzen von ihren Steuerungsmöglichkeiten z.B. nur einen eingeschränkten Handlungsspielraum. Diese Maschinen sind nur mit einer Streckensteuerung ausgerüstet und können daher nur gleichzeitig mit einer Achse verfahren werden. **Kopierfräsmaschinen** besitzen parallel zum Werkzeug einen Fühler, der die Aufgabe hat ein Modell abzutasten, das entsprechend der Abtastung gefräst wird.

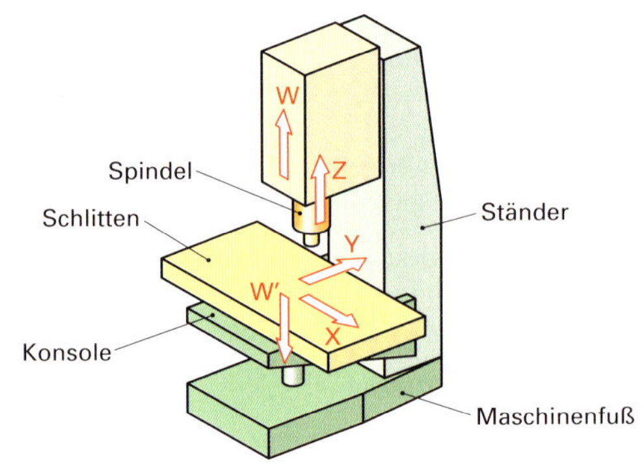

1 Konsolfräsmaschine

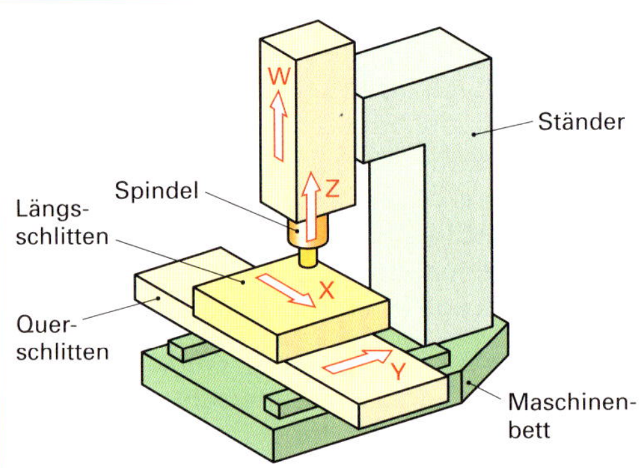

2 Bettfräsmaschine

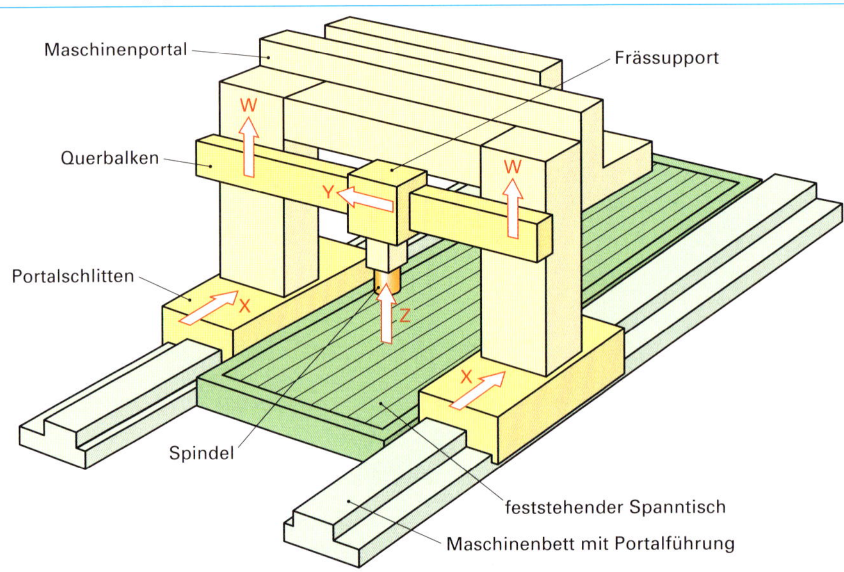

3 Portalfräsmaschine

Drehmaschinen

Drehmaschinen sind Werkzeugmaschinen, auf denen hauptsächlich **rotationssymmetrische Werkstücke** bearbeitet werden. Die Schnittbewegung wird bei diesen Maschinen durch die Rotation des Werkstückes erzeugt.

Drehmaschinen werden nach zwei hauptsächlichen Merkmalen unterschieden:

- Art des Maschinenbettes,
- Lage der Spindel.

Art des Maschinenbettes

Eines der wichtigsten Unterscheidungsmerkmale von Drehmaschinen ist der **Aufbau des Maschinenbettes**.

Bei **Flachbettdrehmaschinen** befindet sich der Längs- und Planschlitten in einer waagerechten Lage (Bild 1). Diese Drehmaschinen besitzen eine hohe Steifigkeit des Maschinengestells und werden deshalb zur Bearbeitung hochgenauer Werkstücke bevorzugt verwendet.Flachbettdrehmaschinen findet man oft als eine handbediente Universaldrehmaschine für die Werkstatt vor. Sie dient zum Ausführen von Dreharbeiten wie Außen- und Innendrehen, einfache Konturdreharbeiten sowie Bohr- und Gewindeschneidarbeiten.

Schrägbettdrehmaschinen (Bild 2) werden dort eingesetzt, wo ein schneller Abtransport der Späne und des Kühlschmiermittels verlangt wird. Die Gefahr, dass sich das Maschinenbett und andere Bauteile der Maschine durch die heißen Späne erwärmen, wird mit der Schrägbettbauweise verringert. Schrägbettdrehmaschinen sind häufig in der Ausführung als CNC-Drehmaschinen anzutreffen. Hierbei befindet sich das Werkzeug hinter der Drehmitte, so dass die herunterfallenden Späne sich nicht am Werkzeug verfangen.

Lage der Spindel

Ein weiteres Unterscheidungsmerkmal von Drehmaschinen ist die Lage der Spindel. Während bei den oben beschriebenen Drehmaschinen die Arbeitsspindel in einer waagerechten Lage angeordnet ist, befindet sich bei besonders großen Werkstücken die Arbeitsspindel in einer senkrechten Lage. Maschinen dieser Bauart werden als Senkrecht- oder **Karusseldrehmaschinen** (Bild 3) bezeichnet. Diese Maschinen sind für Werkstücke mit einem großen Durchmesser, aber nicht zu großen Längen geeignet. Das schwere Werkstück kann auf der Planscheibe relativ einfach aufgespannt werden. (Bild 3). Im Ständer unter dem Drehtisch ist der Hauptantrieb dieser Maschine untergebracht. Damit sind Drehmomente von 340 000 Nm und Leistungen von über 250 kW möglich.

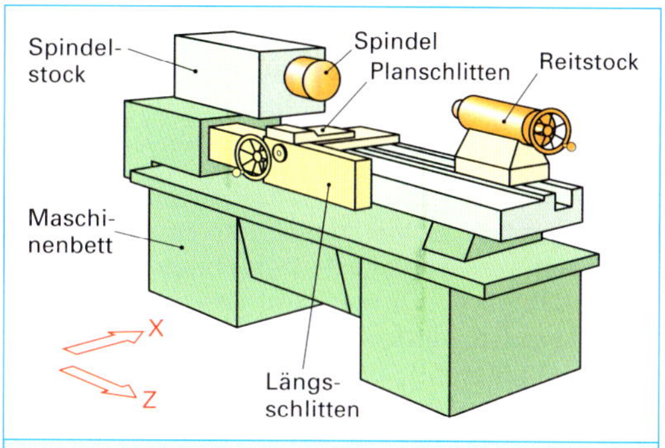

1 Flachbettdrehmaschine

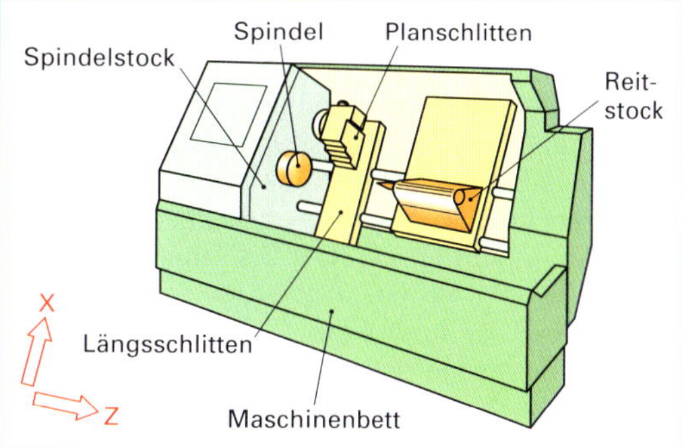

2 Schrägbettdrehmaschine

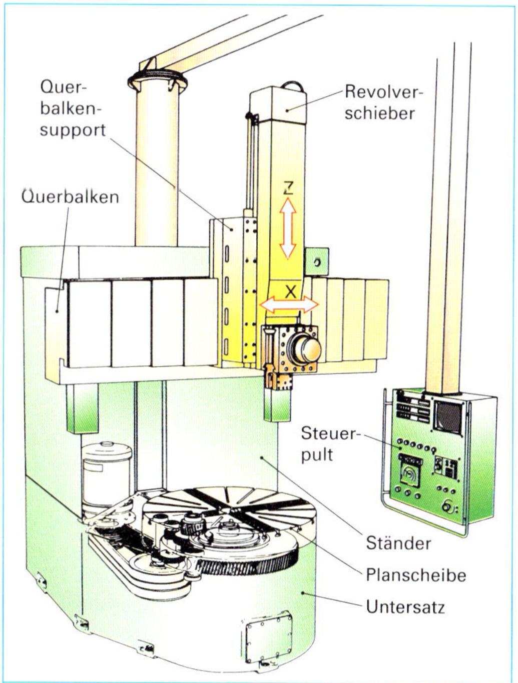

3 Karusseldrehmaschine

Schleifmaschinen

Schleifmaschinen besitzen meist ein zylindrisches Werkzeug, welches die Schnittbewegung grundsätzlich durch Rotation ausführt. Der Schnittbewegung sind eine oder mehrere Vorschubbewegungen des Werkstücks und Werkzeugs sowie eine weitere Zustellbewegung des Werkzeugs überlagert.

Beim Schleifen sind die Aufgaben und Anforderungen an die Schleifmaschinen je nach Werkstück sehr unterschiedlich. Dementsprechend gibt es vielfältige Bauformen von Schleifmaschinen. Im Folgenden werden die wichtigsten Schleifmaschinen aufgeführt.

Rundschleifmaschinen zeichnen sich dadurch aus, dass eine Vorschubbewegung durch das rotierende Werkstück ausgeführt wird. Eine zweite Vorschubbewegung entsteht durch die Längsbewegung des Werkzeuges. Gleichzeitig kann in radialer Richtung das Werkzeug zugestellt werden.

Die **Außen-Rundschleifmaschine** (Bild 1) ist ausschließlich für die Außenbearbeitung konzipiert. Die angetriebene Schleifscheibe kann sich längs und quer zum Werkstück bewegen. Das Werkstück wird in zwei Zentrierspitzen geführt. Die Übertragung der Drehbewegung auf das Werkstück erfolgt auf der treibenden Seite durch einen Stirnseitenmitnehmer. Auf der nicht-angetriebenen Seite wird das Werkstück in eine mitlaufende Zentrierspitze gespannt.
Die **Schleifscheibe** als Werkzeug wird auf einem Schleifspindelsupport angetrieben. Die Schleifscheibe ist bei dieser Maschine nur in radialer Richtung zum Werkstück verfahrbar. Schrägschleifvorgänge können bei dieser Maschine durch Schwenken des gesamten Support durchgeführt werden. Die Zustellung des Werkstückes in Längsrichtung übernimmt bei der in Bild 1 dargestellten Maschine der gesamte Werkstücktisch.

Bei der **Spitzenlos-Rundschleifmaschine** (Bild 2) wird das Werkstück zwischen der Schleifscheibe und einer Regelscheibe lose hindurchgeführt. Damit das Werkstück nicht zwischen beiden Scheiben durchrutscht, wird es mit einer Auflagschiene gehalten. Durch die langsam umlaufende Regelscheibe erhält das Werkstück den Rundvorschub. Eine leichte Neigung der Regelscheibe fördert das Werkstück langsam aus dem Arbeitsbereich heraus.

Werkzeugschleifmaschinen (Bild 3) werden zum Scharfschleifen von Dreh- und Hobelmeißeln, Bohrern, Fräsern, Messerköpfen und Sägeblätter verwendet. Bei der skizzierten Werkzeugschleifmaschine können spiralige und geradnutige Werkzeuge bearbeitet werden. Die Vorschub- und Schnittbewegungen erfolgen CNC-gesteuert. Hierdurch können komplizierte Werkzeugformen vollautomatisch geschliffen werden.

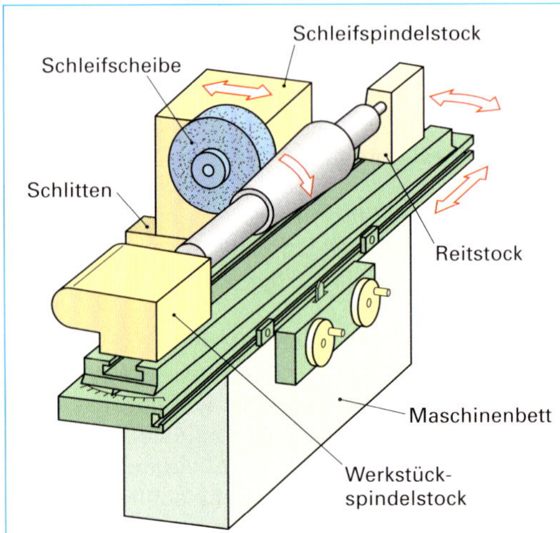

1 Außen-Rundschleifmaschine

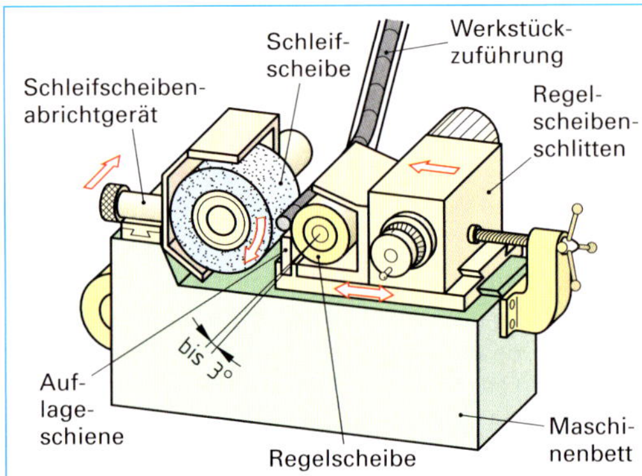

2 Spitzenlos-Rundschleifmaschine

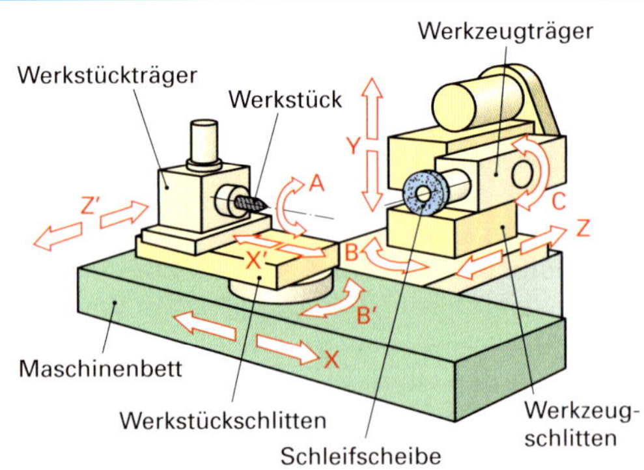

3 Werkzeugschleifmaschine

Die **Universal-Rundschleifmaschine** (Bild 1) unterscheidet sich von der normalen Rundschleifmaschine nur dadurch, dass sie zusätzlich eine Innenschleifeinrichtung besitzt. Mit dieser Einrichtung können Bohrungen ausgeschliffen werden. Die Innenschleifeinrichtung besteht aus einem Kreuzschlitten für die Aufnahme der Innenschleifspindel. Über den Kreuzschlitten wird somit der Längs- und Quervorschub realisiert.

Die Außenschleifeinrichtung besitzt wie die Innenschleifeinrichtung einen weiteren Kreuzschlitten. Auf diesem Schlitten ist die Schleifspindel schwenkbar angeordnet. Beim Längsschleifen übernimmt die Z-Achse den Vorschub und die X-Achse die schrittweise Zustellung. Beim Querschleifen sind Vorschub und Zustellung vertauscht. Schrägschleifen ist bei der Universal-Rundschleifmaschine über eine entsprechende Schrägstellung der Schleifspindel und dem gleichzeitigen Verfahren der X- und Z-Achse möglich.

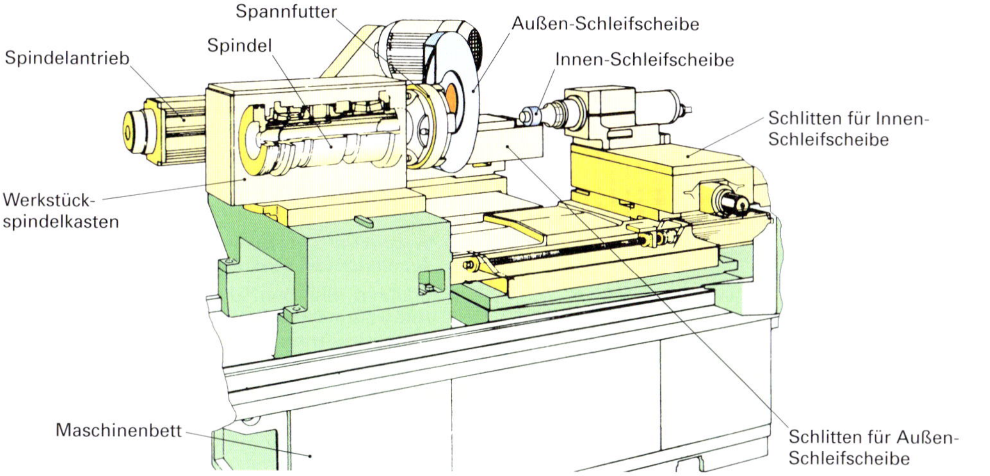

1 Universal-Rundschleifmaschine

Mit der **Plan- bzw. Flachschleifmaschine** (Bild 2) werden Flächen erzeugt. Mit dieser Maschine können die Schleifverfahren Umfangs- und Seitenschleifen angewendet werden. Die Arbeitsspindel in der Planschleifmaschine hat eine waagerechte Lage. Das Werkstück wird auf einem Langtisch, der eine Vorschubbewegung in Längsrichtung erzeugt, aufgespannt.

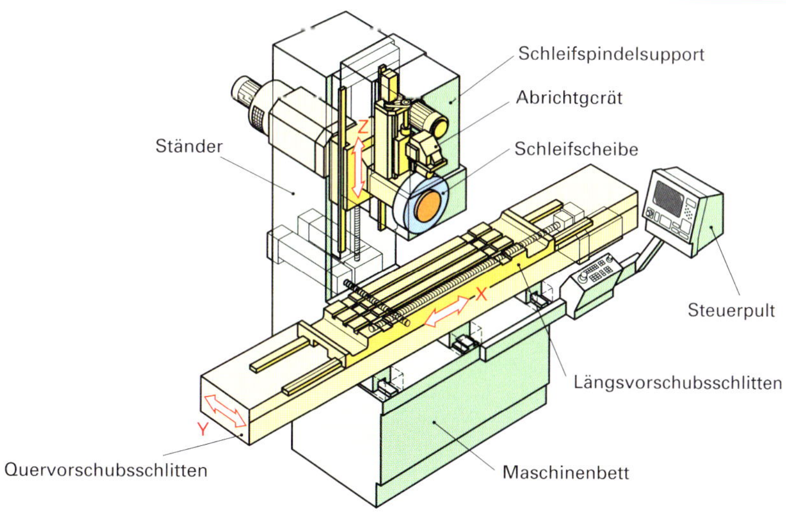

2 Plan- bzw. Flachschleifmaschine

Abrichtsysteme für Schleifscheiben

Durch das Abrichten bekommt die Schleifscheibe die gewünschte Form. Gleichzeitig wird die Schneidfähigkeit der Scheibe wieder hergestellt. Das Abrichten ebener Schleifscheibenflächen erfolgt u.a. mit einem Abrichtblock oder einer **Abrichtrolle** (Bild 1). Profilierte Schleifscheiben können z.B. mit **Profileinrollvorrichtungen** (Bild 1) abgerichtet werden. Hierbei befindet sich oberhalb der Schleifscheibe eine Diamantprofilrolle. Die Montage der Abrichtsysteme auf dem Schleifspindelsupport ermöglicht ein kontinuierliches Abrichten während der Bearbeitung.

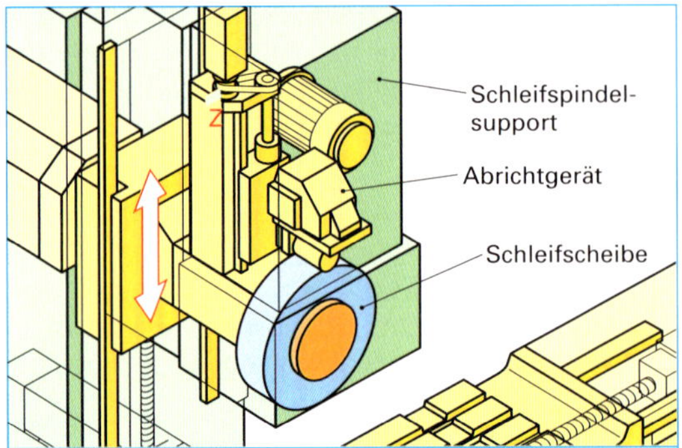

1 Abrichtrolle

Aufgaben:

1. **Nach welchem Kriterium werden Werkzeugmaschinen in erster Linie unterschieden?**
2. **Nennen Sie Werkzeugmaschinen zur spanlosen Formgebung und geben Sie deren Vorteile an.**
3. **Beschreiben Sie den Unterschied zwischen einer Waagerecht- und Senkrechtfräsmaschine.**
4. **Welchen Vorteil hat die Portalfräsmaschine gegenüber der Konsolfräsmaschine.**
5. **Ermitteln Sie Einsatzgeräte für die Konsol-, Bett- und Portalfräsmaschine.**
6. **Geben Sie ein bedeutendes Unterscheidungsmerkmal von Drehmaschinen an.**
7. **Welchen Vorteil besitzt die Schrägbettdrehmaschine gegenüber der Flachbettdrehmaschine?**
8. **Warum wird bei einer Karusselldrehmaschine die Arbeitsspindel senkrecht eingebaut?**
9. **Erklären Sie den Unterschied zwischen einer Außen-Rundschleifmaschine und einer Spitzenlos-Rundschleifmaschine.**
10. **Welche Schleifverfahren werden auf der Planschleifmaschine angewendet?**

4.2.2 Werkzeugmaschinen als technisches System

Um die Funktion und Wirkungsweise einer Werkzeugmaschine zu erkennen, kann man sie verallgemeinernd als **technisches System** betrachten, dem Energie, Stoff und Informationen zugeführt werden. Diese **Eingangsgrößen** werden in der Werkzeugmaschine umgesetzt und verlassen die Maschine als veränderte **Ausgangsgrößen**. Im folgenden Abschnitt werden die Eingangs- und Ausgangsgrößen „Energie, Stoff und Informationen" am System Drehmaschine näher erläutert und die Veränderung der jeweiligen Größen wird exemplarisch verdeutlicht (Bild 1).

Im letzten Teil des Abschnittes werden zwei unterschiedliche Systeme – das System „konventionelle Fräsmaschine und das System „CNC-Fräsmaschine" – miteinander verglichen.

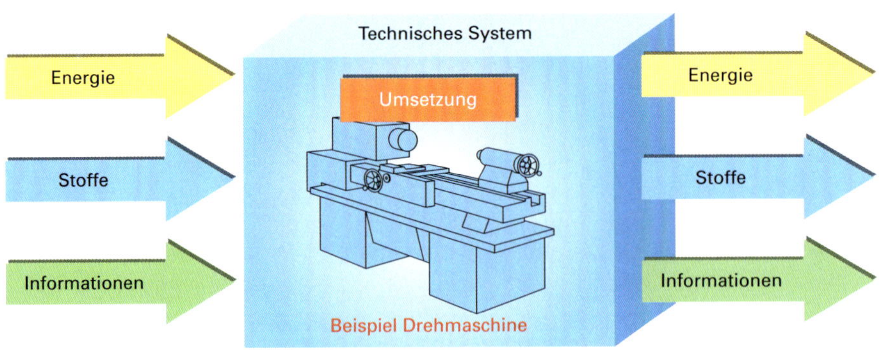

2 System „Werkzeugmaschine" am Beispiel einer Drehmaschine

Energie

Energie tritt hauptsächlich in vier unterschiedlichen Formen in Erscheinung:

- mechanische Energie,
- elektrische Energie,
- Wärmeenergie,
- Chemische Energie.

Mechanische Energie wird in potentielle Energie (Energie der Lage) und kinetische Energie (Bewegungsenergie) unterteilt. Potentielle Energie beschreibt z.B. die gespeicherte Energie einer zusammengedrückten Feder in einem ausgefahrenen pneumatischen Zylinder einer Werkzeugmaschine.

Der einfachwirkende pneumatische Zylinder bleibt nur im ausgefahrenen Zustand, wenn er durch einen definierten Luftdruck gegen die Federkraft in Gleichgewicht gehalten wird. Er befindet sich mit dieser **potentiellen Energie** in einer festen Lage (Bild 1).

Wird nun der Luftdruck verringert, überwiegt die Federkraft und der Zylinder kann in seine Ausgangslage zurückfahren. Durch die Bewegung des Zylinders wandelt sich die potentielle Energie fast vollständig in **kinetische Energie** um (Bild 2).

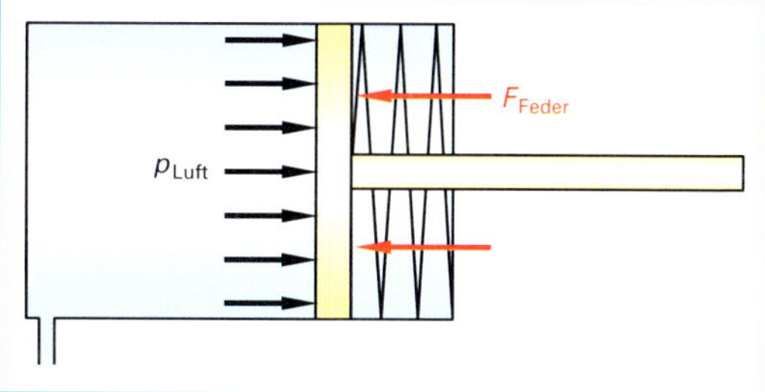

1 Potentielle Energie an einem pneumatischen Zylinder

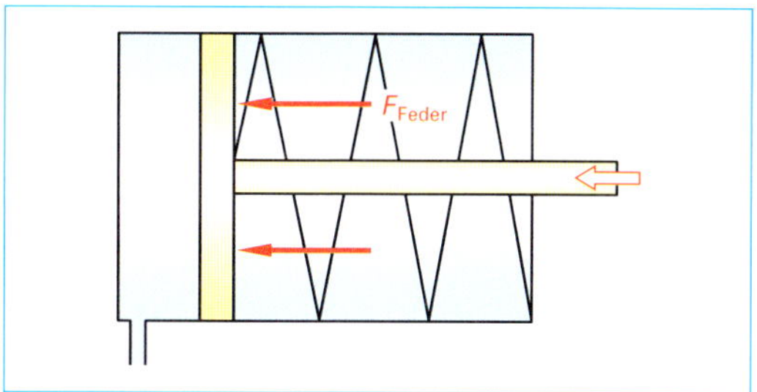

2 Umwandlung der potentiellen Energie in kinetische Energie

Elektrische Energie ist im elektrischen Strom gespeichert und kann z. B. die Welle des Antriebsmotors einer Drehmaschine in Bewegung versetzten (Bild 3). Voraussetzung ist das Vorhandensein einer Spannungsquelle in einem Stromkreis. Wird der Stromkreis z.B. durch einen Schalter an einer Stelle unterbrochen, kann man am Schalter zwar die anliegende Spannung messen, der elektrische Strom kann aber nicht fließen, d.h. die Elektronen können sich nicht bewegen. Wird der Stromkreis geschlossen, fließt infolge der im Kraftwerk erzeugten Spannung ein Strom, ein Magnetfeld baut sich auf und der Motor dreht sich. Aus der elektrischen Energie des Stromkreises entsteht somit durch die Drehung der Welle des Motors mechanische Energie (Bewegungsenergie).

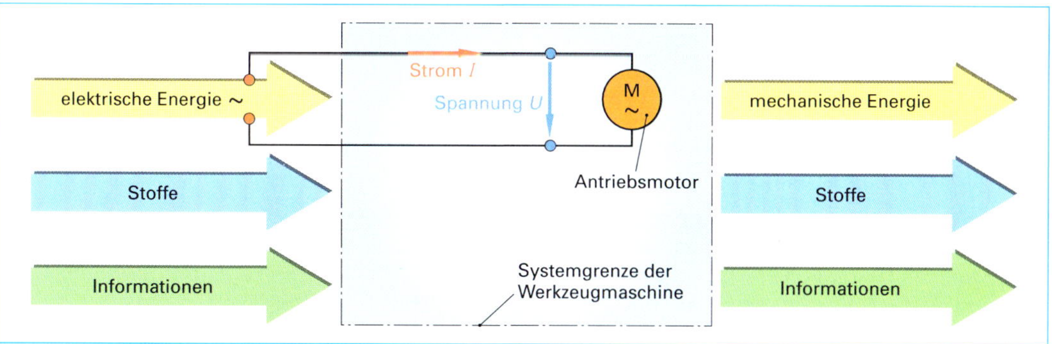

3 Energieumwandlung durch den Antriebsmotor der Drehmaschine

Wärmeenergie liegt in erwärmten Körpern vor. Durch die Drehung des Antriebsmotors wird neben der beabsichtigten Bewegungsenergie auch Wärme erzeugt. Die Ursache hierfür ist hauptsächlich die Reibung. Wärmeenergie wird in dem System „Werkzeugmaschine" als eine Verlustenergie betrachtet, da sie nach ihrer Abführung nicht mehr genutzt werden kann.

Energieumwandlung. Wird der Antriebsmotor als ein eigenes System betrachtet, zeigt sich, dass elektrische Energie in diesem System umgewandelt wird. Elektrische Energie ist hierbei die Eingangsgröße, mechanische Energie und Wärmeenergie entsprechen zusammen der Ausgangsgröße (Bild 1). Während die mechanische Energie durch die Drehung der Antriebswelle technisch genutzt wird, entspricht die Wärmeenergie einer Verlustenergie, die möglichst gut vom Antriebsmotor abgeführt werden muss.

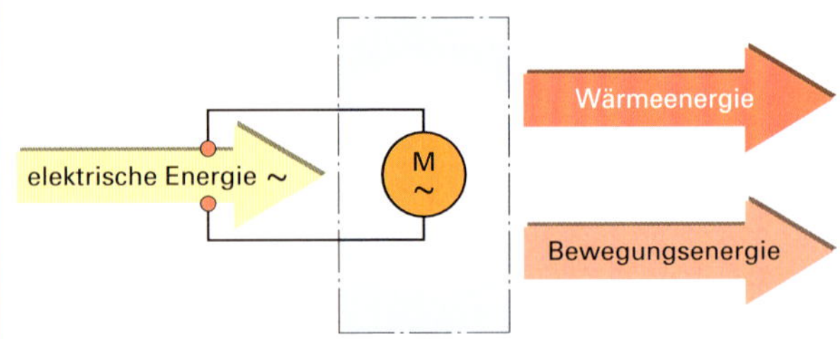

1 Energiefluss beim System „Antriebsmotor"

Energieerhaltungssatz. Für die Energie gilt wie für die Masse ein Erhaltungssatz. Energie kann weder ursprünglich erzeugt werden noch vernichtet werden. Jede Energieform wird immer aus einer anderen Energieform gewonnen und in eine oder mehrere Energieformen umgewandelt (s. S. 333). Nutzbare mechanische Energie kann aber verlorengehen, wenn sie z.B. durch Reibung in Wärme verwandelt wird.

Wirkungsgrad. Bei Werkzeugmaschinen kann nur ein Teil der zugeführten elektrischen Energie in technisch nutzbare mechanische Energie umgewandelt werden. Die technisch nicht genutzte Energie geht als Wärmeenergie verloren. Das Verhältnis der technisch nutzbaren Leistung P_2 zur zugeführten Leistung P_1 wird als Wirkungsgrad bezeichnet. Der Wirkungsgrad wird entweder als Dezimalbruch oder – multipliziert mit 100% – als Prozentzahl angegeben.

Der **Gesamtwirkungsgrad einer Werkzeugmaschine** (Bild 2) wird aus den verschiedenen Einzelwirkungsgraden der jeweiligen Baugruppen ermittelt. Befindet sich ein Getriebe hinter dem Elektromotor, so erhält man den Gesamtwirkungsgrad aus dem Produkt der Einzelwirkungsgrade von Elektromotor und Getriebe.

Der Wirkungsgrad wird je nach Werkzeugmaschine zwischen 75% und 85% veranschlagt. Konventionelle Werkzeugmaschinen besitzen erfahrungsgemäß einen schlechteren Wirkungsgrad als CNC-Werkzeugmaschinen.

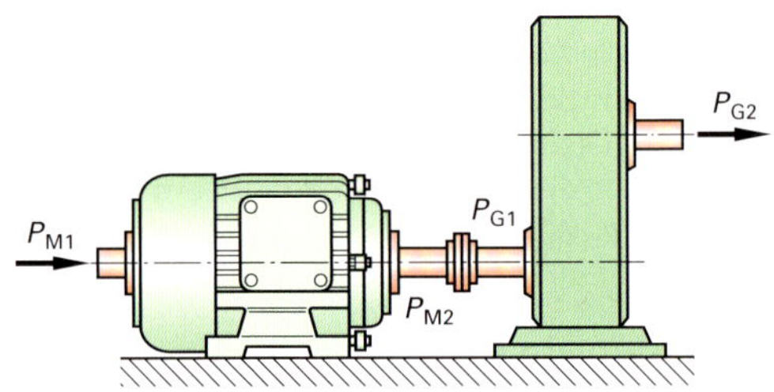

2 Gesamtwirkungsgrad von Elektromotor und Getriebe

$$\textbf{Wirkungsgrad} = \frac{\text{nutzbare Leistung}}{\text{zugeführte Leistung}}$$

$$\eta = \frac{P_2}{P_1}$$

$$\eta_{ges} = \eta_1 \cdot \eta_2 \cdot \eta_3 \cdot \ldots$$

Konventionelle Maschine: $\eta = 0{,}75$
CNC-Maschine: $\eta = 0{,}8 \ldots 0{,}85$

Beispiel:

Dem im Bild 2 gezeigten Elektromotor wird eine Leistung von $P_{M1} = 5{,}5$ kW zugeführt. Zwischen Motor und Getriebe beträgt die Leistung $P_{M2} = P_{G1} = 4{,}5$ kW. Hinter dem Getriebe wird an der Arbeitsspindel der Maschine die Leistung $P_{G2} = 4{,}1$ kW bestimmt. Berechnen Sie die Einzelwirkungsgrade und den Gesamtwirkungsgrad von Motor und Getriebe.

Lösung: $\eta_1 = \frac{P_{M2}}{P_{M1}} = \frac{4{,}5\ \text{kW}}{5{,}5\ \text{kW}} = 0{,}82$ $\qquad \eta_2 = \frac{P_{G2}}{P_{G1}} = \frac{4{,}1\ \text{kW}}{4{,}5\ \text{kW}} = 0{,}91$

$$\eta_{ges} = \eta_1 \cdot \eta_2 = 0{,}82 \cdot 0{,}91 = 0{,}75$$

Stoffe

Stoffe werden im **System „Werkzeugmaschine"** mit Hilfe der Energie entweder von einem Ort zu einem anderen transportiert (Stofftransport) oder in eine andere Form gebracht (Stoffumformung).

Zudem können Stoffe auch in einen anderen Energiezustand versetzt werden. Zweck des Systems „Drehmaschine" ist beispielsweise aus dem Stangenmaterial Drehteile herzustellen (Bild 1). Die Antriebsenergie ist hierbei elektrische Energie, die durch den Antriebsmotor in kinetische Energie umgewandelt wird.

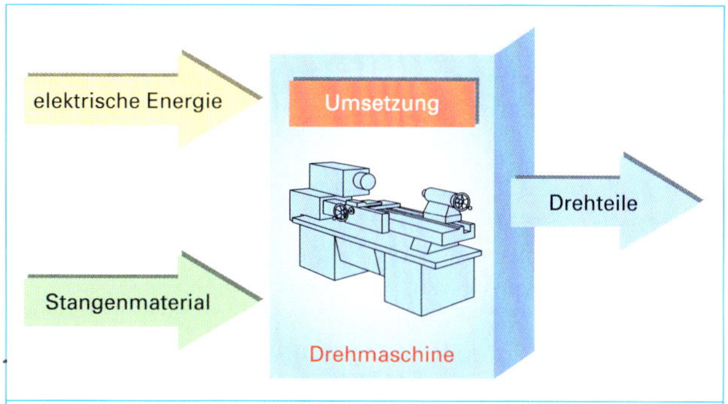

1 Zweck des Systems „Drehmaschine"

Das Stangenmaterial stellt eine **Stoffmenge (Masse)** dar und wird in Kilogramm (kg) oder Tonnen (t) angegeben (1 t = 1000 kg). Jeder Stoff besitzt eine Dichte, die in Masse pro Volumeneinheit angegeben wird. Bei Metallen und Nichtmetallen wird die Dichte mit der Einheit kg/dm³ angegeben.

$$\text{Dichte} = \frac{\text{Masse}}{\text{Volumen}}$$

$$\rho = \frac{m}{V}$$

Betrachtet man den Stoffeingang und den Stoffausgang beim System „Drehmaschine", so wird von einem **Massestrom** gesprochen (Bild 2). Hierbei handelt es sich um eine Masse, die in einer bestimmten Zeit transportiert wurde. Die Masse des Stangenmaterials ist in diesem Beispiel der Stoffeingang und die Masse der bearbeiteten Werkstücke der Stoffausgang.

Mit Hilfe der kinetischen Energie (Schnitt- und Vorschubbewegung) wird das Stangenmaterial im System „Drehmaschine" bearbeitet – der Stoff wird umgeformt. Arbeitsergebnisse sind die Werkstücke. Der Abfallstoff sind die Späne. Die in das System eingetretene Masse (Stangenmaterial) ist genauso groß, wie die Masse der Werkstücke und Spänc.

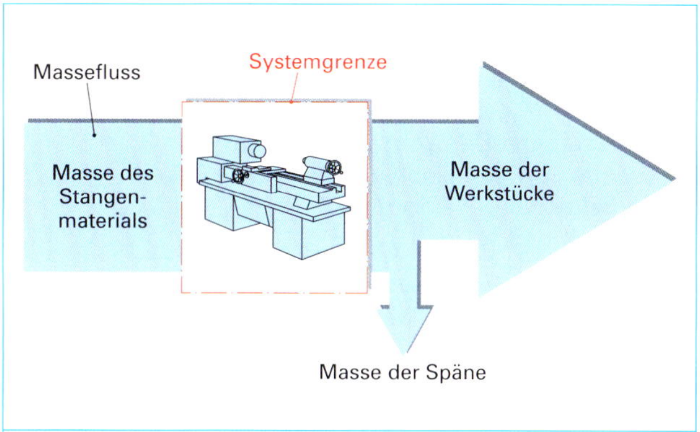

2 Massestrom an einer Drehmaschine

Berechnungsbeispiel: Massebestimmung eines Stufenbolzens

Der in Bild 3 gezeigte Stufenbolzen soll aus dem Maschinenbaustahl E295 (St 50-2) spanend gefertigt werden. Die Arbeitsplanung sieht als ersten Arbeitsschritt das Sägen des Rohmaterials Ø110x225 aus Stangenmaterial vor. Anschließend soll im zweiten Arbeitsschritt das gesägte Halbzeug auf seine angegebene Länge geplant werden. Im dritten Arbeitsschritt soll der Absatz des Stufenbolzens längsgedreht werden.

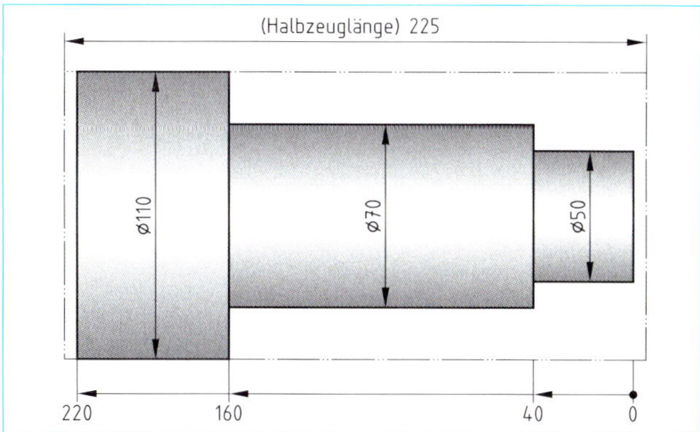

3 Fertigungszeichnung des Stufenbolzens

Aufgabe:

Bestimmen Sie die Masse des Halbzeuges und des fertig gedrehten Werkstückes. Die Dichte des Werkstoffs E295 beträgt 7,85 kg/dm³.

Informationen

Informationen müssen in die Werkzeugmaschine eingegeben werden, damit das gewünschte Arbeitsergebnis bezüglich der geometrischen Form und der geforderten Toleranzen erreicht wird.

Wird das Werkstück z.B. an einer **konventionellen Drehmaschine** bearbeitet, so muss der Facharbeiter die Fertigung zunächst planen. Hierzu liest er die Zeichnung und stellt einen Arbeitsplan auf, in dem er Informationen (geometrische Form, Toleranzen, technologische Daten u.a.) in Arbeitsschritte umsetzt. Anschließend stellt er die Drehzahlen und den Vorschub per Hand ein und beginnt mit dem ersten Arbeitsvorgang.

Nach dem Überprüfen des ersten Arbeitsergebnisses werden – wenn notwendig – die eingestellten Werte korrigiert, bis das gewünschte Ergebnis erreicht wird (Bild 1).

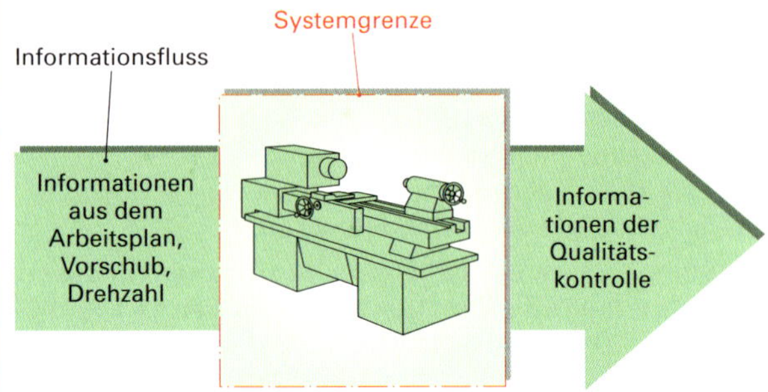

1 Informationsfluss an einer konventionellen Drehmaschine

Die nachfolgenden Arbeitsschritte werden nach dem gleichen Handlungsmuster ausgeführt. Der vom Arbeitsplan bestimmte Fertigungsablauf kann vom Facharbeiter, falls es erforderlich ist, jederzeit geändert werden.

Wird das Werkstück an einer **CNC-Drehmaschine** bearbeitet, so werden der Maschine alle Informationen, die zur Bearbeitung des Teiles notwendig sind, gleichzeitig mitgeteilt.

Informationen über die geometrische Form des Werkstücks, Schnittgeschwindigkeiten, Drehzahlen, Vorschübe, Werkzeuge u.a. werden mit Hilfe eines CNC-Programms der Drehmaschine übermittelt. Daher muss die gesamte Planung des Fertigungsablaufes zunächst durchgeführt werden, bevor die eigentliche Bearbeitung des Werkstücks beginnt (Bild 2).

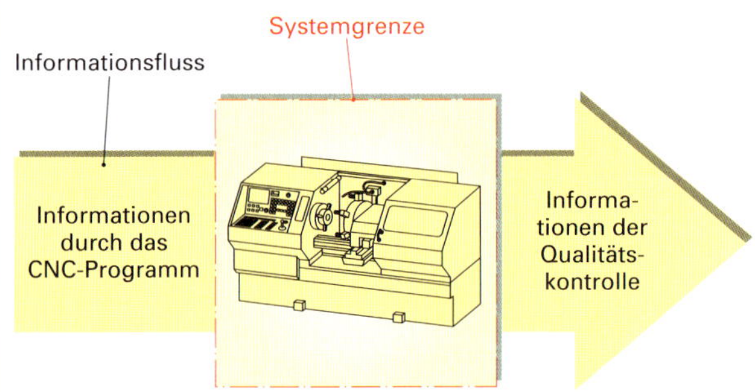

2 Informationsfluss an einer CNC-Drehmaschine

Das fertige Werkstück wird nach der Bearbeitung geprüft. Die Informationen, die man durch diese Qualitätskontrolle erhält, garantieren dem Produzenten des Werkstücks, dass der Abnehmer die geforderte Qualität auch erhält.

Die Informationen zum Fertigungsablauf werden bei konventionellen Maschinen in erster Linie durch den Menschen und Hilfsmittel, z.B. Zeichnungen, Arbeitspläne u.a. gespeichert und übermittelt.

Bei CNC-Maschinen werden die zur Produktion der Werkstücke nötigen Informationen auf Lochstreifen, Disketten, Festplatten u.a. gespeichert und mit Hilfe von Datenleitungen der Maschinensteuerung übermittelt.

Systemvergleich von Werkzeugmaschinen

Betrachtet man die **geschichtliche Entwicklung von Werkzeugmaschinen**, so können innerhalb der letzten 40 Jahre rasante Entwicklungen festgestellt werden. Die erste maschinelle Fertigung auf Werkzeugmaschinen erfolgte durch die Mechanisierung der Arbeitsbewegung an der Leitspindeldrehbank in der Mitte des 19. Jahrhunderts. Der Drehmeißel musste von nun an nicht mehr, wie in Bild 1 links dargestellt, vom Dreher per Hand gehalten und geführt werden. Diese Aufgabe übernahm der Schlitten, dessen Vorschubbewegung vom Hauptantrieb abgeleitet wurde. Somit war eine Bearbeitung des Werkstückes unabhängig von der manuellen Kraft und Geschicklichkeit des Drehers möglich.

Die schnell fortschreitende Entwicklung der Rechnertechnik und der Elektrotechnik führte zur Entwicklung der numerischen Steuerung von Werkzeugmaschinen. Im Jahre 1953 entstand die erste kommerzielle numerische Steuerung für eine Fräsmaschine in den USA. Mit Beginn der 60er-Jahre begann auch in Deutschland eine verstärkte Hinwendung zu numerisch gesteuerten Werkzeugmaschinen als ernstzunehmende Alternative zu konventionellen Fertigungsmaschinen.

1 **Manuelles und maschinelles Drehen**

Beim **Vergleich zwischen der konventionellen Fräsmaschine und der CNC-Fräsmaschine** können grundsätzliche Unterschiede festgestellt werden (Bild 2). Die konventionelle Fräsmaschine besitzt lediglich eine **Steuerung**. Diese Maschine benötigt nur **einen Antriebsmotor**, der die Drehbewegung der Frässpindel und die Vorschubbewegungen der Schlitten erzeugt. Die notwendigen Drehzahlen für die Fräs- und Vorschubspindeln werden über Getriebe eingestellt.

Die CNC-Fräsmaschine besitzt dagegen eine **Regelung**. Hierfür muss **jede Bewegung direkt mit einem eigenen Motor** erzeugt werden. Die Frässpindel wird von einem eigenen Hauptantriebsmotor, die Schlitten werden mit einem eigenen Vorschubmotor angetrieben.

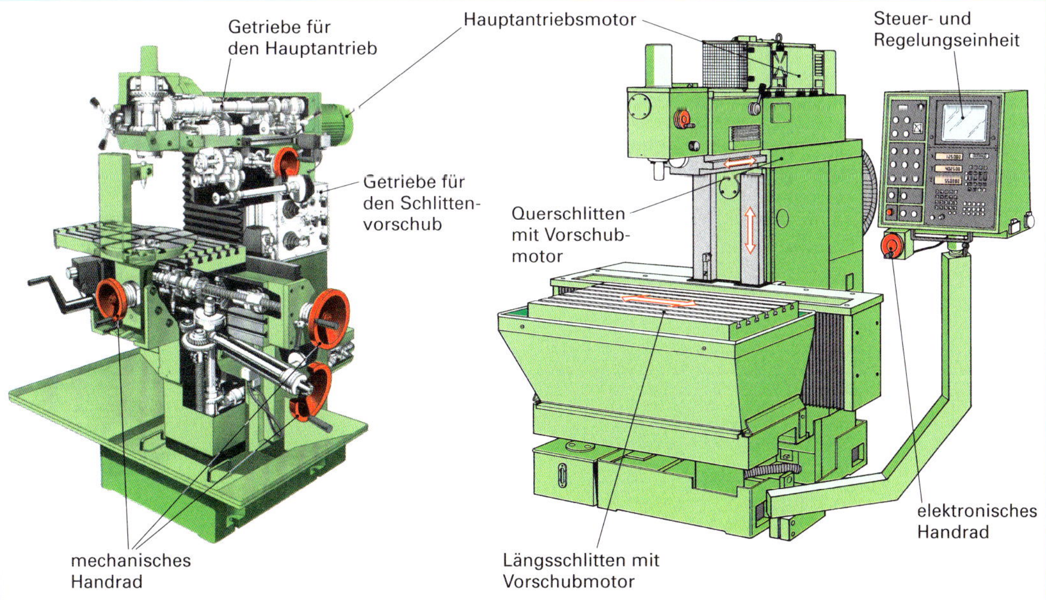

2 **Vergleich der konventionellen mit der CNC-Fräsmaschine**

Bei der **konventionellen Drehmaschine** (Bild 1) muss der Bediener den Vorschubweg des Schlittens mithilfe eines einstellbaren Anschlages begrenzen. Die Zustellung des Werkzeuges erfolgt hierbei von Hand.
Nachdem der Arbeitsgang beendet ist, muss der Bediener das Arbeitsergebnis überprüfen. Ergeben sich Abweichungen von dem Soll-Maß, stellt der Bediener den Anschlag zur Begrenzung des Vorschubweges oder die Zustellung des Werkzeuges nach.

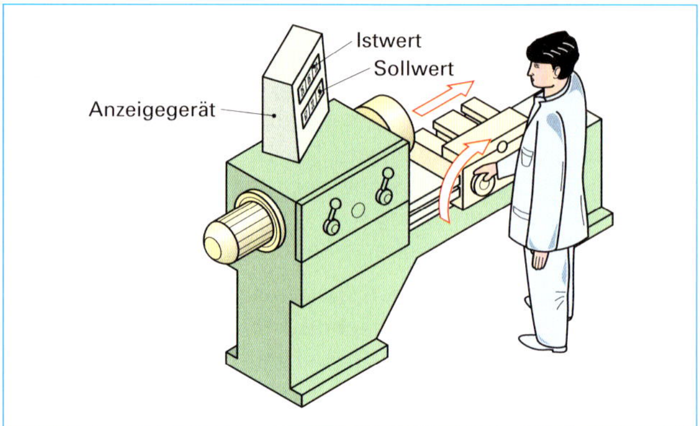

1 Bediener an der konventionellen Drehmaschine

Demnach erfolgt die Regelung der Maschine bei der konventionellen Werkzeugmaschine durch den Maschinenbediener. Die Steuerung der Maschine und der Maschinenbediener mit seinen Messmitteln befinden sich in einem geschlossenen Regelkreis (Bild 2). Betrachtet man die konventionelle Drehmaschine allein als System, besitzt dieses aber nur eine **Steuerung**.

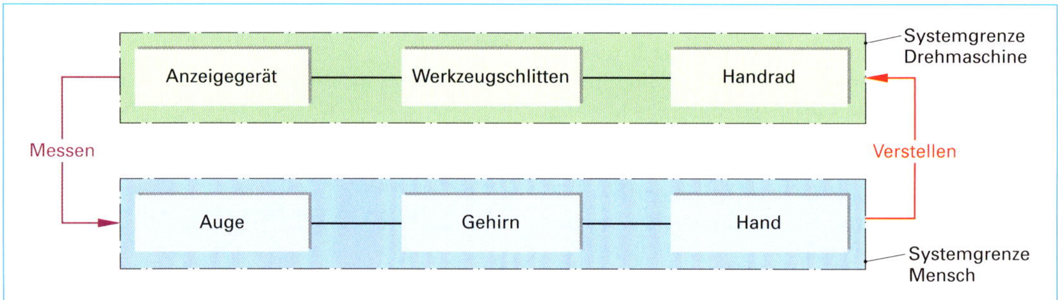

2 Regelkreis Mensch – Maschine

Die **CNC-Drehmaschine** hat neben der Steuerung Messeinrichtungen, die alle Betriebsgrößen wie z.B. Drehzahl, Verfahrweg und Werkstückabmessungen kontrollieren. Wird durch die Messeinrichtung z.B. eine Abweichung von der eingestellten Soll-Drehzahl festgestellt, korrigiert eine Regeleinrichtung die Drehzahlgröße so lange, bis der Sollwert erreicht ist. Der Steuerung wird hierbei jeweils die gemessene Drehzahlgröße mitgeteilt und die Drehzahl wird neu eingestellt.

Die Steuerungs-, Mess- und Regeleinrichtungen der CNC-Drehmaschine befinden sich in einem **geschlossenen Regelkreis** (Bild 3). Die CNC-Drehmaschine, als System betrachtet, hat somit eine eigene Regelung.

Durch die Regeleinrichtung können die Arbeitsvorgänge auf der CNC-Drehmaschine automatisch ablaufen. Bei der konventionellen Drehmaschine muss jeder Arbeitsvorgang durch die Steuerung der Maschine neu eingestellt werden.

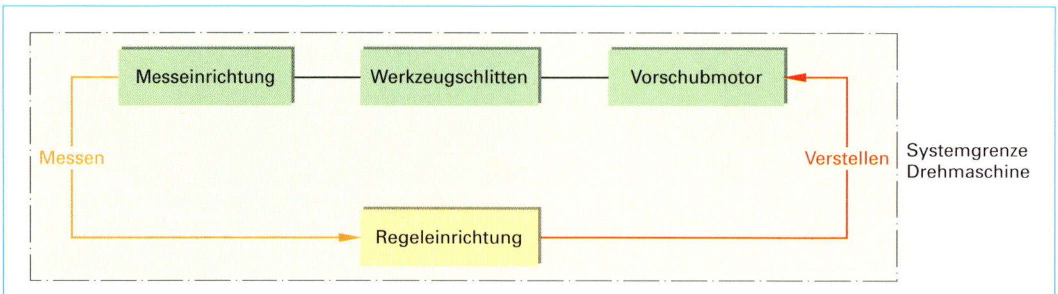

3 Geschlossener Regelkreis der CNC-Drehmaschine

Aufgaben:

Die in Bild 1 dargestellte CNC-Drehmaschine soll als technisches System betrachtet werden. Die nachfolgenden Aufgaben sind als Wegweiser für die Systemanalyse der CNC-Drehmaschine gedacht.

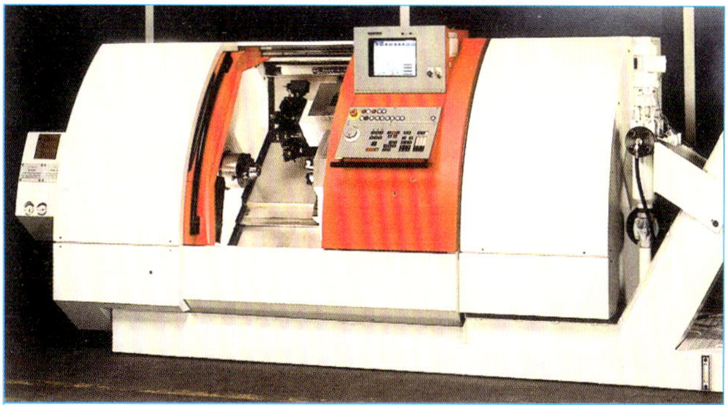

1 CNC-Drehmaschine

1 **Geben Sie an, welche Eingangsgrößen in das System „CNC-Drehmaschine" eintreten.**

2 **Erklären Sie die Bedeutung der jeweiligen Eingangsgrößen.**

3 **Nennen Sie Beispiele für die jeweiligen Eingangsgrößen.**

4 **Beschreiben Sie, wie die Eingangsgrößen durch die CNC-Drehmaschine umgewandelt werden.**

5 **Welche Ziele werden durch die jeweilige Umwandlung der Eingangsgrößen angestrebt?**

6 **Welche Bedeutung hat die Wärmeenergie in dem System „CNC-Drehmaschine"?**

7 **Verdeutlichen Sie den Massestrom in dem System CNC-Drehmaschine durch ein konkretes Beispiel.**

8 **Ermitteln Sie den Unterschied des Informationsflusses zwischen einer konventionellen und der CNC-Drehmaschine.**

9 **Wie werden Informationen an CNC-Drehmaschinen gespeichert?**

10 **Erklären Sie den Unterschied zwischen einer Steuerung und einer Regelung am Beispiel der Drehmaschine.**

Berechnungsbeispiel: Wirkungsgrade der CNC-Drehmaschine

1. Für den im Bild 2 abgebildeten **Antriebsmotor der CNC-Drehmaschine** ist der Wirkungsgrad zu berechnen.

2. Hinter dem im Bild 2 gezeigten Antriebsmotor befindet sich ein Getriebe. Die abgegebene Leistung des Getriebes beträgt 7,2 kW. Wie groß ist der Wirkungsgrad des Getriebes?

3. Berechnen Sie den Gesamtwirkungsgrad der CNC-Drehmaschine.

4. Ein zweiter Elektromotor der CNC-Drehmaschine treibt die in Bild 3 dargestellte **elektrohydraulische Antriebseinheit** an. Wie groß ist der Gesamtwirkungsgrad und die zugeführte Leistung des Elektromotors bei einer Abgabeleistung des Hydraulikmotors von 7,8 kW?

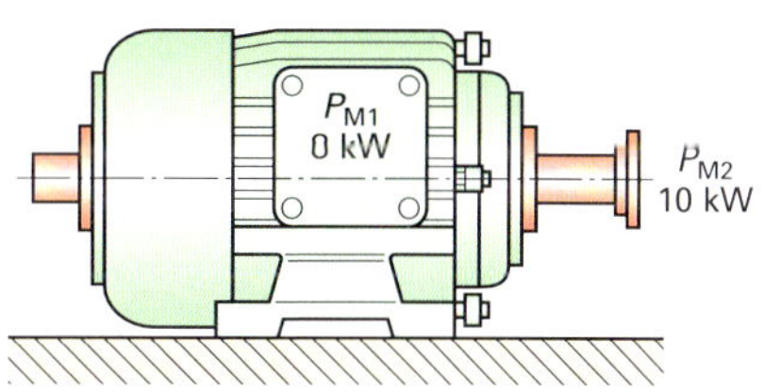

2 Antriebsmotor der CNC-Drehmaschine

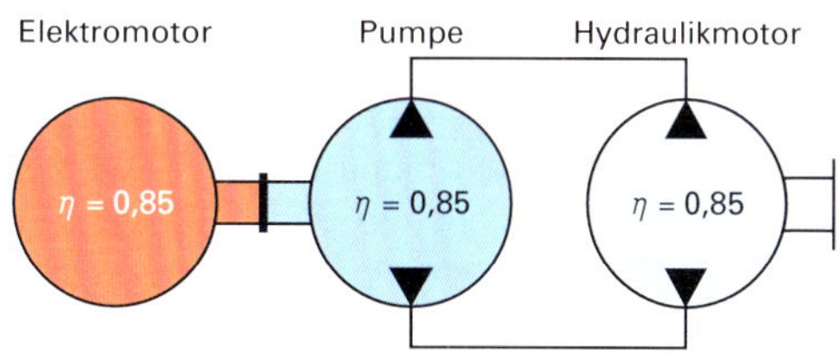

3 Elektrohydraulische Antriebseinheit der CNC-Drehmaschine

4.2.3 Funktionseinheiten und -elemente von Werkzeugmaschinen

In den vorhergehenden Abschnitten wurde das System „Werkzeugmaschine“ als eine „Black Box“ betrachtet, in der die Größen Energie, Stoffe und Informationen eintreten und das System in umgewandelter Form wieder verlassen. In diesem Abschnitt wird die „Black Box“ geöffnet und untersucht, wodurch die Eingangs- in die Ausgangsgrößen umgewandelt werden.

Für das System „Werkzeugmaschine“ wird exemplarisch die im Bild 1 dargestellte CNC-Fräsmaschine herangezogen. Diese Maschine besteht aus den in Bild 1 angegebenen **Funktionseinheiten**. Jede dieser Funktionseinheiten übernimmt eine bestimmte **Aufgabe bzw. Funktion** innerhalb des Systems „Werkzeugmaschine“.

Die Umwandlung der Größen Energie, Stoffe und Informationen erfolgt aber nicht ausschließlich durch eine Funktionseinheit allein, sondern erst durch das Zusammenwirken der einzelnen Einheiten. Kennt man die Aufgaben der einzelnen Funktionseinheiten und ihr Zusammenwirken, so kann die Arbeitsweise der Werkzeugmaschine schnell ermittelt werden.

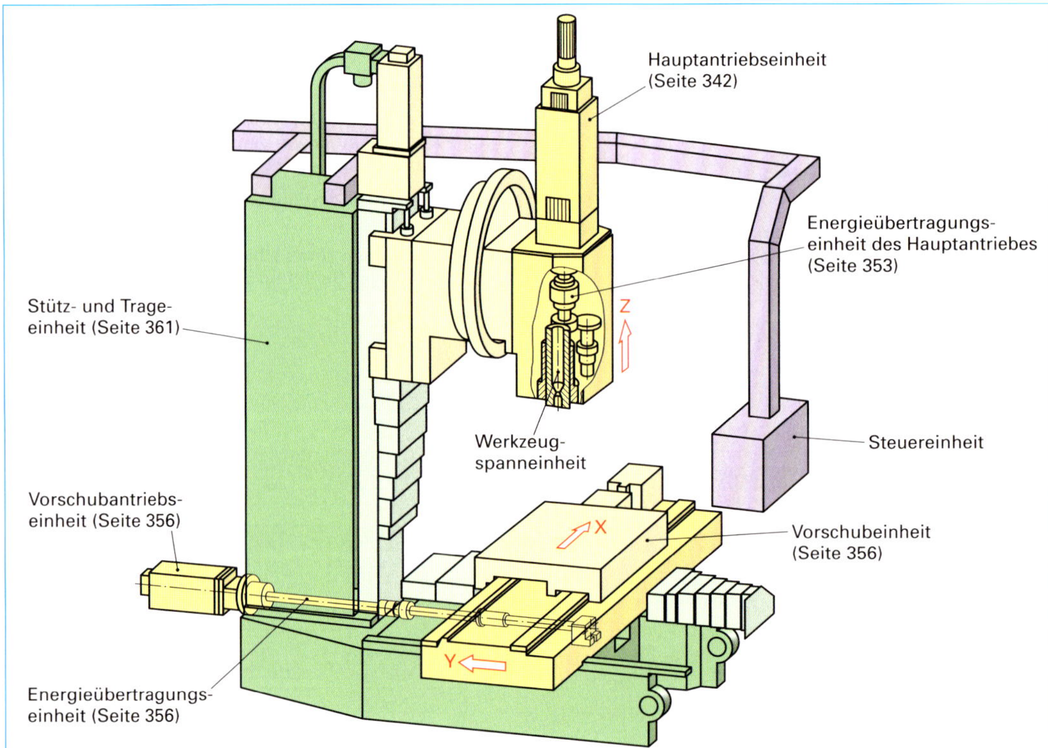

1 Funktionseinheiten einer CNC-Fräsmaschine

Die **Funktionseinheiten** der in Bild 1 gezeigten Fräsmaschine sind in einer bestimmten räumlichen Anordnung einander zugeordnet. Diese Anordnung kann starr oder in einer bestimmten Weise veränderlich sein. So ist z. B. zwischen der Vorschubantriebseinheit und der Stütz- und Trageeinheit eine starre (nicht veränderbare) Lage. Im Gegensatz hierzu kann die Lage zwischen der Hauptantriebseinheit und der Werkstücktrageeinheit durch die Bewegung der Schlitten verändert werden.

Jede Funktionseinheit besteht aus bestimmten **Baugruppen und Bauteilen**. Diese **Funktionselemente** können innerhalb der einzelnen Funktionseinheiten selber starr oder beweglich sein. Das Maschinengestell ist z. B. innerhalb der Stütz- und Trageeinheit starr angeordnet, während die Vorschubwelle innerhalb der Vorschubantriebseinheit beweglich eingebaut ist.

4.2.3.1 Funktionen der Werkzeugmaschine

Die Werkzeugmaschine mit ihren Funktionseinheiten sowie deren Baugruppen und Bauteilen besitzt unterschiedliche Aufgaben bzw. Funktionen, die sich ihr zuordnen lassen. Die **Gesamtfunktion des Systems „Werkzeugmaschine"** besteht darin, die Eingangsgrößen Energie, Stoffe und Informationen umzuwandeln bzw. umzuformen (Bild 1).

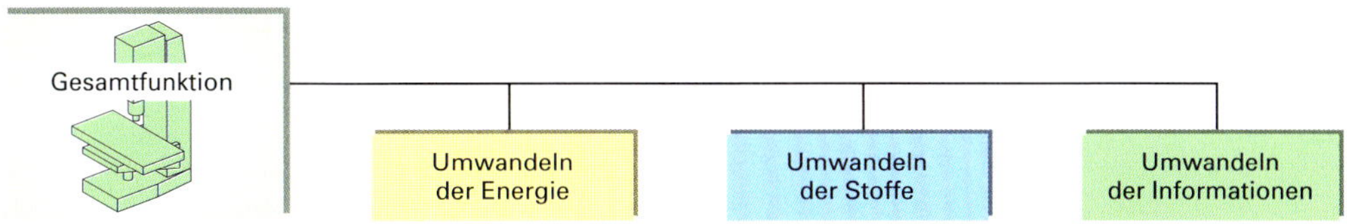

1 Gesamtfunktion der Werkzeugmaschine

Die Gesamtfunktion der Werkzeugmaschine lässt sich in unterschiedliche **Teilfunktionen** untergliedern. Diesen wiederum können einzelne **Grundfunktionen** zugeordnet werden (Bild 2).

Die Teilfunktionen der Werkzeugmaschine werden durch die unterschiedlichen Einheiten (z. B. Antriebseinheit) der Werkzeugmaschine erfüllt. Für die Grundfunktionen sind verschiedene Baugruppen und Bauteile der Maschine (z. B. Gestell, Antriebsmotor) zuständig.

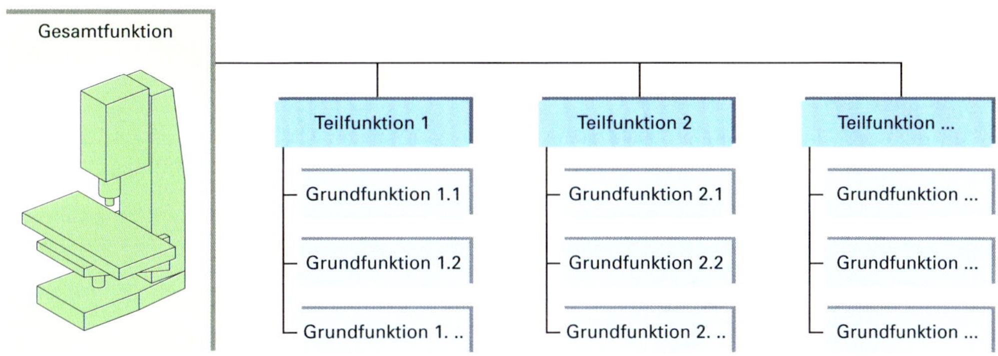

2 Unterteilung der Gesamtfunktion in Teil- und Grundfunktionen

Betrachtet man die unterschiedlichen Einheiten der Werkzeugmaschine, so hat z. B. die Hauptantriebseinheit die Aufgabe, die Arbeitsspindel **„anzutreiben"** um eine Schnittbewegung zu erzeugen (Bild 3). Diese Aufgabe wird als Teilfunktion bezeichnet.

Die Stütz- und Trageeinheit hat die Teilfunktion, durch das Gestell der Maschine die Schlitten, Motoren, den Steuerpult u.a. zu **„stützen"**.

Die Teilfunktion **„Kühlen"** wird durch die Kühleinheit erfüllt, die durch ihr Kühlwasser die Wärme von Werkzeug und Werkstück aufnimmt und ableitet.

Die Steuereinheit der Werkzeugmaschine hat u.a. die Aufgabe die Schlittenbewegungen zu **steuern**.

Die Verkleidung der Werkzeugmaschine hat die Aufgabe, den Maschinenbediener zu **schützen**.

Der Monitor der CNC-Maschine soll u.a. dem Maschinenbediener bei Störungen **Signale geben**.

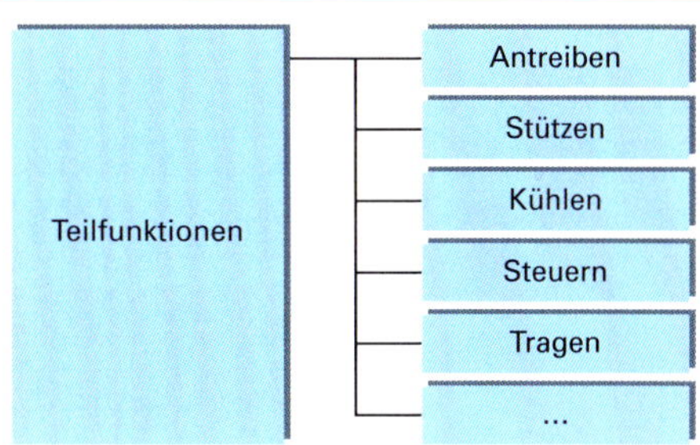

3 Beispiel für Teilfunktionen

Die Grundfunktionen werden durch Baugruppe und Bauteile der Werkzeugmaschine erfüllt.

Die Aufgabe „**Wandeln**" wird z. B. durch die Baugruppe „Vorschubmotor" der Vorschubantriebseinheit verwirklicht (Bild 1). Hierbei wird elektrische Energie in Bewegungsenergie bzw. mechanische Energie gewandelt.

Das Bauteil „Führungsbahn" der Werkstücktrageeinheit hat die Grundfunktion, den Schlitten auf einer vorgegebenen Bahn zu **„führen"**.

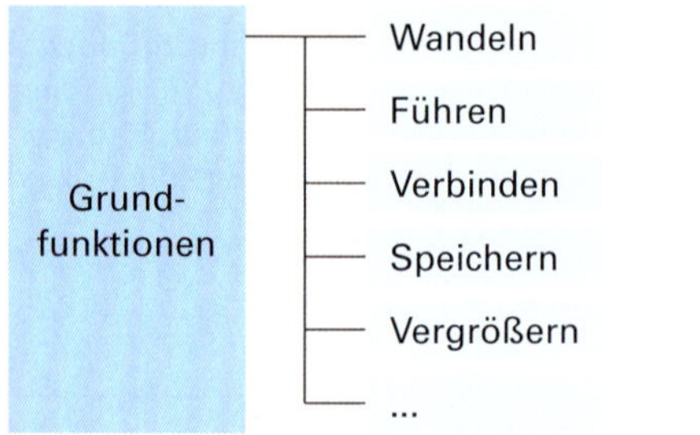

1 Grundfunktionen der Funktionselemente

Schrauben und Muttern der unterschiedlichsten Funktionseinheiten sollen dagegen Baugruppe und Bauteile „**verbinden**".
Die Grundfunktion „Speichern" wird durch den Einsatz von Federn erfüllt. Durch das Zusammendrücken einer Feder wird die aufgebrachte Energie gespeichert. Das Entlasten der Feder führt zur Abgabe der gespeicherten Energie.

4.2.3.2 Analyse der Antriebseinheiten

Die Antriebseinheiten der CNC-Fräsmaschine bestehen aus der Hauptantriebseinheit und der Vorschubantriebseinheit der jeweiligen Achsen.

Während die Hauptantriebseinheit die Teilfunktion der Erzeugung einer Schnittbewegung erfüllt, soll die Vorschubantriebseinheit für jede Achse Vorschubbewegungen erzeugen. Eine vollständige Hauptantriebseinheit besteht aus dem Elektromotor, der Energieübertragungseinheit sowie der Regeleinheit.

Elektromotor der Hauptantriebseinheit

Die Hauptantriebseinheit wandelt elektrische Energie in mechanische Energie um und stellt somit Bewegungsenergie für die Hauptarbeitsbewegung der Werkzeugmaschine zur Verfügung.

Diese Bewegungen sind bei Dreh-, Fräs-, Bohr-, Schleif- oder Sägemaschinen Hauptspindelbewegungen, bei Pressen und Stoßmaschinen sind es Bewegungen des Stößels und bei Hobelmaschinen die Tischbewegung.

Der Hauptantriebsmotor einer Werkzeugmaschine kann durch zwei unterschiedliche Prinzipien realisiert werden, dem **elektrischen und hydraulischen Motor** (Bild 2).

Die meisten Werkzeugmaschinen für die spanende Formgebung zeichnen sich durch einen elektrischen Hauptantriebsmotor aus, der eine rotatorische (drehende) Bewegung erzeugt. Der Grund hierfür liegt in dem hohen Wirkungsgrad und der geringen Wärmeentwicklung eines Elektromotors.

Hydraulische Motoren werden aufgrund ihrer hohen Krafterzeugung vielfach bei Pressen eingesetzt.

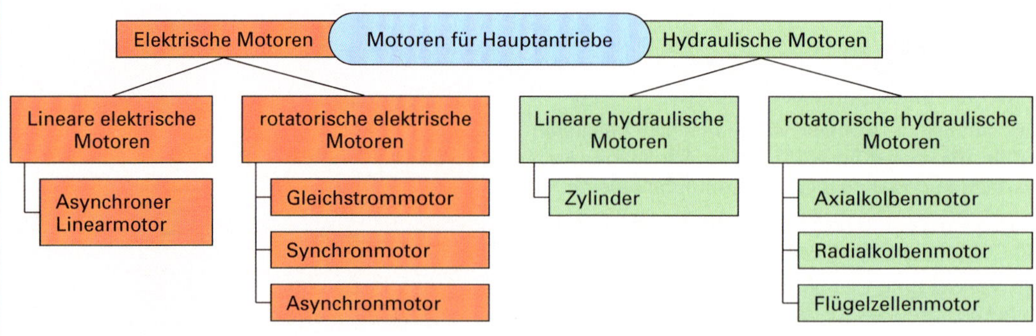

2 Gliederung der Motoren für Hauptantriebe

Stromarten

Beim Antrieb von Elektromotoren werden zwei unterschiedliche Stromarten eingesetzt:

- **Gleichstrom** Kennzeichen: – oder DC (= Direct Current)
- **Wechselstrom** Kennzeichen: ~ oder AC (= Alternating Current)

Ein Strom, der seine Richtung nicht ändert, heisst **Gleichstrom**. Diese Stromart wird durch eine Gleichspannung verursacht. Gleichstrom liefern z. B. Batterien oder Akkumulatoren. Aus dem Stromnetz kann man nur indirekt den Gleichstrom über Gleichrichter gewinnen.

Ein Strom, der seine Richtung ändert, heisst **Wechselstrom**. Dieser Strom wird durch eine Wechselspannung verursacht. Der Wechselstrom und damit auch die Wechselspannung ändert ständig die Richtung und Stärke. Hierbei pendelt der Strom zwischen einem positiven und negativen Höchstwert.

Ein vollständiger Wechsel zwischen positivem und negativem Höchstwert wird als eine **Periode** bezeichnet. Im europäischen Stromnetz beträgt die periodische Schwingung des Wechselstroms 50 Hz, d. h. der Strom wechselt 50 mal pro Sekunde seinen Höchstwert. Im Stromnetz werden drei zeitlich versetzte Wechselstromphasen bereitgestellt. Nutzt man alle drei Wechselstromphasen gleichzeitig, so erhält man einen **Drehstrom** (vgl. Seite 345).

Gleichstrommotoren

Gleichstrommotoren bieten gegenüber den Synchron- und Asynchronmotoren den wesentlichen Vorteil einer relativ **einfachen Drehzahlsteuerung**.

Betrachtet man den Aufbau des Gleichstrommotors, so besteht er aus einem **Anker**, der drehbar zwischen dem Nord- und Südpol eines **Ständers** gelagert ist (Bild 1). Der Ankerwicklung wird über Kohlebürsten Strom zugeführt. Hierdurch entsteht ein **magnetisches Ankerfeld**. Das **magnetische Erregerfeld** des Ständers kann durch Dauermagneten (permanenterregt) oder Spulen (fremderregt) erzeugt werden.

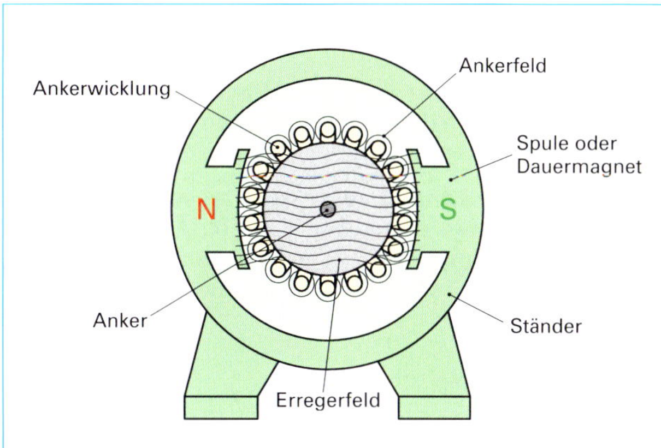

1 **Aufbau und magnetische Felder des Gleichstrommotors**

Zur Erzeugung der Drehbewegung sind die nachfolgend beschriebenen **Bauteile des permanenterregten Gleichstrommotors** erforderlich (Bild 2).

Die **Ankerwicklung** wird zur prinzipiellen Beschreibung auf einen einzigen stromdurchflossenen Leiter reduziert, der mit einem **Kollektor** (Stromwender) verbunden ist. An dem Kollektor befinden sich die **Kohlebürsten**, die durch eine **Gleichstromquelle** mit Strom versorgt werden.

Der drehbar gelagerte stromdurchflossene Leiter befindet sich zwischen einem **Dauermagneten** mit seinem Nord- und Südpol.

Es sei darauf hingewiesen, dass bei realen Gleichstrommotoren die Ankerwicklung aus mehreren Spulen aufgebaut ist, prinzipiell aber der im Bild 2 dargestellte Motor durchaus funktionsfähig ist.

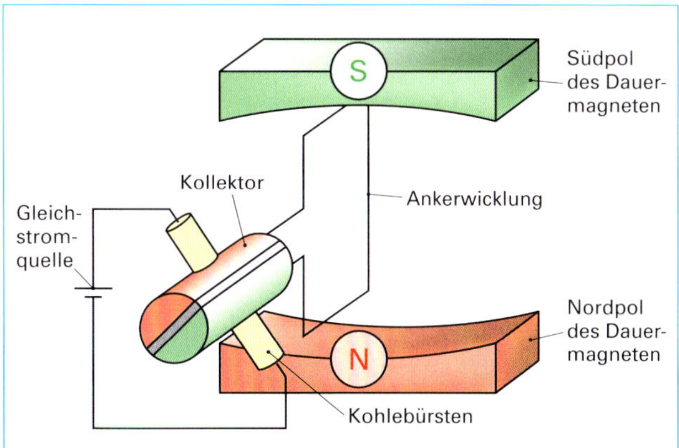

2 **Bauteile des Gleichstrommotors**

Zur Verdeutlichung des **Prinzip** des vorhergehend beschriebenen Gleichstrommotors werden **vier Augenblickszustände** des Gleichstrommotors betrachtet (Bild 1).

Der drehbar gelagerte Leiter wird im ersten Zustand mit Strom versorgt. Hierdurch bildet sich um den Leiter ein **Magnetfeld** aus. Dieses Feld zeichnet sich an der oberen Leiterschleife durch einen Nordpol und an der unteren Schleife durch einen Südpol aus. Der Nordpol des Leiters dreht sich zum Südpol des Dauermagneten und umgekehrt.

Durch die Drehbewegung des Leiters schwingt dieser über die Position des 1. Augenblickzustandes hinaus in eine **waagerechte Lage**. In dieser Lage ist für den stromdurchflossenen Leiter ein **Gleichgewichtszustand** erreicht (2. Augenblickszustand).

Damit der Leiter sich aus der waagerechten Lage weiterdrehen kann, muss die Stromrichtung im Leiter geändert werden. Diese **Stromrichtungsumkehr** wird durch den geteilten **Kollektor** bewirkt. Die **Kohlebürsten** versorgen nun jeweils die andere Kollektorhälfte mit Strom. Der Südpol des Leiters verändert sich daraufhin zum Nordpol und umgekehrt. Das Gleichgewicht in der waagerechten Lage ist gestört, da die Pole des Leiters und des Dauermagneten nun das Bestreben haben sich gegenseitig anzuziehen (3. Augenblickszustand).

Der Schwung des Leiters bewirkt, dass dieser sich erneut in die **waagerechte Lage** dreht (4. Augenblickszustand). Der Leiter hat eine vollständige Umdrehung hinter sich. Der beschriebene Vorgang wiederholt sich.

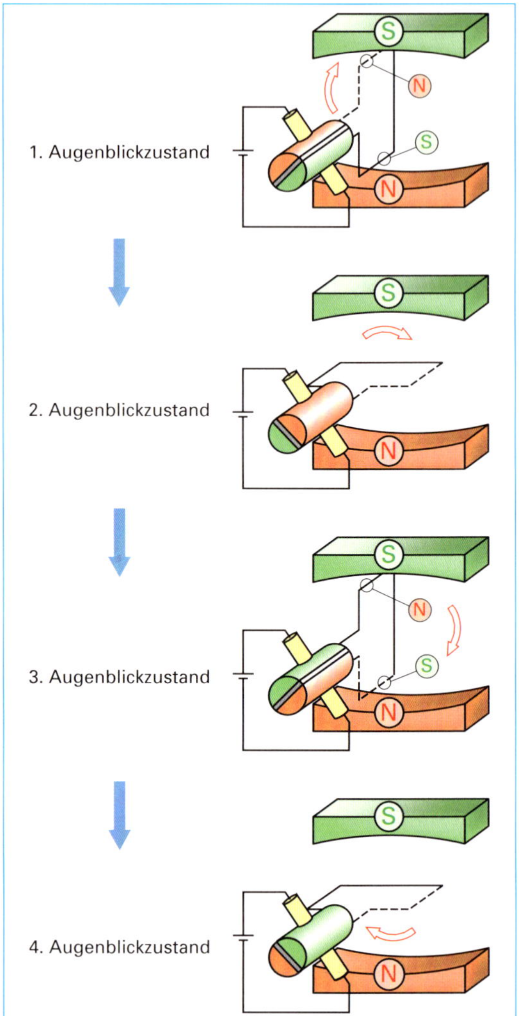

1 Prinzip des Gleichstrommotors

Kennlinien von Gleichstrommotoren

Gleichstrommotoren werden nach der Schaltung der Erreger- und Ankerwicklung unterschieden. Es wird hauptsächlich von dem Nebenschlussmotor und dem Reihenschlussmotor gesprochen. Diese Motoren zeichnen sich durch verschiedene Kennlinien aus, die den Einsatzbereich des Motors bestimmen. Die Abbildung im Bild 2 zeigt das Schaltbild des **Nebenschlussmotors** und seine Drehmomenten-Drehzahl-Kennlinie.

Die Erregerwicklung ist beim Nebenschlussmotor parallel zum Anker geschaltet. Die Drehzahl kann bei diesem Motor durch Veränderung der Ankerspannung eingestellt werden. Wird der Motor bei einer konstant eingestellten Drehzahl belastet, so behält er seine Drehzahl trotz steigendem Drehmoment. Dieses Verhalten ist in der Drehmoment-Drehzahl-Kennlinie (Bild 2) wiedergegeben. Daher wird der Nebenschlussmotor bei Maschinen dort eingesetzt, wo eine **genau einstellbare Drehzahl bei jeder Belastungsgröße** gefragt ist.

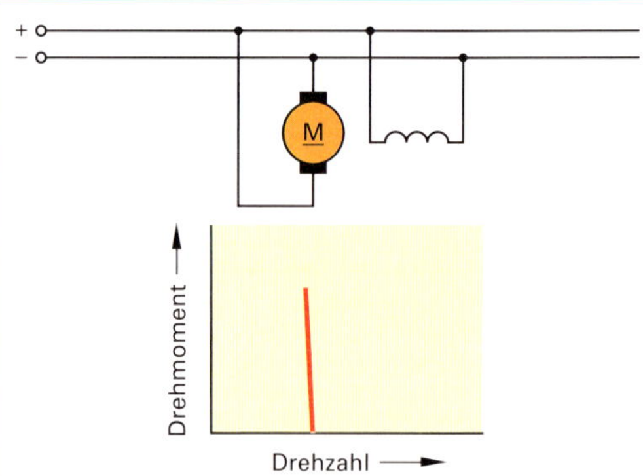

2 Gleichstrom-Nebenschlussmotor

Beim **Reihenschlussmotor** (Bild 1) wird die Erregerwicklung mit der Ankerwicklung in Reihe geschaltet. Der Erregerstrom ist nun immer genauso groß wie der Ankerstrom. Diese Abhängigkeit bewirkt im Gegensatz zum Nebenschlussmotor, dass mit einer steigenden Belastung des Motors die Drehzahl sehr stark abnimmt.

Der Reihenschlussmotor hat dadurch aber auch den Vorteil, dass er **sehr hohe Drehmomente zum Anlaufen** bringt, wie es z.B. bei elektrischen Anlassern von PKW's erforderlich ist. Der Reihenschlussmotor wird für Maschinen mit einem schweren Anlauf (z.B. Hebezeuge) verwendet.

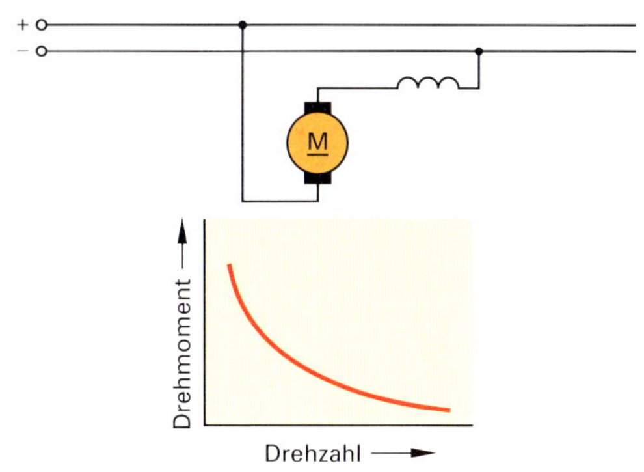

1 Gleichstrom-Reihenschlussmotor

Erzeugung von Drehstrom

Die Stromanbieter im Versorgungsnetz stellen **drei zeitlich versetzte Wechselstromphasen**, den Drehstrom, zur Verfügung. Diese Stromart bietet gegenüber dem Gleichstrom folgende Vorteile:

- Die einzelnen Wechselstromphasen des Drehstroms lassen sich über weite Entfernungen mit nur geringen Verlusten übertragen. Bei Verwendung von Gleichstrom müssten große Leitungsquerschnitte verwendet werden um den Widerstand des Leiters und damit die Verluste durch die Stromübertragung gering zu halten. Wechselstrom mit sehr großen Spannungen lässt sich dagegen bei verhältnismäßig kleinen Leitungsquerschnitten transportieren. Die Verluste hierbei sind entsprechend klein. Diese großen Spannungen werden mit Transformatoren erzeugt. Der Betrieb der Transformatoren ist aber nur mit Wechselstrom möglich.
- Elektrische Hauptantriebe für Werkzeugmaschinen benötigen beim Einsatz des Drehstroms einfachere Konstruktionsprinzipien als bei den im vorhergehenden Absatz beschriebenen Gleichstrommotoren. Aufgrund des einfachen Aufbaus sind Drehstrommotoren preisgünstiger und wartungsärmer als Gleichstrommotoren.

Drehstrom besteht aus drei gleichen Wechselspannungen, die gegeneinander um 1/3 Periodendauer versetzt sind. Die Erzeugung von Drehstrom erfolgt durch Drehstromgeneratoren, die ein umgekehrtes Funktionsprinzip des Drehstrommotors aufweisen. Das Prinzip des Drehstromgenerators wird nachfolgend verdeutlicht:

Bewegt man einen Magneten vor einer Spule, so wird in dieser Spule eine Spannung erzeugt. Je näher sich der Magnet an der Spule befindet, desto größer ist der erzeugte Spannungswert in der Spule. Werden drei **Spulen um 120° versetzt** angeordnet, kann durch den drehenden Dauermagneten in jeder Spule eine Wechselspannung erzeugt werden. Die höchsten Spannungswerte jeder einzelnen Spule treten dabei zeitlich versetzt auf. Mit den **drei Spannungen** wird im Stromkreis ein **Drehstrom** erzeugt (Bild 2).

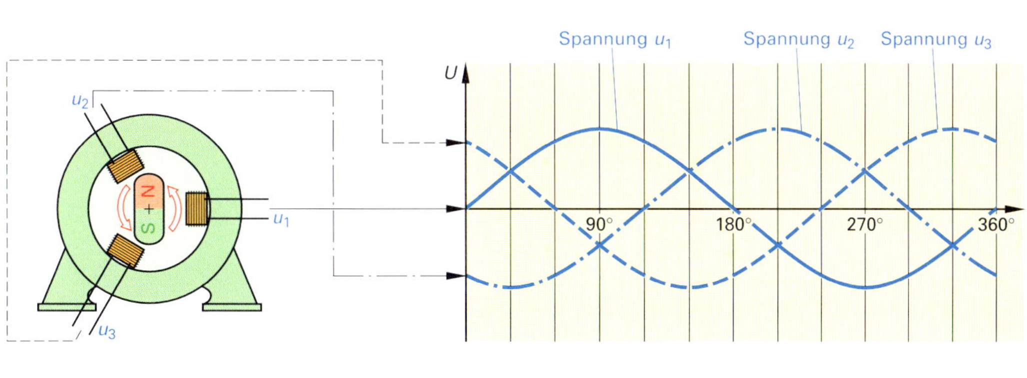

2 Erzeugung von Drehstrom

Drehstrommotoren

Werden die drei um 120° versetzten Spulen an einen Stromkreis mit Drehstrom angeschlossen, so entsteht in jeder Spule ein Magnetfeld, dessen Stärke sich mit der Spannungsgröße der einzelnen Phasen verändert. Da jede Spule zu einem anderen Zeitpunkt ihre höchste Magnetfeldstärke besitzt, entsteht in dem Motorständer ein in sich **drehendes Magnetfeld**. Befindet sich nun ein **Dauermagnet** in diesem Magnetfeld, so dreht sich der Magnet mit dem drehenden Magnetfeld. Das beschriebene Phänomen zur Erzeugung von Drehstrom wird beim Drehstrommotor also nur umgekehrt genutzt.

Bei Drehstrommotoren unterscheidet man zwischen zwei Funktionsprinzipien:

- **Synchronmotor**
- **Asynchronmotor**

Synchronmotor

Synchronmotoren werden in Werkzeugmaschinen selten eingesetzt. Lediglich permanent erregte Synchronmotoren finden zum Antrieb von Werkzeugmaschinen ihren Einsatz.

Der **Aufbau eines Synchronmotors** wird nachfolgend in Bild 1 erläutert. Der Läufer besteht aus einem Dauermagneten. An dem Ständer des Motors sind drei Spulen um jeweils 120° versetzt befestigt. Die Spulen werden mit den Drehstromleitern des Versorgungsnetzes verbunden. Der Nullleiter des Stromnetzes schließt den Stromkreis.

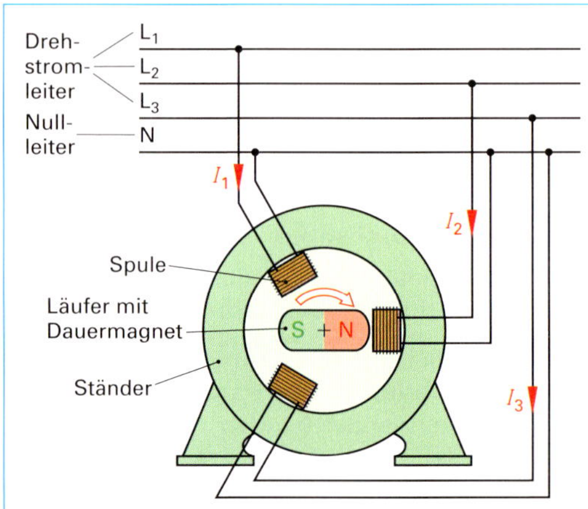

1 Aufbau eines Synchronmotors

Die Darstellung in Bild 2 verdeutlicht das **Prinzip eines Synchronmotors**. Die an den Drehstromkreis angeschlossenen Spulen werden zeitlich versetzt mit den jeweils höchsten Stromstärken durchflossen.

Der Nordpol des Dauermagneten richtet sich im ersten Zeitpunkt an der Spule aus, die den größten negativen Stromwert besitzt. Es zeigt sich, dass der Strom i_2 in negativer Richtung am größten ist. Im zweiten Zeitpunkt ist der Strom i_3 der größte in negativer Richtung. Dementsprechend dreht sich der Nordpol des Dauermagneten zu dieser Spule. Im dritten Zeitpunkt kann der Strom i_1 seinen negativ größten Wert verzeichnen, der Nordpol des Magneten dreht sich zu dieser Spule.

Dieser Vorgang wiederholt sich, da nun der Strom i_2 wiederum seinen negativsten Wert aufweist.

Bei dem oben beschriebenen Prinzip des Synchronmotors wird von einem magnetischen Drehfeld gesprochen, das durch die drei Spulen erzeugt wird. Mit diesem Drehfeld dreht sich der Dauermagnet (Läufer) synchron (gleich schnell). Wird der dargestellte Synchronmotor an einer Netzfrequenz von 50 Hz angeschlossen, so müsste der Läufer mit einer Drehzahl von 3000 1/min aus dem Stand anlaufen. Aufgrund seiner Trägheit schafft der Läufer diesen Sprung aber nicht ohne Hilfen.

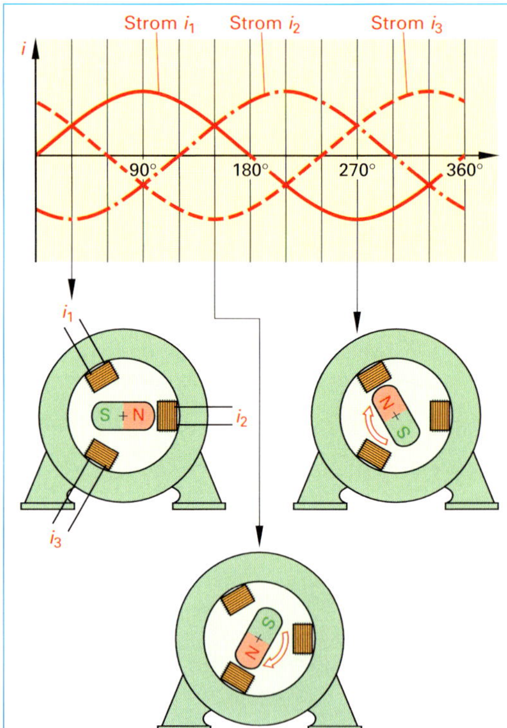

2 Prinzip des Synchronmotors

Synchronmotoren laufen von selbst nicht an. Der Läufer benötigt Anlaufhilfen, damit er dem schnell umlaufenden Drehfeld folgen kann. Daher ist der Motor mit Hilfswicklungen ausgestattet, die das Anlaufen des Läufers ermöglichen und bei Erreichen der Drehfelddrehzahl abgeschaltet werden.

Drehzahlkennlinie des Synchronmotors

Synchronmotoren laufen ohne Belastung, d.h. ohne äußere Einwirkung eines Drehmomentes synchron zum erzeugten Drehfeld der um 120° versetzten Spulen.

Wird der Synchronmotor belastet, so bleibt der Läufer hinter dem drehenden Magnetfeld ein wenig zurück, läuft aber dann weiter synchron mit. Der Winkel, um den der Läufer zurückbleibt, wird als **Lastwinkel** bezeichnet (Bild 1). Er steigt mit höherer Belastung. Bleibt der Läufer zu weit zurück gerät der Motor „außer Tritt" und kann nicht mehr synchron mitlaufen. Der Läufer bleibt daraufhin stehen. Diese Belastung nennt man „**Kippmoment**". Sie ist etwa doppelt so hoch wie das vom Hersteller angegebene Nennmoment des Motors. Wie die **Drehmomenten-Drehzahl-Kennlinie** im Bild 1 verdeutlicht, bleibt bei steigender Belastung die Drehzahl weitgehend konstant und fällt dann beim Erreichen des Kippmoments schlagartig ab.

Drehzahlregelung des Synchronmotors

Die Drehzahl der Synchronmotoren ist abhängig von der Frequenz des Versorgungsnetzes. So ergibt sich bei einer Frequenz von 50 Hz eine anfallende Drehzahl von 3000 min^{-1}. Setzt man den Synchronmotor als Hauptantrieb der Werkzeugmaschine ein, so werden aber unterschiedliche Drehzahlen gefordert. Während bei **konventionellen Werkzeugmaschinen** die Drehzahl über **ein Stufengetriebe** verändert wird, müssen die Antriebe von **CNC-Werkzeugmaschinen stufenlose Drehzahlveränderungen** ermöglichen. Zur stufenlosen Drehzahlregelung werden elektronische Gleichrichter und Puls-Wechselrichter eingesetzt. Der Drehzahlbereich des Synchronmotors kann hiermit ca. von –5000 min^{-1} bis +5000 min^{-1} gesteuert werden.

Asynchronmotor

Der Asynchronmotor ist im Aufbau ähnlich dem Synchronmotor. Der **Unterschied zum Synchronmotor** besteht darin, dass der Läufer nicht aus einem Dauermagneten, sondern aus einem **Käfig mit Leiterstäben und einem Blechpaket** besteht (Bild 2). Der Ständer des Asynchronmotors hat, wie beim Synchronmotor, drei Spulen, die um 120° versetzt sind. Durch diese drei Spulen wird ebenso ein Drehfeld erzeugt, in dem sich nun, anstatt des Dauermagneten, der Käfig dreht. Asynchronmotoren werden mit den nachfolgend beschriebenen Läuferarten gebaut.

Beim **Asynchronmotor mit Kurzschlussläufer** werden die Leiterstäbe des Käfigs mithilfe eines **Kurzschlussringes** miteinander verbunden und somit kurzgeschlossen (Bild 3). Der Kurzschlussläufer hat einen geschlossenen Stromkreis.

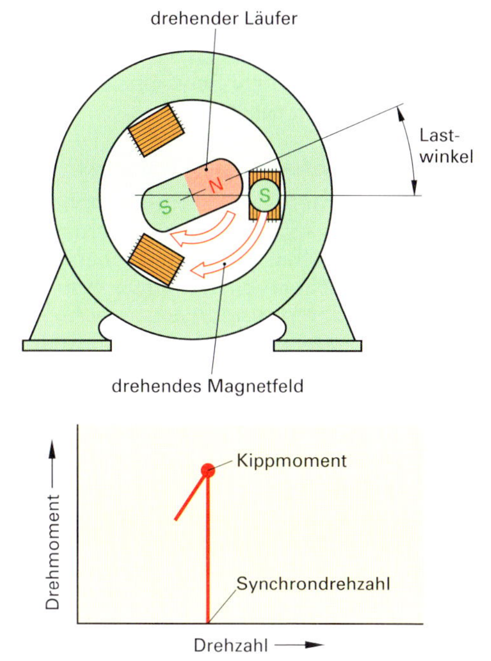

1 Lastwinkel und Kennlinie des Synchronmotors

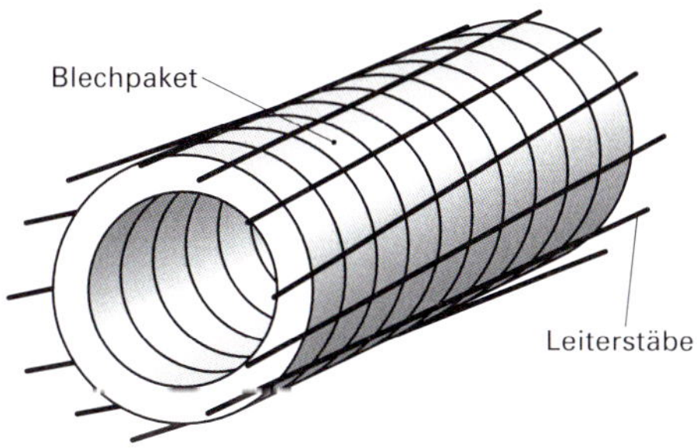

2 Käfig mit Leiterstäben und Blechpaket

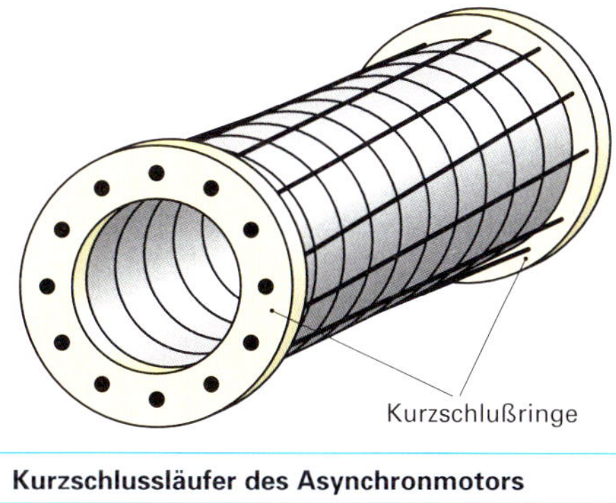

3 Kurzschlussläufer des Asynchronmotors

Das Prinzip des Asynchronmotors mit Kurzschlussläufer wird in Bild 1 verdeutlicht. Das Drehfeld der Spulen bewirkt, dass in den Leiterstäben des stehenden Käfigs eine **Spannung induziert** wird. Dadurch, dass die Leiterstäbe miteinander verbunden sind, kann nun in dem Käfig ein Strom fließen. Jeder stromdurchflossene Leiter baut aber auch wiederum ein Magnetfeld um sich selbst auf. Dies bewirkt eine **Drehbewegung des Käfigs**.

Drehzahlkennlinie des Asynchronmotors

Die in Bild 2 dargestellte Drehmomenten-Drehzahlkennlinie des Asynchronmotors verdeutlicht das **Betriebsverhalten des Motors** über seinen gesamten Drehzahlbereich. Der Motor kann unter einem kleineren Anzugsmoment anlaufen. Mit steigender Drehzahl erhöht sich die Belastbarkeit des Motors bis zu dem höchsten Moment, dem **Kippmoment**.

Ab dem Kippmoment liegt die Drehzahl des Käfigs nahe der Frequenz des Drehfeldes. Der **Käfig** läuft noch **asynchron** (ungleich) zur Bewegung des Drehfeldes. Doch der geringere Geschwindigkeitsunterschied zwischen Käfig und Drehfeld bewirkt, dass eine geringere Spannung im Käfig induziert und somit ein schwächeres Magnetfeld erzeugt wird. Die Belastbarkeit nimmt daher mit steigender Drehzahl ab. Würde der Käfig mit dem Drehfeld synchron laufen, könnte keine Spannung im Käfig induziert werden, da zwischen beiden kein Geschwindigkeitsunterschied vorliegt. Der Motor kann in diesem Punkt nicht mehr belastet werden.

Der Asynchronmotor wird nur für **Drehzahlen**, die **hinter dem Kippmoment** liegen, eingesetzt, da ab diesem Bereich bei sinkender Drehzahl eine steigende Belastung gewährleistet ist. Dieses Verhalten muss jeder Motor erfüllen, da bei einer höheren Last der Motor nicht schneller, sondern eher gebremst wird. Könnte der Motor bei niedrigerer Drehzahl die höhere Last nicht aufbringen, so würde er zum Stillstand kommen.

Drehzahlregelung des Asynchronmotors

Die stufenlose Veränderung der Drehzahl eines Asynchronmotors erfolgt wie beim Synchronmotor durch elektronische Baueinheiten. Hierbei wird mit einem **Frequenzumrichter** die Frequenz der Eingangsspannung stufenlos verändert. Die reduzierte oder erhöhte Frequenz bewirkt einen veränderten Lauf des Drehfeldes. Es werden sehr **reaktionsschnelle Drehzahlregelungen** ermöglicht. Bei einem reduzierten Drehmoment sind sehr hohe Drehzahlen bis 20 000 min^{-1} erreichbar. So kann damit z. B. der Hauptantrieb einer Fräsmaschine ohne Zwischengetriebe mit sehr kleinen Drehzahlen eingestellt werden. Diese Maßnahme ist z. B. bei sehr großen Messerköpfen erforderlich. Ebenso sind aber auch hohe Drehzahlen für Bohroperationen mit sehr kleinem Bohrerdurchmesser einstellbar.

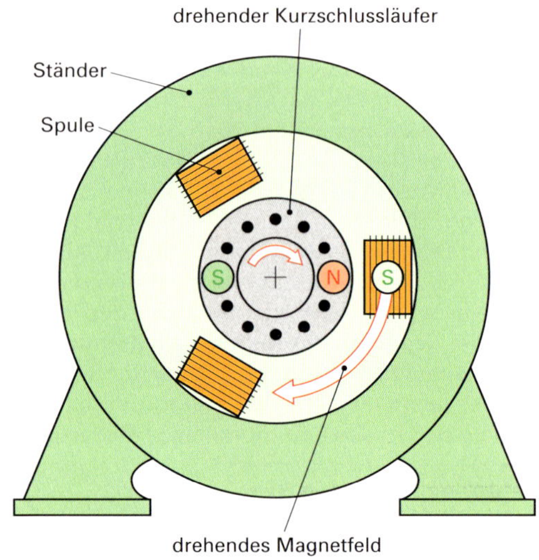

1 Prinzip des Asynchronmotors mit Kurzschlussläufer

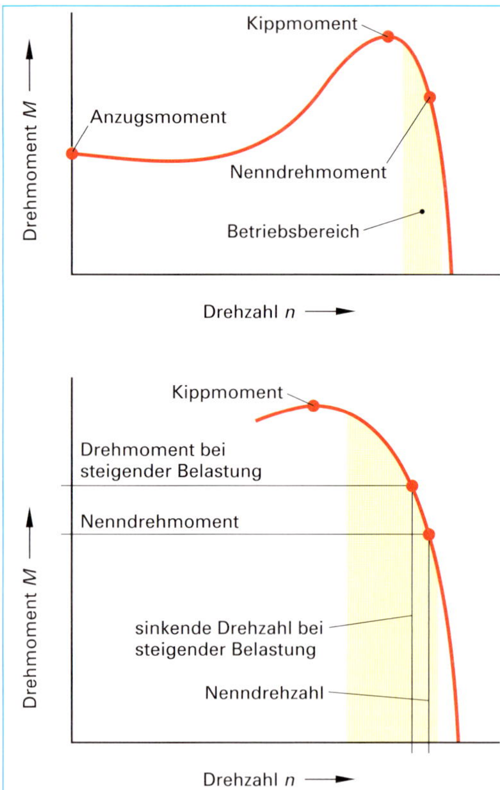

2 Betriebsverhalten des Asynchronmotors

Kennlinien elektronisch gesteuerter Drehstrommotoren

Elektromotoren für Hauptantriebe werden elektronisch in der Art gesteuert, dass sie die im Bild 1 dargestellten **Leistungs- und Drehmomentenkennlinie** aufweisen. Hierdurch wird gewährleistet, dass die Schnittleistung im gesamten Drehzahlbereich konstant bleibt, während das aufzubringende Drehmoment bei steigender Drehzahl sinkt.

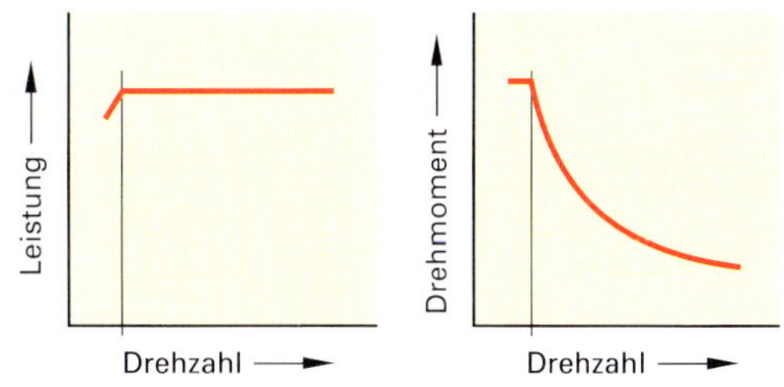

1 Leistungs- und Drehmomentenkennlinie von gesteuerten Hauptantrieben

Kennlinien des elektronisch gesteuerten Asynchronmotors

Asynchronmotoren für Hauptantriebe werden elektronisch in der Art gesteuert, dass sie die im Bild 2 dargestellte **Leistungs- und Drehmomentenkennlinie** aufweisen. Hierdurch wird gewährleistet, dass die Schnittleistung im oberen Drehzahlbereich konstant bleibt. Durch die elektronische Steuerung wird eine Reduzierung des Drehmomentes verursacht. Bei kleineren Drehzahlen ist das erzeugte Drehmoment konstant und die Leistung vergrößert sich mit der Drehzahl.

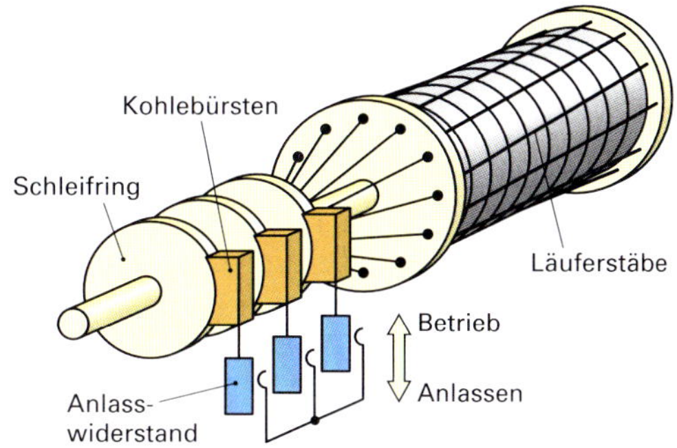

2 Asynchronmotor mit Schleifringläufer

Begrenzung des Anlassstromes

Bei **Asychronmotoren mit Schleifringläufern** werden die Leiterstäbe des Käfigs nicht mehr kurzgeschlossen, sondern über **Schleifringe mit Anlasswiderständen** verbunden (Bild 2). Der Drehstrom hat bei Asynchronmotoren beim Anfahren eine drei- bis sechsfach größere Stromstärke als im Nennbetrieb. Durch die Anlasswiderstände kann die Größe des Stroms beim Anfahren begrenzt werden. Nach dem Anfahren werden die Widerstände so weit zurückgestellt, bis die Nenndrehzahl erreicht ist. Damit eine Abnutzung der Kohlebürsten nach dem Anlassvorgang verringert wird, hebt man die Bürsten ab und schließt die Leiterstäbe des Käfigs wie beim Kurzschlussläufermotor kurz.

Anforderungen an den Hauptantriebsmotor

Die **Auswahl eines Hauptantriebmotors für spanende Werkzeugmaschinen** (Dreh,- Fräs- Bohr-, Schleif- oder Sägemaschine) hängt in erster Linie von der geforderten Qualität des Werkstücks und der benötigten Fertigungszeit ab. Es ergeben sich daher die im Bild 3 aufgeführten **Anforderungen an den Hauptantrieb** der zerspanenden Werkzeugmaschine. Die Hauptantriebe müssen die Schnittleistungen zum Zerspanen aufbringen, wobei die Drehzahl in einem möglichst großen Bereich verstellbar sein soll.

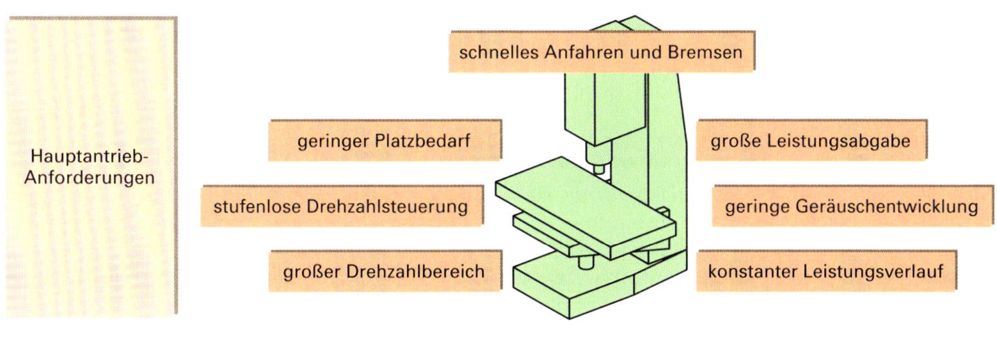

3 Anforderungen an den Hauptantriebsmotor

Aufgrund der genannten Anforderung haben Hydraulikmotoren für Werkzeugmaschinen in der Zerspantechnik nur eine geringe Bedeutung. Die vorgenannten Anforderungen erfüllen in erster Linie Elektromotoren in der Ausführung als **fremderregte Gleichstrommotoren** und **Asynchronmotoren** (Bild 1).

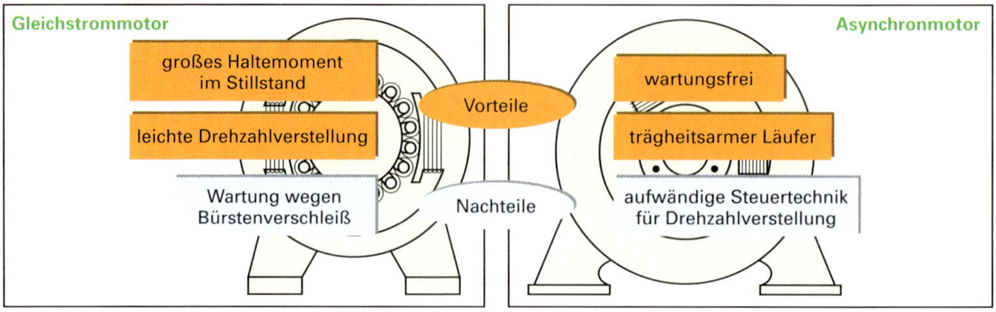

1 Vor- und Nachteile der verschiedenen Motoren für Hauptantriebe

Elektromotor der Vorschubantriebseinheit

Eine der wichtigsten Baueinheiten von CNC-Werkzeugmaschinen sind die Vorschubantriebseinheiten, die entsprechend den vorgegebenen Bewegungsanweisungen in Verbindung mit den Werkzeugen die Werkstückkontur erzeugen. Daher werden insbesondere an die **Vorschubmotoren** hohe Anforderungen gestellt, da sie als **Stellglied im Regelkreis** der Werkzeugmaschine die Bearbeitungsqualität wesentlich beeinflussen.

Die Forderungen an den Vorschubmotor lassen sich mit speziell entwickelten Elektro- und Hydraulikmotoren in Verbindung mit Regel- und Steuereinrichtungen verwirklichen (Bild 2). Bei **Werkzeugmaschinen** finden hauptsächlich **elektrische Vorschubantriebe** Anwendung. Mit diesen Vorschubmotoren lassen sich Geschwindigkeiten vom kleinsten Vorschub bis zum Eilgang verwirklichen. Es ist kein Schaltgetriebe zwischen Vorschub und Eilgang mehr erforderlich.

Der elektrische Vorschubantrieb wird in unterschiedlichen Ausführungen an zerspanenden Werkzeugmaschinen eingesetzt. Diese Motoren werden meistens als **Servoantriebe** realisiert (Bild 3). Servoantriebe sind Motoren, deren Drehzahlen und Winkelstellungen mit speziellen Regelkreisen sehr genau eingestellt werden. Durch kleinste Winkelbewegungen der Antriebswelle ist es möglich, den Vorschubschlitten im 1/1000 Millimeter-Bereich zu verfahren.

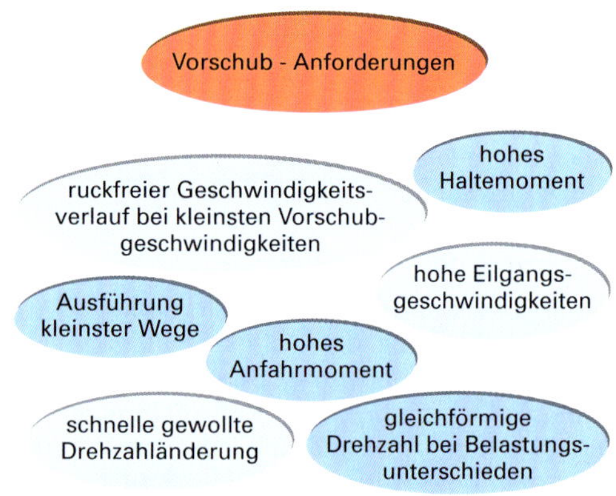

2 Anforderungen an den Vorschubmotor

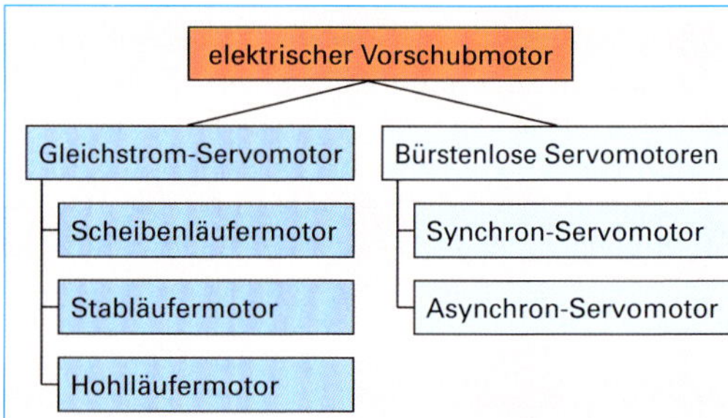

3 Gliederung der Vorschubmotoren

Gegenüberstellung von Gleichstrom- und Asynchronmotoren

Durch die Entwicklung neuer elektronischer Regeleinrichtungen werden Drehstrommotoren zunehmend anstelle von Gleichstrommotoren in CNC-Werkzeugmaschinen für den Hauptantrieb eingesetzt. Dabei wird der elektronisch geregelte Asynchronmotor für den Einsatz als Hauptantrieb favorisiert. Elektronisch geregelte Synchronmotoren werden weitgehend als Vorschubservoantriebe verwendet (vgl. Seite 348). Grund hierfür ist die größere Belastbarkeit des Asynchronmotors, der kurzzeitig das 10-fache seines Nennmomentes abgibt. Die kleine Motorbaugrösse, die hohe Reaktionsschnelligkeit und der weitgehend wartungsfreie Antrieb machen den elektronisch gesteuerten Asynchronmotor als Hauptantrieb bei Werkzeugmaschinen interessant.

Gleichstrom-Servomotor

Gleichstrom-Servomotoren werden vorwiegend als **Sonderbauform** gebaut (Bild 1). Sie erhalten meistens einen scheibenförmigen, korbförmigen oder stabförmigen Rotor und haben daher ein sehr **geringes Massenträgheitsmoment** im Vergleich zu den herkömmlichen Gleichstrommotoren für Hauptantriebe. Mit dieser Maßnahme besitzen Gleichstrom-Servomotoren ein sehr **hohes Beschleunigungsvermögen** und einen extrem ruhigen Lauf auch bei kleinsten Drehzahlen. Die geringe Abweichung der Drehzahl bei schwankender Belastung (z.B. Schnitttiefenunterschiede) wird durch die Ausführung des Vorschubantriebs als **Nebenschlussmotor** oder als **permanenterregter Motor** erreicht (vgl. Hauptantriebseinheiten).

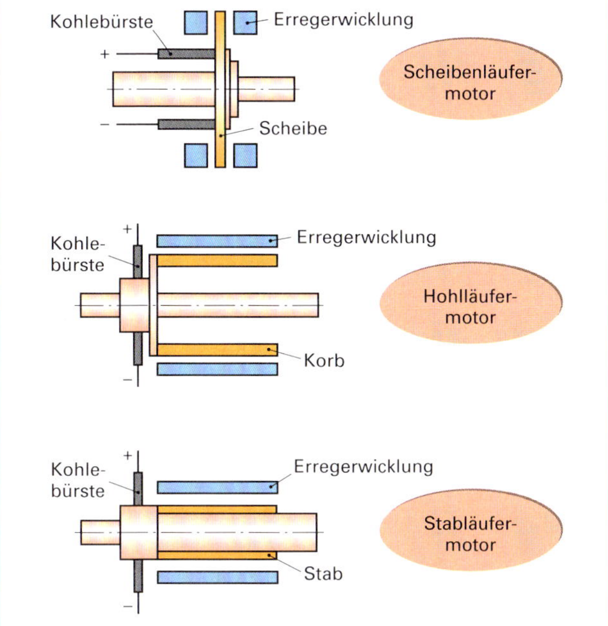

1 Bauarten von Gleichstrom-Servomotoren

Der Aufbau eines **Scheibenläufermotors mit Permanentfelderregung** wird in Bild 2 exemplarisch verdeutlicht. Auf die Läuferscheibe sind hierbei Kupferleitungen aufgeklebt. Der Strom wird über axial angeordnete Kohlebürsten auf den Kollektor zu den Kupferleitungen übertragen. Die **Läuferscheibe ist aus Kunststoff** und besitzt somit ein sehr **geringes Trägheitsmoment**. Durch die Wechselwirkung des Läufermagnetfeldes mit dem Dauermagnetfeld des Erregers wird auf die Läuferscheibe eine Kraft übertragen, die den Motor in wenigen Millisekunden auf die gewünschte Drehzahl bringt. Zur Lage- und Drehzahlregelung besitzt der Motor eingebaute **Messwertgeber**. Für die Lagemessung (Winkelmessung) ist an dem hinteren Teil des Motors ein **Drehgeber** installiert, die Drehzahlmessung erfolgt über den **Tachogenerator**. Der sofortige Stillstand des Motors wird über eine zusätzlich eingebaute **Bremse** realisiert.

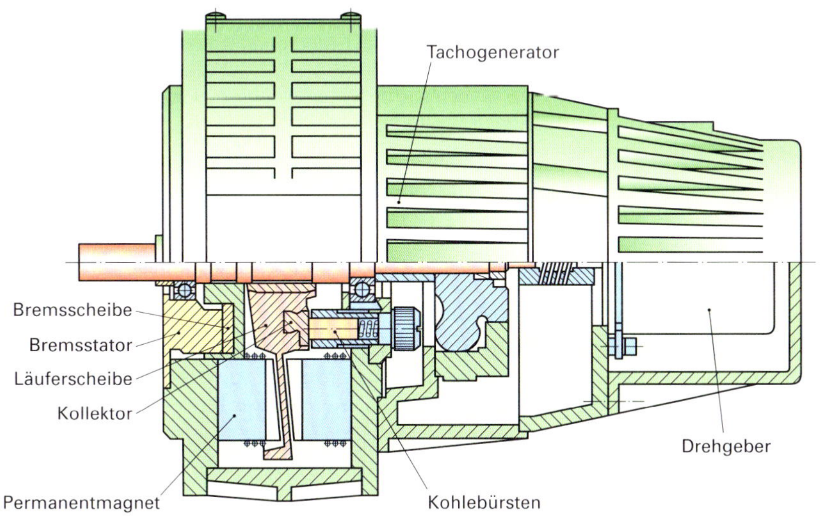

2 Aufbau eines Scheibenläufermotors mit Tacho und Drehgeber

Synchron- und Asynchron-Servomotoren

Die Funktionsweise der Synchron- und Asynchron-Servomotoren entspricht derjenigen der bereits dargestellten Hauptantriebsmotoren. Da beide Motoren keine Bürsten wie der Gleichstrom-Servomotor besitzen, sind sie wartungsfrei. Bild 1 zeigt den **Aufbau eines Synchron-Servomotors**. Verdeutlicht sind hierbei die Anschlüsse für die eingebaute Bremse, den Tachogenerator und den Drehgeber. Sowohl der Synchron- als auch der Asynchron-Servomotor muss zur genauen Winkel- und Drehzahleneinstellung allerdings sehr aufwendig geregelt werden, wobei die Regelung des Asynchron-Servomotors in der Praxis oft Schwierigkeiten bereitet.

Asynchron-Servomotoren müssen elektronisch so gesteuert werden, dass sie in einem sehr großen Drehzahlbereich ein konstantes Drehmoment besitzen. Hierdurch steigt die Leistung, die der Vorschubmotor aufzubringen hat, mit zunehmender Drehzahl. Bei einer schnell ansteigenden Belastung sollte der Vorschubantrieb ein Vielfaches des Nenndrehmomentes aufbringen können.

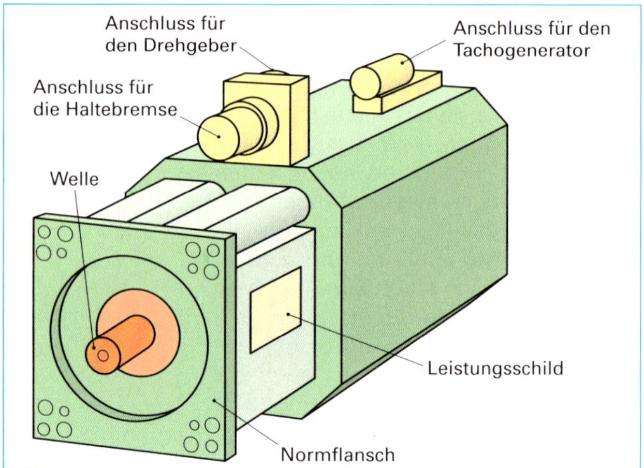

1 Aufbau eines Synchron-Servomotors

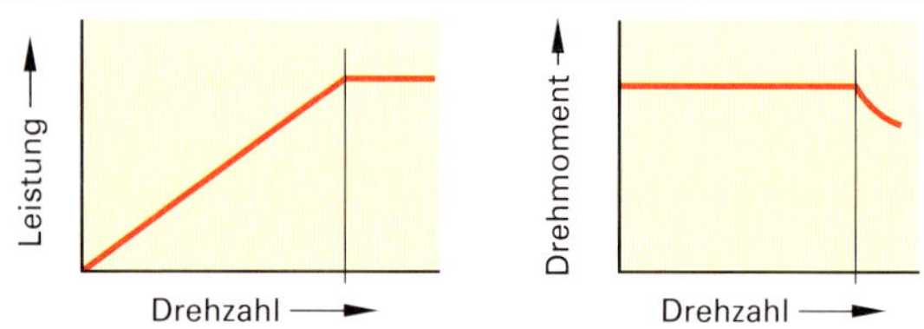

2 Leistungs- und Drehmomentenkennlinie von gesteuerten Vorschubantrieben

4.2.3.3 Analyse der Energieübertragungseinheiten der Haupt- und Vorschubsantriebe

Die Hauptantriebseinheit hat z. B. bei der CNC-Fräsmaschine die Aufgabe, eine Schnittbewegung des Werkzeuges zu erzeugen, während die Vorschubantriebseinheit für die Bewegung der Werkzeugmaschinenschlitten verantwortlich ist. Die geforderte Schnitt- und Vorschubbewegung kann von einem Antriebsmotor nicht immer direkt erzeugt werden. So muss z.B. die Drehbewegung des Vorschubmotors in eine lineare Bewegung des Schlittens übertragen werden.

Alle Elemente, die im Kraftfluss zwischen Motor und Werkzeug bzw. Werkstück liegen, werden als Übertragungselemente bezeichnet und als Energieübertragungseinheit zusammengefasst.

Während z. B. bei einer Fräsmaschine die Übertragungselemente des Hauptantriebs für die Schnittbewegung des Werkzeuges verantwortlich sind, sollen die Übertragungselemente des Vorschubantriebs die Vorschubbewegung der Schlitten ermöglichen.

Bei der Drehmaschine leiten die Übertragungselemente der Hauptantriebseinheit im Gegensatz zur Fräsmaschine die Drehbewegung des Werkstückes weiter. Über die Drehbewegung des Werkstückes wird die Schnittbewegung am Werkzeug erzeugt. Die Zusammenfassung der Übertragungselemente bilden die jeweiligen Energieübertragungseinheiten des Hauptantriebes und des Vorschubantriebes.

Übertragungselemente der Hauptantriebseinheit

Die mit dem Hauptantriebsmotor erzeugte Drehbewegung muss als Schnittbewegung an das Werkzeug übertragen werden. Hierbei wird die **Drehbewegung des Motors** zur **Drehbewegung der Pinole** übertragen. In der Pinole befindet sich zur Bearbeitung eines Werkstückes das entsprechende Werkzeug, das die Schnittbewegung ausführt.

Die **Energieübertragungseinheit des Hauptantriebes** der auf Seite 340 beschriebenen Fräsmaschine soll im nachfolgenden Kapitel näher untersucht werden. Hierbei wird die Einheit zwischen Hauptantriebsmotor und dem in der Pinole eingespannten Werkzeug betrachtet. Alle Baugruppen und Bauteile, die sich in dieser Einheit befinden, werden als Übertragungselemente bezeichnet.

Die **wichtigsten Übertragungselemente** (Bild 1) zwischen dem Hauptantriebsmotor und dem Werkzeug sind:

- **Kupplung**
- **Wellen**
- **Zahnräder**
- **Spindel/Pinole**

Die Wellen und Zahnräder sind in einem **Getriebe** zusammengefasst. Anstatt des Zahnradgetriebes sind bei der Hauptantriebseinheit häufig auch Zugmittelgetriebe im Einsatz. Das **Zahnradgetriebe** hat die Funktion, die Drehzahl und somit die Schnittgeschwindigkeit des Werkzeugs in größeren Sprüngen zu verändern. Zwischen den Drehzahlbereichen kann die genau geforderte Drehzahl durch den Hauptantriebsmotor direkt eingestellt werden.

Beim Einsatz eines **Zugmittelgetriebes** in der Hauptantriebseinheit besteht die Möglichkeit, die Drehbewegung zwischen Motor und Spindel stufenlos und über eine größere Distanz zu übertragen. Durch die örtliche Trennung zwischen Motor und Spindel wird die Wärme- und Schwingungsübertragung des Motors auf die Spindel verringert.

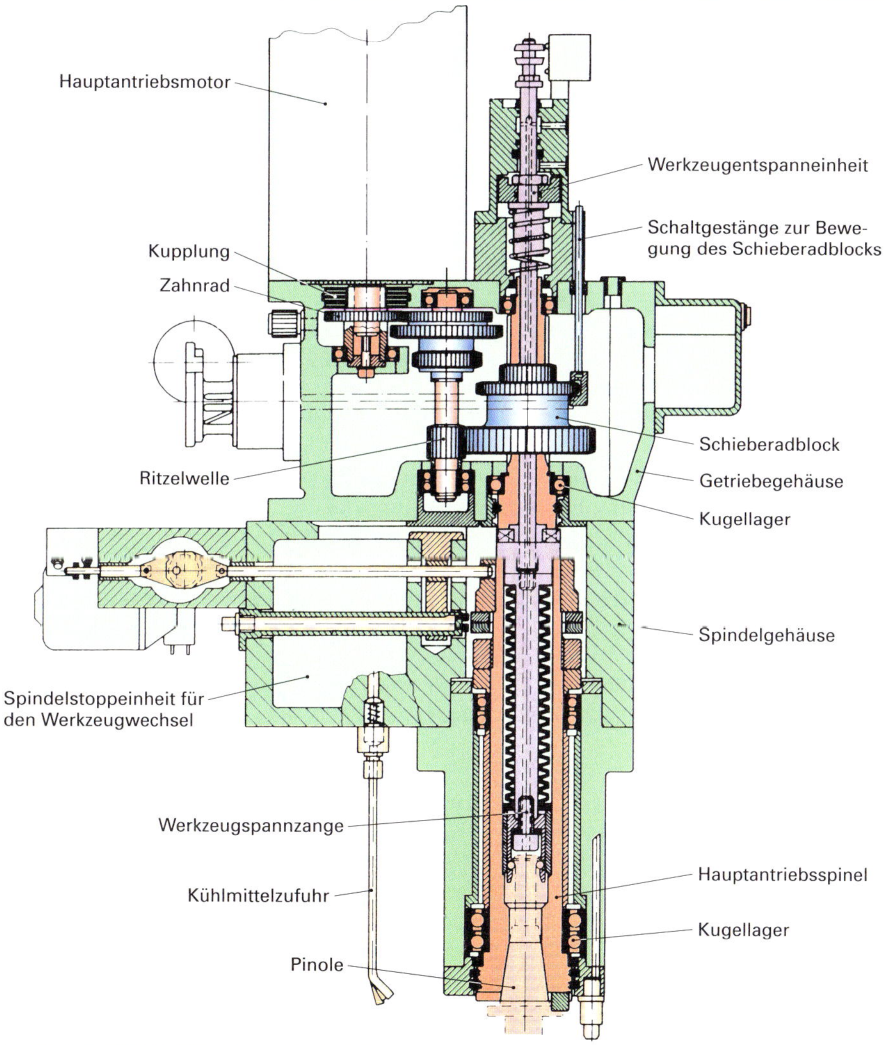

1 Energieübertragungseinheit des Hauptantriebes

Bild 1 zeigt die schematische Darstellung des **Schieberad-Getriebes der Hauptantriebseinheit**. Zwischen dem Antriebsmotor und der Antriebswelle befindet sich eine nicht-schaltbare Wellenkupplung. Hierbei werden zwei Scheiben durch Schraubenverbindungen fest miteinander verbunden. Die Lagerung der Antriebs-, Ritzel- und Abtriebswelle erfolgt bei diesem Getriebe durch ein- oder zweireihige Kugellager.

Der **Schieberadblock** kann durch das Schaltgestänge axial zur Abtriebswelle bewegt werden. Das Schalten ist jedoch nur im Stillstand möglich. Die Übertragung des Drehmomentes zwischen dem Schieberadblock und der Antriebswelle erfolgt über eine Passfeder. Das Getriebe hat zwei Übersetzungsstufen. Während die erste Übersetzung vom Motor zum Getriebe nicht verändert werden kann, wird die Drehzahl an der Antriebswelle in der zweiten Übersetzungsstufe durch Verschieben des Schieberadblocks erhöht oder verringert. Die Zahnräder z_1 und z_2 sind bei diesem Getriebe dauerhaft im Eingriff. Je nach Stellung des Schieberadblockes sind folgende Zahnradpaarungen im Eingriff:

z_3 und z_4

z_5 und z_6 (derzeitige Stellung)

z_7 und z_8

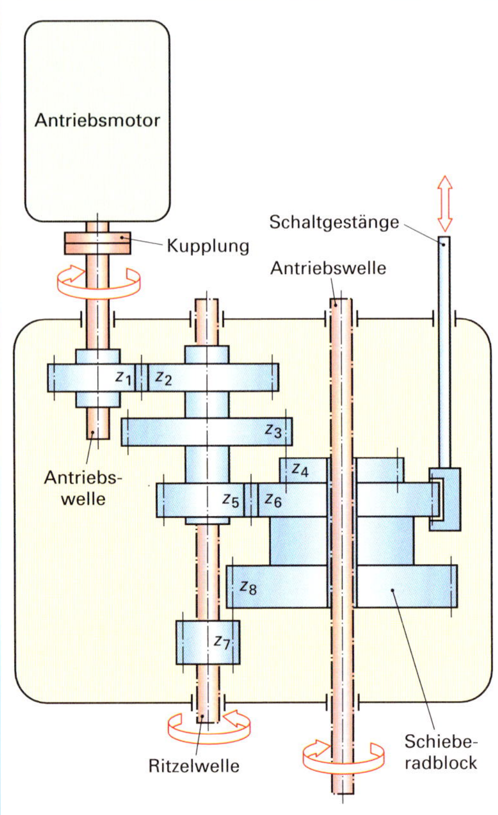

1 Schieberad-Getriebe der Hauptantriebseinheit

In der nachfolgenden Berechnung erfolgt eine Auslegung des im Bild 1 dargestellten Schieberad-Getriebes. Für die Auslegung müssen sowohl die fehlenden Zahnradgrößen, als auch die einzustellenden Abtriebsdrehzahlen bestimmt werden. Folgende Größen des Schieberadgetriebes sind bekannt:

Zähnezahlen der 1. Getriebestufe:	$z_1 = 20$	$z_2 = 32$	
Zähnezahlen der Zahnräder auf der Ritzelwelle:	$z_3 = 55$	$z_5 = 36$	$z_7 = 19$
Achsabstand zwischen der Ritzel- und Abtriebswelle:	$a = 86$ mm		
Modul der geradverzahnten Stirnräder:	$m = 2$ mm		

Die Abtriebsdrehzahlen von Werkzeugmaschinen mit einem Stufenradgetriebe sind genormt. Es werden nur die Drehzahlen von einer genormten geometrischen Grundreihe abgeleitet. Die Grundreihe beginnt mit der Drehzahl 100 1/min. Jede weitere Drehzahl wird mit Faktor q = 1,12 bestimmt. Für die Grundreihe ergeben sich folgende Drehzahlen (in 1/min):

... 100, 112, 125, 140, 160, 180, 200, 224, 250, 280, 315, 355, 400, 450, 500, 560, 630, ...

Ermittlung der jeweiligen Abtriebsdrehzahlen

Die Drehzahl am Antriebsmotor des in Bild 1 gezeigten Schieberad-Getriebes beträgt $n_1 = 2000$ 1/min. Durch die Verschiebung des Schieberadblockes können an der Abtriebswelle drei verschiedene Drehzahlen eingestellt werden, die nachfolgend berechnet werden:

Drehzahl der Ritzelwelle: Durch die Zahnradpaarung z_1 und z_2 wird die Drehzahl zwischen Antriebswelle und Ritzelwelle verringert und kann nicht verändert werden. Es ergibt sich aufgrund der unterschiedlichen Zähnezahl an dieser Zahnradpaarung folgende Drehzahl an der Ritzelwelle:

$$n_2 \cdot z_2 = n_1 \cdot z_1 \qquad n_2 = \frac{n_1 \cdot z_1}{z_2} = \frac{2000\ 1/\text{min} \cdot 20}{32} = 1250\ 1/\text{min}$$

Da sich jedes Zahnrad auf der Ritzelwelle mit der gleichen Drehzahl bewegt, sind die Drehzahlen der Zahnräder z_2, z_3, z_5, z_7 identisch: $n_2 = n_3 = n_5 = n_7 = 1250$ 1/min.

Zur Bestimmung der jeweiligen Abtriebsdrehzahlen müssen die Zähnezahlen der fehlenden Zahnräder festgelegt werden. Die Zähnezahl des 4., 6. und 8. Zahnrades lässt sich über den gegebenen Achsabstand zwischen der Ritzel und Abtriebswelle bestimmen:

$$a = \frac{m \cdot (z_3 + z_4)}{2}$$

$$z_4 = \frac{2 \cdot a}{m} - z_3 = \frac{2 \cdot 86\ \text{mm}}{2\ \text{mm}} - 55 = 3$$

$$z_6 = \frac{2 \cdot a}{m} - z_5 = \frac{2 \cdot 86\ \text{mm}}{2\ \text{mm}} - 36 = 50$$

$$z_8 = \frac{2 \cdot a}{m} - z_7 = \frac{2 \cdot 86\ \text{mm}}{2\ \text{mm}} - 19 = 67$$

Drehzahlen der Abtriebswelle: Durch Verschieben des Schieberadblockes können an der Abtriebswelle drei unterschiedliche Dehzahlen eingestellt werden. Die momentane Stellung des Schieberadblockes verbindet die Zahnräder z_5 und z_6 miteinander. Es ergibt sich an der Abtriebswelle folgende Drehzahl n_{ab}:

$$n_6 \cdot z_6 = n_5 \cdot z_5$$

$$n_6 = \frac{n_5 \cdot z_5}{z_6} = \frac{1250\ 1/\text{min} \cdot 36}{50} = 900\ 1/\text{min}$$

$$n_{ab} = n_6 = 900\ 1/\text{min}$$

Wird der Schieberadblock so verschoben, dass die Zahnräder z_3 und z_4 verbunden sind, ergibt sich für die Abtriebswelle folgende Drehzahl:

$$n_{ab} = n_4 = 2240\ 1/\text{min}$$

Werden die Zahnräder z_7 und z_8 zusammengeführt, so dreht die Abtriebswelle mit der Drehzahl:

$$n_{ab} = n_8 = 355\ 1/\text{min}$$

Betrachtet man die drei errechneten Drehzahlen der Abtriebswelle n_8, n_6 und n_4 so kann eine geometrisch gestufte Drehzahlreihe festgestellt werden. Der Stufensprung dieser Reihe beträgt $q = 2{,}48$.

Es wurde somit jede 8. Drehzahl aus der geometrischen Grundreihe abgeleitet. Entsprechend wird die abgeleitete Reihe des berechneten Stufenradgetriebes mit R 20/8 bezeichnet.

Vertiefungsaufgabe:

Der Antriebsmotor des auf der vorhergehenden Seite dargestellten Schieberad-Getriebes wird ausgetauscht und mit einer neuen Drehzahl n_1 = 3154 1/min eingestellt.

1 Bestimmen Sie die jeweiligen Übersetzungsverhältnisse der Zahnradpaarungen.

2 Berechnen Sie die jeweiligen Abtriebsdrehzahlen des Schieberad-Getriebes.

3 Für die Zahnradpaarungen des Schieberad-Getriebes wurde ein Modul m = 2,5 gewählt. Ermitteln Sie die jeweiligen Teilkreisdurchmesser der Zahnräder.

Aufgaben:

1 Geben Sie die Teilfunktionen des Schieberad-Getriebes an.

2 Ermitteln Sie die Grundfunktionen der verschiedenen Funktionselemente des Schieberad-Getriebes.

3 Der Antriebsmotor des Schieberad-Getriebes ist ein Asynchronmotor mit Kurzschlussläufer. Erklären Sie das Prinzip des Asynchronmotors.

4 Welche Vorteile hat der Asynchronmotor als Hauptantrieb gegenüber dem Gleichstrommotor?

5 Welche Anforderungen werden an einen Hauptantrieb gestellt?

6 Beschreiben Sie das Betriebsverhalten des Asynchronmotors anhand seiner Drehzahl-Drehmomenten-Kennlinie.

7 Die Vorschubantriebseinheit der CNC-Fräsmaschine hat für jede Bewegungsachse einen Gleichstrom-Servomotor. Beschreiben Sie die unterschiedlichen Bauarten des Gleichstrom-Servomotors.

8 Welche Anforderungen muss der Vorschubmotor erfüllen?

Übertragungselemente der Vorschubeinheit

Die mit dem Vorschubmotor erzeugte Drehbewegung muss als lineare Vorschubbewegung an das Werkstück übertragen werden. Bild 1 zeigt die **Vorschubeinheit einer CNC-Fräsmaschine**. Hierbei wird die Drehbewegung des Vorschubmotors zur linearen Bewegung des Querschlittens übertragen. Auf dem Querschlitten befindet sich die Vorschubeinheit des Längsschlittens. Auf dem Längsschlitten wird die Spanneinheit mit dem Werkstück befestigt.

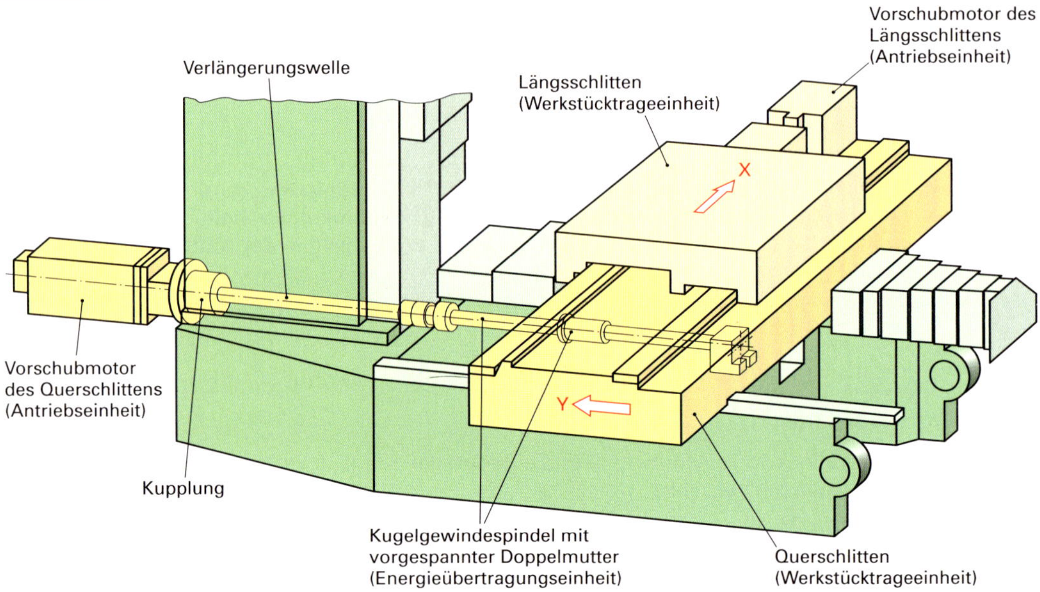

1 Vorschubeinheit der CNC-Fräsmaschine

Die **Vorschubeinheit** besteht aus der Antriebs-, Energieübertragungs- und Werkstücktrageeinheit. Die wichtigsten **Übertragungselemente** der Vorschubeinheit sind:

- **Kupplung**
- **Spindel-Mutter-System mit seiner Lagerung**
- **Führungen**
- **Längs- und Querschlitten**
- **Verlängerungswelle**

Bild 2 zeigt das **Spindel-Mutter-System** mit seiner Lagerung. Die Kugelgewindespindel wird hierbei direkt über die Verlängerungswelle und die Kupplung vom Vorschubmotor angetrieben. Die Lagerung der Kugelgewindespindel erfolgt durch Kugellager, die mit Spannmuttern gegen die Kugelgewindespindel verspannt sind. Auf der Spindel befindet sich eine vorgespannte Doppelmutter, die an dem Querschlitten befestigt ist.

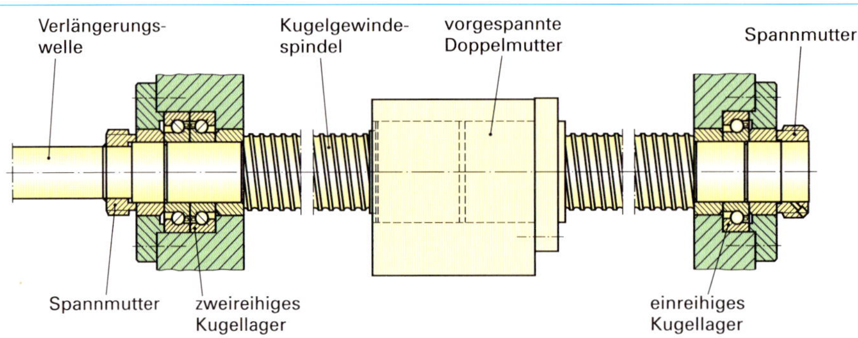

2 Übertragungselement Spindel-Mutter- System

Damit der Querschlitten schnell und genau bewegt werden kann, muss die Umwandlung der kreisförmigen in eine geradlinige Bewegung möglichst **spielfrei und reibungsarm** sein.

Konventionelle Werkzeugmaschinen besitzen häufig einen Trapezgewindetrieb. Wegen der hohen Gleitreibung und des relativ großen Umkehrspiels ist dieser Antrieb jedoch für CNC-Werkzeugmaschinen nicht geeignet. Daher wird für den Schlittenantrieb der CNC-Fräsmaschine eine **Kugelgewindespindel mit vorgespannter Doppelmutter** verwendet (Bild 1).

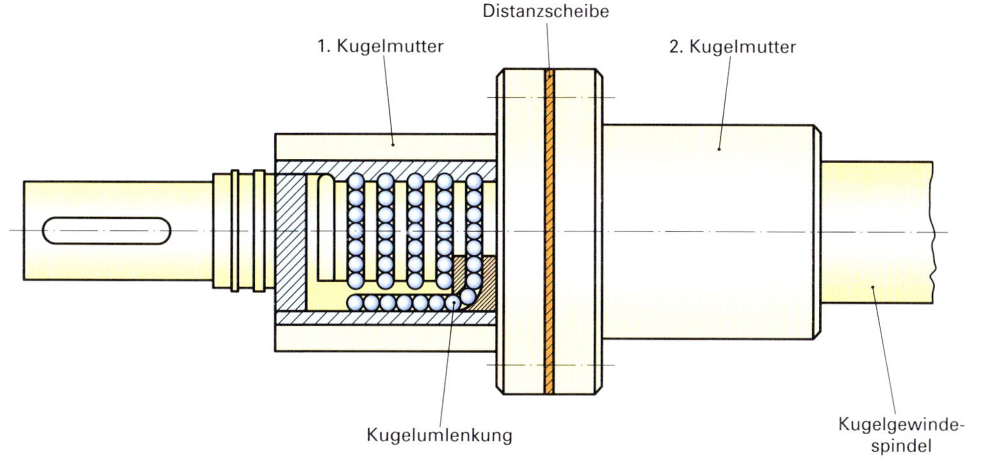

1 Kugelgewindespindel mit vorgespannter Doppelmutter

Zur Reduzierung der Reibung befinden sich zwischen der Spindel und der Mutter Kugeln. Die Reibung nimmt damit nur noch den Wert der Rollreibung an. Würde sich auf der Spindel nur *eine* Kugelmutter befinden, so wäre das **Umkehrspiel** immer noch zu groß. Um das Umkehrspiel zu verringern, werden bei der Kugelgewindespindel zwei Kugelmuttern gegeneinander verspannt. Die Kugelmuttern werden hierbei auseinandergezogen oder zusammengedrückt.

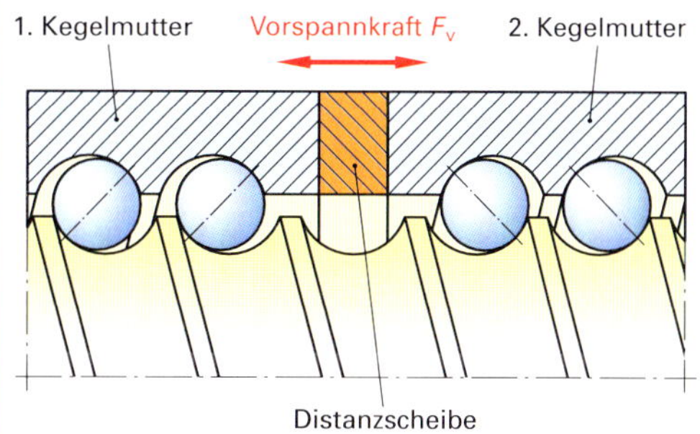

2 Auseinanderziehen der Kugelmuttern

Zum **Auseinanderziehen der Mutterhälften** werden kalibrierte, stärkere Distanzscheiben eingefügt (Bild 2). Die Spindel steht dabei unter Zugspannung (O-Vorspannung).

Beim **Zusammendrücken der Kugelmuttern** entsteht die Verspannung durch Einfügen dünner, kalibrierter Distanzscheiben (Bild 3). Die Spindel steht somit unter Druckspannung (X-Vorspannung).

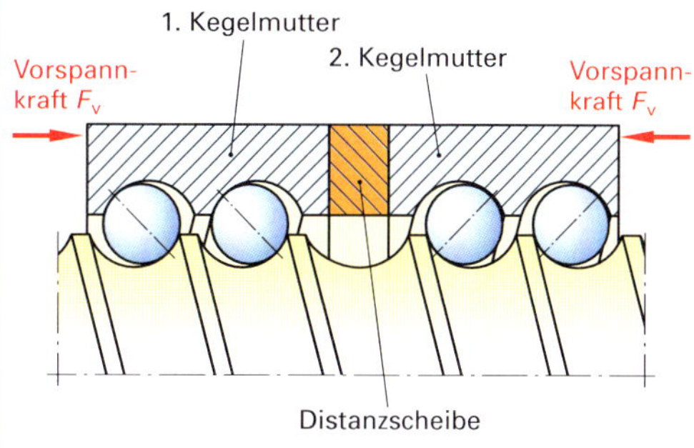

3 Zusammendrücken der Kugelmuttern

Bei anderen Spindelmuttern wird die Erzeugung der Vorspannung konstruktiv durch ein Verdrehen der beiden Muttern gegeneinander bewirkt. Anschließend werden beide durch ein Verstiften im Gehäuse in der vorgespannten Lage fixiert.

Da sich die Kugeln in der Führungsnut der Kugelgewindespindel bewegen, ist eine Rückführung der Kugeln notwendig. Bei der **Rohrumlenkung** werden die Kugeln vom letzten Gewindegang der Mutter zum ersten Gewindegang über ein axiales Rohr zurückgeführt (Bild 1). Dieses Rohr befindet sich normalerweise innerhalb der Mutter, damit keine Beschädigung von außen stattfinden kann. Der Nachteil der Rohrumlenkung ist die starke Umlenkung an den Knickstellen des Rohres. Hierdurch wird die gleichförmige Bewegung der Kugeln beeinträchtigt.

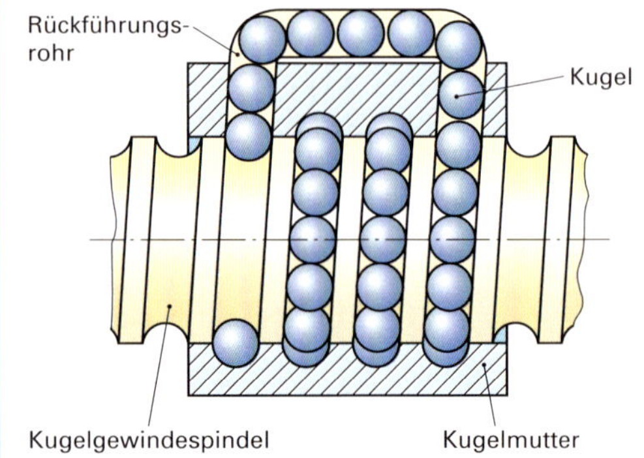

1 Rohrumlenkung der Kugelgewindespindel

Die zweite Variante der Kugelrückführung wird als **Innenumlenkung** bezeichnet. Bei dieser Variante werden die Kugeln durch ein als Führungskanal ausgebildetes Umlenkstück am Ende eines jeden Gewindeganges zurückgeführt (Bild 2). Somit befindet sich in der Kugelmutter nach jedem Gewindegang ein geschlossener Kugelkreislauf. Der Vorteil dieser Umlenkungsmethode liegt im geringen Platzbedarf. Nachteilig ist auch bei der Innenumlenkung, dass die Kugeln bei der Rückführung in den vorhergehenden Gewindegang sehr stark umgelenkt werden. Hierdurch wird die gleichförmige Bewegung der Kugeln beeinträchtigt.

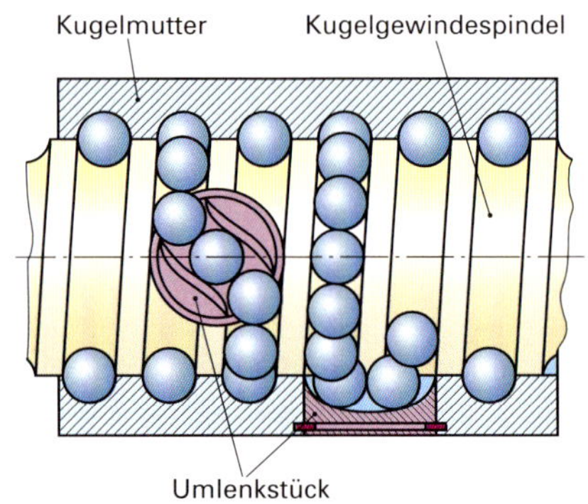

2 Innenumlenkung der Kugelgewindespindel

Gegenüber dem Trapezspindeltrieb erfüllen die Kugelgewindespindeln die hohen Anforderungen an das Übertragungsverhalten eines Vorschubantriebs. Hierzu tragen die folgenden positiven **Eigenschaften des Kugelgewindetriebes** entscheidend bei:

- sehr guter Wirkungsgrad aufgrund der geringen Rollreibung,
- kein Stick-Slip-Effekt (Ruckgleiten durch den Übergang von Haft- in Gleitreibung),
- geringer Verschleiß und dadurch bedingt eine hohe Lebensdauer,
- geringe Erwärmung,
- hohe Positioniergenauigkeit aufgrund der nahezu erreichten Spielfreiheit,
- hohe Verfahrgeschwindigkeit.

Neben der Kugelgewindespindel kommt in Vorschubantrieben auch die **hydrostatische Spindelmutter** zum Einsatz (Bild 3). Hierbei läuft die hydrostatische Mutter auf einem einfachen Trapezgewinde. In den eingearbeiteten Öltaschen der Mutter wird ein hoher Öldruck aufgebaut. Hierdurch erreicht man eine Spielfreiheit und minimale Reibung. Aufgrund des hohen Aufwandes bei dieser Technik haben sich die Kugelgewindetriebe durchgesetzt.

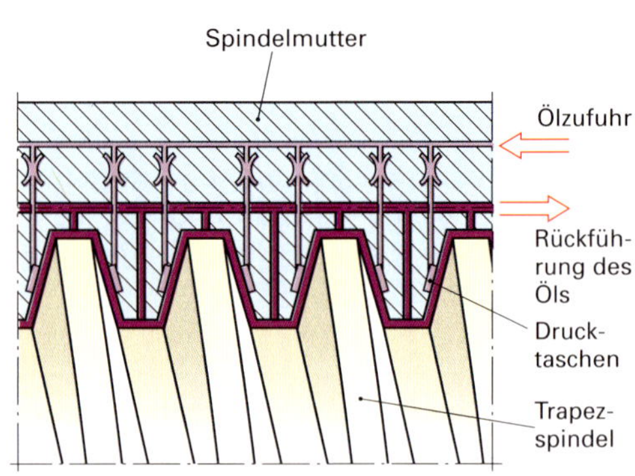

3 Prinzip einer hydrostatischen Spindelmutter

Schlittenführungen der Vorschubeinheit

Zur Erzielung der geforderten Werkstückkontur müssen die Schlitten der CNC-Fräsmaschine genau geführt werden. In Bild 1 ist die **Schlittenführung** des Längsschlittens verdeutlicht. Hierbei befinden sich zwei Führungsleisten auf dem Querschlitten. Der Querschlitten wird wiederum durch eine Führungseinheit auf dem Maschinenbett geführt. Der Querschlittenantrieb wird zum Schutz vor herabfallenden Spänen und Verschmutzung mit einer Teleskopabdeckung verkapselt. Die Führung der im Bild 1 dargestellten CNC-Fräsmaschine wird als Flachführung bezeichnet.

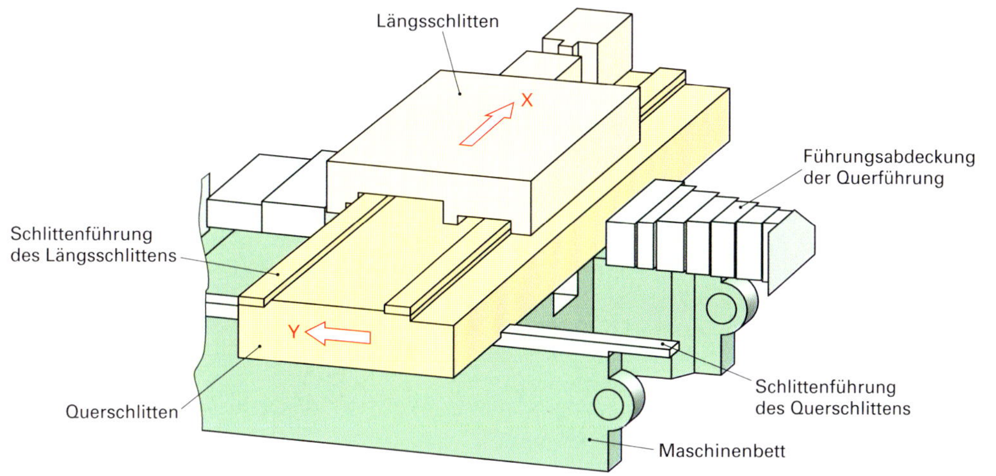

1 Schlittenführung der CNC-Fräsmaschine

Für Werkzeugmaschinen werden neben dieser Flachführung häufig auch Prismen-Flach- und Schwalbenschwanz-Führungen eingesetzt, die in den folgenden Bildern dargestellt sind. Die verschiedenen Konstruktionen der Führungen beruhen darauf, dass unterschiedliche **Anforderungen** an Führungen gestellt werden:

- das Spiel der Führung darf nur gering sein, damit die Führung sich sehr exakt bewegt,
- das Spiel darf sich bei größerer Erwärmung des Schlittens (z.B. durch warme herabfallende Späne) nur geringfügig vergrößern,
- die Führung braucht eine ausreichende Steifigkeit und Schwingungsdämpfung, damit die auftretenden Bearbeitungskräfte und Schwingungen von der Führung aufgenommen werden,
- die Reibung zwischen den Führungsflächen sollte möglichst gering sein,
- die Führungen sollten so gebaut sein, dass die Späne und der Schmutz die genaue Bewegung des Schlittens nicht behindern.

Eine der heute gebräuchlichsten Führungsformen ist die **Flachführung** (Bild 2). Sie ist einfach zu bearbeiten und hat eine sehr hohe Steifigkeit. Zur einwandfreien seitlichen Führung des Schlittens besitzt die Flachführung eine zusätzliche Schmalführung. Falls sich der Schlitten aufgrund von Erwärmung ausdehnt, wird durch die Schmalführung das Spiel trotzdem gering gehalten. Gegen das Abheben befinden sich an dem Schlitten Passleisten.

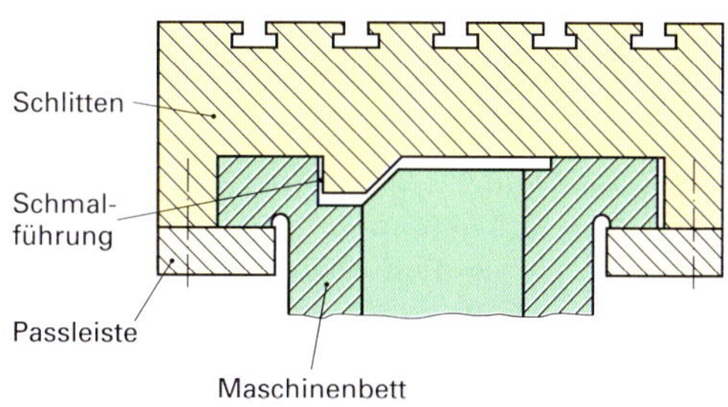

2 Flachführung

Bei der **Prismen-Flachführung** (Bild 1) ist eine sehr genaue Führung des Schlittens gegeben.

Der Schlitten kann sich bei der Prismen-Flachführung unter Wärmeeinwirkung ohne Klemmen oder Spielvergrößerung ausdehnen.

Vergleicht man die Flachführung mit der Prismen-Flachführung, so zeigt sich, dass die Prismen-Flachführung eine Führungsfläche weniger hat. Die Prismen-Flachführung zeichnet sich durch einen günstigen Selbstreinigungseffekt aus, da der Schmutz gut abfließt.

Die **Schwalbenschwanz-Führung** (Bild 2) besitzt mit ihren abgeschrägten Seitenflächen eine Dreiecksform. Durch die Abschrägung wird das Abheben des Schlittens verhindert. Sie braucht daher keine Passleisten für den Umgriff. Dementsprechend kann die Schwalbenschwanz-Führung sehr niedrig gebaut werden und findet bei Stoßmaschinen und kleinen bis mittelgroßen Fräsmaschinen Anwendung.

Sowohl die Prismen-Führung als auch die Schwalbenschwanzführung sind in der Fertigung nur mit einem großen Aufwand herzustellen. Der Grund hierfür liegt in der Verwendung teuerer Werkzeuge (z. B. Einsatz eines Winkelfräsers zur Fertigung der Schwalbenschwanzführung) mit langen Bearbeitungszeiten.

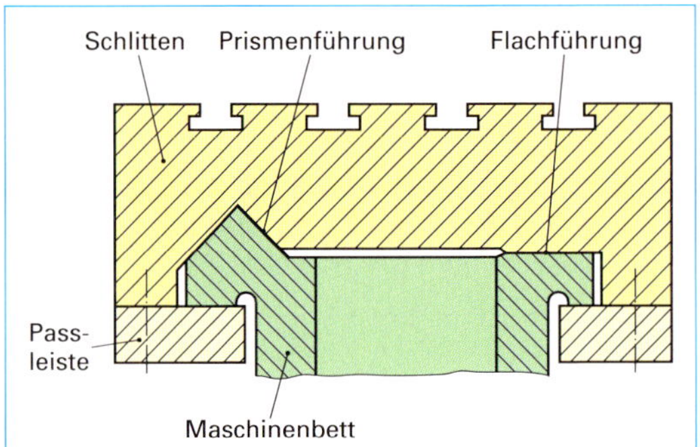

1 Prismen-Flachführung

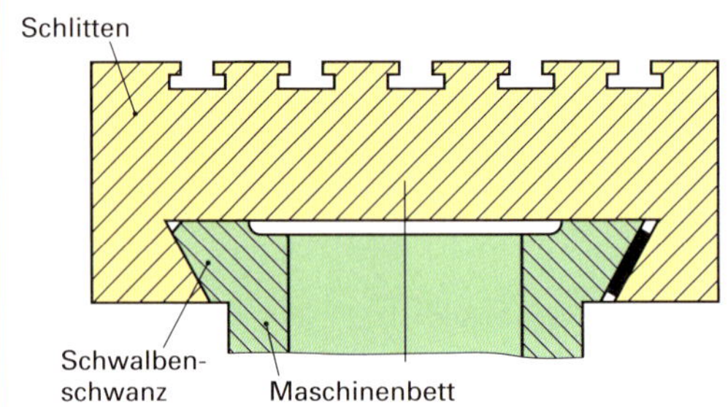

2 Schwalbenschwanz-Führung

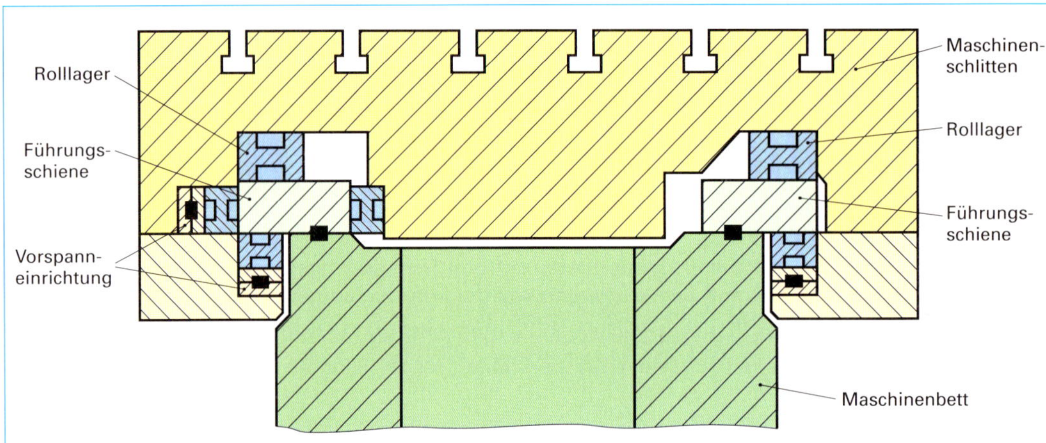

3 Wälzgelagerte Schlittenführung

Außer Gleitführungen finden auch **wälzgelagerte Führungen** im Werkzeugmaschinenbau eine breite Anwendung. Bild 3 zeigt das Beispiel einer wälzgelagerten Schlittenführung. Damit das Spiel der Rolllager auf ein Minimum reduziert werden kann, sind die Lager gegeneinander verspannt.

Die Wälzkörper der Rollenlager bewegen sich auf der gehärteten und geschliffenen Führungsschiene des Maschinenbettes. Die Rollenlager sind mit dem Maschinenschlitten fest verbunden. Die entstehende Rollreibung ist wie bei den Kugellagern wesentlich geringer als bei den Gleitlagern. Ebenso tritt bei einem langsamen Anfahren der Stick-Slip-Effekt (Ruckgleiten) nicht mehr auf. Der Nachteil der wälzgelagerten Schlittenführungen ist aber der hohe konstruktive Aufwand. Daher werden diese Führungen vorwiegend bei sehr genauen CNC-Fräs-, Dreh- und Schleifmaschinen eingesetzt.

4.2.3.3 Analyse der Stütz- und Trageeinheit

Die tragenden und stützenden Grundkörper einer Werkzeugmaschine bilden die Stütz- und Trageeinheit. Diese Grundkörper tragen und führen die einzelnen Bau- und Funktionselemente und sind in ihrer Größe und Gestalt durch die jeweiligen Aufgaben der Maschine festgelegt.

Bild 1 zeigt das **Maschinengestell der CNC-Fräsmaschine** als Stütz- und Trageeinheit. Das Maschinengestell unterteilt sich hierbei in Maschinenbett und Maschinenständer. Auf dem Gestell befinden sich die jeweiligen Führungen der Schlitten.

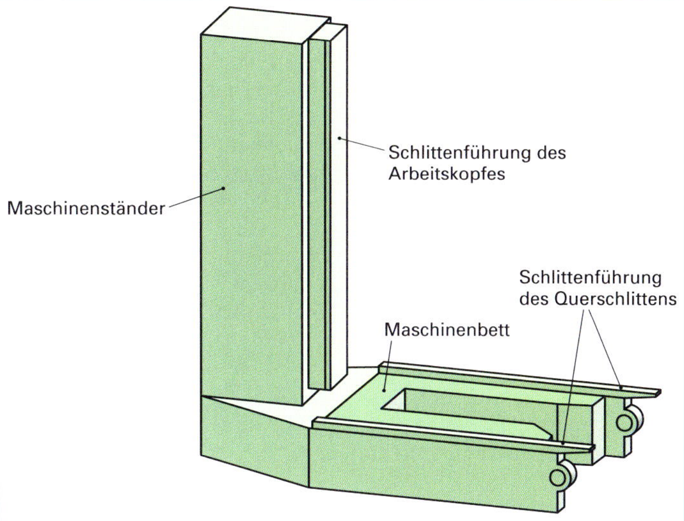

1 Maschinenbett und -ständer der CNC-Fräsmaschine

Das **Maschinengestell** muss hauptsächlich folgende Funktionen übernehmen:

- Aufnehmen und Weiterleiten der Gewichts- und Bearbeitungskräfte,
- Dämpfung auftretender Schwingungen,
- Schutz vor umgebenden Maschinenelementen,
- Schutz vor Verschmutzung,
- Weiterleiten der erzeugten Wärmeenergie.

Je nach Bauform gibt es große Unterschiede in der Art des Maschinengestells. Prinzipiell können zwei mögliche Bauformen von CNC-Werkzeugmaschinen genannt werden (Bild 2).

Während das **Maschinengestell der Bettfräsmaschine** aus Maschinenständer und -bett besteht, hat die Konsolfräsmaschine lediglich einen Maschinenständer mit einem Maschinenfuß. Das Maschinenbett der Bettfräsmaschine ist eine wesentlich kompaktere Einheit als der **Maschinenfuß der Konsolfräsmaschine**. Verantwortlich hierfür ist der auf dem Maschinenbett aufliegende Quer- und Längsschlitten. Diese Maschine ist für größere Werkstücke konzipiert. Das Maschinenbett kann somit hohe Gewichtskräfte durch das auf dem Schlitten liegende Werkstück aufnehmen. Der Maschinenfuß der Konsolfräsmaschine sorgt lediglich für einen stabilen Stand der Maschine und dient als Auffangeinheit für Späne und Kühlschmiermittel.

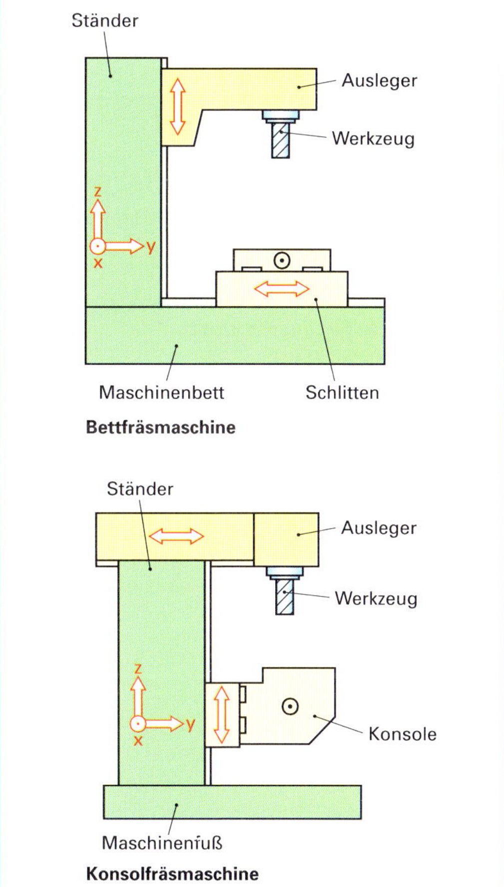

2 Bauformen der CNC-Fräsmaschine

Jeder Maschinenständer zeigt aufgrund der Biegebeanspruchung durch die Bearbeitungskräfte eine bestimmte **Nachgiebigkeit** (Bild 1). Die Bearbeitungskräfte müssen von dem Maschinengestell aufgefangen werden. Durch die Belastung gibt der Maschinenständer nach und verzieht sich um die im Bild 1 dargestellte Nachgiebigkeit *f*.

Je genauer eine Werkzeugmaschine arbeitet, desto geringer darf die Nachgiebigkeit sein, da sonst das gewünschte Bearbeitungsergebnis nicht erreicht wird.

Die Nachgiebigkeit eines Ständers ist in erster Linie von drei Bedingungen abhängig.

1. **Die Wahl eines geeigneten Werkstoffs**:
   Maschinengestelle bestehen meistens aus Grauguss oder Stahl. Die Gestelle aus Grauguss haben den Vorteil, dass komplizierte Formen wie Krümmungen, Wölbungen oder Durchbrüche gut eingearbeitet werden können. Außerdem zeigt Grauguss ein sehr gutes Dämpfungsverhalten. Daher werden bei diesen Gestellen Schwingungen gut aufgenommen.

2. **Die Wahl eines geeigneten Ständerquerschnitts**:
   Durch die Verrippung im Ständerquerschnitt kann die Nachgiebigkeit eines Maschinengestells verringert werden (Bild 2).

3. **Die Art der Fügeverbindung**:
   Die einzelnen Bauteile des Gestells (Ständer, Bett, Führungen u.a.) werden kraft- oder formschlüssig miteinander verbunden. Schraubverbindungen zeigen hierbei eine große Nachgiebigkeit. Daher ist die Anzahl der Schrauben an einer Fügestelle des Gestells besonders hoch.

Eine weitere Maßnahme zur Verbesserung des Bearbeitungsergebnisses ist die **Temperierung des Gestells** (Bild 3).

Da das Maschinengestell die Wärme umliegender Bauteile (z.B. des Elektromotors) und heiß gewordener Späne aufnimmt, wird bei genauer arbeitenden Werkzeugmaschinen dem Maschinengestell durch große Kühlwasserreservoirs die Wärme entzogen. Mit dieser Maßnahme kann der Verzug des Maschinengestells durch Wärmeeinflüsse verringert werden.

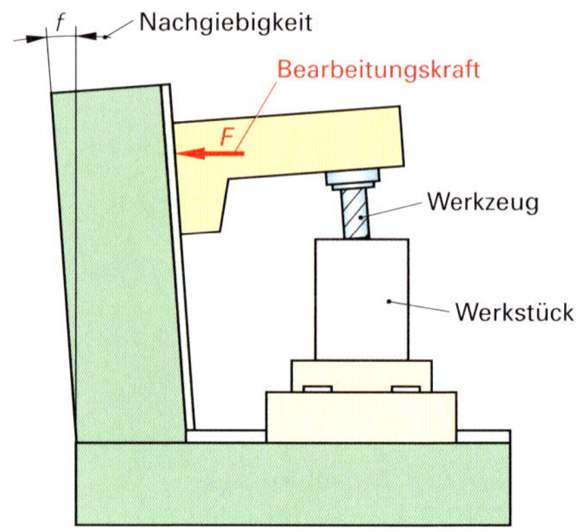

1 Ständernachgiebigkeit

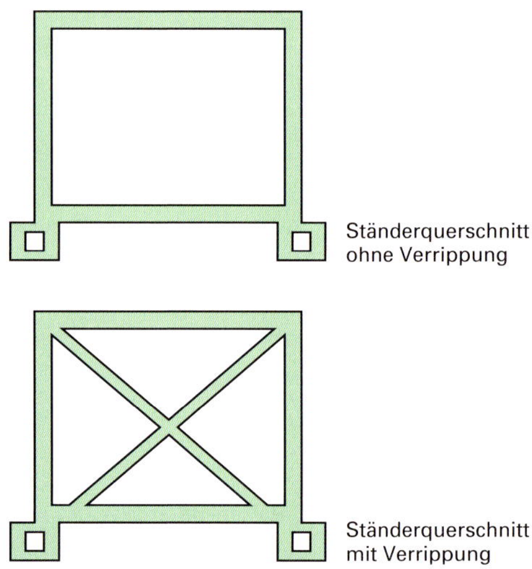

2 Querschnittsformen von Maschinenständern

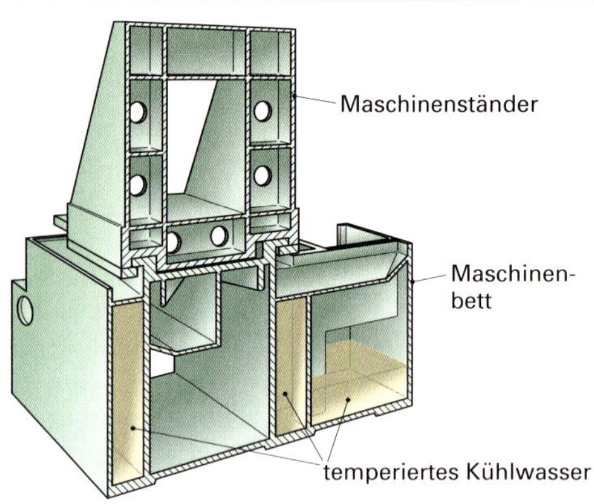

3 Temperierung des Maschinenständers

Aufgabe:

Im Bild 1 ist eine **CNC-Schrägbettdrehmaschine** dargestellt. Bei der Gesamtansicht dieser Maschine wurden einige Funktionseinheiten besonders hervorgehoben. Die Seitenansicht im Schnitt stellt die CNC-Maschine ohne Verkapselung dar.

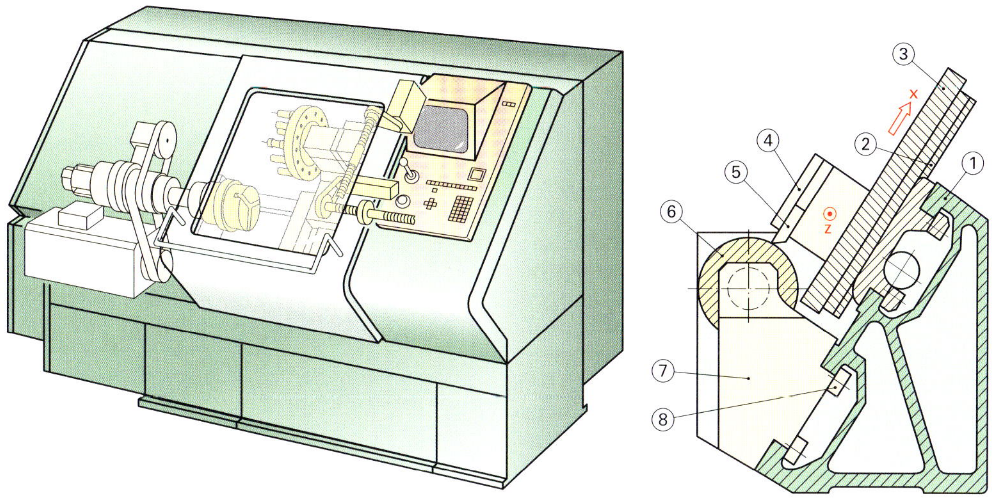

1 Gesamt- und Seitenansicht im Schnitt einer CNC-Schrägbettdrehmaschine

1 Geben Sie die Funktionseinheiten der CNC-Schrägbettdrehmaschine an und benennen Sie zu jeder Funktionseinheit die jeweiligen Bauteile (Funktionselemente).

2 Beschreiben Sie die Grundfunktionen der jeweiligen Bauteile.

3 In die CNC-Schrägbettdrehmaschine wurde ein Gleichstrommotor eingebaut. Beschreiben Sie das Prinzip des Gleichstrommotors.

4 Wählen Sie für den Hauptantrieb zwischen dem Gleichstrommotor als Reihen- oder Nebenschlussmotor aus. Begründen Sie Ihre Auswahl.

5 Welches sind die wichtigsten Energieübertragungselemente zwischen dem Vorschubmotor und dem Werkstück?

6 Beschreiben Sie, durch welche Maßnahme bei der Kugelgewindespindel die Spielfreiheit erreicht wird.

7 Wie wird bei der Kugelgewindespindel die Kugelrückführung realisiert?

8 Welche Funktion hat die Kugel der Kugelgewindespindel?

9 Die Seitenansicht der Schrägbettdrehmaschine zeigt insbesondere die Führungen und den Querschnitt des Maschinenbettes. Benennen Sie die nummerierten Bauteile der Seitenansicht.

10 Welche Forderungen müssen Schlittenführungen erfüllen?

11 Beschreiben Sie den Unterschied zwischen der Flach- und der Schwalbenschwanzführung.

12 Welche Führungsart wurde bei der CNC-Schrägbettdrehmaschine realisiert?

13 Zeigen Sie auf, welche Funktionen das Maschinengestell der Schrägbettdrehmaschine erfüllen muss.

14 Wozu dient die Verrippung des Maschinenbettes der Schrägbettdrehmachine?

15 Geben Sie die Vorteile der Schrägbettbauweise der Maschine an.

16 Wie kann die Nachgiebigkeit der Fügeverbindung zwischen Werkzeugschlitten und Passleiste reduziert werden?

4.3 Automaten

Werkzeugmaschinen, bei denen die Fertigungsvorgänge weitgehend ohne menschliche Eingriffe ablaufen, werden als Automaten bezeichnet. Da hauptsächlich Drehteile auf automatisch arbeitenden Maschinen gefertigt werden, werden sie als **Drehautomaten** bezeichnet.

Neben den Drehwerkzeugen können aber auch beispielsweise Bohr- und Fräseinheiten aufgesetzt werden. Es können auch mehrere Bearbeitungsvorgänge gleichzeitig durchgeführt werden. Unterschieden wird zwischen Voll- und Teilautomaten. Während bei den **Vollautomaten** alle Arbeitsvorgänge vom Spannen bis zum Entnehmen des Werkstücks automatisch ablaufen, müssen bei den **Teilautomaten** einzelne Arbeitsvorgänge noch von Hand ausgeführt werden.

Drehautomaten (Bild 1) besitzen im Gegensatz zur CNC-Drehmaschine eine mechanische Steuerung. Aufgrund der aufwendigen Planung der Arbeitsvorgänge und das zeitaufwendige Einrichten der Automaten werden Drehautomaten nur bei sehr großen Stückzahlen eingesetzt. Beim Drehautomaten wird das Werkstück automatisch gespannt und das Werkzeug in der richtigen Bearbeitungsreihenfolge an das Werkstück herangeführt. Hierbei wird automatisch für den jeweiligen Bearbeitungsgang der Vorschub und die Drehzahl eingestellt. Der in Bild 1 gezeigte Drehautomat besitzt einen Revolverschlitten für die Längsbewegung. Zwei Planschlitten führen die Querbewegung der jeweiligen Arbeitsgänge aus.

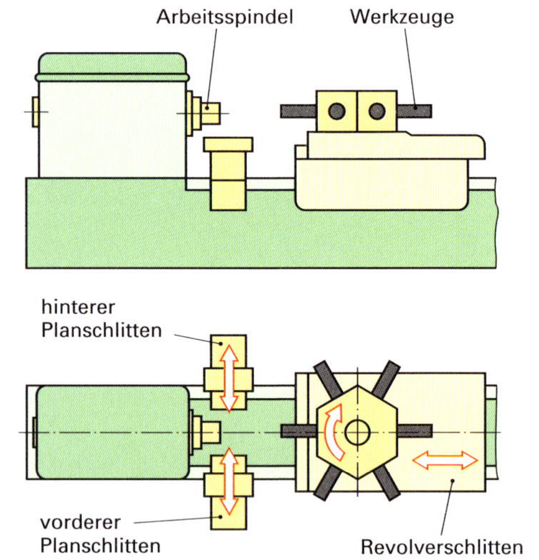

1 Drehautomat mit Revolverschlitten

Die mechanische Steuerung der Drehautomaten erfolgt bei den meisten Maschinen über **Kurvenscheiben** (Bild 2). Hierbei werden die Bearbeitungsschritte zur Fertigung eines Werkstückes durch die Geometrie der Kurvenscheibe gespeichert. Die Anfertigung der Kurvenscheibe wird durch die Arbeitsvorgangsfolge des Arbeitsplans bestimmt. Jede Kurvenscheibe steuert einen Schlitten. Die in Bild 2 dargestellte Kurvenscheibe dient zur Steuerung des vorderen Planschlittens.

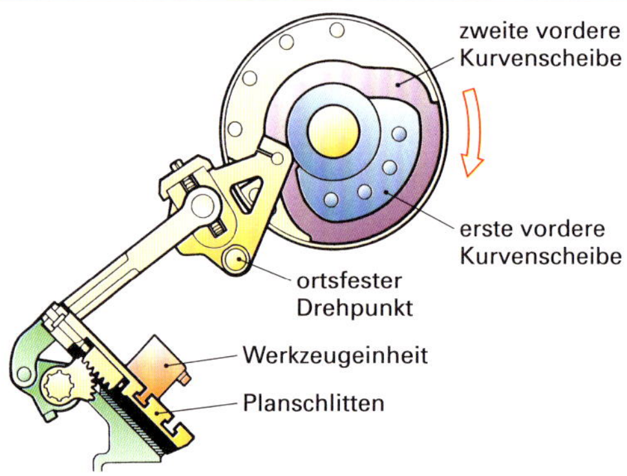

2 Kurvenscheibe für den Revolverschlitten

Für die Steuerung der Fertigung des in Bild 3 dargestellten **Ventilnippels** werden insgesamt vier Kurvenscheiben benötigt. Alle Kurvenscheiben laufen gleichzeitig um und steuern über Rollen und Hebel ihren zugehörigen Schlitten vor und zurück. Nach einer Umdrehung der Kurvenscheibe ist das Werkstück fertig. Die Drehzahleinstellung für den jeweiligen Arbeitsgang wird durch Schaltnocken auf der Steuerwelle der Kurvenscheibe realisiert. Die Steuernocken werden so gesetzt, dass an bestimmten Stellen des Arbeitsablaufes Schalter betätigt werden, die die jeweilige Drehzahl einstellen.

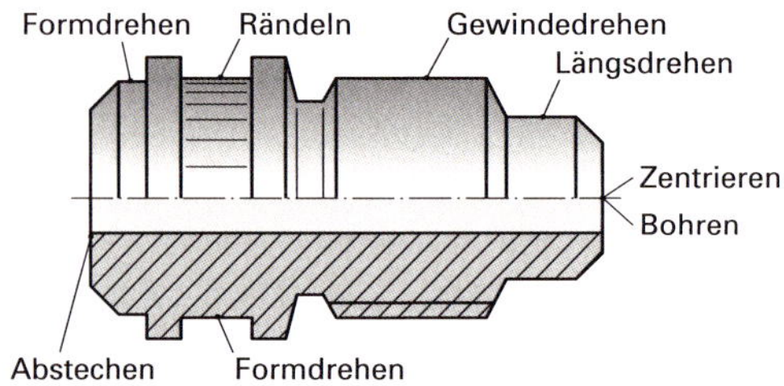

3 Ventilnippel

Während z. B. bei der Fertigung von Drehteilen das Werkzeug durch den Revolverkopf gewechselt wird und somit der folgende Bearbeitungsschritt am Werkstück ausgeführt wird, transportiert der **Mehrspindeldrehautomat** (Bild 1) das Werkstück von Werkzeug zu Werkzeug.

Bild 1 zeigt den Schnitt durch einen Mehrspindeldrehautomaten. Mit den **sechs Arbeitsspindeln**, die von einer **Zentralspindel** angetrieben werden, können dementsprechend sechs Werkstücke gleichzeitig gefertigt werden. Die sechs Arbeitsspindeln befinden sich in einem **Spindelbock**, der nach jeder Fertigungsstufe die sechs Arbeitsspindeln um eine Position weiter dreht. Jede Arbeitsspindel nimmt ihre Rohmaterialstange auf, jeder Arbeitspindel steht ein **Planschlitten** und eine **Bohreinheit** zur Verfügung.

In der Mitte vor den Arbeitsspindeln befindet sich ein **zentraler Längsschlittenbock** als Längsschlitteneinheit für jedes der sechs Werkstücke. Auf dem zentralen Längsschlittenbock wird für jede Arbeitsspindel das für den jeweiligen Bearbeitungsgang notwendige Werkzeug aufgespannt.

Für die mechanische Steuerung der Schlitten besitzt der Drehautomat mehrere Kurvenscheiben und -trommeln. Der dargestellte Automat wir daher als **kurvengesteuerter Drehautomat** bezeichnet. Eine zusätzliche Funktion des Mehrspindelautomaten besteht in dem automatischen Heranführen und Spannen des Stangenmaterials. Zur Steuerung dieser Funktion wird ebenfalls eine Kurvenscheibe verwendet.

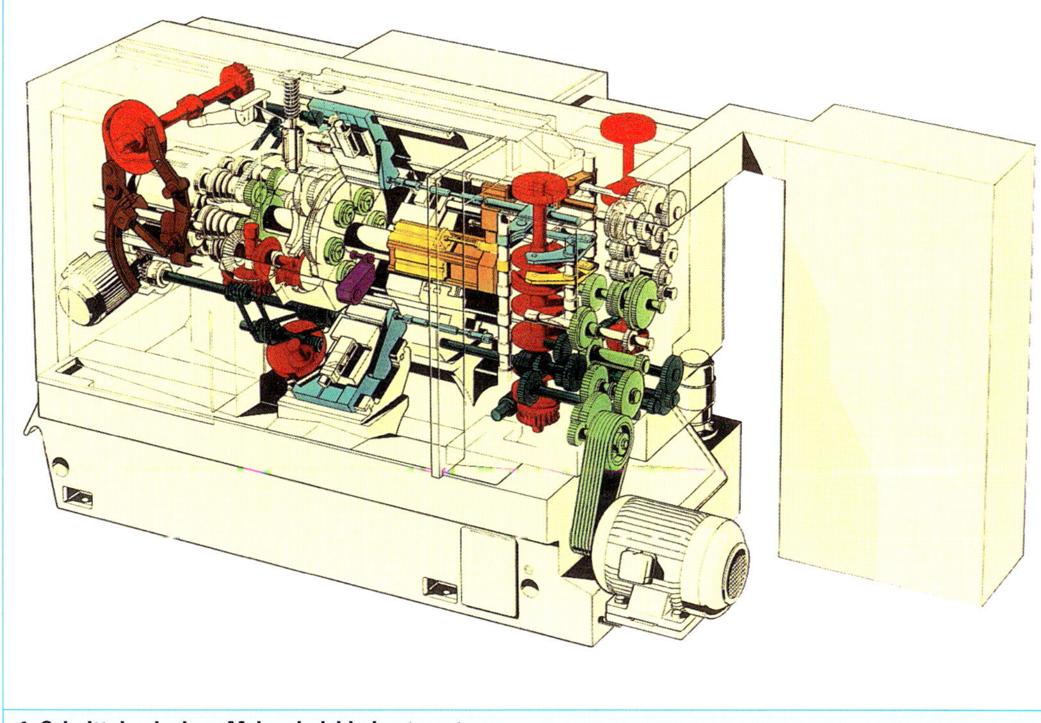

1 Schnitt durch einen Mehrspindeldrehautomaten

Alle Werkzeuge arbeiten beim Mehrspindeldrehautomaten gleichzeitig. Nachdem das Stangenmaterial vorgeschoben und gespannt wurde, wird z.B. die Stange auf der ersten Bearbeitungsspindel längsgedreht und vorgebohrt. Währenddessen werden auf den weiteren Arbeitsspindeln Folgeschritte ausgeführt. Nachdem die Werkzeuge zurückgestellt wurden, dreht der Spindelbock die Arbeitsspindeln um eine Position weiter. Während auf der ersten Bearbeitungsspindel das Werkstück erneut längsgedreht und vorgebohrt wird, kann auf der zweiten Bearbeitungsspindel das Werkstück nachgebohrt und abgefast werden. Nach sechs Umdrehungen des Spindelbocks ist die komplette Bearbeitung des Werkstücks erfolgt.

4.4 Gestaltung von Maschinenarbeitsplätzen

Die Gestaltung von Maschinenarbeitsplätzen erfolgt nach arbeitswissenschaftlichen Erkenntnissen. Die Arbeitswissenschaftler fordern eine menschengerechte Gestaltung der Maschinenarbeitsplätze. Begründet wird diese Forderung nicht nur mit einer angenehmeren Arbeitsweise für den Maschinenbediener, sondern auch damit, dass durch eine menschengerechte Gestaltung dem Maschinenbediener ein ermüdungsarmes Arbeiten ermöglicht wird. Es werden dadurch höhere Leistungen und bessere Ergebnisse erreicht, wobei der Ausschussanteil geringer wird, aber auch mancher Unfall verhindert werden kann.

Bild 1 zeigt einen **Facharbeiter an seinem Maschinenarbeitsplatz**. Bei der Gestaltung dieses Arbeitsplatzes wurden die vier nachfolgend beschriebenen Gesichtspunkte berücksichtigt:

- **Psychologische Gesichtspunkte**:

  Der Arbeitsplatz soll so gestaltet werden, dass der Facharbeiter in einer angenehmen Umwelt und Arbeitsatmosphäre tätig ist. Es soll ein abwechslungsreiches Arbeiten an der Maschine ermöglicht werden.

- **Organisatorische Gesichtspunkte**:

  Die Arbeit sollte an der Maschine so organisiert sein, dass die Arbeitszeiten dem biologischen Tagesrhythmus des Facharbeiters entsprechen. Während der Arbeitszeit sollten besser mehrere kurze Pausen als eine lange Pause möglich sein. Der Maschinenbediener muss, bevor er an der Maschine selbstständig arbeitet, mit den Funktionen der Werkzeugmaschine vertraut sein.

1 Facharbeiter an einer CNC-Drehmaschine

- **Ergonomische Gesichtspunkte**:

  Bei der Gestaltung des Arbeitsplatzes müssen die menschlichen Körpermaße beachtet werden. Die Körperhaltung der Fachkraft an der Maschine darf nicht zu Ermüdungserscheinungen führen. Das Einrichten der Maschine sollte mit einem geringen Muskeleinsatz erfolgen. An der Maschine sollte die Belastung des Bedieners durch z.B. Lärm, Staub oder Hitze möglichst gering sein.

- **Sicherheitstechnische Gesichtspunkte**:

  Der Maschinenbediener muss vor der Werkzeugmaschine so geschützt werden, dass keine Arbeitsunfälle auftreten. Hierbei hat der Arbeitsschutz des Bedieners Vorrang vor dem wirtschaftlichen Arbeiten mit der Werkzeugmaschine.

Im nachfolgenden Abschnitt werden die ergonomische Gestaltung des Maschinenarbeitsplatzes und die Möglichkeiten des Arbeitsschutzes an der Werkzeugmaschine näher untersucht.

4.4.1 Ergonomische Gestaltung des Maschinenarbeitsplatzes

Die **Ergonomie** beschäftigt sich mit der Anpassung des Arbeitsplatzes an den Menschen. Hierbei werden zuerst Fähigkeitsgrößen eines menschlichen Körpers erfasst. Im zweiten Schritt werden dann die Arbeitsbedingungen untersucht und an die menschlichen Fähigkeiten angepasst.

In der Ergonomie werden drei große Bereiche untersucht:

1. **der Lärmschutz am Arbeitsplatz,**
2. **die Beleuchtung am Arbeitsplatz,**
3. **die Arbeitsplatzmaße für eine stehende oder sitzende Tätigkeit.**

Lärmschutz am Arbeitsplatz

Lärm ist eine große Gefahr für den Maschinenbediener am Arbeitsplatz. Der Lärm wirkt nicht nur belästigend und kann bei entsprechender Stärke und Dauer zu Konzentrationsschwächen des Facharbeiters führen, sondern wirkt auch schädigend auf den menschlichen Gehörgang. Hierbei kann der Lärm zu irreparablen Gehörschäden führen. Aus diesem Grunde muss der Lärm so weit wie möglich reduziert werden.

Die wichtigste Maßnahme der Lärmreduzierung ist die **Bekämpfung der Lärmquelle**. Durch die Kapselung der Maschine kann der Lärm z.B. zu einem großen Anteil reduziert werden. Ist der Lärm trotz Bekämpfung der Lärmquelle zu hoch, so muss sich der Facharbeiter mit einem Gehörschutz selbst schützen.

Der **Schalldruckpegel** wird in vier Bereiche eingeteilt (Übersicht 1). Bereits ab 90 dB sind bleibende Gehörschäden zu erwarten.

Wirkung von Lärm auf den Menschen

Bereich	Wirkung auf Menschen
I (30 dB ... 60 dB)	störend, nervend
II (60 dB ... 95 dB)	erhöhte Herztätigkeit, Magenbeschwerden, Muskelverspannungen
III (90 dB ... 120 dB)	längerfristig bleibende Gehörschäden, teilweise Taubheit
IV (über 120 dB)	Taubheit nach kurzfristiger Einwirkzeit, Kopfschmerzen

Beleuchtung am Arbeitsplatz

Mangelnde Beleuchtung am Maschinenarbeitsplatz kann zu Ermüdung und Unfallanfälligkeit des Maschinenbedieners führen. Wird über einen größeren Zeitraum mit unzureichenden Beleuchtungsverhältnissen gearbeitet, so können bleibende Schäden an den Augen entstehen.

Die Stärke der Beleuchtung ist in erster Linie von der Größe der zu erkennenden Objekte in und an der Maschine abhängig. Für bestimmte Sehaufgaben werden zum Schutz der Augen **festgelegte Beleuchtungsstärken** gefordert (Übersicht 2).

Von Bedeutung ist auch eine gleichmäßige und blendfreie Ausleuchtung des Arbeitsraumes.

Beleuchtungsstärke für bestimmte Sehaufgaben

Beleuchtungsstärke (Lux)	Sehaufgabe
120 ... 250	leichte Sehaufgabe mit großen Kontrasten
500 ... 750	Normale Sehaufgabe mit mittleren Details
1000 ... 1500	Schwierige Sehaufgabe mit kleineren Details
2000 ... 3000	Schwierige langandauernde Sehaufgabe mit sehr kleinen Details

Arbeitsplatzmaße für eine stehende oder sitzende Tätigkeit

Die Arbeitsplatzmaße sind je nach stehender oder sitzender Beschäftigung unterschiedlich festgelegt. Eine sitzende Beschäftigung kann z. B. ein Montagearbeitsplatz sein. Hierbei werden insbesondere die Greifraummaße so festgelegt, dass die Fachkraft jedes Montageobjekt leicht greifen kann. Weiterhin werden die wichtigsten Höhenmaße wie z.B. Sitz- und Tischhöhe für mittelgroße Personen festgelegt.

Eine stehende Beschäftigung findet z. B. an einer Werkzeugmaschine statt. Für die ergonomische Gestaltung eines Maschinenarbeitsplatzes werden bestimmte **Arbeitsplatzmaße** angegeben (Bild 1). Diese Maße sind Richtwerte für die Werkzeugmaschinenhersteller.

Die Arbeitsplatzmaße sollten, wenn es möglich ist, auf die Körpergröße des Facharbeiters variabel eingestellt werden. Arbeitet z. B. eine kleine Person an der Maschine, so sollte durch ein Podest die Augenhöhe der Person an die erforderliche Augenhöhe angepasst werden.

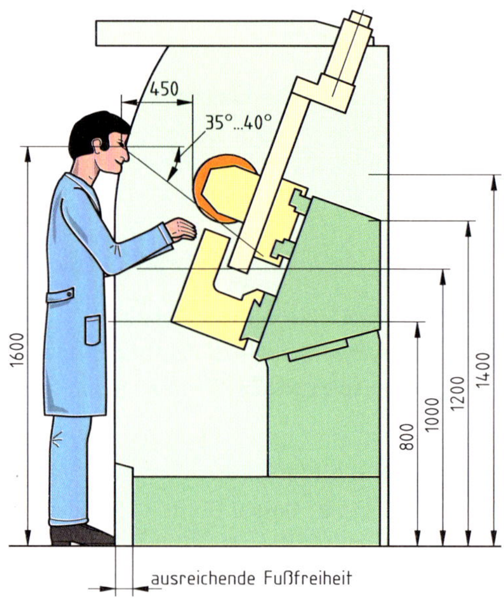

1 Mittlere Arbeitsplatzmaße bei stehender Beschäftigung

4.4.2 Sicherheitsbestimmungen für den Betrieb einer Werkzeugmaschine

In den Sicherheitsbestimmungen für den Betrieb einer Werkzeugmaschine werden folgende zur Sicherung dienende Maschineneinrichtungen festgelegt:

- **Einrichtungen, die dem Schutz des Maschinenbedieners dienen,**
- **Einrichtungen, die den Werteerhalt der Werkzeugmaschine ermöglichen,**
- **Einrichtungen, die unsere Umwelt vor Beeinträchtigungen schützen.**

Schutz des Maschinenbedieners

Die **Verkapselung einer CNC-Werkzeugmaschine** dient zum Schutz des Maschinenbedieners (Bild 2). Eine Werkzeugmaschine soll hierbei so gebaut sein, dass von ihr keine Gefahr ausgeht. Die Verkapselung schützt den Maschinenbediener nicht nur vor beweglichen Maschinenteilen, sondern verhindert auch das Austreten von Spänen und Kühlschmierstoff.

Der **Sicherheitsschalter** an der Schiebetür verhindert das Arbeiten an der Maschine bei offener Tür.

Der **Fußschalter** dient dem Einrichtebetrieb und setzt die Sicherheitsverriegelung außer Kraft. Die Einrichtearbeit darf daher nur von erfahrenen Fachkräften durchgeführt werden.

Größere Maschinenanlagen, z. B. flexible Fertigungszellen, werden neben der Verkapselung der einzelnen Maschine auch noch mit **Schutzgittern** augerüstet. Hierdurch wird z. B. der Arbeitsbereich einer Handhabungseinrichtung gesperrt.

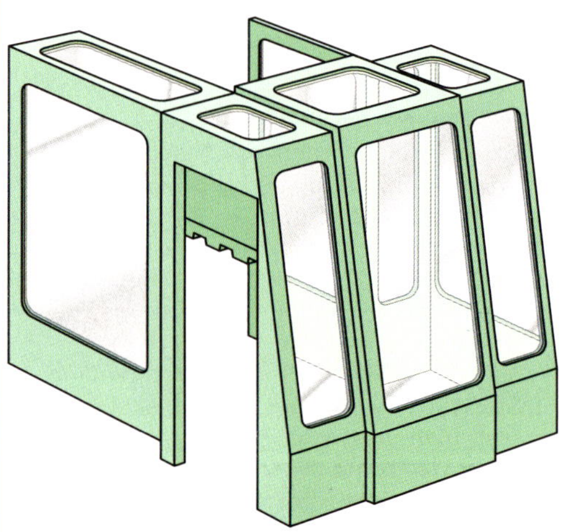

2 Verkapselung der CNC-Werkzeugmaschine

Ein weiterer Schutz für den Maschinenbediener stellt der **Not-Aus**-Schalter dar (Bild 1). Dieser Schalter dient dem sofortigen Stillstand der Maschine bei auftretender Gefahr. Weitere Sicherheitseinrichtungen der Werkzeugmaschine sind z.B. Kontrolllampen, Störungsanzeigeleuchten, Zweihandschalter, Lichtschranken oder Schlüsselhalter.

1 Bedienfeld der CNC-Werkzeugmaschine

Sicherheitsvorschriften

- **Sicherheitseinrichtungen dürfen zur Fertigung eines Werkstückes nicht außer Kraft gesetzt werden,**
- **Bei Wartungs- und Reparaturarbeiten im Arbeitsbereich muss die Werkzeugmaschine durch den Not-Aus-Schalter am Bedienfeld und den Hauptschalter am Schaltschrank außer Betrieb gesetzt werden,**
- **Arbeiten und Reparaturen an elektrischen Einrichtungen der Maschine dürfen nur von Elektrofachkräften durchgeführt werden,**
- **das Einrichten der Maschine darf nur von einer ausgebildeten Fachkraft durchgeführt werden,**
- **Undichtigkeiten, z.B. am Hydrauliksystem, müssen sofort beseitigt werden.**

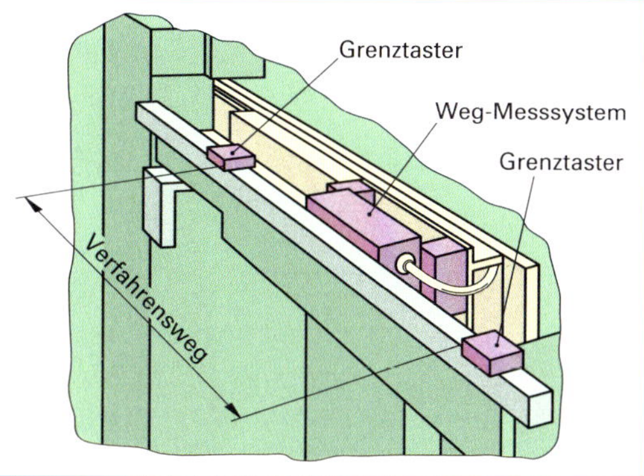

2 Grenztaster am Weg-Messsystem

Schutz der Werkzeugmaschine

Für den Schutz und somit den Werteerhalt der Maschine sind mechanische und elektronische Sicherheitseinrichtungen vorgesehen. Hierbei stellt der **Grenztaster eines Weg-Messsystems** eine Schutzmaßnahme dar (Bild 2). Diese mechanische Absicherung verhindert das gewaltsame Auffahren des Maschinenschlittens auf den Endschalter. Bei der Werkzeugmaschine wird jede Bearbeitungsachse sowie Zusatzeinrichtungen (z.B. der Werkzeugwechsler) mit einem Grenztaster abgesichert.

Ein mechanischer Überlastungsschutz wird mit der **Sicherheitskupplung** erreicht (Bild 3). Sind z.B. bei der Drehmaschine die entstehenden Drehmomente aufgrund der Bearbeitungskräfte größer als das maximale Drehmoment des Motors, so rutscht die Kupplung durch. Eine Beschädigung der Maschine wird somit vermieden.

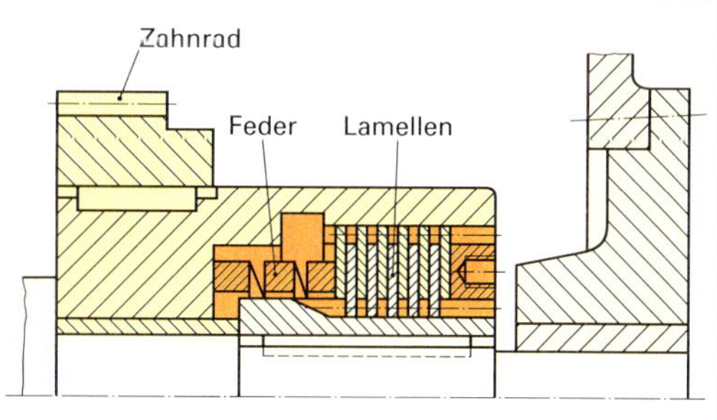

3 Sicherheitskupplung

Ein weiteres Beispiel für einen mechanischen Überlastungsschutz stellt z.B. die **Fallschnecke einer konventionellen Drehmaschine** dar. Sobald der Längsschlitten gegen einen verstellbaren Anschlag fährt oder die Vorschubkraft zu groß wird, schaltet die Fallschnecke den Vorschub ab.

Elektronische Sicherheitseinrichtungen befinden sich im Schaltschrank der Werkzeugmaschine. Hierbei werden die elektrischen Einrichtungen gegen Schäden durch zu hohen elektrischen Strom geschützt. Überlastungssicherungen und der Motorschutzschalter schalten z.B. die Stromzufuhr bei zu hoher Stromstärke ab.

Schutz der Umwelt

Zum Schutz der Umwelt dürfen von einer Werkzeugmaschine keine Schadstoffe in unsere Umwelt gelangen.

Die Verkapselung der Werkzeugmaschine verhindert z. B. das Austreten des giftigen Kühlschmiernebels in die Umwelt. Durch die Lärmreduzierung der Verkapselung wird die Umwelt ebenso vor Lärmbelästigung geschützt (Bild 1).

Zum Schutz der Umwelt müssen vor allem die Späne und das zum Teil hochgiftige Kühlschmiermittel entsorgt werden.

Die Späne müssen je nach Werkstoff getrennt gesammelt und von Stahlherstellern oder Entsorgungsfirmen wiederverwertet werden. Kühlschmiermittel wie z. B. Altöl ist ein Gefahrenstoff und muss nach dem Austausch in entsprechenden Behältern gesammelt werden. Das verunreinigte Kühlschmiermittel muss an Entsorgungsfirmen abgegeben werden, die zum Teil das Kühlschmiermittel wieder aufbereiten und den nicht verwertbaren Teil des Schmiermittels so lagern bzw. vernichten, dass keine Gefahr für die Umwelt eintritt.

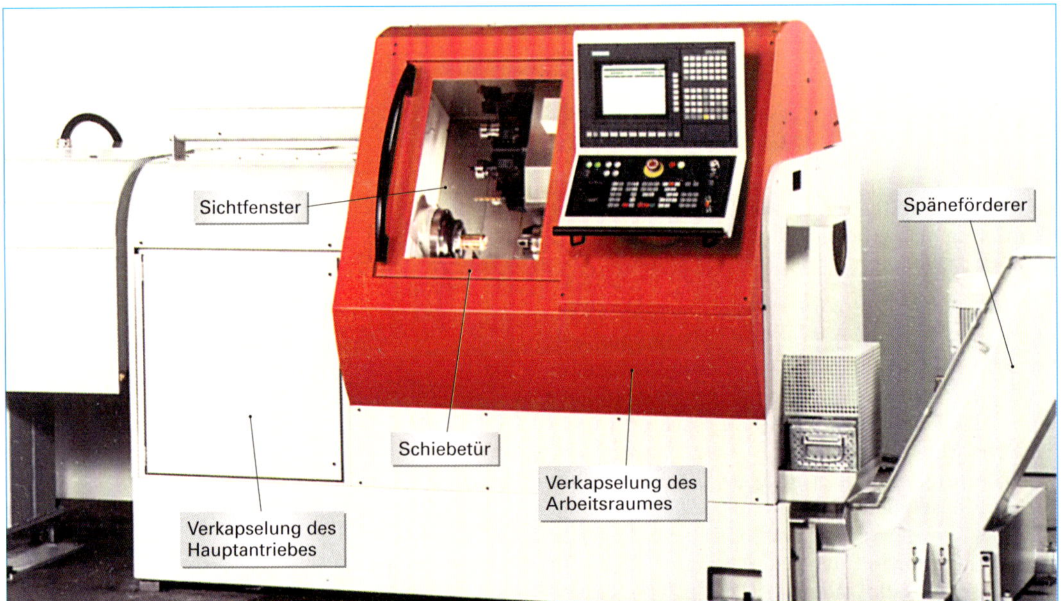

1 Verkapselte CNC-Drehmaschine mit Späneförderer

Aufgaben:

1 **Geben Sie die vier Gesichtspunkte, nach denen ein Maschinenarbeitsplatz gestaltet wird, an und erläutern Sie die jeweiligen Punkte kurz.**

2 **Beschreiben Sie Maßnahmen zur Reduzierung des Lärms.**

3 **Wovon ist die Beleuchtungsstärke eines Arbeitsplatzes in erster Linie abhängig?**

4 **Nach welchem Höhenmaß richten sich die Arbeitsplatzmaße bei einer stehenden Beschäftigung?**

5 **Erläutern Sie die staatlichen Vorschriften zum Schutz eines arbeitenden Menschen.**

6 **Was wird in den berufsgenossenschaftlichen Unfallverhütungsvorschriften festgelegt?**

7 **Durch welche Maßnahmen kann der Maschinenbediener vor der Werkzeugmaschine geschützt werden?**

8 **Welche Einrichtungen an einer Werkzeugmaschine dienen dem Werteerhalt der Maschine?**

9 **Welche Gefahr kann von einer Werkzeugmaschine auf unsere Umwelt ausgehen und wie wird die Umwelt vor diesen Gefahren geschützt?**

5 Bedienen und Programmieren von CNC-Werkzeugmaschinen

Die Bedeutung der CNC-Werkzeugmaschinen ist infolge der leichteren Bedienbarkeit und verbesserter Programme im letzten Jahrzehnt deutlich gewachsen. Wegen der breiten effektiven Einsatzmöglichkeit von der Einzelfertigung über die Kleinserien- bis zur Großserienfertigung sind sie heute in der industriellen Spanung das Standardarbeitsmittel.

5.1 Begriff, Einsatzmöglichkeiten und Auswirkungen auf die Arbeitswelt

CNC steht für **C**omputerized **N**umerical **C**ontrol und bedeutet sinngemäß **Computergestützte Steuerung**.

Vor allem Werkstücke mit komplexer Geometrie lassen sich auf CNC-Maschinen weitaus schneller und sicherer fertigen. Die technologischen Werte können optimal angepasst werden. Durch Komplettbearbeitung und die Verbindung von Drehen und Fräsen auf einer Anlage entfällt oft kostspieliges Umspannen und Ausrichten der Werkstücke. Dadurch verbessert sich auch die Qualität. Die beliebige und exakte Wiederholung des programmierten Fertigungsablaufes, die automatische Verschleißkorrektur und Standzeitüberwachung für die Werkzeuge und der fast vollständige Ausschluss des Menschen von der direkten Fertigung garantieren eine gleichmäßige Qualität der Werkstücke. Erforderliche Qualitätskontrollen können deshalb auf Stichproben beschränkt werden.

Wegen der beträchtlichen Anschaffungskosten und der hohen Innovationsgeschwindigkeit dieser Technik ist aus betriebswirtschaftlicher Sicht eine optimale Auslastung der Produktionskapazität von CNC-Maschinen dringend geboten.

Die Arbeitsabläufe von CNC-Bearbeitung und herkömmlicher Fertigung unterscheiden sich in wesentlichen Punkten (Tabelle 1). Der Bediener hat an der CNC-Werkzeugmaschine fast nur noch arbeitsvorbereitende Aufgaben zu lösen. Die eigentliche Fertigung wird von der Steuerung der CNC-Anlage organisiert. Die Steuerung übernimmt meist auch den Werkzeugwechsel und bei Dialogprogrammierung und AV-Programmierung die Programmerzeugung.

Mit dem Einsatz von CNC-Technik verringert sich die körperliche Beanspruchung des Facharbeiters. Die Maschine führt z. B. Zustellbewegungen aus, schaltet die Spindeldrehzahl und wechselt die Werkzeuge (Bild 1). Jedoch steigen die Anforderungen an seine geistigen Fähigkeiten. Der Fertigungsablauf wird in der Regel vor Beginn der Arbeit vollständig geplant. Das technologische Grundverständnis, das der Facharbeiter von der herkömmlichen Fertigung her hat, gilt als Grundvoraussetzung für effizientes Arbeiten an der CNC-Technik. Zusätzlich muss der Facharbeiter die Maschine und die Steuerung bedienen sowie ggf. CNC-Programme erstellen können.

Tabelle 1: Vergleich der Arbeitsabläufe

	Tätigkeit	herkömmlich	CNC
Arbeitsvorbereitung	Teileprogramm erstellen, eingeben und optimieren	/	manuell oder maschinell
Arbeitsvorbereitung	Werkstück aufspannen und Bezugspunkt setzen	manuell	manuell
Arbeitsvorbereitung	Werkzeug einspannen	manuell	maschinell
Arbeitsvorbereitung	Drehzahl der Arbeitsspindel einstellen	manuell	maschinell
Bearbeitung	Achsschlitten verfahren	manuell oder maschinell	maschinell
Bearbeitung	Ist- und Sollwerte vergleichen	manuell	maschinell
Bearbeitung	Qualität kontrollieren	aufwendige Qualitätssicherung	nur noch Stichproben erforderlich

1 Anforderungen an den Bediener

5.2 Aufbau und Wirkungsweise von CNC-Werkzeugmaschinen

Mit dem Verbinden von Werkzeugmaschine und CNC-Steuerung ergeben sich neue Möglichkeiten, die Fertigung qualitativ und quantitativ zu verbessern. Das Nutzen dieses Potenzials erfordert konstruktive Veränderungen an der Werkzeugmaschine.

5.2.1 Vergleich zu herkömmlichen Werkzeugmaschinen

Der Vergleich von CNC- und herkömmlichen Werkzeugmaschinen zeigt mehrere grundsätzliche Veränderungen:

- Geschlossener Arbeitsraum
- Servomotor für jede Achse
- Regelbarer Hauptantrieb
- Kugelgewindetrieb
- Thermisch und mechanisch sehr stabiles Maschinengestell
- Automatische Werkzeugwechselsysteme.

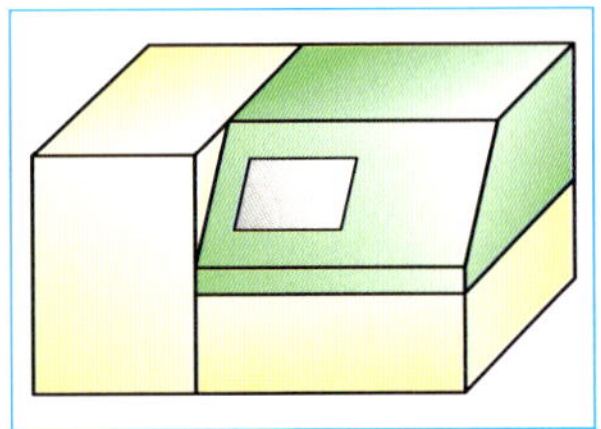

1 Arbeitsraum

Auf CNC-Werkzeugmaschinen wird mit höheren Schnitt- und Vorschubgeschwindigkeiten sowie größerem Kühlschmiermitteldruck gearbeitet. Aus Gründen der Arbeitssicherheit hat die CNC-Werkzeugmaschine **einen geschlossenen Arbeitsraum** (Bild 1).

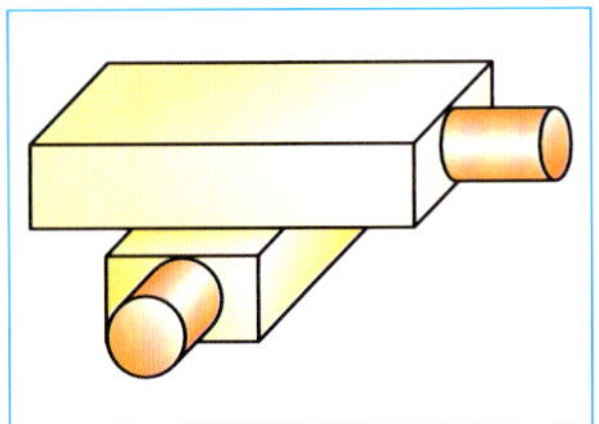

2 Achsantriebe

Um auf der CNC-Werkzeugmaschine komplexe Formen herstellen zu können, muss jede Achse durch einen eigenen **Servomotor** angetrieben werden (Bild 2). Bei größeren Maschinen sind die Motoren auch als Linearantrieb ausgeführt.

Beim Arbeiten auf CNC-Drehmaschinen wird oft eine konstante Schnittgeschwindigkeit benötigt. Die dafür erforderliche veränderliche Drehzahl liefern **stufenlos regelbare Elektromotoren**. Für die Umsetzung des gesamten Drehzahlbereichs werden an Fräsmaschinen dann oft nur noch zwei Getriebestufen benötigt.

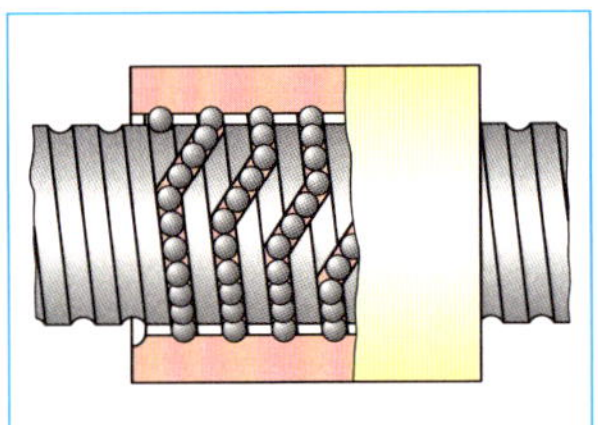

3 Übertragungselemente

Um die Rechengenauigkeit der Steuerung und die Positioniergenauigkeit der Servomotoren auf die Bewegung von Werkstück und Werkzeug zu übertragen, findet als Übertragungselement der **Kugelgewindetrieb** Anwendung (Bild 3). Dieser arbeitet nahezu spielfrei und überträgt auch sehr langsame Bewegungen kontinuierlich (kein Slip-Stick-Effekt).

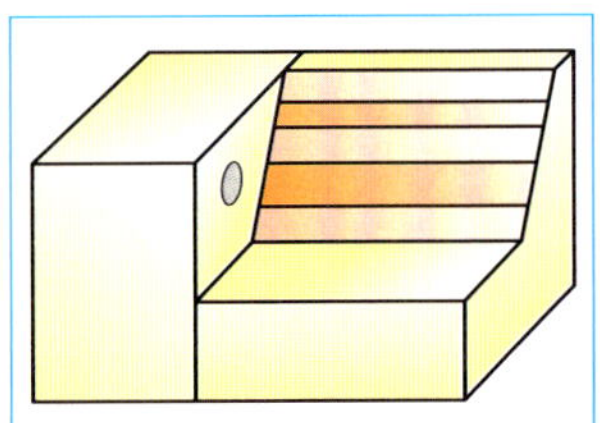

4 Maschinenbett

Bei der Arbeit an CNC-Maschinen wird meist ein sehr hohes Zeitspanungsvolumen Q erreicht. Der damit verbundenen hohen mechanischen und thermischen Beanspruchung des Maschinengrundkörpers wird durch spezielle Konstruktionen und besondere Werkstoffe Rechnung getragen. Damit die Schwingungsneigung des Maschinengestells sich verringert werden auch synthetische Werkstoffe eingesetzt. Um eine bessere Abfuhr der Späne, des Kühlschmiermittels und damit der Wärme zu gewährleisten, besitzen CNC-Drehmaschinen meist eine **Schrägbettführung** (Bild 4). Beim Aufbau von CNC-Universal-Fräsmaschinen gewinnen die Zugänglichkeit und die Beweglichkeit des Maschinentischs zunehmend an Bedeutung. Dem wird mit einer so genannten Blockbauweise Rechnung getragen.

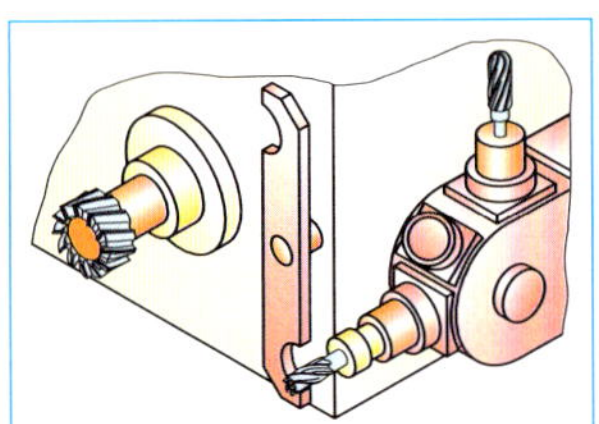

5 Werkzeughandhabung

An CNC-Werkzeugmaschinen erfolgt der Werkzeugwechsel in den meisten Fällen automatisch. Damit während der Prgrammabarbeitung alle notwendigen Werkzeuge zur Verfügung stehen, besitzen Drehmaschinen mindestens einen **Werkzeugrevolver**, Fräsmaschinen ein **Werkzeugmagazin** und einen **Werkzeugwechsler** (Bild 5).

Damit die Steuerung auswertbare Informationen über die aktuellen Positionen der Maschinenschlitten, des Rundtischs oder der Spindel erhält und Ergebnisse der Verfahr- bzw. Positionierbewegungen auswerten kann, besitzt die CNC-Werkzeugmaschine für jede gesteuerte Achse ein **elektronisches Messsystem**.

5.2.2 Messsysteme

Ein Messsystem hat die Aufgabe, Signale zu erzeugen, aus denen die Steuerung die aktuelle Achsposition der gesteuerten Einheit bestimmen kann. Es besteht aus einer Maßverkörperung und einer Abtasteinheit.

Für die Lösung dieser Aufgabe werden in der Praxis verschiedene Prinzipien verwendet (Bild 1). Sie unterscheiden sich vor allem durch die Art von Signalgewinnung und Maßverkörperung, die Anbaumöglichkeit an die Maschine, die Genauigkeit und den Preis.

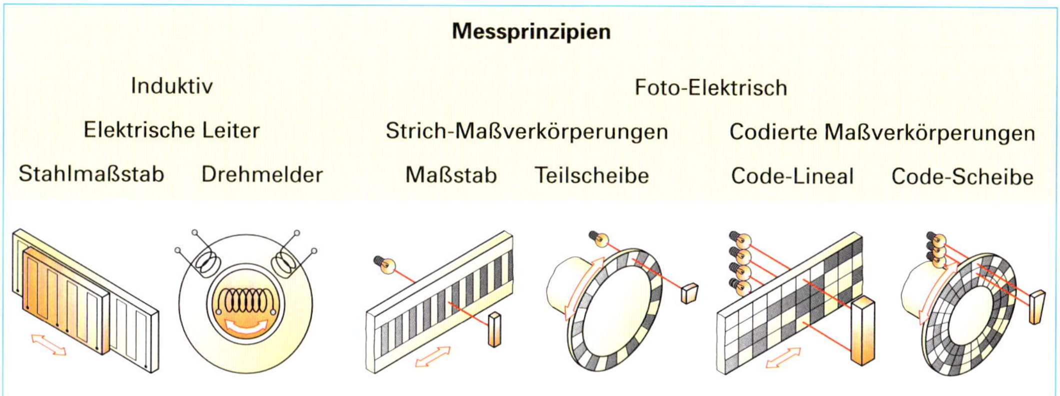

1 Grundprinzipien der Messverfahren (Auswahl)

Die **induktive** (analoge) **Messung** verwendet eine elektrische Spannung als Signalträger. Die Abtasteinheit enthält zwei Leiterwicklungen, die mit unterschiedlichen Wechselspannungen gespeist werden (Bild 2). Sie induziert durch ihre Relativbewegung in der Maßverkörperung eine **phasenverschobene Spannung**. Über diese wird der Verfahrweg und die Verfahrrichtung bestimmt. Um die im Abstand von 360° periodisch wiederkehrenden Zustände voneinander zu unterscheiden, wird ein Zähler verwendet, der sie aufsummiert.

Bei der **fotoelektrischen Messung** wird das Signal durch Beleuchten oder Durchleuchten der Maßverkörperung gewonnen (Bild 3). Beim Durchlichtverfahren hat die Maßverkörperung transparente und lichtundurchlässige Zonen. Soll das Auflichtverfahren zum Einsatz kommen, muss sie reflektierende und nichtreflektierende Bereiche besitzen.

Die Abtasteinheit besteht aus Lichtquelle mit Optik und Abtastgitter sowie Empfänger mit Fotoelementen. Sie erhält durch ihre Relativbewegung zur Maßverkörperung über die Fotoelemente **Hell-Dunkel-Signale**, die zum Bestimmen der Achsposition verwendet werden.

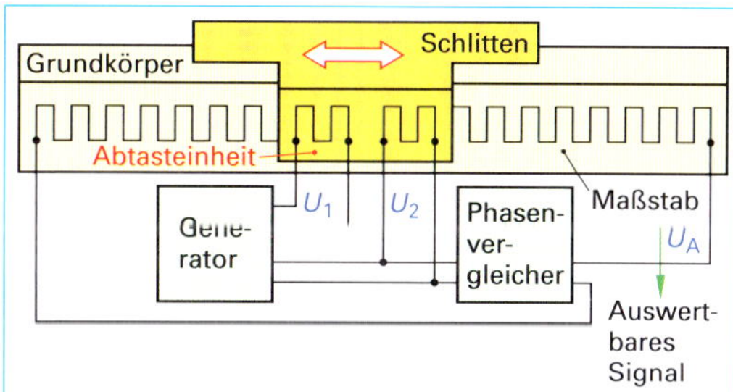

2 Analoge Messung

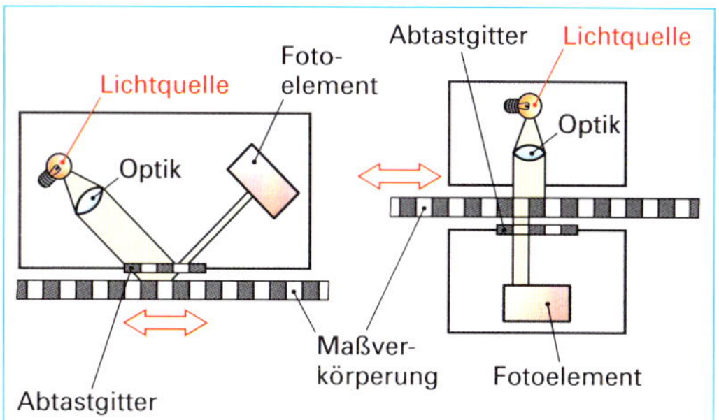

3 Auflicht- und Durchlichtverfahren

Das Abtasten von **Strich-Maßverkörperungen** wird als **inkrementale Messung** bezeichnet (Bild 1). Dabei entstehen Hell-Dunkel-Signale, die in Zählimpulse umgewandelt werden. Die Anzahl dieser Impulse (Inkremente) ist ein Maß für den zurückgelegten Weg oder Winkel, während deren Art das Merkmal für die Bestimmung der Bewegungsrichtung liefert.

Um daraus die aktuelle Position der gesteuerten Einheit ermitteln zu können, muss das Messsystem der Maschine geeicht sein. Dieses Eichen geschieht meist nach dem Einschalten der Maschine durch Anfahren einer auf der Maßverkörperung liegenden **Referenzmarke**. Dort nimmt die Steuerung die absolute Achsposition bezogen auf das Maschinenkoordinatensystem auf.

Einige lineare Messsysteme besitzen auf der Maßverkörperung mehrere Referenzmarken, die definierte Abstände zueinander haben. Damit lassen sich Messfehler, die durch Störimpulse auftreten könnten, leichter ausgleichen. Auch ist nach einem Stromausfall das Messsystem schneller wieder geeicht, da der Weg zur Referenzmarke kürzer ist. Inkrementale Messsysteme werden heute an Werkzeugmaschinen bevorzugt eingesetzt. Ihr Vorteil liegt noch im günstigen Preis.

Die **absolute Messung** ist eine Lagemessung. Da **codierte Maßverkörperungen** zum Einsatz kommen, ist jedem Weg- oder Winkelelement ein eindeutiger Zahlenwert zugeordnet (Bild 1). Damit kann die Achsposition direkt ermittelt werden. Nachteil dieser Technik ist der kompliziertere Aufbau der Maßverkörperung und der dadurch entstehende höhere Preis.

Nach der Art der zu messenden Relativbewegung und der dazu eingesetzten Maßverkörperung wird in direkte und indirekte Messung unterschieden.

Bei der **direkten Wegmessung** wird die Schlittenbewegung mittels eines **Maßstabs** ermittelt. Dabei kann die Maßverkörperung am Schlitten und die Abtasteinheit am Maschinengestell oder umgekehrt angebracht sein (Bild 2).

Wird zum Messen der Schlittenbewegung eine fest mit der Vorschubspindel verbundene **Drehscheibe** als Maßverkörperung verwendet, erfolgt eine **indirekte Wegmessung** (Bild 3). Dabei wird aus der Anzahl der Umdrehungen der Drehscheibe und der Steigung der Vorschubspindel der zurückgelegte Weg ermittelt.

Eine **direkte Winkelmessung** findet statt, wenn z.B. die Positionierbewegung der Arbeitsspindel einer Drehmaschine mit Hilfe einer **Drehscheibe** gemessen wird (Bild 4).

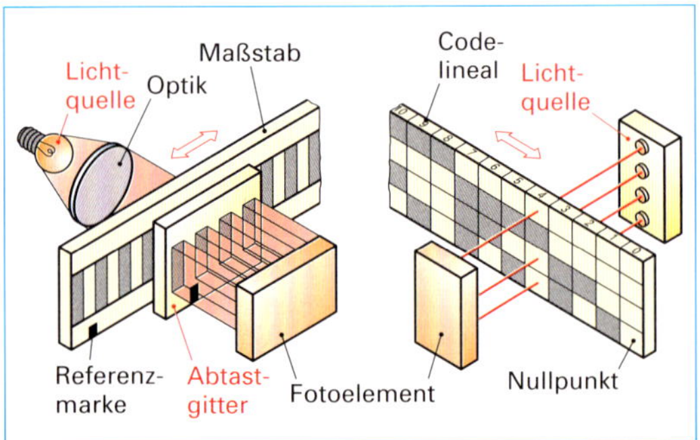

1 Inkrementale und absolute Messung

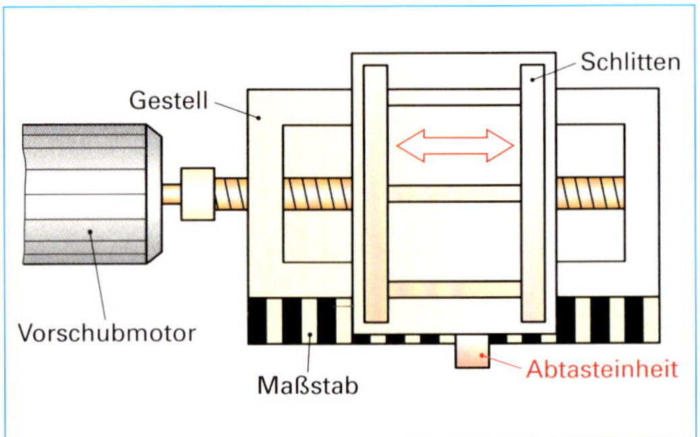

2 Direkte Wegmessung

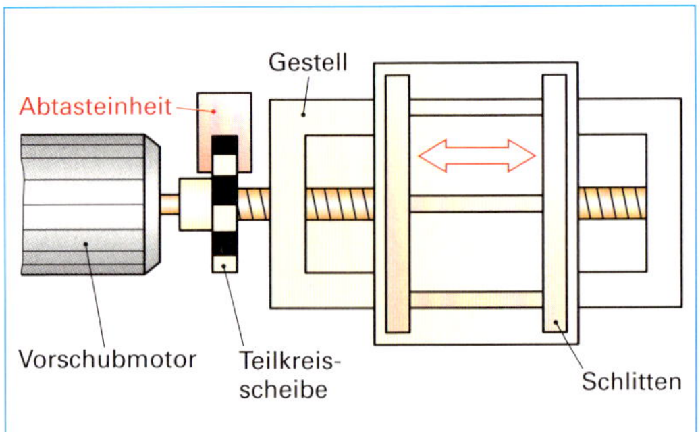

3 Indirekte Wegmessung

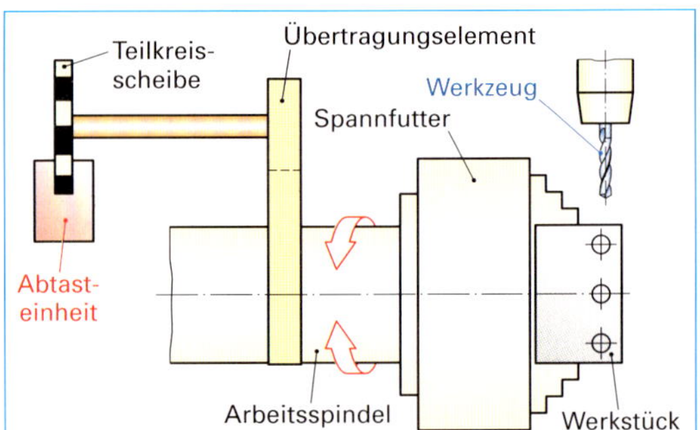

4 Direkte Winkelmessung

5.2.3 Steuerung

Das „Nervenzentrum" der CNC-Anlage ist die **Steuerung**. Sie besteht aus einer Vielzahl von Bauteilen und Baugruppen, deren Zusammenwirken durch ein Betriebssystem ermöglicht und unterstützt wird (Bild 1). Sie ist Bindeglied zwischen Mensch und Werkzeugmaschine. Deshalb hat sie Schnittstellen, die die Kommunikation in diese beiden Richtungen ermöglichen. Das Kernstück der Steuerung ist ein Rechner.

Die **Schnittstelle zum Menschen** hin besteht aus dem Steuerungstableau, einem elektronischen Handrad sowie den Anschlüssen für Datenübertragung, Drucker und externe Speicher. Der konkrete Aufbau des Bedienpults ist abhängig vom Hersteller der Steuerung. Prinzipiell besteht es aus Anzeigen, Maschinen-, Programmier-, und Steuerungsbedienelementen (Bild 2). Anzeigegerät ist heute meist ein grafikfähiger Farbbildschirm. An einigen Steuerungen werden auch TFT-Displays oder Touch-Screens eingesetzt. Zusätzlich gibt es Ziffernanzeigen, die z. B. die Position des Werkzeugrevolvers angeben. Bedienelemente sind Tasten, Wahlschalter und Potenziometer. Die kennzeichnenden Symbole sind nach DIN 24900 und DIN 55003 genormt. Viele Steuerungen sind zusätzlich mit einer Standard-Tastatur, einige auch mit Touch-Pad ausgestattet.

Die **Schnittstelle zur eigentlichen Werkzeugmaschine** wird hauptsächlich durch die Anpasssteuerung dargestellt (Bild 1). Sie verstärkt die vom Rechnersystem erzeugten Signale so, dass sie zur Ansteuerung der Vorschubmotoren und für Schaltaufgaben wie Spindeldrehzahl stellen, Werkzeug spannen usw. verwendet werden können. Gleichzeitig werden sämtliche mit dem jeweiligen Stellbefehl zusammenhängende Bedingungen wie „Arbeitsraum geschlossen" usw. berücksichtigt. Auch die Lageregelung ist Teil dieser Schnittstelle. Sie empfängt vom Wegmesssystem Informationen über die aktuellen Achspositionen (Istwerte). Für die Kommunikation mit zusätzlichen Handhabeeinrichtungen oder Palettenwechsler muss die CNC-Werkzeugmaschine eine weitere speicherprogrammierbare Steuerung besitzen.

Der **Rechner** hat vielfältige Aufgaben zu lösen. Er organisiert das Zusammenwirken aller Baugruppen der Steuerung, verwaltet die Programm-, Technologie- und Systemspeicher und überwacht die Schnittstelle zum Menschen. Eine zweite wichtige Aufgabe ist das Berechnen von Zwischenwerten für die Verfahrbewegungen mithilfe des Interpolationsprogramms. So entstehen die Sollgrößen für die Lageregelung.

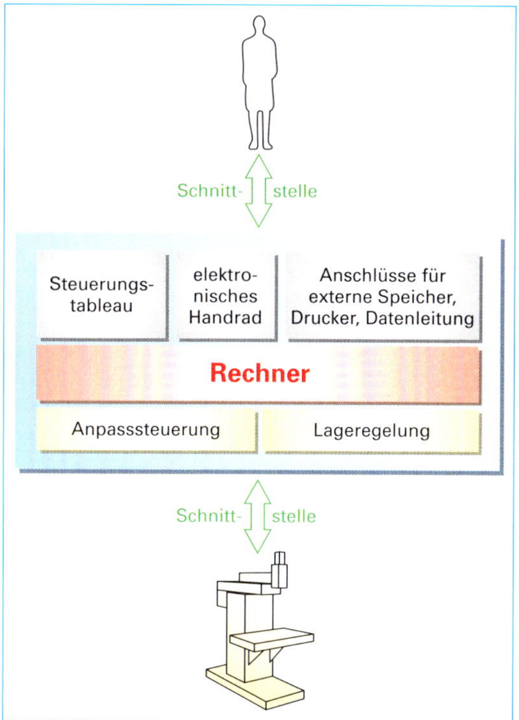

1 Blockschaltbild der Steuerung

2 Steuerungstableau

Den Istwert der Verfahrbewegung erhält die **Lageregelung** vom Wegmesssystem. Sie vergleicht ihn mit dem vom CNC-Programm geforderten oder vom Interpolationsprogramm berechneten Sollwert. Besteht eine Differenz, liefert sie ein Signal an die Anpassteuerung (Bild 1). Diese erzeugt die zugehörige Stellgröße, die eine Verfahrbewegung auslöst. Das Wegmesssystem registriert einen neuen Wert als Regelgröße, der erneut abgefragt wird. Der neue Istwert wird wieder mit dem Sollwert verglichen usw. Der beschriebene Prozess wiederholt sich mehrere 100mal in einer Sekunde, bis der vom Wegmesssystem zurückgegebene Istwert dem Sollwert entspricht. Dann hat die gesteuerte Einheit ihre Position erreicht. An den meisten Steuerungen besitzt die Lageregelung jeder Achse einen eigenen Prozessor.

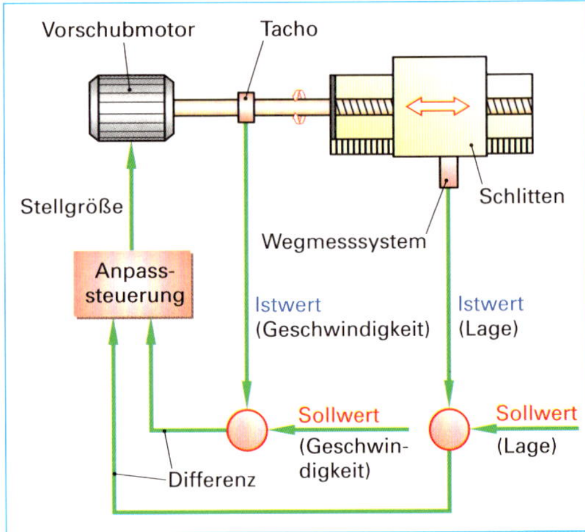

1 Blockschaltbild Geschwindigkeits- und Lageregelung

Verfahrbewegungen, die nicht achsparallel oder auf Kreisbahnen verlaufen, entstehen durch Überlagern der erforderlichen Achsbewegungen. Die Geschwindigkeiten, mit der die Achsantriebe arbeiten, sind beim Verfahren dann sehr unterschiedlich (Bild 2). Die Abstimmung der Lageregelung aller Achsen erfolgt durch eine ebenfalls prozessorgesteuerte **Geschwindigkeitsregelung**. Entsprechend der Differenz zwischen Soll- und Istwert der Verfahrbewegung jeder Achse stellt das System die notwendigen Verfahrgeschwindigkeiten ein.

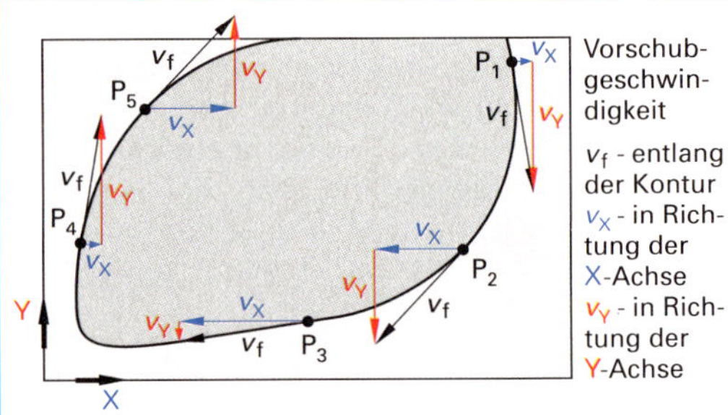

2 Geschwindigkeitskomponenten

Um z. B. beim Plandrehen mit konstanter Schnittgeschwindigkeit arbeiten zu können, muss die Drehzahl der Hauptspindel „stufenlos" einstellbar sein. Diese Aufgabe übernimmt eine **Drehzahlregelung**.

Zur **Datenspeicherung** in der CNC-Steuerung werden verschiedene Speichermedien eingesetzt. Das Betriebssystem ist in elektronisch programmierten Nur-Lese-Speichern (EPROM), Programme und Technologiedaten sind auf Magnetplatte oder bei älteren Steuerungen in Schreib-Lese-Speichern (RAM) gespeichert. Für das Erhalten der gespeicherten Daten nach dem Ausschalten der Maschine wird in den Schaltkreisen eine elektrische Spannung benötigt. Diese liefert eine Pufferbatterie. Je nach Steuerungshersteller wird dafür ein Akkumulator oder eine nicht wiederaufladbare und deshalb meist jährlich auszutauschende Batterie verwendet. Der Bediener muss darauf achten, dass der Batteriewechsel bei eingeschalteter Steuerung erfolgt, sonst erleidet die Maschine einen nahezu vollständigen Datenverlust. Der **Datentransport** in der Steuerung erfolgt über ein Leitungssystem – den Bus.

Das **CNC-Betriebssystem** ermöglicht das Zusammenwirken der Komponenten der Steuerung sowie die Kommunikation mit Bediener und Werkzeugmaschine. Grundsätzliche Bestandteile sind Ein- und Ausgaberoutinen, ein Editor, ein Verwaltungsprogramm für die Speicher, das Interpolationsprogramm und das Codier-/Decodierprogramm. Der Leistungsumfang der Steuerungen wurde in den letzten Jahren wesentlich erweitert. Die Kommunikation mit dem Bediener erfolgt über Menüs und Piktogramme, die über Funktionstasten angewählt werden. Bei verschiedenen Steuerungen gibt es PC-ähnliche Benutzeroberflächen. Die Eingabe und Änderung von Programmen wird durch grafische Darstellungen unterstützt. Die Steuerung berechnet nicht nur alle notwendigen Werte für die Verfahrbewegungen, sondern simuliert die Bearbeitung, überwacht z. B. auch den Arbeitsraum, führt Kollisionsberechnungen und automatische Werkzeugverschleißkorrekturen durch. Der nutzbare Befehlsumfang, komfortable Zusatzfunktionen, die Möglichkeit der Dialogprogrammierung aber auch die Anlehnung an die DIN 66025 sind wesentliche Qualitätsmerkmale einer modernen Steuerung.

5.2.4 Steuerungsarten

An numerisch gesteuerten Werkzeugmaschinen gibt es verschiedene Steuerungsarten. Man unterscheidet Punktsteuerungen, Streckensteuerungen und Bahnsteuerungen.

Die **Punktsteuerung** positioniert Werkzeuge wie Bohrer oder Schweißelektroden auf festgelegte Punkte, an denen nach dem Programm eine Fertigungsaufgabe auszuführen ist (Bild 1). Das Werkzeug kann sich während der Positionierbewegung nicht im Eingriff befinden, da der Verfahrweg im Eilgang zurückgelegt wird. Die Achsantriebe werden hintereinander oder gleichzeitig eingeschaltet, ohne dass die Verfahrgeschwindigkeit geregelt wird. Anwendung findet die Punktsteuerung bei Bohr-, Punktschweiß- oder Stanzmaschinen.

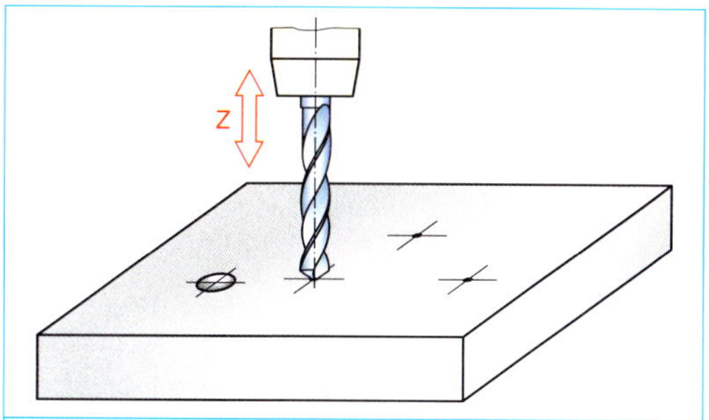

1 **Punktsteuerung**

Bei der **Streckensteuerung** wird jeweils eine Achse gesteuert. Deshalb ist es möglich, achsparallele Verfahrbewegungen im Arbeitsvorschub zu erzeugen (Bild 2). Die Streckensteuerung findet bei einfachen Werkzeugmaschinen und in Montagegeräten Anwendung. Stattet man eine konventionelle Werkzeugmaschine mit einem elektronischen Wegmesssystem aus, verfügt man damit meist bereits über eine einfache Streckensteuerung.

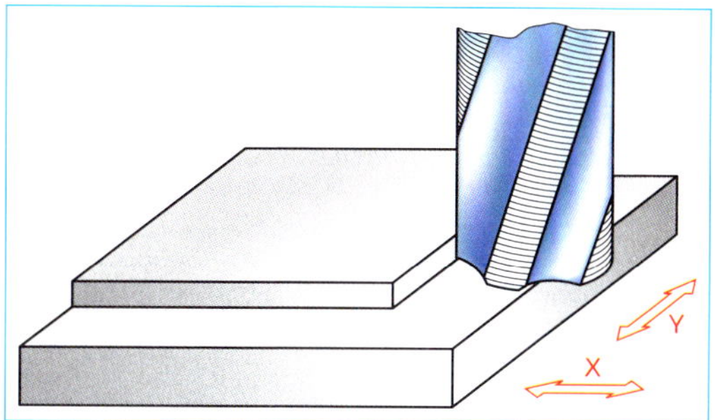

2 **Streckensteuerung**

Mit einer **Bahnsteuerung** können beliebige Verfahrbewegungen realisiert werden. Dafür werden mindestens zwei Achsantriebe aufeinander abgestimmt angesteuert. Die Abstimmung erfolgt über Interpolationsprogramm, Lageregelung und Geschwindigkeitsregelung. Je nach Anzahl der gleichzeitig und unabhängig voneinander steuerbaren Achsen unterscheidet man 2D-, $2^1/_2$D-, 3D- und mehrachsige Bahnsteuerungen.

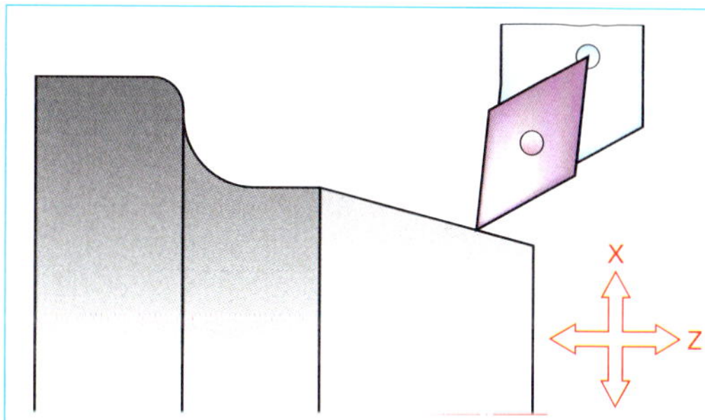

3 **2D-Bahnsteuerung an einer Drehmaschine**

Bei einer **2D-Bahnsteuerung** liegen die beiden gemeinsam steuerbaren Achsen fest. Besitzt die Maschine eine dritte Achse, so kann diese nur unabhängig von den beiden anderen gesteuert werden (Bild 3). Diese Steuerungsart wird für Drehmaschinen verwendet, die keine angetriebenen Werkzeuge im Revolver und keinen Winkelschrittgeber besitzen.

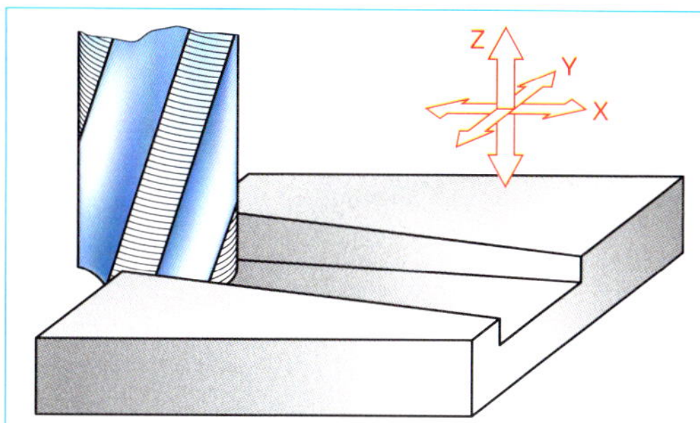

4 **3D-Bahnsteuerung an einer Fräsmaschine**

Kann der Bediener wählen, welche beiden Achsen er gemeinsam steuern will, so spricht man von einer **$2^1/_2$D-Bahnsteuerung**. Zum Programmanfang muss der Bediener der Steuerung mitteilen, welche Arbeitsebene er nutzen will (Bild 3, S. 380).

Die **3D-Bahnsteuerung** ermöglicht das gleichzeitige Steuern von mindestens drei Achsen. Damit können komplizierte dreidimensionale Verfahrbewegungen erzeugt werden. Diese Steuerungsart ist bei Fräsmaschinen heute Standard (Bild 4, vorherige Seite).

An Drehmaschinen mit mehreren Werkzeugrevolvern, Fräsmaschinen mit gesteuertem NC-Rundtisch oder 2-Achs-NC-Tisch sowie Bearbeitungszentren werden Bahnsteuerungen eingesetzt, mit denen mehr als drei Achsen gleichzeitig gesteuert werden können (Bild 1).

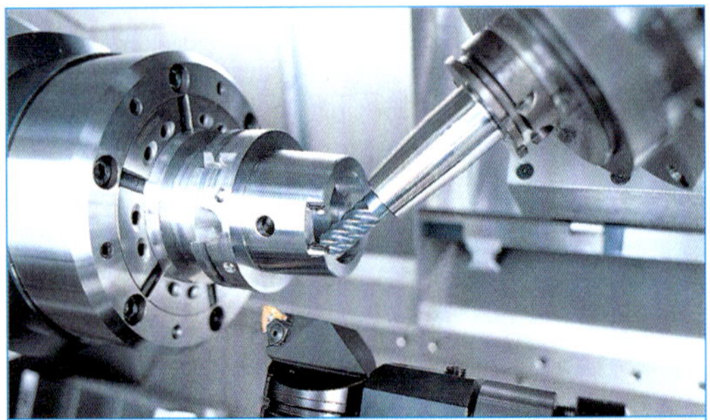

1 5-Achsen-Bearbeitung

Aufgaben:

1. **Durch welche konstruktiven Merkmale unterscheidet sich eine CNC-Maschine von einer herkömmlichen Werkzeugmaschine?**
2. **Erläutern Sie das Prinzip der inkrementalen Messung am NC-Rundtisch einer CNC-Fräsmaschine.**
3. **Wie verändern sich die Anforderungen an den Facharbeiter beim Einsatz an den CNC-Werkzeugmaschinen gegenüber der Arbeit an herkömmlicher Technik?**
4. **Erklären Sie die Drehzahlregelung der Hauptspindel beim Plandrehen mit konstanter Schnittgeschwindigkeit.**
5. **Welche Steuerungsart ist erforderlich, um an einem Drehteil einen exzentrischen Lagersitz zu fertigen?**
6. **Nennen Sie wesentliche Qualitätsmerkmale einer modernen CNC-Steuerung.**

5.3 Programmieren nach DIN

Die Platte (Bild 2) soll auf einer CNC-Werkzeugmaschine gefertigt werden. Die verfügbare Senkrecht-Fräsmaschine wird nach DIN 66025 programmiert. Gleichzeitig stehen Bearbeitungszyklen nach **PAL** zur Verfügung.

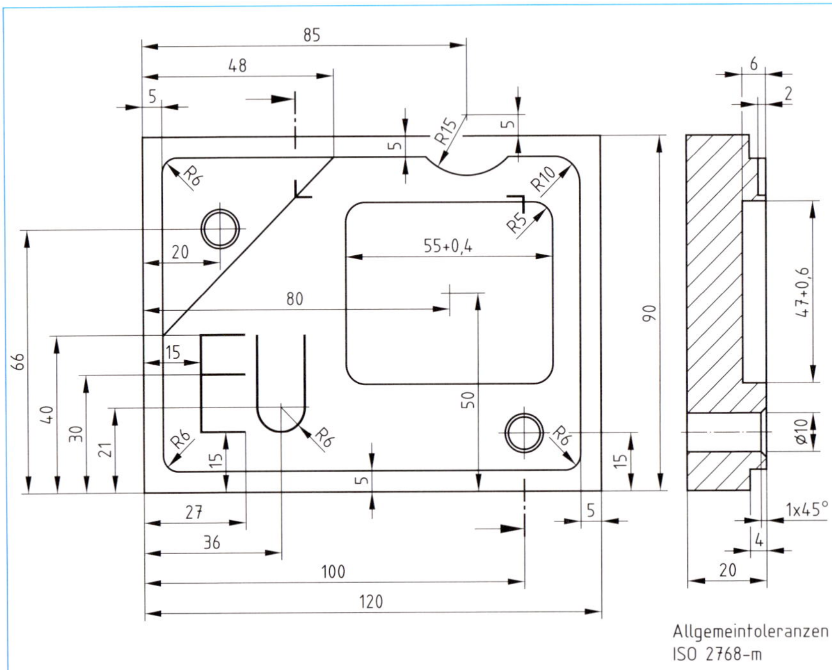

T01 Gravurstichel
d = 2 mm; n = 2000/min
v_f = 100 mm/min

T02 Schaftfräser
d = 20 mm; n = 3200/min
z = 4; v_f = 810 mm/min

T03 Bohrnutenfräser
d = 10 mm; n = 5000/min
z = 3; v_f = 1200 mm/min

T04 NC-Anbohrer
d = 16 mm
n = 1000/min
f = 0,38 mm

T05 Spiralbohrer
d = 10 mm; n = 1600/min
f = 0,28 mm

T06 Walzenstirnfräser
d = 50 mm
n = 1300/min
z = 8; v_f = 520 mm/min

T07 Bohrnutenfräser
d = 8 mm; n = 5000/min
z = 3; v_f = 600 mm/min

2 Fertigungsaufgabe

5.3.1 Grundlagen

Die Steuerung benötigt zur Organisation einer Fertigungsaufgabe eine Vielzahl von Informationen, die alle dafür notwendigen Schritte exakt beschreiben. Die Gesamtheit dieser Informationen wird durch ein CNC-Programm zur Verfügung gestellt.

Aufbau eines CNC-Programms

Ein CNC-Programm besteht aus Sätzen. Ein **Satz** des Programms besteht aus Worten. Die **Worte** setzen sich meist aus einem **Adressbuchstaben** und einer **Ziffernfolge** mit oder ohne Vorzeichen zusammen.

Die Worte können programmtechnische, geometrische und technologische Informationen enthalten. Dabei ist die Reihenfolge der Eintragung vorgeschrieben. Der Satz beginnt mit dem Wort für die Satznummer. Danach werden die **Weginformationen** und dann die **Schaltinformationen** angegeben.

Die **Satznummer** dient zur Kennzeichnung des aktuellen Bearbeitungsschritts, hat jedoch keinen Einfluss auf die Reihenfolge der Satzabarbeitung. Dafür sind die Reihenfolge der Sätze im Programm bzw. spezielle Befehle maßgebend. Die **Weginformationen** setzen sich aus den Wegbedingungen und den entsprechenden Koordinatenwerten zusammen.

Programmauszug

```
%5895
N01 G17
N02 G54
N03 G97 S2000 T01 M06
N04 G90
N05 G00 X27 Y40
N06 G00 Z2 M03
N07   G01 Z-1   F50 M08
```

Programminformationen:	Programmsatz 07
Weginformationen:	Geradeninterpolation zu Z-Koordinate = –1
Schaltinformationen:	Vorschubgeschwindigkeit 50 mm/min, Kühlschmiermittel einschalten

Adressbuchstaben nach DIN 66025 (Auswahl)

A	Drehachse um X	M	Maschinenfunktion
B	Drehachse um Y	N	Satznummer
C	Drehachse um Z	R	Parameter
F	Vorschub	S	Drehzahl oder Schnittgeschwindigkeit
G	Wegbedingung		
I	Interpolation in X	T	Werkzeug
J	Interpolation in Y	X	Linearachse X
K	Interpolation in Z	Y	Linearachse Y
L	Unterprogramm	Z	Linearachse Z

Die **Schaltinformationen** können Angaben zu Vorschubgeschwindigkeit, Spindeldrehzahl, Werkzeug und verwendeten Maschinenfunktionen sein. Enthält die Ziffernfolge eines Programmwortes einen Dezimalbruch, so wird dieser durch den Dezimalpunkt vom ganzzahligen Teil getrennt.

Moderne Steuerungen lassen die Berechnung bzw. Zuweisung von Werten im Programm zu. Das Wort besteht dann aus einer Adresse (Buchstabe und Ziffer) und einer mathematischen Berechnung oder Ziffernfolge, die durch ein Gleichheitszeichen verbunden sind. Die Verwendung der Adressbuchstaben ist nach DIN 66025 vorgeschrieben. Die Steuerungshersteller nutzen den durch die DIN gegebenen Spielraum zur Verwendung bestimmter Adressbuchstaben um Leistungsumfang und Komfort ihrer Steuerungen zu erhöhen.

Koordinatensysteme

Um die Programmierung von CNC-Werkzeugmaschinen zu vereinheitlichen, sind Lage und Richtung der Koordinatenachsen am Werkstück und die Bewegungsrichtungen an der Maschine in DIN 66217 festgelegt.

Grundlage bildet ein rechtwinkliges rechthändiges **Koordinatensystem** mit den Achsen X, Y und Z (Bild 1).

Die Zuordnung der Koordinatenachsen kann durch Daumen, Zeigefinger und Mittelfinger der rechten Hand dargestellt werden (Bild 1).

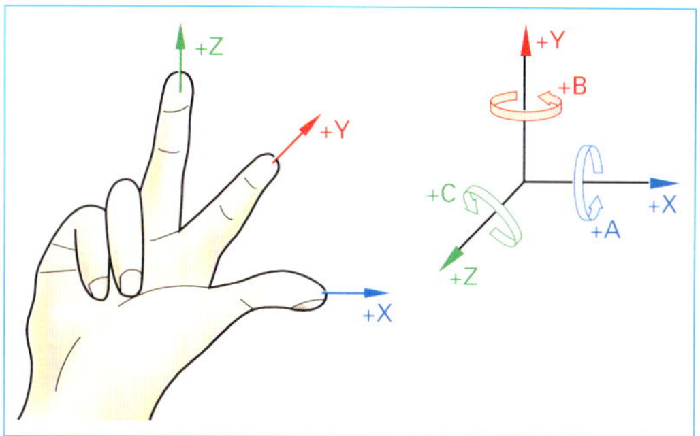

1 Achsrichtungen

Das Koordinatensystem ist auf die Hauptführungsbahnen der Werkzeugmaschine ausgerichtet. Die Z-Achse liegt in Richtung der Arbeitsspindel, während die X-Achse der Längsbewegung des Maschinenschlittens folgt. Die positive Richtung der Z-Achse zeigt immer vom Werkstück zum Werkzeug. Dementsprechend gelten abhängig von der Bauform der Fräsmaschine unterschiedliche Koordinatensysteme (Bild 1).

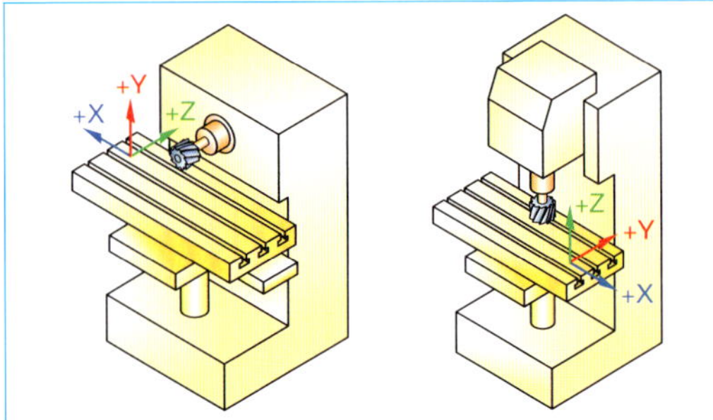

1 Koordinaten an Fräsmaschinen

Bei Maschinen mit rotierenden Werkstücken verläuft die X-Achse von der Werkstückachse zum Werkzeugträger (Bild 2). Werden an CNC-Anlagen von gesteuerten Baugruppen (NC-Rundtisch z.B.) Drehbewegungen ausgeführt, werden diese mit A, B und C bezeichnet. Blickt man in die positive Richtung einer Achse, so ist die Drehrichtung im Uhrzeigersinn die positive Drehrichtung (Bild 1, S. 379).

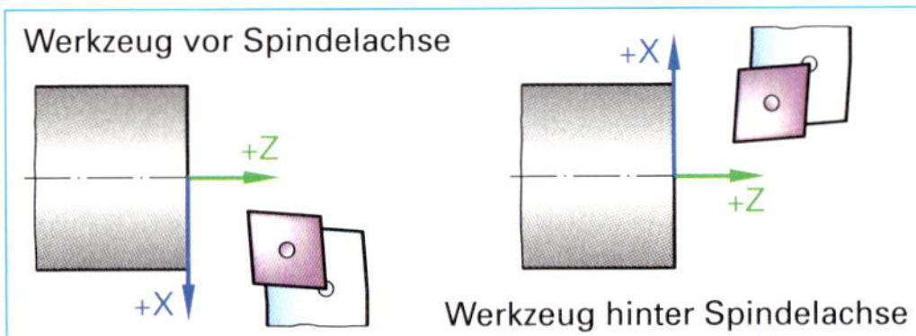

2 Koordinaten an Drehmaschinen

5.3.2 Eingeben des Programms

%5895	(Programmnummer Hauptprogramm)
N01 G17	(Wahl der Bearbeitungsebene)
N02 G54	(Nullpunktverschiebung)
N03 G97 S2000 T01 M06	(Werkzeugaufruf mit Wertzuweisung)
N04 G90	(Absolute Maßangaben)

Nach dem Festlegen der Programmnummer und dem Kennzeichnen als Hauptprogramm mithilfe des %-Zeichens ist das Programm für die Steuerung eindeutig beschrieben. Damit sind alle verfügbaren Funktionen wie Aktivieren, Ändern und Simulieren auf das Programm anwendbar. Der Bediener kann mit der Programmeingabe fortfahren. Bei CNC-Werkzeugmaschinen mit $2^1/_2$D-Bahnsteuerung muss der Programmierer am Anfang des Programms der Steuerung die Hauptbearbeitungsebene mitteilen (Bild 3).

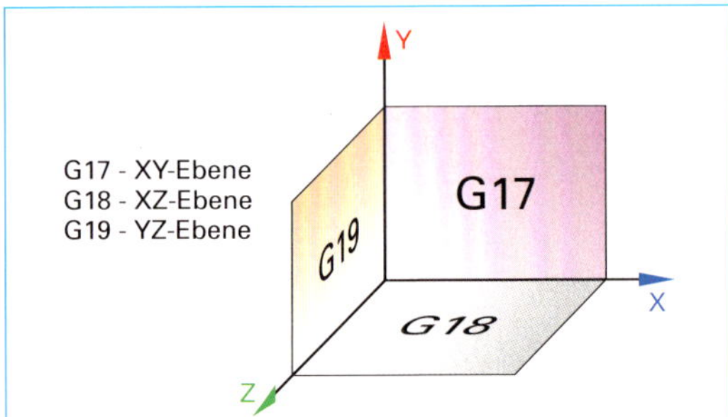

3 Hauptbearbeitungsebenen

Nach DIN 66025 werden die Wegbedingungen **G17, G18** und **G19** zur **Auswahl der Hauptbearbeitungsebene** verwendet.

Bei verschiedenen 3D-Frässteuerungen wird die Ebenenanwahl zur Festlegung der Positionierlogik genutzt. Dadurch können Positionierbewegungen des Werkzeuges in einem Satz programmiert werden. Die Maschine verfährt beim Anstellen zunächst die Schlitten der beiden durch die Bearbeitungsebene definierten Achsen und dann die Zustellachse (Bild 4).

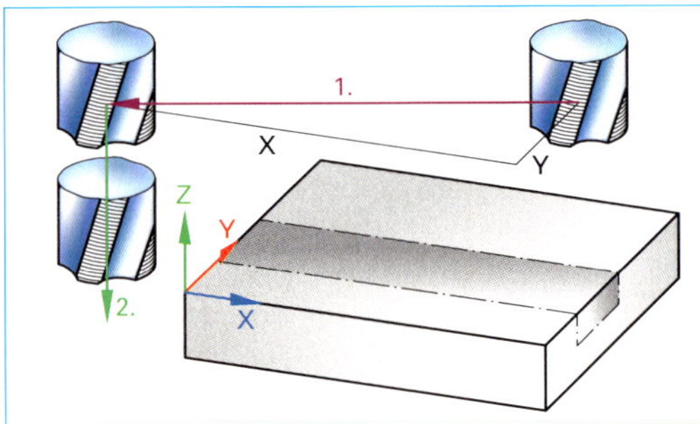

4 Positionierlogik

Null- und Bezugspunkte

Das Steuern der Bewegungen auf CNC-Werkzeugmaschinen erfolgt über die Verarbeitung von auf die Maschine bezogenen Koordinatenwerten. Der Programmierer schreibt das Programm jedoch mit werkstückbezogenen Koordinaten.

Um ein CNC-Programm richtig abarbeiten zu können, müssen das Werkstückkoordinatensystem mit dem Maschinenkoordinatensystem in Beziehung gesetzt und Werkzeugmaße verrechnet werden.

Dafür werden unterschiedliche Null- und Bezugspunkte benötigt (Bild 1). Einige dieser Beziehungen sind der Steuerung bekannt, andere müssen ihr im Programm z.B. durch Aufrufen einer **Nullpunktverschiebung** bzw. eines Werkzeuges mitgeteilt werden.

Der **Maschinennullpunkt M** wird vom Hersteller der Werkzeugmaschine festgelegt und ist vom Bediener nicht veränderbar. Er ist der Nullpunkt des Maschinenkoordinatensystems und liegt oft am Rand oder sogar außerhalb des Arbeitsraumes der Werkzeugmaschine an einer mechanisch und thermisch günstigen Stelle. Deshalb ist er durch Verfahrbewegungen meist nicht erreichbar.

Der **Werkstücknullpunkt W** ist der Ursprung des Werkstückkoordinatensystems und damit Ausgangspunkt für die Programmierung. Er ist vom Programmierer frei wählbar und muss der Steuerung bekanntgegeben werden. Dies geschieht beim Einrichten der Maschine durch Setzen von Achswerten und Eingabe einer Nullpunktverschiebung im Programm.

Der **Referenzpunkt R** ist der wichtigste Bezugspunkt im System. Seine Lage zum Maschinennullpunkt ist genau vorbestimmt. Da der Maschinennullpunkt meist nicht anfahrbar ist, dient der Referenzpunkt zur Eichung des inkrementalen Wegmesssystems. Wenn die Maschine den Referenzpunkt angefahren hat, ist sie auf ihr Koordinatensystem eingerichtet. Der Referenzpunkt liegt meist an einer Ecke des Arbeitsraums der Maschine, damit er nach dem Einschalten der Maschine auch bei aufgespannten großen Werkstücken angefahren werden kann. Möglicherweise muss das Anfahren für jede Achse getrennt erfolgen.

Der **Werkzeugträgerbezugspunkt T** wird von Mittelachse und Planfläche der Werkzeugaufnahme gebildet. Wenn der Steuerung kein Werkzeug angemeldet wurde, sind die aktuellen Achspositionen auf diesen Punkt bezogen.

Werkzeuge werden meist außerhalb der Maschine vermessen. Die dabei ermittelten Maße (z.B. Länge, Radius für Fräswerkzeuge) beziehen sich auf den **Werkzeugeinstellpunkt E**. Wird das Werkzeug in den Werkzeugträger eingesetzt, so fallen Werkzeugträgerbezugspunkt und Werkzeugeinstellpunkt zusammen. Deshalb können die gemessenen Werte direkt in die Steuerung übernommen werden.

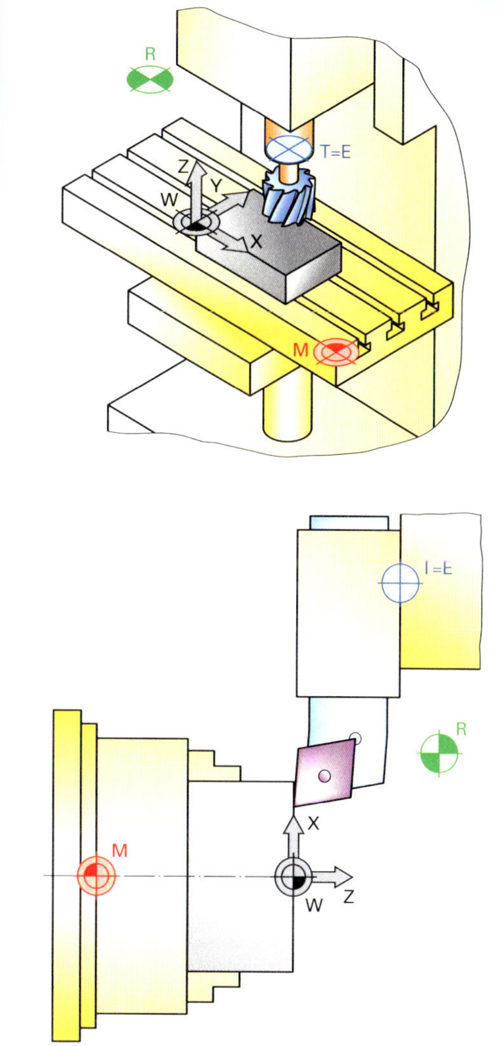

1 Null- und Bezugspunkte

Prinzipiell wählt der Programmierer frei die Lage des Werkstücknullpunktes W. Trotzdem haben sich Richtlinien herausgebildet, die auch beim Erstellen der Fertigungszeichnungen beachtet werden. So liegt der Nullpunkt bei Frästeilen oft an einer Ecke des Werkstücks. Die Nullpunktlage in Richtung der Zustellachse wird durch die Oberfläche oder die Grundfläche des Fertigteils bestimmt (Bild 1). Bei Drehteilen liegt der Nullpunkt in der Symmetrieachse des Werkstücks an der Planfläche oder Anlagefläche des Fertigteils.

Je nach Art und Weise der Maßangaben auf der Fertigungszeichnung können auch andere Punkte bevorzugt bzw. mehrere Nullpunkte verwendet werden. Meist wird dies über zusätzliche programmierte Nullpunktverschiebungen erreicht. Wird das Werkstück in mehreren Ebenen bearbeitet, muss für jede Ebene ein Nullpunkt definiert werden (Bild 2).

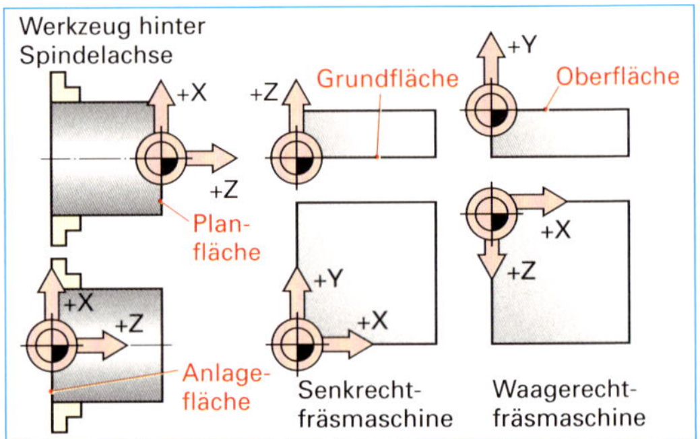

1 Nullpunktlagen an Fräs- und Drehteilen

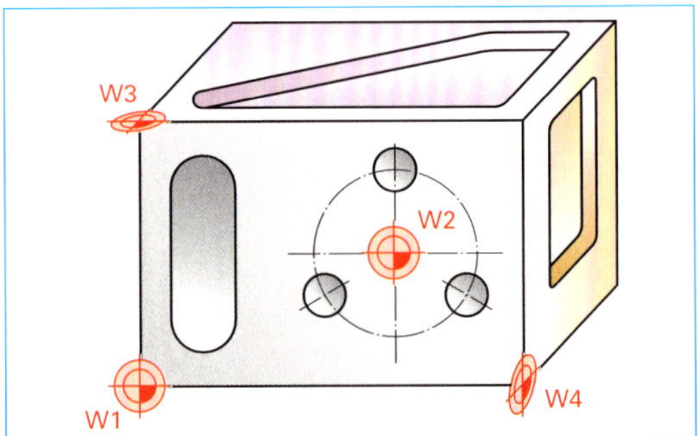

2 Besondere Nullpunktlagen

Weg- und Schaltinformationen

Für die Angabe der **Wegbedingungen** ist nach DIN 66025 der Adressbuchstabe **G** (geometric function) reserviert.

Dem Buchstaben wird eine zweistellige Schlüsselzahl zugeordnet. Neuere Steuerungen haben auch G-Worte mit einer dreistelligen Schlüsselzahl im Befehlsumfang. Einige Wegbedingungen gelten nur satzweise, die meisten sind aber modal wirksam, d.h. sie sind so lange aktiv, bis eine andere Wegbedingung sie ersetzt. Nicht alle G-Befehle erfordern direkt im Satz die Zuordnung von Koordinatenwerten.

Die Schaltinformationen beschreiben den technologischen Teil des CNC-Programms.

Für den **Vorschub** und die **Spindel**drehzahl sind die Adressbuchstaben **F** (feed function) und **S** (spindle speed function) reserviert.

Ist die Wegbedingung G94 aktiv, wird unter F die Vorschubgeschwindigkeit in mm/min programmiert. Soll unter F der Vorschub in mm/U angegeben werden, muss die Wegbedingung G95 aktiv sein. Ist die Wegbedingung G96 aktiv, wird unter S eine konstante Schnittgeschwindigkeit in m/min angegeben. Soll unter S eine Spindeldrehzahl in U/min programmiert werden, muss die Wegbedingung G97 aktiv sein. Die programmierten Werte sind modal wirksam und lassen sich nur durch Überschreiben mit einem neuen Wert ändern bzw. löschen.

Wegbedingungen nach DIN 66025 (Auswahl)	
G00	Verfahrbewegung im Eilgang
G01	Geraden-Interpolation
G02	Kreis-Interpolation im Uhrzeigersinn
G03	Kreis-Interpolation gegen Uhrzeigersinn
G09	Genauhalt
G17	Ebenenanwahl XY
G18	Ebenenanwahl XZ
G19	Ebenenanwahl YZ
G40	Aufheben der Werkzeugkorrektur
G41	Werkzeugbahnkorrektur, links
G42	Werkzeugbahnkorrektur, rechts
G53	Aufheben der additiven Nullpunktverschiebung
G54	Nullpunktverschiebung
G59	Additive Nullpunktverschiebung
G86	Bearbeitungszyklus Rechtecktasche
G90	Absolute Maßangaben
G91	Inkrementale Maßangaben
G94	Vorschubgeschwindigkeit in mm/min
G95	Vorschub in mm/U
G96	Konstante Schnittgeschwindigkeit in m/min
G97	Spindeldrehzahl in 1/min

Das Programmieren des **Werkzeugs** erfolgt durch den Adressbuchstaben **T** (tool function).

Die zugehörige Schlüsselzahl bezeichnet die Nummer des Werkzeugs, die für den manuellen oder automatischen Werkzeugwechsel benötigt wird. Bei verschiedenen Steuerungen enthält die Schlüsselzahl auch eine Angabe über den zugehörigen Korrekturspeicher für die Werkzeugmaße.

Programmwort für den Werkzeugaufruf

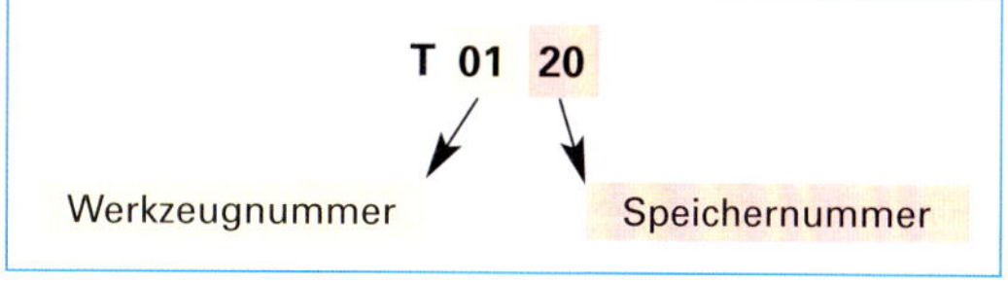

Das Programmwort für die Zusatz- bzw. **Maschinen**funktionen besteht aus dem Adressbuchstaben **M** (machine function) und aus einer zweistelligen Schlüsselzahl.

Einige Maschinenfunktionen werden sofort am Satzanfang wirksam, andere erst zu Satzende. Weiterhin wirken einige Funktionen satzweise, andere sind modal wirksam, d.h. sie sind aktiv, bis sie durch eine andere Funktion aufgehoben werden.

Maschinenfunktionen nach DIN 66025 (Auswahl)

Befehl	Bedeutung	Satz-anfang	modal
M00	Programmierter Halt		
M03	Spindeldrehrichtung im Uhrzeigersinn	x	x
M04	Spindeldrehrichtung gegen Uhrzeigersinn	x	x
M06	Werkzeugwechsel	x	
M08	Kühlschmiermittel Ein	x	x
M09	Kühlschmiermittel Aus		x
M17	Unterprogrammende		
M30	Hauptprogrammende mit Rücksetzen auf Programmanfang		

Koordinatenwerte

Beim Erstellen der Zeichnungen wird der Bearbeitung auf CNC-Maschinen durch fertigungsgerechte NC-Bemaßung Rechnung getragen. Je nach Fertigungsaufgabe gibt der Konstrukteur oder Zeichner jedoch einer bestimmten Bemaßung den Vorzug. Damit der Programmierer ohne großen Rechenaufwand die herzustellenden Konturen beschreiben kann, bieten die Steuerungen verschiedene Möglichkeiten für die Eingabe der benötigten Koordinatenwerte.

In den meisten Fällen werden die Koordinatenwerte **absolut**, d.h. bezogen auf den aktuellen Werkstücknullpunkt, eingegeben (Bild 1).

Bei der Absolut-Programmierung wird immer der **Punkt** beschrieben, **auf** den die Steuerung das Werkzeug verfahren soll.

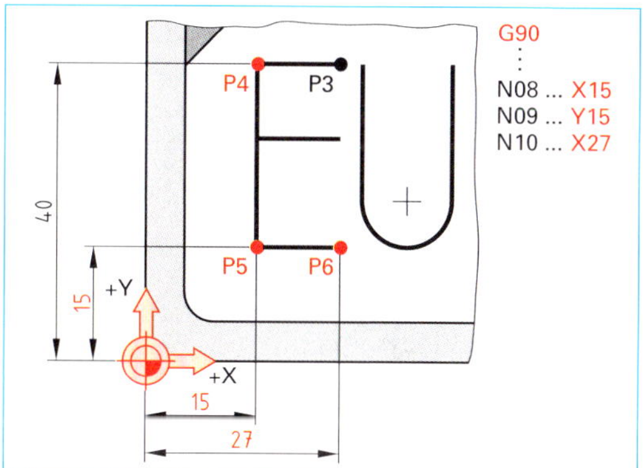

1 Absolut-Programmierung

Enthält die Fertigungszeichnung Kettenmaße oder wird ein bestimmter Programmteil mehrfach benötigt, dann sollte **relativ (inkremental)**, d.h. bezogen auf den im vorhergehenden Satz angefahrenen Punkt bzw. die aktuelle Werkzeugposition programmiert werden (Bild 2).

Bei der Relativ-Programmierung wird immer der **Weg** beschrieben, **um** den die Steuerung das Werkzeug verfahren soll.

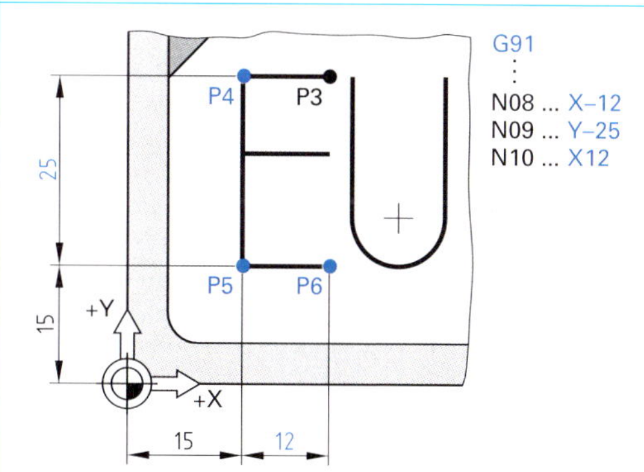

2 Relativ-Programmierung

Durch die Eingabe des Programmwortes **G90** oder **G91** wird der Steuerung die Art der Programmierung angekündigt.

Für bestimmte Konturen verwendet der Zeichner oder Konstrukteur zur Bemaßung polare Maßangaben. Der Programmierer muss den mathematischen Zusammenhang von kartesischen und Polarkoordinaten kennen und trigonometrische Berechnungen durchführen, um die kartesischen Koordinaten zu erhalten (Bild 1). Viele Steuerungen ermöglichen inzwischen die direkte Verwendung von Polarkoordinaten. Dabei kann der Programmierer auch entscheiden, ob er absolute oder inkrementale Werte verwenden will.

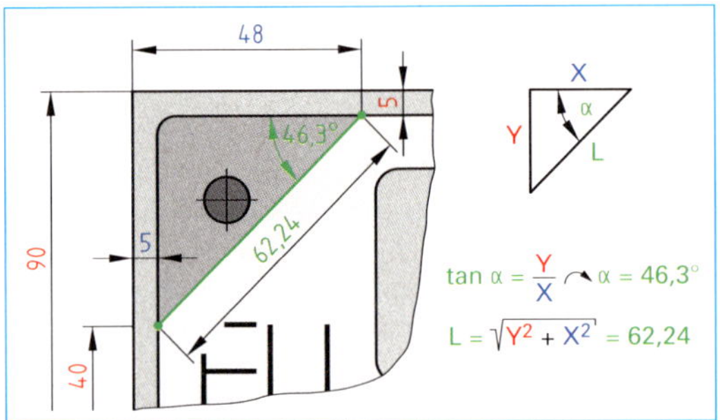

1 Von kartesischen Koordinaten zu Polarkoordinaten

N05 G00 X27 Y40	(Verfahrbewegung im Eilgang zu P1)
N06 G00 Z2 M03	(Verfahrbewegung im Eilgang zu P2)
N07 G01 Z-1 F50 M08	(Geradeninterpolation zu P3)
N08 G01 X15 F100	(Geradeninterpolation zu P4)
N09 G01 Y15	(Geradeninterpolation zu P5)
N10 G01 X27	(Geradeninterpolation zu P6)
N11 G00 Z2	(Verfahrbewegung im Eilgang zu P7)
N12 G00 Y30	(Verfahrbewegung im Eilgang zu P8)
N13 G01 Z-1 F50	(Geradeninterpolation zu P9)
N14 G01 X15 F100	(Geradeninterpolation zu P10)
N15 G00 Z2	(Verfahrbewegung im Eilgang zu P11)

Verfahrbewegungen

Das Programmieren der Verfahrbewegungen erfolgt unabhängig davon, ob sich während der Bearbeitung auf der Maschine das Werkstück oder das Werkzeug bewegt (Bild 2).

Der Programmierer geht immer davon aus, dass das Werkzeug eine Relativbewegung zum Werkstück ausführt.

Beim Eingeben der Koordinatenwerte wird unabhängig von der Werkzeuglänge die Werkzeugspitze programmiert.

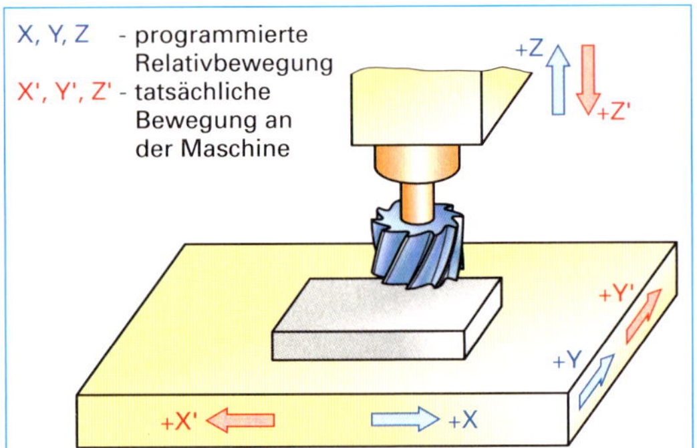

2 Relative und tatsächliche Bewegungen (Beispiel)

Verfahrbewegung im Eilgang

Durch die Wegbedingung **G00** wird das Werkzeug in allen Achsrichtungen mit maximaler Achsgeschwindigkeit zum im Satz angegebenen Zielpunkt verfahren. Das Interpolationsprogramm wird während des Verfahrens nicht benutzt, so dass die Werkzeugbahn nicht exakt bestimmbar ist (Bild 3). Liegt zwischen Start- und Zielpunkt der Bewegung z.B. eine Werkstückkante oder ein Spannmittel, muss das „Hindernis" mittels mehrerer G00-Sätze umfahren werden. Moderne Steuerungen besitzen eine räumliche Positionierlogik, die Zustell- und Rückzugsbewegungen organisiert. Dadurch können alle Achsrichtungen zum Positionieren im Eilgang meist in einem Satz programmiert werden.

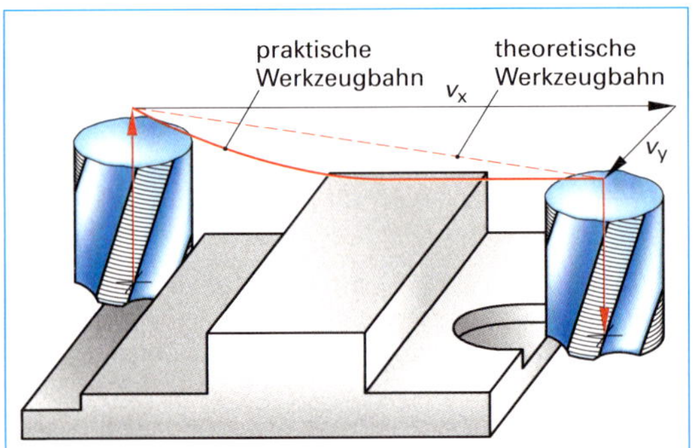

3 Verfahrbewegung im Eilgang

Geradeninterpolation im Arbeitsvorschub

Wird das Werkzeug vom Startpunkt zum Zielpunkt auf einer geraden Linie verfahren, spricht man von **Geradeninterpolation** (Bild 1). Die dafür anzugebende Wegbedingung ist **G01**. Ergänzend müssen dazu im Satz die Koordinaten des **Zielpunkt**es der Verfahrbewegung nach den zugehörigen Adressbuchstaben entsprechend der gewählten Programmierart (absolut/relativ) eingetragen werden.

Angegebene Koordinatenwerte sind modal wirksam. Deshalb müssen im Programmsatz nur die Achsrichtungen eingetragen werden, in deren Richtung eine Bewegung erfolgen soll. Der Programmierer muss spätestens im ersten G01-Satz eines Programms mit einem programmierten Arbeitsvorschub der Steuerung dessen Größe mitteilen.

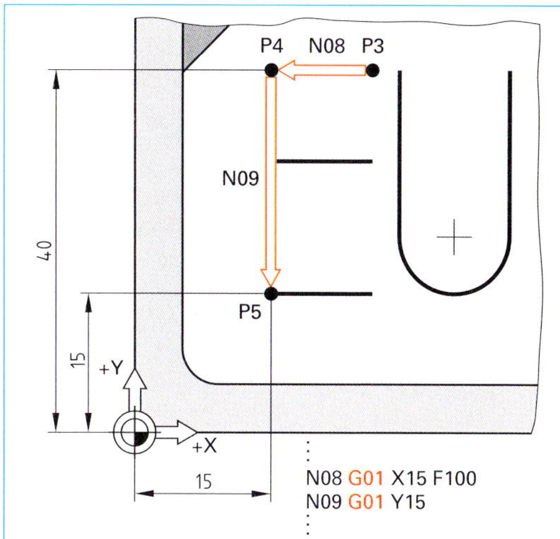

1 Geradeninterpolation

N16 G00 X30 Y40	(zu P12)
N17 G01 Z-1 F50	(zu P13)
N18 G01 Y21 F100	(zu P14)
N19 G03 X42 Y21 I6 J0	(Kreisinterpolation zu P15)
N20 G01 Y40	(zu P16)
N21 G00 Z100 M09	
N22 G00 X150 Y150	

Kreisinterpolation im Arbeitsvorschub

Wird das Werkzeug vom Startpunkt zum Zielpunkt auf einer Kreisbahn verfahren, spricht man von **Kreisinterpolation**. Um diese Art der Verfahrbewegung berechnen und ausführen zu können, benötigt die Steuerung Informationen

- zur **Drehrichtung**,
- über die Koordinaten des **Zielpunkt**es und
- zur Lagebestimmung des **Mittelpunkt**es der Kreisbewegung.

Die Drehrichtung wird über die Wegbedingungen **G02** oder **G03** angegeben. Blickt man in die negative Richtung der dritten Achse, so wird die Bewegung im Uhrzeigersinn mit G02 beschrieben. Bewegt sich das Werkzeug gegen den Uhrzeigersinn, so muss der Programmierer die Wegbedingung G03 verwenden (Bild 2).

Die Koordinaten des Zielpunktes werden wie in G00- und G01-Sätzen hinter den zugehörigen Adressbuchstaben absolut oder relativ angegeben (Bild 2).

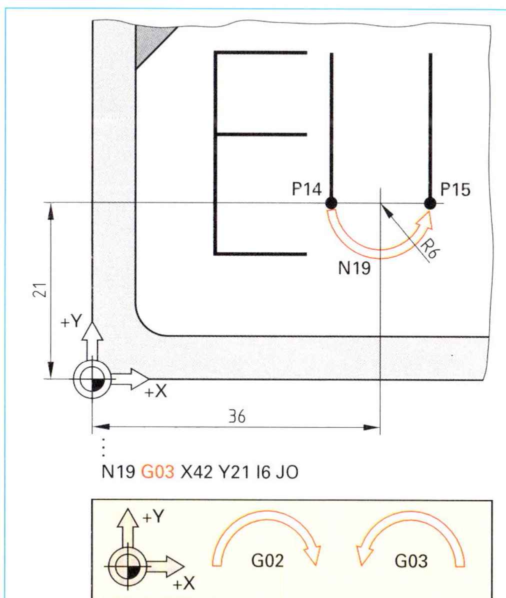

2 Kreisinterpolation

Durch die Angabe der **Interpolationsparameter I, J bzw. K** erhält die Steuerung Informationen über die Lage des **Mittelpunkt**es der Kreisbahn, auf der das Werkzeug verfahren soll. Die Parameter sind den Achsrichtungen **X, Y und Z** eindeutig zugeordnet und werden **inkremental bezogen auf den Startpunkt** angegeben (Bild 1). An einigen Frässteuerungen werden die Parameter auch absolut programmiert. Manche Steuerungen akzeptieren bei Kreisbewegungen bis 180° alternativ den Radius des Kreisbogens zur Bestimmung des Mittelpunktes.

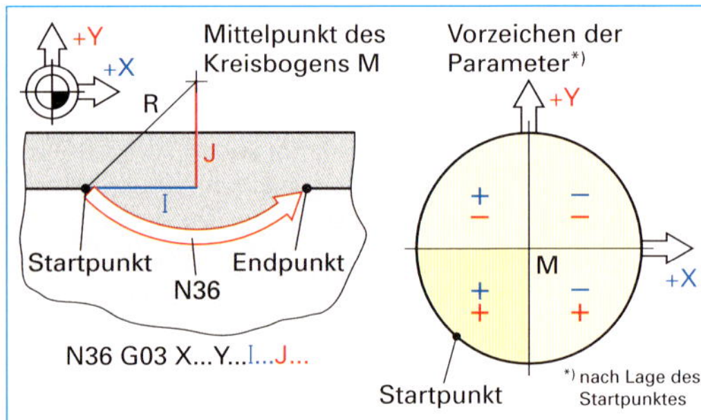

1 Interpolationsparameter

```
N23 G97 S3200 T02 M06              (Werkzeugaufruf Schaftfräser d=20)
N24 G00 X132 Y45
N25 G00 Z2
N26 G01 Z-4 F100                   (Zustellen)
N27 G41                            (Aufrufen der Werkzeugbahnkorrektur)
N28 G01 X115 Y45 F810 M08          (Anfahren des 1. Konturpunktes)
N29 G01 Y11
N30 G02 X109 Y5 I-6 J0
N31 G01 X11
N32 G02 X5 Y11 I0 J6
N33 G01 Y79
N34 G02 X11 Y85 I6 J0
N35 G01 X73.82
N36 G03 X96.18 Y85 I11.18 J10
N37 G01 X105
N38 G02 X115 Y75 I0 J-10
N39 G01 Y44
N40 G40                            (Abwählen der Werkzeugbahnkorrektur)
N41 G01 X132 M09
```

Werkzeugkorrektur

Die Werkzeugkorrektur ist eine Funktion der CNC-Steuerung, die die automatische Verrechnung der Werkzeugmaße mit den im Programm angegebenen Koordinatenwerten ermöglicht. Sie vereinfacht wesentlich das Programmieren der Verfahrbewegungen, erlaubt eine weitgehend voneinander unabhängige Programmierung von Geometriedaten und technologischen Daten und erleichtert dem Maschinenbediener das zielgerichtete Eingreifen in die laufende Bearbeitung.

Werkzeugvermessung

Hat die Steuerung keine Informationen über das verwendete Werkzeug, bezieht sie den programmierten Zielpunkt der Bewegung auf ihren Werkzeugträgerbezugspunkt T. Deshalb müssen die Werkzeuge vermessen, die Messgrößen im Werkzeugspeicher der Steuerung den Werkzeugen zugeordnet und die Werkzeuge im Programm aufgerufen werden. Die unbedingt notwendigen Größen sind bei Bohrwerkzeugen die Länge, bei Fräswerkzeugen die Länge und der Radius und bei Drehwerkzeugen die Ausladung in X- und Z-Richtung, der Eckenradius und die Lage der Werkzeugschneide (Bild 2).

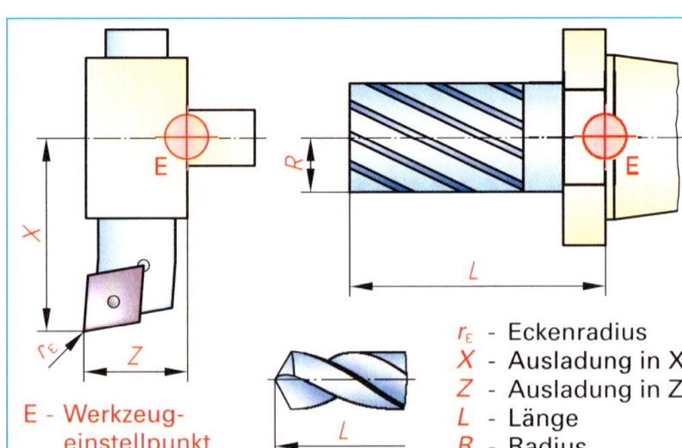

2 Messgrößen für Werkzeugkorrektur

Werkzeuglängenkorrektur

Mit dem Werkzeugaufruf und/oder der Anwahl des Korrekturspeichers übernimmt die Steuerung die Länge des Fräsers oder Bohrers bzw. die Ausladung des Drehwerkzeuges aus dem Werkzeugspeicher und verrechnet sie mit den aktuellen Achspositionen. Bei allen nachfolgenden Verfahrbewegungen korrigiert die Steuerung die programmierten Koordinaten automatisch um die Maße des aktuellen Werkzeuges und verfährt die Achsen der Maschine entsprechend (Bild 1). Werden jedoch die Korrektur des Fräserradius bzw. des Schneidenradius des Drehmeißels benötigt, muss das der Steuerung über eine zusätzliche Wegbedingung mitgeteilt werden.

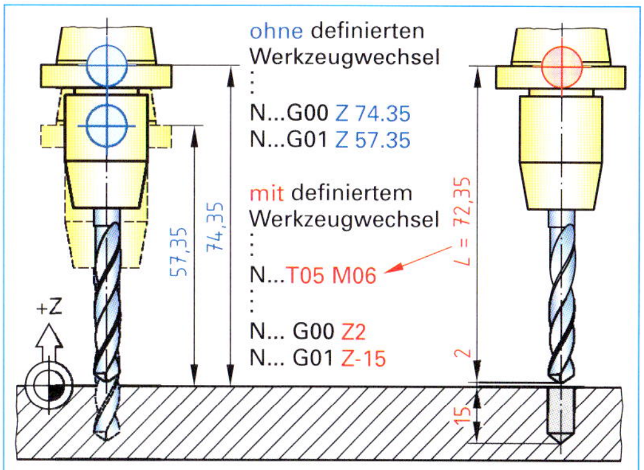

1 Prinzip der Werkzeuglängenkorrektur

Werkzeugbahnkorrektur beim Fräsen (Fräserradiuskorrektur)

Im Einschaltzustand der Maschine arbeitet die Steuerung ohne Fräserradiuskorrektur. Programmierte Koordinaten beschreiben die Mittelpunktsbahn der Werkzeugbewegung. Zum Konturfräsen muss die Mittelpunktsbahn jedoch gegenüber der Kontur meist um den Werkzeugradius versetzt sein (Bild 2). Der Programmierer berechnet erforderliche Punkte, um die Bahn beschreiben zu können. Muss mit einem anderen Fräserradius gearbeitet werden, ist es erforderlich das Programm zu verändern.

Die Fräserradiuskorrektur erlaubt es, die herzustellende Kontur unabhängig vom Werkzeugradius zu programmieren. Der Programmierer beschreibt die Kontur, teilt der Steuerung mit auf welcher Seite der Kontur das Werkzeug verfährt und welches Werkzeug bzw. welcher Werkzeugkorrekturspeicher verwendet wird. Entscheidend für die Angabe „links oder rechts der Kontur" ist die Blickrichtung in Richtung der Relativbewegung des Werkzeugs. Die Steuerung berechnet aus diesen Angaben die **Äquidistante**. Diese Bahn gleichen Abstands von der Kontur ist beim Fräsen meist deckungsgleich mit der Mittelpunktsbahn des Fräsers.

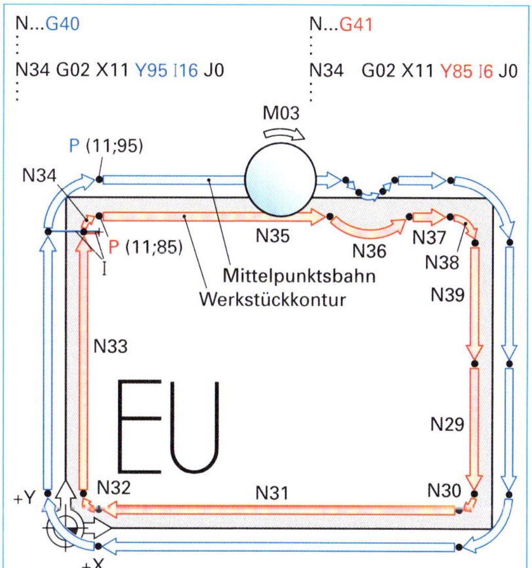

2 Programmieren ohne und mit Fräserradiuskorrektur

Soll sich das Werkzeug **links** von der herzustellenden Kontur bewegen, muss die Wegbedingung **G41** verwendet werden. **G42** ist programmiert, wenn das Werkzeug sich **rechts** von der herzustellenden Kontur bewegt. Die Werkzeugradiuskorrektur wird mit der Wegbedingung **G40 aufgehoben** (Bild 3).

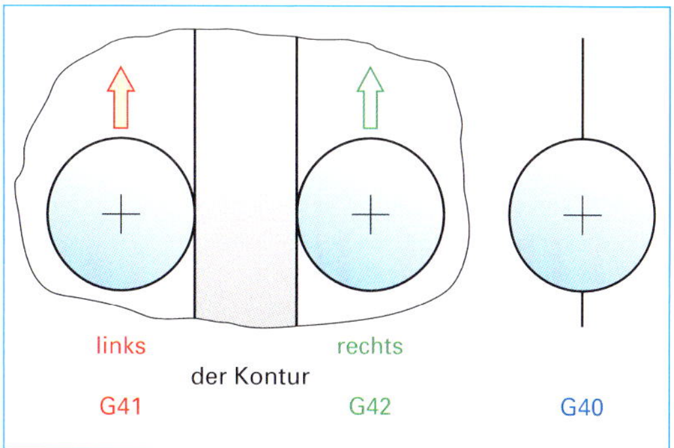

3 Bestimmen der Werkzeuglage beim Fräsen

Moderne Frässteuerungen verfügen über eine **3D-Werkzeugkorrektur**. Diese wird bei komplizierten Formfräsarbeiten wie der Herstellung von Tiefziehgesenken eingesetzt. Zusätzlich zu Werkzeuglänge und Fräserradius wird der Eckenradius des Fräsers verrechnet.

Werkzeugradiuskorrektur beim Drehen (Schneidenradiuskompensation)

Um die Standzeit des Drehwerkzeuges und die Qualität der Werkstückoberfläche zu erhöhen, ist die Schneidenspitze am Drehmeißel verrundet.

Ist die Schneidenradiuskompensation nicht aktiv, (Einschaltzustand) verfährt die Steuerung den **theoretischen Schneidenpunkt S** entsprechend der programmierten Koordinaten. Dadurch entstehen bei nicht achsparallelen Bewegungen Konturfehler und Verzerrungen am Werkstück (Bild 1).

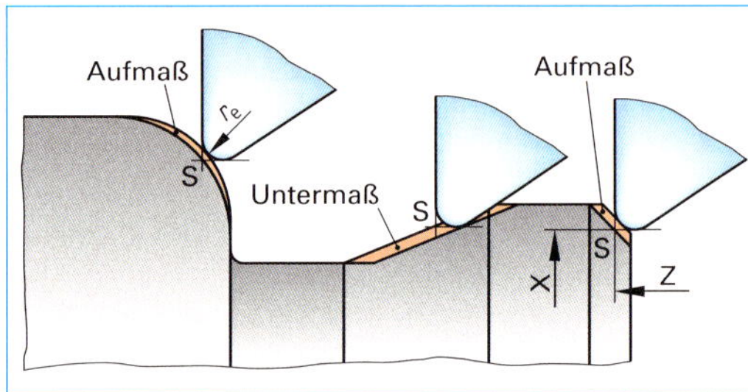

1 Konturfehler durch Schneidenradius

Das Aktivieren der Schneidenradiuskompensation bewirkt das Berechnen einer **Äquidistante**, die im Abstand des Schneidenradius entlang der herzustellenden Kontur verläuft (Bild 2). Dadurch werden Konturabweichungen vermieden.

Die CNC-Steuerung benötigt zur Schneidenradiuskompensation neben dem Schneidenradius die Lage des Werkzeuges zum Werkstück und die Lage der Werkzeugschneide.

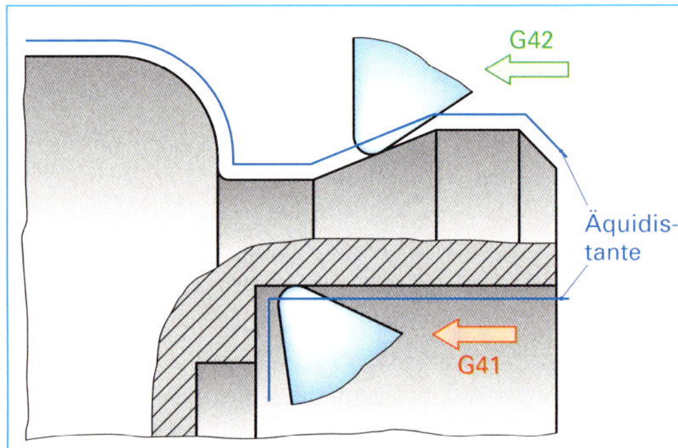

2 Bestimmen der Werkzeuglage beim Drehen

Für die Lage des Werkzeuges zum Werkstück gilt analog zum Fräsen die Richtung der Relativbewegung als Blickrichtung (Bild 2).

Je nach der Lage des Werkzeuges befindet sich der theoretische Schneidenpunkt S links oder rechts bzw. ober- oder unterhalb vom Mittelpunkt des Schneidenradius P (Bild 3). Die Steuerung muss dies bei der Berechnung der Werkzeugbahn beachten. Deshalb wird im Korrekturspeicher zusätzlich zum Schneidenradius eine Lagekennzahl eingetragen.

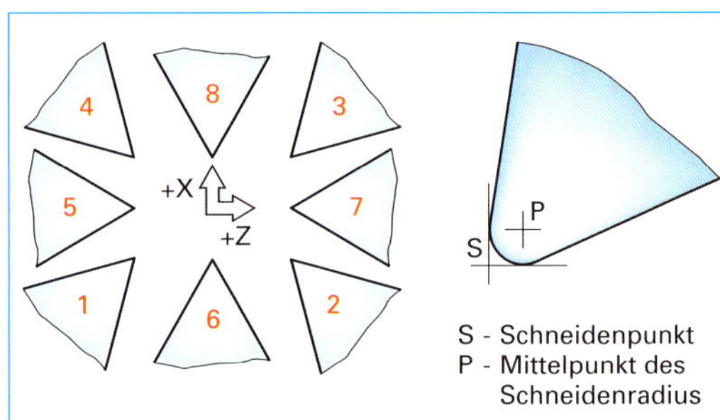

3 Lagekennzahlen

In den Werkzeugkorrekturspeicher können auch Korrekturmaße für den Verschleiß oder die Aufmaßbildung eingetragen werden. Manche Steuerungen ermöglichen die Übernahme von Ergebnissen aus Messzyklen, die dann zur Werkzeugkorrektur verwendet werden. Damit verbessern sich die Möglichkeiten des Maschinenbedieners in die Bearbeitung einzugreifen.

Aufgaben:

1 **Aus welchen Elementen besteht ein CNC-Programm?**

2 **Erläutern Sie folgende Befehlsfolge: N20 G02 X40 Y30 I0 J15 F120**

3 **Welche Bedeutung hat der Werkstücknullpunkt für das Erstellen und Abarbeiten des CNC-Programms?**

4 **Programmieren Sie in den Sätzen N44 bis N53 die Herstellung des schrägen Absatzes (2 tief) mit dem Werkzeug T06 (Siehe S. 374).**

5 **Unter welchen Bedingungen wird ein Programm oder Programmteil inkremental programmiert?**

6 **Schreiben Sie das Programm bis N53 mit inkrementalen Koordinatenwerten.**

7 **Diskutieren Sie das Eingeben falscher Werkzeugmaße in den Werkzeugspeicher.**

8 **Welche Möglichkeiten ergeben sich durch die Werkzeugkorrektur hinsichtlich der Vor- und Fertigbearbeitung?**

```
N54 G97 F1200 S5000 T03 M06        (Werkzeugaufruf Bohrnutenfräser d = 10 mm)
N55 G00 X80 Y50                    (Startposition in X und Y)
N56 G00 Z1 M08                     (Startposition in Z)
N57 G86 X54.2 Y46.3 Z-6 D3         (Taschenfräszyklus)
N58 G00 Z100 M09
N59 G00 X150 Y150
```

Bearbeitungszyklen

Das Herstellen von Konturen erfordert oft eine Vielzahl von einzelnen Verfahrbewegungen. Deshalb werden häufig benötigte Folgen von Bearbeitungsschritten von den Steuerungsherstellern auch auf Kundenwunsch vorprogrammiert und den als Bearbeitungszyklen definierten Wegbedingungen zugeordnet.

Anzahl und Leistungsumfang der an einer Steuerung verfügbaren Bearbeitungszyklen sind wesentliche Merkmale für die Qualität der Steuerung.

Die Verwendung eines Bearbeitungszyklus im NC-Programm erfolgt prinzipiell in den zwei Schritten: **Definition und Aufruf**. In Abhängigkeit von der eingesetzten Steuerung kann dies in einem oder mehreren Sätzen erfolgen. Im konkreten Beispiel wird der Rechteck-Taschen-Fräszyklus in einem Satz definiert und aufgerufen (Bild 1). Deshalb muss das Werkzeug vorher auf die Startposition verfahren werden. Sie liegt auf dem Mittelpunkt der Tasche und in Z-Richtung 1 mm über der Bearbeitungsebene. Dort befindet sich das Werkzeug auch nach Abarbeitung des Zyklus.

Durch Angabe der Wegbedingung wird der Steuerung die Art des Zyklus bekanntgegeben. Entsprechend des vorgegebenen Syntax wird die Geometrie der herzustellenden Kontur beschrieben (Bild 1). An der im Beispiel verwendeten Steuerung sind weitere Bearbeitungszyklen verfügbar (Bild 2).

Bearbeitungszyklen nach PAL	
G85	Teilkreis-Bohrzyklus
G86	Rechteck-Taschen-Fräszyklus
G87	Kreis-Taschen-Fräszyklus
G88	Nuten-Fräszyklus
G89	Teilkreis-Gewindebohrzyklus

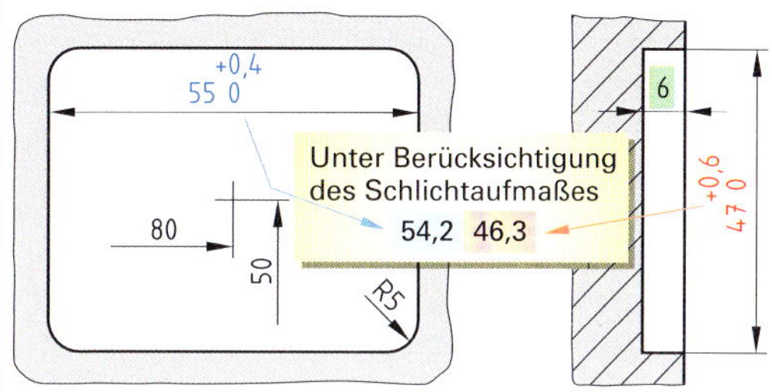

N55 G00 X80 Y50
N56 G00 Z1 M08
N57 G86 X54.2 Y46.3 Z-6 D3 (I0)

X- Länge der Tasche

Y- Breite der Tasche

Z- Tiefe der Tasche bezogen auf Werkstücknullpunkt

D- Einzelschnitttiefe

I- Drehwinkel um den Taschen-Mittelpunkt

1 Definition und Aufruf eines Zyklus

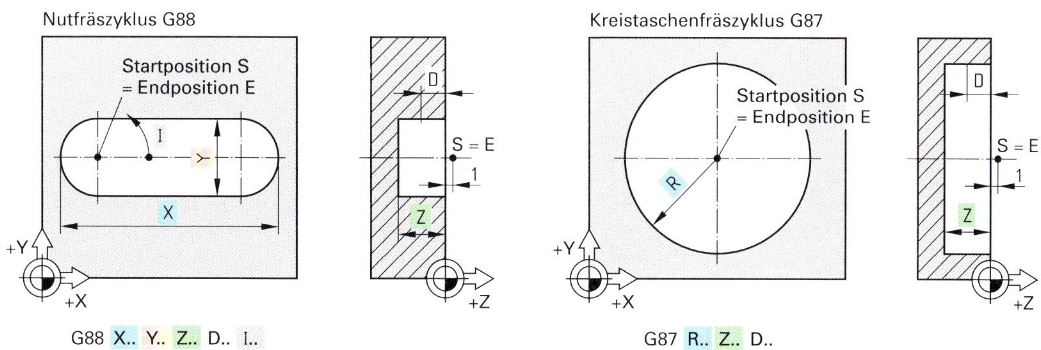

2 Fräszyklen nach PAL (Auswahl)

N60 G97 S1000 T04 M06	(Werkzeugaufruf NC-Anbohrer *d* = 16 mm)
N61 G95 F0.38	(Änderung der Angabeart von F)
N62 G00 X20 Y66	(1. Startposition in X und Y)
N63 G00 Z-1	(1. Startposition in Z)
N64 L4101	(Unterprogrammaufruf Anbohren)
N65 G00 Z1	(2. Startposition in Z)
N66 G00 X100 Y15	(2. Startposition in X und Y)
N67 L4101	(Unterprogrammaufruf Anbohren)
N68 G00 Z100	
N69 G00 X150 Y150	

Unterprogramme

Häufig vorkommende Bearbeitungsfolgen, die vom Steuerungshersteller nicht vorprogrammiert wurden, kann der Maschinenbediener selbst durch Unterprogramme beschreiben. Unterprogramme können **feste Werte** oder **Parameter** (Variablen) enthalten. Sie werden vom Hauptprogramm aus durch Angabe des Adressbuchstaben L, der Programmnummer und der Anzahl der Durchläufe aufgerufen (Bild 1). Nach dem Abarbeiten eines Unterprogramms setzt die Steuerung die Bearbeitung mit dem nächsten Satz des Hauptprogramms fort.

Im Beispiel wird das Anbohren der Bohrungen Ø 10 mit Hilfe eines Unterprogramms realisiert. Das Programm enthält feste Koordinatenwerte. Da es an verschiedenen Positionen aufgerufen werden soll, ist es inkremental programmiert. Im Hauptprogramm ist berücksichtigt, dass der Startpunkt in Z-Richtung bezogen auf die Bearbeitungsebene gleich ist.

Aufgaben:

1. **Warum endet das Unterprogramm L41 mit der Wegbedingung G90?**
2. **Programmieren Sie das Unterprogramm für das Fertigbohren der beiden Bohrungen als L42.**
3. **Schreiben Sie die zugehörigen Sätze N70 bis N79 für das Hauptprogramm.**
4. **Programmieren Sie die komplette Bohrbearbeitung unter Verwendung des Zyklus G85.**

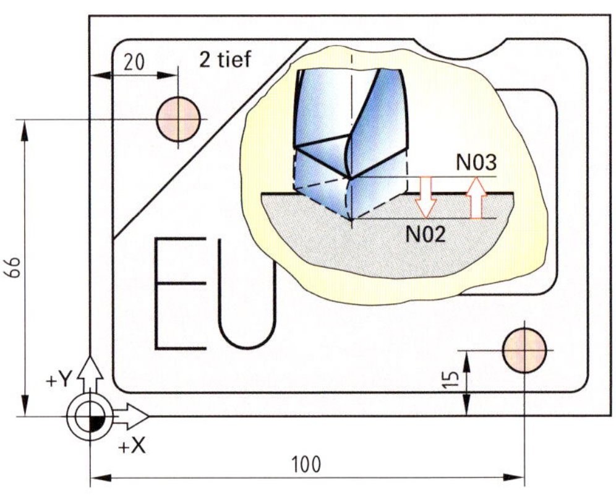


```
N62 G00 X20 Y66
N63 G00 Z-1
N64 L 41 01   ──►  L41 (UP-Anbohren)
                   N1 G91
                   N2 G01 Z-7 M08
                   N3 G00 Z7 M09
N65 G00 Z1   ◄──   N4 G90 M17
N66 G00 X100 Y15
N67 L 41 01   ──►  L41 (UP-Anbohren)
                   N1 G91
                   N2 G01 Z-7 M08
                   N3 G00 Z7 M09
N68 G00 Z100  ◄──  N4 G90 M17
```

1 Programmablauf in Haupt- und Unterprogramm

Der Rechtecktaschen-Fräszyklus ist bei den meisten Steuerungen ein Schruppzyklus. Die Schnittüberdeckung lässt sich oft definieren, jedoch gibt es keine Möglichkeit einen Schlichtschnitt anzugeben. Das Werkzeug fährt linear an die Kontur an, so dass am Anfahrpunkt eine Bearbeitungsspur entstehen kann. Zusätzlich ist im konkreten Fall die Definition des Eckenradius nicht möglich (Bild 1, S. 389). Die Steuerung interpoliert keine Kreisbahn und es entsteht ein Eckenradius, der dem des Werkzeuges entspricht. Auch die Angabe der Bewegungsrichtung ist bei der Zyklusdefinition an der betrachteten Steuerung nicht möglich. Die Bearbeitung erfolgt grundsätzlich im Gegenlauffräsen. Deshalb wird ein Unterprogramm geschrieben, mit dem die Rechtecktasche geschlichtet werden kann.

```
N80 G97 S5000 T07 M06           (Werkzeugaufruf Bohrnutenfräser d = 8 mm)
N81 G94 F600                    (Ändern der Angabeart von F)
N82 G59 X80 Y50 Z0              (Additive Nullpunktverschiebung)
```

```
(Wertzuweisungen für Parameter)
N83 R01 = 27.6                  (Halbe Taschenlänge X)
N84 R02 = 23.65                 (Halbe Taschenbreite Y)
N85 R03 = 6                     (Taschentiefe von Z = 0 aus)
N86 R04 = 1                     (Sicherheitsabstand/Überfahrweg)
N87 R05 = 10                    (Anfahr-/Abfahrradius)
N88 R06 = 5                     (Eckenradius)
N89 L1001                       (UP-Aufruf Rechtecktasche schlichten)
```

```
N90 G53                         (Aufheben der additiven Nullpunktverschiebung)
N91 G00 Z100 M09
N92 G00 X150 Y150
N93 M30                         (Programmende)
```

Um das Unterprogramm für jede beliebige Rechtecktasche verwenden zu können, wird es grundsätzlich wertfrei geschrieben. Den Adressbuchstaben sind Parameter bzw. Berechnungsvorschriften zugeordnet. Im Hauptprogramm müssen die Parameter definiert werden und eine additive Nullpunktverschiebung auf den Taschenmittelpunkt bei Z = 0 erfolgen. Durch die Nullpunktverschiebung kann das Unterprogramm absolut programmiert werden. Aus den Parametern berechnet die Steuerung während des Programmablaufs die erforderlichen Endpunktkoordinaten. Durch das tangentiale An- und Abfahren und die Wegbedingung **G9 – Genauhalt –** sollen Bearbeitungsspuren vermieden werden (Bild 1).

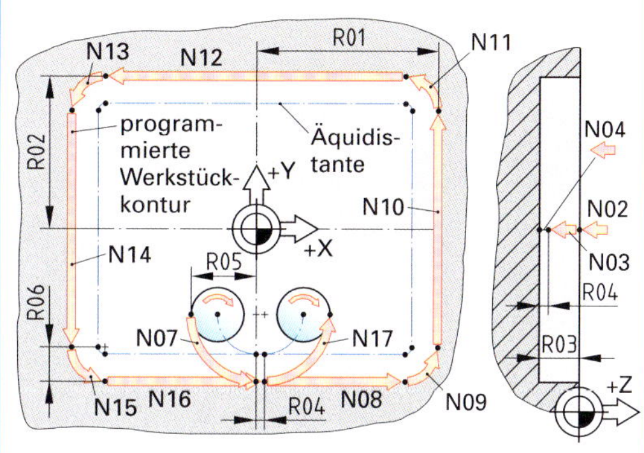

1 Parameter und UP-Ablauf

```
L10 (UP-Rechtecktasche schlichten, parametrisiert)
N01 G00 X0 Y0                   (Startposition in X und Y)
N02 G0 Z0                       (Startposition in Z)
N03 G00 Z=-(R03-R04)            (Zustellen auf Sicherheitsabstand)
N04 G09 Z=-R03 M08              (Zustellen auf Bearbeitungstiefe mit Genauhalt)
N05 G41                         (Aufruf Fräserradiuskorrektur)
N06 G01 X=-R05 Y=-(R02-R05)     (Startpunkt für Anfahrbewegung)
N07 G03 X0 Y=-R02 I=R05 J0      (Tangentiales Anfahren auf Kreisbahn)
```

```
(Konturbeschreibung)
N08 G01 X=(R01-R06)
N09 G03 X=R01 Y=-(R02-R06) I0 J=R06
N10 G01 Y=(R02-R06)
N11 G03 X=(R01-R06) Y=R02 I=-R06 J0
N12 G01 X=-(R01-R06)
N13 G03 X=-R01 Y=(R02-R06) I0 J=-R06
N14 G01 Y=-(R02-R06)
N15 G03 X=-(R01-R06) Y=-R02 I=R06 J0
N16 G01 X=R04
N17 G03 X=(R04+R05) Y=-(R02-R05) I0 J=R05
```

```
N18 G40                         (Abwahl Fräserradiuskorrektur)
N19 G01 Z=-(R03-R04) M09        (Rückstellen auf Sicherheitsabstand)
N20 G00 X0 Y0 Z0 M17            (Endposition)
```

5.4 Übersicht über andere Programmierverfahren

Neben dem **manuellen Programmieren** nach DIN 66025 gibt es weitere Möglichkeiten zum Erstellen von CNC-Programmen. Mit der rasanten Entwicklung der Rechentechnik sind die Voraussetzungen gegeben, Programmiersysteme mit Benutzeroberflächen zu entwickeln, die eine komfortable und umfassende Programmerstellung im Dialog ermöglichen. Die **Dialogprogrammierung** kann direkt an der Maschine (Werkstatt-Programmierung) oder an speziellen Programmierarbeitsplätzen (AV-Programmierung) erfolgen. Sie löst die manuelle Programmierung zunehmend ab.

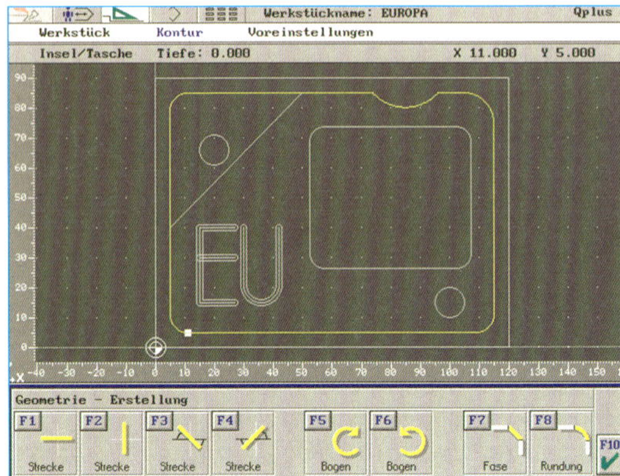

1 Erstellen der Geometrie

Jedoch erfordern das Optimieren der Programme an der Maschine und das sichere Bedienen der Anlage vor allem bei Störfällen vom Facharbeiter weiterhin grundlegende Kenntnisse zur Programmierung nach DIN.

Bei der **manuellen Programmerstellung** entsteht, wie im vorigen Abschnitt beschrieben, das Programm durch Eingabe des CNC-Code.

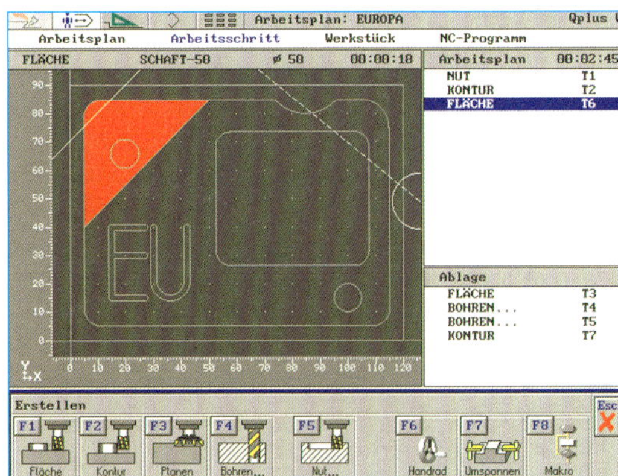

2 Definieren der technologischen Werte

Bei der **Werkstatt-Programmierung** werden CNC-Programme mit Hilfe leicht verständlicher Grafiken erzeugt. Die Steuerung stellt dem Bediener am Bildschirm Fragen, die er durch Eingabe von Maßen oder Auswahl von Symbolen beantworten muss, und entwickelt daraus den CNC-Code (Bild 3, S. 400). Es besteht die Möglichkeit parallel zur Abarbeitung eines Programmes ein anderes in die Steuerung einzugeben. Jedoch beeinträchtigt der durch die Fertigung entstehende Lärm die Arbeit des Bedieners oft erheblich. Auch deshalb richten viele Betriebe im Bereich der Arbeitsvorbereitung (AV) Programmierplätze ein oder lassen die Programme außer Haus vom Dienstleister erstellen.

Bei der **AV-Programmierung** wird das Programm zunächst maschinen- und steuerungsunabhängig erstellt. Der Bediener legt im Dialog mit dem System das Rohteil fest und beschreibt die herzustellenden Konturen (Bild 1). Ein Geometrieprogramm ermöglicht die Berechnung von fehlenden Konturpunkten. Durch Verbindung mit einem CAD-System können die Geometriedaten auch direkt aus der Zeichnungsdatei übernommen werden.

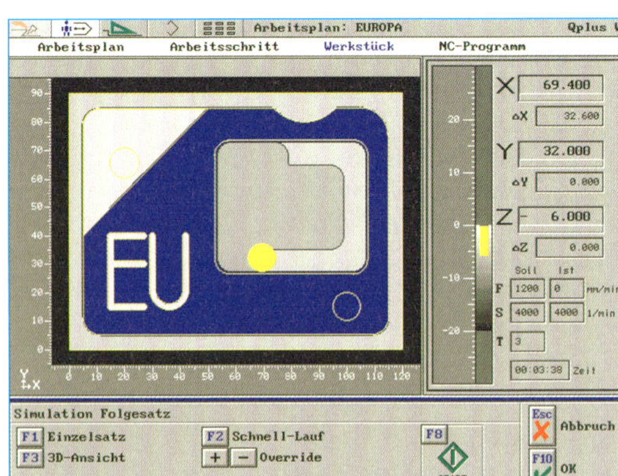

3 Simulieren des Programmablaufs

Nach dem Beschreiben der Geometrie des herzustellenden Werkstücks legt der Bediener den Fertigungsablauf fest (Bild 2). Entsprechend der verfügbaren Informationen schlägt das System Werkzeuge und Schnittwerte vor, die der Bediener akzeptieren oder ändern kann. Anschließend wird mittels einer Software (Postprozessor) ein steuerungsspezifisches Programm generiert, welches simuliert und an die entsprechende Maschine übertragen werden kann (Bild 3).

5.5 Einrichten der Maschine

Beim Einrichten der Maschine muss der Bediener eine Vielzahl von Tätigkeiten gewissenhaft ausführen um eine sachgerechte Lösung der Fertigungsaufgabe zu gewährleisten.

Eichen des Wegmesssystems

Heute sind CNC-Werkzeugmaschinen meist mit einem inkrementalen Wegmesssystem ausgestattet. Deshalb muss der Bediener nach dem Einschalten der Maschine den Referenzpunkt anfahren, um das Wegmesssystem zu eichen.

Aufspannen des Rohteils

Entsprechend der in den technologischen Unterlagen mitgelieferten Spannskizze fixiert der Bediener das Werkstück auf dem Maschinentisch oder im angegebenen Spannmittel (Bild 1). Die Angaben zu Art und Weise der Werkstückspannung sind bei der Programmerstellung berücksichtigt worden. Eigenmächtige Änderungen der Spannmethode können während der Programmabarbeitung zu Kollisionen zwischen Werkzeug und Spannmittel führen und sind deshalb zu vermeiden.

Vermessen und Einrichten der Werkzeuge

Entsprechend der im Einrichtblatt zum CNC-Programm definierten Werkzeuge bestückt der Bediener das Werkzeugmagazin bzw. den Werkzeugrevolver. Er prüft die zugehörigen Daten im Werkzeugspeicher. Ist es notwendig Werkzeuge zu vermessen, kann das direkt in der Werkzeugaufnahme der Maschine (**interne Vermessung**) oder auf einem Voreinstellgerät (**externe Vermessung**) erfolgen (Bild 2).

Wird das Werkzeug in der Maschine mittels Optik oder Ankratzen vermessen, entstehen keine Lagefehler. Die Maschine kann in dieser Zeit jedoch nicht produzieren. Beim Arbeiten mit dem Voreinstellgerät werden die Werkzeuge nahezu unabhängig vom Maschineneinsatz vermessen und die zugehörigen Werte gespeichert. Danach können die Daten entsprechend des Fertigungsauftrages an eine Maschine übertragen werden.

Achswerte setzen

Die Werkzeugmaschine ist nach Anfahren des Referenzpunktes auf ihr Koordinatensystem geeicht. Das CNC-Programm ist aber bezogen auf den Werkstücknullpunkt erstellt worden (Bild 3).

Durch Setzen der Achswerte wird der Steuerung die Verschiebung zwischen Maschinen-Koordinatensystem und Werkstück-Koordinatensystem mitgeteilt.

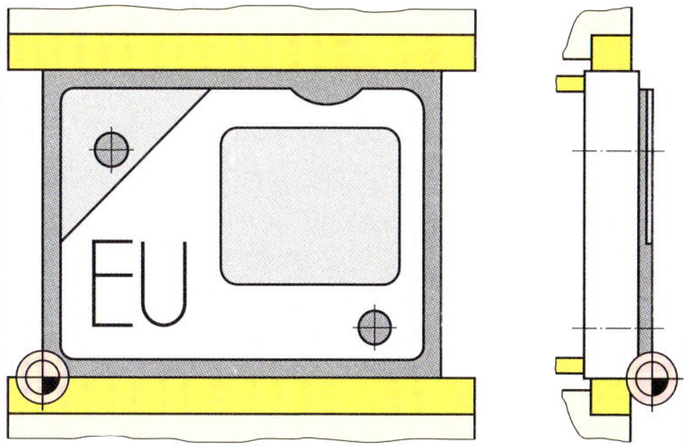

1 Spannskizze

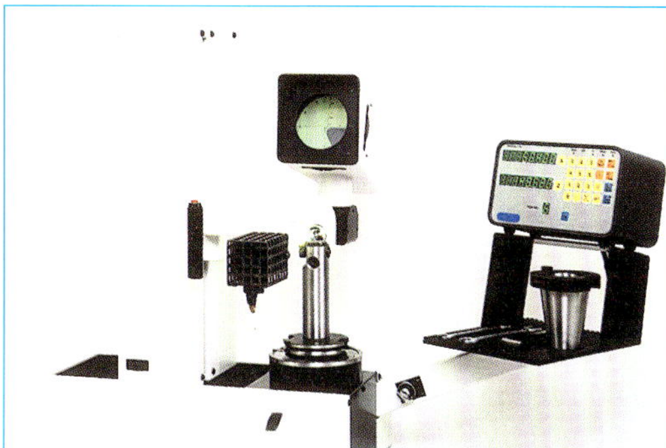

2 Werkzeugvoreinstellgerät

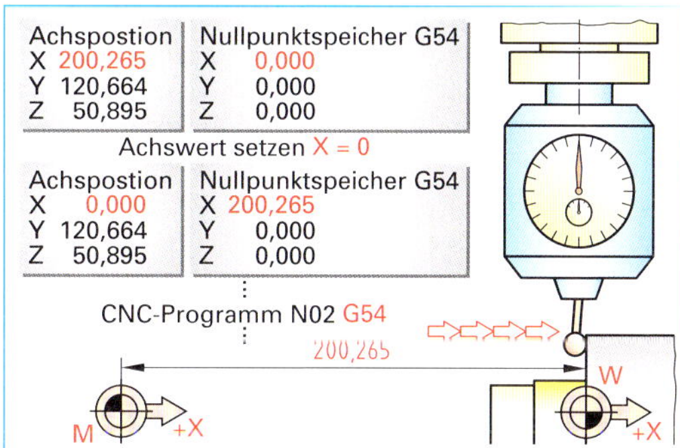

3 Achswert setzen mit 3D-Taster

4 IR-Taster

Ein nachfolgendes Aufrufen der entsprechenden Nullpunktverschiebung im CNC-Programm ermöglicht der Steuerung die angegebenen Koordinatenwerte so zu verrechnen, dass die Bearbeitung an der vorgesehenen Stelle am Werkstück erfolgt .

Das **Setzen der Achswerte** kann mit verschiedenen Hilfsmitteln erfolgen. Beim Fräsen wird oft ein 3D-Taster eingesetzt (Bild 3 der vorherigen Seite). Der Einsatz von Kantentaster und Endmaß ist aber genau so möglich wie das Ankratzen mit einem definierten Werkzeug. Die zuletzt genannte Variante wird beim Drehen sehr oft eingesetzt. Achswerte können auch durch induktives oder optisches Abtasten gesetzt werden (Bild 4, vorherige Seite).

Beim Setzen der Achswerte mithilfe des 3D-Tasters wird dieser zunächst definiert in die Arbeitsspindel eingesetzt. Die Werkstückoberfläche der zu setzenden Achse wird über geeignete Verfahrbewegungen angetastet, bis die Uhr des 3D-Tasters den Wert „Null" zeigt. Dann wird der Steuerung ein definierter Wert über den Befehl Achswert setzen o.ä. mitgeteilt. Damit sind Werkstück- und Maschinenkoordinatensystem für die erste Achse in Beziehung gesetzt (Bild 3 der vorigen Seite).

Die vorgenannten Arbeitsschritte müssen für jede zu setzende Achse wiederholt werden.

5.6 Testen und Abarbeiten des Programms

Um ein CNC-Programm an der Maschine testen und abarbeiten zu können, muss der Bediener das Programm in der Steuerung aktivieren.

Die meisten CNC-Steuerungen und Programmiersysteme ermöglichen einen komfortablen und gefahrlosen Programmtest. Auf dem Bildschirm wird der Bearbeitungsablauf simuliert sowie Werkstück und Werkzeug dargestellt. Gleichzeitig wird von der Steuerung eine Kollisionsüberprüfung durchgeführt. Durch das Auswählen verschiedener Modi z.B. Zoom, Einzelsatz, Restmaterial usw. kann der Bediener die ihn interessierenden Details anzeigen bzw. simulieren lassen und somit den Fertigungsablauf überprüfen (Bild 1).

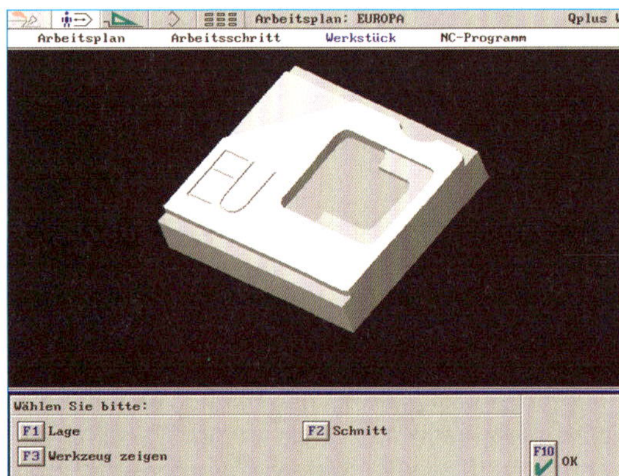

1 Fertigungskontrolle

Wenn die Fertigungskontrolle keinen Fehler ergeben hat, beginnt der Bediener mit der **Programmabarbeitung**. Bei der erstmaligen Fertigung mit dem Programm empfiehlt sich der Einzelsatzmodus und wenn möglich ein **reduzierter Vorschub**. Hat der Bediener festgestellt, dass das eingewechselte Werkzeug die richtige Startposition angefahren hat, kann er die Bearbeitung im Folgesatzmodus fortsetzen. Werden beim Abarbeiten des Programms Unzulänglichkeiten, z.B. ungünstige Schnittwerte, festgestellt, so lässt sich das CNC-Programm an der Maschine optimieren.

Kommt es während der Programmabarbeitung zu Störungen, z.B. Werkzeugbruch, NOT-AUS oder Stromausfall, muss der Bediener nach Beseitigung des Fehlers das Programm an der richtigen Stelle fortsetzen. Ein Neustart des Programms würde vor allem bei langwierigen Bearbeitungen einen Verlust an Arbeitszeit und Geld bedeuten.

Aufgaben:

1. **Erstellen Sie analog zum parametrisierten Unterprogramm für das Schlichten der Rechtecktasche ein Makro „Kreistasche schlichten".**
2. **Nennen Sie verschiedene Programmiermethoden. Erläutern Sie deren Vor- und Nachteile.**
3. **Welche Folgen hat das Nichtbeachten der Spannskizze für die Abarbeitung des Programms?**
4. **Warum muss der Steuerung die Lage des Werkstücknullpunktes bekannt gegeben werden?**
5. **Welche beruflichen Qualifikationen muss der Bediener einer CNC-Werkzeugmaschine haben?**

5.7 Beispiel für ein CNC-Drehprogramm

Das im Kapitel 2.2.1 beschriebene Werkstück soll auf einer CNC-Drehmaschine hergestellt werden. Die Steuerung der Maschine wird nach DIN 66025 programmiert. Gleichzeitig stehen Bearbeitungszyklen nach PAL zur Verfügung. Entsprechend der zu lösenden Fertigungsaufgabe werden die Werkzeuge und Schnittdaten ausgewählt (Bild 1).

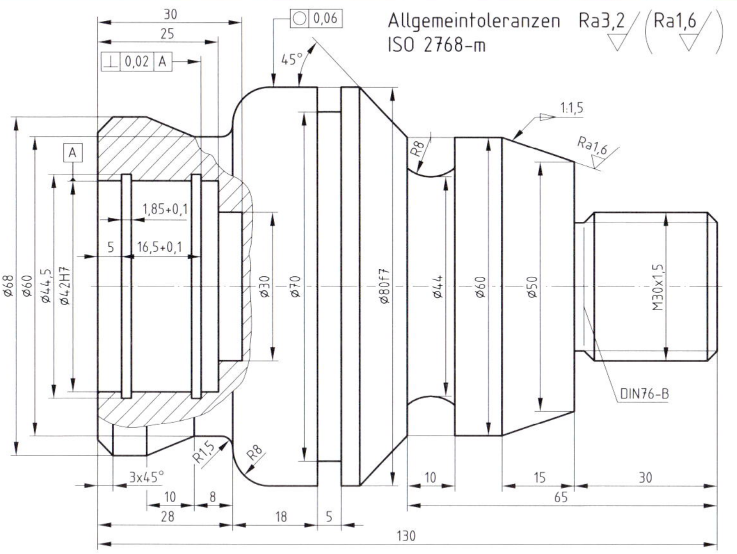

T01 Schruppdrehmeißel
$r_\varepsilon = 0{,}8$ mm; $v_c = 240$ m/min
$f = 0{,}5$mm

T02 Formdrehmeißel, HSS
$v_c = 80$ m/min; $f = 0{,}1$ mm

T03 Schlichtdrehmeißel
$r_\varepsilon = 0{,}4$ mm; $v_c = 300$ m/min
$f = 0{,}22$ mm

T04 Stechdrehmeißel
$b = 3$ mm; $v_c = 100$ m/min
f = 0,1 mm

T05 Gewindedrehmeißel
$P = 1{,}5$ mm
$n = 1000$/min

1 Fertigungsaufgabe

```
%12696 (erste Seite)

N01 G54                      (Nullpunktverschiebung)
N02 G96 S240 T0101 M06       (Werkzeugaufruf Schruppdrehmeißel)
N03 G00 X90 Z0.5 M04         (Verfahrbewegung im Eilgang zu P1)

N04 G95 F0.5                 (Vorschub in mm/U)
N05 G01 X-2 M08              (Verfahrbewegung im Vorschub zu P2)
N06 G01 Z1                   (Verfahrbewegung im Vorschub zu P3)
N07 G00 X85                  (Verfahrbewegung im Eilgang zu P4)
```

Der Aufbau und Syntax des Programms an einer CNC-Drehmaschine ist dem an einer CNC-Fräsmaschine prinzipiell gleich. Die verfahrensspezifischen Besonderheiten äußern sich jedoch in einer Anzahl von Unterschieden, die in diesem Abschnitt vorrangig betrachtet werden.

Beim Drehen wird meist mit konstanter Schnittgeschwindigkeit gearbeitet. Dies wird der Steuerung über die Wegbedingung G96 mitgeteilt. An CNC-Drehmaschinen erfolgt der Werkzeugwechsel automatisch durch Schwenken des Werkzeugrevolvers. Deshalb wird zusätzlich zur Werkzeugnummer der Revolverplatz angegeben, auf dem sich das Werkzeug befindet. Die Angabe des zugehörigen Werkzeugspeichers erfolgt ggf. über ein zusätzliches Programmwort.

Die Koordinatenwerte in X-Richtung müssen beim Drehen auf den Durchmesser bezogen angegeben werden (Bild 2). Dies gilt jedoch nicht bei Inkremental-Programmierung.

Werkzeugaufruf

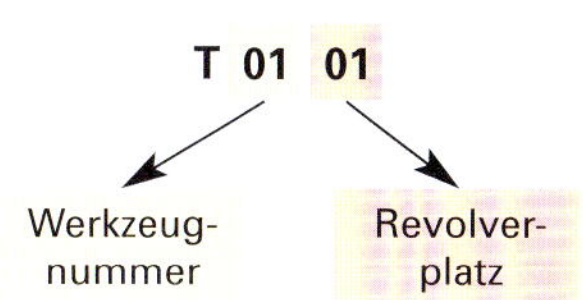

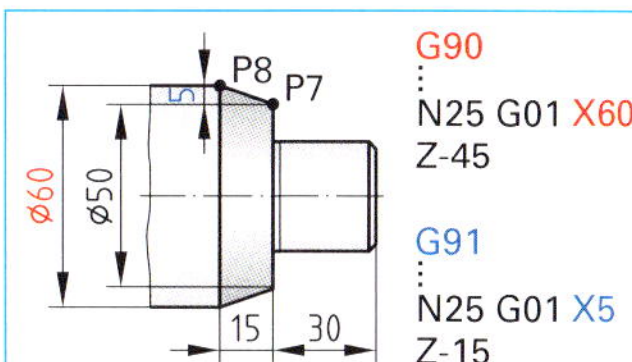

2 Angabe der X-Koordinate

Der Bediener setzt den Werkstücknullpunkt an die Planfläche des Fertigteils. Im Programm wird der Steuerung die Lage des Punktes durch die Wegbedingung G54 mitgeteilt. Da beim Drehen die Planfläche meist noch bearbeitet wird, liegt der Nullpunkt zu Beginn der Bearbeitung im Material und die Adresse Z hat beim Ausführen des Planschnitts einen positiven Wert in der Größe des Schlichtaufmaßes (Bild 1).

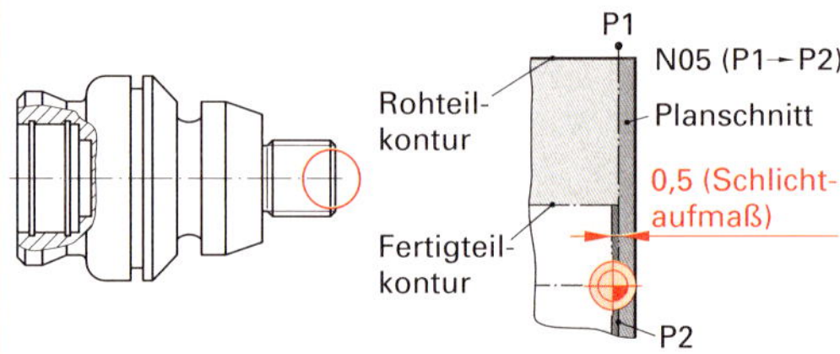

1 Nullpunktlage und Planschnitt

```
N07 G00 X85                                 (Startpunkt 1 für Abspanzyklus)
N08 G81 X60 Z-65 H-77,5 R85 D4 P0.5 Q0.2    (Abspanzyklus 1)
N09 G00 X60                                 (Startpunkt 2 für Abspanzyklus)
N10 G81 X50 Z-30 H-45 R60 D3 P0.5 Q0.2      (Abspanzyklus 2)
N11 G00 X50                                 (Startpunkt 3 für Abspanzyklus)
N12 G81 X30 Z-30 H-30 R50 D3.2 P0.5 Q0.2    (Abspanzyklus 3)
N13 G00 X150 Z50 M09                        (Werkzeugwechselpunkt)
```

Definition und Aufruf der Abspanzyklen erfolgen an der verfügbaren Steuerung in einem Satz. Im vorhergehenden Satz muss das Werkzeug jedoch auf die jeweilige Startposition verfahren werden (Bild 2). Nach dem Abarbeiten des Zyklus steht das Werkzeug wieder auf der Startposition. An dieser Steuerung stehen weitere Bearbeitungszyklen zur Verfügung (Bild 3). Sie ermöglichen u.a. das Abspanen gegen einen Radius, das Gewindedrehen und das Bohren effektiv zu programmieren.

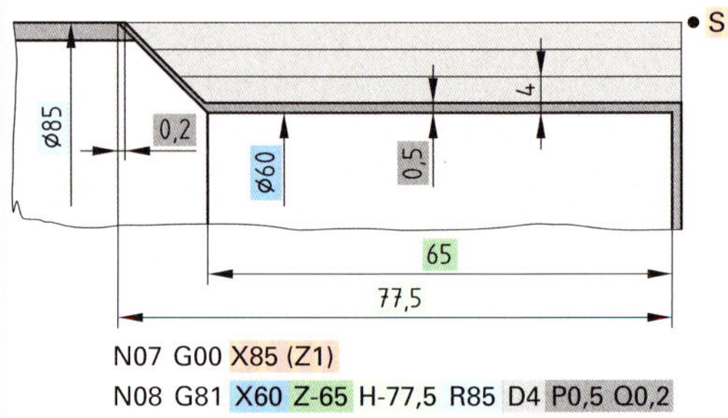

2 Definition und Aufruf eines Abspanzyklus

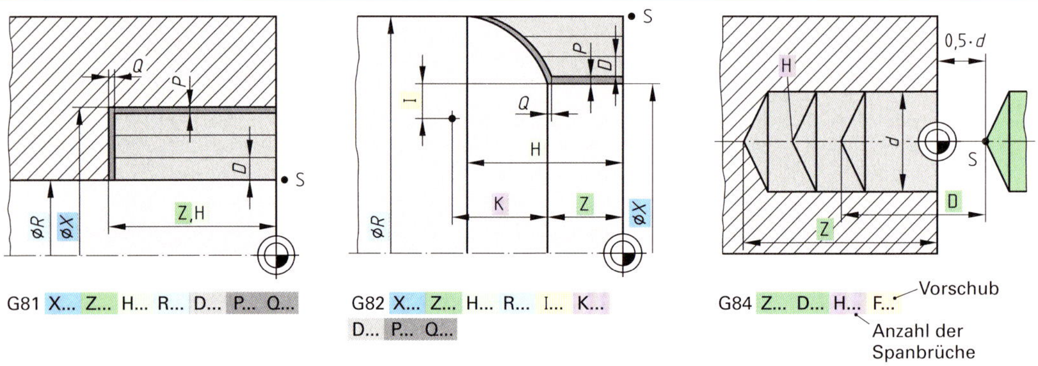

3 Weitere Bearbeitungszyklen nach PAL (Auswahl)

```
N14 G96 F0.22 S300 T0303 M06    (Werkzeugaufruf Schlichtdrehmeißel)
N15 G00 X32 Z0 M08
N16 G01 X-1                     (Fertigdrehen Planfläche)
N17 G01 Z2
N18 G00 X23                     (Startpunkt für Konturschlichten)
```

Der Schlichtdrehmeißel hat einen Eckenradius von r_ε = 0,4 mm. Er wird unter Drehmitte bewegt um sicherzustellen, dass kein Putzen an der Planfläche verbleibt. Entsprechend der nachfolgend herzustellenden Fase (1,5 x 45°) wird das Werkzeug im Satz N18 positioniert.

N19 G42	(Aufruf der Schneidenradiuskompensation)
N20 G01 X27 Z0	(Verfahrbewegung zu P1)
N21 G01 X30 Z-1.5	(Verfahrbewegung zu P2)
N22 G01 Z-25	(Verfahrbewegung zu P3)
N23 G01 X27.7 Z-27	(Verfahrbewegung zu P4)
N24 G01 Z-29.2	(Verfahrbewegung zu P5)
N25 G02 X29.3 Z-30 I0.8 K0	(Verfahrbewegung zu P6)
N26 G01 X50	(Verfahrbewegung zu P7)
N27 G01 X60 Z-45 F0.15	(Verfahrbewegung zu P8)
N28 G01 Z-65 F0.25	(Verfahrbewegung zu P9)
N29 G01 X85 Z-77.5	(Verfahrbewegung zu P10)
N30 G40	(Abwahl der Schneidenradiuskompensation)
N31 G00 X150 Z50 M09	(Werkzeugwechselpunkt)

Da die herzustellende Fertigkontur nicht achsparallele Konturelemente enthält, muss sie mit Schneidenradiuskompensation hergestellt werden. Mit dem Konturschnitt wird auch der Gewinde-Freistich erzeugt (Bild 1). Die unterschiedliche Oberflächenrauheit wird durch verschiedene Vorschubwerte realisiert. Um zu vermeiden, dass später am ∅ 80 Grat entsteht wird der Punkt P10 angefahren, der in der selben Richtung, jedoch außerhalb des Fertigteils liegt.

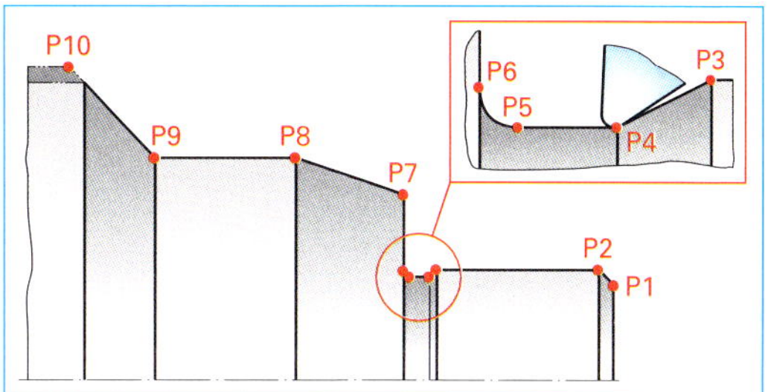

1 Konturschnitt

N32 G96 F0.1 S100 T0404 M06	(Werkzeugaufruf Stechdrehmeißel)
N33 G00 X61 Z-64.5 M08	(Startpunkt für Unterprogramm)
N34 L3204	(Unterprogrammaufruf)
N35 G00 X150 Z50 M09	(Werkzeugwechselpunkt)
N36 G96 F0.1 S80 T0202 M06	(Werkzeugaufruf Formdrehmeißel)
N37 G00 X61 Z-65 M08	(Positionieren)
N38 G01 X44	(Einstechen)
N39 G01 X61	(Rückstellen)
N40 G00 X150 Z50 M09	(Werkzeugwechselpunkt)

Das Fertigen des Formelements R8 am ∅ 44 erfolgt in zwei Arbeitsschritten. Zunächst wird mit einem Stechdrehmeißel die Kontur vorgearbeitet, danach mit einem Formdrehmeißel fertig gestellt. Entsprechend der Breite des Stechdrehmeißels von 3 mm wird eine Spanungsbreite von 2 mm gewählt. Unter Berücksichtigung eines Aufmaßes in Z von 0,5 mm sind für die Vorbearbeitung vier Schnitte erforderlich. In einem Unterprogramm werden Zu- und Rückstellbewegung sowie Querversatz einmal inkremental programmiert. Das Unterprogramm muss dann viermal durchlaufen werden (Bild 2).

Um die gewünschte Oberflächengüte zu erzielen, erfolgt die Rückstellbewegung beim abschließenden Formdrehen im Arbeitsvorschub.

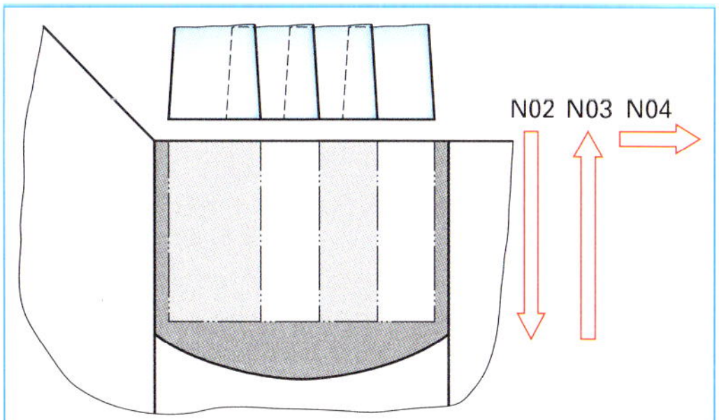

L32	
N01 G91	
N02 G01 X-6.5	(Zustellbewegung)
N03 G00 X6.5	(Rückstellbewegung)
N04 G00 Z2	(Querversatz)
N05 G90 M17	

2 Unterprogramm mit mehrfachem Durchlauf

Formdrehmeißel und Stechdrehmeißel sind nur auf der linken Seite vermessen. Die Koordinatenwerte sind dementsprechend programmiert worden. Verfügen CNC-Steuerungen über spezielle Stechzyklen, so können derartige Werkzeuge auf beiden Seiten vermessen und die Maße der Steuerung mitgeteilt werden (Bild 1). Die Steuerung berechnet dann aus diesen Angaben die erforderlichen Koordinatenwerte zur Bearbeitung beider Flanken des Einstichs.

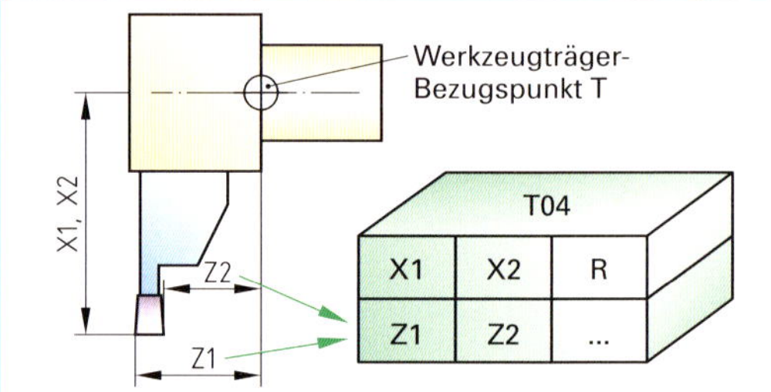

1 Vermessen eines Stechdrehmeißels

N41 G97 S1000 T0505 M06	(Werkzeugaufruf Gewindedrehmeißel)
N42 G00 X30 Z3 M03	(Startpunkt für Zyklus)
N43 M08	
N44 G83 X30 Z-28 F1,5 D8 H0.92	(Gewindedrehzyklus)
N45 G00 X150 Z50 M09	(Werkzeugwechselposition)
N46 M30	(Programmende)

Mit dem Aufruf des Gewindedrehmeißels wird die Wegbedingung G97 – konstante Drehzahl – eingestellt. Dies ist für die Gewindeherstellung von grundsätzlicher Bedeutung. Beim Gewindedrehen an CNC-Maschinen wird meist über Kopf gearbeitet. Deshalb wird die Drehrichtung der Arbeitsspindel auf „im Uhrzeigersinn" geändert. Gleichzeitig wird in diesem Satz die Startposition für den Gewindedrehzyklus programmiert. Der Anlauf- und Überlaufweg beim Gewindedrehen ist von der Trägheit des Werkzeugschlittens, der Steigung des Gewindes und der eingestellten Drehzahl abhängig (Bild 2).

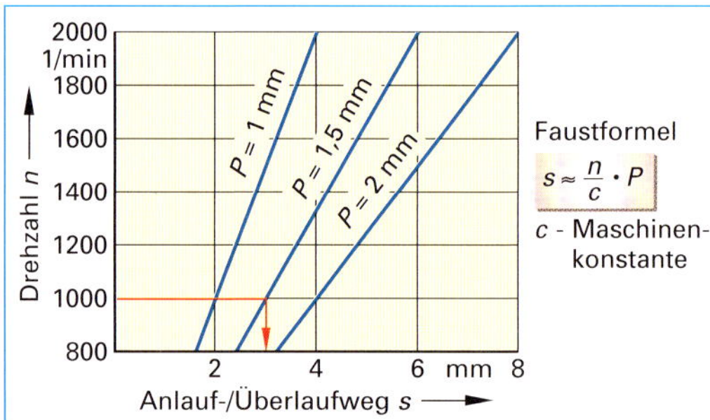

2 Richtwerte für Anlauf- und Überlauf

Bei der Zyklusdefinition wird der Steuerung neben den geometrischen Angaben die Anzahl der Schnitte mitgeteilt (Bild 3). An vielen Steuerungen ist es auch möglich, die Art und Weise des Zustellens vorzugeben (vgl. S. 108, Bild 1). Die notwendige Anzahl der Schnitte ist entsprechend dem Werkstückwerkstoff zu wählen. Das Programm endet mit einer Verfahrbewegung zur Werkzeugwechselposition und der Angabe des Programmwortes M30. Dadurch ist sichergestellt, dass für die Bearbeitung des nächsten Werkstückes die Maschine sich in einem entsprechenden Ausgangszustand befindet.

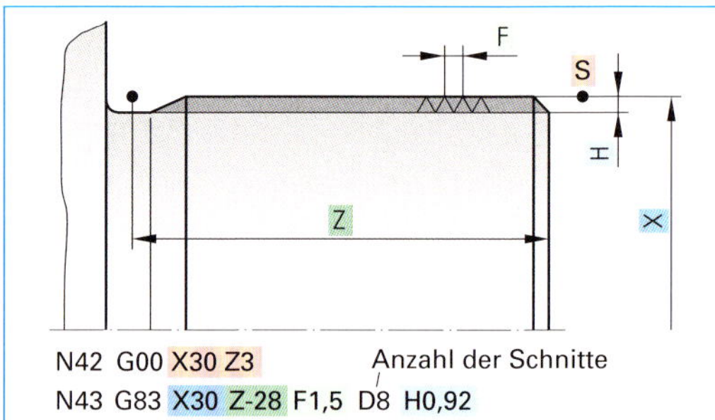

3 Definition Gewindedrehzyklus

Aufgaben:

1 **Programmieren Sie die Bearbeitung der zweiten Aufspannung des Beispielwerkstücks aus Kapitel 2.2.1.**

2 **Worauf ist bei der Angabe der Koordinatenwerte beim CNC-Drehen zu achten?**

3 **Welche Auswirkung hat die Verwendung der Schneidenradiuskompensation auf das Konturdrehen?**

4 **Warum muss beim Gewindedrehen mit konstanter Drehzahl gearbeitet werden?**

5.8 Beispiel für ein CNC-Schleifprogramm

Die dargestellte Welle soll auf einer CNC-Schleifmaschine mit dialogfähiger Steuerung gefertigt werden. Der geplante Fertigungsablauf ist als Operationsplan in die Zeichnung eingetragen (Bild 1).

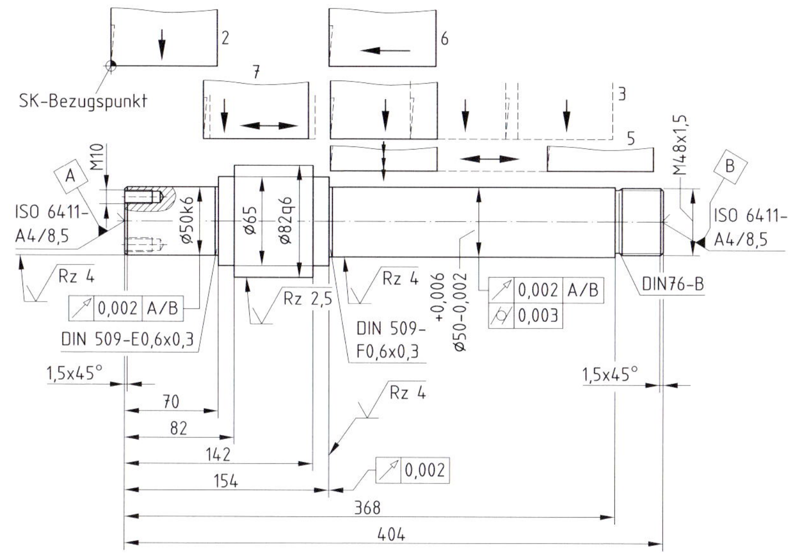

Bearbeitungsfolge

1. Abrichten
2. Einstechschleifen
3. Mehrfacheinstechschleifen
4. Abrichten
5. Längsschleifen
6. Planschleifen
7. Einstechschleifen mit Oszillieren

1 Fertigungsaufgabe

Je nach Fertigungsverfahren und Komplexität der zu steuernden Maschine haben sich in der Praxis verschiedene Arten der Programmierung durchgesetzt. Während zur Fertigung einfacher Fräs- und Drehteile die Programmierung nach DIN genau so angewendet wird wie die Dialog- oder AV-Programmierung, wird beim Schleifen auch wegen der wesentlich höheren Genauigkeitsanforderungen nahezu ausschließlich im Dialog programmiert.

CNC-Schleifmaschinen sind heute grundsätzlich mit dialogfähigen Steuerungen ausgestattet.

Die Art der Bedienerführung ist dabei vom Leistungsumfang der Steuerung und der vom Hersteller vertretenen Philosophie abhängig. Oft befinden sich unter dem Bildschirm Funktionstasten, die Feldern im Fußbereich des Bildschirms zugeordnet sind. Durch Betätigen der entsprechenden Tasten kann sich der Bediener im Menübaum bewegen (Bild 2).

Der Schleifkörper wird **vor Beginn der Fertigung** und **nach festgelegten Bearbeitungszeiten** mithilfe eines speziellen Bearbeitungszyklus in der Maschine **abgerichtet**, **vermessen** und seine neuen geometrischen Werte werden in den Werkzeugspeicher übertragen.

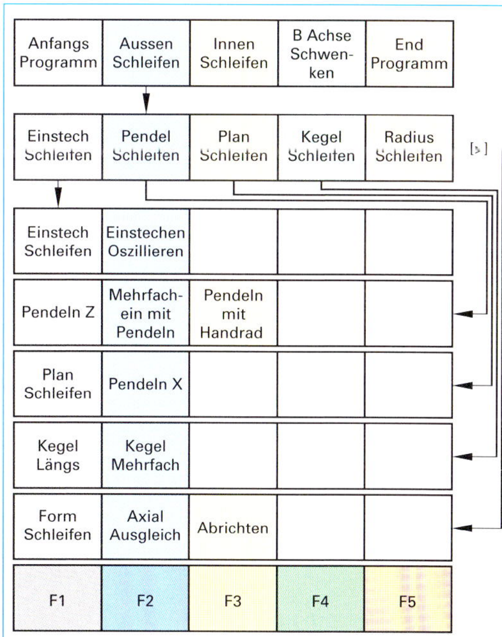

2 Menübaum der Beispielsteuerung

Mit dem nächsten Arbeitsschritt berücksichtigt die Steuerung diese Werte und korrigiert dementsprechend die Verfahrbewegungen. Der Bediener definiert den Abrichtezyklus durch Eintragen aller notwendigen Werte in die Bildschirmmaske (Bild 1).

Im zweiten Arbeitsschritt wird durch Einstechschleifen ∅50k6 gefertigt (Bild 2). Der Bediener bewegt sich im Menübaum zum Blatt Einstechschleifen und beschreibt den Zyklus L950 (Bild 3).

Die **Geometrie-Daten** werden zunächst aus der Fertigungszeichnung übernommen. Als Hindernissdurchmesser gibt der Bediener einen Wert an, der größer ist als der maximale Außendurchmesser des Werkstückes. Dadurch wird eine Kollision zwischen Schleifkörper und Werkstück während der Positionierbewegung vermieden. Als Fertigmaß wird Toleranzmitte programmiert. Die Z-Position ermittelt der Bediener unter Berücksichtigung der Schleifkörperbreite und des Freistichs am ∅50. Der Wert für das X-Aufmaß ergibt sich aus der Vorbearbeitung des Werkstücks. Am Wert Umschaltpunkt gibt der Bediener das Aufmaß vor, an dem von Schruppen auf Schlichten umgeschaltet werden soll.

Die **Technologie-Daten** trägt der Bediener entsprechend den Erfordernissen ein. Am Parameter GAP stellt er die Anfunkgeschwindigkeit ein. Der vorher am X-Aufmaß eingetragene Wert berücksichtigt neben der Fertigungstoleranz des Drehens auch möglichen Verzug durch das Härten. Bis zu diesem Aufmaß verfährt die Steuerung den Schleifkörper im Eilgang. Dann schaltet sie auf die **Anfunkgeschwindigkeit** um. Diese ist **1,5mal bis 4mal** so groß wie die **Vorschubgeschwindigkeit** beim Schruppen. Berührt der Schleifkörper das Werkstück erzeugt ein Schwingungssensor ein Signal und die Steuerung schaltet auf Vorschubgeschwindigkeit um.

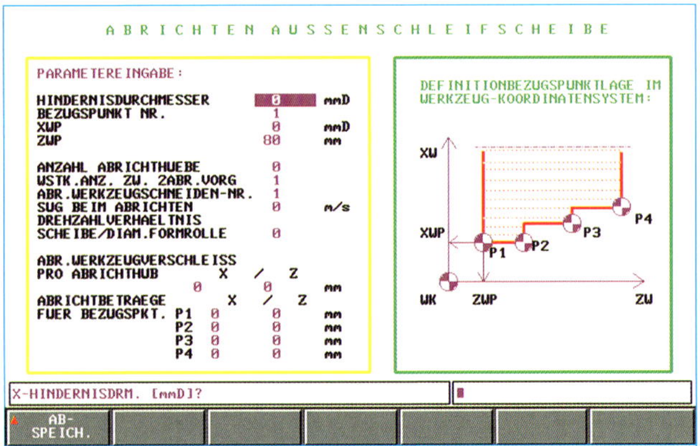

1 Zyklusdefinition Abrichten

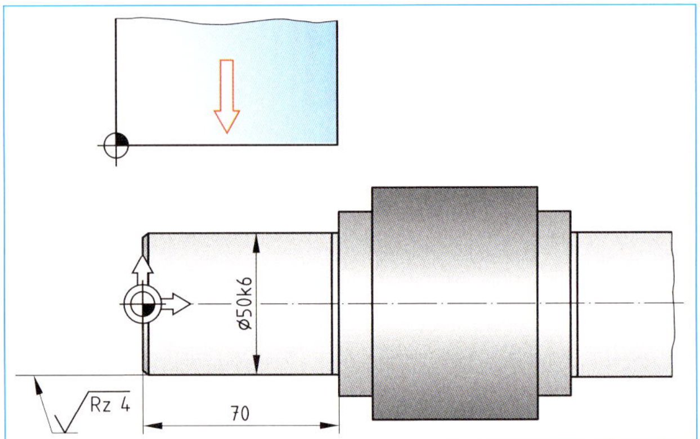

2 Einstechschleifen

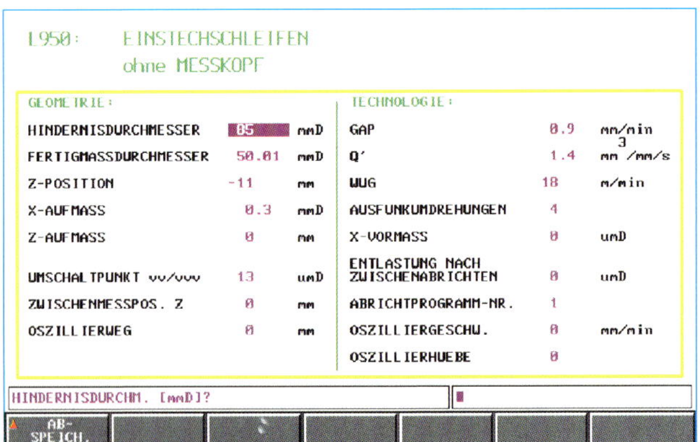

3 Zyklusdefinition Einstechschleifen

Der Wert Q' beschreibt ein spezifisches Zeitspanungsvolumen. Mit dem Parameter WUG bestimmt der Bediener die Werkstück-Umfangs-Geschwindigkeit. Entsprechend den technologischen Erfordernissen programmiert der Bediener 4 Ausfunkumdrehungen. Zusätzlich verweist er auf das Abrichteprogramm 1.

Die vom Bediener im Bildschirmdialog eingegebenen Werte übernimmt die Steuerung in die Parameter des ausgewählten Bearbeitungszyklus. Dadurch entsteht das CNC-Programm. Dieser Quelltext lässt sich nur mithilfe erläuternder Bemerkungen oder bei exakter Kenntnis des jeweilgen Zyklus lesen und interpretieren.

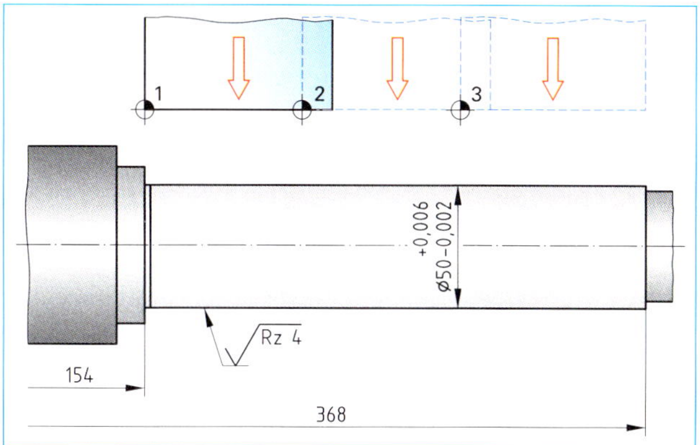

1 Mehrfach-Einstechschleifen

N30	(Arbeitsschritt 2)
R40 = 85	(mmD Hindernisdurchmesser)
R1 = 50.01	(mmD Fertigmaßdurchmesser)
R3 = −11	(mmZ-Position)
R9 = 0.3	(mmD X-Aufmaß)
R10 = 0	(mmZ-Aufmaß)
R20 = 13	(µmD Umschaltpunkt vv/vvv)
R25 = 0	(mm Zwischenmessposition Z)
R28 = 0	(mm Oszillierweg +/-)
R17 = 0.9	(mm/min GAP)
R12 = 1.4	(mm³/mm/s Q')
R16 = 18	(m/min WUG)
R18 = 4	(Ausfunkumdrehung)
R11 = 0	(µmD X-Vormaß)
R30 = 0	(µmD Entlastung nach Zwischenabrichten)
R19 = 1	(Abrichtprogramm-Nr.)
R22 = 0	(mm/min Oszilliergeschwind.)
R29 = 0	(Oszillierhübe)
L950 P1	(Einstechschleifen)

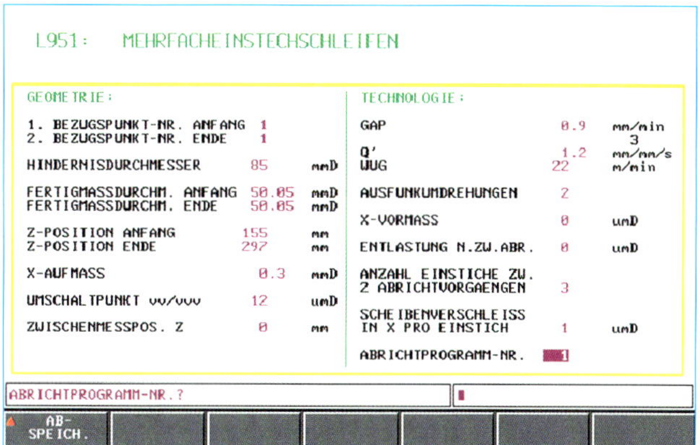

2 Zyklusdefinition Mehrfach-Einstechschleifen

Im dritten Arbeitsschritt wird das Werkstück am Ø50 durch Mehrfach-Einstechschleifen vorbearbeitet (Bild 1). Zu den bereits beschriebenen **Geometrie-Daten** muss der Bediener unter Berücksichtigung der Schleifkörperbreite die Anfangs- und Endposition der Bearbeitung in Z-Richtung angeben (Bild 2).

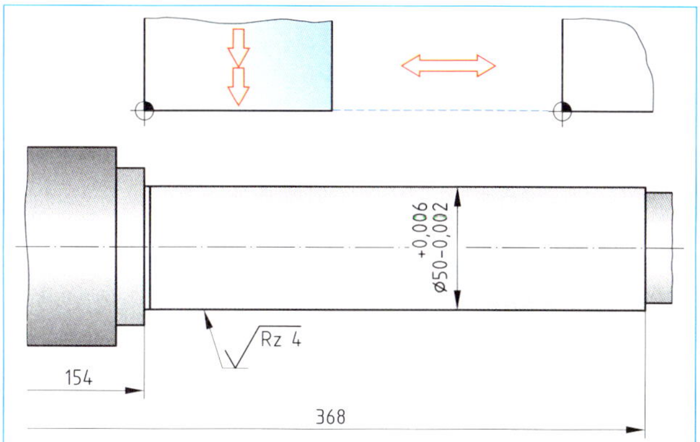

3 Längsschleifen

Im **Technologie-Bereich** gibt er zusätzlich die Anzahl der Einstiche zwischen zwei Abrichtevorgängen an. Der eingetragene Scheibenverschleiß pro Einstich ermöglicht der Steuerung eine permanente automatische Verschleißkorrektur.

Nach dem Abrichtevorgang wird im fünften Arbeitschritt Ø50 durch Längsschleifen fertigbearbeitet (Bild 3). Der Bediener bewegt sich durch den Menübaum zum Zyklus L955, der auch zum Kegelschleifen benutzt werden könnte. Wegen der höheren Komplexität der Bearbeitung muss der Bediener eine größere Anzahl von Parametern definieren (Bild 1 der folgenden Seite).

Beim Definieren der **Geometrie-Werte** beschreibt der Bediener zunächst den Schleifkörper-Bezugspunkt für Anfangs- und Endposition der Längsbewegung. Diese Kennziffern geben die Lage des Bezugspunktes am Schleifkörper an (Bild 2). Entsprechend werden die Z-Koordinaten für Anfang und Ende der Bewegung gewählt.

Im **Technologie-Bereich** definiert der Bediener den Zustellbetrag in X-Richtung und die Vorschubgeschindigkeit. Zusätzlich bestimmt er das Werkzeugverhalten an den Punkten der Bewegungsumkehr sowie Art und Umfang des Ausfunkens.

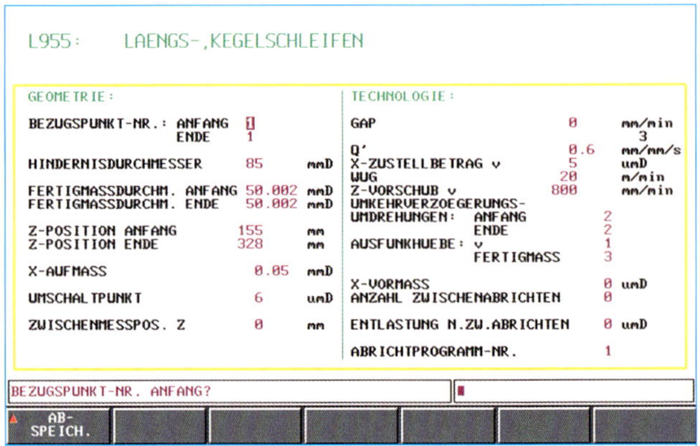

1 Zyklusdefinition Längsschleifen

Die in den Zyklen angegebenen Koordinatenwerte beschreiben die jeweilige Lage des Schleifkörperbezugspunktes zum Werkstücknullpunkt. Er muss vom Bediener beim Einrichten des Werkzeugs definiert werden (Bild 2). Zusätzlich wird die Lage des Werkzeuges durch Eintragen des Schneidenradiustyps angegeben.

Auf demselben Blatt hat der Bediener auch die Möglichkeit grundsätzliche Werkzeugparameter wie minimaler Schleifkörper-Durchmesser, maximale Drehzahl und maximale Scheiben-Umfangsgeschwindigkeit zu definieren.

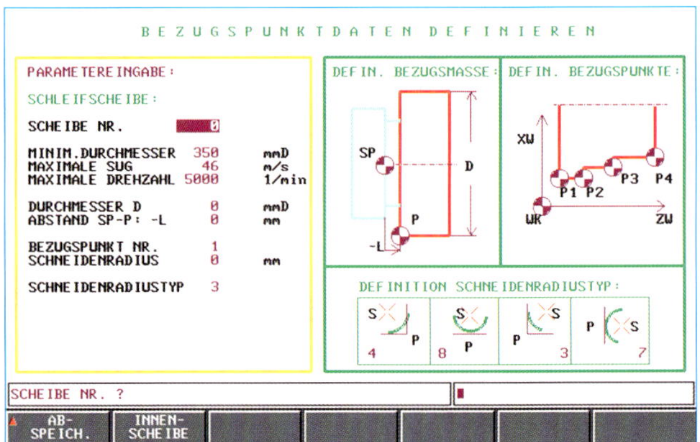

2 Werkzeug-Definition

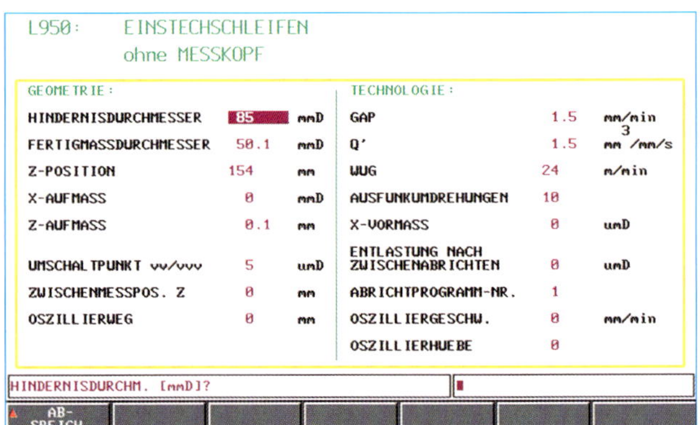

3 Planschleifen – Zyklusdefinition

Aufgaben:

1. **Warum wird beim CNC-Schleifen nicht in DIN-Sätzen programmiert?**
2. **Welche Bedeutung hat die Anfunkgeschwindigkeit für eine effektive und sichere Fertigung?**
3. **Erläutern Sie den Zyklus L950 zur Ausführung von Arbeitsschritt 6 Planschleifen (Bild 3)**
4. **Programmieren Sie den Zyklus L950 für den Arbeitsschritt 7!**
5. **Warum muss beim Arbeitsschritt 7 eine Oszillierbewegung ausgeführt werden?**

6 Steuerungs- und Regelungstechnik

Kennzeichnend für den heutigen Stand der Technik ist die fortschreitende **Automatisierung der Produktionsprozesse**. Die Automatisierungstechnik ermöglicht der Fertigungsindustrie die rationelle kostengünstige Produktion ihrer Erzeugnisse in der gewünschten Qualität. Sie entlastet zudem den Menschen von körperlich schwerer, eintöniger oder gefährlicher Arbeit und unterstützt ihn bei der exakten und schnellen Fertigung kompliziertester Werkstücke.

Auch die Umwelt profitiert von der Automatisierungstechnik: Sie gewährleistet eine umweltgerechte Produktion durch sparsamen Verbrauch von Rohstoffen, Energien und menschlicher Arbeitskraft.

Grundbausteine der Automatisierung sind die Messtechnik, die Steuerungstechnik und die Regelungstechnik.

Die Messtechnik dient zur Ermittlung und Aufnahme von Betriebsdaten. Häufig ermittelte Messgrößen der Fertigungstechnik sind Winkel, Längen, Kräfte und Temperaturen.

Sensoren (Bild 1) erfassen fortlaufend die Werte der einzelnen Messgrößen. Die Signale werden den Steuerungs- und Regeleinrichtungen der Maschine übermittelt, dort aufgearbeitet und in Befehle an die Maschine umgesetzt (Bild 1).

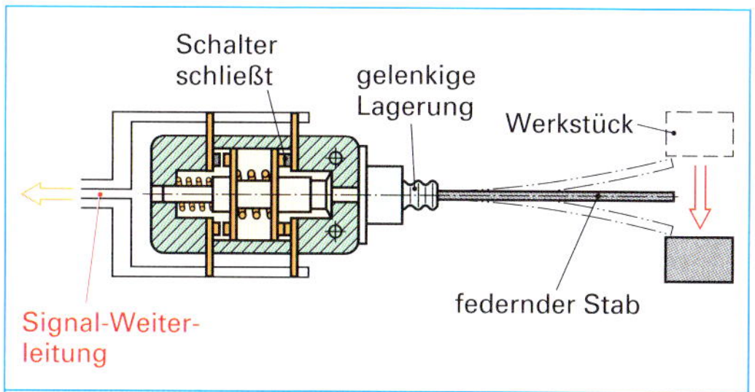

1 Berührungssensor

Den hohen Stellenwert der Automatisierungstechnik in der Fertigungsindustrie verdeutlichen die folgenden Beispiele für Automatisierungskonzepte von Werkzeugmaschinen. In der Reihenfolge ihres Automatisierungsgrades seien angeführt:

NC/CNC-Bearbeitungsmaschinen, die anhand eines Programmes die selbsttätige Bearbeitung eines Werkstücks (z. B. Schruppen und Schlichten einer Welle) ermöglichen.

Bearbeitungszentren (BAZ) führen selbsttätig mehrere unterschiedliche Bearbeitungsverfahren (z. B. Drehen, Bohren, Fräsen) durch (Bild 2). Die für die einzelnen Arbeitsgänge benötigten Werkzeuge werden ohne Eingriff des Menschen gewechselt.

Flexible Fertigungszellen verfügen gegenüber den Bearbeitungszentren zusätzlich z. B. über automatische Werkstück-Handhabungseinrichtungen (s. S. 429 ff.).

Flexible Fertigungssysteme bieten den größtmöglichen Automatisierungsgrad im Fertigungsbereich. Sie bestehen aus mehreren Bearbeitungsmaschinen, die durch aufwändige Werkstücktransportsysteme und Werkstückhandhabungsvorrichtungen miteinander verbunden werden. Die Werkstücke werden, entsprechend dem jeweiligen Arbeitsauftrag, von einem zentralen Rechner automatisch zur vorgesehenen Bearbeitungsmaschine geleitet, dort gehandhabt und bearbeitet.

2 Bearbeitungszentrum

Anschaffung und Unterhalt flexibler Fertigungssysteme sind mit hohen Kosten verbunden. Daher setzt die Industrie derart aufwändige Anlagen bevorzugt zur Herstellung von Erzeugnissen ein, die in höherer Stückzahl und unterschiedlichen Ausführungen (Varianten) gefertigt werden. Bei geringerer Losgröße ist der Einsatz von CNC-Maschinen oder Bearbeitungszentren zumeist wirtschaftlicher.

6.1 Grundlagen des Steuerns und Regelns

Das Normblatt DIN 19226 gibt Auskunft über die Begriffe **Steuern** und **Steuerung**:

„Das Steuern – die Steuerung – ist der Vorgang in einem abgegrenzten System, bei dem eine oder mehrere Größen als Eingangsgrößen andere Größen als Ausgangsgrößen auf Grund der dem System eigentümlichen Gesetzmäßigkeit beeinflussen. ...“

Aufgabe des Steuerns bzw. der Steuerung ist demnach die Verarbeitung von Signalen, die vom Menschen (Bediener der Einrichtung) eingegeben oder durch Sensoren der Steuerung übermittelt werden.

Die Eingangssignale werden zu dem gewünschten Ausgangssignal verarbeitet. Das Steuerprogramm legt dabei die Gesetzmäßigkeit der Informationsverarbeitung fest (Bild 1). Man spricht vom **EVA-Prinzip**.

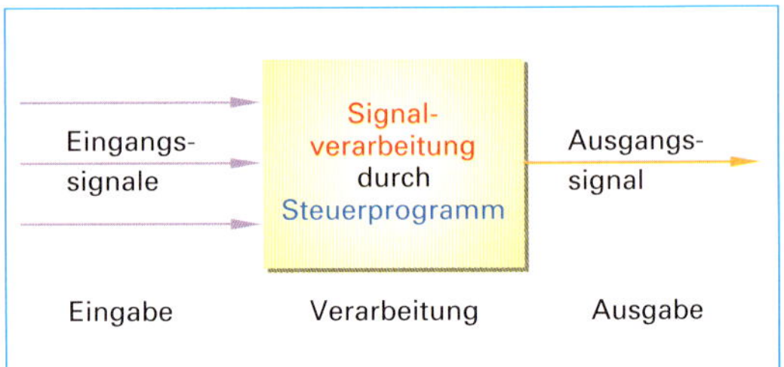

1 EVA-Prinzip

Unter „Steuern“ bzw. „Steuerung“ versteht man den Vorgang einer Informationsverarbeitung, der nach den im Steuerprogramm festgelegten Gesetzmäßigkeiten erfolgt.

Der Begriff **Steuerung** bezeichnet jedoch nicht ausschließlich den Vorgang der Informationsverarbeitung. Vielfach versteht man unter einer Steuerung die gesamte technische Einrichtung, die am Vorgang des Steuerns beteiligt ist.

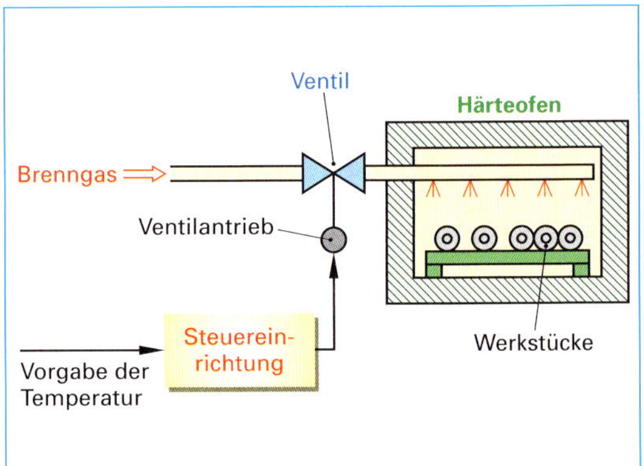

2 Härteofen mit Temperatursteuerung

Unter Steuerung wird auch die technische Einrichtung verstanden, die für den selbsttätigen – automatischen – Ablauf der im Steuerprogramm vorgegebenen Schritte des Arbeitsablaufs sorgt.

Beispiel:
Der Anlagenfahrer ermittelt die zum Härten von Werkstücken erforderliche Ofentemperatur und gibt den Wert der Steuerung vor. Nach Betätigung des Start-Tasters setzt der Aufheizvorgang des Ofens ein. Die Steuereinrichtung ordnet der Temperatur eine bestimmte Ventilstellung zu. Durch den Öffnungsquerschnitt des fernbetätigten Ventils strömt das Brenngas in den Härteofen.

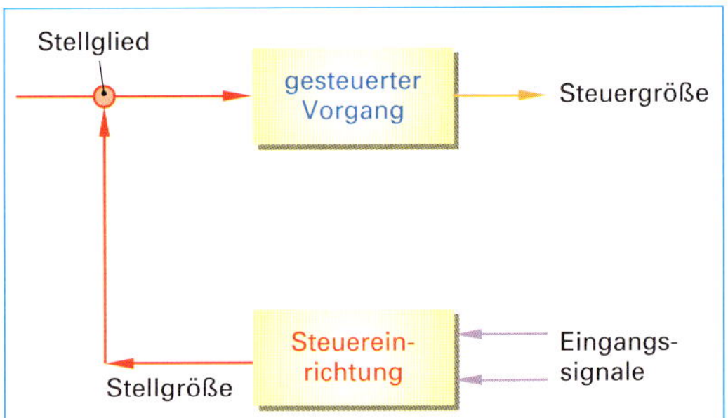

3 Blockschaltbild einer Steuerung

Das Blockschaltbild (Bild 3) verdeutlicht am Beispiel der Ofensteuerung den prinzipiellen Aufbau einer Steuerung: Der Steuereinrichtung werden ein oder mehrere Eingangssignale (im Beispiel: Temperaturvorgabe und Startsignal) mitgeteilt. Entsprechend den Anweisungen des Steuerprogramms verarbeitet die Steuereinrichtung die Informationen und erzeugt eine Stellgröße. Sie sorgt für die Umsetzung des Steuerprogramms und greift über das Stellglied (im Beispiel: Ventil in der Brennstoffleitung) in den zu steuernden Vorgang (Härteofen) ein. Der Ausgang der Steuerung ist die Steuergröße (im Beispiel: Die für den jeweiligen Härtevorgang erforderliche Ofentemperatur).

Kennzeichnend für eine Steuerung ist der offene Wirkungsablauf, da keine Rückwirkung der Steuergröße auf die Steuereinrichtung besteht.

Maschinen und Anlagen unterliegen häufig Störeinflüssen, den Störgrößen. Sie beeinflussen den vorgesehenen Ablauf des zu automatisierenden Vorgangs in unerwünschter Weise.
Im Härteofen können Druckschwankungen in der Brennstoffleitung dazu führen, dass bei zu niedrigem Druck nicht genügend Brenngas in den Ofen gelangt. Die Ofentemperatur fällt ab. Der Härtevorgang wird beeinträchtigt.
Zum Ausgleich der Störeinflüsse muss die Ofentemperatur ständig erfasst und mit dem vorgegebenen Sollwert verglichen werden. Erweist sich die Ofentemperatur als zu hoch, muss das Brennstoffventil die Gaszufuhr vermindern, bzw. erhöhen, falls die Ofentemperatur auf Grund z. B. unplanmäßig langer Beschickungszeiten abfallen sollte.
Dies leistet eine **Regelung**. Sie erfasst fortlaufend den Istwert der Regelgröße mit einem Messglied (z. B. Widerstandsthermometer) (Bild 1). Sollte eine Abweichung zwischen dem Istwert der Regelgröße „Ofentemperatur" und dem vorgegebenen Sollwert bestehen, wird die Brenngaszufuhr in den Ofen durch das Stellglied auf den tatsächlichen Bedarf hin angeglichen.

Kennzeichnend für eine Regelung ist der geschlossene Wirkungsablauf (Regelkreis).
Der momentane Wert der Regelgröße wird fortlaufend erfasst und mit dem durch die Führungsgröße vorgegebenen Sollwert verglichen.
Das Ziel ist die Angleichung des Istwerts an den Sollwert.

Maschinen und Anlagen werden nicht nur von technischen Einrichtungen, sondern auch von Menschen „gefahren". Der Mensch bleibt, trotz fortschreitender Entwicklung der Technik, aktiver Bestandteil im Regelkreis (Bild 3). Mit unseren natürlichen Sensoren, den Sinnesorganen, erfassen und verfolgen wir den Betriebszustand einer automatisierten Anlage oder Maschine. Wir verarbeiten die Informationen verstandesgemäß (Fachwissen, Erfahrung) und erzeugen durch Muskelbewegung, z. B. der Hände oder Füße, Stellbefehle.

Aufgaben:

1 **Welche Aufgabe besitzt die Messtechnik?**
2 **Was wird unter dem Begriff „Steuerung" verstanden?**
3 **Was bewirken Störgrößen?**
4 **Was bedeutet „offener Wirkungsablauf" der Steuerung?**
5 **Warum spricht man bei der Regelung von einem geschlossenen Wirkungsablauf?**

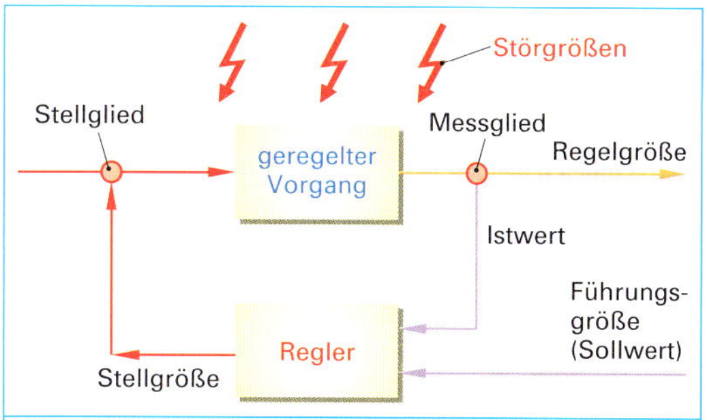

1 Blockschaltbild einer Regelung

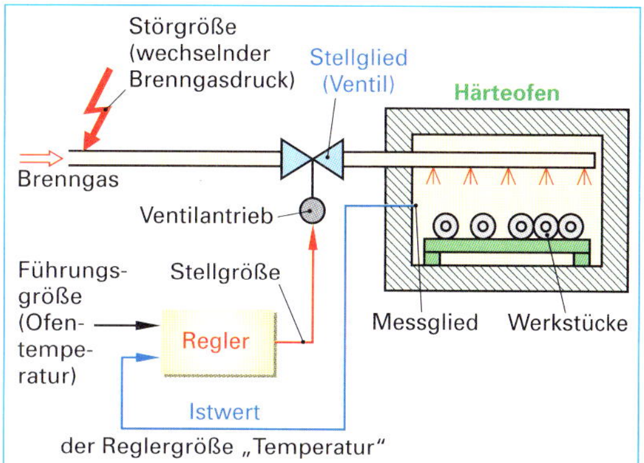

2 Härteofen mit Temperaturregelung

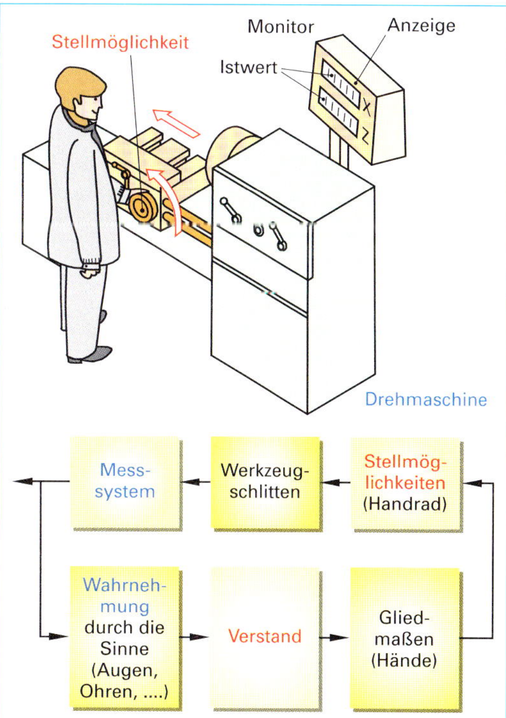

3 Regelkreis „Mensch-Maschine"

6.2 Steuerungstechnik

Ist die zur Automation einer Anlage erforderliche Steueraufgabe beschrieben, erfolgen die Planung und der apparative Aufbau der Steuerung.

6.2.1 Einteilung der Steuerungen

Exakte Sprachregelungen vermeiden Missverständnisse! Daher wurden genaue Merkmale bestimmt, die der Anwender zur Einteilung von Steuerungen berücksichtigen muss.

Nach Art der **Informationsdarstellung** (Signalart) lassen sich analoge Steuerungen von binären und digitalen Steuerungen unterscheiden (Bild 1).

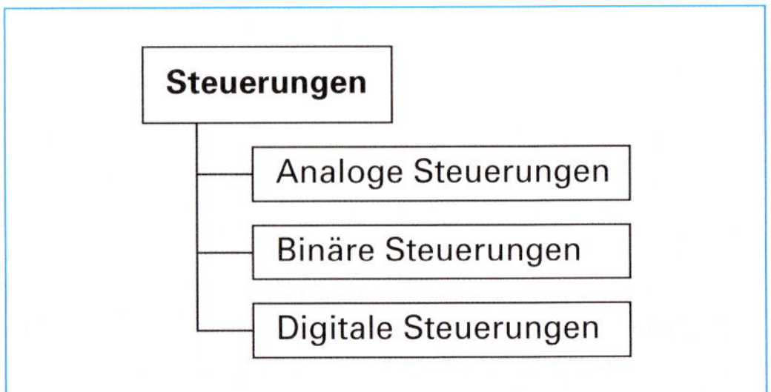

1 Einteilung von Steuerungen nach ihrer Signalart

Analoge Steuerungen verarbeiten analoge Signale. Diese wirken stetig und ändern sich innerhalb gewisser Grenzen analog – entsprechend zur Messgröße (Bild 2). Analoge Signale besitzen eine hohe Anschaulichkeit und lassen sich mit einfachen technischen Mitteln erzeugen: Flüssigkeitsthermometer stellen den Wert der Messgröße Temperatur mit einer entsprechenden Länge der Flüssigkeitssäule dar, Analoguhren geben die Zeit über die Winkelstellung der Zeiger an.

Einfache Beispiele für analoge Steuerungen sind:

- Helligkeitseinstellungen von Beleuchtungen mittels Dimmer,
- Drehzahlvorgaben von Elektromotoren mittels Stelltransformatoren.

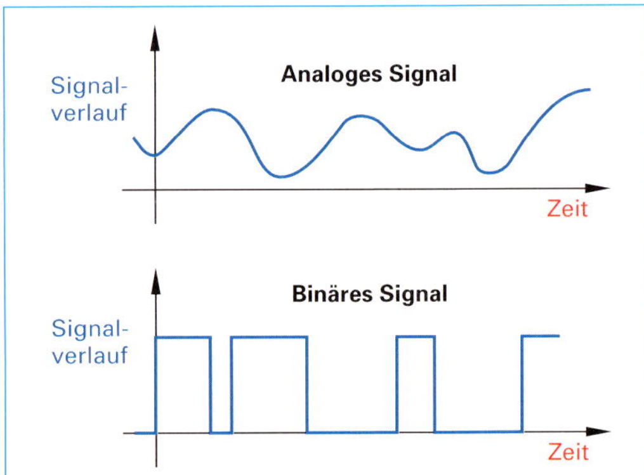

2 Zeitverläufe analoger und binärer Signale

Binäre Steuerungen verarbeiten binäre Signale, die auch als Zweipunktsignale bezeichnet werden. Binäre Signale können lediglich zwei unterschiedliche (diskrete) Werte bzw. Zustände annehmen, z.B. „1" oder „0" bzw. „Ein" oder „Aus".

Beispiel: Der Vorschubtisch einer Schleifmaschine soll ständig aus seinen Endlagen heraus eine Vor- und Zurückbewegung ausführen (Bild 3).

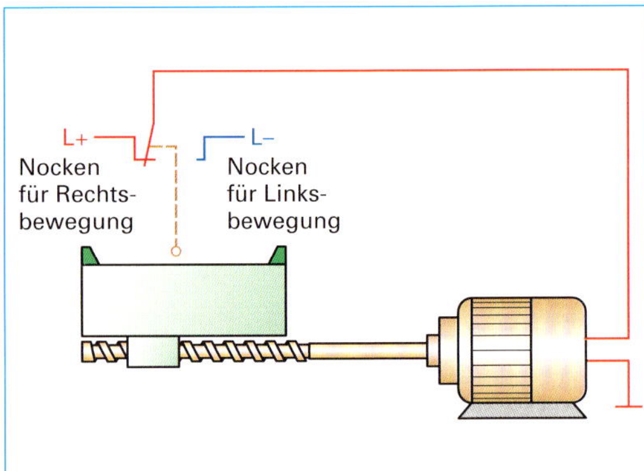

3 Binäre Steuerung

Digitale Steuerungen arbeiten mit verschlüsselten (codierten) Signalen. Mehrere binäre Signale werden in der Weise zusammengefasst, dass ein Zahlenwert abgebildet wird. Die Zuordnung einer binären Signalkombination zu einer Zahl erfolgt z.B. nach dem binären Zahlensystem.

Beispiel: Die Steuerung einer Verpackungsanlage von ungeordneten Teilen (z.B. Muttern) arbeitet mit digitalen Signalen. Die Muttern passieren einzeln auf einem Förderband eine Lichtschranke. Jede Unterbrechung des Lichtstrahls erzeugt ein binäres Signal. Nach Erreichen der vorgegebenen Stückzahl beendet die Steuerung den Abfüllvorgang der Packungseinheit, der nächste Zählvorgang beginnt.

In technisch ausgeführten Steuerungen werden vorwiegend binäre und digitale Signale verarbeitet.

Nach **Art der Informationsverarbeitung** lassen sich Verknüpfungssteuerungen von Ablaufsteuerungen (Bild 1) unterscheiden.

Verknüpfungssteuerungen erzeugen Stellbefehle aus der Verknüpfung (Verarbeitung) mehrerer, zeitgleich anliegender Signale.

Beispiel: Eine Signallampe soll leuchten, wenn zwei Handtaster zeitgleich bedient werden.

1 Einteilung von Steuerungen nach der Signalverarbeitung

Mit **Ablaufsteuerungen** lassen sich vorgegebene Abläufe von z.B. Arbeits- bzw. Produktionsvorgängen automatisieren.

Sie dienen zur Automation von schrittweise ablaufenden Arbeitsvorgängen wie das automatische Zuführen, Spannen und Bearbeiten von Werkstücken in einem Fertigungsautomaten.

Die einzelnen Arbeitsvorgänge werden nach Erteilung des Startbefehls nacheinander in fest vorgegebener Schrittfolge ausgeführt. Das Weiterschalten von einem Schritt zum nächsten kann zeitabhängig (z.B. durch ein Zeitrelais) oder prozessabhängig (durch Betätigung von Grenztastern) erfolgen.

Eine weitere Einteilungsmöglichkeit für Steuerungen ergibt sich aus dem **Kriterium der verwendeten Energieform** (Bild 2).

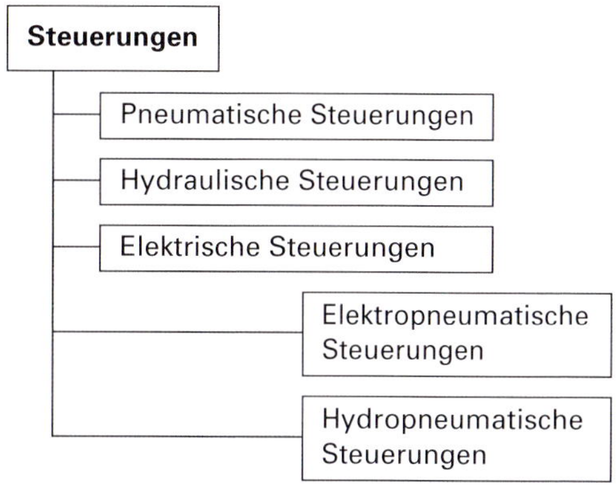

2 Einteilung von Steuerungen nach der verwendeten Energieform

Für den Anwender besteht die Auswahl zwischen einer pneumatischen, hydraulischen oder elektrischen Steuerung. Soll die Steuerung unterschiedliche Energieformen nutzen, bieten sich z.B. elektropneumatische Steuerungen an: Die Signaleingabe und -verarbeitung erfolgt elektrisch, die Signalausgabe pneumatisch.

Der Anwender sollte bei seiner Entscheidung den apparativen Aufwand (z.B. Anzahl der Bauteile) und die Einbindungsmöglichkeit in bestehende Systeme berücksichtigen. Ebenso sind Sicherheitsaspekte wie Zuverlässigkeit der Steuerung und von ihr ausgehende Zündgefahren in explosionsgefährdeten Arbeitsbereichen zu prüfen.

6.2.2 Pneumatische Steuerungen

Steuerungen, bei denen die Signalübertragung mit Druckluft betrieben wird, bezeichnet man als **Pneumatische Steuerungen**. Ihr Einsatzschwerpunkt liegt in der Fertigungsindustrie, da dort die zu steuernden Maschinenteile häufig mit der Energie der Druckluft betrieben werden. Zudem sind hier die Steuerungsaufgaben überschaubar und kommen daher mit einer geringen Anzahl an Signalverknüpfungen aus.
Pneumatische Steuerungen finden sich häufig in Arbeitsbereichen, in denen erhöhte Explosionsgefahr besteht, z.B. in Lackierereien oder Beschickungseinrichtungen für Ofenanlagen. Auf den Einsatz elektrischer Steuerungen wird dort wegen der Zündgefahr durch elektrische Funken verzichtet. Pneumatische Steuerungen sind daher in der chemischen Industrie verbreitet.

Vorteile pneumatischer Steuerungen

- Pneumatische Steuerungen arbeiten zuverlässig unter schwierigen klimatischen Bedingungen (große Temperaturschwankungen, hohe Luftfeuchten).
- Pneumatische Steuerungen eignen sich für den Einsatz in explosionsgefährdeten Bereichen.
- Druckluft lässt sich in Rohrleitungen über weite Strecken transportieren und in Behältern speichern. Entspannte Druckluft braucht nicht zurückgeführt zu werden.
- Druckluft besitzt eine geringe Trägheit. Sie ist ein schneller Signal- und Energieträger.
- Druckluftwerkzeuge sind robust und nicht überlastgefährdet.
- Geschwindigkeiten und Kräfte der Druckluftwerkzeuge und Druckluftgeräte sind stufenlos einstellbar. Die Kolbengeschwindigkeit eines Pneumatikzylinders liegt im Bereich von 1 m/s bis maximal 3 m/s, die Drehzahl eines Druckluftmotors beträgt bis 30000 1/min.

Nachteile pneumatischer Steuerungen

- Der Aufwand für die Erstinstallation einer pneumatischen Steuerung ist hoch (Einrichtung der Druckluftversorgung).
- Zusätzliche Betriebskosten entstehen z. B. durch Wartungsarbeiten und Leckverluste der Druckluft.
- Bei der Druckluftentspannung aus den Bauteilen der Steuerung belasten Geräusche und Ölnebel den Arbeitsplatz.
- Luft ist kompressibel (zusammendrückbar). Das hat ungleichmäßige Kolbengeschwindigkeiten der angetriebenen Druckluftgeräte und Druckluftwerkzeuge zur Folge.
- Die übertragbaren Kolbenkräfte der Druckluftgeräte und Druckluftwerkzeuge sind beschränkt. Bereich: 20 kN bis 30 kN.
- Die Erzeugung des Energieträgers „Druckluft" ist deutlich teurer als elektrischer Strom (bis 14facher Kostenaufwand)
- Der wirtschaftlich sinnvolle Arbeitsdruck in einem Druckluftnetz wird gewöhnlich auf einen Absolutdruck p_{abs} = 7 bar (7000 hPa) begrenzt. Der maximale Arbeitsdruck liegt bei ca. 11 bar, entsprechend ca. 11000 hPa (Bild 1).

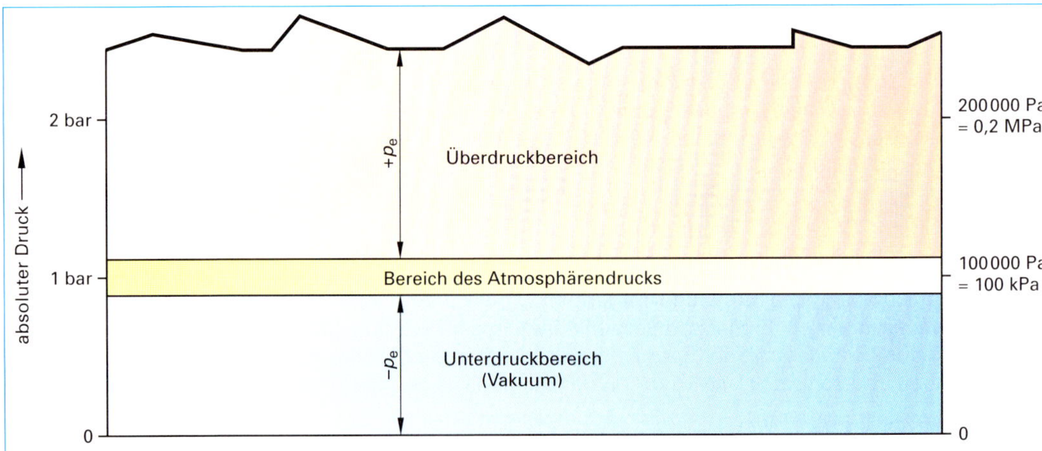

Der positive bzw. negative Überdruck p_e wird auf den momentan bestehenden Wert des Atmosphärendrucks bezogen.

1 Bezugspunkte für Druckangaben

6.2.3 Bauelemente pneumatischer Steuerungen

Pneumatische Steuerungen entsprechen sich in ihrem grundsätzlichen Aufbau. Sie unterscheiden sich aber in Art, Anzahl und Verschaltung ihrer Bauteile.

Die Systematik des Aufbaus einer Steuerung führt zur allgemein gültigen Darstellung der Steuerung in Form der **Steuerkette** (Bild 2).

Dies soll näher am Beispiel einer pneumatischen Steuerung zur Automation der Werkstückzuführung und -spannung für ein Bohrwerk betrachtet werden (Bild 1).

Arbeitsablauf: Nach Erteilung eines Startbefehls werden die zu bearbeitenden Werkstücke einzeln aus einem Werkstückspeicher (Magazin) entnommen und dem Bohrwerk durch einen Pneumatikzylinder zugeführt, danach auch pneumatisch gespannt.

Nach erfolgter Bearbeitung wird die Zufuhr von Druckluft in den Zylinder unterbrochen. Vor der Entnahme des Werkstücks muss der Zylinder entlüftet werden, um die vom Kolben auf das Werkstück ausgeübten Haltekräfte aufzuheben. Der automatisierte Vorgang schließt mit der Rückstellung des Zylinderkolbens in seine Ausgangsposition. Das bearbeitete Werkstück wird manuell (mit der Hand) entnommen.

Die Steuerung wird pneumatisch betrieben, eine **Energieversorgung** der Steuerkette mit Druckluft ist daher betriebliche Voraussetzung. Durch die Betätigung von **Eingabeelementen**, z. B. eines Handtasters, wird der Arbeitsvorgang gestartet: Zuführen, Spannen und Lösen des Werkstücks.

Steuerelemente verarbeiten die Signale der Eingabeelemente: Aus Sicherheitsgründen soll der Start des Arbeitsvorgangs erst dann wirksam werden, wenn weitere Signalglieder die Betriebsbereitschaft der Anlage (z. B.: Werkstück im Magazin vorhanden, Bohrspindel befindet sich in oberer Endlage) melden.

Gemäß der Steuerungsaufgabe bedienen die Steuerelemente **Stellglieder**, die zur Befehlsausführung Druckluft auf das **Arbeitselement**, hier als ein Beispiel der Pneumatikzylinder, schalten.

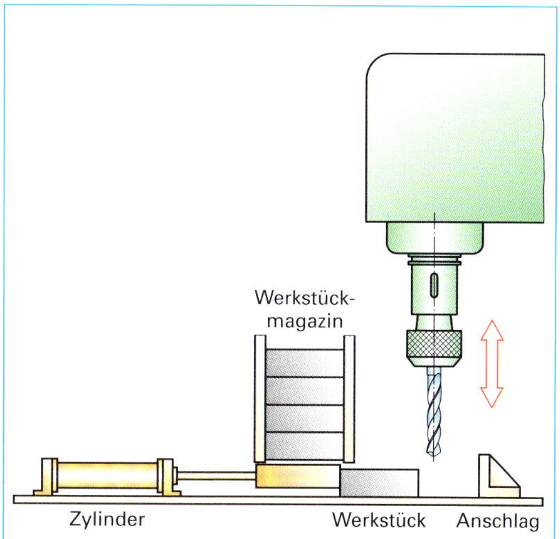

1 Automatische Werkstückzufuhr- und -spannvorrichtung

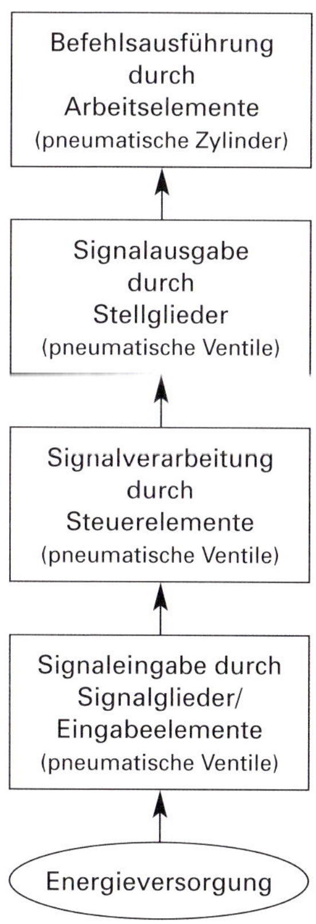

2 Steuerkette einer pneumatischen Steuerung

6.2.3.1 Anlagen zur Energieversorgung pneumatischer Steuerungen

Zur Übermittlung von Signalen und zur Erzeugung von mechanischer Arbeit verbrauchen pneumatische Steuerungen Druckluft. Diese wird im Produktionsbetrieb von einer Druckluftanlage erzeugt und verteilt. Eine Druckluftanlage besteht aus den Einheiten Drucklufterzeugung, Druckluftaufbereitung und Druckluftverteilung (Bild 1).

Die Bildzeichen zur sinnbildlichen Darstellung der Anlagenbauteile und deren Benennung gibt die DIN EN ISO 1219 vor.

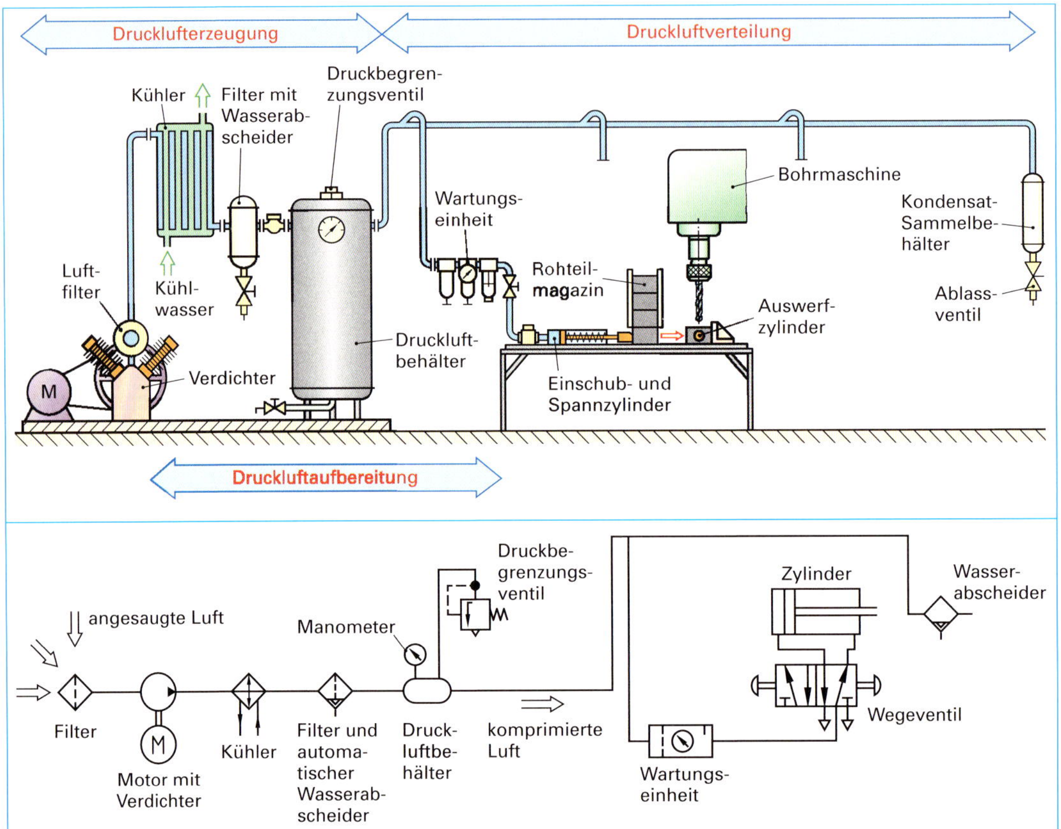

1 Druckluftanlage – Aufbau und symbolische Darstellung nach DIN EN ISO 12 19

Drucklufterzeugung

Zur Erzeugung der Druckluft werden Verdichter eingesetzt. Diese werden als Kolben-, Membran- oder Schraubenverdichter ausgeführt (Bild 2).

Der **Kolbenverdichter** saugt im ersten Arbeitstakt – Herabfahren des Kolbens – über das Saugventil gefilterte Luft an, um sie im zweiten Arbeitstakt – bei geschlossenem Saug- und geöffnetem Druckventil – zu verdichten.

Die Funktionsweise des **Membranverdichters** entspricht der des Kolbenverdichters. Da die bewegten Massen geringer als beim Kolbenverdichter sind, läuft der Membranverdichter schneller und gleichmäßiger. Die im Membranverdichter verdichtete Luft ist ölfrei.

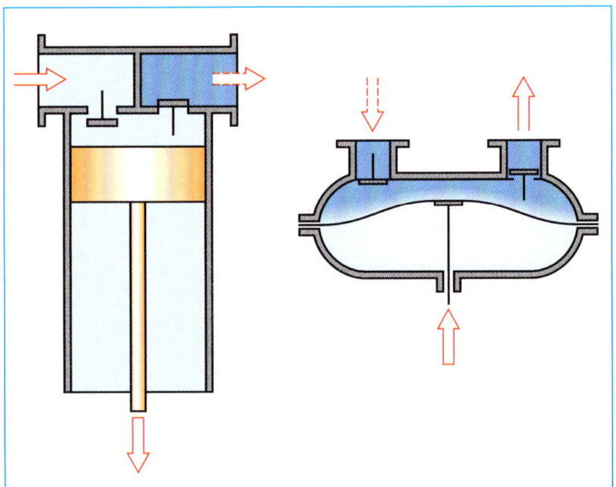

2 Kolben- und Membranverdichter – Schema

Im **Schraubenverdichter** (Bild 1) drehen sich ineinander greifende gegenläufige Schraubenwellen. Die Luftkammern um die Schraubenwellen verkleinern sich stetig bis zur Austrittsöffnung des Verdichters, so dass das Volumen der Luft sinkt und der Druck der Luft steigt.

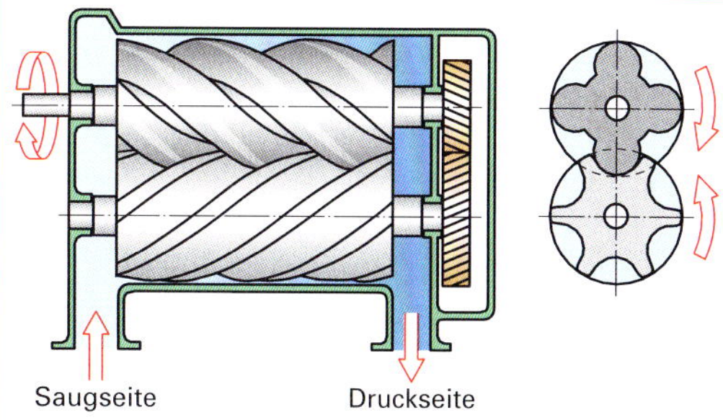

1 Schraubenverdichter

Druckluftaufbereitung und Druckluftverteilung

Verdichter saugen staubhaltige Umgebungsluft mit Umgebungstemperatur und einer gewissen, vom Wetter abhängigen Feuchte an. Sie wird gefiltert. Durch das Verdichten (Komprimieren) der Luft entsteht Wärme, die die Temperatur der Luft stark ansteigen lässt. Zur Vermeidung von Wasser-Kondensation an den Verbraucherstellen wird die verdichtete Luft im **Nachkühler** gekühlt, häufig bis auf eine Temperatur von 4 °C herab. Das ausgetaute Kondenswasser (Kondensat) sammelt sich im Wasserabscheider. Da im Kondensat organische Verunreinigungen, zum Beispiel Ölspuren, zu erwarten sind, muss das Kondensat fachgerecht entsorgt werden.

Zur Speicherung der Druckluft und zur Vergleichmäßigung des Netzdrucks (Ausgleich von Druckschwankungen beim Einsatz eines Kolbenverdichters) dient der **Druckluftbehälter**. Von dort aus erfolgt die Verteilung der Druckluft über das **Druckluftnetz** (Bild 2) zu den Verbrauchsstellen.

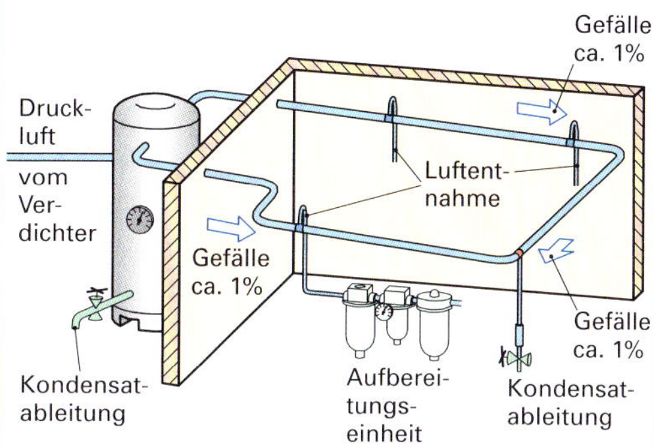

2 Druckluftnetz

Um Kondensationswasser gezielt abzuleiten, werden Druckluftleitungen mit Gefälle zur Kondensatableitung verlegt.

Den pneumatischen Steuerungen vorgeschaltet sind **Wartungseinheiten** (Bild 3). Diese scheiden zur Kondensatableitung Staub bzw. Kondensat ab und erlauben eine Feineinstellung des Arbeitsdruckes der Druckluft. Sie beaufschlagen die Druckluft gegebenenfalls mit Ölnebel (Schmierfähigkeit der Druckluft).

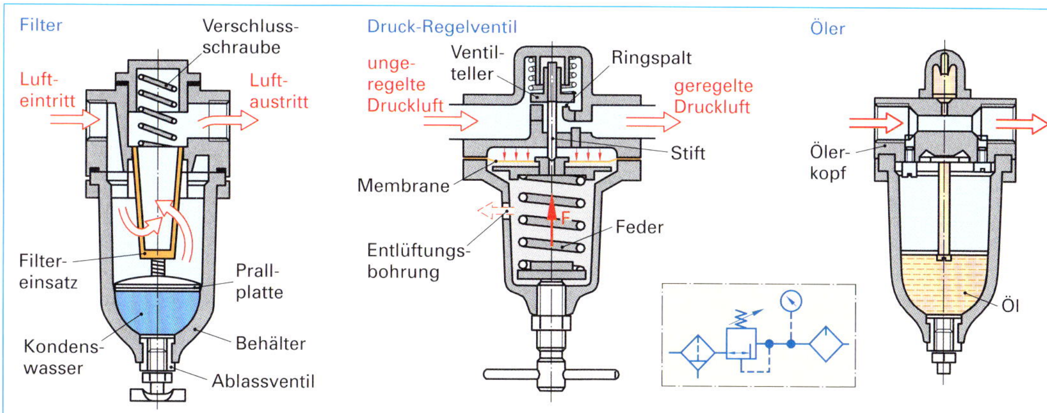

3 Wartungseinheit

6.2.3.2 Pneumatische Arbeitselemente

Arbeitselemente leisten mechanische Arbeit. Die zur Verrichtung der Arbeit erforderliche Energie wird den Arbeitselementen pneumatisch, d.h. über Druckluft, zugeführt.
In einer Vielzahl technisch realisierter Anwendungen finden **Druckluftzylinder** ihren Einsatz. Über die Kolbenstange überträgt der Druckluftzylinder die ihm zugeführte Energie in geradliniger Bewegung auf den zu steuernden Prozess. Es wird mechanische Arbeit geleistet

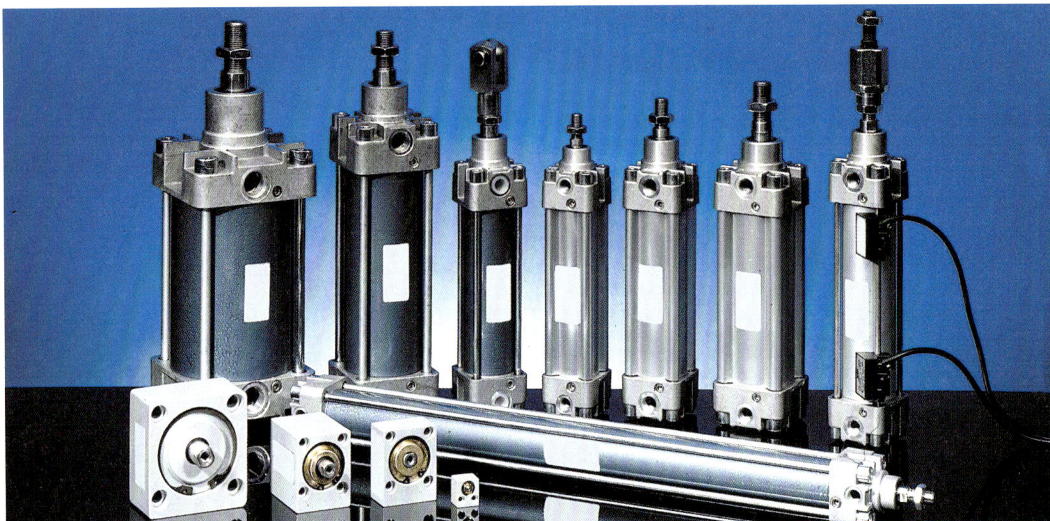

1 Pneumatikzylinder

Der Druckluftzylinder der automatischen Werkstückzufuhr-/Spannvorrichtung führt das zu bearbeitende Werkstück aus dem Magazin in die Bearbeitungsposition. Dabei übt der Kolben in der ausgefahrenen Endlage Haltekräfte auf das Werkstück aus. Der Zylinder leistet daher Arbeit in ausschließlich eine Richtung. Es handelt sich um einen **Einfachwirkenden Zylinder**.
Nach Arbeitsverrichtung soll die Kolbenstange in die Ausgangslage zurückkehren. Für die Rückführung müssen Kräfte erzeugt werden. Dies geschieht im einfachsten Fall durch äußere Krafteinwirkung, z.B. durch manuelle Betätigung.
Wäre der Zylinder senkrecht eingebaut, ließe sich zur Rückstellung die Gewichtskraft des Kolbens nutzen. Unabhängig von der Einbaulage des Zylinders ist die federbetätigte Rückstellung des Kolbens (Bild 2).

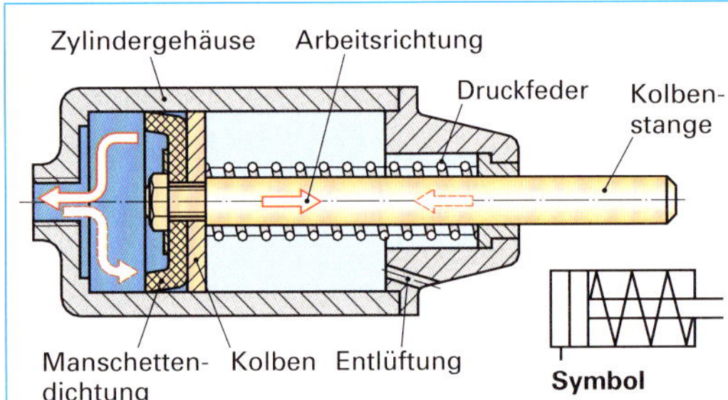

2 Einfachwirkender Zylinder

Einfachwirkende Zylinder verrichten Arbeit in nur eine Richtung.
Zur Rückführung des Zylinderkolbens in die Ausgangslage ist eine Kraft zu erzeugen.

Die wirksame **Kolbenkraft *F*** des Arbeitselements Druckluftzylinder lässt sich aus den geometrischen Daten des Zylinders, dem Arbeitsdruck der Druckluft und dem Wirkungsgrad η des Zylinders ermitteln:

Kolbendurchmesser $d = 100$ mm

Arbeitsdruck $p_e = 6000\ \text{hP}_a = 60\ \dfrac{\text{N}}{\text{cm}^2}$

Wirkungsgrad $\eta = 85\ \%$

$$\boldsymbol{F} = p_e \cdot A \cdot \eta = p_e \cdot \frac{\pi \cdot d^2}{4} \cdot \eta$$

$$\boldsymbol{F} = 60\ \frac{\text{N}}{\text{cm}^2} \cdot \frac{\pi \cdot (10\ \text{cm})^2}{4} \cdot 0{,}85 = \mathbf{4006\ N}$$

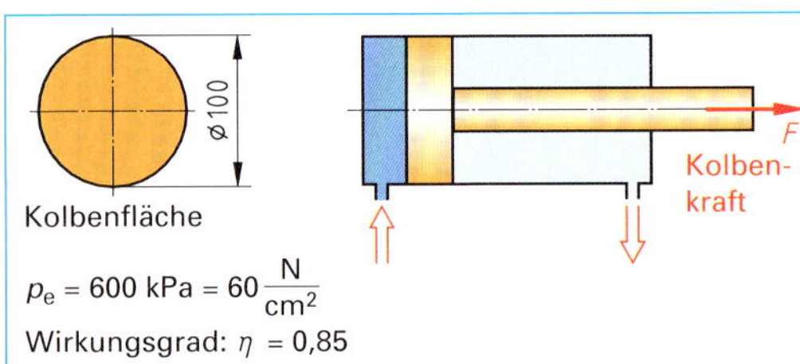

3 Bestimmung der Kolbenkraft

Neben der Werkstückbereitstellung soll nun der Bohrvorgang, die Auf- und Abbewegung der Bohrspindel, automatisiert werden (Bild 1).
Als Antrieb für die Bohrspindel eignet sich ein **Doppelwirkender Zylinder** (Bild 1), da Bewegungen in zwei Richtungen (Vorschub und Rückstellung) zu steuern sind. Im doppeltwirkenden Zylinder werden die Zylinderräume links und rechts des Kolbens wechselweise mit Druckluft beaufschlagt bzw. entlüftet. Der Kolben bewegt sich in die gewünschte Richtung, wenn der nicht druckluftbeaufschlagte Raum entlüftet wird.

Beim doppeltwirkenden Zylinder lassen sich Einfahr- und Ausfahrbewegung als Arbeitsbewegung nutzen.
Durch Umkehrung der Druckluftbeaufschlagung fährt der Zylinderkolben in die Ausgangslage zurück.

Zylinder mit Endlagendämpfung
Die **Endlagendämpfung** greift, sobald der Dämpfungszapfen an der Kolbenstange in die Bohrung am Zylinderboden (oder Deckel) eintaucht und verhindert das schnelle Ausströmen der restlichen Luftmenge aus dem Raum zwischen Kolben und Boden (Bild 2). Diese Luftmenge wird durch den Kolben verdichtet und bremst ihn kurz vor dem Hubende ab. Dann wird das Luftpolster über eine Drosselbohrung und ein Drosselrückschlagventil langsam entlüftet. Zum Anfahren in Gegenrichtung hat die Druckluft freien Durchgang durch das Drosselrückschlagventil.
Zylinder ohne Dämpfung sollten ausschließlich bei geringen Kolbengeschwindigkeiten verwendet werden. Andernfalls besteht die Gefahr von Schlägen in den Zylinderendlagen.

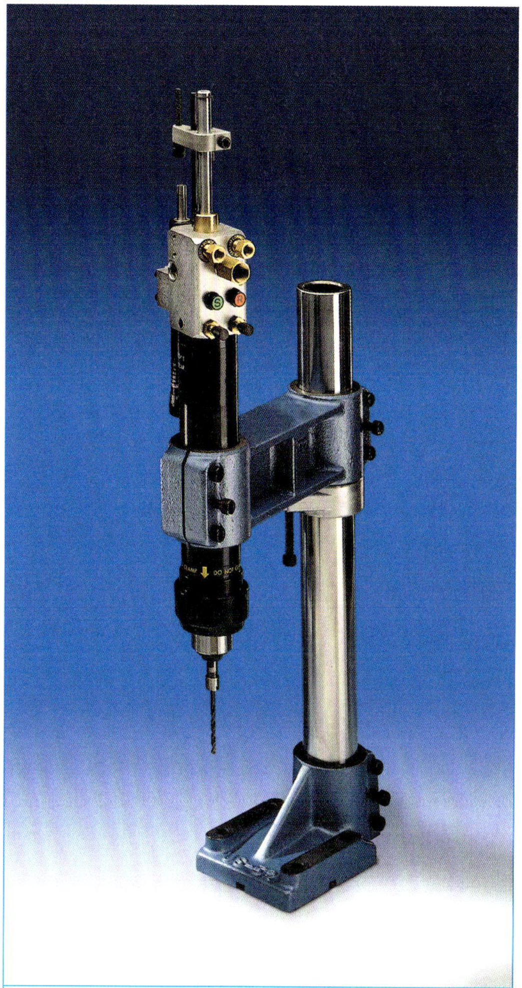

1 Bohrspindel mit pneumatischem Vorschub

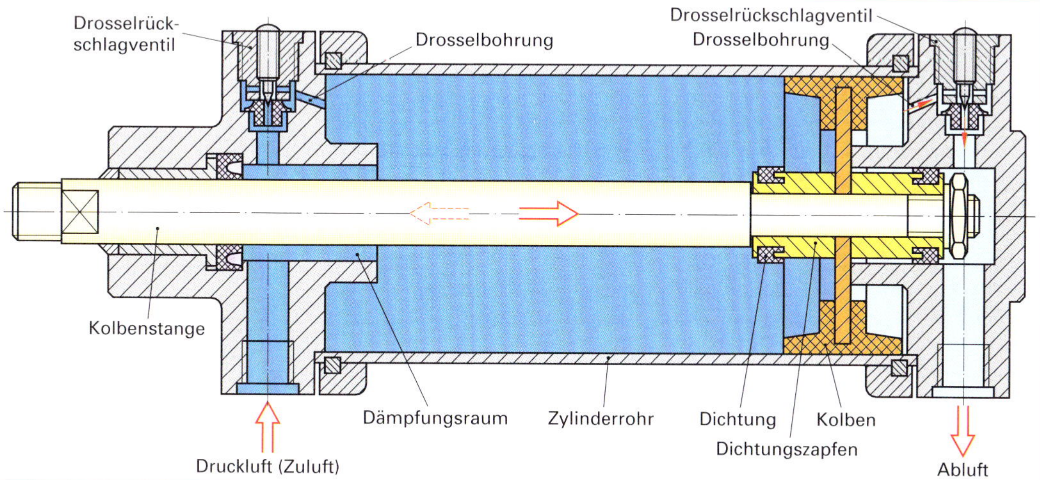

2 Doppeltwirkender Zylinder mit Endlagendämpfung

In der Fertigung finden neben den Druckluftzylindern **Druckluftmotoren** als Arbeitselemente Verwendung.

Druckluftmotoren erzeugen eine drehende Arbeitsbewegung und treiben z.B. Druckluftwerkzeuge (Schrauber, Handschleifgeräte) und Hebezeuge an. Sie werden als Kolbenmotoren und Zahnradmotoren gebaut, am häufigsten jedoch als Druckluft-Lamellenmotor mit radial in Schlitzen verschiebbaren Lamellen (Bild 1).

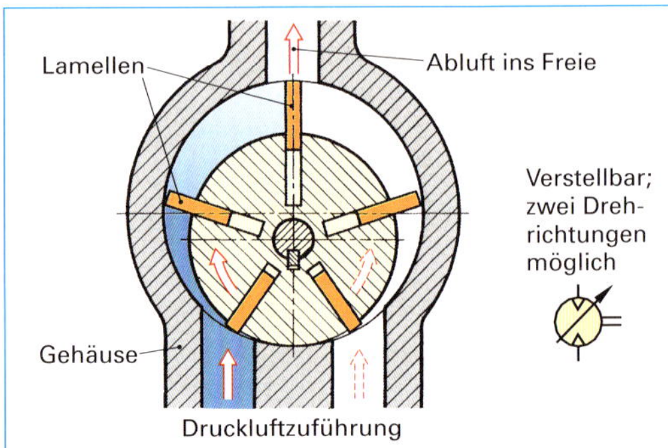

1 Druckluft-Lamellenmotor

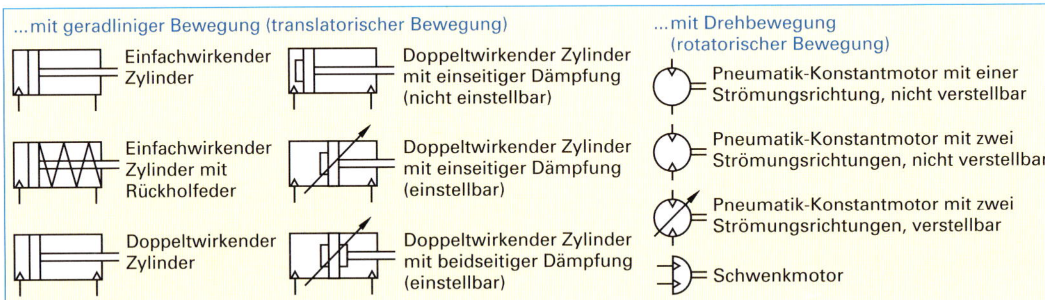

2 Schaltzeichen von Arbeitselementen

6.2.3.3 Bauteile zur Signaleingabe, Signalverarbeitung und Signalausgabe

Pneumatische Steuerungen verbrauchen Druckluft zum Antrieb der Arbeitselemente. Steuerungen benötigen Druckluft aber auch als Medium (Mittel) zur Signaleingabe, Signalverarbeitung und Signalausgabe. Dazu müssen Richtung, Start und Stop, Druck sowie Durchflussmenge der Druckluft beeinflusst werden. Diese Aufgabe erfüllen in pneumatischen Steuerungen Ventile. Diese werden als Wegeventile, Sperrventile, Druckventile oder Stromventile ausgeführt.

Wegeventile:

Bild 3 zeigt eine sehr einfache Schaltung zur Betätigung eines pneumatischen Arbeitselements. Bezogen auf das Beispiel der Bohrvorrichtung könnte es sich hier um einen pneumatisch betätigten Ausstoßzylinder handeln, der das fertig bearbeitete Werkstück auf Tastendruck aus der Bohrvorrichtung entfernt.

Das dargestellte Wegeventil wechselt bei Betätigung von Schaltstellung **a** über in die Schaltstellung **b**. Druckluft vom Druckluftanschluss **1** strömt durch das Ventil und gelangt über die Arbeitsleitung **4** in das Arbeitselement, den doppelt wirkenden Zylinder. Der Kolben fährt aus.

Zur Rückstellung des Zylinderkolbens muss das Wegeventil zurück in die Schaltstellung **a** geführt werden. Dann strömt die Druckluft aus dem Anschluss **1** über die Arbeitsleitung **2** in die rechte Kammer des Zylinders, der Kolben fährt ein.

Wegeventile beeinflussen den Weg der Druckluft. Dazu steuern sie Start und Stop sowie die Richtung des Druckluftstroms.

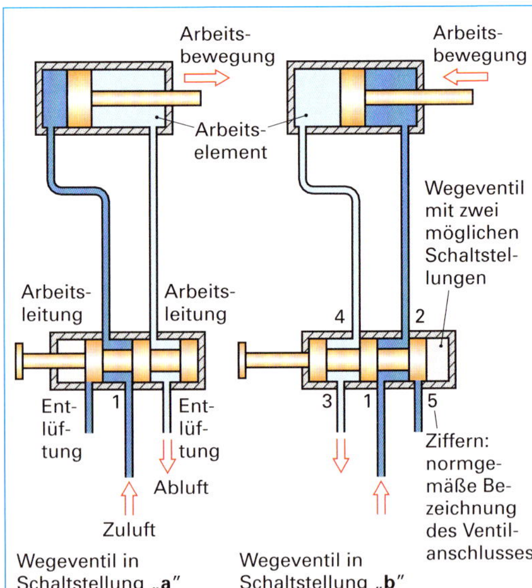

3 Wegeventil

Gerätetechnisch werden **Wegeventile** als Sitzventile oder Schieberventile ausgeführt. **Sitzventile** steuern ihre Anschlüsse mit Kugel-, Kegel-, Platten- oder Tellersitz, **Schieberventile** dagegen mittels Steuerkolben.

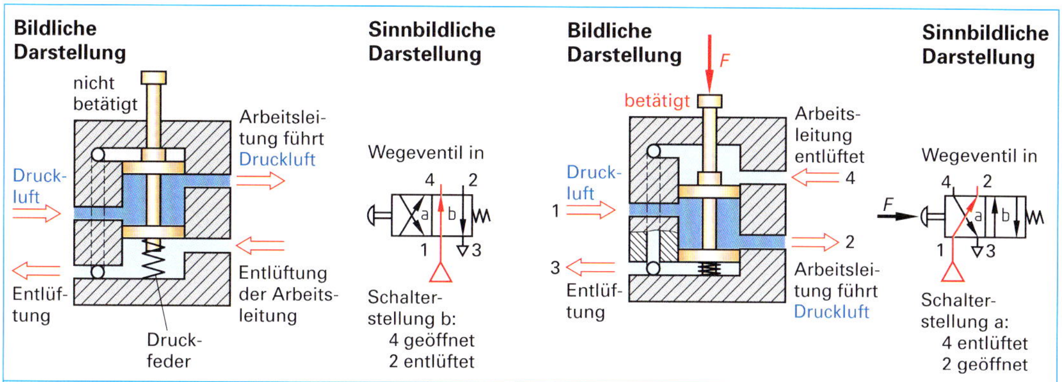

1 4/2-Wegeventil

In der **sinnbildlichen Darstellung** in Schaltplänen geht die Anzahl der möglichen Schaltstellungen eines Wegeventils aus der Anzahl der Felder (Rechtecke) hervor. Anschlüsse der Ventile werden als Linien an die Felder gezeichnet, Linien innerhalb eines Feldes symbolisieren Leitungswege der Druckluft. Pfeile geben die Durchflussrichtung an, Querstriche innerhalb der Felder stehen für Absperrungen der Druckluft.

In der **Kurzbezeichnung** werden Wegeventile nach der Anzahl der gesteuerten Anschlüsse und nach Anzahl ihrer möglichen Schaltstellungen bezeichnet.

Kennzeichnung der Anschlüsse

Anschluss	alte Norm	DIN-ISO 5599
Druckversorgung	P	1
Arbeitsleitung	A	4
Arbeitsleitung	B	2
Entlüftung	R	3
Entlüftung	S	5
Steueranschluss	Z	14
Steueranschluss	Y	12

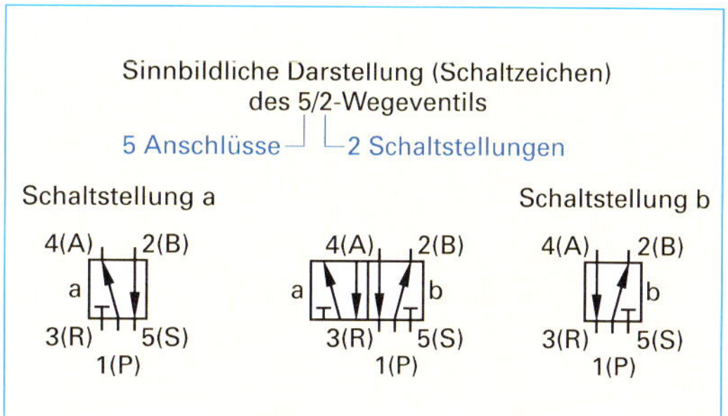

2 Darstellung von Wegeventilen (Beispiel)

Sinnbilder für die **Betätigung** von Ventilen stehen außerhalb der Felder (Bild 3).

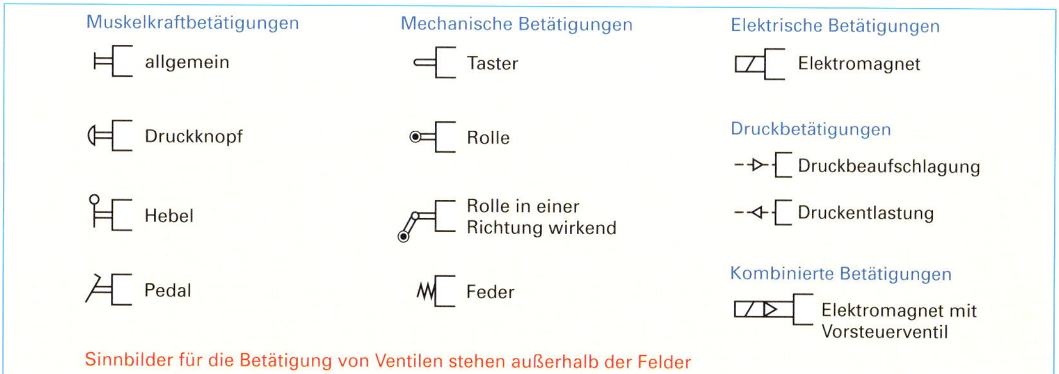

3 Betätigungsarten von Ventilen – Symbole nach DIN ISO 1219

Mit **Stromventilen** lässt sich der Volumenstrom (Durchflussmenge) der Druckluft in einer Steuerung einstellen. In der Pneumatik wird hauptsächlich das **Drosselventil** (Bild 1) zur Veränderung des Volumenstroms verwendet.

Die Drosselwirkung des Ventils wird durch eine Verengung des Strömungsquerschnitts erzeugt. Im praktischen Gebrauch haben sich Drosselventile mit verstellbarer Verengung gegenüber Ausführungen mit konstanter, fest vorgegebener Verengung weitgehend durchgesetzt.

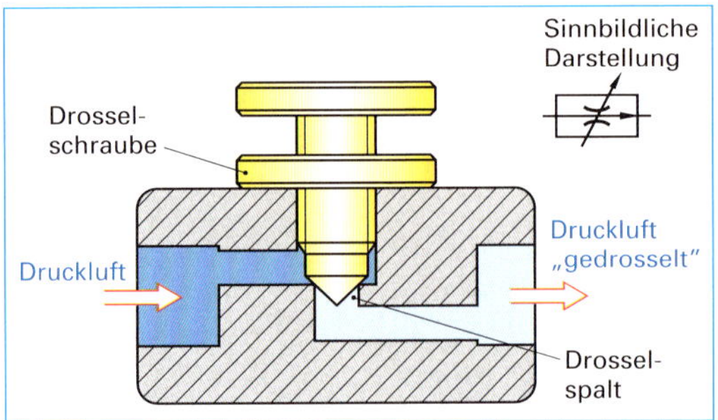

1 Drosselventil (einstellen)

Stromventile beeinflussen den Volumenstrom der Druckluft in beide Strömungsrichtungen.

Drosselrückschlagventil

Gegenüber den Drosselventilen drosseln sie die Druckluft in ausschließlich einer Strömungsrichtung (Bild 2). In Gegenrichtung passiert die Druckluft das Drosselrückschlagventil ungehindert über ein Rückschlagventil. Dieses sperrt den Durchfluss der Druckluft in einer Richtung und gibt ihn in entgegengesetzter Richtung frei. Rückschlagventile besitzen als Sperrkörper häufig Kugeln oder Kegel.

2 Drosselrückschlagventile

Einstellen der Kolbengeschwindigkeit: Aus technischen Gründen ist es nicht vertretbar, dass die Druckluftzylinder in Bruchteilen von Sekunden ihren Arbeitshub verrichten. Zur Einstellung der Kolbengeschwindigkeit werden den Arbeitselementen Drosselrückschlagventile vorgeschaltet. Für den doppeltwirkenden Zylinder des Bohrspindelantriebs soll die Ausfahrgeschwindigkeit (Senken der Spindel) einstellbar sein. Dazu wird der doppeltwirkende Zylinder abluftseitig nach dem Prinzip der Abluftdrosselung gedrosselt.

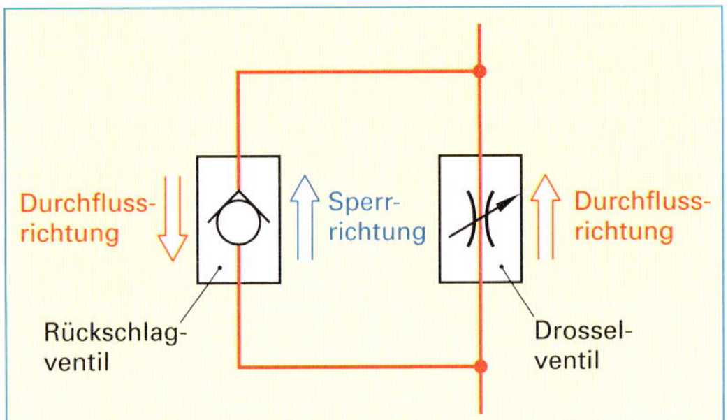

3 Drosselrückschlagventil.

Bild 4 zeigt, dass das Drosselrückschlagventil nicht den Volumenstrom der zugeführten Druckluft verringert, die den Kolben ausfahren lässt. Stattdessen wird die von der Kolbenrückseite verdrängte Luft über die Drossel des Drosselrückschlagventils geführt.

Die dargestellte Abluftdrosselung besitzt den Vorteil, dass die auf das Arbeitselement geschaltete Druckluft ohne Verzögerung am Kolben anliegt und sich die Bewegung des Kolbens gleichmäßiger und ruckfrei vollzieht.

Falls der Zuluftstrom in das Arbeitselement gedrosselt wird, spricht man von einer Zuluftdrosselung.

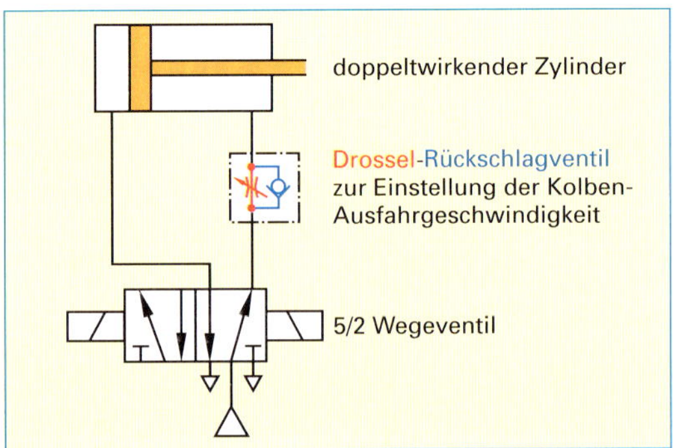

4 Geschwindigkeitssteuerung

Rückschlagventile zählen zur Gruppe der Sperrventile. Hierzu zählen auch **Wechselventile** und **Zweidruckventile** (Bild 1). Wechselventile erfüllen in pneumatischen Steuerungen die **ODER-Funktion**, Zweidruckventile werden zum Aufbau von **UND-Funktionen** verwendet (s. S. 420 und 421).

Sperrventile „sperren" den Durchfluss der Druckluft in einer Richtung.
In entgegengesetzter Richtung strömt das Druckmittel ungehindert.

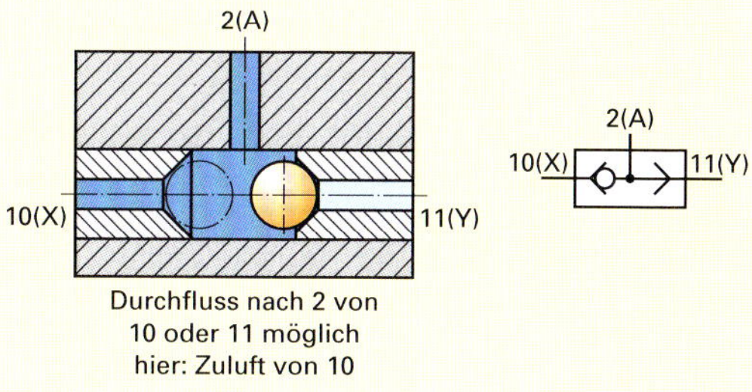

1 Wechselventil

Zu der Gruppe der Druckventile zählen auch die **Druckregelventile**, die zur Vergleichmäßigung des Arbeitsdrucks eingesetzt werden. Druckregelventile dienen in der Aufbereitungseinheit der Druckluft zur Konstanthaltung des Arbeitsdrucks in der Steuerung.

Als Sicherung gegen unzulässige Drücke, z. B. in Behältern oder Apparaten, können **Sicherheitsventile** eingesetzt werden (Bild 2). Sie schützen bei Abweichungen vom bestimmungsgemäßen Betrieb – in der Regel in Gefahrsituationen – gegen gefährliche Über- oder Unterdrücke, die letztlich zur Zerstörung der Behälter oder Apparate führen würden. Sicherheitsventile sind somit **Druckbegrenzungsventile**.

Spricht ein Sicherheitsventil auf einen unzulässigen Druck im zu schützenden Apparat oder Behälter an, reißt die Versiegelung (Plombe) (Bild 2, rechts oben). Das Sicherheitsventil muss ausgetauscht werden.

Mit Druckventilen lässt sich der Druck in der pneumatischen Steuerung beeinflussen bzw. einstellen.

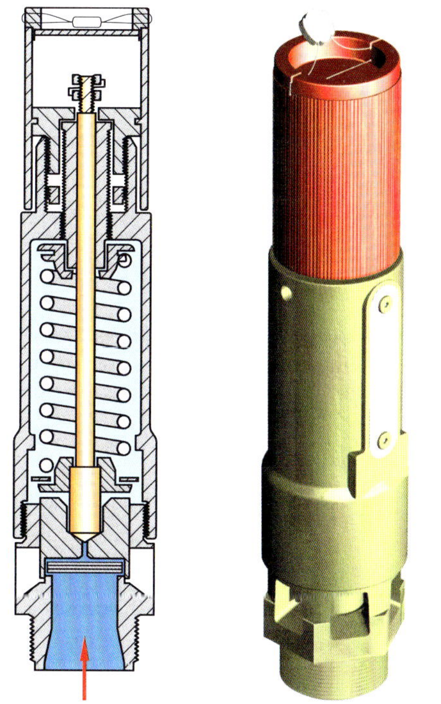

2 Sicherheitsventil

Aufgaben:

1. **Welche Bauelemente besitzt eine Steuerung?**
2. **Wozu wird der Druckluftbehälter bei der Drucklufterzeugung benötigt?**
3. **Wodurch entsteht Kondensat in Druckluftnetzen?**
4. **Was unterscheidet den doppeltwirkenden vom einfachwirkenden Zylinder?**
5. **Welche Aufgaben fallen den Ventilen in Pneumatischen Steuerungen zu?**
6. **Was bedeutet die Bezeichnung 4/2-Wegeventil?**
7. **Zeichnen Sie den pneumatischen Schaltplan zur Ansteuerung eines einfachwirkenden Zylinders mit regelbarer Kolbengeschwindigkeit.**
8. **Warum werden doppeltwirkende Zylinder abluftseitig gedrosselt?**

6.2.4 Entwicklung einer Steuerung

Die Funktion einer Steuerung lässt sich, unabhängig von ihrer späteren technischen Umsetzung, an Hand eines Funktionsplans darstellen.

Der technische Aufbau der Steuerung geht aus dem Schaltplan hervor. Mit Druckluft betriebene Steuerungen werden in Pneumatik-Schaltplänen dargestellt, sie gleichen Hydraulikschaltplänen (Medium dort Drucköl bzw. Hydraulikflüssigkeit). Elektrische Steuerungen zeichnet man vorzugsweise in Form von Stromlaufplänen. Zur Darstellung **S**peicher**p**rogrammierbarer **S**teuerungen (SPS) eignen sich Funktionspläne, aus denen sich leicht die maschinenlesbaren Programme ableiten lassen.

6.2.4.1 Logische Grundfunktionen

Funkionspläne beschreiben mit den logischen Grundfunktionen **GLEICH, UND, ODER** und **NICHT**, dargestellt durch Logiksymbole, die Schaltfunktion einer Steuerung. Einfachste Steuerungen führen lediglich eine einzige logische Grundfunktion aus.

GLEICH-Funktion

Beispiel Signallampe:
Eine Signallampe – z. B. zur Anforderung von Hilfestellung für einen Arbeitsplatz innerhalb einer Fließfertigung – soll bei Betätigung eines Tasters aufleuchten.

Die GLEICH-Funktion erfüllt diese Steueraufgabe (Bild 1). Der Funktionsplan der Steuerung besteht aus einem einzigen **Logiksymbol**, dem der GLEICH-Funktion.

Der **Stromlaufplan** zeigt die elektrische Verschaltung des Eingabeelements mit dem manuell zu betätigenden Taster S1 und mit dem Ausgang der Steuerung, der Signallampe A.

Die **pneumatische Schaltung** benutzt 2/2 Wegeventile, die den Luftstrom in einer Richtung durchlassen oder sperren (Bild 2).

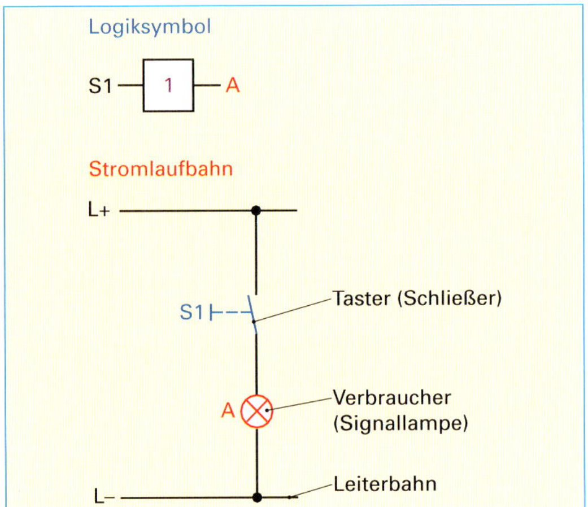

1 GLEICH-Funktion

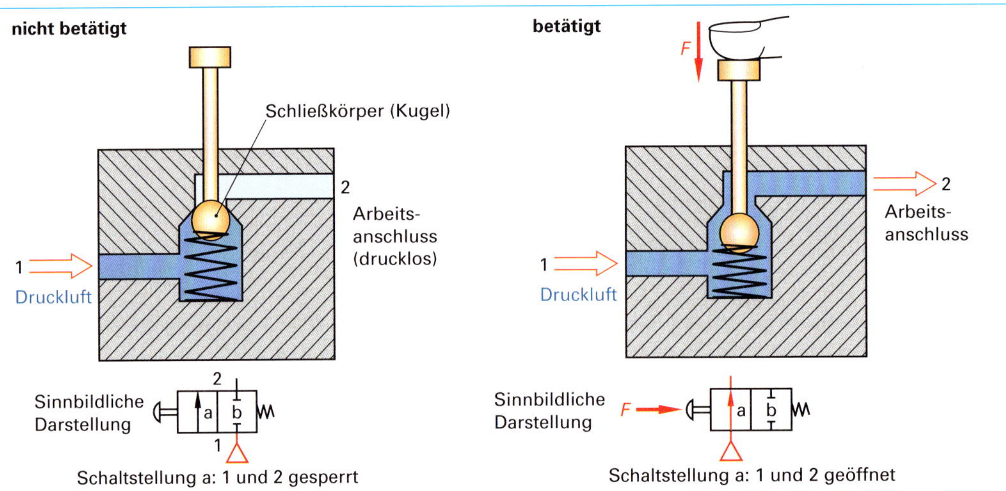

2 GLEICH-Funktion durch 2/2-Wegeventil verwirklicht

UND-Funktion

Beispiel Bohrvorrichtung:
Die Ausstoßvorrichtung für Werkstücke des automatisierten Bohrwerks soll aus Sicherheitsgründen nur dann einen Arbeitshub verrichten, wenn die Taster S1 und S2 zeitgleich betätigt werden.

Die Aufgabe lässt sich umformulieren: S1 **UND** S2 müssen beide betätigt werden, um das Ausgangssignal A, es bewirkt das Ausfahren des Zylinderkolbens, zu erzeugen.

Der Funktionsplan der Steuerung reduziert sich auf die UND-Verknüpfung der Eingangssignale S1 und S2 (Bild 1).

Der **Stromlaufplan** (Bild 1) verdeutlicht die UND-Funktion: die Taster S1 und S2 sind zur Darstellung der UND-Funktion in Reihe geschaltet. Erst bei zeitgleicher Betätigung von S1 und S2 entsteht der Stromfluss durch den Verbraucher, hier durch das Relais „K". Dieses schaltet über ein Magnetventil Druckluft in den Ausstoßzylinder. Durch Lösen eines der Taster S1 oder S2 wird der Stromfluss unterbrochen, das Relais K fällt ab.

Soll die Steuerung pneumatisch aufgebaut werden, ergibt sich der in Bild 2 dargestellte **pneumatische Schaltplan**.

Die Eingangssignale werden durch manuell zu bedienende 3/2-Wegeventile der Steuerung übermittelt. Bei zeitgleicher Betätigung der Signalglieder, hier mit 1S1 bzw. 1S2 bezeichnet, wird Druckluft in den Zylinderraum des einfachwirkenden Zylinders 1A1 geleitet, der Zylinderkolben fährt aus.

Falls eine Betätigung gelöst wird, kehrt das betreffende Wegeventil federbelastet in seine Ausgangslage zurück. Der Druckluftstrom in das Arbeitselement Zylinder setzt aus, die Rückstellkraft der Feder lässt den Zylinderkolben einfahren.

Eine weitere Möglichkeit zur Realisierung der UND-Funktion ist der Einsatz eines **Zweidruckventils** (Bild 3).

Der Steuerkolben im Zweidruckventil schaltet ausschließlich dann Druckluft, wenn auf beiden Eingängen des Ventils Druckluft liegt.

Führt nur ein Eingang Signal, presst die anstehende Druckluft den Kolben gegen die Dichtfläche des Ventilgehäuses, der Ausgang des Zweidruckventils ist drucklos.

Sollten die Eingänge X und Y bzw. 12 und 14 Druckluft unterschiedlicher Druckhöhe führen, sperrt das Zweidruckventil zwar den druckhöheren Eingang, öffnet damit zwangsläufig den zweiten Eingang. Die Funktion des Bauteils wird daher durch Druckunterschiede der Arbeitsluft nicht beeinträchtigt (Bild 1 der folgenden Seite).

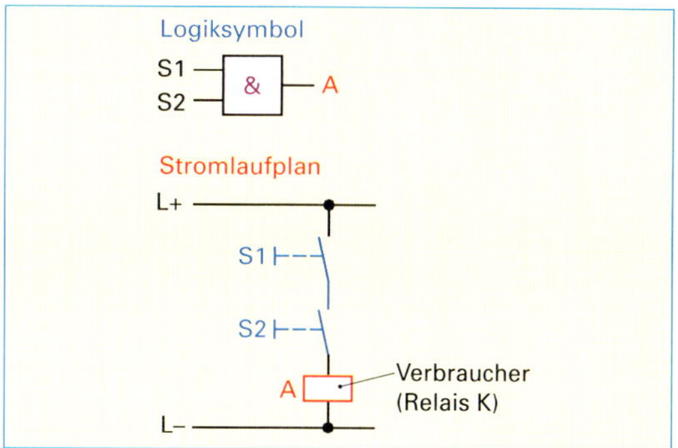

1 UND-Funktion

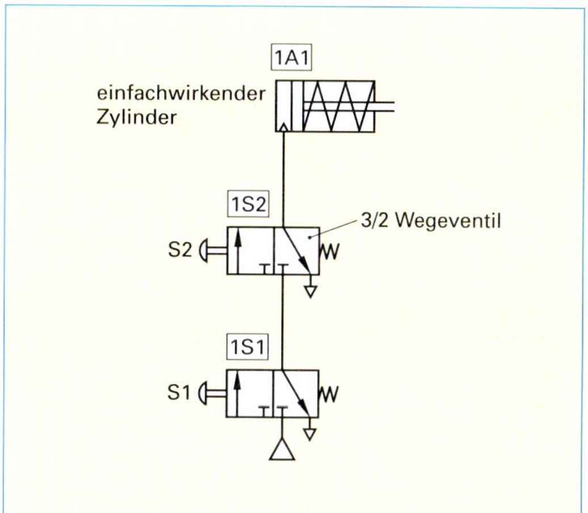

2 Pneumatischer Schaltplan mit UND-Funktion

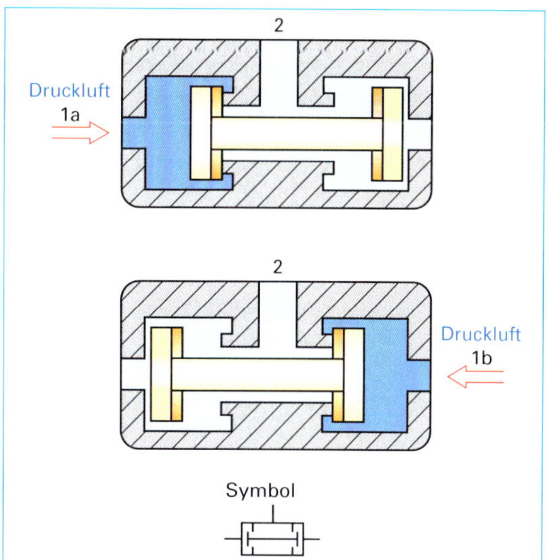

3 Zweidruckventil zur Darstellung der UND-Funktion

In pneumatischen Steuerungen werden UND-Funktionen vorwiegend durch den Einsatz von Zweidruckventilen realisiert.

Die Darstellung in Bild 1 zeigt, die Realisierung der UND-Funktion durch Verwendung von zwei Wegeventilen und einem Zweidruckventil.

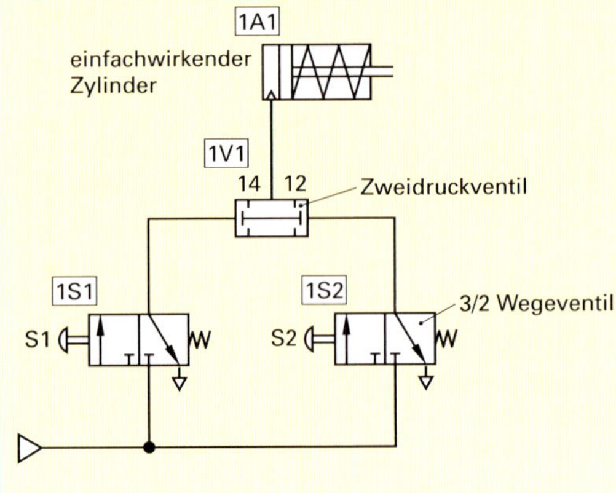

1 Pneumatischer Schaltplan mit Zweidruckventil

ODER-Funktion

Beispiel Signallampe:
Die Signallampe soll sich von zwei Bedienstellen aus betätigen lassen. Die Lampe soll dann aufleuchten, wenn einer der Taster S1 ODER S2 bedient werden. Die ODER-Funktion erfüllt die Steueraufgabe (Bild 2).

Der Funktionsplan besteht aus einem einzigen Logiksymbol, dem der ODER-Funktion.

Im Stromlaufplan werden zur Darstellung der ODER-Verknüpfung der Signale die Taster S1 und S2 parallel zueinander geschaltet.

Beispiel Signalhorn:
Statt der Signallampe soll sich ein Signalhorn von zwei Bedienstellen aus betätigen lassen (Bild 2).

Zur Darstellung dieser ODER-Funktion in einer pneumatischen Steuerung werden die Ausgänge der Signalglieder auf ein **Wechselventil** gelegt.

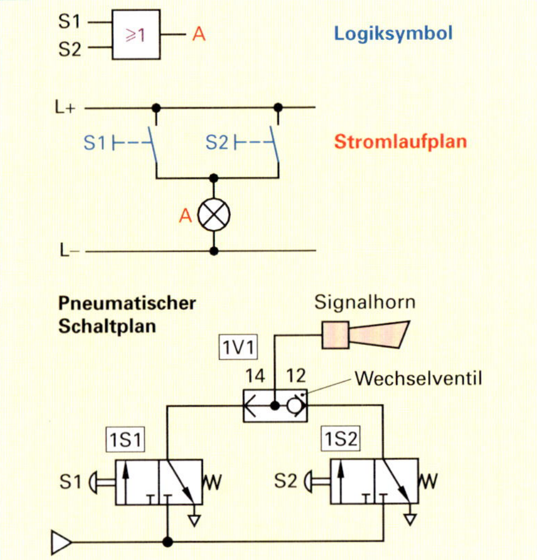

2 ODER-Funktion

In pneumatischen Seuerungen werden ODER-Funktionen vorwiegend durch den Einsatz von Wechselventilen realisiert.

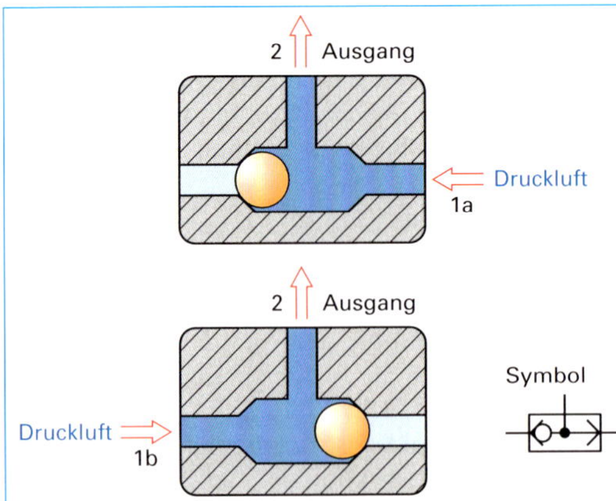

3 Wechselventil

NICHT-Funktion

Beispiel Signallampe:
Die NICHT-Funktion ergibt sich aus der Forderung, dass z.B. eine Signallampe ausschließlich nur dann leuchten soll, sofern der Taster S nicht betätigt wird (Bild 1 der folgenden Seite).

Im Stromlaufplan öffnet der Taster im betätigten Zustand (Zustand „1") den Stromkreis. Die Signallampe erlischt ausschließlich nur dann. Sie führt den Zustand „0". Bei Nichtbetätigung des Tasters (Zustand „0") nimmt der Ausgang der Steuerung den Zustand „1" ein.

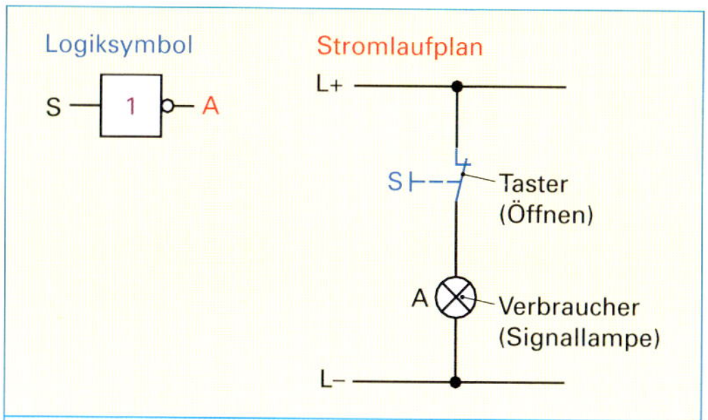

1 NICHT-Funktion

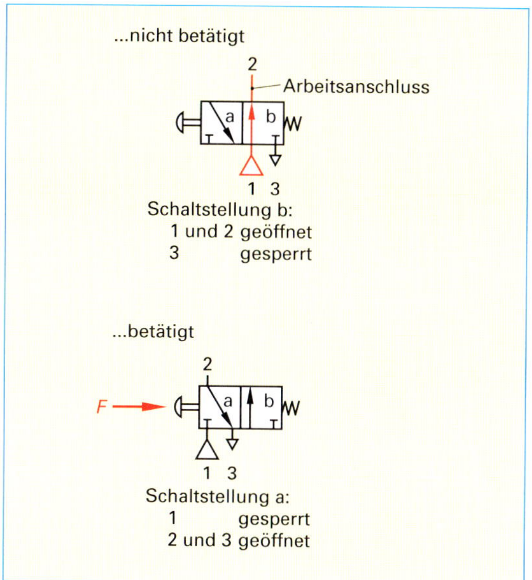

2 3/2-Wegeventil mit Durchlass in nicht betätigtem Zustand

In der pneumatischen Steuerungstechnik lässt sich die NICHT-Funktion z.B. durch ein handbetätigtes 3/2-Wegeventil darstellen, dessen Schaltstellungen gegenüber den bereits bekannten 3/2-Wegeventilen „vertauscht" sind.

In pneumatischen Steuerungen werden NICHT-Funktionen vorwiegend durch den Einsatz von Wegeventilen, die im nicht betätigten Zustand das Druckmittel leiten, realisiert.

Zur tabellarischen Beschreibung von Schaltfunktionen eignen sich **Wahrheitstabellen**. In einer Wahrheitstabelle werden für die Schaltfunktionen systematisch alle möglichen Kombinationen der Signalzustände der Eingänge „S" erfasst. Für jede Signalbelegung der Eingänge wird der Zustand des Ausgangs „A" der Steuerung notiert (Tabelle 1).

Wahrheitstabellen der logischen Grundfunktionen

GLEICH

S	A
0	0
1	1

$i = 1$

NICHT

S	A
0	1
1	0

$i = 1$

UND

S1	S2	A
0	0	0
0	1	0
1	0	0
1	1	1

$i = 2$

ODER

S1	S2	A
0	0	0
0	1	1
1	0	1
1	1	1

$i = 2$

S_i = 1: Eingang betätigt

S_i = 0: Eingang nicht betätigt

A = 1: Ausgang gesetzt

A = 0: Ausgang nicht gesetzt

i = 1, 2, 3 ...: laufende Bezeichnung der Signaleingänge

Die Anzahl der Zeilen in einer **Wahrheitstabelle** richtet sich dabei nach der Anzahl der Eingänge. Es ergeben sich 2-zeilige Wahrheitstabellen für den Fall, dass die Steuerung lediglich einen einzigen Eingang besitzt, 4-zeilige bzw. 9-zeilige Wahrheitstabellen ergeben sich für Steuerungen mit 2 bzw. mit 3 Eingängen. Die Anzahl der Zeilen einer Wahrheitstabelle ergibt sich aus der Potenz mit der Basis „2" und dem Exponenten, der gleich der Anzahl der Eingänge in die Steuerung ist.

Für eine Steuerung mit mehreren Ausgängen (A_1; A_2; ...; A_n) muß die „rechte"Seite der Wahrheitstabelle n-spaltig ausgeführt werden.

6.2.4.2 Aufbau einer Steuerung mittels Anwendung der logischen Grundfunktionen

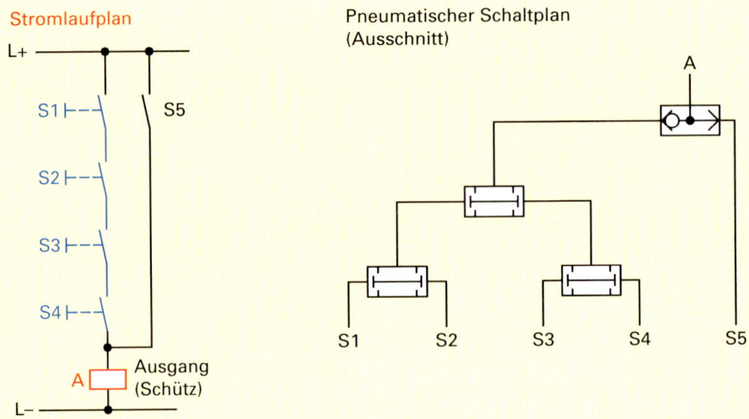

1 Steuerungspläne einer Bohrvorrichtung

Beispiel Bohrvorrichtung:

Der Befehl zum Start des Bohrmaschinenmotors wird ausgeführt (Bild 1) werden, wenn die Signale
S1 = „Betriebsart Bohren" und
S2 = „Bohrer Start"erteilt werden.

Zusätzlich müssen die Eingänge
S3 = „Kühlschmiermittel an" und
S4 = „Werkstück gespannt" Signal führen.

Zudem soll die Möglichkeit des Motorstarts für Testzwecke, ohne Vorschubbewegung der Bohrspindel, bestehen, wenn der Taster S5 = „Probelauf Motor" betätigt wird.

Abhängig von der Wahl der in der Steuerung verwendeten Energieform ergeben sich aus der Umsetzung des Funktionsplans von Bild 2 die Pläne nach Bild 1.

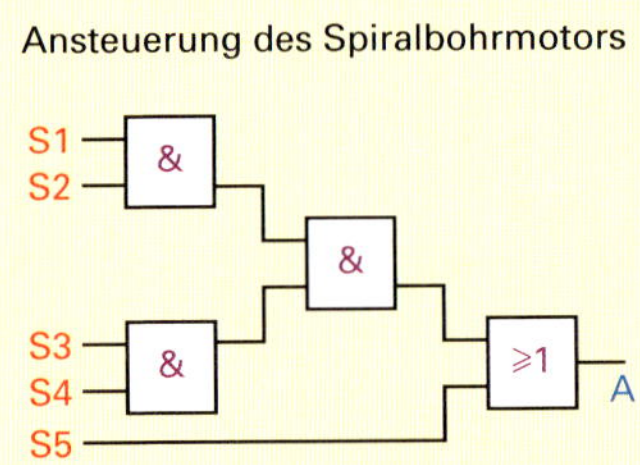

2 Funktionsplan

Speichern von Signalen/Schaltzustände

Um einen Maschinentisch exakt per Hand zu positionieren, besitzen Werkzeugmaschinen„Tipp"-Taster. Im „Tipp"-Betrieb verfährt der Maschinentisch über die Zeit, die der Tipp-Taster gedrückt wird. Lässt der Anlagenfahrer den Taster los, wechselt dieser vom Zustand „1" in den Zustand „0" über, der Maschinentisch bleibt augenblicklich stehen.

Bei den zeitintensiven Bearbeitungsvorgängen von Werkstücken ist es nicht möglich, das Start-Signal während des Vorgangs dauerhaft zu betätigen. Das kurzfristig erteilte Startsignal muss als Schaltzustand aufrecht erhalten werden. Eine Schaltstellung lässt sich mechanisch speichern, in der Elektrik z.B. durch umlegbare Lichtschalter. In der Pneumatik lassen sich Signalzustände mechanisch durch Einsatz von Wegeventilen mit Raste (Schalter) sichern (Bild 3).

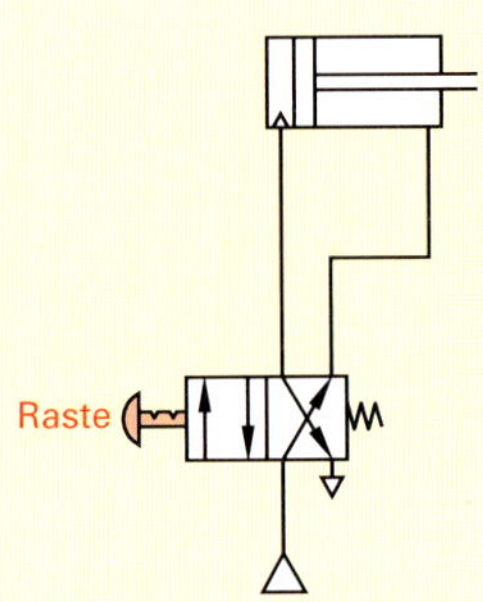

3 Wegeventil mit Raste

In pneumatischen Steuerungen lassen sich kurzzeitig wirkende Eingangssignale mechanisch durch Wegeventile mit Raste speichern.

Die mechanische Speicherung von Signalen besitzt einen Nachteil im Verschleiß der Raste.

Sieht der Schaltplan einer Steuerung die Speicherung von Signalzuständen vor, die sich z. B. aus der Verknüpfung mehrerer Einzelsignale ergeben, ist eine Steuerung mit „pneumatischem Gedächtnis" zu planen!

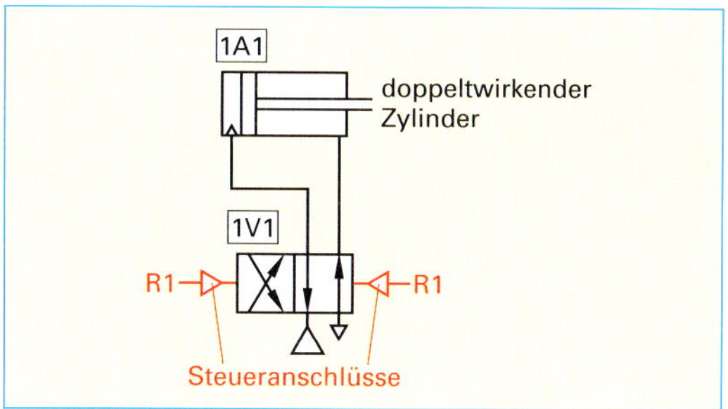

1 Impulsventil

Zur pneumatischen Speicherung von Schaltzuständen dienen **Impulsventile**. Dies sind Wegeventile, die nach kurzzeitiger, impulsartiger, Belüftung über eine Steuerleitung ihren Schaltzustand wechseln und die neue Schaltstellung nach Wegnahme des Belüftungsimpulses beibehalten. Nach einem Belüftungsimpuls durch die entgegengesetzte Steuerleitung wechselt das Impulsventil in seine ursprüngliche Schaltstellung zurück.

Zur pneumatischen Speicherung von Schaltzuständen dienen Impulsventile. Sie wechseln ihren Schaltzustand bei kurzzeitiger Belüftung (Impuls) durch eine Steuerleitung.

Mithilfe der Impulsventile lassen sich **Ablaufsteuerungen** realisieren. Diese arbeiten in einzelnen Schritten nach fest vorgegebener Folge. Das Starten eines Folgeschrittes bzw. des nächsten Vorgangs erfolgt erst, wenn nach Ablauf vorangegangener Schritte die Bedingungen dafür geschaffen wurden.

Beispiel Bohrvorrichtung: Die Werkstück-Spannvorrichtung des Bohrwerks besteht aus einem doppelt wirkenden Zylinder. Der Zylinderkolben fährt aus (Werkstück wird gespannt), wenn

- das Signal „Werkstück spannen" erteilt wird.

Der Zylinderkolben löst das Werkstück, sofern

- das Signal „Spannen aus" erteilt wird und sichergestellt ist, dass
- die Bohrspindel in die obere Endlage zurückgekehrt ist.

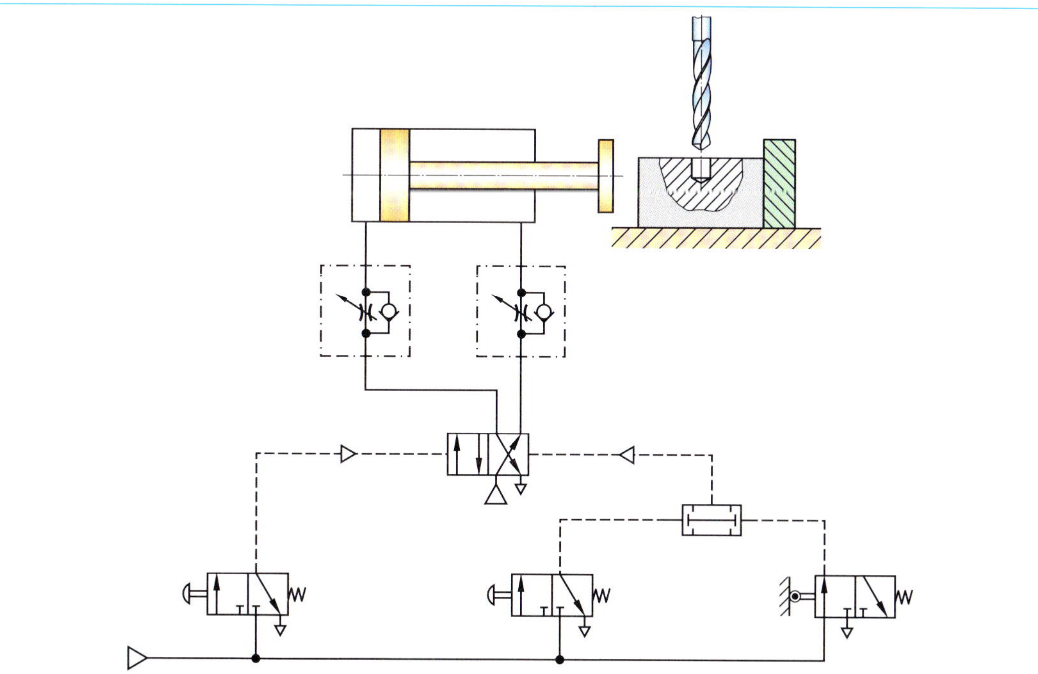

2 Automatisierte Spannvorrichtung

Bezeichnung der Bauelemente in pneumatischen Steuerungen

Nach neuester Norm sehen die Bezeichnungsregeln für Bauelemente in pneumatischen Steuerungen vor, dass jedes Bauelement einer Anlage über eine

- Schaltkreisnummer,
- eine Kennzeichnung der Bauelemente-Art und
- eine fortlaufende Bauelemente-Nummer

identifiziert wird.

Sofern mehrere pneumatische Steuerungen voneinander zu unterscheiden sind, erfordert dies noch die Vergabe einer Anlagennummer.

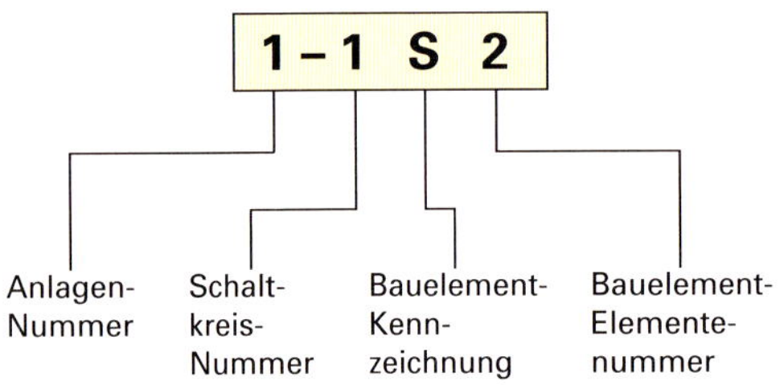

1 Kennzeichnung eines Bauelementes

Kennbuchstabe	Art des Bauelementes
P	Pumpen und Verdichter
A	Antriebe
M	Antriebsmotoren
S	Signalaufnehmer
V	Ventile
Z	Sonstige Bauteile

2 Kennzeichnung der Bauelemente-Art

- Bauelemente zur Energieversorgung erhalten die „0“ als Schaltkreisnummer.
- Die Bauelemente zur Energieversorgung werden im Schaltplan durch Linien miteinander verbunden.
- Mit Volllinien werden Arbeitsleitungen und Anschlussleitungen an das Druckluftnetz dargestellt.
- Mit Strichlinien werden Steuerleitungen gekennzeichnet. Diese verbinden die Ventile der Steuerungen untereinander und dienen zur Signalübertragung.

Vormalige Bezeichnung der Bauelemente in pneumatischen Steuerungen

Die inzwischen überholte, dennoch in der Praxis verbreitete Bezeichnungsnorm für Bauelemente pneumatischer Steuerungen verwendete ausschließlich Ziffern.
Die Ziffer vor dem Dezimalpunkt richtet sich nach der Bezeichnung des zugehörigen Arbeitselementes. In einer Steuerung mit zwei Arbeitselementen ergeben sich als Bezeichnung für diese „1.0“ und „2.0“.

Für jedes weitere Arbeitselement zählt man die Ziffern vor dem Dezimalpunkt über 2,3, ... hoch. Die Vergabe der Ziffern hinter dem Dezimalpunkt erfolgt stets nach den in Bild 3 festgehaltenen Regeln.

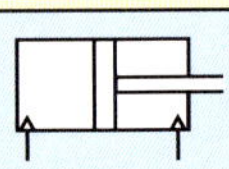	Doppeltwirkender Zylinder	Befehlsführung durch Arbeitselemente	.0	Arbeitselemente
	Drossel-Rückschlagventil		.01 .02	Elemente zwischen Arbeitselement und Stellglied
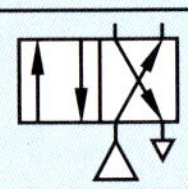	4/2 Wegeventil	Signalausgabe durch Stellglieder	.1	Stellglieder
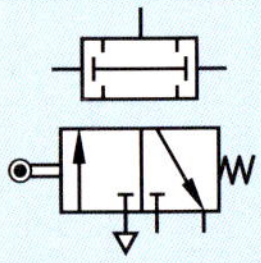	Zweidruckventil 3/2 Wegeventil	Signalverarbeitung durch Steuerelemente	.3 .5 .7	für Elemente, die den Rücklauf beeinflussen (ungerade Ziffern)
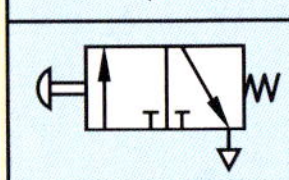	3/2 Wegeventil	Signaleingabe durch Signalglieder/Eingabeelemente	.2 .4	für Elemente, die den Vorlauf beeinflussen
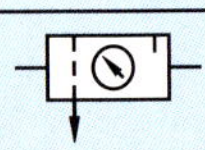	Wartungseinheit	Energieversorgung	0.1	

3 Bezeichnung der Bauelemente (alte Norm)

Pneumatische Ablaufsteuerungen mit mehreren Arbeitselementen

Steuerungen mit einem einzigen Arbeitselement bilden die Ausnahme. In automatisierten Prozessen müssen mehrere Arbeitselemente in vorgegebener Weise ihre Arbeitsbewegungen verrichten.

Zur Verdeutlichung der Bewegungsfolge der Bauelemente einer Steuerung dienen Funktionsdiagramme, die als **Weg-Zeit-Diagramme**, zumeist jedoch als **Weg-Schritt-Diagramme** ausgeführt werden. Weg-Schritt-Diagramme stellen den Bewegungsablauf bzw. Schaltzustand bestimmter Bauteile, im vereinfachten Fall zumeist der Arbeitselemente, in ihrer Schrittfolge grafisch dar. In Weg-Zeit-Diagrammen wird der Bewegungsablauf in Abhängigkeit von der Zeit notiert.

Bild 1 stellt ein vereinfachtes Weg-Schritt-Diagramm einer Ablaufsteuerung mit zwei Arbeitselementen dar (s. Aufgabe 8 auf S. 428).

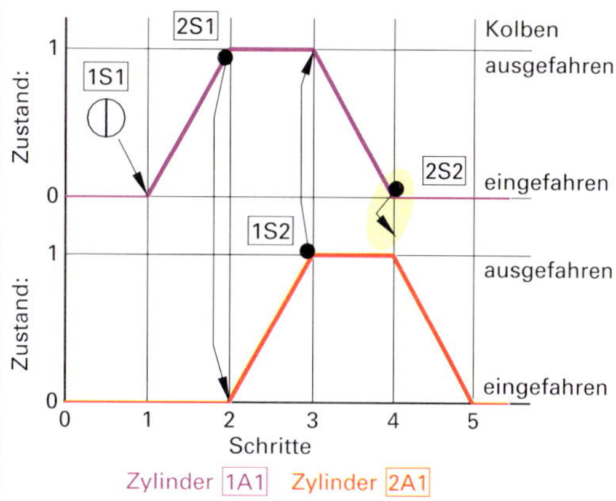

1 Vereinfachtes Weg-Schritt-Diagramm

Der dargestellte Bewegungsablauf startet

- durch die Betätigung des mit Muskelkraft bedienten Signalglieds 1.2;
- Zunächst fährt der Kolben des Zylinders 1.0 aus, um in ausgefahrener Lage
- das Signalglied 2.2 zu betätigen;
- der Kolbens von Zylinder 2.0 fährt aus.
- Durch Betätigung des Endlagenschalters 1.3
- erfolgt die Rückfahrbewegung des Kolbens von Zylinder 1.0.
- Sobald sich 1.0 in seiner Ausgangslage befindet, wird durch das Signalglied 2.3
- die Rückfahrbewegung des Zylinderkolbens 2.0 eingeleitet.

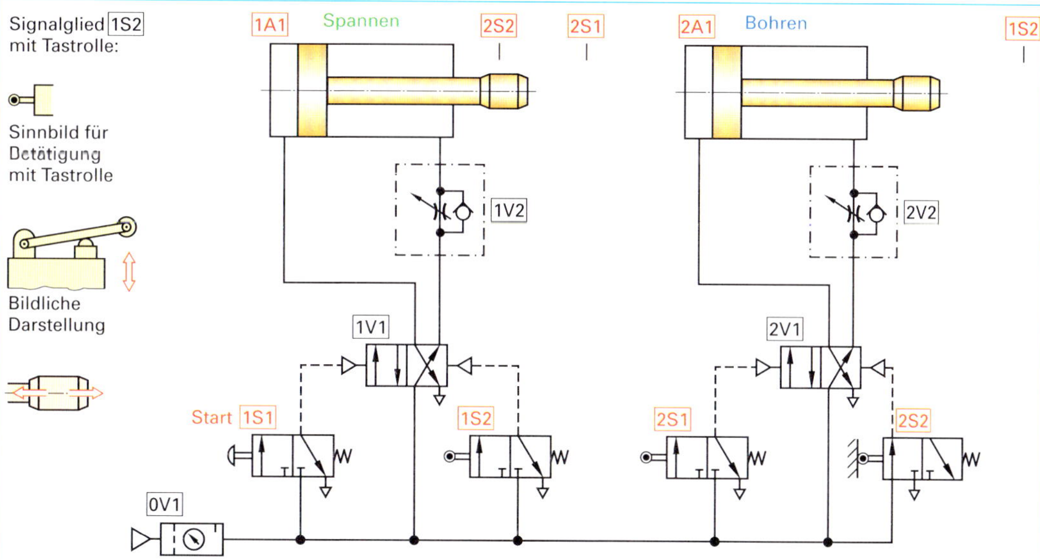

2 Pneumatischer Schaltplan mit zwei Arbeitselementen

Die Schaltung nach Bild 2 wird in ihrer Ausgangsstellung dargestellt. Darunter wird nach DIN 24300 die Schaltstellung verstanden, von der aus das vorgesehene Schaltprogramm beginnt.

Tabelle 1: Symbole der Darstellungsmittel für Funktionsdiagramme

Arbeitswege und Arbeitsbewegungen

	geradlinige Bewegung
	Schwenkbewegung
	Drehbewegung EIN
	Weg in 2 Koordinaten (Kurve)

Signalglieder

	EIN		Automatik
	AUS		
	EIN/AUS	E A 2 3 4 1 5	Wahlschalter
	Tippen		
	Automatik		Gefahren-Abschaltung

Signallinien und Signalverknüpfungen

	Signallinien
	Signalverzweigung
	ODER-Bedingung
	UND-Bedingungen
S2	NICHT-Bedingungen

Beispiel Bohrvorrichtung:

Nach Erteilung eines Startbefehls soll das zu bearbeitende, von Hand vorgelegte Werkstück vom Zylinder 1.0 positioniert und gespannt werden. Zylinder 2.0 senkt die Bohrspindel ab, das Werkstück wird gebohrt. Nach Beendigung des Bohrvorgangs fährt die Bohrspindel in ihre Ausgangsstellung zurück. Sobald der Kolben des Zylinders 1.0 eingefahren ist, wird das bearbeitete Werkstück automatisch gelöst und entnommen (Bild 1).

Der beschriebene Arbeitsablauf der automatisierten Bohrvorrichtung führt zu **Signalüberschneidungen**: nach Ablauf des Schrittes 1 wird das Signalglied 2.2 von Zylinder 1.0 betätigt und bleibt in diesem Zustand bis zum Ende des 3. Schrittes. Zylinder 2.0 gibt am Ende des 2. Schrittes Signal über das Signalglied 2.3. Die Folge ist, dass die Signalglieder 2.2 und 2.3 vor Beginn des 3. Schrittes gleichzeitig anstehen. Ihre Signale stehen sich am Stellglied 2.1 gegenüber!

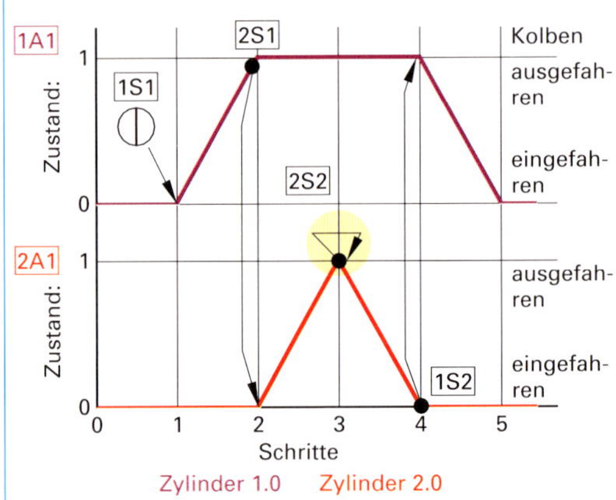

1 Weg-Schritt-Diagramm der Bohrvorrichtung

Eine Steuerung nach Vorbild des vorherigen Beispiels ist nicht funktionsfähig!

Signalüberschneidungen lassen sich durch Signalabschaltungen vermeiden.

Signalabschaltungen

Signalabschaltungen lassen sich z.B. durch
- Tastrollen mit Leerrücklauf oder
- Verzögerungsventile erzielen.

Die Signalabschaltung durch Verwendung von **Leerrücklaufrollen** (Tastrollen mit Leerrücklauf) ist eine steuerungstechnisch einfache Lösung (Bild 1). Tastrollen mit Leerrücklauf geben beim Überfahren in einer Richtung einen Belüftungsimpuls. Es bleibt somit kein Signal bestehen, welches zu Signalüberschneidungen führen könnte. Bei Verwendung von Leerrücklaufrollen können, speziell in staubiger Umgebung, Störungen durch Klemmen der Schaltklinke auftreten. Deshalb kann diese einfache Lösung nur eingeschränkt verwendet werden.

Steuerungen mit Leerrücklaufrollen sind sicherheitstechnisch bedenklich!

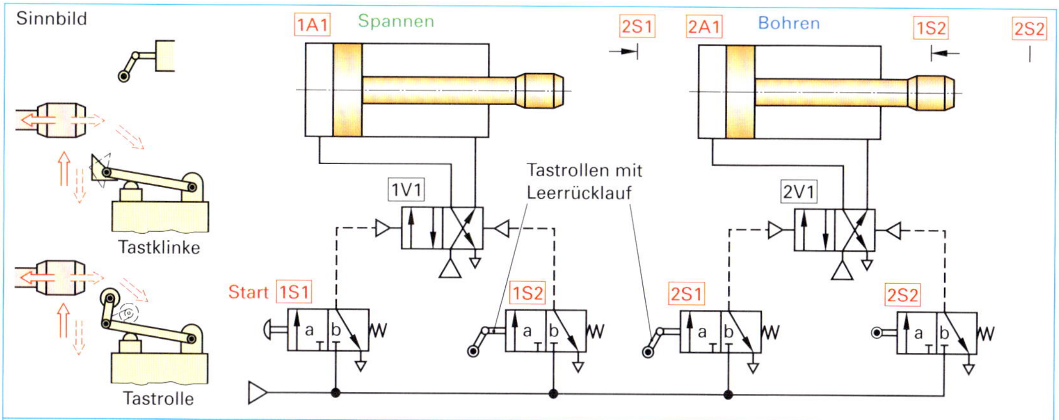

1 Bohrvorrichtung: Signalabschaltung durch Tastrollen mit Leerrücklauf

Die Signalabschaltung durch **Verzögerungsventile** erlaubt selbst bei schnellen Bewegungen der Bauteile einen sicheren Ablauf der **Schaltschritte**.

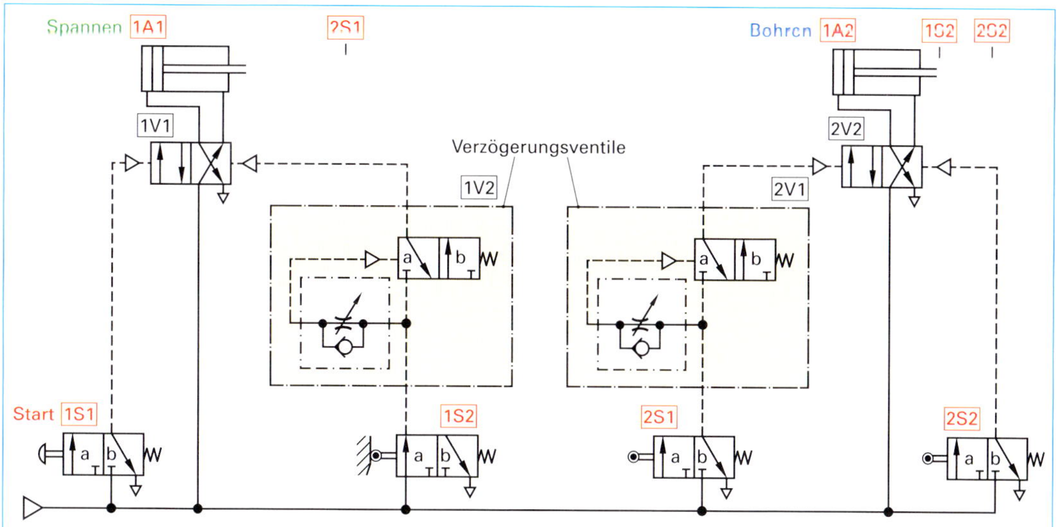

2 Bohrvorrichtung: Signalabschaltung durch Verzögerungsventile

Auch **Umschaltventile** ermöglichen eine sichere Abfolge der Schaltschritte ohne Signalüberschneidungen (Bild 1).

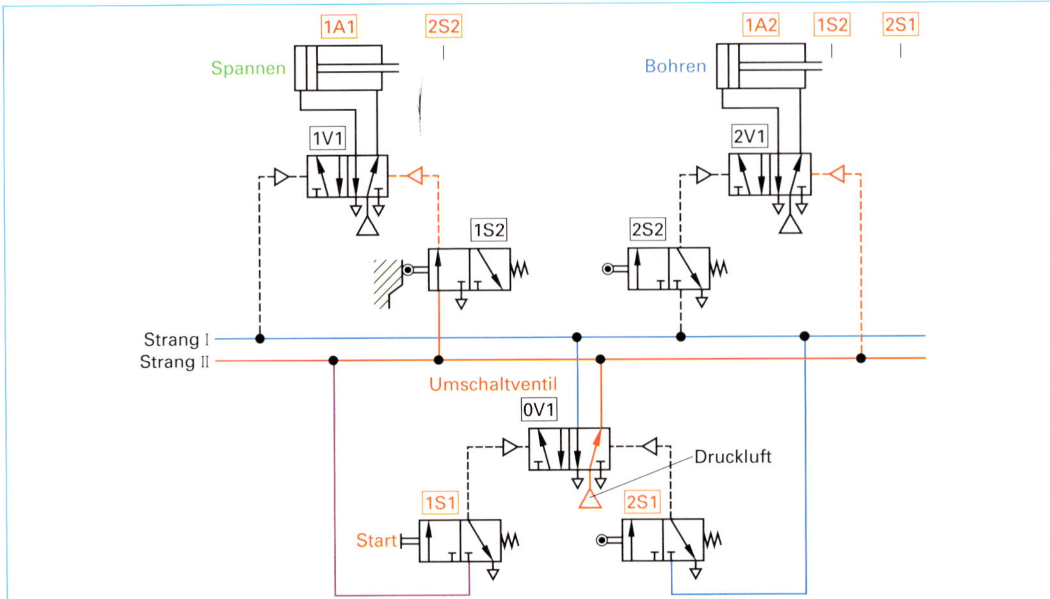

1 Bohrvorrichtung/Signalabschaltung durch Umschaltventile

Aufgaben:

1 **Worin liegt der Unterschied zwischen einer Verknüpfungssteuerung und einer Ablaufsteuerung?**

2 **Stellen Sie für die Schaltung eines Bildes auf einer der vorherigen Seiten die Wahrheitstabelle auf.**

3 **Wie werden Signalglieder zur Darstellung der UND-Funktion zueinander geschaltet?**

4 **Wozu dient das Weg-Schritt-Diagramm? Erläutern Sie die Unterschiede zwischen dem Diagramm auf Seite 425 und dem auf Seite 426.**

5 **Wann treten in Ablaufsteuerungen Signalüberschneidungen auf? Zeichnen Sie dazu die Bewegungsfolge von zwei Arbeitselementen in ein Weg-Schritt-Diagramm.**

6 **Welche Alternativen kennen Sie zu Schaltungen mit Tastrollen mit Leerücklauf?**

7 **Weshalb sind Signalabschaltungen mit Leerrücklaufrollen zwar einfach, aber problematisch?**

8 **Stellen Sie aus Ihrer Sicht die Vorteile und die Nachteile der Signalabschaltungen durch Verzögerungsventile (Bild 427-2) und durch Umschaltventile (Bild 428-1) einander gegenüber.**

9 **Der auf S. 425 beschriebene Bewegungsablauf wurde mithilfe der veralteten, aber teilweise in der Praxis noch gebräuchlichen Bezeichnungen der Bauelemente beschrieben. Übertragen Sie die alten in die neuen Bezeichnungen.**

7 Flexible Fertigung

Die Fertigung eines Werkstückes erfolgt in der Regel durch die aufeinander folgende Anwendung mehrerer Fertigungsverfahren. Da oftmals auf einer Werkzeugmaschine nicht sämtliche Fertigungsverfahren zur Herstellung des betreffenden Werkstücks ausgeführt werden können, müssen unterschiedliche Maschinen für ein Werkstück eingesetzt werden.

Bei hohen Stückzahlen ist zudem der Einsatz mehrerer gleichartiger Werkzeugmaschinen nebeneinander erforderlich, damit ein reibungsloser Fertigungsablauf gewährleistet wird.

Damit ein Werkstück rationell und somit auch kostengünstig gefertigt werden kann, ist eine sinnvolle Anordnung der einzelnen Werkzeugmaschinen erforderlich. Je größer die Stückzahl eines Werkstückes ist, desto mehr ist der Einsatz eines **automatisierten Werkstück- und Werkzeugtransports** zu und zwischen den Maschinen sinnvoll.

Ziel einer modernen Fertigungsanlage ist die vollautomatisierte Herstellung von Werkstücken. Hierbei wird angestrebt, möglichst unterschiedliche Werkstücke in einer nicht festgelegten Reihenfolge auf einer automatisierten Fertigungsanlage zu bearbeiten. Man spricht von einer **flexiblen Fertigung**.

Im nachfolgenden Kapitel wird zur Verdeutlichung der Fertigungskonzepte die Produktion von drei unterschiedlichen Getriebewellen betrachtet. Für eine Analyse der unterschiedlichen Fertigungskonzepte und automatisierten Fertigungsanlagen muss die Reihenfolge der durchzuführenden Fertigungsverfahren bekannt sein. Aus dem Arbeitsplan konnten für die Getriebewellen A, B und C nachstehende Arbeitsvorgangsfolgen und zu fertigende Stückzahlen ermittelt werden:

Getriebewelle A: Drehen, Fräsen und Schleifen (Bild 1)
(tägliche Stückzahl: 1000)

Getriebewelle B: Drehen, Bohren und Schleifen
(tägliche Stückzahl: 3000)

Getriebewelle C: Drehen und Schleifen
(tägliche Stückzahl 1500)

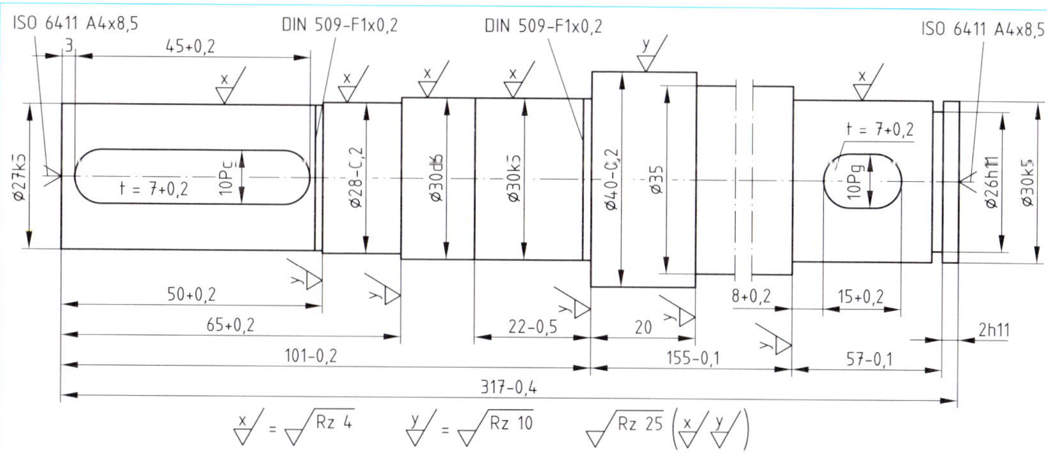

1 Fertigungszeichnung der Getriebewelle

Im Abschnitt 7.1 werden für die Fertigungsaufgabe unterschiedliche Anordnungsmöglichkeiten der zu verwendenden Werkzeugmaschinen untersucht. Es werden grundsätzliche **Fertigungskonzepte** dargestellt.

Der Abschnitt 7.2 zeigt Möglichkeiten zur Automatisierung der Fertigungskonzepte durch den Einsatz von **flexiblen Fertigungsanlagen** auf.

7.1 Fertigungskonzepte

Für die Herstellung der Getriebewellen werden drei unterschiedliche Werkzeugmaschinen benötigt, eine Dreh-, eine Fräs- und eine Schleifmaschine. Eine Alternative bildet das Bearbeitungszentrum (vgl. 7.2), mit dessen Einsatz verschiedene Fertigungsverfahren gleichzeitig ausgeführt werden können. Die räumliche Anordnung von Werkzeugmaschinen geschieht nach folgenden grundsätzlichen Fertigungskonzepten:

- **Werkstättenfertigung**
- **Gruppenfertigung**
- **Fließfertigung**

In der **Werkstättenfertigung** werden die Werkzeugmaschinen zur Fertigung der Getriebewellen zwischen dem Rohmateriallager und dem Fertigteillager blockweise angeordnet (Bild 1). Hierbei werden mehrere Werkzeugmaschinen mit gleichen Bearbeitungsverfahren räumlich zusammengestellt. Die Werkstättenfertigung für die Getriebewellen zeichnet sich dadurch aus, dass z.B. alle Drehmaschinen räumlich zusammengelegt werden. Die Werkstättenfertigung eignet sich besonders für häufig unterschiedliche Werkstücke mit geringen Auftragsstückzahlen.

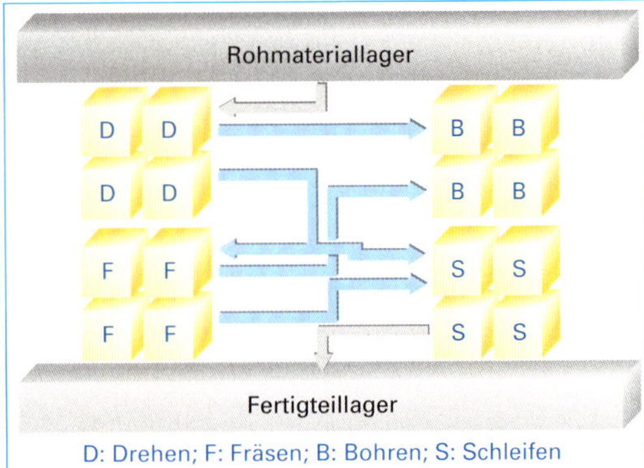

1 Werkstättenfertigung

In der **Werkstättenfertigung** werden alle Maschinen mit gleichen Bearbeitungsverfahren zu Einheiten zusammengefasst.

In der Gruppenfertigung werden alle Maschinen zu einer Fertigungszelle zusammengefasst, die für die Fertigung der Getriebewellen A, B oder C benötigt werden (Bild 2). Die Gruppenfertigung wird dort angewandt, wo ähnliche Werkstücke (Varianten) mit einer mittleren bis hohen Stückzahl gefertigt werden müssen.

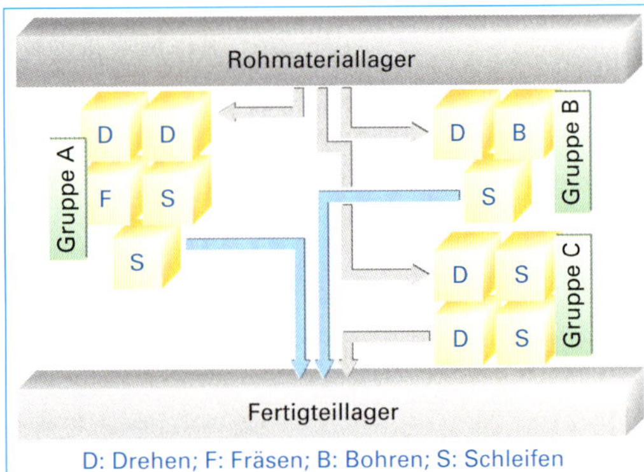

2 Gruppenfertigung

In der **Gruppenfertigung** werden alle Maschinen zu einer Fertigungszelle zusammengelegt, die für die Fertigung von Werkstücken mit der gleichen Kombination an Fertigungsverfahren benötigt werden

Die Fließfertigung findet Einsatz bei Werkstücken mit gleicher oder sehr ähnlicher Arbeitsvorgangsfolge und sehr hohen Stückzahlen. Während die Getriebewelle A auf einer eigenen Fließreihe gefertigt wird, sind die Fließreihen für die Welle B und die Welle C miteinander durch die Schleifmaschine verbunden.

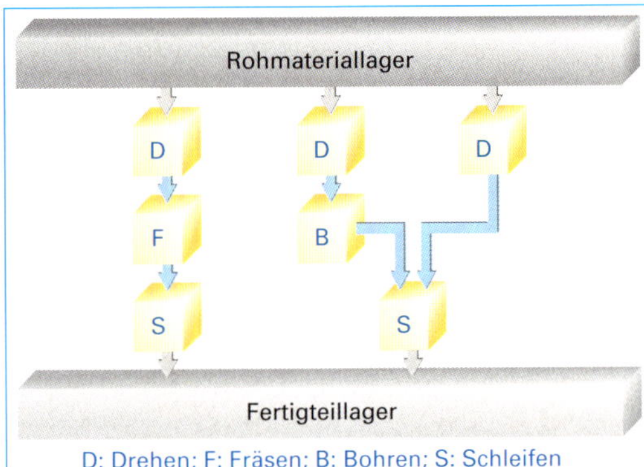

3 Fließfertigung

Bei der **Fließfertigung** werden die Werkzeugmaschinen entsprechend der Bearbeitungsreihenfolge für jeweils ein Werkstück räumlich hintereinander angeordnet (Bild 3).

7.2 Flexible Fertigungsanlagen

Durch eine Verkettung der räumlich angeordneten Werkzeugmaschinen können unterschiedliche **flexible Fertigungsanlagen** gestaltet werden (Bild 1). Der Grundbaustein einer flexiblen Fertigungsanlage ist die numerisch gesteuerte Werkzeugmaschine oder das Bearbeitungszentrum (BAZ). Mit der CNC-Werkzeugmaschine kann hauptsächlich ein Fertigungsverfahren ausgeführt werden.

Kann die Maschine dagegen unterschiedliche Bearbeitungsverfahren (z.B. Drehen, Fräsen und Bohren) in einer Aufspannung automatisch durchführen, so spricht man von einem Bearbeitungszentrum (BAZ).

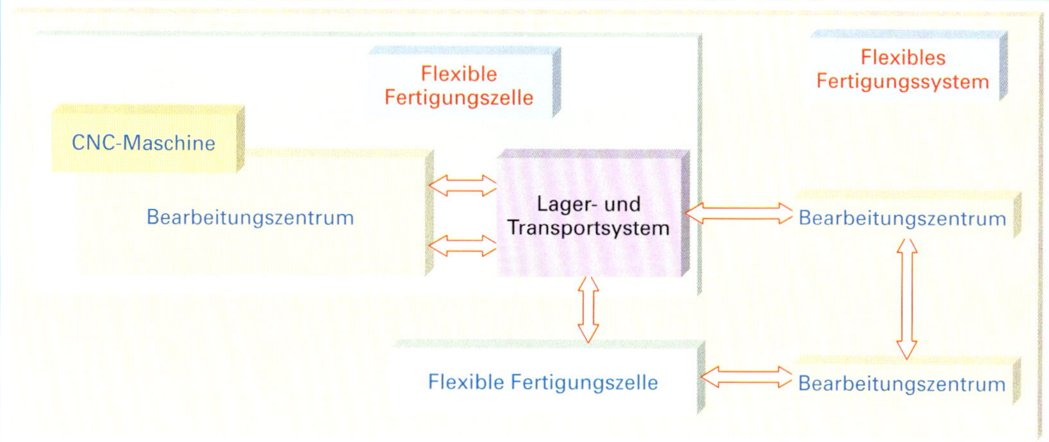

1 Struktur einer flexiblen Fertigungsanlage

Die kleinste Stufe einer flexiblen Fertigungsanlage stellt die **flexible Fertigungszelle** dar. Hierbei wird das Werkstück von einem Werkstückspeicher zur CNC-Maschine bzw. zum Bearbeitungszentrum automatisch transportiert. Nach der Bearbeitung wird das gefertigte Werkstück automatisch der Maschine entnommen.

Das **flexible Fertigungssystem** kennzeichnet sich durch eine höhere Stufe des Automatisierungsgrades. Durch einen automatisierten Werkstücktransport zwischen den CNC-Maschinen, Bearbeitungszentren oder flexiblen Fertigungszellen werden beim flexiblen Fertigungssystem die einzelnen Einheiten miteinander verkettet.

Die **flexible Fertigungsstraße** stellt einen Sonderfall dar, bei dem die Fertigungseinheiten in einer Reihe miteinander verkettet sind. Auf den nachfolgenden Seiten werden die flexiblen Fertigungsanlagen näher erläutert.

Im nebenstehenden Diagramm wird verdeutlicht, in welcher Situation der Einsatz von flexiblen Fertigungsanlagen sinnvoll ist (Bild 2). Das Diagramm zeigt ein gegenläufiges Verhalten zwischen **Flexibilität und Produktivität** von flexiblen Fertigungsanlagen. Durch die Erhöhung des Automatisierungsgrades erreicht man eine Steigerung der Produktivität, d.h. Erhöhung der Stückzahl. Gleichzeitig verringert sich aber die Flexibilität und somit die Möglichkeit zur Bearbeitung von sehr unterschiedlichen Werkstücken.

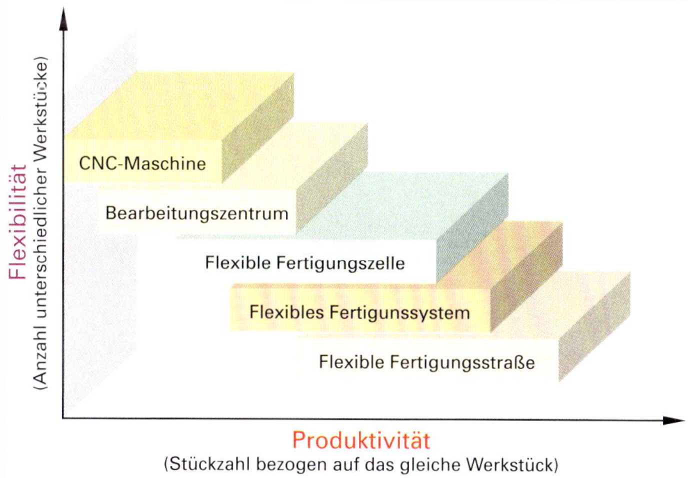

2 Flexibilität und Produktivität verschiedener Fertigungsanlagen

CNC-Maschine und Bearbeitungszentrum

Die **CNC-Maschine** hat als Grundbaustein einer flexiblen Fertigungsanlage den geringsten Automatisierungsgrad. Der Steuerungsrechner der Maschine übernimmt die Aufgabe, die Schnitt- und Vorschubbewegung sowie den Werkzeugwechsel automatisch zu regeln. Im Unterschied zum Bearbeitungszentrum kann mit der CNC-Werkzeugmaschine hauptsächlich nur ein Fertigungsverfahren (z.B. Drehen) ausgeführt werden.

Beim **Bearbeitungszentrum** ist die Bearbeitung eines Werkstückes in einer Aufspannung mit unterschiedlichen Fertigungsoperationen möglich (Bild 1). Die Rundumbearbeitung des Werkstückes wird mit einen Drehtisch realisiert. Durch einen zusätzlichen Palettenwechseltisch kann gleichzeitig während der Bearbeitung ein anderes Werkstück aufgespannt werden.

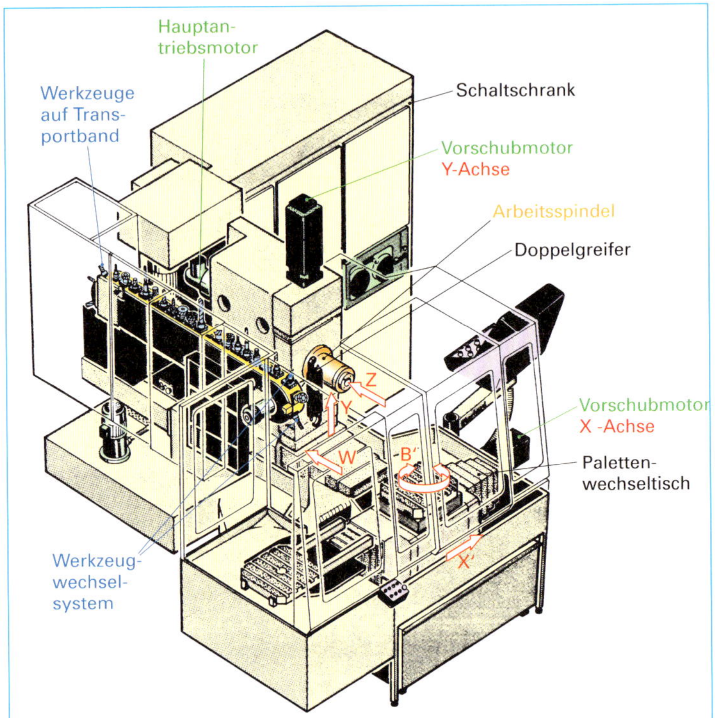

1 Bearbeitungszentrum mit Palettenwechseltisch

Merkmale der CNC-Werkzeugmaschine (Bild 2):

- Einmaschinenkonzept,
- Bearbeitung eines Werkstückes hauptsächlich durch ein Fertigungsverfahren,
- automatische Werkzeugmagazinierung,
- automatische Steuerung der Vorschub- und Schnittbewegung,
- automatischer Werkzeugwechsel mit einem maschineninternen Steuerungsrechner.

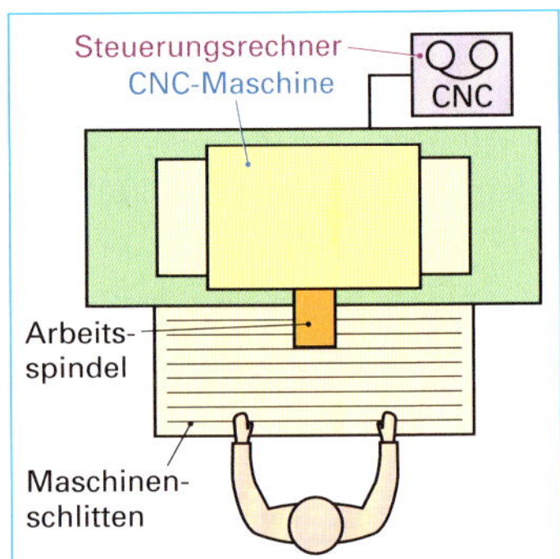

2 CNC-Maschine

Merkmale des Bearbeitungszentrums (Bild 3):

- Einmaschinenkonzept,
- Bearbeitung eines Werkstückes durch mehrere Fertigungsverfahren in einer Aufspannung,
- automatische Steuerung eines Drehtisches zur Rundumbearbeitung des Werkstücks,
- automatische Steuerung der Vorschub- und Schnittbewegung,
- automatische Werkzeugmagazinierung und automatischer Werkzeugwechsel mit einem maschineninternen Steuerungsrechner.

Die CNC-Werkzeugmaschine und das Bearbeitungszentrum bilden den Grundbaustein einer flexiblen Fertigungsanlage.

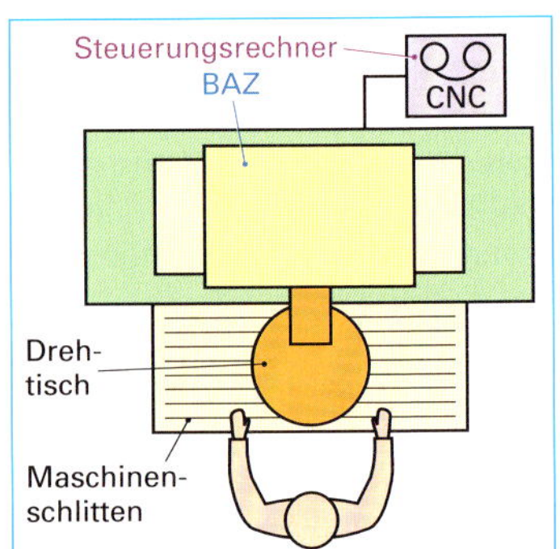

3 Bearbeitungszentrum

Flexible Fertigungszelle

Die **flexible Fertigungszelle** stellt die niedrigste Stufe einer flexiblen Fertigungsanlage dar. Durch die Erweiterung der CNC-Maschine oder des Bearbeitungszentrums mit einem Werkstückspeicher, einem Transportsystem und einer Werkstückwechselstation wird eine flexible Fertigungszelle gebildet (Bild 1). Mit der nachfolgend gezeigten flexiblen Fertigungszelle können alle Fertigungsverfahren zur Herstellung der Getriebewellen A, B und C ausgeführt werden. Neben einem großen Werkzeugmagazin und einer Werkzeugspannstation versorgen zwei Werkstückspeicher über einen Linienportalroboter die Maschine mit Werkzeugen und Werkstücken.

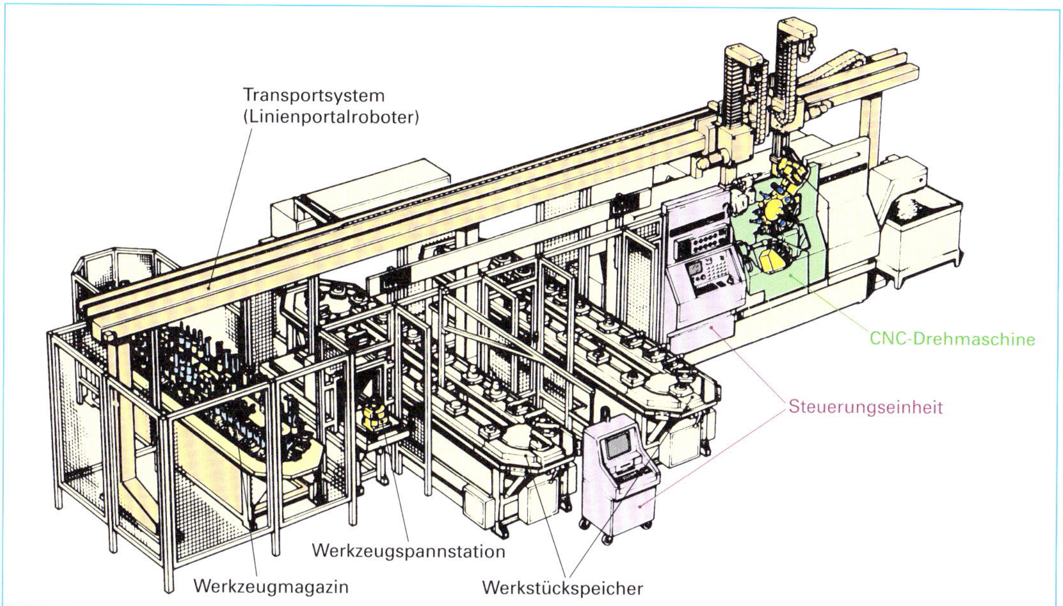

1 Ausführung einer flexiblen Fertigungszelle

Flexible Fertigungszellen werden hauptsächlich in der Klein- und Mittelserienfertigung bei verschiedenartigen Einzelteilen eingesetzt. Mithilfe von flexiblen Fertigungszellen kann keine Komplettbearbeitung von Baugruppen mit sehr unterschiedlichen Fertigungsverfahren durchgeführt werden.

Merkmale der flexiblen Fertigungszelle (Bild 2):

- Einmaschinenkonzept,
- automatische Steuerung der Vorschub- und Schnittbewegung,
- automatische Werkzeugmagazinierung und automatischer Werkzeugwechsel mit einem maschineninternen Steuerungsrechner,
- automatische Speicherung der Werkstücke,
- das Werkzeugmagazin und der Werkstückspeicher ist mit einem gemeinsamen Werkstücktransportsystem verbunden,
- die benötigten Werkzeuge werden der Maschine automatisiert bereitgestellt, gespannt und gewechselt,
- Vorgänge, wie z.B. Prüfen oder Entgraten können zusätzlich durch entsprechende Einrichtungen automatisiert durchgeführt werden,
- Die Steuerung der flexiblen Fertigungszelle übernimmt ein zentraler Steuerungsrechner.

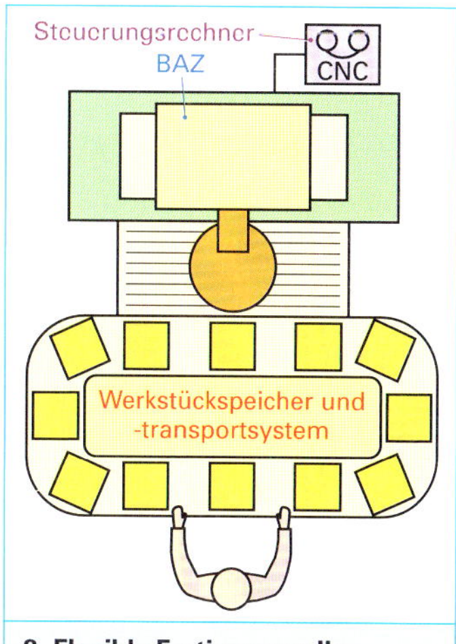

2 Flexible Fertigungszelle

Flexibles Fertigungssystem

Flexible Fertigungssysteme umfassen mehrere CNC-Maschinen, Bearbeitungszentren oder flexible Fertigungszellen. Hierbei erfolgt der Werkstücktransport zwischen den Bearbeitungsstationen gesteuert durch einen übergreifenden **Leitrechner**. Das hier gezeigte flexible Fertigungssystem besteht aus vier Bearbeitungszentren. (Bild 1).

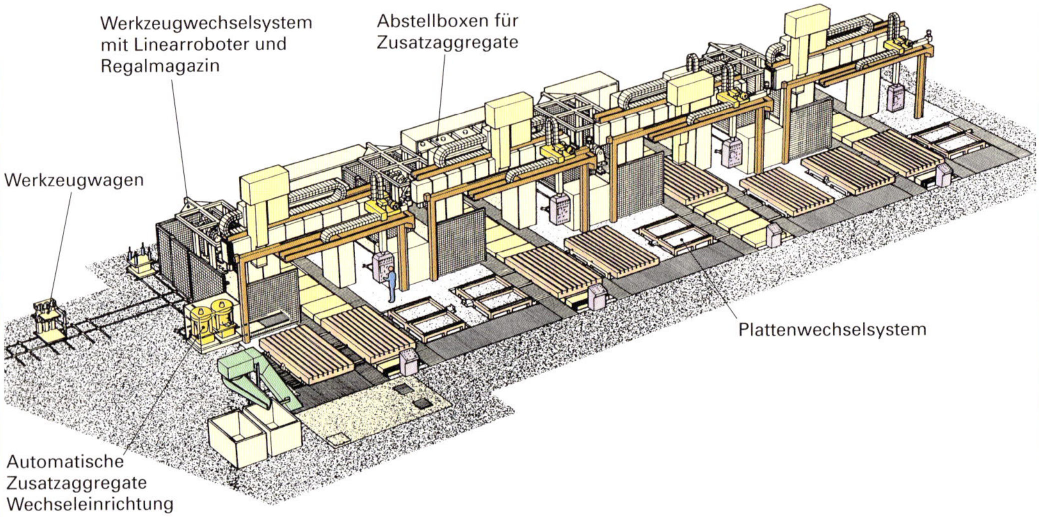

1 Ausführung des flexiblen Fertigungssystems

Die zu fertigende Getriebewelle durchläuft alle drei Bearbeitungsstationen. Der **Werkstücktransport** zwischen den Bearbeitungsstationen wird mit einem **Portalroboter** geregelt, der über einen **zentralen Leitrechner** gesteuert wird. Je nachdem, an welcher Bearbeitungsstation sich die Getriebewelle befindet, erhalten die Bearbeitungsstationen über den zentralen Leitrechner Informationen, wann die Bearbeitung der Welle stattfinden soll. Die Bearbeitung innerhalb der Bearbeitungsstation wird von ihren separaten Steuerungsrechnern geregelt. Nach der Bearbeitung wird die gefertigte Getriebewelle mit dem Portalroboter auf den in der Mitte stehenden Werkstückspeicher transportiert.

Mittels **eines fahrerlosen Transportsystems** werden die Halbzeuge vom Sägezentrum zum flexiblen Fertigungssystem transportiert. Im Anschluss der Bearbeitung werden die Werkstücke mit dem fahrerlosen Transportsystem zur Härterei bzw. Schleiferei befördert. Die Steuerung des fahrerlosen Transportsystems übernimmt ebenso der zentrale Leitrechner.

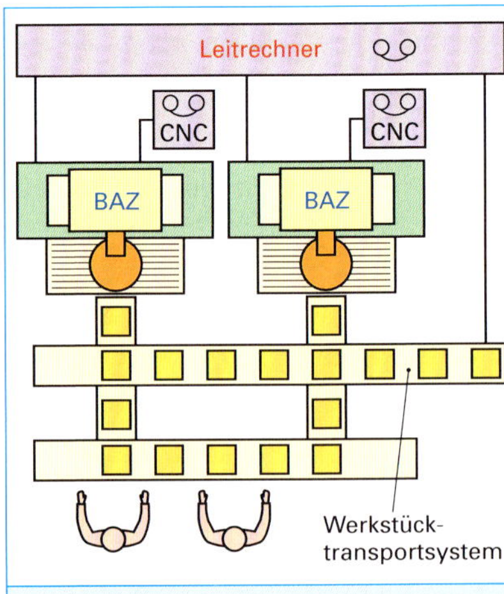

2 Flexibles Fertigungssystem

Merkmale des flexiblen Fertigungssystems (Bild 2):

- Mehrmaschinenkonzept,
- die Bearbeitungsstationen werden durch automatisierte Werkstücktransportsysteme verbunden,
- der Werkstücktransport zu und zwischen den Stationen wird durch einen übergeordneten Leitrechner organisiert,
- der jeweilige Beginn eines Fertigungsvorganges an der Bearbeitungsstation wird über den Leitrechner gesteuert,
- es kann eine komplette Bearbeitung eines Werkstückes oder einer Baugruppe in dem flexiblen Fertigungssystem durchgeführt werden,
- Werkstücke können zwischen den Bearbeitungsstationen unterschiedliche Wege haben bzw. Stationen überspringen.

Flexible Fertigungsstraße

Für die Bearbeitung fertigungsähnlicher Werkstücke in sehr großen Stückzahlen, die einen hohen Fertigungsaufwand erfordern, können **flexible Fertigungsstraßen** eingesetzt werden. Hierbei werden die Bearbeitungsstationen in einer festgelegten Reihenfolge aufgestellt (Bild 1). Die Werkstücke müssen alle Bearbeitungsstationen der Fertigungslinie durchlaufen.

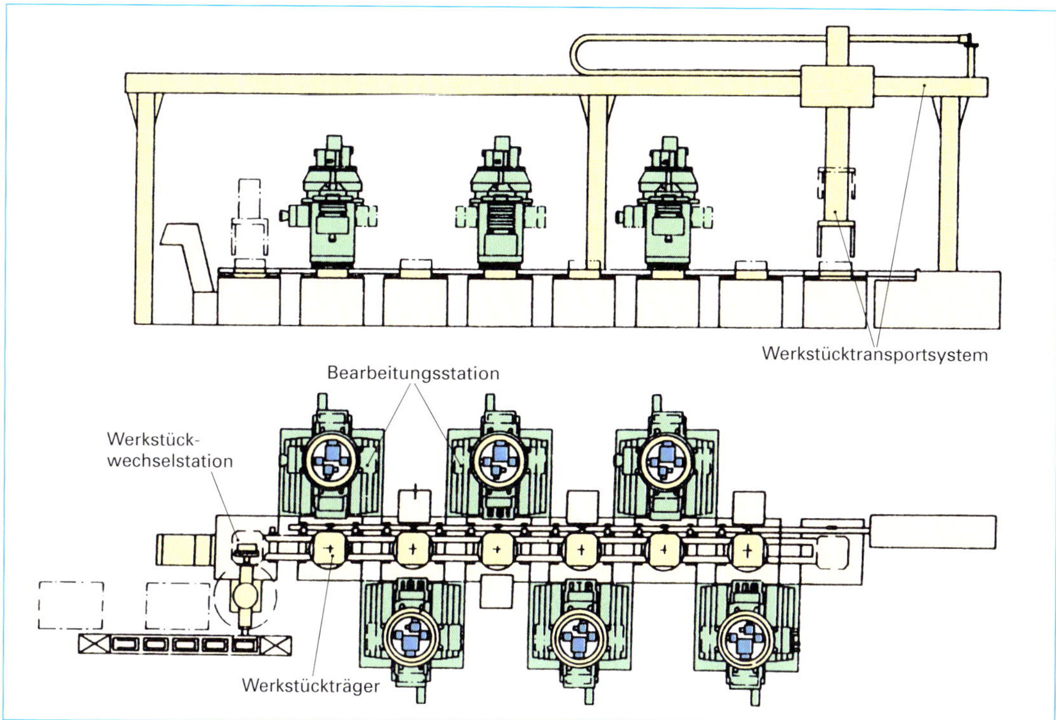

1 Ausführung einer flexiblen Fertigungsstraße

Die in Bild 1 in zwei Ansichten dargestellte Fertigungsstraße besitzt jeweils drei gegenüberliegende **Bearbeitungsstationen (BAS)**. Hierbei handelt es sich nicht um Einzweckmaschinen mit fest vorgegebenem Werkzeug, sondern um Maschinen mit Werkzeugwechselsystemen. Eine Alternative für die Bearbeitungsstationen stellen Montagestationen dar, die in einer flexiblen Fertigungsstraße integriert sein können. Neben den Steuerungsrechnern für die Bearbeitungsstationen kann der Werkstücktransport zu und zwischen den Maschinen von einem Steuerungsrechner geregelt werden.

Merkmale der flexiblen Fertigungsstraße (Bild 2):

- mehrere Bearbeitungsstationen sind in einer Fertigungslinie aufgestellt, d.h. ein Werkstück muss alle Bearbeitungsstationen passieren,
- die Bearbeitungsstationen sind durch ein automatisiertes Werkstückflusssystem verknüpft,
- der Werkstücktransport zu und zwischen den Stationen kann durch einen Steuerungsrechner gesteuert werden,
- zwischen den Bearbeitungsstationen können sich Ausgleichspuffer befinden um die unterschiedlichen Fertigungszeiten an den jeweiligen Stationen auszugleichen.

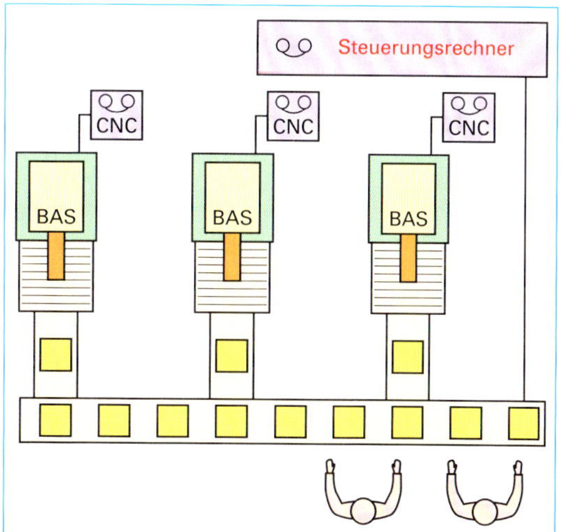

2 Flexible Fertigungsstraße

7.3 Handhabungssysteme für flexible Fertigungsanlagen

Für die automatische Bearbeitung in einer flexiblen Fertigungsanlage müssen die Werkzeuge und Werkstücke an den jeweiligen Bearbeitungsstationen zu- und abgeführt bzw. gehandhabt werden. Diese Funktionen werden von Handhabungssystemen übernommen. Man unterscheidet zwischen **Werkzeug- und Werkstück-Handhabungssystemen**.

Handhaben ist das Schaffen, definierte Verändern oder vorübergehende Aufrechterhalten einer räumlichen Anordnung von geometrisch bestimmten Körpern in einem Bezugskoordinatensystem.

Werkzeughandhabungssysteme

Bild 1 zeigt einen Ausschnitt des bereits im Abschnitt 7.2 vorgestellten Bearbeitungszentrums. Zu erkennen ist ein **Werkzeugkettenmagazin mit Werkzeugwechsler**. Die für die Bearbeitung über einen längeren Zeitraum benötigten Werkzeuge werden in dem Kettenmagazin gespeichert und mithilfe des Werkzeugwechslers in die Arbeitsspindel eingespannt. Der Werkzeugwechsler besteht aus einem Schwenkgreifer. Das jeweils benötigte Werkzeug wird mit der Kette zu dem Schwenkgreifer positioniert. Durch die Betätigung des Greifers wird anschließend das Werkzeug aus dem Kettenmagazin entnommen und durch Schwenken zur Arbeitspindel hingeführt.

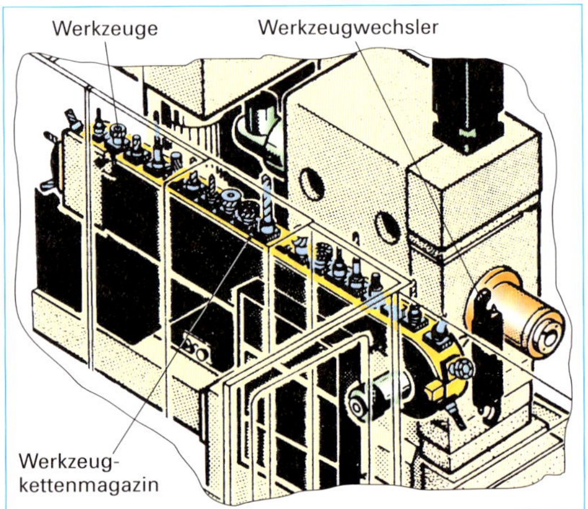

1 Werkzeughandhabungssystem

Bei den Werkzeugmagazinen wird grundsätzlich zwischen Magazinen mit beweglichen und stationären Werkzeugen unterschieden (Bild 2). Zu den **beweglichen Werkzeugmagazinen** gehören neben dem Kettenmagazin das Scheiben-, Trommel- und Sternmagazin.

Auswahlkriterien für den Einsatz eines Werkzeugmagazins sind Schnelligkeit des Werkzeugwechsels, Platzbedarf des Magazins in der Maschine, sowie Anzahl der einsetzbaren Werkzeuge in dem jeweiligen Magazin.

Bei **stationären Magazinen** befinden sich die Werkzeuge auf feststehenden Paletten oder Leisten. Um das Werkzeug aus dem Magazin zu entnehmen, muss ein Greifer zuerst das Werkzeug anfahren. Anschließend fährt er zur Maschine und setzt es dort in die Arbeitspindel oder den Werkzeughalter. Die Entnahme bzw. Zuführung des Werkzeuges erfolgt durch einen in den nachfolgenden Abschnitten beschriebenen Handhabungsgeräten.

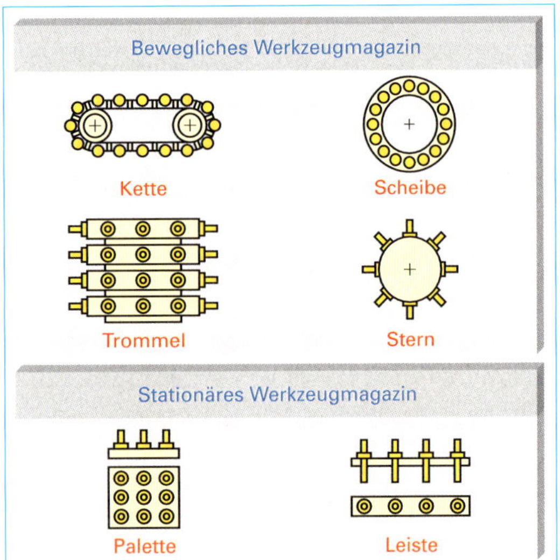

2 Bewegliche und stationäre Werkzeugmagazine

Werkzeug-Handhabungssysteme bestehen grundsätzlich aus einem Magazin- und Greifersystem.

Hierbei ist der Werkzeugplatz beweglich oder stationär. Um das richtige Werkzeug zu greifen, muss jedes Werkzeug oder der entsprechende Platz im Magazin kodiert sein.

Werkstück-Handhabungssysteme

In diesem Abschnitt werden zur Verdeutlichung die am Anfang des Kapitels vorgestellten Getriebewellen A, B und C herangezogen. Die jeweiligen Wellen sollen mit dem im Abschnitt 7.2 gezeigten Bearbeitungszentrum gefräst und geschliffen werden.

Werkstück-Handhabungssysteme bestehen aus der Fördereinheit und dem Handhabungsgerät zur Entnahme des Werkstückes.

In Bild 1 wird exemplarisch die **Fördereinheit** des Bearbeitungszentrums dargestellt. Der Handhabungsvorgang zur Förderung der Werkstücke läuft wie folgt schrittweise ab:

- Der Spannvorgang findet am Montageplatz des **Palettenpools** statt. Hier wird jeweils eine Getriebewelle von einem Handhabungsgerät (z. B. einem Schwenkarmroboter, vgl. S. 439) auf eine Palette eingespannt.
- Durch die Drehung des Palettenpools wird die eingespannte Getriebewelle zum **Palettenwechseltisch** des Bearbeitungszentrums gefördert.
- Der Palettenwechseltisch entnimmt dem Palettenpool die Palette mit der Getriebewelle und schiebt sie auf den **Maschinenschlitten**. Hier kann die Getriebewelle gefräst und geschliffen werden.
- Nach der Bearbeitung wird die Palette auf den Palettenwechseltisch zurückgeführt und auf den Palettenpool geschoben. Von dort aus wird sie zum Montageplatz gefördert. Die Getriebewelle kann nun von dem Handhabungsgerät ausgespannt werden.

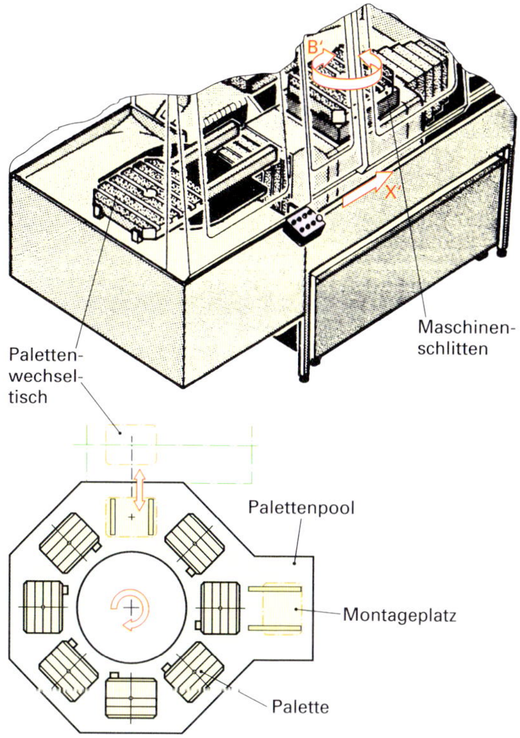

1 Fördereinheit des Bearbeitungszentrums

Während die erste Getriebewelle auf dem Bearbeitungszentrum gefräst und geschliffen wird, können von dem Handhabungsgerät bis zu sieben weitere Paletten bestückt werden, die sich dann auf dem Palettenpool befinden. Der Palettenpool dient dementsprechend als **Palettenspeicher**.

Die Förderung der Getriebewellen hin bzw. weg vom Palettenpool kann z. B. mithilfe des in Bild 2 dargestellten **Förderbandes** oder eines **Lineararmroboters** (vgl. S. 433, flexible Fertigungszelle) erfolgen. Nach der Fertigung auf dem Bearbeitungszentrum können somit die Getriebewellen zu weiteren Bearbeitungsstationen gefördert werden.

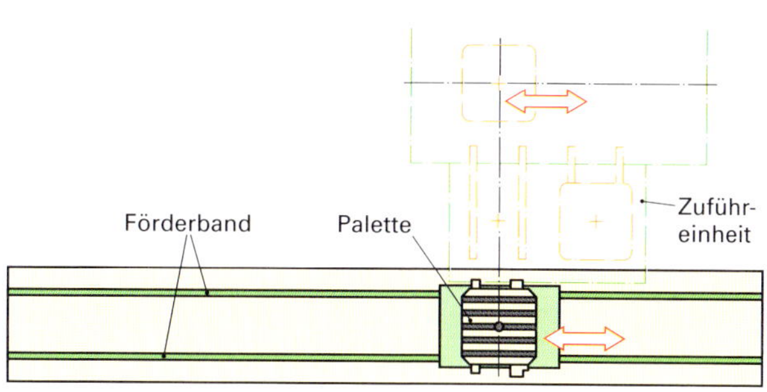

2 Förderband

Handhabungsgeräte

Als Handhabungsgeräte werden alle Geräte bezeichnet, die einen Körper zu einer bestimmten Position hinbewegen und ihn so weit drehen, dass sich der Körper dann in der richtigen Lage befindet.

Für flexible Fertigungsanlagen unterscheidet man zwischen Einlegegeräten und Industrierobotern.

Unter **Einlegegeräten** versteht man einfache Bewegungsautomaten mit festen Bewegungsabläufen. Die Bewegungen werden meistens über einfache mechanische Steuerungen realisiert. Die Geräte sind in ihrer Flexibilität sehr eingeschränkt und werden daher oft nur für einfache Montagetätigkeiten innerhalb einer flexiblen Fertigungsanlage eingesetzt.

Industrieroboter sind universell einsetzbare Bewegungsautomaten, die sich in mehreren Achsen gleichzeitig bewegen können. Die Bewegungen der Achsen werden nur durch computerunterstützte Steuerungen geregelt. Neben den Handhabungsaufgaben können Industrieroboter auch Fertigungsaufgaben, wie z.B. Schweißen oder Lackieren, ausführen.

Bei den Industrierobotern unterscheidet man hauptsächlich zwischen vier **Roboterbauarten**:

- Lineararmroboter
- Portalroboter
- Schwenkarmroboter
- Knickarmroboter

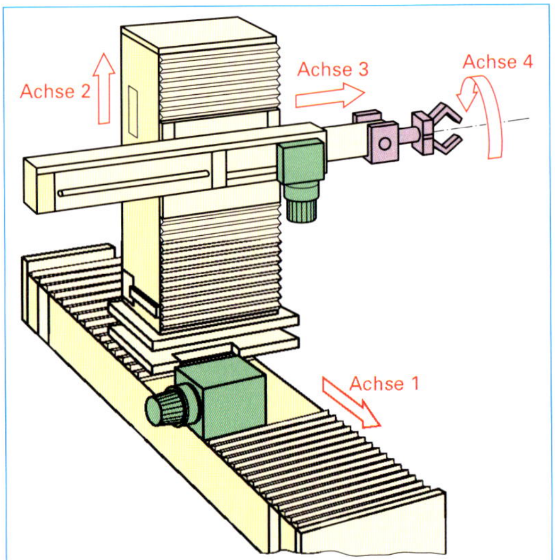

1 Lineararmroboter

Lineararmroboter

Der Lineararmroboter ist für einfache Handhabungsaufgaben geeignet (Bild 1). Der Greifer des Roboters kann sich nur in einem verhältnismäßig kleinen Arbeitsraum bewegen. Die Abmessungen des quaderförmigen **Arbeitsraumes** betragen in der Länge und Höhe ca. 1 m und in der Breite ca. 0,5 m (Bild 2). Der Lineararmroboter kann Werkstücke mit einem Gewicht von ca. 10 kg fördern.

Der Lineararmroboter besitzt **4 Bewegungsachsen**. Die erste, zweite und dritte Achse kann nur translatorisch (geradlinig) bewegt werden. Mit der vierten Achse wird eine rotatorische (drehende) Bewegung des Greifers ausgeführt (Bild 2). Während die translatorischen Bewegungen den Greifer an einer bestimmten Stelle im Raum positionieren, kann mit der rotatorischen Bewegung des Greifers die Lage des Werkstückes verändert werden.

Einsatzbeispiele eines Lineararmroboters sind neben der Werkzeugmaschinenbeschickung Montage- und Prüfaufgaben.

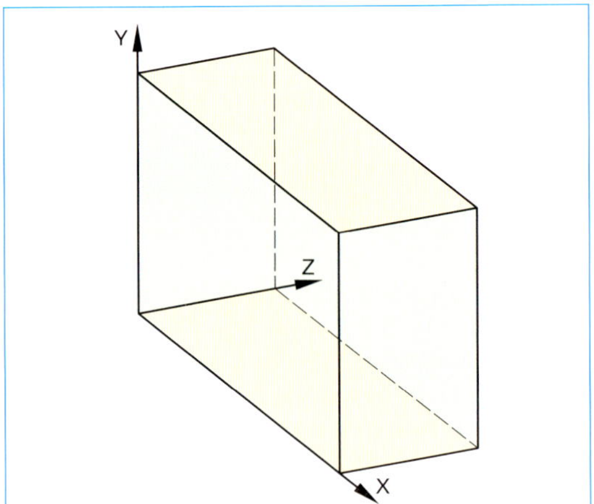

2 Arbeitsraum des Lineararmroboters

Portalroboter

Der **Portalroboter** kann Handhabungsaufgaben in einem sehr großen Arbeitsraum ausführen (Bild 1). Er eignet sich daher für die Beschickung von mehreren Bearbeitungsstationen in einem flexiblen Fertigungssystem. Im Gegensatz zum Lineararmroboter kann der Portalroboter Werkstücke mit einem Gewicht bis ca. 100 kg befördern.

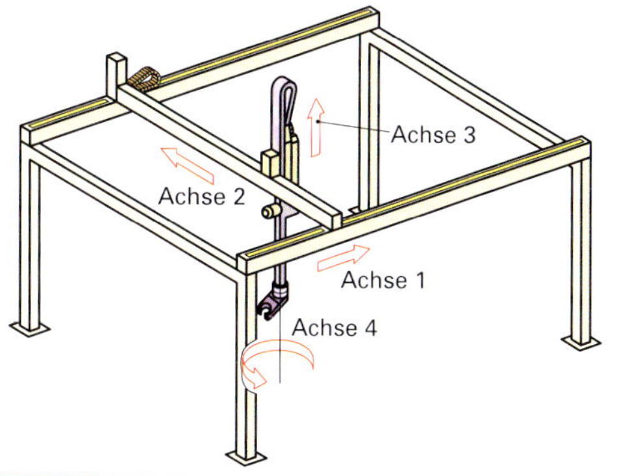

1 **Portalroboter**

Der **Arbeitsraum** des Portalroboters beträgt in seinen Abmessungen in der Länge bis zu 20 m, in der Breite bis zu 6 m und in der Höhe bis zu 2 m (Bild 2). Der quaderförmige Arbeitsraum des Portalroboters wird bestimmt durch die drei translatorischen Achsen in der Länge, Breite und Höhe sowie die rotatorische Achse des Greifers ähnlich wie beim Lineararmroboter. Es handelt sich dementsprechend um einen Roboter mit vier Bewegungsachsen.

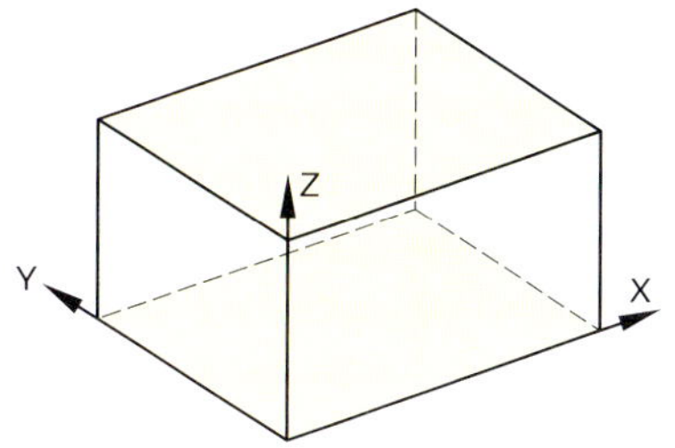

2 **Arbeitsraum des Portalroboters**

Einsatzbeispiele eines Portalroboters sind neben der Werkzeugmaschinenbeschickung Palettieren, Punktschweißen und kleinere Montagetätigkeiten.

Schwenkarmroboter

Der **Schwenkarmroboter** ist vorwiegend für Montagetätigkeiten konzipiert worden (Bild 3). In der horizontalen Ebene ist dieser Robotertyp durch seine Gelenke sehr nachgiebig, dagegen ist er in der vertikalen Richtung sehr steif. Dieses Verhalten ist beim Fügen vorteilhaft, da die meisten Fügebewegungen, bei denen größere Kräfte gebraucht werden, in der senkrechten Richtung stattfinden.

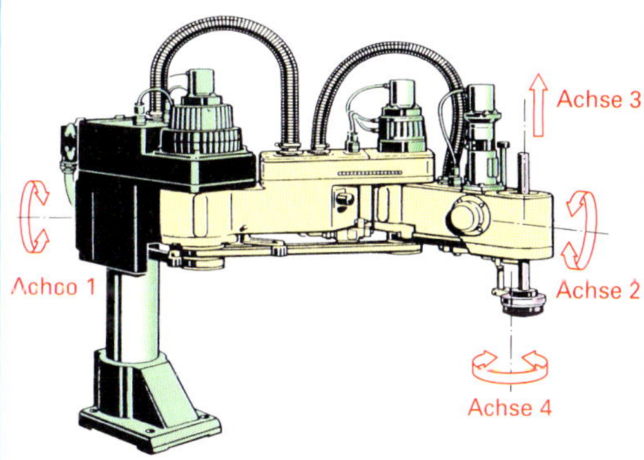

3 **Schwenkarmroboter**

Der C-förmige **Arbeitsraum** des Schwenkarmroboters ergibt sich aus den Drehbewegungen der Achsen A und B (Bild 4). Der Arbeitsraum umspannt eine Länge bis 2 m und eine Breite bis 1,5 m. In der Höhe kann der Schwenkarmroboter mit seiner dritten translatorischen Achse nur ca. 0,2 m verfahren. Mit der vierten rotatorischen Achse kann wie bei den vorhergehenden Robotertypen der Greifer gedreht werden. Da diese Achse mehrere Umdrehungen ausführen kann, ist das Einsetzen von Schrauben möglich.

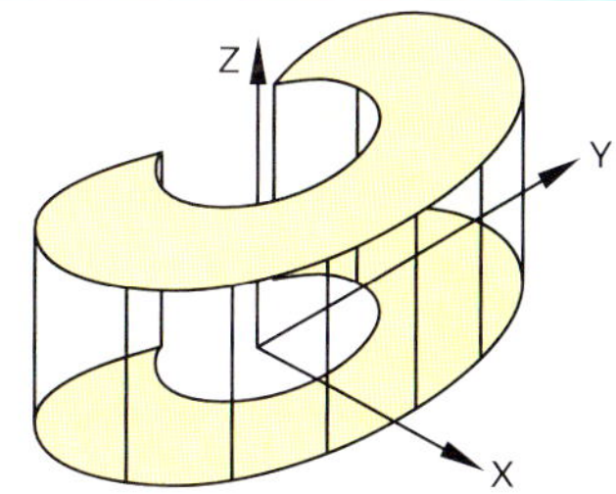

4 **Arbeitsraum des Schwenkarmroboters**

Knickarmroboters

Der **Knickarmroboter** kann neben der Handhabung wie z.B. Einlegen oder Maschinenbeschickung auch Fertigungsaufgaben ausführen (Bild 1). Es ergibt sich somit ein Aufgabenbereich vom Schweißen, Kleben, Beschichten, Pressen oder Lackieren bis hin zum Fräsen und Bohren. Der Knickarmroboter kann Werkstücke mit einem Gewicht bis zu 100 kg handhaben oder entsprechende Kräfte z.B. zum Pressen aufbringen.

Der **Arbeitsraum** des Knickarmroboters ergibt sich durch seine fünf rotatorischen Drehachsen (Bild 2). Da alle Achsen des Roboters Drehachsen sind, kann sich der Greifer in einem kugelförmigen Arbeitsraum bewegen. Mit der ersten Achse dreht sich der Knickarmroboter um sich selbst und durch die zweite sowie dritte Achse wird eine Schwenkbewegung der Roboterarme ausgeführt. Mit den drei ersten Achsen wird der Greifer an einem bestimmten Punkt im Raum positioniert. Mit der vierten und fünften Achse wird die Lage des Greifers durch Drehen und Schwenken bestimmt.

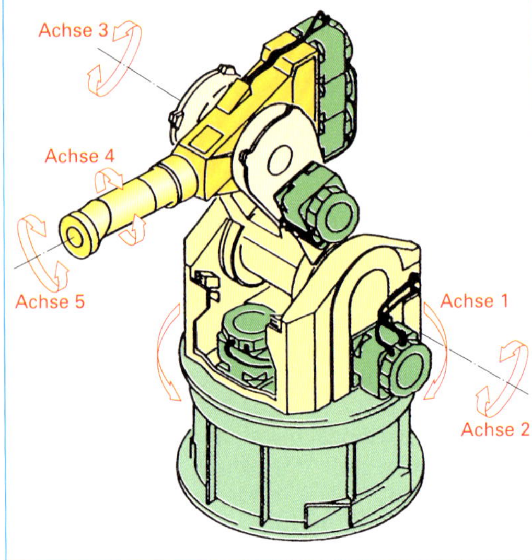

1 Knickarmroboter

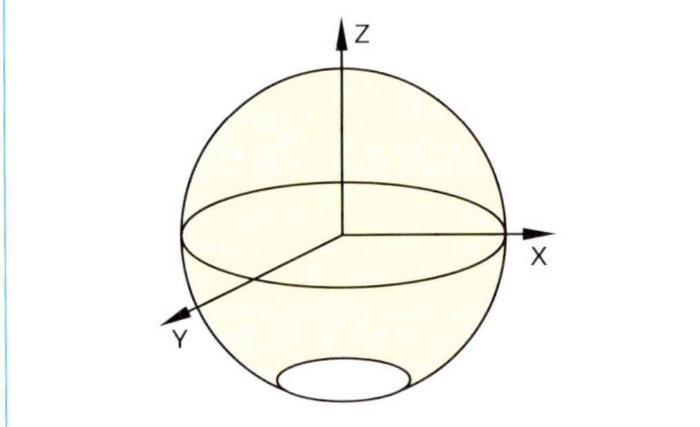

2 Arbeitsraum des Knickarmroboters

Industrieroboter

Alle **Industrieroboter** arbeiten mit einer computerunterstützten Steuerung, die mit der Steuerung einer CNC-Werkzeugmaschine vergleichbar ist (Bild 3). Diese Steuerung ist in ein Gesamtsystem eingebunden. Neben den Eingabegeräten kann die Bewegung des Roboters über die Steuerung durch Sensoren beeinflusst werden.

Eingabegeräte sind das Handbediengerät, das Diskettenlaufwerk oder die Tastatur mit Bildschirm. Während über die Tastatur oder das Diskettenlaufwerk Programme für den Bewegungsablauf eingegeben werden, kann mit dem Handbediengerät der Industrieroboter von Hand verfahren werden.

Sensoren befinden sich im Arbeitsraum und dienen der Überprüfung z.B. der Greifertätigkeit. So kann durch eine Lichtschranke überprüft werden, ob sich im Greifer ein Werkstück befindet. Falls nicht, muss der Greifer seine Bewegungen zur Entnahme des Werkstücks wiederholen.

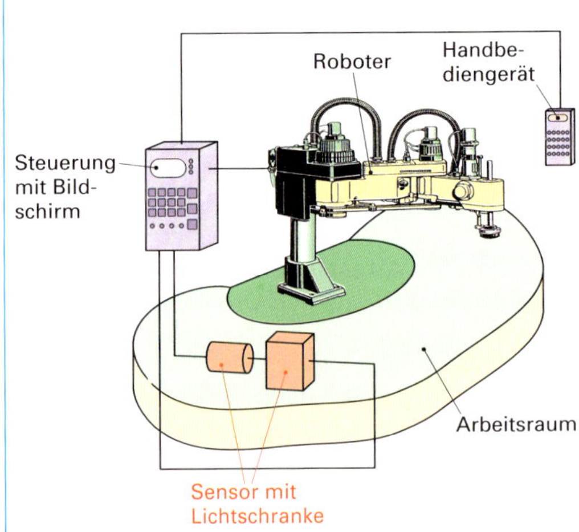

3 Steuerungssystem eines Industrieroboters

Programmierung von Industrierobotern

Die Bewegung eines Industrieroboters wird auf zwei unterschiedliche Arten gesteuert, mit der Punkt- und der Bahnsteuerung. Bei der **Punktsteuerung** wird der Steuerung lediglich der Anfangs- und Endpunkt der Greiferbewegung mitgeteilt (Bild 1). Mit dieser Steuerungsart fährt der Greifer auf dem schnellsten Weg vom Anfangs- zum Endpunkt. Dieser Weg ist nicht unbedingt der kürzeste Verfahrweg für den Greifer, da z.B. von einem Schwenkarmroboter eine kreisförmige Bewegung schneller ausgeführt wird als eine lineare Bewegung.

Bei der **Bahnsteuerung** bewegt sich der Greifer des Roboters auf einer vorgegebenen Bahn (Bild 2). Hierbei sind in der Regel kreisförmige oder lineare Bewegungen mit einer festgelegten Vorschubsgeschwindigkeit möglich. Diese Bewegungsart ist für den Computer des Roboters wesentlich aufwendiger zu berechnen, da hierbei zwischen dem Anfangs- und Endpunkt eine Vielzahl von Zwischenpunkten berechnet bzw. interpoliert werden muss. Die Bahnsteuerung wird vor allem bei langsamen und genauen Bewegungen, z. B. beim Schweißen oder beim letzten Anfahrweg des Greifers zum Werkstück, eingesetzt.

Programmierarten für Industrieroboter

Um einen komplexeren Bewegungsablauf des Greifers festzulegen, wird die Steuerung programmiert. Hierbei wird zwischen der Programmierung direkt am Roboter **(On-Line)** und der Programmierung unabhängig vom Roboter **(Off-line)** unterschieden (Bild 3). Während die **Teach-In- und Play-Back-Programmierung** am Roboter erfolgt, kann die textuelle Programmierung am Roboter oder unabhängig vom Roboter eingesetzt werden.

Für die Teach-In-Programmierung wird z.B. ein **Handbediengerät** benötigt (Bild 4). Hierbei wird der Greifer zu einem bestimmten Punkt mit dem Handbediengerät gefahren. Die entsprechende Greiferposition kann dann unter einem festgelegten Punktnamen gespeichert werden.

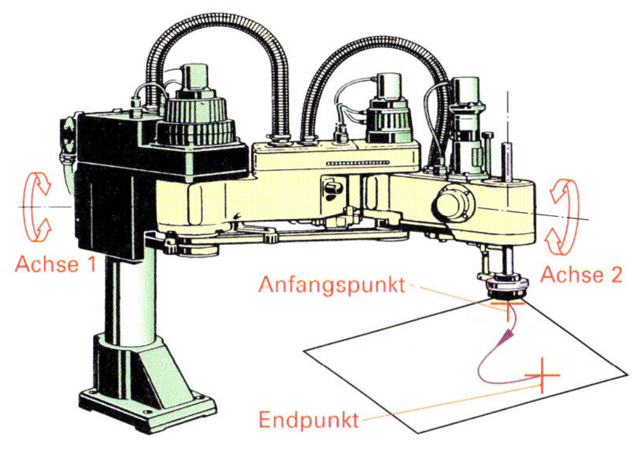

1 Bewegung des Greifers mit der Punktsteuerung

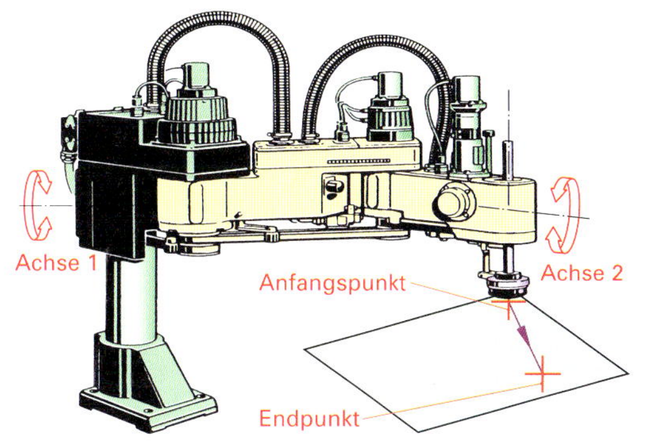

2 Bewegung des Greifers mit der Bahnsteuerung

Programmierarten für Industrieroboter

On-Line-Programmierung		Off-Line-Programmierung
Teach-In-Programmierung	Play-Back-Programmierung	Textuelle Programmierung
Anfahren und speichern des Endpunktes	Abfahren einer Bahn und speichern der Daten	Programmiersprachen: z.B. SRCL (KUKA), MANUTEC (Siemens), BAPS (Bosch), ROLF (CLOOS).

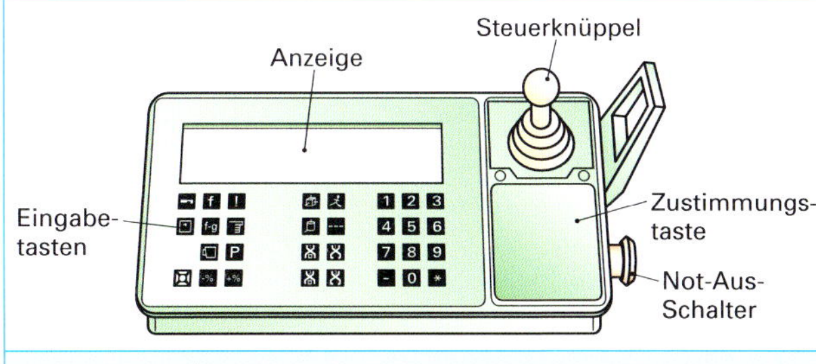

3 Handbediengerät

Während bei der Teach-In-Programmierung der Robotergreifer zu wenigen festgelegten Punkten auf seiner Bewegungsbahn mithilfe des Handbediengerätes gefahren wird, kann bei der **Play-Back-Programmierung** die gesamte Bewegungsbahn des Robotergreifers durch eine Vielzahl von Punkten festgelegt werden. Hierbei wird der Greifer vom Bediener unmittelbar über Handgriffe eine bestimmten Bahn entlang geführt (Bild 1). Während dieser Phase speichert die Steuerung selbsttätig in einem festen Zeittakt alle für die Wiedergabe (Playback) der Bahn notwendigen Daten. Die Play-Back-Programmierung wird dort, wo der Robotergreifer schwierige Konturen nachfahren muss, z.B. bei Lackier- und Schweißarbeiten, eingesetzt.

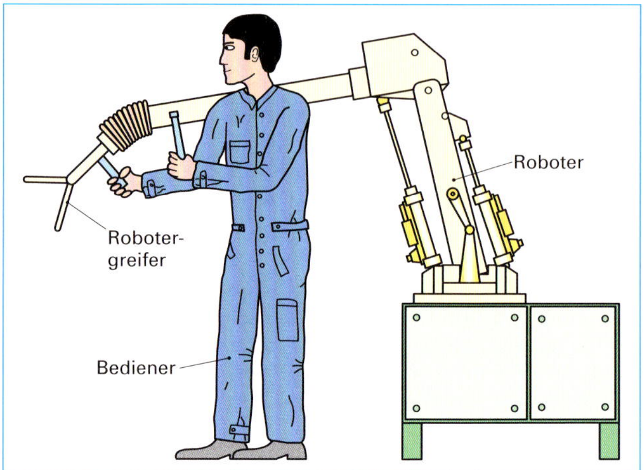

1 Play-Back-Programmierung durch Führen des Robotergreifers

Programmieraufgabe (Beispiel)

Im Folgenden wird mit einer Programmieraufgabe die Off-Line-Programmierung zur Steuerung eines Schwenkarmroboters erläutert. Die Steuerung des Robotergreifers erfolgt in dieser Aufgabe mit der von Bosch entwickelten Programmiersprache „BAPS".

Aufgabenstellung:

Mithilfe eines Schwenkarmroboters sollen die zu Beginn des Kapitels 7 vorgestellten Getriebewellen aus einem bereitgestellten Werkstückmagazin entnommen und zur Messstation gefahren werden. Nach einer Wartezeit von 30 s können die Wellen der Messstation entnommen und zur Fertigteilpalette gefahren werden. Die anzufahrenden Punkte sind im Bild 2 aufgeführt.

Die anzufahrenden Punkte sollen mit folgenden Namen im Programm definiert werden.

Werkzeugwechselpunkt: WWP

Position des Werkstückmagazins: Magazin

Position der Fertigteilpalette: Palette

Position der Messstation: Messen

Der Greifer soll bei allen Punkten auf die Verfahrhöhe Z = 100 mm positioniert werden. Die Winkelposition des Greifers beträgt α = 0°.

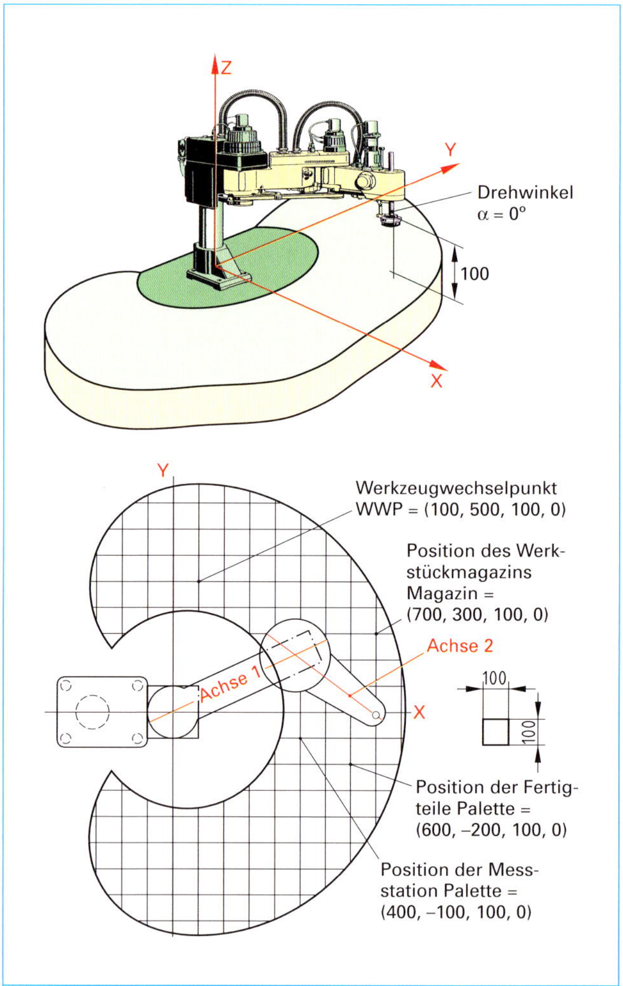

2 Arbeitsraum mit den anzufahrenden Punkten

Nr.	Programmsatz	Erläuterung
1	;; Einfuegekopf PROGRAMM Welle_A	*Der Beginn eines Programms stellt die Deklaration des Programmkopfes dar. Hierfür wird der erste Befehl angegeben.* *Jedes Programm muss mit dem reservierten Wort PROGRAMM beginnen. Hinter diesem Wort befindet sich der Programmname.*
2	; **********Deklaration**********	*Zur besseren Übersichtlichkeit und Strukturierung eines Programms können Programmsätze mit Kommentaren eingeschoben werden, die von der Steuerung nicht gelesen werden. Vor diese Sätze wird ein Semikolon gesetzt.*
3 4 5 6	WWP = (100, 500, 100, 0) Magazin = (700, 300, 100, 0) Palette = (600, –200, 100, 0) Messen = (400, –100, 100, 0)	*Im ersten Teil des Programms werden alle Punkte definiert, die im Hauptprogramm aufgerufen und mit dem Greifer angefahren werden. Jeder Punkt bekommt den in der Aufgabenstellung festgelegten Namen. Hinter dem Namen werden die jeweiligen Koordinaten des Punktes für die X-, Y- und Z-Achse sowie der Drehwinkel des Greifers angegeben.*
7	; ********Hauptprogramm********	*Kommentarzeile (siehe Erläuterung Satz 2).*
8	V_PTP = 50%	*Mit dem Befehl V_PTP kann die Eilgangsgeschwindigkeit reduziert werden. In diesem Beispiel wird die Geschwindigkeit auf die Hälfte verringert.*
9	FAHRE PTP NACH WWP	*Der Befehl FAHRE PTP NACH gibt der Steuerung an, dass der Robotergreifer mit der Eilgangsgeschwindigkeit vom Ausgangspunkt zum angegebenen Punkt fahren soll. In diesem Satz soll der Greifer den Werkzeugwechselpunkt WWP anfahren. An dieser Stelle kann der für die Bearbeitungsaufgabe geeignete Greifer entnommen werden.*
10	Greifer = 0	*Der Greifer öffnet sich bei der Wertzuweisung „0".*
11	FAHRE PTP NACH Magazin	*Das Werkstückmagazin wird im Eilgang angefahren.*
12	Greifer = 1	*Der Greifer schließt sich bei der Wertzuweisung „1" und entnimmt somit die zu messende Getriebewelle aus dem Werkstückmagazin.*
13	WARTE 2	*Der Befehl WARTE 2 bewirkt einen Bewegungsstillstand für 2 Sekunden.*
14 15	FAHRE PTP NACH Messen WARTE 30	*Der Greifer fährt zur Messstation und verharrt dort 30 Sekunden für den Messvorgang.*
16 17 18	FAHRE PTP NACH Palette Greifer = 0 WARTE 2	*Nach dem Messen wird die Fertigteilpalette angefahren und das Werkstück abgelegt. Für das Öffnen des Greifers wird eine Wartezeit von 2 Sekunden veranschlagt.*
19	FAHRE PTP NACH WWP	*Der letzte Verfahrweg führt wieder zum Werkzeugwechselpunkt WWP. Hier wird evtl. ein neuer Greifer für die nächste Bearbeitungsaufgabe entnommen.*
20	ENDE	*Der Abschluss des gesamten Programms wird durch die Anweisung ENDE gesetzt.*

7.4 Computerunterstützte Fertigung

Die Computertechnik hat nicht nur zu der im Kapitel 7 beschriebenen flexiblen Fertigung, sondern auch zu einer Veränderung der Arbeitssituation in allen Abteilungen eines Betriebes geführt. Durch die vielfältigen Einsatzmöglichkeiten eines Computers und wegen des steigenden Wettbewerbsdrucks auf dem Weltmarkt sind die Anforderungen an den Hersteller in vielen Bereichen gestiegen. Die Bewältigung der Anforderungen an den Hersteller kann nur durch den Einsatz der Computertechnologie in allen Betriebsbereichen erreicht werden. Zudem müssen die Abteilungen miteinander vernetzt werden, sodass ein vollständiger Informationsaustausch zwischen den Abteilungen möglich ist.

Ziel der computerunterstützten Fertigung ist ein reibungsloser und durchgängiger Informationsfluss zwischen allen Betriebsbereichen.

Für die Verwirklichung des angegebenen Zieles wurde ein unternehmensübergreifendes Denkmodell entwickelt. Hierbei handelt es sich um eine **„Fabrik der Zukunft"**, die den Namen **CIM (Computer Integrated Manufacturing)** erhält.

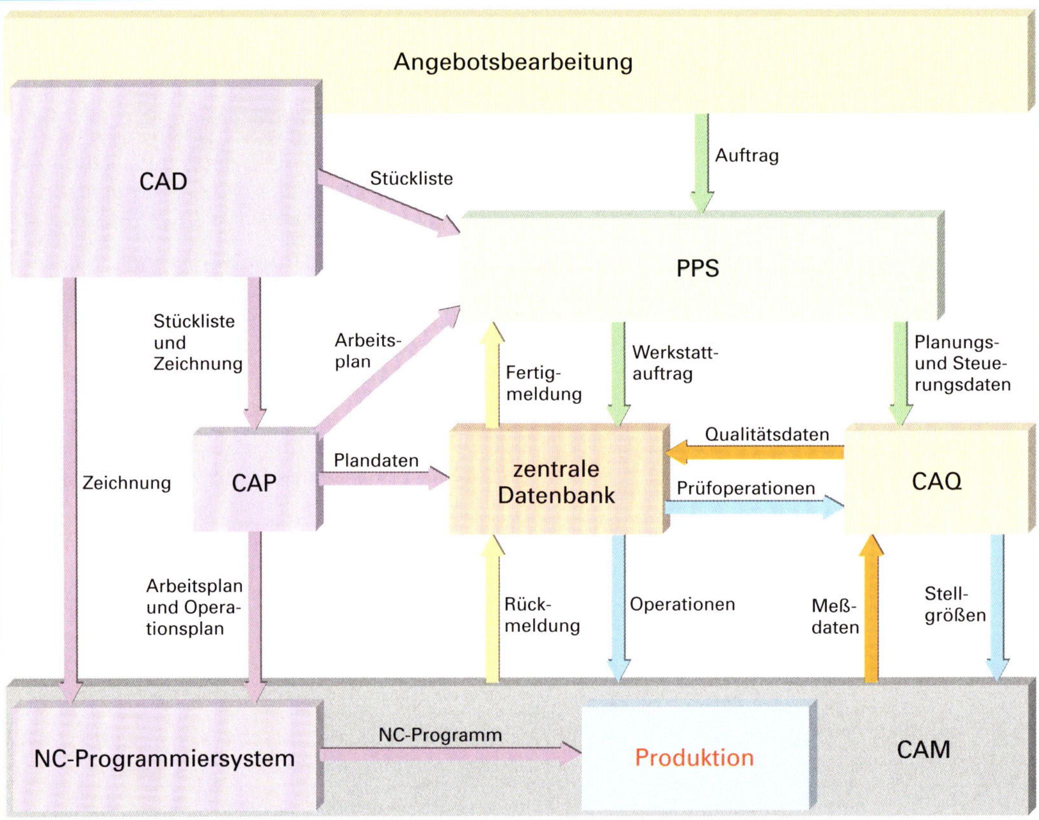

1 Kopplung der Einzelbereiche von CIM

Die „Fabrik der Zukunft" besteht aus Einzelbereichen, die jeweils so genannte computerunterstützte **Insellösungen** darstellen (Bild 1). Unter dem Denkmodell CIM versteht man nun die informationstechnische Kopplung der computerunterstützten Inseln zu einer Gesamtheit. Das Bindeglied zwischen den einzelnen „Inseln" ist die zentrale Datenbank. Hier werden computerunterstützt alle Daten der jeweiligen Abteilungen gesammelt und je nach Bedarf von den einzelnen Bereichen abgefragt. Nachfolgend werden die jeweiligen Inseln (PPS, CAD, CAP, CAM und CAQ) näher betrachtet.

PPS (Produktionsplanung und -steuerung)

Die PPS stellt den vor Produktion vorgelagerten Bereich dar, der für die Auftragsveranlassung und -überwachung verantwortlich ist. Dieser Bereich arbeitet unternehmensübergreifend und benötigt Informationen aus allen Abteilungen. Die in Bild 1 aufgeführten **Aufgaben der PPS** werden durch sehr komplexe PPS-Programme unterstützt. Die Bearbeitung der Funktionen kann nur durch eine große Anzahl an Fertigungs- und organisatorischen Daten der einzelnen Abteilungen erfolgen. Mithilfe der PPS-Programme können für die jeweiligen Abteilungen Termine, Kapazitäten und Mengen der anfallenden Aufträge bestimmt und in einer Datenbank für alle Abteilungen abgelegt werden.

Eine Erweiterung der PPS-Programme stellen Unternehmensübergreifende Rechnersysteme (ERP-Programme) dar. In diesen Programmen werden neben den Aufgaben der PPS die gesamte Auftragsabwicklung der anfallenden Geschäftsprozesse durchgeführt. So können z.B. aufgrund von vorliegenden Anfragen eines Kunden, Angebot, Auftragsschreiben, Bestellungen, Rechnungen und Lieferscheine erstellt werden.

**CAD (Computer Aided Design)
– Computerunterstütztes Zeichnen**

Der CAD-Bereich befindet sich zwischen der Produktionplanung und -steuerung bzw. der Arbeitsplanung (CAP). Die in Bild 2 aufgeführten **Aufgaben des CAD-Bereiches** werden vollständig computerunterstützt durchgeführt. Die vom CAD-Bereich erstellten Stücklisten und Zeichnungen werden in einer zentralen Datenbank abgelegt, die auch anderen betrieblichen Abteilungen zur Verfügung steht.

Die Zeichnungen bilden die Grundlage zur Erstellung von computerunterstützten Programmen (CNC) der Fertigung. Leistungsfähige Rechnersysteme generieren hierbei CNC-Programme für die jeweiligen Fertigungsmaschinen aufgrund der vorliegenden Zeichnungsdaten.

**CAP (Computer Aided Planning)
– Computerunterstützte Arbeitsplanung**

Der CAP-Bereich ermittelt anhand der Konstruktionsunterlagen aus der CAD-Abteilung die Arbeitsvorgangsfolge für dic Produktion (Bild 2). Hierfür werden Werkzeuge und Vorrichtungen ausgewählt sowie die jeweiligen Maschinen. Neben der Auftragszeitermittlung werden von der CAP-Abteilung Fertigungs- und Montageanweisungen für die jeweiligen Abteilungen erzeugt. Während die Arbeitspläne der PPS-Abteilung zugeführt werden, erhält der Produktionsbereich die Arbeits- und Operationspläne.

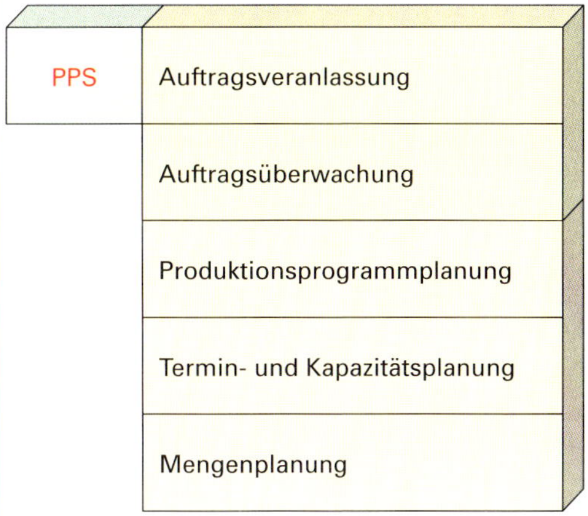

1 Aufgaben der PPS

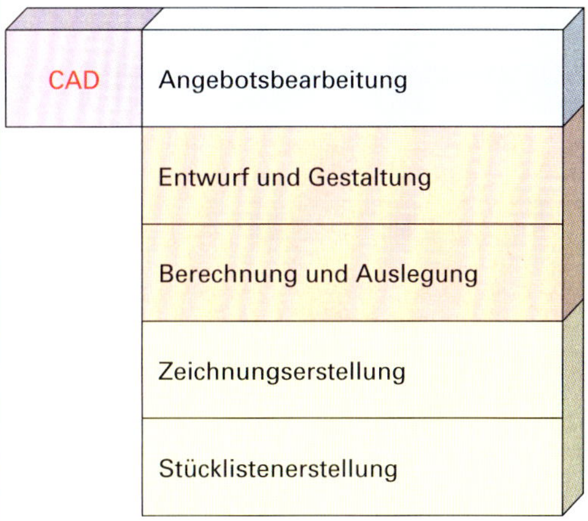

2 Aufgaben des CAD-Bereiches

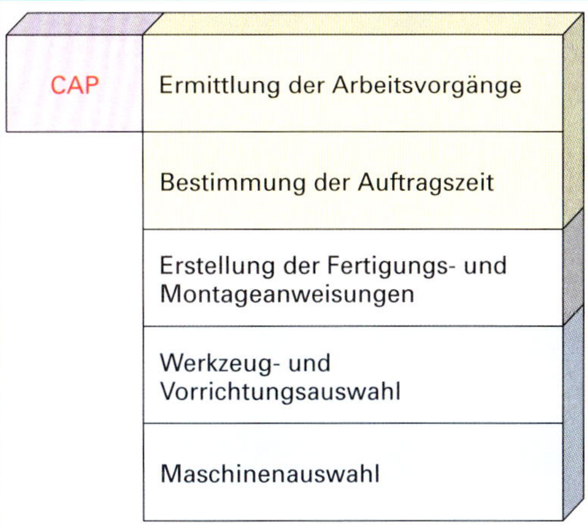

3 Aufgaben des CAP-Bereiches

CAM (Computer Aided Manufacturing)
– Computerunterstützte Fertigung

Grundbausteine des CAM-Bereichs stellen die flexiblen Fertigungsanlagen dar. Die für die Fertigung benötigten Daten und Programme können aufgrund der Zeichnungs-, Stücklisten- und Arbeitsplandaten automatisch erstellt und zu den jeweiligen Fertigungs- und Montageanlagen weitergeleitet werden. Der PPS-Bereich übermittelt dem CAM-Bereich die Daten für den Fertigungsbeginn eines Auftrages. Nach Beendigung des Auftrages erfolgt eine Fertigmeldung. Bild 1 gibt die wichtigsten **Aufgaben des CAM-Bereiches** wieder.

CIM (Computer integrated manufacturing)
– Computerintegrierte Fertigung

CIM wird nicht wie die bisher vorgestellten computerunterstützen Bereiche durch unterschiedliche Softwareprodukte realisiert. CIM stellt die Verbindung von betriebswirtschaftlichen und technischen Aufgaben eines Betriebes dar. Hierbei werden die Betriebsabteilungen Vertrieb, Angebotsabteilung, Konstruktion, Arbeitsplanung, Materialwirtschaft, Arbeitsverfolgung, Maschinensteuerung, Kalkulation, Büroorganisatioon und Qualitätssicherung rechnerunterstützt miteinander verbunden. Durch CIM wird somit die gesamte betriebliche Verkettung realisiert.

CAQ (Computer Aided Quality Assurance)
– Computerunterstützte Qualitätssicherung

Der CAQ-Bereich ist für die computerunterstützte Planung und Durchführung der Qualitätssicherung zuständig. Zur Festlegung der Prüfmerkmale bedient sich der CAQ-Bereich aus der zentralen Datenbank. Die Prüfmerkmale werden durch die konstruktiven Qualitätsmerkmale der CAD-Abteilung und Daten des CAP-Bereichs bestimmt. Planungs- und Steuerungsdaten für die Durchführung der im Bild 1 beschriebenen **Aufgaben des CAQ-Bereiches** werden vom PPS-Bereich bereitgestellt.

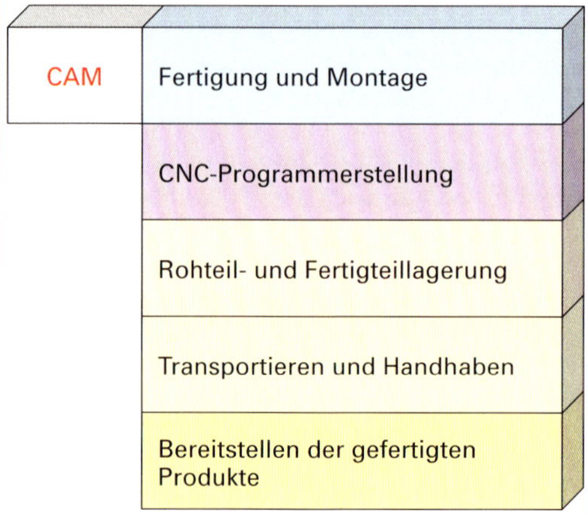

1 Aufgaben des CAM-Bereiches

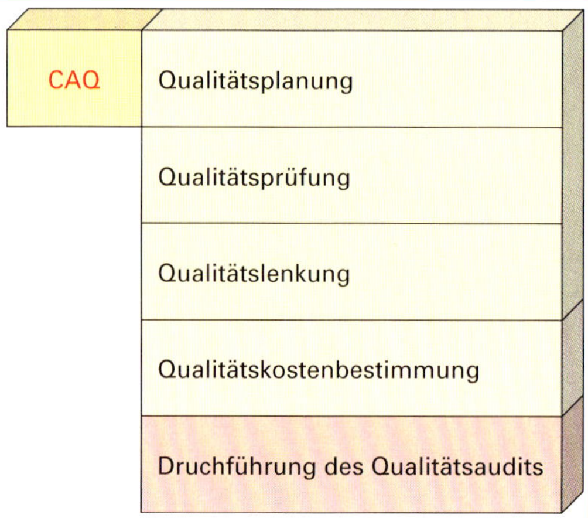

2 Aufgaben des CAQ-Bereiches

Aufgaben:

1 Beschreiben Sie den Unterschied zwischen einer Werkstätten-, Gruppen- und Fließfertigung.

2 Geben Sie die Merkmale eines Bearbeitungszentrums an.

3 Stellen Sie die folgenden flexiblen Fertigungsanlagen

– flexible Fertigungszelle,
– flexibles Fertigungssystem und
– flexible Transferstraße

schematisch dar und ermitteln Sie deren Einsatzbereiche.

4 Beschreiben Sie den Werkstück- und Werkzeugtransport der in Frage 3 genannten flexiblen Fertigungsanlagen.

5 Zeigen Sie den Unterschied zwischen beweglichen und stationären Werkzeughandhabungssystemen auf.

6 Beschreiben Sie Möglichkeiten zur Förderung eines Werkstückes zwischen einem Bearbeitungszentrum und einer flexiblen Fertigungszelle.

7 Bei Industrierobotern unterscheidet man hauptsächlich zwischen vier Roboterbauarten. Beschreiben Sie die jeweiligen Bauarten und geben Sie für jeden Robotertyp ein Einsatzbeispiel an.

8 Erklären Sie den Unterschied zwischen der Teach-In- und Play-Back-Roboterprogrammierung.

Sachwortverzeichnis

Vorbemerkung: Die Begriffe werden im Allgemeinen in der ersten Person Einzahl, in einigen Fällen auch in der Mehrzahl aufgeführt.

R

S

T

U

V

Wichtige Normen und Vorschriften

Auf dem Gebiet der spanenden Metallbearbeitung gibt es Tausende von Normen und anderen Vorschriften. Sie behandeln die Werkstoffe, die Fertigungsverfahren, die Werkzeugmaschinenkonstruktionen und den Arbeitsschutz. Die Titel der Normen wurden teilweise vereinfacht.
Die folgende Auswahl soll einen Einblick in das umfangreiche Normen- und Vorschriftenwerk geben. Dabei wurde versucht, für jedes Sachgebiet charakteristische Normen, Richtlinien und Vorschriften aufzuführen.

DIN 202	Gewinde; Übersicht
DIN 861-1	Parallelendmaße
DIN 862	Messschieber
DIN 863	Messschrauben
DIN 1301-1	Einheiten; Einheitennamen, Einheitenzeichen
DIN 1301-2	Einheiten; Allgemein angewendete Teile und Vielfache
DIN 1304-1	Formelzeichen; Allgemeine Formelzeichen
DIN 1305	Masse, Wägewert, Kraft, Gewichtskraft, Last
DIN 1319-1	Grundbegriffe der Messtechnik; Allgemeine Grundbegriffe
DIN 1319-2	Grundbegriffe der Messtechnik; Begriffe für die Anwendung von Messgeräten
DIN 1319-3	Grundbegriffe der Messtechnik; Auswertung von Messungen
DIN 1410	Werkzeugmaschinen; Bewegungsrichtung und Anordnung der Stellteile
DIN 1836	Werkzeuge; Anwendungsgruppen zum Zerspanen
DIN 1700	Nichteisenmetalle, Bezeichnung
DIN 2244	Gewinde; Begriffe
DIN 2257-1	Begriffe der Längenprüftechnik, Einheiten, Tätigkeiten, Prüfmittel, Messtechnische Begriffe
DIN 2257-2	Begriffe der Längenprüftechnik; Fehler und Unsicherheiten beim Messen
DIN 6580	Begriffe der Zerspantechnik; Bewegungen und Geometrie des Zerspanvorganges
DIN 6581	Begriffe der Zerspantechnik; Bezugssysteme und Winkel am Schneidteil des Werkzeugs
DIN 6582	Begriffe der Zerspantechnik; ergänzende Begriffe am Werkzeug, am Schneidkeil und an der Schneide
DIN 6583	Begriffe der Zerspantechnik; Standbegriffe
DIN 6584	Begriffe der Zerspantechnik; Kräfte, Energie, Arbeit, Leistungen
DIN 7154	ISO-Passungen für Einheitsbohrung
DIN 7155	ISO-Passungen für Einheitswelle
DIN 7157	Passungsauswahl; Toleranzfelder; Abmaße; Passtoleranzen
DIN 7168	Allgemeintoleranzen
DIN 8580	Fertigungsverfahren; Begriffe; Einteilung, Übersicht
DIN 8589-0	Fertigungsverfahren Spanen; Einordnung, Unterteilung, Begriffe
DIN 8589-1	Drehen
DIN 8589-2	Bohren, Senken, Reiben
DIN 8589-3	Fräsen
DIN 8589-11	Schleifen mit rotierendem Werkzeug
DIN 19 222	Messen, Steuern, Regeln; Leittechnik, Begriffe
DIN 30 910	Sinterwerkstoffe
DIN 40 150	Begriffe zur Ordnung von Funktions- und Baueinheiten
DIN 66 025-1	Programmaufbau für numerisch gesteuerte Arbeitsmaschinen; Allgemeines
DIN ISO 286-1	ISO-System für Grenzmaße und Passungen
DIN ISO 513	Harte Schneidstoffe zur Zerspanung
DIN ISO 525	Schleifmittel
DIN ISO 1101	Form- und Lagetoleranzen
DIN ISO 1219	Grafische Symbole der Fluidtechnik
DIN ISO 1302	Angabe der Oberflächenbeschaffenheit
DIN ISO 2768-1	Allgemeintoleranzen: Toleranzen für Längen Winkelmaße ohne einzelne Toleranzeintragungen
DIN ISO 2806	Industrielle Automatisierungs-Systeme; Numerische Steuerung von Maschinen; Begriffe
DIN EN 10 002	Zugversuch
DIN EN 10020	Einteilung der Stähle
DIN EN 10027	Bezeichnungssystem für Stähle, Nummern
DIN EN 10 052	Wärmebehandlung
DIN EN 10 083	Vergütungsstähle
DIN EN 10 088	Nichtrostende Stähle
DIN EN ISO 4287	Geometrische Produktspezifikationen – Oberflächenbeschaffenheit
DIN EN ISO 4957	Werkzeugstähle
DIN EN ISO 6506-1	Härteprüfung nach Brinell
DIN EN ISO 6507-1	Härteprüfung nach Vickers

Die folgenden **Sicherheitslehrbriefe** werden herausgegeben von der Arbeitsgemeinschaft der Eisen- und Metallberufsgenossenschaften und erscheinen im Carl Heymanns Verlag KG, Köln

ZH 1/6.3	Unfallanzeige
ZH 1/28	Mensch und Arbeitsplatz
ZH 1/33	Merkblätter für Metallschleifmaschinen
ZH 1/46	Sicherheit durch Unterweisung
ZH 1/63	Sicherheitslehrbrief für Schleifer und Polierer
ZH 1/71	Sicherheit beim Arbeiten mit Handwerkzeugen
ZH 1/94	Sicherheitslehrbrief für Handwerker
ZH 1/142	Erste Hilfe im Betrieb
ZH 1/143	Anleitung zur Ersten Hilfe bei Unfällen
ZH 1/220	Gefahrstoffverordnung
ZH 1/240	„Sicher arbeiten" – Merkheft mit Grundregeln
ZH 1/329	Sicherheitslehrbrief für Jugendliche
ZH 1/385	Richtlinien für die Kennzeichnung von Schleifwerkzeugen

Weiterführende Literatur

Die im Folgenden aufgeführten Bücher zu den einzelnen Sachgebieten dieses Lehrbuches bilden nur eine kleine Auswahl der erhältlichen Fachbücher, Lehrbücher und Informationsschriften. Daneben versenden viele Firmen und Institutionen Broschüren mit speziellen Informationen zu bestimmten Themen.

Böge, A.; Arbeitshilfen und Formeln für das technische Studium, Vieweg, Wiesbaden

Degner. W. u.a.; Spanende Formung; Hanser, München

Fritz, A.-H. u.a.; Fertigungstechnik; Springer, Berlin/Heidelberg

Jeske, T./Schneck. B.; Numerisch gesteuertes Spanen; Europa-Lehrmittel, Haan

Kammer, C. u.a.; Werkstoffkunde für Praktiker; Europa-Lehrmittel, Haan

Kief, H.; CNC-Ausbildung; Hanser, München

Kief, H.; NC/CNC Handbuch 2000; Hanser, München

König/Klocke; Fertigungsverfahren Drehen, Fräsen, Bohren; Springer, Berlin/Heidelberg

Lemke, E.; Fertigungsmesstechnik; Vieweg, Wiesbaden

Müller, G. u.a.; Lexikon Technologie; Europa-Lehrmittel, Haan

Paucksch, E.; Zerspantechnik, Vieweg, Wiesbaden

REFA – Fachausschuss Spanende Fertigung; Lehrunterlagen

Reichard, A. u.a.; Fertigungstechnik 1; Handwerk und Technik, Hamburg

Scheipers, P. u.a.; Handbuch der Metallbearbeitung; Europa-Lehrmittel, Haan

Schmid, D. u.a.; Automatisierungstechnik in der Fertigung; Europa-Lehrmittel, Haan

Schmid, D. u.a.; Produktionsorganisation; Europa-Lehrmittel, Haan

Schmid, D. u.a.; Steuern und Regeln in Maschinenbau und Mechatronik; Europa-Lehrmittel, Haan

Schmidt, G./Tautenhahn, F.; Qualitätsmanagement; Vieweg, Wiesbaden

Tschätsch, H.; Praxis der Zerspantechnik; Vieweg, Wiesbaden

Weck, M.; Werkzeugmaschinen-Fertigungssysteme 1; Springer, Berlin/Heidelberg

Witte, H.; Werkzeugmaschinen; Vogel, Würzburg

DIN-Taschenbücher; Beuth, Berlin
Sie enthalten alle für ein bestimmtes Fachgebiet relevanten Normen im Originaltext, verkleinert auf das Format A5.

1 Mechanische Technik; Grundnormen
3 Maschinenbau; Normen für Studium und Praxis
6 Bohrer, Senker, Reibahlen, Gewindebohrer, Gewindeschneideisen
11 Längenprüftechnik; Grundnormen, Messgeräte
14 Werkzeugspanner
40 Drehwerkzeuge
42 Handwerkzeuge
45 Gewinde
121 Werkzeugmaschinen; Fach-Grundnormen, Maschinenteile und Schmierung
122 Bohrmaschinen, Fräsmaschinen, Hobelmaschinen, Senkrechterodiermaschinen
151 Werkstückspanner und Vorrichtungen
161 Drehmaschinen
167 Fräswerkzeuge
193 Mechanische Verbindungselemente; Grundnormen
204 Antriebselemente
220 Fertigungsverfahren-Begriffe; Trennen, Zerteilen, Spanen, Abtragen, Zerlegen, Reinigen
223 Qualitätsmanagement und Statistik; Begriffe
241 Genormte Begriffe; Maschinenbau
404 Stahl und Eisen; Gütenormen 4; Maschinenbau, Werkzeugbau

Bildquellenverzeichnis

Airtec Pneumatik GmbH, Kronberg: 412-1; 413-1; 416-2

ANCA (Europa) GmbH, Mannheim: 190-1, 2, 3; 293-1

Berufliches Schulzentrum Oelsnitz/Erzgeb.: 375-2

Berufliches Schulzentrum Werdau: 256-1, 3; 257-1

Blohm Maschinenbau GmbH, Hamburg: 173-1; 331-2

BSZ Technik, Freundeskreis des e.V., Annaberg-Buchholz: 256-2

BSZ für Technik III., Richard Hartmann, Chemnitz: 26-1, 2, 3; 27-1, 2, 3; 171-3; 287-2; 288-1; 292-2

Buderus Schleiftechnik GmbH, Aßlar: 331-1

Ceram Tec AG, Ebersbach: 30-1; 72-1; 279-1, 2; 291-1

Carl Zeiss, Oberkochen: 10-2; 15-4

De Beers Industrie GmbH, Willich: 274-1; 278; 284-4

Deckel-Maho Drehmaschinen GmbH, Pfronten: 327-3; 353-1

Deutsche Bahn AG, Geschäftsbereich Werke, Chemnitz: 38-4

Diamant Board Deutschland GmbH, Haan: 172-1; 188-4; 189-2;

Dörries: 329-3

EMCO-Maier GmbH, Hallein (Östereich): 289-1

Emuge Werk, Lauf: 106-1

Gildemeister AG, Bielefeld 378-1

Gildemeister Devlieg, Bielefeld: 393-2

Gildemeister Drehmaschinen GmbH, Bielefeld: 363-1; 365-1; 370-1

Gühring, Albstadt: 109-3

Heckert Werkzeugmaschinen GmbH, Chemnitz: 4; 48; 310

Hohenstein Vorrichtungsbau und Spannsystem GmbH, Hohenstein-Ernstthal: 38-2

Dr. Johannes Heidenhain GmbH Traunreut 393-4

Johs. Boss GmbH & Co, Albstadt: 106-1

Hommel + Keller, Aldingen: 112-2, 3

Karl Klink GmbH Werkzeug- und Maschinenfabrik, Niefern-Öschelbronn: 195-1, 2

Klüber Lubrication Münschen KG, München: 295-1

Knuth GmbH & Co. Werkzeugmaschinen KG, Wasbeck: 183-3

Mahr GmbH, Esslingen: 12-3; 13-2; 14-2; 17-3, 4; 18-1, 2, 3; 19-4; 23-4; 24-1, 3, 6

Mahr GmbH, Göttingen: 25-6; 28-1, 5

Misubishi Carbide, Meerbusch: 235-3; 290-2

Preisser Messtechnik, Gummertingen: 11-1; 22-3, 6

REFA, Muggensturm: 244-1, 2, 3; 246-Tab. 1 und 2

Reik Schleifmittelwerke Dresden, Dresden: 166-2; 170-2

R. & S. Keller GmbH, Wuppertal: 392-1, 2, 3; 394-1

Sandvik GmbH Geschäftsbereich Coromat, Düsseldorf: 96-1, 100-1, 2; 101-1, 2; 104-1; 124-4; 126-1, 2, 4

Schaudt Maschinenbau GmbH, Hartmannsdorf: 164-1, 2; 170-1, 2; 171-1, 2; 172-2; 173-2; 174-1, 2, 3; 175-1; 181-1; 184-1, 2, 3, 4; 185-1; 186-1, 4; 187-1, 3; 188-1, 2, 3; 215-1; 245-1; 247-2; 250-1, 2; 400-1, 3; 401-2; 402-1, 2, 3

Schließanlagen GmbH, Pfaffenhain/ Sachsen: 289-2

Siemens VDO Automotive AG, Limbach-Oberfrohna: 308-1

VDI Verlag, Düsseldorf: 279-3; 280-1

Verlag Europa-Lehrmittel, Haan, aus „Der Werkzeugbau“: 189-3; aus „Fachkunde Metall“: 35-2; 36-1, 2; 187-2; 236-1, 2; 274-2; 283-1 aus „Steuern und Regeln“: 412-1, 2, 3; 418-1; aus „Rechenbuch Metall“: 37-3

Volkswagen Sachsen GmbH, Chemnitz: 47-2

Waldrich, Adolf, Werkzeugmaschinenfabrik GmbH & Co., Coburg: 328-3; 403-2

Webomatik Maschinenfabrik, Bochum: 340-1

Wollschläger, Bochum: 147-1, 2; 152-1, 2, 3, 4; 153-1, 2, 3; 155-1; 156-1, 2, 3, 4; 157-1, 2, 3; 158-1, 2; 159-1...7; 161-1...6; 162-2, 3; 202-2; 203-1, 2, 3, 4; 204-1, 2, 3, 4; 205-1, 2; 207-4, 5; 208-1, 2, 3; 209-1, 2, 3, 4; 211-1, 2, 3; 212-1, 2, 3; 213-3

Zentrale für Gussverwertung, Düsseldorf: 282-1